国家哲学社会科学成果文库

**NATIONAL ACHIEVEMENTS LIBRARY**
**OF PHILOSOPHY AND SOCIAL SCIENCES**

# 秦汉称谓研究

王子今　著

中国社会科学出版社

# 目　　录

序 ………………………………………………………… 李振宏（1）

引　言 …………………………………………………………… （1）

一　称谓与等级秩序 …………………………………………… （5）

秦制与"皇帝"称谓发明 …………………………………… （5）

1. "皇帝""名号"与皇帝制度 ………………………… （5）

2. 关于"陛下" ………………………………………… （8）

3. 秦昭襄王"西帝"故事 ……………………………… （8）

4. 秦始皇"除谥法" …………………………………… （9）

"黔首"称谓 …………………………………………………（10）

1. 更名民曰"黔首" …………………………………（10）

2. "黔首"名义 ………………………………………（14）

3. 云梦龙岗出土文物实证 ……………………………（15）

4. 放马滩《日书》："黔首"称谓的早期使用 ………（16）

5. 岳麓书院秦简《为吏治官及黔首》………………（19）

6. 张家山《奏谳书》所见"新黔首" ………………（20）

7. "黔首"与"民" ……………………………………（24）

8. 汉代文献"黔首"孑遗 ……………………………（26）

秦汉时期的"太上皇" ………………………………………（30）

1. 秦始皇"追尊庄襄王为太上皇" …………………（30）

2. 刘邦"尊太公为太上皇" ……………………………（32）

3. "太上皇终不得制事" ………………………………（34）

4.“在上皇庙立太子”制度 …………………………………………（37）

5.“太上”的语义 …………………………………………………（38）

6. 父子权力转移过程中的情感悲剧 …………………………（39）

7.“妖贼”称“太上皇帝”事 ………………………………………（41）

“主公”称谓考 ………………………………………………………（43）

1. 东汉末年的历史记录 …………………………………………（43）

2.《三国志》似专一指代刘备的称谓 …………………………（46）

3. 后世“主公”称谓的使用 ………………………………………（50）

4.“主公”与“主母” ………………………………………………（52）

汉代官吏“粪土臣”自称 ……………………………………………（52）

1. 汉简所见“粪土臣”称谓 ………………………………………（52）

2. 汉代政治史文献中的“粪土臣” ……………………………（54）

3.“粪土”“极贱”意识 ……………………………………………（56）

4. 粪土臣·草莽臣·牛马走 ……………………………………（58）

5.“粪土臣”自称与帝制时代的政治生活规则 ………………（61）

居延汉简“寒吏”称谓 ………………………………………………（63）

1.“寒吏”简文 ……………………………………………………（63）

2.“寒”的字义:寒贫·寒馁·寒苦 ……………………………（64）

3. 寒家·寒门·寒素 ……………………………………………（67）

4. 寒吏·寒官·寒宦 ……………………………………………（69）

汉代“贱子”自称 ……………………………………………………（70）

1. 简牍文书所见“贱子” …………………………………………（70）

2. 史籍中的“贱子” ………………………………………………（72）

3. 汉代社会意识中“贵”“贱”的反差 …………………………（73）

4.“贱人”身份 ……………………………………………………（77）

5.“贱”的本义与民间“自贱”习尚 ……………………………（78）

6.“贱子”称谓的社交实用意义 ………………………………（80）

7. 关于“贱息” ……………………………………………………（83）

里耶户籍简所见“小上造”“小女子” ……………………………（84）

1. 里耶“户籍简牍”相关发现 …………………………………（84）

2. 风俗史信息 ················································· (88)

3. "小上造""小女子"身份 ······························ (90)

4. 关于"小爵" ················································ (91)

5. 早期爵制探索的条件 ····································· (95)

秦汉"小女子"称谓再议 ········································ (97)

1. 关于"小女子"的不同理解 ··························· (97)

2. 汉代文物资料所见"大女子" ······················ (100)

3. 秦汉女性名字"子某"诸例 ·························· (100)

秦汉"小儿""竖子"称谓 ······································ (101)

1. "小儿"本义 ············································· (102)

2. "小儿"亲昵义:指代成年人的"小儿"称谓之一 ······ (105)

3. "小儿"轻蔑义:指代成年人的"小儿"称谓之二 ······ (106)

4. "小儿"语义体现的未成年人社会地位 ············ (110)

5. 劳动儿童和儿童劳动 ································· (113)

6. 作为人质的儿童 ······································· (116)

7. "略卖"儿童现象 ······································· (118)

8. "竖子""竖小"称谓 ································· (119)

附论一:走马楼简所见未成年"户下奴""户下婢" ······ (122)

1. 走马楼竹简"户下奴""户下婢"资料 ············ (123)

2. "户下"试解 ············································· (127)

3. 关于"长六尺""长五尺" ·························· (128)

4. 未成年"户下奴""户下婢"的比例 ··············· (131)

附论二:说走马楼简文"细小" ······························ (132)

1. 走马楼竹简"细小"文例 ··························· (132)

2. 在官·送官·诣官·还官 ······························ (138)

3. 使用"小名"的可能 ································· (139)

4. "细小":状貌记录 ································· (140)

二 称谓与职业身份 ············································· (142)

秦"小子军"考议 ·············································· (142)

1.《七国考》"小子军"说 …………………………………（142）

2. 秦男子服役年龄 …………………………………………（144）

3."男子年十五以上"的意义 ………………………………（146）

4. 赋役制度"民年十五"界标 ………………………………（149）

5. 秦军中的少年士兵 ………………………………………（151）

6. 言"小子军"之"刘子《别录》"考 …………………………（152）

长沙东牌楼汉简"津卒"称谓及相关问题 ……………………（154）

1. 简文所见"津卒" ………………………………………（154）

2."津卒"身份与"津"的管理形式 …………………………（156）

3. 关于"关卒" ……………………………………………（158）

长沙东牌楼汉简所见"津史" ………………………………（159）

1."津史"简例 ……………………………………………（160）

2."津史""津吏"说 ………………………………………（161）

3."津史"的职任 …………………………………………（163）

"车父"与《车父名籍》 ………………………………………（164）

1.《车父名籍》遗存 ………………………………………（164）

2."转输"运动和"转输"人 …………………………………（169）

3. 关于车序编号 …………………………………………（170）

4."车父卒"与"车父车卒" …………………………………（173）

5."车父"与一般"戍卒" ……………………………………（176）

6. 关于"卒史车父" ………………………………………（177）

"就人"、"将车"人及相关称谓 ………………………………（180）

1."就"与"就人" …………………………………………（180）

2."将车"人身份 …………………………………………（183）

3. 车人·车子·车士 ………………………………………（185）

战国秦汉"酒人"略说 ………………………………………（186）

1.《周礼》"酒正" …………………………………………（186）

2.《周礼》"酒人" …………………………………………（188）

3.《淮南子》"酒人" ………………………………………（189）

4.《史记》"酒人" …………………………………………（192）

5.《论衡》"酒人" ……………………………………………（193）

汉代"郎"的身份与职任 ………………………………………（195）

1. 郎官：贵人之位 ………………………………………（195）

2."童子郎"史例与"少为郎"现象 ………………………（197）

3."郎"的社会出身 ………………………………………（202）

4."郎"的人生前景 ………………………………………（206）

5. 少年"郎"的特殊境遇 …………………………………（209）

6. 关于"老郎" ……………………………………………（211）

7."郎君"尊称 ……………………………………………（213）

8."孙郎""沈郎"与后世"儿郎""少年郎"称谓 …………（214）

秦汉"小儿医" …………………………………………………（216）

1. 初生婴儿的死亡率 ……………………………………（216）

2.《日书》所见幼儿疾病威胁 ……………………………（219）

3. 扁鹊"来入咸阳""为小儿医"故事 ……………………（222）

4.《艺文志》所见汉代"小儿医"论著 ……………………（224）

5. 马王堆帛书《五十二病方》总结的"小儿医"经验 ……（226）

6. 张仲景的"小儿"方 ……………………………………（228）

7."小儿医"病例 …………………………………………（229）

"马医"和"马下卒" ……………………………………………（231）

1. 肩水金关"马祷祝"简 …………………………………（231）

2. 关于"马病" ……………………………………………（237）

3. 简文所见"马医" ………………………………………（239）

4. 燧卒"马下"劳作与"马下卒"称谓 ……………………（240）

附论三：走马楼简所见"邮卒"与"驿兵" ……………………（243）

1. 江南邮驿的进步 ………………………………………（243）

2. 走马楼简文"邮卒" ……………………………………（244）

3."轻足"职任 ……………………………………………（248）

4."邮"的设置 ……………………………………………（249）

5. 走马楼简文"驿兵" ……………………………………（250）

三 称谓与家庭结构 ……………………………………………………… （252）

　张家山汉简《二年律令》所见"偏妻""下妻" …………………… （252）

　　1.《二年律令》"偏妻"称谓 ……………………………… （252）

　　2."偏妻"身份 ………………………………………………… （255）

　　3."下妻"称谓 ………………………………………………… （257）

　　4. 小妻·傍妻·少妻 ………………………………………… （258）

　　5."长小妻乃始"案 ………………………………………… （261）

　张家山汉简《二年律令》所见"叚大母" …………………… （262）

　　1.《贼律》"叚大母"简文 ………………………………… （263）

　　2. 大母·泰母·亲大母·外大母 ………………………… （263）

　　3. 称谓前置"叚"的字义 ………………………………… （266）

　　4. 假父·假母—假子·假女 ……………………………… （267）

　　5."叚大母"释义 …………………………………………… （270）

　汉代军队中的"卒妻"身份 ……………………………………… （271）

　　1. 壮女之军 …………………………………………………… （272）

　　2. 女子乘亭鄣 ……………………………………………… （274）

　　3. 女子"以为士卒衣补" …………………………………… （277）

　　4. 边军女子身份 …………………………………………… （278）

　　5."卒妻"与质葆制度 …………………………………… （281）

　秦汉"婴儿"称谓 …………………………………………………… （283）

　　1."新生婴儿" ………………………………………………… （283）

　　2. 并非"始生""初生"的"婴儿" ………………………… （287）

　　3."婴儿""年十二"例 …………………………………… （292）

　　4. 秦汉"婴儿"称谓复杂涵义的相关文化背景 ………… （294）

　秦汉"婴女"称谓 …………………………………………………… （298）

　　1."女曰婴,男曰儿" ………………………………………… （298）

　　2.《焦氏易林》所见"婴女" ……………………………… （300）

　　3."婴女""贱下"现象 …………………………………… （302）

　附论四:走马楼竹简"邪""耶"称谓使用的早期实证 ………… （304）

　　1. 亲属称谓"邪" …………………………………………… （305）

　　　2."古人称父为'耶'"的早期例证 ……………………（307）

　　　3. 戴良"阿爹"疑议 ………………………………………（309）

　　　4. 走马楼简"邪"的称谓史实证价值 …………………（311）

　　附论五:三国孙吴乡村家族中的"寡嫂"和"孤兄子" ……（312）

　　　1. 走马楼竹简（壹）相关简文 …………………………（312）

　　　2. 汉晋历史文献所见"寡嫂"与"孤兄子" ……………（316）

　　　3. 走马楼竹简（壹）"兄子"简文 ……………………（318）

　　　4. 走马楼竹简（壹）"姪"与"姪子"称谓 ……………（319）

　　　5."姪"称谓的演变 ……………………………………（323）

　　　6. 性别关系:"姪子男"、"姪子女" …………………（324）

　　　7."养寡嫂孤儿"的家族史分析 ………………………（325）


四　称谓与民族关系 …………………………………………（328）

　　胡越骑:汉军中的少数民族军人 ………………………（328）

　　　1. 楚汉战争中的"楼烦将" ……………………………（329）

　　　2. 近卫汉长城的"胡骑之屯" …………………………（331）

　　　3. 北边战争中汉军的"胡骑" …………………………（334）

　　　4. 东汉的"胡骑" ………………………………………（336）

　　　5. 河北"胡骑千群" ……………………………………（343）

　　　6. 越骑校尉掌越骑:如淳说与晋灼说 ………………（345）

　　　7. 关于"胡越骑" ………………………………………（348）

　　　8."越楚剽轻"与越人"便马骑射"例 ………………（351）

　　"胡巫"与"越巫" ………………………………………（357）

　　　1."长安置诸祠"中的"胡巫" …………………………（358）

　　　2. 西汉长安"胡巫"活跃的背景 ………………………（364）

　　　3."胡巫视鬼"与"巫蛊之祸" …………………………（367）

　　　4."越巫立越祝祠" ……………………………………（370）

　　　5."越巫陈方"与建章宫营造 …………………………（372）

　　　6."东海黄公"越人祝法 ………………………………（375）

　　汉代北边"亡人" …………………………………………（377）

1.“亡人”与“亡人越塞”现象 …………………………………… (378)
2. 汉代北边“亡人”的民族立场 ………………………………… (384)
3. 汉代北边“亡人”的文化表现 ………………………………… (389)
“译人”与汉代西域民族关系 ………………………………………… (395)
1. 西域“重译”现象 ……………………………………………… (396)
2. 汉朝的“译官” ………………………………………………… (397)
3. 西域“导译”“译道” …………………………………………… (399)
4. 西域列国的“译长” …………………………………………… (401)
5. 傅介子故事中的楼兰“译” …………………………………… (404)
6. 西域国家“给使者”“导译”的接待压力 ……………………… (405)
中江塔梁子崖墓石刻画像榜题“襄人”称谓 ………………………… (406)
1.“襄人”的发现 ………………………………………………… (406)
2. 释“襄” ………………………………………………………… (407)
3. 襄人·曩人·髯人·䰅人·胡人 ………………………………… (410)
4.“襄人”“獽人”辨疑 …………………………………………… (411)
商胡·贾胡·蛮夷贾:异族商家称谓 ………………………………… (413)
1. 商胡贩客,日款于塞下 ………………………………………… (413)
2.“伏波类西域贾胡” …………………………………………… (416)
3. 使团中的“行贾贱人” ………………………………………… (418)
4.“窕窕”“胡姬”:“酒家胡”的文学形象 ……………………… (420)
5.“蛮夷贾”和“蛮夷贾船” ……………………………………… (423)
胡奴·越婢·僰僮 …………………………………………………… (424)
1.“胡奴甘父”:张骞的同行者 …………………………………… (424)
2.“应奉记胡奴之名”故事 ……………………………………… (425)
3. 方城“胡奴门”画像 …………………………………………… (426)
4. 关于“胡奴”之“奴”的字义 …………………………………… (428)
5. 范明友“鲜卑奴”传说 ………………………………………… (430)
6. 刘建后宫的“越婢” …………………………………………… (431)
7. 金祎“胡婢善射” ……………………………………………… (432)
8. 关于“僰僮”“僰婢” …………………………………………… (434)

**五 称谓与行政控制** ·················· (436)

　　秦汉"少年"与"恶少年" ·················· (436)

　　　　1. "少年""不避法禁" ·················· (436)

　　　　2. "恶少年""悍少年"称谓 ·················· (441)

　　　　3. "恶子""恶子弟"称谓 ·················· (444)

　　　　4. "游侠儿"称谓 ·················· (446)

　　　　5. 执政者的"恶少年"政策 ·················· (450)

　　　　6. "少年"与"恶少年"的社会文化形象 ·················· (455)

　　居延简及敦煌简所见"客" ·················· (459)

　　　　1. "客"的身份涵义 ·················· (460)

　　　　2. 汉代西北边地的"客" ·················· (462)

　　　　3. "东方""远客" ·················· (464)

　　　　4. 关于"客吏民"与"客民卒" ·················· (465)

　　　　5. "客民""客子"身份 ·················· (466)

　　　　6. "使客"现象 ·················· (469)

　　　　7. 有关"客"的律令及其执行状况 ·················· (472)

　　　　8. "客民赵闳范翁"案例 ·················· (474)

　　汉代西北边境关于"亡人"的行政文书 ·················· (476)

　　　　1. 汉代西北边境简牍资料中有关"亡人"的信息 ·················· (477)

　　　　2. 有关"亡人"的行政文书 ·················· (480)

　　　　3. 官文书资料反映的汉帝国的"亡人"政策 ·················· (483)

　　汉代的"海贼" ·················· (487)

　　　　1. 海上反政府武装与"海贼"称谓的出现 ·················· (487)

　　　　2. "海贼"活动对"缘海"地方行政的威胁 ·················· (492)

　　　　3. "海贼"的海上运动战 ·················· (496)

　　　　4. "海贼"与陈寅恪所论"天师道与滨海地域之关系" ·················· (497)

　　　　5. 居延汉简所见"临淮海贼" ·················· (500)

　　　　6. 居延"海贼"简文的年代分析 ·················· (502)

　　　　7. "海贼"与"江贼" ·················· (504)

　　　　8. 称谓用字"贼" ·················· (505)

居延汉简所见"明府"称谓 …………………………………………（506）

    1. 居延汉简有关"明府"的简文 …………………………（506）

    2."明府"：郡守"尊高之称" ………………………………（507）

    3. 与"明府"并行诸尊称 …………………………………（512）

    4. 其他职官称"明府"诸例 ………………………………（513）

    5."明府"语义解说 ………………………………………（515）

    6. 关于"明府㑫怜" ………………………………………（517）

论秦汉"魁"及相关称谓 ……………………………………………（518）

    1."里魁""里唯" ……………………………………………（518）

    2."党魁"："党人"领袖 …………………………………（520）

    3."魁帅"与"魁率" ………………………………………（522）

    4."魁"的字义 ……………………………………………（525）

居延汉简购赏文书所见"渠率" ……………………………………（529）

    1. 居延简文"渠率"称谓 …………………………………（529）

    2. 盗贼"渠率" ……………………………………………（531）

    3. 蛮夷"渠率" ……………………………………………（536）

    4. 田叔故事和司马相如故事中的"渠率" ……………（542）

    5."渠率"身份分析 ………………………………………（542）

汉代"处士"及其文化表现——以申屠蟠故事为标本 …………（546）

    1. 申屠蟠事迹的历史闪光点 ……………………………（546）

    2."梁砀之间"：适宜"处士"的生态环境和文化空间 …………（549）

    3. 崛然独立："处士"的精神 ……………………………（553）

    4."处士"和"议士" ………………………………………（555）

    5. 汉末政治灾变与"处士"的表现 ………………………（556）

    6. 申屠蟠脸谱与历史舞台的变光灯 ……………………（557）

汉代"街卒"与都市交通秩序 ………………………………………（562）

    1. 孔嵩"街卒"身份 ………………………………………（562）

    2."街卒"："贫""贱"地位与"佣""赁"关系 ……………（564）

    3."街卒""训化""街中子弟"职任 ………………………（565）

    4."街正""街卒"说 ………………………………………（567）

5. 扬雄问"街卒""异语"故事 ……………………………………（568）

6. "街卒"进身可能 ……………………………………………（569）

7. 甘谷汉简"守街治滞"解读 …………………………………（570）

8. "著赤帻为伍长"：以阳陵兵俑为对证 ……………………（572）

居延汉简"校士"身份与"拘校"制度 …………………………（580）

1. "校士""材士""牧士"释文异见 …………………………（581）

2. 关于"校士谓部校之士"说 ………………………………（582）

3. "校士"的组合形态与工作方式 …………………………（584）

4. 拘校·钩校 …………………………………………………（585）

5. "校"的制度 ………………………………………………（587）

6. 关于"抵校" ………………………………………………（592）

7. 关于"校计" ………………………………………………（593）

8. "校士"职任推想 …………………………………………（595）

附论六：走马楼竹简"小口"考绎 ………………………………（596）

1. "小口"与"大小口有差"的制度 ………………………（597）

2. "小口"与"口钱"征收 …………………………………（600）

3. "小口"年龄界定 …………………………………………（602）

附论七：说走马楼名籍"单身"身份 ……………………………（603）

1. 走马楼简"单身"简文 …………………………………（603）

2. "单身"身份分析 ………………………………………（605）

3. 人身控制考虑："单身"与"进退之计" ………………（607）

六  称谓与社会风习 ………………………………………………（612）

"力士"故事与秦文化的"尚力"风格 …………………………（612）

1. 早期"力士"故事与"秦之力人" ………………………（612）

2. 秦史"三力"及相关现象 ………………………………（614）

3. "力士"地位与秦文化"尚力"风格 ……………………（618）

4. "扛鼎""举鼎"竞技表演 ………………………………（620）

5. 秦"尚力"传统在汉代社会的遗存 ……………………（623）

6. 秦人对"力士"及"尚力"倾向的思考 …………………（625）

7. 关于"小人尚力""小人绝力" …………………………… (627)

秦汉"女巫"及其文化表演 …………………………………… (631)

1. "女巫"与宫廷巫术 ………………………………………… (631)

2. "女巫"与祓禊礼俗 ………………………………………… (635)

3. "女巫"求雨表演 …………………………………………… (643)

4. "女巫"兵祷史事 …………………………………………… (645)

5. "巫儿"与"尸女" …………………………………………… (647)

6. "巫风"与"淫风" …………………………………………… (656)

"歌人""歌儿""歌童"称谓 ………………………………… (660)

1. 居延"歌人"简文 ………………………………………… (660)

2. 歌儿·歌童·歌僮·讴者 ………………………………… (662)

3. 《晏子春秋》"歌人" ……………………………………… (665)

4. 六朝至隋代"歌人" ……………………………………… (666)

5. 蔡邕《琴赋》"歌人" ……………………………………… (667)

6. "歌人"身份与"歌人"称谓 ……………………………… (668)

7. "出歌人"的理解 ………………………………………… (670)

秦汉"酒徒"称谓 …………………………………………… (670)

1. "酒徒"称谓的发生 ……………………………………… (671)

2. "高阳酒徒"郦食其 ……………………………………… (672)

3. 淳于髡言"酒极""心最欢"境界 ………………………… (675)

4. 《论衡》"酒徒"批评:"酒徒非圣人" …………………… (678)

5. 《潜夫论》"酒徒"批评:"酒徒无行之人" ……………… (679)

6. 孔融论"高阳酒徒著功于汉" …………………………… (680)

海西"幻人"及其来路 ……………………………………… (682)

1. "炫燿奇怪"的"眩者" …………………………………… (682)

2. "幻人"故乡:"国善眩""多奇幻" ……………………… (686)

3. 经由西南夷的"幻人" …………………………………… (688)

4. 永昌通路"幻人"足迹 …………………………………… (691)

汉代的"神童" ……………………………………………… (696)

1. 奇童·圣童·神童 ……………………………………… (697)

2."礼乐皆东":齐鲁"神童"故事 ················· (699)

3. 少年孔融的文化表现 ······················· (704)

4. 齐鲁"神童"出现的文化条件 ················· (706)

5."项橐"画像透露的文化信息 ················· (711)

张家山汉简《二年律令·史律》"学童"称谓 ··········· (713)

1. 史学童·卜学童·祝学童 ····················· (714)

2."学童"的学习程序 ······················· (716)

3."学童"的学习内容 ······················· (718)

汉代的"达人" ································· (721)

1."达人":"明德"与"不拘" ··················· (721)

2."达人大观" ···························· (722)

3. 关于"达人之学" ························· (723)

4."达人进止得时" ························· (724)

5. 汉末的"达人" ·························· (725)

6. 嵇康"达人"说 ·························· (725)

7."达人"和"俗士" ························ (726)

8."达人"的世俗化 ························· (728)

附论八:走马楼简牍"私学"考议 ················· (729)

1. 关于"私学谢达"和"私学番倚"的争论 ··········· (729)

2."举私学"正义 ·························· (731)

3."私学"作为身份称谓的涵义 ················· (733)

4."儒学生员"和"幼学":后世户籍资料中

有参考价值的信息 ····················· (737)

代结语 ···································· (741)

称谓史研究的另一对象:类聚之称——以"四皓"名号为例 ········ (741)

1. 从"四人"到"四皓" ····················· (742)

2."四皓"名义及其在称谓史上的标志性意义 ········· (745)

3."四皓"称谓与汉代人才理念的"群辅"追求 ········· (749)

4. 关于"四八目" ························· (751)

主要参考书目 ……………………………………………………（755）
本课题前期成果与阶段性成果目录 ……………………………（758）
后记 ………………………………………………………………（763）

# Contents

**Preface by Professor Li Zhenhong** ·················································· (1)

**Introduction** ························································································ (1)

**Chapter 1 Appellation in Hierarchical Orders** ····························· (5)

The Imperial Institutions of the Qin and Its Invention of the

Title of "Huangdi(August Emperor)" ································· (5)

The Appellation of "Qianshou" ············································· (10)

"Taishanghuang (emperor's father)" in Qin and Han ··············· (30)

A Study on Appellation of "Zhugong" ································· (43)

"Fentuchen" as Han Officials' Self – Depreciatory

Addressing ······················································· (52)

The Appellation "Hanli" Seen in Juyan Wooden Slips ············· (63)

A Self – Depreciatory Addressing of "Jianzi" in Han ·············· (70)

"Xiao Shangzao"and "Xiao Nvzi" in Liye Household

Registration Slips ············································· (84)

Reconsideration on the Appellation "Xiao Nvzi" in Qin

and Han ····················································· (97)

The Appellation "Xiaoer" and "Shuzi" in Qin and Han ············· (101)

Appendix 1: "Huxia Nu" and "Hu Xiabi" as Minors in

Zoumalou Slips ············································· (122)

Appendix 2: A Discussion on "Xixiao" in the Documents

of Zoumalou Slips ·················································· (132)

**Chapter 2    Appellation in Occupational Identity** ···················· (142)

A Discussion on "Xiaozi Jun" in Qin ···························· (142)

A Discussion on the Appellation of "Jinzu" in Han Bamboo

Slips Unearthed at Dongpailou, Changsha ···················· (154)

"Jinshi" in Changsha Dongpailou Han Bamboo Slips ············ (159)

"Chefu" and *Chefu Mingji* ···································· (164)

"Jiuren", "Jiangche" and Related Appellations ················ (180)

A Brief Discussion on "Jiuren" in the Warring States and

the Qin – Han Periods ········································ (186)

The Identity and Duties of "Lang" in Han ···················· (195)

"Pediatrician" in Qin and Han ································ (216)

Veterinarian of Horses and Soldiers Responsible for

Attending to Horses ·········································· (231)

Appendix 3: "Postman" and "Soldiers of Courier Station"

in Zoumalou Bamboo Slips ···································· (243)

**Chapter 3    Appellation and Family Household** ······················ (252)

"Pianqi(concubine)" and "Xiaqi(inferior wife)" in *Ernian*

*Lvling* of Zhangjiashan Han Slips ···························· (252)

"Jia Damu(step mother)" in the *Ernian Lvling* of

Zhangjiashan Han Slips ········································ (262)

The Identity of "Zuqi(military spouse)" in Han's Army ·········· (271)

The Appellation of "Yinger(infant)" in Qin and Han ············ (283)

The Appellation of "Yingnv(infant girls)" in Qin and Han ········ (298)

Appendix 4: The Early Evidences on the Uses of "Ye"(邪)

and "Ye"(耶) as Appellations in Zoumalou Bamboo Slips ····· (304)

Appendix 5: "Guasao(widowed sister – in – law)" and

"Guxiongzi(fatherless nephew)" in Rural Family of

Kingdom Wu in Three Kingdoms Period ⋯⋯⋯⋯⋯⋯⋯⋯ (312)

**Chapter 4　Appellation and Ethnic Relations** ⋯⋯⋯⋯⋯⋯⋯⋯ (328)

Cavalries of Ethic Hu and Yue: Minority Soldiers in

Han Army ⋯⋯⋯⋯⋯⋯⋯⋯⋯⋯⋯⋯⋯⋯⋯⋯⋯⋯⋯⋯⋯⋯ (328)

Wizards of Ethnic Hu and Yue ⋯⋯⋯⋯⋯⋯⋯⋯⋯⋯⋯⋯⋯ (357)

Outlaws of North Frontiers in Han ⋯⋯⋯⋯⋯⋯⋯⋯⋯⋯⋯ (377)

"Yiren(interpreters)" and Ethnic Relations in the Western

Regions of Han Dynasty ⋯⋯⋯⋯⋯⋯⋯⋯⋯⋯⋯⋯⋯⋯⋯ (395)

The Appellation of "Xiangren" in the Inscription of Stone

Portrait of Zhongjiang Taliangzi Cliff – Tomb ⋯⋯⋯⋯⋯⋯ (406)

Shang Hu, Gu Hu and Manyi Hu: Appellations of Foreign

Merchants ⋯⋯⋯⋯⋯⋯⋯⋯⋯⋯⋯⋯⋯⋯⋯⋯⋯⋯⋯⋯⋯ (413)

Hu Nu(slaves of ethnic Hu), Yue Bi(slave girls of

ethnic Yue), and Bo Tong(slaves of Bo) ⋯⋯⋯⋯⋯⋯⋯⋯ (424)

**Chapter 5　Appellation in Administrative Control** ⋯⋯⋯⋯⋯⋯ (436)

"Youth" and "Villainous Youth" in Qin and Han ⋯⋯⋯⋯⋯ (436)

"Ke(immigrants)" in Juyan and Dunhuang Slips ⋯⋯⋯⋯⋯ (459)

Administrative Documents on "Outlaws" in the Northwest

Frontier of Han ⋯⋯⋯⋯⋯⋯⋯⋯⋯⋯⋯⋯⋯⋯⋯⋯⋯⋯⋯ (476)

"Pirates" in Han ⋯⋯⋯⋯⋯⋯⋯⋯⋯⋯⋯⋯⋯⋯⋯⋯⋯⋯⋯ (487)

The Appellation of "Mingfu(prefecture chief)" in Juyan

Wooden Slips ⋯⋯⋯⋯⋯⋯⋯⋯⋯⋯⋯⋯⋯⋯⋯⋯⋯⋯⋯⋯ (506)

On "Kui" and Relevant Appellations in Qin and Han ⋯⋯⋯⋯ (518)

"Qushuai(leader)" in Arrest Warrants Documents of

Juyan Wooden Slips ⋯⋯⋯⋯⋯⋯⋯⋯⋯⋯⋯⋯⋯⋯⋯⋯⋯ (529)

"Chushi(intellectuals outside the established system)" and

Their Cultural Expressions: Based on Shentu Pan's Story ⋯⋯ (546)

"Jiezu" and Traffic Order in Cities of Han ⋯⋯⋯⋯⋯⋯⋯⋯ (562)

The Identity of "Jiaoshi" in Juyan Han Slips and
    "Ju Jiao" System  ·············································· (580)
Appendix 6: An Inquiry into "Xiaokou(underage population)"
    in Zoumalou Bamboo Slips ······························· (596)
Appendix 7: A Discussion on Identity of "Danshen"
    in Zoumalou Slips  ········································ (603)

**Chapter 6    Appellation and Social Customs**  ····················· (612)
    "Lishi(Hercules)" Story and Advocating of Force in
        Qin Culture ············································ (612)
    "Nvwu(witches)" and Their Cultural Performances
        in Qin and Han  ······································ (631)
    The Appellations of "Geren(singer)" "Ge'er"
        "Getong"(child singer) ······························· (660)
    The Appellation of "Jiutu(tippler)" in Qin and Han  ·············· (670)
    The Road to Chang'an Passed by Haixi
        "Huanren(magicians)" ·································· (682)
    "Prodigy" in Han Dynasty ···································· (696)
    The Appellation of "Xuetong(school kids)" in *Shilv*,
        *Ernian Lvling*, Zhangjiashan Han Slips  ················· (713)
    "Daren" in Han Dynasty  ···································· (721)
    Appendix 8: A Discussion on "Sixue" of Zoumalou Slips  ·········· (729)

**Conclusive Generations**  ······································ (741)
    Another Object of Appellation History: Clustering Appellations:
        "Sihao(four old men)" as an Example  ··················· (741)

**The Major Bibliography** ····································· (755)
**List of Preliminary Achievement and Staged Target of this**
    **Research Subject** ········································ (758)
**Afterwords**  ············································ (763)

# 序

　　子今兄的《秦汉称谓研究》就要出版了，嘱我作序，真使我惶恐之至。我一再推却不敢置喙，但又不敢违逆老兄之盛情、真情，只好领命。

　　皇皇数十万字的巨著，拜读下来，着实受益不浅。这个选题，以愚之见，应该属于社会文化史的研究范畴。称谓，虽说只是对特定事物的称呼、命名，是个符号，原本不必承载太多的含义，但人们对任何事物的命名，无例外地都是从某种心理出发的，一定是有某种心理欲念之寄托，反映着人们的社会观念，于是，称谓就成为社会文化研究的一个窗口。也可以说，对某一特定时期社会称谓的研究，是认识该时期社会面貌的一个特殊角度。选择秦汉时期的称谓问题作为研究对象，证明了子今兄的学术眼光，在秦汉史学界又是一件开风气的壮举了。

　　多年前，我在学习先秦思想史的过程中，注意过"君子"与"小人"这对称谓概念的变化，就感觉到了称谓变化所承载的历史意义。在西周，或者笼统地说春秋中期之前，"君子"与"小人"基本上还是一对表示人的身份，或者是表示社会阶层划分的概念或称谓，而到了春秋中期之后则出现了新的含义。之前，君子无例外地都是指在上位的人，是社会的统治者，是上层人士，而与之相对的小人，则是指处于社会底层的基本民众。如《尚书·元逸》曰："君子所，其无逸，先知稼穑之艰难，乃逸，则知小人之依。"君子处上位而理政，不能贪图安逸，看一看农事耕稼的辛苦劳作，就知道老百姓的艰辛了。在这里，君子和小人是用来称谓居于不同地位的人群的，而丝毫没有包含道德评价的意义。而到了春秋中期之后，情况则发生了变化，这对概念在不少地方的使用，都包含了道德评价的意义。《左传·昭公八年》叔向曰："君子之言，信而有征，故怨远于其身。小人之言，僭而无征，故怨咎及之。"《论语·雍也》篇："女为君子儒，无为小人儒。"《论语·为政》篇，子曰："君子周而不比，小人比而不周。"这些语境中的君子与小人，显然已经不是人的阶层划分，而是有道德情操的高下之别了。君子、小人称谓含义的变化，反映了春秋中期之后，仅靠血统而继承君子之位的贵族制的瓦解，而统治者地位的维持则需要依赖于德才的因素，因之就提出了对处于君子地位的人的道德才能素质方面的要求。久而久之，这类人需要有这样的素质，就变成了只有具备这样的道德才能素质才是"君子"。于是，君子就开始用来称谓那些德行纯美、志趣高洁的人群了。君子称谓的含义变了，与之相对的小人，也获得了反向的意义内涵。春秋战国时期处在社会的转型期，君子小人称谓内涵也表现得较为复杂，新的含义已经产生，旧的用法依然存在，君子称谓的所指，需要联系具体的语言环境进行分析。而到了两汉时期，当贵族制向官僚制过渡的社会转型完成之后，君子、小人作为区别不同道德向度的人的用法基本确立并稳定下来，原来指称不同社会阶层的称谓意义基本消失。所以，在两汉文献中，我们看到，所谓君子，就完全是指具有高尚道德修养的人群了，并且多与"贤人"并列使用。譬如在《汉书》中，"是以贤人君子，肝脑涂中原，膏液润野草而不辞也"（《司马相如传》）；"贤人君子，亦圣王之所以易海内也"（《王褒传》）；"贤人君子诗赋之正也"（《杨雄传》）；"吏民向于教化，兴于行谊，可谓贤人君子矣"（《循吏传》），这样的例子非常多见。君子与贤人比肩，或直接等同于贤人了。

君子与小人称谓之演变只是一个例子。其实，所有具体称谓的产生，都是有其特定的情景和思想内涵的。子今兄大著中分析到的百余种称谓，无不如是。而且，大著中关于诸种称谓的分析，也都被纳入了一种社会或文化的分析框架之中去考察，这从该著的目录中便可窥知。如关于皇帝、黔首、主公、粪土臣、寒吏、贱子、小上造、小女子、小儿、竖子等称谓，被纳入"称谓与等级秩序"的分析框架；关于小子军、津卒、津史、车父、就人、酒人、郎、小儿医等称谓，被纳入"称谓与职业身份"的分析框架；偏妻、下妻、叚大母、卒妻、婴儿、婴女等称谓，被纳入"称谓与家庭结构"的分析框架；少年、恶少年、客、亡人、海贼、明府、魁、渠率、处士、街卒、校士等称谓，被纳入"称谓与行政控制"的分析框架；力士、女巫、歌人、歌儿、歌童、酒徒、幻人、神童、学童、达人等称谓，被纳入"称谓与社会风尚"的分析框架，等等。各种称谓都被纳入一定的社会范畴进行分析，这样称谓问题就不再是一种散见的孤立的社会现象，而成为一种社会形态和社会文化的要素或构件，秦汉称谓研究也就成为一个真正的秦汉社会研究，具有了整体性的意义。

在秦汉史研究中，子今兄做过不少开拓性的研究，如秦汉交通史研究、秦汉区域文化研究、秦汉生态环境研究、秦汉边疆与民族问题研究等等，这次出版的《秦汉称谓研究》可谓又一新的开拓。子今兄对当代秦汉史研究的贡献，使整个秦汉史学界都受到激励和鼓舞。力有不逮，我这个序文难以把这本大著之精华准确地揭示出来。大著的真正价值，还是由读者自己去品味吧！

子今兄学问好，为人更好，在他周围总是围着一大帮可以一起大口喝酒、大碗吃面、交往过心、相互牵挂的朋友。年龄相仿的喊他老兄，年轻一些的喊他子老，而且，无论大小，都可以和他开开玩笑。这是个人缘特别好的人。他当会长这些年，秦汉史研究会特别活跃，每年都有几次会议，既讨论些问题，又加强了联系。这些年国内秦汉史研究的活跃，是与子今兄这个会长的亲和力分不开的。他这次约我写序，也是他的谦和个性的一个证明。

我个人跨入秦汉史学界很晚，在1999年8月的昆明会议上，才和子今兄相识，当年的11月又一起去台湾参加中国文化大学的简帛研究会议，此后就一直联系不断。当时，子今兄在中央党校任教，而他却区别于一般的党校人，使人很容易接近，所以，自从相识之后，就变成了朋友。他是学术圈子中有名的高产作家，几乎每年都有新著问世。每逢接到他惠赐的新著，我都会感慨一番，老兄也是年过花甲的人了，不知哪来那么大的精力。他的会议多，讲学多，酒场多，朋友唱和多，而偏偏也是他的成果最多。对于他，朋友圈子中人既有尊崇，也颇艳羡，对他的勤奋和精力多有不解。其实，甘苦若何，也只有他自己知道。我想，即使真的天才，要做出过人的成就，除了非同寻常的学识和功力，没有精力的付出，大概也是不可能的。所以，子今兄的治学，也是做得很辛苦的。他大概是我所认识的人中，最勤奋的一个了。

作为朋友，我们期望不断地读到子今兄的宏文新著，但更希望他健康长寿，以他的智慧和功力，为国内秦汉史研究的发展，存留一个不竭的动力。

是为序。

李振宏

2014 年 2 月 26 日于开封

# 引　言

　　称谓，是社会生活中自然形成的人物或人群的指代名号。在宗法体系下的亲族关系，即以称谓指示长幼近疏。这就是《尔雅》郑樵注所谓"宗族婚姻，称谓不同"。而正如梁章钜《〈称谓录〉序》所说，称谓"各有等差，不相假借"。在某种意义上，称谓是社会身份的符号，同时也是标志着社会等级，体现着社会关系，维护着社会结构的基本秩序的一种文化存在。

　　《史通·称谓》说："古往今来，名目各异。区分壤隔，称谓不同。"社会称谓随时代有所变化。因区域文化的不同，同一历史时期，各地称谓或亦有差异。人们日常使用的称谓，其实既有传统的影响，也有时代的印记，有些还暗含某种文化象征意义。民族构成的不同，也形成称谓的区别。讨论不同历史时期、不同社会条件下称谓的变化，是社会史和文化史研究的重要任务。

　　秦汉时期作为中国古代历史中的一个特殊阶段，当时的社会结构、社会组织和社会风貌都出现了历史性的变化，对于后来社会历史的进程也有重要的影响。研究秦汉时期的社会称谓，对于深入认识当时的社会状况进而全面理解当时的历史文化，有不宜忽视的意义，对于探索称谓此后千百年来长期演进的历史过程，也有不宜忽视的意义。

　　19 世纪以前，有关古代称谓的专门文献，除《尔雅·释亲》和《礼记·曲礼》提供资料较多，《小尔雅》、《方言》、《释名》、《广雅》等又有所充实而外，诸多有关历代称谓的信息，往往散见于各种古籍以及金石简帛资料之中。

　　清代以前可以称作专门的称谓研究论著的，可能只有《隋书》卷三四《经籍志三》"子部"著录的：

　　　　《称谓》五卷，后周大将军卢辩撰。

　　然而此书早已亡佚。清代学者梁章钜著《称谓录》，林则徐为作序，称誉"此举洵为盛事"，对于这部书的社会影响，也有"家置一帙，人手一编，不待言也"的估价。梁恭辰在该书跋语中也说，《称谓录》未及成书，"而索观者接踵而至"。可见称谓研究的工作自有学术意义，也适应了社会的需求。然而《称谓录》一书正如作者在自序中所说，"闻见短浅，客邸无书，略为部分，难免漏略"，因多种条件的局限，存在讹误和遗漏的情形。作者在该书《凡例》中说，"所征引难免漏略，以后得者，当入续录，以作补遗"。可见梁章钜对于此书的局限性有比较充分的估计。作者本人"续录""补遗"的设想没有实现，但是我们可以将"以后得者"云云，读作对于后来研究者的殷切期盼。

　　在梁氏《称谓录》之后，又有郑珍撰《亲属记》问世。作为称谓研究另一种重要成果，这部书的内容仅限于亲族称谓，阐释比较集中，引证比较详细，但是总体分量要比《称谓录》薄弱得多。

　　20 世纪以来的中国社会史研究，有的学者是从称谓切入，得到了有关阶级结构的新认识的。如对"君子"、"小人"以及"民"和"国人"等称谓的学术分析，都促成了阶级关系史的新知的获得。就秦汉称谓而言，对"黔首"、"奴婢"、"隶臣妾"等问题，也多有学者以为涉及秦汉社会结构、秦汉社会性质而予以关注。不同的学术解说，应当各有价值。而最终的确定之论的形成，也许还有待于今后研究的继续深入。

　　可以这样认为，20 世纪历史学界对称谓研究虽然曾经有力量投注，却少有学者集中精力完成的专门之作。若干研究成果散见于一些并非以称谓研究为主题的论著中，研究者搜求不便。而没有对于称谓进行综合研究的学术专著面世，也与时代对学术发展的要求很不相称。

　　"秦汉间为天地一大变局。"[①] 由于经历了社会变动、政体新创、文化交汇和民族融合，社会文化面貌发生了显著的变化。社会称谓因此多有新生和

---

　　① 　赵翼：《廿二史札记》卷二"汉初布衣将相之局"。

复变。

在秦汉历史进程中，政情军事，变幻纷杂，多有"改易名号，随事称谓"① 情形。而由于区域出身、族群传统和思想渊源的差异显现的文化基因的不同，也造成了社会称谓"品目参差，称谓非一"② 现象辨识与理解的困难。

然而，迄今为止的相关考察尚有未切及历史真实之处。

梁章钜《称谓录》三十二卷，涉及各种称谓五千余种。然而其书不作历史分段考察，实际上进行的是历代称谓研究。回顾学术史，对于秦汉称谓的专门研究，应当说还有明显的不足。《史记》卷九五《樊郦滕灌列传》载鸿门宴上樊哙对项羽言："今沛公先破秦入咸阳，豪毛不敢有所近，封闭宫室，还军霸上，以待大王来。"张照《考证》引张守节《正义》："时羽未为王，史追书。"张照说："按此等称谓，非追书也，直是当时尊奉之辞。观亚夫谓项庄：'君王为人不忍。'可见时羽虽未为王，然已擅命立雍王矣。称以'大王'，若固有之耳。"③ 可见秦汉时期的称谓，有些虽然看似简单，要提出真确的解说，却也需要认真考论。仍就帝王称谓而言，所谓"朕"、"陛下"等说法的原始意义的解说，也还需要有所讨论。指代社会底层身份的称谓如"苍头"、"闾左"、"客民"等，也有必要进行更为确切的说明。④

---

① 《后汉书》卷三〇下《郎𫖮传》："王者随天，譬犹自春徂夏，改青服绛者也。自文帝省刑，适三百年，而轻微之禁，渐已殷积。王者之法，譬犹江河，当使易避而难犯也。故《易》曰：'王则易知，简则易从，易简而天下之理得矣。'今去奢即俭，以先天下，改易名号，随事称谓。《易》曰：'君子之道，或出或处，同归殊涂，一致百虑。'是知变常而善，可以除灾，变常而恶，必致于异。今年仲竟，来年入季，仲终季始，历运变改，故可改元，以顺天道也。"所谓"改易名号，随事称谓"语，今略转其意而用之。有语言学者指出，此"称谓"即"称呼，名称"，然而《后汉书》中"只有一例"。杨小平：《〈后汉书〉语言研究》，巴蜀书社 2004 年版，第 48 页。

② 《宋书》卷九三《隐逸列传》。

③ 《史记卷九十五考证》，文渊阁《四库全书》本。

④ 以"苍头"为例，宋王楙《野客丛书》卷二三"苍头称将军"条写道："《随笔》云：今人呼'苍头'为'将军'，其事本为彭宠，为奴所缚，谓妻曰：'趣为将军治装！'注：'呼奴为将军，欲其赦已也。'仆谓此说固是，然观《陈胜传》，将军吕臣为苍头军，是则语苍头为将军亦已久矣。又卫青为奴，后为大将军。……又按《前汉·鲍宣传》'苍头庐儿'，注：汉名'奴'为'苍头'，知此名起于汉矣。观《后汉》注：秦人呼'黔首'，谓奴为'苍头'者，以别于良人。又知'苍头'之名，自秦已然。又读《战国策》，魏有苍头军二十万。又知'苍头'之名不但秦也，他国亦然。'苍头庐儿'，解在《鲍宣传》。而颜师古注《萧望之传》谓在《贡禹传》误矣。"可知前代学者理解有所不同，仍有辨析的必要。

　　事实上，数十年来，考古工作的进步，使得大量的新资料呈示在学界面前，称谓研究是有条件迈出新的步伐的。综合传世文献资料和出土考古资料进行秦汉称谓考察，是有重要学术意义而且也具备一定研究基础的工作。

　　本书对秦汉称谓的考察，注重考古资料与文献资料的结合，亦注重对称谓映现的社会文化状况的说明，而并不仅仅就称谓言称谓。期望关心秦汉历史的朋友能够通过这样的工作对这一时期的社会层次和社会关系有更真切的认识和理解。

　　作为我们讨论对象的秦汉称谓，在今天的学术视野中，仅就数量而言，可以说相当繁多，所涉及的文化层面，亦相当复杂。本书进行的工作，只能说是初步的探索；所获得的认识，亦不免片断粗浅。如果能够通过这样试探性的工作深化相关知识，进而能够使得更多学者特别是青年学人对这一学术主题产生兴趣，愿意做进一步的工作，正是笔者所热忱期待的。

# 一　称谓与等级秩序

## 秦制与"皇帝"称谓发明

秦汉时期有一些新使用的称谓，体现了鲜明的时代特征。

由于秦汉时期是中国古代政治管理范式形成的重要历史阶段，若干称谓的出现不仅在当时标志着政治新局的成立，这些称谓长期使用，又体现了秦汉政治体制久远的历史影响。例如，在先秦"公"、"王"、"君王"① 之上，出现了"皇帝"称谓。"皇帝""名号"是标志秦制权力顶点的政治符号，自秦始皇使用后，一直沿用到 20 世纪初。

### 1. "皇帝""名号"与皇帝制度

公元前 221 年，秦国完成了统一，中国历史从此开始了新的纪元。秦的统一，标志着中国进入了政治史的新的阶段。从此以后，由高度集权的中央政府对各地施行有效的政治管理，成为历史的定式。秦王朝是中国历史上第一个高度集权的专制主义政权。秦王朝的建立，是以当时社会普遍要求统一的文化倾向作为重要背景的。秦的统一，是中国历史上的一件大事，也是世界历史上的一件大事。

秦始皇时代实现了执政权力的绝对集中，皇室、将相、后宫、富族都无从侵犯最高执政者的权威。执掌管理天下的最高权力的，"独天子一人"。② 这

---

① 参看草野友子《战国竹书所见"王"与"君王"名称使用的考察——以上博楚简〈郑子家丧〉为中心》，《珞珈史苑》2012 年卷，武汉大学出版社 2013 年版。

② 章太炎《秦政记》："秦皇负扆以断天下，而子弟为庶人。所任将相，李斯、蒙恬，皆功臣良吏也。后宫之属，椒房之壁，未有一人得自遂者。富人如巴寡妇，筑台怀清，然亦诛灭名族，不使并兼。""秦皇以贱其公子、侧室，高于世主。夫其卓绝在上，不与士民等夷者，独天子一人耳。天子以秉政劳民贵，帝族无功，何以得有位号？授之以政而不达，与之以爵而不衡，诚宜下替，与布衣黔首等。夫贵擅于一人，故百姓病之者寡。"《太炎文录初编》，《章太炎全集》第 4 卷，上海人民出版社 1985 年版，第 71 页。

一政治新局，是与"皇帝""名号"的确立相联系的。

《史记》卷五《秦本纪》记载："秦王政立二十六年，初并天下为三十六郡，号为始皇帝。"《史记》卷六《秦始皇本纪》开篇就说："秦始皇帝者，秦庄襄王子也。"关于蕲年宫之变，又写道："长信侯毐作乱而觉，矫王御玺及太后玺以发县卒及卫卒、官骑、戎翟君公、舍人，将欲攻蕲年宫为乱。"关于"王御玺"，张守节《正义》引崔浩云："李斯磨和璧作之，汉诸帝世传服之，谓'传国玺'。"又引韦曜《吴书》云："玺方四寸，上句交五龙，文曰'受命于天既寿永昌'。《汉书》云文曰'昊天之命皇帝寿昌'。按：二文不同。"后一说"皇帝寿昌"玺文，自然不可能出现在嫪毐作乱时的"王御玺"上。[①]

秦始皇嬴政是如何确定"皇帝"称谓的，《史记》卷六《秦始皇本纪》又有如下记载：

> 秦王初并天下，令丞相、御史曰："……寡人以眇眇之身，兴兵诛暴乱，赖宗庙之灵，六王咸伏其辜，天下大定。今名号不更，无以称成功，传后世。其议帝号。"
>
> 丞相绾、御史大夫劫、廷尉斯等皆曰："昔者五帝地方千里，其外侯服夷服诸侯或朝或否，天子不能制。今陛下兴义兵，诛残贼，平定天下，海内为郡县，法令由一统，自上古以来未尝有，五帝所不及。臣等谨与博士议曰：'古有天皇，有地皇，有泰皇，泰皇最贵。'臣等昧死上尊号，王为'泰皇'。命为'制'，令为'诏'，天子自称曰'朕'。"[②]

---

① 关于嬴政对太后的态度，张守节《正义》引《说苑》云："秦始皇太后不谨，幸郎嫪毐，始皇取毐四支车裂之，取两弟扑杀之，取太后迁之咸阳宫。下令曰：'以太后事谏者，戮而杀之，蒺藜其脊。'谏而死者二十七人。茅焦乃上说曰：'齐客茅焦，愿以太后事谏。'皇帝曰：'走告若，不见阙下积死人耶？'使者问焦。焦曰：'陛下车裂假父，有嫉妒之心；囊扑两弟，有不慈之名；迁母咸阳，有不孝之行；蒺藜谏士，有桀纣之治。天下闻之，尽瓦解，无向秦者。'王乃自迎太后归咸阳，立茅焦为傅，又爵之上卿。"也是"秦始皇"、"始皇"、"皇帝"与"王"交错使用。今本《说苑》卷九《正谏》："皇帝立驾，千乘万骑，空左右自行迎太后苋阳宫，归于咸阳。"《太平御览》卷四五五引《说苑》："皇帝立驾，千乘万骑，躬执辔自行迎太后棫杨宫，归于咸阳。"都与张守节《正义》引文"王乃自迎太后归咸阳"称"王"不同。

② 关于"天子自称"，有学者指出："'余一人'为商、周天子自称。""上古天子还可以自称'予小子''予冲子''予冲人'。"论者以为"余一人"、"予小子"、"予冲子"、"予冲人"等不宜"看作第一人称代词"，而应"看作同位性偏正短语"。殷国光：《吕氏春秋词类研究》，商务印书馆2008年版，第254—255页。"朕"的字义，也有必要探讨。

王曰："去'泰'，著'皇'，采上古'帝'位号，号曰'皇帝'。他如议。"

制曰："可。"

"名号"的变更，是"天下大定"的纪念。由此可以"称成功，传后世"。这里有这样几个问题值得注意。

（1）"丞相绾、御史大夫劫、廷尉斯等"所谓"今陛下兴义兵……"可能是史籍第一次出现"陛下"称谓。裴骃《集解》引蔡邕曰："陛，阶也，所由升堂也。天子必有近臣立于陛侧，以戒不虞。谓之'陛下'者，群臣与天子言，不敢指斥，故呼在陛下者与之言，因卑达尊之意也。上书亦如之。"可知"陛下"是与"天子"对应的称谓，秦王政方令诸臣议"更""名号"，王绾、冯劫、李斯等怎么就已经使用了"陛下"的说法？

（2）秦王政宣布："去'泰'，著'皇'，采上古'帝'位号，号曰'皇帝'。他如议。"随后就记录："制曰：'可。'"这是史籍第一次出现"制曰'可'"文字形式。《史记》卷六《秦始皇本纪》张守节《正义》："制诏三代无文，秦始有之。"王绾、冯劫、李斯等建议"命为'制'"，这里在嬴政宣布意见即"王曰"之后谓"制曰：'可'"，"制"的制度值得思索。《史记》出现"制曰'可'"字样凡九例。八例均为皇帝对臣下建议的认可，仅此一例是皇帝对自己本人意见的认可。裴骃《集解》引蔡邕曰："制书，帝者制度之命也，其文曰'制'。诏，诏书。诏，告也。"《资治通鉴》卷七"秦始皇帝二十六年"的处理方式，不取《史记》此说，只是写作："王初并天下，自以为德兼三皇，功过五帝，乃更号曰'皇帝'，命为'制'，令为'诏'，自称曰'朕'。"

（3）秦王政令丞相、御史："今名号不更，无以称成功，传后世。其议帝号。"关于"名号"的讨论还没有开始，秦王政就说到"帝号"。而"丞相绾、御史大夫劫、廷尉斯等""上尊号，王曰'泰皇'"，全然不考虑"帝"字，又需要秦王政再次提出"采上古'帝'位号"。秦王政身边的几位最高权臣竟然如此迟钝，也使人疑惑秦王政"其议帝号"指示的可能。

### 2. 关于"陛下"

对于问题（1），我们还可以看到这样的情形，即刘邦未称帝之前，也有臣下称之为"陛下"。

如《史记》卷五五《留侯世家》："汉三年，项羽急围汉王荥阳，汉王恐忧，与郦食其谋桡楚权。"郦食其在言谈中三次称刘邦"陛下"："陛下诚能复立六国后世，毕已受印，此其君臣百姓必皆戴陛下之德，莫不乡风慕义，愿为臣妾。德义已行，陛下南乡称霸，楚必敛衽而朝。"随后"张良从外来谒"，在同一主题的讨论中，张良次称刘邦"陛下"："谁为陛下画此计者？陛下事去矣。"又说："今陛下能制项籍之死命乎？""今陛下能得项籍之头乎？""今陛下能封圣人之墓，表贤者之闾，式智者之门乎？""今陛下能散府库以赐贫穷乎？""今陛下能偃武行文，不复用兵乎？""今陛下能休马无所用乎？""从陛下游者，徒欲日夜望咫尺之地。今复六国，立韩、魏、燕、赵、齐、楚之后，天下游士各归事其主，从其亲戚，反其故旧坟墓，陛下与谁取天下乎？""且夫楚唯无强，六国立者复桡而从之，陛下焉得而臣之？诚用客之谋，陛下事去矣。"张良从八个方面驳斥了郦食其的建议，前后一共 11 次使用"陛下"尊称。

而《史记》在这段文字前后的客观记录，对刘邦均称"汉王"。或许"王"在有的情形下也可以称"陛下"，蔡邕"谓之'陛下'者，群臣与天子言"之说不确。

### 3. 秦昭襄王"西帝"故事

关于前说问题（3），对于所谓"其议帝号"，我们不免心存疑惑。然而关注这一问题时也应当留意秦昭襄王曾经称帝的历史事实。

《史记》卷六九《苏秦列传》载苏代遗燕昭王书写道："秦为西帝，燕为北帝，赵为中帝，立三帝以令于天下。韩、魏不听则秦伐之，齐不听则燕、赵伐之，天下孰敢不听？"苏代的这一政治设计，在秦昭襄王时代部分实施。

《史记》卷五《秦本纪》："（秦昭襄王）十九年，王为西帝，齐为东帝，皆复去之。"《史记》卷四三《赵世家》："秦自置为西帝。"在齐、秦分别称"东帝"、"西帝"的政治行为中，秦国执政者似乎表现出更多的主动性。①《史记》卷四四《魏世家》："秦昭王为西帝，齐湣王为东帝，月余，皆复称王归帝。"《史记》卷七二《穰侯列传》："昭王十九年，秦称西帝，齐称东帝。月余，吕礼来，而齐、秦各复归帝为王。"尽管"秦称西帝"时间短暂，却也可能形成了使嬴政印象深刻的政治先声。他在令臣下议"名号"时，曰"其议帝号"，"采上古'帝'位号"，或许也是继承先祖对于"帝号"之向往的一种表现。

无论如何，"皇帝""名号"的确定，在中国政治史上也确实是"自上古以来未尝有"。"皇帝"制度延续两千余年。政体的确定，是和"皇帝"这个我们也可以理解为政治称谓的"名号"密切相关的。

### 4. 秦始皇"除谥法"

秦始皇时代，是一个连续推出多项政治发明的时代。作为新的政治体制主体内容的郡县制度，虽然战国时期已经在若干国家实行，但是统一帝国，特别是包括岭南新开发地区的全面推行，确实是一个创举。嬴政重视"名号"的政治文化意义。《史记》卷六《秦始皇本纪》记载，"制曰：'朕闻太古有号毋谥，中古有号，死而以行为谥。如此，则子议父，臣议君也，甚无谓，朕弗取焉。自今已来，除谥法。朕为始皇帝。后世以计数，二世三世至于万世，传之无穷。'""谥"与"号"严格说来都是"名号"。而"谥"可能长久地影响政治形象和文化形象。嬴政对于这种以"议"特别是通过"子议父，臣议君"决定"名号"的方式，以为"甚无谓"，决意"弗取"。

---

① 《史记》卷四六《田敬仲完世家》："（齐湣王）三十六年，王为东帝，秦昭王为西帝。苏代自燕来，入齐，见于章华东门。齐王曰：'嘻，善，子来！秦使魏冉致帝，子以为何如？'对曰：'王之问臣也卒，而患之所从来微，愿王受之而勿备称也。秦称之，天下安之，王乃称之，无后也。且让争帝名，无伤也。秦称之，天下恶之，王因勿称，以收天下，此大资也。且天下立两帝，王以天下为尊齐乎？尊秦乎？'王曰：'尊秦。'曰：'释帝，天下爱齐乎？爱秦乎？'王曰：'爱齐而憎秦。'曰：'两帝立约伐赵，孰与伐桀宋之利？'王曰：'伐桀宋利。'对曰：'夫约钧，然与秦为帝而天下独尊秦而轻齐，释帝则天下爱齐而憎秦，伐赵不如伐桀宋之利，故愿王明释帝以收天下，倍约宾秦，无争重，而王以其间举宋。夫有宋，卫之阳地危；有济西，赵之阿东国危；有淮北，楚之东国危；有陶、平陆，梁门不开。释帝而贷之以伐桀宋之事，国重而名尊，燕楚所以形服，天下莫敢不听，此汤武之举也。敬秦以为名，而后使天下憎之，此所谓以卑为尊者也。愿王孰虑之。'于是齐去帝复为王，秦亦去帝位。"所谓"秦使魏冉致帝"，以及"天下立两帝"，"天下""尊秦"的说法，使秦的政治意图更为明朗。

"谥法"于是废除。《资治通鉴》卷七"秦始皇二十六年":"制曰:'死而以行为谥,则是子议父,臣议君也,甚无谓。自今以来除谥法。'"胡三省注:"周公作谥法,缘行之美恶以立谥,如幽厉之君,虽孝子慈孙,百世不能改也。今秦除之,畏后人加己以恶谥也。"秦始皇有"至于万世,传之无穷"的自信,"除谥法"的动机,大概不是"畏后人加己以恶谥也"。

秦二世败亡之后,"后世以计数,二世三世至于万世"的设想破灭,但是皇帝制度依然为西汉政权继承,后世竟然延续百代。皇帝制度作为新的政治发明,可以说是嬴政本人的创意,也可以说确立了时代进程的一个里程碑。

## "黔首"称谓

与"皇帝""名号"同样醒目,另有指代居于权力结构最底层者的身份的称谓。这就是秦统一前已经开始使用,在秦王朝政治文化体系中被确定为民众法定身份符号的"黔首"。

"黔首"称谓使用不久就为"民"、"百姓"等所替代。"黔首"称谓的时代特色,也值得研究者关注。我们还注意到,"黔首"在汉世依然看到作为社会称谓使用的片断的文化遗存,"黔首"在长久的政治史和社会史中保留记忆非常深刻。这一情形,也体现了秦政和秦文化的历史影响。

### 1. 更名民曰"黔首"

与秦代社会结构顶端"皇帝"形成上下对应关系的底层民众,被称为"黔首"。这是和郡县制的推行同时宣布的,因此可以看作重要的行政举措。这一决策在确定"皇帝"称谓同时。《史记》卷六《秦始皇本纪》:"分天下以为三十六郡,郡置守、尉、监。更名民曰'黔首'。"① 裴骃《集解》:"应劭曰:'黔亦黎,黑也。'"以"黑"释"黔",使人联想到"方今水德之始"的认识与"衣服旄旌节旗皆上黑"的制度。张守节《正义》:"以水德属北方,故上黑。"裴骃《集解》:"张晏曰:'水,北方,黑。'"不过,

---

① 《太平御览》卷八六引《史记》作"更命民曰黔首"。

"黔首"称谓最初使用时，五德终始学说的神秘主义影响可能尚未及于民间意识。

"黔首"作为"民"的正式称谓，因秦制短暂，使用并不长久。

我们看到的秦史的明确记录，有《史记》卷六《秦始皇本纪》："（秦始皇二十八年）南登琅邪，大乐之，留三月。乃徙黔首三万户琅邪台下，复十二岁。""三十一年十二月，更名腊曰'嘉平'。赐黔首里六石米，二羊。""（秦始皇）三十六年，荧惑守心。有坠星下东郡，至地为石，黔首或刻其石曰'始皇帝死而地分'。"秦二世即位后"行诛大臣及诸公子"，于是，"宗室振恐。群臣谏者以为诽谤，大吏持禄取容，黔首振恐"。赵高杀秦二世，"立二世之兄子公子婴为秦王。以黔首葬二世杜南宜春苑中"。

"三十一年……赐黔首里六石米，二羊"条，裴骃《集解》："徐广曰：'使黔首自实田也。'"《资治通鉴》卷七"秦始皇帝三十一年"："三十一年，使黔首自实田。"胡三省注："二十六年，更名民曰'黔首'。孔颖达曰：'黔，黑也。凡民以黑巾覆头，故谓之黔首。'"

应当注意，孔说提出了对"黔首"意义的另一种解释。而所谓"使黔首自实田"，被许多学者看作新的土地制度推行的标志性政策。[①]

作为政治宣传方式，秦始皇二十八年（前219）"作琅邪台，立石刻，颂秦德，明得意"。石刻文字出现"黔首"："维二十八年，皇帝作始。端平法度，万物之纪。以明人事，合同父子。圣智仁义，显白道理。东抚东土，以省卒士。事已大毕，乃临于海。皇帝之功，劝劳本事。上农除末，黔首是

---

① （宋）黄震《黄氏日抄》卷五四《读杂史四·东莱大事记》："始皇三十一年'使黔首自实田'。《解题》曰：'为此阡陌之弊。'愚按：阡陌乃井田之阡陌，秦开而去之，非为之也。东莱于孝公之下自载秦人之说以为决坏阡陌，今其自说乃以为开创，恐不相合。此事朱文公考之甚详。"（宋）王应麟：《困学纪闻》卷一六《考史·历代田制考》"秦废井田开阡陌"条："《秦纪》、《鞅传》皆云'为田开阡陌封疆而赋税平'，蔡泽亦曰'决裂阡陌以静生民之业而一其俗'。所谓'开'者，乃破坏划削之意，而非创置建立之名。所谓'阡陌'，乃三代井田之旧而非秦之所置矣。所谓'赋税平'者，以无欺隐窃据之奸也。所谓'静生民之业'者，以无归授取予之烦也。《大事记解题》曰：决裂云者，唐虞三代井田之制，分画坚明，封表深固，非大用力以决裂之，不能遽扫灭其迹也。秦始皇三十一年'使黔首自实田'，使井田不废，何患田之不实乎？"（明）吕柟《泾野子内篇》卷三《东林书屋语》："伊问秦鞅何以开阡陌也？先生曰：垦弃地以尽地利，听买卖以尽人力，定永业以绝归授耳。曰：可乎？曰：废先王之法，恶乎可也？然则始皇又何以令黔首自实田也？曰：井田既废，民多兼并，故舍田税人，地数未盈，其税又备。曰：可乎？曰：是逐民也。或耕豪民之田，见税十五者何？输田主也。曰：可乎？曰：里有公侯之贵，此之谓也。"

富。普天之下，抟心揖志。器械一量，同书文字。日月所照，舟舆所载。皆终其命，莫不得意。应时动事，是维皇帝。匡饬异俗，陵水经地。忧恤黔首，朝夕不懈。除疑定法，咸知所辟。方伯分职，诸治经易。举错必当，莫不如画。皇帝之明，临察四方。尊卑贵贱，不逾次行。奸邪不容，皆务贞良。细大尽力，莫敢怠荒。远迩辟隐，专务肃庄。端直敦忠，事业有常。皇帝之德，存定四极。诛乱除害，兴利致福。节事以时，诸产繁殖。黔首安宁，不用兵革。六亲相保，终无寇贼。驩欣奉教，尽知法式。六合之内，皇帝之土。西涉流沙，南尽北户。东有东海，北过大夏。人迹所至，无不臣者。功盖五帝，泽及牛马。莫不受德，各安其宇。"在颂扬"秦德"和"皇帝之德"的赞语中三见"黔首"："上农除末，黔首是富。""忧恤黔首，朝夕不懈。""黔首安宁，不用兵革。"

秦始皇二十九年（前218）之罘刻石回顾兼并六国的战争，也写道："六国回辟，贪戾无厌，虐杀不已。皇帝哀众，遂发讨师，奋扬武德。义诛信行，威燀旁达，莫不宾服。烹灭强暴，振救黔首，周定四极。"也是对"皇帝""武德"以及"义""信""威"的赞美。"黔首"是"振救"的对象。值得注意的是，"六国"之"众"被称为"黔首"。同篇文字讲述新的政治体制的成功，又说到"黔首改化，远迩同度，临古绝尤"。

又三十七年（前210）会稽刻石，也说"遂登会稽，宣省习俗，黔首斋庄"。关于民间风习的强制性改造，又强调："大治濯俗，天下承风，蒙被休经。皆遵度轨，和安敦勉，莫不顺令。黔首修絜，人乐同则，嘉保太平。后敬奉法，常治无极，舆舟不倾。"

秦始皇三十四年（前213），周青臣进颂："以诸侯为郡县，人人自安乐，无战争之患，传之万世。自上古不及陛下威德。"博士齐人淳于越则以殷周旧制否定郡县制，以为："事不师古而能长久者，非所闻也。今青臣又面谀以重陛下之过，非忠臣。"于是，"始皇下其议"。李斯的发言提出了焚书的建议，其中指出："今诸生不师今而学古，以非当世，惑乱黔首。"随后发生的坑儒事件，直接导因是侯生和卢生的逃亡。"始皇闻亡，乃大怒曰：'吾前收天下书不中用者尽去之。悉召文学方术士甚众，欲以兴太平，方士欲练以求奇药。今闻韩众去不报，徐市等费以巨万计，终不得药，徒奸利相告日闻。卢生等吾尊赐之甚厚，今乃诽谤我，以重吾不德也。诸生在咸阳者，吾使人廉问，或为讹言以乱黔首。'于是使御史悉案问诸生，诸生传相告引，乃自除犯禁者四百六十余人，皆坑之咸阳，使天下知之，以惩后。益发谪徙边。"扶苏就此提出异议，竟然激怒秦始皇。"始皇长子扶苏谏曰：'天下初定，远方黔首未集，诸生皆诵法孔子，今上皆重法绳之，臣恐天下不安。唯上察之。'始皇怒，使扶苏北监蒙恬于上郡。"坑儒的缘由，是"诸生""为讹言以乱黔首"。扶苏谏语，则言"远方黔首未集"。

秦二世又有与"黔首未集"类似的说法。继承帝位后，"二世与赵高谋曰：'朕年少，初即位，黔首未集附。先帝巡行郡县，以示强，威服海内。今晏然不巡行，即见弱，毋以臣畜天下。'"于是有东行郡县举措。《史记》卷八七《李斯列传》载录李斯上书秦二世文字："夫不能修申、韩之明术，行督责之道，专以天下自适也，而徒务苦形劳神，以身徇百姓，则是黔首之役，非畜天下者也，何足贵哉！"也说到"黔首"。《史记》卷六《秦始皇本纪》记载望夷宫政变："阎乐前即二世数曰：'足下骄恣，诛杀无道，天下共畔足下，足下其自为计。'二世曰：'丞相可得见否？'乐曰：'不可。'二世曰：'吾愿得一郡为王。'弗许。又曰：'愿为万户侯。'弗许。曰：'愿与妻子为黔首，比诸公子。'阎乐曰：'臣受命于丞相，为天下诛足下，足下虽多言，臣不敢报。'麾其兵进。二世自杀。"[①]

李斯、扶苏、秦二世言"黔首"，可知这一称谓已经为秦王朝高层执政者习用，渗透到政治语言习惯之中。

据《史记》卷八七《李斯列传》，李斯长男李由任三川郡太守，诸男皆尚秦公主，女悉嫁秦诸公子。"李由告归咸阳，李斯置酒于家，百官长皆前为寿，门廷车骑以千数。"李斯于是感叹道："嗟乎！吾闻之荀卿曰'物禁大盛'。夫斯乃上蔡布衣，闾巷之黔首，上不知其驽下，遂擢至此。当今人臣之位无居臣上者，可谓富贵极矣。物极则衰，吾未知所税驾也！"从李斯权威炽盛"富贵极矣"时怒斥诸生"惑乱黔首"，到临近人生悲剧结局时自

---

① 秦二世"愿与妻子为黔首"而未遂的故事，形成深刻的历史记忆。（宋）杨万里《诚斋易传》卷一五："胡亥请为黔首而不许。"钱时《两汉笔记》卷三："至今万乘之贵，四海之富，乞为黔首而不可得矣。"熊节《性理群书句解》卷一五："秦二世，万乘也，求为黔首而不能得。"（明）叶山《叶八白易传》卷一四："秦胡亥求为黔首而不许。"胡直《衡庐精舍藏稿》卷三〇《杂著》："乞为黔首而不可得。"

称"辇下"之"闾巷之黔首"，形成"物极则衰"的鲜明对照。"黔首"与"布衣"的对应关系，也值得注意。

贾谊《过秦论》依然使用秦的语言方式："废先王之道，焚百家之言，以愚黔首。堕名城，杀豪俊，收天下之兵聚之咸阳，销锋铸鐻，以为金人十二，以弱黔首之民。"所谓"以愚黔首"，"以弱黔首之民"，批判秦代专制体制以"愚""弱"方式控制民众、压迫民众的政策，却依然沿用秦官方确定的"黔首"称谓。

### 2. "黔首"名义

魏张揖《广雅》卷四《释诂》："黔首，氓民也。"明朱谋㙔《骈雅》卷三《释名称·君臣》："元首，至尊君也。黎、苗、黔首、元元，黎蒸民也。"亦说明"黔首"身份等级。这样的解说并没有明朗"黔首"语义的由来。对于这一称谓的语源学分析，还需要做更多的工作。

《后汉书》卷一上《光武帝纪上》记载："（建武五年二月）彭宠为其苍头所杀，渔阳平。"李贤注："秦呼人为黔首。谓奴为苍头者，以别于良人也。""黔首"和"苍头"，都强调了头部的特征。前引裴骃《集解》："应劭曰：'黔亦黎，黑也。'"以及孔颖达说："黔，黑也。凡民以黑巾覆头，故谓之黔首。"都突出揭示了"黔，黑也"文义。

《汉书》卷三〇《艺文志》："至秦患之，乃燔灭文章，以愚黔首。"颜师古注："秦谓人为黔首，言其头黑也。"《汉书》卷七二《鲍宣传》载鲍宣上谏："……奈何独私养外亲与幸臣董贤，多赏赐以大万数，使奴从宾客浆酒霍肉，苍头庐儿皆用致富！非天意也。"颜师古注："孟康曰：'黎民、黔首，黎、黔皆黑也。下民阴类，故以黑为号。汉名奴为苍头，非纯黑，以别于良人也。诸给殿中者所居为庐，苍头侍从因呼为庐儿。'臣瓒曰：'《汉仪注》官奴给书计，从侍中已下为苍头青帻。'"

唐陆德明《经典释文》卷一三："黑首谓民也，秦谓民为黔首。"宋辅广《诗童子问》："黎，黑也。古语'黎元'犹秦言'黔首'。"王应麟《汉制考》卷四《说文》："秦谓民为'黔首'，黑色也。周谓之'黎民'。"元梁益《诗传旁通》卷六"黔首"条："《史记》：秦皇帝更名民曰黔首。黔，黑也，谓其黑头无知也。"明周祈《名义考》卷五《人部》"黔首苍头"

条："《秦本纪》'更名民曰黔首'，《祭义疏》谓以黑布覆首，谓之黔首。《战国策》'魏苍头'鲍彪注：谓以青帕首项也。又汉名奴亦曰'苍头'。'黔首'则自唐虞以来所谓黎民也，亦曰黔黎。"也都注意到"黔""黑"的色彩风格。

黑色，是长年露天作业，承担重体力劳动者的正常肤色。所谓"民以黑巾覆头，故谓之黔首"，"以黑布覆首，谓之黔首"等，恐是想象。而"下民阴类，故以黑为号"的说法，也未可信从。

### 3. 云梦龙岗出土文物实证

云梦龙岗 6 号秦墓出土简牍资料中，可以看到明确的"黔首"身份，可以作为"更名民曰'黔首'"的文物实证。例如：

> 禁苑吏、苑人及黔首有事禁中，或取其□□□□ (6)①
> 时来鸟，黔首其欲弋射枭兽者勿禁。□ (30)
> 黔首犬入禁苑中而不追兽及捕□ (77)
> 租者且出以律，告典、田典，典、田典令黔首皆智（知）之，及□ (150)
> 黔首皆从千（阡）佰（陌）彊（疆）畔之其□ (154)
> 黔首钱假其田已（?）□□□者，或者□□ (155)
> 黔首田实多其□□ (157)
> 黔首或始種（种）即故□ (158)
> 黔首□□不幸死，未葬□ (196)②

都涉及"黔首"身份。

有些简文或许可以帮助我们理解与"黔首"有关的制度。例如，"黔首田实多其□□"（157），整理者注释："'田实多其□'，疑指'度田不实'，

---

① 注释：黔首，百姓。《史记·秦始皇本纪》：秦始皇二十六年，"更名民曰'黔首'"。中国文物研究所、湖北省文物考古研究所编：《龙岗秦简》，中华书局 2001 年版，第 73 页。
② 《龙岗秦简》，第 73、83、101、122、124—126、131 页。

汉代有'度田不实'之罪。《后汉书·光武纪》：建武十六年，'河南尹张伋
及诸郡守十余人，坐度田不实，皆下狱死。'又《刘隆传》：'是时，天下垦
田多不以实，又户口年纪互有增减。十五年，诏下州郡检核其事，而刺史多
不平均，或优饶豪右，侵刻羸弱，百姓嗟怨，遮道号呼。'《刘般传》：'……
般上言：……而吏举度田，欲令多前，至于不种之处，亦通为租，可申敕刺
史、二千石，务令实核，其有增加，皆使与夺（脱）田同罪。'李家浩说，
'田实'与庭实、内实、口实、腹实、豆实、篚实、官实等文例相同，似指田
中的农作物。"① 今按："'田实多其□'，疑指'度田不实'"的推想似未可
从，但是所谓"田实多其□"与"三十一年，使黔首自实田"的历史事实有
某种关系，却是很可能的。

《史记》卷六《秦始皇本纪》："三十一年十二月，更名腊曰'嘉平'。
赐黔首里六石米，二羊。""三十一年"字样后，裴骃《集解》："徐广曰：
'使黔首自实田也。'"《资治通鉴》卷七"秦始皇三十一年"："三十一年，
使黔首自实田。"

秦代文物资料涉及"黔首"者，有发现数量颇多的《廿六年诏权》，规
范化文字是："廿六年，皇帝尽并兼天下诸侯，黔首大安。立号为皇帝。乃
诏丞相状绾：法度量则不壹歉疑者，皆明壹之。"②

### 4. 放马滩《日书》："黔首"称谓的早期使用

李斯著名的《谏逐客书》中，已经出现"黔首"称谓："臣闻地广者粟
多，国大者人众，兵强则士勇。是以太山不让土壤，故能成其大；河海不择
细流，故能就其深；王者不却众庶，故能明其德。是以地无四方，民无异
国，四时充美，鬼神降福，此五帝、三王之所以无敌也。今乃弃黔首以资敌
国，却宾客以业诸侯，使天下之士退而不敢西向，裹足不入秦，此所谓'藉
寇兵而赍盗粮'者也。"③ 看来"黔首"称谓在秦统一之前已经使用。又
《韩非子·忠孝》："古者黔首悗密蠢愚，故可以虚名取也。今民儇诇智慧，

①　《龙岗秦简》，第 125 页。
②　孙慰祖、徐谷富编著：《秦汉金文汇编》，上海书店 1997 年版，第 4—14 页。
③　《史记》卷八七《李斯列传》。

欲自用，不听上，上必且劝之以赏然后可进，又且畏之以罚然后不敢退。"
似透露"黔首"是较为古久的称谓。

天水放马滩秦简《日书》，年代被判定在"形成先于墓葬前"，其中，
"甲种是一种较早的本子；而乙种是墓主人抄于甲种后形成的一种抄本，其
时代当在墓主生前时期，即公元前二三九年以前。""甲种《日书》的字体
有战国古文之风"①，其中却出现了"黔首"称谓：

> 建日良日矣可为啬夫可以祝祠可以畜六生不可入黔首（14）
> 平日可取妻祝祠赐客可以入黔首作事吉｜平旦生女日出生男夙食女莫
> 食男日中女日西中男（16）

乙种也有"平日""可以入黔"（16）字样。②

这是秦王朝宣布"更名民曰'黔首'"之前，民间已经使用"黔首"称
谓的确定的实例。

天水地方原本是秦国故地。关注秦统一之前已见"黔首"称谓的事实，
似不能排除"黔首"称谓早先即在秦地通行的可能。《战国策·魏策二》记
载惠公为魏惠王葬事因"天大雨雪""请弛期更日"谏太子："先王必欲少
留而扶社稷、安黔首也，故使雪甚。因弛期而更为日，此文王之义也。"③
惠公谏言说到"黔首"。可知"黔首"称谓的使用，战国时期可能亦不限于
秦地。《吴越春秋》与《越绝书》在齐鲁人对话记录中均见"黔首"称
谓。④ 然而这两种书成书年代较晚，不宜作为说明"黔首"早期使用地域的
证据。《礼记·祭义》亦见孔子言"黔首"。宋吴曾《能改斋漫录》卷一
《事始》"民曰黔首"条写道："《史记·秦纪》：秦命民曰黔首。然《礼·

---

① 甘肃省文物考古研究所编：《天水放马滩秦墓》，中华书局2009年版，第129页。
② 同上书，第83—84、88页。
③ 事又见《吕氏春秋·开春》，作"抚社稷、安黔首"。
④ 《吴越春秋》卷三《夫差内传》："十三年，齐大夫陈成恒欲弑简公，阴惮高、国、鲍、晏，故
前兴兵伐鲁。鲁君忧之，孔子患之，……子贡北之齐，见成恒，因谓曰：'……今君之四境之中，出大臣
以环之，人民外死，大臣内空，是君上无强敌之臣，下无黔首之士，孤主制齐者，君也。'"《越绝书》
卷五《越绝内传陈成恒》载子贡语："今君悉择四疆之中，出大臣以环之，黔首外死，大臣内空，是君
上无强臣之敌，下无黔首之士，孤立制齐者，君也。"

祭义》篇宰我问孔子，而孔子曰：因物之精，制为之极，明命鬼神，以为黔首，则然。则以黔首命民久矣。"以《礼记·祭义》为据讨论"黔首"称谓之渊源的时间和空间条件，自然有必要考定《礼记》的成书年代。① 《太平御览》卷五三〇引《庄子》："游岛②问雄黄曰：'今逐疫出魅，击鼓呼噪，何也？'雄黄曰：'黔首多疫，黄帝氏立巫咸，使黔首沐浴斋戒，以通九窍，鸣鼓振铎，以动其心，劳形趋步，以发阴阳之气，饮酒茹葱，以通五脏。夫击鼓呼噪，逐疫出魅鬼，黔首不知以为魅祟也。"" "黔首"虽然出现，却缺乏明了其时代的确证。

也许《七国考》作者董说的处理是合理的。《七国考》卷一〇《魏丧制》"更葬日"条引《国策》惠公谏太子故事言及"扶社稷、安黔首"。然而卷一一《魏兵制》"武力"条："苏秦说魏襄王曰：'大王之卒，武力二十余万，苍头二十万，奋击二十万，厮徒十万，车六百乘，骑五千匹。' 余按'武力'即荀卿所谓魏氏武卒也。""苍头、奋击、厮徒"条："详见苏秦说魏注云：苍头者，谓以青巾裹头，以异于众。唐王某《河清颂》云：'魏立苍头，秦称黔首。'厮徒者，谓养马贱者亦为兵陈。"所谓"魏立苍头，秦称黔首"，已经大致区别秦魏制度。

不过，秦晋有共通的语言文化背景，③ 较早开始的密切联系，也便利了文化的交融。"黔首"称谓可能起初通行于秦晋地方，除《战国策·魏策二》惠公一例外，还有前引《韩非子·忠孝》语例可以证明。

"黔首"作为社会称谓，在成书于秦地的《吕氏春秋》中出现最为密集，合计达 21 次之多。这一情形，也是我们在讨论"黔首"原生地域和流行范围时应当参考的。

---

① （元）梁益《诗传旁通》卷六"黔首"条："《礼记·祭义》曰：'明命鬼神，以为黔首则。' 按古无'黔首'之称，而云为'黔首'则，此汉儒窜入之说无疑，非《礼记》旧文。"（明）杨慎《丹铅余录》卷一四："《祭义》曰：'明命鬼神，以为黔首则。'《内经》曰：'黔首共饮食，莫知之也。' 李斯刻石颂秦德曰：黔首康定。太史公因此语遂于《秦纪》谓秦名民曰黔首。朱子注《孟子》亦曰周言黎民，秦言黔首。盖因太史公之语也。然《祭义》、《内经》之书，实先秦世。'黔首'之称古矣。恐有不因秦也。不然，则二书所称，亦后世窜人之说，为可疑耳。"清人齐召南说："'以为黔首则'，疏：按《史记》云秦命民曰黔首。此记作在周末秦初，故称'黔首'云云。"据《礼记注疏卷四十七考证》，"按此疏甚明。《礼记》杂出诸儒之手，所称'子曰'，皆作记之人述之耳。"文渊阁《四库全书》本。

② 《困学纪闻》卷一〇引《庄子·逸篇》作"游鬼"。

③ 参看王子今《古晋语"天开之"索解——兼论秦晋交通的早期发展》，《史志研究》1998 年第 2 期。

### 5. 岳麓书院秦简《为吏治官及黔首》

岳麓书院藏秦简《为吏治官及黔首》①是讲述行政长官道德行为规则的文书，其中直接以"黔首"指称民众。例如简文可见：

善度黔首力（1491 正）
劳以率之（1535 + 1498 正）
正以挢之（1540 正）

又如：

黔首不田作不孝（1539 正）

在所谓"吏有五失"的警诫性内容中，也说到对"黔首"的态度是衡量吏治水平的第一条标准：

吏有五失（0310 正）
一曰视黔首渠骜（1497 正）
二曰不安其朝（1544 正）
三曰居官善取（1545 正）
四曰受令不偻（1546 正）
五曰安其家忘官府（1547 正）
五者毕至是胃（谓）过主（1569 正）

"渠骜"，或可读作"倨骜"。《史记》卷四七《孔子世家》："晏婴进曰：'夫儒者滑稽而不可轨法；倨傲自顺，不可以为下；崇丧遂哀，破产厚葬，不可以为俗；游说乞贷，不可以为国。……'"《史记》卷一一〇《匈奴列传》："中行说令单于遗汉书以尺二寸牍，及印封皆令广大长，倨傲其辞曰

---

① 原有书题。1531 背。

'天地所生日月所置匈奴大单于敬问汉皇帝无恙'，所以遗物言语亦云云。"
《史记》卷六三《老子韩非列传》："虑事广肆，则曰草野而倨侮。"张守节
《正义》："草野犹鄙陋也。广陈言词，多有鄙陋，乃成倨傲侮慢。"所谓
"视黔首渠鸷"被列为"吏有五失"之第一种，体现出至少在形式上平等对
待"黔首"的比较开明的政治理念。

又可见"吏有五则"：

> 吏有五则（1549 正）
> 一曰不祭（察）所亲则韦（违）（1550 正）
> 二曰不智（知）所使则以雚（权）索利（1551 正）
> 三曰举事不当则黔首矗指（1565 正）
> 四曰喜言隋（惰）行则黔首无所比（1568 正）
> 五曰善非其上则身及于死（1567 正）①

其中两条都说到"黔首"。可知"吏"在社会等级上与"黔首"形成对立，
在行政管理事务中则相当重视"黔首"的态度与表现。

### 6. 张家山《奏谳书》所见"新黔首"

张家山汉简《奏谳书》可见"黔首"身份。《·南郡卒史盖庐、挚田、
段（假）、卒史鸮复攸庠等狱簿》（124）中，有所谓"黔首"：

> 御史书以廿七年二月壬辰到南郡守府，即下，甲午到盖庐等治所，
> 其壬寅补益从治，上治（125）它狱。·四月辛卯鸮有论去。五月庚午
> 朔、益从治，盖庐有资（赀）去。八月庚子朔论去。尽廿八年九月甲
> 午已。（126）凡四百六十九日。朔病六十二日，行道六十日，乘恒马
> 及船行五千一百卅六里，衛（率）之，日行八十五里，（127）畸（奇）
> 卅六里不衛（率）。除弦（元）、伏不治，它狱四百卅九日，定治十八

---

① 朱汉民、陈松长主编：《岳麓书院藏秦简·壹》，上海辞书出版社 2010 年版，第 109、114、124、
131、149 页。

日。（128）·御史下书别居它筍。·今复之：庳曰：初视事，苍梧守
竃、尉徒唯谓庳：利乡反，新黔（129）首往鬏（系），去北当捕治者
多，皆未得，其事甚害难，恐为败。庳视狱留，以问狱史氏，氏曰：
（130）苍梧县反者，御者恒令南郡复。义等战死，新黔首恐，操其叚
（假）兵匿山中，诱召稍（131）来，皆榣（摇）恐畏，其大不安，有
（又）须南郡复者即来捕。义等将吏卒鬏（击）反盗，弗先候视，
（132）为惊败，义等罪也，上书言财（裁）新黔首罪。它如书。竃、
徒唯曰：教谓庳：新黔首当捕者不得，（133）勉力善（缮）备，弗谓
害难，恐为败。唯谓庳久矣，忘弗识。它如庳。·氏曰：刻（劾）下，
与脩（攸）守（134）媱、丞魁治，令史駈与义发新黔首往候视，反盗
多，益发与战。义死，脩（攸）有（又）益发新（135）黔首往鬏
（击），破，凡三辈，駈并主籍。其二辈战北当捕，名籍副并居一筍中，
駈亡，不得，未（136）有以别智（知）当捕者。及屯□敬，卒已罢
去，移徒（?）沓之，皆未来。好時辟駈有鞫，氏（137）以为南郡且
来复治。庳问，氏以告庳，不智（知）庳上书。它如庳。媱、魁言如
（138）氏。·诘氏：氏告庳曰：义等战死，新黔首恐，操其叚（假）
兵匿山中，诱召稍来，皆榣（摇）恐（139）畏，其大不安，有须南郡
复者即来捕。吏讯氏，氏曰：駈主新黔首籍，三辈战北，皆并（140）
居一筍中，未有以别智（知）当捕者，遝駈未来未捕，前后不同，皆何
解？氏曰：新黔（141）首战北当捕者，与后所发新黔首籍并，未有以
别智（知）。駈主，遝未来，狱留须駈。（142）庳为攸令，失闻。庳别
异，不与它令等。义死，黔首当坐者多，皆榣（摇）恐吏罪之，有
（又）别离居（143）山谷中。民心畏恶，恐弗能尽偕捕，而令为败，
幸南郡来复治。庳视事掾狱，问氏，氏即以（144）告庳，恐其怒，以
自解于庳，实须駈来别籍，以偕捕之，请（情）也。毋它解。（145）。
·诘庳：鬏（击）反群盗，儃乏不斗，论之有法。庳挌掾狱，见罪人，
不以法论之，而上书言独财（裁）新黔首罪，是庳欲（146）绎（释）
纵罪人也。何解？庳曰：闻（?）等上论夺爵令戍，今新黔首实不安辑，
上书以闻，欲陛下幸诏庳以抚定之，不敢择（释）（147）纵罪人。毋
它解。（148）·诘庳：等虽论夺爵令或〈戍〉，而毋法令，人臣当谨奏

法以治，今庳绎（释）法而上书（149）言独财（裁）新黔首罪，是庳
欲绎（释）纵罪人明矣。吏以论庳，庳何以解之？庳曰：毋以解之，
罪。（150）・问南郡复吏到攸，攸遝赾未来，未有新黔首当捕者名籍。
赾来会，建曰：义死，自以（151）有罪，弃籍去亡，得□视氏所言籍，
居一筩中者，不署前后发，毋章，求不可智（知）。南郡复吏（152）
乃以智（知）巧令脩（攸）诱召宛（聚）城中，谒（？）讯传先后以
别，捕戟（击）战北者。狱留盈卒岁，不具（153）断，苍梧守已劾论
□□□□□□赾及吏卒不救援义等去北者，颇不具，别奏。它如
（154）辟（辞）。・鞠之：义等将吏卒新黔首戟（击）反盗，反盗杀义
等，吏、新黔首皆弗救援，去北。当（155）遝赾，传诣脩（攸），须
来以别黔首当捕者。当捕者多别离相去远，其事难。未有以捕章
（156）捕论，庳上书言独财（裁）新黔首罪，欲纵勿论，得，审。・
令：所取荆新地多群盗，吏所舆与群盗遇，（157）去北，以儋乏不斗
律论；律：儋乏不斗，斩。纂遂纵囚，死罪囚，黥为城旦，上造以上，
耐为鬼薪，以此（158）当庳。・当之：庳当耐为鬼薪。・庳戟（系）。
（159）讯者七人，其一人戟（系），六人不戟（系）。（160）不存皆不
讯。（161）①

作为法律文书，涉及战时对"恐畏"、"儋乏不斗"、"弗救援，去北"、"战
北"等行为军法处置的具体情节，这里不作讨论。我们更为注意的，是
"新黔首"称谓的使用。

　　另一案例，即"不智（知）何人刺女子婢宛里中，夺钱，不智（知）
之所"事。经"追求贼"，捕得犯罪嫌疑人：

　　　　其一人公士孔，起室之市，落莫（暮）行正旗下，有顷（212）即
　　归，明有（又）然。衣故有带，黑带，带有佩（佩）处而毋佩（佩）
　　也。瞻视应对宛（最）奇，不与它人等。（213）孔曰：为走士，未尝

　　①　张家山二四七号汉墓竹简整理小组：《张家山汉墓竹简〔二四七号墓〕》（释文修订本），文物出
版社 2006 年版，第 103、105 页。

佩（佩）鞞刀、盗伤人，毋坐也。举阘疑孔盗伤婢，即谇问黔首：有
（214）受孔衣器、钱财，弗诣吏，有罪。……（215）

办案人员"谇问黔首"的情节值得注意。"孔"的供词言及作案前后情景，
也涉及"黔首"称谓：

孔见一女子操簦但（掸）钱，其时吏悉令黔首之田救釜（蠡），邑
中少人，（222）孔自以为利，足刺杀女子夺钱，即从到巷中，左右瞻
毋人，以刀刺夺钱去走。（223）前匿弗言，罪。问如辟（辞）。臧
（赃）千二百钱，已亥（核），孔完为城旦。

"孔"伤人劫财，"贼刺人，盗夺钱"的犯罪行为严重破坏治安秩序，危害
甚大。定案后的总结，有"黔首畏害之，出入不敢，若思（斯）甚大害也"
的分析：

孔端为券，贼刺人，盗夺钱，（224）置券其旁，令吏勿智（知），
未尝有。黔首畏害之，出入不敢，若思（斯）甚大害也。顺等求弗得，
（225）乃令举阘代，毋征物，举阘以智訆（研）诇求得，其所以得者
甚微巧，卑（俾）令盗贼不敢发。(226)

办案人员举阘因"得微［难］狱"，得到表彰和提升。①
据整理小组判断，这一文书的书写年代，"属秦王政六年（公元前二四
一年）"②。前引《·南郡卒史盖庐、挚田、叚（假）、卒史鹍复攸庠等狱簿》
所谓"廿七年"，整理小组以为"二十七年，秦始皇二十七年（公元前二二
〇年）"。③ 张家山汉简《奏谳书》中这两件文书出现"黔首"称谓的情形，
都可以证明秦统一之前"黔首"名号普遍使用的事实。所谓"新黔首"者，

---

① 《张家山汉墓竹简〔二四七号墓〕》（释文修订本），第109、111页。
② 同上书，第111页。
③ 同上书，第105页。今按："二十七年"，应为"廿七年"。

当指新占领区较晚近归附的民众，反映"黔首"应当是秦国较早比较通行的身份代号。

而汉初法律文书中依然采用"黔首"称谓，可以推知当时律令执行者、研究者和一般读者，对于其指代身份是理解的。

### 7. "黔首"与"民"

在宣布"更名民曰黔首"之后，秦王朝正式文告依然有并不使用"黔首"称谓的情形。例如，秦始皇二十八年（前219）泰山刻石："皇帝临位，作制明法，臣下修饬。二十有六年，初并天下，罔不宾服。亲巡远方黎民，登兹泰山，周览东极。"可见"黎民"。赵高建议秦二世："明主收举余民，贱者贵之，贫者富之，远者近之，则上下集而国安矣。"

前引《过秦论》"以弱黔首之民"亦体现"黔首"和"民"同时使用的情形。

李斯《谏逐客书》言"弃黔首以资敌国"，但是同一篇文字，也使用"民"字。如："孝公用商鞅之法，移风易俗，民以殷盛，国以富强。""……今取人则不然。不问可否，不论曲直，非秦者去，为客者逐。然则是所重者在乎色乐珠玉，而所轻者在乎人民也。""今逐客以资敌国，损民以益雠，内自虚而外树怨于诸侯，求国无危，不可得也。"

就是在"弃黔首以资敌国"前句，也有"地无四方，民无异国"的说法。

秦二世责问李斯，说："夫所谓贤人者，必能安天下而治万民，今身且不能利，将恶能治天下哉！"而李斯以书对，在前引"徒务苦形劳神，以身徇百姓，则是黔首之役，非畜天下者也"语之前，也说："不能督责，而顾以其身劳于天下之民，若尧、禹然，故谓之'桎梏'也。"又说："故商君之法，刑弃灰于道者。夫弃灰，薄罪也，而被刑，重罚也。[①] 彼唯明主为能深督轻罪。夫罪轻且督深，而况有重罪乎？故民不敢犯也。"可见"黔首"与"百姓"、"民"、"天下之民"并说的情形。

---

① 关于秦法"刑弃灰于道者"，参看王子今《秦法"刑弃灰于道者"试解——兼说睡虎地秦简〈日书〉"鬼来阳（扬）灰"之术》，《陕西历史博物馆馆刊》第8辑，三秦出版社2001年版。

"书奏，二世悦。于是行督责益严，税民深者为明吏。"这是治史者的语言，也言"民"而不言"黔首"。秦二世与李斯的对话，也可见"朕少失先人，无所识知，不习治民"语，同样说"民"而不用"黔首"称谓。李斯入狱，仰天长叹，有"凡古圣王，饮食有节，车器有数，宫室有度，出令造事，加费而无益于民利者禁，故能长久治安"语。"从狱中上书曰："臣为丞相治民，三十余年矣。……"又有"万民戴主"的说法，也言"民"而不说"黔首"。①

《史记》卷八八《蒙恬列传》记载，蒙恬被秦二世逼迫"吞药自杀"之前，面对使者申辩，说道："凡臣之言，非以求免于咎也，将以谏而死，愿陛下为万民思从道也。"

秦末战争中，"武臣等从白马渡河，至诸县说其豪杰"所谓"民不聊生"②，郦食其建议刘邦取敖仓时所谓"王者以民人为天，而民人以食为天"③，也说明"民"的称谓在较宽广社会层面的通行。郦食其自称"贱民"④，也体现了同样的情形。《史记》很可能来源于《秦记》关于秦末的历史记载，⑤ 如："章邯引兵至邯郸，皆徙其民河内，夷其城郭。"⑥ 又如"章邯遂击破杀周市等军，围临济。（魏）咎为其民约降。约定，咎自烧杀。"⑦

---

① 《史记》卷八七《李斯列传》。

② 《史记》卷八九《张耳陈余列传》。

③ 《史记》卷九七《郦生陆贾列传》。

④ 《史记》卷九七《郦生陆贾列传》褚少孙补述。就此清代学者邵泰衢《史记疑问》卷下《郦食其传》提出质疑："郦生虽曰辩士，谒上之时，必有定称，而始延之人。今曰'狂生'，又曰'贱民'、'酒徒'。而上之见之也，一曰'使两女子洗足'，一曰'雪民仗矛'。吾使谁从也与？或曰：后乃褚先生之所补也。褚又何所闻而为此异词哉？"《汉书》卷四九《晁错传》出现"贱民"称谓："秦始乱之时，吏之所先侵者，贫人贱民也。至其中节，所侵者富人吏家也。及其末涂，所侵者宗室大臣也。是故亲疏皆危，外内咸怨，离散逋逃，人有走心。陈胜先倡，天下大溃，绝祀亡世为异姓福。"《隶释》卷七《泰山都尉孔宙碑》关于"门生故吏名"涉及称谓，洪适曰："……素非所莅则曰'义士'、'义民'，亦有称'议民'、'贱民'者。"《隶释》卷二五《蔡湛碑阴》："右《蔡湛碑阴》载出钱人名，有'故吏'、'贱民'、'议民'、'故三老'、'故处士'、'义民'。其称'故吏'、'义民'之类，他汉碑多有之。唯'议民'、'贱民'独见于此碑。然莫详其义。"《盐铁论·大伦》："文学曰：残材木以成室屋者，非良匠也。残贱民人而欲治者，非良吏也。"也许可以帮助我们理解"贱民"的地位身份。

⑤ 参看王子今《〈秦记〉考识》，《史学史研究》1997年第1期；《〈秦记〉及其历史文化价值》，《秦文化论丛》第5辑，西北大学出版社1997年版。

⑥ 《史记》卷八九《张耳陈余列传》。

⑦ 《史记》卷九〇《魏豹彭越列传》。

也反映了同样的事实。

楚汉战争时期，韩信与刘邦论形势所谓"今楚强以威王此三人，秦民莫爱也"，"除秦苛法，与秦民约，法三章耳，秦民无不欲得大王王秦者"，又如："于诸侯之约，大王当王关中，关中民咸知之。大王失职入汉中，秦民无不恨者。"① 据《史记》卷九二《淮阴侯列传》，蒯通劝韩信脱离刘邦独立，"参分天下，鼎足而居"："夫以足下之贤圣，有甲兵之众，据强齐，从燕、赵，出空虚之地而制其后，因民之欲，西乡为百姓请命，则天下风走而响应矣，孰敢不听！"其中"因民之欲"的说法也值得重视。而随后所谓"为百姓请命"，也可见和"民"、"黔首"相当的"百姓"称谓。

《史记》卷九五《樊郦滕灌列传》写道："楚骑来众，汉王乃择军中可为骑将者，皆推故秦骑士重泉人李必、骆甲习骑兵，今为校尉，可为骑将。汉王欲拜之，必、甲曰：'臣故秦民，恐军不信臣，臣愿得大王左右善骑者傅之。'灌婴虽少，然数力战，乃拜灌婴为中大夫，令李必、骆甲为左右校尉，将郎中骑兵击楚骑于荥阳东，大破之。"所谓"重泉人"，裴骃《集解》："徐广曰：'重泉属冯翊。'"张守节《正义》："故城在同州蒲城县东南四十五里。"看来，秦亡不久，似乎秦人也已经不再使用"黔首"称谓了。

汉并天下，娄敬建议刘邦定都关中，言及洛阳"天下之中"形势："凡居此者，欲令周务以德致人，不欲依阻险，令后世骄奢以虐民也。及周之盛时，天下和洽，四夷乡风，慕义怀德，附离而并事天子，不屯一卒，不战一士，八夷大国之民莫不宾服，效其贡职。及周之衰也，分而为两，天下莫朝，周不能制也。非其德薄也，而形势弱也。今陛下起丰沛，收卒三千人，以之径往而卷蜀汉，定三秦，与项羽战荥阳，争成皋之口，大战七十，小战四十，使天下之民肝脑涂地，父子暴骨中野，不可胜数。"其中三次说到"民"。娄敬另一分析："秦中新破，少民，地肥饶，可益实。"也以"民"称总体户口。

### 8. 汉代文献"黔首"孑遗

马王堆三号汉墓出土帛书《缪和》有"黔首"字样："□□□□□□□□

---

① 《史记》卷九二《淮阴侯列传》。

然立为刑辟，以散其群党，执为赏庆爵死，以劝其下群臣，黔首男"（20 行下）。作为汉初文献，出现"黔首"称谓的遗存，应当是可以理解的。又《老子》乙本卷前古佚书《十六经·姓争》中也出现"黔首"称谓：

■高（106 下）阳问力黑曰：天地【已】成，黔首乃生。莫循天德，谋相复（覆）顷（倾）。吾甚患之，为之若何？力黑对曰：（107 上）勿忧勿患，天制固然。天地已定，规（蚑）侥（蛲）毕挣（争）。作争者凶，不争亦毋（无）以成功。顺天者（107 下）昌，逆天者亡。毋逆天道，则不失所守。天地已成，黔首乃生。胜（姓）生已定，敌者〇生争，不谌不定。（108 上）凡谌之极，在刑与德。刑德皇皇，日月相望，以明其当。望失其当，环视其央（殃）。天德（108 下）皇皇，非刑不行。缪（穆）缪（穆）天刑，非德必顷（倾）。刑德相养，逆顺若成。刑晦而德明，刑阴而德阳，刑微而德（109 上）章。其明者以为法，而微道是行。明明至微，时反以为几（机）。天道环（还）于人，反为之（109 下）客。争（静）作得时，天地与之。争不衰，时静不静，国家不定。可作不作，天稽环周，人反为之【客】。（110 上）静作得时，天地与之。静作失时，天地夺之。夫天地之道，寒涅（热）燥湿，不能并立；（110 下）刚柔阴阳，固不两行。两相养，时相成。居则有法，动作循名，其事若易成。若夫人事则无（111 上）常。过极失当，变故易常。德则无有，昔（措）刑不当。居则无法，动作爽名。是以僇受（111 下）其刑。《姓争》①

高阳和力黑关于争斗在社会出现之初即发生，即所谓"谋相覆倾"的对话，都说到了"天地已成，黔首乃生"。

汉碑依然可见"黔首"称谓。我们看到：

（1）《西岳华山亭碑》："……□斋峚亭，斋室逼窄。郡县官属，法斋□处。尊卑错□，精诚不固。畏天之威，逢斯瘅怒。时雨不兴，甘澍

---

① 国家文物局古文献研究室：《马王堆汉墓帛书（壹）》，文物出版社 1980 年版，第 69 页。

弗布。念存黔首，惧阙旷素。于是与令，巴郡胸忍，先谠公谋，图议缮故。断度持廓，立室异处。左右趣之，莫不竞慕。……"①

（2）《汉成阳令唐扶颂》："……赋政亏外，爰及鬼方。汇夷来降，寇贼迸亡。黎庶攸宁，黔首□康。曰德绥抚，宣恩六阳。曰仁恤弱，曰义抑强。……"

（3）《酸枣令刘熊碑》："……□暇民豫，新我□通。用行则达，以诱我邦。赖兹刘父，用说其□。泽零年丰，黔首歌颂。"②

（4）《平都相蒋君碑》："……异郡黔首，襁负归□。□□□□，□□□□。君文不犯，顺武不违。……"③

（5）《泰山都尉孔宙碑》："……是峕东岳黔首，猬忧不□。□□祠兵，遗畔未宁。……"

（6）《竹邑侯相张寿碑》："……教民树艺，三农九谷，稼音滋殖。国无灾祥，岁聿丰穰。皤白之老，率其子弟，以循仁义。蚩贼不起，厉疾不行。视事年载，黔首乐化，户口增多。国宁民殷，功刊王府，将授辒邦。……"④

（7）《费凤别碑》："……神化风靡，惠以流下。静而为治，匪烦匪扰。于于日□，矜此黔首。功成事就，□斯高举。……"⑤

（8）《都乡孝子严举碑》："……□□□□，炎翟隆□。徂德配神，广波明察。化及黔首，施沔润□。……"⑥

（9）《曹全碑》："嗟逆贼，燔城市。特受命，理残圮。芟不臣，宁黔首。缮官寺，开南门。阙嵯峨，望华山。乡明治，惠沾渥。吏乐政，民给足。"⑦

据《隶释》、《隶续》，这些碑文的年代，（1）为汉灵帝光和元年（178），

①　《隶释》卷二。
②　《隶释》卷五。
③　《隶释》卷六。
④　《隶释》卷七。
⑤　《隶释》卷九。
⑥　《隶续》卷一一。
⑦　高文：《汉碑集释》，河南大学出版社1997年版，第490页。

（2）为光和六年（183），（4）为汉桓帝元嘉二年（152），（5）为汉桓帝延熹六年（163），（8）为延熹七年（164），（9）为汉灵帝中平二年（185）。其中（2）"黎庶攸宁，黔首□康"，"黔首"与"黎庶"对应，是明显的。（9）有"宁黔首"，又言"民给足"，"黔首"一语的使用，有可能是为了文句的整齐。

其实，东汉正史记录的当时人的语言文字，也屡有"黔首"字样出现。《后汉书》卷五六《王畅传》说，王畅任南阳守，初到任，行"奋厉威猛"之政，"功曹张敞奏记谏曰：'五教在宽，著之经典。汤去三面，八方归仁。武王入殷，先去炮格之刑。高祖鉴秦，唯定三章之法。孝文皇帝感一缇萦，蠲除肉刑。卓茂、文翁、召父之徒，皆疾恶严刻，务崇温厚。仁贤之政，流闻后世。夫明哲之君，网漏吞舟之鱼，然后三光明于上，人物悦于下。言之若迂，其效甚近。发屋伐树，将为严烈，虽欲惩恶，难以闻远。以明府上智之才，日月之曜，敷仁惠之政，则海内改观，实有折枝之易，而无挟山之难。郡为旧都侯甸之国，园庙出于章陵，三后生自新野，士女沾教化，黔首仰风流，自中兴以来，功臣将相，继世而隆。愚以为恳恳用刑，不如行恩；孳孳求奸，未若礼贤。……'"于是，"畅深纳敞谏，更崇宽政，慎刑简罚，教化遂行。"又《后汉书》卷八八《西域传》记载，汉安帝延光二年（123）讨论西域战略，"尚书陈忠上疏曰：'臣闻八蛮之寇，莫甚北虏。汉兴，高祖窘平城之围，太宗屈供奉之耻。故孝武愤怒，深惟久长之计，命遣虎臣，浮河绝漠，穷破虏庭。当斯之役，黔首陨于狼望之北，财币糜于卢山之壑，府库单竭，杼柚空虚，筹至舟车，赀及六畜。……'"《续汉书·百官志五》："安帝以羌犯法，三辅有陵园之守，乃复置右扶风都尉，京兆虎牙都尉。"刘昭注补引应劭《汉官》曰："盖天生五材，民并用之，废一不可，谁能去兵？兵之设尚矣。……自郡国罢材官骑士之后，官无警备，实启寇心。一方有难，三面救之，发兴雷震，烟蒸电激，一切取辨，黔首嚣然。不及讲其射御，用其戒誓，一旦驱之以即强敌，犹鸠鹊捕鹰鹯，豚羊弋豺虎，是以每战常负，王旅不振。张角怀挟妖伪，遝迡摇荡，八州并发，烟炎绛天，牧守枭裂，流血成川。尔乃远征三边殊俗之兵，非我族类，忿鸷纵横，多僵良善，以为己功，财货粪土。哀夫民氓迁流之咎，见出在兹，不教而战，是谓弃之，迹其祸败，岂虚也哉！……"这些出现"黔首"的例证，都值得注意。如果说张敞奏记言"士女沾教化,黔首仰风流","黔首"使用有追求对仗整齐的可能,陈忠上疏没有这样的用意,然而所说为前朝事。应劭《汉官》则评论时政,更为明确地透露出当时执政者和政论家使用"黔首"的语言习惯。

"黔首"虽然已经退出正统政治语汇,不再作为"民"的一般代号,却依然因一种文化惯性残留在社会平时用语之中。这种现象,延续得还要晚一些。

# 秦汉时期的"太上皇"

"太上皇"作为帝制时代特殊的称谓,体现了皇族集团亲情关系面对最高政治权力的复杂结构。"太上皇"称谓的最初发生,与"皇帝"同时。历史上"太上皇"和"皇帝"之间的帝位传递和帝权继承的过程,往往有纷繁离奇的情节表现。虽然如后世多次出现的以称"太上皇"为标志的最高执政者生前的权力转让,在秦汉时期并没有直接发生,然而先秦时期类似的历史记忆以及汉代皇帝向异姓出让国家管理权力的情形,很可能于深层的潜意识影响着帝王晚年的心态。汉代曾经兴起于社会下层的武装暴动集团以反政府为旗帜,却并不否定皇权。"妖贼"称"太上皇帝"的史例,也值得政治史研究者、文化史研究者以及社会思想史研究者关注。

"太上皇"以及相关的政治史信息,是考察中国古代皇帝制度不宜回避的现象。而秦汉时期作为帝制时代的早期,自有重要的历史表现。

### 1. 秦始皇"追尊庄襄王为太上皇"

在中国政治史上有特殊意义的"太上皇"称谓,由秦始皇嬴政所创制。"太上皇"称谓与嬴政亲自确定的"皇帝"称谓同时发生。《史记》卷六《秦始皇本纪》记载,"秦王初并天下,令丞相、御史",议定统一天下最高主宰的"名号":"寡人以眇眇之身,兴兵诛暴乱,赖宗庙之灵,六王咸伏其辜,天下大定。今名号不更,无以称成功,传后世。其议帝号。"于是,有确定皇帝制度的决议:

> 丞相绾、御史大夫劫、廷尉斯等皆曰:"昔者五帝地方千里,其外

侯服夷服诸侯或朝或否，天子不能制。今陛下兴义兵，诛残贼，平定天下，海内为郡县，法令由一统，自上古以来未尝有，五帝所不及。臣等谨与博士议曰：'古有天皇，有地皇，有泰皇，泰皇最贵。'臣等昧死上尊号，王为'泰皇'。命为'制'，令为'诏'，天子自称曰'朕'。"王曰："去'泰'，著'皇'，采上古'帝'位号，号曰'皇帝'。他如议。"制曰："可。"追尊庄襄王为太上皇。

《秦始皇本纪》随后记述："制曰：'朕闻太古有号毋谥，中古有号，死而以行为谥。如此，则子议父，臣议君也，甚无谓，朕弗取焉。自今已来，除谥法。朕为始皇帝。后世以计数，二世三世至于万世，传之无穷。'"

"追尊庄襄王为太上皇"，是和皇帝制度确立同时的事。

里耶出土秦文书中的8—455号木方写作"庄王为泰上皇"。[①]

从此，"太上皇"成为一种特殊身份出现在中国政治生活中。《秦始皇本纪》裴骃《集解》说："汉高祖尊父曰太上皇，亦放此也。"指出自汉以后"太上皇"名号及相关政治形式的确定，是仿照秦的制度。

秦庄襄王即曾经以质子身份客居邯郸的子楚。因吕不韦的经营，后来成为秦孝文王的继承人，《史记》卷五《秦本纪》司马贞《索隐》："三十二而立，立三年卒，葬阳陵。"据《秦本纪》记载，秦庄襄王在位期间，秦统一的步骤有重要的推进："庄襄王元年，大赦罪人，修先王功臣，施德厚骨肉而布惠于民。东周君与诸侯谋秦，秦使相国吕不韦诛之，尽入其国。秦不绝其祀，以阳人地赐周君，奉其祭祀。使蒙骜伐韩，韩献成皋、巩。秦界至大梁，初置三川郡。二年，使蒙骜攻赵，定太原。三年，蒙骜攻魏高都、汲，拔之。攻赵榆次、新城、狼孟，取三十七城。四月日食。王龁攻上党。初置太原郡。魏将无忌率五国兵击秦，秦却于河外。蒙骜败，解而去。五月丙午，庄襄王卒，子政立，是为秦始皇帝。"秦庄襄王在位时灭东周，初置三川郡、太原郡，为统一确定了更雄厚的基础，同时引导嬴政走上了影响中

---

① 张春龙、龙京沙：《湘西里耶秦简8—455号》，胡平生：《里耶秦简8—455号木方性质刍议》，《简帛》第4辑，上海古籍出版社2009年版。游逸飞：《里耶秦简8—455号木方选释》，《简帛》第6辑，上海古籍出版社2011年版。

国历史进程的政治路径。

秦始皇在自称"皇帝"的同时，"追尊庄襄王为太上皇"，表达了对这位在位仅仅三年的君主的政治功业的肯定。子楚死后的哀荣，就此称号之尊贵来说，是前无古人的。而汉以后的许多"太上皇"则是在生前得到这一称号。

### 2. 刘邦"尊太公为太上皇"

秦始皇"追尊庄襄王为太上皇"，"汉高祖尊父曰太上皇，亦放此也。"这一举措，也可以看作"汉承秦制"的表现之一。[①] 或说"秦始皇追尊庄襄王为太上皇，汉仍其旧"[②]，或说"高帝用秦制也"。[③] 也有学者以为，与秦庄襄王死后"追尊"不同，刘邦"尊太公为太上皇"时太公健在，"事系创行。叔孙通议礼，想未及此"[④]。指出其制大有创新意义。

《史记》卷八《高祖本纪》记载汉并天下之后，居于政治权力顶端的刘邦与父亲的关系出现了应当予以澄清的等级关系方面的问题：

> 六年，高祖五日一朝太公，如家人父子礼。太公家令说太公曰："天无二日，土无二王。今高祖虽子，人主也；太公虽父，人臣也。奈何令人主拜人臣！如此，则威重不行。"后高祖朝，太公拥篲，迎门却行。高祖大惊，下扶太公。太公曰："帝，人主也，奈何以我乱天下法！"于是高祖乃尊太公为太上皇。心善家令言，赐金五百斤。

裴骃《集解》："蔡邕曰：'不言帝，非天子也。'"司马贞《索隐》："按：蔡邕云'不言帝，非天子也'。又按：《本纪》秦始皇'追尊庄襄王为太上皇'，已有故事矣。盖'太上'者，无上也。皇者德大于帝，欲尊其父，故号曰'太上皇'也。""太上皇"称号体现了"尊"的意思，提升其地位至

---

① "汉承秦制"的说法，较早见于《后汉书》卷七○上《班彪传》以及《续汉书·舆服志上》、《舆服制下》。

② 何焯：《义门读书记》卷一五《前汉书·纪》。

③ 钱大昭：《汉书辨疑》卷一。

④ 周寿昌：《汉书注校补》卷一。

于"无上"的意思。《汉书》卷一下《高帝纪下》:"夏五月丙午,诏曰:'人之至亲,莫亲于父子,故父有天下传归于子,子有天下尊归于父,此人道之极也。前日天下大乱,兵革并起,万民苦殃,朕亲被坚执锐,自帅士卒,犯危难,平暴乱,立诸侯,偃兵息民,天下大安,此皆太公之教训也。诸王、通侯、将军、群卿、大夫已尊朕为皇帝,而太公未有号。今上尊太公曰太上皇。'"① 其中"上尊"二字,值得注意。而刘邦将自己的政治成功,归结为"此皆太公之教训也",是很有意思的事。

"太上皇"又写作"大上皇"。《隶释》卷八《金乡长侯成碑》:"济大上皇于鸿沟之阰,谥曰安国君。"洪适说:"按《高帝纪》:侯公归太公,封为平国君。非谥安国也。"或是封、谥不同。②

方诗铭指出,在汉代,"所谓'太上皇'是专指刘邦的父亲,东汉仍然如此。《后汉书·章帝纪》云:'遣使者祠太上皇于万年。'李贤注:'太上皇,高祖父也。'又《安帝纪》云:'遣使者祠太上皇于万年。'皆可证"③。

题明李贽撰《疑耀》卷七说"汉高祖尊母不尊父":"汉高祖得天下之五年二月即皇帝位,先封高后曰皇后,子曰皇太子。亦追尊其母曰昭灵夫人。妇为后,母为夫人,岂当时礼制尚未暇讲耶?时太公乃遗而不封,已不可解。七年春正月,又封刘贾及兄喜暨弟交之子肥诸人为王。三月复趣丞相差次大小功臣封之。而太公复未议封。即群臣亦无一言及之。何也?逮帝五日一朝,太公家令说太公拥篲郤行,帝乃大惊,始下诏曰:诸王、通侯、将军、群卿大夫已尊朕为皇帝,而太公未有号。今尊太公曰'太上皇帝'。是帝为天子已七年,而太公尚为庶人也。至九年,置酒未央宫,帝奉玉卮为太上皇寿,乃曰:'始大人以臣亡赖,不能如仲治产,今所就孰与仲多?'群臣皆大笑。噫,太公之七年为庶人也,帝得无宿怨乎?亦大异矣。后十年,

---

① 颜师古注:"'太上',极尊之称也。'皇',君也。天子之父,故号曰'皇'。不预治国,故不言'帝'也。"

② 《汉书》卷一下《高帝纪下》:"汉遣陆贾说羽,请太公,羽弗听。汉复使侯公说羽,羽乃与汉约,中分天下,割鸿沟以西为汉,以东为楚。九月,归太公、吕后,军皆称万岁。乃封侯公为平国君。"颜师古注:"以其善说,能平和邦国。"有语言学者以为"大上皇"是"有关身份"的"综合式复音词"。刘志生:《东汉碑刻复音词研究》,巴蜀书社2007年版,第174页。

③ 方诗铭:《拾零集》卷一"'太上皇帝'即'太上老君'"条,《方诗铭文集》,上海社会科学院出版社2010年版,第3卷,第306页。

太上皇帝崩，虽令诸侯国皆立太上皇庙，亦何益哉！更可异者，'太上皇'之号，秦始皇以封秦庄襄也，以死者之封封生者，季不读书，信乎。"

关于"太上皇"的其他个人信息，司马贞《索隐》引皇甫谧云："名执嘉。"引王符云："太上皇名煓。"《史记》卷二二《汉兴以来将相名臣年表》：六年（前201），"尊太公为太上皇。"司马贞《索隐》："名执嘉，一名瑞。"或作"煓"，或作"瑞"，则其名字竟不能得到确认。张守节《正义》因《春秋握成图》云："刘媪梦赤鸟如龙，戏己，生执嘉。"司马贞《索隐》："据《春秋握成图》以为执嘉妻含始，游洛池，生刘季。"《艺文类聚》卷九九引《帝王世纪》曰："丰公家于沛之丰邑中阳里。其妻梦赤鸟若龙，戏己，而生执嘉。是为太公、太上皇。"《初学记》卷九引《帝王世纪》曰："汉出自帝尧，刘姓也。丰公生执嘉，即太上皇也。太上皇之妃曰媪，是为昭灵后，生子邦，字季，是为汉高皇帝。"《太平御览》卷九二〇引《帝王世纪》曰："丰公家于沛之丰邑中阳里。其妻梦赤鸟若龙，戏己，而生执嘉。是为太公，即太上皇。"《宋书》卷二七《符瑞志上》应是取《帝王世纪》之说："汉高帝父曰刘执嘉。执嘉之母梦赤鸟若龙，戏己，而生执嘉。是为太上皇帝。"这当然是以神化为目的的虚妄之言。

值得我们注意的，是后来的"太上皇"即所谓"刘执嘉"也进入到这一神话系统之中。这一情形，在后世的"太上皇"故事中，似乎并不多见。

《宋书》卷二七《符瑞志上》还写道："（汉高帝）母名含始，是为昭灵后。昭灵后游于洛池，有玉鸡衔赤珠，刻曰'玉英，吞此者王'。昭灵后取而吞之。又寝于大泽，梦与神遇，是时雷电晦冥，太上皇视之，见蛟龙在其上。遂有身而生季，是为高帝。"有人以刘邦出生情节的类似传说，试图切断这位"太上皇"与刘邦的血缘关系。① 有学者已经予以明白的辩驳。②

### 3. "太上皇终不得制事"

史籍所见这位前称"太公"后称"太上皇"的老者的活动，对于汉王

---

① 许晖、郭灿金：《趣读史记——不可不知的十九类〈史记〉事件》，崇文书局2007年版。

② 肖黎：《"刘邦是私生子"及其它》，《大师离我们有多远——读〈史记〉随笔》，线装书局2009年版。

朝的建立，其实并没有什么积极的贡献。①《史记》卷一八《高祖功臣侯表》记载，吕后兄吕释之还丰沛"奉太上皇"。卷五六《陈丞相世家》："汉王之败彭城西，楚取太上皇、吕后为质。"卷九五《樊郦滕灌列传》说，郦商"以将军为太上皇卫一岁七月"。②《汉书》卷三六《楚元王传》："高祖使仲与审食其留侍太上皇。"《隶释》卷八《金乡长侯成碑》："侯公纳策，济大上皇于鸿沟之阨。"③ 又如《史记》卷七《项羽本纪》著名故事：

> 彭越数反梁地，绝楚粮食，项王患之。为高俎，置太公其上，告汉王曰："今不急下，吾烹太公。"汉王曰："吾与项羽俱北面受命怀王，曰'约为兄弟'，吾翁即若翁，必欲烹而翁，则幸分我一杯羹。"④

太公只是被保护、被照顾的对象。所以《史记》卷一〇八《韩长孺列传》可见"高帝曰'提三尺剑取天下者朕也'，故太上皇终不得制事，居于栎阳"的说法。

《独断》卷下："高祖得天下而父在，上尊号曰'太上皇'。不言帝，非天子也。"《汉书》卷一下《高帝纪下》颜师古注也以为"太上，极尊之称也"，"不预治国，故不言帝也"。方诗铭说，在汉代，"'太上皇'不得称为'太上皇帝'，蔡邕熟悉汉制，还明确指出'不言帝，非天子也'。这是可信的"⑤。

不过，据《史记》卷五〇《楚元王世家》记载，"高祖兄弟四人，长兄伯，伯蚤卒。始高祖微时，尝辟事，时时与宾客过巨嫂食。嫂厌叔，叔与客来，嫂详为羹尽，栎釜，宾客以故去。已而视釜中尚有羹，高祖由此怨其

---

① 如《旧五代史》卷一四二《礼志上》所说："汉以高祖父太上皇执嘉无社稷功，不立庙号，高帝自为高祖。"

② 下句为："以右丞相击陈豨，残东垣。"《汉书》卷四一《郦商传》："以将军将太上皇卫一岁。十月，以右丞相击陈豨，残东垣。"可知"一岁七月"，"七月"应读为下句。"七月"、"十月"形近而误。

③ 《隶释》卷二一《金乡守长侯侯碑》及卷二四《金乡守长侯君碑》均写作："侯公纳策，济太上皇于鸿沟之阨。"

④ 《史记》卷七《项羽本纪》还记载："项王怒，欲杀之。项伯曰：'天下事未可知，且为天下者不顾家，虽杀之无益，祗益祸耳。'项王从之。"

⑤ 方诗铭：《拾零集》卷一"'太上皇帝'即'太上老君'"条，《方诗铭文集》，上海社会科学院出版社 2010 年版，第 3 卷，第 306 页。

嫂。及高祖为帝，封昆弟，而伯子独不得封。太上皇以为言，高祖曰：'某非忘封之也，为其母不长者耳。'于是乃封其子信为羹颉侯。"可知虽然仅限于刘姓家事，"太上皇"也曾经就政事"以为言"，提出的建议也得到了刘邦的认同。

《汉书》卷一下《高帝纪下》颜师古注引应劭曰："太上皇思欲归丰，高祖乃更筑城寺市里如丰县，号曰'新丰'，徙丰民以充实之。"① 《汉书》卷二八上《地理志上》颜师古注引应劭曰文句略有不同。② 《括地志》记载刘邦为"太上皇""作新丰"的故事，更为具体生动。张守节《正义》引《括地志》："太上皇时凄怆不乐，高祖窃因左右问故，答以平生所好皆屠贩少年，酤酒卖饼，斗鸡蹴踘，以此为欢，今皆无此，故不乐。高祖乃作新丰，徙诸故人实之，太上皇乃悦。""太上皇"的生活场景和情趣倾向，通过"新丰"的设计和营造可以得以反映。③

据《史记》卷八《高祖本纪》，刘邦曾经在未央宫落成庆贺宴会上，面对"太上皇"发表了一番著名的自我炫耀的讲话：

> 未央宫成。高祖大朝诸侯群臣，置酒未央前殿。高祖奉玉卮，起为太上皇寿，曰："始大人常以臣无赖，不能治产业，不如仲力。今某之业所就孰与仲多？"殿上群臣皆呼万岁，大笑为乐。

这一记录，有学者以为："写英雄得志，可浮大白。"看作描写刘邦"英雄气概"和"豁达本色"的典型文字。④《史记》卷二二《汉兴以来将相名臣年表》的记述文句略异：

---

① 颜师古注："徙丰人所居，即今之新丰古城是其处。"

② 《汉书》卷二八上《地理志上》颜师古注引应劭曰："太上皇思东归，于是高祖改筑城寺街里以象丰，徙丰民以实之，故号'新丰'。"

③ 《史记》卷八《高祖本纪》张守节《正义》："《括地志》云：'新丰故城在雍州新丰县西南四里，汉新丰宫也。'按：前于丽邑筑城寺，徙其民实之，未改其名，太上皇崩后，命曰新丰。"据《春秋握成图》以为"执嘉妻含始，游洛池，生刘季"。

④ （清）吴见思《史记论文》："《高纪》一篇，俱纪实事，不及写其英雄气概。只于篇首写之，如慢易诸吏处、斩白蛇处。篇后写之，如未央上寿处、沛中留饮处、病时却医处。写其豁达本色，语语入神。"张富春：《（清）吴见思〈史记论文〉研究》，巴蜀书社2008年版，第154、158页。

　　　　未央宫成，置酒前殿，太上皇辇上坐，帝奉玉卮上寿，曰："始常
　　以臣不如仲力，今臣功孰与仲多？"太上皇笑，殿上称万岁。

　　可见，"太上皇"有时可以参与庆典朝会，所谓"辇上坐"而"帝奉玉卮上
寿"者，显示享有特殊地位。然而刘邦的言语，则反映他对"太上皇"的
尊敬也是有限的。刘邦的话，一曰"始大人常以臣无赖，不能治产业，不如
仲力。今某之业所就孰与仲多？"一曰"始常以臣不如仲力，今臣功孰与仲
多？"一言"业"，一言"功"。《高祖本纪》的记录更为详细。而"太上
皇"的表现，则《汉兴以来将相名臣年表》的记录更具体，有"太上皇辇
上坐"及"太上皇笑"的情节。由所谓"太上皇笑"，可以推知《高祖本
纪》所谓"大笑为乐"者，不排除是说"太上皇""大笑为乐"的可能。①

### 4. "在上皇庙立太子"制度

　　《汉兴以来将相功臣年表》记载，汉高帝十年（前197），"太上皇崩"。
《高祖本纪》记载："七月，太上皇崩栎阳宫。楚王、梁王皆来送葬。赦栎
阳囚。更命郦邑曰新丰。"由"栎阳"、"郦邑"、"新丰"地名，可知太上
皇平时并不居住在汉帝所居长安。
　　汉高帝十二年（前195）四月，刘邦去世。《史记》卷八《高祖本纪》：
"四月甲辰，高祖崩长乐宫。""以丁未发丧，大赦天下。""丙寅，葬。己
巳，立太子，至太上皇庙。群臣皆曰：'高祖起微细，拨乱世反之正，平定
天下，为汉太祖，功最高。'上尊号为高皇帝。太子袭号为皇帝，孝惠帝也。
令郡国诸侯各立高祖庙，以岁时祠。"继承人被选定之后"至太上皇庙"，
吴见思《史记论文》注意到："在上皇庙立太子也。"② 同样在这里，群臣议
定刘邦尊号，并且"令郡国诸侯各立高祖庙，以岁时祠"，同时亦宣布"太
子袭号为皇帝"。"太上皇庙"的特殊地位，值得研究者注意。
　　《汉书》卷一下《高帝纪下》的记述与《史记》不同："五月丙寅，葬

---

　　① 《汉书》卷一下《高帝纪下》："九年冬十月，淮南王、梁王、赵王、楚王朝未央宫，置酒前殿。
上奉玉卮为太上皇寿，曰：'始大人常以臣亡赖，不能治产业，不如仲力。今某之业所就孰与仲多？'殿
上群臣皆称万岁，大笑为乐。"
　　② 张富春：《（清）吴见思〈史记论文〉研究》，巴蜀书社2008年版，第157页。

长陵。已下，皇太子群臣皆反至太上皇庙。群臣曰：'帝起细微，拨乱世反之正，平定天下，为汉太祖，功最高。'上尊号曰高皇帝。"对于"已下"二字，颜师古注："苏林曰：'下音下书之下。'郑氏曰：'已下棺也。'师古曰：'苏音郑说是也。下音胡亚反。'"则应理解为"皇太子群臣"下葬之后随即"皆反至太上皇庙"。

### 5. "太上"的语义

秦王朝和汉王朝两代开国皇帝都尊称生父为"太上皇"。"太上"语汇，当时自有人们共同接受的涵义。

"太上"，直接的意义是最上、最高。《墨子·亲士》："太上无败，其次败而有以成，此之谓用民。"孙诒让《墨子间诂》引毕云："李善《文选注》云：'河上公注《老子》云：太上，谓太古无名之君也。'"孙诒让案："太上，对其次为文，谓等之最居上者，不论时代今古也。毕引老子注义，与此不相当。"孙诒让的解说是大致可信的。"太上"又写作"大上"。《左传·僖公二十四年》："大上以德抚民。"孔颖达疏联系《左传·襄公二十四年》所谓"大上有立德，其次有立功，其次有立言"，以为："大上，谓人之最大上，上圣之人也。"《礼记·曲礼上》则有"太上贵德"的说法。战国以来，"太上"一语已经为社会习用。《韩非子·说疑》："禁奸之法，太上禁其心，其次禁其言，其次禁其事。""太上"指示着最高等级。《汉书》卷六二《司马迁传》载司马迁《报任安书》写道："太上不辱先，其次不辱身，其次不辱理色，其次不辱辞令，其次诎体受辱，其次易服受辱，其次关木索被棰楚受辱，其次髡毛发婴金铁受辱，其次毁肌肤断支体受辱，最下腐刑，极矣。"在荣与耻的层次序列中，"太上"也是说最高等级。

汉代政治生活中有称皇帝为"太上"的情形。

《汉书》卷四四《淮南厉王刘长传》载薄昭予刘长书谏之："昔者，周公诛管叔，放蔡叔，以安周；齐桓杀其弟，以反国；秦始皇杀两弟，迁其母，以安秦；顷王亡代，高帝夺之国，以便事；济北举兵，皇帝诛之，以安汉。故周、齐行之于古，秦、汉用之于今，大王不察古今之所以安国便事，而欲以亲戚之意望于太上，不可得也。"所谓"太上"，颜师古注引如淳曰："太上，天子也。"又如《文选》卷五一王子渊《四子讲德论并序》："刺史见太上圣明，股肱竭力，德泽洪茂，黎庶和睦，天人并应，屡降瑞福，故作三篇之诗以歌之也。"李善注："如淳《汉书注》曰：'太上，天子也。'"吕延济注则说："太上，谓主也。"当然也是指皇帝。其说或许可以在秦代政制中发现渊源。里耶8—455木方文字有"泰上观献曰皇帝"等内容。①有学者以为应释作"泰上观献曰皇帝〔观献〕"。这一意见可以参考。② 其中"泰上"和"皇帝"的关系当然特别值得注意。

如果"泰上"和"皇帝"辞义确实曾经有近似之处，则"泰上皇"可以理解为"皇帝"的"皇帝"。

"太上皇"称谓，应是指称尊贵中之最尊贵者。

### 6. 父子权力转移过程中的情感悲剧

顾炎武《日知录》卷一四"太上皇"条写道："《秦始皇本纪》：'追尊庄襄王为太上皇。'是死而追尊之号，犹周曰'太王'也。汉则以为生号，而后代并因之矣。《曲礼》：'已孤暴贵，不为父作谥。'或举武王为难，郑康成答赵商曰：'周道之基，隆于二王，功德纂之，王迹兴焉，不可以一概论也。若夏禹、商汤则不然矣。'据此，则汉高帝于太上皇尊而不谥，乃为得礼。其追尊先媪为昭灵夫人，当亦号而非谥也。"秦为"死而追尊之号"③，汉为"生号"，前后相区别。对于刘邦"于太上皇尊而不谥"的方式，学者给予"得礼"的解释。

秦汉两代，"太上皇"成为皇帝父亲所独有的尊号。这一称谓后来又专指主动退位，将皇位让给太子的最高执政者。也有如《晋书》卷一二《天文志中》所见子辈篡位，"废帝为太上皇"的情形。

秦汉王朝权力转递过程中，有继承关系复杂导致的危机发生。

秦始皇与实际上的继承者秦二世的权力交接，是通过非正常的方式实现的。公子扶苏于是成为悲剧人物。汉高祖刘邦去世至汉文帝刘恒登基，其间

---

① 张春龙、龙京沙：《湘西里耶秦简8—455号》，胡平生：《里耶秦简8—455号木方性质刍议》，《简帛》第4辑，上海古籍出版社2009年版。
② 游逸飞：《里耶秦简8—455号木方选释》，《简帛》第6辑，上海古籍出版社2011年版。
③ 《越绝书》卷八《越绝外传记地》："庄襄王更号'太上皇帝'，立三年。"以"太上皇帝"为"生号"，记录是不准确的。

也有复杂情节。刘恒自代入京，前后犹疑再三。内心的疑惧，自有可以理解的背景。汉武帝和太子刘据政治倾向的不同，导致了"巫蛊之祸"。① 而汉武帝决定选择刘弗陵为继承人，经过深思熟虑。而昌邑王刘髆在未央宫中的短暂居留，也构成西汉中期政治史中的一个重要环节。

其实，先秦类似权力转递过程中发生的政治变局，在汉代人心中依然有深刻的历史记忆。齐桓公英雄一世，却因为身后权力继承问题，人生结局非常悲惨。"尸在床上六十七日，尸虫出于户。"死后两个月方得棺殓，十个月后才得以安葬。② 赵武灵王将政权出让，自称"主父"。而最终困于沙丘宫"不得食"，"三月余而饿死沙丘宫"③。

《后汉书》卷五五《章帝八王传·清河孝王庆》："高皇帝尊父为太上皇，宣帝号父为皇考。""皇考"，应当也是"死而追尊之号"。《独断》卷下说到此后情形："孝宣继孝昭帝，其父曰史皇孙，祖父曰卫太子。太子以罪废，及皇孙皆死。宣帝但起园陵，长承奉守，不敢加尊号于祖父也。光武继孝元，亦不敢加尊号于父祖也。世祖父南顿君曰'皇考'，祖巨鹿都尉曰'皇祖'，曾祖郁林太守曰'皇曾祖'，高祖春陵节侯曰'皇高祖'，起陵庙，

---

① 参看王子今《晚年汉武帝与"巫蛊之祸"》，《固原师专学报》1998 年第 5 期。

② 《史记》卷三二《齐太公世家》："初，齐桓公之夫人三：曰王姬、徐姬、蔡姬，皆无子。桓公好内，多内宠，如夫人者六人，长卫姬，生无诡；少卫姬，生惠公元；郑姬，生孝公昭；葛嬴，生昭公潘；密姬，生懿公商人；宋华子，生公子雍。桓公与管仲属孝公于宋襄公，以为太子。雍巫有宠于卫共姬，因宦者竖刀以厚献于桓公，亦有宠，桓公许之立无诡。管仲卒，五公子皆求立。冬十月乙亥，齐桓公卒。易牙入，与竖刀因内宠杀群吏，而立公子无诡为君。太子昭奔宋。桓公病，五公子各树党争立。及桓公卒，遂相攻，以故宫中空，莫敢棺。桓公尸在床上六十七日，尸虫出于户。十二月乙亥，无诡立，乃棺赴。辛巳夜，敛殡。桓公十有余子，要其后立者五人：无诡立三月死，无谥；次孝公；次昭公；次懿公；次惠公。孝公元年三月，宋襄公率诸侯兵送齐太子昭而伐齐。齐人恐，杀其君无诡。齐人将立太子昭，四公子之徒攻太子，太子走宋，宋遂与齐人四公子战。五月，宋败齐四公子师而立太子昭，是为齐孝公。宋以桓公与管仲属之太子，故来征之。以乱故，八月乃葬齐桓公。"

③ 《史记》卷四三《赵世家》："（赵武灵王）二十七年五月戊申，大朝于东宫，传国，立王子何以为王。王庙见礼毕，出临朝。大夫悉为臣，肥义为相国，并傅王。是为惠文王。惠文王，惠后吴娃子也。武灵王自号为主父。主父欲令子主治国，而身胡服将士大夫西北略胡地，而欲从云中、九原直南袭秦，于是诈自为使者入秦。""主父及王游沙丘，异宫，公子章即以其徒与田不礼作乱，诈以主父令召王。肥义先入，杀之。高信即与王战。公子成与李兑自国至，乃起四邑之兵入距难，杀公子章及田不礼，灭其党贼而定王室。公子成为相，号安平君，李兑为司寇。公子章之败，往走主父，主父开之，成、兑因围主父宫。公子章死，公子成、李兑谋曰：'以章故围主父，即解兵，吾属夷矣。'乃遂围主父。令宫中人'后出者夷'，宫中人悉出。主父欲出不得，又不得食，探爵鷇而食之，三月余而饿死沙丘宫。"

置章陵，以奉祠之而已。至殇帝崩，无子弟。安帝以和帝兄子从清河王子，即尊号，依高帝尊父为太上皇之义，追号父清河王曰'孝德皇'。顺帝崩，冲帝无子弟，立乐安王子，是为质帝。帝逼于顺烈梁后父大将军梁冀，未得尊其父而崩。桓帝以蠡吾侯子即尊位，追尊父蠡吾先侯曰'孝宗皇'，母匽太夫人曰'孝崇后'，祖父河间孝王曰'孝穆皇'，祖母妃曰'孝穆后'。桓帝崩，无子。今上即位，追尊父解犊侯曰'孝仁皇'，母董夫人曰'孝仁后'，祖父河间敬王曰'孝元皇'，祖母夏妃曰'孝元后'。"

### 7. "妖贼"称"太上皇帝"事

《后汉书》卷七《桓帝纪》记载，以暴动方式武装对抗汉王朝的反政府集团首领竟然有自称"太上皇帝"的情形：

> 勃海妖贼盖登等称"太上皇帝"，有玉印、珪、璧、铁券，相署置，皆伏诛。

事在延熙八年（165）冬十月。李贤注引《续汉书》：

> 时登等有玉印五，皆如白石，文曰"皇帝信玺"、"皇帝行玺"，其三无文字。璧二十二，珪五，铁券十一。开王庙，带王绶，衣绛衣，相署置也。

盖登印绶等制度设计都仿照皇帝制度。看来，所谓"太上皇帝"者，是自称据于高于当时体制之最高主宰者的地位。

有的辞书"太上皇帝"条举书证晚至"《魏书·献帝纪》"和"《北齐书·武成帝纪》"[1]，看来是忽略了《后汉书》卷七《桓帝纪》有关"勃海妖贼盖登等称'太上皇帝'"的记载。也可能以为非正统政治力量的表现不

---

[1]　中文大字典编纂委员会（张其昀监修、林尹高明主编）：《中文大字典》，中国文化学院出版部1968年版，第8册，第350页。汉语大词典编辑委员会、汉语大词典编纂处（罗竹风主编）：《汉语大词典》，汉语大词典出版社1988年版，第2卷，第1462页。

足以作为说明"太上皇帝"这种尊贵称谓出现的史例。①

《桓帝纪》还记载延熙九年（166）事：

> 沛国戴异得黄金印，无文字，遂与广陵人龙尚等共祭井，作符书，称"太上皇"，伏诛。

李贤注："《东观记》曰：'戴异钮田得金印，到广陵以与龙尚。'"

盖登和戴异使用"太上皇帝"、"太上皇"称号，体现了最大程度的自尊与自信。相关故事与出身"勃海"、"沛国"、"广陵"人士有关，让我们联想到陈寅恪曾经指出的，反正统的社会意识天师道与滨海地域有密切关系，黄巾起义等反叛可以"用滨海地域一贯之观念以为解释"，"凡信仰天师道者，其人家世或本身十分之九与滨海地域有关"②。

方诗铭说："为什么盖登被称为'妖贼'？这显然是带有宗教性的民间组织和斗争。"他还提示我们，按照汉制，"'太上皇'不得称为'太上皇帝'"。"盖登、戴异所称的'太上皇'或'太上皇帝'当另有所指，应从民间宗教加以探讨。"方诗铭写道：

> 《老子想尔注》云："'一'散'形'为'气'，聚'形'为太上老君。常治昆仑。"南朝的《徐副买地券》、《刘颖买地券》亦有"太上老君"之称。看来"太上皇"的"太上"即"太上老君"，"黄"、"皇"通用亦即"黄神"，盖登、戴异都是原始道教的道众。

至于盖登所得所谓"玉印五，皆如白石，文曰'皇帝信玺'、'皇帝行玺'"，方诗铭"以为所得的是封泥"。他分析说，"《古封泥集成》第二卷秦汉魏晋封泥即收有'皇帝信玺'，因为封泥于文件上，后以焚烧处理旧文件，封泥经火其坚如陶，盖登等无知，遂以为玉印。戴异所得'黄金印'，当亦为铜

---

① 其实，《越绝书》卷八《越绝外传记地》"庄襄王更号'太上皇帝'"的记载也不宜忽视。

② 陈寅恪：《天师道与滨海地域之关系》，《金明馆丛稿初编》（陈寅恪文集之二），上海古籍出版社1980年版，第1—40页。

印而无字者。"① 这样的推断，显然是我们应当予以重视的。

# "主公"称谓考

"主公"称谓始见于东汉末年历史记录，以《三国志》及裴松之注所引史籍最为集中。有学者研究《三国志》称谓，注意到"主公"的使用。② 然而在讨论"帝王诸侯称谓"时，言及"帝王称谓""皇"、"帝"、"皇帝"，"天子"、"天"、"所天"、"天父"，"予一人"（"余一人）"，"予小子"，"皇帝臣"，及"驾"、"车驾"、"乘舆"、"大驾"、"銮驾"、"舆驾"、"辇毂"、"万乘"、"青盖"、"大行"、"大行皇帝"、"陛下"、"国家"、"朝廷"、"圣朝"等，以及"诸侯称谓""姓＋王/公/侯"、"地名＋王/公/侯"，"对诸侯的敬称""殿下"、"相公"、"相王"等，却未涉及"主公"。③ 似可视作缺憾。

就现有资料看，早期"主公"称谓又仅见于《蜀书》及裴注。而《三国志》所见"主公"称谓似乎仅用以指代刘备一人。刘备部属相互言谈称刘备为"主公"，与刘备对话时也往往当面直称"主公"。通过这一现象，有助于理解刘备集团中君臣"相契"的情形。"主公"与"公"之称谓，其意义其实是十分接近的。后世"主公"称谓的使用渐次增多。

《三国演义》中"主公"称谓使用频率甚高，指代对象先后凡25人。被尊称为"主公"者，在刘备集团中竟有关羽。《三国演义》可见"主公"和"主人"对应的例证，而刘备夫人被赵云称作"主母"，也是反映社会称谓体现复杂社会关系的现象。

## 1. 东汉末年的历史记录

就现有资料看，"主公"是东汉末年历史记录中初次出现的称谓。而最

① 方诗铭：《拾零集》卷一"'太上皇帝'即'太上老君'"条，《方诗铭文集》，上海社会科学院出版社2010年版，第3卷，第306页。
② 马丽《〈三国志〉称谓词研究》在附录"《三国志》社会称谓词总目"中列有"主公"。中国社会科学出版社2010年版，第349页。
③ 马丽：《〈三国志〉称谓词研究》，第205—223页。

集中的文字遗存，见于《三国志》及裴松之注引史籍。

如《三国志》卷三七《蜀书·法正传》：

> 十九年，进围成都，璋蜀郡太守许靖将逾城降，事觉，不果。璋以危亡在近，故不诛靖。璋既稽服，先主以此薄靖不用也。正说曰："天下有获虚誉而无其实者，许靖是也。然今主公始创大业，天下之人不可户说，靖之浮称，播流四海，若其不礼，天下之人以是谓主公为贱贤也。宜加敬重，以眩远近，追昔燕王之待郭隗。"先主于是乃厚待靖。以正为蜀郡太守、扬武将军，外统都畿，内为谋主。一飧之德，睚眦之怨，无不报复，擅杀毁伤己者数人。或谓诸葛亮曰："法正于蜀郡太纵横，将军宜启主公，抑其威福。"亮答曰："主公之在公安也，北畏曹公之强，东惮孙权之逼，近则惧孙夫人生变于肘腋之下；当斯之时，进退狼跋，法孝直为之辅翼，令翻然翱翔，不可复制，如何禁止法正使不得行其意邪！"初，孙权以妹妻先主，妹才捷刚猛，有诸兄之风，侍婢百余人，皆亲执刀侍立，先主每入，衷心常凛凛；亮又知先主雅爱信正，故言如此。

这段文字中，主体部分是法正、谓诸葛亮者以及诸葛亮本人的三段话，其中竟四次出现"主公"称谓，密度是相当高的。四次言及"主公"者，二出于法正之口，一出于建议诸葛亮劝刘备抑法正威福者之口，一出于诸葛亮之口。

"主公"所见另一例，也出自诸葛亮言谈，见于《三国志》卷三九《蜀书·刘巴传》裴松之注引《零陵先贤传》中的记载：

> 张飞尝就巴宿，巴不与语，飞遂忿恚。诸葛亮谓巴曰："张飞虽实武人，敬慕足下。主公今方收合文武，以定大事；足下虽天素高亮，宜少降意也。"巴曰："大丈夫处世，当交四海英雄，如何与兵子共语乎？"

《三国志》卷四〇《蜀书·彭羕传》记录马超言语中也说到"主公"。彭羕本刘璋属下小吏，刘备入川后，经庞统、法正推荐，"先主亦以为奇，数令宣传军事，指授诸将，奉使称意，识遇日加"，定成都后，任为治中从事。而诸葛亮以为彭羕"心大志广，难可保安"，刘备于是"左迁羕为江阳太守"。于是发生了彭羕与马超密谈时发表反刘备言辞，而被马超举报的故事：

> 羕闻当远出，私情不悦，往诣马超。超问羕曰："卿才具秀拔，主公相待至重，谓卿当与孔明、孝直诸人齐足并驱，宁当外授小郡，失人本望乎？"羕曰："老革荒悖，可复道邪！"又谓超曰："卿为其外，我为其内，天下不足定也。"超羁旅归国，常怀危惧，闻羕言大惊，默然不答。羕退，具表羕辞，于是收羕付有司。

彭羕在与马超相谈的这段言辞中蔑称刘备为"老革"，然而在狱中不得不认罪时，依然尊称其为"主公"：

> 羕于狱中与诸葛亮书曰："仆昔有事于诸侯，以为曹操暴虐，孙权无道，振威闇弱，其惟主公有霸王之器，可与兴业致治，故乃翻然有轻举之志。会公来西，仆因法孝直自炫鬻，庞统斟酌其间，遂得诣公于葭萌，指掌而谭，论治世之务，讲霸王之义，建取益州之策，公亦宿虑明定，即相然赞，遂举事焉。仆于故州不免凡庸，忧于罪罔，得遭风云激矢之中，求君得君，志行名显，从布衣之中擢为国士，盗窃茂才。分子之厚，谁复过此。羕一朝狂悖，自求葅醢，为不忠不义之鬼乎！先民有言，左手据天下之图，右手刿咽喉，愚夫不为也。况仆颇别菽麦者哉！所以有怨望意者，不自度量，苟以为首兴事业，而有投江阳之论，不解主公之意，意卒感激，颇以被酒，倪失'老'语。此仆之下愚薄虑所致，主公实未老也。且夫立业，岂在老少，西伯九十，宁有衰志，负我慈父，罪有百死。至于内外之言，欲使孟起立功北州，戮力主公，共讨曹操耳，宁敢有他志邪？孟起说之是也，但不分别其间，痛人心耳。昔每与庞统共相誓约，庶托足下末踪，尽心于主公之业，追名古人，载勋竹帛。统不幸而死，仆败以取祸。自我堕之，将复谁怨！足下，当世伊、吕也，宜善与主公计事，济其大猷。天明地察，神祇有灵，复何言哉！贵使足

下明仆本心耳。行矣努力，自爱，自爱！"羕竟诛死，时年三十七。

彭羕在狱中致诸葛亮书，对自己的行为竭力辩解，不免多现奴颜婢膝相，除有"足下，当世伊、吕也"谄媚之言，表示"庶托足下末踪"外，竟先后六次尊称刘备"主公"。

　　彭羕因与诸葛亮的矛盾导致的悲剧命运，自可以体现蜀汉执政集团中"新和旧、客和主的分野"①，不过，彭羕原来地位过低，"羕仕州不过书佐，后又为众人所谤毁于州牧刘璋，璋髡钳羕为徒隶"，似与其他刘璋旧属不同。而且彭羕前后言行，可以说确实印证了诸葛亮"难可保安"的忧虑。

### 2.《三国志》似专一指代刘备的称谓

　　值得我们重视的还有《彭羕传》所引致诸葛亮书中第一段话："仆昔有事于诸侯，以为曹操暴虐，孙权无道，振威闇弱，其惟主公有霸王之器，可与兴业致治，故乃翻然有轻举之志。会公来西，仆因法孝直自炫鬻，庞统斟酌其间，遂得诣公于葭萌，指掌而谭，论治世之务，讲霸王之义，建取益州之策，公亦宿虑明定，即相然赞，遂举事焉。"其中：

　　　　（1）其惟主公有霸王之器……
　　　　（2）会公来西……
　　　　（3）遂得诣公于葭萌……
　　　　（4）公亦宿虑明定……

（1）称"主公"，（2）（3）（4）称"公"，下文又称"主公"，而均指代刘备一人。可知当时"主公"与"公"之称谓，其意义其实是十分接近的。

　　《三国志》卷四二《蜀书·周群传》记录了又一则因告密而致使蜀地才士被杀的事件。蜀郡张裕通晓占候之术。刘备进攻汉中，张裕谏止："不可争汉中，军必不利。"刘备未予采纳，果然兵败。此后：

---

①　田余庆：《李严兴废与诸葛用人》，《秦汉魏晋史探微》（重订本），中华书局 2004 年版。

　　裕又私语人曰："岁在庚子，天下当易代，刘氏祚尽矣。主公得益州，九年之后，寅卯之间当失之。"人密白其言。初，先主与刘璋会涪时，裕为璋从事，侍坐。其人饶须，先主嘲之曰："昔吾居涿县，特多毛姓，东西南北皆诸毛也，涿令称曰：'诸毛绕涿居乎！'"裕即答曰："昔有作上党潞长，迁为涿令者，去官还家，时人与书，欲署潞则失涿，欲署涿则失潞，乃署曰'潞涿君'。"先主无须，故裕以此及之。先主常衔其不逊，加忿其漏言，乃显裕谏争汉中不验，下狱，将诛之。诸葛亮表请其罪，先主答曰："芳兰生门，不得不锄。"裕遂弃市。后魏氏之立，先主之薨，皆如裕所刻。又晓相术，每举镜视面，自知刑死，未尝不扑之于地也。

张裕所谓"主公得益州，九年之后，寅卯之间当失之"，是又一例使用"主公"称谓的史例。

　　《三国志》卷四四《蜀书·蒋琬传》写道：

　　蒋琬字公琰，零陵湘乡人也。弱冠与外弟泉陵刘敏俱知名。琬以州书佐随先主入蜀，除广都长。先主尝因游观奄至广都，见琬众事不理，时又沉醉，先主大怒，将加罪戮。军师将军诸葛亮请曰："蒋琬，社稷之器，非百里之才也。其为政以安民为本，不以修饰为先，愿主公重加察之。"先主雅敬亮，乃不加罪，仓卒但免官而已。

这是又一诸葛亮称刘备"主公"的实例。

　　分析上举言及"主公"称谓诸例，可以有以下发现：

　　1. "主公"称谓始见于《三国志》及裴松之注。

　　2. "主公"称谓仅见于《三国志·蜀书》及裴松之注。

　　3. 刘备部属相互言谈称刘备为"主公"，与刘备对话时也往往当面直称"主公"。

　　4.《三国志》中"主公"称谓似乎仅用以指代刘备一人。

　　关于最后一点，似又有指代刘禅一例，即《三国志》卷四二《蜀书·杜微传》载诸葛亮与杜微书：

朝廷主公今年始十八。

《通志》卷一一八下、《三国志文类》卷四六、明曹学佺《蜀中广记》卷四一、明张溥编《汉魏六朝百三家集》卷二二同。而宋萧常《萧氏续后汉书》卷二二作："朝廷今年始十八。"明杨时伟编《诸葛忠武书》卷七作："朝廷主上今年始十八。"中华书局标点本《三国志》否定了"朝廷主公"之说，处理为：

朝廷(主公)今年始十八。

《校记》写道："主公，从朱邦衡说删。"①

考察《三国志·蜀书》所见"主公"称谓的使用，可以进行如下分析。

使用这一称谓的人物，有：

| 人　物 | 籍　贯 | 使用次数 | 资料出处 |
| --- | --- | --- | --- |
| 法　正 | 扶风郿 | 2 | 《法正传》 |
| 诸葛亮 | 琅邪阳都 | 3 | 《法正传》《蒋琬传》《刘巴传》裴松之注引《零陵先贤传》 |
| 建议诸葛亮劝刘备抑法正威福者 | ？ | 1 | 《法正传》 |
| 马　超 | 扶风茂陵 | 1 | 《彭羕传》 |
| 彭　羕 | 广汉 | 6 | 《彭羕传》 |
| 张　裕 | 蜀郡 | 1 | 《周群传》 |

仅仅从这些人物的籍贯出身，我们似乎尚难以判断"主公"称谓起初使用的地域渊源。

现在看来，"主公"似乎是刘备政治集团内部指称其最高首领刘备的专用称谓。由裴松之注引《零陵先贤传》的一例，似可排除"主公"为刘备个人专有称谓这一现象与陈寿个人政治文化意识倾向有关的可能。至于"主

---

① 《三国志》，中华书局1959年版，第5册，第1502页。

公"称谓产生的缘由，因历史资料的限制，目前尚未能明朗。

赵翼《廿二史札记》有"三国之主用人各不同"条，说："人才莫盛于三国，亦惟三国之主各能用人，故能鼎力相扶，以成鼎足之势。而其用人亦各有不同者，大概曹操以权术相驭，刘备以性情相契，孙氏兄弟以意气相投，后世尚可推见其心迹也。"关于刘备之所谓"以性情相契"，赵翼虽有此判断，然而又指出这一政治集团超强凝聚力的形成，又有"深结其隐微而不可解"的因素。他说："至刘备，一起事即为人心所向。少时结交豪杰，已多附之。"赵翼举中山大商张世平、苏双"早资以财"之例，又注意到领平原相后，刘平遣刺客刺之，"客反以情告"事。陶谦、陈登、孔融都有亲近刘备的表现。刘备后来投奔曹操，曹操亦"礼之甚重"。袁绍父子、刘表均曾郊迎。南下后，则"荆州豪杰多归之"。避曹操军而奔江陵，"荆州人士随之者十余万"。赵翼感叹道："是时身无尺寸之柄，而所至使人颠倒如此！"同时代人的相关评价，程昱所谓"备甚得人心"，诸葛亮所谓"刘豫州为众士所慕仰，若水之归海"，赵翼以为"此当时实事也"。不过，他又写道，"乃其所以得人心之故，史策不见"。据赵翼分析，"第观其三顾诸葛，咨以大计，独有傅岩爰立之风。关、张、赵云，自少结契，终身率以周旋，即羁旅奔逃，寄人篱下，无寸土可以立业，而数人者，患难相随，别无贰志。此固数人者之忠义，而备亦必有深结其隐微而不可解者矣"。就刘备与黄权"君臣之相与"，刘备托孤于诸葛亮之"不可辅则君自取之"语，赵翼以为"千载下犹见其肝膈本怀，岂非真情之流露？"刘备得诸葛亮，赵翼谓"可见以诚待人之效"。①

对于刘备托孤谓诸葛亮可"自取之"语的涵义，有学者曾经发表不同的理解。②然而刘备"得人心"所谓"必有深结其隐微而不可解者"，可能是真确的。

---

　　①　《廿二史札记》卷七。

　　②　对于刘备"若嗣子可辅，辅之；如其不才，君可自取"的遗言，明人章懋以为是对诸葛亮的一种试探，"夫昭烈之为是言，是疑孔明也"，"吾读陈寿书至此，未尝不深为孔明惧也"。他又感叹，没有想到所谓"鱼水君臣"，仍然"以智术相御"至于如此程度。（《枫山章先生集》卷四）明末清初人徐世溥《诸葛武侯无成论》也以为："斯言也，昭烈之疑忌尽见，生平深险毕露。非惟昭烈不知孔明，孔明亦不知昭烈甚矣。"（转见王士祯《居易录》卷一二）王夫之在《读通鉴论》中对于刘备心理，又有"疑公交吴之深，而并疑其与子瑜之合"的分析，揭露了夷陵之战前后诸葛亮微妙态度的背景，值得人们深思。参看王子今《诸葛亮的神话》，《学习时报》2001年11月19日。

　　"主公"称谓的最早使用，或许也是我们要说明刘备集团中君臣之间"相契"、"相与"、"相随"，如赵翼赞叹刘备"所至使人颠倒如此"的特殊关系时，应当注意的现象。

### 3. 后世"主公"称谓的使用

　　两晋南北朝时代，"主公"称谓的使用渐次增多。所见史例有《晋书》卷八六《张轨传》："主公西河著德，兵马如云。"同卷《张重华传》："我家主公奕世忠于晋室，而不如鲜卑矣。"《宋书》卷四六《张邵传》："主公命世人杰，何烦多问。"① 卷八二《周朗传》："取士之令朝发，宰士暮登英豪；调兵之诏夕行，主公旦升雄俊。"《南齐书·孝义列传·陆绛》记载陆闲语："宫车晏驾，百司将听于冢宰。主王地重才弱，必不能振，难将至矣。"中华书局标点本《校勘记》："主王地重才弱，'主王'各本并作'主上'，《南史》亦作'主上'。按五朝人称所佐诸王曰主王，诸公曰主公，此主王指始安王遥光也。作'主上'者讹。"② 所谓"五朝人称所佐诸王曰主王，诸公曰主公"的现象，值得我们注意。

　　唐宋以后，"主公"称谓的使用，情形更为复杂，以至于有仆役称主人为"主公"，客人称主人为"主公"的事例。"主公"有时似是"主人公"的省称。③ 在有关北方少数族政治生活的历史记录中，也可以看到使用"主公"称谓的情形。如《金史》卷一《世纪·景祖乌古乃》："辽主终欲与之，遣使来。景祖诡使部人扬言曰：'主公若受印系籍，部人必杀之。'用是以拒之，辽使乃还。"又《金史》卷七○《完颜忠传》："太祖与迪古乃冯肩而

---

① 又见《南史》卷三二《张邵传》。

② 《南齐书》，中华书局1972年版，第3册，第970页。

③ "主人公"，较早见于《汉书》卷六三《武五子传·戾太子刘据》："主人公遂格斗死。"语义相近有"主人翁"称谓。《史记》卷七九《范睢蔡泽列传》："乃取其一绨袍以赐之。须贾因问曰：'秦相张君，公知之乎？吾闻幸于王，天下之事皆决于相君。今吾事之去留在张君，孺子岂有客习于相君者哉？'范睢曰：'主人翁习知之。唯睢亦得谒，睢请为见君于张君。'须贾曰：'吾马病，车轴折，非大车驷马，吾固不出。'范睢曰：'愿为君借大车驷马于主人翁。'""主人翁"称谓又见于董偃故事。《汉书》卷六五《东方朔传》："上曰：'愿谒主人翁。'主乃下殿，去簪珥，徒跣顿首谢曰：'妾无状，负陛下，身当伏诛。陛下不致之法，顿首死罪。'有诏谢。主簪履起，之东箱自引董君。董君绿帻傅韝，随主前，伏殿下。主乃赞：'馆陶公主胞人臣偃昧死再拜谒。'因叩头谢，上为之起，有诏赐衣冠上。偃起，走就衣冠。主自奉食进觞。当是时，董君见尊不名，称为'主人翁'，饮大骊乐。"

语曰：'我此来岂徒然也，有谋于汝，汝为我决之。辽名为大国，其实空虚，主骄而士怯，战阵无勇，可取也。吾欲举兵，杖义而西，君以为如何？'迪古乃曰：'以主公英武①，士众乐为用。辽帝荒于畋猎，政令无常，易与也。'太祖然之。明年，太祖伐辽。"

对于《三国志》所见"主公"，有的辞书解释为"臣下对君主的称呼"②，或说"犹言主上"③。书证均为《三国志》卷三七《蜀书·法正传》："或谓诸葛亮曰：'法正于蜀郡太纵横，将军宜启主公，抑其威福。'"这两种解说，前者似不准确，后者看来比较接近历史真实。有的辞书解释为"仆人对主人之尊称"，意与"犹言主上"有接近处，其书证为元曲《赚蒯通》："想鸿门会上主公有难。"④

《三国演义》中"主公"称谓使用频率甚高，出现凡 264 次，先后共有 25 人被尊称为"主公"，即：董卓（4 次），孙坚（3 次），袁绍（9 次），刘表（10 次），曹操（19 次），袁术（4 次），孙策（7 次），张绣（1 次），吕布（4 次），刘备（97 次），孙权（49 次），袁谭（3 次），袁尚（3 次），黄祖（1 次），刘琮（3 次），韩玄（1 次），韩遂（1 次），刘璋（14 次），张鲁（7 次），关羽（2 次），公孙渊（2 次），曹爽（8 次），诸葛恪（1 次），司马昭（8 次），锺会（2 次）。

如果以出现次数为序，则居于前列的有：

| 序次 | 姓名 | 被称"主公"次数 | 序次 | 姓名 | 被称"主公"次数 |
|---|---|---|---|---|---|
| 1 | 刘备 | 97 | 6 | 袁绍 | 9 |
| 2 | 孙权 | 49 | 7 | 曹爽 | 8 |
| 3 | 曹操 | 19 | 7 | 司马昭 | 8 |
| 4 | 刘璋 | 14 | 9 | 孙策 | 7 |
| 5 | 刘表 | 10 | 9 | 张鲁 | 7 |

① 中华书局标点本《校勘记》："以主公英武。'主'原作'王'，据《永乐大典》卷六七六五改。"《金史》，中华书局 1975 年版，第 5 册，第 1629 页。
② 《汉语大词典》，汉语大词典出版社 1990 年版，第 1 册，第 695 页。
③ 《辞源》，商务印书馆 1979 年版，第 1 册，第 95 页。
④ 《中文大字典》，中国文化研究所印行，北京 608 信箱 1982 年冬影印本，第 1 册，第 456 页。

"主公"称谓使用之普遍，与《三国志》记载不同，也可能并非完全出于文学家的想象。① 而刘备依然是最频繁被称作"主公"的政治领袖，确实在一定程度上反映了当时历史的某种特征。

### 4. "主公"与"主母"

《三国演义》第五十六回《曹操大宴铜雀台，孔明三气周公瑾》中，在同一段文字里，诸葛亮当面称刘备"主公"，对鲁肃则称刘备"吾主人"、"我主人"，可知在罗贯中的意识中，"主公"其实就是"吾主人"、"我主人"。

刘备既是拥戴者的"主公"，而关羽并非独立的军事集团的首领，也被属下称作"主公"，是值得注意的现象。

又《三国演义》第四十一回《刘玄德携民渡江，赵子龙单骑救主》中赵云对刘备夫人又称呼"主母"。这一情形，恰与宋人何薳《春渚纪闻》卷四"施妳婆"条所见"主父主母"之"主母"相同，也是很有意思的事。

当然，这是《三国演义》作者作为小说家想象的汉末称谓，我们目前还没有看到历史资料的实证。

## 汉代官吏"粪土臣"自称

汉代文献遗存和出土资料均可见官吏自称"粪土臣"情形。通过"粪土臣"这种特殊的社会称谓形式，可以了解帝制奠基时代政治生活等级规范形成并初步确定的情景，认识奴性心理生成的历史背景和文化条件。

### 1. 汉简所见"粪土臣"称谓

出土汉简数据亦可见"粪土臣"称谓。

例如居延汉简：

---

① 有学者曾经指出《三国演义》利用了《三国志》及裴松之注以外的历史资料。参看林剑鸣《〈三国演义〉中丰富生动的情节都是虚构的吗?》，《文史知识》1986 年第 4 期。

肩水候官令史觟得敬老里公乘粪土臣憙昧死再拜上言

☑变事书（387.12，562.17）①

粪土臣德昧死再拜上言变事书印曰臣德其丁丑合蒲蓝☑☑

（E. P. T52：46A）

☑粪土臣既往☑（E. P. T65：541）②

《肩水金关简（壹）》发表的资料亦有：

> 守粪土
>
> 臣临昧
>
> ☑
>
> 死再拜
>
> 上书吏（73E. J. T4：48）

又敦煌汉简：

> 使西域大使五威左率都尉粪土臣△稽首再拜上书（117）
>
> 使西域大使五威左率都尉粪土臣△稽首再拜上书（118）
>
> 使西域大使五威左率都尉粪土臣△稽首再拜上书（146）③

又如居延汉简如下文字：

> ☑粪土　☑（E. P. T53：273）④

很可能也与出现"粪土臣"字样简例的文式相同。

---

① 谢桂华、李均明、朱国炤：《居延汉简释文合校》，文物出版社 1987 年版，下册，第 548 页。

② 甘肃省文物考古研究所、甘肃省博物馆、文化部古文献研究室、中国社会科学院历史研究所：《居延新简：甲渠候官与第四燧》，文物出版社 1990 年版，第 230、455 页。

③ 吴礽骧、李永良、马建华：《敦煌汉简释文》，甘肃人民出版社 1991 年版，第 11、13 页。

④ 《居延新简：甲渠候官与第四燧》，第 298 页。

河西地方出土汉代简牍所见"粪土臣",反映自称"粪土臣"已经成为社会语言习惯,成为僻远地方亦认真遵行的文书定式。

**2. 汉代政治史文献中的"粪土臣"**

汉武帝即位初,好微行驰猎,"上以为道远劳苦,又为百姓所患,乃使太中大夫吾丘寿王与待诏能用算者二人,举籍阿城以南,盩厔以东,宜春以西,提封顷亩,及其贾直,欲除以为上林苑,属之南山。又诏中尉、左右内史表属县草田,欲以偿鄠杜之民。吾丘寿王奏事,上大说称善。"这一计划对于当地民生显然有所损害。据《汉书》卷六五《东方朔传》,"时朔在傍,进谏曰:'臣闻谦逊静悫,天表之应,应之以福;骄溢靡丽,天表之应,应之以异。今陛下累郎台,恐其不高也;弋猎之处,恐其不广也。如天不为变,则三辅之地尽可以为苑,何必盩厔、鄠、杜乎!奢侈越制,天为之变,上林虽小,臣尚以为大也。'"东方朔提出三条反对的理由:"取民膏腴之地,上乏国家之用,下夺农桑之业,弃成功,就败事,损耗五谷,是其不可一也。且盛荆棘之林,而长养麋鹿,广狐兔之苑,大虎狼之虚,又坏人冢墓,发人室庐,令幼弱怀土而思,耆老泣涕而悲,是其不可二也。斥而营之,垣而囷之,骑驰东西,车鹜南北,又有深沟大渠,夫一日之乐不足以危无堤之舆,是其不可三也。"以为"务苑囿之大,不恤农时,非所以强国富人也"。其中有与历史上昏庸暴虐之君对照,所谓"夫殷作九市之宫而诸侯畔,灵王起章华之台而楚民散,秦兴阿房之殿而天下乱"的激切言辞。东方朔最后说道:"粪土愚臣,忘生触死,逆盛意,犯隆指,罪当万死,不胜大愿,愿陈泰阶六符,以观天变,不可不省。"

《汉书》记载东方朔谏言所见"粪土愚臣",是较早使用"粪土臣"这种自称的一则实例。

东汉名臣蔡邕曾经入狱治罪,《后汉书》卷六〇下《蔡邕列传》记述:蔡邕得罪与专权宦官集团关系密切的政治势力,"于是诏下尚书,召邕诘状"。蔡邕上书自陈,未能得到宽宥,"于是下邕、质于洛阳狱,劾以仇怨奉公,议害大臣,大不敬,弃市。事奏,中常侍吕强愍邕无罪,请之,帝亦更思其章,有诏减死一等,与家属髡钳徙朔方,不得以赦令除。"即使如此,政敌依然"使客追路刺邕"。蔡邕面对人生悲剧时的上书,有这样的内容:

"邕上书自陈曰：'……今年七月，召诣金商门，问以灾异，赍诏申旨，诱臣使言。臣实愚赣，唯识忠尽，出命忘躯，不顾后害，遂讥刺公卿，内及宠臣。实欲以上对圣问，救消灾异，规为陛下建康宁之计。陛下不念忠臣直言，宜加掩蔽，诽谤卒至，便用疑怪。尽心之吏，岂得容哉？诏书每下，百官各上封事，欲以改政思谴，除凶致吉，而言者不蒙延纳之福，旋被陷破之祸。今皆杜口结舌，以臣为戒，谁敢为陛下尽忠孝乎？"蔡邕在请罪的同时仍然坚持"忠臣直言"的正义性，又表示愿自当"咎患"，而保全蔡质："臣季父质，连见拔擢，位在上列。臣被蒙恩渥，数见访逮。言事者因此欲陷臣父子，破臣门户，非复发纠奸伏，补益国家者也。臣年四十有六，孤特一身，得托名忠臣，死有余荣，恐陛下于此不复闻至言矣。臣之愚冗，职当咎患，但前者所对，质不及闻，而衰老白首，横见引逮，随臣摧没，并入坑坎，诚冤诚痛。臣一入牢狱，当为楚毒所迫，趣以饮章，辞情何缘复闻？死期垂至，冒昧自陈。愿身当辜戮，匄质不并坐，则身死之日，更生之年也。'"这篇文字收入《蔡邕集》，题《被收时表》①，开篇写道："议郎粪土臣邕顿首再拜上书皇帝陛下"，篇末则以"臣邕死罪"结束。②篇题亦有作《尚书诘状自陈表》者。③

《三国志》卷一《魏书·文帝纪》记载汉帝禅位于魏，裴松之注引《献帝传》记述汉魏禅代事，曹丕有假意辞让的虚伪表演，上书中也可见"粪土臣"称谓："庚申，魏王上书曰：'皇帝陛下：奉被今月乙卯玺书，伏听册命，五内惊震，精爽散越，不知所处。臣前上还相位，退守藩国，圣恩听许。臣虽无古人量德度身自定之志，保己存性，实其私愿。不寤陛下猥损过谬之命，发不世之诏，以加无德之臣。且闻尧禅重华，举其克谐之德，舜授文命，采其齐圣之美，犹下咨四岳，上观璇玑。今臣德非虞、夏，行非二君，而承历数之谘，应选授之命，内自揆抚，无德以称。……臣虽鄙蔽，敢忘守节以当大命，不胜至愿。谨拜章陈情，使行相国永寿少府粪土臣毛宗奏，并上玺绶。'"曹丕上书所谓"使行相国永寿少府粪土臣毛宗奏"，"粪

---

① （明）梅鼎祚编《东汉文纪》卷一九《蔡邕》亦题《被收时表》，文渊阁《四库全书》本。
② 《蔡中郎集》卷二，文渊阁《四库全书》本。
③ 《汉魏六朝百三家集》卷一八《汉蔡邕集》，文渊阁《四库全书》本。

土臣”虽然不是直接的自称，却是指身边近臣，一如上文所谓“鄙蔽”“无德之臣”，也明显有标榜自谦的涵义。

在另一篇存有疑点的文献《汉杂事秘辛》中，也可以看到“大将军参录尚书事乘氏粪土臣冀顿首再拜承制”的词语。[①] 这一资料，或许也可以看作能够为汉代通行“粪土臣”自称提供助证的有一定参考意义的信息。

**3. “粪土”“极贱”意识**

《论语·公冶长》记载了教育家孔子的著名言论：“宰予昼寝，子曰：‘朽木不可雕也，粪土之墙不可圬也。’”孔子以“粪土之墙”比喻宰予“志气昏惰，教无所施”。[②] 后来董仲舒又曾经以“粪土之墙”比喻社会问题的严重：“孔子曰：‘腐朽之木不可雕也，粪土之墙不可圬也。’今汉继秦之后，如朽木粪墙矣，虽欲善治之，亡可奈何。法出而奸生，令下而诈起，如以汤止沸，抱薪救火，愈甚亡益也。”

天水放马滩秦简《日书》甲种可见“粪土”字样：

> 子鼠殹以亡盗者中人取之臧穴中粪土中为人鞔面小目=圓=广颊䙴目盗也所入矣不得（30）
>
> 巳鸡殹以亡盗者中人殹臧囷屋屋粪土中蹇木下其为人小面长赤目贱人殹得（35）[③]

《急就篇》卷三：“屏厕清溷粪土壤。”颜师古注：“屏，僻宴之名也。厕之言侧也，亦谓僻侧也。清，言其处特异余所常当加洁清也。溷者，目其秽浊也。屏厕清溷，其实一耳。柔土曰壤。言屏厕之地，以粪秽则其土为壤也。”[④] 也体现“粪土”在社会日常生活中通常的语义。

《史记》卷一二九《货殖列传》说，“昔者越王句践困于会稽之上，乃用范蠡、计然”。计然建议经营之道，涉及“贵”与“贱”的辩证关系。司

---

① （明）梅鼎祚编：《东汉文纪》卷四《顺烈梁皇后》，文渊阁《四库全书》本。
② （元）胡炳文：《论语通》卷三，文渊阁《四库全书》本。
③ 甘肃省文物考古研究所：《天水放马滩秦简》，中华书局2009年版，第84页。
④ （汉）史游撰，（唐）颜师古注：《急就篇》卷三，文渊阁《四库全书》本。

马迁写道："计然曰：'知物，二者形则万货之情可得而观已。故岁在金，
穰；水，毁；木，饥；火，旱。旱则资舟，水则资车，物之理也。六岁穰，
六岁旱，十二岁一大饥。夫粜，二十病农，九十病末。末病则财不出，农病
则草不辟矣。上不过八十，下不减三十，则农末俱利，平粜齐物，关市不
乏，治国之道也。积著之理，务完物，无息币。以物相贸易，腐败而食之货
勿留，无敢居贵。论其有余不足，则知贵贱。贵上极则反贱，贱下极则反
贵。贵出如粪土，贱取如珠玉。财币欲其行如流水。"据说勾践采用了计然
的策略，"修之十年，国富，厚赂战士，士赴矢石，如渴得饮，遂报强吴，
观兵中国，称号'五霸'。"司马贞《索隐》："夫物极贵必贱，极贱必贵。
贵出如粪土者，既极贵后，恐其必贱，故乘时出之如粪土。贱取如珠玉者，
既极贱后，恐其必贵，故乘时取之如珠玉。此所以为货殖也。"计然所谓
"贵上极则反贱，贱下极则反贵"，所谓"贵出如粪土，贱取如珠玉"，体现
"粪土""极贱"的常识。

　　司马迁《报任安书》自陈心志，也曾经说："勇者不必死节，怯夫慕
义，何处不勉焉！仆虽怯耎欲苟活，亦颇识去就之分矣，何至自湛溺累绁之
辱哉！且夫臧获婢妾犹能引决，况若仆之不得已乎！所以隐忍苟活，函粪土
之中而不辞者，恨私心有所不尽，鄙没世而文采不表于后也。"[1] 司马迁所
说"函粪土之中"，是指最屈辱、最痛楚、最愁苦的境况。其具体情形，用
司马迁自己的话来形容，即"今交手足，受木索，暴肌肤，受榜箠，幽于圜
墙之中，当此之时，见狱吏则头枪地[2]，视徒隶则心惕息"。

　　也有以"粪土"指代一般意义上的黄土、地土、土壤的情形。《后汉
书》卷三九《赵咨传》说赵咨"在官清简，计日受奉，豪党畏其俭节"，临
终期望"薄敛素棺，籍以黄壤，欲令速朽，早归后土"。他说："夫亡者，
元气去体，贞魂游散，反素复始，归于无端。既已消仆，还合粪土。"又批
判"暴秦"厚葬的罪恶："违道废德，灭三代之制，兴淫邪之法，国赍糜于
三泉，人力单于郦墓，玩好穷于粪土，伎巧费于窀穸。自生民以来，厚终之
敝，未有若此者。""粪土"就是普通的"黄壤"，这是以基本农耕知识为出

---

① 《汉书》卷六二《司马迁传》。
② 《六臣注文选》卷四一作"见狱吏则头抢地"，文渊阁《四库全书》本。

发点而形成的观念。

《续汉书·百官志五》刘昭注补引应劭《汉官》："张角怀挟妖伪，遐迩摇荡，八州并发，烟炎绛天，牧守枭裂，流血成川。尔乃远征三边殊俗之兵，非我族类，忿鸷纵横，多僵良善，以为己功，财货粪土。"东汉末年的军阀战争中，审配献书袁谭，说道："伏惟将军至孝蒸蒸，发于岐嶷，友于之性，生于自然，章之以聪明，行之以敏达，览古今之举措，睹兴败之征符，轻荣财于粪土，贵名位于丘岳。何意奄然迷沈，堕贤哲之操，积怨肆忿，取破家之祸！翘企延颈，待望雠敌，委慈亲于虎狼之牙，以逞一朝之志，岂不痛哉！"所谓"财货粪土"，所谓"轻荣财于粪土"，也都取用"粪土""极贱"之义。

《后汉书》卷六三《李杜列传》最后有对于李固、杜乔的赞扬："论曰：夫称仁人者，其道弘矣！立言践行，岂徒徇名安己而已哉，将以定去就之概，正天下之风，使生以理全，死与义合也。夫专为义则伤生，专为生则骞义，专为物则害智，专为己则损仁。若义重于生，舍生可也；生重于义，全生可也。上以残暗失君道，下以笃固尽臣节。臣节尽而死之，则为杀身以成仁，去之不为求生以害仁也。顺、桓之间，国统三绝，太后称制，贼臣虎视。李固据位持重，以争大义，确乎而不可夺。岂不知守节之触祸，耻夫覆折之伤任也。观其发正辞，及所遗梁冀书，虽机失谋乖，犹恋恋而不能已。至矣哉，社稷之心乎！其顾视胡广、赵戒，犹粪土也。"以高洁和卑污比照，所谓"其顾视胡广、赵戒，犹粪土也"，已经明确以"粪土"形容朝臣。"胡广、赵戒"之流，当然是史官意识中的"粪土臣"了。这些"粪土臣"与"生以理全，死与义合"之"称仁人者"，形成了言行品格的鲜明的对立。

### 4. 粪土臣·草莽臣·牛马走

汉代政治生活中，可以与"粪土臣"自称联系起来分析的，还有"草莽臣"和"牛马走"自称。

《前汉纪》卷二二《孝元皇帝纪》记载，永光元年"冬十有二月，丞相于定国赐安车驷马，免。子永嗣位，至御史大夫，尚馆陶公主施。……周堪复为光禄勋。与张猛皆给事中，见亲任，而石显等数赞毁之。刘向以草莽臣上书曰：'臣闻舜命九官，济济相让，和之至也。众贤和于朝，则万物和于野。故萧韶九成，凤皇来仪，击磬拊石，百兽率舞。及至周文，开基西郊，杂集众贤，莫不肃和，崇推让之风，以息忿争之讼。'"刘向回顾周代历史，指出文武周公时代，"朝臣和于内，万国欢于外"。"下至幽、厉之际，朝廷不和，转相非怨。""当此之时，日月薄蚀而无光。""天变见于上，地变动于下。""自此之后，天下大乱"而"众灾并起"，周政"遂至陵迟，不能复兴"。刘向说，"由此观之，气和致祥，气乖致异。祥多者其国安，异众者其国危。天地之常经，古今之通义也。当今邪正杂糅，忠谗并进。章交公车，人满北军。朝臣乖忤，分曹为党。更相谮愬，不可称言。是以灾异并起，皆妖气之所致也。""谗邪所以并进者，由上多疑心。既已用贤人，行善政，而或谮之，则贤人退而善政消矣。怀多疑之心者，来谗贼之口。持不断之意者，开群枉之门。谗邪进者贤人退，群枉盛者正士消。""考祥应之福，省灾异之祸，以揆当时之变，仰鉴前古之事，宜放远佞人之党，广开众正之路，决断狐疑，分明去就，则百异消灭，众祥并至，太平之基，万世之利。"据《前汉纪》记录，"显等见其书而愈与许史比周而怨向。向等遂禁锢十余年。"① 刘向上书事，《汉书》卷三六《刘向传》只言"更生见堪、猛在位，几己得复进，惧其倾危，乃上封事谏曰"，没有反映"以草莽臣上书"情节。

许慎《说文解字》卷一五下《叙》写道："召陵万岁里公乘艸莽臣冲稽首再拜上书：'皇帝陛下：臣伏见陛下以神明盛德，承遵圣业，上考度于天，下流化于民。先天而天不违，后天而奉天时。万国咸宁，神人以和。……'""艸莽臣""上书"也就是"草莽臣上书"。

《三国志》卷一一《魏书·管宁传》"宁称草莽臣上疏"，《三国志》卷六四《吴书·孙綝传》"休既即位，称草莽臣，诣阙上书"，也都是类似史例。

《后汉纪》卷二一《孝桓皇帝纪上卷》记载，汉桓帝永寿元年（155），"时梁氏威势倾天下，而上无继嗣，灾异数见。颍阴人刘陶上疏"，为受迫害的朱穆、李膺申诉："故武丁得傅说，以消鼎雉之变；周宣用山甫，以济夷、厉之荒。窃见冀州刺史朱穆、乌桓校尉李膺，皆履正清修，贞介绝俗。穆前在冀州，弹纠豪杰，埽灭饕恶，肃清万里，不仁者远，虽山甫不畏强御，诚无以逾也。膺前后历职，正身率下。及掌戎马，镇抚北疆，神武扬于

① 《前汉纪》卷二二《孝元皇帝纪中》。

朔州，强胡慑于漠北。文既俎豆，武亦干戈，功遂身退，家无私积。斯则中兴之良佐，国家之柱臣也。宜还本朝，夹辅王室，不合久屈间曹，委于草莽。""书奏，上善其言。"①

刘陶上疏所谓"委于草莽"，是指埋没民间。"草莽"的涵义，应是用以指代社会底层的平民。

《后汉书》卷二二《朱景王杜马刘傅坚马列传》论曰："降自秦、汉，世资战力，至于翼扶王运，皆武人屈起。亦有鬻缯屠狗轻猾之徒，或崇以连城之赏，或任以阿衡之地，故执疑则隙生，力侔则乱起。萧、樊且犹缧绁，信、越终见菹戮，不其然乎！自兹以降，迄于孝武，宰辅五世，莫非公侯。遂使缙绅道塞，贤能蔽壅，朝有世及之私，下多抱关之怨。其怀道无闻，委身草莽者，亦何可胜言。"此"委身草莽"与刘陶所谓"委于草莽"，"草莽"语义，并无二致。又《后汉书》卷七六《循吏列传·孟尝》"桓帝时，尚书同郡杨乔上书荐尝曰"："尝单身谢病，躬耕垄次，匿景藏采，不扬华藻。实羽翮之美用，非徒腹背之毛也。而沈沦草莽，好爵莫及，廊庙之宝，弃于沟渠"之所谓"沈沦草莽"亦同。汉人关于"草莽"的说法，可以帮助我们理解"草莽臣"的涵义。

《文选》卷四一司马迁《报任少卿书》开篇称"太史公牛马走司马迁再拜言少卿足下"。对于所谓"牛马走"，李善注："'走'，犹仆也。言己为太史公，掌'牛马'之仆。自谦之辞也。"吕延济注："'走'，犹仆也。言己为太史公，'牛马'之仆，盖自卑之辞。"这似乎是致"故人"书信中的"自谦之辞"、"自卑之辞"②，与前说"粪土臣"、"草莽臣"属于面对帝王的特定辞义有所不同。然而同样反映着官场生活，所以也值得我们关注。

有人说"牛马走"应即"先马走"。《淮南子·道应》说勾践为"先马走"，是"为吴兵先马走"。高诱注："先马走，先马前而走也。"王念孙以为"为吴兵先马走"应为"为吴王先马"。刘文典写道："据注云'先马，（句。）走先马前'，则正文无走字明矣。为吴王先马，即上文所谓身为臣

　　① 《后汉纪》卷二一《孝桓皇帝纪上》。周天游校注《后汉纪校注》："范书作'书奏不省'。按永寿二年，拜膺为度辽将军，穆为尚书，则袁纪是。"天津古籍出版社1987年版，第580页。
　　② 《淮南子·道应》说勾践为"先马走"，是"为吴兵先马走"。顾炎武《日知录》卷二四"洗马"条说："当作'吴王'。"

也。"又说"先、洗古字通"。① 顾炎武《日知录》卷二四"洗马"条也指出："吴兵"，"当作'吴王'"②。这样说来，更多地重视这一称谓与"粪土臣"、"草莽臣"的共同点，也许是适宜的。

宋代学者吴仁杰指出，"牛马走"，其实是"先马走"之误："本《传》载子长书自'少卿足下'始。《文选》又冠以'太史公牛马走司马迁再拜言'凡十二字。仁杰曰：此犹刘向上书而《汉纪》言其自称'草莽臣'盖得其本文如此。五臣注：'走，犹仆也。言己为太史公，掌牛马之仆。'按'牛'当作'先'字之误也。《淮南书》曰：'越王句践亲执戈，为吴王先马走。'《国语》亦云：'句践亲为夫差前马。'《周官·太仆》：'王出入则前驱。'注：'如今导引也。'子长自谓'先马走'者，言以史官中书令在导引之列耳。故又云'幸得奏薄技出入周卫之中'。《百官表》有'太子先马'，盖亦前驱之称。或作'洗马'，循误至此。"③ 这一见解，吴仁杰的同时代人似乎有所认同。④ 顾炎武《日知录》卷二四"洗马"条则说："'洗马'者，马前引导之人也。"⑤

### 5. "粪土臣"自称与帝制时代的政治生活规则

自称"粪土臣"的情形出现于汉代。这是和皇帝专制制度确定和巩固的历史过程相一致的。

后来这一称谓长期使用，反映了帝制时代臣下自卑意识和奴化心理的恒定性。在有的历史时期，"粪土臣"自称甚至成为法定的文书书写程序，列入具有规范性意义的公文条令之中。如《宋书》卷一五《礼志二》："辞关

---

① 刘文典撰，冯逸、乔华点校：《淮南鸿烈集解》，中华书局 1989 年版，第 393—394 页。
② 顾炎武著，黄汝成集释：《日知录集释》，岳麓书社 1994 年版，第 856 页。
③ （宋）吴仁杰：《两汉刊误补遗》卷七"太史公四"，文渊阁《四库全书》本。
④ 如南宋冯时行《和张仲山寄酒》写道："余波借与草木春，况是江头钓鱼叟。更烦遣骑日联翩，暖热缙云先马走。"《缙云文集》卷二，文渊阁《四库全书》本。
⑤ 顾炎武《日知录》卷二四"洗马"条："《越语》：句践身亲为夫差前马。《韩非子》云为吴王洗马。洗音铣。《淮南子》云'为吴兵先马走'。（当作'吴王'）《荀子》：天子出门诸侯持轮挟舆先马。贾谊《新书》：楚怀王无道，而欲有霸王之号。铸金以象诸侯人君，令大国之王编而先马。梁王御宋王骖乘，滕薛卫中山之君随而趋然。则'洗马'者，马前引导之人也。亦有称'马洗'者。《六韬》：赏及牛竖马洗厩养之徒。《汉书·百官表》：太子太傅少傅属官有先马。张晏曰：先马，员十六人，秩比谒者。'先'或作'洗'。又考《周礼》齐右职云：凡有牲事则前马。注：王见牲则拱而式居马前郤。"《日知录集释》，第 856 页。

板文云：'某官粪土臣某甲临官。稽首再拜辞。'制曰右除粪土臣及稽首云云。某官某甲再拜辞。以'令曰'代'制曰'。某官宫臣者，称臣。"

刘泽华曾经论述王权政治体制下的"臣下的本体性卑贱"和"臣下的功能性卑贱"。[1] 有学者亦曾讨论中国古代"百官皆奴"的意识和"罪臣意识"。而这些意识在秦汉时期已经有显著的表现。[2] 通过有关"粪土臣"一类称谓的考察，可以增进对相关历史文化现象的认识。

鲁迅论读史，曾经指出由此可以"给人明白我们的古人以至我们，是怎样的被熏陶下来的"[3]，可以明白"被愚弄了的性灵"是怎样的"终于并不清醒过来"，可以明白"遗留至今的奴性的由来"[4]。对于"粪土臣"自称这一历史现象的讨论，正有益于认识"奴性的由来"，以及千百年来文化"熏陶"的方式。或许理解一系列相关的历史文化现象，如王亚南所说，"才会明白""我们中国人的气质""为什么像是特别适宜于专制主义政治"。[5]

古来其实也屡有"臣"在"君"权面前期求礼遇的告诉。《孟子·离娄下》："孟子告齐宣王曰：'君之视臣如手足，则臣视君如腹心。君之视臣如犬马，则臣视君如国人。君之视臣如土芥，则臣视君如寇雠。'"[6]《孟子》强调的，是"君"对于"臣"符合"礼"的有限的尊重。应当注意，这是在帝制形成之前发表的政治主张。所谓"君之视臣如土芥"，"土芥"，是低于"犬马"的，或解作"泥土草芥"。[7] 而《贞观政要》载魏征语引"土芥"正作"粪土"："孟子曰：'君视臣如手足，臣视君如腹心。君视臣如犬马，臣视君如国人。君视臣如粪土，臣视君如寇雠。'虽臣之事君无二志，至于去就之节，当缘恩之厚薄。然则为人主者，安可以无礼于下哉？"[8] 所

---

① 刘泽华：《王权思想论》，天津人民出版社 2006 年版，第 131—133 页。

② 雷戈：《秦汉之际的政治思想与皇权主义》，上海古籍出版社 2006 年版，第 194 页。

③ 鲁迅：《准风月谈·我们怎样教育儿童的?》，《鲁迅全集》，人民文学出版社 1981 年版，第 5 卷，第 255 页。

④ 鲁迅：《且介亭杂文·买〈小学大全〉记》，《鲁迅全集》，人民文学出版社 1981 年版，第 6 卷，第 57—58 页。

⑤ 王亚南：《中国官僚政治研究》，中国社会科学出版社 1981 年版，第 45 页。

⑥ 杨伯峻编著：《孟子译注》，中华书局 1960 年版，第 186 页。

⑦ 《孟子译注》，第 186 页。

⑧ （唐）吴兢：《贞观政要》卷三《君臣鉴戒》。《贞观政要》，上海古籍出版社 1978 年版，第 82 页。

谓"君视臣如粪土",自然和臣自视如"粪土"不同。这里魏征所表述的,是许多士人共同的期望,即所谓"君臣相遇"。①

不过,即使在最理想的境界,君臣依然是君臣。"君尊臣卑是传统思想文化的大框架。"② 臣子们"君视臣如手足"的幻想,最终只能是妄想。

## 居延汉简"寒吏"称谓

居延汉简有出现"寒吏"称谓的简文。讨论"寒吏"称谓使用的文化背景和社会环境,可以了解汉代下层军政管理人员的心理状况,也有益于认识当时河西地方特殊的社会生态。

### 1."寒吏"简文

1972—1974 年对居延甲渠候官遗址的发掘中,于破城子探方六五出土编号为 53 的简例,简文可见"寒吏"字样:

> (1) ] 闻来往者不知状□起居今骑士皆出谷三石食寒吏寒吏不得
> 便(E. P. T65:53A)
> [□因居竟十月未知何始致且怒力自爱懂候望毋忧家也
> (E. P. T65:53B)

按《居延新简——甲渠候官与第四燧》释文均作"] 闻来往者不知状□起居今骑士皆出谷三石食寒吏寒吏不得便"(E. P. T65:53A),"[□因居竟十月未知何始致且怒力自爱懂候望毋忧家也"(E. P. T65:53B)。③ 而书中

---

① 《贞观政要》卷三《君臣鉴戒》:"夫君臣相遇,自古为难。以石投水,千载一合。以水投石,无时不有。其能开至公之道,申天下之用,内尽心膂,外竭股肱,和若盐梅,固同金石者,非惟高位厚秩,在于礼之而已。"《贞观政要》,第 81 页。

② 刘泽华:《王权思想论》,第 129 页。

③ 甘肃省文物考古研究所、甘肃省博物馆、文化部古文献研究室、中国社会科学院历史研究所:《居延新简——甲渠候官与第四燧》,文物出版社 1990 年版,第 423 页;甘肃省文物考古研究所、甘肃省博物馆、文化部古文献研究室、中国社会科学院历史研究所:《居延新简——甲渠候官》,中华书局 1994 年版,上册,第 186 页。

"凡例"在解说"编者在释文中所加的符号及其含义"时这样写道:"[,原简右缺。""],原简左缺。"① "[,原简纵裂右缺。""],原简纵裂左缺。"②察看图版,则可以得知这枚简 A 面"纵裂左缺"。③

又破城子房屋二二发掘出土的一枚简,也说到"寒吏":

> (2) ● 甲渠候官建武柒年柒月贫隊长及一家二人为寒吏
> (E. P. F22：651)

简(1)所见"寒吏"或是自称。简(2)"寒吏"称谓和"贫隊长"称谓的关系引人注目。

"寒吏"是先秦秦汉历史文献中未曾出现的语汇。

应当说,居延汉简所见"寒吏"称谓,可以为我们提供认识当时相关社会文化现象的新的信息。

"寒吏"称谓究竟指代的是怎样的身份呢?

### 2. "寒"的字义：寒贫·寒倭·寒苦

"寒吏"的"寒"究竟是何种涵义,其中是否有可以进行政治文化分析的因素呢?

古诗文中使用"寒吏"一语时代颇晚。宋人杨时《寄题赵贯道后乐亭》④写道:"丛祠有狐鸣,群雏满东州。彬彬齐鲁郊,不复论轲丘。皷刀贩缯翁,袞袞封公侯。风流日凋弊,世久俗益偷。昔时戴经人,辍耕仍佩牛。椎埋昼行盗,闾里更相雠。赵子尉平阳,止此惟民忧。百花烂成围,幽禽咔春柔。问子胡不乐,我心殊未休。威明揉强梗,骄鹰化为鸠。买犊解吴钩,束身自锄耰。田庐户无枢,长物弃不收。结亭自乐只,开编玩前修。谁云酸寒吏,忧乐非身谋。乃知君子怀,与世异沉浮。嗟予一漫叟,放浪犹虚舟。舞雩有清风,遗迹今在不。君乎去此矣,欲往将谁俦。寄言春服成,尚

---

① 《居延新简——甲渠候官与第四燧》,文物出版社 1990 年版,第3—4页。
② 《居延新简——甲渠候官》,中华书局 1994 年版,上册,第2页。
③ 同上书,下册,第416页。
④ 作者题注："亭在沂州新泰县。"

觊一来游。"① 其中"酸寒吏"语②，其实有可能意近"寒吏"。又宋人王柏《婺州都税院记》："地僻而道左，物琐而利蠡，官寒吏瘠，朝夕盼盼于刀锥之赢，岁额虽轻而课赋常负，官多虚而吏专责矣。"③ 所谓"官寒吏瘠"，应当也有助于我们理解"寒吏"的意义。

也许居延汉简"寒吏"之"寒"亦有接近"酸寒"之"寒"、"寒""瘠"之"寒"的涵义。

秦汉时期的政治文化语汇中，"寒"有贫困、低微的意思。

《史记》卷七九《范雎蔡泽列传》："魏使须贾于秦。范雎闻之，为微行，敝衣闲步之邸，见须贾。须贾见之而惊曰：'范叔固无恙乎！'范雎曰：'然。'须贾笑曰：'范叔有说于秦邪？'曰：'不也。雎前日得过于魏相，故亡逃至此，安敢说乎！'须贾曰：'今叔何事？'范雎曰：'臣为人庸赁。'须贾意哀之，留与坐饮食，曰：'范叔一寒如此哉！'乃取其一绨袍以赐之。"须贾所谓"范叔一寒如此哉"的"寒"，有通常所说"贫寒"的意思。大致汉晋之际，文献可见"贫寒"一语。④"贫寒"又写作"寒贫"。⑤

荀悦《申鉴》卷一《政体》："下有饥民，则上不备膳。下有寒民，则上不具服。""寒民""饥民"即不得温饱的贫民。《汉书》卷二七中之下《五行志中之下》："是岁四月，寒民有冻死者。"《汉书》卷九九下《王莽传下》："乃二月癸巳之夜，甲午之辰，火烧霸桥，从东方西行至甲午夕，

---

① 《龟山集》卷三八。

② 《中文大字典》："俗谓寒士之穷态曰寒酸。本作寒畯，亦作酸寒。"中国文化研究所 1962—1968 年版，第 10 册，第 136 页。《正字通》："野人曰寒畯。唐郑光禄勖举引寒畯士类多之。俗读寒酸。"

③ 《鲁斋集》卷五。

④ 《抱朴子·广譬》："连城之宝，非贫寒所能市也。"言秦汉事使用"贫寒"一语者，文献有例，然而年代可疑。如《说郛》卷一二下亡名氏《释常谈》卷下"有鸿鹄之志"条："人虽居贫而志大者谓之有鸿鹄之志。《史记》：陈胜字涉，少时家贫，为人佣耕，忽谓同耕者曰：'他日富贵不忘汝等。'同耕者笑曰：'贫寒如此，焉有富贵！'胜曰：'燕雀岂知鸿鹄之志哉！'"《说郛》卷一一一秦醇《赵后遗事》："昭仪往见后，言帝所言，且曰：'姊曾忆家贫寒，饥无聊，姊使我共邻家女为草履入市货履市米，一日得米，归遇风雨，无火可炊，饥寒甚，不能成寐，使我拥姊背同泣，此事姊岂不忆也？今日幸富贵，无他人戕我，而自毁败，或再有过，帝复怒，事不可救，身首异地，为天下笑。'"

⑤ 《三国志》卷一一《魏书·胡昭传》裴松之注引《魏略》："寒贫者，本姓石，字德林，安定人也。建安初，客三辅。""至十六年，关中乱，南入汉中。""到二十五年，汉中破，随众还长安，遂痴愚不复识人。食不求味，冬夏常衣弊布连结衣。体如无所胜，目如无所见。独居穷巷小屋，无亲里。人与之衣食，不肯取。郡县以其穷，给廪日五升，食不足，颇行乞，乞不取多。人问其姓字，又不肯言，故因号之曰'寒贫'也。"

桥尽火灭。大司空行视考问，或云寒民舍居桥下，疑以火自燎，为此灾也。"这里所说的"寒民"，是受冻之民，也有贫民的涵义。正如《后汉书》卷三三《虞延传》所谓"家至清贫，子孙不免寒馁"。①

《列女传》卷六《辩通传·齐威虞姬》："柳下覆寒女不为乱。"徐干《中论》卷上《贵验》："伊尹放太甲，展季覆寒女，商鲁之民不称淫篡焉。"此所谓"寒女"，是指衣服不足以御寒的女子，自然也就是贫女。而《太平御览》卷八二五引《古诗》："皎皎白素丝，织为寒女衣。寒女虽巧妙，不得束机杼。"此"寒女"则似专指贫寒女子。

又多见称贫寒艰苦为"寒苦"者。如《列女传》卷二《贤明传·晋赵衰妻》说到"与人同寒苦"。《后汉书》卷三七《丁鸿传》写道："鸿独与弟盛居，怜盛幼小而共寒苦。"又如《后汉书》卷五三《徐稺传》李贤注引《谢承书》："（李）昙少丧父，躬事继母。继母酷烈，昙性纯孝，定省恪勤，妻子恭奉，寒苦执劳，不以为怨。"《三国志》卷一一《魏书·王修传》裴松之注引王隐《晋书》也写道："少立志操，寒苦自居，负笈游学，身不停家。"贫民的生存条件于严冬季节最为艰苦。《艺文类聚》卷五引晋夏侯湛《寒苦谣》："惟立冬之初夜，天惨懔以降寒。霜皑皑以被庭，冰溏洗濒于井干。草槭槭以疏叶，木萧萧以零残。松隐叶于翠条，竹摧柯于绿竿。"形容了导致"寒苦"的自然情势。《后汉书》卷五二《崔寔传》："出为五原太守。五原土宜麻枲，而俗不知织绩，民冬月无衣，积细草而卧其中，见吏则衣草而出。寔至官，斥卖储峙，为作纺绩、织纴、练缊之具以教之，民得以免寒苦。""寒苦"在于"冬月无衣"。

《太平御览》卷五一五引《东观汉记》："丁鸿父绌从征代，鸿独与弟盛居，怜盛幼少，而共寒苦。""寒苦"指贫困生活。《隶释》卷一一《刘宽后碑》所谓"好谦俭之操，布衣粝食，涉履寒苦"，《隶释》卷一二《督邮斑碑》所谓"自同寒苦，服粗……"，《隶续》卷一五《成皋令任伯嗣碑》所谓"存恤寒苦"，也都体现了某些社会阶层的"寒苦"境遇。又《焦氏易林》卷一《随·既济》："富年早寡，孤与独居，鸡鸣犬吠，无敢问者，我生不遇，独罹寒苦。"《焦氏易林》卷二《大过·泰》："当年少寡，独与孤处，鸡鸣犬吠，

---

① 李贤注引《谢承书》："身没之后，家贫空，子孙同衣而出，并日而食。"

无敢难者，我生不辰，独婴寒苦。"也都记录了对"寒苦"生活的感受。

### 3. 寒家·寒门·寒素

中古时代长期以"寒门"作为社会阶层的代称而与"势族"、"豪族"对立。① "寒门"一语的使用，始自《三国志》裴松之注引录的魏晋文献。

《三国志》卷三二《蜀书·先主备传》裴松之注引《益部耆旧杂记》："张任，蜀郡人，家世寒门，少有胆勇，有志节，仕州为从事。"《三国志》卷五五《吴书·周泰传》裴松之注引《江表传》："权把其臂，因流涕交连，字之曰：'幼平，卿为孤兄弟战如熊虎，不惜躯命，被创数十，肤如刻画，孤亦何心不待卿以骨肉之恩，委卿以兵马之重乎！卿吴之功臣，孤当与卿同荣辱，等休戚。幼平意快为之，勿以寒门自退也。'即敕以己常所用御帻青缣盖赐之。坐罢，住驾，使泰以兵马导从出，鸣鼓角作鼓吹。"似东汉末年已经出现"寒门"称谓。

当时亦有"寒家"的说法。《三国志》卷七《魏书·吕布传》裴松之注引《英雄记》："（丁）原字建阳，本出自寒家，为人粗略，有武勇，善骑射。"《英雄记》即王粲《汉末英雄记》。

门第家族寒微的士人又称"寒素"，如《晋书》卷四八《阎亨传》所谓"寒门儒素"。《初学记》卷一一引晋王隐《晋书》："王戎为左仆射，领吏部尚书。自戎居选，未尝进一寒素，退一虚名。"《晋书》出现"寒素"之说多至十数例，可知已经是社会政治生活中的熟语。②

然而"寒素"作为选仕科目其实可能最早始自汉代。③《抱朴子》外篇

---

① 《晋书》卷四五《刘毅传》："上品无寒门，下品无势族。"《晋书》卷四五《郭奕传》："门寒为豪族所排。"

② 如《晋书》卷三《武帝纪》"拔寒素"，卷四三《王戎传》"进寒素"，卷六八《纪瞻传》、卷九四《隐逸传·范乔》"举寒素"，卷九三《外戚传·王蕴》"不抑寒素"，卷四三《乐广传》"寒素为业"，卷八二《王隐传》"世寒素"，卷四四《石鉴传》、卷七一《陈頵传》"出自寒素"，卷九二《文苑传·王沈》"出于寒素"，卷九四《隐逸传·范乔》"履道寒素"，卷八三《车胤传》"以寒素博学知名于世"，卷七七《陆玩传》"所辟皆寒素有行之士"等。

③ 《晋书》卷四六《李重传》说到"举寒素"的具体情形："时燕国中正刘沈举霍原为寒素，司徒府不从，沈又抗诣中书奏原，而中书复下司徒参论。司徒左长史荀组以为：'寒素者，当谓门寒身素，无世祚之资。原为列侯，显佩金紫，先人间流通之事，晚乃务学，少长异业，年逾始立，草野之誉未洽，德礼无闻，不应寒素之目。'重奏曰：'案如癸酉诏书，廉让宜崇，浮竞宜黜。其有履谦寒素靖恭求己者，应有以先之。如诏书之旨，以二品系资，或失廉退之士，故开寒素以明尚德之举。……'"

卷二《审举》："灵献之世，阉宦用事，群奸秉权，危害忠良。台阁失选用于上，州郡轻贡举于下。夫选用失于上，则牧守非其人矣。贡举轻于下，则秀孝不得贤矣。故时人语曰：'举秀才，不知书。察孝行，父别居。寒清素白浊如泥，高第良将却如鸡。"① 可知以为"寒素"为"晋制取士之名"的说法②，似不真确。孔融《杂诗二首》其一："岩岩钟山首，赫赫炎天路。高明曜云门，远景灼寒素。昂昂累世士，结根在所固。吕望老匹夫，苟为因世故。管仲小囚臣，独能建功祚。人生有何常，但患年岁暮。幸托不肖躯，且当猛虎步。安能苦一身，与世同举厝。由不慎小节，庸夫笑我度。吕望尚不希，夷齐何足慕。"③ 诗中所谓"寒素"并非直接指寒门或寒门出身人士，却很可能与相关身份有某种内在关系。

　　魏晋社会频繁使用的体现等级身份的称谓符号，还有"寒贱"④、"寒微"⑤、"寒悴"⑥、"寒族"⑦、"寒士"⑧、"寒苦之士"⑨ 等，也都以"寒"显示其卑下低微。居延边塞出土"寒吏"汉简文字，或许可以看作这种社会文化现象的先声。其中"寒贱"，则确实是汉代文献已经出现的用语。⑩

---

　　① 《太平御览》卷四九六引《抱朴子》曰："桓灵谚曰：'举秀才，不知书。察孝廉，父别居。寒素清白浊如泥，高第良将怯如蝇。"末句《文苑英华》卷四七九作"高第良将怯如龟"。

　　② 《中文大字典》，中国文化研究所1962—1968年版，第10册，第132页。所举书证为《晋书·武帝纪》："令内外群官举清能，拔寒素。"及《晋书·李重传》、《范乔传》诸例。

　　③ 《孔北海集》。逯钦立以为出自《李陵集》，《先秦汉魏晋南北朝诗》孔融名下予以删除。中华书局1983年版，上册，第196—197页。而有的《建安七子集》辑本仍予录入，如俞绍初辑校《建安七子集》，中华书局1989年版，吴云主编《建安七子集校注》，天津古籍出版社2005年版，均将《杂诗二首》列入孔融作品。

　　④ 《晋书》卷三四《羊祜传》，卷七一《熊远传》。

　　⑤ 《晋书》卷三三《郑冲传》，卷四三《王戎传》，卷五七《吾彦传》，卷一二五《冯跋载记》。

　　⑥ 《晋书》卷三六《张华传》，卷四三《王澄传》，卷七六《王彪之传》。

　　⑦ 《晋书》卷五二《华谭传》。

　　⑧ 《晋书》卷三七《宗室列传·高密文献王泰》，卷九一《儒林列传·孔衍》，卷九五《艺术列传·淳于智》，卷九九《桓玄传》，卷一〇〇《杜弢传》。

　　⑨ 《晋书》卷六六《阎亨传》。

　　⑩ 《风俗通义》卷二《正失·王阳能铸黄金》："《汉书》说王阳虽儒生，自寒贱，然好车马，衣服极为鲜好，而无金银文绣之物。及迁徙去处，所载不过囊衣，不蓄积余财。去位家居，亦布衣疏食。天下服其廉而怪其奢，故俗传'王阳能作黄金'。"《焦氏易林》卷二《复·艮》："窟室蓬户，寒贱所处。千里望烟，涣散四方，形体灭亡。下入深渊，终不见君。"《后汉纪》卷一八《顺帝永建四年》："（朱）宠征入为大鸿胪，拜太尉，自为宰相，数抗直言。虽为三公，卧布被仅能覆身，食脱粟米，藜藿不厌。子弟同衣而出，并日而食。将薨，遗其子曰：'吾本寒贱……'"《后汉纪》卷二五《灵帝中平六年》："进寒贱。"

汉代文献遗存所见等级标识"寒婆"① 等，也值得我们在讨论当时社会层别时注意。

田余庆《东晋门阀政治》曾经指出，东晋的当权士族，存在"或多或少有东汉门户渊源可以探寻的"情形。② 而追溯门户意识的发生，也可以在汉代发现相关信息。出现"寒吏"称谓的居延汉简，或许是比较早的资料。

### 4. 寒吏·寒官·寒宦

后来的史籍中可见"寒官"称谓。《南齐书》卷五六《倖臣传·纪僧真》："请事太祖，随从在淮阴，以闲书题，令答远近书疏。自寒官历至太祖冠军府参军、主簿。"《南齐书》卷五六《倖臣传·刘係宗》："以为东宫侍书。泰始中，为主书。以寒官累迁至勋品。"《南史》卷七七《恩倖传·刘係宗》："以寒官累迁至勋品。""寒官"亦作"寒宦"。中华书局标点本《校勘记》："以寒官累至勋品。'寒官'各本作'寒宦'，据《南齐书》改。按《纪僧真传》'自寒官历至高帝冠军府参军主簿'，寒官谓微贱之官。"③ 或说"寒官"是"冷清卑微的官职"。④ 有的解释则说："谓下级官吏也。"⑤ 对"寒官"身份的这些说明，可以帮助我们明确对居延汉简所见"寒吏"称谓的理解。

"寒宦"之称亦见其他史籍。《晋书》卷六六《陶侃传》："伏波将军孙秀以亡国支庶，府望不显，中华人士耻为掾属，以侃寒宦，召为舍人。"又《魏书》卷八四《儒林传·孙惠蔚》："魏初已来，儒生寒宦，惠蔚最为显达。"有如此解释"寒宦"者："谓寒族之出仕者。出身于寒门的官吏。"⑥ 或说："贫寒之官吏也。与寒官同。"所举书证即《陶侃传》。⑦ 也许《晋书》卷四八《阎亨传》所谓"寒门孤宦"的说法，接近"寒宦"的身份特点。

---

① 《三国志》卷一〇《魏书·荀攸传》裴松之注引《汉末名士录》："郭、贾寒窭，无他资业。"
② 田余庆：《东晋门阀政治》，北京大学出版社 1989 年版，第 327 页。
③ 《南史》，中华书局 1975 年版，第 6 册，第 1944 页。
④ 《汉语大词典》，汉语大词典出版社 1989 年版，第 3 册，第 1549 页。
⑤ 《中文大字典》，中国文化研究所 1962—1968 年版，第 10 册，第 128 页。
⑥ 《汉语大词典》，汉语大词典出版社 1989 年版，第 3 册，第 1551 页。
⑦ 《中文大字典》，中国文化研究所 1962—1968 年版，第 10 册，第 129 页。

晋人葛洪《神仙传·成仙公》说东汉时人成武丁的故事："成仙公者，讳武丁，桂易临武乌里人也。后汉时年十三，身长七尺，为县小吏"，后得食仙人药丸，有异能，"县司小吏府君异之，乃留在左右久之署为文学主簿"，"时郡中寮吏豪族皆怪不应引寒小之人，以乱职位"①。这条材料有浓重的志怪色彩，然而或许也可以作为我们理解相关历史文化现象的参考。"寒小之人"以为县吏，似乎正与"寒吏"称谓所指代的身份相接近。其对应的社会层次，或是"豪族"。

# 汉代"贱子"自称

汉代简牍可见出现"贱子"一称的文书内容，汉印亦数见以"贱子"自称者，史籍也有相关情形的反映。

分析作为称谓形式的"贱子"，当有益于深化对汉代社会结构特征和日常生活方式的认识。

### 1. 简牍文书所见"贱子"

居延汉简有出现"贱子"称谓的简文。例如：

(1) 贱子受伏地再拜☐（11.5）②

(2) 竞报文孙☐不得文孙卿时幸为索第卅四隧卒綦（E. P. T51：205A）

毋寿官袍言☐从兄意证知愿令明府报幸甚幸甚

幸已哀贱子叩头叩头谨再拜白已者议之　乐君孙（E. P. T51：205B）

(3) 第桼隧长庄建诣廪　贱子周恭字少仲再拜　二月癸未日中入（E. P. T59：29A）

☐（E. P. T59：29B）

---

① 《太平广记》卷一三。

② 谢桂华、李均明、朱国炤：《居延汉简释文合校》，文物出版社1987年版，上册，第18页。

（4）☑叩头叩头贱子贼甚☑（E. P. T59：404）①

从简文内容看，所见"贱子"字样很可能是作为自称使用的。

长沙东牌楼汉简也有两例出现"贱子"称谓。据王素、刘涛释文：

（5）（正面）
1 客贱子侈顿首再拜
2 督邮侍前：别亭易迈忽尔，令缧磨年朔，
3 不复相见。勤领众职，起居官舍，遵贵皆迷，
（背面）
1 安善欢喜，幸々甚々。推昔分别缧磨，不数承眉，区々
2 之念，欲相从谈读（?）。客处空贫，无缘自前，言不有惭。
3 财自空祀，将命冀见，乃得公々。贱子习逸幺。惶恐顿首。（35）
（6）（正面）
1 ☑□能自定□
2 ☑日言有主心颊□
3 ☑愁可言又书
4 ☑□□也。
（背面）
1 ☑□止
2 ☑贱子区（46）

这两件木牍文书，被判断为"书信简"。（5）题"侈致督邮某书信"，（6）题"区书信"。整理小组的注释，都说"'贱子'，谦词"。②

对于（5）的内容，马怡提出了新的释文：

---

① 甘肃省文物考古研究所、甘肃省博物馆、文化部古文献研究室、中国社会科学院历史研究所：《居延新简——甲渠候官与第四燧》，文物出版社1990年版，第189、360页。

② 长沙市文物考古研究所、中国文物研究所：《长沙东牌楼东汉简牍》，文物出版社2006年版，第88、93页。

（5）正面：

［第一行］客贱子侈顿首再拜

［第二行］督邮侍前：别帛（亭）易迈，忽尔今坤（轴）磨年朔，

［第三行］不复相见。勤领众职，起居官舍，遵（尊）贵皆遂，

背面：

［第一行］安善僊（欢）憘（喜），幸甚［幸甚］。推（惟）昔分别缫（累）磨，不数承眉（直），区［区］

［第二行］之念，欲相从谈。誮（叹）客处空贫，无缘自前，言之有惭。

［第三行］财自空祀（乏），将命冀见，乃得乙（一）［一］。贱子习逸公惶恐顿首。

应当肯定，新的释读，对于文书内容的真确理解有所推进。其中"别帛（亭）"似应作"别帛（鬲）"即"别帛（隔）"。其他释文，或亦有可商榷处。特别值得关注的，是与"勤领众职，起居官舍，遵（尊）贵皆遂"形成强烈对比的"贱子"自称。长沙东牌楼汉简王素、刘涛释文说到"居延亦出'贱子周恭字少仲再拜'简"即前引例（3）。马怡亦指出，"西北汉简中屡见有关'贱子'的记载，但多因上下文字短缺而难以判断确切的意义"，前引例（3）被看作"较为清楚的""一条"。

王素、刘涛释文还指出："此外，楼兰还出'六月六日楼兰贱甥马历再拜白'文书。见侯灿、杨代欣《楼兰汉文书简纸文书集成》第一册，天地出版社，1999 年，182 页。'贱甥'亦谦辞，似为甥辈专用，与'贱子'意义不同。"①

**2. 史籍中的"贱子"**

如王素、刘涛长沙东牌楼汉简释文以及马怡前引论文所举列，"贱子"称谓亦见于正史。《汉书》卷九二《游侠传·楼护》记述楼护事迹：

---

① 长沙市文物考古研究所、中国文物研究所：《长沙东牌楼东汉简牍》，文物出版社 2006 年版，第 88 页。

莽居摄，槐里大贼赵朋、霍鸿等群起，延入前辉光界，护坐免为庶人。其居位，爵禄赂遗所得亦缘手尽。既退居里巷，时五侯皆已死，年老失势，宾客益衰。至王莽篡位，以旧恩召见护，封为楼旧里附城。而成都侯商子邑为大司空，贵重，商故人皆敬事邑，唯护自安如旧节，邑亦父事之，不敢有阙。时请召宾客，邑居樽下，称"贱子上寿"。坐者百数，皆离席伏，护独东乡正坐，字谓邑曰："公子贵如何！"

对于所谓"贱子上寿"，颜师古注："言以父礼事。"

又《三国志》卷九《魏书·桓范传》裴松之注引《魏末传》说到东平陵事变之后曹爽在监控之中致书司马昭试探其意深浅事：

爽兄弟归家，敕洛阳县发民八百人，使尉部围爽第四角，角作高楼，令人在上望视爽兄弟举动。爽计穷愁闷，持弹到后园中，楼上人便唱言"故大将军东南行！"爽还厅事上，与兄弟共议，未知宣王意深浅，作书与宣王曰："贱子爽哀惶恐怖，无状招祸，分受屠灭，前遣家人迎粮，于今未反，数日乏匮，当烦见饷，以继旦夕。"宣王得书大惊，即答书曰："初不知乏粮，甚怀踧踖。令致米一百斛，并肉脯、盐豉、大豆。"寻送。爽兄弟不达变数，即便喜欢，自谓不死。

曹爽"作书与宣王"，自称"贱子爽"，确如马怡所说，"其时曹爽被围，恐宣王司马懿加害，故书中语气甚为谦卑"[1]，但是也不大可能完全背离当时社会的称谓习惯。

### 3. 汉代社会意识中"贵""贱"的反差

汉代民间崇尚"富贵"。与"富贵"对应的生存状态有所谓"困辱"。如《史记》卷七〇《张仪列传》记载，张仪投奔苏秦，苏秦羞辱之曰："以

---

[1]　马怡：《读东牌楼汉简〈侈与督邮书〉》，《简帛研究二〇〇五》，广西师范大学出版社2008年版，第175页。

子之材能，乃自令困辱至此。吾宁不能言而富贵子，子不足收也。"亦可见以"穷困"与"富贵"对应的情形。如《史记》卷一〇〇《季布栾布列传》记录栾布的话："穷困不能辱身下志，非人也；富贵不能快意，非贤也。"

又有以"微贱"反衬"富贵"者，如《汉书》卷八三《朱博传》："博为人廉俭，不好酒色游宴。自微贱至富贵，食不重味，案上不过三栖。"

而较多例证可以体现，"富贵"的反义词是"贫贱"。《史记》卷六九《苏秦列传》记载，苏秦一时富贵，"北报赵王，乃行过雒阳，车骑辎重，诸侯各发使送之甚恐惧，除道，使人郊劳。苏秦之昆弟妻嫂侧目不敢仰视，俯伏侍取食。苏秦笑谓其嫂曰：'何前倨而后恭也？'嫂委蛇蒲服，以面掩地而谢曰：'见季子位高金多也。'苏秦喟然叹曰：'此一人之身，富贵则亲戚畏惧之，贫贱则轻易人乎！且使我有雒阳负郭田二顷，吾岂能佩六国相印乎！'于是散千金以赐宗族朋友。"苏秦面对其嫂的感慨，指出"富贵"和"贫贱"的对立。《史记》卷八三《鲁仲连邹阳列传》："鲁连逃隐于海上，曰：'吾与富贵而诎于人，宁贫贱而轻世肆志焉。'"《史记》卷四九《外戚世家》褚少孙补述："丈夫龙变。传曰：'蛇化为龙，不变其文；家化为国，不变其姓。'丈夫当时富贵，百恶灭除，光耀荣华，贫贱之时何足累之哉！"也说"贫贱"与"富贵"反义。《汉书》卷二四上《食货志上》："今法律贱商人，商人已富贵矣；尊农夫，农夫已贫贱矣。"也是同样的例证。《后汉书》卷三〇下《郎𫖮传》也说到"君子耻贫贱而乐富贵"。①

我们在讨论"贱子"自称时，自然应当关注"微贱"、"贫贱"与"富贵"的对应关系。

马王堆汉墓帛书《战国纵横家书》中《苏秦自齐献书于燕王章》可见："臣贵于齐。燕大夫将不信臣。臣贱，将轻臣。"（41）"王之于臣也，贱而贵之，蓐（辱）而显之"，（45）②"贱"和"贵"的对应关系也是明确的。马王堆汉墓帛书思想文化典籍频繁出现"贵""贱"明确对应的文字：

---

① 参看王子今《秦汉人的富贵追求》，《浙江社会科学》2008 年第 3 期。
② 马王堆汉墓帛书整理小组编：《战国纵横家书》，文物出版社 1976 年版，第 10 页。

必贵而以贱为本，必高矣而以下为基。夫是（7）以侯王自胃（谓）【曰】孤寡不桼（谷），此其贱【之本】与？（8）

……是胃（谓）玄同。故不可得而亲，亦不可得而疏；不可得而利，亦不可得而害；不可【得】（39）而贵，亦不可得而浅（贱）。故为天下贵。（40）（《老子》甲本《德经》）①

□【小】不胜大，贱不胜贵。（321）（《老子》甲本卷后古佚书《五行》）②

伪会不可□主矣，则贱不事贵，袁（远）不事近，皆反其职，信□在忌（己）心。（372）

贱不事【贵】（373），袁（远）不事，则法君之佐何道别主之臣以为其党，空主之廷朝之其门。（374）（《老子》甲本卷后古佚书《九主》）③

天地（6上）有恒常，万民有恒事，贵贱有恒立（位），畜臣有恒道，使民有恒度。（6下）

贵贱之恒立（位），贤不宵（肖）不相放（妨）。畜臣之恒（7上）道，任能毋过其所长。（7下）（《老子》乙本卷前古佚书《经法·道法》）④

贵贱有别，贤不宵（肖）衰（差）也。衣备（服）不相綸（逾），贵贱等也。（18上）（《老子》乙本卷前古佚书《经法·君正》）⑤

以贵下贱，何人不得。以贤下不宵（肖）（42上），□□不□。（42下）（《老子》乙本卷前古佚书《经法·四度》）⑥

险若得平，谌□□（98上）□，【贵】贱必谌贫富又（有）等。（98下）（《老子》乙本卷前古佚书《十六经·果童》）⑦

---

① 国家文物局古文献研究室：《马王堆汉墓帛书（壹）》，文物出版社 1980 年版，释文第 3—4 页。《老子》乙本《德经》也有相关内容。《马王堆汉墓帛书（壹）》，释文第 89—91 页。

② 《马王堆汉墓帛书（壹）》，释文第 23 页。

③ 同上书，第 30 页。

④ 同上书，第 43 页。

⑤ 同上书，第 47 页。

⑥ 同上书，第 51 页。

⑦ 同上书，第 66 页。

·凡论必以阴阳□大义。天阳地阴。春阳秋阴。夏阳冬阴。昼阳夜阴。大国（164 下）阳，小国阴。重国阳，轻国阴。有事阳而无事阴。信（伸）者阴者屈者阴。主阳臣阴。上阳下阴。男阳【女阴。父】（165 上）阳【子】阴。兄阳弟阴。长阳少【阴】。贵【阳】贱阴。达阳穷阴。……（165 下）（《老子》乙本卷前古佚书《称》）①

天奠（尊）地庳（卑），键（干）川（坤）定矣。庳（卑）高已陈，贵贱立（位）矣。（1 上）

列贵贱【者】存乎立（位）……（5 上）（《周易系辞》）②

这些文献遗存，应当都是当时社会意识的反映，亦对当时的社会意识形成影响。

青海大通上孙家寨 115 号汉墓出土木简可见如下简文：

（6）曰诸吏无贵贱非其（458）③

"贵贱"显示出"诸吏"的等级区分。敦煌悬泉置遗址发现的泥墙题记西汉元始五年《四时月令诏条》也有"命百官贵贱，无不务人"（63 行）文字。④"百官贵贱"和"诸吏""贵贱"的意义是大致相同的。

睡虎地秦简《日书》乙种"人官"题下有所谓"甲寅、乙丑、乙巳，皆可见人。·甲子到乙亥是右〈君〉也，利（236 贰）以临官立政，是胃（谓）贵胜贱（237 贰）"⑤，值得我们注意。"贵贱"标示的社会层次秩序以及维护这种秩序的相关社会意识规范，在秦汉时期的承平年代是相对稳固的。云梦睡虎地秦墓竹简《为吏之道》所谓"欲富大（太）甚，贫不可得"（1 贰），"欲贵大（太）甚，贱不可得"（2 贰）⑥，以及前引马王堆汉墓帛

---

① 《马王堆汉墓帛书（壹）》，释文第 83 页。

② 傅举有、陈松长编著：《马王堆汉墓文物》，湖南出版社 1992 年版，第 118 页。

③ 李均明、何双全编：《散见简牍合辑》，文物出版社 1990 年版，第 41 页。

④ 胡平生、张德芳编撰：《敦煌悬泉汉简释粹》，上海古籍出版社 2001 年版，第 196 页。

⑤ 《睡虎地秦墓竹简》，释文注释第 251 页。

⑥ 睡虎地秦墓竹简整理小组编：《睡虎地秦墓竹简》，文物出版社 1990 年版，释文注释第 168 页。

书"贵贱有恒立（位）"，又《娄寿碑》所谓"知贱为贵，与世无争"①等，都体现了这一情形。

"贵"和"贱"的等级区别，又导致作为人身代号的相应的社会称谓的生成。

### 4."贱人"身份

我们在睡虎地秦简《日书》甲种中可以看到当时人们预想人生前景时社会身份的区分。如"人字"题下：

（7）人字，其日在首，富难胜殹（也）。（150 正贰正）夹颈者贵。（151 正贰）在奎者富。（152 正贰）在足下者贱。（151 正叄）

可见"富"、"贵"、"贱"的区分。②睡虎地秦简《日书》乙种又可见"贵""富"、"寿"、"贱"以及"被刑"诸境遇的不同：

（8）生东乡（向）者贵，南乡（向）者富，西（74 贰）乡（向）寿，北乡（向）者贱，西北乡（向）（75 贰）者被刑。（76 贰）③

于是，又出现了"贱人"称谓。睡虎地秦简《日书》甲种"直（置）室，门"题下有：

（9）南门，将军门，贱人弗敢居。（116 贰正）④

又如天水放马滩秦简《日书》甲种中的两枚简，都出现"贱人"字样：

（10）寅虎矣以亡盗从东方入有从之臧山谷中其为人方颜然扁然名

---

① 《娄寿碑》，高文：《汉碑集释》（修订本），河南大学出版社 1997 年版，第 412 页。
② 《睡虎地秦墓竹简》，释文注释第 206 页。
③ 同上书，释文注释第 236 页。
④ 同上书，释文注释第 199 页。

曰辄曰耳曰志曰声贱人矣得（32）……巳鸡矣以亡盗者中人矣臧囷屋
屎粪土中塞木下其为人小面长赤目贱人矣得（35）①

又张家山汉简《引书》也可见与"贵人"对应的"贱人"身份：

> （11）贵人之所以得病者，以其喜怒之不和也。喜则阳（107）气
> 多，怒则险（阴）气多，是以道者喜则急昫（呴），怒则剧炊（吹），
> 以和之。吸天地之精气，实其险（阴），故能毋病。贱人之所（108）
> 以得病者，劳卷（倦）饥渴，白汗夬（决）绝，自入水中，及卧寒突
> 之地，不智（知）收衣，故得病焉；有（又）弗智（知）昫（呴）唬
> （呼）而除去之（109），是以多病而易死。（110）②

"贵人"和"贱人"因为社会等级层次的显著差异，竟然"之所以得病者"
也各有原因。

### 5. "贱"的本义与民间"自贱"习尚

《说文·贝部》："贵，物不贱也。""贱，贾少也。"段玉裁注："'贾'，
今之'价'字。""贱"字的本义，是价格低。

这一意义上的"贱"字，简牍资料中曾经多次出现。如云梦睡虎地4号
秦墓出土木牍"安陆丝布贱"（1008）③，睡虎地秦简《法律答问》"叔
（菽）、麦贾（价）贱禾贵"（153）④，敦煌汉简"卖社下贱平所市"（218），
"麦百三十余西未甫时贱"（239A），"转粟输嘉平仓以就品博募贱无欲为"
（619），"粟输渭仓以就品贱无欲为者"（1262）等，都使用了"贱"字的
本义。

---

① 秦简整理小组：《天水放马滩秦简甲种〈日书〉释文》，《秦汉简牍论文集》，甘肃人民出版社
1989年版，第3页。
② 张家山二四七号汉墓竹简整理小组：《张家山汉墓竹简〔二四七号墓〕》，文物出版社2001年
版，释文注释第299页。
③ 《散见简牍合辑》，第83页。
④ 《睡虎地秦墓竹简》，释文注释第129页。

《论衡·四讳》说到"卑谦谨敬退让自贱之意"。这里的"自贱"，是指自谦、自让、自我贬抑、自我克制的意思。

这种"自贱"，体现了秦汉时期影响层面比较广泛的社会风习。

敦煌汉简那件著名的书信遗存，是大家所熟悉的：

（12）政伏地再拜言

　　　幼卿君明足下毋恙久不明相见夏时政伏地愿幼卿君明适衣进
　　　食察郡事政
　　　居成乐五岁余未得迁道里远辟回往来希官薄身贱书不通叩头叩头因
　　　同吏郎今迁为敦煌鱼泽候守丞王子方政叩头愿幼卿幸为存请□君倩
　　　不曾御不北边居归未有奉奏叩头叩头大守任君正月中病不幸
　　　死大守□□□
　　　猛政得长奉闻幼卿君明严教舍中诸子毋恙政幸甚谨因☒
　　　幼卿君明足下因请长实子仲少实诸弟　（1871）①

其中所谓"官薄身贱"，就是典型的表现"卑谦谨敬退让自贱之意"的文辞。"身贱"一语的使用，又见于《后汉书》卷二八下《冯衍传下》李贤注引《衍集》载衍《与妇弟任武达书》所谓"家贫身贱"。②

敦煌汉简又有连续书写人名用字的简例：

（13）曰书人名姓赵芇韩碣范鼠张猪翟如贱　（1463）③

又简1462："曰书人名姓赵芇韩碣范鼠张猪翟如窦钱俑中冯鄣陈涓"④，也是同样情形。"钱俑"，吴礽骧、李永良、马建华释作"钱猪"。⑤"人名"有如

---

　　① 甘肃省文物考古研究所编：《敦煌汉简》，文物出版社1991年版，释文第292页。简1872可能是内容相关联的文书。

　　② 后世这种"卑谦谨敬退让自贱之意"的类似的书面表达形式，又有《梁书》卷三〇《裴子野传》上书自称"栖迟下位，身贱名微"，以及《宋史》卷四三二《儒林列传·石介》"禄微身贱"等例。

　　③ 《敦煌汉简》，释文第275页。

　　④ 同上。

　　⑤ 吴礽骧、李永良、马建华释校：《敦煌汉简释文》，甘肃人民出版社1991年版，第152页。

"翟如贱"者，与"范鼠张猪""钱猪"等类同。

欧阳修《集古录》卷三"后汉冀州从事张表碑"条写道："右《汉冀州从事张表碑》云：'君讳表，字符异。'……其辞有云：'仕郡为督邮，鹰撮卢击。'是以狗喻人。……盖汉人犹质，不嫌取类于鹰犬。"赵翼《陔余丛考》卷四二"命名奇诡"条写道："《汉书》郦食其之子名'疥'"，"《史记》韩有'公子虮虱'，司马相如名'犬子'，《汉书》梁冀子名'胡狗'。此本古俗。"以为命名用贱字的情形，与风俗"尚质"有关。有学者讨论汉魏"以六畜命名"的情形时指出，"汉代不惜以狗喻人，而以'犬子'、'胡狗'为儿子命名，又何尝不是风俗尚质的缘故？"而另一原因，则是"父母希望儿子易于生长"。[①] 论者又引宋人王楙《野客丛书》卷三〇"小名犬子"条："前汉司马相如少时好读书，学击剑，名犬子，既长，慕蔺相如之为人，更名相如。所谓'犬子'者，即小名耳。然当时小名、小字之说未闻。自东汉方著相如小名。父母欲其易于生养，故以'狗'名之。逮其既长。向学慕蔺相如之为人。故更名'相如'。今人名子犹有此意，其理甚明。非谓其少时学击剑而名犬子也。观者不可以上文惑之。师古注，谓父母爱之不欲称斥，故为此名。此说未尽。"宋人王晔《道山清话》录欧阳修语："人家小儿要易长者，往往以贱名为小名，如狗羊犬马之类是也。""人家小儿要易长者"，元人陶宗仪《说郛》卷四五下释文莹《玉壶清话》作"人家小儿要易长育"，明人陈士元《名疑》卷四作"人家小儿要易育成"。

命以"贱名"则"易于生长"的观念，很可能也与《论衡》所谓民间意识中"卑谦谨敬退让自贱之意"有关。

### 6. "贱子"称谓的社交实用意义

王素、刘涛认为，"贱子"称谓"似为子辈专用"。马怡举前引例（3），指出："简文中，'周恭字少仲'姓、名、字并具，'贱子'在这里应当是向亲属以外的尊者表示自谦的称谓"。"子"，其实不宜理解为"子辈"自称。有学者指出，"'子'亦可用作男子的通称。《白虎通·号》：'子者，丈夫之

---

①　张孟伦：《汉魏人名考》，兰州大学出版社1988年版，第38页。

通称也。'《诗·卫风·氓》'送子涉淇'郑笺：'子者，男子之通称。'"①
又如马怡已经指出的，汉印亦可见"贱子"字样，例如：

贱子晳印②，贱子毒印，贱子始印③，贱子冬古④，贱子娃印⑤

印文出现的"贱子"，也应当理解为自称。马怡亦指出："这些印章不像是
专用于同父辈交际或是'以父礼事'的场合，大概只是普通的私人印章。"⑥

私印的使用，不可能只将对象限定为父辈。可知"贱子"称谓"似为
子辈专用"的说法应予修正。

马怡有这样的推断，"'贱子'大约本是无官职者自谦的称谓"。所依据
的是《通典》卷五八《礼十八·沿革十八·嘉礼三》："东晋王堪六礼辞，
并为赞颂。仪云：'于版上各方书礼文、壻父名、媒人正版中，纳采于版左
方。裹以皂囊，白绳缠之，如封章，某官某君大门下封，某官甲乙白奏，无
官言贱子。'"又《文选》卷二八《乐府下·鲍明远〈东武吟〉》："主人且
勿喧，贱子歌一言：仆本寒乡士，出身蒙汉恩。始随张校尉，召募到河
源。……少壮辞家去，穷老还入门。"马怡又说："不过，在某些场合，有
官职和身份的人特别要表示谦卑时也会自称'贱子'"，论据是前引王邑故
事和曹爽故事。其实，所举东晋及南朝例证，都距离汉世稍远，而即使这两
条数据，亦尚不足以证实所谓"'贱子'大约本是无官职者自谦的称谓"。
王堪所谓"无官言贱子"，是说有官职者自示"某官"，无官职者自称"贱
子"，但是并不说明"贱子"只是"无官职者"的称谓。就现有数据看，
"贱子"称谓的使用，可能是并不存在官民隔阂的。

《孔丛子》卷下亦有使用"贱子"称谓文例："季彦见刘公，客适有献
鱼者。公熟视鱼，叹曰：'厚哉天之于人也！生五谷以为食，育鸟兽以为

---

① 王琪：《上古汉语称谓研究》，中华书局 2008 年版，第 226 页。
② 罗福颐编：《汉印文字征》，文物出版社 1978 年版，第四 2；第六 19。
③ 《汉印文字征》第六 19。
④ 《汉印文字征》第六 19；第十一 16。
⑤ 《汉印文字征》第十二 14。
⑥ 马怡：《读东牌楼汉简〈侈与督邮书〉》，《简帛研究二〇〇五》，广西师范大学出版社 2008 年版，第 175—176 页。

肴。'众座佥曰：'诚如明公之教。'季彦曰：'贱子愚意，窃与众君子不同，以为不如明公之教也。何者？万物之生，各禀天地，未必为人。人徒以知得而食焉。故《孝经》曰：天地之性，人为贵。贵有知也。伏羲始尝草木，一日而遇七十二毒，然后五谷乃形。非天本为人而生也。蚊蚋食人，蚓虫食土，非天故为蚊蚋生人，为蚓虫生地也。知此不然，则五谷鸟兽之生，本不为人，可以无疑矣。'公良久曰：'辨哉。'众座默然。"季彦自称"贱子"，面对的不仅是"明公"刘公，更主要的是其地位应与季彦相当的辩论对象"众座""众君子"。在这里，"贱子"称谓的使用，似与有无"官职"没有什么直接关系。

有学者指出，"'贱，卑也（《广雅·释言》），这是很早就使用的自谦之词"。"贱子"，"是古人对自己的自谦之称"。类同的称谓又有"鄙人"①、"鄙夫"②、"鄙臣"③、"鄙者"④、"贱人"⑤、"贱躯"⑥、"贱臣"⑦、"贱妾"⑧等。⑨ 这样的认识是我们大体赞同的："'贱'，本义价格低，比喻引申为地位地下。《论语·里仁》：'贫与贱，是人之所恶也。'邢昺疏：'无位曰贱。'修饰名词后，用于谦称自己或与自己有关的人和事，如'贱躯、贱臣、贱息、贱子'等。"⑩

宋人王楙《野客丛书》卷一九"贱子具陈"条写道："杜子美《上韦左丞》诗曰'丈人试静听，贱子请具陈；甫昔少年日，早充观国宾'云云。此诗正用鲍照《东武吟》意。照曰'主人且勿喧，贱子歌一言；仆本寒乡士，出身蒙汉恩'云云。前此应休琏诗尝曰：'避席跪自陈，贱子实空虚。'而与杜同时如王维亦曰：'贱子跪自陈，可为帐下否？'古诗尝曰：'四坐且莫喧，愿听歌一言。'"

① 《新书·连语》，《史记》卷一一七《司马相如列传》。
② 张衡：《东京赋》。
③ 《战国策·齐策一》。
④ 《汉书》卷七三《韦贤传》，《后汉书》卷五二《崔骃传》。
⑤ 《左传·昭公二十七年》。
⑥ 李陵：《与苏武诗》之一。
⑦ 《战国策·赵策二》。
⑧ 《论衡·四讳》。
⑨ 袁庭栋：《古人称谓》，山东画报出版社 2007 年版，第 279—282 页。
⑩ 王琪：《上古汉语称谓研究》，第 241 页。

这段文字说到"贱子"称谓之使用在文化史长河中不同时段的不同表现。① 其中应璩《百一诗》"避席跪自陈，贱子实空虚"见于《文选》卷二一，吕延济注："'贱子'，璩谦称。"② 应璩"谦称""贱子"，也是我们讨论汉代社会称谓时不宜忽视的信息。

### 7. 关于"贱息"

如上文引录，有学者讨论上古谦称时并说"贱躯、贱臣、贱息、贱子"。其实，"贱息"的使用，与自称"贱躯"、"贱臣"、"贱子"是有所不同的。

《战国策·赵策四》"赵太后新用事"条："左师公曰：'老臣贱息舒祺，最少，不肖。而臣衰，窃爱怜之。愿令得补黑衣之数，以卫王官，没死以闻。'太后曰：'敬诺。年几何矣？'对曰：'十五岁矣。虽少，愿及未填沟壑而托之。'太后曰：'丈夫亦爱怜其少子乎？'对曰：'甚于妇人。'太后笑曰：'妇人异甚。'"鲍彪注："'息'，其子。"事又见《史记》卷四三《赵世家》。《史记会注考证》："'息'，子也。"马王堆汉墓帛书《战国纵横家书》中《触龙见赵太后章》：

> 左师触龙曰："老臣贱息訏（舒）旗最少，不宵（肖）。而衰，窃爱怜之。愿令得补黑衣之数，以衔〈卫〉王官，昧死以闻。"（191—192）

整理小组注释："息，儿子。"③

明人周祈《名义考》卷五《人部》"阿翁姑章贱息子姓"条写道："息，生也。子女皆可称'息'。左师触龙曰：'贱息舒祺'。《东观汉纪》：'此盖我子息。'是子称'息'。吕公见刘季曰：'仆有弱息，愿为箕帚妾。'是女亦称'息子'。""今人……称妇曰'息妇'，'息'又从女，……是殆

---

① 宋人司马光《书仪》卷一〇《丧仪六》"复书"条可见"福辱及贱子过蒙"，也反映"贱子"称谓在社会生活中长期应用的情形。

② 《六臣注文选》卷二一。

③ 马王堆汉墓帛书整理小组编：《战国纵横家书》，文物出版社1976年版，第75、77页。

未之考也。"显然"贱息"之"名义",与"贱子""谦称自己"是明显不同的,只是"谦称""与自己有关的人"。

被认为同样是"自称子"的自谦称谓,又有所谓"粪土之息",见《韩诗外传》卷一〇及《说苑》卷一八《辨物》①,作为汉代社会的文化遗存,也值得我们注意。

长沙东牌楼汉简王素、刘涛释文说到楼兰所出"六月六日楼兰贱甥马历再拜白"文书中所见被看作"似为甥辈专用"的"贱甥""谦辞",是"甥辈"自称还是长辈"自称甥",也是研究者可以进一步思索的。

## 里耶户籍简所见"小上造""小女子"

里耶发现的"户籍简牍"可见"小上造""小女子"称谓,值得我们注意。"小上造""小女子"所指代的身份,大致可以与居延汉简所见"小男""小女"对照理解。简文既然有"子小女"、"子小女子",则理应与此形成性别对应的"子小上造"不当理解为"楚有爵称'小上造'",实际上,很可能"'小'是指未成年之小"。

"小上造"身份与张家山汉简《二年律令·傅律》所见"小爵"有关,反映"小爵"制度在秦代甚至在战国时期的楚地即已出现。

走马楼简户籍数据中出现的未成年人使用"公乘""士伍"称谓的情形,或许可以看作相关现象的历史遗存。看来,不同的时期,不同的地区,身份继承制度的具体情形是相当复杂的。然而,现在相关数据提供的信息,尚难以使历史景象十分明朗。全面理解"小上造""小女子"称谓包含的文化信息,还需要进行深入的工作。进一步的学术探讨,应当有助于深化对于秦汉时期未成年人社会结构和社会生活的认识。

### 1. 里耶"户籍简牍"相关发现

据《里耶发掘报告》介绍,里耶发现的"户籍简牍","出土于里耶古

---

① (宋)任广:《书叙指南》卷三"宗族服属上":"自称子曰'粪土之息'(《说苑》),又曰'贱息'(《史·赵世家》)。"

城北护城壕中段底部一凹坑中（编号 K11），出土时为 51 个残段，经整理拼复缀合得整简 10 枚，残简 14 枚（段）。完整简长约 46 厘米，宽 0.9—3 厘米不等。""由完整简可知，这批简长均为 46 厘米，分为五栏，分栏符多为墨线"，"文字具有秦和汉初的古隶特点，均为毛笔墨书。""其内容是户籍登记。"[1] 报告执笔者公布的"户籍简牍"，编号为 1—28。[2] 有学者认为，"里耶出土的这批家口简，应该就是迁陵县南阳里保存的各户户版，只不过是久后废弃之物"[3]。邢义田也指出："这批户籍简原本很可能是秦代地方官府正式户籍簿册的一部分。"[4]

其中可见"小上造""小女子"称谓，值得我们注意。例如：

1（K27）

第一栏：南阳户人荆不更蛮强

第二栏：妻曰嬎

第三栏：子小上造□

第四栏：子小女子驼

第五栏：臣曰聚

伍长

2（K1/25/50）

第一栏：南阳户人荆不更黄得

第二栏：妻曰嗛

第三栏：子小上造台

子小上造

子小上造定

第四栏：子小女虖

① 湖南省文物考古研究所：《里耶发掘报告》，岳麓书社 2007 年版，第 203、208 页。

② 张春龙：《里耶秦简校券和户籍简》，中国社会科学院"简帛学国际论坛"论文，2006 年 11 月，北京。

③ 张荣强：《论里耶出土的秦代户版》，"中日学者中古史研究论坛"论文，2007 年 8 月，北京，收入《汉唐籍帐制度研究》，商务印书馆 2010 年版，改题《湖南里耶所出"秦代迁陵县南阳里户版"》。

④ 邢义田：《从出土资料看秦汉聚落形态和乡里行政》，《治国安邦：法制、行政与军事》，中华书局 2011 年版。

子小女移

子小女平

第五栏：五长

3（K43）

第一栏：南阳户人荆不更大□

弟不更庆

第二栏：妻曰嫛嫛

庆妻规

第三栏：子小上造视

子小上造□

4（K28/29）

第一栏：南阳户人荆不更黄□

第二栏：妻曰负刍

第三栏：子小上造□

第四栏：子小女子女祠　毋室

5（K17）

第一栏：南阳户人荆不更黄□

子不更昌

第二栏：妻曰不实

第三栏：子小上造悍

子小上造

第四栏：子小女规

子小女移

8（K30/45）

第一栏：南阳户人不更彭奄

弟不更说

第二栏：母曰错

妾曰□

第三栏：子小上造状

9（K4）

第一栏：南阳户人荆不更繺喜

子不更衍

第二栏：妻大女子媟

隶大女子华

第三栏：子小上造章

子小上造

第四栏：子小女子赵

子小女子见

**10（K2/23）**

第一栏：南阳户人荆不更宋午

弟不更熊

弟不更卫

第二栏：熊妻日□□

卫妻日□

第三栏：子小上造传

子小上造逐

□子小上造□

熊子小上造□

第四栏：卫子小女子□

第五栏：臣曰神襦

**11（K13/48）**

第一栏：南阳户人荆不更□□

第二栏：妻日有

第三栏：子小上造绰

第四栏：母◇

**13（K3）**

第三栏：子小上造□

子小上造失

第四栏：……

**20（K26）**

第二栏：……

第三栏：……

第四栏：子小女子□

□小女子□

21（K31/37）

第一栏：南阳户人荆不更李獾

第二栏：妻曰蘱

第三栏：子小上造□

子小上造□

第四栏：……

……

第五栏：……①

出现"小上造""小女子"者凡12例。

报告执笔者认为，"'荆'指楚国。'不更'是秦爵的第四级，此处连言'荆不更'，有可能是秦占领楚地后对居民登记时录下其原有爵位，而不是'楚地的秦不更'，后文的'小上造'和17号简的'荆大夫'也可能是楚爵位，这无疑是一个很有意思的发现。"既然"'小上造'和17号简的'荆大夫'也可能是楚爵位"，那么"不更"自然"也可能是楚爵位"。其实，从"荆不更"和"荆大夫"称谓，是可以推知简文内容确是反映"秦占领楚地后"社会情形的，因而也可以排除报告中说到的"这批简牍属于汉文帝以后"的可能性。

### 2. 风俗史信息

《里耶发掘报告》写道："也有兄弟或儿子名籍并列于第一栏的，如2号简'弟不更庆'、8号简'弟不更说'、9号简'子不更衍'、10号简'弟不更熊，弟不更卫'，但秦自商鞅变法之后，兄弟成年而不异室当加倍征收

---

① 《里耶发掘报告》，第203—207页。

赋税，而 10 号简兄弟三人同室不分家也很值得商榷。"① 其实，这应当理解为"秦占领楚地后"并不能立即"匡饬异俗"②，迅速实现所谓"大治濯俗，天下承风"③ 的政治目标。睡虎地秦简《语书》写道："古者，民各有乡俗，其所利及好恶不同，或不便于民，害于邦。是以圣（2）王作为法度，以矫端民心，去其邪避（僻），除其恶俗。法律未足，民多诈巧，故后有间令下者。凡法律令者，以教道（导）（3）民，去其淫避（僻），除其恶俗，而使之之于为善殹（也）。今法律令已具矣，而吏民莫用，乡俗淫失（泆）之民不止，是即法（废）主之（4）明法殹（也），而长邪避（僻）淫失（泆）之民，甚害于邦，不便于民。故腾为是而修法律令、田令及为间私方而下之，令吏明布，（5）令吏民皆明智（知）之，毋巨（距）于罪。今法律令已布，闻吏民犯法为间私者不止，私好乡俗之心不变，自从令、丞以（6）下智（知）而弗举论，是即明避主之明法殹（也），而养匿邪避（僻）之民。如此，则为人臣亦不忠矣。若弗智（知），是即不胜任、不（7）智殹（也）；智（知）而弗敢论，是即不廉殹（也）。此皆大罪殹（也），而令、丞弗明智（知），甚不便。（8）"④ 可知秦执政者在新占领区"除其恶俗"，以自以为"善"的秦地礼俗制度强制性覆盖各地的决心。

　　不过，要变更各地民间的"私好乡俗之心"，确实是需要一个过程的。马王堆汉墓出土帛书《经法》中的《君正》篇说，"一年从其俗，二年用其德，三年而民有得，四年而发号（14 下）令，【五年而以刑正，六年而】民畏敬，七年而可以正（征）。一年从其俗，则知民则。二年用【其德】，（15 上）民则力。三年无赋敛，则民有得。四年发号令，则民畏敬。五年以刑正，则民不幸（幸）。（15 下）"⑤ 很可能秦时执政集团对于这样的政治定理是有所觉悟的。所以睡虎地秦简《为吏之道》将"变民习浴（俗）（40 三）"与"临事不敬（37 三），倨骄毋（无）人（38 三），苛难

---

① 《里耶发掘报告》，第 208 页。

② 秦始皇琅邪刻石，《史记》卷六《秦始皇本纪》，中华书局 1959 年版，第 245 页。

③ 秦始皇会稽刻石，《史记》卷六《秦始皇本纪》，第 262 页。

④ 睡虎地秦墓竹简整理小组：《睡虎地秦墓竹简》，文物出版社 1990 年版，释文注释第 13 页。今按："私好乡俗之心"，整理小组释文作"私好、乡俗之心"。据文意改。

⑤ 国家文物局古文献研究室：《马王堆汉墓帛书》（壹），文物出版社 1980 年版。

留民（39 三）"，以及"须身臷（遂）过（41 三），兴事不时（42 三），缓令急征（43 三），夬（决）狱不正（44 三），不精于材（财）（45 三），法（废）置以私（46 三）"等行为相并列，予以否定。① 当然，在实际行政操作实践中，可能秦人因"急政"导致了诸多可归于"变民习浴（俗）"的失误。②

### 3. "小上造""小女子"身份

发掘报告写道："第三栏为户主儿子之名，且前多冠以'小上造'，但简文中失载各人的年龄和身高，'小'是指未成年之小还是楚有爵称'小上造'不得而知。睡虎地秦简《秦律十八种·仓律》规定：'隶臣、城旦高不盈六尺五寸，隶妾、舂高不盈六尺二寸，皆为小。'即男性在 6.5 尺以下，女性在 6.2 尺以下都为'小'。居延汉简中'小'指 14 岁以下的未成年人。③ 走马楼吴简中也把 14 岁以下的未成年人称为'小'。"④ "但简文中十数例均为'小上造'不至于都是未成年人之小，当有成年之子，故也有可能是楚有'小上造'之爵称。"又指出："第四栏为户主女儿之名，一概称之为'子小女子'……"⑤ 所谓"户主女儿之名，一概称之为'子小女子'"的说法，其实并不十分准确。也有称作"子小女"的，如 5 号简。既然有"子小女"、"子小女子"，则理应与此形成性别对应的"子小上造"不当理解为"楚有爵称'小上造'"，实际上，很可能与"子小女"、"子小女子"同样，"'小'是指未成年之小"。

居延汉简资料所见"小男""小女"⑥，应当是与里耶简的"小上造""小女子"（或"小女"）相对应的。已有学者指出，这批户籍资料中，"其第 3、4 栏所载户主子女（包括其兄弟的子女）身份均有'小'的注记"，

---

① 《睡虎地秦墓竹简》，释文注释第 170 页。

② 参看王子今《秦王朝关东政策的失败与秦的覆亡》，《史林》1986 年第 2 期。

③ 原注：森鹿三著，金立新译：《论居延出土的卒家属廪名册》，载中国社会科学院历史研究所战国秦汉史研究室编：《简牍译丛》第 1 辑，中国社会科学出版社 1983 年版。

④ 原注：于振波：《"筭"与"事"——走马楼户籍简所反映的算赋和徭役》，《汉学研究》22 卷 2 期，2004 年。

⑤ 《里耶发掘报告》，第 208—209 页。

⑥ 王子今：《两汉社会的"小男""小女"》，《清华大学学报》（哲学社会科学版）2008 年第 1 期。

"诸简中的'小',显然是小男、小女之类的课役身份"。①

发掘报告执笔者以为,"简文中十数例均为'小上造'不至于都是未成年人之小,当有成年之子,故也有可能是楚有'小上造'之爵称"。这种推想可能未必成立。如9号简:

> 第一栏:南阳户人荆不更繿喜
> 子不更衍
> 第二栏:妻大女子媠
> 隶大女子华
> 第三栏:子小上造章
> 子小上造
> 第四栏:子小女子赵
> 子小女子见

第一栏的"子不更衍",应当就是"成年之子"。如果这种"户籍简牍"文例严格,则第三栏不当出现"成年之子",那么"简文中十数例均为'小上造'不至于都是未成年人之小,当有成年之子"的说法,看来并不符合事实。发掘报告说,"第一栏为户主籍贯、爵位、姓名","也有兄弟或儿子名籍并列于第一栏的"②。现在看来,以为第一栏只是"户主"信息记录的说法,可能也需要修正。

### 4. 关于"小爵"

张家山汉简《二年律令·傅律》中关于"小爵"的内容,涉及未成年人拥有爵位的制度,值得我们注意:

> 不更以下子年廿岁,大夫以上至五大夫子及小爵不更以下至上造年

---

① 张荣强:《论里耶出土的秦代户版》,"中日学者中古史研究论坛"论文,2007年8月,北京,收入《汉唐籍帐制度研究》,商务印书馆2010年版,改题《湖南里耶所出"秦代迁陵县南阳里户版"》。
② 《里耶发掘报告》,第208页。

廿二岁，卿以上子及小爵大夫以上年廿四岁，皆傅之。公士、（364）

　　公卒及士五（伍）、司寇、隐官子，皆为士五（伍）。畴官各从其父畴，有学师者学之。（365）

整理小组注释："小爵，从律文看，指有爵的青年。"① 有的学者则释"小爵"为二十等爵中最低的四个等级。② 刘敏指出："小爵是有年龄或身高规定的傅籍法律条文中的特殊名词，它不是二十等爵中一至四等爵的总称，而是未傅籍成人者占有的爵位，其存在与汉代的傅籍制度、力役制度、封爵制度和继承制度有关。"对简文则作出如下解说："具有四等不更以下爵者之子，二十岁傅籍；具有五等大夫至九等五大夫爵者之子，以及本人具有小爵不更以下至二等上造的未成年人，二十二岁傅籍；具有卿以上爵者之子，以及本人具有小爵大夫以上的未成年人，二十四岁傅籍。"③ 所谓"小爵""指有爵的青年"的说法是不准确的，"小爵""是未傅籍成人者占有的爵位"的说法亦不严谨。似应说"小爵"是未成年人所有的爵位。日本学者西嶋定生研究秦汉爵制，曾经注意到汉代"对男子的赐爵，从小男之际业已开始"的情形，并以文献数据和简牍数据论证："大凡赐爵之事，并不把年少者拒之门外的。"④

　　现在我们对赐爵未成年人的形式的了解，应当说有了更好的条件。

　　里耶户籍简所见"小上造"，或许可以为张家山汉简《二年律令·傅律》"小爵"的理解提供助证。其中相关信息已经告知我们，"小爵""其存在与汉代的傅籍制度、力役制度、封爵制度和继承制度有关"的判断，已经有修正的必要了。如果同意里耶户籍简属于秦代遗存的年代判定，则应当关注"小爵""其存在"可上推至秦代的事实。

　　其实，不仅里耶户籍简反映秦时甚至包括战国时期的楚地可能已经有

① 张家山二四七号汉墓竹简整理小组：《张家山汉墓竹简〔二四七号墓〕》，文物出版社 2001 年版，第 181 页。

② 朱绍侯：《西汉初年军功爵制的等级划分——〈二年律令〉与军功爵制研究之一》，《河南大学学报》2002 年第 5 期。

③ 刘敏：《张家山汉简"小爵"臆释》，《中国史研究》2004 年第 3 期；中国社会科学院简帛研究中心编：《张家山汉简〈二年律令〉研究文集》，广西师范大学出版社 2007 年版，第 94—104 页。

④ ［日］西嶋定生：《二十等爵制》，武尚清译，国际文化出版公司 1992 年版，第 195 页。

"小爵"制度，走马楼简中的有关信息，又说明这种制度甚至在三国吴地依然保留着历史遗存。

走马楼竹简提供的数据中，可见"小男""小女"以及"子男""子女"称谓。所包括的人群，应即简文所见"小口"。① 户籍资料中出现的身份，还有标明其爵名及相关等级者。除"户人公乘"外，又有"子公乘"、"弟公乘"、"侄子公乘"、"从子公乘"、"妻弟公乘"、"姑弟公乘"、"孙公乘"等。年龄最小的仅"三岁"（《竹简（贰）》2734）。又有"子士伍"、"弟士伍"、"侄子士伍"、"兄子士伍"、"从弟士伍"、"孙士伍"等。年龄最小的有"一岁"（《竹简（贰）》1609，1966，2008，2081）、"二岁"（《竹简（壹）》2602；《竹简（贰）》2123，2288，2441，1607，1690，1828，2103）者。② 涉及"公乘""士伍"等级简例中的这些相关身份，其实可以读作"小公乘"、"小士伍"。

可能"楚有爵称'小上造'"的推测，或许与秦爵有"少上造"、"大上造"有某种关系。

《汉书》卷一九上《百官公卿表上》："爵：一级曰公士，二上造，三簪袅，四不更，五大夫，六官大夫，七公大夫，八公乘，九五大夫，十左庶长，十一右庶长，十二左更，十三中更，十四右更，十五少上造，十六大上造，十七驷车庶长，十八大庶长，十九关内侯，二十彻侯。皆秦制，以赏功劳。"对于"上造"，颜师古注："造，成也，言有成命于上也。"对于"少上造""大上造"，颜师古注："言皆主上造之士也。"《汉书》卷二《惠帝纪》："上造以上及内外公孙耳孙有罪当刑及当为城旦舂者，皆耐为鬼薪白粲。"颜师古注："应劭曰：'上造，爵满十六者也。'师古曰：'上造，第二爵名也。'"《汉书》卷二四上《食货志上》："文帝从错之言，令民入粟边，六百石爵上造，稍增至四千石为五大夫，万二千石为大庶长，各以多少级数

---

① 走马楼竹简简文"其三百卅四人小口々收钱五合一千六百七十"（《竹简》（壹）4436）及"·其五百六十一人小口（？）收钱五合三千二百八十钱"（《竹简》（贰）4408），长沙市文物考古研究所、中国文物研究所、北京大学历史学系走马楼简牍整理组编著：《长沙走马楼三国吴简·竹简（壹）》，文物出版社2003年版，上册第324页，下册第987页；长沙简牍博物馆、中国文物研究所、北京大学历史学系走马楼简牍整理组编著：《长沙走马楼三国吴简·竹简（贰）》，文物出版社2007年版，中册第390页，下册第806页。相关讨论参见王子今《走马楼竹简"小口"考绎》，《史学月刊》2008年第6期。

② 《长沙走马楼三国吴简·竹简（壹）》；《长沙走马楼三国吴简·竹简（贰）》。

为差。"颜师古注："上造，第二等爵也。"《汉书》卷九七上《外戚传上》记录后宫女子级别："至武帝制婕妤、姪娥、傛华、充依，各有爵位，而元帝加昭仪之号，凡十四等云。昭仪位视丞相，爵比诸侯王。婕妤视上卿，比列侯。姪娥视中二千石，比关内侯。傛华视真二千石，比大上造。美人视二千石，比少上造。八子视千石，比中更。充依视千石，比左更。七子视八百石，比右庶长。良人视八百石，比左庶长。长使视六百石，比五大夫。少使视四百石，比公乘。五官视三百石。顺常视二百石。无涓、共和、娱灵、保林、良使、夜者皆视百石。上家人子、中家人子视有秩斗食云。"颜师古注："大上造，第十六爵。""少上造，第十五爵。"其实，既然有"少上造"爵级，则"小上造"作为爵名使用显然是不可能的。

《续汉书·百官志五》刘昭《注补》引刘劭《爵制》曰："二爵曰上造。造，成也。古者成士升于司徒曰造士，虽依此名，皆步卒也。"《汉书·惠帝纪》颜师古注引应劭曰："上造有功劳"。然而我们在汉代文献中所见平民爵位，"上造"是相当普通的。汉宣帝元康四年（前62），曾经诏令若干在高后、文景及武帝时代已经因各种原因失去"列侯"地位的功臣贵族后代重新恢复先祖身份。据《汉书》卷一五《王子侯表》和卷一六《高惠高后文功臣表》所记元康四年诏复家事，这些沦为平民的贵族之后的爵级，分布最密集的是公乘、大夫、不更、簪袅、上造、公士。① 可见汉代"上造"低级爵的性质。

《里耶发掘报告》关于记录"子小上造"的户籍简有这样的讨论意见："承于振波分析并告知：张家山汉墓《二年律令·置后律》：'疾死置后者……不更子为上造。'② 简文中爵位为不更的户主并未去世，而且即便户主去世，也只能有后子一人为上造，不可能同为上造。据《二年律令·傅律》：'不更子以下年廿岁……皆傅之'；'不为后而傅者……不更至上造子

---

① 合计124例中，这几种爵级的分布情形为：公乘30，大夫22，不更9，簪袅12，上造12，公士31。参看王子今《论元康四年"诏复家"事兼及西汉中期长安及诸陵人口构成》，《中日学者论中国古代城市社会》，三秦出版社2007年版。

② 原注："张家山二四七号汉墓整理小组：《张家山汉墓竹简》，文物出版社2001年版，第182页。"今按："张家山二四七号汉墓整理小组"应为"张家山二四七号汉墓竹简整理小组"。简文"不更子为上造"，应为"不更后子为上造"。

为公卒'①。简文中的'子'均为'子小上造',如果将'小'理解为未到傅籍年龄的'小',他们不得有爵位,即便到了傅籍年龄,如 2 号简户主有三个儿子,至少应该有两个儿子为'公卒',不可能都是'上造'。简文所记与西汉初年法律规定的情况相去甚远。秦时对爵位的控制相当严格,简文所反映的情况当不可能发生。众所周知,频繁且大规模赐爵主要发生在汉文帝以后,但是,说这批简属于汉文帝以后证据也不充分,首先,汉简名籍在使用'大'、'小'等表示年龄的名称时,一般也同时标明具体年龄,而这些简无一人标明年龄。其次,这批简的爵位也过于整齐划一,所有男子,无论是否成年,都有爵位,而且除一例爵位为大夫而外(第 17 号简),其余都为上造和不更,令人不解;户人爵位前的'荆'字,应该有其特定的含义,值得研究。"②

### 5. 早期爵制探索的条件

关于早期爵制的形成,特别是秦国以外地方的相关文化现象的认识,尚存在许多疑问。《孟子·万章下》说"周室班爵禄":"天子一位,公一位,侯一位,伯一位,子男同一位。"后来《汉书》卷二五下《郊祀志下》所见王莽的说法"爵天子"也以为周的五等爵制包括天子。《左传·襄公二十一年》"庄公为勇爵",学者的理解也不一样。③ 不过,对于《左传·成公十三年》所见晋人捕获的秦人"不更女父","不更"被解释为"秦爵"。④ 楚国是否有"不更"之爵,我们是不清楚的。然而《韩非子·和氏》说吴起改革,有"三世而收爵禄"的措施。有学者认为"这是以军功爵彻底否定旧秩序"。⑤ 有学者

---

① 原注:张家山二四七号汉墓整理小组:《张家山汉墓竹简》,文物出版社 2001 年版,第 1175 页。今按:"张家山二四七号汉墓整理小组"漏排"竹简"二字,"第 1175 页"应为"第 182 页"。

② 《里耶发掘报告》,第 209 页。

③ 杜注以为"设爵位,以命勇士",《左氏会笺》则理解为:"爵,饮酒器。设此以觞勇士,因名勇爵。非爵位也。"

④ 杜预《春秋经传集解》:"不更,秦爵。"

⑤ [日] 西嶋定生:《二十等爵制》,第 348 页。论者又有注释:"关于楚国的世族压抑策,在《韩非子》喻老篇,作为春秋时代楚庄王时的事情,而跟相传的'楚邦之法,禄臣再世而收地'这一孙叔敖之说法联在一起。关于这个错误,看看增渊龙夫《关于韩非子喻老篇所谓楚邦之法》(《一桥论丛》四〇之六,1959 年)。"《二十等爵制》,第 351 页。

指出，"执圭"或"执珪"，就是楚爵。① 看来，里耶户籍简所见"荆不更"正如《里耶发掘报告》所说："'荆不更'，有可能是秦占领楚地后对居民登记时录下其原有爵位"，"17 号简的'荆大夫'也可能是楚爵位，这无疑是一个很有意思的发现"。也许"荆不更"、"荆大夫"可以成为我们认识楚国爵制的一个新的突破口。有的学者以为，"我们对战国楚的爵制了解不多，史籍中见到有'五大夫'、'执帛'、'执珪'等爵称，显然与秦的爵位体系不同。若说秦占领楚地后，会承认与之英勇作战受封而来的敌国民众的爵位，缘情论理，也不太可能。简文所载的爵位还是应理解为秦政府赐予为好。""秦占领楚地后，为安抚民心，取得他们的支持，对降地民众普遍授爵的情况也是大有可能。"② 不过，论者"史籍中见到有'五大夫'、'执帛'、'执珪'等爵称，显然与秦的爵位体系不同"。"五大夫"一例见于张家山汉简《奏谳书》"威昌君，居故市里；丙，五大夫，广德里，皆故楚爵，属汉以比士"，明确说是"故楚爵"，却似乎不能据此说"与秦的爵位体系不同"，"荆不更"也许是同样的情形。

也有学者指出："同一户诸子皆为'小上造'，十分引人注意。这和汉初张家山《二年律令》中规定一户只有后子一人承爵，并降两级的情形很不一样。《二年律令》又规定'不更至上造子为公卒。'里耶简中户人的爵多为不更，而诸子爵为小上造。情形大不相同。由此不难推想：从秦到汉初《二年律令》为止的爵制，在不同的时期，应曾经历了不止一次的变动。所

① 《太平御览》卷八〇六引《说文》曰："圭，瑞玉也。上员下方，以封诸侯。楚爵有执圭。"董说《七国考》卷一"执珪"："《文选注》：'楚爵功臣，赐以圭，谓之执圭，比附庸。'《国策注》：'楚国之法，破军杀将，其官为上柱国，封上爵执珪者，谓既为上柱国之官，又虚受执珪之爵也。'余按：'上柱国'、'执珪'皆楚官名。'封上爵执珪'即今尚书加宫保之比。《文选注》未明。《国策》：'楚尝与秦构难，战于汉中，通侯、执珪死者七十余人。'注：'通侯、执珪皆楚官。'又：'楚襄王以执珪授庄辛。'《淮南子》云：'佽非爵为执珪。'又云：'子发攻蔡，逾之，宣王郊迎列田百顷而封之执珪。'又云：'吴起为楚减爵禄之令，而功臣畔矣。'徐注：'减爵，减执珪之类。'"缪文远《七国考订补》："董氏所引《文选注》乃《淮南·道应》篇许慎注。又执珪乃爵名，诸书所载甚明，当与官名区别。"又补《通鉴·周纪》三赧王三年胡注："执珪，楚爵也，执珪而朝者也。"《七国考订补》，上海古籍出版社1987 年版，上册第 79—80 页。今按："'上柱国'、'执珪'皆楚官名"的说法，应出自以为官名爵名不当并列的误解。《史记》卷六《秦始皇本纪》琅邪刻石："列侯武城侯王离、列侯通武侯王贲、伦侯建成侯赵亥、伦侯昌武侯成、伦侯武信侯冯毋择、丞相隗状、丞相王绾、卿李斯、卿王戊、五大夫赵婴、五大夫杨樛从，与议于海上。"西嶋定生已经指出，"这里，我们可看到与官名丞相并列的列侯、伦侯、卿、五大夫之爵称"。《二十等爵制》，第 40 页。

② 张荣强：《论里耶出土的秦代户版》，"中日学者中古史研究论坛"论文，2007 年 8 月，北京，收入《汉唐籍帐制度研究》，商务印书馆 2010 年版，改题《湖南里耶所出"秦代迁陵县南阳里户版"》。

谓'小上造'很可能即《二年律令》中所提到'小爵'中的一级，指未成年而有的爵。这或许是秦笼络或争取占领区楚民归顺的一种办法，因此不论军功，不论傅或未傅，男子人人有爵。当然这也不排除楚人爵制不同于秦，楚之诸子有爵，归顺后，仍然都有爵。"①　关于"楚人爵制不同于秦，楚之诸子有爵，归顺后，仍然都有爵"的推想，或许成立。

《里耶发掘报告》所谓"所有男子，无论是否成年，都有爵位，而且除一例爵位为大夫而外（第17号简），其余都为上造和不更"，由简1第五栏所谓"臣曰聚"可知此说不确。上文已经说到，据简文所见"荆不更"和"荆大夫"称谓，已大致可以排除"这批简属于汉文帝以后"的可能。关于是否必须"户主""去世"其身份方可继承，是否"即便户主去世，也只能有后子一人为上造，不可能同为上造"，走马楼简未成年"公乘""士伍"身份也许有益于我们的思考。看来不同的时期，不同的地区，身份继承制度的具体情形是相当复杂的。然而，现在相关数据提供的信息，尚难以使历史景象十分明朗。显然全面理解"小上造""小女子"称谓包含的文化信息，还需要进行深入的工作。而进一步的学术探讨，是有助于深化对于秦汉时期未成年人生活的认识的。

# 秦汉"小女子"称谓再议

对于秦汉社会称谓的认识，因出土资料的相继发现，得以逐渐增益更新。对于秦汉"小女子"称谓的讨论，就因简牍资料的研究，使得我们有关秦汉社会构成的理解得以深化。

## 1. 关于"小女子"的不同理解

里耶户籍简中出现"小女子"7次，"大女子"2次，计5枚简，又有"小女"5次，计2简。这里出现了一个问题，即简文中出现的称谓是"大

---

① 邢义田：《从出土资料看秦汉聚落形态和乡里行政》，《治国安邦：法制、行政与军事》，中华书局2011年版。原注提供的数据亦值得注意："战国时，韩上党守守冯亭遣使入赵，愿以上党城市邑十七归顺赵国。赵国告冯亭说如以上党来归，太守和县令都世世封为侯，而且'吏民皆益爵三级。'（《战国策·赵策一》、《史记·赵世家》）这样争取邻国民心'皆益爵三级'的做法，可以参考。"

女"、"小女"还是"大女子"、"小女子"。

在 2007 年 11 月 10 日至 11 日于台北举行的"2007 中国简帛学国际论坛"上,笔者提交题为《试说里耶户籍简所见"小上造""小女子"》的论文,讨论了相关问题。拙文是将简文所见称谓读作"大女子"、"小女子"的。当时听到中研院历史语言研究所邢义田教授的意见。他认为,"大女子"、"小女子",其实应当读作"大女"、"小女",随后的"子"字是名字的第一字,应当接后续字连读。笔者以为这是非常重要的提示。

在论文发表后对评议意见的答复中,笔者举出了可以反映秦汉社会"小女子"已经是习用称谓的几条例证。如《后汉书》卷八三《逸民列传·韩康》:"韩康字伯休,一名恬休。京兆霸陵人。家世著姓,常采药名山,卖于长安市,口不二价,三十余年。时有女子从康买药,康守价不移。女子怒曰:'公是韩伯休那?乃不二价乎!'康叹曰:'我本欲避名,今小女子皆知有我焉,何用药为!'乃遁入霸陵山中。"皇甫谧《高士传》有大略相同的故事。①

又如《太平御览》卷一四引张璠《汉记》曰:"灵帝和光元年②,虹昼见御座殿庭前,色青赤。上引蔡邕问之。对曰:'虹蜺,小女子之祥。'"聚珍本《东观汉记》卷二一《蔡邕传》:"诏问有黑气堕温明殿东庭中,如车盖,腾起奋迅,五色,有头,体长十余丈,形似龙似虹蜺。邕对:'虹著于天而降施于庭,以臣所闻,则所谓天投蜺者也。'虹昼见御座殿庭前,色青赤。上引邕问之。对曰:'虹蜺,小女子之祥。'"吴树平《东观汉记校注》写道:"'小女子之祥',此条不知聚珍本从何书辑录。""疑聚珍本误以《汉记》文字辑入《东观汉记》。"③闻一多曾经将《太平御览》卷一四引张璠《汉记》所见"小女子"与《诗·候人》"季女斯饥"、郑笺"幼弱者饥"

---

① 《太平御览》卷八二八皇甫谧《高士传》:"韩康字伯休,京兆霸陵人。常采药名山,卖于长安市,口不二价,三十余年。时女子从买药,康守价不与。女子怒曰:'是韩伯休?乃不二价!'康叹曰:'我本避名,今小女子皆知有,何用药为!'乃遁霸陵山中。"

② 应为"光和元年"。

③ 吴树平校注:《东观汉记校注》,中州古籍出版社 1987 年版,下册第 734—735 页。

联系起来分析，写道："小女子不就是季女吗?"①

韩康所谓"今小女子皆知有我焉"，蔡邕所谓"虹蜺，小女子之祥"，都说明"小女子"称谓的通行。

又如《太平御览》卷九〇三引《魏志》所见预言家管辂故事："管辂尝至郭恩家，碓上鸡斗。谓恩曰：'当有老人将豚一口从东候公。舍有小口伤，亦无所苦。'明日果有亲知老翁携肫馈恩。恩射鸡为馔，迸箭着小女子脚。举家惶怖，竟无所害。"今本《三国志》卷二九《魏书·方技传·管辂》情节有所不同："辂又至郭恩家，有飞鸠来在梁头，鸣甚悲。辂曰：'当有老公从东方来，携豚一头，酒一壶。主人虽喜，当有小故。'明日果有客，如所占。恩使客节酒、戒肉、慎火，而射鸡作食，箭从树间激中数岁女子手，流血惊怖。"前者作"迸箭着小女子脚"，后者作"箭从树间激中数岁女子手"。"小女子"和"数岁女子"的对应关系，则是明确的。前者所见"小口"称谓，见于长沙走马楼三国吴简。②汉代经济管理涉及人口时，本已有按照年龄段区分，即"大小口有差"的制度。③与河西汉简多见"小男""小女"称谓不同，走马楼竹简现今所获得的资料多见"小女"，少见"小男"。④走马楼竹简"小口"与"大口"的年龄界定。或许可以通过走马楼竹简所见"小女"的年龄分析，获得参考信息。"小女"与"大女"的年龄界点应当在十五岁左右。如果我们推想"小口"与"大口"的界定也是如此，或许不会有大的差误。⑤

---

① 闻一多：《朝云考》，《闻一多全集》，湖北人民出版社 1994 年版，第 3 卷第 42 页。

② 如长沙走马楼竹简："其三百卅四人小口々收钱五合一千六百七十"（1—4436），"·其五百六十一人小口（?）收钱五合三千二百八十钱"（2—4408）。长沙简牍博物馆、中国文物研究所、北京大学历史学系走马楼简牍整理组编著：《长沙走马楼三国吴简·竹简（壹）》，文物出版社 2003 年版，上册第 324 页，下册第 987 页；长沙简牍博物馆、中国文物研究所、北京大学历史学系走马楼简牍整理组编著：《长沙走马楼三国吴简·竹简（贰）》，文物出版社 2007 年版，中册第 390 页，下册第 806 页。

③ 《后汉书》卷六《顺帝纪》："（阳嘉元年二月）丁巳，皇后谒高庙、光武庙，诏禀甘陵贫人，大小口有差。"这是政府救济行为。而赋税的征收也有"大小口有差"的情形。例如《后汉书》卷八六《南蛮传》记载："岁令大人输布一匹，小口二丈，是谓賨布。虽时为寇盗，而不足为郡国患。""大人"与"小口"岁输賨布的比率是 2 比 1。所谓"大小口有差"，东汉时又曾经体现为奖励"送生口"的赏格。《后汉书》卷八五《东夷列传·高句骊》："自今已后，不与县官战斗而自以亲附送生口者，皆与赎直，缣人四十匹，小口半之。""皆与赎直"之"缣人四十匹，小口半之"，也是 2 比 1 的比率。

④ 参看王子今《走马楼简所见未成年"公乘""士伍"》，《湖南博物馆馆刊》第 4 期。

⑤ 参看王子今《走马楼竹简"小口"考绎》，《史学月刊》待刊。

### 2. 汉代文物资料所见"大女子"

其实，还有与里耶户籍简年代更为相近的信息，可以帮助我们理解"小女子"称谓问题。

裘锡圭曾经指出，"云梦秦墓出土的漆器上，往往有'宦里大女子愍'①、'大女子鹜'②、'蕈（原释'阴'）里'、'士五（伍）军'、'左里□□'、'大女子婪'、'钱里大女子'、'上造□'、'舆里□'、'舆昌月'、'昌武□'一类针刻人名。宦里、舆昌、昌武等都是里名，大女子、士伍、上造等是身分。"③ 其中"宦里大女子愍"、"大女子鹜"、"大女子婪"、"钱里大女子"等，都是可以与里耶户籍简中简9（K4）第二栏"妻大女子媐"、"隶大女子华"对照理解的称谓形式。"大女子婪"句后，原注："《文物》1976 年 9 期 54 页。"查《文物》1976 年第 9 期刊湖北孝感地区第二期亦工亦农文物考古训练班《湖北云梦睡虎地十一座秦墓发掘简报》，第 54 页图五—9 即"大女子婪"，而图五—6"□大女子"也是相类同的信息，不宜遗漏。近期关于荆州谢家桥一号汉墓的报道，言及出土简牍有"五年十一月癸卯朔庚午……西乡虎敢言之郎中大夫昌自言母大女子恚死以衣器葬具……"文字，④ 是汉初社会习用"大女子"称谓的例证。

与"大女子"对应的"小女子"称谓，自然也是当时通行于民间的。

### 3. 秦汉女性名字"子某"诸例

中研院历史语言研究所刘欣宁在《里耶户籍简牍与"小上造"再探》一文中写道："与'小上造'相对，王子今先生指出未成年女性称为'小女'

---

① 原注："《文物》1973 年第 9 期第 25 页图五。"图下文字说明："彩绘漆盘底上的针刻字。"据发掘简报，"彩绘漆盘二件。形制完全相同"，"两件的背面底部有针刻字（图五）。"湖北省博物馆、孝感地区文教局、云梦县文化馆：《湖北云梦西汉墓发掘简报》，《文物》1973 年第 9 期。未能明确是否两件"彩绘漆盘底上的针刻字""完全相同"，都是"宦里大女子愍"。

② 原注："同上 32 页图二三。"图下文字说明："漆耳杯外底针刻字。"据发掘简报，"漆耳杯六十二件"，"有些耳杯的外底或耳下有针刻字或烙印文。"湖北省博物馆、孝感地区文教局、云梦县文化馆：《湖北云梦西汉墓发掘简报》，《文物》1973 年第 9 期。

③ 裘锡圭：《啬夫初探》，《云梦秦简研究》，中华书局 1981 年版，第 278 页。

④ 《荆州谢家桥汉墓考古发掘有重大发现，墓主人为五大夫之母"恚"》，《京华时报》2007 年 12 月 7 日。

或'小女子'；然而邢义田先生却认为只称为'小女'，'小女子'之'子'字，实为其名的第一个字，如简1'子小女子驼'，'子驼'乃为其名。邢先生之观察十分具有见地，只是如依其说，这批简出现的三十个女性名字（扣除残缺者），共有九位以'子'字开头，比例是否偏高？有可能是此地特殊的女性命名习惯使然，但前方不衔接'大女'、'小女'的十六位，无一名字以'子'字开头。简9所载之户内，妻子、女儿与'隶'之名皆以'子'字起头，恐怕也过于巧合。'小女子'或许仍应释为一词。"① 刘欣宁的分析，是有道理的。"这批简出现的三十个女性名字（扣除残缺者），共有九位以'子'字开头，比例是否偏高"的疑问，确实值得思考。刘增贵在关于汉代妇女名字的论著中，列有《汉代妇女名字总表》，其中名字中出现"子"字的，有"羊子"（成帝时婢，《汉书·外戚传下》），"卫子夫"（武帝卫皇后，《史记·卫将军骠骑列传》），"王子羽"（爰书提及女子，《居延新简》EPS4T2.52），"刘鬲子"（平帝妹封尊德君，《汉书·外戚传下》），"刘园子"（梁荒王女弟，《汉书·文三王传》）。实际上仅有"卫子夫"、"王子羽"二例符合我们讨论的情形，即名字中"以'子'字开头"。② 这样的情形，在577例中所占"比例"不足0.35%。就是说，从文献遗存和考古资料综合分析，妇女以"子"字作为名字的第一字的情形，在汉代其实并不普遍。

此外，如果确实"'小女子'之'子'字，实为其名的第一个字，如简1'子小女子驼'，'子驼'乃为其名"，那么，简4（K28/29）第四栏"子小女子女祠　毋室"，其姓名则很可能为"黄子女祠"，这也与我们了解的秦汉人定名规律不能相合。

看来，许多迹象表明，里耶户籍简所见"小女子"是可以理解为确定的称谓的。而这一称谓对于理解秦汉时期社会结构的意义，也应当受到重视。

## 秦汉"小儿""竖子"称谓

秦汉社会使用"小儿"称谓，原本是指未成年儿童。我们还看到以

---

① 简帛网，http://www.bsm.org.cn。
② 刘增贵：《汉代妇女的名字》，《新史学》7卷4期，1996年12月。

"小儿"指称成年人的情形，应是用其转义。称成年人"小儿"，或表示亲昵，或表示轻蔑，透露出"小儿"称谓的复杂涵义。而通过"小儿"蔑称，可以发现当时通常社会意识中未成年人的地位。

### 1. "小儿"本义

《后汉书》卷七〇《孔融传》李贤注引《融家传》记述孔融让梨故事："兄弟七人，融第六，幼有自然之性。年四岁时，每与诸兄共食梨，融辄引小者。大人问其故，答曰：'我小儿，法当取小者。'由是宗族奇之。"孔融"年四岁"自称"小儿"，而与"大人"形成年龄层别的对应。①

《史记》卷九五《樊郦滕灌列传》记载彭城之战后刘邦败逃途中欲弃子女以求自保的情节："还定三秦，从击项籍。至彭城，项羽大破汉军。汉王败，不利，驰去。见孝惠、鲁元，载之。汉王急，马罢，虏在后，常蹶两儿欲弃之，婴常收，竟载之，徐行面雍树乃驰。汉王怒，行欲斩婴者十余，卒得脱，而致孝惠、鲁元于丰。"裴骃《集解》引应劭曰："古者皆立乘，婴恐小儿坠，各置一面雍持之。树，立也。"又引苏林曰："南方人谓抱小儿为'雍树'。面者，大人以面首向临之，小儿抱大人颈似悬树也。"②所谓"小儿抱大人颈似悬树也"的解说，确是年幼儿童习惯动作。《汉书》卷四一《夏侯婴传》颜师古注："面，偝也。雍，抱持之。言取两儿，令面背己，而抱持之以驰，故云面雍树驰。"夏侯婴同时"抱持""两儿"依然"驰"行，"两儿"身形显然幼小。然而据《史记》卷八《高祖本纪》，我

---

① 《三国志》卷四八《吴书·三嗣主传·孙皓》裴松之注引《搜神记》记述的"荧惑星"故事，也说到"小儿"和"大人"的对应关系："吴以草创之国，信不坚固，边屯守将，皆质其妻子，名曰保质。童子少年，以类相与嬉游者，日有十数。永安二年三月，有一异儿，长四尺余，年可六七岁，衣青衣，来从群儿戏，诸儿莫之识也。皆问曰：'尔谁家小儿，今日忽来？'答曰：'见尔群戏乐，故来耳。'详而视之，眼有光芒，爓爓外射。诸儿畏之，重问其故。儿乃答曰：'尔恶我乎？我非人也，乃荧惑星也。将有以告尔：三公锄，司马如。'诸儿大惊，或走告大人，大人驰往观之。儿曰：'舍尔去乎！'竦身而跃，即以化矣。仰面视之，若引一匹练以登天。大人来者，犹及见焉，飘飘渐高，有顷而没。时吴政峻急，莫敢宣也。后五年而蜀亡，六年而晋兴，至是而吴灭，司马如矣。"
② 司马贞《索隐》："苏林与晋灼皆言南方及京师谓抱儿为'拥树'，今则无其言，或当时有此说。其应、服之说，盖疏也。"可知晋灼的解释与苏林相同。

们看到刘邦参与反秦活动之前，已有孝惠与鲁元随吕后参与田间劳动的记载。① 不过，所谓"吕后与两子居田中耨"，《汉书》卷一上《高帝纪上》作"吕后与两子居田中"，无"耨"字。或许只是吕后本人劳作。《史记》《汉书》说到"两儿"，应劭、苏林都解作"小儿"，也是值得注意的。

《史记》卷二五《律书》颂扬文帝时代实现"人民乐业""百姓遂安"社会局面的政治成功，有"年六七十翁""如小儿状"的表述："太史公曰：文帝时，会天下新去汤火，人民乐业，因其欲然，能不扰乱，故百姓遂安。自年六七十翁亦未尝至市井，游敖嬉戏如小儿状。孔子所称有德君子者邪！"这里所谓"小儿"，也是指年幼儿童无疑。《史记》卷一〇五《扁鹊仓公列传》："扁鹊名闻天下。""来入咸阳，闻秦人爱小儿，即为小儿医：随俗为变。"所谓"小儿"，应当也主要是言幼儿。②

《三国志》卷一五《魏书·张既传》裴松之注引《三辅决录注》说张既儿时故事："既为儿童，郡功曹游殷察异之，引既过家，既敬诺。殷先归，敕家具设宾馔。及既至，殷妻笑曰：'君其悖乎！张德容童昏小儿，何异客哉！'殷曰：'卿勿怪，乃方伯之器也。'殷遂与既论霸王之略。"可知"小儿"和"儿童"大致同义。

游殷妻子所谓"童昏小儿"，也许是我们理解当时"儿童"称谓之原义时应当注意到的信息。

此外，《三国志》卷八《魏书·公孙渊传》写道："炊有小儿蒸死甑中。"又《后汉书》卷三一《苏不韦传》言苏不韦为父复仇，凿地达仇人大司农李暠之寝室，"出其床下。值暠在厕，因杀其妾并及小儿"。《续汉书·五行志一》："后正旦至，君臣欲共飨，既坐，酒食未下，群臣更起，乱不可整。时大司农杨音案剑怒曰：'小儿戏尚不如此！'"《三国志》卷三二《蜀书·先主备传》："先主少时，与宗中诸小儿于树下戏。"《续汉书·礼仪

---

① 《史记》卷八《高祖本纪》："高祖为亭长时，常告归之田。吕后与两子居田中耨，有一老父过请饮，吕后因餔之。老父相吕后曰：'夫人天下贵人。'令相两子，见孝惠，曰：'夫人所以贵者，乃此男也。'相鲁元，亦皆贵。""两子"虽称"婴儿"，但是已经能够参加"居田中耨"的劳动。参看王子今《说秦汉"婴儿"称谓》，《南都学坛》2010 年第 2 期；《汉代劳动儿童——以汉代画像遗存为中心》，《陕西历史博物馆馆刊》第 17 辑，三秦出版社 2010 年版。

② 参看王子今《秦汉"小儿医"略议》，《西北大学学报》2007 年第 4 期。

志中》刘昭注补引《汉旧仪》曰："颛顼氏有三子，生而亡去为疫鬼。一居江水，是为虐鬼；一居若水，是为罔两蜮鬼；一居人宫室区隅，善惊人小儿。"其中所谓"小儿"，也都大致是同样意义。

《后汉书·郡国志四》"荆州南郡"条刘昭注补引《荆州记》："水中有物如马，甲如鲜鲤，射不可入。七八月中好在碛上自曝，膝头似虎掌爪。小儿不知，欲取弄戏，便杀人。"① 所谓"小儿"身份，也可以作同样理解。

又如《三国志》卷五一《吴书·孙桓传》："孙桓字叔武，河之子也。年二十五，拜安东中郎将，与陆逊共拒刘备。备军甚盛，弥山盈谷，桓投刀奋命，与逊戮力，备遂败走。桓斩上夔道，截其径要。备逾山越险，仅乃得免，忿恚叹曰：'吾昔初至京城，桓尚小儿，而今迫孤乃至此也！'"也说"吾昔初至京城"时，孙桓还是幼儿。《三国志》卷《蜀书·先主传》裴松之注引《英雄记》云："灵帝末年，备尝在京师。"刘备所谓"吾昔初至京城"，当指此时。以汉灵帝在位最后一年中平六年（189）计，至221年发生夷陵之战时，已经32年。刘备记忆或有差误。所言彝陵战时"年二十五，拜安东中郎将"的孙桓当时"尚小儿"，也是说"小儿"即幼儿。

《后汉书》卷四九《王符传》引《潜夫论·浮侈》："今人奢衣服，侈饮食，事口舌而习调欺。或以谋奸合任为业，或以游博持掩为事。丁夫不扶犁锄，而怀丸挟弹，携手上山遨游，或好取土作丸卖之，外不足御寇盗，内不足禁鼠雀。或作泥车瓦狗诸戏弄之具，以巧诈小儿，此皆无益也。"这里所谓"小儿"，也是指儿童。②

所谓"小儿""戏弄"，可与前引杨音所谓"小儿戏"，刘备"少时，与宗中诸小儿于树下戏"等对照读。

---

① 又如《三国志》卷四八《吴书·三嗣主传·孙皓》裴松之注引《吴录》："（孟仁）少从南阳李肃学。其母为作厚褥大被，或问其故，母曰：'小儿无德致客，学者多贫，故为广被，庶可得与气类接也。'"

② 《汉书》卷四八《贾谊传》："今西边北边之郡，虽有长爵不轻得复，五尺以上不轻得息，斥候望烽燧不得卧，将吏被介胄而睡，臣故曰一方病矣。"关于"五尺"，颜师古注引如淳曰："五尺谓小儿也。言无大小皆当自为战备。"可知如淳的意识中，"小儿"即未成年的"五尺"。《三国志》卷四七《吴书·吴主权传》裴松之注引《魏略》有"小儿年弱"语可以明确"小儿"年龄的记载，有《三国志》卷一二《魏书·崔琰传》裴松之注引《魏氏春秋》言孔融即被刑时"二子年八岁，时方弈棋"，镇定自若事，裴松之说："八岁小儿，能玄了祸福，聪明特达，卓然既远。"又《三国志》卷一九《魏书·陈思王植传》裴松之注引《魏略》："惟尚有小儿，七八岁已上，十六七已还，三十余人。"则年龄界定又稍宽。

"小儿"有时又用以指"儿"之排行位次之"小"者。

如《三国志》卷二九《魏书·方技传·华佗》所谓"小儿戏门前"，《后汉书》卷八二下《方术列传下·华佗》所谓"佗小儿戏于门中"，有可能就是这种情形。又如《后汉书》卷八〇下《文苑列传下·祢衡》："唯善鲁国孔融及弘农杨修。常称曰：'大儿孔文举，小儿杨德祖。余子碌碌，莫足数也。'""小儿"与"大儿"并说也呈示"小""大"的对应关系。《三国志》卷三八《蜀书·许靖传》裴松之注引《魏略》载王朗与文休书："仆连失一男一女，今有二男：大儿名肃，年二十九，生于会稽；小儿裁岁余。临书怆恨，有怀缅然。"则语义更为明朗。①

### 2. "小儿"亲昵义：指代成年人的"小儿"称谓之一

祢衡称孔融、杨修"大儿""小儿"，是转借"小儿"称谓用以指代成年人之例。

使用"小儿"称谓之转义的情形似乎比较复杂。其中一种情形，透露出使用者与这一称谓指代者的亲昵关系。祢衡谓杨修，就是这样的情形。《三国志》卷一〇《荀彧传》裴松之注引《典略》是这样记述的："衡时年二十四。是时许都虽新建，尚饶人士。衡尝书一刺怀之，字漫灭而无所适。或问之曰：'何不从陈长文、司马伯达乎？'衡曰：'卿欲使我从屠沽儿辈也！'又问曰：'当今许中，谁最可者？'衡曰：'大儿有孔文举，小儿有杨德祖。'"当时祢衡不过二十四岁，而称孔融"大儿"，杨修"小儿"，自是亲昵语。当然也有孤傲心态的表现，此则可以与视"陈长文、司马伯达""屠沽儿辈"联系起来分析。

《后汉书》卷一二《彭宠传》记载彭宠为子密所杀故事："（建武）五年春，宠斋，独在便室。苍头子密等三人因宠卧寐，共缚著床，告外吏云'大王斋禁，皆使吏休。'伪称宠命教，收缚奴婢，各置一处。又以宠命呼其妻。妻入，大惊。宠急呼曰：'趣为诸将军办装。'于是两奴将妻入取宝

---

① 类似情形又见《太平御览》卷四七二引《风俗通》："大儿字阿巍，小儿曰越子。"王朗所言"二男"，"大儿""小儿"年龄差达二十八岁，是考察当时家庭构成的有意义的信息。"连失一男一女"，或应在"大儿""小儿"之间。

物，留一奴守宠。宠谓守奴曰：'若小儿，我素爱也，今为子密所迫劫耳。解我缚，当以女珠妻汝，家中财物皆与若。'小奴意欲解之，视户外，见子密听其语，遂不敢解。于是收金玉衣物，至宠所装之，被马六疋，使妻缝两缣囊。昏夜后，解宠手，令作记告城门将军云：'今遣子密等至子后兰卿所，速开门出，勿稽留之。'书成，即斩宠及妻头，置囊中，便持记驰出城，因以诣阙，封为不义侯。"

彭宠以所有"家中财物"及女儿诱惑"守奴"，亦确实实现效用，以致"小奴意欲解之"，只是因子密监控，终"不敢解"。既然说到"解我缚，当以女珠妻汝"，可知"守奴"虽称"小奴"，当已有成熟性意识。而言"若小儿，我素爱也"，"小儿"显然是语义特别的亲昵言辞。

关于耿弇在刘秀建国事业中的作用，《后汉书》卷一九《耿弇传》写道："弇道闻光武在卢奴，乃驰北上谒，光武留署门下吏。弇因说护军朱祐，求归发兵，以定邯郸。光武笑曰：'小儿曹乃有大意哉！'因数召见加恩慰。"虽耿弇"自嫌年少"[①]，而《耿弇传》前说"时弇年二十一"，显然已经成年。称"小儿曹"者，透露出亲近的关系和爱重的情感。其行为表现，即"数召见加恩慰"。

《后汉书》卷三一《郭伋传》："始至行部，到西河美稷，有童儿数百，各骑竹马，道次迎拜。伋问'儿曹何自远来'。对曰：'闻使君到，喜，故来奉迎。'伋辞谢之。及事讫，诸儿复送至郭外，问'使君何日当还'。伋谓别驾从事，计日告之。行部既还，先期一日，伋为违信于诸儿，遂止于野亭，须期乃入。"是"儿"、"童儿"称"儿曹"的史例。《水经注·河水三》引《东观记》的文字则作："行部到西河美稷，数百小儿各骑竹马迎拜。伋问：'儿曹何自远来?'""童儿"写作"小儿"。两相对照，更方便我们理解"小儿曹"称谓的由来。

### 3. "小儿"轻蔑义：指代成年人的"小儿"称谓之二

关于"小儿曹"称谓的使用，又见《后汉书》卷二四《马援传》载马

---

① 李贤注："《续汉书》曰'弇还檄与况，陈上功德，自嫌年少，恐不见信，宜自来。况得檄立发，至昌平见上'也。"

援与杨广书："往时子阳独欲以王相待，而春卿拒之；今者归老，更欲低头与小儿曹共槽枥而食，并肩侧身于怨家之朝乎？"这里所谓"小儿曹"，言"共槽枥而食"，言"并肩侧身"于朝，所说并非真正的"小儿"。而以此指称成年同事，暗含鄙薄之意。当然，此说"归老"，《资治通鉴》卷四二"汉光武帝建武六年"引文胡三省注："归，入也。言其年已入老境也。"所谓"小儿曹"也显示自然年龄的差距。

《汉书》卷九九下《王莽传下》记述王莽面临政权崩溃危局时的情形："后日殿中钩盾土山仙人掌旁有白头公青衣，郎吏见者私谓之国师公。衍功侯喜素善卦，莽使筮之，曰：'忧兵火。'莽曰：'小儿安得此左道？是乃予之皇祖叔父子侨欲来迎我也。'"此所谓"小儿"可以理解为蔑称。所指显然也是成年人。

《汉书》卷八四《翟方进传》说翟义故事："少子曰义。义字文仲，少以父任为郎，稍迁诸曹，年二十出为南阳都尉。宛令刘立与曲阳侯为婚，又素著名州郡，轻义年少。义行太守事，行县至宛，丞相史在传舍。立持酒肴谒丞相史，对饮未讫，会义亦往，外吏白都尉方至，立语言自若。须臾义至，内谒径入，立乃走下。义既还，大怒，阳以他事召立至，以主守盗十金，贼杀不辜，部掾夏恢等收缚立，传送邓狱。恢亦以宛大县，恐见篡夺，白义可因随后行县送邓。义曰：'欲令都尉自送，则如勿收邪！'载环宛市乃送，吏民不敢动，威震南阳。立家轻骑驰从武关入语曲阳侯，曲阳侯白成帝，帝以问丞相。方进遣吏敕义出宛令。宛令已出，吏还白状。方进曰：'小儿未知为吏也，其意以为入狱当辄死矣。'"翟方进称自己的"少子"翟义为"小儿"，时翟义虽称"年少"，然而已过"年二十"，"行太守事"，早已是成熟行政长官。这里使用的"小儿"称谓，透露出斥责的语气。

《汉书》卷九九下《王莽传下》记载了这样的史实："赤眉别校董宪等众数万人在梁郡，王匡欲进击之，廉丹以为新拔城罢劳，当且休士养威。匡不听，引兵独进，丹随之。合战成昌，兵败，匡走。丹使吏持其印韨符节付匡曰：'小儿可走，吾不可！'遂止，战死。"廉丹言语所谓"小儿"，显然是指成年人。此处"小儿"的理解，应取其轻蔑义。

以"小儿"指斥后辈的情形，又有《后汉书》卷八六下《方术列传下·刘根》："刘根者，颍川人也。隐居嵩山中。诸好事者自远而至，就根学道，太守史祈以根为妖妄，乃收执诣郡，数之曰：'汝有何术，而诬惑百姓？若果有神，可显一验事。不尔，立死矣。'根曰：'实无它异，颇能令人见鬼耳。'祈曰：'促召之，使太守目睹，尔乃为明。'根于是左顾而啸，有顷，祈之亡父祖近亲数十人，皆反缚在前，向根叩头曰：'小儿无状，分当万坐。'顾而叱祈曰：'汝为子孙，不能有益先人，而反累辱亡灵！可叩头为吾陈谢。'祈惊惧悲哀，顿首流血，请自甘罪坐。根嘿而不应，忽然俱去，不知在所。"

又如《三国志》卷六《魏书·袁绍传》裴松之注引《先贤行状》说审配故事："及配兄子开城门内兵，时配在城东南角楼上，望见太祖兵入，忿辛、郭坏败冀州，乃遣人驰诣邺狱，指杀仲治家。是时，辛毗在军，闻门开，驰走诣狱，欲解其兄家，兄家已死。是日生缚配，将诣帐下，辛毗等逆以马鞭击其头，骂之曰：'奴，汝今日真死矣！'配顾曰：'狗辈，正由汝曹破我冀州，恨不得杀汝也！且汝今日能杀生我邪？'有顷，公引见，谓配：'知谁开卿城门？'配曰：'不知也。'曰：'自卿子荣耳。'配曰：'小儿不足用乃至此！'"辛毗和审配对骂时使用"奴"与"狗辈"诸语，是宝贵的民间语言史有关骂詈语的资料。言"小儿"者，是指斥子辈的蔑称。

当然，翟方进、廉丹、史祈"亡父祖"和审配们所称"小儿"者，都是较亲近的人。由此似乎可以推想，也可能"小儿"成为蔑称应用于社会，原本是由亲族中使用扩延普及。

《太平御览》卷八九七引《风俗通》："杀君马者路旁儿也。言长吏养肥马而希出，路旁小儿观之，却惊致死。按长吏马肥，观者快之，乘者喜其言，驱驰不已，至于死。"这里所谓"路旁儿"、"路旁小儿"虽然并没有明确的指斥义，但是其负面形象，却是显而易见的。

既然"路旁儿"、"路旁小儿"同义，则称谓使用"儿"字者往往亦同于言"小儿"。《后汉书》卷八二下《方术列传下》：

> 后举孝廉，以高第为主事，迁缯相。时缯侯刘敞，东海恭王之后也，所为多不法，废嫡立庶，傲很放恣。穆到官，谒曰："臣始除之日，京师咸谓臣曰'缯有恶侯'，以吊小相。明侯何因得此丑声之甚也？幸承先人之支体，传茅土之重，不战战兢兢，而违越法度，故朝廷使臣为

辅。愿改往修来，自求多福。"乃上没敞所侵官民田地，废其庶子，还立嫡嗣。其苍头儿客犯法，皆收考之。因苦辞谏敞。敞涕泣为谢，多从其所规。

有学者分析"苍头儿客"称谓："'苍头'、'儿客'，皆谓奴仆。这个词习见。例如后汉安玄译《法镜经》：'是以父母、妻子、奴婢、儿客，是非我之有，我亦不是有。''儿客'与'奴婢'平列。""'儿客'是个称谓一类的词，在正统文献中较为少见。通行辞书，诸如《中文大辞典》、《汉语大词典》等，都据孤例立目，并一律释之为'幼奴'，所引文例都是《后汉书·方术传》。从《后汉书》原文看，'儿客'与'苍头'并举，应是同类；既已并出，总又该有点不同。辞书编纂者或许正是出于这种考虑，才把'儿客'释为'幼奴'，以与'苍头'相区别。统言之，'苍头'与'儿客'都是奴仆；析言之，'苍头'与'青衣'为同类，地位最下，'儿客'与'侍婢'为一类，地位相对高些，是主人贴身侍应。'儿客'与'奴婢'对举，'儿客'当是指男性奴仆。'奴客'即'儿客'，'侍者'即'奴婢'。'儿客'而可称为'奴客'，证明'儿'决不是幼童之义，而应与'奴'同义。对愚人、庸人常称'儿'。对地位低的人也常称'儿'。"[①] 所谓"'儿客'与'侍婢'为一类，地位相对高些，是主人贴身侍应"的讨论未必有说服力，但是这里"'儿'决不是幼童之义"的意见却是正确的。所说"儿"常用以指称"愚人、庸人"以及"地位低的人"，也指出了"儿"及"小儿"的轻蔑义。其实，较《后汉书》卷七二下《方术列传下》"苍头儿客犯法，皆收考之"更早的例证是《汉书》卷七二《鲍宣传》"苍头庐儿皆用致富"。颜师古注："诸给殿中者所居为庐，苍头侍从因呼为'庐儿'。"又《汉书》卷七八《萧望之传》："仲翁出入从仓头庐儿。"颜师古注："皆官府之给贱役者也，解在《贡禹传》。"宋王楙《野客丛书》卷二三"苍头称将军"条已指出："'苍头庐儿'，解在《鲍宣传》。而颜师古注《萧望之传》谓'在《贡禹传》'，误矣。"

汉代人语言习惯称"儿"者，往往有轻蔑义。如《汉书》卷四〇《陈

---

① 杨小平：《〈后汉书〉语言研究》，巴蜀书社 2004 年版，第 53 页。

平传》记载吕太后、陈平故事：

> 吕须常以平前为高帝谋执樊哙，数谗平曰："为丞相不治事，日饮醇酒，戏妇人。"平闻，日益甚。吕太后闻之，私喜。面质吕须于平前，曰："鄙语曰'儿妇人口不可用'，顾君与我何如耳，无畏吕须之谮。"①

又《汉书》卷四九《袁盎传》："绛侯望盎曰：'吾与汝兄善，今儿乃毁我！'"《汉书》卷六八《霍光传》："武帝病，封玺书曰：'帝崩发书以从事。'遗诏封金日䃅为秺侯，上官桀为安阳侯，光为博陆侯，皆以前捕反者功封。时卫尉王莽子男忽侍中，扬语曰：'帝崩，忽常在左右，安得遗诏封三子事！群儿自相贵耳。'"《汉书》卷八三《朱博传》："齐郡舒缓养名，博新视事，右曹掾史皆移病卧。博问其故，对言：'惶恐！故事二千石新到，辄遣吏存问致意，乃敢起就职。'博奋髯抵几曰：'观齐儿欲以此为俗邪！'"《汉书》卷九九中《王莽传中》："（甄）丰素刚强，莽觉其不说，故徙大阿、右拂、大司空丰，托符命文，为更始将军，与卖饼儿王盛同列。"吕太后以吕须比"儿妇人"，周勃称袁盎为"儿"，王忽谓金日䃅、上官桀、霍光为"群儿"，朱博呼齐郡掾史为"齐儿"，以及《王莽传》所谓"卖饼儿王盛"，"儿"都是对成年人的轻蔑之称，而非指幼儿。又《后汉书》卷七三《公孙瓒传》"商贩庸儿"，《后汉书》卷八〇下《文苑列传·祢衡》"屠沽儿"，也可看作类同例证。又有"用身体、生理方面的词加'儿'语素构成的合成词表示对所称对象的鄙视"者，如《后汉书》卷七五《吕布传》"大耳儿"等。②

## 4. "小儿"语义体现的未成年人社会地位

《史记》卷九二《淮阴侯列传》记载了韩信拜将故事："信数与萧何语，

---

① 《汉书》卷八六《王嘉传》所见"儿女子"，似与"儿妇人"义近："使者既到府，掾史涕泣，共和药进嘉，嘉不肯服。主簿曰：'将相不对理陈冤，相踵以为故事，君侯宜引决。'使者危坐府门上。主簿复前进药，嘉引药杯以击地，谓官属曰：'丞相幸得备位三公，奉职负国，当伏刑都市以示万众。丞相岂儿女子邪，何谓咀药而死！'嘉遂装出，见使者再拜受诏，乘吏小车，去盖不冠，随使者诣廷尉。廷尉收嘉丞相新甫侯印绶，缚嘉载致都船诏狱。"

② 杨小平：《〈后汉书〉语言研究》，巴蜀书社2004年版，第170—171页。论者又指出与"大耳儿"情形类似的，又有《世说新语·雅量》所谓"白眼儿"。

何奇之。至南郑，诸将行道亡者数十人，信度何等已数言上，上不我用，即亡。何闻信亡，不及以闻，自追之。人有言上曰：'丞相何亡。'上大怒，如失左右手。居一二日，何来谒上，上且怒且喜，骂何曰：'若亡，何也?'何曰：'臣不敢亡也，臣追亡者。'上曰：'若所追者谁何?'曰：'韩信也。'上复骂曰：'诸将亡者以十数，公无所追；追信，诈也。'何曰：'诸将易得耳。至如信者，国士无双。王必欲长王汉中，无所事信；必欲争天下，非信无所与计事者。顾王策安所决耳。'王曰：'吾亦欲东耳，安能郁郁久居此乎?'何曰：'王计必欲东，能用信，信即留；不能用，信终亡耳。'王曰：'吾为公以为将。'何曰：'虽为将，信必不留。'王曰：'以为大将。'何曰：'幸甚。'于是王欲召信拜之。"萧何随后又有一番劝诫刘邦的话。他说："王素慢无礼，今拜大将如呼小儿耳，此乃信所以去也。王必欲拜之，择良日，斋戒，设坛场，具礼，乃可耳。"于是，"王许之。诸将皆喜，人人各自以为得大将。至拜大将，乃韩信也，一军皆惊。"《史记》"今拜大将如呼小儿耳"，《汉书》卷三四《韩信传》作"今拜大将如召小儿"。所谓"呼小儿"，"召小儿"，均作为极度轻慢的典型行为受到非议。

类似的例证，又有《续汉书·五行志一》："建武元年，赤眉贼率樊崇、逢安等共立刘盆子为天子。然崇等视之如小儿，百事自由，初不恤录也。"樊崇等视他们拥立的皇帝刘盆子"如小儿"，也体现出一种政治强势。

《北堂书钞》卷九二："昔葬也欲人之弗得见也，葬于墓所以即远也。下殇葬于园，小儿葬于道。"注："《风俗通》云：葬小儿必于道边者，伤其人道未成，故置于道侧，使视成人之道也。"可知在通常意识中，所谓"人道未成"是"小儿"与"成人"最重要的区别。于"成人之道"方面的缺失，是"小儿"受到普遍轻视的基本缘由。

所谓"人道未成"之"人道"的涵义未能明确。① 然而我们知道，"小

---

① "人道"的原始意义，可以直接理解为男女性爱。《诗·大雅·生民》："以弗无子，履帝武敏歆。"郑玄注："心体歆歆然，其左右所止住，如有人道感己者也，于是遂有身。"孔颖达疏："心体歆歆，如有物所在身之左右，所止住于身中，如有人道精气之感己者也，于是则震动而有身。""帝喾圣夫，姜嫄正妃，配合生子，人之常道。""谓如人夫妻交接之道。""人道"又指社会生活的基本准则。《易·系辞下》："有天道焉，有人道焉。"《礼记·丧服小记》："亲亲、尊尊、长长，男女之有别，人道之大者也。"

儿"与"大人"或"成人"的明显距离是各方面能力的全面不足。《太平御览》卷六三九引《风俗通》曰："沛郡有富家公，资二千余万。小妇子年才数岁，顷失其母，又无亲近。其女不贤，公因痛思念，恐争其财，儿必不全，因呼族人为遗令书，悉以财属女，但遗一剑，云儿年十五以还付之。其后又不肯与儿。诣郡自言求剑时，太守大司空何武也。得其辞，因录女及聟，省其手书，顾谓掾吏曰：'女性强梁，婿复贪鄙。畏贼害其儿，又计小儿得此则不能全护，故且俾与女，内实寄之耳。不尝以剑与之乎？夫剑者，亦所以决断。限年十五者，智力足以自居。度此女婿必不复还其剑，当问县官，县官或能证察，得以见伸展。此凡庸何能用虑强远如是哉！'悉夺取财以与子，曰：'弊女恶婿，温饱十岁，亦以幸矣。'于是论者乃服。""小儿"即使得到财产也无力"全护"，其"智力"不足以"自居"，这是他们在社会竞争中不能"见伸展"，于是社会地位相对卑下的重要原因。

通常"小儿"地位的相对低下，亦与一种文化传统有关。这就是农耕民族生产经验和生活经验（很可能这就是"小儿""人道未成"之所谓"人道"的总体涵义）的传承，是循老幼辈分一代一代依次实现的。《史记》卷一一〇《匈奴列传》所见中行说和汉使关于"匈奴俗贱老"的辩论，就体现出农耕文化和其他文化系统的差别。中原农耕民族老幼尊卑的传统，形成历史的定式。认识"幼"则"卑"的社会层次格局，以下意见值得注意。有学者在讨论中国传统社会"'儿童'、'孩子'、'子'、'童'或'幼'"诸称谓的"涵义"时，说到这样一层意义："代表的是一个'社会地位'或角色，不只是年幼的孩子"，"在中文意涵中，相对父母和地位高的人，他永远是一个儿子，或晚辈'小子'。在中国过去社会中，没有结婚的人，结婚后还没有生育的人，以及奴婢仆人甚或异族外邦、言语风俗隔阂的人等社会地位微贱，以致没有把他当成人对待，永远像孩子一样，相对于所有真正的社会成员——人——须如同子女对长辈一般。这种'社会意涵'的'子'或'童'，一如父母健在时的子女，永远是孩子。"理解这种"社会意涵"，应当注意中国古代所谓"较重权威、训管型的社会"，"主要由成人宰制的秩序"这一背景。①

有的学者在分析西方社会儿童史和儿童观的演变时指出，西方古代"儿

① 熊秉真：《童年忆往：中国孩子的历史》，麦田出版 2000 年版，第 24、32 页。

童还处于受迫害的地位"，中古时代统治者的观念，认为"儿童是带着'原始的罪恶'来到人世的，他们必须历尽苦难生活的磨难，不断赎罪，才能纯化灵魂"。"处在教会封建主和世俗封建主层层重压的中古时代的西欧"，"儿童是没有独立的社会地位的"①。这是因奴隶制和教会压迫导致的社会文化现象，与中国的情形有相似处，也有不同的地方。

当然，传统社会往往又赋予"小儿"以某种神秘主义的异能，秦始皇遣"童男女"随徐市出海寻找仙山和不死药②，"高祖过沛诗《三侯之章》，令小儿歌之"③，逐疫"侲子"④、求雨"小童"⑤、"灵星"之"祠"用"童男"舞⑥诸礼俗，以及民间舆论形式中"童谣"受到的重视，⑦ 都体现出这种情形。⑧ 不过，这与我们在这里讨论的主题，属于不同文化层面的问题。

### 5. 劳动儿童和儿童劳动

汉代社会虽然"慈幼"、"爱幼少"的意识相当普及，⑨ 但许多下层社会

---

① 朱智贤、林崇德：《儿童心理学史》，北京师范大学出版社 2002 年版，第5—6页。

② 《史记》卷六《秦始皇本纪》："齐人徐市等上书，言海中有三神山，名曰'蓬莱'、'方丈'、'瀛洲'，仙人居之。请得斋戒，与童男女求之。于是遣徐市发童男女数千人，入海求仙人。"《史记》卷一一八《淮南衡山列传》："秦皇帝大说，遣振男女三千人，资之五谷种种百工而行。"

③ 《史记》卷二四《乐书》。《史记》卷八《高祖本纪》："初，高祖既定天下，过沛，与故人父老相乐，醉酒欢哀，作'风起'之诗，令沛中僮儿百二十人习而歌之。至孝惠时，以沛宫为原庙，皆令歌儿习吹以相和，常以百二十人为员。"《太平御览》卷五引《史记·天官书》："汉武帝以正月上辛祠太一甘泉，夜祠到明，忽有星至于祠坛上，使童男女七十人俱歌《十九章》之歌。"

④ 《续汉书·礼仪志中》。《西京赋》"振子万童"，薛综注："振子，童男女。"

⑤ 《春秋繁露·求雨》中说到当时"春旱求雨"的仪式规程："小童八人，皆斋三日，服青衣而舞之。"《太平御览》卷五二六引《汉旧仪》："元封六年，诸儒奏请施行董仲舒求雨事，始令丞相以下求雨，曝城南舞童女祷天神。"

⑥ 《续汉书·祭祀志下》："舞者用童男十六人。"

⑦ 参看王子今《秦汉民间谣谚略说》，《人文杂志》1987 年第 4 期；《略论两汉童谣》，《重庆师范大学学报》（哲学社会科学版）2007 年第 3 期。

⑧ 参看王子今《秦汉神秘主义信仰体系中的"童男女"》，《周秦汉唐文化研究》第 5 辑，三秦出版社 2007 年版。有学者注意到，古罗马的儿童也有其"神圣性"受到关注，或者被称作"被神圣化"的情形。甚至有这样的现象："对儿童的尊重提到了更高的地位，一直上升到宗教的水平。"［法］让-皮埃尔·内罗杜：《古罗马的儿童》，张鸿、向征译，广西师范大学出版社 2005 年版，第 100、94 页。

⑨ 《周礼·地官司徒·大司徒》："以保息六，养万民。一曰慈幼，二曰养老，三曰振穷，四曰恤贫，五曰宽疾，六曰安富。"郑玄注："'慈幼'，谓爱幼少也。产子三人与之母，二人与之饩，十四以下不从征。"

的儿童却很早就承担了沉重的生活负担。劳动儿童大多出身贫贱。指代他们的特定称谓于是有鄙视底层民众的色彩。

儿童劳动形式是多样的。例如，《史记》卷一〇四《田叔列传》褚少孙补述说到西汉名臣任安少年时代的事迹：

> 任安，荣阳人也，少孤贫困，为人将车之长安。

翦伯赞指出："这里所谓'为人将车'就是受人之雇为人赶车。"[①]"将车"虽然技术要求较高，然而也是辛苦的劳作形式。居延汉简多见有关"将车"的简文。例如"☐里上造史赐年廿五长七尺二寸黑色为兰少卿将车"（14.12），"将车觚得万岁里☐"（77.7），"☐将车觚得安世里公乘工未央年卅长七尺二寸黑色"（334.13），"将车觚得新都里郝毌伤年卅六岁长长七尺二寸黑色☐"（334.36），"☐将车河南郡荥阳"（346.39）等。《候粟君所责寇恩事》简册也可见有关寇恩"将车"的文字："恩从觚得自食为业将车到居延"（E.P.F22：18），"恩又从觚得自食为业将车垫斩来到居延"（E.P.F22：27）。甘肃武威雷台汉墓出土铜车马有隶书铭刻，其御者身份，"小车马"称"御奴"，而"辇车马"即货运车马则称作"将车奴"。[②] 可知"将车"者的身份是相当低的。[③]

童年幼弱时就不得不承担艰苦劳作的事例很多。如《后汉书》卷四四《胡广传》说，"（胡）广少孤贫，亲执家苦。"学事农耕的史例，有《后汉书》卷五四《杨震传》李贤注引《续汉书》记载杨震事迹：

> 少孤贫，独与母居，假地种殖，以给供养。

所谓"假地种殖"，即不得不承受地租剥削。又如《后汉书》卷七六《循吏列传·第五访》所见第五访故事：

---

① 翦伯赞：《两汉时期的雇佣劳动》，《北京大学学报》1959 年第 1 期。
② 甘博文：《甘肃武威雷台东汉墓清理简报》，《文物》1972 年第 2 期；甘肃省博物馆：《武威雷台汉墓》，《考古学报》1974 年第 2 期。
③ 参看王子今《关于居延"车父"简》，《简帛研究》第 2 辑，法律出版社 1996 年版。

少孤贫，常佣耕以养兄嫂。

所谓"佣耕"，明确体现出雇佣关系。类似情形又有《后汉书》卷八〇下《文苑列传下·侯瑾》：

> 侯瑾字子瑜，敦煌人也。少孤贫，依宗人居。性笃学，恒佣作为资，暮还辄燃柴以读书。

"恒佣作为资"说明了侯瑾经济生活的特点。又如《后汉书》卷八一《独行列传·刘茂》：

> 刘茂字子卫，太原晋阳人也。少孤，独侍母居。家贫，以筋力致养。

"以筋力致养"，很有可能也是出卖劳动力以供养母亲。这些记载，都传递了重要的社会经济史信息和社会生活史信息。《三国志》卷二三《魏书·杨俊传》：

> 王象，少孤特，为人仆隶。

也是值得注意的反映阶级关系的资料。

雇佣劳动有多种形式。作为儿童，多有从事畜牧的情形。《汉书》卷七六《王尊传》记载，王尊"少孤，归诸父，使牧羊泽中"。《后汉书》卷二七《承宫传》说，承宫"少孤，年八岁为人牧豕"。《三国志》卷二八《魏书·邓艾传》说，邓艾"少孤"，"为农民养犊"。

据《三国志》卷三二《蜀书·先主传》记载，少年刘备也曾经有劳作的经历：

> 先主少孤，与母贩履织席为业。

所参与的却是手工制作和贩卖经营。

《史记》卷一一七《司马相如列传》载司马相如著文难蜀父老，可见"幼孤为奴"的说法。《汉书》卷五七下《司马相如传下》又写作"幼孤为奴虏"。王象"为人仆隶"的遭遇，或许接近司马相如的说法。《后汉书》卷一三《隗嚣传》说到战乱之世"幼孤妇女，流离系虏"的情形，"幼孤"被奴役，可能是这种社会条件下相当普遍的现象。

### 6. 作为人质的儿童

"质子"制度，是先秦时期稳定外交关系的一种形式。就秦史而言，《史记》卷五《秦本纪》："昭襄王为质于燕。""泾阳君质于齐。""庄襄王为秦质子于赵。"都是类似的记载。《史记》卷六《秦始皇本纪》张守节《正义》说，又有"二国敌亦为交质"的情形。卷七〇《张仪列传》："秦太子入质于楚，楚太子入质于秦。"应当就是这种"交质"。汉王朝与周边国家的外交联系，也可见"质"的作用。如卷一一〇《匈奴列传》："为遣其太子入汉为质，以求和亲。""以单于太子为质于汉。"卷一二三《大宛列传》："（宛）遣其子入质于汉。"《汉书》卷六一《李广利传》："诸所过小国闻宛破，皆使其子弟从入贡献，见天子，因为质焉。"卷九四下《匈奴传下》："（乌孙）卑援疐恐，遣子趋逯为质匈奴。"卷九六上《西域传上》："楼兰既降服贡献，匈奴闻，发兵击之。于是楼兰遣一子质匈奴，一子质汉。"《后汉书》卷四《和帝纪》："西域都护班超大破焉耆、尉犁，斩其王。自是西域降服，纳质者五十余国。"《后汉书》卷四七《班超传》："西域五十余国悉皆纳质内属焉。"《后汉书》卷九〇《鲜卑传》说，汉安帝永初年间，"通胡市，因筑南北两部质馆。鲜卑邑落百二十部，各遣入质。"所谓"质馆"，李贤注："筑馆以受降质。"《后汉书》卷九〇《乌桓传》："及王莽篡位，欲击匈奴，兴十二部军，使东域将严尤领乌桓、丁令兵屯代郡，皆质其妻子于郡县。乌桓不便水土，惧久屯不休，数求谒去。莽不肯遣，遂自亡畔，还为抄盗，而诸郡尽杀其质，由是结怨于莽。"人质成为战争的牺牲品。他们的悲剧人生，告知我们在暴力的夹缝中弱子们命运的惨淡。

汉代政治集团之间出现紧张形势时，也往往通过"为质"这种形式调整相互的关系。

《汉书》卷九九下《王莽传下》记载："莽拜将军九人，皆以虎为号，号曰'九虎'，将北军精兵数万人东，内其妻子宫中以为质。"《三国志》卷一五《魏书·张既传》说："武威颜俊、张掖和鸾、酒泉黄华、西平曲演等并举郡反，自号'将军'，更相攻击。俊遣使送母及子诣太祖为质，求助。"

人质的生命安全往往受到严重的威胁。

《后汉书》卷三一《孔奋传》记载：

> 时陇西余贼隗茂等夜攻府舍，残杀郡守，贼畏（孔）奋追急，乃执其妻子，欲以为质。奋年已五十，唯有一子，终不顾望，遂穷力讨之。吏民感义，莫不倍用命焉。郡多氐人，便习山谷，其大豪齐锺留者，为群氐所信向。奋乃率厉锺留等令要遮钞击，共为表里。贼窘惧逼急，乃推奋妻子以置军前，冀当退却，而击之愈厉，遂禽灭茂等，奋妻子亦为所杀。世祖下诏褒美，拜为武都太守。

"奋年已五十，唯有一子"，其"终不顾望，遂穷力讨之"表现出的"义"，使得孔奋最终受到帝王"褒美"，然而被作战对方执为人质的他的妻子，却丧失了生命。孔奋的独子，应当还是儿童。

成为汉代严重治安问题的"劫质"现象，对象也往往是幼儿。

《后汉书》卷五一《桥玄传》记录了一个被挟持儿童的悲剧结局：

> 玄少子十岁，独游门次，卒有三人持杖劫执之，入舍登楼，就玄求货，玄不与。有顷，司隶校尉阳球率河南尹、洛阳令围守玄家。球等恐并杀其子，未欲迫之。玄瞋目呼曰："奸人无状，玄岂以一子之命而纵国贼乎！"促令兵进。于是攻之，玄子亦死。玄乃诣阙谢罪，乞下天下："凡有劫质，皆并杀之，不得赎以财宝，开张奸路。"诏书下其章。初自安帝以后，法禁稍弛，京师劫质，不避豪贵，自是遂绝。

桥玄面临是否保全"一子之命"和惩治"奸人""国贼"的抉择时，立意不向劫持人质者妥协，他所提出的"凡有劫质，皆并杀之，不得赎以财宝，开张奸路"的建议，后来果然收效。然而一个十岁的儿童却因此无辜丧命。①

### 7. "略卖"儿童现象

《史记》卷四九《外戚世家》记载了汉文帝窦皇后的弟弟窦广国幼时被人"略卖"的经历：

> 窦皇后兄窦长君，弟曰窦广国，字少君。少君年四五岁时，家贫，为人所略卖，其家不知其处。传十余家，至宜阳，为其主入山作炭，暮卧岸下百余人，岸崩，尽压杀卧者，少君独得脱，不死。自卜数日当为侯，从其家之长安。闻窦皇后新立，家在观津，姓窦氏。广国去时虽小，识其县名及姓，又常与其姊采桑堕，用为符信，上书自陈。窦皇后言之于文帝，召见，问之，具言其故，果是。又复问他何以为验？对曰："姊去我西时，与我决于传舍中，丐沐沐我，请食饭我，乃去。"于是窦后持之而泣，泣涕交横下。侍御左右皆伏地泣，助皇后悲哀。乃厚赐田宅金钱，封公昆弟，家于长安。

窦皇后与幼弟离别时的场景，通过司马迁真切的细节描述，足可动人心弦。

《汉书》卷九九中《王莽传中》记录了王莽始建国元年（9）正式"去汉号"之初的一道重要的政令："古者，设庐井八家，一夫一妇田百亩，什一而税，则国给民富而颂声作。此唐虞之道，三代所遵行也。秦为无道，厚赋税以自供奉，罢民力以极欲，坏圣制，废井田，是以兼并起，贪鄙生，强者规田以千数，弱者曾无立锥之居。又置奴婢之市，与牛马同兰②，制于民臣，颛断其命。奸虐之人因缘为利，至略卖人妻子，逆天心，悖人伦，缪于

---

① 《三国志》中另一则不向劫持者让步的史例，见于卷九《魏书·夏侯惇传》："张邈叛迎吕布，太祖家在鄄城，惇轻军往赴，适与布会，交战。布退还，遂入濮阳，袭得惇军辎重。遣将伪降，共执持惇，责以宝货，惇军中震恐。惇将韩浩乃勒兵屯惇营门，召军吏诸将，皆案甲当部不得动，诸营乃定。遂诣惇所，叱持质者曰：'汝等凶逆，乃敢执劫大将军，复欲望生邪！且吾受命讨贼，宁能以一将军之故，而纵汝乎？'因涕泣谓惇：'当奈国法何！'促召兵击持质者。持质者惶遽叩头，言：'我但欲乞资用去耳！'浩数责，皆斩之。惇既免，太祖闻之，谓浩曰：'卿此可为万世法。'乃著令，自今已后有持质者，皆当并击，勿顾质。由是劫质者遂绝。"然而劫持的对象似乎并不都是少儿。

② 颜师古注："'兰'谓遮兰之，若牛马兰圈也。"

'天地之性人为贵'之义。① 《书》曰'予则奴戮女'②，唯不用命者，然后被此辜矣。汉氏减轻田租，三十而税一，常有更赋，罢癃咸出，而豪民侵陵，分田劫假。厥名三十税一，实什税五也。父子夫妇终年耕芸，所得不足以自存。故富者犬马余菽粟，骄而为邪；贫者不厌糟糠，穷而为奸。俱陷于辜，刑用不错。予前在大麓，始令天下公田口井，时则有嘉禾之祥，遭反虏逆贼且止。今更名天下田曰'王田'，奴婢曰'私属'，皆不得卖买。其男口不盈八，而田过一井者，分余田予九族邻里乡党。故无田，今当受田者，如制度。敢有非井田圣制，无法惑众者，投诸四裔，以御魑魅，如皇始祖考虞帝故事。"揭示当时社会问题的严重，同时提出了改变"兼并起，贪鄙生"等现象的"王田""私属"政策。对于王莽新政的历史评价，不拟在这里讨论，然而其社会改革宣言中"奸虐之人因缘为利，至略卖人妻子，逆天心，悖人伦，缪于'天地之性人为贵'之义"的指责确实有保护妇女儿童的意义，则是我们应当看到的。

王莽指出"略卖人妻子"成为当时严重社会危害的情形。而这一现象的发生，直接与"置奴婢之市，与牛马同兰"的人口买卖行为有关。

### 8. "竖子""竖小"称谓

秦汉社会称谓有"竖子"、"竖小"蔑称，有时直接用作骂詈语。这种对成年人的鄙称，直接意义本来是指代未成年人。而"竖"，诸多情形可知是指身份低下、生活艰苦的未成年劳动者。③ 考察这一现象并究其原始，可以体会到社会对未成年人，特别是穷困未成年人有所歧视的迹象。

《史记》卷五五《留侯世家》记载刘邦入关灭秦军事进程中具有决定性

---

① 颜师古注："《孝经》称孔子曰'天地之性人为贵'，故引之。性，生也。"

② 颜师古注："《夏书·甘誓》之辞也。'奴戮'，戮之以为奴也。说《书》者以为帑，子也，戮及妻子。此说非也。《泰誓》云'囚奴正士'，岂及子之谓乎？'女'读曰'汝'。"

③ 司马迁在《史记》卷一三〇《太史公自序》中说到早年曾经经历"耕牧"生产实践："迁生龙门，耕牧河山之阳。年十岁则诵古文。二十而南游江、淮，……"张守节《正义》解释"河山之阳"："河之北，山之南也。案：在龙门山南也。"所谓"龙门山南"，即司马迁家乡。按照司马迁自述语序，可知"耕牧河山之阳"在"年十岁"之前。司马迁父"谈为太史公"，裴骃《集解》："如淳曰：'《汉仪注》太史公，武帝置，位在丞相上。天下计书先上太史公，副上丞相，序事如古《春秋》。'"以司马迁这样的家世出身尚且有幼年"耕牧"体验，可知当时社会中下层阶级儿童多数应经历过这种劳动生活。

意义的一个情节："攻下宛，西入武关。沛公欲以兵二万人击秦峣下军，良说曰：'秦兵尚强，未可轻。臣闻其将屠者子，贾竖易动以利。愿沛公且留壁，使人先行，为五万人具食，益为张旗帜诸山上，为疑兵，令郦食其持重宝啖秦将。'秦将果畔，欲连和俱西袭咸阳，沛公欲听之。良曰：'此独其将欲叛耳，恐士卒不从。不从必危，不如因其解击之。'沛公乃引兵击秦军，大破之。逐北至蓝田，再战，秦兵竟败。遂至咸阳，秦王子婴降沛公。"张良得知秦将出身"屠者子"，有"贾竖易动以利"的判断。于是建议"令郦食其持重宝啖秦将"。① 在秦军"解"即"卒将离心而懈怠"② 的情况下，虽"秦将果畔，欲连和俱西袭咸阳"亦不"听"，毅然劝刘邦"引兵击秦军"，也可能考虑到秦将"屠者子"、"贾竖"的资质而并不信从。

关于所谓"贾竖"，《汉书》卷四〇《张良传》同样的记载，颜师古注："商贾之人志无远大，譬犹僮竖，故云'贾竖'。"

《后汉书》卷一一《刘玄传》的记载："王匡、张卬横暴三辅。其所授官爵者，皆群小贾竖，或有膳夫庖人，多著绣面衣、锦袴、襜褕、诸于，骂詈道中。长安为之语曰："灶下养，中郎将。烂羊胃，骑都尉。烂羊头，关内侯。"这里说到长安市上饮食业经营者在动荡年代因农民军管理人才缺乏而得到"官爵"的情形，言及这些人物衣着华贵然而"骂詈道中"事。其实，长安舆论称之为"群小贾竖"，也是当时具有骂詈意义的称谓。

另一体现从事饮食服务业者受到鄙视情形的称谓形式，见于《后汉书》卷八〇下《文苑列传下·祢衡》："祢衡字正平，平原般人也。少有才辩，

---

　　① （清）何焯《义门读书记》卷一七《前汉书》："沛公后以陈豨将为易与，犹良故智也。"《史记》卷八《高祖本纪》："闻豨将皆故贾人也，上曰：'吾知所以与之。'乃多以金啖豨将，豨将多降者。"《史记》卷九三《韩信卢绾列传》："上曰：'陈豨将谁？'曰：'王黄、曼丘臣，皆故贾人。'上曰：'吾知之矣。'乃各以千金购黄、臣等。十一年冬，汉兵击斩陈豨将侯敞、王黄于曲逆下，破豨将张春于聊城，斩首万余。……王黄、曼丘臣其麾下受购赏之，皆生得，以故陈豨军遂败。"《汉书》卷一下《高帝纪下》："问豨将皆故贾人，上曰：'吾知与之矣。'乃多以金购豨将，豨将多降。"颜师古注："与，如也。言能如之何也。""购，设赏募也。"《汉书补注》："刘攽：'与，犹待也。'刘敞曰：'知与之者，知所以与之之术也。豨将皆故贾人，贾人嗜利，乃多以金购之。'宋祁曰：'吾知与之矣，南本知字下有易字。'王念孙曰：'颜说甚迂，与犹敌也。言吾之所以敌之矣。……《史记·孙子传》：今以君之下驷与彼之上驷，取君上驷与彼中驷，取君中驷与彼下驷。《燕世家》：庞暖易与耳。《白起传》：廉颇易与。《淮阴侯传》：吾生平知韩信为人易与耳。与皆谓敌也。'先谦曰：'王说是。'"

　　② 司马贞《索隐》。

而尚气刚傲，好矫时慢物。兴平中，避难荆州。建安初，来游许下。始达颍川，乃阴怀一刺，既而无所之适，至于刺字漫灭。是时许都新建，贤士大夫四方来集。或问衡曰：'盍从陈长文、司马伯达乎？'对曰：'吾焉能从屠沽儿耶！'"此"屠沽儿"称谓，可以对照"群小贾竖"、"膳夫庖人"身份理解其涵义。而"儿"与"小""竖"之称，鄙薄的态度是明显的，其用字却指向未成年人，值得我们注意。

《史记》卷九七《郦生陆贾列传》记载，刘邦辱骂郦食其"竖儒"。司马贞《索隐》："案：竖者，僮仆之称。沛公轻之，以比奴竖，故曰'竖儒'也。"《汉书》卷四三《郦食其传》："沛公骂曰：'竖儒！……'"颜师古注："言其贱劣如僮竖。"又《后汉书》卷二四《马援传》："惟陛下留思竖儒之言。……"李贤注："言如僮竖无知也。高祖曰：'竖儒几败吾事。'"所谓"奴竖"、"僮竖"，都来自服务于权贵者的卑贱人等"奴""僮"多有未成年人的社会生活事实。

汉末语言史资料也可以看到使用"竖小"称谓的情形。《三国志》卷三九《蜀书·董允传》裴松之注引《襄阳记》："孙权尝大醉问（费）祎曰：'杨仪、魏延，牧竖小人也。虽尝有鸣吠之益于时务，然既已任之，势不得轻，若一朝无诸葛亮，必为祸乱矣。……'"① 这一记载，为《资治通鉴》卷七二"魏明帝青龙二年"取用。孙权政治人物评价，使用了"牧竖小人"称谓。其中所谓"小人"可能指未成年人，使得我们理解古来"君子""小人"称谓之"小人"的涵义，有了可参照的信息。而"牧"，正是未成年人劳作主题之一。相关史例是非常多的。如《史记》卷一一一《卫将军骠骑列传》言卫青，《汉书》卷七六《王尊传》言王尊，都说少时"牧羊"，《后汉书》卷二七《承宫传》言承宫"年八岁为人牧豕"，《三国志》卷二八《魏书·邓艾传》则说邓艾"少孤"，"为农民养犊"。未成年人以"牧""养"为劳作形式的情形，在汉代画像中也多有表现。②

《潜夫论·浮侈》写道："今民奢衣服，侈饮食，事口舌，而习调欺，

---

① （宋）潘自牧《记纂渊海》卷四二《性行部》"小有才"条引此语，谓据《蜀书·董允传》言"费祎曰"，误。

② 参看王子今《汉代劳动儿童——以汉代画像遗存为中心》，《陕西历史博物馆馆刊》第 17 辑（三秦出版社 2010 年版）。

以相诈绐，比肩是也。或以谋奸合任为业，或以游敖博弈为事；或丁夫世不传犁锄，怀丸挟弹，携手遨游。或取好土作丸卖之，于弹外不可以御寇，内不足以禁鼠，晋灵好之以增其恶，未尝闻志义之士喜操以游者也。惟无心之人，群竖小子，接而持之，妄弹鸟雀，百发不得一，而反中面目，此最无用而有害也。或坐作竹簧，削锐其头，有伤害之象，傅以蜡蜜，有甘舌之类，皆非吉祥善应。或作泥车、瓦狗、马骑、倡排，诸戏弄小儿之具以巧诈。"所谓"群竖小子"在对社会弊端的批判中作为斥责的对象。

前说孙权言"杨仪、魏延，牧竖小人也"，然而据所谓《魏三公陈孙权罪恶请免官削土奏》，对孙权也有"幼竖小子"的鄙称："吴王孙权，幼竖小子，无尺寸之功，遭遇兵乱，因父兄之绪，少蒙翼卵育伏之恩，长含鸱枭反逆之性，背弃天施，罪恶积大"的指责。[1] 其中"幼竖小子"的说法，是《潜夫论》"群竖小子"称谓的个体指代之例。

《史记》卷七六《白起王翦列传》中可以看到"白起，小竖子耳"的说法。《艺文类聚》卷五一引录曹植就二子曹苗、曹志封公，在《封二子为公谢恩章》中写道："苗、志小竖，既顽且稚。猥荷列爵，并佩金紫。施崇一门，惠及父子。"这当然是自谦的话，而"小竖"称谓当时通行的情形，却也显现出来。[2]

## 附论一：走马楼简所见未成年"户下奴""户下婢"

走马楼简有涉及"户下奴"、"户下婢"的内容。理解其身份，有益于我们认识当时的社会结构和阶级关系。

陈爽《走马楼吴简所见奴婢户籍及相关问题》就此有所考察。[3] "户下奴"、"户下婢"身份有明确为未成年人者，于振波在进行"走马楼户籍简性别与年龄结构分析"时未予考虑这些资料。他说："虽然奴婢也记在户主

---

[1]　《三国志文类》卷一二《表奏·吴》。

[2]　《说郛》卷一一六宋鲁应龙《括异志》说到的一则故事，可以作为使用"小竖"称谓的旁证："金山忠烈王汉博陆侯，姓霍氏。吴孙权时，一日致疾，黄门小竖附语曰：'国主封界华亭谷极西南，有金山咸塘湖，为民害。民将鱼鳖食之，非人力能防。金山，故海盐县，一旦陷没为湖，无大神护也。臣，汉之功臣霍某也，部党有力，能镇之。可立庙于山。'吴王乃立庙。"

[3]　陈爽：《走马楼吴简所见奴婢户籍及相关问题》，北京吴简研讨班编：《吴简研究》第1辑，崇文书局2004年版，第160—166页。

名下，但年龄一项，有登记身高者，有登记年龄者，标准不统一，故不取。"① 他在《走马楼吴简续探》中有"略论走马楼吴简中的'户下奴婢'"一卷，其中讨论了"吴简中奴婢的性别与年龄结构"②，然而材料使用仅截止于《竹简（壹）》，有些问题还可以进一步探讨。从未成年人生活史的角度进行分析考察，或许也会有新的发现。

**1. 走马楼竹简"户下奴""户下婢"资料**

走马楼《竹简（壹）》、《竹简（贰）》、《竹简（叁）》中有关"户下奴"的资料，可见：

1. □户下奴目年十二（壹·2926）

2. 孙子男□年六岁　孙户下奴土长六尺（壹·4141）

3. ☑　户下奴买　☑（壹·5695）

4. □户下奴右长六尺　户下奴进长五尺（壹·7637）③

5. □☑户下奴□长五尺（壹·7665）④

6. 温户下奴李年十四（壹·8892）

7. 　绍户下奴鼠年十四聋耳病（壹·8906）

8. □户下奴□年十八（壹·8994）

9. 　隆户下奴谨年十三雀两足　☑（壹·9013）

10. 颜户下奴宋年十七（壹·9059）

11. 　阳户下奴斗年六十二　　（壹·9068）

12. 　隆户下奴成年廿二（壹·9092）

13. 　统户下奴听年十四（壹·9108）

14. 　彝户下奴士年六十三（壹·9134）

15. 彝户下奴健年十四（壹·9135）

---

① 于振波：《走马楼吴简初探》，文津出版社有限公司 2004 年版，第 105 页。
② 于振波：《走马楼吴简续探》，文津出版社有限公司 2007 年版，第 116—123 页。
③ 整理组注："□左半残缺，右半从'女'。"
④ 整理组注："'户下奴'下□上半残缺，下半从'女'。"

16. 祥户下奴囊年十二害㵿病（壹·9175）①

17. ☐ 户下 奴 ☐年十岁（壹·9225）

18. ☐户下奴春年五十四腹心病（壹·9257）

19. 桓户下奴平年十八苦☐病（壹·9303）

20. ☐户下奴有年廿四苦腹病（壹·9304）

21. 苌户下奴有年十二（壹·9336）

22. 宗户下奴习年十岁（壹·9367）

23. 绍户下奴寒年十三（壹·9383）

24. 次户下奴道长五尺（贰·1617）

25. 司户下婢☐长五尺　司户下奴 安 长五尺（贰·1674）

26. 次弟公乘材（?）年七岁　次户下奴吉长六尺（贰·2217）

另外又有陈爽所谓"当是简牍不完整或有所省略"而造成的"简牍中那些未出现'户下'字样的'奴'"②：

27. 广奴德年十岁　见（壹·6621）

28. ☐奴 德 年九岁（叁2318）

29. 吉奴客年卅三　客妻鼠年☐（叁2428）

30. 横奴德年十岁（叁2430）

另有：

☐ 丘 谢奴关☐（叁4134）

所见人物究竟是某丘"谢奴"还是"谢"的"奴"名叫"关"者，其实存在疑问。据《竹简（壹）》"……斛四斗㪷嘉禾年三月廿一日尽丘继仁关丞睪纪

---

① 整理组注："'㵿'应为'癁'之通假。"

② 陈爽：《走马楼吴简所见奴婢户籍及相关问题》，《吴简研究》第 1 辑，第 161 页。

付掾孙☐"（壹·42），可知"谢奴"是人名。文例相同的简其实很多。

关于"户下婢"身份，我们看到如下简例：

31.  ☐ 户下婢小长五尺（壹·499）

32.  护户下婢伺年八岁（壹·2868）

33.  李户 下婢安年十二（壹·2924）

34.  ☐□户下婢泉长六尺（壹·4148）

35.  尊 户下婢年 廿七 （壹·5307）

36.  巴女弟思年九岁　司户下婢汝长五尺（壹·7667）

37.  马户下婢心年卅（壹·8891）

38.  温户下婢钱年 七十 □（壹·8894）

39.  □户下婢易年卅七（壹·8902甲）

40.  户下婢来年卅（壹·8907）

41.  绍户下婢双年十五苦腹心病（壹·8975）

42.  颜户下婢绵年十七（壹·9036）

43.  颜户下婢汝年卅八苦腹心病（壹·9075）

44.  户下婢思年六十二踵两足（壹·9107）

45.  绍户下婢易年廿三刑左足（壹·9168）

46.  唐户下婢思年卅八（壹·9197）

47.  菅户下婢意年卅九（壹·9244）

48.  祥户下婢紫年卅一盲右目（壹·9271）

49.  祚户下婢善年七十五腹心病（壹·9273）

50.  祚户下婢思年五十三（壹·9287）

51.  绍户下婢心年廿二苦腹心病（壹·9320）

52.  温户下婢□年十六（壹·9332）

53.  ☐温户下婢财年十七（壹·9354）

54.  绍户下婢意年十六（壹·9370）

55.  绍户下婢退年六十（壹·9372）

56.  司户下婢□长五尺　　司户下奴 安 长五尺（贰·1674）

57. ☐下 婢 思长五尺（叁·6690）

简56与简25原本是一枚简，可以看到一位主人同时拥有一男一女未成年奴婢两人的情形。陈爽曾经指出"简牍中户下奴多于一人的有几例"[1]，如"温"（简6，简52，简53）；"祥"（简16，简48）；"祚"（简49，简50）；"绍"（简7，简23，简51，简54，简55）。其实，我们现在还可以看到，"户下奴"、"户下婢""多于一人"的情形还有："颜"（简10，简42，简43），"彝"（简14，简15），"司"（简25及简56），"次"（简24，简26）。"绍"名下还可以补入简41，简45两例。这样，"绍"家有"户下奴"2人，"户下婢"5人，合计7人。[2] 除"祚"家和"颜"家外，大致各家都役使着未成年"户下奴"、"户下婢"。多数同时役使着成年"户下奴"、"户下婢"和未成年"户下奴"、"户下婢"。"司"家和"次"家则只看到拥有未成年"户下奴"、"户下婢"。仅有成年"户下奴"、"户下婢"的"颜"家情况比较特殊，有"年十七""户下奴"、"户下婢"各一人，"年卅八""户下婢"一人。"年十七"者，进入成年阶段并不久。走马楼简整理者王素、宋少华、罗新将走马楼简中的民籍分为两类格式[3]，陈爽说，"与奴婢有关的内容几乎全部出在第二类"，然而前引简4即被王素等列为（A）类。可能属于同样格式的还有简25（简56）。

《竹简（壹）》所见" 右见师佐廿一人兄弟妻子及奴七十八人合九十九人"（壹·6708）[4]，陈爽据此分析，"民籍中的奴婢是否列入人口统计，在已经整理的民籍中尚无直接材料，但在另一类非民籍的师佐简，出现过类

---

① 今按：应是"户下奴婢"。

② 陈爽已经指出，"考虑到此类民户简因编绳断烂次序已失，且不具乡里籍贯，有重名的可能，这些奴婢是否属于一家，尚不能作出确切结论。但我们注意到以上几家的口食数目都比较多，高于吴简中一般家庭口食数量"，如"温家口食十二人"，"祥家口食七人"，"祚家口食九人"，"绍家口食十一人"。《走马楼吴简所见奴婢户籍及相关问题》，《吴简研究》第1辑，第163页。

③ 王素、宋少华、罗新：《长沙走马楼吴简整理的新收获》，《文物》1999年第5期。

④ 以上简例释文，据长沙市文物考古研究所、中国文物研究所、北京大学历史学系走马楼简牍整理组编著：《长沙走马楼三国吴简·竹简（壹）》，文物出版社2003年版；长沙简牍博物馆、中国文物研究所、北京大学历史学系走马楼简牍整理组编著：《长沙走马楼三国吴简·竹简（贰）》，文物出版社2007年版；长沙简牍博物馆、中国文物研究所、北京大学历史学系走马楼简牍整理组编著：《长沙走马楼三国吴简·竹简（叁）》，文物出版社2008年版。

似的统计"，"由此推理，民籍中也应有类似的统计"①。这样的意见，是合理的。

### 2. "户下"试解

对于"户下奴"、"户下婢"身份，王素、宋少华、罗新写道："其中'户下奴'和'户下婢'，值得注意。汉王褒《僮约》有'户下髯奴'之目。更见吴承汉制。"② 关于所谓"户下"，陈爽指出，"整理者注意到王褒《僮约》中曾及'户下髯奴'。检《初学记》卷十九《奴婢第六·约》载汉代买奴券文：'神爵三年正月十五日，资中男子王子泉从成都安志里女子杨惠买夫时户下髯奴便了，决卖万五千。奴从百役使，不得有二言。'③《僮约》尽管是游戏之作，但买奴券年月事一均备，其行文格式应当是以当时社会上通行的买奴文书为蓝本的。吴简中'户下'的含义，当与此接近，意为奴婢附于良人户口之下。④ 看来，'户下奴'和'户下婢'应当是两汉至孙吴时期私奴婢在官方或正式文书中的称谓"。⑤

论者以为"户下""意为奴婢附于良人户口之下"的说法，提供了一种有意义的理解。然而，对于所谓"户下"，也可以试作另外的解说。

"户下奴"、"户下婢"称谓或许可以与"灶下养"对照分析。《后汉书》卷一一《刘玄传》："其所授官爵者，皆群小贾竖，或有膳夫庖人，多著绣面衣、锦袴、襜褕、诸于，骂詈道中。长安为之语曰：'灶下养，中郎将。烂羊胃，骑都尉。烂羊头，关内侯。'""灶下养"，即"膳夫庖人"。"户下"或与"灶下"有相近涵义，指示其劳作场所，亦说明其生存空间的

---

① 陈爽：《走马楼吴简所见奴婢户籍及相关问题》，《吴简研究》第 1 辑，第 162 页。
② 王素、宋少华、罗新：《长沙走马楼吴简整理的新收获》。
③ 原注："王褒《僮约》，亦见于《艺文类聚》卷三五《奴·书》和《太平御览》卷五〇〇人事部，但后两书引文均不完整，券文未录入买奴年月及事由。"陈爽：《走马楼吴简所见奴婢户籍及相关问题》，《吴简研究》第 1 辑，第 165 页。今按：《太平御览》卷五九八《契券》引王褒《僮约》"录入买奴年月及事由"。"买夫时户下髯奴"作"买亡夫时户下髯奴"，在某种意义上引文可能更为"完整"。
④ 原注："另据《居延汉简甲编》1862 号：'吏奴下簿，贱多所迫'。有的学者认为此处的'下簿'含义与'户下'相同"。论者提示我们参看杨作龙《汉代奴婢户籍问题商榷》，《中国史研究》1985 年第 2 期。今按：所引简文即居延汉简 495.4A "吏奴下薄贱多所迫……"，属于书信文字，"薄贱"似应连读。
⑤ 陈爽：《走马楼吴简所见奴婢户籍及相关问题》，《吴简研究》第 1 辑，第 161 页。

位置。

《艺文类聚》卷三五引《风俗通》："南阳庞俭，少失其父，后居庐里，……行求老苍头使主牛马耕种，直钱二万。有宾婚大会，奴在灶下窃言：堂上母，我妇也。婢即具白母。母使俭问，曰：是我翁也。因下堂抱其颈啼泣，遂为夫妇。"与"灶下"、"户下"相对应者，是"堂上"。

### 3. 关于"长六尺""长五尺"

走马楼简"户下奴"、"户下婢"资料中有不具年龄，仅"登记身高"者，可能是被奴役者来到主人"户下"时尚年幼，准确年龄已不可求知。其"身高"大致都是"长六尺"、"长五尺"这样的约数：

| 身高 | 户下奴 | 户下婢 |
| --- | --- | --- |
| 长六尺 | 简2，简4 | 简34 |
| 长五尺 | 简4，简5，简24，简25 | 简31，简36，简56，简57 |

于振波据睡虎地秦简《秦律十八种·仓律》："隶臣、城旦高不盈六尺五寸，隶妾、舂高不盈六尺二寸，皆为小；高五尺二寸，皆作之。"以为："说明5.2尺以上者，便有一定的劳动能力，而男性6.5尺以上、女性6.2尺以上者，便被视为有完全责任能力。"又由《汉书》卷一上《高帝纪上》颜师古注引如淳曰"《律》：……高不满六尺二寸为罢癃"可知，"则男性也以6.2尺作为成年的身高标准。"[1] 这样的分析是有道理的。

以身高作为征役标准，较早见于《周礼·地官·乡大夫》："国中自七尺以及六十，野自六尺以及六十有五，皆征之。"征役以尺，免役以岁。而身高"六尺"，有对应年龄。

历代学者就此有所解说。"贾疏云：七尺谓年二十。知者：案《韩诗传》'二十行役'，与此国中七尺同，则知七尺谓年二十。六尺谓年十五，故《论语》云'可以托六尺之孤'，郑注云：'六尺之孤，年十五以下。'"孙诒让《周礼正义》又写道：引惠士奇云："《荀子·仲尼》篇曰'五尺竖

---

① 《走马楼吴简续探》，第116页。

子'，《管子·乘马》曰'童五尺'，《内则》注'成童十五以上'，则六尺非童竖矣。《国策·楚策》'楚襄王使昭常守东地，悉五尺至六十，三十余万'，《说苑》'齐伐莒鲁，下令丁男悉发，五尺童子皆至'，是老弱皆从军矣。则六尺非童竖益明。以中人为率，八尺为长，六尺为短，七尺为中。《内经》谓丈夫三八而长极。中人七尺亦其极也，故国中自七尺。野自六尺以上，不满六尺者不为夫。杞之城也，绛老与焉；清之战也，汪僮死焉，末世之法也。是以《周官》徒役，上不及老，下不及僮。"孙诒让案："惠说是也。"①

法律条文所见以身高尺寸判断是否未成年人以为定案标准，除睡虎地秦简《秦律十八种·仓律》外，又有睡虎地秦简《法律答问》："甲盗牛，盗牛时高六尺，毄（系）一岁，复丈，高六尺七寸，问甲可（何）论？当完城旦。"（6）又："甲谋遣乙盗杀人，受分十钱，问乙高未盈六尺，甲可（何）论？当磔。"（67）"甲小未盈六尺，有马一匹自牧之，今马为人败，食人稼一石，问当论不当？不当论及赏（偿）稼。"（158）"女子甲为人妻，去亡，得及自出，小未盈六尺，当论不当？已官，当论；未官，不当论。"（166）②都指出"六尺"是是否承担法律责任的界限。其中"盗牛时高六尺，毄（系）一岁，复丈，高六尺七寸"，一年间身高增长"七寸"的情形值得注意。按照战国至秦每尺23.1厘米的数据，③"六尺"即1.386米，"六尺七寸"即1.548米，一年长了16.2厘米。

最后一例"女子甲为人妻""小未盈六尺"，是身高不足1.386米，未成年即"为人妻"，应是社会史学者应当关注的现象。杨树达《汉代婚丧礼俗考》关于汉代女子"婚年"，说到"女子有年十三而嫁者"，"有十四五而嫁者"，"有十六而嫁者"，"有十七八而嫁者"，"有十九而嫁者"，"古礼所

---

① 孙诒让撰，王文锦、陈玉霞点校：《周礼正义》，中华书局1987年版，第840—841页。

② 睡虎地秦墓竹简整理小组：《睡虎地秦墓竹简》，文物出版社1990年版，释文第95、109、130、132页。

③ 丘光明编著：《中国历代度量衡考》，科学出版社1992年版，第11页。

称男子三十而娶，女子二十而嫁者，皆不行焉。""故王吉深讥嫁娶太早云。"①"至若上官安之女，六岁立为皇后以待年，则后世童养媳之俗也。"②

显然，走马楼简"户下奴"、"户下婢""长六尺"、"长五尺"者，都是未成年奴婢。据于振波推算，"标明身高'五尺'，约相当于现在的1.15米，其年龄估计在7—8岁"，"标明身高'六尺'，约相当于现在的1.38米，估计年龄当在13—14岁。"③

所作当时尺度与"约相当于现在"尺度的换算，据每尺0.23米的数据。然而据文物资料测定的汉代尺度，"西汉和新莽每尺平均长23.2和23.09厘米"，研究者"厘定为23.1厘米"。"而东汉尺的实际长度略有增长，平均每尺长23.5厘米。为了尊重实测数据，故东汉尺单位量值暂定为23.5厘米。"④

按照这一量值换算，则走马楼简"户下奴"、"户下婢""长六尺"、"长五尺"者，身高应为1.41米和1.175米。因简文身高数据只有"长六尺"、"长五尺"，据于振波估算年龄则有9—12岁的空缺，应知简文记录身高只是取概约尺度。

睡虎地秦简《封诊式》说到"子小男子某，高六尺五寸"（10）⑤，其身高为1.37米。居延汉简也有反映年龄和身高关系等信息的简文⑥：

| 序号 | 简号 | 简　文 | 年龄 | 身高 | 现今尺度（米） |
|---|---|---|---|---|---|
| 1 | 15.5 | 葆鸢鸟息众里上造颜收年十二长六尺 | 12 | 6尺 | 1.386 |
| 2 | 7.17 | □倚郎年十六长六尺 | 16 | 6尺 | 1.386 |
| 3 | 54.19 | 奉世妻倚郎年十六长六尺二寸□□ | 16 | 6尺2寸 | 1.426 |

① 《汉书》卷九二《王吉传》："吉意以为'夫妇，人伦大纲，夭寿之萌也。世俗嫁娶太早，未知为人父母之道而有子，是以教化不明而民多夭。"
② 杨树达：《汉代婚丧礼俗考》，上海古籍出版社2000年版，第19页。参看王子今《汉代社会上层婚姻中的"待年"女子》，《南都学坛》2009年第3期。
③ 《走马楼吴简续探》，第116页。
④ 《中国历代度量衡考》，第55页。
⑤ 《睡虎地秦墓竹简》，释文第149页。
⑥ 谢桂华、李均明、朱国炤：《居延汉简释文合校》，文物出版社1987年版，第23、12、96页。

如果序号 2 和序号 3 者"倚郎"为一人，则是女性，"年十六长六尺"与序号 1"年十二长六尺"形成的是性别差异，也是合理的。此外，敦煌汉简亦可见："●竝葆敦煌寿王里田仪年廿八岁长六尺五寸青白色右颊有黑子簪权各二 珥一具"（681）①，则是成年男子高"六尺五寸"（约合现今 1.502 米）的情形。

顾炎武《日知录》卷二六"《新唐书》"条写道："《张孝忠传》：'孝忠魁伟，长六尺。'《李晟传》：'长六尺。'古人以六尺为短，今以六尺为长，于他书未见。"原注："《马燧、杨收传》并云：'长六尺二寸。'《高力士传》：'长六尺五寸。'"据清人黄汝成《日知录集释》引钱大昭、赵翼说："钱氏曰：'古尺短于今尺，它书已言之矣。'赵氏曰：'盖宋子京以唐尺纪之，故六尺为长身矣。'"② 有研究者据文物实测资料指出，"唐代一尺的量值"为"30.3 厘米"③，则唐尺"六尺"约为现今 1.818 米。"古尺短于今尺"的认识，已见于明人陈士元《论语类考》卷一七《冠服考》。考察三国孙吴时代"户下奴"、"户下婢"的年龄体质，应当对尺度数据历史变化的事实有所理解。

### 4. 未成年"户下奴""户下婢"的比例

走马楼简涉及"户下奴"、"户下婢"的简例前列 57 例（包括 4 例未见"户下"字样者），考虑到重复 1 例，简 2 和简 25（简 56）列 2 人，共涉及 58 人，其中年龄不明者 1 人，"年十五"以下的未成年人 28 人，成年人 29 人。

未成年人接近成年人，占总人数的 48.28%。

走马楼简"户下奴"、"户下婢"中未成年人不仅比率如此之高，其中还有病残者，如简 7"户下奴鼠年十四聋耳病"，简 9"户下奴谨年十三雀两足"，简 16"户下奴囊年十二害潦病"。整理组以为"'潦'应为'瘵'之通假"。而"聋耳病"和"雀两足"，可能都是比较严重的终身残疾。

---

① 吴礽骧、李永良、马建华释校：《敦煌汉简释文》，甘肃人民出版社 1991 年版，第 69 页。
② 顾炎武著，黄汝成集释：《日知录集释》，岳麓书社 1994 年版，第 912 页。
③ 《中国历代度量衡考》，第 88 页。

通过对走马楼简所见有关未成年"户下奴"、"户下婢"信息的分析，可以了解当时社会下层未成年人中被奴役者的生存状况和生活质量。而当时社会生活史的面貌，也可以得到局部的反映。

# 附论二:说走马楼简文"细小"

走马楼竹简行政文书中可见"细小"字样。分析简文内容，可知是体征记录，应与当时赋役管理政策有关。其关注点，主要在于未成年人。分析相关现象，有益于更方便地理解当时社会生活的具体情景。对于秦汉三国时期国家制度与社会礼俗的研究，也可以因此得到更充实的资料条件。

### 1. 走马楼竹简"细小"文例

《长沙走马楼三国吴简·竹简（壹）》未见"细小"简文。出现于《长沙走马楼三国吴简·竹简〔贰〕》和《长沙走马楼三国吴简·竹简〔叁〕》的简例辑录如下：

（1）亮男弟大年十三细小（2—6649）

（2）·……大男成年 十 四细小随□ 属 移居湘西县为口（2—6708）

（3）·其廿八人细小……（2—6711）

（4）· 虚外 孙子男吉年五岁细小 （2—6715）

（5）☑男弟盉年六岁细小　　中（2—6853）

（6）□子男 奴 年四岁 细小 ☑（2—6878）

（7）·龟子男麦年三岁细小（2—6879）

（8）☑岁细小□ 中 （2—6948）

（9）·□男弟原年十二细小　　☑（2—7045）

（10）·典子男思（？）年六岁细小　　中（2—7089）

（11）□子男甲年十岁细小□□　　 （2—7348）

（12）当（？）男弟秃年十一细小　　☑（2—7456）

（13）☒□□□细小☒（2—8162）

（14）☒真身送官八人细小七人假（?）下户民以自代谨条列☒（2—8977）①

（15）和（?）男弟苌年十三　细小　中（3—187）

（16）……年□一细小（3—234）

（17）盛男弟野年十一　细小☒（3—281）

（18）☒□□□儿年三岁细小（3—1462）

（19）平子男主年八岁细小□聋两耳随□在宫（3—1605）

（20）嵩男弟盛年七岁细小　与嵩移居湘西县烝口（3—1631）

（21）□子男自年四岁细小以嘉禾四年五月十日被病物故　中（3—1670）

（22）买侄子男来年六岁　一名□　　细小（3—1674）

（23）□子男□年一岁细小……（3—1679）

（24）圭男弟嵩年十二细小（3—1761）

（25）□男弟叔年十二细小（3—1765）

（26）嵩（?）子男徐（?）年六（?）岁细小（3—1776）

（27）嵩男弟晖年十一细小（3—1790）

（28）曹男弟骑年十一细小（3—1796）

（29）□子男供年十四细小（3—1809）

（30）□侄子男聪年七岁细小（3—1812）

（31）（?）子男益年九岁细小（3—1824）

（32）□男弟囊年□□细小（3—1826）

（33）□子男□年五岁细小（3—1827）

（34）孙男弟若年九岁细小（3—1875）

---

① 长沙简牍博物馆、中国文物研究所、北京大学历史学系走马楼简牍整理组编著：《长沙走马楼三国吴简·竹简（贰）》，文物出版社 2007 年版。

（35）春兄子男秋年十岁细小（3—2015）

（36）□兄子男得年八岁细小（3—2021）

（37）卖男弟幼年十一细小（3—2030）

（38）□男弟头年廿 短细小 （3—2941）

（39）区男弟 加 年十二细小（3—2944）

（40）□子男表年卅一细小（3—2945）

（41） 丞 男弟当年十二细小（3—2946）

（42） 李 男弟苌年十三细小（3—2948）

（43）仪兄子男汝年十四细小随仪在官一名海中（3—2950）

（44）□子男耿年七岁细小（3—2960）

（45）□子男奇年三岁细小　一名阳　　　　中（3—2962）

（46）者男弟弈年七岁细小（3—3004）

（47）其二人 老钝 细小（3—3009）

（48）□ 子男 □ 年十一细小 （3—3013）

（49）□子男怒年四岁细小（3—3018）

（50）□兄子男进年十三细小　□前在官　 中 （3—3021）

（51）⊠□男弟金年七岁细小（3—3031）

（52）春男弟虎年七岁细 小 　⊠（3—3036）

（53）□男弟 建 年七岁 细小 ……⊠（3—3049）

（54）客男弟高年十一细小（3—3054）

（55）□男弟山年二岁细小（3—3056）

（56）□男弟众年四岁细小（3—3067）

（57）杨男弟使年十四细小随邪在武昌（3—3069）

（58）□男弟漂年七岁细小（3—3809）

（59）□兄子男儿年六岁细小（3—3815）

（60）⊠细小　□⊠（3—5335）

（61）鼠子男□ 年 □二细小（3—7820）①

对于其中有年龄标示的简例进行分别统计，可知"细小"者大致有这样的年龄分布：

年一岁：（23）

年二岁：（55）

年三岁：（7）（18）（45）

年四岁：（6）（21）（49）（56）

年五岁：（4）（33）

年六岁：（5）（10）（22）（26）（59）

年七岁：（20）（30）（44）（46）（51）（52）（53）（58）

年八岁：（19）（36）

年九岁：（31）（34）

年十岁：（11）（35）②

年十一：（12）（17）（27）（28）（37）（48）（54）③

年十二：（9）（24）（25）（39）（41）④

年十三：（1）（15）（42）（50）

年十四：（2）（29）（43）（57）

年廿：（38）

年卅一：（40）

从"年一岁"到"年十四"，每一年龄层都有分布，另外又有两例成年人"细小"者。⑤ 其情形可以表列于下以便分析：

---

①　长沙简牍博物馆、中国文物研究所、北京大学历史学系走马楼简牍整理组编著：《长沙走马楼三国吴简·竹简（叁）》，文物出版社2008年版。

②　（8）"□岁细小□中"，其年龄应不超过"十岁"。

③　（16）"……年□一细小"很可能是"……年十一细小"。

④　（61）"鼠子男□年□二细小"很可能是"鼠子男□年十二细小"。

⑤　（38）（40）察看图版，都不应是误释。

| 年龄 | 1 | 2 | 3 | 4 | 5 | 6 | 7 | 8 | 9 | 10 | 11 | 12 | 13 | 14 | 20 | 31 |
|---|---|---|---|---|---|---|---|---|---|---|---|---|---|---|---|---|
| 人数 | 1 | 2 | 3 | 4 | 2 | 5 | 8 | 2 | 2 | 2 | 7 | 5 | 4 | 4 | 1 | 1 |

此外，如下简例也可能可以归入出现"细小"字样竹简一类：

杨男弟使年十四细☑ (2—7222)

□□弟仿年六岁细□　　☑ (2—7498)

"细"字后的缺字，很可能是"小"。

正如李均明、宋少华研究走马楼竹简论著所指出的，"居民构成诸要素中，最主要的是性别（分男、女），亦见于历代人口登记之史料"。举有《尹湾汉墓简牍·集簿》及《三国志·吴书·三嗣主传》裴松之注引《晋阳秋》载王濬受降领有户口数。走马楼竹简所见"人口统计之分男、女"，有"定见人二百五十五人：其一百卅五人男、一百廿人女"（4—574），"右定见□百七十七人：其一百八十五人男、一百九十二人女"（4—654）。① 人们会注意到，所有显示性别的简例，"细小"简文资料的主体都是男性。

在明确显示年龄的"细小"者中，总数53例，从"年一岁"到"年十四"计51例，占总数的96.23%。大概正是注意到这一点，有学者以为"细小"是"指年小不堪役使"。② 按照走马楼竹简的习惯文式，应作"不任役"（4—1792）。③ 走马楼竹简又见"不任调"④、"不任调役"⑤ 简例，不过，都不包括"细小"情形。事实上，（38）（40）"年廿"和"年卅一"的两例，毕竟都已经是成年男子，即使"不堪役使"，也不是因为"年小"。

彭卫、杨振红曾指出，"据居延汉简，官方对儿童尚有特定指称。简牍

---

① 李均明、宋少华：《〈长沙走马楼三国吴简〉竹简〔四〕内容解析八则》，《出土文献研究》第8辑，上海古籍出版社2007年版。

② 侯旭东：《长沙走马楼三国吴简两文书初探》，《历史研究》2001年第4期。

③ 李均明、宋少华：《〈长沙走马楼三国吴简〉竹简〔四〕内容解析八则》。

④ 如1—4233，2—2289，3—4301，3—6327，4—533。

⑤ 如3—6375。

文书载录的年龄分层是：大男和大女，年龄在 15 岁以上；使男和使女，年龄在 7 岁至 14 岁；未使男和未使女，年龄在 2 岁至 6 岁。又据《居延新简》收录的简文，汉代尚有'小男'和'小女'概念，分别包括使男、未使男和使女、未使女。按照政府对各个年龄层所赋予的责任，大男和大女属于成年人，小男和小女属于未成年人，这意味着汉代政府有把成人年龄提早的倾向，年龄 15 岁以上的成童不仅要承担赋役，还要承担相应的法律责任。当时流行的'年未满十五，过恶不在其身'的观念①，当与此有关。"②

也许"这意味着汉代政府有把成人年龄提早的倾向"的说法还可以继续讨论，然而论者关于"大男和大女属于成年人，小男和小女属于未成年人"，"'小男'和'小女'概念，分别包括使男、未使男和使女、未使女"等意见，都是值得重视的。③我们看到的走马楼竹简中涉及"细小"者最集中的简例，除（38）（40）"年廿"和"年卅一"情形特殊外，都在"年十四"之前，正好是在"年未满十五"的年龄段，值得研究者注意。然而这些年龄在 15 岁之下的未使男和未使女，以及使男和使女，本来就不是"役使"对象，似乎"细小"字样的注明，未必与"役使"有关。

所引（1）至（61）简，大多文例相同，都是"某某人年若干'细小'"。然而也有与此不同的简例。

比如，（21）"□子男自年四岁细小以嘉禾四年五月十日被病物故中"是死亡记录。

又如（2）"·……大男成年十四细小随□属移居湘西县为口"以及（20）"嵩男弟盛年七岁细小与嵩移居湘西县烝口"，都说到"移居"情节。（20）所谓"烝口"，或许与"烝口仓"有关。④

① 原注：《后汉书·来歙列传附曾孙历》。
② 彭卫、杨振红：《中国风俗通史·秦汉卷》，上海文艺出版社 2002 年版，第 354 页。
③ 永田英正、张春树、池田温等学者都曾提出"大男""大女"年龄为 15 岁以上的意见。［日］永田英正：《居延汉简研究》，张学锋译，广西师范大学出版社 2007 年版，第 137 页；张春树：《居延汉简中所见的汉代边塞制度》，《清华学报》新 5 卷 2 期，1966 年，第 154—269 页；［日］池田温：《中国古代籍帐研究》，龚泽铣译，中华书局 2007 年版，第 35 页。其实，所谓"又据《居延新简》收录的简文，汉代尚有'小男'和'小女'概念"的说法，似不符合事实。《居延汉简甲乙编》中已经可以看到"'小男'和'小女'概念"。参看王子今《两汉社会的"小男""小女"》，《清华大学学报》（哲学社会科学版）2008 年第 1 期。
④ 参看王子今《烝口仓考》，《吴简研究》第 1 辑，崇文书局 2004 年版。

"移居"过程的实现，有"随"某人（2）和"与"某人（20）两种。差异的出现，或许与（2）记录的"成"已经是"大男"有关。"年十四"即成为"大男"与我们以往大男和大女年龄在 15 岁以上的认识不同，或许体现了局部时间空间内政策的变化。而（43）"仪兄子男汝年十四细小随仪在宫一名海 中"与（57）"杨男弟使年十四细小随邪在武昌"都是"年十四"，都使用了"随"字，而未用"与"字，或许也和当时文书定式有关。

（57）"杨男弟使年十四细小随邪在武昌"，"邪"字通"耶"，即"父"。"杨男弟使"随父亲"在武昌"，其户籍资料则在其兄长"杨"名下。这一简例，或许可以看作"邪""耶"称谓社会实用的最早的文物证明。

### 2. 在宫·送宫·诣宫·还宫

体现"细小"者境遇的另一情形，是"在宫"。

（19）"平子男主年八岁细小□聋两耳随□在宫"，（43）"仪兄子男汝年十四细小随仪在宫一名海 中"以及（50）"□兄子男进年十三细小 □前在宫 中"都说到"在宫"。其他简例又有 3—190，3—1991，3—3035，3—3066，3—3106，3—3157 等。"随某某在宫"文例，则有："随父在宫"（3—415，3—2011）；"随本吏在宫"（3—1771）；"随军在宫"（2—2435）；"随本主在宫"（2—7098，2—8936）等。

又有所谓"送宫"。如（14）"☑真身送宫八人细小七人假（?）下户民以自代谨条列☑"。"诣宫"当与"送宫"有语义相近处。简例有 2—43，2—1134，3—494 等。此外，简文所见"还宫"（2—178，2—4472），也值得注意。

"宫"应即"葆宫"，往往是战时拘留"质"的所在。《墨子·号令》："葆宫之墙必三重，墙之垣，守者皆累瓦釜墙上。门有吏，主者门里，筦闭，必须太守之节。葆卫必取戍卒有重厚者。请择吏之忠信者，无害可任事者。""其受构赏者令葆宫见，以与其亲。"又《墨子·杂守》："吏侍守所者财足，廉信，父母昆弟妻子有在葆宫中者，乃得为侍吏。诸吏必有质，乃得任事。"关于走马楼竹简"在宫"、"送宫"、"诣宫"、"还宫"情形，可以专文讨论。

### 3. 使用"小名"的可能

（22）"来年六岁一名□"，（43）"汝年十四""一名海"，（45）"奇年三岁""一名阳"，可能体现了小名和正式名字并行的情形。

汉代人用小名之例，有《史记》卷一一七《司马相如列传》司马相如少时"其亲名之曰'犬子'"。

《说郛》卷七七上陆龟蒙《小名录》列有汉代用"小名"故事："汉吕后名娥姁。""司马相如字长卿，母少，字之曰犬子。""扬雄之子小字童乌。""陈后阿娇，小字也。""魏武帝曹操字孟德，一小名阿瞒，故有《曹瞒传》。""李通字文达，……小字万亿。""（臧霸）一名寇奴。""后主孙皓字符宗，一名彭祖。……或云彭祖小字也。""蜀后主禅，小字阿斗。"与走马楼吴简相近的时代似多有未成年人使用"小名"的史例。

《三国志》卷二八《魏书·毌丘俭传》记载："初，俭与夏侯玄、李丰等厚善。扬州刺史前将军文钦，曹爽之邑人也，骁果粗猛，数有战功，好增虏获，以徼宠赏，多不见许，怨恨日甚。俭以计厚待钦，情好欢洽。钦亦感戴，投心无贰。正元二年正月，有彗星数十丈，西北竟天，起于吴、楚之分。俭、钦喜，以为己祥。遂矫太后诏，罪状大将军司马景王，移诸郡国，举兵反。迫胁淮南将守诸别屯者，及吏民大小，皆入寿春城，为坛于城西，歃血称兵为盟，分老弱守城，俭、钦自将五六万众渡淮，西至项。俭坚守，钦在外为游兵。大将军统中外军讨之，别使诸葛诞督豫州诸军从安风津拟寿春，征东将军胡遵督青、徐诸军出于谯、宋之间，绝其归路。大将军屯汝阳，使监军王基督前锋诸军据南顿以待。今诸军皆坚壁勿与战。俭、钦进不得斗，退恐寿春见袭，不得归，计穷不知所为。淮南将士，家皆在北，众心沮散，降者相属，惟淮南新附农民为之用。大将军遣兖州刺史邓艾督泰山诸军万余人至乐嘉，示弱以诱之，大将军寻自洙至。钦不知，果夜来欲袭艾等，会明，见大军兵马盛，乃引还。"裴松之注引《魏氏春秋》：

> 钦中子俶，小名鸯。年尚幼，勇力绝人，谓钦曰："及其未定，击之可破也。"于是分为二队，夜夹攻军。茌率壮士先至，大呼大将军，

军中震扰。钦后期不应。会明，茳退，钦亦引还。

文钦子文俶"小名鸯"，是当时通行"小名"的明确例证。"小名"又称"小字"。文俶"小名鸯"又作"小字鸯"。《后汉书》卷五八《傅燮传》："（傅）燮慨然而叹，呼（傅）幹小字曰：'别成，汝知吾必死邪？……'"也是称"小字"之例。而《晋书》记录时人"小字"多至数十见。

　　从"小名""小字"使用的可能性出发，理解走马楼竹简"一名某"等内容，可能是有益的。

### 4. "细小"：状貌记录

　　《急就篇》卷一："田细儿。"颜师古注："细儿，言小儿也。"《南齐书》卷七《东昏侯纪》有"驱斥氓庶，巷无居人，老细奔迸，寘身无所"的说法，"细"与"老"形成对应。（47）"其二人老钝细小"，也是"细小"与"老钝"对应。"细"自然首先有"小"的涵义，不过，如果"细小"只是说"小"，则"年一岁"（23），"年二岁"（55），"年三岁"（7）（18）（45），"年四岁"（6）（21）（49）（56），"年五岁"（4）（33），强调其"细小"则毫无意义。我们也无法说明此类简文与同样文辞只是不言"细小"者的区别。而（2）"·……大男成年十四细小"的情形也难以解释。特别是"年廿"（38）和"年卅一"（40）两例，尤其形成解说障碍。《淮南子·地形》："沙土人细。"《大戴礼记·易本命》："沙土之人细。"《孔子家语》卷六《执辔》："沙土之人细。"《太平御览》卷三六引《家语》："实土之人细。"《淮南子》高诱注的解释是："细，小也。"这里所说的"小"，是体态瘦小的意思。

　　关于走马楼竹简简文"细小"的本义，可以有瘦弱的理解。《太平御览》卷四三七引《越绝书》："阖闾恶王子庆忌，问于伍子胥。子胥曰：'臣有所厚于国，其人细小也，曰要离。'"要离的情态特征就是"细小"。《吴越春秋》卷二《阖闾内传第四》记载："子胥乃见要离曰：'吴王闻子高义，惟一临之。'乃与子胥见吴王。王曰：'子何为者？'要离曰：'臣国东千里之人臣，细小无力，迎风则僵，负风则伏。大王有命，臣敢不尽力。'吴王心非子胥进此人，良久默然不言。要离即进曰：'大王患庆忌乎？臣能杀之。'王曰：'庆忌之勇，世所闻也。筋骨果劲，万人莫当，走追奔兽，手接飞鸟，骨腾肉飞，拊膝数百里，吾尝追之于江，驷马驰不及，射之阖接矢，不可中。今子之力不如也。'要离曰：'王有意焉，臣能杀之。'"在吴王的眼中，要离和庆忌的体质力量，形成"细小无力"和"筋骨果劲"的对比。《太平御览》卷三八六引《吴越春秋》："子胥与要离见于吴王。要离对曰：'臣吴国之东阡陌人，细微无力，迎风则偃，背风则仆。大王有命，臣不敢尽死。'"这里"细小"写作"细微"，语义则是一致的。也许我们考虑走马楼简文"细小"的解说，应当重视东汉时期记录长江中下游历史的文献。

　　张春树曾经指出，居延汉简有关于"体质方面的记录"，其中包括"对身型之一般性总述"，有"大状"[1]、"中状"[2] 的说法，"这大概相当于今天的'大块头'，'中等身材'之语；另外也许有'小状'（小块头）或类似之用法，但未见于已发现的简中。"[3] 走马楼简亦可见对客居者的登记"每人皆录其状"的制度，"状，外貌特征"[4]。简文"细小"，也是言其瘦小的与"状"类似的记录。至于（38）"□男弟头年廿短细小"，"年廿"而"短细小"，"短"的体征，使人联想到侏儒。

---

①　"年五十六大状黑色长须"（157.24A）。

②　简文作"中壮"："年廿七八岁中壮发长五六寸青黑色毋须"（40.1）。

③　张春树：《居延汉简中所见的汉代人的身型与肤色》，《汉代边疆史论集》，食货出版社有限公司1977 年版，第 191 页。

④　李均明、宋少华：《〈长沙走马楼三国吴简〉竹简〔四〕内容解析八则》。

# 二　称谓与职业身份

## 秦"小子军"考议

秦的征役制度对于强兵胜战，最终实现统一，发生过历史作用。就秦制的相关内容，学界尚多争议。考察秦昭襄王长平之战时"发年十五以上悉诣长平"事，应当有助于探究秦兵制中的征发方式，认识少年军人在统一战争中发挥的作用，当时未成年人生活的一个侧面，也可以得到说明。

### 1.《七国考》"小子军"说

明人董说《七国考》卷一一分述秦、田齐、楚、赵、魏、韩、燕七国兵制。《秦兵制》题下有"小子军"条：

> 刘子《别录》云："长平之役，国中男子年十五者尽行，号为'小子军'。"①

"刘子《别录》"，缪文远订补本作"刘向《别录》"。② 张金光论述秦"傅籍与编役"制度引作："刘向《别录》说：'长平之战，国中十五者尽行，号为小子军。'"③ "长平之役"作"长平之战"，又缺"男子年"三字，然不详出处。

秦"长平之役"大规模调动兵员事，见《史记》卷一〇三《白起王翦

---

① 文渊阁《四库全书》本。
② （明）董说原著，缪文远订补：《七国考订补》，上海古籍出版社1987年版，下册第575页。
③ 张金光：《秦制研究》，上海古籍出版社2004年版，第213页。

列传》："赵王既怒廉颇军多失亡，军数败，又反坚壁不敢战，而又闻秦反闲之言，因使赵括代廉颇将以击秦。秦闻马服子将，乃阴使武安君白起为上将军。而王龁为尉裨将，令军中有敢泄武安君将者斩。赵括至，则出兵击秦军。秦军详败而走，张二奇兵以劫之。赵军逐胜，追造秦壁。壁坚拒不得入，而秦奇兵二万五千人绝赵军后，又一军五千骑绝赵壁间，赵军分而为二，粮道绝。而秦出轻兵击之。赵战不利，因筑壁坚守，以待救至。"秦昭襄王于是有异常举动：

> 秦王闻赵食道绝，王自之河内，赐民爵各一级，发年十五以上悉诣长平，遮绝赵救及粮食。

"王自之河内"句下，张守节《正义》："时已属秦，故发其兵。""发年十五以上悉诣长平"句下，司马贞《索隐》："时已属秦，故发其兵。"①

　　长平战事随即以秦军大胜结局。"至九月，赵卒不得食四十六日，皆内阴相杀食。来攻秦垒，欲出。为四队，四五复之，不能出。其将军赵括出锐卒自搏战，秦军射杀赵括。括军败，卒四十万人降武安君。武安君计曰：'前秦已拔上党，上党民不乐为秦而归赵。赵卒反复。非尽杀之，恐为乱。'乃挟诈而尽坑杀之，遗其小者二百四十人归赵。前后斩首虏四十五万人。赵人大震。"秦昭襄王亲自到河内，"赐民爵各一级，发年十五以上悉诣长平，遮绝赵救及粮食"，对于战局发展意义重大。然而对于"发年十五以上悉诣长平"，《七国考》卷一一《秦兵制》引刘子《别录》以为"国中男子年十五者尽行"，按照张守节《正义》和司马贞《索隐》"时已属秦，故发其兵"的解说，则以为限于不久前"属秦"的"河内"地方。

　　《秦会要》卷一八《兵上·兵制》引录《文献通考》卷一四九《兵考一·兵制》中论"秦兵制"文字："及孝公用商鞅，定变法之令。令民为什伍而相收连坐，告奸者与斩敌首同赏，匿奸者与降敌同罚。民有二男以上不分异者，倍其赋。有军功者，各以率受上爵。为私斗者，各以轻重被刑。宗

---

① 河内，指今河南省黄河以北地方。有人释"王自之河内"为"（秦王）亲自到韩城、大荔一带坐镇"。张卫星：《秦战争述略》，三秦出版社2001年版，第106页。是地理方位理解的错误。

室非有军功，论不得为属籍。行之十年，民勇于公战，怯于私斗。又以秦地旷而人寡，晋地狭而人稠，诱三晋之人耕秦地，优其田宅。而使秦人应敌于外。大率百人则五十人为农，五十人习战。凡民年二十三，附之畴官，给郡县一月而更，谓之'卒'。复给中都一岁，谓'正卒'。复屯边一岁，谓'戍卒'。凡战获一首，赐爵一级。皆以战功相君长。长平之役，年十五以上悉发，又非商鞅之旧矣。"① 这里说到"长平之役，年十五以上悉发，又非商鞅之旧矣"，指出秦昭襄王"自之河内""发年十五以上悉诣长平"，是兵制史上的新举措。马非百《秦集史·国防志》关于"边防兵之征发"据《文献通考》卷一四九《兵考一》，谓："秦制：民年二十三，附之畴官，给郡县一月而更，谓卒。复给中都一岁，谓正卒。复屯边一岁，谓戍卒。"又说："此平时之征发也。但亦有临时征发之，谓之谪戍。"② 不言"长平之役，年十五以上悉发"事。

### 2. 秦男子服役年龄

杨宽、吴浩坤主编《战国会要》卷一一八《兵六·征兵》"秦王闻赵食道绝，王自之河内，赐民爵各一级，发年十五以上悉诣长平，遮绝赵救及粮食"句后有编者按：

> 云梦《秦简》《大事记》载：喜，秦昭王四十五年生，秦始皇元年"傅"，登记服役。由此可知秦男子服役年龄为十五周岁始，与此印证。③

云梦睡虎地秦简《编年记》的相关文字，据整理小组释文：

① 徐复：《秦会要订补》，群联出版社 1955 年版，第 275—276 页。"民年二十三，附之畴官，给郡县一月而更，谓之'卒'"，又订正为"民年二十三，附之畴官，给郡县一月而更，谓之'更卒'"。（清）孙楷撰，徐复订补：《秦会要订补》，中华书局 1959 年版，第 286—287 页。张金光以为"附之畴官"的"附"，可读为"傅"。《秦制研究》，第 210 页。

② 马非百：《秦集史》，中华书局 1982 年版，下册第 700 页。

③ 杨宽、吴浩坤主编：《战国会要》，上海古籍出版社 2005 年版，下册第 1141 页。

册五年，攻大㢘壄（野）王。十二月甲午鸡鸣时，喜产。

……

今元年，喜傅。

《编年记》自"昭王元年"起。整理小组有这样的说明："昭王，秦昭王。《韩非子》、《史记·六国年表》作昭王，与简文同；《史记·秦本纪》作昭襄王。昭王元年为公元前306年。"关于"喜产"，整理小组注释："鸡鸣时，丑时，见《尚书大传》。喜，人名。产，诞生，下面'敢产'、'速产'等同例。"关于"喜傅"，整理小组注释："今，即古书中的今王、今上，指当时在位的帝王，此处指秦王政（始皇）。""傅，傅籍，男子成年时的登记手续，《汉书·高帝纪》注：'傅，著也。言著名籍，给公家徭役也。'据简文，本年喜十七周岁。汉制傅籍在二十或二十三岁。"① 注意到秦制傅籍和"汉制傅籍"年龄不同。

高敏认为："'喜'这个人从出生到公元前247年十二月才年满十五周岁，因此，公元前246年登记服役时，只能说已年满十五周岁，进入了十六岁。由此可见，秦始皇元年时的服役者是以年满十五周岁为成年标准的。"他说，秦昭王"发年十五以上悉诣长平"不是"偶然的特例"，而可证明"秦以十五周岁为成年标准之制"并非"始于秦始皇元年"，而是"早已有之"。"秦以十五周岁始役的规定，至晚在秦昭王时期已经有了，基本上可视为秦的定制。"②

张金光指出："古人计龄，本无所谓周岁、虚岁之分。其出生不论在年初或年末，生年即为一岁，逾年终则增岁。""喜自昭王四十五年（前262年）生，至始皇元年（前246年）傅，其间恰历十七个年头，应定为十七岁始傅。（不应说'十七周岁'，更非'十五周岁'）""秦'自占年'当在八月"，"喜至其傅年的八月已满十六周岁，亦断非十五周岁或十七周岁。喜于其所自作《编年记》中，录其十七岁始傅，这是奉行十七岁始傅制度

① 睡虎地秦墓竹简整理小组：《睡虎地秦墓竹简》，文物出版社1978年版，第5—6、8、11页；睡虎地秦墓竹简整理小组：《睡虎地秦墓竹简》，文物出版社1990年版，释文第5—6、8—9页。
② 高敏：《关于秦时服役者年龄问题的探讨——读〈云梦秦简〉札记兼批"四人帮"》，《云梦秦简初探》，河南人民出版社1979年版，第21—22页。

的铁证。凡种种离此之证，皆无法通过这个铁证。研究秦役政傅籍制度，应以此作为坐标定点，去解释其他矛盾现象，而绝不能削足适履。"他认为，秦昭王"发年十五以上悉诣长平"事，"究竟只不过是一个偶然的特例，而且毫无'十五周岁始傅'的意思。""正因为'发年十五以上'是违例的特殊事情，《史记》才特书之。"① 我们看到，论者虽然说"古人计龄，本无所谓周岁、虚岁之分"，在讨论中却依然使用"已满十六周岁"的说法。也许我们可以避开"所谓周岁、虚岁"的表述方式，却不能避开"计龄"需要保证精确度的事实。确实如论者所说，"睡虎地秦简《编年记》记载了喜这个家庭几个普通庶民男子的生年月名是很值得注意的"②，如果"计龄"只是简单地"逾年终则增岁"，只是按照所"历""年头"计算，那么出生"月名"记录甚至更为精确的如"十二月甲午鸡鸣时，喜产"一类记录又有什么意义呢？

今按：睡虎地秦墓竹简整理小组对于"喜"的年龄的计算看来是有问题的。秦昭王卅五年（前262）"十二月甲午鸡鸣时，喜产"，"今元年"（前246）"喜傅"。"喜傅"时如果在"十二月甲午"，只有十六周岁。如果在"十二月甲午"之前，则只有十五周岁，而绝对不是睡虎地秦墓竹简整理小组所说的"十七周岁"。

看来，杨宽等学者"由此可知秦男子服役年龄为十五周岁始，与此印证"的说法，还是有道理的。

有了这种"印证"，则可知秦昭襄王亲赴河内令"国中男子年十五者尽行"以"国中"为政策空间范围的说法大体可信，而《史记》卷一〇三《白起王翦列传》张守节《正义》和司马贞《索隐》"时已属秦，故发其兵"说以为"发年十五以上悉诣长平"仅限于"河内"地方的意见，似未可从。

### 3. "男子年十五以上"的意义

"年十五"，是男性未成年人年龄的高限。以生理条件成熟标志考虑，

---

① 《秦制研究》，第211—213页。
② 同上书，第804页。

据说"二八十六阳道通"。① "年十五"而具有成人的材力,被看作早熟异能。如《史记》卷一《五帝本纪》张守节《正义》引《帝王纪》言帝喾高辛事:"龁龀有圣德,年十五而佐颛顼。"秦汉时"年十五"以言行影响政局者,有张辟强故事。《史记》卷九《吕太后本纪》:"七年秋八月戊寅,孝惠帝崩。发丧,太后哭,泣不下。留侯子张辟强为侍中,年十五,谓丞相曰:'太后独有孝惠,今崩,哭不悲,君知其解乎?'丞相曰:'何解?'辟强曰:'帝毋壮子,太后畏君等。君今请拜吕台、吕产、吕禄为将,将兵居南北军,及诸吕皆入宫,居中用事,如此则太后心安,君等幸得脱祸矣。'丞相乃如辟强计。太后说,其哭乃哀。吕氏权由此起。乃大赦天下。九月辛丑,葬。太子即位为帝,谒高庙。元年,号令一出太后。"清人邵泰衢《史记疑问》卷上就此事批评陈平:"平媚吕者也。戮信醢越,不即斩哙,皆平之甘心左右之也。良之辟穀,虑吕祸而避之也。诸吕用事,平借辟强小儿以启端耳。至曰王诸吕无所不可,几覆刘矣。尚敢曰定刘氏后乎!"论者以为"辟强小儿"语只是陈平"媚吕""启端"之借口。

唐代名臣李德裕评论此事亦说:"扬子美辟强之觉陈平,非也。若以童子肤敏,善揣吕氏之情,奇之可也。若以反道合权,以安社稷,不其悖哉!授兵产、禄,几危刘氏,皆因辟强启之。向使留侯尚存,必执戈逐之,将为戮矣。"② 都以张辟强"小儿""童子"之见为非。扬雄《法言》卷七《重黎》则写道:"或问甘罗之悟吕不韦,张辟强之觉平、勃,皆以十二龄,茂、良乎? 曰:才也,茂、良不必父祖。"则肯定张辟强幼龄之"才"。

高敏讨论"秦以十五周岁始役"制度,举《全后汉文》卷九六班昭《为兄超求代疏》:"妾窃闻古者十五受兵,六十还之。"他以为:"这是说古时候服役的年龄标准是十五岁以上到六十岁以下。班昭是东汉人,秦国的情形,也应属于她所谓'古时'之列。"对照云梦秦简提供的数据可知,"班昭所说,确实包括秦制"③。今按,班昭文字,见《后汉书》卷七七《班超传》,不烦转自《全后汉文》。李贤注:"《周礼》'乡大夫'职曰:'国中七

---

① 《史记》卷四七《孔子世家》张守节《正义》:"男八月生齿,八岁毁齿,二八十六阳道通,八八六十四阳道绝。女七月生齿,七岁毁齿,二七十四阴道通,七七四十九阴道绝。"

② 《历代名贤确论》卷四一,文渊阁《四库全书》本。

③ 《云梦秦简初探》,第22—23页。

尺以及六十，野自六尺以及六十有五，皆征之。'征谓赋税从征役也。《韩诗外传》曰'二十行役，六十免役'，与《周礼》'国中'同，即知'二十'与《周礼》'七尺'同。《周礼》国中'六十'免役，野即'六十有五'，晚于国中五年。国中'七尺'从役，野'六尺'，即是野又早于国中五年。'七尺'谓'二十'，'六尺'即'十五'也。此言'十五受兵'，谓据野外为言，'六十还之'，据国中为说也。"

高敏又举居延汉简"大昌里不更李恽年十六"简例，认为这位李恽"在已经开始服兵役之后仍只有十六岁，可见他开始登记服役的年龄是十五周岁。"① 今按：所引简例完整简文为："葆　鸾鸟大昌里不更李恽年十六"（51.5）。"葆"字的出现，说明李恽未必是简单意义上的"服兵役者"。② 也许敦煌汉简中的如下简例更值得注意：

羊皮裘二领

相私从者敦煌始昌里阴□年十五　羊皮裤二两　☒

革履二两　　　　（1146）

"私从者"，或释为"私人的随从"③，所举正史记录为《汉书》卷六九《赵充国传》："愿罢骑兵，留弛刑应募，及淮阳、汝南步兵与吏士私从者，合凡万二百八十一人，用谷月二万七千三百六十三斛，盐三百八斛，分屯要害处。"从赵充国的军事计划看，"私从者"也是从军人员，与正规的"骑兵"、"步兵"同样列入作战系列之中，军需供应也自有份额。这位"年十五"的"阴□"，虽然可能不是正式的"服兵役者"，却也承担着大致与士兵同样的危难和辛劳。

高敏在有关论述的"增订"论证中，又提出了新的例证："还有《史

---

① 《云梦秦简初探》，第23页。

② 有关"葆"的简文，陈直以为反映"汉代戍所吏卒，亦用质保制度"。"盖吏卒妻子有居葆宫岁月既久者，其子又承袭为戍卒，此等兵士，虽分属各县，在名籍上加葆字以别之。"《居延汉简综论》，《居延汉简研究》，天津古籍出版社1986年版，第59—60页。

③ 李天虹：《居延汉简簿籍分类研究》，科学出版社2003年版，第74页。沈刚认同此说。《居延汉简语词汇释》，科学出版社2008年版，第115页。

记·项羽本纪》载项羽久攻外黄不下，及其'已降，项王怒，悉令男子年十五以上诣城东，欲坑之'。为什么项羽只想坑杀外黄城内十五岁以上的男子呢？原因就在于当时以十五岁成丁，正是这些十五岁以上的成丁男子在抵抗项羽攻城的缘故。因此，这一情况，也从一个侧面反映出秦制以十五岁成丁。"[①] 以项羽外黄杀降以"男子年十五以上"为年龄界点分析"秦制"，提出了有参考价值的意见。

### 4. 赋役制度"民年十五"界标

《汉书》卷一上《高帝纪上》：四年，"八月，初为算赋。"颜师古注："如淳曰：'《汉仪注》：民年十五以上至五十六出赋钱，人百二十为一算，为治库兵车马。'"又《后汉书》卷一下《光武帝纪下》李贤注引《汉仪注》曰："人年十五至五十六出赋钱，人百二十，为一筭。又七岁至十四出口钱，人二十，以供天子；至武帝时又口加三钱，以补车骑马。"

这样说来，似乎"年十五"也是一个重要的年龄分界。《后汉书》卷二《明帝纪》有"可以受六尺之托"语，李贤注："'六尺'，谓年十五已下。"也体现了"年十五"作为人生界目标意义。《后汉书》卷四七《班超传》载班昭上书，也有"妾窃闻古者十五受兵，六十还之，亦有休息不任职也"语，也就是说，年十五以前一般是"休息不任职"的。

另一史例对于认识当时"年十五"在人生阶段划分上的意义，或许也是有益的。《史记》卷五九《五宗世家》："江都易王非，以孝景前二年用皇子为汝南王。吴楚反时，非年十五，有材力，上书愿击吴。景帝赐非将军印，击吴。吴已破，二岁，徙为江都王，治吴故国，以军功赐天子旌旗。""年十五"自请击吴，得赐将军印"击吴"，也是少年从军的例证。刘非以"材力""军功"著名史册，"上书愿击吴"的事迹，在当时也可能属于非常情形。

《史记》卷一〇三《万石张叔列传》记述了汉初名臣"万石君"石奋的故事："万石君名奋，其父赵人也，姓石氏。赵亡，徙居温。高祖东击项籍，过河内，时奋年十五，为小吏，侍高祖。高祖与语，爱其恭敬，……"石奋"年十五，为小吏，侍高祖"，固然也是一种"役"，但是与一般兵役、劳役比较，有所不同。而汉代少年吏的普遍存在，反映着特殊的政治文化现象。①

银雀山汉简被归入《守法守令十三篇》中可能可以定名为《田法》篇的如下简文：

> ……与年十六以至十四皆（1540）
> 为半作……（0598）②

也体现了在当时的劳作中，"年十五"是作为未成年人看待的。所确定的工作指标是"半作"即成年劳力的一半。《盐铁论·未通》："古者，十五入大学，与小役；二十冠而成人，与戎。""与小役"和"与戎"的区别，是鲜明的。

彭卫、杨振红指出，"据居延汉简，官方对儿童尚有特定指称。简牍文书载录的年龄分层是：大男和大女，年龄在 15 岁以上；使男和使女，年龄在 7 岁至 14 岁；未使男和未使女，年龄在 2 岁至 6 岁。又据《居延新简》收录的简文，汉代尚有'小男'和'小女'概念，分别包括使男、未使男和使女、未使女。按照政府对各个年龄层所赋予的责任，大男和大女属于成年人，小男和小女属于未成年人，这意味着汉代政府有把成人年龄提早的倾向，年龄 15 岁以上的成童不仅要承担赋役，还要承担相应的法律责任。当

---

① 参看王子今《两汉的少年吏》，《文史》第 51 辑，中华书局 2000 年版。任吏较早的例子，有《史记》卷三〇《平准书》："（桑）弘羊，雒阳贾人子，以心计，年十三侍中。"《汉书》卷六八《霍光传》，霍光任为郎，"时年十余岁"。卷七六《王尊传》说，王尊"年十三，求为狱小吏"。卷八四《翟方进传》："方进年十二三，失父孤学，给事太守府为小史。"卷三六《刘向传》："年十二，以父德任为辇郎。"《后汉书》卷八〇上《文苑列传·黄香》："年十二，太守刘护闻而召之，署门下孝子。"秦史中有"甘罗十二为上卿"的故事，《史记》卷七一《樗里子甘茂列传》和《战国策·秦策五》都有记载。甘罗任外交官张扬国威的事迹较多传奇色彩，或有夸饰成分。但是十二岁少年在文信侯吕不韦属下承担公务的情形，可能是接近历史真实的。黄留珠曾经指出："有关秦以童子入仕的可靠记录，当属甘罗。"并以为这种所谓"童子仕"，可以列为秦"若干入仕特例"之一。《秦汉仕进制度》，西北大学出版社1985 年版，第 68—69 页。据《史记》卷八九《李斯列传》，秦始皇一代名相李斯，也曾"年少时，为郡小吏"。而刘邦集团的核心人物萧何、曹参等，在《史记》卷八《高祖本纪》中也被称作"少年豪吏"。

② 吴九龙释：《银雀山汉简释文》，文物出版社 1985 年版，第 96、46 页。

时流行的'年未满十五，过恶不在其身'的观念，① 当与此有关。"② 论者关于"大男和大女属于成年人，小男和小女属于未成年人"，"'小男'和'小女'概念，分别包括使男、未使男和使女、未使女"等意见，都是值得重视的。然而，"这意味着汉代政府有把成人年龄提早的倾向"的说法，似乎还可以讨论。③ 也许相关现象未必"意味着汉代政府有把成人年龄提早的倾向"，在某种意义上或许可以理解为秦制某种历史惯性的反映。

### 5. 秦军中的少年士兵

秦军中存在少年士兵的情形，可以通过文物数据得以证实。

以秦俑军阵为例。据《秦始皇陵兵马俑坑一号坑发掘报告（1974—1984）》，发掘出土的军人模型有的有胡须，有的没有胡须。"无胡须"的，只是"少数"④。胡须的"制作"，"与表现具体形象的年龄、个性和习尚有关"⑤。秦兵马俑坑出土的军官俑和士兵俑，有一部分不表现胡须，突出显示出"年龄"特征。"标本T10K：110号俑，为头绾圆锥形发髻，身穿长襦的步卒俑。窄狭的额头，面颊肌肉丰满，下巴宽大浑厚。面容流露出天真的稚气，是个年青的小战士的形象（图版一三三：1）。"⑥ 今按：标本T10K：110号俑为图版一三三：1，标识错误，应为图版一〇一：2。其面容表情表现出"天真的稚气"的"小战士的形象"，还有图版一〇五：2所见T19D8：6，图版一一六：2所见T10G6：29和图版一二五：4所见T2G2：93等。⑦ 有研究者提示人们注意"G8、12号俑，……嘴上无胡须，容貌年轻，脸上

---

① 原注：《后汉书·来歙列传附曾孙历》。

② 彭卫、杨振红：《中国风俗通史·秦汉卷》，上海文艺出版社2002年版，第354页。今按：其实，所谓"又据《居延新简》收录的简文，汉代尚有'小男'和'小女'概念"的说法，似可修正。《居延汉简甲乙编》中已经出现"'小男'和'小女'"。如29.2。

③ 参看王子今《两汉社会的"小男""小女"》，《清华大学学报》（哲学社会科学版）2008年第1期。

④ 王玉清：《秦俑面形和表情》，《文博》1984年第1期。论者还指出："不留胡须，显得他更加年轻和举动敏捷干练。"

⑤ 陕西省考古研究所、始皇陵秦俑坑考古发掘队：《秦始皇陵兵马俑坑一号坑发掘报告（1974—1984）》，文物出版社1988年版，上册第144页。

⑥ 《秦始皇陵兵马俑坑一号坑发掘报告（1974—1984）》，上册第150页，下册第106页。

⑦ 同上书，下册第110、121、130页。

带有稚气，好像刚入伍的新兵"。①

有研究者曾经指出，秦俑以仿拟形式个体表现的对象，有"带怯生生神情的""恭谨从命的小兵"②。有学者通过认真观察分析，发现秦俑中的士兵俑，有的"年轻幼稚"。③ 有学者认为"武士俑"中，有"刚刚入伍的年轻战士"，有"遵命唯谨的小卒"。④

这些艺术形象，其实提出了关于秦军士兵从役年龄的新的信息。

相信通过继续发掘和深入研究，还将有新的发现。我们可以通过对这些物证的细致考察和认真研究，得到进一步的更明朗的认识。

### 6. 言"小子军"之"刘子《别录》"考

董说《七国考》引"刘子《别录》"说到秦的"小子军"，然不详所据。秦"小子军"亦未见其他文献。而文渊阁《四库全书》本《七国考》凡十引《别录》，九称"刘向《别录》"⑤，只有言秦"小子军"一例称"刘子《别录》"，也不免使人疑惑。

不过，即使"刘子《别录》"在文献史上年代稍晚，对于"长平之役，国中男子年十五者尽行，号为'小子军'"的历史评议，依然是值得重视的。

我们读到一位曾经自称"刘子"的宋代学者刘敞对同一史事的议论。

---

① 《秦俑面形和表情》，《文博》1984 年第 1 期。
② 闻枚言、秦中行：《秦俑艺术》，《文物》1975 年第 10 期。
③ 徐卫民：《秦兵马俑艺术特点浅析》，《艺术贵族》1993 年第 2 期。
④ 王学理：《雄浑的气魄　写实的艺术——论秦俑艺术的历史地位》，《中国考古学研究论集》，三秦出版社 1987 年版。
⑤ 《七国考》卷一《魏职官》"犀首"条："刘向《别录》云：犀首，大梁官名。公孙衍尝为是官，因号'犀首'，盖以官号也。"《七国考》卷四《田齐宫室》"稷门"条："刘向《别录》：稷门，齐城门也。谈说之士期会于稷门之下，故曰'稷下'。"《楚宫室》"太室"条："据刘向《别录》云：楚有太室，王游焉。"《韩宫室》"高门"条："刘向《别录》云：韩宫室之美，有桑林、高门，金玉布列，五色错举。"《七国考》卷八《秦器服》"相印"条："刘向《别录》云：秦惠文王置相印，虎钮白趾。"《七国考》卷一一《田齐兵制》"威王兵法"条："刘向《别录》：齐威王用兵，大放穰苴之法，而诸侯朝。"《七国考》卷一二《楚刑法》"鸡次之典"条："刘向《别录》曰：楚法书曰《鸡次之典》，或曰《离次之典》。'离次'者，失度之谓也。秦灭楚，书遂亡矣。"《韩刑法》"刑符"条："刘向《别录》云：今民间所有上下二篇，中书六篇，皆合二篇，已备，过太史公所记也。"《七国考》卷一四《燕琐征》"黍谷"条："刘向《别录》曰：邹子在燕，燕有黍谷，地美而寒，不生五谷。邹子居之，吹律而温气至，今名黍谷。"

刘敞有《寓辩》一文，其中这样写道：

> 臣闻秦战长平，民年十五者必赴焉。秦王又爵民于河内，以与赵战，连时而不解。臣窃度之：秦名胜赵，其众固已困矣。非十五者不可用，其民固已竭矣。

这篇文字收入《公是集》卷四八《杂著》。论者指出，秦"与赵战"，取"民年十五者必赴"的政策，虽"名胜赵"，然而"其众固已困矣"，"其民固已竭矣"。这样的批评，与西汉政论家伍被所谓"百姓力竭"[①]，贾山所谓"百姓任罢"，"力罢不能胜其役"[②]，以及《盐铁论》所谓"人罢极"[③]，"百姓不胜其求"[④]，都是一致的。与此相关，晁错所谓"祸烈"[⑤]，《淮南子》所谓"苦烈"[⑥]，都体现了人们对秦政风格的历史感觉。然而正是因为能够极大限度地开发人力资源，极大限度地调动全社会的积极性和能动性，甚至包括调发未成年人从军，秦人方能够"蚕食诸侯，并吞战国"[⑦]，实现统一。贾山《至言》所谓"秦政力并万国，富有天下，破六国以为郡县"[⑧] 的历史性的成功，应当也是与"国中男子年十五者尽行"的兵役形式有关的。而秦统治下的未成年人被迫付出的历史牺牲，也为秦帝国的成立准备了条件。

　　至于秦"小子军"的名义，虽然在我们民族文化的历史记忆中并没有形成十分响亮的回声，却因反映了一种特殊制度的曾经发生，值得秦史研究者重视。就征发未成年人参与战争实践的组织形式而言，"小子军"与后世所谓"童子军"的历史关系，或许也有探究的必要。

---

① 《史记》卷一一八《平津侯主父列传》。
② 《汉书》卷五一《贾山传》。
③ 《盐铁论·结和》。
④ 《盐铁论·诏圣》。
⑤ 《汉书》卷四九《晁错传》。
⑥ 《淮南子·泛论》。
⑦ 《史记》卷一一八《平津侯主父列传》载主父偃语、严安语，《盐铁论·褒赏》载文学语。
⑧ 《汉书》卷五一《贾山传》。

# 长沙东牌楼汉简"津卒"称谓及相关问题

长沙东牌楼简可见"津卒"称谓。秦汉时期交通建设和交通管理的若干历史特征可以因相关问题的讨论有所说明。

### 1. 简文所见"津卒"

2004 年 4 月至 6 月出土于长沙东牌楼 7 号古井的东汉末期简，其中可见"津卒"字样：

> 出钱·雇东津卒五人四月直　☑（130）

简文内容体现了某种以"钱"支付"雇""直"的经济关系。因为文字残缺，我们不能确切解说完整的文意。但是"津卒"称谓以"卒"标示的身份特征，却透露出比较重要的历史文化信息。

同一批简中有"津史"（78A）称谓与"捕盗史"（78A）、"金曹"（78B）等并列。简文所见"津卒"应与"津史"存在某种关联。

"卒"的身份与交通实践相关的史例颇多。

居延汉简可见"戍卒"、"隧卒"、"卒"兼任"车父"的情形：如"戍卒梁国睢阳第四车父宫南里马广"（303.6，303.1），"木中隧卒陈章车父"（E. P. T50：30），"第卅二卒王弘车父"（E. P. T57：60）等。简文又直接可见"车父卒"（484.67，E. P. T52：167）与"车父车卒"（83.5A）称谓。"车父"同时又身为"卒"，当大致与主要以转输为职任的《汉书》卷二四上《食货志上》所谓"漕卒"、《后汉书》卷一七《岑彭传》所谓"委输棹卒"身份相近。①

据《史记》卷二九《河渠书》，漕渠的开通，可以"损漕省卒"。也说明漕运的主体力量是士兵。

---

① 王子今：《居延汉简所见〈车父名籍〉》，《中国历史博物馆馆刊》1992 年总第 18、19 期；《关于居延"车父"简》，《简帛研究》第 2 辑，法律出版社 1996 年版。

又如"邮卒",这一称谓在正史中出现相当晚,大约宋代以后才频繁见诸文献。①《新唐书》卷一七四《元稹传》:"徙浙东观察使。明州岁贡蚶蛤,邮子万人,不胜其疲。稹奏罢之。"宋人施宿等撰《会稽志》卷二则书"邮子"为"邮卒":"元稹长庆三年八月自同州防御使授,大和三年九月拜尚书左丞。按唐本传:自同州刺史徙观察使,明州岁贡蚶役,邮卒万人,不胜其疲。稹奏罢之。"②《会稽志》"邮卒",使用的是宋时说法。然而居延汉简已经可以看到"邮卒"称谓,如:

> 正月辛巳鸡后鸣九分不侵邮卒建受吞远邮
> ……
> 卒福壬午禺中当曲卒光付受降卒马印 (E. P. T51：6)

居延汉简文字遗存中又有"驿卒":

> ▢年縢长育受武强驿卒▢▢ (E. P. T49：11B)
> 入北第一橐书一封 　（以上为第一栏）
> 居延丞印十二月廿六日日食一分受武强驿卒冯斗即
> 弛刑张东行 (E. P. T49：28)
> ▢□分万年驿卒徐讼行封橐一封诣大将军合檄一封付武强驿卒无印
> (E. P. T49：29)
> 正月廿五日参餔时受万年驿卒徐讼合二封武强驿佐柃惜

---

① 如《宋史》卷三五三《张叔夜传》:"加直学士,徙济南府。山东群盗猝至,叔夜度力不敌,谓僚吏曰:'若束手以俟援兵,民无噍类,当以计缓之。使延三日,吾事济矣。'乃取旧赦贼文,俾邮卒传至郡,盗闻,果小懈。叔夜会饮谯门,示以闲暇,遣吏谕以恩旨。盗狐疑相持,至暮未决。叔夜发卒五千人,乘其惰击之。盗奔溃,追斩数千级。以功进龙图阁直学士、知青州。""邮卒"称谓又见于彭乘《墨客挥犀》卷五,洪迈《夷坚志》甲卷三"刘承节马",卷靖《武溪集》卷二〇《墓志下·太常少卿李君墓志铭》,苏颂《苏魏公文集》卷六〇《墓志·太常少卿李君墓志铭》,彭龟年《止堂集》卷九《策问·策问十道》等。

② 《资治通鉴》卷二四〇则记述:"初国子祭酒孔戣为华州刺史,明州岁贡蚶蛤淡菜,水陆递夫劳费。戣奏疏罢之。"清人姜宸英《湛园札记》卷二:"华州刺史孔戣奏罢明州贡海味淡菜蚶蛎,而《元稹传》复云:明州岁贡蚶役,邮子万人,稹奏罢之。岂戣奏后已停而复贡耶?抑独贡蚶之例未停耶?元事本白乐天《元志铭》。"

（E. P. T49∶45A）①

走马楼三国吴简中已经整理出版的竹简（壹）、竹简（贰）和竹简（叁）中出现"邮卒"身份的简例超过八十例，又可见所谓"给驿兵"情形。② 简牍资料中所见"驿卒"、"驿兵"称谓，也体现出交通通信体系的管理是军事化的。张家山汉简《二年律令》中的《行书律》规定，"十里置一邮"，特殊地方"廿里一邮"或"卅里一邮"，"令邮人行制书、急书、复，勿令为它事"。然而由所谓"畏害及近边不可置邮者，令门亭卒、捕盗行之"③，则可知西汉早期"邮人"和"卒"身份的交错，也是常见的情形。

以"邮卒"、"驿卒"传递军事情报和军事命令，很可能是国家邮驿体系生成的最初背景。

### 2. "津卒"身份与"津"的管理形式

"津卒"身份，也说明了"津"日常管理的军事化形式。《艺文类聚》卷四四引《琴操》：

> 《箜篌引》者，朝鲜津卒霍子高所作也。子高晨刺舡而濯。有一狂夫，被发提壶而渡，其妻追止之，不及，堕河而死。乃号天嘘唏，鼓箜篌而歌，曲终投河而死。子高援琴，作其歌声，故曰《箜篌引》。

"朝鲜津卒霍子高"故事所谓"子高晨刺舡而濯"，《太平御览》卷三九六引

① 中国社会科学院考古研究所：《居延汉简甲乙编》，中华书局 1980 年版；谢桂华、李均明、朱国炤：《居延汉简释文合校》，文物出版社 1987 年版；甘肃省文物考古研究所、甘肃省博物馆、中国文物研究所、中国社会科学院历史研究所：《居延新简：甲渠候官》，中华书局 1994 年版。

② 长沙市文物考古研究所、中国文物研究所、北京大学历史学系走马楼简牍整理组：《长沙走马楼三国吴简·竹简（壹）》，文物出版社 2003 年版；长沙简牍博物馆、中国文物研究所、北京大学历史学系走马楼简牍整理组：《长沙走马楼三国吴简·竹简（贰）》，文物出版社 2007 年版；《长沙走马楼三国吴简·竹简（叁）》，文物出版社 2008 年版。参看王子今《走马楼简所见"邮卒"与"驿兵"》，《吴简研究》第 1 辑（崇文书局 2004 年版）；赵宠亮：《吴简邮驿人员称谓补议》，《吴简研究》第 2 辑（崇文书局 2006 年版）。

③ 张家山二四七号汉墓竹简整理小组：《张家山汉墓竹简〔二四七号汉墓〕》，文物出版社 2001 年版，释文注释第 169 页。

《乐府解》说"子高晨起刺船""乱流而渡"。似反映"津卒"致力于摆渡劳作的事实，则与"车父卒"、"车父车卒"情形相同。《文献通考》卷一三七《乐考十·丝之属·雅部》说："竖箜篌，胡乐也。……高丽等国有竖箜篌、卧箜篌之乐。其《引》则朝鲜津卒樗里子高所作也。汉灵帝好此乐，后世教坊亦用焉。"① "朝鲜津卒霍子高"或"朝鲜津卒樗里子高"故事的发生，应当在"汉灵帝"时代之前。

　　交通运输管理军事化的情形，有利于保证交通效率。但是"车卒"、"漕卒"、"棹卒"、"邮卒"、"驿卒"等交通实践者的人身自由和行为方式，都会因"卒"的军人身份受到限定。

　　秦汉时期交通建设首先服务于政治和军事，一般平民只能在有限的条件下利用交通设施。社会一般成员对交通事业的参与，往往只能以"卒"的身份，通过"役"这种完全被动的形式实现。《后汉书》卷四《和帝纪》记载："旧南海献龙眼、荔支，十里一置，五里一候，奔腾阻险，死者继路。时临武长汝南唐羌，县接南海，乃上书陈状。帝下诏曰：'远国珍羞，本以荐奉宗庙。苟有伤害，岂爱民之本。其敕太官勿复受献。'由是遂省焉。"李贤注引《谢承书》写道："唐羌字伯游，辟公府，补临武长。县接交州，旧献龙眼、荔支及生鲜，献之，驿马昼夜传送之，至有遭虎狼毒害，顿仆死亡不绝。道经临武，羌乃上书谏曰：'臣闻上不以滋味为德，下不以贡膳为功，故天子食太牢为尊，不以果实为珍。伏见交阯七郡献生龙眼等，鸟惊风发。南州土地，恶虫猛兽不绝于路，至于触犯死亡之害。死者不可复生，来者犹可救也。此二物升殿，未必延年益寿。'帝从之。"对于汉代远路岁贡荔枝，《三辅黄图》卷三《扶荔宫》也有"邮传者疲毙于道，极为生民之患"的记述。汉"樱桃转舍"瓦当，或许也与此类运输活动有关。② 为了完成服务于皇家消费生活需要的这种特殊的运输任务，许多身份为"卒"的"邮传者"甚至"顿仆死亡不绝"。

---

　　① 原注："樗里子高晨刺船，有一白首狂夫，披髪提壶，乱流而渡。其妻止之不能，及竟溺死。于是凄伤，援琴作歌而哀之，以象其声，故曰《箜篌引》。"中华书局1986年版，上册第1215页。

　　② 陈直《秦汉瓦当概述》："樱桃转舍，淳化甘泉宫遗址，石索六，七十页，孙星衍旧藏，一见。按：此为西汉传舍之瓦，樱桃为传舍之名……"《摹庐丛著七种》，齐鲁书社1981年版，第352页。

### 3. 关于"关卒"

以"卒"的身份参与交通管理，而与"津卒"相近者，又有史籍所见"关卒"。中国古代民间商业活动发展的交通条件，因交通管理体制的特征受到一定程度的限制。"关"的设置，是交通管理军事化的典型例证。"卒"在社会交通行为中，又成为限制交通的社会角色。史籍所见汉代征收关税的最早的明确记载，是《汉书》卷六《武帝纪》所谓太初四年（前101）冬"徙弘农都尉治武关，税出入者以给关吏卒食"。以军事长官治关以及"关卒"身份，都说明了"关"的管理的特征。《史记》卷一二一《酷吏列传》说，汉武帝时，酷吏宁成任为关都尉，一时出入关者号曰："宁见乳虎，无值宁成之怒！"可见关吏稽察之谨严及税收之苛重。司马迁记述，"宁成家居，上欲以为郡守。御史大夫弘曰：'臣居山东为小吏时，宁成为济南都尉，其治如狼牧羊。成不可使治民。'上乃拜成为关都尉。"《汉书》卷九〇《酷吏传·义纵》："岁余，关吏税肆郡国出入关者，号曰：''宁见乳虎，无直宁成之怒。'其暴如此。"据《汉书》卷一九下《百官公卿表下》，公孙弘任御史大夫为元朔三年至五年，即公元前126至前124年。如"税肆"之说成立，则非正式的关税征收，其初始又早于太初四年"税出入者"。政府通过关税制度强行分享商运与私营运输业经济收益的具体情形，可由税率得到反映。从成书于西汉晚期至东汉初期的数学名著《九章算术》中提供的史料看，当时关税税率大约较高，有时或可至于"二而税一"，在一条运输在线往往关梁重设，税率因关梁所在和货物性质有所不同。①

关税税率不一，可能与中央政府对于各个地区实际控制程度不同，因而

---

① 《九章算术·衰分》中有算题："今有甲持钱五百六十，乙持钱三百五十，丙持钱一百八十，凡三人俱出关，关税百钱。欲以钱数多少衰出之，问各几何。"答案为甲51钱，乙32钱，丙16钱，关税为出关"持钱"的9.17%。又如《九章算术·均输》中算题："今有人持金十二金出关。关税之，十分而取一。今关取金二斤，偿钱五千。问金一斤值钱几何。"关税率"十分而取一"，与前题相近。然而有些算题所反映的关税率之高则达到惊人的程度。如："今有人持米出三关，外关三而取一，中关五而取一，内关七而取一，余米五斗。问本持米几何。答曰：十斗九升八分升之三。"持米近11斗，出三关后仅"余米五斗"。又如："今有人持金出五关，前关二而税一，次关三而税一，次关四而税一，次关五而税一，次关六而税一。并五关所税，适重一斤。问本持金几何。答曰：一斤三两四铢五分铢之四。"出五关后，所缴纳税金竟然超过"本持金"的83.3%。

经济政策也有所区别有关。① 关的意义首先在于军事政治方面的隔闭，"闭关绝约"② 以及"开关通币"③，往往首先出于军事政治需要。在秦汉大一统政体下，关仍有防制地方割据势力的作用，如《汉书》卷九四下《匈奴传下》所谓"自中国尚建关梁以制诸侯，所以绝臣下之觊欲也"。然而关税征收至于"二而税一"，似毕竟过高，估计是特定时期特定地区的特定制度。战国时期虽然有所谓"苛关市之征"④、"重关市之赋"⑤ 的政策，然而我们对于当时的关税征收率尚缺乏具体、确切的认识。《三国志》卷二《魏书·文帝纪》载《庚戌令》："轻关津之税，皆复什一。"大约东汉晚期"关津之税"的税率是远远超过"什一"的。汉代对某些物资曾实行关禁或特殊关税政策。⑥《列女传》引《汉法》曰："内珠入关者死。"⑦《战国策·秦策五》记载，吕不韦决计进行政治投资，助异人归秦时，与其父曾有"珠玉之赢几倍？曰：'百倍'"的讨论。设想关禁若开，必当征收高额关税。⑧

史籍既然有"关津之税"的说法，则"津卒"与"关卒"相类同，很可能也有承担税费征收的职能。

## 长沙东牌楼汉简所见"津史"

长沙东牌楼东汉简可见"津史"称谓，整理者以为"'津史'，史籍

---

① 李剑农曾论述两汉"特殊地区之特殊赋税"，举引《汉书》卷二四下《食货志下》："汉连出兵三岁，诛羌，灭两粤，番禺以西至蜀南者置初郡十七，且以其故俗治，无赋税。"又指出，"其他有自秦以来征服之蛮族在今川、鄂、湘、黔边隅者，至后汉时期，犹未能与中原各郡输同等之租赋者。"见《先秦两汉经济史稿》，三联书店1957年版。

② 《史记》卷七〇《张仪列传》。

③ 《史记》卷七六《平原君虞卿列传》。

④ 《荀子·富国》。

⑤ 《商君书·垦令》。

⑥ 如《史记》卷一一三《南越列传》："高后时，有司请禁南越关市铁器。（尉）佗曰：'高帝立我，使通物，今高后听谗臣，别异蛮夷，隔绝器物，……'"

⑦ 《太平御览》卷八〇三引《列女传》："珠崖令苯官，妻息送丧归。汉法：内珠入关者死。妻弃其系臂珠。男年九岁，好而取之，置其母镜奁中。母不知也。至关，吏搜索得珠，问谁当坐者。前妻子初曰：初当坐之。继母请吏曰：幸无劾儿，诚不知也，妾当坐。初又曰：夫人哀初之孤，欲以活初耳。因号泣，傍人莫不酸鼻陨涕。关吏执笔不能就一字，乃曰：母子有义如此，吾宁坐之？不忍加文，又且相让，安知孰是。乃弃珠而遣之。"

⑧ 实际上珠长期是边关贸易主要转运物资之一。《汉书》卷二八下《地理志下》说，粤地"处近海，多犀、象、毒冒、珠玑、银、铜、果、布之凑，中国往商贾者多取富焉"，南洋航路开通，也与"应募者俱入海市明珠"有关。

未见"，应为"专掌修治津梁道路"的"郡、县列曹属吏"。其说不确。《通典》卷四〇说到"诸仓关津史"，我们还应注意到东汉史籍有"津吏"，而"史""吏"二字往往通假。"津史"、"津吏"之职能似与关吏同，主要是检查，控制出入经过，而并非交通建设，至少不是"专掌修治津梁道路"。

### 1. "津史"简例

长沙东牌楼东汉简可见体现"津史"身份的简文。简78，整理者定名为"某日判案事目"者释文如下：

> （正面）
> 1 津史唐存、捕盗史黄敷、牛者赵周索取钱粮□。
> 2 □□人男子邓还、邓甫对斗，皆□从。
> 3 □□□□男子胡呆杀李□妻妾□。（78A）
> （背面）
> 欲见金曹米史，敕令来。（78B）

关于"津史"，整理者注释："'津史'，史籍未见，应为郡、县列曹属吏之一，专掌修治津梁道路。"[①]

今按："津史"并非不见于史籍。《通典》卷四〇《职官二十二·秩品五·大唐官品》写道：

> 七品：太子亲勋翊卫府史；门下省主节；诸掌固；太史监历生；天文观生；诸仓关津史；亲王府典军下史；诸仓计史。

题注："大唐开元二十五年制定。"其中"诸仓关津史"，自然是包括"津史"的。《通典》该卷又写道：

---

① 长沙市文物考古研究所、中国文物研究所：《长沙东牌楼东汉简牍》，文物出版社2006年版，第106—107页。

右内外文武官员凡万八千八百五。文官万四千七百七十四，武官四千三十一；内官二千六百二十，外官州、县、折冲府、镇、戍、关、庙、岳、渎等万六千一百八十五。

内职掌斋郎、府史、亭长、掌固、主膳、幕士、习驭驾士、门仆、陵户、乐工、供膳、兽医、学生、执御、门事、学生、后士、鱼师、监门校尉、直屯、备身、主仗、典食、监门直长、亲事帐内等，外职掌州县仓督、录事佐史、府史、典狱、门事、执刀、白直、市令、市丞、助教、津史、里正及岳庙斋郎、并折冲府旅师队正、队副等总三十四万九千八百六十三。内三万五千一百七十七，外三十一万四千六百八十六。

都计文武官及诸色胥史等总三十六万八千六百六十八人。制为九品，各有从。自四品以下，亦分上下阶。大抵多因隋制。

其中也说到"津史"。可见"'津史'，史籍未见"之说不确。从唐代制度看，所谓"应为郡、县列曹属吏之一"的意见也存在疑问。从《通典》有关"大唐官品"的内容看，事实似乎并非如此。

**2. "津史""津吏"说**

如果说"'津史'，史籍未见"，是指东汉"史籍未见"，则应注意到东汉史籍有"津吏"。《后汉书》卷八二上《方术列传上·段翳》：

段翳字符章，广汉新都人也。习《易经》，明风角。时有就其学者，虽未至，必豫知其姓名。尝告守津吏曰："某日当有诸生二人，荷担问翳舍处者，幸为告之。"后竟如其言。又有一生来学，积年，自谓略究要术，辞归乡里。翳为合膏药，并以简书封于筒中，告生曰："有急发视之。"生到葭萌，与吏争度，津吏棁破从者头。生开简得书，言到葭萌，与吏斗头破者，以此膏裹之。生用其言，创者即愈。生叹服，乃还卒业。

《列女传》卷六《辩通传·赵津女娟》："赵津女娟者，赵河津吏之女，赵简子之夫人也。初简子南击楚，与津吏期。简子至，津吏醉卧不能渡，简子欲杀之。"娟进言救父，又为简子渡，"简子归乃纳币于父母而立以为夫人。"似乎"津吏"官职先秦时期就已出现。而《列女传》成书于西汉晚期的事实值得注意。东汉人的著作《吴越春秋》说伍子胥事迹也出现"津吏"。①《华阳国志》卷一〇中《广汉士女》"仲鱼谦冲"条写道：

> 羊耆，字仲鱼，郪人也。父甚为交州刺史，卒官。耆迎丧，不敢取官舍一物。郡三察孝廉，公府辟，州别驾，皆不应。太守尹奉，弃刑名，行礼乐，请为功曹。刺史必欲借耆自佐，不得已，为别驾，后为太守孙宝、蔡茂、役讽功曹。当欲渡津，津吏滞，停车待之三日。将宿中亭，中有县吏，引车避之。为野王令。

据任乃强考定，"耆盖两汉间人"②。东汉以后"津吏"又见于《晋书》卷六《元帝纪》、《宋书》卷二二《乐志四》、《梁书》卷五五《豫章王综传》、《魏书》卷三六《李式传》③ 等。

讨论汉代官职称谓时应当注意一个重要的事实，就是"史""吏"二字往往通假。朱起凤《辞通》举"吏书"通"史书"诸例，指出："'史'即'吏'字。《汉书·贾谊传》：'不习为吏，而视已事。'贾谊《新书·保傅》篇：'不习为史，视已成事。''为史'即'为吏'也。又《游侠·陈遵传》：'为京兆史'，即京兆吏。《后汉书·崔骃传》：'掾吏叩头谏。'注：'刘攽曰：案文吏当作史。'盖两字形近义通，故古多互用。"④ 高亨《古字通假会典》也有"史与吏"条："《礼记·王制》：'史以狱成告于正。'《孔子家语·刑政》史作吏。〇《大戴礼·保傅》：'不习为吏。'《贾子新书·保傅》吏作史。〇《史记·张丞相列传》：'吏今行斩之。'《汉书·申屠嘉传》吏作史。〇《吕氏春秋·去宥》：'史搏而束缚之。'《列子·说符》史作吏。〇《吕氏春秋·具备》：'请近吏二人于鲁君。'《孔子家语·屈节》

---

① 《吴越春秋》卷二《阖闾内传》："子胥曰：'椒丘欣者，东海上人也。为齐王使于吴，过淮津，欲饮马于津。津吏曰：水中有神，见马即出，以害其马。君勿饮也。……'"

② 任乃强：《华阳国志校补图注》，上海古籍出版社 1987 年版，第 575 页。

③ 又《北史》卷三三《李式传》。

④ 朱起凤：《辞通》，上海古籍出版社 1982 年版，上册第 241 页。

吏作史。"① 从这一认识出发，可知"津史"就是"津吏"。有关东牌楼简所见"津史"，可以联系史籍中涉及"津吏"的内容帮助理解。

《通典》有"津史"而未见"津吏"。而《旧唐书》卷四四《职官志三·州县官员》"关令"条说到"津吏"：

> 上关：令一人，从八品下。丞二人。正九品下。录事一人，有府、史、典事。津吏八人。
> 中关：令一人，正九品下。丞一人。从九品下。录事一人，津吏六人。
> 下关：令一人，从九品下。津吏四人。关令各有府、史。

《通典》无"津吏"而《旧唐书》无"津史"，可知《通典》"津史"与《旧唐书》"津吏"很可能是同一官职。如此，则"'史'即'吏'字"，"两字形近义通，故古多互用"的情形，到唐代依然存在。

### 3. "津史"的职任

从上述资料看，东牌楼东汉简整理者关于"津史""专掌修治津梁道路"的意见，可能也是未必成立的。整理者提出"'津史'，……应为郡、县列曹属史之一"的看法，或许与简文中和"津史"同时出现"捕盗史"以及"金曹米史"身份的情形有关。

"津史"即"津吏"，应是管理津渡的官员，或者说是管理关津的官员。从出土汉简资料看，"津关"往往连称。② 史籍亦多见有关"津关"③、

---

① 高亨：《古字通假会典》，齐鲁书社1989年版，第417页。
② 如居延汉简："县河津门亭"（7.33），"门亭鄣河津金关毋苛止录复传敢言之"（36.3），"自致张掖逢过河津关如律令"（37.2），"一编县道河津金关毋苛止如律令敢言"（43.12A），"河津金关毋苛留"（97.9），"移过所县道河津关……"（170.3A），"所县河津关遣"（192.29），"移过所河津金关毋苛留止如律令"（218.2），"乘□□过所县河津"（218.78），"过所县河津请遣……"（303.12A），"谒移过所县邑门亭河津关毋苛留敢言之"（495.12，506.20A），敦煌汉简："龙勒写大鸿胪挈令津关"（2027）。
③ 《史记》卷六《秦始皇本纪》引贾谊《过秦论》："秦并兼诸侯山东三十余郡，缮津关，据险塞，修甲兵而守之。"《史记》卷一一《孝景本纪》：四年后九月，"复置津关，用传出入"。《淮南子·兵略》："碕路津关，大山名塞，龙蛇蟠，却笠居，羊肠道，发笱门，一人守隘，而千人弗敢过也，此谓地势。"

"关津"① 的记录。"津吏""津史"之职能似与"关吏"同②，主要是检查，控制出入经过津渡的人员，维护津渡通行秩序，而并非负责"津"的交通建设，至少不是"专掌修治津梁道路"。

# "车父"与《车父名籍》

居延出土汉简中可见出现"车父"字样的简文。"车父"称谓未见于史籍，然而就现有资料所知"车父"活跃于汉代边地军事生活与经济生活中的事实，使得人们不能忽视其历史作用。

"车父"身份、职任之研究，应当有助于更全面地分析汉代军役制度，更全面地分析汉代运输组织形式。

"车父"称谓涵义的说明，不仅能够增进对河西汉塞防卫形式和军事生活的理解，也可以丰富对汉代社会史的认识。中国古代交通史的一个侧面，或许也可以因此得到予以说明的条件。

### 1.《车父名籍》遗存

居延汉简涉及"车父"的简文，可辑录数十例。其中可能属于所谓"车父名籍"者，以其文例之整齐尤其引人注目。如：

---

① 《汉书》卷九九中《王莽传中》："吏民出入，持布钱以副符传，不持者，厨传勿舍，关津苛留。"《三国志》卷三《魏书·文帝纪》裴松之注引《魏书》载《庚戌令》："关津所以通商旅，⋯⋯设禁重税，非所以便民。"《三国志》卷二八《魏书·毌丘俭传》裴松之注引俭、钦等表："远迎乘舆，有宿关津，使驿书不通，擅复征调。"

② 《汉书》卷三〇《艺文志》："《关尹子》九篇。名喜，为关吏，老子过关，喜去吏而从之。"是先秦时期就有"关吏"。汉代"关吏"职务的存在，见《汉书》卷六《武帝纪》："徙弘农都尉治武关，税出入者以给关吏卒食。"《汉书》卷六四下《终军传》："初，军从济南当诣博士，步入关，关吏予军繻。军问：'以此何为？'吏曰：'为复传，还当以合符。'军曰：'大丈夫西游，终不复传还。'弃繻而去。军为谒者，使行郡国，建节东出关，关吏识之，曰：'此使者乃前弃繻生也。'"《汉书》卷七四《魏相传》："河南老弱万余人守关欲入上书，关吏以闻。"《汉书》卷九〇《酷吏传·义纵》："上乃拜成为关都尉。岁余，关吏税肆郡国出入关者，号曰：'宁见乳虎，无直宁成之怒。'其暴如此。"《三国志》卷一九《魏书·陈思王植传》裴松之注引《魏略》："初植未到关，自念有过，宜当谢帝。乃留其从官着关东，单将两三人微行，入见清河长公主，欲因主谢。而关吏以闻，帝使人逆之，不得见。"

（1）●新野第一车父连☑（145.4）

　　　　　　　　　　　　☑

（2）父城第一车父南阳里执毋适☑

　　　　　　　　　　☑（E. P. T56：68）

（3）第三车车父与（E. P. T52：209）

　　　　　　　　　　　　　　锸二　　承钰二破

（4）戍卒梁国睢阳第四车父宫南里马广☑

　　　　　　　　　　　　　　锯二　　釜一完（303.6，303.1）

（5）河东垗第四车父直

　　　　　　　　　　☑

　　弩一箭百　　　　　　（E. P. T8：9）

（6）长社第五索车父☑☑（E. P. T11：7）

（7）☑阳第七车父☑阳里郭王（287.21）

（8）杜延第七车父市阳里☑☑（E. P. W：61）

（9）内黄第十五车父魏都（101.2）

　　　　　　　　　　　　　　　　袭一领

（10）淮阳郡☑平第十五车父☑平里陈尊　复绮一两

　　　　　　　　　　　　　　　　枲履二两（498.12）①

（11）第廿三车父范昌☑（E. P. T51：315）

　　　　　　　　官具弩七　钳胡一　弩輎九承弦十四

　　　　　　　　承弩二　　由庋一　兰七　私剑八

（12）第廿五车父平陵里辛盈川　有方二　　靳干十　兰冠七

　　　　　　　　稿矢三百五十　靳幡十　服七

　　　　　　　　稿虰矢千五百（10.3）

---

①《居延汉简甲编》（科学出版社 1959 年版）及《居延汉简甲乙编》（中华书局 1980 年版）均释作"淮阳郡☑平第十五车☑平里陈尊"，台北 1960 年重订本《居延汉简考释·释文之部》作"熹平里"，《居延汉简释文合校》作"襄平里"，今据图版校正。周振鹤《西汉政区地理》指出："居延汉简屡见淮阳郡长平之名，长平县于《汉志》属汝南，由汉简知其本属淮阳郡。"人民出版社 1987年版，第 42 页。

　　　　　　　　　　　　　　　　　　桐六其一伤

（13）第廿九车父白马亭里富武都　斧二　大钳一

　　　　　　　　　　　　　　　　　斤二　小钳一　（67.2）

（14）☑车父竹里董贞　（E. P. T58：63）

（15）东缗□□车父梁任　（580.5）

（16）■车父名籍　（157.4）

以上可能属于"车父名籍"的诸简，文式大体皆为：县名—车序—"车父"—里名—姓名—随车物件记录。

　　简（7）"□阳"，陈直《居延汉简综论》据劳榦释文"贾阳"，以为"当即云阳之别体"。① 简（4）"宫南里"，《居延汉简甲编》、《居延汉简甲乙编》、台北 1960 年重订本《居延汉简考释·释文之部》皆将"宫南"后一字释为"旦一"，显然是"里"字之误。② 简（15）"东缗"，《居延汉简甲乙编》作"束缗"，《居延汉简释文合校》订正为"东缗"，然而第 5、6 字仍释作"重丩"。原简失照，对照其他简文，可知当为"车父"之误释，原简文或以释为"东缗□□车父梁任"为宜。

　　与以上十数枚"车父"简文例略有不同，但似乎亦可归入"车父名籍"一类者，又有：

（17）　　　郡

　　　南阳新野车父□☑　（72.42）

　　　　　　　　　　　　木十五枚付弘轴一

　　　　　　　　　　　臬三□

（18）第卅二卒王弘车父新野第四车

　　　　　　　　　　　□六枚

　　　　　　　　　　　箱臬车二枚　（E. P. T57：60）

---

　　① 陈直：《居延汉简研究》，天津古籍出版社 1986 年版，第 92 页。

　　② 又"锸"，《居延汉简甲编》、《居延汉简甲乙编》释作"锹"，台北 1960 年重订本《居延汉简考释·释文之部》释作"☑"，据谢桂华、李均明、朱国炤《居延汉简释文合校》订正，文物出版社 1987 年版。

（19）南阳枼车父武后第十七车

（以上为第一栏）

轮一具枏柔福（辐）七轫揩福（辐）一折 佐爰完

枝轴完

（以上为第二栏）（E. P. T51：251）

（20）□长修车父功孙□□（E. P. T5：108）

又有虽然可能不宜归入"车父名籍"，然而亦标注"车父"身份及依县籍编次车序者，如：

（21）贝丘长道敢言之谨伏地再拜请伏地再☑（E. P. T56：138A）

贝丘第三车父田赦第三车父田赦☑ （E. P. T56：138B）

又如：

（22）▣顺阳车父唐妨靁筐（257.1）

简端有封泥印匣槽，当与当时边塞私衣财物"封臧"（213.15）"阁官"（214.93）的制度有关。

有学者分析，书写形式不同的有关"车父"的简例，或因"编制"者不同而有异。有的"可能是由郡县编制或车父刚刚到达边塞尚未分配部燧时由都尉府编制"，有的"应该是由候官或部编制"。① 或许因文书性质不同，编写者不同，致使简文体例不同，这样的意见值得重视。

简文有的标记所属郡国，如简（4）、（5）、（10）、（17）、（19）、（20）（郡名"河东"缺失）；有的则只具县名，如简（1）、（2）、（6）、（7）、（8）、（9）、（15）、（18）、（21）、（22）；有的甚至仅见车序。

由"车父"简所见资料，可知这些"车父"由以下郡县行至河西：

---

① 李天虹：《居延汉简簿籍分类研究》，科学出版社2003年版，第21页。

| 郡　国 | 县 | 所见简 | 县治今地 | 备　注 |
|---|---|---|---|---|
| 左冯翊 | 云阳（？） | （7） | 陕西淳化西北 | 据陈直说 |
| 河东郡 | 彘 | （5） | 山西霍县 | |
| 河东郡 | 长修 | （20） | 山西新绛西 | |
| 颍川郡 | 父城 | （2） | 河南襄城西 | |
| 颍川郡 | 长社 | （6） | 河南长葛东北 | |
| 淮阳郡 | 长平（？） | （10） | 河南西华 | 《汉书·地理志》属汝南郡 |
| 南阳郡 | 新野 | （1）（17）（18） | 河南新野 | |
| 南阳郡 | 椠县 | （19） | 河南叶县南 | 即叶县 |
| 南阳郡 | 顺阳 | （22） | 河南淅川南 | |
| 山阳郡 | 东缗 | （15） | 山东金乡 | |
| 魏　郡 | 内黄 | （9） | 河南内黄西 | |
| 清河郡 | 贝丘 | （21） | 山东临清南 | 汉简贝丘多见属魏郡及东郡者①，今据《汉书》卷二八上《地理志上》 |
| 梁　国 | 睢阳 | （4） | 河南商丘 | |

　　劳榦在《论汉代之陆运与水运》一文中曾列举上引简（1）、（4）、（7）、（9）等②，指出："运输之车运至塞上者，且远自梁国魏郡诸境"，"今据汉简之文，山东之车率以若干车编为车队，行数千里，转运之难，大略可想"③。

---

　　①　周振鹤《西汉政区地理》："居延汉简有'魏郡贝丘'之记载（82.9），说明《汉志》清河贝丘县曾隶属过魏郡，但隶属的具体时间不明。"人民出版社1987年版，第82页。"魏郡贝丘"简文又见311.12，311.20，E.P.T51：451，E.P.T52：479，E.P.T53：31，E.P.T56：92，E.P.T56：97，E.P.T56：102，E.P.T56：110，E.P.T56：113，E.P.T56：260B，E.P.T56：266A，E.P.T56：269，E.P.T56：377，E.P.T57：2，E.P.T58：6。又有简文："戍卒东郡贝丘武昌里黄侯模□"（E.P.T56：191）。"东郡贝丘"简恰恰发现于"魏郡贝丘"简出土最密集处。何双全《〈汉简·乡里志〉及其研究》将贝丘县分列于"东郡"、"魏郡"条下。《秦汉简牍论文集》，甘肃人民出版社1989年版，第154、159、168—170页。

　　②　其中有误释，如简（9）"内黄第十五车父魏都"释作"内黄第五车入魏郡□"等。

　　③　《中研院历史语言研究所集刊》第16本。

## 2. "转输"运动和"转输"人

史籍多有秦汉时期组织大规模运输活动的记载。记述者和政论家往往称之为"转输"。主父偃谏伐匈奴，说到秦始皇"发天下丁男以守北河，暴兵露师十有余年"，"使天下蜚刍挽粟，起于黄、腄、琅邪负海之郡，转输北河，率三十锺而致一石"。劳役之苛重，以致"道路死者相望，盖天下始畔秦也"。徐乐上书也说道：秦始皇"欲肆威海外，乃使蒙恬将兵以北攻胡，辟地进境，戍于北河，蜚刍挽粟以随其后"。"行十余年，丁男被甲，丁女转输，苦不聊生，自经于道树，死者相望。"[①] 汉时仍然频繁组织以由东而西为基本流向的大规模运输。《汉书》卷五一《枚乘传》："汉并二十四郡，十七诸侯，方输错出，运行数千里不绝于道"，"转粟西乡，陆行不绝，水行满河"。《史记》卷三〇《平准书》也记载，汉武帝时，"汉通西南夷道，作者数万人，千里负担馈粮，率十余锺而致一石"。"又兴十万余人筑卫朔方，转漕甚辽远，自山东咸被其劳。"汉武帝组织对匈奴的出击并经营西域，东方人千里转输，劳役愈益繁重。此后服务于军事的运输行动，也见于汉简记录。

敦煌马圈湾汉代烽燧遗址出土汉简可见简文：

☑转谷输塞外输食者出关致籍（D. M. T8：27)[②]

居延汉简中也可以看到政府组织大型运输车队输边的有关资料。如：

☑☑二百七十五两输居延
☑☑三十六两输橐他☑（32. 18A)
☑九十四两输居延
☑十一两输橐他（32. 18B)

---

① 《史记》卷一一二《平津侯主父列传》。
② 吴礽骧：《玉门关与玉门关候》，《文物》1981 年第 10 期。

又如：

　　□□□车十枲□□（E. P. T43：225）
　　毋车牛卅□□（E. P. S4. T2：152A）
　　□与此车百七两粟大石□□（E. P. T65：428）
　　□下为车五百廿五两□（262.8）
　　□有二千两车在居延北汝往当见车（E. P. F22：449）

可见居延地区车辆运输组织往往有惊人的规模。居延汉简运输史料中所谓"输边车队中的编号"①，可以体现"车队"编列的规模。

### 3. 关于车序编号

当时"车运转谷"（E. P. W：101）"输廪"（E. P. T51：593）的车列序次亦多见诸简文，如：

　　第一车（29.9，54.24，E. P. S4. T2：47）
　　第三车（74.22，E. P. T53：43）
　　第六车（25.1，45.20，230.10）
　　第八车（180.40B，238.13，E. P. F19：13）
　　第十车（514.50）
　　第十一车（E. P. T53：45，E. P. T56：137）
　　第十二车（E. P. T51：593，E. P. T53：137）
　　第廿一车（199.8）
　　第卅车（28.10，477.4）
　　第卅四车（E. P. T53：213）
　　第卅四车（E. P. T52：139）

有的简例，于车序前又标识县名，如：

---

① 李天虹：《居延汉简簿籍分类研究》，第21页。

　　新阳第一车（515.16）①

　　馆陶第一车（81.1）

　　馆陶邑第一车（311.13）

　　叶第一车（E. P. T59：323）

　　冠军第二车（180.8）

　　贝丘第四车（428.2A）

　　贝丘第五车（24.6）

　　元城第八车（311.30）

　　贝丘第九车（24.6）

　　贝丘第十一车（24.6）

　　宅庮第廿车（24.6）②

新阳、馆陶、叶、冠军、贝丘、元城等县分别属于东海郡、魏郡、南阳郡、清河郡。

　　简文仅记录车序而不标识县名者，有可能县名在"第一车"简上著明。由简29.9，54.4，E. P. S4. T2：47的内容看，也有可能整个简册登记的是来自同一县的车队。

　　汉代政府组织的运输活动具有高度集权的特点，甚至郡级行政长官亦不得"擅为转粟运输"。③《汉书》卷六六《刘屈氂传》记载，汉武帝时，丞相公孙贺受到严厉处罚，所谓"使内郡自省作车，又令耕者自转"即被指为罪名之一。汉武帝时代又强化健全"均输"制度，官营运输活动统一由均输官调度指挥。④ 从《九章算术·均输》中所列算题的内容看，"均输"即以道里远近和户数多少统一规划分配各县输粟及出车数量。如：

---

① 《居延汉简甲乙编》释作"■右新阳符一车十二"，《居延汉简释文合校》订正为"■右新阳第一车十人"。

② "宅庮"县名无考，疑或与济阴郡庎县（县治在今山东成武西北）、清河郡厝县（县治在今山东临清东北）有关。厝县与贝丘县相邻。肩水金关简可见"戍卒魏郡厝平阳里公士华捐年廿五"（73EJT10：108），也可以在讨论时参考。

③ 《史记》卷一一七《司马相如列传》。

④ 参看王子今《西汉均输制度新议》，《首都师范大学学报》1994年第2期。

今有均输粟，甲县一万户，行道八日；乙县九千五百户，行道十日；丙县一万二千三百五十户，行道二十日，各到输所。凡四县赋，当输二十五万斛，用车一万乘。欲以道里远近。户数多少，衰出之。问粟、车各几何。

答曰：

甲县粟八万三千一百斛，车三千三百二十四乘。

乙县粟六万三千一百七十五斛，车二千五百二十七乘。

丙县粟六万三千一百七十五斛，车二千五百二十七乘。

丁县粟四万五百五十斛，车一千六百二十二乘。

运输车队确实大致是以县为基本单位组织编发的。《后汉书》卷一八《臧宫传》中"属县送委输车数百乘至"，说的就是这样的情形。

仅记录车列序次而未见"车父"字样的简，有些可能属于所谓"牛车名籍"（43.25B）、"士卒折伤牛车出入簿"（E. P. T52：394）①、"仓谷车两名籍"（E. P. T52：548）等簿籍，然而有些则与"车父"简有关或本身即可归入"车父"简之中。下引简文可以为例：

(23) ●右第八车父杜□□守父靳子衡　算身一人☐ （180.40A）

　　●右第八车 （180.40B）

简180.40B虽未直接出现"车父"字样，但实际上显然与"车父"简有密切关系。其他文式相同的简文很可能也有类似情形。

居延"车父"简中还可以看到如下简文，似乎说明关于"车父"在车队中编次的记录文例并不一律：

(24) 车父庄亭　七十二　孙平　二 （E. P. T57：98）

(25) ☐车父守　第廿一 （E. P. T52：331）

---

① 又简 E. P. T56：315："☐伤牛车出入簿"。

简（24）、（25）均为竹简，当不排除原簿籍编写于车队出发地点的可能。简（21）有"贝丘长道敢言之谨伏地再拜请"文句，情形或许类同。

### 4."车父卒"与"车父车卒"

秦汉史籍中未见有关"车父"称谓的内容，其身份之研究，只能主要依据居延出土汉简中的有限资料。

前引简（4）"戍卒梁国睢阳第四车父宫南里马广"及简（18）"第卅二卒王弘车父"，"车父"兼称"卒"或"戍卒"，都说明其身份的双重性。类似资料又有：

（26）木中隧卒陈章车父　　　☒（E. P. T50：30）

此外，居延汉简中又可直接看到所谓"车父卒"、"车父车卒"等称谓：

（27）　　　　　　　　车父卒☒
　　　　☒□□等身将
　　　　　　　　　☒　　　（484. 67）

（28）长偏赍事并将车父卒董利☒（E. P. T52：167）
　　　骓喜隧车父车
　　　卒许勃所假

（29）☒
　　　具弩一有幡
　　　輚羌为阁（83. 5A）

"车父"同时又身为"卒"，当大致与主要以转输为职任的所谓"漕卒"[①]、"委输棹卒"[②] 以及"厮舆之卒"[③] 之"舆卒"身份相近。

---

[①] 《汉书》卷二四上《食货志上》。

[②] 《后汉书》卷一七《岑彭传》。

[③] 《汉书》卷六四上《严助传》。

秦汉时往往"戍漕转作"①、"转输戍漕"② 并称。汉武帝"穿漕渠",据说意图在于"损漕省卒"③。可见运输往往由"卒"承当,列为军役内容之一。董仲舒说,秦时百姓"月为更卒,已复为正,一岁屯戍,一岁力役,三十倍于古"④。颜师古注:"更卒,谓给郡县一月而更者也。正卒,谓给中都官者也。率计今人一岁之中,屯戍及力役之事三十倍多于古也。"看来,"卒"除"屯戍"之外,还要承担包括转输在内的"力役之事"。《汉书》卷九九中《王莽传中》记述王莽始建国二年(10)事:

> 募天下囚徒、丁男、甲卒三十万人,转众郡委输五大夫衣裘、兵器、粮食,长吏送自负海江淮至北边,使者驰传督趣,以军兴法从事,天下骚动。先至者屯边郡,须毕具乃同时出。

可见即使募卒亦得兼事委输屯戍。所谓"长吏送自负海江淮至北边",则使人联想到简(21)"贝丘道敢言之谨伏地再拜请"的涵义。

《盐铁论·击之》:"甲士死于军旅,中士罢于转漕。"秦汉时期服役者大约多是"强者执戟,羸者转运"⑤,"丁壮苦军旅,老弱罢转漕"⑥。在交通条件相当落后的情况下,军运耗用人力之多十分惊人。诸葛亮北伐,魏延献计由子午谷突袭长安,请求率"精兵五千,负粮五千,直从褒中出"⑦,军中作战人员与运输人员的比例甚至达到一比一。

《史记》卷一〇《孝文本纪》:"今列侯多居长安,邑远,吏卒给输费苦。"《汉书》卷二四上《食货志上》:"故事,岁漕关东谷四百万斛以给京师,用卒六万人。"又记载汉元帝时曾"减关中卒五百人,转谷振贷穷乏"。都说到除军运外,又大量用卒从事民运。

---

① 《史记》卷六《秦始皇本纪》。
② 《史记》卷一一二《平津侯主父列传》。
③ 《史记》卷二九《河渠书》。
④ 《汉书》卷二四上《食货志上》。
⑤ 《三国志》卷四七《吴书·吴主权传》注引《汉晋春秋》。
⑥ 《史记》卷七《项羽本纪》。
⑦ 《三国志》卷四〇《蜀书·魏延传》裴松之注引《魏略》。

《汉书》卷六四上《朱买臣传》说，朱买臣即曾"随上计吏为卒将重车至长安"。汉初，娄敬建议刘邦定都秦地，据说初见刘邦时，"戍陇西，过洛阳，高帝在焉。娄敬脱辂辂，衣其羊裘，见齐人虞将军曰：'臣愿见上言便事。'"① 娄敬身为戍卒而引车前行赴戍所，可能即《汉书》卷二四上《食货志上》所谓"行者赍"。颜师古解释说："'赍'谓将衣食之具以自随也。"居延汉简中"戍卒□曾里石尊　第卅车五人"（477.4）、"戍卒邺东利里张敞第卅车"（28.10）、"●右第六车卒廿人"（230.10）等等，或许即体现类似情形。

我们在居延汉简中还可以看到戍卒除赴边途中转运即所谓"行者赍"外，专门从事转运的实例。如：

> □□□遣卒六将持车牛诣官以十　（418.1）
> 入二年戍卒牛车十三两　（E. P. T56：133）
> 新卒假牛车十五两皆毋□　（E. P. T53：188）
> ●十部治卒车吏名　（E. P. T59：115）
> 所受适吏訾家部吏卒所输谷车两　（E. P. F62：364）

有的简文还著录戍卒原籍，如：

> ☑魏郡贝丘戍卒牛　（E. P. T56：266A）
> ☑□卒车　（E. P. T56：266B）

简文所见"戍卒牛车"、"卒车"，似乎可以说明有的戍卒在服役时以私车从事转输。可能正因如此，我们在被有的学者归入居延"吏卒功过劳绩的考课文簿"② 的简文中可以看到"车父"活动的记录。例如：

---

① 《史记》卷九九《刘敬叔孙通列传》。
② 初师宾：《汉边塞守御器备考略》，《汉简研究文集》，甘肃人民出版社 1984 年版，第 144、151 页。

卒四人

一人省

（30）次吞隧长长舒 一人车父在官已见

二人见

（以上为第一栏）（E. P. T59：6）

（31） ［一］人李延寿车父不在

☒［一］人禀

［一］人见（104.19）

简（31）《居延汉简甲乙编》作：

李延寿车父不在

☒广

见

此从裘锡圭释文。①

## 5. "车父"与一般"戍卒"

我们又看到出现"车子"字样的简例，如：

廿八日出 一人高同车子未到

（32）第十五隧长王赏不在署 一人王朝廿八日从候长未还

一人见 （206.27）

（33）☒□人黄小子车子刻到

☒二人见 （285.5）

简（33）与（32）文式内容均类同。（33）是否应当"子刻"连读，还可以讨论。如果循这一思路，则（32）或许也可以将"子"理解为"子刻"。

---

① 裘锡圭：《居延汉简甲乙编释文商榷（续七）》，《人文杂志》1983 年第 4 期。

与前引简（22）"▨顺阳车父唐妨蠡箧"类似的简文又有：

　　▨鄣卒孟广衣橐（E. P. T51：443）
　　第十五
　　　　▨尹严
　　賸衣囊　　　　（E. P. T51：442）
　　　戍卒
　　▨
　　　资钱（E. P. T51：449）
　　　戍卒南阳郡宛邑
　　●▨
　　　　临洞里魏合众衣橐（E. P. T51：149）
　　戍卒魏郡邺
　　都里赵元衣橐检（E. P. T52：494）
　　戍卒篋绘▨（E. P. T52：668）

同类戍卒衣橐的封检，还可以举出许多。① 裘锡圭曾指出："从居延简看，戍卒的衣服钱物常常'阁官'，即存放在候官处。"② 简（22）"车父"私箧封检的发现，说明"车父"得与"戍卒"同样遵行这一制度。简（22）与上引诸简相互比照，可以说明"车父"与"鄣卒"、"戍卒"身份之一致。③

### 6. 关于"卒史车父"

"车父"身份严格地说应当属于"卒"，然而又与一般的"卒"有所不

---

① 如："▨东郡戍卒东阿灵里袁鲁衣橐"（100.1），"戍卒河东郡安邑尊德里张常□□衣橐封以私印"（210.26），"●▨戍卒南阳郡穰邑□里何翘利衣橐"（326.8A），"●▨戍卒魏郡梁期长积里侯宣衣橐"（E. P. T51：297），"廪▨戍卒宋里卜熹衣装橐"（E. P. T59：368A），"■右南阳私衣物橐百一十一"（E. P. T52：84）等。

② 裘锡圭：《汉简零拾》，《文史》第 12 辑，中华书局 1981 年版，第 6 页。对于上文所引简（29），裘锡圭指出："可知有时戍卒把从公家借来的武器也存放在阁中。"

③ 简（10）车父名下注明衣履名目数量，很可能也与戍卒私衣物"封臧"、"阁官"之常制有关。

同。例如居延汉简可见"卒史车父"简文：

> （34）☐卒宗取韭十六束为中舍二束掾舍十一束卒史车父复来
> ☐二石唯掾分别知有余不足者园不得水出☐多恐乏今有
> （E. P. T51：325A）
> ☐　即复取来辄计为度遣使记☐今园及期其
> ☐二束其一束中舍一束掾舍●陈阳里王少少毋已（E. P. T51：
> 325B）

园中得韭二束，则"其一束中舍，一束掾舍"，"取韭十六束"，则"其三束为中舍，二束掾舍，十一束卒史车父"。"卒史"是官府属吏。《史记》卷一二〇《汲郑列传》记载：汲黯迁为东海太守，"治官理民，好清静，择丞史而任之"。裴骃《集解》引如淳曰："《律》：太守、都尉、诸侯内史史各一人，卒史书佐各十人。"秦时已有"卒史"之职。周昌、周苛"秦时皆为泗水卒史"，"自卒史从沛公"。[1] 秦末，武臣曾"遣故上谷卒史韩广将兵北徇燕地"[2]。《史记》卷一二六《滑稽列传》褚少孙补述，说到汉武帝时北海太守属下有"文学卒史王先生"。魏相亦曾"为郡卒史"。[3] 匡衡亦曾"补平原文学卒史"。[4]

《史记》卷一二一《儒林列传》记载，公孙弘为学官时曾建议："请选择其秩比二百石以上，及吏百石通一艺以上，补左右内史、大行卒史；比百石以下，补郡太守卒史：皆各二人，边郡一人。"据说公孙弘地位上升，"自此以来，则公卿大夫士吏斌斌多文学之士矣"。官吏"通一艺以上"可补"卒史"的建议，亦直接鼓励"文学之士"从政。司马贞《索隐》引如淳云："《汉仪》：……郡国文学，秩百石也。"《史记》卷一〇一《袁盎晁错列传》："以文学为太常掌故。"司马贞《索隐》："服虔云：'百石卒

---

① 《史记》卷九六《张丞相列传》。
② 《史记》卷四八《陈涉世家》。
③ 《汉书》卷七四《魏相传》。《史记》卷二〇《建元以来侯者年表》：魏相"少学《易》，为府卒史"。
④ 《史记》卷九六《张丞相列传》。

史.'"《汉书》卷五八《儿宽传》:"功次补廷尉文学卒史."颜师古注:"臣瓒曰:'《汉注》:卒史秩百石.'师古曰:'瓒说是也.'"

汉简所见河西地区"卒史"①,可举如下诸例:

> 张掖大守府　卒史利（E. P. T52:96）
>
> 酒泉大守府　卒史广（303.12）
>
> 居延都尉府　卒史赏（40.2,267.5）
>
> 卒史□（260.10）
>
> 卒史居（E. P. T50:212B）
>
> 卒史史偃（E. P. T50:212B）
>
> 卒史平（E. P. T51:189B）
>
> 守卒史奉亲（E. P. T51:190A）
>
> 肩水都尉府　卒史安世（12.1C）
>
> 卒史赵卿（E. P. T52:405）
>
> 守卒史义（10.29）
>
> 玉门都尉府　卒史山（敦煌203）
>
> 居延令、丞　卒史充（240.3）
>
> 卒史尊（219.17）

陈梦家《汉简所见太守、都尉二府属吏》指出:"属吏诸级在签署文书时,依级别高低为序.自中央至县,大致可分为三级:高级为掾和史、少史、士吏;中级为卒史、令史、属、守属、守卒史、守令史和啬夫、守啬夫;低级为书佐、佐、尉史和候史.""卒史通常在掾之次,应是第二级,但有时在属之前,似亦可作为第一级."②

简（34）所见"车父卒史",未知是否"车父"为"卒史"之附从.如果"车父"与"卒史"相比列,则似可说明"车父"地位与待遇有时甚至接近下级吏员.

---

① 居延汉简又可见中央部门大鸿胪属下"卒史钦"（203.22）.

② 陈梦家:《汉简缀述》,中华书局1980年版,第109页.

"车父"身份特殊之原因，不排除他们是以私车服事军役者之可能。简（12）可见"车父"辛盈川随车兵器车具 15 种，除"私剑八"外，均为"官具"，简（29）亦可见所谓"所假具"。特别著明"官具"与"所假具"，似乎也可以从侧面说明其所驾车辆当为私车。

居延汉简可见所谓"发茈家车牛载输候官第□"（E. P. T50：51）。"茈家"又作"赀家"、"訾家"。此简可与前引"所受适吏訾家部吏卒所输谷车两"（E. P. F62：364）对照读。所谓"茈家车牛"的涵义现在尚未十分明确，但是可以说明居延边塞确实有相当数量的私车从事军事物资运输。又如：

入粟大石廿五石 $\overset{车一两}{\bigcirc}$ 正月癸卯甲渠官掾谭受訾家茂陵东进里赵君

壮就人肩水里郅宗（E. P. T59：100）

"訾家"乡籍甚至远在茂陵，显然也是值得探讨的现象。

不过，从现有资料看，"车父"与为"訾家"（或"茈家"、"赀家"）承运的所谓"就人"（僦人）等运输人员身份不同。

## "就人"、"将车"人及相关称谓

秦汉时期服务于运输活动的劳动者，还有"就人"、"将车"人等。讨论相关身份及其劳作方式，可以深化对秦汉社会生产史和社会生活史的认识。

### 1. "就"与"就人"

战国时期已经出现称为"僦"的运输生产形式。《商君书·垦令》："令送粮无取僦，无得反庸，车牛舆重设必当名。"秦时仍限制运输生产中以"僦"为形式的雇佣关系。云梦睡虎地秦简《效律》"僦"写作"就"，其中规定："上節（即）发委输，百姓或之县就（僦）及移输者，以律论之。"汉代这种运输形式则为政府所利用而得到发展。《淮南子·说林》："为车人之利而不僦则不达。"《史记》卷三〇《平准书》："天下赋输或不偿其僦费。"
《汉书》卷九九中《王莽传中》："宝货皆重则僦载烦费。"可见"僦"已经
成为主要运输形式之一。《汉书》卷八《宣帝纪》："（本始二年春）大司农阳
城侯田延年有罪，自杀。"颜师古注："坐增僦直而自入。"罪在贪污"僦"
这种运输形式中的运费"僦直"。《汉书》卷九〇《酷吏传·田延年》："初，
大司农取民牛车三万两为僦，载沙便桥下，送致方上，车直千钱，延年上簿
诈增僦直车二千，凡六千万，盗取其半。"颜师古注："'僦'谓赁之与雇直
也。"至于个体经营的"僦载"，有汉光武帝刘秀的实例。《后汉书》卷一上
《光武帝纪上》："王莽天凤中，乃之长安，受《尚书》，略通大义。"李贤注
引《东观记》曰：'受《尚书》于中大夫庐江许子威。资用乏，与同舍生韩
子合钱买驴，令从者僦，以给诸公费。'"

以"僦"求利的"车人"，在汉代居延边塞文书中称作"就人"（僦
人），简文可见：

☐受訾家延寿里上官霸就人安故昌谭昌（214.125）
訾家安国里王严　车一两　九月戊辰载就人同里时襄已到未言卿
（267.16）
方子真一两就人周谭侯君实为取（502.11）
出钱千三百卅七　赋就人会水宜禄里蔺子房一两（506.27）
已入八十五石
出钱四千七百一十四　赋就人表是万岁里吴成三两半
少二石八斗三升（505.15）
●元延四年八月以来将转守尉黄良所赋就人钱名（506.26）
☐置佐博受就人井客☐（586.5）
居延平明里王放就人昌里漕阳车一两　粟大石廿五石居延平明里王
放就人昌（E.P.T49：53A）
☐□平明里□襄就人赵永（E.P.T65：376）

敦煌汉简中也可见有关"僦人"的简文：

出糜二斛　　元和四年八月五日僦人张季元付平望西部候长宪
（425）

"就人"又作"就家"，如简562.3A及肩水金关简73EJT3：113，73EJT7：
39，73EJT7：40，应是对应"訾家"（或"茈家"、"赀家"）的称谓。所谓
"僦载"，往往也取有组织的结队运输的形式，如：

出粟大石廿五石车一两始建国二年正月壬辰訾家昌里齐熹就人同里
陈丰付吞远置令史长（E. P. T59：175）
　　■右壬辰车五两粟百廿五石徘　　与此千三百□□□（E. P. T59：
176）
　　前者"车一两"显然包括在后者"车五两"中。又如：
　　●凡五十八两　用钱七万九千七百七十四　钱不僦就□（505.20）

"僦载"车队的规模至于58辆。
　　"就人"（僦人）所得运费即所谓"就钱"（僦钱）或"就直"（僦值），
在简文中也可以看到有关记录，如：

　　☑就钱□百卅出（116.46）
　　就钱三百（254.5）
　　☑□□就钱君强取夆□☑（乙附9B）
　　☑□月积一月廿七日运荴就直（350.12）
　　　其四两自行
　　☑
　　　一两取就直（214.83）
　　出钱□□二□月丁□□□长忠取二月食就直（155.16）
　　☑就直☑（300.50）

《建武三年候粟君所责寇恩事》简册中也说到"就直"的计算（E. P. F22：

6，8，23，30）。敦煌酒泉汉简中也有关于"就钱"（90）、"就直"（890）的内容。"就钱"、"就直"即"僦钱"、"僦直"。

《九章算术·均输》中关于"均赋粟"的算题，说到汉时运车载重规格和僦费常值即一般运价标准："一车载二十五斛，与僦一里一钱。"这种规范之形成，体现出"僦载"之普及，而政府倚重这一运输形式，并往往主持对"僦载"的组织管理。① 居延出土《甘露二年御史书》简册中可以看到"以牛车就载籍田仓为事"简文（E. J. T1：1）。②《潜夫论·实边》说，"募运民耕边入谷"，乃"充边境，安中国之要术"。"就人"（僦人），应当也在"运民"之列。

"车父"与"就人"（僦人）的重要区别之一，是前者以服役者的身份不能通过运输活动获取"就钱"或"就直"等经济收入。"车父"与"就人"（僦人）的另一重要区别，是"就人"（僦人）可能有相对较多的人身自由。

"车父名籍"和"车父"所携兵器、车具的严格登记以及"到"、"在官已见"、"不在"的记录，都可以说明这一事实。

从居延汉简提供的资料看，居延地区"车父"与"就人"（僦人）还有一个重要区别，这就是"就人"（僦人）大多为河西当地人，而"车父"乡籍则多远在山东诸郡国。

### 2. "将车"人身份

除"车父"与"就人"外，居延汉简中又可见另一以车辆从事转运者的称谓"将车"人。例如：

---

① 裘锡圭《汉简零拾》有"从汉简反映的关于用车运粮的情况谈《九章算术》的史料价值"一节，说到"居延简里有很多关于用车运粮的资料，每车所载粮食一般为二十五石"，"雇佣的僦人和服役的将车者输送粮食的时候，大概比较严格地遵守二十五石一车的常规"。《文史》第 12 辑，第 8—9 页。他在《读汉简札记》中又讨论了"关于每车载粮的新资料"。其中写道："总之，从汉简所记的以车运粮的情况来看，当时确以一车载大石二十五石为常规，但有时也有一车载到大石三十石的；而在运麦时，可能由于麦的体积较粟为大，一车往往只载小石三十五石五斗，即大石二十二石五斗。此外，当然还会有一些我们所不知道的不合常规的情况。各种不合常规的情况，主要当是由各种实际的需要造成的，跟运粮者是哪一种人并无多大关系。"《简帛研究》第 2 辑，法律出版社 1996 年版，第 217 页。

② 初师宾：《居延简册〈甘露二年丞相御史律令〉考述》，《考古》1980 年第 2 期。

　　将车觚得万岁里☐（77.7）

　　将车觚得新都里郝毋伤年卅六岁长长七尺二寸黑色☐（334.36）

　　☐将车觚得安世里公乘工未央年卅长七尺二寸黑色（334.13）

　　将车河南郡荥阳（346.39）

　　☐里上造史赐年廿五长七尺二寸黑色　为兰少卿将车（14.12）

　　十一月十五日为记邑中夏君壮多问

　　少平飧食如常人马起居得毋有它今自买鱼得二千二百桼十头

　　付子阳与子阳将车人粟十三石牛食豆四石栓西垣乘轴一付

（E. P. T. 44：5）

《候粟君所责寇恩事》简册也可见有关寇恩"将车"的文字："恩从觚得自食为业将车到居延"（E. P. F22：18），"恩又从觚得自食为业将车垄斩来到居延"（E. P. F22：27）。

　　《史记》卷一〇四《田叔列传》褚少孙补述：任安"少孤贫困，为人将车之长安"。翦伯赞在《两汉时期的雇佣劳动》一文中指出："这里所谓'为人将车'就是受人之雇为人赶车。"①"将车"一般亦泛指驾车，如前引朱买臣"为卒将重车至长安"例。然而居延简"将车觚得新都里郝毋伤"等，这里所谓"将车"不仅仅指一种劳作形式，已经是表示特定身份的称谓，与"将者人"同。甘肃武威雷台汉墓出土铜车马有隶书铭刻，其御者身份，"小车马"称"御奴"，而"辇车马"即货运车马则称作"将车奴"。②

　　由《候粟君所责寇恩事》简册的内容，可知"将车"人与"就人"（僦人）不同。寇恩以私车为粟君载鱼至觚得卖，当得"就直"，是为"就人"（僦人）。而"到觚得卖鱼尽钱少"，因卖牛相抵，以卖牛钱付粟君妻业，以车具"置业车上"，又"从觚得自食为业将车到居延"。是往觚得时为"就人"（僦人），自觚得返时已称"将车"人。身份之变化很可能在于

<hr>

　　① 《北京大学学报》1959 年第 1 期。

　　② 甘博文：《甘肃武威雷台汉墓清理简报》，《文物》1972 年第 2 期；甘肃省博物馆：《武威雷台汉墓》，《考古学报》1974 年第 2 期。

已不再拥有所驾御车辆的所有权。

"将车"人可以为私人"将车",也可以"将"公车为政府服务,前引"将车鯀得新都里郝毋伤"等简可能即体现为公家营运的劳务关系。然而无论为公家"将车"还是为私人"将车","将车"人与车主间皆存在雇佣关系,因而其身份与"车父"显然体现出鲜明的差异。

### 3. 车人·车子·车士

"就人"(僦人)、"将车者"、"车父"大致都可以称为所谓"车人"①、"转者"②、"转车人徒"③,然而具体身份及其所体现的生产关系则不同。"车父"虽服务于军运,但是在倾国力以强武备的时代,他们的劳作对于社会经济的意义,显然不可轻视。

简(32)"一人高同车子未到"、简(33)"□人黄小子车子刻(?)到",如果其中"子"并不指示"子刻",与同类简文(30)、(31)比较,也许可以将"车子"理解为与"车父"相近的身份。④ 沈刚解释简(32)所见"车子",即据《中国简牍集成》的意见⑤,以为就是"车夫"。⑥《文选》卷四○繁钦《与魏文帝笺》:"时都尉薛访车子,年始十四,能喉啭引声,与箫同音。"是汉时确实曾经通行"车子"称谓的例证。

"车子"更早又见于《左传·哀公十四年》:"叔孙氏之车子钼商获麟。"杜预注:"车子,微者。"孔颖达疏:"杜以车子连文,为将车之子,故为微者。《家语》说此事云'叔孙氏之车士曰子钼商'。王肃云:'车士,将车者

① 《淮南子·说林》。
② 《史记》卷一一一《卫将军骠骑列传》。
③ 《史记》卷一二三《大宛列传》。
④ 船夫也有称作"舟子"者。《诗·邶风·匏有苦叶》:"招招舟子,人涉卬否。"毛亨传:"招招,号召之貌。舟子,舟人,主济渡者。"郑玄笺:"舟人之子。"《诗·大雅·大东》有"舟人之子"句,毛亨传:"舟人,舟楫之人。"而《匏有苦叶》"舟子"则不是"舟人之子"。汉时仍通行"舟子"称谓。如《焦氏易林》卷一《坤·萃》:"褰衣涉河,洞流浚多。赖遇舟子,济脱无它。"《讼·萃》:"褰衣涉河,水深溃衣。赖幸舟子,济脱无他。"卷二《观·涣》:"褰衣涉河,水深溃衣。幸赖舟子,济脱无他。"《贲·大过》:"褰衣涉河,水深溃衣。幸赖舟子,济脱无他。"《剥·贲》:"褰裳涉河,水流溃衣。幸赖舟子,济脱无他。"卷三《蹇·师》:"褰衣涉河,洞流波多。赖遇舟子,济脱无他。"《巽·解》:"褰衣涉河,洞流浚多。幸赖舟子,济脱无他。"
⑤ 初师宾主编:《中国简牍集成》,敦煌文艺出版社2001年版,第6卷,第236页。
⑥ 沈刚:《居延汉简语词汇释》,科学出版社2008年版,第28页。

也。子姓，钼商名。'今传无'士'字。服虔云：'车，车士，微者也。'"
"车士"之称，又见于《战国策·燕策二》："又譬如车士之引车也，三人不
能行，索二人，五人而车因行矣。""车士"称谓秦汉社会仍然通行。《史
记》卷一〇二《张释之冯唐列传》："拜唐为车骑都尉，主中尉及郡国车
士。"裴骃《集解》引服虔曰："车战之士。"《史记》卷一〇三《万石张叔
列传》："臣从车士幸得以功次迁为中郎将。"《汉书》卷四六《卫绾传》则
作"臣代戏车士，幸得功次迁，待罪中郎将"。"车士"似仍指御车之士。
《文选》卷三张衡《东京赋》："马足未极，舆徒不劳。"李善注："韦昭
《汉书注》曰：'舆，车士也。'"《汉书》卷六四上《严助传》："厮舆之卒
有一不备而归者，虽得越王之首，臣犹窃为大汉羞之。"颜师古注："张晏
曰：'厮，微；舆，众也。'师古曰：'厮，析薪者。舆，主驾车者。此皆言
贱役之人。'"

"车子"、"车士"，都属于"微者"、"贱役之人"。居延汉简所见"车
父"身份也是同样。

# 战国秦汉"酒人"略说

战国秦汉时期所见"酒人"称谓，反映了"酒"在日常饮食生活和社
会交往形式中的地位已经相当重要，酒的生产工艺的专业化程度亦因此体
现。探讨战国秦汉"酒人"身份所透露的诸种信息，不仅是社会消费生活
史研究的有意义的课题，也是酒业生产史考察的任务。认识战国秦汉时期的
"酒人"身份，也可以了解"酒"作用于社会关系的意义，以及社会分工细
密的程度，从而深化对战国秦汉历史文化的认识。

### 1.《周礼》"酒正"

《周礼》一书，多数学者以为成书于战国至西汉时期，而非周公制作。[1]
视其内容为战国秦汉历史文化的反映，应当是合理的。

《周礼·天官冢宰》列于"膳夫"、"庖人"、"内饔"、"外饔"、

---

① 参见周世辅、周文湘《周礼的政治思想》，三民书局 1981 年版，第 3—5 页。

"亨人"、"甸师"、"兽人"、"獻人"、"鳖人"、"腊人"、"医师"、"食医"、"疾医"、"疡医"、"兽医"之后，可见有关"酒正"的文字："酒正，中士四人，下士八人，府二人，史八人，胥八人，徒八十人。"郑玄注："酒正，酒官之长。"① 贾公彦疏："释曰：案其职云掌酒之政令，以式法授酒材，与膳食相将，故在此。"对于"酒正，酒官之长"的注说，贾公彦解释："此'酒正'与下'酒人'、'浆人'为长。注虽不言'浆'，文略也。"

《周礼·天官冢宰·酒正》关于"酒正"职任，还有如下规定："酒正，掌酒之政令，以式法授酒材。② 凡为公酒者，亦如之。③ 辨'五齐'之名，一曰'泛齐'，二曰'醴齐'，三曰'盎齐'，四曰'缇齐'，五曰'沈齐'。④ 辨'三酒'之物，一曰'事酒'，二曰'昔酒'，三曰'清酒'。⑤ 辨'四饮'之物，一曰'清'，二曰'医'，三曰'浆'，四曰'酏'。掌其厚薄之齐，以共王之'四饮''三酒'之馔，及后世子之饮与其酒。凡祭祀以法，共'五齐''三酒'，以实八尊，大祭三贰，中祭再贰，小祭壹贰，皆有酌数。唯齐酒不贰，皆有器量。共宾客之礼酒，共后之致饮于宾客之礼医酏糟，皆使其士奉之。⑥ 凡王之燕饮酒，共其计，酒正奉之。凡飨士庶子，飨耆老孤子，皆共其酒，无酌数。掌酒之赐颁，皆有灋，以行之。凡有秩酒者，以书契授之。酒正之出，日入其成，月入其要，小宰听之。岁终则会，唯王及后之饮酒不会。以酒式诛赏。"

---

① 元代学者吴澄《易纂言外翼》卷五《占例第八》说，"正，主其事之谓"。"正之为言，是也，当也，而有主之之意焉。犹'官正'、'酒正'之'正'。官之名谓'正'者，盖主其事，非'正'不能。若以是为非，以非为是，则败事矣。故但言'正'，而主事之意在其中。"他在《书纂言》卷四上又写道："'正人'如《周官》'宫正'、'酒正'之类为一官之长者。"

② 郑玄注："'式法'，作酒之法式。作酒既有米曲之数，又有功沽之巧。《月令》曰：'乃命大酋，秫稻必齐，曲糵必时，湛馈必洁，水泉必香，陶器必良，火齐必得。'郑司农云：'授酒人以其材。'"

③ 郑玄注："谓乡射饮酒，以公事作酒者，亦以式法及酒材授之，使自酿之。"

④ 郑玄注："泛者，成而滓浮泛泛然，如今宜成醪矣。醴，犹体也，成而汁滓相将，如今恬酒矣。盎，犹翁也，成而翁翁然葱白色，如今酇白矣。缇者，成而红赤，如今下酒矣。沈者，成而滓沈，如今造清矣。"又说："然古之法式，未可尽闻。"

⑤ 郑玄注："郑司农云：事酒，有事而饮也。昔酒，无事而饮也。清酒，祭祀之酒。玄谓事酒，酌有事者之酒，其酒则今之醳酒也；昔酒，今之酋久白酒，所谓旧醳者也；清酒，今中山冬酿接夏而成。"

⑥ 郑玄注："'士'谓酒人、浆人、奄士。"

关于"酒正之出，日入其成，月入其要，小宰听之"，郑玄注："出谓授酒材及用酒之多少也。受用酒者，日言其计于酒正。酒正月尽言于小宰。"关于"以酒式诛赏"，郑玄注："诛赏作酒之善恶者。"

看来"酒正"职任，包括酒的制作和供应的领导与管理。"酒正"是负责宫廷酒的生产和消费的长官。

### 2.《周礼》"酒人"

在"酒正"以下"酒人"之后，所列为"浆人"、"凌人"、"笾人"、"醢人"、"醯人"、"盐人"等，正所谓"与膳食相将，故在此"。按照贾公彦的理解，"酒正"的管理对象，是包括"浆人"的，这个问题或许可以专门讨论。我们所特别关注的，是"酒人"。

《周礼·天官冢宰》于"酒正"之后，可见有关"酒人"身份、职能和地位的文字：

> 酒人。奄十人，女酒三十人，奚三百人。

郑玄注："奄，精气闭藏者。今谓之宦人。《月令》：'仲冬，其器闳以奄。''女酒'，女奴晓酒者。古者从坐男女没入县官为'奴'。其少才知以为'奚'。今之侍史官婢或曰'奚宦女'。"[①] 有关宫廷生活服务人员中涉及"酒"的专职人员的出现，也许是酒史与酒文化研究者应当关注的历史性进步。

贾公彦疏："释曰：奄十人，以其与女酒及奚同职，故用奄人。奄不称士，则此奄亦府史之类，以奄为异也。言'女酒三十人'，则'女酒'与'奚'为什长，若胥徒也。'奚三百人'，以其造酒，故须人多也。"

《周礼·天官冢宰》"酒人"条有关于这一身份的详尽说明。郑玄注反映了汉代人对相关制度的认识，或体现汉代现象，也特别值得注意：

---

① 《太平御览》卷五○○引《周礼·天官上》"酒人"职曰："女酒三十人，奚三百人。"注："女酒，女故晓酒者。古者徒男女没入县官曰'奴'，其少才知者以为'奚'。今之侍吏，官奴是也。"

酒人掌为五齐三酒祭祀则共奉之，以役世妇。注：世妇谓官卿之官，掌女官之宿戒及祭祀。比其具酒人共酒，因留与其奚为世妇役，亦官联。

共宾客之礼酒饮酒而奉之。注：酒正使之也。礼酒，飨燕之酒。饮酒，食之酒。此谓给宾客之稍，王不亲飨，燕不亲食，而使人各以其爵以酬币侑币致之，则从而以酒往。

凡事共酒而入于酒府。注：入于酒正之府者，是王燕饮之酒，酒正当奉之。

凡祭祀共酒以往。注：不言奉小祭祀。

宾客之陈酒亦如之。注：谓若归饔饩之酒，亦自有奉之者，以酒从往。

这里似乎说"酒人"的职责主要是宫廷用酒的供应。而贾公彦说"'奚三百人'，以其造酒，故须人多也"，似乎也自有道理，然而并没有充足的依据。推想安排规模较大的"祭祀"和"飨燕"，以为供应服务，即所谓"共酒"、"陈酒"、"奉之"、"致之"，动用几百人也并不是不可能的。

### 3.《淮南子》"酒人"

淮南王刘安是西汉皇室贵族中学术修养较为深厚的人，他招致宾客方术之士数千人著书立说，"作《内篇》二十一篇，《外书》甚众，又为《中篇》八卷，言神仙黄白之术，亦二十余万言"[①]。然而留传下来的只有《内书》二十一篇，即现在的《淮南子》，又称《淮南鸿烈》。《淮南子》一书，可以看作西汉前期思想的总结。《汉书》卷三〇《艺文志》将它列为杂家，其实，这部书大体还是具备完整的体系的。《淮南子》不仅是西汉思想文化创造的一座丰碑，其内容反映当时社会生活和社会思想，也被看作珍贵的社会史料。

成书于汉武帝时代的《淮南子》中，又出现身份不同的"酒人"。《淮南子·说林》：

———————————

① 《汉书》卷四四《淮南厉王刘长传》。

> 为酒人之利而不酤，则竭；为车人之利而不儆，则不达。握火提人，反先之热。

高诱注有如下解说：

> 皆一介之人物，思自守者，不欲使酒人、车人得利，不酤儆而先自竭，先不达，犹以火投人，先自热烂也。

由《淮南子》文字和高诱的解释，可知当时社会称谓"酒人"所指代的身份，有与《周礼》不同者。"酒人"的典型的社会行为是"酤"。

"酤"是历史文献所见秦汉生活景象中常见的行为。如《史记》中的记录，卷八《高祖本纪》："高祖每酤留饮，酒雠数倍。"卷一〇六《吴王濞列传》："周丘者，下邳人，亡命吴，酤酒无行，吴王濞薄之，弗任。"卷一二九《货殖列传》说："通邑大都，酤一岁千酿，醯酱千瓨，浆千甔"者，"此亦比千乘之家，其大率也"。张守节《正义》："酿千瓮。""酒酤。"又如发生在蜀地的著名的司马相如和卓文君故事，《史记》卷一一七《司马相如列传》："文君夜亡奔相如，相如乃与驰归成都。家居徒四壁立。……文君久之不乐，曰：'长卿第俱如临邛，从昆弟假贷犹足为生，何至自苦如此！'相如与俱之临邛，尽卖其车骑，买一酒舍酤酒，而令文君当炉。相如身自着犊鼻裈，与保庸杂作，涤器于市中。""买一酒舍酤酒"的经营方式，可以得到若干四川出土汉代画像所见酒的市场销售情形的引证，体现出蜀地酒业的初期繁荣。

汉代简牍数据中也可以看到"酤"这种酒类交易行为，简文或写作"沽"、"古"、"故"。例如：

> ☑所得酒饮之拓奴对曰从厩徒周昌取酒一石昌私沽酒一石拓奴（198.13）
> ☑置长乐里乐奴田卅五伐贾钱九百钱毕已丈田即不足计伐数环钱旁人淳

于次孺王充郑少卿古酒旁二斗皆饮之（557.4）

▢十日视事尽二月约已县官事贾钱四月▢

▢▢▢▢▢▢约沽酒劳二斗▢（564.7）

▢陈袭一领直千二百五十居延如里孙游君所约至

▢▢朝子真故酒二斗（E. P. T59：555）

其中"沽酒"、"古酒"、"故酒"，均应理解为"酤酒"，即有的简文所谓"买酒"。[1]"古酒旁二斗"与"沽酒劳二斗"同，"旁"很可能是"劳"的误写。联系"酒劳"，可知"劳"是"醪"的民间简字。

还有一种颇为引人注目的现象，即有的简文内容，似乎反映在当时与"约"相关的经济交易过程中，酤酒、饮酒，可能已经被作为标志成交的一种仪礼。

体现酒价的简文，有前引"出百卅沽酒一石三斗"，可知为1斗10钱。这是相当珍贵的经济史料。《九章算术·盈不足》算题有这样的信息："今有醇酒一斗，直钱五十；行酒一斗，直钱十。"可知西北边塞地区酒价与内地并没有很大的差别。[2]

看来，《淮南子》"酒人"是酒业经营者，而且主要是以"酤"求"利"的酒的销售人员。"酤"兼有买酒和卖酒两义。《韩非子·外储说右上》："宋人有酤酒者，升概甚平，遇客甚谨，为酒甚美，县帜甚高，着然不售，酒酸，怪其故，问其所知，问长者杨倩，倩曰：'汝狗猛耶。'曰：'狗猛则酒何故而不售？'曰：'人畏焉。或令孺子怀钱挈壶罋而往酤，而狗迓而龁之，此酒所以酸而不售也。'""一曰。宋之酤酒者有庄氏者，其酒常美，或使仆往酤庄氏之酒，其狗龁人，使者不敢往，乃酤佗家之酒，问曰：'何为不酤庄氏之酒？'对曰：'今日庄氏之酒酸。'故曰：不杀其狗则酒酸。"同一段文字中，"酤"兼言买卖。《说文·酉部》："酤，一宿酒也。一曰买酒也。"《墨子·非儒下》："孔某穷于蔡陈之闲，藜羹不糁，

　①　如简113.29："▢▢▢▢三人买酒▢"。

　②　参看王子今《试论居延"酒""曲"简：汉代河西社会生活的一个侧面》，《简帛研究》第3辑，广西教育出版社1998年版。

十日，子路为享豚，孔某不问肉之所由来而食；褫人衣以酤酒，孔某不问
酒之所由来而饮。"这是说买酒。又《墨子·迎敌祠》："举屠、酤者置厨
给事，弟之。"孙诒让《间诂》："苏云：'酤，与沽通，卖酒也。'"司马
相如"买一酒舍酤酒"当然也是卖酒。《汉书》卷五《景帝纪》：汉景帝
中三年（前147），"夏旱，禁酤酒。"颜师古注："'酤'谓卖酒也。"《太
平御览》卷七三六引《淮南万毕术》："烧木卖酒人民自聚。取失火家木，
刻作人形，朝朝祭之，人聚也。"① 其文义我们还不能明确理解，但是言及
"卖酒"经营是没有疑问的。所谓"人民自聚"以及"人聚"，应是指与
前引《韩非子》所言"人畏""不敢往"因而"不售"相反的生意兴隆的
情景。

### 4.《史记》"酒人"

《史记》卷八六《刺客列传》关于荆轲事迹的记述中，也使用了"酒
人"称谓：

> 荆轲既至燕，爱燕之狗屠及善击筑者高渐离。荆轲嗜酒，日与狗屠
> 及高渐离饮于燕市，酒酣以往，高渐离击筑，荆轲和而歌于市中，相乐
> 也，已而相泣，旁若无人者。荆轲虽游于酒人乎，然其为人沈深好书；
> 其所游诸侯，尽与其贤豪长者相结。其之燕，燕之处士田光先生亦善待
> 之，知其非庸人也。

所谓"荆轲虽游于酒人乎，然其为人沈深好书"，《辞源》释"酒人"为
"酒徒，好酒之人"引为书证。② 《汉语大词典》亦据以释"酒人"为"好
酒的人"。③ 荆轲"游于酒人"，所谓"酒人"，裴骃《集解》："徐广曰：

---

① 文渊阁《四库全书》本作："烧木卖木卖酒人民自聚。取失火家木，刻作人形，朝朝祭之，人
聚也。"

② 《辞源》修订本，商务印书馆1983年版，第3128页。

③ 《汉语大词典》，汉语大词典出版社1992年版，第9卷，第1373页。

'饮酒之人。'"这样的理解似可成立。后世所谓"酒人"确实往往多取此义。① 然而秦汉时期已经流行"酒徒"称谓，② 也是我们应当注意的。《神农本草经》卷六已出现"饮酒人"称谓。这一称谓又见同书卷九。荆轲"游于酒人"之"酒人"，如果理解为酒家，也是可以说得通的。

《史记》卷一〇〇《季布栾布列传》又出现过"酒人保"称谓，其"酒人"即被理解为"酒家"：

> 栾布者，梁人也。始梁王彭越为家人时，尝与布游。穷困，赁佣于齐，为酒人保。数岁，彭越去之巨野中为盗，而布为人所略卖，为奴于燕。

"酒人保"，即"酒人"之"保"。裴骃《集解》：

> 《汉书音义》曰："酒家作保佣也。可保信，故谓之保。"

这里的"酒人"，被解释为"酒家"，也就是经营酒业者，可能是多数学者所赞同的。

### 5.《论衡》"酒人"

《论衡》是东汉思想文化巨著。王充在《论衡》一书中对于传统的学术和思想甚至对孔孟和儒家经典，敢于独立思考，大胆提出怀疑。在《论衡·问孔》中，他对孔子的言论反复提出问难。对于孟子、墨子、韩非、邹衍等人的思想，也都分别进行了批判。王充反对圣人迷信，反对偶像崇拜，在当

---

① 如《池北偶谈》卷一二"霍亮雅"条写道："霍亮雅，曲周人，倜傥任侠，喜酒好樗蒲之戏。亦工文章，卒后申和孟涵光为作传，其邑人刘津逮逢源哭以诗云：'门前债客雁行立，屋内酒人鱼贯眠。'或曰此十四字是败家子弟小影耳。"又卷一九"王苹"条："历城秀才王苹，字秋史。少年能诗，颇清拔绝俗，常有'乱泉声里谁通屐，黄叶林间自著书'，'黄叶下时牛背晚，青山缺处酒人行'之句。"清王士禛《居易录》卷二〇有这样的故事："阮浚字季子，怀宁人。筑草堂于龙山，冬夏惟披一衲，因以自号。性嗜酒工画。时携幞被、酒垆、画具，命一僮肩之，游散山水间，遇胜处辄流连忘。谓其友刘鸿仪曰：死即葬我草堂之侧。磨片石题曰'酒人阮一衲之墓'。未几，卒，刘及同志葬之如约。颜所居曰'一衲庵'。每岁晏，刘必携酒浇其墓。有诗吊之曰：'爵君君岂知，去去复回顾。一片纸钱灰，飞上梅花树。'"
② 王子今：《秦汉"酒徒"散论》，《西北大学学报》（哲学社会科学版）2010 年第 6 期。

时被斥为"妖变"①。但是其思想的积极内容，对于后世的人们，却产生了深远的影响。王充思想被指斥为"妖"，体现其中有不与正统思想相附和的成分。《论衡》的另一价值，是比较全面地反映了当时的社会生活和社会意识。

《论衡·幸偶》中也说到"酒人"。王充写道：

> 蒸谷为饭，酿饭为酒。酒之成也，甘苦异味；饭之熟也，刚柔殊和。非庖厨酒人有意异也，手指之调有偶适也。调饭也殊筐而居，甘酒也异器而处。虫堕一器，酒弃不饮；鼠涉一筐，饭捐不食。

这里所说的"酒人"与"庖厨"对应，应是指酒的酿造者。所以有"酒之成也，甘苦异味"的说法。而所谓"甘酒也异器而处"，以及"虫堕一器，酒弃不饮"，则似乎又体现"酒人"的工作也兼负责酒的保管。

《论衡》所见"酒人"主要是指酒的酿制者。从"手指之调有偶适也"文句看，也不排除具有调酒技术的可能。《太平御览》卷八四三引《礼记外传》曰："'五齐'、'三酒'，皆供祭祀之用。'五齐'尊而'三酒'卑，所以明'齐'者，酒人和合之分剂之名也。一曰'泛齐'；二曰'醴齐'；三曰'盎齐'，一名'酨酒'；四曰'醍齐'；五曰'陈齐'，一名'澄齐'。'三酒'者，列于堂下，臣下相酌酬酢之用。一曰'事酒'，一名'醳酒'，新成者酌饮有事；二曰'昔酒'，三曰'清酒'。"也指出了"酒人""和合之分剂"的情形。

这样，我们对战国秦汉时期"酒人"称谓的内涵有了初步的了解。当时，制酒的人和追求"酤""利"的卖酒的人都可以称作"酒人"。社会称谓中通常使用的"酒人"所指代的身份，主要是说以酒业为经营内容的人士。

"酒人"称谓的出现和通行，说明当时社会因饮酒风习的盛行导致了酒业的兴起，于是出现了这种具有独自经营方式的专门的职业人群。

---

① 《论衡·自纪》。

# 汉代"郎"的身份与职任

汉代已形成一个比较完整的郎官系统。① "郎",以近卫帝王,有特殊的地位。《汉书》卷一九上《百官公卿表上》说:"郎掌守门户,出充车骑,有议郎、中郎、侍郎、郎中。皆无员,多至千人。""郎"的身份地位之重要,以致影响到社会称谓的演进史。

汉代宫廷有"童子郎"身份,又多见"少为郎"情形,可以与"少年吏"相联系,② 作为未成年人政治参与的一种特例,体现当时行政人员培养的一条特殊渠道。而未成年人在政治生活中的地位,也可以因此有所说明。未成年人以"郎"的身份在宫廷生活中的表现,特别是"少为郎"者的情感生活体验,又构成宫廷文化特殊的色彩微妙的文化风景。后世以"郎"作为男性青少年的社会代号,出现"儿郎"、"少年郎"等人称形式,应当与汉代"童子郎"称谓及"少为郎"现象有关。

### 1. 郎官:贵人之位

《史记》卷六《秦始皇本纪》:"二世皇帝元年,年二十一。赵高为郎中令,任用事。"裴骃《集解》:"《汉书·百官表》曰:秦官,掌宫殿门户。"《汉书》卷一九上《百官公卿表上》:"郎中令,秦官,掌宫殿掖门户,有丞。武帝太初元年更名光禄勋。属官有大夫、郎、谒者,皆秦官。"

秦二世三年(前207),赵高为丞相。据说继任郎中令的是赵高的弟弟赵成。《秦始皇本纪》记载赵高策划的望夷宫政变情景:"(秦二世)使使责让高以盗贼事。高惧,乃阴与其婿咸阳令阎乐、其弟赵成谋曰:'上不听谏,今事急,欲归祸于吾宗。吾欲易置上,更立公子婴。子婴仁俭,百姓皆载其言。'使郎中令为内应,诈为有大贼,令乐召吏发卒,追劫乐母置高舍。遣乐将吏卒千余人至望夷宫殿门,缚卫令仆射,曰:'贼入此,何不止?'卫令曰:'周庐设卒甚谨,安得贼敢入宫?'乐遂斩卫令,直将吏入,行射,

---

① 安作璋、熊铁基:《秦汉官制史稿》,齐鲁书社2007年版,第111页。
② 参看王子今《两汉的少年吏》,《文史》第51辑,中华书局2000年版。

郎宦者大惊，或走或格，格者辄死，死者数十人。郎中令与乐俱入，射上幄坐帏。"后来迫使秦二世自杀。

"使郎中令为内应"句，裴骃《集解》："徐广曰：'一云郎中令赵成。'"郎中令地位之重要，在于"领诸郎而为之长"。①

郎中令参与策动并直接发起政变的表现，值得重视。而阎乐闯入宫中，"行射，郎宦者大惊，或走或格，格者辄死，死者数十人"的情景，告知我们"郎"执行侍卫任务的责任。

《急就篇》有"丞相御史郎中君，进近公卿傅仆勋"语。颜师古注："此即贵人之位也，丞，承也。相，助也。言上承天子而佐助之也。御史大史，大夫也，职副丞相。郎中，郎中令也。掌宫殿门户及从官。并秦所置，而汉因之。'君'，褒尊大官之名也。"对于"进近公卿傅仆勋"，颜师古说，"公卿之被引进而亲近天子者，有此傅、仆、勋。傅，太傅也，傅天子以德义。仆，太仆也，主为天子御车马。勋，光禄勋也，汉武帝改郎中令为光禄勋。"

《后汉书》卷二《明帝纪》写道："馆陶公主为子求郎，不许，而赐钱千万。谓群臣曰：'郎官上应列宿，出宰百里，有非其人，则民受其殃，是以难之。'"强调"郎官"职任特殊。李贤注："《史记》曰，太微宫后二十五星，郎位也。"② 也说"郎位"近卫中枢，身份重要，确实是"贵人之位"。

安作璋、熊铁基《秦汉官制史稿》分析了郎官的特殊身份，"汉代的郎官，不仅是皇帝的亲近侍从，而且是备用官员，地方长吏令长多以郎出补，故董仲舒说：'长吏多出于郎中、中郎……'"③"汉代许多著名的执政大臣如张释之、桑弘羊、霍光、张安世、王吉、何武、马宫等，都是郎官出身。由于郎官是重要的仕途，所以汉人多求为郎，以为入仕的阶梯。""郎经过

---

① 《初学记·职官部》引《汉官仪》。（清）孙星衍等辑，周天游点校：《汉官六种》，中华书局1990年版，第130页。安作璋、熊铁基《秦汉官制史稿》亦用此说，谓《初学记》引《汉官仪》文，第112页。

② 又《后汉书》卷六三《李燮传》："昔馆陶公主为子求郎，明帝不许，赐钱千万。所以轻厚赐，重薄位者，为官人失才，害及百姓也。"

③ 原注：《汉书·董仲舒传》。

挑选入宫之后，身价就高多了，不仅如上所述有了担任各种官职的可能，而且在宫内也是很神气的，《汉旧仪》有一条写道：'三署郎见光禄勋执版拜，若见五官左右将，执版不拜，于三公九卿无敬。'除了尊敬他们的总管光禄勋'执版拜'之外，见到分别管理他们的长官五官、左、右将都只'执版'而不拜了，至于对三公九卿不论多大的官，他们都不需要行礼，由此可见其身份的特殊。"①

### 2.　"童子郎"史例与"少为郎"现象

记录汉代社会现象的史籍可见"童子郎"称谓。如《后汉书》卷五八《臧洪传》记载：

> 洪年十五，以父功拜童子郎，知名太学。洪体貌魁梧，有异姿。举孝廉，补即丘长。

臧洪"以父功拜童子郎"，践行成为"郎"的通常道路。后来又"孝廉，补即丘长"，成为地方行政长官，而"拜童子郎"是其行政第一履历。关于"童子郎"身份，李贤注作了这样的解说：

> 汉法，孝廉试经者拜为郎。洪以年幼才俊，故拜童子郎也。《续汉书》曰"左雄奏征海内名儒为博士，使公卿子弟为诸生，有志操者加其俸禄。及汝南谢廉、河南赵建章年始十二，各能通经，雄并奏拜童子郎。于是负书来学，云集京师"也。

这里说到的"童子郎"，除臧洪外，又有"汝南谢廉、河南赵建章"。而"洪年十五"，谢廉、赵建章"年始十二"，确实是"童子"无疑。《后汉书》卷六一《左雄传》的记述大体一致："雄又奏征海内名儒为博士，使公卿子弟为诸生。有志操者，加其俸禄。及汝南谢廉，河南赵建，年始十二，各能通经，雄并奏拜童子郎。于是负书来学，云集京师。"《续汉书》"赵建

---

① 安作璋、熊铁基：《秦汉官制史稿》，第120—121页。

章"，《后汉书》作"赵建"。《北堂书钞》卷五六"童子郎"题下"谢廉通经"条引《后汉书》亦作"赵建"："左雄奏征海内名儒为博士，使公卿子弟为诸生，有志操者加其俸禄。及汝南谢廉、河南赵建，年始十二，名能通经，雄并奏拜童子郎。于是负书来学，云集京师。"《太平御览》卷六二八引《后汉书》也称"赵建"，而言"年始十三"："（左）雄又奏征海内名儒为博士，使公卿子弟为之受学，加其俸禄。及汝南谢廉、河南赵建，年始十三，各能通经，雄并奏拜童子郎。自是负书来学者，云集京师。"明人徐应秋《玉芝堂谈荟》卷四"七岁有圣德"条也取"赵建"说："童子拜官者，汉顺帝时汝南谢廉、河南赵建，年十二，各能通经，拜为童子郎。"韦叡《松膑录》"童子郎"条引《续汉书》："秦征公卿子为诸生，有志操者录之，号'童子郎'。"① 所根据的是《续汉书》提供的史料，而"秦"字误。清人姜宸英《湛园札记》卷一则写道："汝南谢连、河内赵建章及臧旻，皆为童子郎。"又取"赵建章"说。而"河内"应是"河南"之误。

《后汉书》卷六一《黄琬传》又说到另一位"童子郎"黄琬的故事，时在汉桓帝建和元年（147）：

> 琬字子琰。少失父。早而辩慧。祖父琼，初为魏郡太守，建和元年正月日食，京师不见而琼以状闻。太后诏问所食多少，琼思其对而未知所况。琬年七岁，在傍，曰："何不言日食之余，如月之初？"琼大惊，即以其言应诏，而深奇爱之。后琼为司徒，琬以公孙拜童子郎，辞病不就，知名京师。时司空盛允有疾，琼遣琬候问，会江夏上蛮贼事副府，允发书视毕，微戏琬曰："江夏大邦，而蛮多士少。"琬奉手对曰："蛮夷猾夏，责在司空。"因拂衣辞去。允甚奇之。

黄琬"早而辩慧"，甚至对于"日食"的表述亦有奇识。"琬以公孙拜童子郎"者，是上升渠道因由贵势之家的背景。然而从其言行看，确有识见而不同凡俗。所谓"辞病不就，知名京师"，则体现"童子郎"的身份地位。

谢廉、赵建"拜童子郎"，在汉顺帝永建时。黄琬"拜童子郎"，当汉

---

① （宋）朱胜非：《绀珠集》卷一一。

桓帝建和年间。臧洪"拜童子郎"故事发生在汉灵帝熹平、光和、中平时代。① 后来《三国志》亦见司马朗"为童子郎"事，也可以说明有关"童子郎"的若干情形。可知"童子郎"制度未必推行十分长久，却也绝不是偶然的孤立的个别现象。

《三国志》卷一五《魏书·司马朗传》记载了司马朗"为童子郎"事，也是"年幼才俊"实例：

> 司马朗字伯达，河内温人也。九岁，人有道其父字者，朗曰："慢人亲者，不敬其亲者也。"客谢之。十二，试经为童子郎，监试者以其身体壮大，疑朗匿年，劾问。朗曰："朗之内外，累世长大，朗虽稚弱，无仰高之风，损年以求早成，非志所为也。"监试者异之。后关东兵起，故冀州刺史李邵家居野王，近山险，欲徙居温。朗谓邵曰："唇齿之喻，岂唯虞、虢，温与野王即是也；今去彼而居此，是为避朝亡之期耳。且君，国人之望也，今寇未至而先徙，带山之县必骇，是摇动民之心而开奸宄之原也，窃为郡内忧之。"邵不从。边山之民果乱，内徙，或为寇钞。

"十二，试经为童子郎"，提供了又一例反映"童子郎"具体年龄的记载。而所谓"监试者以其身体壮大，疑朗匿年，劾问"，可知当时"童子郎"的征选，确实是有明确的年龄限定的。司马朗"九岁"时维护其尊亲，对"人有道其父字者"的批评，已经表现出敏锐和勇敢。"损年以求早成，非志所为也"语，自申其志，非同凡响，也透露出世风对"早成"的推重。② 他对冀州刺史李邵"寇未至而先徙"行为的指责，也反映了政治明识，其预言后来果然得到历史的印证。不过，我们不很清楚"朗谓邵曰"时的具体年龄。

汉代官僚队伍中"少为郎"即以"郎"作为行政实践第一阶梯的情形

---

① 据《后汉书》卷五八《臧洪传》，"熹平元年，会稽妖贼许邵起兵句章"，臧洪父臧旻"破平"有功。"洪年十五，以父功拜童子郎"，"举孝廉，补即丘长。中平末，弃官还家。"

② 参看王子今《汉代神童故事》，《学习时报》2007 年 6 月 25 日；《汉代齐鲁"神童"》，《齐鲁文化研究》2008 年（总第 7 辑），山东文艺出版社 2008 年版。

相当多见。《汉书》卷八一《张禹传》说，张禹得天子"敬厚"，"禹每病，辄以起居闻，车驾自临问之。上亲拜禹床下"。"禹小子未有官，上临候禹，禹数视其小子，上即禹床下拜为黄门郎，给事中。""禹小子未有官"，其年龄未可知，不排除尚在少年的可能。

西汉时期还可以看到若干明确的"少为郎"的实例。如："（韩）增少为郎。"① "（刘歆）少以通《诗》《书》能属文召见成帝，待诏宦者署，为黄门郎。"② "（杜）缓少为郎。"③ "（王吉）少好学明经，以郡吏举孝廉为郎。"④ "（冯参）学通《尚书》，少为黄门郎。"⑤ "（淳于长）少以太后姊子为黄门郎。"⑥ "（上官桀）少时为羽林期门郎。"⑦ "（班嗣）少为黄门郎中常侍。"⑧

又如，"（公孙述）哀帝时，以父任为郎。后父仁为河南都尉，而述补清水长。仁以述年少，遣门下掾随之官。五月余，掾辞归，白仁曰：'述非待教者也。'后太守以其能，使兼摄五县，政事修理，奸盗不发，郡中谓有鬼神。""后父仁为河南都尉，而述补清水长"时公孙述尚"年少"，则"以父任为郎"时年龄当然更小。《后汉书》卷一三《公孙述传》又明确有"少为郎，习汉家制度"的说法。《后汉书》卷七四上《袁绍传》写道："（袁）绍少为郎，除濮阳长。"汉末割据政权"少为郎"者，则有射坚⑨、虞昺等⑩。

《后汉书》卷二三《窦固传》："固字孟孙，少以尚公主为黄门侍郎。"窦固已"尚公主"，说明身体发育大致成熟，然而依然称"少"，反映记述

---

① 《汉书》卷三三《韩王信传》。
② 《汉书》卷三六《楚元王传·刘歆》。
③ 《汉书》卷六〇《杜缓传》。
④ 《汉书》卷七二《王吉传》。
⑤ 《汉书》卷七九《冯参传》。
⑥ 《汉书》卷九三《佞幸传·淳于长》。
⑦ 《汉书》卷九七上《外戚传上·孝昭上官皇后》。
⑧ 《汉书》卷一〇〇上《叙传上》。
⑨ 《三国志》卷三二《蜀书·先主备传》裴松之注引《三辅决录》注曰："（射）坚，字文固，少有美名，辟公府为黄门侍郎。"
⑩ 《三国志》卷五七《吴书·虞翻传》裴松之注引《会稽典录》曰："（虞）昺字世文，（虞）翻第八子也。少有倜傥之志，仕吴黄门郎，以捷对见异，超拜尚书侍中。"

汉史的文献中，"少"的年龄界断有时是比较模糊的。

也有可以使我们得知"为郎"时年龄的史例，如《三国志》卷一《魏书·武帝纪》："（曹操）年二十，举孝廉为郎，除洛阳北部尉，迁顿丘令，征拜议郎。"可知曹操"年二十""为郎"。《汉书》卷八四《翟义传》："（翟）义字文仲，少以父任为郎，稍迁诸曹，年二十出为南阳都尉。"是翟义"为郎"时在"年二十"之前。《汉书》卷八一《孔光传》："（孔）霸四子，长子福嗣关内侯。次子捷、捷弟喜皆列校尉诸曹。光，最少子也，经学尤明，年未二十，举为议郎。"也是"年未二十""为郎"的例证。《后汉书》卷三四《梁冀传》有"郎中汝南袁著，年十九"的记载。《汉书》卷六六《陈咸传》说："（陈）咸字子康，年十八，以万年任为郎。"《三国志》卷九《魏书·曹纯传》裴松之注引《英雄记》："（曹纯）年十八，为黄门侍郎。"《汉书》卷五一《枚皋传》记载："（枚皋）年十七，上书梁共王，得召为郎。"《后汉书》卷一〇上《皇后纪上·光武郭皇后》说，"帝善（郭）况小心谨慎，年始十六，拜黄门侍郎"。"为郎"时年龄更小的例证又有：《后汉书》卷四一《宋均传》记载："（宋）均以父任为郎，时年十五。"《三国志》卷九《魏书·曹玄传》："（曹玄）少知名，弱冠为散骑黄门侍郎。"又《三国志》卷一三《魏书·锺毓传》写道："（锺毓）年十四为散骑侍郎。"

据《汉书》卷六八《霍光传》，"（霍去病）将（霍）光西至长安，时年十余岁，任光为郎，稍迁诸曹侍中"。其具体年龄究竟是十几岁，尚不能确定。

又《汉书》卷三六《楚元王传·刘向》说："（刘）向字子政，本名更生。年十二，以父德任为辇郎。既冠，以行修饬擢为谏大夫。"[1] 刘向"年十二"为郎，似是目前所见最年少的一例。

"少为郎"，应是秦时已有制度。《史记》卷六《秦始皇本纪》记载，秦二世即位，按照赵高的建议，清洗"先帝之大臣"及"生平所不可者"，其政治动作之一，即"以罪过连逮少近官三郎"。司马贞《索隐》："逮训及也。谓连及俱被捕，故云连逮。少，小也。近，近侍之臣。三郎谓中郎、外

---

① 颜师古注："服虔曰：'父保任其子为郎也。辇郎，如今引御辇郎也。'"

郎、散郎。"张守节《正义》:"《汉书百官表》云有议郎、中郎、散郎,又有左右三将,谓郎中、车郎、户郎。"如果"少"字在这里确指年龄"小",所谓"少近官三郎",或可理解为汉代"少为郎"现象的先例。

《汉书》卷五〇《冯唐传》写道:"(冯唐)为郎中署长,事文帝。帝辇过,问唐曰:'父老何自为郎?'"颜师古注:"师古曰:'言年已老矣,何乃自为郎也?崔浩以为自,从也。从何为郎?此说非也。'"这种"年已老"而仍在"郎"的系统工作,致使帝王诧异,正是因为通常情况下"为郎"者多为少年的缘故。后来冯唐的儿子在暮年时成为郎①,也是年长者任郎的又一特例。

### 3. "郎"的社会出身

"以父任为郎",即因父的身份地位得以为郎,是非常普遍的情形。《史记》卷二〇《建元以来侯者年表》:"杨恽家在华阴,故丞相杨敞少子,任为郎。"西汉时期"少以父任为郎"的明确史例,又有张安世②、翟义等。《后汉书》卷一三《公孙述》说:"哀帝时,以父任为郎。"李贤注:"任,保任也。《东观记》曰:'成帝末,述父仁为侍御史,任为太子舍人,稍增秩为郎焉。'"

又如《后汉书》卷二四《马廖传》:"廖字敬平,少以父任为郎。"《后汉书》卷一六《邓禹传》记载:"(太傅邓禹)寝疾。帝数自临问,以子男二人为郎。"贵族高官这种政治等级的承继形式,曾经形成制度:

(建光元年二月)以公、卿、校尉、尚书子弟一人为郎、舍人。(《后汉书》卷五《安帝纪》)

(本初元年夏四月)自大将军至六百石,皆遣子受业,岁满课试,以高第五人补郎中,次五人太子舍人。(《后汉书》卷八《质帝纪》)

(汉献帝即位初)赐公卿以下至黄门侍郎家一人为郎,以补宦官所

---

① 《史记》卷一〇二《张释之冯唐列传》:"武帝立,求贤良,举冯唐。唐时年九十余,不能复为官,乃以唐子冯遂为郎。遂字王孙,亦奇士。"由"唐时年九十余"可推知冯遂"为郎"时,应当已在五六十岁以上。

② 《汉书》卷五九《张安世传》。

领诸署，侍于殿上。（《后汉书》卷九《献帝纪》）

除本初元年（146）事要考虑"课试"成绩而外，完全以官员身份地位"以……子弟一人为郎"，"赐……家一人为郎"，成为政治惯性极强的政策。据《后汉书》卷三七《桓郁传》，"（桓）郁字仲恩，少以父任为郎。"桓郁的儿子桓焉，同样"少以父任为郎"。所谓"擢高第为讲郎给事近署"①，也说"高第"是拔擢"郎"的条件。明确可知"少以父任为郎"的实例，还有周勰②等。汉史记录又可见"以任为郎"的表述，如《后汉书》卷七九下《儒林列传下·伏恭》："恭性孝，事所继母甚谨，少传黯学，以任为郎。"以及《太平御览》卷二六〇引《汉书》言冯立事迹，《后汉纪》卷九"永平二年"言桓郁事迹。而《汉书》卷七九《冯立传》说冯立"以父任为郎"，《后汉书》卷三七《桓郁传》说桓郁"少以父任为郎"。可知所谓"以任为郎"很可能就是"以父任为郎"。

西汉有"吏二千石子弟选郎吏"③的制度，但是"选"的形式，尚未必是在一定等级之上，所有的官员都得"以……子弟一人为郎"，"赐……家一人为郎"。有学者指出，这种"任子制"，"条件的限制并不绝对"，"从任子的数目来看，其任子弟二人以上乃至多人者极为常见，并不受一人之限"。如冯奉世"有子男九人"，冯立"以父任为郎"，冯参"少为黄门郎给事中"，桓荣"拜二子为郎"，温序"除三子为中郎"，梁统"除四子为郎"。④也有学者注意到，"事实上，经过多次保任，使任子的数量远远不止一个。如：西汉时，苏武'少以父任，兄弟并为郎'；……韩延寿'三子皆为郎吏'"，"东汉亦如此，如冯石'为安帝所宠……拜子世为黄门侍郎，世弟二人皆为郎中'"，"邓骘兄弟子及门从十二人悉除为郎中。由此可见，保任二人、三人乃至多人者，也是常见的事"⑤。在这样的情况下，自然会出现"郎吏"队伍的膨胀，如《后汉书》卷六六《陈蕃传》载陈蕃上疏所谓

① 《后汉书》卷七九上《儒林列传上》。
② 《后汉书》卷六一《周勰传》。
③ 《汉书》卷五六《董仲舒传》。
④ 黄留珠：《秦汉仕进制度》，西北大学出版社1985年版，第217页。
⑤ 安作璋、陈乃华：《秦汉官吏法研究》，齐鲁书社1993年版，第61—62页。

"三署郎吏二千余人"的现象。而某些"权富""埶家"借家族权势施行政治影响的情形，在历史记录中也有迹象可寻。如《后汉书》卷六六《陈蕃传》写道："自蕃为光禄勋，与五官中郎将黄琬共典选举，不偏权富，而为埶家郎所谮诉，坐免归。"

以赀为郎，也是常见的晋身至于帝王身边的路径。据《汉书》卷五〇《张释之传》："张释之字季，南阳堵阳人也。与兄仲同居，以赀为骑郎。"颜师古注："苏林曰：'雇钱若出谷也。'如淳曰：'汉注赀五百万得为常侍郎。'师古曰：'如说是也。'"张释之十年为郎，对前程丧失信心，有"免归"之意，曾经发表"久宦减仲之产，不遂"的感慨，似乎为郎时的费用，还要消耗家"产"。我们不清楚这是不是以赀为郎者面对的特殊情形。《汉书》卷六六《杨恽传》说："郎官故事，令郎出钱市财用，给文书，乃得出，名曰'山郎'。"这一情形，据说到杨恽任中郎将，"罢山郎，移长度大司农，以给财用"之后，方得改变。也可能张释之所谓"久宦减仲之产"，是指此类"财用钱"支出。①

前说枚皋以文采"拜为郎"，又有以学识为郎者。如《汉书》卷一〇〇上《叙传上》记述班斿故事："（班）斿博学有俊材，左将军史丹举贤良方正，以对策为议郎，迁谏大夫、右曹中郎将，与刘向校秘书。每奏事，斿以选受诏进读群书。上器其能，赐以秘书之副。"②汉顺帝时代，有阳嘉元年（132）秋七月"除郡国耆儒九十人补郎、舍人"，阳嘉二年（133）三月"辛酉，除京师耆儒年六十以上四十八人补郎、舍人及诸王国郎"事。③《后汉书》卷八《灵帝纪》："（光和三年）六月，诏公卿举能通《古文尚书》、《毛诗》、《左氏》、《谷梁春秋》各一人，悉除议郎。"也是类似史例。又汉灵帝熹平五年（176）十二月"试太学生年六十以上百余人，除郎中、太子

---

① 参看孟彦弘《释"财用钱"》，《吴简研究》第 1 辑，崇文书局 2004 年版，第 222—229 页；赵宠亮：《说"财用钱"》，《历史研究》2006 年第 2 期。

② 《汉书》卷九九下《王莽传下》："诸生小民会旦夕哭，为设飧粥，甚悲哀及能诵策文者除以为郎，至五千余人。"《后汉书》卷一三《隗嚣传》李贤注："歌颂祸殃谓莽作告天策，自陈功劳千余言，能诵策文者，除以为郎，至五十余人。"在极荒诞的政治空气中仍然以"能诵策文"作为"除以为郎"的条件，体现了对传统的局部继承。

③ 《后汉书》卷六《顺帝纪》。

舍人至王家郎、郡国文学吏"①，同样是以学识任用"郎"的情形。《后汉书》卷七九上《儒林列传上》所谓"除郡国耆儒皆补郎、舍人"，成为常见的情形。

也有因达到一定道德水平而任为郎的。如《史记》卷一〇二《张释之冯唐列传》："唐以孝闻，为中郎署长，事文帝。"裴骃《集解》："应劭曰：'此云孝子郎也。'"② 可知东汉有"孝子郎"。

《汉书》卷五四《李陵传》记载："（李陵）将其步卒五千人出居延，北行三十日，至浚稽山止营。举图所过山川地形，使麾下骑陈步乐还以闻。步乐召见，道陵将率得士死力。上甚说，拜步乐为郎。"这是比较特殊的直接拜前线"骑""为郎"的一例。

前说淳于长"少以太后姊子为黄门郎"，因与皇家的特殊关系进入"郎"的队列，据《后汉书》卷二三《窦固传》："固字孟孙，少以尚公主为黄门侍郎。"窦固则是"少"时以极特殊的"尚公主"的身份成为"黄门侍郎"的。郭况则以郭皇后弟身份"年始十六，拜黄门侍郎"。③ 其他又有杜夔"以知音为雅乐郎"④，朱建平"善相术，于间巷之间，效验非一"，于是为曹操"召为郎"⑤ 等特例。三国孙吴"侍芝郎"、"平虑郎"任命，则更是异常情形。⑥ 有学者讨论"尊于普通郎"的"黄门郎"，指出："汉魏充任黄门郎者，不是皇亲国戚，就是将相子弟；至于其他人士，那就要有一定的条件了。"⑦ 其实，"普通郎"的选用，基本上也是如此。

《三国志》卷四七《吴书·吴主权传》裴松之注引《江表传》载权（赤乌二年）正月诏曰："郎吏者，宿卫之臣，古之命士也。间者所用颇非其人。自今选三署皆依四科，不得以虚辞相饰。"可知"郎"的选任"所用

---

① 《后汉书》卷八《灵帝纪》。

② 《汉书》卷五〇《冯唐传》："唐以孝著，为郎中署长，事文帝。"颜师古注："郑氏曰：'以至孝闻也。'师古曰：'以孝得为郎中，而为郎署之长也。'"

③ 《后汉书》卷一〇上《皇后纪上·光武郭皇后》。

④ 《三国志》卷二九《魏书·方技传·杜夔》。

⑤ 《三国志》卷二九《方技传·朱建平》。

⑥ 《三国志》卷四八《吴志·孙皓传》："有鬼目菜生工人黄耇家，依缘枣树，长丈余，茎广四寸，厚三分。又有买菜生工人吴平家，高四尺，厚三分，如枇杷形，上广尺八寸，下茎广五寸，两边生叶绿色。东观案图，名鬼目作芝草，买菜作平虑草，遂以耇为侍芝郎，平为平虑郎，皆银印青绶。"

⑦ 杨鸿年：《汉魏制度丛考》，武汉大学出版社 2005 年版，第 72 页。

颇非其人"的情形已经相当严重。

### 4. "郎"的人生前景

"郎"以特殊方式参与行政操作,因为与帝王关系的亲近①,可以施行有力的影响。有的甚至"与上卧起,公卿皆因关说"。② 有的帝王当政时,"每朝,郎官上书疏,未尝不止辇受其言,言不可用置之,言可采用受之,未尝不称善也"③。汉武帝时代,正如有的学者所指出的,"内朝始设之时,主要由以郎官为主的皇帝亲信侍从组成"④。其中未成年人颇多。这种情形自然与少年吏直接经历政治实践有所不同,⑤ 但是对于"郎"作为行政官员预备人才队伍的历练,是有一定的积极意义的。而且他们所接触的,是最高层的政治事务。

《汉书》卷五一《枚皋传》写道:"(枚皋)与母从争,见谗恶遇罪,家室没入。皋亡至长安。会赦,上书北阙,自陈枚乘之子。上得之大喜,召入见待诏,皋因赋殿中。诏使赋平乐馆,善之。拜为郎,使匈奴。"这是以"郎"的身份得以承担出使远邦之外交重任的例子。同类情形,又有张骞。⑥

由前引汉明帝"郎官""出宰百里"语,可知"郎"的人生前景和政治出路,更多可能是出任地方行政长官。

《后汉书》卷四《和帝纪》:"元兴元年春正月戊午,引三署郎召见禁中,选除七十五人,补谒者、长、相。"类似例证还有汉安帝时,"(延光二年春)诏选三署郎及吏人能通《古文尚书》、《毛诗》、《谷梁春秋》各一人。……""(延光二年)八月庚午,初令三署郎通达经术任牧民者,视事

---

① 据《后汉书》卷四五《袁敞传》,以身份为"郎"者张俊自己的语言,称此为"近密"。

② 《史记》卷一二五《佞幸列传》。

③ 《史记》卷一○一《袁盎晁错列传》。

④ 王克奇:《论秦汉郎官制度》,安作璋、熊铁基:《秦汉官制史稿》附录,齐鲁书社2007年版,第363页。

⑤ 参看王子今《两汉的少年吏》,《文史》第51辑,中华书局2000年版。

⑥ 《史记》卷一二三《大宛列传》:"张骞,汉中人。建元中为郎。是时天子问匈奴降者,皆言匈奴破月氏王,以其头为饮器,月氏遁逃而常怨仇匈奴,无与共击之。汉方欲事灭胡,闻此言,因欲通使。道必更匈奴中,乃募能使者。骞以郎应募,使月氏,与堂邑氏胡奴甘父俱出陇西。经匈奴,匈奴得之,传诣单于。单于留之,曰:'月氏在吾北,汉何以得往使?吾欲使越,汉肯听我乎?'留骞十余岁,与妻,有子,然骞持汉节不失。"张骞后来成就了开通丝绸之路的宏伟功业。

三岁以上，皆得察举。"① 又汉顺帝时，"（永和三年八月）丙戌，令大将军、三公各举故刺史、二千石及见令、长、郎、谒者、四府掾属刚毅武猛有谋谟任将帅者各二人，特进、卿、校尉各一人"②。汉质帝时，"（本初元年夏四月）千石、六百石、四府掾属、三署郎、四姓小侯先能通经者，各令随家法，其高第者上名牒，当以次赏进"③。东汉的"郎"的上进机会，往往以"通经"、"通达经术"为重要条件。这是与儒学成为社会意识主导的文化背景相关的。一个典型的个案，是《后汉书》卷四一《宋均传》："（宋）均以父任为郎，时年十五，好经书，每休沐日，辄受业博士，通《诗》《礼》，善论难。至二十余，调补辰阳长。"在儒学地位空前上升的时代，有儒学学业基础的未成年"郎"得到了较好的机会。正如《后汉书》卷七九上《儒林列传上》所记述："时樊准、徐防并陈敦学之宜，又言儒职多非其人，于是制诏公卿妙简其选，三署郎能通经术者，皆得察举。"

《后汉书》卷三四《梁松传》："松字伯孙，少为郎，尚光武女舞阴长公主，再迁虎贲中郎将。"前说窦固"少以尚公主为黄门侍郎"事，少年贵族梁松则是"少为郎"在先而尚公主在后。《后汉书》卷三四《梁商传》："商字伯夏，雍之子也。少以外戚拜郎中，迁黄门侍郎。"所谓"少以外戚拜郎中"者的晋身路径也值得注意。据《汉书》卷九三《佞幸传·淳于长》，"（淳于长）少以太后姊子为黄门郎，未进幸。会大将军王凤病，长侍病，晨夜扶丞左右，甚有甥舅之恩。凤且终，以长属托太后及帝。帝嘉长义，拜为列校尉诸曹，迁水衡都尉侍中，至卫尉九卿。"这是十分特殊的外戚家族成员以"黄门郎"为职务基点而得以迅速提升的情形。

"少为郎"者因"郎"的身份获实职出任行政长官，往往也要经历漫长的时间等待机遇。薄太后弟薄昭，也是"少为郎"的典型。《史记》卷一九《惠景间侯者年表》关于薄昭事迹的一段文字，中华书局标点本作："高祖十年为郎，从军，十七岁为太中大夫，迎孝文代，用车骑将军迎太后，侯，

---

① 《后汉书》卷五《安帝纪》。
② 《后汉书》卷六《顺帝纪》。
③ 《后汉书》卷六《质帝纪》。

万户。薄太后弟。"① 据文义，"高祖十年为郎，从军，十七岁为太中大夫，迎孝文代"应断作"高祖十年为郎，从军十七岁，为太中大夫，迎孝文代"。薄昭以"郎"的身份，后"为太中大夫"，参预高层行政，应与"薄太后弟"的特殊背景有关。然而"为郎""十七岁"，其实已经相当漫长。

《汉书》卷五〇《张释之传》说，张释之为郎，"事文帝，十年不得调，亡所知名。"于是"欲免归"。"中郎将爰盎知其贤，惜其去，乃请徙释之补谒者。"后来，"释之言秦汉之间事，秦所以失，汉所以兴者。文帝称善，拜释之为谒者仆射。"《汉书》卷一八《外戚恩泽侯表》："滕侯吕更始为舍人郎中十二岁，以都尉屯霸上，用楚丞相侯。"《后汉书》卷二《明帝纪》："赐天下男子爵，人三级；郎、从官视事二十岁已上帛百匹，十岁已上二十匹，十岁已下十匹……"可知有为"郎""二十岁已上"者。又如樊梵事迹，"为郎二十余年，三署服其重慎。悉推财物二千余万与孤兄子，官至大鸿胪。"② 他在"郎"的位置上已经停留了"二十余年"。

即使是因"郎"的贴身劳绩而终于上升的官僚，其经历也多有艰难苦辛。《汉书》卷九七上《外戚传上·孝昭上官皇后》写道："（上官桀）少时为羽林期门郎，从武帝上甘泉，天大风，车不得行，解盖授桀。桀奉盖，虽风常属车；雨下，盖辄御。上奇其材力，迁未央厩令。"上官桀大风雨中的"奉盖""材力"，确实体现出勤谨。又如，"上尝体不安，及愈，见马，马多瘦，上大怒：'令以我不复见马邪！'欲下吏，桀顿首曰：'臣闻圣体不安，日夜忧惧，意诚不在马。'言未卒，泣数行下。上以为忠，由是亲近，为侍中，稍迁至太仆。"上官桀以"泣"对"怒"，赢得更深层的理解和信任。后来，"武帝疾病，以霍光为大将军，太仆桀为左将军，皆受遗诏辅少主。以前捕斩反者莽通功，封桀为安阳侯。"上官桀成为天下重臣，是从"少时"为"郎"即开始长久积累，付出无数辛劳和心机所换得的回报。所谓"日夜忧惧"者，用以形容在帝王身边心理压力之沉重，也是适宜的。

许广汉的经历，也可以从一个侧面反映在宫廷华贵生活中"少时"为

---

① 《汉书》卷一八《外戚恩泽侯表》则说他"高祖七年为郎"。古书"十""七"字容易误写。薄昭如果"高祖十年为郎"，至其"为太中大夫，迎孝文代"时，正好时隔"十七岁"。可知"高祖七年为郎""七"字误。

② 《后汉书》卷三二《樊宏传》。

"郎"者可能承受的屈辱。《汉书》卷九七上《外戚传上·孝宣许皇后》："（许广汉）少时为昌邑王郎。从武帝上甘泉，误取它郎鞍以被其马，发觉，吏劾从行而盗，当死，有诏募下蚕室。后为宦者丞。上官桀谋反时，广汉部索，其殿中庐有索长数尺可以缚人者数千杖，满一箧缄封，广汉索不得，它吏往得之。广汉坐论为鬼薪，输掖庭，后为暴室啬夫。"

董仲舒说："夫长吏多出于郎中、中郎，吏二千石子弟选郎吏，又以富訾，未必贤也。"① 指出了这种选官方式的问题，是不利于"贤"者的任用的。而以"郎"求任外职，亦多有通过不正当方式者，如《汉书》卷六六《杨恽传》所说："其豪富郎，日出游戏，或行钱得善部。② 货赂流行，传相放效。"③

### 5. 少年"郎"的特殊境遇

《汉书》卷三六《楚元王传·刘向》说，刘向"年十二，以父德任为辇郎"，"是时，宣帝循武帝故事，招选名儒俊材置左右。更生以通达能属文辞"，于是得以上升。"会初立《谷梁春秋》，征更生受《谷梁》，讲论《五经》于石渠。复拜为郎中给事黄门，迁散骑谏大夫给事中。"刘向以"郎"的身份在帝王"左右"，于是"通达能属文辞"的才能优势影响了最高执政者。又《汉书》卷五一《枚皋传》："皋不通经术，诙笑类俳倡，为赋颂，好嫚戏，以故得媟黩贵幸，比东方朔、郭舍人等，而不得比严助等得尊官。"则是虽在儒学"经术"方面完全无知，却能够以另一种才能在帝王身边服务，"得媟黩贵幸"。《史记》卷一〇九《李将军列传》："（李）广子三人，曰当户、椒、敢，为郎。天子与韩嫣戏，嫣少不逊，当户击嫣，嫣走。于是天子以为勇。"则是因"勇"的性格得到欣赏。因"嫣少不逊"引起的冲突，说明李当户当时也应是少年，而李椒、李敢自然年龄更小。

《史记》卷五九《五宗世家》可见有关诸侯王"有爱幸少年为郎"，而"为郎者""与后宫乱"的记载："胶西于王端，以孝景前三年吴楚七国反破

---

① 《汉书》卷五六《董仲舒传》。颜师古注："'訾'与'资'同。"
② 颜师古注："郎官之职，各有主部，故行钱财而择其善，以招权也。"
③ 《杨恽传》又说，"（杨）恽为中郎将"后，努力剀改，"郎、谒者有罪过，辄奏免，荐举其高弟有行能者，至郡守九卿。郎官化之，莫不自厉，绝请谒货赂之端，令行禁止，宫殿之内翕然同声。"

后，端用皇子为胶西王。端为人贼戾，又阴痿，一近妇人，病之数月。而有爱幸少年为郎。为郎者顷之与后宫乱，端禽灭之，及杀其子母。数犯上法，汉公卿数请诛端，天子为兄弟之故不忍，而端所为滋甚。""爱幸少年为郎"，正是青春期情爱萌动的生理特殊阶段，出入宫中，也不免引发寂寞女子的心理冲动。

一则后宫女子因嫉妒以极端方式残害对方的故事，即与"郎"有关。事见于《汉书》卷五三《景十三王传·广川惠王刘越》："……后（刘）去立昭信为后；幸姬陶望卿为修靡夫人，主缯帛；崔修成为明贞夫人，主永巷。昭信复谮望卿曰：'与我无礼，衣服常鲜于我，尽取善缯匀诸宫人。'去曰：'若数恶望卿，不能减我爱；设闻其淫，我亨之矣。'后昭信谓去曰：'前画工画望卿舍，望卿袒裼傅粉其傍。又数出入南户窥郎吏，疑有奸。'去曰：'善司之。'以故益不爱望卿。后与昭信等饮，诸姬皆侍，去为望卿作歌曰：'背尊章，嫖以忽，谋屈奇，起自绝。行周流，自生患，谅非望，今谁怨！'使美人相和歌之。去曰：'是中当有自知者。'昭信知去已怒，即诬言望卿历指郎吏卧处，具知其主名，又言郎中令锦被，疑有奸。去即与昭信从诸姬至望卿所，裸其身，更击之。令诸姬各持烧铁共灼望卿。望卿走，自投井死。昭信出之，樵杙其阴中，割其鼻唇，断其舌。谓去曰：'前杀昭平，反来畏我，今欲靡烂望卿，使不能神。'与去共支解，置大镬中，取桃灰毒药并煮之，召诸姬皆临观，连日夜靡尽。复共杀其女弟都。"故事最重要的情节，即真正激怒刘去者，是遇害女子望卿所谓"数出入南户窥郎吏，疑有奸"，"历指郎吏卧处，具知其主名，又言郎中令锦被，疑有奸"，与"郎"在后宫的存在有关。

《汉书》卷六八《金日磾传》说，"（金日磾）输黄门养马，时年十四矣。""武帝游宴见马，后宫满侧。日磾等数十人牵马过殿下，莫不窃视，至日磾独不敢。"所谓"莫不窃视"，是少年男子面对美女的正常反应，而"至日磾独不敢"者，只是罕见的特例。金日磾得到信用之后，"日磾子二人皆爱，为帝弄儿，常在旁侧"。甚至有"弄儿或自后拥上项"而汉武帝并不发怒的情形。然而，"其后弄儿壮大，不谨，自殿下与宫人戏，日磾适见之，恶其淫乱，遂杀弄儿。弄儿即日磾长子也。上闻之大怒，日磾顿首谢，具言所以杀弄儿状。上甚哀，为之泣，已而心敬日磾。"金日磾"所以杀弄儿"者，正是出于其子"壮大"，已经性发育成熟，而"恶其淫乱"的警戒之心。

据《汉书》卷九三《佞幸传·董贤》记载，董贤则是以"郎"的身份得到了汉哀帝特殊的情感投入："董贤字圣卿，云阳人也。父恭，为御史，任贤为太子舍人。哀帝立，贤随太子官为郎。二岁余，贤传漏在殿下，为人美丽自喜，哀帝望见，说其仪貌，识而问之，曰：'是舍人董贤邪？'因引上与语，拜为黄门郎，繇是始幸。"董贤的父亲得到迅速提升。"贤宠爱日甚，为驸马都尉侍中，出则参乘，入御左右，旬月间赏赐累巨万，贵震朝廷。"于是有著名的"断袖"故事："常与上卧起。尝昼寝，偏藉上褏，上欲起，贤未觉，不欲动贤，乃断褏而起。其恩爱至此。贤亦性柔和便辟，善为媚以自固。""恩爱"的延伸，使得董贤的妻子和女弟也引入宫中。董贤妻父位列高官，"弟为执金吾"。"诏将作大匠为贤起大第北阙下，重殿洞门，木土之功穷极技巧，柱槛衣以绨锦。下至贤家僮仆皆受上赐，及武库禁兵，上方珍宝。其选物上弟尽在董氏，而乘舆所服乃其副也。及至东园秘器，珠襦玉柙，豫以赐贤，无不备具。又令将作为贤起冢茔义陵旁，内为便房，刚柏题凑，外为徼道，周垣数里，门阙罘罳甚盛。"

董贤家族贵势的形成，起初只是由于这位少年"郎"之"性柔""美丽""善为媚"。

### 6. 关于"老郎"

《史记》卷一〇二《张释之冯唐列传》记载："文帝辇过，问唐曰：'父老何自为郎？'"司马贞《索隐》："崔浩云'自，从也。帝询唐何从为郎'。又小颜云'年老矣，乃自为郎，怪之也'。"这是"年老矣，乃自为郎"的情形。前引汉和帝"元兴元年春正月戊午，引三署郎召见禁中，选除七十五人，补谒者、长、相"事，李贤注引《汉官仪》："三署谓五官署也，左、右署也，各置中郎将以司之。郡国举孝廉以补三署郎，年五十以上属五官，其次分在左、右署，凡有中郎、议郎、侍郎、郎中四等，无员。"可知"补三署郎"已有"年五十以上"者。

张衡《思玄赋》："尉尨眉而郎潜兮，逮三叶而遘武。"李贤注："尉谓都尉颜驷也。尨，苍杂色也。遘，遇也。"又引《汉武故事》："上至郎署，

见一老郎，鬓眉皓白，问：'何时为郎？何其老也？'对曰：'臣姓颜，名
驷，以文帝时为郎。文帝好文而臣好武，景帝好老而臣尚少，陛下好少而臣
已老，是以三叶不遇也。'上感其言，擢为会稽都尉也。"① 颜驷自称"景帝
好老而臣尚少"，则文帝时代"为郎"时无疑尚是少年。这一著名的"老
郎"故事告知我们，"郎"若至老"鬓眉皓白"而不得"擢用"，是"不
遇"的表现。而实际上这样的情形并不罕见。

汉顺帝"（阳嘉元年闰十二月）丁亥，令诸以诏除为郎，年四十以上课
试如孝廉科者，得参廉选，岁举一人"②，"年四十以上"，年龄也已经不小。
前引汉顺帝"（阳嘉二年三月）辛酉，除京师耆儒年六十以上四十八人补
郎、舍人及诸王国郎"事，则是"年六十以上""补郎"史例。又汉灵帝
"（熹平五年十二月）试太学生年六十以上百余人，除郎中、太子舍人至王
家郎、郡国文学吏"，待选试"太学生"同样"年六十以上"。③ 据《后汉
书》卷九《献帝纪》：

> （初平四年）九月甲午，试儒生四十余人，上第赐位郎中，次太子
> 舍人，下第者罢之。诏曰："孔子叹'学之不讲'，不讲则所识日忘。
> 今者儒年逾六十，去离本土，营求粮资，不得专业。结童入学，白首空
> 归，长委农野，永绝荣望，朕甚愍焉。其依科罢者，听为太子舍人。"

李贤注引刘艾《献帝纪》曰："时长安中为之谣曰：'头白皓然，食不充粮。
裹衣襄裳，当还故乡。圣主愍念，悉用补郎。舍是布衣，被服玄黄。'"所
谓"头白皓然"者"悉用补郎"，这种情形屡屡发生，已经透露出汉末衰世
气象。

---

① 《后汉书》卷五九《张衡传》。（宋）王益之《西汉年纪》卷一一《武帝》引《汉武故事》：
"上尝辇至郎署，一老郎鬓眉皓白，衣服不整。上问曰：'公何时为郎？何其老也？'对曰：'臣姓颜名
驷，江都人也。以文帝时为郎。'上曰：'何其不遇也！'驷曰：'文帝好文而臣好武，景帝好老而臣尚
少，陛下好少而臣已老。是以三世不遇也。'上感其言，将擢用之。韩安国谏曰：'无才能者，托于不
遇。陛下如擢用之，臣恐名实乱也。'上弗听，乃用为会稽都尉。"
② 《后汉书》卷六《顺帝纪》。
③ 《后汉书》卷八《灵帝纪》。

### 7. "郎君"尊称

通过上文说到的"执家郎"和"豪富郎"的作用，可以发觉这一群体中特殊成分所散发出的腐恶气息。其实，通过对未成年人比较集中的"郎官"的考察，也可以感觉到体现积极意义的"少年精神"。

《汉书》卷六六《陈咸传》说："（陈）咸字子康，年十八，以万年任为郎。有异材，抗直，数言事，刺讥近臣，书数十上，迁为左曹。"《后汉书》卷三四《梁冀传》又有"时郎中汝南袁著，年十九，见冀凶纵，不胜其愤，乃诣阙上书"的记载。可见除"年幼才俊"值得赞赏之外，两汉都有少年"郎"以"愤""直"激情抗击黑暗政治势力的勇敢表现。

《后汉书》卷四五《袁敞传》记录了这样一个故事："张俊者，蜀郡人，有才能，与兄龕并为尚书郎，年少励锋气。郎朱济、丁盛立行不修，俊欲举奏之，二人闻，恐，因郎陈重、雷义往请俊，俊不听，因共私赂侍史，使求俊短，得其私书与敞子，遂封上之，皆下狱，当死。俊自狱中占狱吏上书自讼，书奏而俊狱已报。廷尉将出谷门，临行刑，邓太后诏驰骑以减死论。俊假名上书谢曰：'臣孤恩负义，自陷重刑，情断意讫，无所复望。廷尉鞠遣，欧刀在前，棺絮在后，魂魄飞扬，形容已枯。陛下圣泽，以臣尝在近密，识其状貌，伤其眼目，留心曲虑，特加遍覆。丧车复还，白骨更肉，披棺发椁，起见白日。天地父母能生臣俊，不能使臣俊当死复生。陛下德过天地，恩重父母，诚非臣俊破碎骸骨，举宗腐烂，所报万一。臣俊徒也，不得上书；不胜去死就生，惊喜踊跃，触冒拜章。'当时皆哀其文。"又据《后汉书》卷四八《杨终传》，"太后兄卫尉马廖，谨笃自守，不训诸子。终与廖交善，以书戒之"，其中写道："今君位地尊重，海内所望，岂可不临深履薄，以为至戒！黄门郎年幼，血气方盛，既无长君退让之风，而要结轻狡无行之客，纵而莫诲，视成任性，鉴念前往，可为寒心。君侯诚宜以临深履薄为戒。"所说"黄门郎年幼"，是指马廖的儿子马防和马光，据李贤注，当时"俱为黄门郎"。

杨终劝诫马廖关于马防、马光"黄门郎年幼，血气方盛"语，或可读为勇决激进，应当与张俊、张龕"年少励锋气"、陈康"抗直"、袁著"见（梁）冀凶纵，不胜其愤"对照理解。《续汉书·百官志二》"太常"题下刘昭注补引应劭曰："《汉官名秩》曰：'丞皆选孝廉郎年少薄伐者，迁补府长史、都官令、候司、马。'"年少薄伐"而充政用,确实自有特别的优越之处。

《后汉书》卷六九《何进传》记载:"(中平六年)八月,进入长乐白太后,请尽诛诸常侍以下,选三署郎入守宦官庐。诸宦官相谓曰:'大将军称疾不临丧,不送葬,今欻入省,此意何为?窦氏事竟复起邪?'"宦官竟"拔剑斩进于嘉德殿前"。"中黄门以进头掷与尚书,曰:'何进谋反,已伏诛矣。'"由何进"选三署郎入守宦官庐"的计划,可知"三署郎"作为政治力量,无论主动或被动,实际上是参与了和宦官恶势力的政争的。

《后汉书》卷八六《南蛮西南夷列传》写道:"太守巴郡张翕,政化清平,得夷人和。在郡十七年,卒,夷人爱慕,如丧父母。苏祈叟二百余人,赍牛羊送丧,至翕本县安汉,起坟祭祀。诏书嘉美,为立祠堂。""天子以张翕有遗爱,乃拜其子湍为太守。夷人欢喜,奉迎道路。曰:'郎君仪貌类我府君。'"这是"郎君"称谓出现的较早史例。宋吴仁杰《两汉刊误补遗》卷一〇"郎君"条写道:"《邛都夷传》以张翕有遗爱,乃拜其子端为太守。夷人欢迎曰:'郎君仪貌类我府君。'仁杰曰:古者诸侯不称'天'而称'君',大夫而称'君',而称'主'。春秋之世,称大夫为'主君',则已僭矣。由汉以来,相则谓之'相君',尚书中书令则谓之'令君',御史大夫则谓之'大夫君',使者曰'使君',太守曰'府君',左右丞相曰'左君'、'右君',郎官曰'郎中君'。"考虑"郎君"称谓可能与"府君"、"使君"等称谓有共通之处,可能是合理的。

又如《后汉书》卷六七《党锢列传·刘佑》李贤注引《谢承书》曰:"佑,宗室胤绪,代有名位。少修操行,学《严氏春秋》、《小戴礼》、《古文尚书》,仕郡为主簿。郡将小子尝出钱付之,令市买果实,佑悉以买笔书具与之,因白郡将,言'郎君年可入小学,而但傲佷,远近谓明府无过庭之教,请出授书'。郡将为使子就佑受经,五日一试,不满呈限,白决罚,遂成学业也。"故事中的"郡将小子"不过"年可入小学",而被尊称"郎君",也值得社会称谓研究者关注。

## 8. "孙郎""沈郎"与后世"儿郎""少年郎"称谓

东汉晚期,又出现少年闻人被称为"郎"的情形。《三国志》卷四六《吴书·孙策传》裴松之注引《江表传》写道:"策时年少,虽有位号,而士民皆呼为'孙郎'。百姓闻孙郎至，皆失魂魄；长吏委城郭，窜伏山草。"又有华歆称"年十一""英彦""幼童"沈友为"沈郎"的故事。《三国志》卷四七《吴书·吴主权传》裴松之注引《吴录》曰："（沈）友字子正，吴郡人。年十一，华歆行风俗，见而异之，因呼曰：'沈郎，可登车语乎？'"① 周瑜被称为"周郎"，更是人们熟悉的史事。② 而时称"陆郎"的陆绩，当时只有六岁。③ 孙吴地方又有"石印三郎"传说④，可推知类似"三郎"的称谓很可能已经流行于民间。

　　尊称未成年少儿为"郎"的情形，很可能最早出现于东南地区，或当就在"江表""吴中"。这也许即后来民间盛说"儿郎"、"少年郎"称谓的滥觞。这种用于人称的习用语的流行，应当与汉代"童子郎"称谓及"少为郎"现象有某种关系。⑤ 本义为"廊"的"郎"，成为未成年人称谓。⑥

---

　　① 《三国志》卷四六《吴书·孙策传》裴松之注引《江表传》又记述："友逡巡却曰：'君子讲好，会宴以礼，今仁义陵迟，圣道渐坏，先生衔命，将以裨补先王之教，整齐风俗，而轻脱威仪，犹负薪救火，无乃更崇其炽乎！'歆惭曰：'自桓、灵以来，虽多英彦，未有幼童若此者。'弱冠博学，多所贯综，善属文辞。兼好武事，注《孙子兵法》。又辩于口，每所至，人皆默然，莫与为对，咸言其笔之妙，舌之妙，刀之妙，三者皆过绝于人。权以礼聘，既至，论王霸之略，当时之务，权敛容敬焉。陈荆州宜并之计，纳之。正色立朝，清议峻厉，为庸臣所谮，诬以谋反。权亦以终不为己用，故害之，时年二十九。"

　　② 《三国志》卷五四《吴书·周瑜传》："瑜时年二十四，吴中皆呼为周郎。""瑜少精意于音乐，虽三爵之后，其有阙误，瑜必知之，知之必顾，故时人谣曰：'曲有误，周郎顾。'"

　　③ 《三国志》卷五七《吴书·陆绩传》："陆绩字公纪，吴郡吴人也。父康，汉末为庐江太守。绩年六岁，于九江见袁术。术出橘，绩怀三枚，去，拜辞堕地，术谓曰：'陆绩作宾客而怀橘乎？'绩跪答曰：'欲归遗母。'术大奇之。"

　　④ 《三国志》卷四八《吴志·孙皓传》裴松之注引《江表传》记载："历阳县有石山临水，高百丈，其三十丈所，有七穿骈罗，穿中色黄赤，不与本体相似，俗相传谓之石印。又云，石印封发，天下当太平。下有祠屋，巫祝言石印神有三郎。时历阳长表上言石印发，皓遣使以太牢祭历山。巫言，石印三郎说'天下方太平'。使者作高梯，上看印文，诈以朱书石作二十字，还以启皓。皓大喜曰：'吴当为九州岛岛作都、渚乎？从大皇帝逮孤四世矣，太平之主，非孤复谁？'重遣使，以印绶拜三郎为王，又刻石立铭，褒赞灵德，以答休祥。"事又见《建康实录》卷四"吴后主天玺元年"。

　　⑤ （宋）吴仁杰《两汉刊误补遗》卷一〇"郎君"条言汉世"郎官曰郎中君"情形，又说："汉制吏二千石以上得任同产若子为郎，故谓人之子弟为'郎君'。其称谓始于此。后世家奴因谓主为'郎'，其女若婿亦谓为'郎'。《石崇奴券》曰'市豪笔备郎写书'，《司马越女铭》曰'东海女郎'，谢安石言'王郎，逸少子'是也。又年少亦谓为'郎'。孙策年少，虽有位号，而士民皆呼为'孙郎'。凡此其原皆出汉任子之称。"

　　⑥ 王克奇指出，"许慎《说文解字》无'廊'字，北宋人徐铉新附'廊'字，并认为，'廊……《汉书》通用郎。'可见'郎'是'廊'的省文。"《论秦汉郎官制度》，安作璋、熊铁基：《秦汉官制史稿》附录，齐鲁书社2007年版，第363页。

相关现象或许也可以作为文化优越地方引领社会语言习惯的例证。①

# 秦汉“小儿医”

秦汉社会普遍关注儿童健康问题。传世文献资料和考古文物资料都有反映相关历史文化现象的内容。而秦汉“小儿医”的出现与进步，也成为中国古代医学史进程中引人注目的标志之一。

考察有关信息，可以丰富对秦汉社会生活具体情状的认识，医学史的相关研究，也可以由此有新的理解。

### 1. 初生婴儿的死亡率

基于神秘主义信仰的民间礼俗所导致“生子不举”和弃婴现象的频繁，都使得秦汉时期初生婴儿的死亡率相当高。从《日书》一类数术文献遗存中看到的对初生子女健康前景的关心，也反映了因疾病所导致的初生婴儿夭亡，是相当普遍的社会现象。

睡虎地秦简《日书》甲种《除》题下，有：“结日，作事，不成。以祭，闻。生子毋弟，有弟必死。以寄人，寄人必夺主室。”（二正贰）整理小组释文：“生子毋（无）弟。”其实不必以“无”释“毋”。“毋弟”之“毋”，取“莫”、“不可”之义较为妥当。又，下文“秀日，……生子吉，弟凶”可对照读。又“以寄人，寄人必夺主室。”（二正贰）对于所谓“寄人”，整理小组注释：“寄人，让人寄居。”此句其实宜与上句“生子毋弟，有弟必死”连读。“寄人”，应是指将在生于结日的兄长之后出生的，预期“必死”的“弟”托寄他人，以避免灾祸。所谓“寄人必夺主室”，是说若采取这样的方式以求免灾，则收寄“弟”的人家将侵夺危害送托的主家。《稷辰》题下又有“生子”“凶”的预言：“危阳，是胃不成行。……生子，

———————

① 江南地方的文化跃进自东汉起始的历史意义，应当受到重视。正如傅筑夫所指出的，“从这时起，经济重心开始南移，江南经济区的重要性亦即从这时开始以日益加快的步伐迅速增长起来，而关中和华北平原两个古老的经济区则在相反地日益向衰退和没落。这是中国历史上一个影响深远的巨大变化，尽管表面上看起来并不怎样显著。”《中国封建社会经济史》第 2 卷，人民出版社 1982 年版，第 25 页。

子死。"（三六正至三七正）又有："敳，是胃又小逆，毋大央。……以生子，子不产。"（三八正至三九正）又："彻，是胃六甲相逆，……以生子，子死。"（四四正）

湖北随州孔家坡汉简《日书》中也有与睡虎地秦简《日书》甲种《稷辰》、乙种《秦》内容相近的部分，篇题文字残损，整理者疑为"辰"字。其中有关于初生婴儿生死的文字，如：

……①生子，子死。（三九）
……以生子，子死，不产。（四二）
觺日，……生子，子死。（四七）②

这篇文字中其他与"生子"有关的内容，有"生子，美且长，贤其等"（三一）、"生子，吉"（三五），"生子吉"（四二），"生子，为盗"（四五）。共计七条预言中，"子死"三条，占 42.86%。虽然《日书》中提供的信息未可确认为有统计学意义的资料，然而由此也可以推知当时初生婴儿的死亡率是相当高的。

孔家坡汉简《日书》也有整理者所谓"讲解十二支日生子的吉凶情况"的内容③，整理者拟定篇题为"生子"。其中有些文字透露出人们对婴儿生命安全与健康状况的关注：

子生子，三日、二月五日不死，必为上君④。五十八年以⑤（三七九贰）
【丑生子】……死，史。六十八年以丙寅死。女二日⑥、一月不⑦，

---

① 整理者以为此处文字对应的是睡虎地秦简《日书》甲种《稷辰》题下"危阳"日的内容。
② 湖北省文物考古研究所、随州市考古队：《随州孔家坡汉墓简牍》，文物出版社 2006 年版，第131—132 页。
③ 同上书，第 178 页。
④ 整理者注释："上君，地位处尊。"
⑤ 整理者注释："'以'字下疑有脱文。"
⑥ 整理者注释："女，在此指寅日生女。"
⑦ 整理者注释："'不'下脱'死'字。"

必为巫，五十六年以丙寅死。（三八〇贰）

　　寅生子，五日、四月不死，卅五年以丁卯死。女四日、七月、十月不死，三夫。六十七年以庚午死。（三八一贰）

　　卯生子，三日、六月不死，贫，三妻。八十年以己巳死。女三日、三月不死，贫。卅一年以甲辰死。一曰八十年庚寅死。（三八二贰）

　　辰生子，七日、三月不死，多病。一十三年以辛卯死。女三日、五月不死，为巫，七十二年以壬午死。女复寡。（三八三贰）

　　【巳】生子，三日、三月不死，富。六十一年以己巳死。女一日、八月不死，毋（无）子，八十九年以辛卯死。（三八四贰）

　　午生子，八日、二月二日不死，为大夫。六十九年以辛未死。女二日、五月六日不死，善盗。五十年以辛未死。一曰善田。（三八五贰）

　　未生子，三日、二月一日不死，必临国。六十五年以壬申死。女五日、三年不死，必为上君妻。七十六年以庚申死。（三八六贰）

　　申生子，七日、三月不死，史。五十一年以甲戌死。女七日、六月不死，大富。卅九年以己巳死。（三八七贰）

　　酉生子，九月〈日〉、二月不死，狂。卅三年以丙子死。女一日、四月不死，为大巫，卅九年以丁丑死。（三八八贰）

　　【戌生子】，□日、三月二日不死，大富。七十四年以寅死。女三日、五月不死，必奸①。卅五年以壬子死。一曰廿年死。（三八九贰）

　　【亥生】子，三日、三月不死，善田。六十七年以庚午死。女五日、九月不死，十年以丁亥死。（三九〇贰）

　　……□壬，男；乙、己、辛、癸、，女。生子不中此日，不死，庳（癃），不行。（三九一贰）②

从若干日、若干月"不死"则如何如何的预言，也可以推知当时婴儿初生死亡率之高。父母家人于是不得不深切关心子女的命运。

---

① 整理者注释："奸，《说文》：'犯淫也。'"
② 湖北省文物考古研究所、随州市考古队：《随州孔家坡汉墓简牍》，第177—178页。

对于子女成长过程中的健康问题，父母普遍有"子软弱"的忧虑和"子坚强"的期望。①

### 2. 《日书》所见幼儿疾病威胁

王充《论衡·齐世》可见"上世之人""坚强老寿，百岁左右"，而"下世之人""夭折早死"的说法。桓谭《新论·祛蔽》也说，"古昔平和之世，人物蒙美盛而生，皆坚强老寿"，而"后世遭衰薄恶气，婚嫁又不时，勤苦过度，是以身生子皆俱伤，而筋骨血气不充强，故多凶短折。"指出了多种条件威胁民众生命的情形。所谓"凶短折"，曾经是民间习用语。《书·洪范》："六极：一曰'凶短折'；二曰'疾'；三曰'忧'；四曰'贫'；五曰'恶'；六曰'弱'。"对于列为第一的所谓"凶短折"，有不同的理解。"郑玄以为'凶短折'皆是夭枉之名，未龀曰'凶'，未冠曰'短'，未婚曰'折'。《汉书·五行志》云：伤人曰'凶'，禽兽曰'短'，草木曰'折'。一曰'凶'，夭是也；兄丧弟曰'短'；父丧子曰'折'。"②《左传·昭公十九年》载子产语："寡君之二三臣，札瘥夭昏。"杜预《集解》："大死曰'札'，小疫曰'瘥'，短折曰'夭'，未名曰'昏'。""短折"即"夭"，应当是确切的解释。

在人生阶段处于"未龀"时即不幸夭折，是相当多见的情形。

睡虎地出土秦简《日书》中，已经多有关于预测"生子"健康前景的文字。汉代《日书》中也有相关的内容。

睡虎地秦简《日书》甲种《星》题下可以看到关于"生子"的多种预言，也有涉及健康状况的。如："须女，……生子，三月死，不死毋晨。"（七七正壹）关于"毋晨"，整理小组注释："毋晨，疑读为无唇。"刘乐贤按："无唇指身体残缺不全，此句与下文东辟（壁）条'以生子，不完'意义相近。"③又如睡虎地秦简《日书》乙种：十二月，婺女，"生子，三月

---

① 《论衡·气寿》："妇人疏字者子活，数乳者子死"，"何则？疏而气渥，子坚强；数而气薄，子软弱也。"

② 《尚书》孔颖达疏。

③ 刘乐贤：《睡虎地秦简日书研究》，文津出版社1994年版，第112页。

死，毋晨。"（一〇五壹）所谓"无唇"，被看作异象。①

"无唇"，又是一种实际存在的生理现象。《庄子·德充符》写道："闉跂支离无脤说卫灵公，灵公说之，而视全人，其脰肩肩。"成玄英疏："闉，曲也。谓挛曲企踵而行。脤，唇也。谓支体坼裂，伛偻残病，复无唇也。""无脤"，即无唇，也是与"全人"相对的残疾之人。《庄子口义》卷二："闉跂，曲背也；支离，伛之貌也；无脤，无唇也。伛曲缺唇，丑之甚也。"②

《星》题下简文又可见"生子，不盈三岁死"（七五正壹），"以生子，不完"（八一正壹），"生子，疧"（八六正壹），"生子，旬而死"（八九正壹），"生子，庳"（九〇正壹）等。

关于"以生子，不完"，刘乐贤说："不完即不全，指人的肢体不全。睡虎地秦简《法律答问》：'其子新生而有怪物其身及不全而杀之，勿罪'，'今生子，子身全殹。'"③ 关于"生子，疧"，整理小组注释："疧，疑即眚字，《说文》：'目病生翳也。'"刘乐贤按："疧字见于《龙龛手鉴·疒部》，是瘠的俗字。《释名·释天》：'眚，瘠也，如病者瘠瘦也。'"④ 今按：刘说是。《集韵·梗韵》："瘠，瘦谓之瘠。""生子，庳"，整理小组的解释是："整理小组注释："庳，通癃字，废疾。……有残废病。"⑤ 关于"生子，旬而死"，刘乐贤按："'旬而死'是十天而死的意思。"⑥ 蒲慕州说，"'取妻多子'应该是好事，只是若遇到东井这星宿时，生子就会早夭。所以这段话等于是说，东井之日，取妻吉，生子不吉。"⑦ "生子，不盈三岁死"，当然

---

① 《开元占经》卷一一三："《春秋运斗枢》曰：'上弊下塞，则人无唇。'京房曰：'人生子无唇，是谓不祥，国主死亡。'"《太平御览》卷三六八引《春秋孔演图》："八政不中，则人无唇。"原注："人恃唇乃语，命无阴不制。"《古微书》卷八同。

② 实际生活中的"无唇"之人，如宋人彭龟年《论解彦祥败茶寇立功书》写道："一寇长而髯者，奋身前格，彦祥一箭中之。寇坠于泥中，兵因刿其首。已而又毙一寇无唇者。贼气遂索，我兵大振。"《止堂集》卷一一。

③ 刘乐贤：《睡虎地秦简日书研究》，第112—113页。

④ 同上书，第113页。

⑤ 睡虎地秦墓竹简整理小组：《睡虎地秦墓竹简》，文物出版社1990年版，释文第190页。

⑥ 刘乐贤：《睡虎地秦简日书研究》，第113页。

⑦ 蒲慕州：《睡虎地秦简〈日书〉的世界》，《中研院历史语言研究所集刊》第62本第4分（1993年4月）。

也说婴儿体弱。

在《生子》题下，又可见"丁丑生子，……或眚于目"（一四三正壹），"己丑生子，……疾"（一四五正贰），"乙未生子，有疾"（一四一正叁），"丙午生子，……疾"（一四二正肆），"癸丑生子，……少疾"（一四九正肆），"乙卯生子，要（腰）不薵"（一四一正伍），"丙辰生子，有疵于體"（一四二正伍），"丁卯生子，不正，乃有疵前"（一四三正陆）。对于"要（腰）不薵"，整理小组的解释是："薵，疑读为蠹，《方言》：'举也。'此句意为抬不起腰。"[1]

睡虎地秦简《日书》体现的民间数术思想，在汉代依然得到了继承。例如，湖北随州孔家坡 8 号汉墓出土的简牍《日书》，也有和睡虎地秦简《日书》相类同的内容。

孔家坡汉墓出土《日书》中也有《星官》篇，其中也有占问生子事的内容，有的涉及婴儿健康前景预言。例如：

【十月】 心，……以生子，人爱之。（五三）

十一月斗，…… 以 生子，不盈三岁死。（五六）

（十二月）虚，……以生，毋（无）它同生。（五九）

（正月）东辟（壁），……以生子，不完。（六二）

【四月】毕，……以生子，徃。（六七）

五月东井，……以生子，旬而死。（七〇）

舆鬼，……生子，子庳（癃）。（七一）

六月柳，…… 生子， 子 肥。（七二）

关于简文"以生子，徃"，简牍整理者注释："徃，疑读为'眚'，《说文》：'目病生翳也。'"[2]

由孔家坡汉简"女五日、九月不死， 十 年以丁亥死"（三九〇

① 睡虎地秦墓竹简整理小组：《睡虎地秦墓竹简》，释文第 205 页。
② 湖北省文物考古研究所、随州市考古队：《随州孔家坡汉墓简牍》，第 136 页。

贰）简文，可知按照这样的预言，"亥生子"中的女子，如果"五日、九月不死"，则十岁时也会死去，也是一个早夭的幼童。"亥生子"条下说到的"女"，未必如整理者所说，是亥日生女，也可能是亥时生女。

这些婴儿如果若干日若干月"不死"，将来的健康也可能有不容乐观的前景。如"不死，多病"（三八三贰），"不死，狂"（三八八贰），"不死，庫（癃）"（三九一贰）等。

### 3. 扁鹊"来入咸阳""为小儿医"故事

《史记》卷一〇五《扁鹊仓公列传》记载了东方名医扁鹊曾经适应社会需要，对"小儿医"的进步有所贡献的事迹：

> 扁鹊名闻天下。过邯郸，闻贵妇人，即为带下医；过雒阳，闻周人爱老人，即为耳目痹医；来入咸阳，闻秦人爱小儿，即为小儿医：随俗为变。

扁鹊据说"闻秦人爱小儿，即为小儿医"，名医的参与，自然会使医学的这一门类取得比较大的进步。

山东微山两城乡出土汉画像石可见人首鸟身的扁鹊诊病的画面，这位神医的对面，有怀抱小儿并似乎将其向扁鹊面前推举的妇人。画面所表现的主题，是扁鹊为小儿诊病。

有学者说，"中国传统医学中的幼科或儿科，初萌唐宋"[1]，或说"明确提出儿科专门化始于唐代太医署，其'医师'中含有'少小'，与体疗、疮肿、耳目口齿等并列。宋代以后称'小方脉'"[2]，或将"幼科医学行世期间"判定为"大约当宋至清代，或十一至十九世纪之间"。[3] 这种"儿科专门化"初始年代的判定，看起来是偏于保守了。通过汉代已经出现的小儿医

---

① 熊秉真：《幼幼——传统中国的襁褓之道》，联经出版事业公司 1995 年版，第 5 页。
② 廖育群：《医者意也——认识中国传统医学》，东大图书股份有限公司 2003 年版，第 189 页。
③ 熊秉真：《安恙：近世中国儿童的疾病与健康》，联经出版事业公司 1999 年版，第 1 页。

方，也可以证明这一事实。《潜夫论·忠贵》说"婴儿有常病"①，反映了当时民间社会对儿科医学的重视。而大致对应的历史时期，有学者认为古罗马社会明确可知已经出现了比较成熟的儿科学。②

所谓"来入咸阳"，《史记会注考证》引多纪元简曰："《御览》无'来'字。按邯郸与雒阳，并言'过'，而此特言'来入咸阳'，盖此秦人所记，太史公直采而为传耳。"不仅"过邯郸"、"过雒阳"，此前又有"扁鹊过虢"、"扁鹊过齐"事，同样"并言'过'"。所谓"来入咸阳"，或许确实是秦人的记录，亦未可排除出自《秦记》而"太史公直采而为传"的可能。③

关于司马迁记述的扁鹊事迹，崔适以为"多系寓言，此无关于信史"，从时代判断，"皆非事实明甚"。④陈邦贤以为，在周秦时代，"扁鹊"是良医的共同代号，良医全都被称之为扁鹊。⑤山田庆儿也说，"儿科无疑是最早分化的专科领域"，"战国到了末期，在大城市也肯定有某种程度的专科化进展"，但是在扁鹊的时代，是否已经诞生了"小儿医"这样的"专科医"，"颇有怀疑"。他认为，"《扁鹊传》中所见医学知识，不是扁鹊之时代，而是司马迁之时代的医学"。如"小儿医"这样的"专科分化"，"是在进入西汉时期之后渐渐明确起来的"。⑥

① 《潜夫论·忠贵》："历观前世贵人之用心也，与婴儿等。婴儿有常病，贵臣有常祸，父母有常失，人君有常过。婴儿常病，伤饱也；贵臣常祸，伤宠也。父母常失，在不能已于媚子；人君常过，在不能已于骄臣。哺乳太多，则必掣纵而生痫；贵富太盛，则必骄佚而生过。"
② 〔法〕让—皮埃尔·内罗杜《古罗马的儿童》一书专有"儿科学"一节。其中写道："医生认真的建议保证婴儿的卫生和营养。""医务人员全都知婴幼儿时期疾病的严重性"，"医生在儿科和普通医学方面具有同样多的知识，他们了解儿童脉搏的特点。儿童特有的体质和性格是医生诊断和开处方的依据。"张鸿、向征译，广西师范大学出版社2005年版，第55页。〔法〕雅克·安德烈《古罗马的医生》一书中说到若干儿科病例，还写道："有些医生是通过为女人或为她们的孩子治病而发迹的。"杨洁、吴树农译，广西师范大学出版社2006年版，第66—67、81、190页。
③ 参看王子今《〈秦记〉考识》，《史学史研究》1997年第1期；《〈秦记〉及其历史文化价值》，《秦文化论丛》第5辑，西北大学出版社1997年版。
④ 崔适：《史记探源》，中华书局1986年版，第206页。
⑤ 参看陈邦贤《中国医学史》，商务印书馆1937年版，第23页。
⑥ 〔日〕山田庆儿：《中国古代医学的形成》，廖育群、李建民编译，东大图书公司2003年版，第355、399页。

#### 4.《艺文志》所见汉代"小儿医"论著

汉代"小儿医"已经成为更成熟的医学专业。《汉书》卷三〇《艺文志》著录的"经方十一家"中，有：

《金创疭瘛方》三十卷。

颜师古注："服虔曰：'音瘛引之瘛。'师古曰：'小儿病也。'瘛'音充制反。'疭'音子用反。'""瘛"的本义是牵掣。《说文·手部》："瘛，引纵曰瘛。"段玉裁注："引纵者，谓宜远而引之使近，宜近而纵之使远，皆为牵掣也。"《灵枢经·热病》："热病，头痛，颞颥目瘛脉痛。"《急就篇》："痈疽瘛疭痿痹痕。"颜师古注也说："'瘛疭'，小儿之疾，即今痫病也。"《说文·疒部》："瘛，小儿瘛疭病也。"段玉裁注："《急就篇》亦云'瘛疭'。师古云：'即今痫病。'按今小儿惊病也。'瘛'之言掣也，'疭'之言纵也。《艺文志》有《瘛疭方》。"有学者指出，"儿科杂病与内科本无本质区别，唯麻（麻疹）、痘（天花）、惊（惊风）、疳（疳积）四大证属儿科特有的疾病。明清两代的儿科著作中有相当大的部分是以讨论这四种疾病为主……"①段玉裁"瘛疭""今小儿惊病也"的说法如若成立，则告知我们在汉代已经可以看到讨论这种疾病的儿科著作。

《素问·玉机真藏论》说："病筋脉相引而急，病名曰'瘛'。"同书《气交变大论》："足痿不收，行善瘛，脚下痛。"也说到"瘛"的病症。《潜夫论·贵知》："哺乳太多，则必掣纵而生痫；贵富太盛，则必骄佚而生过。"杨树达《汉书窥管》说："'掣纵'与'瘛疭'同。"②王念孙《读书杂志·汉书第七》："师古注'瘛'音在前，'疭'音在后，则'疭瘛'当为'瘛疭'。《说文》：'瘛，小儿瘛疭病也。'诸书皆言'瘛疭'，无言'疭瘛'者。"③陈国庆《汉书艺文志注释汇编》说："《急就篇》云：'痈疽瘛

---

① 廖育群：《医者意也——认识中国传统医学》，东大图书股份有限公司2003年版，第190页。

② 上海古籍出版社1984年版，上册第250页。

③ 江苏古籍出版社1985年版，第278页。

疢瘘痹痕。'亦瘛音在前。"① 姚振宗曰："按：《隋志》医方家，梁有甘浚之、甘伯齐《疗痈疽金创要方》各若干卷。徐氏、范氏《疗少小百病杂方》皆取资于是书为多。"②

对于"瘛"，有学者提出其他解说。张显成写道："瘛：解，开。医籍中用作房中用语。"举证为马王堆汉墓出土帛书：

> 《合阴阳》："（五音之因）：瘛息者，内急也。"125。

又说："'瘛'为方言词（今音 chì），《方言》卷一二：'瘛，解也。'《后汉书》卷二一《任李厉邳刘耿传赞》：'任、邳识几，严城解扉。'李贤注：'解，犹开也。'瘛息，为女性房中之音，意即：（发出）放开喉咙大肆呼吸（的声音）。"③ 理解为"音"，或与所谓"五音之因"有关。

今按："瘛息"取此义，似与《金创疢瘛方》"瘛"义明显不合。而《方言》卷一二"抒、瘛，解也"的训义④，是可以有益于《金创疢瘛方》"瘛"字的理解的。而《合阴阳》"瘛息者，内急也"，其实也可以依《说文》释"瘛"之义，解释为房中"引纵"之音声。⑤

《汉书》卷三〇《艺文志》"经方十一家"中又有：

> 《妇人婴儿方》十九卷。

这部医学专著，看来很可能是妇科和儿科知识的合集。姚振宗指出："按，《隋志》医方家，有张仲景《疗妇人方》二卷。俞氏《疗小儿方》四卷。当亦取资于是书。"⑥ 山田庆儿注意到《汉书》卷三〇《艺文志》中著录有

---

① 陈国庆：《汉书艺文志注释汇编》，中华书局 1983 年版，第 229 页。
② 施之勉：《汉书集注》，三民书局 2003 年版，第 9 册，第 4692 页。
③ 张显成：《先秦两汉医学用语研究》，巴蜀书社 2000 年版，第 186 页。
④ 卢文弨《重校方言》："宋本作'抒渫'，乃'抒渫'之误也。"
⑤ 魏启鹏、胡翔骅注《何阴阳》："瘛息：《天下至道谈》作'候（喉）息'。帛书整理小组说，'瘛'，疑读为制，《说文》：止也。'"《马王堆汉墓医书校释》（贰），成都出版社 1992 年版，第 134 页。今按："瘛"如读为"制"，也应与"掣"字义联系理解。
⑥ 施之勉：《汉书集注》，三民书局 2003 年版，第 9 册，第 4693 页。

"《妇人婴儿方》十二卷那样的专门之书",视之为"小儿医"这样的"专科分化"在西汉时期得以"明确"的例证。①

"中医重小儿","医者关心小儿疾病调护和寿夭"。有学者总结中国传统"育儿文化与医学",着重就"小儿寿夭和婴儿调护"以及"胎毒论与小儿指纹诊"有所论述,然而没有涉及汉代医学的相关成就。②

### 5. 马王堆帛书《五十二病方》总结的"小儿医"经验

其实,马王堆汉墓出土帛书中被医学史学者称为"迄今为止我国已发现的最古医学方书"③的《五十二病方》,就已经记录了若干汉代"小儿医"的医疗经验的总结。④

马王堆帛书《五十二病方》中首列对于"外伤性疾病"的医方,其次就是针对"婴儿索痉"、"婴儿病间(痫)"、"婴儿瘛(瘛)"的病方。足见对"小儿"疾病的重视。如:

> 婴儿索痉:索痉者,如产时居湿地久,其肓直而口钳⑤,筋挛难以信(伸)。取封殖土治之⑥,□□(四五)
>
> 二,盐一,合挠而炙(蒸),以扁(遍)熨直肓挛筋所。道头始⑦,稍□手足而已。熨寒□□(四六)
>
> 复炙(蒸),熨乾更为。令。(四七)

整理小组认为,"婴儿索痉,当为产妇子痫一类病症。""一说,应为小儿脐带风。"又如:

---

① [日]山田庆儿:《中国古代医学的形成》,廖育群、李建民编译,东大图书公司 2003 年版,第 399 页。今按:"十二卷"为"十九卷"之误。

② 马伯英:《中国医学文化史》,上海人民出版社 1994 年版,第 672—680 页。

③ 马继兴、李学勤:《我国现已发现的最古医方——帛书〈五十二病方〉》,马王堆汉墓帛书整理小组:《五十二病方》,文物出版社 1979 年版,第 191 页。

④ 山田庆儿已经注意到,《五十二病方》中"有三个冠有'婴儿'的病名"。《中国古代医学的形成》,廖育群、李建民编译,东大图书公司 2003 年版,第 355 页。

⑤ 整理小组注释:"肓,今写作肯,骨间肉。肯直,肌肉强直。扣,读为拘。口拘,即口噤。"

⑥ 整理小组注释:"殖即填,黏土。"

⑦ 整理小组注释:"道,从,由。"

婴儿病间（痫）方：取雷尾〈矢〉三果（颗）①，冶，以猪煎膏和之。小婴儿以水【半】斗，大者以一斗，三分和，取（四八）

一分置水中，挠，以浴之。浴之道头上始，下尽身，四支（肢）勿濡。三日一浴，三日已。已浴，辄弃其水（四九）

圂中。间（痫）者，身热而数惊，颈脊强而复（腹）大。□间（痫）多众，以此药皆已。（五〇）

整理小组认为，"婴儿病痫，即小儿痫。按痫与癫在唐以前医术中多指同一疾病。"此外，又有：

婴儿瘛：婴儿瘛者，目繲眣然②，胁痛，息瘿（嚶）瘿（嚶）然，矢不○化而青。取屋荣蔡③，薪燔之而□（五一）

匕焉。为湎汲三浑④，盛以桮（杯）。因唾匕，祝之曰："喷者虞（剧）喷，上○○○○○○（五二）

如篲星，下如衃血⑤，取若门左，斩若门右，为若不已，磔薄（膊）若市。⑥ 因以匕周揗⑦（五三）

婴儿瘛所，而洒之桮（杯）水中，候之，有血有蝇羽者，而弃之于垣，更取水，（五四）

复唾匕浆以揗，如前。毋徵，数复之，徵尽而止。●令。（五五）

---

① 整理小组注释："雷矢，见《急就篇》，据《名医别录》系雷丸别名。雷丸是竹林下生的一种菌蕈，内服有治癫痫的作用，本方则为用此药于外治的药浴法。"

② 整理小组注释："目繲眣然，当指眼球上翻。"

③ 整理小组注释："屋荣蔡，屋脊上的杂草。"

④ 整理小组注释："三浑，疑指澄清三次。"

⑤ 整理小组注释："衃，《说文》：'凝血也。'《素问·五藏生成》：'赤如衃血者死。'王冰注：'衃血，谓败恶凝聚之血，色赤黑也。'"今按："衃"字屡见于汉代医籍中。《金匮要略·妇人》："下血者，后断三月，衃也。"《灵枢经·水胀第五十七》："恶血当泻不泻，衃以留止，日以益大，状如怀子。"

⑥ 整理小组注释："磔膊若市，将你杀死暴尸于市，是咒鬼的话。"

⑦ 整理小组注释："揗，摩拭。"

整理小组认为，"婴儿瘛，即小儿瘛疭。"① 《五十二病方》中的"婴儿瘛（瘛）"方，可以补充我们对于《汉书·艺文志》中《金创瘛瘛方》的认识。而"婴儿病间（痫）"与"婴儿瘛（瘛）"并列，可知颜师古注"瘛疭，小儿之疾，即今痫病也"的说法，可能未必确当。

在关于"婴儿瘛"的病方中，可以看到有巫术介入治疗的明显特征。在当时的社会意识背景下，这其实也是不足为奇的文化现象。

名称中都出现"婴儿"两字的这三种病，后两种，研究者以为是"儿科疾病"："'婴儿病痫'是小儿的痫病。'婴儿瘛'即'瘛疭'，系小儿惊风。"前一种，研究者以为是"妇产科疾病"，"即子痫一类疾病"。然而又指出："另一种意见认为此病为婴儿脐带风。"②

有意思的是，古罗马的儿科医术中，也特别重视小儿"癫痫"的诊治。③

### 6. 张仲景的"小儿"方

东汉著名医学家张仲景在中国医学史的历程中有突出的贡献。

张仲景著《金匮要略方论》卷下《妇人杂病脉证并治第二十二》有《小儿疳虫蚀齿方》：

> 雄黄 葶苈
> 右二味末之，取腊日猪脂，熔，以槐枝绵裹头四五枚，点药烙之。④

---

① 马王堆汉墓帛书整理小组编：《五十二病方》，文物出版社 1979 年版，第 40—43 页。

② 马继兴、李学勤：《我国现已发现的最古医方——帛书〈五十二病方〉》，马王堆汉墓帛书整理小组编：《五十二病方》，文物出版社 1979 年版，第 187 页。

③ 法国学者让－皮埃尔·内罗杜所著《古罗马的儿童》一书中，在"儿科学"一节写道："癫痫是一种令人生畏的疾病。用金环穿过山羊的脑髓，再进行蒸馏，或者用驴的肝脏加人参——人参能治百病——具有神奇疗效。这两种药物对于治疗癫痫，都能药到病除。""大自然中生长着野芹菜，这种菜能导致儿童的癫痫病；但同时也生长着治疗癫痫病的茴香菜。这个魔法似的药对于 3 岁以上的儿童和成人都有效。"张鸿、向征译，广西师范大学出版社 2005 年版，第 57—58 页。

④ 《金匮要略直解》："小儿胃中有疳热则虫生，而牙齿蚀烂。雄黄味辛；葶苈味苦。辛苦能杀虫故也。"也有学者认为此方"疑非仲景方"。刘渡舟、苏宝刚、庞鹤编著：《金匮要略诠解》，天津科学技术出版社 1984 年版，第 245 页。

又《金匮要略方论》卷下《杂疗方第二十三》中，有《救小儿卒死而吐利不知是何病方》：

> 马屎一升，水三斗，煮取二斗以洗之；又取牛洞稀粪也一升，温酒灌口中，灸心下一寸、脐上三寸、脐下四寸各一百壮，差。①

这些记录，都是当时"小儿医"治疗经验的遗存。

在关于《汉书》卷三〇《艺文志》"《妇人婴儿方》十九卷"的讨论中，有注家引姚振宗曰："按，《隋志》医方家，有张仲景《疗妇人方》二卷。俞氏《疗小儿方》四卷。当亦取资于是书。"② 在对汉代"小儿医"论著尚知之甚少的情况下，这当然只是一种推测。

### 7. "小儿医"病例

《说文·瘳部》："瘕，卧惊也。一曰小儿号瘕瘕。一曰河内相呼也。"《方言》卷一："喧、唏、忪、怛，痛也。凡哀泣而不止曰'喧'，哀而不泣曰'唏'。于方：则楚言哀曰'唏'，燕之外鄙朝鲜洌水之间少儿泣而不止曰'喧'。自关而西秦晋之间凡大人少儿泣而不止谓之'唴'，哭极音绝亦谓之'唴'。平原谓啼极无声谓之'唴哴'。楚谓之'噭咷'。齐宋之间谓之'喑'，或谓之'惄'。"原注："'少儿'，犹言小儿。"这些信息，反映了有关"小儿"病痛的历史文化记忆。《释名·释疾病》："小儿气结曰'哺'。哺，露也。哺而寒，露乳食不消，生此疾也。"③ 当时社会对"小儿"健康的关心，可以由这些迹象得到体现。"小儿医"正是在这种背景下得以进步的。

秦汉文献遗存中可以看到"小儿医"病例。

---

① 《金匮要略直解》："吐利非即死病，吐利而卒死又无他病可据，则知上吐下利病在中矣。狗性热善消物，粪乃已消之滓，病邪得之如其消化，类相感也。近有用狗粪以治膈噎，有用狗屎中骨末以治腹痛，百药不效而骨立欲死者，无不神验，可悟此理矣。"

② 施之勉：《汉书集注》，三民书局 2003 年版，第 9 册，第 4693 页。

③ 或作"小儿气结曰'哺露'"。参看任继昉《释名汇校》，齐鲁书社 2006 年版，第 453 页。有研究者认为，"此疾系喂乳受寒，致使小儿消化不良。"李良松、郭洪涛：《中国传统文化与医学》，厦门大学出版社 1990 年版，第 300 页。

《史记》卷一〇五《扁鹊仓公列传》记录了名医淳于意事迹。"意家居，诏召问所为治病死生验者几何人也，主名为谁。"司马迁写道："诏问故太仓长臣意：'方伎所长，及所能治病者？有其书无有？皆安受学？受学几何岁？尝有所验，何县里人也？何病？医药已，其病之状皆何如？具悉而对。'"淳于意的回答，涉及二十多个病例，其中有儿童。如：

> 齐王中子诸婴儿小子病，召臣意诊切其脉，告曰："气鬲病。病使人烦懑，食不下，时呕沫。病得之心忧，数忔食饮。"臣意即为之作下气汤以饮之，一日气下，二日能食，三日即病愈。所以知小子之病者，诊其脉，心气也，浊躁而经也，此络阳病也。脉法曰："脉来数疾去难而不一者，病主在心。"周身热，脉盛者，为重阳。重阳者，逿心主。故烦懑食不下则络脉有过，络脉有过则血上出，血上出者死。此悲心所生也，病得之忧也。

淳于意关于"所以知小子之病者"的解说，体现出当时"小儿医"已经具有了比较成熟的经验。

汉末名医华佗医治的病例中，也有儿科疾病。

《三国志》卷二九《魏书·方技传·华佗》记载：

> 东阳陈叔山小男二岁得疾，下利常先啼，日以羸困。问佗，佗曰："其母怀躯，阳气内养，乳中虚冷，儿得母寒，故令不时愈。"佗与四物女宛丸，十日即除。

一个两岁的孩子患病，身体越来越瘦弱。华佗准确判断其症状与"乳中虚冷，儿得母寒"有关，后来果然药到病除。

汉代"小儿医"的进步，是中国传统医学迈上新的阶梯的学术迹象之一。中国儿科医学在这一时期奠基，也是以当时社会对儿童健康问题的重视为背景的。对于关心秦汉历史文化的读者来说，这样的发现及相关认识，都有重要的学术意义。

# "马医"和"马下卒"

《肩水金关汉简（贰）》可见"……乳黍饭清酒至主君所主君……"简文，疑是以祝祀为主题的文书遗存。对照睡虎地秦简《日书》甲种"马禖祝"或"马禖祝辞"的内容亦有"……肥豚清酒美白粱到主君所主君……"语，推想性质类同。而编号同为"73EJT11"的简例有可见"毋予皮毛疾"、"毋予胁疾"文句者，应属于一件文书。了解河西边防系统军人祈祝马免除病疫的礼祀形式，可以充实我们有关汉代边塞基层结构的防务体制、交通功能以及士卒劳务的知识。对于中国古代兽医学理解，也增益了新的条件。燧卒"马下"劳作内容与《论衡·吉验》所见"马下卒"身份联系，可以帮助我们认识和理解相关历史文化现象。

## 1. 肩水金关"马禖祝"简

"清酒"作为上古礼制常规祠祀敬献饮品，多见于文献记载。然而简牍资料出现，首见于《肩水金关汉简（贰）》发表的简文：

（1）不蚕不莫得主君闻微肥□□□乳黍饭清酒至主君所主君□方□□□▱（73EJT11：5）①

《诗·小雅·信南山》："祭以清酒，从以骍牡，享于祖考。"又《大雅·旱麓》："清酒既载，骍牡既备。以享以祀，以介景福。"《大雅·韩奕》："韩侯出祖，出宿于屠。显父饯之，清酒百壶。"朱熹《诗集传》卷一三释《信南山》"清酒"："清酒，清洁之酒，郁鬯之属也。"《周礼·天官·酒正》："辨三酒之物，一曰事酒，二曰昔酒，三曰清酒。"郑玄注："郑司农曰：'清酒，祭祀之酒。'……今中山冬酿，接夏而成。"《春秋繁露·求雨》：

---

① 甘肃省简牍保护研究中心、甘肃省文物考古研究所、甘肃省博物馆、中国文化遗产研究院古文献研究室、中国社会科学院简帛研究中心编：《肩水金关汉简（贰）》，中西书局 2012 年版，中册第 2 页，下册第 1 页。

"春旱求雨。令县邑以水日祷社稷山川，……于邑东门之外为四通之坛，方八尺，植苍缯八。其神共工，祭之以生鱼八，玄酒，具清酒、脯脯。……" "凿社通之于闾外之沟，取五虾蟆，错置社之中。池方八尺，深一尺，置水虾蟆焉。具清酒、脯脯。" "为四通之坛于邑南门之外，方七尺，植赤缯七。其神蚩尤，祭之以赤雄鸡七，玄酒，具清酒、脯脯。……" "季夏祷山陵以助之。……为四通之坛于中央，植黄缯五。其神后稷，祭之以母饬五，玄酒，具清酒、脯脯。……" "秋，……为四通之坛于邑西门之外，方九尺，植白缯九，其神少昊，祭之以桐木鱼九，玄酒，具清酒、脯脯。" "冬，……为四通之坛于邑北门之外，方六尺，植黑缯六，其神玄冥，祭之以黑狗子六、玄酒，具清酒、脯脯。"① 《春秋繁露·止雨》又说到"雨太多"时的"止雨"仪式，祝辞说："今淫雨太多，五谷不和，敬进肥牲清酒，以请社灵，幸为止雨，除民所苦。"可知先秦至秦汉时期，"清酒"通常是重要仪礼程序中进献给神灵的饮品。②

肩水金关发现"……乳黍饭清酒至主君所主君……"简文，应亦以祭祀请求"主君"为主题，是珍贵的礼俗史和信仰史资料。

不过，简文对于礼祀对象"主君"的身份，并没有明确的表现。

睡虎地秦简《日书》甲种所见内容相近的记录，可以与肩水金关简对

---

① 《艺文类聚》卷一〇〇引董仲舒曰："……进清酒甘羞，再拜请雨。""其神蚩尤，祭之以赤雄鸡七、玄酒、清酒，祝斋三日，服赤衣，跪陈祝如春辞。"

② 东汉晚期已经可以看到除了礼祀仪式之外，平时自饮"清酒"的史例。如《三国志》卷二九《魏书·方技传·管辂》裴松之注引《辂别传》："父为琅邪即丘长，时年十五，来至官舍读书。始读《诗》、《论语》及《易》本，便开渊布笔，辞义斐然。于时黉上有远方及国内诸生四百余人，皆服其才也。琅邪太守单子春雅有材度，闻辂一黉之俊，欲得见，辂父即遣辂造之。大会宾客百余人，坐上有能言之士，辂问子春：'府君名士，加有雄贵之姿，辂既年少，胆未坚刚，若欲相观，惧失精神，请先饮三升清酒，然后言之。'子春大喜，便酌三升清酒，独使饮之。""酒尽之后"，单子春与管辂"为对"，"于是唱大论之端，遂经于阴阳，文采葩流，枝叶横生，少引圣籍，多发天然。"随后，"子春及众士互共攻劫，论难锋起，而辂人人答对，言皆有余。""子春语众人曰：'此年少盛有才器，听其言论，正似司马犬子游猎之赋，何其磊落雄壮，英神以茂，必能明天文地理变化之数，不徒有言也。'于是发声徐州，号之'神童'。"管辂自以"年少"，请求"先饮三升清酒"壮胆提神，得到满足，说明"清酒"在管辂生活的时代，已经是民间习饮之酒，可能也是富足人家常备之酒。《太平御览》卷三七六引《管辂别传》曰："辂年十五，琅耶太守单子春雅有才度，欲见辂。辂造之，客百余人，有能言之士。辂谓子春曰：'府君名士，加有雄贵之姿。辂既少年，胆未坚刚，惧失精神。若欲相观，先饮三升清酒，然后敢言。'子春大喜，酌三升，独使饮之。于是辂与人人对答，言比有余。"《太平御览》卷三八五及卷六一七引文略同。"三升清酒"，《艺文类聚》卷一七引作"酒三斗"。

照。如"马■"题下记述的礼祀形式，也出现"清酒"字样：

马■：（一五六背～一五七背）

祺祝曰："先牧日丙，马祺合神。"■东乡（向）南（向）各一马
□□□□□中土，以为马祺，穿壁直中，中三腏，（一五六背）

四厩行："大夫先牧兄席，今日良日，肥豚清酒美白粱，到主君所。
主君筍屏调马，驱（驱）其央（殃），去（一五七背）

其不羊（祥），令其□者（嗜）□，□者（嗜）饮，律律弗御自
行，弗驱（驱）自出，令其鼻能糇（嗅）乡（香），令耳恖（聪）目
明，令（一五八背）

头为身衡，勘（脊）为身刚，脚为身□，尾善驱（驱）□，腹为
百草囊，四足善行。主君勉饮勉食，吾（一五九背）

岁不敢忘。"（一六〇背）①

整理小组释文"马祺"另行书写，作标题处理。整理小组注释："'马祺'
系标题。《礼记·月令》：'仲春之月，玄鸟至。至之日，以大牢祠于高禖。'
《续汉书·礼仪志》注引蔡邕《月令章句》云：'高，尊也。禖，媒也。吉
事先见之象也。盖为人所以祈子孙之祀。② 玄鸟感阳而至，其来主为字乳蕃
滋，故重其至日，因以用事。'据此高禖为祈子孙之祀，则马祺为祈祷马匹
繁殖的祭祀。《周礼·校人》：'春祭马祖，执驹。'疏：'春时通淫，求马蕃
息，故祭马祖。'马祺或即祭祀马祖。"③ 其中有的意见可以商榷。④

---

① 睡虎地秦墓竹简整理小组：《睡虎地秦墓竹简》，文物出版社 1990 年版，图版第 115—116 页。

② 《汉书》卷五一《枚皋传》："武帝春秋二十九乃得皇子，群臣喜，故皋与东方朔作皇太子生赋
及立皇子禖祝，受诏所为，皆不从故事，重皇子也。"颜师古注："《礼·月令》：'祀于高禖。'高禖，求
子之神也。武帝晚得太子，喜而立此禖祠，而令皋作祭祀之文也。"《汉书》卷六三《武五子传·戾太子
刘据》："戾太子据，元狩元年立为皇太子，年七岁矣。初，上年二十九乃得太子，甚喜，为立禖，使东
方朔、枚皋作禖祝。"颜师古注："禖，求子之神也，解在《枚皋传》。""祝，禖之祝辞。"明王世贞
《弇州四部稿》卷一六九《说部·宛委余编十四》说："禖祝，禖求子之神也。"由睡虎地《日书》相关
内容看，这种判断是不对的。

③ 《睡虎地秦墓竹简》，释文第 227—228 页。

④ 今按，从睡虎地《日书》相关内容和肩水金关发现简文看，"马祺为祈祷马匹繁殖的祭祀"之
说不确。

也有学者定名此篇为《马》篇。① 饶宗颐称此篇为"马禖祝辞"。认为"日简所记祝辞为有韵之文，为出土古代祝辞极重要之数据"。然而其释文作："马：禖祝曰：……""马"与"禖祝"分断。② 刘乐贤指出，"本篇的标题其实应当是'马禖祝'。"并有充分的论证。③

今按：指出这篇文字的内容是"马禖祝辞"或称"马禖祝"，都是正确的。但是我们首先应当注意并尊重《日书》书写者的原意。从书写形式看，简一五六背简端为"马"字，简一五七背简端为符号"■"。此篇标题应为"马■"。"■"，可能有某种特殊涵义。④

肩水金关相关简文的发现，可以帮助我们增益对于汉代民间有关"马"的神秘意识的认识，并理解其思想史的渊源。有学者注意到汉代画像所见"多数在西王母座前出现"的"马首人身神怪"，以为与"马神崇拜"有关。⑤ 肩水金关简的研究，应当有助于这一学术主题考察的深入。肩水金关简文所见"主君"，不排除与汉代画像资料中看到的所谓"马首人身神怪"存在某种内在联系的可能。

肩水金关"……乳黍饭清酒至主君所主君……"简文提示我们，当时西北边塞的祭祀活动，已经有以"乳"作为祭品的情形。

"乳"是西北游牧民族习用饮品。《北堂书钞》卷一六引《穆天子传》曰："天子乃遂东南翔行，驰驱千里，至于巨搜，〔巨搜〕之人□奴乃献白鹄之血以饮天子，因其牛羊之湩，以洗天子之足。注曰：·'所以饮血，益人

① 贺润坤《从云梦秦简〈日书〉看秦国的六畜饲养业》一文中有"《马》篇——中国最早的相马经"一节，《文博》1989 年第 6 期。又刘信芳《云梦秦简〈日书·马〉篇试释》，《文博》1991 年第 4 期。

② 饶宗颐：《云梦秦简日书研究·马禖祝辞》，饶宗颐、曾宪通：《云梦秦简日书研究》，香港中文大学中国文化研究所中国考古艺术中心专刊（三），1982 年，第 42 页。

③ 刘乐贤：《睡虎地秦简日书研究》，文津出版社 1994 年版，第 312—313 页。

④ 睡虎地秦简《日书》两字标题有两种书写形式。一种形式，是两字写于篇首同一支简的简端，如"秦除"（一四正）、"稷辰"（二六正）、"玄戈"（四七正）、"室忌"（一〇二正）、"土忌"（一〇四正）、"作事"（一一〇正）、"毁弃"（一一一正）、"直室"（一一四正）、"归行"（一三一正）、"到室"（一三四正壹）、"生子"（一四〇正）、"取妻"（一五五正）、"反枳"（一五三背）。另一种形式，则是两字分写于前两支简的简端，如"盗者"（六九背、七〇背）、"土忌"（一二九背、一三〇背）。"直室门"（一一四正壹、一一五正壹）则第一支简简端写"直室"，第二支简简端写"门"。"马■"，似应看作第二种形式。王子今：《睡虎地秦简日书甲种疏证》，湖北教育出版社 2003 年版，第 515—517 页。

⑤ 李姗姗：《论汉画像马首人身神怪的祭祀与升仙意义》，《河南教育学院学报》（哲学社会科学版）2011 年第 2 期。

气力。湩，乳也，令肌肤滑补。'"《太平御览》卷三七二引《穆天子传》曰："至于巨搜氏，巨搜之人乃献白鹤之血以饮天子，且具牛马之湩，以洗天子之足。"①《列子·周穆王》："驰驱千里，至于巨搜氏之国。巨搜氏乃献白鹄之血以饮王，具牛马之湩，以洗王之足。"晋人张湛注："搜，西戎国名。""湩，乳也。以己所珍贵，献之至尊。""西戎"之人"己所珍贵"，是作为饮品，献以"洗天子之足"，有崇敬"至尊"的意义，或许也有中原人不习惯饮用"乳"的因素。

《史记》卷一一〇《匈奴列传》："初，匈奴好汉缯絮食物，中行说曰：'匈奴人众不能当汉之一郡，然所以强者，以衣食异，无仰于汉也。今单于变俗好汉物，汉物不过什二，则匈奴尽归于汉矣。其得汉缯絮，以驰草棘中，衣裤皆裂敝，以示不如旃裘之完善也。得汉食物皆去之，以示不如湩酪之便美也。'"裴骃《集解》："湩，乳汁也。"司马贞《索隐》："按：《三苍》云'潼，乳汁也'。""《穆天子传》云'牛马之湩，臣菟人所具'。"

"湩"就是"乳"。《说文·水部》："湩，乳汁也。"段玉裁注："见《列子》、《穆天子传》。《汉书·匈奴传》'重酪之便美'是也。"中行说以"湩酪"与"汉食物"对比，说"汉"与"匈奴"其"俗"之"异"。正如罗丰所说，"在饮食方面，华夏与诸戎最大的不同在于后者对牲畜乳汁的利用"。论者引《穆天子传》"具牛马之湩"语，指出："《穆天子传》据认为是成书于战国时期的一部史书。动物乳汁的利用，此时在华夏之西北应已流行，所以有戎人首领说诸戎与华夏的饮食不同。"②

"华夏"人饮用"动物乳汁"，其实也可以看到零星史例。彭卫在总结秦汉饮食史时写道："在秦汉时期的人们看来，奶是富有营养的滋补饮品。《释名·释饮食》：'酪，泽也，乳汁所作使人肥泽也。'马王堆医书

---

① 《太平御览》卷八九六引《穆天子传》曰："天子乃遂东南翔行，驰驱千里，至于巨搜。巨搜之人用其牛马之湩，以洗天子之足。"

② 罗丰：《中国古代乳制品制作与消费之历史——一个考古学与民族学的考察》，《中国饮食文化》4卷2期（2008），第128—129页。今按：汉代中原人成人食乳的记载，仅见《史记》卷九六《张丞相列传》言张苍食人乳事："苍之免相后，老，口中无齿，食乳，女子为乳母。妻妾以百数，尝孕者不复幸。苍年百有余岁而卒。"似未有饮用牛马之乳的记录。

《十问》：'饮走兽泉英，可以却老复壮。'这里所说的'走兽泉英'是指牛羊乳（从帛书整理小组注）。西汉人杨恽曾'养羊酤酪，以供伏腊之费'①。说明当时羊乳已成为日常的商品。"②《释名》言"酪"，作为乳制品可以引进转运，与直接饮用乳汁不同。马王堆汉墓出土帛书所谓"饮走兽泉英，可以却老复壮"，体现特定阶层长生延年追求，未可看作社会普遍日常生活情景的反映。"养羊酤酪，以供伏腊之费"语，彭卫言"《太平御览》卷三一引"。宋本《太平御览》卷三一《时序部十六》"伏日"条："《汉官仪》曰：伏日万鬼所行，故谨。汉魏日有食之会。故《汉书》杨辉《闲居》曰：养羊沽酪，供伏腊之费。"③与彭卫引文略有不同。文渊阁《四库全书》本《太平御览》则作："《汉官仪》曰：伏日厉鬼所行，故伏。汉魏有饮食之会。故潘岳《闲居赋》有曰'养羊治酪，供伏腊之费'。"《山堂肆考》卷七一亦据"潘安仁《闲居赋》"引，时代存在疑点。且即使确是杨恽文字，亦只说"酪"，未必可以"说明当时羊乳已成为日常的商品"。《齐民要术》卷六有"作酪法"，言"牛羊乳皆得别作和作随人意"，"三月末四月初牛羊饱草便可作酪，以收其利"。又有"作干酪法"、"作漉酪法"、"作马酪酵法"、"抨酥法"，都是乳制品加工，未言直接饮用"牛羊乳"。彭卫在有关秦汉社会饮食风俗的如下论述是真确无疑的："北方地区少数民族""饮料有牛、羊乳和酒，所谓'膻肉酪浆，以充饥渴'。"④"西域地区""即使是在以谷食为主的部族中，肉类和奶酪产品似仍有重要地位。这应是西域农业部族与内地在饮食生活上的一个区别。"⑤

肩水金关可能属于"马禖祝辞"或称"马禖祝"的简文中出现以"乳"进献"主君"的迹象，不仅应看作饮食史和民俗史的重要信息，亦值得民族关系史研究者重视。这一数据或许可以作为"诸戎""饮食"习惯对于"华夏"人已经形成影响的例证。

---

① 原注："《太平御览》卷三一引。"
② 徐海荣主编：《中国饮食史》卷二，华夏出版社1999年版，第470页。
③ 中华书局用上海涵芬楼影印宋本复制重引《太平御览》，1960年版，第1册第148页。
④ 原注："《文选》卷四一《李陵答苏武书》。"
⑤ 彭卫、杨振红：《中国风俗通史·秦汉卷》，上海文艺出版社2002年版，第45、49页。

### 2. 关于"马病"

《说文·示部》有"祃":"祃,师行所止,恐有慢其神,下而祀之曰祃。"此后即"禂"字:"禂,祷牲马祭也。"段玉裁注:"《甸祝》:'禂牲禂马。'杜子春曰:禂,祷也,为马祷无疾,为田祷多获禽牲。《诗》云:'既伯既祷。'《尔雅》曰:'既伯既祷。'伯,马祭也。玉裁按:此许说所本。杜引《诗》者,以'伯'证祷马。毛《传》云:'伯,马祖也。重物慎微,将用马力,必先为之祷其祖。'此《周礼》之'禂马'也。"

肩水金关与简(1)同出的简例,又有很可能即体现所谓"为马祷无疾"的内容:

(2) ☒肖强毋予皮毛疾以币□刚毋予胁疾以成☒ (73E. J. T. 11:23)①

"毋予",是战国秦汉习惯用语。《史记》卷七六《平原君虞卿列传》:"赵王与楼缓计之,曰:'予秦地毋予? 孰吉?'"《汉书》卷九五《南粤传》:"别异蛮夷,出令曰:'毋予蛮夷外粤金铁田器;马牛羊即予,予牡,毋与牝。'"可知"毋予"又写作"毋与"。

简(1)与简(2)很可能属于一件文书。推想所谓"……乳黍饭清酒至主君所主君……"简文所反映的,应是河西边防部队祈祝所畜养和使用的马匹免除病疫的礼祀形式。"毋予""疾",应是祈求"主君"不要使马染患"皮毛疾"、"胁疾"等病痛。对照睡虎地《日书》相关文字,推想简文内容或应为"……毋予□疾,以□脊强;毋予皮毛疾,以□身刚;毋予胁疾,以成□□;……""脊强""身刚"语义相近。刘信芳考论睡虎地《日书》"勑(脊)为身刚"句即指出:"《国语·周语》:'旅力方刚',韦昭注:'刚,强也。'《诗·北山》:'旅力方刚',《一切经音义》引作'旅力方强'。《初学记》二十九引《相马经》:'脊为将军欲得强',是'脊为身刚'即'脊为身强'。"②

---

① 《肩水金关汉简(贰)》,中册第4页,下册第2页。
② 刘信芳:《云梦秦简〈日书·马〉篇试释》,《文博》1991年第4期。

河西汉简确实有记录"马病"的简文。例如甲渠候官出土简：

（3）马病至戊辰旦遣卒之廿三仓取廪彭诚闭亭户持马□陷陈辟左子务舍治马其日日中（E. P. T43：2）
（4）☑并马病治马□☑（E. P. T50：67）

又有专门记录"马病"致死情形的文书：

（5）●始建国四年正月驿马病死爰书（96.1）

悬泉置汉简可见有关"传马病死爰书"的简文：

（6）五凤四年九月己巳朔己卯，县（悬）泉置丞可置敢言之：廷移府书曰，效谷移传马病死爰书：县（悬）泉传马一匹，骊，乘，齿十八岁，高五尺九寸，送渠犁军司［马］令史……（II0115（3）98:）

"传马病死"的记录是十分详尽的。
敦煌汉简可见关于"马病"症状的具体描述，如：

（7）将军令召当应时驰诣莫府获马病伤水不饮食借尹史侯昌马杨鸿装未辨惶恐（177）

"马病"的具体症状是"伤水不饮食"，以致骑乘者未能在"将军令召"时"应时驰诣莫府"。
悬泉置遗址出土汉简又有研究者以为"报告病马死亡验证结果的文书"：

（8）建昭元年八月丙寅朔戊辰，县（悬）泉厩佐欣敢言之：爰书：传马一匹骍驳（驳），牡，左剽，齿九岁，高五尺九寸，名曰骍鸿。病中肺，欬涕出睾，饮食不尽度。即与啬夫遂成、建杂诊：马病中肺，欬

泩出睪，审证之。它如爰书。敢言之。（II0314（2）：301）

据研究者分析，文书"内容包括传马的毛色、牝牡、徽记、年齿、身高、名字、病情、病状等，然后报告了参加验诊者的职务、名字以及结论"。所谓"病情、病状"是"马病中肺，欬泩出睪"。

关于"马病中肺，欬泩出睪"，研究者有这样的解说："中，音 zhòng，当。出，发，生长。睪，疑指囊肿、肿块。明喻元本、喻元亨《元亨疗马牛驼经全集·马病列图分载病原治疗篇·肺经部》记马患喉骨胀经曰：'草饱乘骑走急，膘肥谷料喂多，以致气血太盛，热积心胸，传之于咽喉，致成其患也。令兽食槽肿胀，硬核填喉，伸头直项，鼻孔流脓，水草难咽，空嗽连声。'"① 以为"似与简文所述症状相合"。② 不过，从简文直接文意看，其实只说"传马""病"，似未可断定为"报告病马死亡验证结果"。

### 3. 简文所见"马医"

简（7）言"县（悬）泉厩佐欣……与啬夫遂成、建杂诊"，而同样出土于悬泉置遗址的一则简例则说到专门的"马医"：

（9）出绿纬书一封，西域都护上，诣行在所公车司马以闻，绿纬孤与缇检皆完，纬长丈一尺。元始五年三月丁卯日入时，遮要马医王竟、奴铁柱付县（悬）泉佐马赏。（II0114（2）：206）

所谓"遮要马医王竟"，"马医"，可能是职名。

"马医"称谓，见于《史记》卷一二九《货殖列传》所言致富例证："……马医浅方，张里击钟。此皆诚一之所致。"《汉书》卷九一《货殖传》："张里以马医而击钟。"

《列子·黄帝》说晋国事："……自此之后，范氏门徒路遇乞儿马医，弗敢辱也，必下车而揖之。"唐人卢重玄《解》："乞儿马医皆下人也，遇之

---

① 原注：农业出版社 1963 年版，第 40 页。
② 胡平生、张德芳：《敦煌悬泉汉简释粹》，上海古籍出版社 2001 年版，第 24—26 页。

不敢轻。"又《列子·说符》:"齐有贫者,常乞于城市。城市患其亟也,众莫之与。遂适田氏之厩,从马医作役而假食。① 郭中人戏之曰:'从马医而食,不以辱乎?'乞儿曰:'天下之辱莫过于乞。乞犹不辱,岂辱马医哉?'"可知"马医"是相当低贱的职业。唐人卢重玄《解》称之为"贱医"。

不过,在马匹比较集中的地方,有"马医"服务,是理所当然的事。《列子》所谓"田氏之厩",就是这样的场合。

悬泉置简文所见"遮要马医王竟"的服务单位在"遮要",据简牍数据可知有"遮要隧"②、"遮要置"③、"遮要厩"④。"遮要置"和"遮要厩"都是马匹集中的地方,后者正可对应"田氏之厩"。

讨论《肩水金关汉简(贰)》前引简(1)(2)所见"……乳黍饭清酒至主君所主君……"以及"毋予皮毛疾"、"毋予胁疾"简文的涵义,如倾向于"马禖祝辞"的理解,自然应当首先关注驿马、传马集中所在的防疫工作。

### 4. 燧卒"马下"劳作与"马下卒"称谓

然而,河西地方马匹的使用其实并不仅限于驿传系统。前引简(3)(4)(7)(9)看来都是非驿传机构出土文物。

肩水金关出土简(1)(2)的 T11,考古所获信息未见体现典型驿传机构的迹象,但是发现"关仓出秋廪"(72JT11:18)、"仓啬夫"(72JT11:31A)、"出盐……廪……食"(72JT11:16)等内容,而"牛车一两"(72JT11:22)也可以反映仓运经营情形。

简(3)言"马病",又明确说到"遣卒之廿三仓取廪"事,应是烽燧守备兵士领取廪给的记录。通过简文内容,可知这种河西边防地区最基本的

---

① 杨伯峻案:"《御览》四八五引'马医'作'马竖',下同。"

② 如悬泉置简:"斥胡隧、广新隧、遮要隧……(ⅡO114(3):65)"

③ 如悬泉置简:"九月甲戌,效谷守长光、丞立,谓遮要、县(悬)泉置,写移书到,趣移车师戊己校尉以下乘传,传到会月三日,如丞相史府书律令。/掾昌、啬夫辅。"(V1812(2):120)"效谷长禹、丞寿告遮要、县(悬)泉置,破羌将军将骑万人从东方来,会正月七日,今调米、肉、厨、乘假自致受作,毋令客到不办与,毋忽,如律令。(A)"(ⅡO114(4):340)

④ 如悬泉置简:"出粟三石,马十匹,送大昆弥使者,都吏张掾。阳朔四年二月戊申,县(悬)泉啬夫定付遮要厩佐常。"(V1812(2):58)

运输活动有时是使用马匹作为交通动力的。

烽燧军事生活"用马力"的情形，可以由燧卒劳作内容"马下"有所说明。例如：

(10) ☑□□人　　　　　　　　其一人守邸

　　　☑吏卒养　☑省卒三人　一人守阁　　　☑

　　　☑载糜　　　　　　　　一人马下

　　　☑归车　　　　　　　　一人门　　　　　(139.4A)

　　　　　　　　　其一人守阁　二人马下　一人吏养

(11) 八月丁丑鄣卒十人｛一人守邸　　　　　一人使

　　　　　　　　　一人取狗湛　　　　一人守园

　　　　　　　　　一人治计　　　　　一人助　(267.17)

　　　　　　　　　一人守园　　一人吏养

(12) ☑□□鄣卒十人｛一人助园　　二人马下

　　　　　　　　　一人治计　　一人削工

　　　　　　　　　一人取狗湛　　　　(267.22)

　　　　　　　　　……一人门

　　　　　　　　　……一人木工

(13) ☑卒十二人　七月｛一人守园　一人从　令史谭

　　　　　　　　　　一人马下　一人使 (E. P. T48：12B)①

(14) 第三队官

　　　（以上为第一栏）

　　　其一人守阁　长诩　三人作园温申胡地余黄山　　忠子

　　　一人马下　　　　　一人山门材胡超

　　　禹二人门　　候长范昌字子恩第十九队

　　　二人……

---

① 释文夹注："此简曾两次书写，其余字迹不录。"甘肃省文物考古研究所、甘肃省博物馆、文化部古文献研究室、中国社会科学院历史研究所编：《居延新简：甲渠候官与第四燧》，文物出版社1990年版，第130—131页。

（以上为第二栏）　　　　　（E. P. T50：7B）

(15)　　□□□□　四人作周□□□□□□

　　　☑　一人马下

　　　　二人门

　　　　二人养　　　　　　　　（E. P. T59：187A）

其一人守鄣　一人门

一人守阁　　二人木工

一人马下　　二人作席

(16) 十月戊午鄣卒十人省卒六人　二人吏卒养

一人舂

五人受钱（E. P. T65：422）

所见"一人马下"、"二人马下"的记录，说明有以"马下"为形式的劳作分工。沈刚分析简（10）（11）（12），列举了对于"马下"的六种解释："1. 应系指饲养马的工作。（于豪亮：1985A）2. 充任马前走卒（见《论衡·吉验篇》）。（陈直：1986B，P79）3. 牵马。（永田英正，1987A）4. 为养马工作。（黄今言：1993，P311）5. 似为养马之人。（《集成》六，P85）6. 养马和负责马厩的打扫、清理。（《集成》七，P152）"沈刚又写道："按：马下是作簿中记录的工作之一，此外，还有守阁、助园、削工、养等工作。若解成马前走卒则指人的身份而言，颇不类，陈说恐误。"① 各种解释集中于"养马"。陈说"充任马前走卒"，并非"指人的身份而言"，而是说充任某种身份，其说有《论衡》侧证，与永田英正"牵马"说亦意近，不误。在生产或生活中"用马力"者，往往同时要承担"养马"工作。

"马病"如前引简（7）的情形，使得"用马力"的愿望落空，也无疑会导致承担"马下"劳作的燧卒的"惶恐"。他们对于"为马祷无疾"的"马禖祝"仪式，一定是真诚热心的。

---

① 沈刚：《居延汉简语词汇释》，科学出版社2008年版，第16—17页。

# 附论三：走马楼简所见"邮卒"与"驿兵"

邮驿制度，在秦汉时期已经进入相当健全成熟的历史阶段。邮驿专业人员职任的定型，是这种历史进步的表现之一。

### 1. 江南邮驿的进步

秦与西汉时期，江南邮驿已经有一定的发展基础。[①] 东汉以来，江南经济又确实得到速度明显优胜于北方的发展。正如有的学者所指出的，"从这时起，经济重心开始南移，江南经济区的重要性亦即从这时开始以日益加快的步伐迅速增长起来，而关中和华北平原两个古老的经济区则在相反地日益走向衰退和没落。这是中国历史上一个影响深远的巨大变化，尽管表面上看起来并不怎样显著"[②]。至于汉魏之交，江南地区农耕业的发展水平和经济实力，与江北许多地区相比，已经逐渐居于优势地位。

当时，江南地方的邮驿条件也得到全面发展。我们所知道的东汉江南开发故事中，就有创建邮驿体系的内容。

例如，汉光武帝建武二年（26），卫飒任桂阳太守，当地民众居于深山，距离郡城有的远至千里。以往官吏往来，调发百姓乘船迎送，名为"传役"。每一吏出行，往往"徭至数家，百姓苦之"。卫飒于是"凿山通道五百余里，列亭传，置邮驿"，果然"役省劳息，奸吏杜绝"[③]，民众的负担得以减轻，政府的效率也得以提高。卫飒所经营的是僻远山区，而长沙地方的邮驿机构，形成应当早得多。

已经发表的里耶秦简资料中，我们看到有反映当时邮传制度的内容。例如有这样的简文："迁陵以邮行洞庭。""迁陵"，秦汉县名。秦

---

① 参看王子今《秦汉时期湘江洞庭水路邮驿的初步考察——以里耶秦简和张家山汉简为视窗》，《湖南社会科学》2004 年第 5 期。

② 傅筑夫：《中国封建社会经济史》第 2 卷，人民出版社 1982 年版，第 25 页。

③ 《后汉书》卷七六《循吏列传·卫飒》。

时迁陵县治所，据说就在出土这批简牍的龙山里耶。①"洞庭"，即洞庭郡。"以邮行"，秦汉文书习用语，睡虎地秦简《语书》："别书江陵布以邮行。"

张家山汉简《行书律》："诸狱辟书五百里以上及郡县官相付受财物当校计者书，皆以邮行。"也都说到"以邮行"。唐代学者颜师古注《汉书》，有三处对于"邮"的解释，涉及"邮"与"行书"制度的关系。《五行志中之下》注："邮谓行书之舍。"《淮南王传》注："邮，行书之舍。"《薛宣传》注："邮，行书之舍，亦如今之驿及行道馆舍也。"里耶秦简"迁陵以邮行洞庭"所谓"邮"的性质，应当也归于"驿"的系统之中。里耶秦简中还可以看到有关邮程的内容。

由里耶秦简提供的邮驿史信息可以推知，长沙地方的邮驿建设，应当有良好的历史基础。

### 2. 走马楼简文"邮卒"

湖南长沙走马楼出土的简牍为我们了解三国时期吴国的历史，提供了丰富的资料。走马楼竹简文字中可以看到"邮卒"称谓，反映了有关当时邮驿制度的若干信息。"邮卒"应当是专事邮递业务的人员。当时，蜀国从事驿递的公务人员称作"驿人"②，似乎与吴国有所不同。③

走马楼竹简文字数见"邮卒"。以《长沙走马楼三国吴简·竹简（壹）》出现的为例，有：

（1）入广成乡三年邮卒限米三斛胄毕□ 嘉 ☑（239）

---

① 湖南省文物考古研究所、湘西土家族苗族自治州文物处：《湘西里耶秦代简牍选释》，《中国历史文物》2003年第1期。

② 《三国志》卷五八《吴书·陆逊传》："（刘）备升马鞍山，陈兵自绕。（陆）逊督促诸军四面蹙之，土崩瓦解，死者万数。备因夜遁，驿人自担，烧铙铠断后，仅得入白帝城。"

③ 晋代则称邮驿系统专职人员为"信人"，或简称为"信"。罗布淖尔出土晋简可见"行书兵"称谓。"行书兵"身份，应当接近走马楼简所见"邮卒"。参看王子今《邮传万里：驿站与邮递》，长春出版社2004年版，第60—61页。

（2）　　右广成乡入三年邮卒 限米 ▨（244）①

（3）领二年邮卒田六顷五十亩々 收 限米二斛合为吴平斛米一千三百斛（1635）

（4）入嘉禾二年邮卒限米七百九十八斛二斗八升　▨（1643）②

（5）▨五十斛二斗五升邮卒黄龙三年限米（1726）

（6）入黄龙三年邮卒限米八十二斛九斗　二斗三升私学黄龙三年限米（1755）

（7）　其二百卅六斛五升黄 龙 三年邮卒限米（1762）

（8）□还黄龙二年邮卒限米五十斛　中（1818）

（9）出仓吏黄讳潘虑所领杂吴平斛米二千七十斛其二百斛邮卒黄龙三年限米（1911）

（10） 入 邮卒黄龙三年限米十六斛五斗　▨（1942）

（11）　其三百六十三斛一斗五升邮卒黄龙三年限米（1995）

（12）　其二百卅八斛五升邮卒黄龙三年 限米 （2036）

（13）入邮卒黄龙二年限米一斛　已中（2071）③

（14）　其五十斛五斗黄龙二年邮卒限米（2142）

（15） 其 ……斛邮卒黄龙□年限米（2193）

（16）▨邮卒嘉禾元年……二斛□斗 （2389）

（17） 其五十□□斛邮卒黄龙□年限米 （2391）

（18）　其五十八斛邮卒黄龙二年限米（2403）

（19）入□乡嘉禾二年新关邮卒限米六斛□嘉禾二年十月廿一日□丘□▨（2898）

（20）　▨　右平乡入邮卒限米六斛（3045）

---

① 整理组注："'右'上原有墨笔题记。"长沙市文物研究所、中国文物研究所、北京大学历史学系走马楼简牍整理组编著：《长沙走马楼三国吴简·竹简（壹）》，文物出版社2003年版，下册第896页。

② 整理组注："简下部有朱笔涂痕。"《长沙走马楼三国吴简·竹简（壹）》，下册第927页。

③ 整理组注："简末'中'为朱笔。"《长沙走马楼三国吴简·竹简（壹）》，下册第936页。

（21）入平乡嘉禾二年邮卒限米六斛胄毕□嘉禾二年十月十七日桐丘监通关□阁董☑（4388）

（22）入平乡嘉禾二年邮卒即米八斛胄米毕□☑（4539）

（23）入平乡嘉禾二年邮卒限米十一斛四斗胄毕□嘉禾二年十月十五日柚丘☑（4545）

（24）☑邮卒限米三斛五斗胄毕□嘉禾二年十月廿七日□□丘□☑（4762）

（25）☑邮卒限米五斛胄毕□☑（4965）

（26）入广成乡嘉禾二年邮卒限米廿五斛胄毕□嘉禾二年十月廿七日□山丘男子☑（4989）①

（27）入平乡嘉禾二年邮卒限米三斛四斗胄☑（5029）

（28）　右平乡入邮卒（5134）②

（29）入邮卒黄龙☑（7075）

（30）入三州仓运黄龙二年邮卒限米十斛六斗　中（9297）

（31）入平乡嘉禾元年邮卒□☑（9934）

以上 31 例涉及"邮卒"的简文中，记录年代有：

黄龙二年（8）（13）（14）（18）（30）；
黄龙三年（6）（7）（9）（10）（11）（12）；
黄龙□年（15）（17）；
嘉禾元年（16）（19）（31）；
嘉禾二年（4）（21）（22）（23）（24）（26）（27）；
二年（2）；
三年（1）（2）。

---

① 整理组注："'山丘'上□左半残缺，右半从'页'。"《长沙走马楼三国吴简·竹简（壹）》，下册第 998 页。

② 整理组注："'右'上原有墨笔题记。"《长沙走马楼三国吴简·竹简（壹）》，下册第 1001 页。

可知在黄龙、嘉禾年间，长沙地方基层社会存在"邮卒"身份。大多数相关简文都出现某年"邮卒限米"或"邮卒"某年"限米"字样，如（1）（2）（3）（4）（5）（6）（7）（8）（9）（10）（11）（12）（13）（14）（15）（17）（18）（19）（20）（21）（23）（24）（25）（26）（27）（30）。而简（22）"入平乡嘉禾二年邮卒即米八斛胄米毕□□"，所谓"邮卒即米"，应当也就是"邮卒限米"。释文为"即"的字，当是"限"字左右两部分反写。

"邮卒限米"简文，体现"邮卒"身份与通常和"限米"相联系的"吏帅"、"吏帅客"、"吏"、"新吏"、"乡吏"、"郡吏子弟"、"子弟"、"吏客"、"客"、"复客"、"私学"、"叛士"、"校士"、"还民"、"新还民"、"佃吏"、"佃帅"、"佃师"、"佃卒"、"郡卒"、"卒"、"兵"等，可能有共同之处。

相关简文所见乡名，则有：

> 广成乡（1）（2）（26）；
> 平乡（20）（21）（22）（23）（27）（28）（31）；
> □乡（19）

"邮卒限米"似乎是以"乡"为单位"入"官仓的。那么，"邮卒"很有可能也应当在"乡"的机构下编列管理，而"邮卒限米"的征收，看来是由"乡"直接负责的。

此外，又如：

> （32）　　其五十八斛 邮 □（1881）
>
> （33）　　其二百卅六斛五升黄龙 三 年□卒限米（2232）

也都可能是有关"邮卒"的简例。（32）与前引（18）"其五十八斛邮卒黄龙二年限米"格式内容极其相似。

走马楼简有涉及"府督邮"、"关督邮"、"中部督邮"、"中部督邮书掾"、"中部劝农督邮书掾"官职的简例，罗新《吴简所见之督邮制度》一文已有详尽讨论。《续汉书·舆服志上》刘昭《注补》："东晋犹有邮驿共置，承受傍郡县文书。有邮有驿，行传以相付。县置屋二区。有承驿吏，皆条所受书，每月言上州郡。《风俗通》曰：'今吏邮书掾、府督邮，职掌此。'"有学者于是认为，"督邮巡行境内，督察长吏，同时也督察邮驿，这是很可能的；而邮驿设有专职官吏，也是很明显的。"①

"邮卒"称谓，在史籍中出现相当晚，大约宋代以后才频繁见诸文献。②《新唐书》卷一七四《元稹传》："徙浙东观察使。明州岁贡蚶役，邮子万人，不胜其疲。稹奏罢之。"宋施宿等撰《会稽志》卷二则书"邮子"为"邮卒"："元稹长庆三年八月自同州防御使授，大和三年九月拜尚书左丞。按唐本传：自同州刺史徙观察使，明州岁贡蚶役，邮卒万人，不胜其疲。稹奏罢之。"③《会稽志》"邮卒"，使用的是宋时说法。

走马楼竹简所见"邮卒"，是这一称谓最早出现的实例，因此对于邮驿史研究和交通史研究有重要的价值。

### 3. "轻足" 职任

云梦睡虎地秦简《田律》中有这样的规定："雨为澍，及诱（秀）粟，辄以书言书稼，诱（秀）粟及狠（垦）田𣊒毋稼者顷数。稼已生后而雨，亦辄言雨少多，所利顷数。旱及暴风雨、水潦、螽（𧑅）蚰、群它物伤稼者，亦辄言其顷数。近县令轻足行其书，远县令邮行之，尽八月□□之。"按照睡虎地秦墓竹简整理小组的译文，就是说，下了及时的雨和谷物抽穗，应即书面报告受雨、抽穗的顷数和已开垦而没有耕种的田地的顷数。禾稼生

---

①　安作璋、熊铁基：《秦汉官制史稿》，齐鲁书社 1985 年版，下册第 106 页。

②　如《宋史》卷三五三《张叔夜传》："加直学士，徙济南府。山东群盗猝至，叔夜度力不敌，谓僚吏曰：'若束手以俟援兵，民无噍类，当以计缓之。使延三日，吾事济矣。'乃取旧赦贼文，俾邮卒传至郡，盗闻，果小懈。叔夜会饮谯门，示以闲暇，遣吏谕以恩旨。盗狐疑相持，至暮未决。叔夜发卒五千人，乘其惰击之。盗奔溃，追斩数千级。以功进龙图阁直学士、知青州。"

③　《资治通鉴》卷二四〇则记述："初国子祭酒孔戣为华州刺史，明州岁贡蚶蛤淡菜，水陆递夫劳费。戣奏疏罢之。"清人姜宸英《湛园札记》卷二："华州刺史孔戣奏罢明州贡海味淡菜蚶蛎，而《元稹传》复云：明州岁贡蚶役，邮子万人，稹奏罢之。岂戣奏后已停而复贡耶？抑独贡蚶之例未停耶？元事本白乐天《元志铭》。"

长后下了雨，也要立即报告雨量多少和受益田地的顷数。如有旱灾、暴风雨、涝灾、蝗虫、其他害虫等灾害损伤了禾稼，也要报告受灾顷数。距离近的县，文书由走得快的人专程递送，距离远的县由驿站传送，在八月底以前【送达】。① 律文中的"轻足"，整理小组解释为"走得快的人"。②

"近县令轻足行其书，远县令邮行之"，整理小组译为"距离近的县，文书由走得快的人专程递送，距离远的县由驿站传送"。从译文字面上看，似乎这些"走得快的人"并非属于"驿站"的专职邮递人员。其实，"轻足"应当是步行驿人。"近县"由他们传送，是因为可以不必接力交递，能够直接送达。"远县"则需要经"邮"的系统线路，一个邮站一个邮站地传递。

### 4. "邮"的设置

前引（3）说到"邮卒田"："领二年邮卒田六顷五十亩々收 限 米二斛合为吴平斛米一千三百斛"，其内容尤其值得重视。

张家山汉简有《行书律》，其中规定，"十里置一邮"，特殊地方"廿里一邮"。对于"邮"的设置，律文还写道：

> 一邮十二室。长安广邮廿四室，敬（警）事邮十八室。有物故、去，辄代者有其田宅。有息，户勿减。令邮人行制书、急书、复，勿令为它事。畏害及近边不可置邮者，令门亭卒、捕盗行之。北地、上、陇西，卅里一邮；地险陕不可邮者，得进退就便处。邮各具席，设井、磨。吏有县官事而无仆者，邮为炊；有仆者，段（假）器，皆给水浆。

大意是说，每一邮有十二户的编制，特殊情况下则有十八室和二十四室的情形。邮人去世或离职的，接任者享有他的田地和住所。邮人家口即使增多，

---

① 睡虎地秦墓竹简整理小组：《睡虎地秦墓竹简》，文物出版社1978年版，第24—26页。
② 《前汉纪》卷四《高祖四》："秦失其鹿，天下争逐之，高材轻足者先得。"《淮南子·览冥》："质壮轻足者为甲卒。"这里所说的"轻足者"，是说足力矫健，"走得快的人"，与睡虎地秦简《田律》作为身份称谓的所谓"轻足"有所不同。

户数依然不减。邮人专职送递公文和紧急文书，不得以其他职事干扰邮递。环境险恶地方不可设置邮者，可以让门亭卒、捕盗执行邮递任务。北地郡、上郡、陇西郡，三十里一邮。地势险峻，交通不便，难以邮递的地方，可以就邻近方便地方行邮。每一邮都应有炊事条件，有方便取水的井和加工粮食的磨。管理因公事经过，没有仆人的，邮代为炊作；有仆人的，邮提供炊具，这两种情形，都由邮供给水和饮料。按照《行书律》的规定，邮人不负担徭役，没有从军的责任，家人也享受同样的优待，其所有田地，其中有一顷可以不必上缴租税。其中"有其田宅"的规定，可以与走马楼简"邮卒田"对照理解。①

张家山汉简《行书律》关于"邮"的设置，一方面说"勿令为它事"，一方面又说"畏害及近边不可置邮者，令门亭卒、捕盗行之"。前者有不再征发其他劳役的意思。后者告诉我们，"邮"的职能，在有些情况下由主管地方治安的人员兼任。事实上，后世有关"邮卒"的记载，可见负责治安的事迹。例如"邮卒巡警"故事："汴邮卒巡警异行，至棘野中，有早行赍轻赍者，见卒来，疑有他，匿丛中。卒以枪刺中之，拽出，方知其误。因取其资。卒繇此遂富，娶妻生女。"② 在有的时候，"邮卒"似乎取准军事化编制形式。如明代史事："（洪武）二十四年，置永宁至沾溢邮传四十八。贵州都指挥马煜巡视，谓未有邮卒，请以戍军应役。"③ 通过这些历史迹象，可以推想三国吴"邮卒"的生活景况。

### 5. 走马楼简文"驿兵"

走马楼竹简又可见所谓"驿兵"：

（34）☒年六十一给驿兵（8976）

---

① 《清史稿》卷五〇八《列女传一·杉松邮卒妇》："杉松邮卒妇，禄劝人，失其姓。康熙五十七年正月，有常应运者为乱，逼杉松，诸邮卒方耕于山，无御者。妇曰：'此可计走也。'挟铤鸣山巅，若且集众，贼引去，妇乃走告夫，州始为备。事定，知州李廷宰聚父老赍妇酒食，具鼓吹，簪胜披锦，以矜于市民。"这一记述虽相距年代久远，"诸邮卒方耕于山"的情形，反映"邮卒"行驿递事外，也经营农耕，与专有"邮卒田"的三国吴地"邮卒"相同。

② （明）徐应秋：《玉芝堂谈荟》卷一三。

③ （明）王世贞：《弇山堂别集》卷二一。

又有可见"驿马"字样的简文：

（35） 临湘丞印
月日驿马来　　侍吏　白解（4335）

"驿马"，是驿传系统通常以为主要动力的交通条件。在水驿畅通的湖湘地区，"驿马"的作用是值得注意的。

与"邮卒"同样，"驿兵"称谓在文献中出现也较晚。[①] 走马楼竹简所见"驿兵"，也是可以说明这一职任之历史存在的值得珍视的文物证据。

走马楼竹简透露的有关当时驿传形式的信息依然有限，我们尚不了解"邮卒"和"驿兵"身份和职能的实质区别。或许前者是以步行为驿递方式，后者则骑马。或许前者是兼任的邮递者，后者则是专职驿人。或许前者是服务于地方邮驿系统，后者是朝廷直属邮政的工作人员。对于这些问题，在现今资料不足的条件下，我们还不能作出明确的论断。

---

① 正史中首见之例，即《宋史》卷四六八《宦者列传三·高居简》："高居简字仲略，世本番禺人，以父任为入内黄门。护作温成原庙奉神物，以精办称，超转殿头，领后苑事，坐奉使梓夔路多占驿兵，降高品。"

# 三　称谓与家庭结构

## 张家山汉简《二年律令》所见"偏妻""下妻"

社会称谓，是社会生活中自然形成的人物或人群的指代名号。社会称谓作为标志社会身份的符号，是指示着社会等级，体现着社会关系，维护着社会结构的基本秩序的一种文化存在。社会称谓诸多品类之中，亲属称谓往往能够较为真切、较为细致、较为生动地体现社会生活的具体情状。历代亲属称谓多随社会演进而屡有变化。研究不同历史时期亲属称谓形式与内涵的衍变，可以帮助我们理解当时的宗族结构和社会关系。

张家山第 247 号墓出土汉简的有关内容可以为汉代亲族研究提供新的资料。例如《二年律令》中有关"偏妻"、"下妻"称谓的简文，就值得我们重视。

### 1. 《二年律令》"偏妻"称谓
关于"偏妻"，我们可以举出四条简例，其中一例同时也说到"下妻"：
（1）《二年律令·贼律》：

殴父偏妻父母男子同产之妻泰父母之同产及夫父母同产夫之同产若殴妻之父母皆赎耐其奏訽詈之罚金（42）

四两（43）

整理小组释文：

殴父偏妻父母、男子同产之妻、泰父母之同产，及夫父母同产、夫之同产，若殴妻之父母，皆赎耐。其諜訽晋之，罚金。（42）

四两。（43）

对于"偏妻"，整理小组注释："偏妻，偏房。"

简四二简端似有"一"形标记，类似情形又见于简四。关于"諜訽晋之"，简四一有整理小组注释："諜訽，《荀子·非十二子》作'諜訽'，《吕氏春秋·诬徒》作'諜诟'，《汉书》卷四八《贾谊传》作'諜诟'，王先谦《荀子集解》：'晋辱也'。"《说文·言部》："諜，諜诟，耻也。从言，枲声。"又说："諜，諜或从枲。"又写道："诟，諜诟也。"睡虎地秦简《日书》中曾经出现"諜訽"简文。如"·月生五日曰杵，九日曰举，十二日曰见莫取，十四日諜訽。"（八背贰）"十五日曰臣代主。代主及諜訽，不可取妻。"（九背贰）

（2）《二年律令·收律》：

夫有罪妻告之除于收及论⑨妻有罪夫告之亦除其夫罪·毋夫及为人偏妻为户若别居不同数者有罪完春白（176）

粲以上收之毋收其子内孙毋为夫收（177）

整理小组释文：

夫有罪，妻告之，除于收及论；妻有罪，夫告之，亦除其夫罪。毋夫，及为人偏妻，为户若别居不同数者，有罪完春、白（176）

粲以上，收之，毋收其子。内孙毋为夫收。（177）

简文所见"⑨"，应是标识句读间断的符号。

（3）《二年律令·傅律》：

当士为上造以上者以适子毋适子以偏妻子孽子皆先以长者（361）

整理小组释文：

> 当士（仕）为上造以上者，以适（嫡）子，毋适（嫡）子，以扁（偏）妻子、孽子，皆先以长者。(361)

第二字"士"，原简左侧残，很可能原本即为"仕"。"孽子"，有可能应作"孽妻子"。

(4)《二年律令·置后律》：

> 疾死置后者彻侯后子为彻侯其母适子以孺子□□□子关内侯后子为关内侯卿侯子为公乘五大夫后子为公大夫公乘后子为官 (367)
> 大夫公大夫后子为大夫官大夫后子为不更大夫后子为簪袅不更后子为上造簪袅后子为公士其母适子以下妻子偏妻子 (368)

整理小组释文：

> 疾死置后者，彻侯后子为彻侯，其母适（嫡）子，以孺子□□□子。关内侯后子为关内侯，卿侯〈后〉子为公乘，【五大夫】后子为公大夫，公乘后子为官 (367)
> 大夫，公大夫后子为大夫，官大夫后子为不更，大夫后子为簪袅，不更后子为上造，簪袅后子为公士，其母适（嫡）子，以下妻子、偏妻子。(368)

"以孺子"后三字，整理小组注释："简文所残字为'子，良人'，孺子、良人，彻侯姬妾，参看前第二二二简。"简二二二归于"置吏律"题下，其内容为："彻侯得置孺子、良人。"如此，则释文当写作：

> 疾死置后者，彻侯后子为彻侯，其母适（嫡）子，以孺子子、良人子。关内侯后子为关内侯，卿侯〈后〉子为公乘，【五大夫】

后子为公大夫，公乘后子为官（367）

大夫，公大夫后子为大夫，官大夫后子为不更，大夫后子为簪袅，不更后子为上造，簪袅后子为公士，其毋适（嫡）子，以下妻子、偏妻子。（368）

对于简文所谓"下妻子"，整理小组注释："下妻，《汉书·王莽传》注：'下妻犹言小妻'。"

### 2. "偏妻"身份

"偏妻"称谓，未见于汉代文献。

对于所谓"偏妻"身份，整理小组注释："偏妻，偏房。"

"偏房"的说法，见于《列女传》卷二《贤明传·晋赵衰妻》：

晋赵衰妻者，晋文公之女也，号赵姬。初文公为公子时，与赵衰奔狄。狄人入其二女叔隗、季隗于公子。公以叔隗妻赵衰，生盾。及返国，文公以其女赵姬妻赵衰，生原同、屏括、楼婴。赵姬请迎盾与其母而纳之，赵衰辞而不敢。姬曰："不可。夫得宠而忘旧，舍义；好新而嫚故，无恩；与人勤于隘厄，富贵而不顾，无礼。君弃此三者，何以使人？虽妾，亦无以侍执巾栉。《诗》不云乎：'采葑采菲，无以下体？德音莫违，及尔同死。'与人同寒苦，虽有小过，犹与之同死而不去，况于安新忘旧乎？又曰：'燕尔新婚，不我屑以。'盖伤之也。君其逆之！无以新废旧。"赵衰许诺，乃逆叔隗与盾来。姬以盾为贤，请立为嫡子，使三子下之；以叔隗为内妇，姬亲下之。及盾为正卿，思赵姬之让恩，请以姬之中子屏括为公族大夫，曰："君姬氏之爱子也。微君姬氏，则臣狄人也，何以至此！"成公许之，屏括遂以其族为公族大夫。君子谓赵姬恭而有让。《诗》曰："温温恭人，维德之基。"赵姬之谓也。

颂曰：赵衰姬氏，制行分明。身虽尊贵，不妒偏房。躬事叔隗，子盾为嗣。君子美之，厥行孔备。

所谓"君子谓赵姬恭而有让"之说，反映通常情况下，似乎妻之"正"与"偏"，不因其先后，而因其贵贱。在"文公以其女赵姬妻赵衰"之前，其实已经先自"以叔隗妻赵衰"。于是有"夫得宠而忘旧，舍义；好新而嫚故，无恩"，以及"安新忘旧"、"以新废旧"的说法。看来，"偏房"当是对"正妻"而言。而赵姬所以得"让恩"之誉，是由于其"身""尊贵"虽后娶却被看作正妻的缘故。

与"偏房"类似的另一称谓是"侧室"。《汉书》卷九五《南粤传》载汉文帝元年赐赵佗书："朕，高皇帝侧室之子，弃外奉北藩于代，道里辽远，壅蔽朴愚，未尝致书。"对于"侧室之子"，颜师古注："言非正嫡所生也。"① 又《淮南子·修务》："琴或拨剌枉桡，阔解漏越，而称以楚庄之琴，侧室争鼓之。"称"争鼓之"，则此"侧室"当不止一人。

"偏妻"虽不见于汉代文献，却很可能是当时通行的社会称谓。宋人王质《绍陶录》卷上《栗里谱》写道："太元九年甲申，君年二十，失妻楚调，诗云：'弱冠逢世阻，始室丧其偏。'妻翟氏偕老，所谓'夫畊于前，妻锄于后'。"② 说"妻"即"丧其偏"的"偏"。可知"偏"即"偏妻"，其涵义大致应是自汉代以来一脉相承的。

明人《三命通会》卷五《论古人立印食官财名义》写道："甲见己为正妻，见戊为偏妻。妻贵正不贵偏。敌体侍立，分则有别，此其理也。"所谓"敌体侍立"，说同样作为"妻"，其地位大体尊卑相当。③ 所谓"分则有别"，则说细论其身份，依然是有上下之分的。同书卷七《妻妾引例章》也

---

① 据《汉书考证》，顾炎武曰："注非也。《左传》'卿置侧室'。杜解曰：'侧室，众子也。'文公十三年传曰：'赵有侧室曰穿。'"《汉书》卷四八《贾谊传》："天下殽乱，高皇帝与诸公并起，非有仄室之势以豫席之也。"颜师古注："应劭曰：'礼，卿大夫之支子为侧室。席，大也。'臣瓒曰：'席，藉也。言非有侧室之势为之资藉也。'师古曰：'瓒说是也。'"《礼记·内则》："妻将生子，及月辰，居侧室。夫使人日再问之，作而自问之。妻不敢见，使姆衣服而对。至于子生，夫复使人日再问之。夫齐，则不入侧室之门。"《后汉书》卷六〇下《蔡邕列传下》："礼，妻妾产者，斋则不入侧室之门，无废祭之文也。"《三国志》卷四四《蜀书·姜维传》："郤正著论论维曰：'姜伯约据上将之重，处群臣之右，宅舍弊薄，资财无余，侧室无妾媵之亵，后庭无声乐之娱。……'"侧室"，大约起初是居处之称，后来又成为居主之称。
② 又见元陶宗仪《辍耕录》卷一六《书陶栗里谱》。
③ 《白虎通·王者不臣》："诸父诸兄者亲，与己父兄有敌体之义也。"

有关于"正妻"、"偏妻"的说法。① 看来，"偏妻"可能是对"正妻"而言。"妻贵正不贵偏"，"正"与"偏""分则有别"，确定了家族中的尊卑秩序。

**3. "下妻"称谓**

关于"下妻"，《汉书》卷九九中《王莽传中》说到有自称"成帝下妻子"者。而《后汉书》卷一下《光武帝纪下》记录的诏书更值得注意：

> （建武七年五月）甲寅，诏吏人遭饥乱及为青、徐贼所略为奴婢、下妻，欲去留者，恣听之。敢拘制不还，以卖人法从事。

《光武帝纪下》又有这样的记载：

> （建武十三年）冬十二月甲寅，诏益州民自八年以来被略为奴婢者，皆一切免为庶人；或依托为人下妻，欲去者，恣听之；敢拘留者，比青、徐二州，以略人法从事。

后者有"比青、徐二州"之说，当是沿承前诏。汉光武帝刘秀的这两篇诏书，都强调解救战乱中沦为"下妻"的受难妇女。其遭遇，一说被"略为""下妻"，一说"依托为人下妻"。前者"为青、徐贼所略为奴婢、下妻"，中华书局标点本断作"为青、徐贼所略为奴婢下妻"，"奴婢下妻"连读。后者"下妻"亦与"奴婢"并说。"下妻"身份之卑微，是显而易见的。

前引《列女传》卷二《贤明传·晋赵衰妻》中"以叔隗为内妇，姬亲下之"。其所谓"下"，也可以帮助我们理解"下妻"的意义。

---

① 《三命通会》卷七《妻妾引例章》写道："正财妻，偏财妾也。且如甲日生，用己为正财，即为正妻；戊为偏财，即为偏妻。若日干健旺，四柱见己，为正妻。得时令遇旺，乡略带官星，主妻贤明，才貌兼全。因妻遇贵，岁时中有印临之，主妻有财物嫁资。若正财衰，偏财旺，显主有偏妻分缘。若己字落陷，或坐死绝之乡，或生春令日，主健旺。如甲寅等类，主不了克妻。若妻生得旺日，坐衰局，或居死墓之地，主自淹滞一生，着妻妾欺，或再嫁他人。若甲申、甲戌日生，甲寅、乙卯月日主大旺，虽有妻，以比肩分夺，恐不免嫁他人，或着他人占之，或妻有别情。余同此例断。"

"下妻"称谓后世依然沿用。①

所谓"下妻",在建武年间的诏书中都位列"奴婢"之后,当时其地位或有相互接近之处。

汉光武帝诏书所谓"为人下妻",可以与前引简(2)所谓"为人偏妻"对照理解。

### 4. 小妻·傍妻·少妻

简(4)所见《置后律》中关于"疾死置后",爵等继承关系所谓"其毋适子,以下妻子、偏妻子"的说法,指明"下妻子"和"偏妻子"都非"适子"即嫡子,而且二者必然不同。也就是说,"下妻"和"偏妻"称谓并列,明确体现其身份有异。其身份的不同或许正如梁章钜《〈称谓录〉序》所谓"古人称谓,各有等差,不相假借"。

但是,"下妻"和"偏妻"是什么关系呢?二者彼此间的"等差"又是怎样的情形呢?

整理小组引"下妻犹言小妻"的解释,见于《汉书》卷九九中《王莽传中》:(始建国二年)十一月,立国将军建奏:"……今月癸酉,不知何一男子遮臣建车前,自称:'汉氏刘子舆,成帝下妻子也。刘氏当复,趣空宫。'收系男子,即常安姓武字仲。"颜师古注:"下妻犹言小妻。"

"小妻"称谓,数见于史籍。如《汉书》卷一八《外戚恩泽侯表》:"(富平侯刘彭祖)神爵四年,为小妻所杀。"又卷五一《枚皋传》:"(枚)皋字少孺。(枚)乘在梁时,取皋母为小妻。乘之东归也,皋母不肯随乘,乘怒,分皋数千钱,留与母居。"卷八一《孔光传》说到"(淳于)长小妻乃始等六人"。卷九三《佞幸传·淳于长》说:"(许皇后)姊嬻为龙额思侯夫人,寡居,长与嬻私通,因取为小妻。"卷九七下《外戚传下·孝成许皇后》:"废后姊嬻寡居,与定陵侯淳于长私通,因为之小妻。"卷八五《谷永传》载谷永上言:"急复益纳宜子妇人,毋择好丑,毋避尝字。"颜师古注引如淳曰:"王凤上小妻弟以纳后宫,以尝字乳。王章言之,坐死。今永及此,为凤洗前过也。"

---

① 例如《新唐书》卷一三四《杨慎矜传》:"(卢)铉遣御史崔器索谶书,于慎矜下妻卧内得之。"

《后汉书》卷二三《窦融传》："（窦融）女弟为大司空王邑小妻。"卷五〇《孝明八王列传》中"陈敬王羡"①、"彭城靖王恭"②、"乐成靖王党"③、"梁节王畅"事迹，都涉及"小妻"称谓。又《陈球传》："球小妻，程璜之女，璜用事宫中，所谓程大人也。"

《后汉书》卷一四《宗室四王三侯列传·赵孝王良》："（赵惠王）干居父丧娉小妻。"李贤注："小妻，妾也。"《三国志》卷五《魏书·后妃传·文德郭皇后》："后姊子孟武还乡里，求小妻，后止之。遂敕诸家曰：'今世妇女少，当配将士，不得因缘取以为妾也。宜各自慎，无为罚首。'"也说"小妻"即"妾"。

据《续汉书·五行志五》刘昭注补引《博物记》，有关于奴婢墓葬可能发生特异情形的记载："汉末，发范明友奴冢，奴犹活。（范）明友，霍光女婿。说（霍）光家事，废立之际，多与《汉书》相应。"《三国志》卷三《魏书·明帝纪》裴松之注引《世语》："并州刺史毕轨送汉故度辽将军范明友鲜卑奴，年三百五十岁，言语饮食如常人。奴云：'霍显，光后小妻。明友妻，光前妻女。'"'后小妻'的说法也值得注意。

前引《汉书》卷八一《孔光传》说："（淳于）长小妻乃始等六人。"《后汉书》卷五〇《孝明八王列传·梁节王畅》载刘畅上疏："臣畅小妻三十七人，其无子者愿还本家。"

又《三国志》卷四八《吴书·三嗣主传·孙皓》裴松之注引《江表传》说："（张）俶奢淫无厌，取小妻三十余人。"

"小妻"称谓又见于《三国志》卷五七《吴书·骆统传》的记述："骆统字公绪，会稽乌伤人也。父俊，官至陈相，为袁术所害。统母改适，为华歆小妻，统时八岁，遂与亲客归会稽。其母送之，拜辞上车，面而不顾，其母泣涕于后。御者曰：'夫人犹在也。'统曰：'不欲增母思，故不顾耳。'"

是"小妻"依然被称为"夫人"。

①　《后汉书》卷五〇《孝明八王列传·陈敬王羡》："（陈思王）钧取掖庭出女李娆为小妻。"
②　《后汉书》卷五〇《孝明八王列传·彭城靖王恭》："元初三年，恭以事怒子酺，酺自杀。"李贤注引《东观汉记》："酺子男丁前物故，酺侮慢丁小妻，恭怒，闭酺马厩，酺亡，夜诣彭城县欲上书，恭遣从官仓头晓令归，数责之，乃自杀也。"
③　《后汉书》卷五〇《孝明八王列传·乐成靖王党》："取故中山简王傅婢李羽生为小妻。"

看来，在"正妻"之次的可以通称为"妾"的女性家族成员中，还有多种身份区分。

清代学者赵翼《陔余丛考》卷三六"如夫人小妻傍妻下妻少妻庶妻"条写道："《左传》：齐桓公多内嬖，有如夫人者六人。后世称人之妾为如夫人本此也。""小妻之称，前汉已有之。""亦谓之傍妻。""又谓之下妻。""又谓之少妻。""又谓之庶妻。""小妻、傍妻、下妻、少妻、庶妻，皆妾之称也。"

俞正燮《癸巳类稿》卷七"释小补楚语笄内则总角义"条又说："小妻，曰妾，曰嬬，曰姬，曰侧室，曰籦室，曰次室，曰偏房，曰如夫人，曰如君，曰姨娘，曰姬娘，曰旁妻，曰庶妻，曰下妻，曰少妻，曰细君，曰姑娘，曰孺子，曰小妻，曰小妇，曰小夫人，或但曰小。"

梁章钜《称谓录》卷五与"妾"条并列者，还有"称人之妾"、"老妾"、"随嫁妾"、"有子妾"等。

"妾"条下，又列有妾，姬，内，籦，嬬，须，媛，妌，童，小，小星，孺子，少妹，侍人，侧室，别室，他室，次室，偏房，少房，别房，属妇，小妇，旁妻，下妻，少妻，外妇，小妻，嫠，庶妻，孽妻，庶妾，伎妾，色妾，女妾，姻妾，薄命妾，祇候人，次妻，如君，细君，姨娘，姬娘，姑娘等四十四种称谓。其中有的分析尚有可以商榷的余地，如关于"小星"、"色妾"等，梁说似未可从。

而汉代社会已经使用的同类称谓，除上文说到的"侧室"、"偏房"等以外，类同身份的指代，又可以看到如下不同的形式：嬬[1]，孺子[2]，小妇[3]，傍妻[4]，

---

① 《称谓录》卷五："案《汉书》师古注：'下妻犹言小妾。'《说文》云'嬬，下妻也'，则嬬为妾称无疑矣。"今按：《说文·女部》："嬬，弱也，一曰下妻也。"段玉裁注："下妻犹小妻。《后汉书·光武纪》曰'依托为人下妻'。《周易》'归妹以须'，《释文》云：须，荀陆作嬬。陆云：妾也。"

② 《称谓录》卷五："案《汉书·艺文志》'《中山王孺子妾歌》'注云：'孺子，王妾之有名号者也。'……《汉书·王子侯表》：'东城侯遗为孺子所杀'，则凡王公至士民妾，通得称'孺子'。"今按：《汉书》卷三〇《艺文志》："诏赐中山靖王唅及孺子妾冰未央材人歌诗"四篇。颜师古注："孺子，王妾之有品号者也。妾，王之众妾也。冰，其名。材人，天子内官。"

③ 《汉书》卷九八《元后传》："凤知其小妇弟张美人已尝适人，于礼不宜配御至尊，托以为宜子，内之后宫，苟以私其妻弟。"颜师古注："小妇，妾也。"

④ 《汉书》卷九八《元后传》："禁有大志，不修廉隅，好酒色，多取傍妻。"

旁妻①, 少妻②, 嫛③, 孽妻④等。

此外，"良人"⑤称谓也值得注意。

家族主要成员"正妻"之外的女性配偶称谓形式如此繁杂，反映了汉代社会多妻现象的普遍。而张家山汉简《二年律令》中所见"偏妻"称谓确实未曾见诸史籍，我们只能从"偏房"、"侧室"等说法推测其涵义。

不过，前引张家山汉简《二年律令》中《置吏律》："彻侯得置孺子、良人。"（二二二）整理小组据此在简（4）注释中写道："简文所残字为'子，良人'"，则《置后律》中相关简文可以补定为："疾死置后者，彻侯后子为彻侯，其母适（嫡）子，以孺子 子 、良人 子。"（三六七）看来，"孺子"地位高于"良人"，那么，按照律文正常词序，则可以由简文"其母适子，以下妻子、偏妻子"（三六八）推知"下妻"的地位也可能高于"偏妻"。据简（3），则"扁（偏）妻子"的地位似乎又高于"孽子"。

《说文·女部》："姘，除也，从女并声。汉律：齐民与妻婢奸曰姘。"段玉裁注："此别一义也。礼：士有妾，庶人不得有妾。故平等之民与妻婢私合名之曰姘，有罚。此姘取合并之义。"所谓"士有妾，庶人不得有妾"，在汉代社会中，看来未必绝对如此。

### 5. "长小妻乃始"案

《汉书》卷八一《孔光传》中，有关于处理淳于长案的故事。其中涉及其"小妻"乃始等：

> 光久典尚书，练法令，号称详平。时定陵侯淳于长坐大逆诛，长小妻乃始等六人皆以长事未发觉时弃去，或更嫁。及长事发，丞相方进、

---

① 《汉书》卷四四《衡山王刘赐传》："人有贼伤后假母者。"颜师古注："继母也。一曰父之旁妻。"

② 《后汉书》卷七二《董卓传》："卓朝服升车，既而马惊堕泥，还入更衣。其少妻止之。"

③ 《说文·女部》："嫛，奢也。从女嫛声。一曰小妻也。"段玉裁注："小妻字史多有之，见《汉书·枚乘传》、《外戚传》、《佞幸传》，《后书·阳球传》。汉时名之不正矣。"

④ 《汉书》卷四八《贾谊传》："天子之后以缘其领，庶人孽妾缘其履。"颜师古注："孽，庶贱者。"

⑤ 《汉书》卷九七《外戚传上·孝昭上官皇后》："安醉则裸行内，与后母及父诸良人、侍御皆乱。"颜师古注："良人谓妾也。侍御则兼婢矣。"

大司空武议，以为："令：犯法者各以法时律令论之，明有所讫也。长犯大逆时，乃始等见为长妻，已有当坐之罪，与身犯法无异。后乃弃去，于法无以解。请论。"光议以为："大逆无道，父母妻子同产无少长皆弃市，欲惩后犯法者也。夫妇之道，有义则合，无义则离。长未自知当坐大逆之法，而弃去乃始等，或更嫁，义已绝，而欲以为长妻论杀之，名不正，不当坐。"有诏光议是。

这一案例，对于我们理解"小妻"身份是有意义的。

乃始等六人原本是淳于长"小妻"，后"弃去"，有的已经改适他人。案发之后，丞相翟方进等以为"长犯大逆时，乃始等见为长妻，已有当坐之罪，与身犯法无异"，后来虽然"弃去"，然而"于法无以解"，因而应当论罪。孔光则认为，"夫妇之道，有义则合，无义则离"；而淳于长在没有预想到"当坐大逆之法"时已经"弃去乃始等"，有的已经改嫁，"义已绝"，这时依然要"以为长妻论杀之"，则"名不正"，以为不应当治罪。孔光的意见得到皇帝的认可。

丞相翟方进等举出的根据是："令：犯法者各以法时律令论之。"不过，对于所谓"法时"的理解是有所不同的。翟方进等以为"法时"应即"长犯大逆时"，当时"乃始等见为长妻"，因而"已有当坐之罪，与身犯法无异"。而孔光对"法时"的理解似乎是"长坐大逆时"，当时乃始等与淳于长的夫妻关系已经解除，"义已绝"，因而这时的法律处罚如果依然"欲以为长妻论杀之"，则"名不正"。既然称"长小妻乃始"，又称"见为长妻"，同时说"以为长妻论杀之"，可知作为"长小妻"的乃始等人，其实也被看作"妻"。

简（2）"·毋夫，及为人偏妻，为户若别居不同数者，有罪完舂、白粲以上，收之，毋收其子。"或许可以参看《汉书》卷八一《孔光传》中的刑治讨论予以理解。

## 张家山汉简《二年律令》所见"叚大母"

亲族称谓是社会称谓中的重要内容。历代亲族称谓屡有变动，研究不同历史时期亲族称谓形式和内涵的演变，可以帮助我们理解当时的宗族结构和社会关系。张家山汉简的有关内容可以为汉代亲族研究提供资料。如《二年律令》中《贼律》所谓"叚大母"，就是体现当时亲族关系的新见称谓。讨论"叚大母"所指代的身份，可以丰富我们对于汉初社会生活的认识。

### 1. 《贼律》"叚大母"简文

张家山汉简《二年律令》中《贼律》有简文：

> 子牧杀父母殴詈泰父。母。叚大母主母后母及父母告子不孝皆弃市
> 其子有罪当城旦春鬼薪白粲以上（三五）
> 及为人奴婢者父母告不孝 勿听年七十以上告 子不孝必三。环。之。
> 各不同日而尚告乃听之教人不孝（三六）
> 黥为城旦春（三七）

张家山二四七号汉墓竹简整理小组释文为：

> 子牧杀父母，殴詈泰父母、父母叚大母、主母、后母，及父母告子不孝，皆弃市。其子有罪当城旦春、鬼薪白粲以上，（三五）
> 及为人奴婢者，父母告不孝， 勿 听 。 年 七 十 以 上 告子不孝必三环之。三环之各不同日而尚告，乃听之。教人不孝，（三六）
> 黥为城旦春。（三七）

这段文字的理解多有疑点，释文亦尚有可商榷处。例如所谓"父母叚大母"。

### 2. 大母・泰母・亲大母・外大母

关于"大母"。《墨子・节葬下》有这样的说法："其大父死，负其大母而弃之，曰鬼妻不可与居处。"《史记》卷五八《梁孝王世家》说梁平王刘襄事："梁平王襄十四年，母曰陈太后。共王母曰李太后。李太后，亲平王

之大母也。而平王之后姓任，曰任王后。任王后甚有宠于平王襄。初，孝王在时，有罍樽，直千金。孝王诫后世，善保罍樽，无得以与人。任王后闻而欲得罍樽。平王大母李太后曰：'先王有命，无得以罍樽与人。他物虽百巨万，犹自恣也。'任王后绝欲得之。平王襄直使人开府取罍樽，赐任王后。李太后大怒，汉使者来，欲自言，平王襄及任王后遮止，闭门，李太后与争门，措指，遂不得见汉使者。李太后亦私与食官长及郎中尹霸等士通乱，而王与任王后以此使人风止李太后，李太后内有淫行，亦已。后病薨。病时，任后未尝请病；薨，又不持丧。"后有"知国阴事"者犯罪，因搜捕甚急，"乃上变事，具告知王与大母争樽状。时丞相以下见知之，欲以伤梁长史，其书闻天子。天子下吏验问，有之。公卿请废襄为庶人。天子曰：'李太后有淫行，而梁王襄无良师傅，故陷不义。'乃削梁八城，枭任王后首于市。"《汉书》卷四七《文三王传》有大体相同的记述。"李太后，亲平王之大母也"句下，颜师古注："大母，祖母也。共王即李太后所生，故云亲祖母也。"《史记》所谓"罍樽"，《汉书》写作"罍尊"[1]。关于刘襄事的处理，《史记》所谓"公卿请废襄为庶人"，后梁国削地，任王后枭首于市，《汉书》则记述："天子下吏验问，有之。公卿治，奏以为不孝，请诛王及太后。天子曰：'首恶失道，任后也。朕置相吏不逮，无以辅王，故陷不谊，不忍致法。'削梁王五县，夺王太后汤沐成阳邑，枭任后首于市，中郎胡等皆伏诛。"《汉书》的记载，更可与张家山汉简《贼律》惩治不孝的条文相对证。刘襄夫妇对于"亲祖母"李太后的态度，是相当于"殴詈"或者比"殴詈"更为恶劣的。最后的处置，是所谓"首恶失道"的任后枭首于市，而另外的当事人"中郎胡等""伏诛"。这是由于天子出于亲情，"不忍致法"，对刘襄有所袒护。本来依法论治，应当处以死刑，如班固记述："公卿治，奏以为不孝，请诛王及太后。""亲祖母"应即张家山汉简律文所谓"泰母"。据刘襄、任后案例"公卿""请诛"情节，可知有关律条确实应用于社会生活中。

　　据《史记》卷二〇《建元以来侯者年表》褚少孙补述，将陵侯史子回、

---

　　① 颜师古注："应劭曰：'《诗》云"酌彼金罍"。罍，画云雷之象，以金饰之也。'郑氏曰：'上盖刻为山云雷之象。'师古曰：'郑说是也。罍，古雷字。'"

平台侯史子叔"以宣帝大母家封为侯",前者二千六百户,后者二千五百户。又乐陵侯史子长"以宣帝大母家贵,侍中,重厚忠信,以发觉霍氏谋反事,封三千五百户"。而《汉书》卷一八《外戚恩泽侯表》记载,此三位外家,都是"以悼皇考舅子……侯"。"宣帝大母",就是《汉书》卷八《宣帝纪》所谓"祖母史良娣",卷九七上《外戚传上》所谓"卫太子史良娣,宣帝祖母也"。可见"大母"确是"祖母"。居延汉简简文数见"大母"称谓,如:"五月廿日具书居三老大母万☐☑前☐☐"(E. P. T54:13),"☑寿贵里男子段昌自言大母物故☑"(E. P. T59:389),"☑☐大母淑病欬短气加番瀸命在旦夕☑"(E. P. T59:428),"☑大母业病不幸"(E. P. T59:455)等。贾谊《新书·俗激》所见亲属称谓"大母",与"大父"相对应:"今世以侈靡相竞,而上无制度,弃礼义,捐廉耻,日甚可为月异而岁不同矣。逐利乎口耳,虑念非顾行也。今其甚者,到大父矣,刵大母矣,踝妪矣,刺兄矣。"

云梦睡虎地秦简《封诊式·毒言》又可见"外大母"称谓:"毒言 爰书:某里公士甲等廿人诣里人士五(伍)丙,皆告曰:'丙有宁毒言,甲等难饮食焉,来告之。'即疏书甲等名(九一)事关谍(牒)北(背)。■讯丙,辞曰:'外大母同里丁坐有宁毒言,以卅余岁时罜(迁)。丙家节(即)有祠,召甲等,甲等不肯来,(九二)亦未尝召丙饮。里节(即)有祠,丙与里人及甲等会饮食,皆莫肯与丙共桸(杯)器。甲等及里人弟兄(九三)及它人智(知)丙者,皆难与丙饮食。丙而不把毒,毋(无)它坐。'"(九四)对于简文所谓"外大母",睡虎地秦墓竹简整理小组的注释和译文作"外祖母"。[①]

颜师古以为"李太后,亲平王之大母也",实际上就是"亲祖母"。"大母,祖母也。"而所谓"亲大母",可与张家山汉简《贼律》"叚大母"对应。《说文·又部》:"叚,借也。"段玉裁注:"《人部》'假'云'非真也'。此'叚'云借也。然则凡云假借当作此字。"《说文·人部》:"假,非真也。"段玉裁注:"《又部》曰'叚,借也'。然则'假'与'叚'义略同。"

---

① 睡虎地秦墓竹简整理小组:《睡虎地秦墓竹简》,文物出版社1978年版,第277页;睡虎地秦墓竹简整理小组:《睡虎地秦墓竹简》,文物出版社1990年版,第76、163页。

### 3. 称谓前置"假"的字义

战国秦汉时期，行政称谓前置"假"字者，往往取代理或非正式之义。

如"假相"。《史记》卷四三《赵世家》："十七年，假相大将武襄君攻燕，围其国。"卷八一《廉颇蔺相如列传》："赵以尉文封廉颇为信平君，为假相国。"卷五四《曹相国世家》："高祖二年，拜为假左丞相，入屯兵关中。"

又有"假将军"。《史记》卷七《项羽本纪》：项羽斩宋义，诸将"乃相与共立羽为假上将军"。张守节《正义》："未得怀王命也。假，摄也。"

郡级行政长官有称"假守"者。《项羽本纪》说到"会稽守通"，裴骃《集解》引《楚汉春秋》曰："会稽假守殷通。"张守节《正义》："按：言'假'者，兼摄之也。"卷六《秦始皇本纪》："十六年九月，发卒受地韩南阳假守腾。"卷一一三《南越列传》："因稍以法诛秦所置长吏，以其党为假守。"司马贞《索隐》："案：谓他立其所亲党为郡县之职或假守。"《汉书》卷三一《项籍传》说到"会稽假守通"时，颜师古注引张晏曰："假守，兼守也。"

又有"假吏"、"假佐"之称。如《汉书》卷五四《苏武传》说到"假吏常惠"，颜师古注："假吏犹言兼吏也。时权为使之吏，若今之差人充使典矣。"《仪礼·士冠礼》："有司如主人服"，郑玄注："有司，群吏有事者，谓主人之吏所自辟除府史以下也，今时卒吏及假吏是也。"《汉书》卷七六《王尊传》："司隶遣假佐放奉诏书白尊发吏捕人。"颜师古注引苏林曰："胡公《汉官》：假佐，取内郡善史书佐给诸府也。"《后汉书》卷一上《光武帝纪上》："所到部县，辄见二千石、长吏、三老、官属，下至佐史。"李贤注："《续汉志》曰：'每刺史皆有从事史、假佐。'"

汉代军官职名也有"假尉"、"假司马"、"假候"等。[①]

基层管理人员也有称"假"者。《汉书》卷四九《晁错传》："臣又闻

---

[①] 罗福颐编《汉印文字征》录有"军假司马"印。文物出版社 1978 年版，八·六。又据罗福颐主编《秦汉南北朝官印征存》，比较确定的汉印中，计有"军假尉印"、"左将军假司马"、"后将军假司马"、"偏军军假司马"、"镇南军假司马"、"假司马印"、"军假司马"、"汉假司马"、"诏假司马"、"军假候印"、"强弩假候"等。文物出版社 1987 年版，第 24—25、29、132—138、142—143 页。

古之制边县以备敌也，使五家为伍，伍有长；十长一里，里有假士；四里一连，连有假五百；十连一邑，邑有假候：皆择其邑之贤材有护，习地形知民心者，居则习民于射法，出则教民于应敌。"颜师古注："服虔曰：'假音假借之假。五百，帅名也。'师古曰：'假，大也。'"颜说恐不确。王先谦《汉书补注》引刘奉世曰："'假'，服说是。古者成皆有期，代则不置，故曰'假'，谓其权设犹假司马之类，亦非常置也。"今按晁错所谓"假士"、"假五百"、"假候"所以称"假"，可能是"新邑"与"故乡"有别的缘故。《晁错传》"假五百"、"假候"，荀悦《汉纪·文帝纪下》作"假率"、"假侯"。

又有君王前置"假"字，称"假君"、"假王"甚至"假皇帝"者。如袁康《越绝书·外传记吴地传》："春申君自使其子为假君治吴。"《史记》卷四八《陈涉世家》："乃以吴叔为假王，监诸将以西击荥阳。"卷八《高祖本纪》："东阳宁君、秦嘉立景驹为假王"[1]，"韩信已破齐，使人言曰：'齐边楚，权轻，不为假王，恐不能安齐'"[2]。《汉书》卷九九上《王莽传上》又有王莽称"假皇帝"，臣民谓之"摄皇帝"的记载："郊祀天地，宗祀明堂，共祀宗庙，享祭群神，赞曰'假皇帝'，民臣谓之'摄皇帝'。""其后，莽遂以符命自立为真皇帝。"

政治职权之"假"，有"假署"[3]、"假摄"[4]的涵义。

### 4. 假父·假母—假子·假女

秦汉时又有亲族称谓中称"假"者。例如：

---

① 《史记》卷五五《留侯世家》："景驹自立为楚假王。"

② 《史记》卷九二《淮阴侯列传》："使人言汉王曰：'齐伪诈多变，反复之国也，南边楚，不为假王以镇之，其势不定。愿为假王便。'当是时，楚方急围汉王于荥阳，韩信使者至，发书，汉王大怒，骂曰：'吾困于此，旦暮望若来佐我，乃欲自立为王！'张良、陈平蹑汉王足，因附耳语曰：'汉方不利，宁能禁信之王乎？不如因而立，善遇之，使自为守。不然，变生。'汉王亦悟，因复骂曰：'大丈夫定诸侯，即为真王耳，何以假为！'乃遣张良往立信为齐王，征其兵击楚。"又《史记》卷九四《田儋列传》："韩信遂平齐，乞自立为齐假王，汉因而立之。"

③ 《续汉书·百官志三》："（尚书）左右丞各一人，……右丞假署印绶及纸笔墨诸财用库藏。"

④ 《荀子·儒效》："天子也者，不可以少当也，不可以假摄为也。"

## 假父

《史记》卷六《秦始皇本纪》张守节《正义》引《说苑》："秦始皇太后不谨，幸郎嫪毐，始皇取毐四支车裂之，取两弟扑杀之，取太后迁之咸阳宫。下令曰：'以太后事谏者，戮而杀之，蒺藜其脊。'谏而死者二十七人。茅焦乃上说曰：'齐客茅焦，愿以太后事谏。'皇帝曰：'走告若，不见阙下积死人耶？'使者问焦。焦曰：'陛下车裂假父，有嫉妒之心；囊扑两弟，有不慈之名；迁母咸阳，有不孝之行；蒺藜谏士，有桀纣之治。天下闻之，尽瓦解，无向秦者。'王乃自迎太后归咸阳，立茅焦为傅，又爵之上卿。"《汉书》卷五一《邹阳传》颜师古注引应劭曰："茅焦谏云：'陛下车裂假父，有嫉妒之心；囊扑两弟，有不慈之名；迁母咸阳，有不孝之行。臣窃为陛下危之。臣所言毕。'乃解衣趋镬。始皇下殿，左手接之曰：'先生起矣！'即迎太后，遂为母子如初。"《史记》卷八五《吕不韦列传》裴骃《集解》引《说苑》曰："毐与侍中左右贵臣博弈饮酒，醉，争言而斗，瞋目大叱曰：'吾乃皇帝假父也，窭人子何敢乃与我亢！'所与斗者走，行白始皇。"

## 假母

《史记》卷一一八《淮南衡山列传》："元朔四年中，人有贼伤王后假母者，王疑太子使人伤之，笞太子。"裴骃《集解》引《汉书音义》曰："傅母属。"《汉书》卷四四《衡山王刘赐传》："元朔四年中，人有贼伤后假母者，王疑太子使人伤之，笞太子。"颜师古注："继母也。一曰父之旁妻。"《淮南子·缪称》："男子树兰，美而不芳，继子得食，肥而不泽，情不相与往来也。"高诱注："继子，有假母也。"① 袁康《越绝书·吴人内传》："舜亲父假母，母常杀舜。"山东武氏祠画像石有闵子骞故事，题榜为："闵子骞后母弟。子骞父。""闵子骞与假母居，爱有偏移。子骞衣寒，御车失棰。"② 看来"假母"就是"后母"。我们所讨论的张家山汉简《二年律令》中的《户律》中，也可见"叚母"简文。张家山二四七号汉墓竹简整理小组释文写作："诸（?）后欲分父母、子、同产、主母、叚（假）母，及主母、叚（假）母欲分孽子、叚（假）子田以为户者，皆许之。"（三四〇）

---

① 张双棣《淮南子校释》谓"许注"。北京大学出版社 1997 年版，上册第 1062 页。
② 朱锡禄：《武氏祠汉画像石》，山东美术出版社 1986 年版，第 104 页。

### 假子

《汉书》卷七六《王尊传》说："初元中，举直言，迁虢令，转守槐里，兼行美阳令事。春正月，美阳女子告假子不孝，曰：'儿常以我为妻，妒笞我。'尊闻之，遣吏收捕验问，辞服。尊曰：'律无妻母之法，圣人所不忍书，此经所谓造狱者也。'尊于是出坐廷上，取不孝子县磔着树，使骑吏五人张弓射杀之，吏民惊骇。"王先谦《汉书补注》引沈钦韩曰："前妻之子也。"此说假子是丈夫前妻之子。刘向《列女传·魏芒慈母》："魏芒慈母者，魏孟阳氏之女，芒卯之后妻也。有三子。前妻之子有五人，皆不爱慈母。……于是前妻中子犯魏王令当死，慈母忧戚悲哀，带围减尺，朝夕勤劳以救其罪人。有谓慈母曰：'人不爱母至甚也，何为勤劳忧惧如此？'慈母曰：'如妾亲子，虽不爱妾，犹救其祸而除其害，独于假子而不为，何以异于凡母！其父为其孤也，而使妾为其继母。继母如母，为人母而不能爱其子，可谓慈乎！亲其亲而偏其假，可谓义乎！不慈且无义，何以立于世！彼虽不爱，妾安可以忘义乎！'遂讼之。魏安釐王闻之，高其义曰：'慈母如此，可不救其子乎！'乃赦其子，复其家。……颂曰：芒卯之妻，五子后母，慈惠仁义，扶养假子，虽不吾爱，拳拳若亲，继母若斯，亦诚可尊。"《三国志》卷三《魏书·明帝叡传》裴松之注引《献帝传》曰："（秦）朗父名宜禄，为吕布使诣袁术，术妻以汉宗室女，其前妻杜氏留下邳。布之被围，关羽屡请于太祖，求以杜氏为妻，太祖疑其有色，及城陷，太祖见之，乃自纳之。……朗随母氏畜于公宫，太祖甚爱之，每坐席，谓宾客曰：'世有人爱假子如孤者乎？'"又《三国志》卷九《魏书·何晏传》裴松之注引鱼豢《魏略》："太祖为司空时，纳晏母并收养晏，……晏无所顾惮，服饰拟于太子，故文帝特憎之，每不呼其姓字，尝谓之为'假子'。"此说假子是妻子前夫之子，即所谓"随母男"。[1]《三国志》卷一九《魏书·任城威王曹彰传》裴松之注引《魏略》曰："太祖在汉中，而刘备栖于山头，使刘封下挑战。太祖骂曰：'卖履舍儿，长使假子拒汝公乎！'"此说假子是养子。前引《二年律令·户律》三四〇号简也可见"叚子"，整理小组释文作"叚（假）子"。

---

[1]　宋任广撰《书叙指南》卷三"宗族服属下"条写道："随母男曰'假子'。"自注："《献帝春秋》秦朗，父准之。"梁章钜《称谓录》卷六据此说："《献帝春秋》：随母男曰'假子'。"

### 假女

刘向《列女传·珠崖二义》："二义者，珠崖令之后妻及前妻之女也。女名初，年十三，珠崖多珠，继母连大珠以为系臂。及令死，当送丧。法，内珠入于关者死。继母弃其系臂珠。其子男年九岁，好而取之，置之母镜奁中，皆莫之知。遂奉丧归，至海关，关候士吏搜索，得珠十枚于继母镜奁中，吏曰：'嘻！此值法无可奈何，谁当坐者？'"初及继母争请其罪。吏不忍决，于是弃珠而遣之。"君子谓二义慈孝。《论语》曰：'父为子隐，子为父隐，直在其中矣。'若继母与假女推让争死，哀感傍人，可谓直耳。颂曰：珠崖夫人，甚有母恩，假继相让，维女亦贤，纳珠于关，各自伏愆，二义如此，为世所传。"①

### 5. "叚大母"释义

这样看来，张家山汉简《贼律》中所谓"叚大母"，即"假大母"。应当是非亲生的，没有直接血缘关系的祖母辈长者。有可能是其父的继母、后母。至于以为"假大母"即大父之"旁妻"的理解，其实与所谓"继大母"并没有根本的差别。也有另一种可能，即参考《史记》卷一一八《淮南衡山列传》裴骃《集解》引《汉书音义》解释"假母"所谓"傅母属"的思路，推想为其父的傅母、养母、乳母。汉代人亲重乳母，有《史记》卷一二六《滑稽列传》褚少孙补述郭舍人事迹中所见著名的汉武帝爱敬乳母的故事。②《汉书》卷七五《李寻传》所见李寻说王根所谓"诸保阿乳母甘言

---

① "假继相让"之"假继"，《汉语大词典》编者理解为"后母、继母"（汉语大词典出版社 1990 年版，第 1 卷，第 1583 页），不确。应如上文"继母与假女推让争死"，释为假女继母。所举另一书证，《颜氏家训·后娶》："假继惨虐孤遗，离闲骨肉，伤心断肠者，何可胜数。"王利器《颜氏家训集解》引卢文弨曰："假继，谓假母、继母也。颜师古注《汉书·衡山王赐传》：'假母，继母也。一曰，父之旁妻。'"器案："《抱朴子·外篇·嘉遁》篇：'后母假继，非密于伯奇。'"《颜氏家训》此"假继"解为"假母、继母"、"后母、继母"确定无疑。

② 《史记》卷一二六《滑稽列传》褚少孙补述："武帝少时，东武侯母常养帝，帝壮时，号之曰'大乳母'。率一月再朝。朝奏人，有诏使幸臣马游卿以帛五十匹赐乳母，又奉饮糗飧养乳母。乳母上书曰：'某所有公田，愿得假倩之。'帝曰：'乳母欲得之乎？'以赐乳母。乳母所言，未尝不听。有诏得令乳母乘车行驰道中。当此之时，公卿大臣皆敬重乳母。乳母家子孙奴从者横暴长安中，当道掣顿人车马，夺人衣服。闻于中，不忍致之法。有司请徙乳母家室，处之于边。奏可。乳母当入至前，面见辞。乳母先见郭舍人，为下泣。舍人曰：'即入见辞去，疾步数还顾。'乳母如其言，谢去，疾步数还顾。郭舍人疾言骂之曰：'咄！老女子！何不疾行！陛下已壮矣，宁尚须汝乳而活邪？尚何还顾！'于是人主怜焉悲之，乃下诏止无徙乳母，罚谪谮之者。"

悲辞之托，断而勿听"，又卷七七《毋将隆传》所见"时侍中董贤方贵，上使中黄门发武库兵，前后十辈，送董贤及上乳母王阿舍"，卷八一《匡衡传》所见杨兴说史高所谓"所举不过私门宾客，乳母子弟"等，也体现了类似的情形。宋任广撰《书叙指南》卷三"产乳保育·乳母"条下可见："养母曰'假母'（《史·衡山王》），又曰'乳母'（元德秀）。"① 也可以说明"假母"身份与"产乳保育"中的"乳母"有关。

简文"父母叚大母"似应分断，作"父母、叚大母"，则释文当作：

> 子牧杀父母，殴晋泰父母、父母、叚大母、主母、后母，及父母告子不孝，皆弃市。其子有罪当城旦舂、鬼薪白粲以上，（三五）
> 
> 及 为人奴婢者，父母告不孝，勿听。年七十以上 告子不孝必三环之。三环之各不同日而尚告，乃听之。教人不孝，（三六）
> 
> 黥为城旦舂。（三七）

"叚大母"即"假大母"排在"父母"之后，是因为其年辈虽然在"父母"之前，但是却并没有血亲关系的缘故。这条律文所说到的"泰父母、父母、叚大母、主母、后母"，下文"妇贼伤、殴晋"长者一条，又有所不同：

> 妇贼伤殴晋夫之泰父<sub>＝</sub>母<sub>＝</sub>主母后母皆弃市 （四〇）

即"妇贼伤殴晋夫之泰父母、父母、主母、后母皆弃市"，已经不包括夫之"叚大母"了，这可能是因为亲疏关系又隔了一等。至于为什么祖父母称"泰父母"，而同一辈的女性长者称"叚大母"，"泰"和"大"的区别，推想可能也并非偶然的书写差异，而或许在某种意义上也体现了亲疏等级的差别。

## 汉代军队中的"卒妻"身份

居延汉简和敦煌汉简中都可以看到有关随军女子的记载。而战争史的文

---

① 梁章钜《称谓录》卷二"假母"条写道："《书叙指南》引《汉史》：'养母曰假母。'元德秀又曰'乳母'。"

献记录中也有以非法形式"随军为卒妻妇"的情形。分析史载"女子乘亭鄣"、"弱女乘于亭障"等情形，"卒妻"们很可能首先成为这种女子参与战争现象的行为主体。而汉代女子的军事生活，其实有相当丰富的形式，不应当以"汉代兵制"所见"汉代征兵与募兵的对象为男子而非女子"而轻易抹煞。

### 1. 壮女之军

《汉书》卷五四《李陵传》记载李陵率军出击匈奴，在经历挫折时产生"军中岂有女子乎"的疑问，并有严厉的处置：

> 陵至浚稽山，与单于相直，骑可三万围陵军。军居两山间，以大车为营。陵引士出营外为陈，前行持戟盾，后行持弓弩，令曰："闻鼓声而纵，闻金声而止。"虏见汉军少，直前就营。陵搏战攻之，千弩俱发，应弦而倒。虏还走上山，汉军追击，杀数千人。单于大惊，召左右地兵八万余骑攻陵。陵且战且引，南行数日，抵山谷中。连战，士卒中矢伤，三创者载辇，两创者将车，一创者持兵战。陵曰："吾士气少衰而鼓不起者，何也？军中岂有女子乎？"始军出时，关东群盗妻子徙边者随军为卒妻妇，大匿车中。陵搜得，皆剑斩之。明日复战，斩首三千余级。

所谓"关东群盗妻子徙边者随军为卒妻妇，大匿车中"，是一种非法"随军"的现象。于是李陵对于这些女子，"搜得，皆剑斩之"。

按照李陵的观念，"吾士气少衰而鼓不起"的原因，可能是"军中""有女子"。于是有残厉的处置方式。然而从历史文献的记录看，汉代"军中""有女子"的情形其实并不鲜见。

其实，先秦时期已经有女子直接参加战斗部队的史例。如《史记》卷八二《田单列传》所谓"妻妾编于行伍之间"，《史记》卷七六《平原君虞卿列传》所谓"令夫人以下编于士卒之间，分功而作"，"得敢死之士三千人"。《史记》卷八三《鲁仲连邹阳列传》引鲁仲连语：秦国，是"弃礼义而上首功之国"。裴骃《集解》引录谯周说："秦人每战胜，老弱妇人皆死。"顾颉刚曾经分析说："此谓'老弱妇人皆死',知每一战役,不但主战斗之壮男军易牺牲,即壮女军与老弱军亦皆因敌国之计首论功而不能免。秦人之残酷如此。"① 《商君书》说到守城时编定"壮女之军"的《兵守》篇,有学者曾判断："篇中所讲多不是针对秦国的情况。"② 可能当时兵战频繁,各国普遍存在军中收编有妇女的情形。或许确如徐中舒所说："古代人口稀少,故每当大战则有时征及壮女及老弱,各司其事;后世人多,始专征壮男为兵。"③ 史籍中也可以看到军队整建制都主要或全部由妇女组成的情形。例如《史记》卷七《项羽本纪》记载,刘邦与项羽相持荥阳时,会战不利,汉将纪信建议："事已急矣,请为王诳楚为王,王可以间出。"司马迁写道:

于是汉王夜出女子荥阳东门被甲二千人,楚军四面击之。

纪信则乘王车,竖王旗,宣布说："城中食尽,汉王降。"于是,"楚军皆呼万岁,汉王亦与数十骑从城西门出,走成皋"。同样的史实,又见于《史记》卷八《高祖本纪》和卷五六《陈丞相世家》,分别写作"(汉军),乃夜出女子东门二千余人,被甲,楚因四面击之"以及"陈平乃夜出女子二千人荥阳城东门,楚因击之"。三则记载中,《项羽本纪》和《高祖本纪》有"女子""被甲"字样。《汉书》卷四〇《陈平传》不记此事,卷一下《高帝纪下》以及卷三一《项籍传》记此事而不言"被甲"。女子如果确实"被甲",大约是要经过一定的基本军事训练的。即使不"被甲","二千余人"编列整齐地运动,作为一般平民也是不大可能的。顾颉刚于是以为"女子当兵"史例,④ 吕思勉以为"女子从军"史例。⑤

　　《三国志》卷一六《魏书·郑浑传》裴松之注引张璠《汉纪》引录郑泰对董卓说的一番话,说到关西地区在长期战争中形成的勇于战伐的民间

　　① 顾颉刚:《女子当兵和服徭役》,《史林杂识初编》,中华书局1963年版,第94页。
　　② 高亨:《商君书注释》,中华书局1974年版,第99页。
　　③ 顾颉刚:《女子当兵和服徭役》,《史林杂识初编》,第94页。缪文远《七国考订补》引用顾颉刚语,谓:"见《史林杂识初编》'《女子服兵役》'条。"上海古籍出版社1987年版,下册第572页。
　　④ 顾颉刚:《女子当兵和服徭役》,《史林杂识初编》,第92、94—95页。
　　⑤ 吕思勉:《吕思勉读史札记》,上海古籍出版社1982年版,第303—304页。

习俗：

> 关西诸郡，北接上党、太原、冯翊、扶风、安定，自顷以来，数与
> 胡战，妇女载戟挟矛，弦弓负矢，况其悍夫。以此当山东忘战之民，譬
> 驱群羊向虎狼，其胜可必。

《后汉书》卷七〇《郑太传》中，同样的内容则写作：

> 关西诸郡，颇习兵事，自顷以来，数与羌战，妇女犹戴戟操矛，挟
> 弓负矢，况其壮勇之士，以当妄战之人乎！

这里所说的"妇女载戟挟矛，弦弓负矢"或"（妇女）戴戟操矛，挟弓负
矢"的情形，当然反映了女子直接参战的历史事实。《汉书》卷九九下《王
莽传下》记载的琅邪女子吕母起义和平原女子迟昭平起义，都是女子作为武
装集团首领的实证。而东汉末年的农民暴动，反政府部众中多有女子。据
《后汉书》卷七一《皇甫嵩传》记载，张梁军是黄巾起义的主力部队，仍然
有随军"妇子""甚众"。《三国志》卷一《魏书·武帝纪》也说，曹操击
破青州黄巾，"受降卒三十余万，男女百余万口"。可见黄巾起义普遍有女
子随军行动，她们虽然不是正式的"卒"，但是在军情紧急时，参与军务当
是很自然的。《后汉书》卷七〇《孔融传》记载，孔融"鸠集吏民为黄巾所
误者男女四万余人"，这些"男女"中的妇女，自然也有曾经参加或者追随
黄巾起义军的经历。①

### 2. 女子乘亭鄣

如果说野战部队中女性的存在只是个别的特例，守备部队中屡有女子从
事军事行为，则是多见的情形。

《汉书》卷六四《贾捐之传》记载，贾捐之在讨论边疆政策时，指出汉
武帝用兵四境，导致严重社会危机的教训：

---

① 参看王子今《中国女子从军史》，军事谊文出版社 1998 年版，第 63—68 页。

当此之时，寇贼并起，军旅数发，父战死于前，子斗伤于后，女子乘亭鄣，孤儿号于道，老母寡妇饮泣巷哭，遥设虚祭，想魂乎万里之外。

其中特别说到"女子乘亭鄣"。《后汉书》卷八九《南匈奴列传》载录汉章帝元和二年（85）诏书，也回顾了汉王朝与匈奴作战的艰苦：

昔猃狁、獯粥之敌中国，其所由来尚矣。往者虽有和亲之名，终无丝发之效。峣塝之人，屡婴涂炭，父战于前，子死于后。弱女乘于亭障，孤儿号于道路。老母寡妻设虚祭，饮泣泪，想望归魂于沙漠之表，岂不哀哉！

也说到"弱女乘于亭障"的情形。汉代文献关于女子守城的记载，又有《汉书》卷九四上《匈奴传上》：李广利率军出塞，于"夫羊句山狭"冲破匈奴卫律部阻击，"汉军乘胜追北，至范夫人城"。颜师古注引应劭曰："本汉将筑此城。将亡，其妻率余众完保之，因以为名也。"《三国志》卷一《魏书·武帝纪》记述了汉献帝兴平二年（195）夏季曹操军与吕布军之间的战事。曹操于钜野击败吕布，"（吕）布复从东缗与陈宫将万余人来战，时太祖兵少，设伏，纵奇兵击，大破之"。裴松之注引《魏书》又说到这次战役的具体过程：

于是兵皆出取麦，在者不能千人，屯营不固。太祖乃令妇人守陴，悉兵拒之。

《三国志》卷一八《魏书·许褚传》中又有这样的记载：

汉末，聚少年及宗族数千家，共坚壁以御寇。时汝南葛陂贼万余人攻（许）褚壁，（许）褚众少不敌，力战疲极。兵矢尽，乃令壁中男女，聚治石如杆斗者置四隅。（许）褚飞石掷之，所值皆摧碎，贼不敢进。

"壁中"女子，也成功地参与了守备。

居延汉简中有所谓"□官女子周舒君等自言责隧"（58.15A）的内容，又可见"皆徙家属边"（E. P. T58：80）简文，此外，我们还看到当地军事文书中有如下名类：

《卒家属在署名籍》（185.13）

《卒家属见署名籍》（194.3）

《戍卒家属居署名籍》（E. P. T65：134）

《卒家属掾署名籍》（194.3，174.13）

《卒家属名籍》（203.15）

《省卒家属名籍》（58.16；133.8）

《卒家属居署廪名籍》（E. P. T40：18）

《卒家属廪名籍》（276.4A）

《戍卒家属在署廪名籍》（191.10）

有学者指出，"称谓录见'卒家属廪名籍'、'卒家属名籍'、'卒家属在署名籍'、'卒家属见署名籍'、'省卒家属名籍'之类"，可与《卒家属廪名籍》对应，这些文书，可以"暂统称之为'卒家属廪名籍'"，"是给戍卒家属发放粮食的名单"①。通过这些文书的命名，可以了解边地"卒家属"、"戍卒家属"随军的事实。然而《卒家属在署名籍》、《卒家属见署名籍》、《戍卒家属居署名籍》等，从名义看，与"廪名籍"是不同的。"廪名籍"，按照森鹿三的说法，"是有关配给隧卒家属谷物的文书"。②居延汉简又有：

《家属妻子居署省名籍》（E. P. T40：18）

名籍主题强调的似乎不是"廪"，而是其他方面，很可能主要是职守责任。

---

① 李均明、刘军：《简牍文书学》，广西师范大学出版社 1999 年版，第 341—343 页。

② ［日］森鹿三：《论居延出土的卒家属廪名籍》，金立新译，《简牍研究译丛》第 1 辑，中国社会科学出版社 1983 年版，第 104 页。

前引简文"女子""自言责隧",可以给予我们某种提示。敦煌汉简又可见《教卒史妻子集名籍》（1612A），其性质也值得探讨。所谓"在署"、"见署"、"居署"或许与睡虎地秦简《秦律十八种》中《仓律》所见"守署"有关，整理小组注释可以参考："署，岗位。《史记·秦始皇本纪》集解引如淳云：'律说，论决为髡钳，输边筑长城，昼日伺寇虏，夜暮筑长城；……'……守署即伺寇虏。"①

### 3. 女子"以为士卒衣补"

秦汉史籍中还可以看到反映妇女服务于军队后勤劳作的记录。

据《战国策·中山策》，赵国抗击秦军进攻，坚守邯郸时，平原君等贵族曾经"皆令妻妾补缝于行伍之间"。据《史记》卷一一八《淮南衡山列传》记载，伍被和淮南王谋反时，曾经说到秦代军事史的一个情节："（秦皇帝）又使尉佗逾五岭攻百越。尉佗知中国劳极，止王不来，使人上书，求女无夫家者三万人，以为士卒衣补。秦皇帝可其万五千人。"对于伍被所谓"求女无夫家者三万人，以为士卒衣补"一事，有的学者以为可信，视为"妇女从军之创举"②，然而，亦有学者以为可疑，③但西汉时期策士以此作为分析政治形势的严肃认真的辩词，至少可以说明当时军队中曾经确实存在妇女"为士卒衣补"的情形。

云梦睡虎地秦简《仓律》在说到以丁年男子赎隶臣妾的有关规定时，有这样的文字："隶臣欲以人丁粼者二人赎，许之。其老当免老、小高五尺以下及隶妾欲以丁粼者一人赎，许之。赎者皆以男子，以其赎为隶臣。女子操敃红及服者，不得赎。边县者，复数其县。"按照睡虎地秦墓竹简整理小组的解释，大意是：要求以壮年两人赎一个隶臣，可以允许。要求以壮年1人赎一个已当免老的老年隶臣、身高在五尺以下的小隶臣以及隶妾，可以允许。用来赎的必须是男子，就以用赎的人作为隶臣。从事文绣女红和制作衣

---

① 睡虎地秦墓竹简整理小组：《睡虎地秦墓竹简》，文物出版社1978年版，第51页。

② 马非百：《秦集史》，中华书局1982年版，下册第700页。

③ 如梁玉绳《史记志疑》卷三四。又引陈氏《测议》："求女事《史》不见，伍被欲伪作请书徙豪朔方以惊汉民，岂即本此策耶？"

服的女子，不准赎。原籍在边远的县的，被赎后应将户籍迁回原县。[①] "女子操敝红及服者，不得赎"的规定，也反映从事被服制作修补的女子，其劳务内容受到特殊的重视。

居延汉简中，也有文字说到"方秋天寒卒多毋私衣"（478.5）以及"至冬寒衣履敝毋以买"（E. P. T59：60）的情形，似乎可以说明，汉代边塞曾经存在以军事化形式组织女子"为士卒衣补"的现象。而"卒妻"们，很可能是承担这项劳作的主要人力。居延汉简所见：

　　　　□妻治裘□□（552.2A）
　　　　二女同居□□（552.2B）

可以作为我们增进相关认识的参考。

至于女子从事军事运输劳作的史实，有许多资料可以说明。例如，《淮南子·人间》记载，秦始皇发卒50万人修筑长城，"中国内郡輓车而饷之"，于是，"当此之时，男子不得修农亩，妇人不得剡麻考缕，羸弱服格于道。"《史记》卷一一二《平津侯主父列传》："丁男被甲，丁女转输。"《后汉书》卷四三《何敞传》："男子疲于战陈，妻女劳于转运。"《三国志》卷四一《蜀书·杨洪传》："男子当战，女子当运。"吕思勉指出："此虽不令女子当前敌，亦未尝不与于发兵也。"[②] 也就是说，调发女子作为转输人员，虽然"不令女子当前敌"，但同样也是"发兵"。

### 4. 边军女子身份

有人认为，"女子乘亭障"事，古人"对其中女子的身份没有解释，所以现代人有将其作为女兵者"。注释指明，这种认识见顾颉刚《史林杂识初编》及王子今《中国女子从军史》。论者说，"汉史资料中""未见有记载女子出征材料"。至于所谓"刑徒兵制"，"女刑名之一'舂'"，"女刑名之二'复作'"，"女刑名之三'顾山'"，被罚作的女犯都"是不任军役的"。"谪

---

① 睡虎地秦墓竹简整理小组：《睡虎地秦墓竹简》，文物出版社1978年版，第53—54页。
② 吕思勉：《吕思勉读史札记》，第305页。

兵及发恶少年""也是男性"。然而，"西汉在西北边塞屯田，有不少女性随同家人徙边，且屯且戍"。"在西汉时还有犯罪人被处死后，其妻子被罚坐徙边的现象。""边塞女性中有下级军吏的家属从简牍资料中也可以得到说明。""其中女性身份既有戍边的下级军吏的妻子家属，也有奴婢。"于是，论者以为："'女子乘亭障'中的'女子'似乎不应是政府征发的女兵，她们应是平时居住在边塞，在战时临时被召集起来保卫家园的女性，她们的身份或是徙边屯田者的妻子，或是任职边塞的军吏的家属，或是因坐罪而徙边的女性。"①

这里有几个问题需要澄清：

第一，"汉史资料中""未见有记载女子出征材料"的说法，结论不免过于绝对化。司马迁《史记》有关"汉王夜出女子荥阳东门被甲二千人"的记载似乎不可以轻易否定。正如顾颉刚所说，"此女子凡二千人，数不为少，若非平时组织训练有素，何遽能下令集合，且被甲假作男子耶？"② 吕思勉也指出："知其时之女子，犹可调发。"③ 而张璠《汉纪》和《后汉书》所谓"妇女载戟挟矛，弦弓负矢"，"妇女犹戴戟操矛，挟弓负矢"，也应当是大体可信的。

第二，顾颉刚《史林杂识初编》及王子今《中国女子从军史》讨论"女子乘亭障"事，意在指出古史中妇女在战争中发生重要作用的事实，并没有使用"女兵"称谓。顾颉刚书据《贾捐之传》"女子乘亭障"事指出："知武帝之世，仍有以女子服徭役守城障之事。"④《中国女子从军史》中已经说道："就现在我们熟悉的资料而言，女子戍边的情形如果确实曾经存在，大约也是未成定制的并不多见的例外。但是，即使这种现象只是偶然的特例，我们也应当看作社会生活风貌的一种反映而予以足够的重视。"⑤

第三，研究者所谓"女兵"、"女军"，多是指参与军事行为，参与战争实践的妇女。如果只取"政府征发的女兵"之定义，则历代女军人大都并

① 翟麦玲：《试释"女子乘亭障"中"女子"的身份》，《中国史研究》2008 年第 1 期。
② 顾颉刚：《女子当兵和服徭役》，《史林杂识初编》，第 95 页。
③ 吕思勉：《吕思勉读史札记》，第 304 页。
④ 顾颉刚：《女子当兵和服徭役》，《史林杂识初编》，第 95 页。
⑤ 王子今：《中国女子从军史》，第 59 页。

不包含于此概念中，人们熟知的历代"娘子军"事迹也大多都将被否定。例如上文说到的黄巾军中极可能参与军务的随军女子，自然绝对不可能是"政府征发的女兵"。

第四，所谓"边塞女性中有下级军吏的家属"，"戍边的下级军吏的妻子家属"，也并不确切。汉代西北边塞简牍资料中这种女性，并非都是"下级军吏的家属"、"下级军吏的妻子家属"，数量更多的是士兵"家属"，即"卒妻"。日本学者森鹿三曾经根据简牍资料中"●右城北部卒家属名籍凡用谷九十七石八斗"（203.15）及"●冣凡十九人家属尽月见署用粟八十五石九斗七升小"（203.37），认为据前者"可知每个部每个月都配给了隧卒家属将近一百石谷物"，后者"所说的十九人是指隧卒的人数，而不是家属的人口数，因为每个隧卒的家属人数是二至三人，所以十九个隧的家属就有四十多人"。他说："一个部究竟有多少隧卒，还不清楚，但我估计约有二十人，因此，隧卒几乎都有家属。"[1] 这里所说的，自然是随军家属。

第五，以所谓"刑徒兵制"考虑，也并不能绝对地说被罚作的女犯都"是不任军役的"。《二年律令·具律》："有罪当耐，其法不名耐者，庶人以上耐为司寇，司寇耐为隶臣妾。"（90）又《告律》："……耐为隶臣妾罪耐为司寇……"（128—129）[2] 可知"隶臣妾"与"司寇"的对应关系，"隶妾"也会罚作"司寇"之刑。睡虎地秦简《秦律十八种》中的《仓律》，有"舂司寇"刑名，整理小组指出"不见于古籍"。又《司空律》可见所谓"城旦舂者司寇"[3]，也值得注意。《汉官旧仪》卷下："罪为司寇，司寇男备守，女为作如司寇，皆作二岁。"《汉书》卷二三《刑法志》："隶臣妾满二岁为司寇，司寇一岁，及作如司寇二岁，皆免为庶人。"居延汉简和敦煌汉简中都有"司寇"与"作如司寇"并列情形，是性别区分已经体现。有学者以为这一现象与《二年律令》中的差别，体现了汉文帝刑法改革的成

---

① ［日］森鹿三：《论居延出土的卒家属廪名籍》，金立新译，《简牍研究译丛》第 1 辑，中国社会科学出版社 1983 年版，第 108—109 页。

② 张家山二四七号汉墓竹简整理小组：《张家山汉墓竹简〔二四七号墓〕》（释文修订本），文物出版社 2006 年版，第 21—26 页。

③ 睡虎地秦墓竹简整理小组：《睡虎地秦墓竹简》，文物出版社 1978 年版，第 51—52、87—88 页。

就。① 那么，汉初女子如"罪为司寇"，是应当承担"备守"之"军役"的。汉文帝之后所谓"作如司寇"，职任也是接近的。这一问题，不直接属于"卒妻"主题，可以另文讨论。

### 5. "卒妻"与质葆制度

"卒妻"在军中的意义，还可以从另一角度进行考察。《三国志》卷三二《蜀书·先主传》记述刘备入蜀战事：

> 明年，曹公征孙权，权呼先主自救。先主遣使告璋曰："曹公征吴，吴忧危急。孙氏与孤本为唇齿，又乐进在青泥与关羽相拒，今不往救羽，进必大克；转侵州界，其忧有甚于鲁。鲁自守之贼，不足虑也。"乃从璋求万兵及资实，欲以东行。璋但许兵四千，其余皆给半。张松书与先主及法正曰："今大事垂可立，如何释此去乎！"松兄广汉太守肃，惧祸逮己，白璋发其谋。于是璋收斩松，嫌隙始构矣。璋敕关戍诸将文书勿复关通先主。先主大怒，召璋白水军督杨怀，责以无礼，斩之。乃使黄忠、卓膺勒兵向璋。先主径至关中，质诸将并士卒妻子，引兵与忠、膺等进到涪，据其城。

这里说到的"质诸将并士卒妻子"，启示我们认识汉代军队中"卒妻"的身份，应当关注她们的人身可能已经成为朝廷与军事长官的"质"的情形。

陈直《葆宫与直符制度》注意到《墨子·号令》中安置军事人员"妻子"于"质宫"、"葆宫"的情形："守楼临质宫而垔②，周必密涂，楼令下无见上，上见下，下无知上有人、无人。""葆宫之墙必三重，墙之垣，守者皆累瓦釜墙上；葆卫必取戍卒有重厚者。"又指出："据此葆宫皆军士家属之居所。现证以居延简，知汉代戍所吏卒，亦用质保制度，则为文献所未详"，列举"有关葆宫纪载者凡九简"。对于一些简文"葆"的身份，学界

---

① ［日］水间大辅：《秦汉刑法研究》，知泉书馆2007年版，第56—58页。
② 陈直自注："原文垔为善字，今订正。"

存在争论。裘锡圭认为"葆"指庸保。[1] 李均明认为"'葆'字指出入关担保而言，与今世所见出入境担保相类"。[2] 但是居延汉简中涉及"妻子"的如下简文，应当确认与《墨子》所言"质宫"、"葆宫"有关：

> ☑为妻子葆处居☑
> ☑☑劳四月适奉☑ （243.25）

陈直说，"《墨子·备城门》以下十二篇，余昔考为秦人作品，汉因秦制，这一点为治汉史者所为详。汉少府属官居室令，武帝太初二年，改为保官，《汉书·李陵传》，母妻皆系在保官，是汉廷亦用此法也。"[3] 关于"秦制"的这一内容，有《史记》卷七《项羽本纪》记载新安所坑杀秦降卒"窃言"可以作为佐证："章将军等诈吾属降诸侯，今能入关破秦，大善，即不能，诸侯虏吾属而东，秦必尽诛吾父母妻子。"陈直所据"☑为妻子葆处居☑"简文对于帮助我们理解"汉代戍所吏卒，亦用质保制度"的事实，应当是有益的。张政烺指出："《墨子》卷十四《备城门》，卷十五《号令》、《杂守》等篇，皆言城守事，凡守城将吏及勇士必须以父母兄弟妻子作抵押，以防其投降。当时使用的两个字是葆和质。葆即保，是守护，质是抵押。这是一件事情的两个方面，所以也就混用不别。收养这些父母妻子的地点叫作葆宫，也叫质宫。"[4]《墨子·杂守》写道："城守司马以上，父母昆弟妻子有质在主所，乃可以坚守。……吏侍守所者，财足、廉信、父母昆弟妻子有在葆宫中者，乃得为侍吏。诸吏必有质，乃得任事。"岑仲勉解释说："此言吏员任用及保质之制。" "古以父母、兄弟、妻子为质，后世则易为担保人。"[5]

就"卒妻"身份的准确理解而言，"☑为妻子葆处居☑"简文也提供了

---

① 裘锡圭：《新发现的居延汉简的几个问题》，《中国史研究》1979 年第 4 期。

② 李均明：《汉代屯戍遗简"葆"解》，《文史》第 38 辑，中华书局 1994 年版。

③ 陈直：《居延汉简研究》，天津古籍出版社 1986 年版，第 59—60 页。陈直《自序》说到，收入该书讨论"葆宫"问题的《居延汉简综论》，作于 1962 年。

④ 张政烺：《秦律"葆子"释义》，《文史》第 9 辑，中华书局 1980 年版。

⑤ 岑仲勉：《墨子城守各篇简注》，中华书局 1958 年版，第 148 页。

新的思路。作为"质",作为"抵押"和"担保",这些军中妇女的境遇与责任,由此也更为明晰。陈直以为可证"汉廷"亦采用这种制度的资料,即《汉书》卷五四《李陵传》:"上欲陵死战,召陵母及妇,使相者视之,无死丧色。"说明已经对"陵母及妇"进行了控制。传说"李陵教单于为兵以备匈奴","上闻,于是族陵家,母弟妻子皆伏诛。"《史记》卷一〇九《李将军列传》褚少孙补述:"单于既得陵,素闻其家声,及战又壮,乃以其女妻陵而贵之。汉闻,族陵母妻子。"所谓"系在保宫"事,见《汉书》卷四五《苏武传》李陵自言:"陵始降时,忽忽如狂,自痛负汉,加以老母系保宫,……"清人吴伟业《赠辽左故人》其五:"路出西河望八城,保宫老母泪纵横。重围屡困孤身在,垂死翻悲绝塞行。尽室可怜逢将吏,生儿真悔作公卿。萧萧夜半玄菟月,鹤唳归来梦不成。"[①] 其中"保宫老母"及"尽室可怜""生儿真悔"句,就是对李陵"母妻"性命系于李陵战争表现之人生悲剧的感叹。

## 秦汉"婴儿"称谓

秦汉时期文献所见"婴儿"称谓,涵义有所不同。或指"初生"儿,与今义接近。或指幼儿,与"大人"对应,义近今人所谓少年儿童。当时"婴儿"称谓指代对象的复杂,体现秦汉时期是汉语社会称谓形成和使用逐步确定化的历史阶段。其情形,或亦与"由上古汉语向中古汉语的过渡"有关。而未成年人的生活情境与社会地位,也可以通过相关现象得以反映。

### 1. "新生婴儿"

秦汉时期"婴儿"称谓有多种涵义。其中之一指新出生小儿。《释名·释长幼》说,"婴儿"就是"始生"儿:

> 人始生曰"婴儿"。胸前曰"婴",抱之婴前乳养之也。或曰"婗婗",婗,是也。言是人也。"婗"其啼声也,故因以名之也。

---

① （清）吴伟业:《梅村集》卷一四。

所谓"人始生曰婴儿",与现今"婴儿"定义相近。① 《说文·女部》:"婴,绕也。"段玉裁注:"凡言'婴儿',则'婴婗'之转语。"② "婴婗",郑玄《礼记·杂记》注写作"鷖弥"。③ 《法言》卷三《问道》:"或问:'太古德怀不礼怀,婴儿慕,驹犊从,焉以礼?'曰:'婴、犊乎! 婴、犊母怀不父怀。母怀,爱也;父怀,敬也。独母而不父,未若父母之懿也。'"有学者解释说:"婴儿、婴婗、鷖弥皆连语形容字,言人始生不能言语,婴婗然也。"④

《吴越春秋》卷九《勾践阴谋外传》"勾践十三年"记载伍子胥和伯嚭在吴王夫差面前关于对越政策的争论:"子胥曰:'太宰嚭固欲以求其亲,前纵石室之囚,受其宝女之遗。外交敌国,内惑于君,大王察之,无为群小所侮。今大王譬若浴婴儿,虽啼,无听宰嚭之言。'"⑤ 所谓"譬若浴婴儿,虽啼,无听",所说"婴儿"即"始生"儿。同样的记录又见于《越绝书》卷五《越绝请籴内传》:"申胥曰:'太宰嚭面谀以求亲,乘吾君王,币帛以求,威诸侯以成富焉。今我以忠辩吾君王,譬浴婴儿,虽啼勿听,彼将有厚利。嚭无乃谀吾君王之欲,而不顾后患乎?'"⑥ 所不同的是,"譬若浴婴儿,虽啼,无听",《吴越春秋》是指伯嚭之言,《越绝书》则是指伍子胥"今我以忠辩吾君王"之言。

《史记》卷六《秦始皇本纪》有关于"新生婴儿"发表政治预言的记

---

① 胡楚生校:"慧琳《音义》凡八引此条,……卷八十一所引,'始'作'初'。……卷三十所引,'人始生'作'初生'。""卷二十五引作:'始生也,又女子胸前曰婴,投之胸前而乳养,故婴儿也。'卷五十一引作'人初生曰婴儿也'。"任继昉:《释名汇校》,齐鲁书社 2006 年版,第 146 页。"婴婗",有研究者以为"联绵词误释",解释"不正确",属于"分训致误"。"'婴婗'即'婗'之衍音,小儿之称。""不可琼森分别,曲为之解。"不过,论者就《释名》"联绵词误释"举例时,数目似有错乱。虽多次说解释不正确者"20 条"、"20 个词",实际所举则为 21 例。陈建初:《〈释名〉考论》,湖南师范大学出版社 2007 年版,第 266 页。

② (汉)许慎撰,(清)段玉裁注:《说文解字注》,上海古籍出版社 1981 年版,第 621—622 页。

③ 《礼记·杂记》:"曾申问于曾子曰:'哭父母有常声乎?'曰:'中路婴儿失其母焉,何常声之有?'"郑玄注:"婴,犹鷖弥也。言其若小儿亡母啼号,安得常声乎? 所谓哭不偯。"

④ 汪荣宝撰:《法言义疏》,中华书局 1987 年版,上册第 127 页。

⑤ 周生春辑校汇考本作:"今大王譬若浴婴儿,虽啼无听宰嚭之言。"《吴越春秋辑校汇考》,上海古籍出版社 1997 年版,第 149 页。苗麓校点本作:"今大王譬若浴婴儿,虽啼,无听宰嚭之言。"《吴越春秋》,江苏地方文献丛书,江苏古籍出版社 1999 年版,第 146 页。

⑥ 标点从乐祖谋点校本《越绝书》,上海古籍出版社 1985 年版,第 36 页。

载，这是“新生婴儿”竟然能够出场政治演出的奇闻：

> 惠文王生十九年而立。立二年，初行钱。有新生婴儿曰“秦且王”。

《七国考》卷一三《秦灾异》有“新生婴儿言”条。其中写道：“《秦别纪》：孝公十六年，有新生婴儿曰：‘秦且王。’秦史笔之以为祯祥，然不恒为妖，故附庸于《灾异》。”缪文远《七国考订补》写作：“〔《史记·秦始皇本纪》附〕《秦别纪》：惠文王二年[①]，有新生婴儿曰：‘秦且王。’秦史笔之以为祯祥，然不恒为妖，故附庸于《灾异》。”徐复《秦会要订补》卷一三《历数下》“人妖”题下引《始皇本纪》：“惠文王二年，有新生婴儿曰：‘秦且王。’”[②] 同书卷一二《历数上》“符瑞”题下引《秦本纪》“文公十九年，得陈宝”事，涉及与“童子”有关的神秘故事[③]，卷一三《历数下》有关于“童谣”的内容，[④] 也是研究未成年人生活应当重视的史料。杨宽、吴浩坤主编《战国会要》卷五〇《祥异上》卷五一《祥异下》列有

---

① 原注：按《吴兴丛书》本校语云：“原作孝公十六年，依《史记》改。”缪文远：《七国考订补》，上海古籍出版社1987年版，下册第729页。

② 徐复：《秦会要订补》，群联出版社1955年版，第188页。（清）孙楷撰，徐复订补：《秦会要订补》，中华书局1959年版，第188页。

③ 又引“《正义》引《晋太康地志》”：“秦文公时，陈仓人猎得兽若彘，不知名，牵以献之。逢二童子，童子曰：‘此名为媦，常在地中，食死人脑。’即欲杀之，拍捶其首。媦亦语曰：‘二童子名陈宝，得雄者王，得雌者霸。’陈仓人乃逐二童子，化为雉，雌上陈仓北阪，为石，秦祠之。”徐复：《秦会要订补》，群联出版社1955年版，第176页。（清）孙楷撰，徐复订补：《秦会要订补》，中华书局1959年版，第178页。

④ 《水经注·沔水》：“《神异传》曰：由卷县，秦时长水县也。始皇时，县有童谣曰：‘城门当有血，城陷没为湖。’有老妪闻之，忧惧，旦往窥城门。门侍欲缚之，妪言其故。妪去后，门侍杀犬以血涂门，妪又往，见血，走去不敢顾。忽有大水长欲没县，主簿令干人白令。令见干曰：‘何忽作鱼？’干又曰：‘明府亦作鱼。’遂乃沦陷为谷矣。”又引《述异记》：“始皇二十六年，童谣云：阿房阿房，亡始皇。”又有一例，不说“童谣”，只说“谣”，然而有“小儿”的动作值得注意。《太平御览》卷八六引《异苑》：“秦世有谣曰：‘秦始皇，何奄僵，开吾户，据吾床，饮吾酒，啜吾浆，飡吾饭，以为粮，张吾弓，射东墙，前至沙丘当灭亡。’始皇既坑儒焚典，乃发孔子墓，欲取诸经传圹。既启，于是悉如谣者之言。又言谣文，刊在冢壁。政甚恶之，及达沙丘，而修别路，见一群小儿，辇沙为阜。问云‘沙丘’。从此得病。”徐复：《秦会要订补》，群联出版社1955年版，第193页。（清）孙楷撰，徐复订补：《秦会要订补》，中华书局1959年版，第196—197页。参看王子今《略论两汉童谣》，《重庆师范大学学报》2007年第3期。

"符瑞"、"日月变异"、"星变"、"雪"、"总天变"、"地震"、"山崩"、"火灾"、"河渭赤"、"水旱灾"、"物异"、"马生人"、"蝗虫"、"疬疫"14 种，不载此"有新生婴儿曰'秦且王'"事。①

睡虎地秦简《日书》甲种《诘》题下写道："鬼婴儿恒为人号曰：'鼠（予）我食。'是哀乳之鬼。"（二九背叁）"鬼婴儿""是哀乳之鬼"，"婴儿"和"乳"的关系是明确的。《焦氏易林》卷二《大过·贲》："婴儿求乳，母归其子。黄麚悦喜，乃得甘饱。"②《焦氏易林》卷三《蹇·萃》："司命不游，喜解我忧。皇母缓带，婴儿笑喜。"也体现汉代民间以"婴儿"指"始生"儿、"初生"儿的语言习惯。

《潜夫论》卷三《忠贵》："历观前世贵人之用心也，与婴儿等。婴儿有常病，贵人有常祸，父母有常失，人君有常过。婴儿常病，伤饱也。贵人常祸，伤宠也。父母常失，在不能已于媚子。人君常过，在不能已于骄臣。哺乳太多，则必掣纵而生痫。贵富太盛，则必骄佚而生过。"③ 其中"婴儿"，注家在解释时或注意到与《释名·释长幼》"人始生曰'婴儿'……"的联系。所谓"掣纵而生痫"，有学者以为即"小儿惊风"。《潜夫论笺校正》："《说文》手部：'瘛，引纵曰瘛。'疒部：'瘲，小儿瘛瘲病也。'戴侗《六书故》云：'瘛瘲谓小儿风惊，乍掣乍纵。掣，搐也；纵则掣而乍舒也。'《玉篇》云：'痫，小儿瘨病。'按《素问·大奇论》云：'痫瘛筋挛。'○ 铎按：今谓小儿惊风，《汉书·艺文志》有《疒瘛方》三十卷，即治此病者。"④《汉书·艺文志》著录的"经方十一家"中，有："《金创疒瘛方》三十卷。"又有："《妇人婴儿方》十九卷。"前者被认为是小儿癫痫病诊疗经验的总结，后者应当是妇科和儿科知识的合集。马王堆帛书《五十二病方》中有针对"婴儿索痉"、"婴儿病间（痫）"、"婴儿瘛（瘛）"的病方。整理小组认为，"婴儿索痉，当为产妇子痫一类病症。""一说，应为小儿脐

　① 杨宽、吴浩坤主编：《战国会要》，上海古籍出版社 2005 年版，上册第 466—477 页。

　② 卷三《损·贲》："婴儿求乳，慈母归子。黄麚悦喜，得其甘饱。"

　③ 王符接着又写道："是故媚子以贼其躯者，非一门也。骄臣用灭其家者，非一世也。或以背叛横逆不道，或以德薄不称其贵。文昌奠功，司命举过，观恶深浅，称罪降罚，或捕掬斩首，或拉胁掣胸，掊死深坪，衔刀都市，僵尸破家，覆宗灭族者，皆无功于民氓者也。而后人贪权冒宠，蓄积无极，思登颠陨之台，乐循覆车之迹，愿神福祚，以备员满贯者，何世无之。"

　④ （汉）王符著，（清）汪继培笺，彭铎校正：《潜夫论笺校正》，中华书局 1985 年版，第 115 页。

带风"。① 名称中都出现"婴儿"两字的这三种病，后两种，研究者以为是"儿科疾病"："'婴儿病痫'是小儿的痫病。'婴儿瘈'即'瘈疭'，系小儿惊风。"前一种，研究者以为是"妇产科疾病"，"即子痫一类疾病"。然而又指出："另一种意见认为此病为婴儿脐带风。"② 看来，当时总结"小儿医"医疗经验的文献中，所谓"婴儿"，有时确是指"始生"儿、"初生"儿。③

《吕氏春秋·具备》："三月婴儿，轩冕在前，弗知欲也，斧钺在后，弗知恶也，慈母之爱谕焉，诚也。"《淮南子·缪称》："三月婴儿，未知利害也，而慈母之爱谕焉者，情也。"又《淮南子·齐俗》："羌、氐、僰、翟，婴儿生皆同声，及其长也，虽重象狄鞮，不能通其言，教俗殊也。今三月婴儿，生而徙国，则不能知其故俗。"都明确说"三月婴儿"。后者"婴儿生"与"及其长"对应，也强调其生命早期的阶段性。《三国志》卷六《魏书·袁绍传》："长史耿武、别驾闵纯、治中李历谏（韩）馥曰：'……袁绍孤客穷军，仰我鼻息，譬如婴儿在股掌之上，绝其哺乳，立可饿杀。'"此"婴儿"也是赖"哺乳"为生的。

秦汉时期所谓"人始生曰'婴儿'"，所谓"新生婴儿"，"婴儿"语义与现今通常的说法是一致的。

## 2. 并非"始生""初生"的"婴儿"

《焦氏易林》卷三《损·大畜》："婴儿孩笑，未有所识。狡童而争，乱我政事。"卷四《旅·节》："婴儿孩子，未有知识。彼童而角，乱我政事。""未有所识"、"未有知识"的"婴儿"，和"狡童"、"彼童"相对应，尚不能确定其年龄。而秦汉文献遗存透露的许多信息表明，当时人使用的"婴儿"称谓，有时显然并不是指"始生"儿、"初生"儿。《史记》卷四《周本纪》说射法"支作诅右"，司马贞《索隐》引《越绝书》曰"左手如附泰山，右手如抱婴儿"，"婴儿"在怀抱，有可能是"新生婴儿"，也可能是

① 马王堆汉墓帛书整理小组编：《五十二病方》，文物出版社 1979 年版，第 40—43 页。

② 马继兴、李学勤：《我国已发现的最古医方——帛书〈五十二病方〉》，马王堆汉墓帛书整理小组编：《五十二病方》，文物出版社 1979 年版，第 187 页。

③ 参看王子今《秦汉"小儿医"略议》，《西北大学学报》2007 年第 4 期。

数岁小童。①

贾谊《新书》卷六《春秋连语》记录了"婴儿"孙叔敖见两头蛇，杀而埋之的故事：

> 孙叔敖之为婴儿也，出游而还，忧而不食。其母问其故。泣而对曰："今日吾见两头蛇，恐去死无日矣。"其母曰："今蛇安在？"曰："吾闻见两头蛇者死，吾恐他人又见，吾已埋之也。"其母曰："无忧，汝不死。吾闻之，有阴德者，天报以福。"人闻之皆谕其能仁也。及为令尹，未治而国人信之。

又《新序》卷一《杂事》："孙叔敖为婴儿之时，出游见两头蛇，杀而埋之。归而泣。其母问其故。叔敖对曰：'闻见两头之蛇者死，向者吾见之，恐去母而死也。'其母曰：'蛇今安在？'曰：'恐他人又见，杀而埋之矣。'其母曰：'吾闻有阴德者，天报以福，汝不死也。'及长，为楚令尹，未治而国人信其仁也。"《列女传》卷三《仁智传》"孙叔敖母"条也写道："楚令尹孙叔敖之母也。叔敖为婴儿之时，出游见两头蛇，杀而埋之。归见其母而泣焉。母问其故，对曰：'吾闻见两头蛇者死，今者出游见之。'其母曰：'蛇今安在？'对曰：'吾恐他人复见之，杀而埋之矣。'其母曰：'汝不死矣！夫有阴德者，阳报之，德胜不祥，仁除百祸，天之处高而听卑。《书》不云乎：皇天无亲，惟德是辅。尔嘿矣，必兴于楚。'及叔敖长，为令尹，君子谓叔敖之母知道德之次。《诗》云：母氏圣善。此之谓也。"

"孙叔敖为婴儿之时"，竟然能够独自"出游"，遇意外情形，可以从容处置，思路清晰，态度镇定。这样的"婴儿"，绝不是"新生婴儿"了。

---

① 《后汉书》卷八二下《方术列传下·蓟子训》："建安中，客在济阴宛句。有神异之道。尝抱邻家婴儿，故失手堕地而死，其父母惊号怨痛，不可忍闻，而子训唯谢以过误，终无它说，遂埋藏之。后月余，子训乃抱儿归焉。父母大恐，曰：'死生异路，虽思我儿，乞不用复见也。'儿识父母，轩渠笑悦，欲往就之，母不觉揽取，乃实儿也。""抱""揽"的动作，应与所谓"抱之婴前乳养之"者略同，然而"儿识父母，轩渠笑悦，欲往就之"情形，已说明并非"始生"儿、"初生"儿，甚至可能已经脱离了"乳养"的阶段。

《论衡》卷六《福虚》记叙孙叔敖故事："楚相孙叔敖为儿之时，见两头蛇，杀而埋之。"不言"婴儿"而只称"儿"。《艺文类聚》卷九六引《贾谊书》也说"孙叔敖之为儿，出游还，忧而不食……"《太平御览》卷四〇三及卷九三三引《贾谊书》同。

《吕氏春秋·荡兵》："家无怒笞，则竖子婴儿之有过也立见。""婴儿"已经具备"有过"的条件，应当不是"新生婴儿"。《淮南子·人间》："夫鹊先识岁之多风也，去高木而巢扶枝，大人过之则探殻，婴儿过之则挑其卵，知备远难而忘近患。""婴儿"已经具有了过鹊巢而"挑其卵"的行为能力。

《淮南子·说林》："吕望使老者奋，项托使婴儿矜，以类相慕。"项托即项橐。《战国策·秦策五》："夫项橐生七岁而为孔子师。"《史记》卷七一《樗里子甘茂列传》："大项橐生七岁为孔子师。"《太平御览》卷四〇四引《春秋后语》："夫项橐十岁为孔子师。"《淮南子·修务》："夫项托七岁为孔子师。"《论衡·实知》："夫项托年七岁教孔子。""大项橐"应是"夫项橐"字误。"七""十"形近，"十岁"原应为"七岁"。[1] 所谓"项托使婴儿矜，以类相慕"者，"以类相慕"的"婴儿"应当也是"七岁"左右。

《说苑》一书中数次说到"婴儿"，也都不是指"始生"儿或者"初生"儿。如：

> 景公睹婴儿有乞于途者。公曰："是无归夫！"晏子对曰："君存，何为无归？使吏养之[2]，可立而以闻。"（卷五《贵德》）
> 婴儿竖子，樵采薪荛者，蹢躅其足而歌其上，众人见之，无不愁焉。（卷一一《善说》）
> ……田将军曰："单以五里之城，十里之郭，复齐之国，何为攻翟不能下？"去上车不与言，决攻翟，三月而不能下。齐婴儿谣之曰："大冠如箕，长剑拄颐，攻翟不能下，垒于梧丘。"于是田将军恐骇。

---

[1] 参看王子今《"秦项橐"故事考议》，《秦文化论丛》第14辑，三秦出版社2007年版。

[2] 赵善诒注："'吏'字原脱，从刘氏《斠补》补。"《说苑疏证》，华东师范大学出版社1985年版，第113页。

（卷一五《指武》）

孔子至齐郭门之外，遇一婴儿挈一壶，相与俱行，其视精，其心正，其行端。孔子谓御曰："趣驱之，趣驱之！《韶》乐方作。"孔子至彼闻《韶》，三月不知肉味。（卷一九《修文》）

所谓"婴儿""乞于途"，"婴儿""樵采薪荛"，"婴儿""婴儿谣之"，"婴儿""挈一壶，相与俱行，其视精，其心正，其行端"，都有自主独立的行为能力，甚至能够参与艰苦的劳作。《说苑》卷一九《修文》说："子生三年，然后免于父母之怀，故制丧三年，所以报父母之恩也。"以上数例所见"婴儿"，都是早已"免于父母之怀"的。① 《春秋繁露》卷九《身之养重于义》："今握枣与错金以示婴儿，婴儿必取枣而不取金也。"所说"婴儿"未必"免于父母之怀"，但是应当已经并非"抱之婴前乳养之"者了。

《史记》卷八《高祖本纪》记录刘邦微时故事，有善相者预言刘邦子女人生前景的情节：

高祖为亭长时，常告归之田。吕后与两子居田中耨，有一老父过请饮，吕后因𫗦之。老父相吕后曰："夫人天下贵人。"令相两子，见孝惠，曰："夫人所以贵者，乃此男也。"相鲁元，亦皆贵。老父已去，高祖适从旁舍来，吕后具言客有过，相我子母皆大贵。高祖问，曰："未远。"乃追及，问老父。老父曰："乡者夫人婴儿皆似君，君相贵不可言。"高祖乃谢曰："诚如父言，不敢忘德。"及高祖贵，遂不知老父处。

刘邦的儿女被称作"婴儿"，却"居田中耨"，已经能够参与田间劳动。

武梁祠西壁画像有表现老莱子孝亲故事的画面。题刻："老莱子，楚人也。事亲至孝，衣服斑连。婴儿之态，令亲有驩。君子嘉之，孝莫大

---

① 《战国策·秦策一》："今秦妇人婴儿皆言商君之法，莫言大王之法。是商君反为主，大王更为臣也。"此"婴儿"已有语言能力，又有政治判断能力。《淮南子·说林》："狂者伤人，莫之怨也；婴儿詈老，莫之疾也。"这里所说的"婴儿"，也是已经具有"詈"的能力的。

焉。"① 从画面形象看，所谓"婴儿之态"，并不是"始生"儿、"初生"儿。②

"婴儿"接受政府"禀给"救济情形，见于《后汉书》卷三《章帝纪》："（元和）三年春正月乙酉，诏曰：'盖君人者，视民如父母，有憯怛之忧，有忠和之教，匍匐之救。其婴儿无父母亲属，及有子不能养食者，禀给如律。'"所谓"婴儿无父母亲属"仍得生存者，大概不会是"始生"儿、"初生"儿。

贾谊《新书》卷四《匈奴》陈说对匈奴策略，言及"与单于争其民"的"三表"、"五饵"。其中"五饵"的作用，在于"牵其目，牵其耳，牵其口，牵其腹，四者已牵，又引其心"。建议对于"降者"给予优遇，包括："凡降者，陛下之所召幸，若所以约致也。陛下必有时有所官，必令此有高堂邃宇，善厨处，大囷京，厩有编马，库有阵车，奴婢、诸婴儿、畜生具。"此处"婴儿"，或解释说："婴儿，当谓僮。"③ 又说到所谓"胡婴儿"："于来降者，上必时时而有所召幸，拊循而后得入官。夫胡大人难亲也，若上于故婴儿召贵人子好可爱者，上必召幸大数十人，为此绣衣好阏，且出则，从居则更侍。上即飨胡人也，大觳抵也，客胡使也，力士、武士固近侍傍，胡婴儿得近侍侧，故贵人更进得佐酒前，上乃幸自御此薄，使付酒钱，时人偶之。为间则出绣衣，具带服宾余，时以赐之。上即幸拊胡婴儿，捣逜之，戏弄之，乃授炙幸自啖之，出好衣，闲且自为贛之。上起，胡婴儿或前或后，胡贵人既得奉酒，出则服衣佩绶，贵人而立于前，令数人得此而居耳。一国闻者、见者，希旴而欲，人人伋伋惟恐其后来至也。"文中"故婴儿"、"故贵人"，王念孙曰："故，与胡同。"也就是"胡婴儿"、"胡贵人"。④ 所谓"胡婴儿"、"胡贵人"者，也就是上文匈奴"婴儿"及匈奴"贵人子好可爱者"。这里"胡婴儿"和"胡大人"对应，应是指未成年人，但显然并非"始生"儿、"初生"儿。

李学勤曾经说，银雀山汉简中，"《守法》一篇相当大的部分是和《墨

① 高文：《汉碑集释》，河南大学出版社1997年版，第116页。
② 朱锡禄：《武氏祠汉画像石》，山东美术出版社1986年版，图一，第104页。
③ （汉）贾谊撰，阎振益、钟夏校注：《新书校注》，中华书局2000年版，第147页。
④ 同上书，第147—148页。

子·备城门》、《号令》相重的",其间"只能是袭用的关系"。① 有学者又明确指出了银雀山简《守法》"丈夫千人(779)……者万人,老不事者五千人,婴儿五千人,女子负婴(780)"与《墨子·号令》"大(丈)夫千人,丁女子二千人,老小千人"的对应关系。② 如果同意这种判断,则可以理解银雀山简文"婴儿"与《墨子》的"小"意义相近。而"婴儿"在战争中要被编列成部队,直接参加城防守备的情形当然值得我们注意。这样的"婴儿",无疑不是"始生"儿、"初生"儿。

《史记》卷一三《三代世表》褚少孙补述:"《黄帝终始传》曰:'汉兴百有余年,有人不短不长,出白燕之乡,持天下之政,时有婴儿主,欲行车,'"所谓"婴儿主",司马贞《索隐》:"谓昭帝也。"《汉书》卷七《昭帝纪》:"后元二年二月上疾病,遂立昭帝为太子,年八岁。以侍中奉车都尉霍光为大司马大将军,受遗诏辅少主。明日,武帝崩。戊辰,太子即皇帝位,谒高庙。"是汉昭帝以"年八岁"儿童被称作"婴儿"。

### 3. "婴儿""年十二"例

《列女传》卷六《辩通传》"楚处庄侄"条所记述的,是另一例年龄稍大的"婴儿"故事:

> 楚处庄侄者,楚顷襄王之夫人,县邑之女也。初,顷襄王好台榭,出入不时,行年四十,不立太子。谏者蔽塞,屈原放逐,国既殆矣。秦欲袭其国,乃使张仪间之,使其左右谓王曰:"南游于唐五百里有乐焉。"王将往。是时庄侄年十二,谓其母曰:"王好滛乐,出入不时,春秋既盛,不立太子,今秦又使人重赂左右,以惑我王,使遁五百里之外,以观其势。王已出,奸臣必倚敌国而发谋,王必不能反国。侄愿往谏之。"其母曰:"汝,婴儿也,安知谏?"不遣。侄乃逃,以缇竿为帜。侄持帜,伏南郊道旁。王车至,侄举其帜,王见之而止。使人往问

① 李学勤:《论银雀山简〈守法〉、〈守令〉》,《简帛佚籍与学术史》,(台)时报文化出版企业有限公司1994年版。

② 史党社:《银雀山汉简〈守法〉〈守令〉与〈墨子〉城守诸篇》,《秦俑与秦文化研究——秦俑学第五届学术讨论会论文集》,陕西人民出版社2000年版。

之。使者报曰："有一女童，伏于帜下，愿有谒于王。"王曰："召之。"
佅至，王曰："女何为者也？"佅对曰："妾，县邑之女也，欲言隐事于
王，恐壅阏蔽塞而不得见。闻大王出游五百里，因以帜见。"王曰：
"子何以戒寡人？"佅对曰："大鱼失水，有龙无尾，墙欲内崩而王不
视。"王曰："不知也。"佅对曰："'大鱼失水'者，王离国五百里也，
乐之于前，不思祸之起于后也；'有龙无尾'者，年既四十，无太子
也，国无强辅，必且殆也；'墙欲内崩而王不视'者，祸乱且成而王不
改也。"王曰："何谓也？"佅曰："王好台榭，不恤众庶，出入不时，
耳目不聪明，春秋四十，不立太子，国无强辅，外内崩坏，强秦使人内
间王左右，使王不改，日以滋甚。今祸且构，王游于五百里之外，王必
遂往，国非王之国也。"王曰："何也？"佅曰："王之致此三难也，以
五患。"王曰："何谓'五患'？"佅曰："宫室相望，城郭阔达，一患
也；宫垣衣绣，民人无褐，二患也；奢侈无度，国且虚竭，三患也；百
姓饥饿，马有余秣，四患也；邪臣在侧，贤者不达，五患也。王有五
患，故及三难。"王曰："善！"命后车载之，立还反国。门已闭，反者
已定王。乃发鄢郢之师以击之，仅能胜之。乃立佅为夫人，位在郑子袖
之右。为王陈节俭爱民之事，楚国复强。君子谓庄佅虽违于礼，而终守
以正。《诗》云："北风其喈，雨雪霏霏。惠而好我，携手同归。"此之
谓也。

　　颂曰：楚处庄佅，虽为女童，以帜见王，陈国祸凶。设王三难，五
患累重。王载以归，终卒有功。

庄佅这位"年十二"的女孩子，被称作"处"、"女童"、"婴儿"。"楚处庄
佅"的"处"，或解释为"处，处女，女孩"。其中"其母曰：'汝，婴儿
也，安知谏？'"句，有学者理解为："她母亲却说：'你还是个小孩子，哪
里懂得什么劝谏？'"①"婴儿"，被解说为"小孩子"。

　　"是时庄佅年十二"而"其母曰：'汝，婴儿也……'"，可能是我们在
讨论秦汉时期"婴儿"称谓使用时，所看到的有明确纪数的年龄最大的

　　①　张涛：《列女传译注》，山东大学出版社 1990 年版，第 245、247 页。

有力"，"以浴婴儿①，不疕骚（瘙）。·及取婴儿所已浴者水半桮饮母，母亦毋（无）余病"等，都是指"始生"儿、"新生"儿。《杂禁方》中所谓"婴儿善泣，垛（涂）墙上方五尺"，亦可同样理解。而《杂疗方》所谓"使婴儿良心智，好色，少病"，"婴儿"语义则未可明辨。于是《五十二病方》又出现了"少婴儿"称谓："加（痂）：以少（小）婴儿弱（溺）渍殺羊矢，卒其时，以傅之。"（三三七）整理小组注释："小婴儿溺，与下三五一行小童溺等相同，即童便。"②第七一行亦见"小童弱（溺）"。第三五三行又有"男潼弱"，研究者以为"南潼弱"就是"男童溺"。③其实，"少（小）婴儿弱（溺）"和"小童弱（溺）"似并不完全相同，就称谓而言，"少（小）婴儿"和"小童"不同，和"婴儿"也应当有所区别。应劭又使用过"小小婴儿"的说法，《汉书》卷五一《邹阳传》载录邹阳奏书谏吴王濞，其中有"深割婴儿王之"语。颜师古注引应劭曰："封齐王六子为王，其中有小小婴儿者，文帝于骨肉厚也。""少（小）婴儿"和"小小婴儿"以及上文说到《吕氏春秋》和《淮南子》"三月婴儿"的出现，应当与"婴儿"称谓当时指代过于宽泛有一定关系。

　　法律文书对于社会身份应当有比较准确的名义界定。而《封诊式》"出子"题下关于斗殴导致孕妇流产案情，所谓"即诊婴儿男女、生发及保之状"（八六）④，"婴儿"是指未足月胎儿。而《秦律十八种》中《仓律》关于服役者口粮定量的规定："隶臣妾其从事公，隶臣月禾二石，隶妾一石半；其不从事，勿稟。小城旦、隶臣作者，月禾一石半石；未能作者，月禾一石。小（四九）妾、舂作者，月禾一石二斗半斗；未能作者，月禾一石。婴儿之毋（无）母者各半石；虽有母而与其母冗居公者，亦稟之，禾（五〇）月半石。隶臣田者，以二月月稟二石半石，到九月尽而止其半石。舂，月一石半石。隶臣、城旦高不盈六尺五寸，隶妾、舂高不盈（五一）六尺

---

　　① 魏启鹏等校释："□□婴儿，殆可补作'以浴婴儿'。"魏启鹏、胡翔骅：《马王堆汉墓帛书校释（貳）》，成都出版社1992年版，第92页。

　　② 马王堆汉墓帛书整理小组编：《五十二病方》，文物出版社1979年版，第106页。

　　③ 张显成：《简帛药名研究》，西南师范大学出版社1997年版，第346—347页。

　　④ 整理小组注释："保，读为胞，胞衣。"睡虎地秦墓竹简整理小组：《睡虎地秦墓竹简》，文物出版社1990年版，释文第161—162页。

二寸，皆为小；高五尺二寸，皆作之。　仓（五二）"涉及"婴儿"的一句，整理小组译文："没有母亲的婴儿每人发粮半石；虽有母亲而随其母为官府零散服役的，也发给粮食，每月半石。"又联系最后一句"高五尺二寸，皆作之"（整理小组译文："身高达到五尺二寸，都要劳作"，又注释："五尺二寸约今1.2米"）①，可知律文这里所说的"婴儿"，是指一般未成年的小儿。

至于"产生于由上古汉语向中古汉语的过渡时期"的《论衡》一书，据说"用当时的语言写成，吸收了大量的民间口语和俗语，较为真实地反映了当时语言应用的实际情况"。其中"婴儿"语义，就有两种：1."初生的幼儿"；2."又泛指幼童，小孩儿。"前者的书证是《论衡·无形》："生为婴儿，长为丈夫。"后者的书证是《论衡·骨相》："乡者夫人婴儿相皆似君，君相贵不可言。"②

秦汉"婴儿"称谓有多重涵义，指代"初生婴儿"的称谓又有多种，这一复杂的文化现象，反映了秦汉社会关系史和语言史的特殊进程。

也许秦汉时期"婴儿"称谓使用的复杂性，与"由上古汉语向中古汉语的过渡"有关。正如东汉学者许慎在《说文解字·叙》中回顾战国时期历史文化时所说，"诸侯力政，不统于王"，于是礼乐典籍受到破坏，天下分为七国，"田畴异亩，车涂异轨，律令异法，衣冠异制，言语异声，文字异形。"李学勤指出，"东周时代充满了战乱和分裂"，当时的列国可以大致划分为七个文化圈：中原文化圈、北方文化圈、齐鲁文化圈、楚文化圈、吴越文化圈、巴蜀滇文化圈和秦文化圈。而"秦文化的传布"，成为重要的历史现象。"秦的兼并六国，建立统一的新王朝，使秦文化成为后来辉煌的汉代文化的基础。"③梳理秦汉时期历史文化的基本脉络，可以看到，秦文化、楚文化和齐鲁文化等区域文化因子，在秦汉时期经长期融汇，形成了具有统一风貌的汉文化。儒学正统地位的终于确立，国家教育体制的逐步健全，成为适应专制主义政治需要的文化建设成就的重要标志。经历这一时期，以

---

① 睡虎地秦墓竹简整理小组：《睡虎地秦墓竹简》，文物出版社1990年版，释文第32—33页。
② 时永乐、王景明：《论衡词典》，人民出版社2005年版，第2、653页。
③ 李学勤：《东周与秦代文明》，文物出版社1984年版，第7、11—12页。

"汉"为标志的民族文化共同体已经初步形成。在这一渊源不同的文化碰撞与融合的过程中，语言遗存看似混乱的情势，其发生自然是可以理解的。

# 秦汉"婴女"称谓

秦汉字书有"女曰婴，男曰儿"的说法。《焦氏易林》数见"婴女"称谓。其中"爱我婴女"句所见"贱下"或者"下贱"，或许体现了当时社会的性别差异观念已经严重影响着未成年女子甚至女性婴儿的生存境遇。

这一现象，应与秦汉时期弃婴行为所见女婴居于更悲惨境地即"产女则杀之"的情形联系起来理解。①

### 1. "女曰婴，男曰儿"

秦汉字书内容反映当时社会称谓习惯"女曰婴，男曰儿"的情形。唐代学者苏鹗的《苏氏演义》卷上：

> 《苍史篇》："女曰婴，男曰儿。"婴者，盈盈也，女之貌也。又婴字从賏。賏者，贝也。宝贝璎珞之类，盖女子之饰也。儿者，嬬也。谓婴儿嬬嬬然。输输然。幼弱之象也、亦曰孺子，与嬬同义。

"賏"字原注："音婴。""嬬"字原注："音儒。"《急就篇》卷一"伊婴齐"王应麟补注引《苍颉篇》："女曰婴，男曰儿。"《玄应音义》卷二"婴儿"注引《三苍》以及《广韵·清韵》引《苍颉篇》也说："女曰婴，男曰儿。"王筠《说文句读》："《三苍》：'女曰婴，男曰儿。'"所谓"女曰婴，男曰儿"如果确实出自《苍颉篇》等秦汉时期小学书，则体现当时社会曾经通行这样的称代方式。

《史记》卷八《高祖本纪》记录刘邦微时故事，有善相者预言吕后及其子女人生前景的情节：

---

①　王子今：《秦汉"生子不举"现象和弃婴故事》，《史学月刊》2007 年第 8 期。

高祖为亭长时，常告归之田。吕后与两子居田中耨，有一老父过请饮，吕后因餔之。老父相吕后曰："夫人天下贵人。"令相两子，见孝惠，曰："夫人所以贵者，乃此男也。"相鲁元，亦皆贵。老父已去，高祖适从旁舍来，吕后具言客有过，相我子母皆大贵。高祖问，曰："未远。"乃追及，问老父。老父曰："乡者夫人婴儿皆似君，君相贵不可言。"高祖乃谢曰："诚如父言，不敢忘德。"及高祖贵，遂不知老父处。

刘邦的儿女被称作"婴儿"，"老父""相吕后"又"相两子"，言"乡者夫人婴儿皆似君，君相贵不可言"，所谓"婴儿"，似不可排除"鲁元"与"孝惠"分说，"女曰婴，男曰儿"的可能。

宋代学者赵德麟《侯鲭录》卷四有这样一段文字：

> 《汉书》云："日月薄蚀。"韦昭曰："气往迫之曰薄，亏毁曰蚀。女曰婴，男曰儿。"《释名》云："人始生曰'婴儿'。胸前曰'婴'，抱之婴前而乳养之，故曰'婴儿'。"

《汉书》卷三六《刘向传》："当是之时，日月薄蚀而无光。"颜师古注："薄，迫也。谓被掩迫也。"《侯鲭录》当是引《史记》卷二七《天官书》："日月薄蚀。"裴骃《集解》："孟康曰：'日月无光曰薄。'京房《易传》曰：'日赤黄为薄，或曰不交而蚀曰薄。'韦昭曰：'气往迫之为薄，亏毁为蚀。'"与此后接续语"女曰婴，男曰儿"全不连贯。似应读作：

> 《汉书》云："日月薄蚀。"韦昭曰："气往迫之曰薄，亏毁曰蚀。"
> "女曰婴，男曰儿。"《释名》云："人始生曰'婴儿'。胸前曰'婴'，抱之婴前而乳养之，故曰'婴儿'。"

而"女曰婴，男曰儿"语未见出处。

又清代学者沈自南《艺林汇考称号篇》卷二《宗党类》写道：

余氏《辨林》："男曰儿，女曰婴。"今概曰"婴儿"，殊未辩此。

徐锴《说文解字系传》亦见"女曰婴"的说法，而所谓"今概曰'婴儿'"，确实反映"女曰婴，男曰儿"的称谓使用方式已经死亡的情形。

也有学者以为，"婴儿"是"连语形容字"，"《玉篇》引《苍颉篇》云：'女曰婴，男曰儿。'强为区别，失之。"① 或许也是值得参考的意见。不过，有关"婴""儿"语义的分异是否"强为区别"尚待确切论证，考察时似乎不宜忽视语言史历程中的事实。

### 2.《焦氏易林》所见"婴女"

《焦氏易林》是一部具有特殊文化内涵的汉代典籍。这部书的特殊价值，体现出在汉代这一特殊历史时期经典文化与民俗文化相交接的特质。其中社会史料和文化史料的价值，因而值得珍视。② 《焦氏易林》中所见"婴女"，对于秦汉社会称谓研究也有重要意义。

例如，《焦氏易林》卷一《屯·未济》：

爱我婴女，牵衣不与。冀幸高贵，反曰贱下。

卷二《噬嗑·无妄》：

爱我婴女，牵衣不与。冀幸高贵，反曰下贱。

又卷二《大过·咸》：

爱我婴女，牵引不得。冀幸高贵，反目下贱。

---

① 汪荣宝撰：《法言义疏》，中华书局1987年版，上册第127页。
② 王子今：《〈焦氏易林〉的思想史研究——兼论汉代经典文化与民俗文化的交接》，《秦汉思想文化研究》，希望出版社2005年版。

"反曰"与"反目"，当有一误。或曰"贱下"，或曰"下贱"，文意则并无不同。另一涉及"婴女"的文句，则见于卷四《姤·损》：

> 梦饭不饱，酒来入口。婴女难好，媒应不许。

此"婴女"有可能与前三例不同。《释名·释长幼》："人始生曰'婴儿'。胸前曰'婴'，抱之婴前乳养之也。或曰'婴婗'，婴，是也。言是人也。'婗'其啼声也，故因以名之也。"或引作"人初生曰婴儿也"。[①]《吴越春秋》卷九《勾践阴谋外传》可见"譬若浴婴儿，虽啼，无听"的说法，所说"婴儿"即"始生"儿。同样的记录又见于《越绝书》卷五《越绝请籴内传》。《史记》卷六《秦始皇本纪》："有新生婴儿曰'秦且王'。"睡虎地秦简《日书》甲种《诘》题下写道："鬼婴儿恒为人号曰：'鼠（予）我食。'是哀乳之鬼。"（二九背叁）"鬼婴儿""是哀乳之鬼"，"婴儿"和"乳"的关系是明确的。《吕氏春秋·具备》和《淮南子·缪称》都可见所谓"三月婴儿"。《焦氏易林》卷二《大过·贲》："婴儿求乳，母归其子。黄麑悦喜，乃得甘饱。"又卷三《损·贲》："婴儿求乳，慈母归子。黄麑悦喜，得其甘饱。"《焦氏易林》卷三《蹇·萃》："司命不游，喜解我忧。皇母缓带，婴儿笑喜。"也体现汉代民间以"婴儿"指"始生"儿、"初生"儿的语言习惯。秦汉时期的"婴儿"称谓指代对象年龄又有稍大之例。刘邦的儿女被善相"老父"称作"婴儿"，却"居田中耨"，已经能够参与田间劳动。《列女传》卷六《辩通传》"楚处庄侄"条所记述的"婴儿"故事，庄侄这位被称作"处"、"女童"、"婴儿"的女孩子，已经"年十二"。"楚处庄侄"的"处"，或解释为"处：处女，女孩"。[②]

　　"婴女难好，媒应不许"言及和"媒"的关系，似乎"婴女"已经谈婚论嫁。汉代上层社会有些幼年女子被提前锁定在婚姻的格式中，然而限于生理条件的不成熟未能"用登御"，只得"待年"。这是政治婚姻的特定条件

①　任继昉：《释名汇校》，齐鲁书社 2006 年版，第 146 页。
②　张涛：《列女传译注》，山东大学出版社 1990 年版，第 245 页。

所决定的。其背景是权势利益追求。这些未成年"童女"的幼弱之身，在政治势力争夺中被看作没有生命的砝码。《汉书》卷九七上《外戚传上·孝昭上官皇后》记述了"上官安之女，六岁立为皇后以待年"事。杨树达说："至若上官安之女，六岁立为皇后以待年，则后世童养媳之俗也。"① 应是确定可信的判断。这个女孩子"立为皇后，年甫六岁"，如周寿昌所说，"虽立为后，亦待年也"。而且是直接入宫，并非"待年于国"，或者"待年""在室"，确实一如"后世童养媳之俗"，"女幼时养于婿家，待年长而后成婚也"。"孝昭上官皇后"的"幼时"之"养"，就历史文献记载而言，已经至于极端。② 有学者曾经据此指出，"汉时嫁女之早为前后所未有"。"年十七出嫁者，今世亦有之；十四岁则罕矣；若六岁者，则古今未有也。"③秦汉时期作为"始生"儿、"初生"儿、"新生"儿的"婴女"，尚未见涉及"媒"的情形。似乎"婴女难好，媒应不许"的"婴女"，并不是"始生"、"初生"或"新生"的女婴。

### 3. "婴女""贱下"现象

《焦氏易林》"爱我婴女"句所见"贱下"或者"下贱"，或许体现了当时社会的性别差异观念已经严重影响着未成年女子甚至女性婴儿的地位。

女婴因社会地位的"贱下"或者"下贱"，甚至惨遭杀害，是由来久远的社会现象。有的学者曾经推测，"史前时代主要采用杀女婴的方法，造成女性明显减少，以达到控制人口增长的目的"。据统计，异常性比平均值为1.82:1。论者认为，"中国新石器时代高性比形成的原因当不出以下诸条：（1）男性食物季节性或区域性酸碱失衡，碱性过重，生男性的 Y 精子形成机会较多；（2）食物匮乏，生活艰难导致妇女妊娠性比例偏高；（3）出生性比例偏高，男性明显多于女性；（4）青年女性由于怀孕和生育的艰难，自然死亡率偏高；（5）为保持部落内男性人口的数目而残杀新生女婴；

---

① 杨树达：《汉代婚丧礼俗考》，上海古籍出版社 2000 年版，第 19 页。
② 王子今：《汉代社会上层婚姻中的"待年"女子》，《南都学坛》2009 年第 3 期。
③ 尚秉和：《历代社会风俗事物考》，岳麓书社 1991 年版，第 205 页。

（6）为控制人口的再生产而残杀女婴；（7）因为经济的和宗教的原因残杀女婴"①。其中（5）（6）（7）三条很可能反映了社会发展进程中一定阶段的历史事实，特别值得社会史研究者注意。这些推想虽然并未得到学界的共同认可，② 不过，以多种视角分析考察古代社会的若干现象的思路，无疑是可取的。

大致在战国晚期，仍有杀害女婴的社会现象。《韩非子·六反》："父母之于子也，产男则相贺，产女则杀之。此俱出父母之怀衽，然男子受贺，女子杀之者，虑其后便、计之长利也。"彭卫、杨振红指出："战国末年，家庭溺杀的婴儿大都是女性。""这种情形在秦汉时也应具有普遍性。"③ 这样的意见是符合历史真实的。

《汉书》卷九七下《外戚传下·孝成赵皇后》记载赵飞燕身世："孝成赵皇后，本长安宫人。初生时，父母不举，三日不死，乃收养之。"赵飞燕"初生时，父母不举"，史籍没有说明其"父母不举"的原因，推想有可能是因为婴儿性别的缘故。李贞德指出："由于女性的社会地位低，生养女儿，益显无谓。女婴遭弃，并不稀见。以争宠杀婴著名的赵飞燕本人，就曾经是一个弃婴。"李贞德还写道："汉末乱世弃杀女婴的情况更为严重，根据《太平经》的批评看来，可能已造成人口性比例失调的现象。"④ 所引《太平经》卷三五《分别贫富法》说："今天下失道以来，多贱女子，而反贼杀之，令使女子少于男，故使阴气绝，不与天地法相应。"正如有的学者所指出的，这里所说的"女子"，"即指未成年之女孩"。"所说'贼杀女子'乃特指杀害未成年的女婴或女孩，而非泛指对女性之残害。"⑤ "多贱女子，而反贼杀之"情形，也许未必汉末"天下失道以

---

①　王仁湘：《原始社会人口控制之谜》，《化石》1980 年第 4 期；王仁湘：《我国新石器时代人口性别构成的再研究》，《考古求知集：96 考古研究所中青年学术讨论会文集》，中国社会科学出版社 1997 年版。

②　汤池：《半坡人杀女婴吗？》，《化石》1981 年第 4 期。

③　彭卫、杨振红：《中国风俗通史·秦汉卷》，上海文艺出版社 2002 年版，第 360 页。

④　李贞德：《汉隋之间的"生子不举"问题》，《中研院历史语言研究所集刊》66 本 3 分，1995 年。

⑤　姜守诚：《〈太平经〉研究——以生命为中心的综合考察》，社会科学文献出版社 2007 年版，第 238 页。

来"方才严重，而确如彭卫、杨振红推定，在整个秦汉时期都是"具有普遍性"的。对于其原因，《太平经》的作者是这样分析的，"天下所以杀女者，凡人少小之时，父母自愁苦，绝其衣食共养之"。按照常理，"子者年少，力日强有余。父母者日衰老，力日少不足也。夫子何男何女，智贤力有余者，尚乃当还报复其父母功恩而供养之也"。然而，女子长成，却难以"还报复其父母功恩而供养之"，"少者还愁苦老者，无益其父母，父母故多杀之也"①。有学者指出："对残杀女婴之行为，《太平经》给予痛斥：'天地之性，万二千物，人命最重，此贼杀女，深乱王者之治，大咎在此也。'"《太平经》的作者认为："这种弃杀女婴的行为实际就是'断绝地统'，将直接造成'孤阳无双'的恶劣后果，故而使新生命也将无法正常地孕育，'故天地久久绝其世类也'。"② 这种认识的提出，体现了自然观的进步以及生命意识的新的觉醒，就未成年人生活史研究而言，也是不宜忽视的文化现象。

考察秦汉时期弃婴行为所见女婴居于更悲惨境地的情形，应当有助于理解《焦氏易林》反映的"婴女""贱下"现象。

## 附论四：走马楼竹简"邪""耶"称谓使用的早期实证

走马楼竹简多有富含社会史信息的资料。关于其中所使用社会称谓的考论，已经有学者予以关注。③ 其中"邪""耶"字样的出现，可以看作这种社会称谓早期使用的实证。

---

① 王子今：《秦汉"生子不举"现象和弃婴故事》，《史学月刊》2007 年第 8 期。
② 姜守诚：《〈太平经〉研究——以生命为中心的综合考察》，第 238—239 页。
③ 已发表成果有讨论"吏"、"士"、"客"等身份定义的论文，讨论"复民"、"夷民"、"还民"语义及相关社会关系的论文，讨论"私学"、"吏帅客"、"作部工师"等特殊称谓真实性质的论文等。涉及家族结构和亲属关系之称谓的学术成果，有陈爽：《走马楼吴简所见奴婢户籍及相关问题》，《吴简研究》第 1 辑（崇文书局 2004 年版）；于振波：《略论走马楼吴简中的"户下奴婢"》，《船山学刊》2005 年第 3 期；王子今：《论走马楼简所见"小妻"——兼说两汉三国社会的多妻现象》，《学术月刊》2004 年第 10 期；《三国孙吴乡村家族中的"寡嫂"和"孤兄子"——以走马楼竹简为中心的考察》，《简牍学研究》第 4 辑（甘肃人民出版社 2004 年版）。

**1. 亲属称谓"邪"**

据整理者释文，简文出现"邪"字的一枚简值得我们注意，其中所谓"邪"，可能也属于亲属称谓：

（1）杨男弟使年十四细小随邪在武昌（3—3069）①

"细小"的词义可以另文讨论，大致是说身体瘦弱。② 年龄 14 岁的"杨男弟使""随邪在武昌"，"使"与"邪"是怎样的关系呢？

走马楼竹简中同样反映某某"随"某某之行为关系的简例，可以看到有如下几种：

（2）·……大男成年 十 四细小随□ 属 移居湘西县为囗（2—6708）

（3）☑ ·其四人真身已送及随本（?）主在宫 ♥（2—8936）

（4）□□ 男弟 年七岁 随□在宫 中 （3—190）

（5）蜀弟蕙年卅二随蜀俱叛（3—231）

（6）☑ □男弟囊年十 六 随☑（3—302）

（7）☑……年□□随父在宫 （3—415）

（8）平子男主年八岁细小□聋两耳随□在宫（3—1605）

（9）右四人给僮居州曹□□ 三人随本吏在宫（3—1771）

（10）春兄子男絮年廿五随春在宫（3—1992）

（11）絮男弟智年十四随父春在宫（3—2011）

（12）仪兄子男汝年十四细小随仪在宫一名海 中（3—2950）

---

① 长沙简牍博物馆、中国文物研究所、北京大学历史学系走马楼简牍整理组编著：《长沙走马楼三国吴简·竹简（叁）》，文物出版社 2008 年版。

② 王子今：《说走马楼简文"细小"》，《江汉考古》2009 年第 2 期。

（13）□男弟囊年十七随□在□俱叛　中（3—2981）

（14）☑　嵩子男成年十四随嵩移居湘西县（3—3038）

（15）春兄子男絮年廿五随春在宫（3—3066）

（16）☑□子男□年六岁随☑（3—3096）

（17）□侄子男□年□岁细小随□在宫（3—7270）

又有和"随"文义相同，而字面则作"与"的简例：

（18）□侄子集年十一　与记俱时叛走（3—1584）

（19）嵩男弟盛年七岁细小　与嵩移居湘西县烝口（3—1631）①

就内容比较完整的简例看，都是"随"、"与"其尊长"移居"（2）（14）（19）、"在宫"（3）（4）（7）（8）（9）（10）（11）（12）（15）（17），以及"叛"（5）（13）（18）的记录。（1）"在武昌"的情形比较特殊，与"移居"某地不同，也与"在宫"不同，当然也绝不是"俱叛"。与（2）（4）（8）（11）（12）（14）（16）（17）②（18）（19）同样，"杨男弟使年十四"也是未成年人。

前引简例中（2）（4）（6）（8）（13）（16）（17）所"随"者身份因简文残缺或不可释读未能明确。此外则可见如下情形：

随本（？）主　　（3）
随本吏　　　　（9）
随父　　　　　（7）（11）（14）
随兄　　　　　（5）

①　所谓"烝口"，或许与"烝口仓"有关。参看王子今《烝口仓考》，《吴简研究》第1辑，崇文书局2004年版。

②　（17）"年□岁"不可能在"十一岁"以上。

（10）（12）（15）（17）（18）也都是"随"、"与"父辈长者。（19）则与（5）类同，是"与""兄""移居"。

分析简文内容，（1）所见"邪"既非所"随""在宫"的"本（？）主"、"本吏"，又不是"使"的兄长"扬"。这位"邪"，很可能与"扬"及"杨男弟使"同家族同姓氏。然而如果"邪"是人名用字，不应当不说明与"使"的关系。"邪"应当就是"扬"及"杨男弟使"的"父"。简文表述的行为关系与（7）（11）（14）相同，尤与（11）"⬚絮男弟智年十四随⬚父春在宫"文式接近，同样是某某"男弟"某某"随"其兄之外的某某如何。只是（11）言"随⬚父春"，而（1）只是说"随邪"而已。

"邪"在这里其实是亲属称谓用字。

（1）"杨男弟使年十四细小随邪在武昌"，"邪"字通"耶"，即"父"。"杨男弟使"随父亲"在武昌"，其户籍资料则在其兄长"杨"名下。

### 2. "古人称父为'耶'"的早期例证

梁章钜《称谓录》卷一《父》"子称父·耶"条写道：

> 案：古人称父为"耶"，只用"耶"字，不用"爷"字。《木兰诗》："阿爷无大儿"、"卷卷有爷名"，本当作"耶"字，俗本改作"爷"字。杜子美《兵车行》："耶娘妻子走相送。"注云："《古乐府》：'不闻耶娘哭子声。'"即是引《木兰诗》，初不作"爷"可证。又杜《北征》诗"见耶背面啼"，亦不作"爷"。《颜氏家训·文章》篇："梁世费旭诗云：'不知是耶非。'殷沄诗云：'飘飏云母舟。'简文曰：'旭既不识其父，沄又飘飏其母。'"是梁世未尝有"爷"字也。又《南史·王彧传》："彧长子绚，年五六岁，读《论语》至'周监于二代'，外祖何尚之戏之曰：'可改耶耶乎文哉。'绚应声曰：'尊者之名安可戏？岂可道草翁之风必舅。'"盖"郁"与"彧"同，舅谓尚之子偃也。

《南史》何尚之、王绚言"耶耶"一例，更早见于《宋书》卷四五《王景文传》而文字略异。郑珍《亲属记》卷上"爷"条写道：

　　古《木兰诗》："军书十二卷，卷卷有爷名。"《玉篇》："爷，以遮切，俗为父爷字。"按："爷"本只作"邪"。《宋书·王彧传》："子绚六岁，读《论语》'郁郁乎文哉'。外祖何尚之戏曰：'可改邪邪乎文哉！'"以"郁"是其父嫌名也。通作"耶"。杜诗："耶娘妻子走相送。""耶"即"邪"字隶形，因加"父"作"爺"，而以"爺"为古文。"爷"又"爹"之转声也。

郑珍"'耶'即'邪'字隶形，因加'父'作'爺'，而以'爺'为古文"的说法是有道理的。《说文·邑部》："邪，琅邪郡也。"段玉裁注："近人隶书从耳作耶，由牙、耳相似。"观察简（1）图版，"邪"字极似"耶"字。承赵宠亮提示，额济纳汉简确实曾经出现因"牙""耳"字形相近，"虎牙将军"被释作"虎耳将军"的情形。[1] 有学者指出，"古代'邪、耶'相通"，"爷"字"即从'邪、耶'借用而来"。[2] 其说应符合称谓史的真实。

　　胡士云《汉语亲属称谓研究》也说"阿爷"之称"早见于南北朝时期"：

　　　　例如《木兰辞》："阿耶无大儿，木兰无长兄，愿为市鞍马，从此替爷征。"再如《梁书·侯景传》："景曰：'前世吾不复忆，惟阿爷名标。'……于是追尊其祖周为大丞相，父标为元皇帝。"《南史·侯景传》有同样的记载。[3]

袁庭栋《古人称谓》："'爷'。汉代尚无'爷'字。从魏晋开始，称父亲为'耶'，以后改作'爷'，但仍可写为'耶'。《玉篇》：'爷，俗为父耶字'。

---

　　① 2000 年出土于额济纳旗 9 号烽燧房舍遗址的 8 号简简文，据整理者释文，有"拜为虎耳将军"字样。魏坚主编：《额济纳汉简》，广西师范大学出版社 2005 年版，第 234 页。额济纳汉简研读班《额济纳汉简释文校正》按："'虎耳将军'《汉书》作'虎牙将军'"。孙家洲主编《额济纳汉简释文校正》，文物出版社 2007 年版，第 84 页。今按：察看图版，应释作"虎牙将军"。

　　② 胡士云：《说"爷"和"爹"》，《语言研究》1994 年第 1 期。

　　③ 胡士云：《汉语亲属称谓研究》，商务印书馆 2007 年版，第 274 页。

在著名的古乐府《木兰诗》中，就有'军书十二卷，卷卷有爷名'、'阿爷无大儿，木兰无长兄'之称。又如《南史·王绚传》中，王称其父为'耶耶'，又《侯景传》中侯景称其父亦称'阿爷'。"'爷'之本义是对父亲之称，至少在南北朝时，各地就都呼父为'爷'了。北方，如著名的《木兰诗》中有'阿爷无大儿，木兰无长兄'，'不闻爷娘唤女声'之句；南方，侯景称他自己的'阿爷名称'（《南史·侯景传》）。"

《木兰诗》或题《木兰辞》的年代，研究者普遍以为在南北朝，不会早到遗存走马楼竹简的三国时期。

### 3. 戴良"阿爹"疑议

袁庭栋《古人称谓》还指出，"'爹'，与'爷'相近，也是魏晋之时才出现的对父亲的称呼，在《广雅》、《玉篇》中都有'爹'，释为'父也'。古文献中则首见于《南史·梁始兴王憺传》：'民为之歌曰：始兴王，人之爹，赴人急，如水火，何时复来哺育我？'"[①] 王琪《上古汉语称谓研究》在讨论"阿爹"称谓时，引据"汉戴良《失父零丁》诗"："积恶致灾天困我，今月七日失阿爹（即'爹'）……我父躯体与众异，脊背伛偻卷如戴。"以为"阿爹"应是与《乐府诗集·焦仲卿妻（古辞）》年代相当而出现。"关于词干'爹'字，袁庭栋认为产生于魏晋之时，其依据是《广雅》及《玉篇》都释'爹'为'父'（袁庭栋《古人称谓》，第128页），但由本例可以推测，'爹'在东汉时盖已有之。"[②]

应当看到，即使"'爹'，与'爷'相近"，仍然与"爷"、"邪"、"耶"有所不同。而题戴良《失父零丁》是否可以确定是"东汉时"文字，尤其有认真分析的必要。明代学者杨慎《谭苑醍醐》卷七"零丁"："《齐谐记》云：有《失儿女零丁》。谢承《后汉书》：戴良有《失父零丁》。零丁，今之寻人招子也。"[③] 姚之骃《后汉书补逸》卷一〇《谢承后汉书第二》"戴良"条："戴良有《失父零丁》。案：良字叔鸾，汝南慎阳人，范独载其事母一

---

① 袁庭栋：《古人称谓》，山东画报出版社2007年版，第118、240、119页。

② 王琪：《上古汉语称谓研究》，中华书局2008年版，第44—45页。今按：袁庭栋说，见《古人称谓》，第119页。

③ 又见杨慎《丹铅续录》卷六《杂识》。

节，则必幼而失父者也。此未检所出。近高宫詹士奇《天禄识余》载之，与《齐谐记》有《失儿女零丁》句并列。注云：'零丁，今之寻人招子也。"戴良这段文字最完整者见于《太平御览》卷五九八，列于《齐谐记》引文之后。[1] 而《隋书》卷三三《经籍志二》说："《齐谐记》七卷，宋散骑侍郎东阳元疑撰。"《失父零丁》甚至被明人梅鼎祚编入《隋文纪》卷八，作者题"戴良，字文让"而与"字叔鸾"之说不同。

严可均《全后汉文》卷六八收录《失父零丁》。严可均在作者介绍中写作："戴良。良字叔鸾，一云字文让。汝南慎阳人。举孝廉，再辟司空府，俱不就。案：《吴志·士燮传》：黄武五年，孙权分交阯以南为交州，戴良为刺史，盖即此。"严可均的错误是明显的，案《后汉书》卷八三《逸民列传·戴良》："戴良字叔鸾，汝南慎阳人也。曾祖父遵，字子高，平帝时，为侍御史。王莽篡位，称病归乡里。"从汉平帝时已经"为侍御史"的戴遵的生存时代推算，他的曾孙戴良绝不可能在 220 多年后的黄武五年（226）任交州刺史。戴良活跃于知识界的年代，在汉桓帝延熙年间。[2] 时距黄武五年有 60 多年的时差。

《太平御览》引文《失父零丁》的作者，即那位"字文让"的"戴良"，应当并非《后汉书》卷八三《逸民列传·戴良》记录的东汉"逸民"戴良。[3] 对于姚之骃辑谢承《后汉书》"戴良"条所谓"戴良有《失父零

① 《太平御览》卷五九八："戴良，字文让，《失父零丁》曰：'敬白诸君行路者，敢告重罪自为积，恶致灾交天困我。今月七日失阿爹，念此酷毒可痛伤。当以重币用相赏，请为诸君说事状。我父躯体与众异，脊背伛偻卷如蒇。唇吻参差不相值，此其庶形何能备。请复重陈其面目，鸱头鹄颈獦狗髆。眼泪鼻涕相追逐，吻中含纳无牙齿。食不能嚼左右蹉，颇似西域脊骆驼。请复重陈其形骸，为人虽长甚细材。面目芒苍如死灰，眼眶白陷如米羹杯。"《全后汉文》卷六八引作："敬白诸君行路者，敢告重罪自为祸，积恶致灾天困我。今月七日失阿爹，念此酷毒可痛伤。当以重币用相偿，请为诸君说事状。我父躯体与众异，脊背伛偻卷如蒇。唇吻参差不相值，此其庶形何能备。请复重陈其面目，鸱头鹄颈獦狗啄。眼泪鼻涕相追逐，吻中含纳无齿牙。食不能嚼左右蹉，□似西域□骆驼。请复重陈其形骸，为人虽长甚细材。面目芒苍如死灰，眼眶白陷如羹杯。"
② 《后汉书》卷五三《黄宪传》记载，戴良与黄宪、荀淑、袁阆、陈蕃、周举、郭林宗等同时。又有"蕃为三公"赞叹黄宪事。陈蕃为太尉，当汉桓帝延熙八年（165）。
③ 题梁元帝撰、唐陆善经绣续、元叶森补《古今同姓名录》卷下有"五戴良"条："一后汉人，一吴莱州刺史（《士燮传》），一桓峤咨议，一晋临川太守上章贺成帝加元服失旨者（《起居注》），一戴渊弟之子房州刺史，晋人。"

丁》"的可靠性，周天游已曾有详尽辨析予以否定。① 以戴良《失父零丁》为支撑的所谓"与'爷'相近"的"'爹'在东汉时盖已有之"的说法，显然是不能成立的。

### 4. 走马楼简"邪"的称谓史实证价值

赵翼《陔余丛考》卷三七"爷"条写道："'爷'本呼父之称。《说文》云'吴人呼父为爷'是也。"今按《说文》并无此说，应出自其他年代较晚的论著，而赵翼误记。又有字书在"爺"条下举字例出《曹全碑》。② 而《曹全碑》"弹枉纠邪"，"邪"字极似"耶"字，而全文不见"爺"字。又有研究者沿袭此说，以为东汉《曹全碑》所见"爺"字"大概是最早的记载"③，以无证有，形成了明显的疏误。

就现有资料可以作出判断，走马楼竹简（1）"杨男弟使年十四细小随邪在武昌"简文早于其他相关文献，可以看作体现"邪""耶"称谓社会实用的迄今所见年代最早的文物证明。

前引资料所见有的学者分别就"北方""南方"出现称父为"耶""爷"现象发表的见解，可以深化为以社会称谓发生为标本的区域文化研

---

① 周天游《八家后汉书辑注》引孙志祖《谢氏后汉书补佚》："戴良《失父零丁》，见《御览》五百九十八卷。良字文让，亦不云出谢《书》，恐与字叔鸾者非一人。"又引黄奭《黄氏逸书考》："案姚氏此条既云未检所出，即不当采入，未可以高氏《天禄识余》为据也。姚又谓'范独载其母一节，则必幼而失父者也'，独不思良之曾祖父戴遵乎？据范《书》'遵字子高'，'家富好给'，'食客常三四百人。'夫曾祖父家富如此，则其祖其父可知。范以无事绩可纪，且失其名与字，故不载焉，可据以为失父之证？及检《御览》五百九十八云：'戴良字文让，《失父零丁》曰……'案《御览》前引《齐谐记》'国步山'一条，云'前后有失儿女者零丁有数十'。后即载戴良《失父零丁》事，并即《齐谐记》中语也。案此二戴良名同而字不同，则是《天禄识余》所载之戴良与《齐谐记》并列，盖是字文让之戴良，而非字叔鸾之戴良明矣。今以字文让之误作字叔，张冠李戴，而漫书于《后汉书补逸》之内，不亦见笑于大方哉？且《齐谐》所云语杂诙谐，事之有无不可知，何得据以为实？今姑附录于末，而考正之，以明姚氏之书不可信也。"天游按："钱锺书《管锥篇》云，所谓戴良《失父零丁》，实'俳谐之作，侪辈弄笔相戏'之文，则戴文让乃杜撰之人，本不足据。而历来多有受惑而疑其为东汉之戴良者，名家亦不例外，清严可均即言良一字文让，且抄《戴良零丁》入《全后汉文》，失考甚矣。今依黄辑例，录于此而明其伪。"上海古籍出版社1986年版，上册第188—189页。
② 《中文大字典》，中国文化学院出版部1968年版，第21册第51页。
③ 胡士云《说"爷"和"爹"》写道："《中文大字典》说东汉《曹全碑》中有'爷'字，这大概是最早的记载。"《语言研究》1994年第1期。关伟华《"娘"、"爷"称谓考》写道："东汉《曹全碑》中已有'爷'字，这大概是最早的记载。"《南京师范大学文学院学报》2008年第2期。

究。这样的研究，自然也可以因走马楼竹简的发现有所推进。

有学者认为"爷"字作为指代"父"的称谓，来源于"鲜卑语"，"在北魏时期被借入汉语之中"。走马楼竹简的发现，提醒我们或许应当对于"汉语中的'爷'是鲜卑语借词"① 这样的认识持审慎态度。南朝梁顾野王《玉篇》卷三《父部》可见字义"俗为父"的"爷"字，这是字书中最早的关于"爷"的记录。这种可能体现江南之"俗"的文字学遗存，也值得注意。更早的以"耶"为"父"的资料，则有上文说到的《宋书》卷四五《王景文传》何尚之、王绚言"耶耶"事。钱大昕《廿二史考异》卷二四《宋书二·王景文传》就此写道："六朝人呼父为'耶'，梁世费昶诗云'不知是耶非'简文谓昶不识其父，见《颜氏家训》。此亦以父名戏之也。""六朝人呼父为'耶'"的意见，显然是值得重视的。而论述"耶""爷"称谓者多所引录的《木兰诗》，据说最初录于南朝陈人智匠的《古今乐录》，也是不应当忽略的情形。

## 附论五：三国孙吴乡村家族中的"寡嫂"和"孤兄子"

走马楼简牍提供了反映当时乡村社会关系的丰富史料，其中有关家族结构及其具体生活景况的资料，具有重要的价值。

走马楼出土竹简可见"寡嫂"称谓，有关简文，可以帮助我们认识这一时期当地乡村生活的一个重要侧面。

### 1. 走马楼竹简（壹）相关简文

据《长沙走马楼三国吴简·竹简（壹）》释文，有如下内容涉及"寡嫂"称谓，值得我们注意：

(1) ☑　春（？）寡婢绮年册（1—241）

(2) 　□寡婢年廿六　□□□☑（1—1409）

---

① 刘凤翥：《从契丹文推测汉语"爷"的来源》，《内蒙古大学学报》（人文社会科学版）1998年第4期。

（3） ☑　□□寱□年☑ （1—2633）

（4）　雷寱娗大女杷年卅三筭一刑右足复 （1—2880）

（5）　薭寱娗大女豆年六十四 （1—3983）

（6）　胡寱娗汝年八十五 （1—8490）

（7）　晟寱娗村年卅二筭一 （1—8498）

（8）　寱娗大女妾年七十六 （1—10268）

（9）　赞寱娗大女覓年廿二筭一 （1—10279）

整理组在《凡例》中写道："竹简中的古字和俗别、异体等字，释文一般均改为通行繁体字。""有规律的俗别等字，处理采取统一原则。""唯竹简'叟'均作'更'，而'更'均写作'叟'，字形变化较大，释文仅将'浼'、'焕'、'鰀'、'楝'统一改为'浭'、'娗'、'鲠'、'梗'，而不统一改为'溲'、'嫂'、'鲗'、'艘'。"[1] 比较引人注目的例证，有：

船十一梗所用前已列言　　（1—2512）

整理组注："'梗'为'艘'之别体。"[2] 简文"船十一梗"即"船十一艘"，可以作为我们考察当时船队规模的参考。[3]

可见，"寱娗"应当就是"寡嫂"，是简（1）至简（9）共同出现亲属称谓。其实，"寡嫂"写作"寱娗"，史已有例。《后汉书》卷八七《西羌传》说西羌风习："其俗氏族无定，或以父名母姓为种号。十二世后，相与婚姻，父没则妻后母，兄亡则纳釐娗，故国无鳏寡，种类繁炽。""釐娗"，李贤注："寡妇曰'釐'。"《后汉书》卷九〇《乌桓传》关于乌桓风习，也有"其俗妻后母，报寱娗，死则归其故夫"的记述。"嫂"皆写作"娗"。

此外，走马楼简中，我们还看到出现"寡妇"字样的简例：

①　长沙市文物研究所、中国文物研究所、北京大学历史学系走马楼简牍整理组编著：《长沙走马楼三国吴简·竹简（壹）》，文物出版社2003年版，上册第2页。

②　同上书，下册第946页。

③　王子今：《走马楼舟船属具简与中国帆船史的新认识》，《文物》2005年第1期。

（10）　　　素寡妇大女思年卅六筭一八十 可 复（1—3322）

（11）　 ☑□弟寡妇秨年廿二　□☑（1—4176）

（12）　　 大 寡妇大女思年六十二（1—7784）

（11）"弟寡妇"，似乎应当理解为亡弟的妻子，具有与"寡嫂"相对应的身份。而（10）（12）只称"寡妇"，其身份尚未明了。

简文所见"寡嫂"、"弟寡妇"和"寡妇"，无疑都是兄弟和其他亲属的未亡人。以上12例中，除（5）"薄寡嫂大女豆年六十四"，（6）"胡寡嫂汝年八十五"，（8）"寡嫂大女妾年七十六"，（12）" 大 寡妇大女思年六十二"四例年长外，而（3）年龄不详，其他（1）（2）（4）（7）（9）（10）（11）七例，平均年龄只有31.57岁。特别是其中的（9）（11）两例，只有22岁。从现有资料虽然不能推定其寡居的时间，但是没有迹象表明她们是刚刚守寡。虽然我们不能确切地知道这些妇女丧夫的具体原因，然而却很容易联想到司马迁《史记》卷一二九《货殖列传》所谓"江南卑湿，丈夫早夭"。

出现"寡嫂"、"弟寡妇"和"寡妇"的简例，应当是一种或数种记录"户"的构成形式的文书的部分内容。有的学者称这种文书为"户籍"。其典型形式，是整理组将"编号128、129、130、131简"相缀连，"按户籍格式"进行的排列：

> 吉阳里户人公乘孙潘，年卅五，筭一（130）
> 潘妻大女茊，年十九，筭一（131）
> 潘子女□，年五岁（128）
> 凡口三事二，筭二事，訾五十（129）①

①　长沙市文物研究所、中国文物研究所、北京大学历史学系走马楼简牍整理组编著：《长沙走马楼三国吴简·竹简（壹）》，附录一"竹简揭剥位置示意图"说明，文物出版社2003年版，下册第1116页。

"编号 128、129、130、131 简"，整理号为 10379、10380、10381、10382。① 前引 12 例简文在这种文书中的位置，应当与编号 131、128 简，即"潘妻大女荫，年十九，筭一"和"潘子女□，年五岁"相当。也就是说，这些"寡嫂"、"弟寡妇"和"寡妇"，都是出现于"户人"某某名下的户口资料中，而使我们获得了接触机会。然而其身份，绝对不是"户人"之"妻"，她们在"户"中的地位，其实只是与"潘子女□，年五岁"类似。她们作为"户人"夫妇的附属亲族，在同一个基本家庭单位中生活。

与（5）"蕲寡婢大女豆年六十四"内容相关，有可能原为一组"户籍"资料的简例，有：

高平里户人公乘张蕲年卅七筭一（1—3920）

与（7）"晟寡婢村年卅二筭一"有关，或许可以排列为一组"户籍"资料的简文，又有：

晟母大女思年七十一（1—7397）

有可能可与（9）"赞寡婢大女見年廿二筭一"复原为一组"户籍"资料的简文，则有：

东阳里户人公乘□赞年廿一筭一给县卒（1—10308）
赞男弟□年十九筭一（1—10273）

（9）自然应当排列在"东阳里户人公乘□赞年廿一筭一给县卒"简后。两者之间，至少应当有"赞妻"一条。

---

① 长沙市文物研究所、中国文物研究所、北京大学历史学系走马楼简牍整理组编著：《长沙走马楼三国吴简·竹简（壹）》，附录一"竹简揭剥位置示意图"附"竹简整理编号与揭剥位置示意图（图二）编号对照表"，文物出版社 2003 年版，下册第 1118 页。

## 2. 汉晋历史文献所见"寡嫂"与"孤兄子"

反映汉代以来"寡嫂"身份及其在家族中特殊地位的资料,在文献记录中多有遗存。

《汉书》卷九九上《王莽传上》写道:"(王莽)受礼经,师事沛郡陈参,勤身博学,被服如儒生。事母及寡嫂,养孤兄子,行甚敕备。又外交英俊,内事诸父,曲有礼意。"王莽以道德修养方面的优势争取人心,取得显著的成效。而"事母及寡嫂,养孤兄子",是他德行表演重要的节目之一。《后汉书》卷二七《郑均传》记载:"(郑)均好义笃实,养寡嫂孤儿,恩礼敦至。"李贤注引《东观记》:"(郑)均失兄,养孤兄子甚笃,已冠娶,出令别居,并门,尽推财与之,使得一尊其母,然后随护视振给之。"所谓"养寡嫂孤儿",当时似乎是宣示其"礼""义"水准的重要道德标尺。

《后汉书》卷八三《逸民列传·高凤》说:"(高)凤年老,执志不倦,名声著闻。太守连召请,恐不得免,自言本巫家,不应为吏,又诈与寡嫂讼田,遂不仕。建初中,将作大匠任隗举凤直言,到公车,托病逃归。推其财产,悉与孤兄子。隐身渔钓,终于家。"所谓"诈与寡嫂讼田",是保持"隐身渔钓"的"逸民"身份的策略。而果然"遂不仕",说明与"寡嫂"间的财产争端,当时足以彻底败坏当事者的道德形象,从而完全断送其政治前程。

三国时期《三国志》卷二二《魏书·卢毓传》记载,卢植的儿子卢毓,"十岁而孤,遇本州乱,二兄死难。当袁绍、公孙瓒交兵,幽冀饥荒,养寡嫂孤兄子,以学行见称"。蜀汉名将赵云事迹,也有与"寡嫂"相关的情节。《三国志》卷三六《蜀书·赵云传》裴松之注引《云别传》说:"从平江南,以为偏将军,领桂阳太守,代赵范。范寡嫂曰樊氏,有国色,范欲以配云。云辞曰:'相与同姓,卿兄犹我兄。'固辞不许。时有人劝云纳之,云曰:'范迫降耳,心未可测;天下女不少。'遂不取。"樊氏女为寡嫂,显然是和赵范一家一同生活的。赵范以相当于走马楼简所见"户人"的身份,竟然可以主持其再次婚配。

《三国志》卷五《魏书·后妃传·文昭甄皇后》裴松之注引《魏略》:"后年十四,丧中兄俨,悲哀过制,事寡嫂谦敬,事处其劳,拊养俨子,慈爱甚笃。后母性严，待诸妇有常，后数谏母：'兄不幸早终，嫂年少守节，顾留一子，以大义言之，待之当如妇，爱之宜如女。'母感后言流涕，便令后与嫂共止，寝息坐起常相随，恩爱益密。"这是女子"事寡嫂"的史例。

《艺文类聚》卷二一引《许逊别传》说到晋人许逊在经济上照应"寡嫂"的事迹："（许）逊年七岁，无父，躬耕负薪以养母，尽孝敬之道。与寡嫂共田桑，推让好者，自取其荒，不营荣利。母常遣之：'如此当乞食无处君！'笑应母曰：'但愿老母寿耳。'"

所谓"事……寡嫂，养孤兄子"，"养寡嫂孤儿"，"养寡嫂孤兄子"，是相互连带的行为。《太平御览》卷五一二引《东观汉记》："郑均好义笃实，事寡嫂孤儿，恩礼甚至。"① 又引《傅子》曰："傅燮字南容，奉寡嫂甚谨，食孤侄如赤子。"《太平御览》卷六八七引《东观汉记》说："马援外类傥荡简易，而内重礼，事寡嫂，虽在闺内，必帻然后见。"此说"事寡嫂"事，然而《后汉书》卷二四《马援传》又有马援教育兄子的著名故事：

> 初，兄子严、敦并喜讥议，而通轻侠客。援前在交阯，还书诫之曰："吾欲汝曹闻人过失，如闻父母之名，耳可得闻，口不可得言也。好论议人长短，妄是非正法，此吾所大恶也，宁死不愿闻子孙有此行也。汝曹知吾恶之甚矣，所以复言者，施衿结褵，申父母之戒，欲使汝曹不忘之耳。龙伯高敦厚周慎，口无择言，谦约节俭，廉公有威，吾爱之重之，愿汝曹效之。杜季良豪侠好义，忧人之忧，乐人之乐，清浊无所失，父丧致客，数郡毕至，吾爱之重之，不愿汝曹效也。效伯高不得，犹为谨敕之士，所谓刻鹄不成尚类鹜者也。效季良不得，陷为天下轻薄子，所谓画虎不成反类狗者也。讫今季良尚未可知，郡将下车辄切齿，州郡以为言，吾常为寒心，是以不愿子孙效也。

"伏波将军万里还书以诫兄子"，语极恳切，足见其感情的亲近。马援"兄子"马严、马敦，当是与"寡嫂"一起，为马援多年抚养的。《晋书》卷三

---

九《王沈传》写道:"(王)沈少孤,养于从叔司空昶,事昶如父,奉继母寡嫂以孝义称。"王沈敬奉"寡嫂",而自己年少时,又是以"孤兄子"身份"养于从叔司空昶"的。《三国志》卷二七《魏书·王昶传》记载,"其为兄子及子作名字,皆依谦实,以见其意,故兄子默字处静,沈字处道,其子浑字玄冲,深字道冲。""兄子"在"其子"之前,也是耐人寻味的。陈寿又记录了王昶"遂书戒之"的长信。我们看到,王昶其中还特别引用了"昔伏波将军马援戒其兄子言"。

### 3. 走马楼竹简(壹)"兄子"简文

走马楼出土竹简,也可以提供有关"养孤兄子"一类资料。例如在被看作"户籍"的文册中,多有"兄子"字样:

(13) ☑□兄子男絮年廿六 (1—498)

(14) 郡 吏谷汉兄子□年廿九 嘉禾三年二月十九日叛走 (1—7905)

(15) 昊妻王年廿八 昊兄子黑年六 (1—8619)①

(16) ☑□□卌九刑右手□□姊子男范年七岁 秃从兄子男娄年十一闾② (1—8939)

(17) □兄子男辩年六岁 (1—9264)

(13)(14)"兄子"前者"年廿六",后者"年廿九",都不单独立户,不知是何原因。这一情形,似与前引《后汉书》卷二七《郑均传》李贤注引《东观记》所说郑均养孤兄子"已冠娶,出令别居,并门"的情形不同。

---

① 整理组注:"'年六'下似脱'岁'字。"长沙市文物研究所、中国文物研究所、北京大学历史学系走马楼简牍整理组编著:《长沙走马楼三国吴简·竹简(壹)》,文物出版社2003年版,下册第1072页。

② 整理组释文为:"☑□□卌九刑右手 大姊子男范年七岁 秃从兄子男娄年十一闾",对照图版,可知"刑右手"与"姊子"之间有两字未可识。长沙市文物研究所、中国文物研究所、北京大学历史学系走马楼简牍整理组编著:《长沙走马楼三国吴简·竹简(壹)》,文物出版社2003年版,中册第714页。

（16）"大姊子男范年七岁"，"秃从兄子男娄年十一"，有可能是分别收养了夫妇两人一"姊子"，一"从兄子"。从"年七岁"者列于前而"年十一"者居于后这一迹象分析，"范"和"娄"可能与"户人"亲疏程度有别。或许只是"秃从兄子男娄年十一"是被收养者。（16）中所见"秃"，应是名字，与下引简文类同：

宜阳里户人公乘周秃年五十七（1—9409）

"姊"，可能意同"姊"字，也有可能是人名。与下引简文同：

姊妻大女明年廿六（1—9077）

中国社会福利史研究者曾经注意到"走马楼简中的社会福利史料"，但是只讨论了政府赋役调发对于病残者的减免。[①] 其实，对于孤寡的优遇，也是相关社会文化现象中特别值得重视的。对于孤寡的社会救助，带有自发的性质。而救助对象其亲族所起的作用，体现出中国传统宗法关系维护社会稳定的有益的功能。

#### 4. 走马楼竹简（壹）"姪"与"姪子"称谓

走马楼简又可见"姪"或"姪子"称谓。例如：

（18）　马姪子男高年七岁踵两足　高 女 ☒（1—3）

（19）　从男弟修年六岁　妾姪子男亡年四岁（1—16）

（20）　礼姪子男鲁 年五岁　鲁兄勉年八岁 苦 痀病（1—20）

（21）　北 （?）姪 子☒（1—245）

（22）　淮 （?）姪子男□（1—642）

---

① 王子今、刘悦斌、常宗虎：《中国社会福利史》，中国社会出版社 2002 年版，第 105—109 页。

（23）　　□姪子男□年□□□□　　□男弟丘年四□　（1—762）

（24）　　☑□女姪□□　（1—851）

（25）　　☑　始姪子士伍□☑　（1—2525）①

（26）　　棠姪子男☑　（1—2573）

（27）　☑□铉姪子☑　（1—2620）

（28）　☑□巳姪子女归年三岁　（1—2660）

（29）　　□姪子男□年三岁　（1—2858）

（30）　高姪子公乘恨年五岁　中　（1—2937）②

（31）　　素姪子小女年七岁　（1—2982）③

（32）　　□姪子男顷年六岁　（1—2997）

（33）　　蔡姪子公乘□年十八肿两足　（1—3041）④

（34）　得姪子公乘秃年十五筭一　（1—3362）

（35）　　□姪子公乘陵年七岁　（1—3924）⑤

（36）　　唐姪子公乘□年七岁　（1—3946）

（37）☑□年八岁　　□姪子□年□岁☑　（1—4146）

（38）☑年□一　　母妾年六十一　愁姪子男丁年二岁　（1—4216）

（39）　　□姪子男钱钩年五岁　……　（1—4445）

---

①　整理组注："'始'上原有墨笔点记。"长沙市文物研究所、中国文物研究所、北京大学历史学系走马楼简牍整理组编著：《长沙走马楼三国吴简·竹简（壹）》，文物出版社2003年版，下册第946页。

②　整理组注："简中'中'为朱笔。"长沙市文物研究所、中国文物研究所、北京大学历史学系走马楼简牍整理组编著：《长沙走马楼三国吴简·竹简（壹）》，文物出版社2003年版，下册第955页。

③　整理组注："简中有朱笔点记。"长沙市文物研究所、中国文物研究所、北京大学历史学系走马楼简牍整理组编著：《长沙走马楼三国吴简·竹简（壹）》，文物出版社2003年版，下册第956页。

④　整理组注："'公乘'下半残缺，右半为'至'。"长沙市文物研究所、中国文物研究所、北京大学历史学系走马楼简牍整理组编著：《长沙走马楼三国吴简·竹简（壹）》，文物出版社2003年版，下册第957页。

⑤　整理组注："'姪子'上下半残缺，上半从'麻'。"长沙市文物研究所、中国文物研究所、北京大学历史学系走马楼简牍整理组编著：《长沙走马楼三国吴简·竹简（壹）》，文物出版社2003年版，下册第976页。

（40） 登姪子男由龙年十一　龙女弟□客年十（1—4471）

（41） 苌姪子男□（1—4534）

（42）　兴姪子男倾年五岁（1—4865）

（43）　窪姪子女□年 廿 四 筭一 （1—4978）

（44）　强外姪子男 斗 年八岁肿两足（1—4979）

（45）　困姪子男悬年七岁（1—4984）

（46）　□姪子男年廿筭一刑左手（1—4986）①

（47）　水姪子男史年十五（1—5148）

（48）　乘外姪子李堂年卅五（1—5177）

（49）　章男弟㯟年十五在本县章姪子男□年廿 七在本县 （1—5830）

（50）　章姪子男世年十岁　见（1—5838）

（51）□ 俗 姪子怒年六十二　□（1—5850）

（52）　倚姪子女罗年十五　见（1—6021）

（53）　冉姪子男取年廿四在本县嘉禾元年十一 月 十日物故（1—6023）

（54）□姪子野年廿聋耳（1—6158）

（55） 广男弟黄 年一岁　长男 姪 卷年廿二踵左足（1—7651）

（56）　明姪子碓年八岁　明子男 成 年三岁（1—7675）

（57）怦女弟□年八岁　 姪 子男 关 年五岁（1—7679）

（58）　□姪子胄年七岁 腹心病 （1—7708）

（59）　□文姪子男□年三岁　文子女束八岁（1—8529）②

① 整理组释文作"□姪子□男年廿筭一刑左手"，细检图版，可知"姪子"有衍一"□"字。长沙市文物研究所、中国文物研究所、北京大学历史学系走马楼简牍整理组编著：《长沙走马楼三国吴简·竹简（壹）》，文物出版社2003年版，下册第998页，上册第364页。

② 整理组注："'八岁'上脱'年'字。"长沙市文物研究所、中国文物研究所、北京大学历史学系走马楼简牍整理组编著：《长沙走马楼三国吴简·竹简（壹）》，文物出版社2003年版，下册第1071页。

（60）　晋姪子男寻年七岁（1—8616）

（61）　喜姪子男客年七岁（1—8653）

（62）　民姪子女豆年九岁（1—8681）

（63）▨□姪子男□年□□□▨（1—8725）

（64）　□妻姑年卅　□男姪子 纠 年九岁（1—8981）

（65）　子女思年六岁　锥姪子男新年八岁（1—9078）

（66）　祥姪子男举年八岁刑右足（1—9116）

（67）□姪子男识年十四（1—9171）

（68）渊（？）姪子男皮年十二腹心病（1—9174）

（69）　 硕 姪大男雀年卅二笇一（1—9406）

（70）　叙姪子男米年六岁（1—10070）

（71）　羊姪子男□年七岁（1—10105）

（72）　纯姪子男世年十一（1—10131）

（73）　硕姪子女县年九岁（1—10198）

（74）　□姪 子 女□年六岁（1—10219）

（75）　□姪子男□年十一（1—10224）

（76）　□姪子男□年廿笇一盲两目（1—10368）

（77）　鼠姪子女熊年十（1—10406）

（78）　日姪子男晶年七岁（1—10426）

（79）　□姪子男达年七岁（1—10428）[1]

（80）　战姪子女糸年八岁（1—10486）

（81）　□姪子男民年十一（1—10522）

其中（49）（50）内容有联系，"章男弟椶年十五在本县章姪子男□年廿 七在本县 "，"章姪子男世年十岁　见"，简文显示"章"抚养着两个"姪

---

① 整理组注："'姪'上□上半残缺，下半从'辶'。"长沙市文物研究所、中国文物研究所、北京大学历史学系走马楼简牍整理组编著：《长沙走马楼三国吴简·竹简（壹）》，文物出版社 2003 年版，下册第 1109 页。

子"。（59）简文为"文姪子男□年三岁  文子女束八岁"，可知"文"自有女"束"，年八岁，又有姪子"□"，年三岁，而后者名列于前，似乎在家族中地位更为重要。这使人联想到《太平御览》卷五一二所引《东观记》中所说魏谭故事："魏谭有一孤兄子，年一二岁，常自养亲。遭饥馑，分升合以相生活。谭时有一女，生裁数月，念无谷食，终不能两全，弃其女养活兄子。州郡高其义。"（70）简号为 1—10070，内容与简 1—10093、1—10094 有关联。这三枚简可能为一组，即：

吉阳里户人公乘殷叙年八十一（1—10094）
叙妻大女妾年七十一（1—10093）
叙姪子男米年六岁（1—10070）

如果这一组合能够成立，则应注意到"户人公乘殷叙"、"叙妻大女妾"和"叙姪子男米"作为两代人，年龄相差甚大，竟至于 75 岁和 65 岁。借此或许可以分析当时乡村家族的年龄构成。

（80）简号为 1—10486，其内容与简 1—10475 和 1—10485 有关，其关系即如以下排列所示：

平阳里户人公乘刘战年五十八刑两足（1—10475）
战妻大女取年卅一筭一（1—10485）
战姪子女糸年八岁（1—10486）

可知"糸"作为"取"兄弟的女儿，与"刘战"和"取"夫妇相依为命。
而（16）"……姉子男范年七岁"，如果"姉"在这里义同"姊"，则可能是"户人"姐姐的儿子。这又是另一种亲属抚养关系。而同一简例下文说"秃从兄子男娄年十一阉"，"秃"，可能是"户人"的妻子。看来，这一家庭分别收养了"户人"夫妻各自姐姐和从兄的孩子。

### 5."姪"称谓的演变

对于"姪"这种亲属称谓，《尔雅·释亲》说："女子谓昆弟之子为

姪。"《说文·女部》："姪，兄之女也。"朱骏声《说文通训定声》："受
'姪'称者，男女皆可通，而称人'姪'者，必妇人也。"《仪礼·丧服》：
"'姪'者何也？谓吾'姑'者，吾谓之'姪'。"

大约在晋代以后，男子也称兄弟的子女为"姪"。《颜氏家训·风操》
写道："案《尔雅》、《丧服》经、《左传》，'姪'名虽通男女，并是对
'姑'立称，晋世以来，始呼'叔''姪'。"走马楼简的书写年代，大体已
经临近这一亲属称谓涵义发生重要转变的时期，而简文提供的资料，说明当
时乡村社会中"姪"仍大体保持着传统的定义。

"姪子"既与"兄子"并出，似可说明其指代的身份应当是并立的。而
（44）（48）"外姪子"称谓的出现，或许暗示着"姪"这一亲属称谓的涵
义转变正在发生。

与上文说到的（13）（14）"兄子""年廿六"、"年廿九"均不作为
"户人"单独立户的情形类似，又有（69）"姪大男雀年卅二"，（48）"外
姪子李堂年卅五"，（51）"姪子怒年六十二"的情形，（43）"姪子女□年
廿四"尚未出嫁，也属异常。发生这样的现象，应当有特殊的原因。

### 6. 性别关系："姪子男"、"姪子女"

走马楼竹简（壹）所见与"户人"共同生活的"姪子"远较"兄子"
为多，这一现象，可能也是值得我们在研究当时社会的性别关系时有所深思
的。如果讨论当时家庭中妇女地位的研究者把这一迹象看作"户人"之
"妻"在重大决策中能够起一定作用的例证，应当说是可以赞同的。这一情
形，或许也反映了当时长沙地区一般家庭同妻家或称外家关系的密切。

上引有关"姪子"63 例中，有一些不能辨别性别。简文有性别标识者，
"姪子男"37 例[①]，加上"姪大男"（69）1 例，"男姪"1 例（55），以及
应是男性的"姪子公乘"5 例（30）（33）（34）（35）（36），合计 44 例；
"姪子女"8 例，加上"姪子小女"1 例（31），合计 9 例。总体来看，"姪"

---

① 　其中依整理组释文"姪子□男"（46）1 例，从简文内容看，"□"有可能是"大"，则此简与
（69）类同。"男"也有可能是人名，然而不大可能是"姪子女男"。经检视图版，可知应释读为"姪子
男"，说已在前。

或"姪子"中的男性相当于女性的 488.89% 。也就是说，在由亲族承担的社会救助系统中，男性似乎受到更充分的重视。这一情形，也是性别关系研究者应当予以关注的。

### 7. "养寡嫂孤儿"的家族史分析

"养寡嫂孤儿"事迹，在儒学道德宣传中，曾经是"礼"与"义"的样板。然而，如果进行社会关系史的考察，应当分析其复杂的因素。

从宗族关系的视角分析，首先应当注意到"孤儿"在本宗族中的正式身份能够因此得以维护。其次，"养寡嫂孤儿"行为，可能也有保存家族财产的原因。

"养寡嫂"情形，在形式上容易使人联想到历史上称作"收继婚"或称作"逆缘婚"的现象。秦汉魏晋时代，在关于中原周边少数民族风俗的历史记录中，多见相应的事实。《史记》卷一一〇《匈奴列传》说匈奴风习："兄弟死，皆取其妻妻之。"《后汉书》卷八五《东夷列传》说夫余有"兄死妻嫂"之俗。同书卷八七《西羌传》说，西羌"兄亡则纳□□"。卷九〇《乌桓传》也说，乌桓有"报寡□，死则归其故夫"的传统。《三国志》卷五三《吴书·薛综传》记载，薛综上疏说到交阯地方"山川长远，习俗不齐"。如：

> 交阯糜泠、九真都庞二县，皆兄死弟妻其嫂，世以此为俗，长吏恣听，不能禁制。

《晋书》卷九七《西戎传》也记载，吐谷浑亦"兄亡，妻其诸嫂"。特别是薛综上疏所说，是南边风俗，对于我们有关长沙地方民俗的讨论，有一定的参考价值。

恩格斯在讨论罗马的氏族和国家时曾经指出："妇女由于结婚而脱离她的氏族，加入新的、夫方的氏族团体，这样她便在那里占着一个完全特殊的地位。虽然她也是氏族的一员，但她并不是血缘亲属；她加入氏族的方式，从一开始就使她不受因结婚而加入的那个氏族禁止内部通婚的一切规定的束缚；其次，她已经被接受到氏族的婚姻团体中来，可以在她的丈夫死亡时继承他的财产，即一个氏族成员的财产。为了把财产保存在氏族以内，她必须同她的第一个丈夫的同氏族人结婚而不得同别的任何人结婚，这岂不是再自然不过的事吗？"① 有学者认为，恩格斯的这段话正是"兄死弟妻其嫂"现象的"真正的经济原因"。②

《史记》卷一一〇《匈奴列传》记载了汉叛降匈奴者中行说在反驳种种对匈奴文化的攻击时，对"兄弟死，尽妻其妻"风习的辩解："汉使曰：'匈奴父子乃同穹庐而卧。父死，妻其后母；兄弟死，尽取其妻妻之。……'中行说曰：'匈奴之俗，……父子兄弟死，取其妻妻之，恶种姓之失也。故匈奴虽乱，必立宗种。今中国虽详不取其父兄之妻，亲属益疏则相杀，至乃易姓，皆从此类。'"③取兄弟之妻妻之的动机，在于"恶种姓之失也"，在于防止其"亲属益疏"，"至乃易姓"，特别是同宗族中男丁的流失。《后汉书》卷八七《西羌传》作者所谓西羌"兄亡则纳□□"，因此"种类繁炽"，也说明了同样的情形。《三国志》卷三四《蜀书·二主妃子传·先主穆皇后》："（刘）焉时将子瑁自随，遂为瑁纳后。瑁死，后寡居。先主既定益州，而孙夫人还吴，群下劝先主聘后，先主疑与瑁同族，法正进曰：'论其亲疏，何与晋文之于子圉乎？'于是纳后为夫人。"裴松之注引习凿齿的批评："夫婚姻，人伦之始，王化之本，匹夫犹不可以无礼，而况人君乎？晋文废礼行权，以济其业，故子犯曰，有求于人，必先从之，将夺其国，何有于妻，非无故而违礼教者也。今先主无权事之逼，而引前失以为譬，非导其君以尧、舜之道者。先主从之，过矣。"看来，刘备纳同族刘瑁妻，确有"无礼"、"违礼教"的嫌疑。有学者指出，此虽非"制度化的收继婚"，但确实是与收继婚"有关系的记载"。刘备曾经迟疑不决，可见"他意识上已有了坚固的伦理观念的表示"，对于他最后仍然纳穆氏为夫人，

① 恩格斯：《家庭、私有制和国家的起源》，《马克思恩格斯选集》，人民出版社 1972 年版，第 4 卷，第 121 页。

② 李衡眉：《"妻后母、执嫂"原因探析》，《东岳论丛》1991 年第 3 期，收入李衡眉《中国古代婚姻史论集》，吉林文史出版社 1992 年版，及李衡眉《先秦史论集》，齐鲁书社 1999 年版。

③ 《汉书》卷九四上《匈奴传上》："汉使曰：'匈奴父子同穹庐卧。父死，妻其后母；兄弟死，尽妻其妻。……'中行说曰：'匈奴之俗，……父兄死，则妻其妻，恶种姓之失也。故匈奴虽乱，必立宗种。今中国虽阳不取其父兄之妻，亲属益疏则相杀，至到易姓，皆从此类也。'"

"与其说他不懂礼教，不如说他因政治上的需要不得不权宜行事"①。推想民间妻寡嫂现象，可能也有因考虑多种因素而"不得不权宜行事"的情形。

有学者指出："在人类的婚姻发展史上，几乎所有的民族都有过'妻后母、执嫂'这一婚姻形态。""这一婚俗不仅风行于历史上的少数民族，在汉族的历史上亦屡见不鲜。"② 儒学经典中特别重视严格限定"嫂叔"、"叔嫂"之间关系的界限③，应当与此有关。不过，就现有资料而言，我们不能对走马楼竹简中有关"寡嫂"的内容作出是否"执嫂"的确定的判断。但是其中守寡女子相当年轻的情形，如前引简（9）（11）两例，只有 22 岁，（2）亦不过 26 岁，使人不能不对这种家庭的婚姻事实，产生相应的疑惑。

① 董家遵著，卞恩才整理：《中国古代婚姻史研究》，广东人民出版社 1995 年版，第 36—37 页。

② 李衡眉：《"妻后母、执嫂"原因探析》，《东岳论丛》1991 年第 3 期，收入李衡眉《中国古代婚姻史论集》，吉林文史出版社 1992 年版，及李衡眉《先秦史论集》，齐鲁书社 1999 年版。

③ 《礼记·曲礼上》："嫂叔不通问。"《礼记·杂记下》："嫂不抚叔，叔不抚嫂。"《礼记·檀弓上》："叔嫂之无服也，盖推而远之也。"

# 四 称谓与民族关系

## 胡越骑:汉军中的少数民族军人

两汉时期通称北方草原游牧族的骑兵为"胡骑"。如《史记》卷九三《韩信卢绾列传》关于韩王信的事迹中说到著名的白登之围:"居七日,胡骑稍引去。时天大雾,汉使人往来,胡不觉。护军中尉陈平言上曰:'胡者全兵,请令强弩傅两矢外向,徐行出围。'入平城。汉救兵亦到,胡骑遂解去。"① 《史记》卷五七《绛侯周勃世家》关于周勃战功的记述中,涉及"击胡骑"事:"以将军从高帝击反韩王信于代,降下霍人。以前至武泉,击胡骑,破之武泉北。转攻韩信军铜鞮,破之。还,降太原六城。击韩信胡骑晋阳下,破之,下晋阳。后击韩信军于硰石,破之,追北八十里。还攻楼烦三城,因击胡骑平城下,所将卒当驰道为多。勃迁为太尉。"② 所谓"击韩信胡骑"的说法值得注意。《史记》卷九五《樊郦滕灌列传》关于灌婴战功,有"复从击韩信胡骑晋阳下,所将卒斩胡白题将一人"情节。而记录夏侯婴战功,则说到"因从击韩信军胡骑晋阳旁,大破之"。当时韩王信已经投入匈奴。《史记》卷九三《韩信卢绾列传》:"七年冬,上自往击,破信军铜鞮,斩其将王喜。信亡走匈奴。其与白土人曼丘臣、王黄等立赵苗裔赵利为王,复收信败散兵,而与信及冒顿谋攻汉。匈奴仗左右贤王将万余骑与

① 又如《史记》卷一〇九《李将军列传》:"(李)敢独与数十骑驰,直贯胡骑,出其左右而还",卷一一〇《匈奴列传》:"胡骑入代句注边,烽火通于甘泉、长安","胡骑万人入上谷",《后汉书》一九《耿恭传》"胡骑散走",《三国志》卷一五《魏书·张既传》"胡骑数千,因大风欲放火烧营"等。

② 所谓"所将卒当驰道为多",强调周勃部队是进攻和阻击的主力。这里所说的"胡骑",可能是策应韩王信的匈奴军,也可能是匈奴和韩王信的联军。

王黄等屯广武以南，至晋阳，与汉兵战。"然而，也不排除有匈奴骑兵部队在韩王信指挥下作战的可能。据司马迁记述，白登之围后，双方罢兵，而"韩信为匈奴将兵往来击边"。这种情形，或许与《后汉书》卷一二《卢芳传》所谓"与胡通兵，侵苦北边"类似。① 另一叛将陈豨的部队中也有"胡骑"。《史记》卷九五《樊郦滕灌列传》记载樊哙的战功，包括"破豨胡骑横谷"。可知北边军事集团中胡汉军人联合作战的情形由来已久。

历史文献中又可以看到"胡骑"作为两汉军队构成的名号。两汉军队中"胡骑"的活跃，是讨论汉代军事史和汉代北方民族关系史不宜忽视的现象。

汉代军事编制又可见"越骑"部队。讨论"越骑"问题，也有助于认识当时的军事制度和民族关系。

陈连庆较早注意汉代军队中的"少数民族士兵"，为后来的研究开辟了路径。② 以更广阔的视野发现历史文献相关信息，并结合简牍金石等文物资料，可以获得新的认识。

### 1. 楚汉战争中的"楼烦将"

陈连庆指出："早在楚汉相争之际，交战双方都有少数民族士兵参与战斗。双方共同使用的是楼烦兵。"

刘邦集团和项羽集团中都有以"楼烦将"身份见诸史籍的军人。

《史记》卷一八《高祖功臣侯者年表》："（阳都侯丁复）以赵将从起邺，至霸上，为楼烦将，入汉，定三秦，别降翟王，属悼武王，杀龙且彭城，为大司马；破羽军叶，拜为将军，忠臣，侯，七千八百户。"丁复先服

---

① 不过，这时韩王信的身份已经不是匈奴的联合者，而已经沦为其附庸。"十一年春，故韩王信复与胡骑入居参合，距汉。汉使柴将军击之，遗信书曰：'陛下宽仁，诸侯虽有畔亡，而复归，辄复故位号，不诛也。大王所知。今王以败亡走胡，非有大罪，急自归！'韩王信报曰：'陛下擢仆起闾巷，南面称孤，此仆之幸也。荥阳之事，仆不能死，囚于项籍，此一罪也。及寇攻马邑，仆不能坚守，以城降之，此二罪也。今反为寇将兵，与将军争一旦之命，此三罪也。夫种、蠡无一罪，身死亡；今仆有三罪于陛下，而欲求活于世，此伍子胥所以偾于吴也。今仆亡匿山谷间，旦暮乞贷蛮夷，仆之思归，如痿人不忘起，盲者不忘视也，势不可耳。'遂战。柴将军屠参合，斩韩王信。"韩王信时"反为寇将兵"，自称"且暮乞贷蛮夷"。

② 陈连庆：《西汉与新莽时期的少数民族士兵》，《东汉时期的少数民族士兵》，收入《中国古代史研究——陈连庆先生学术论文集》，1991 年 12 月版。

务于赵，后追随刘邦。"为楼烦将"，不排除统率"楼烦"士兵的可能。①
《史记》卷七《项羽本纪》说到汉军中的"楼烦"军人："项王令壮士出挑
战。汉有善骑射者楼烦，楚挑战三合，楼烦辄射杀之。项王大怒，乃自被甲
持戟挑战，楼烦欲射之，项王瞋目叱之，楼烦目不敢视，手不敢发，遂走还
入壁，不敢复出。汉王使人间问之，乃项王也。汉王大惊。"所谓"汉有善
骑射者楼烦"，提示汉军民族构成的重要信息。裴骃《集解》引应劭曰：
"楼烦，胡也，今楼烦县。"

项羽军中也有"楼烦将"。《史记》卷九五《樊郦滕灌列传》："（灌婴）
军于燕西，所将卒斩楼烦将五人。""东从韩信攻龙且、留公旋于高密，卒
斩龙且，生得右司马、连尹各一人，楼烦将十人。""从击项籍军于陈下，
破之，所将卒斩楼烦将二人。""黥布反，以车骑将军先出，攻布别将于相，
破之，斩亚将楼烦将三人。"灌婴曾斩"楼烦将"10人，生得"楼烦将"
10人。黥布军中有"楼烦将"，应兼有楚汉军制。裴骃《集解》引李奇曰：
"楼烦，县名。其人善骑射，故以名射士为'楼烦'，取其美称，未必楼烦
人也。"又张晏曰："楼烦，胡国名也。"李奇言"楼烦将""未必楼烦人"
只是推测。事实应如陈连庆所说："楼烦本是胡人，他们居住在代郡楼烦县
（今山西楼烦一带），长于骑射，自赵武灵王以来，就征发他们充当骑兵，
他们的种属和匈奴比较接近。"

顾炎武《日知录》卷二九《楼烦》说："楼烦乃赵西北边之国，其人强
悍，习骑射。《史记·赵世家》：'武灵王行新地，遂出伐，西遇楼烦王于西
河，而致其兵。''致'云者，致其人而用之也。是以楚汉之际，多用楼烦
人，别为一军。"因举《高祖功臣侯年表》、《项羽本纪》、《灌婴传》、《功
臣表》史事，指出："则项王及布亦各有楼烦之兵矣。"顾炎武说："盖自古
用蛮裔攻中国者，始自周武王牧野之师，有庸、蜀、羌、髳、微、卢、彭、

---

① 赵人与楼烦有久远的关系。《史记》卷一一○《匈奴列传》："晋北有林胡、楼烦之戎。"《史
记》卷四三《赵世家》说，赵简子遇神异当道预言："主君之子且必有代。及主君之后嗣，且有革政而
胡服，并二国于翟。"张守节《正义》："武灵王略中山地至宁葭，西略胡地至楼烦、榆中是也。"赵武灵
王分析形势，言"今中山在我腹心，北有燕，东有胡，西有林胡、楼烦、秦、韩之边"，"东有燕、东胡
之境，而西有楼烦、秦、韩之边"。又有"变服骑射，以备燕、三胡、秦、韩之边"之说，司马贞《索
隐》："林胡，楼烦，东胡，是三胡也。"《赵世家》又记载："惠文王二年，主父行新地，遂出代，西遇
楼烦王于西河而致其兵。"

濮。而晋襄公败秦于殽，实用姜戎为犄角之势。大者王，小者霸。于是武灵王踵此用以谋秦。而鲜卑、突厥、回纥、沙陀，自此所在皆有矣。"

陈连庆指出："刘邦的部下并不限于楼烦。据史书所记，刘邦部下的少数民族士兵还有北貉燕人，南方的越人和西南的板楯蛮夷。《汉书·高祖纪》：'汉四年八月，北貉燕人来致枭骑。'应劭云：'北貉，国也。'师古云：'貉在东北方，三韩之属，皆貉种也。'这是征发东方高句丽诸族参战的记录。《汉书·高祖纪》：吴芮'从百粤之兵以佐诸侯诛暴秦。'这是百越兵。《汉书·东越传》：'汉击项籍，无诸、摇率越人佐汉。'《史记·功臣表》：'阳都侯丁复，以越将从起薛至霸上。'这是东越兵。《后汉书·板楯蛮夷传》：'至高祖为汉王，发夷人还伐三秦，秦地既定，乃遣还巴中，复其渠师罗、朴、督、鄂、度、夕、龚七姓，不输租赋，余户乃岁入賨钱，口四十。'这是板楯蛮兵。"① 其中丁复一条有误②，应如前引《史记》卷一八《高祖功臣侯者年表》："（阳都侯丁复）以赵将从起邺，至霸上……"而"北貉燕人""枭骑"亦未必"东方高句丽诸族"。但是指出刘邦军中"有北貉燕人，南方的越人和西南的板楯蛮夷"，是准确的历史判断。

### 2. 近卫汉长安城的"胡骑之屯"

西汉王朝的正规军中也有"胡骑"。我们看到，甚至有明确以"胡骑"为番号的部队建制。

《汉书》卷一九上《百官公卿表上》在"越骑校尉掌越骑"句后，又有这样的文字：

> 长水校尉掌长水宣曲胡骑。又有胡骑校尉，掌池阳胡骑，不常置。

关于"长水宣曲胡骑"，颜师古注："长水，胡名也。宣曲，观名，胡骑之屯于宣曲者。"对于"池阳胡骑"，颜师古注："胡骑之屯于池阳者也。"

---

① 陈连庆：《西汉与新莽时期的少数民族士兵》，《中国古代史研究——陈连庆先生学术论文集》，1991 年 12 月版。

② 《文献通考》卷二六七及《册府元龟》卷三四一均作"阳都侯丁复，以越将从起薛至霸上"。

关于"越骑校尉掌越骑",有两种理解,如淳的解释是:"越人内附,以为骑也。"而晋灼则说:"取其材力超越也。"颜师古注肯定了如说:"《宣纪》言伙飞射士、胡越骑,又此有胡骑校尉。如说是。"《汉书》卷九九上《王莽传上》:"久之,叔父成都侯商上书,愿分户邑以封莽,及长乐少府戴崇、侍中金涉、胡骑校尉箕闳、上谷都尉阳并、中郎陈汤,皆当世名士,咸为莽言,上由是贤莽。""胡骑校尉箕闳"身为"当世名士",所言能够影响上意,是"胡骑校尉"职任颇为重要的实例。

《汉书》卷六八《金日磾传》说,"日磾所将俱降弟伦"的儿子金安上"贵显封侯",在"霍氏反"时"传禁门闼,无内霍氏亲属"有功。他的孙子金涉,"明经俭节,诸儒称之。成帝时为侍中骑都尉,领三辅胡越骑"。以匈奴血统的官员统领三辅胡骑,是值得关心汉代民族关系史的人们注意的。对于所谓"胡越骑",颜师古注:"胡越骑之在三辅者,若长水、长杨、宣曲之属是也。"

汉武帝以后,"胡骑"曾经作为京师卫戍部队屯驻在长安附近。《汉书》卷二三《刑法志》说中央军备制度:"京师有南北军之屯,至武帝平百粤,内增七校,外有楼船,皆岁时讲肄,修武备云。"何以有"七校"之说,颜师古注引晋灼曰:"《百官表》中垒、屯骑、步兵、越骑、长水、胡骑、射声、虎贲,凡八校尉。胡骑不常置,故此言七也。"[①]《汉书》卷一九上《百官公卿表上》写道:"又有胡骑校尉,掌池阳胡骑,不常置。"熊铁基说,"胡骑校尉""在西汉即不常置,东汉并入长水校尉"。[②]《后汉书》卷一下《光武帝纪下》记建武七年(31)事:"是岁,省长水、射声二校尉官。"李贤注:"《前书音义》曰:'长水,地名,胡骑所屯。射声谓工射者也,夜中闻声而射之,因以为名。'二校尉皆武帝置,今省之。"由"长水"接"射声",恰好不言《汉书》卷一九上《百官公卿表上》"八校尉"中列于二者之间的"胡骑"。似乎也可以看作证实晋灼"胡骑不常置"之说的一种迹象。然而此前隗嚣子隗恂曾经任为"胡骑校尉"。《后汉书》卷一三《隗嚣传》:"初,嚣与来歙、马援相善,故帝数使歙、援奉使往来,劝令入朝,

---

① 安作璋、熊铁基《秦汉官制史稿》第三章"中朝官"第一节"大将军"题下说到"诸校尉官",其中有:越骑(掌越骑)、长水(掌长水宣曲胡骑)、胡骑(掌池阳胡骑)。齐鲁书社1984年版,上册第250页。

② 熊铁基:《秦汉军事制度史》,广西人民出版社1990年版,第60页。

许以重爵。嚣不欲东，连遣使深持谦辞，言无功德，须四方平定，退伏闾里。五年，复遣来歙说嚣遣子入侍，嚣闻刘永、彭宠皆已破灭，乃遣长子恂随歙诣阙。以为胡骑校尉，封镌羌侯。"李贤注："胡骑校尉，武帝置，秩二千石也。"应当看到，"胡骑校尉"虽"不常置"，并不说明"胡骑"在军中地位不重要，而很可能是因为已经存在"长水"和"宣曲"两支"胡骑"部队的缘故。

前引《汉书》卷八《宣帝纪》可见神爵元年（前61）"西羌反"调发"羌骑""诣金城"事。"羌骑"与"胡越骑"并列。西汉除"越骑校尉"、"胡骑校尉"之外，还有"羌骑校尉"官职。[①]

关于京师卫戍军中的"宣曲胡骑"，《汉书》卷六六《刘屈氂传》记载巫蛊之祸史事可见相关内容：

> 太子既诛充发兵，宣言帝在甘泉病困，疑有变，奸臣欲作乱。上于是从甘泉来，幸城西建章宫，诏发三辅近县兵，部中二千石以下，丞相兼将。太子亦遣使者拆制赦长安中都官囚徒，发武库兵，命少傅石德及宾客张光等分将，使长安囚如侯持节发长水及宣曲胡骑，皆以装会。侍郎莽通使长安，因追捕如侯，告胡人曰："节有诈，勿听也。"遂斩如侯，引骑入长安，又发辑濯士，以予大鸿胪商丘成。初，汉节纯赤，以太子持赤节，故更为黄旄加上以相别。

太子刘据兵败出逃，在追捕中自杀于湖。如侯调动"长水及宣曲胡骑"计划的失败，是这一重大变乱演成最后结局的重要原因之一。[②] 对于所谓"使长安囚如侯持节发长水及宣曲胡骑，皆以装会"，颜师古解释说："长水，校名，宣曲，宫也，并胡骑所屯。今鄠县东长水乡即旧营校之地。"唐代有的学者竟然考定了"长水胡骑"营地的位置。[③] 西安南郊曾经出土"长水屯

---

① 《汉书》卷八《昭帝纪》：元凤四年（前77），"夏四月，诏曰：'度辽将军明友前以羌骑校尉将羌王侯君长以下击益州反虏，后复率击武都反氐，又破乌桓，斩虏获生，有功。其封明友为平陵侯。'"

② 参看王子今《晚年汉武帝与"巫蛊之祸"》，《固原师专学报》1998年第5期。

③ 《史记》卷二八《封禅书》"长水"，司马贞《索隐》："案：《百官表》有'长水校尉'。沈约《宋书》云'营近长水，因以为名'。《水经》云'长水出白鹿原'，今之荆溪水是也。"

瓦"瓦当，陈直指出："《汉书·百官表》云：'长水校尉，掌长水宣曲胡骑。'长水胡名，此为长水校尉屯兵处所用之瓦。"①

### 3. 北边战争中汉军的"胡骑"

汉武帝组织对匈奴的战争，在汉王朝的正规军中设立了特殊的骑兵部队编制。这些也被称作"胡骑"的以北方草原民族为主要兵员的部队，在战争中发挥了重要的作用。

霍去病元狩四年（前119）出击匈奴取得成功。有的学者认为，立功将领因淳王复陆支、楼剸王伊即靬、昌武侯赵安稽、宜冠侯高不识等都是匈奴人，于是推定霍去病"所将主力是胡人"。汉武帝对于这位少年将军的赞扬，于是有"骠骑将军去病率师，躬将所获荤粥之士，约轻赍，绝大幕，涉获章渠，以诛比车耆，转击左大将，斩获旗鼓，历涉离侯"语。而霍去病去世后，"天子悼之，发属国玄甲，军陈自长安至茂陵"②。论者指出，"汉武帝'发属国玄甲'，这充分说明霍去病与匈奴骑兵关系之密切"。论者甚至认为，匈奴骑兵即"胡骑"在汉王朝远征军中的作用，"是战争胜负之主要关键"。③ 这样的分析，是有一定史实根据的。研究汉王朝与匈奴战争的历史，似乎不应忽视"胡骑"在汉军中参战的事实。

征和三年（前90），李广利远征军击匈奴时，部队中亦有"属国胡骑"。《汉书》卷九四上《匈奴传上》记载：

> 贰师将军将出塞，匈奴使右大都尉与卫律将五千骑要击汉军于夫羊句山狭。贰师遣属国胡骑二千与战，虏兵坏散，死伤者数百人。汉军乘胜追北，至范夫人城，匈奴奔走，莫敢距敌。

这是明确的在民族战争中集结于汉军旗号下的"属国胡骑"与本民族的敌

---

① 陈直：《摹庐丛著七种》，齐鲁书社1981年版，第350页。
② 《史记》卷一一一《卫将军骠骑列传》。
③ 参看罗独修《胡兵胡将对汉武帝挞伐匈奴之影响试探》，《华冈文科学报》第21期，1997年3月。

方军队作战的战例。① 李广利率领的这支部队即"属国胡骑二千"，迎击匈奴"右大都尉与卫律将五千骑"，竟然使得"虏兵坏散，死伤者数百人"，于是"汉军乘胜追北，至范夫人城，匈奴奔走，莫敢距敌"，可知"属国胡骑二千"这支部队的战斗力是相当强的。

不过，由于"会贰师妻子坐巫蛊收，闻之忧惧"，李广利后来在强大的军事压力下投降了匈奴，我们难以想象这支"属国胡骑"部队在重新归入匈奴时将会面临怎样的境遇。而李广利降后，"单于素知其汉大将贵臣，以女妻之"，颇予"尊宠"，或许由此可以乐观地推想其属下"属国胡骑"归降故国之后的前景。成建制的部队在本族与敌族之间的民族交锋中可以反复地降来叛走，也许说明某些"胡骑"已经成为能够超越族群立场的职业化军人的情形。

《汉书》卷六九《赵充国传》记载，在平羌主将赵充国上奏军事计划中，也说到"属国胡骑"：

> 计度临羌东至浩亹，羌虏故田及公田，民所未垦，可二千顷以上，其间邮亭多坏败者。臣前部士入山，伐材木大小六万余枚，皆在水次。愿罢骑兵，留弛刑应募，及淮阳、汝南步兵与吏士私从者，合凡万二百八十一人，用谷月二万七千三百六十三斛，盐三百八斛，分屯要害处。冰解漕下，缮乡亭，浚沟渠，治湟陜以西道桥七十所，令可至鲜水左右。田事出，赋人二十晦。至四月草生，发郡骑及属国胡骑伉健各千，倅马什二，就草，为田者游兵。以充入金城郡，益积畜，省大费。今大司农所转谷至者，足支万人一岁食。谨上田处及器用簿，唯陛下裁许。

--------

① 《后汉书》卷八六《南蛮传》有朝廷以"募"的形式组织少数民族军人与同一族群中的敌对势力作战的类似的史例："肃宗建初元年，武陵澧中蛮陈从等反叛，入零阳蛮界。其冬，零阳蛮五里精夫为郡击破从，从等皆降。三年春，溇中蛮覃儿健等复反，攻烧零阳、作唐、孱陵界中。明年春，发荆州七郡及汝南、颍川弛刑徒吏士五千余人，拒守零阳，募充中五里蛮精夫不叛者四千人，击澧中贼。五年春，覃儿健等请降，不许。郡因进兵与战于宏下，大破之。""安帝元初二年，澧中蛮以郡县徭税失平，怀怨恨，遂结充中诸种二千余人，攻城杀长吏。州郡募五里蛮六亭兵追击破之，皆散降。赐五里、六亭渠帅金帛各有差。明年秋，溇中、澧中蛮四千人并为盗贼。又零陵蛮羊孙、陈汤等千余人，着赤帻，称将军，烧官寺，抄掠百姓。州郡募善蛮讨平之。"其军力能够为执政者利用者，被称作"不叛者"、"善蛮"。

我们看到，"郡骑及属国胡骑伉健"，被看作机动性和战斗力甚强的部队，于是指定"为田者游兵"，承担保卫屯田的巡逻警备任务。所谓"倅马什二"，颜师古解释说，"倅，副也。什二者，千骑则与副马二百匹也。"这样的装备规格，也反映了"属国胡骑"在名将赵充国心目中所受到的重视。

前引《汉书》卷七《宣帝纪》所说调发"胡越骑""诣金城"以平西羌事，在《汉书》卷六九《赵充国传》中又可以发现更为具体的历史信息："充国子右曹中郎将印，将期门佽飞、羽林孤儿、胡越骑为支兵，至令居。"赵充国在平定羌人起义的军事行动中，可能确实曾经以"胡骑"投入实战。

居延汉简中可以看到涉及"胡骑"的简文：

> （1）以食斥候胡骑二人五月尽☒（182.7）
> （2）☐铃状伯胡骑东去（187.15）
> （3）☐属国胡骑兵马名籍（512.35B）
> （4）始摈过胡骑外输沈里前（515.29）

简（2）（4）语义不明朗。简（1）体现"胡骑"在汉军中服役的情形，简（3）出现的"胡骑兵马名籍"，有的学者以为"记录胡骑之人和马的文书"[①]，可以作为汉王朝军队中有"属国胡骑"编制的明确的文物例证。这些材料告知我们，在居延戍区汉军对抗匈奴军事威胁的前线，部队中有"胡骑"服役。简（3）的另一面，文字为："元凤五年尽本始元年九月以来秦☒"（512.35A），说明了相关资料的年代。

### 4. 东汉的"胡骑"

汉官印可见"汉归义胡长"、"汉破虏胡长"、"汉率善胡长"等身份。有的研究者以为系"两汉颁给兄弟民族官印"。[②] 而"胡仟长印"、"汉归义胡佰长"、"汉休著胡佰长"等印，似乎持有者是军中首领，其身份未可排除接近汉军中"胡骑"的可能。"汉丁零仟长"、"汉卢水佰长"、"汉卢水

---

① 沈刚：《居延汉简语词汇释》，科学出版社 2008 年版，第 168 页。
② 罗福颐主编：《秦汉南北朝官印征存》，文物出版社 1987 年版，第 211、216—217 页。

仟长"等官印①，似乎也属于同样的性质。

关于"休著胡"，陈连庆曾经有所分析："休屠各，亦译作休屠，通称屠各。西汉时浑邪王杀休屠王降汉，休屠之众即已进入中原。两汉书中休屠和休屠各两译名往往错见，还没有统一。""东汉初年使用休屠各兵，用以对付匈奴和西羌。"又举列《后汉书》卷七六《循吏列传·任延》记载战事："（武威）郡北当匈奴，南接种羌，民畏寇抄，多废田业。延到，选集武略之士千人，明其赏罚，令将杂种胡骑休屠、黄石，屯据要害，其有警急，逆击追讨。虏恒多残伤，遂绝不敢出。"②"东汉后期亦用休屠各兵，抗击鲜卑。"如《后汉书》卷九〇《鲜卑传》："熹平三年冬，鲜卑入北地，太守夏育率休著屠各追击破之。迁育为护乌桓校尉。"③

东汉时，"长水胡骑"甚至充当皇帝近卫部队。《后汉书》卷三九《刘般传》写道："十年，征般行执金吾事，从至南阳，还为朝侯。明年，兼屯骑校尉。时五校官显职闲，而府寺宽敞，舆服光丽，伎巧毕给，故多以宗室肺腑居之。每行幸郡国，般常将长水胡骑从。"汉明帝"每行幸郡国"，位次九卿下，以"朝侯"身份"兼屯骑校尉"的近臣刘般"常将长水胡骑从"，足见这些异族军人所受到的信任。

《后汉书》卷四二《光武十王列传·中山简王焉》写道：

> 中山简王焉，建武十五年封左翊公，十七年进爵为王。焉以郭太后少子故，独留京师。三十年，徙封中山王。永平二年冬，诸王来会辟雍，事毕归蕃，诏焉与俱就国，从以虎贲官骑。焉上疏辞让，显宗报曰："凡诸侯出境，必备左右，故夹谷之会，司马以从。今五国各官骑百人，称妷前行，皆北军胡骑，便兵善射，弓不空发，中必决眦。夫有文事必有武备，所以重蕃职也。王其勿辞。"

---

① 罗福颐编：《汉印文字征》，四·十四，文物出版社 1978 年版；罗福颐主编：《秦汉南北朝官印征存》，第 211—222 页。

② 李贤注："黄石，杂种号也。"

③ 陈连庆：《东汉时期的少数民族士兵》，《中国古代史研究——陈连庆先生学术论文集》，1991 年12 月版。

可知由天子"重蕃职"之意，重要的诸侯王也可以以"便兵善射，弓不空发，中必决眦"的"胡骑"为近卫。

"虎贲官骑"，李贤注："《汉官仪》：'驺骑，王家名官骑。'"汉明帝"皆北军胡骑"的说法，似说皇家最重要的卫戍部队"北军"中存在"胡骑"编制。有学者指出："因为东汉长水校尉属北军中候，故明帝称长水胡骑为北军胡骑。"①

"长水胡骑"或"北军胡骑"中也有乌桓骑兵即"乌桓胡骑"。《续汉书·百官志四》"北军中候"条：

> 长水校尉一人，比二千石。本注曰：掌宿卫兵。司马、胡骑司马各一人，千石。本注曰：掌宿卫，主乌桓骑。

可知这里的"胡骑"是"乌桓骑"。同条又写道：

> 右属北军中候。本注曰：旧有中垒校尉，领北军营垒之事。有胡骑、虎贲校尉，皆武帝置。中兴省中垒，但置中候，以监五营。胡骑并长水。虎贲主轻车，并射声。

刘昭《注补》：

> 如淳曰："长水，胡名也。"韦昭曰："长水校尉典胡骑，厩近长水，故以为名。"长水盖关中小水名。
>
> 蔡质《汉仪》曰："主长水、宣曲胡骑。"《汉官》曰："员吏百五十七人，乌桓胡骑七百三十六人。"

这里所说的"胡骑"，就是"乌桓胡骑"。熊铁基在分析"长水校尉"设置时曾经指出，除了"原来的胡骑校尉之胡骑也并于长水"，"因而合并之后，比别的营多设一个胡骑司马"之外，"实际上，士兵的来源也有变化，东汉

---

① 林幹：《匈奴通史》，人民出版社1986年版，第93页。

时以乌桓骑为主。"①

史籍对于王莽时曾经"亡命至渔阳","往来燕、蓟间"的吴汉军力的记述，有"渔阳、上谷突骑，天下所闻也"语。《后汉书》卷一八《吴汉传》记载，刘秀曾经"拜汉大将军，持节北发十郡突骑"，所部"士马甚盛"，以致刘秀军中诸将惊羡。"光武北击诸贼，汉常将突骑五千为军锋，数先登陷阵。"击苏茂、周建十余万众于广乐，"汉将轻骑迎与之战"，曾受小挫。决战时，"汉选四部精兵黄头吴何等，及乌桓突骑三千余人，齐鼓并进"，终于大胜。通过对广乐战事的记述，可知吴汉部队中以骁勇善战天下闻名的"突骑"、"轻骑"，应是乌桓骑士。

在东汉历史记录中，多可看到利用"胡骑"充实军力的例证。

东汉初，有类似西汉初年韩王信事迹的情形。如《后汉书》卷一九《耿弇传》说到彭宠以"胡骑"壮其军势事：

> 时征虏将军祭遵屯良乡，骁骑将车刘喜屯阳乡，以拒彭宠。宠遣弟纯将匈奴二千余骑，宠自引兵数万，分为两道以击遵、喜。胡骑经军都，（耿）舒袭破其众，斩匈奴两王，宠乃退走。

由所谓"袭破""胡骑"，"斩匈奴两王"，可知彭宠军中的匈奴骑兵部队是成建制并入的。又如《后汉书》卷一二《卢芳传》："六年，芳将军贾览将胡骑击杀代郡太守刘兴。"卷二二《杜茂传》记载：

> 东方既平，七年，诏茂引兵北屯田晋阳、广武，以备胡寇。九年，与雁门太守郭凉击卢芳将尹由于繁畤，芳将贾览率胡骑万余救之，茂战，军败，引入楼烦城。时卢芳据高柳，与匈奴连兵，数寇边民，帝患之。十二年，遣谒者段忠将众郡弛刑配茂，镇守北边，因发边卒筑亭候，修烽火，又发委输金帛缯絮供给军士，并赐边民，冠盖相望。茂亦建屯田，驴车转运。先是，雁门人贾丹、霍匡、解胜等为尹由所略，由以为将帅，与共守平城。丹等闻芳败，遂共杀由诣郭凉；凉上状，皆封为列侯，诏

---

① 熊铁基：《秦汉军事制度史》，广西人民出版社 1990 年版，第 59 页。

送委输金帛赐茂、凉军吏及平城降民。自是卢芳城邑稍稍来降，凉诛其豪右郇氏之属，镇抚羸弱，旬月间雁门且平，芳遂亡入匈奴。

这里所谓"贾览率胡骑万余"，与《卢芳传》"贾览将胡骑"可以对照读。对于卢芳部队中"胡骑"的性质，或许"与匈奴连兵"的说法切近实际。

陈连庆曾经指出："两汉之际，群雄割据，使用少数民族士兵的事例，连篇累牍，史不绝书。""在刘秀部下的渔阳、上谷突骑中，就有大量的乌桓兵。""窦融割据河西，他的基本武装力量，就是'张掖属国，精兵万骑'（《后汉书·窦融传》）的匈奴兵。后来势力扩大，又拥有羌胡兵。""隗嚣的部下，拥有羌、氐等族兵，公孙述的部下，拥有氐和西南夷兵。"陈连庆指出："东汉时期对于少数民族士兵的使用远远超过西汉。"所举"南匈奴兵"、"休屠各兵"、"鲜卑兵"、"乌桓兵"、"夫余兵"、"西域兵"、"羌胡兵"、"南蛮兵"、"西南夷兵"等被征发用于战争的计70余例。[①] 其中有些即属于本文讨论的对象"胡骑"。

《后汉书》卷二三《窦固传》记载，汉明帝永平十六年（73）出击匈奴，多调用少数民族骑兵：

> 固与忠率酒泉、敦煌、张掖甲卒及卢水羌胡万二千骑出酒泉塞，耿秉、秦彭率武威、陇西、天水募士及羌胡万骑出居延塞，又太仆祭肜、度辽将军吴棠将河东北地、西河羌胡及南单于兵万一千骑出高阙塞，骑都尉来苗、护乌桓校尉文穆将太原、雁门、代郡、上谷、渔阳、右北平、定襄郡兵及乌桓、鲜卑万一千骑出平城塞。

所谓"卢水羌胡万二千骑"、"羌胡万骑"、"羌胡及南单于兵万一千骑"、"乌桓、鲜卑万一千骑"等，都是"胡骑"无疑。又卷二三《窦宪传》：

> 发北军五校、黎阳、雍营、缘边十二郡骑士，及羌胡兵出塞。明

---

① 陈连庆：《东汉时期的少数民族士兵》，《中国古代史研究——陈连庆先生学术论文集》，1991年版，第443—457页。

年，宪与秉各将四千骑及南匈奴左谷蠡王师子万骑出朔方鸡鹿塞，南单于屯屠河，将万余骑出满夷谷，度辽将军邓鸿及缘边义从羌胡八千骑，与左贤王安国万骑出阳塞，皆会涿邪山。宪分遣副校尉阎盘、司马耿夔、耿谭将左谷蠡王师子、右呼衍王须訾等，精骑万余，与北单于战于稽落山，大破之。

"南匈奴左谷蠡王师子万骑"、"缘边义从羌胡八千骑"、"左贤王安国万骑"、"左谷蠡王师子、右呼衍王须訾等，精骑万余"等，也都是"胡骑"。通过这些史料，可知北边全线各郡，都有"胡骑"与政府的"郡兵""甲卒""骑士"保持着密切的关系，而一旦军令颁达，都可以及时调发。"胡骑"超强的机动性受到重视并得以利用的例证，有度尚率乌桓骑兵驰救零陵[①]，鲜卑骑击匈奴击羌[②]，张温发乌桓骑击凉州边章[③]等事。

《后汉书》多次说到参与汉军战争行动的"羌胡"少数民族力量。如卷一六《邓训传》："发湟中秦、胡、羌兵四千人，出塞掩击迷唐……""发湟中六千人，……掩击迷唐庐落大豪，多所斩获。复追逐奔北，会尚等夜为羌所攻，于是义从羌胡并力破之。"卷一九《耿秉传》："劳赐保塞羌胡，进屯酒泉，救戊己校尉。"卷二二《马武传》："将乌桓、黎阳营、三辅募士、凉州诸郡羌胡兵及弛刑，合四万人击之。"卷二三《窦宪传》："窦宪率羌胡边杂之师，一举而空朔庭。"卷三六《郑兴传》："据七郡之地，拥羌胡之众。"卷八七《西羌传》："侯霸、马贤将湟中吏人及降羌胡于枹罕击之。""庞参将羌胡兵七千余人，与钧分道并北击零昌。""马贤亦发陇西吏士及羌胡兵击杀良封。"卷八八《西域传》："发凉州六郡兵及羌胡二万余人，以讨涿鞬。"卷八九《南匈奴列传》："冯柱将虎牙营留屯五原，罢遣鲜卑、乌桓、羌胡兵。""马续与中郎将梁并、乌桓校尉王元发缘边兵及乌桓、鲜卑、羌

<hr>

① 《后汉书》卷三八《度尚传》："时荆州兵朱盖等，征戍役久，财赏不赡，忿恚，复作乱，与桂阳贼胡兰等三千余人复攻桂阳，焚烧郡县，太守任胤弃城走，贼众遂至数万。转攻零陵，太守陈球固守拒之。于是以尚为中郎将，将幽、冀、黎阳、乌桓步骑二万六千人救球，又与长沙太守抗徐等发诸郡兵，并执讨击，大破之。"
② 《后汉书》卷四八《应劭传》："匈奴反叛，度辽将军马续、乌桓校尉王元发鲜卑五千余骑，又武威太守赵冲亦率鲜卑征讨叛羌。"
③ 《后汉书》卷七三《刘虞传》："车骑将军张温讨贼边章等，发幽州乌桓三千突骑。"

胡合二万余人，掩击破之。"这里所说的"羌胡"等，很可能是骑兵。如卷一二《卢芳传》："王莽末，乃与三水属国羌胡起兵。更始至长安，征芳为骑都尉，使镇抚安定以西。"更始任为"骑都尉"，可知追随其"起兵"的"三水属国羌胡"，应当都是骑兵。而明确说到羌胡骑兵的史例，除前引卷二三《窦固传》、《窦宪传》外，又有卷四七《梁慬传》："延平元年拜西域副校尉。慬行至河西，会西域诸国反叛，攻都护任尚于疏勒。尚上书求救，诏慬将河西四郡羌胡五千骑驰赴之。"又如卷八七《西羌传》："马贤将湟中义从兵及羌胡万余骑掩击那离等，斩之。"

东汉时负责北边防务的政府军往往有"胡骑"充实其中的情形，又见于《后汉书》卷七六《循吏列传·任延》所记录武威太守任延强化边防的事迹：

> 郡北当匈奴，南接种羌，民畏寇抄，多废田业。延到，选集武略之士千人，明其赏罚，令将杂种胡骑休屠黄石屯据要害，其有警急，逆击追讨。虏恒多残伤，遂绝不敢出。

李贤注："'黄石'，杂种号也。"在任延指挥下"屯据要害，其有警急，逆击追讨"的所谓"杂种胡骑休屠黄石"，亦应是非匈奴的少数族骑士。

《后汉书》卷八九《南匈奴列传》记载一起战事："乌稽侯尸逐鞮单于拔，延光三年立。夏，新降一部大人阿族等遂反畔，胁呼尤徽欲与俱去。呼尤徽曰：'我老矣，受汉家恩，宁死不能相随！'欲杀之，有救者，得免。阿族等遂将妻子辎重亡去，中郎将马翼遣兵与胡骑追击，破之，斩首及自投河死者殆尽，获马牛羊万余头。""胡骑"与汉兵合力追击叛离的匈奴部族。这里"胡骑"的种族构成，尚不十分明确。然而在文字表述形式上确实与所谓"杂种胡"不同，与"阿族"同属于匈奴民族的可能性是很大的。

《后汉书》卷五七《刘陶传》记载，谏议大夫刘陶面对"天下日危，寇贼方炽"之形势，"忧致崩乱"，于是上疏沉痛陈辞，其中说道："窃见天下前遇张角之乱，后遭边章之寇，每闻羽书告急之声，心灼内热，四体惊竦。今西羌逆类，私署将帅，皆多段颎时吏，晓习战陈，识知山川，变诈万端。臣常惧其轻出河东、冯翊，钞西军之后，东之函谷，据厄高望。今果已攻河东，恐遂转更豕突上京。如是则南道断绝，车骑之军孤立，关东破胆，四方动摇，威之不来，叫之不应，虽有田单、陈平之策，计无所用。"对于形势之严重，刘陶说：

> 西寇浸前，去营咫尺，胡骑分布，已至诸陵。

所谓"今果已攻河东，恐遂转更豕突上京"，李贤注："时湟中义从胡北宫伯玉等叛，遣左车骑将军皇甫嵩讨之不尅也。""胡骑分布，已至诸陵"者，所谓"胡骑"逼近皇室"诸陵"的情形，大概相当复杂，有些是军阀部众中的"胡骑"，有些可能是发起叛乱的"湟中义从胡"一类。当时朝中政乱，边地这种叛乱相当频繁，而暴动民众的种族成分也相当混杂，如《后汉书》卷五八《傅燮传》所谓"时北地胡骑数千随贼攻郡"情形，有人即称之为"乡里羌胡"。

### 5. 河北"胡骑千群"

东汉末年，北方最强大的军阀势力袁绍集团，其军威之雄壮，有与曹操军作战时发布的檄文予以炫耀。据《三国志》卷六《魏书·袁绍传》裴松之注引《魏氏春秋》载绍檄州郡文，其中说到了"胡骑"：

> 幕府奉汉威灵，折冲宇宙，长戟百万，胡骑千群，奋中黄、育、获之材，骋良弓劲弩之势，并州越太行，青州涉济、漯，大军泛黄河以角其前，荆州下宛、叶而掎其后，雷震虎步，并集虏庭，若举炎火以烬飞蓬，覆沧海而沃熛炭，有何不消灭者哉？[①]

出自陈琳笔下的这篇檄文，所谓"长戟百万，胡骑千群"，体现出袁绍军所以雄劲一时之实力所在。方诗铭曾经分析袁绍与董卓决裂后"远奔河北"的原因，引录了《三国志》卷一《魏书·武帝纪》中袁绍和曹操的一段对话："（袁）绍与公（曹操）共起兵，绍曰：'若事不辑，则方面何所可据？'公

---

① 《后汉书》卷七四上《袁绍传》作："莫府奉汉威灵，折冲宇宙，长戟百万，胡骑千群，奋中黄、育、获之士，骋良弓劲弩之埶，并州越太行，青州涉济、漯，大军泛黄河以角其前，荆州下宛、叶而掎其后。雷震虎步，并集虏廷，若举炎火以焚飞蓬，覆沧海而注熛炭，有何不消灭者哉？"

曰：'足下以为何如？'绍曰：'吾南据河，北阻燕代，兼戎狄之众，南向以争天下，庶可以济乎？'公曰：'吾任天下之智力，以道御之，无所不可。'"《三国志集解》引清代学者何焯说："（袁）绍见光武资河北以定天下，故图据之。"方诗铭曾经指出："这个说法颇有见地。根据当时形势，袁绍占据河北以南征天下的策画，应该是富有远见的。"① 我们今天在分析袁绍"策画"时，自然还应当注意他当时所谓"兼戎狄之众，南向以争天下"的动机。

当时来自幽州地方的刘备部队，军中也有"胡骑"的构成。《三国志》卷三二《蜀书·先主备传》：

> 袁绍攻公孙瓒，先主与田楷东屯齐。曹公征徐州，徐州牧陶谦遣使告急于田楷，楷与先主俱救之。时先主自有兵千余人及幽州乌丸杂胡骑，又略得饥民数千人。

这里所说的"幽州乌丸杂胡骑"，可以与上文说到的"乌桓胡骑"对照理解。

看来，幽州冀州地方"胡骑"的活跃，形成了鲜明的区域文化特色。

两汉军队中的"胡骑"是以雇佣形式或者某种其他形式维系着与汉王朝及汉人军阀的统属关系，目前尚不明朗。

有学者称汉王朝对"羌骑"的统制是"奴役羌兵"。② "乌桓胡骑"的调用，则被理解为"东汉统治阶级利用幽州乌桓在各地打仗"，"违背了乌桓人的利益"。又说："给汉朝作雇佣兵，到各地打仗，这本来是违反劳动人民的意志的。"③《后汉书》卷七三《刘虞传》记载：

> 车骑将军张温讨贼边章等，发幽州乌桓三千突骑，而牢禀逋悬，皆畔还本国。

所谓"牢禀逋悬"，李贤注："《前书音义》曰：'牢，贾直也。'禀，食也。

---

① 方诗铭：《曹操·袁绍·黄巾》，上海社会科学院出版社 1996 年版，第 129 页。
② 马长寿：《氐与羌》，上海人民出版社 1984 年版，第 119 页。
③ 马长寿：《乌桓与鲜卑》，上海人民出版社 1962 年版，第 141 页。

言军粮不续也。"《资治通鉴》卷五八"汉灵帝中平四年"："军到蓟中，乌桓以牢稟逋县，多叛还本国。"胡三省注："牢，价直也。稟，给也。"则"牢稟逋县"未必只是"言军粮不续"。马长寿说，"只说军粮不续，是不能够说明乌桓突骑反战真相的。袁宏《后汉纪》记载张纯对张举说：'乌桓数被征发，死亡略尽。今不堪命，皆愿作乱。国家作事如此，汉祚衰亡之征。'张纯的话比较可以表达当时乌桓三千突骑反战运动的实际情况。"① 这是从政治史和阶级关系史的角度进行的分析。我们则对"乌桓三千突骑"因"牢稟逋悬"于是"畔还本国"的直接原因予以关注。如果从"牢，价直也"，"稟，给也"的思路考虑，则可以推想所谓"牢稟逋悬"可能涉及"军粮"以外的基本待遇问题。

现在看来，要说明服从汉王朝统一指挥调度的"胡骑"的集结动员方式，资料似嫌不足。如前说刘秀拜吴汉为大将军"持节北发十郡突骑"所谓"发"的具体形式，还是有待于继续探索的课题。

### 6. 越骑校尉掌越骑：如淳说与晋灼说

汉代史籍可见长安附近中枢地区皇家军队编制有所谓"八校尉"。《汉书》卷一九上《百官公卿表上》："城门校尉掌京师城门屯兵，有司马。② 十二城门候。③ 中垒校尉掌北军垒门内，外掌西域。④ 屯骑校尉掌骑士。步兵校尉掌上林苑门屯兵。越骑校尉掌越骑。长水校尉掌长水宣曲胡骑。⑤ 又有胡骑校尉，掌池阳胡骑，不常置。⑥ 射声校尉掌待诏射声士。⑦ 虎贲校尉掌轻车。凡八校尉，皆武帝初置，有丞、司马。⑧ 自司隶至虎贲校尉，秩皆二

① 马长寿：《乌桓与鲜卑》，第143页。

② 颜师古注："八屯各有司马也。"

③ 颜师古注："门各有候，萧望之署小苑东门候，亦其比也。"

④ 颜师古注："掌北军垒门之内，而又外掌西域。"

⑤ 颜师古注："长水，胡名也。宣曲，观名，胡骑之屯于宣曲者。"

⑥ 颜师古注："胡骑之屯池阳者也。"

⑦ 颜师古注："服虔曰：'工射者也，冥冥中闻声则中之，因以名也。'应劭曰：'须诏所命而射，故曰待诏射也。'"

⑧ 颜师古注："自中垒以下凡八校尉，城门不在此数中。"今按：《汉书》卷二三《刑法志》："京师有南北军之屯。至武帝平百粤，内增七校，外有楼船。"关于"七校"，颜师古注引晋灼曰："《百官表》中垒、屯骑、步兵、越骑、长水、胡骑、射声、虎贲，凡八校尉，胡骑不常置，故此言七也。"

千石。"对于其中"越骑校尉掌越骑",曾经有不同的理解,有必要认真讨论。"越骑校尉"所掌"越骑",东汉时曾经称"禁兵"①、"宿卫兵"②。实际上在王莽时代,已经有以"越骑"为近卫的情形。③ 对于"越骑"的研究,应当有益于对汉代军队编制的认识,对于相关文化现象,也可以提供深入理解的基础。也许涉及汉代民族问题的若干信息,也可能因此得以发现。

对于"越骑校尉掌越骑",颜师古注有所说明,其中引录了如淳和晋灼的解释,也表达了自己带有倾向性的意见:

如淳曰:"越人内附以为骑也。"晋灼曰:"取其材力超越也。"④ 师古曰:"《宣纪》言佽飞骑士、胡越骑,又此有胡骑校尉。如说是。"⑤

如淳以为"越"标明其族属为"越人"。晋灼以为"越"标明其"材力"之"超越"。颜师古倾向"如说"。

颜师古写道:"《宣纪》言佽飞骑士、胡越骑,又此有胡骑校尉。"《汉书》卷八《宣帝纪》记载神爵元年(前61)事:

西羌反,发三辅、中都官徒弛刑,及应募佽飞射士、羽林孤儿,胡越骑,三河、颍川、沛郡、淮阳、汝南材官,金城、陇西、天水、安定、北地、上郡骑士、羌骑,诣金城。夏四月,遣后将军赵充国、强弩将军许延寿击西羌。

"胡越骑",中华书局标点本作"胡、越骑",应即"胡骑"和"越骑"。特别值得注意的是,此次集结的部队中包括"羌骑"。《汉书》卷九《元帝纪》记载永光二年(前42)平西羌事:"秋七月,西羌反,遣右将军冯奉世击

---

① 《后汉书》卷五八《盖勋传》:"乃以为越骑校尉。(董)卓又不欲令久典禁兵,复出为颍川太守。"

② 《续汉书·百官志四》"北军中候"条:"越骑校尉一人,比二千石。本注曰:掌宿卫兵。司马一人,千石。"

③ 《汉书》卷九九下《王莽传下》:"或谓(王)莽曰:'城门卒,东方人,不可信。'莽更发越骑士为卫,门置六百人,各一校尉。"

④ 《太平御览》卷二四二:"《汉书百官表》曰:屯兵越骑校尉。如淳曰:越人内附以为骑也。晋灼曰:其才力超越。""材力"作"才力"。

⑤ 《宋书》卷四〇《百官志下》关于"越骑校尉"写道:"越骑掌越人来降因以为骑也,一说取其材力超越也。"

之。八月，以太常任千秋为奋威将军，别将五校并进。① 三年春，西羌平，军罢。"《汉书》卷七九《冯奉世传》写道："上于是以玺书劳奉世，且让之，曰：'……今发三辅、河东、弘农越骑、迹射、佽飞、彀者、羽林孤儿及呼速絫、嗕种，方急遣。……'"其中"越骑"应是"五校"之一，所谓"嗕种"，颜师古注引刘德曰："嗕音辱，羌别种也。"作为"羌别种"的"嗕种"参与平羌战争，可以与《宣帝纪》"羌骑"参与"击西羌"史事联系起来理解。

"越骑校尉掌越骑"句下颜师古注所引录的晋灼的解说"取其材力超越也"，后来又得到一些学者的支持。

《续汉书·百官志四》"北军中候"条："越骑校尉一人，比二千石。"刘昭《注补》："如淳曰：'越人内附以为骑也。'晋灼曰：'取其才力超越也。'案《纪》，光武改青巾左校尉为越骑校尉。臣昭曰：越人非善骑所出，晋灼为允。"清代学者何焯《义门读书记》卷一六《前汉书》写道："'越骑校尉掌越骑。'如淳曰：'越人内附以为骑也。'晋灼曰：'取其材力超越也。'按骑非越人所长，似晋说是。不当如师古以下文'胡骑'比例也。"他以为"越骑""取其材力超越也"之说可信，否定了"越人内附以为骑也"的意见。

杨鸿年说："关于越骑的解释，凡有如、晋二说。师古是如说，刘昭是晋说。究竟谁对呢？《汉书·冯奉世传》：'今发三辅、河东、弘农、越骑、迹射、佽飞、彀者（征羌）。'引文中所发者共有四种人，这四种人是些什么人呢？关于'彀者'，本传注中说：'彀者，谓能张弩者也。'关于'迹射'，《后汉书·邓晨传》中注常山郡'积射士'说：'积与迹同，古字通用。谓寻迹而射之。'关于'佽飞'，《后汉书·班固传》中注说：'前书曰，……募佽飞射士。《音义》，佽飞本秦左弋官也，武帝改为佽飞官，有一令九丞，在上林中，纺缴缴弋凫雁，岁万头，以供宗庙。'总上可见迹射、佽飞、彀者都是以材技命名的，将越骑和这些人物并列，可能越骑也是因材技得名，而并非什么'越人内附'。此外据《冯奉世传》，三辅、河东、弘农等郡都有越骑。既然有些郡也有越骑，越骑的数目必相当众多，内附越人

———————————
① 颜师古注："别领五校之兵，而与右将军并进。"

恐未必有这些。因此，与其说越骑是由‘越人内附’得名，毋宁说它是由‘材力超越’得名了。”①

刘昭和何焯的判断，理由是“越人非善骑所出”，“骑非越人所长”。高敏《越骑校尉所领非越人辨析》也发表了类似的意见：“稽诸史籍，越人长于水战，不善骑兵。汉代骑士多出于金城、陇西、天水、安定、北地、上郡一带，所谓‘六郡良家子’是也。至于江淮以南，则多楼船之士，《汉官仪》卷上所谓‘水泉用楼船’，即此意。因此，即便是内附越人，也应是征发其为楼船士而不是骑士。”论者又举汉武帝征伐南越战争中两支部队的指挥官都是“故越人降”者、“故越人归汉者”，其部属也多为“越人”，“楼船将军杨仆所统也是越人”，指出：“内附越人仍多为楼船士，而不为骑士也。是以‘越骑校尉’所掌之‘越骑’，应为晋灼所说‘材力超越’之意，而非‘越人内附以为骑也’。”②

宋代学者吕祖谦《历代制度详说》卷一一《兵制·制度》写道：“唐府兵之制，起自西魏、后周，而备于隋，唐因之。自高祖初起，开大将军府，以建成为左领大都督，炖煌公为右领大都督，元吉统中军。发自太原，有兵三万人，及诸起义以相属与降群盗，得兵二十万。析关中为十二道，皆置府。凡民年二十为兵，六十而免。其能骑而射者为越骑，其余为步军武骑。”又宋代学者章如愚编《群书考索》后集卷二一《官制门·唐官制》关于左右卫制度，也说：“夫折冲之职，掌领五校之属，以备宿卫。凡卫士三百人为团，以一校尉领之。以便习骑射者为越骑，余为步兵。”所谓“其能骑而射者为越骑，其余为步军武骑”，“以便习骑射者为越骑，余为步兵”，都与“越骑”“取其材力超越也”之说一致。

看来，“越骑”“取其材力超越也”之说形成已久，影响亦大，然而仍然存在难以解释的疑问。

### 7. 关于“胡越骑”

“越骑”“取其材力超越也”之说是否成立，面临这样一个问题，即史

---

① 杨鸿年：《汉魏制度考》，武汉大学出版社2005年版，第176—177页。
② 高敏：《读〈史记〉、〈汉书〉札记七题》，《中华文史论丛》2008年第4期，第87—88页。

籍多见"胡越骑"连称情形。而"胡骑",正是明确标志族属的称谓。特别是《汉书》卷八《宣帝纪》出现与"胡越骑"并称的"羌骑",尤其值得注意。

关于前引颜师古对于"越骑"的理解,何焯《义门读书记》卷一六《前汉书》"越骑校尉掌越骑"条即写道:"如淳曰:越人内附以为骑也。晋灼曰:取其材力超越也。按骑非越人所长,似晋说是。不当如师古以下文胡骑比例也。"何说倾向晋灼的意见,于是以为颜师古注"以下文胡骑比例"的做法存在问题。

"胡越骑"并说的例证并不仅仅见于《汉书》卷八《宣帝纪》。《汉书》卷六八《霍光传》说霍光去世后,汉宣帝清理霍氏势力,"徙光女婿度辽将军未央卫尉平陵侯范明友为光禄勋,次婿诸吏中郎将羽林监任胜出为安定太守。数月,复出光姊婿给事中光禄大夫张朔为蜀郡太守,群孙婿中郎将王汉为武威太守。顷之,复徙光长女婿长乐卫尉邓广汉为少府。更以禹为大司马,冠小冠,亡印绶,罢其右将军屯兵官属,特使禹官名与光俱大司马者。又收范明友度辽将军印绶,但为光禄勋。及光中女婿赵平为散骑骑都尉光禄大夫将屯兵,又收平骑都尉印绶。诸领胡越骑、羽林及两宫卫将屯兵,悉易以所亲信许、史子弟代之。"也说到"胡越骑"。《汉书》卷六八《金安上传》说金涉事迹:"涉明经俭节,诸儒称之。成帝时为侍中骑都尉,领三辅胡越骑。"颜师古注:"胡越骑之在三辅者,若长水、长杨、宣曲之属是也。"又《汉书》卷六九《赵充国传》:"充国子右曹中郎将卬,将期门佽飞、羽林孤儿、胡越骑为支兵,至令居。虏并出绝转道,卬以闻。有诏将八校尉与骁骑都尉、金城太守合疏捕山间虏,通转道津渡。"则是前引《汉书》卷八《宣帝纪》记载神爵元年(前61)"击西羌"战事中"胡越骑"确实参与野战的具体例证。

宋人杨侃《两汉博闻》卷三"越骑"条解释"越骑校尉掌越骑":"如淳曰:'越人内附以为骑也。'师古曰:'《宣纪》言佽飞骑士、胡越骑,又此有胡骑校尉掌胡骑,与越骑校尉俱在八校尉数。'"论者看来倾向如淳说。而"胡越骑"称谓似为认识依据。宋人钱文子《补汉兵志并注》写道:"武帝增置七校,曰屯骑、曰步兵、曰越骑、曰长水、曰胡骑、曰射声、曰虎贲。各掌其兵,以备宿卫。盖选募精勇及胡越内附之人,比之期门、羽林,无复更代。而京师始有长从坐食之兵矣。有事时发五校或胡越骑，而越骑尤重，率以所亲信领之。中兴省中垒，以胡骑、虎贲并长水、射声，而置北军中候以监五营。始谓五校，为北军。而胡越骑或以他军充之，其名则犹故也。"注："《后汉志》：越骑校尉。如淳曰：'越人内附以为骑也。'晋灼曰：'取其材力超越也。'案光武改青巾左校尉为越骑校尉，臣昭曰：'越人非善骑所出，晋灼为允。'案《刑法志》：武帝平百粤，增七校。又诸传多言'胡越骑'。则'胡越'非超越明矣。盖光武以他军充越骑，其官则仍旧名也。"

《汉书》卷一九上《百官公卿表上》"宣帝令……骑都尉监羽林"及《续汉书·百官志二》"光禄勋"条："骑都尉，比二千石。本注曰：无员。本监羽林骑。"宋代学者林駉《古今源流至论》续集卷一《卫兵上·南北军·南军》有"骑都尉"条就此写道："考异：按《本表》及《后志》'骑都尉''本监羽林'，盖南军也。及考《金涉传》，在成帝时为侍中骑都尉，领三辅胡越骑。胡越骑之在三辅者，若长水、长杨、宣曲之属。此北军也。今乃领盖季年之制也。自昭帝用霍山为奉车都尉侍中，领胡越兵，其制已失之矣。"所谓"胡越兵"，见《汉书》卷六八《霍光传》："自昭帝时，（霍）光子禹及兄孙云皆中郎将，云弟山奉车都尉侍中，领胡越兵。"以"胡越兵"文例理解"胡越骑"，则"越骑"之"越"自是族属，不当理解为"材力超越也"。如果说这里所见"越兵"也"是由'材力超越'得名"，则需要论证。

前引《汉书》卷六九《赵充国传》："充国子右曹中郎将卬，将期门佽飞、羽林孤儿、胡越骑为支兵，至令居"，而下文天子"以书敕让充国曰"文字又有"已诏中郎将卬将胡越佽飞射士步兵二校，益将军兵"的说法，可知玺书"胡越"就是指"胡越骑"。这里"胡越"连称而不言"骑"字，也值得讨论"越骑"意义的学者注意。

明人彭大翼撰《山堂肆考》卷九〇《政事·兵制》"越骑胡骑"条直将"胡越骑"解释为"越骑、胡骑"，写道："汉有越骑、胡骑，谓越人、胡人内附以为骑射者也。"所谓"越骑、胡骑"即"越人、胡人内附以为骑射者"的理解，可以比较圆满地解说"胡越骑"语义。熊铁基考察秦汉军事制度史，也据"史书中称'胡越兵'、'胡越骑'者不少"，"认为如淳和师古的解释还是正确的"。他指出，"骑非越人所长当是事实，但是武帝平百粤之后，越人内附者众（自秦以来就不少⋯⋯）"①，汉军中"招致一部分人来当骑兵（因为大量需要骑兵）是可能的"。②

《艺文类聚》卷四一引晋陆机《从军行》："苦哉远征人，飘飘穷西河。南涉五岭颠，北戍长城阿。胡马如云屯，越骑亦星罗。朝食不免胄，夕息常负戈。苦哉远征人，捬心悲如何。"《文选》卷二八张铣注："'胡'，北方。'越'，南方。如云之聚，如星之布。"其中与"胡马"成对仗关系的"越骑"，似乎不大可能是指"材力超越"。

"胡"与"越"，在汉代语言史料中，既是民族概念，也是方位概念。

《后汉书》卷八〇下《文苑列传下·张升》："其有知我，虽胡越可亲。"《三国志》卷一九《魏书·陈思王植传》："隔阂之异，殊于胡越。"而《史记》卷一〇〇《季布栾布列传》："以季布之贤而汉求之急如此，此不北走胡即南走越耳。"又《三国志》卷一《魏书·武帝纪》："初，公举种孝廉。兖州叛，公曰：'唯魏种且不弃孤也。'及闻种走，公怒曰：'种不南走越、北走胡，不置汝也！'""胡"、"越"作为方位概念，也可以由"胡地"、"越地"的说法得到说明。《汉书》卷九四下《匈奴传下》："胡地沙卤，多乏水草"，"胡地秋冬甚寒"③。《史记》卷一五《六国年表》："取南方越地。"《汉书》卷二七下之上《五行志下之上》："越地多妇人。"《汉书》卷六四上《严助传》："入越地。"《汉书》卷六四下《严安传》："深入越地。"《汉书》卷六四下《终军传》："越地及匈奴名王有率众来降者。"

考虑到"越"也有方位概念的涵义，应当也有助于理解"越骑"称谓的历史文化指向。

### 8. "越楚剽轻"与越人"便马骑射"例

虽然说"越人非善骑所出"，"骑非越人所长"，然而"楚骑"威名在秦

---

① 熊铁基还写道："据《汉书·功臣表》的记载，以越将或越队将从高祖起事后封侯的有阳都敬侯丁复、海阳齐信侯摇毋余、终陵齐侯华毋害、煮枣端侯革朱等人。"

② 熊铁基：《秦汉军事制度史》，广西人民出版社1990年版，第29—31页。

③ 更早的例证，又有《史记》卷四三《赵世家》："胡地、中山吾必有之。""西略胡地，至榆中。""西北略胡地。"

汉战争的历史记忆中却有深刻的印迹。

《荀子·议兵》曾经说到楚人"轻利僄遬",《史记》卷二三《礼书》也说:"楚人……轻利剽遬,卒如熛风。"《史记》卷一一八《淮南衡山列传》:"荆楚僄勇轻悍。"《史记》卷一三〇《太史公自序》说到"剽楚庶民"。《史记》卷一二九《货殖列传》说,西楚"其俗剽轻",而南楚"其俗大类西楚"。这种对楚地民俗风格的表述,也可以理解为对楚地军人作战轻勇,兵锋剽急,又富于机动性的特点的形容。张良对刘邦说:"楚人剽疾,愿上无与楚人争锋。"① 周亚夫也曾经说:"楚兵剽轻,难与争锋。"② 周勃客邓都尉也说:"吴兵锐甚,难与争锋。楚兵轻,不能久。"③ 形容其军队机动能力之强。这种特点与骑兵的作用有关。"楚骑"在战争中确实威名显赫。《史记》卷七《项羽本纪》:"楚骑追汉王,汉王急,推堕孝惠、鲁元车下。"《史记》卷九五《樊郦滕灌列传》:"西收兵军于荥阳。楚骑来众,汉王乃择军中可为车骑将者,皆推故秦骑士重泉人李必、骆甲习骑兵,今为校尉,可为骑将。汉王欲拜之。必、甲曰:'臣故秦民,恐军不信臣,臣愿得大王左右善骑者傅之。'灌婴虽少,然数力战。乃拜灌婴为中大夫,令李必、骆甲为左右校尉,将郎中骑兵击楚骑于荥阳东,大破之。"又"击破楚骑于平阳"。这是刘邦军骑兵战胜项羽军骑兵的战例。又如《史记》卷七《项羽本纪》记录的项羽走向悲剧结局之前的战斗,"项王乃上马骑,麾下壮士骑从者八百余人,直夜溃围南出,驰走。平明,汉军乃觉之,令骑将灌婴以五千骑追之"。不说所服务政权的称号,严格就出身区域而言,双方其实都是"楚骑"。

尽管楚越曾经有明确的区域文化分野,④ 然而共同的文化特征也是明显

① 《史记》卷五五《留侯世家》。

② 《史记》卷五七《绛侯周勃世家》。

③ 《史记》卷一〇六《吴王濞列传》。

④ 如《左传·哀公十九年》:"春,越人侵楚。"《吕氏春秋·异宝》:"荆人畏鬼而越人信礼。"高诱注:"言荆人畏鬼神,越人信吉凶之礼祥。"《史记》卷二六《历书》裴骃《集解》引如淳曰:"《吕氏春秋》'荆人鬼而越人礼',今之巫祝祷祠淫祀之比也。"又引晋灼曰:"礼音'珠玑'之'玑'。"又《列子·说符》:"楚人鬼而越人礼。"《史记》卷七〇《张仪列传》:"越人庄舄仕楚执珪,有顷而病。楚王曰:'舄故越之鄙细人也,今仕楚执珪,贵富矣,亦思越不?'中谢对曰:'凡人之思故,在其病也,彼思越则越声,不思越则楚声。'使人往听之,犹尚越声也。"

的。《史记》卷一〇六《吴王濞列传》说，刘邦"患吴、会稽轻悍"，吴、会稽地方和上文说到的"荆楚"都有"轻悍"之风。《史记》卷六〇《三王世家》："广陵在吴越之地，其民精而轻。"前引"吴兵锐甚，……楚兵轻"，《三国志》卷一四《魏书·刘晔传》："扬士多轻侠狡桀。"意义也是相近的。我们看到，秦汉文化地理语汇中，往往"越楚"或"楚越"并称。《史记》卷一三〇《太史公自序》说"越楚剽轻"。《史记》卷一二九《货殖列传》："楚越之地，地广人希，饭稻羹鱼，或火耕而水耨，果隋蠃蛤。不待贾而足，地势饶食，无饥馑之患，以故呰窳偷生，无积聚而多贫。是故江淮以南，无冻饿之人，亦无千金之家。"大约"楚越之地"和"江淮以南"地域形势可以对应。汉袁康《越绝书》卷七《外传记范伯》："范蠡退而不言，游于楚越之间。"《后汉书》卷四三《隗嚣传》载隗嚣移檄告郡国，指责王莽"楚越之竹不足以书其恶"。李贤注："《前书》朱光世曰：'南山之竹不足以尽我词。'嚣以楚越多竹，故引以为言也。""楚越"又作"越楚"。《太平御览》卷三二八引《后汉书》曰："隗嚣檄告州郡，言王莽之罪，越楚之竹不足以书其恶。"《太平御览》卷三四六引《典论》："昔周鲁之宝，赤刀、孟劳，楚越称太阿、纯钩。"也连称"楚越"。《汉书》卷二八下《地理志下》："吴、粤之君皆好勇，故其民至今好用剑，轻死易发。""本吴、粤与楚接比，数相并兼，故民俗略同。"明确指出"粤与楚""民俗略同"。《论衡·言毒》："太阳之地，人民促急，……故楚越之人，促急捷疾。"看来，"越楚"或"楚越"连称，已经形成语言习惯。《史记》卷一二九《货殖列传》写道："越楚则有三俗。"张守节《正义》就此有如下解释："越灭吴，则有江淮以北。楚灭越，兼有吴越之地。故言'越楚'也。"

《论衡·率性》："楚越之人处庄岳之间，经历岁月，变为舒缓，风俗移也。故曰：齐舒缓，秦慢易，楚促急，燕戆投，以庄岳言之，四国之民，更相出入，久居单处，性必变易。"其中"楚越之人"的"楚越"，是可以与"楚促急"的"楚"对读的。而"楚促急"正可以与《论衡·言毒》所谓"楚越之人，促急捷疾"形成对应关系。

或许由此可以推知，当时所谓"楚骑"，有时也可以理解为包含有"楚骑"和"越骑"的涵义。

《史记》卷一一八《淮南衡山列传》记载伍被论吴王刘濞事，"计定谋成，举兵而西。破于大梁，败于狐父，奔走而东，至于丹徒，越人禽之，身死绝祀，为天下笑。"《史记》卷五七《绛侯周勃世家》张守节《正义》引《括地志》："丹徒故城在润州丹徒县东南十八里，汉丹徒县也。《晋太康地志》云：'吴王濞反，走丹徒，越人杀之于此城南。'"又说："越人，丹徒人。越灭吴，丹徒地属楚。秦灭楚后，置三十六郡，丹徒县属会稽郡，故以丹徒为越人也。"西汉丹徒在今江苏镇江东，属会稽郡，与项梁、项羽发兵的吴（今江苏苏州）距离很近。[①] 由"丹徒人"被称为"越人"，可以了解汉代所谓"越骑"可能的区域属性。项羽自然"材力超越"，然而在特定语境中，也可以说是"越人"。这位悲切感叹"骓不逝"，自称"吾骑此马五岁，所当无敌，尝一日行千里"的名将[②]，在某种意义上其实也可以理解为"越骑"称谓的指代对象。

后人对《汉书》所见"越骑"的理解，有"越人非善骑所出"，"骑非越人所长"等说法。其实《汉书》卷六四上《严助传》已经写道："越人绵力薄材，不能陆战，又无车骑弓弩之用。"似乎越人对于"骑"，确实显露"材力"或"才力"所短。不过，史籍中其实依然多有显示出"越人""善骑"的资料。

除了西汉王朝建国时期的项羽故事而外，东汉王朝衰微时也多见出身越地的马上英雄。例如孙坚骑战经历，有《三国志》卷四六《吴书·孙坚传》裴松之注引《吴书》记载击黄巾军事："坚乘胜深入，于西华失利。坚被创堕马，卧草中。军众分散，不知坚所在。坚所骑骢马驰还营，踏地呼鸣，将士随马于草中得坚。"又《三国志》本传记载孙坚与董卓军决战，"坚移屯梁东，大为卓军所攻，坚与数十骑溃围而出。"击黄祖时，"单马行岘山，为祖军士所射杀。"另一种说法，见裴松之注引《英雄记》："刘表将吕公将兵缘山向坚，坚轻骑寻山讨公。公兵下石。中坚头，应时脑出物故。"孙坚军事生涯的终结，竟然也是在马背上。《三国志》卷四九《吴书·太史慈传》写道，太史慈渡江到曲阿见刘繇，"会孙策至，（繇）但使慈侦视轻重。时独与一骑卒遇策。策从骑十三，皆韩当、宋谦、黄盖辈也。慈便前斗，正

①　谭其骧主编：《中国历史地图集》，地图出版社 1982 年版，第 24—25 页。
②　《史记》卷七《项羽本纪》。

与策对。策刺慈马，而擥得慈项上手戟，慈亦得策兜鍪。会两家兵骑并各来赴，于是解散。"这里说到吴郡富春人孙策与东莱黄人太史慈的一次马上较量，情节记述详尽具体。孙策在骑战中绝不逊色，其"从骑十三，皆韩当、宋谦、黄盖辈也"，也都是"善骑"无疑。孙策骑术的表现，又有《三国志》卷四六《孙策传》裴松之注引《江表传》的记载："策驱驰逐鹿，所乘马精骏，从骑绝不能及。"出于同一文献，又有孙策攻笮融时"为流矢所中，伤股，不能乘马"的记载。孙权在战争中显示骑乘技艺的例证，有《三国志》卷四七《吴书·孙权传》："兵皆就路，权与凌统、甘宁等在津北为魏将张辽所袭，统等以死扞权，权乘骏马越津桥得去。"裴松之注引《献帝春秋》："张辽问吴降人：'向有紫髯将军，长上短下，便马善射，是谁？'降人答曰：'是孙会稽。'"孙权以"便马善射"而使北军名将称异，可以反驳"越人非善骑所出"，"骑非越人所长"的绝对化之说。孙权"乘马射虎"事迹尤其为史家瞩目。《三国志》本传记载："二十三年十月，权将如吴，亲乘马射虎于庱亭。马为虎所伤，权投以双戟，虎却废，常从张世击以戈，获之。"《三国志》卷五二《吴书·张昭传》也写道："权每田猎，常乘马射虎，虎常突前攀持马鞍。"

可以否定"越人非善骑所出"，"骑非越人所长"意见的例证，还有《三国志》卷五六《吴书·朱治传》裴松之注引《吴书》关于丹杨故鄣人朱才"善骑射"的评价。又《三国志》卷五九《吴书·吴主五子传·孙和》裴松之注引《吴书》也说孙和"善骑射"。《三国志》卷五五《凌统传》："二子烈、封，年各数岁，权内养于宫，爱待与诸子同，宾客进见，呼示之曰：'此吾虎子也。'及八九岁，令葛光教之读书，十日一令乘马，追录统功，封烈亭侯，还其故兵。"贵族子弟教育，"十日一令乘马"，也体现对骑术的重视。

孙吴军人"便马善射"似乎并不是个别情形。有关军中"骑士"称谓的历史记录，可以说明骑兵的存在。《三国志》卷四六《吴书·孙策传》："策骑士有罪，逃入术营，隐于内厩。策指使人就斩之。"卷四七《吴书·吴主权传》：孙权征黄祖，"祖挺身亡走，骑士冯则追枭其首"。卷四八《吴书·孙皓传》裴松之注引干宝《晋纪》说纪陟事迹："奉使如魏，……寿春将王布示之马射，既而问之曰：'吴之君子亦能斯乎？'陟曰：'此军人骑士肆业所及，士大夫君子未有为之者矣。'"卷五〇《吴书·妃嫔传·孙和何姬》："孙和何姬，丹杨句容人也。父遂，本骑士。"都说明东汉末年兴起的孙吴军事集团中有"骑士"。东汉以来，常以"步骑"称军队，可知通常有步兵、骑兵的组合。孙吴军称"步骑"之例，有《三国志》卷四六《孙策传》裴松之注引《江表传》："策遣步骑数百挑战"；"策还猎，将步骑数出"；卷五四《吴书·吕蒙传》裴松之注引《江表传》：为吕蒙"增给步骑鼓吹"；卷五九《吴主五子传·孙休》："遣守丞相孟仁、太常姚信等备官僚中军步骑二千人，以灵舆法驾，东迎神于明陵"；卷六〇《吴书·全琮传》："督步骑五万征六安"等。只是我们无从知晓军中"步"与"骑"的比例。

《三国志》卷四六《吴书·孙坚传》："术表策为折冲校尉，行珍寇将军，兵财千余，骑数十匹，宾客愿从者数百人。"从孙坚早期武装力量的构成看，总数"千余"，而"骑数十匹"，骑兵的比重是相当小的。但是尽管如此，虽"江淮以南，则多楼船之士"，但是骑兵的存在，却是明确的事实。长沙走马楼吴简所见征收"刍钱"的简文①，也反映刍稾即军中牲畜饲草的需求，"江淮以南"地方与北方是同样的。

自秦代"南戍五岭，北筑长城以备胡越"②，"兵加胡越"③，西汉时期，"胡越"依然是边疆与民族问题的两个焦点。执政者不得不用心地"外事胡越"④，不免时时心存"胡越起于毂下"⑤的忧虑。于是"兴胡越之伐"⑥，"征伐胡越"⑦，"积尸暴骨，快心胡越"⑧。"胡骑"和"越骑"的设置，自有利用其骑战优势的作用，而其名号的设置，也有显示"胡越宾服"⑨的宣传效应。所谓"光武以他军充越骑，其官则仍旧名也"，很可能主要出于这种考虑。

---

① 珠玛：《走马楼简"茋钱"考》，《四川文物》2006 年第 4 期。走马楼竹简"茋钱"，后来已改释"刍钱"。

② 《汉书》卷二七下之上《五行志下之上》。

③ 《汉书》卷五一《邹阳传》。

④ 《汉书》卷六五《东方朔传》。

⑤ 《汉书》卷五七下《司马相如传下》。

⑥ 《汉书》卷一七《景武昭宣元成功臣表》。

⑦ 《汉书》卷六四下《严朱吾丘主父徐严终王贾传赞》。

⑧ 《汉书》卷六七《梅福传》。

⑨ 《汉书》卷六四上《严助传》。

讨论汉代军队中的"越骑",显然是涉及军制的问题。但是,或许注重文化层面的考察也是必要的。这里只是初步试探,可能仍然存在难以解决的问题。例如唐代诗人王维《凉州词》写道:"凉州城外少行人,百尺峰头望塞尘。健儿击鼓吹羌笛,共赛城东越骑神。"① 凉州地方的"越骑神"究竟是怎样一种文化存在?所谓"越骑神"和汉代军队中的"越骑"有没有联系?"越骑"又怎样成为民间赛神的对象?或许这一现象也是晋灼"取其材力超越也"说产生社会影响之后的一种文化反映。就此进行明朗透彻的解说,自然还必要作进一步的分析。

## "胡巫"与"越巫"

鲁迅在《中国小说史略》中写道:"中国本信巫,秦汉以来,神仙之说盛行,汉末又大畅巫风,而鬼道愈炽……"② 所谓"中国本信巫",揭破了中国古代文化的特质之一。其实自"秦汉以来"至于"汉末","巫风"和"鬼道"都全面影响着社会生活的各个方面。

在服务于西汉政权的神祠系统中,可以看到文化渊源与文化背景不同的"巫"的活动。所谓"梁巫"、"晋巫"、"秦巫"、"荆巫"等,都被西汉王朝以兼容的态度予以利用。《史记》卷二八《封禅书》有这样的记载:

> 长安置祠祝官、女巫。
> 其梁巫,祠天、地、天社、天水、房中、堂上之属;
> 晋巫,祠五帝、东君、云中〔君〕、司命、巫社、巫祠、族人、先炊之属;
> 秦巫,祠社主、巫保、族累之属;
> 荆巫,祠堂下、巫先、司命、施糜之属。
> ……

---

① (宋)洪迈编:《万首唐人绝句》卷四。
② 《鲁迅全集》,人民文学出版社1981年版,第9卷第43页。

此外，又有所谓"九天巫"、"河巫"、"南山巫"等。有学者指出，"他们的主要职掌在于奉祀各地特有的鬼神"①。

所谓"梁巫"、"晋巫"、"秦巫"、"荆巫"，应是来自梁、晋、秦、荆等地的很可能代表不同文化传统的巫者。这些不同渊源的巫术的继承者和操作者，当时"皆以岁时祠宫中"，共同服务于中央政权。看来，各地巫术以不同的地域背景，结成了一个新的维护大一统专制主义政权的巫文化的网络。

据说"九天巫"，可能就是"胡巫"。在《史记》卷二八《封禅书》"九天巫，祠九天"句下，司马贞《索隐》引《三辅故事》云"胡巫事九天于神明台"。在西汉王朝的统治中心长安，出身北方少数民族的巫者，即所谓"胡巫"确实曾经有活跃的表演②，他们的巫术活动，甚至影响了皇家高层政治生活。③ 与所谓"梁巫"、"晋巫"、"秦巫"、"荆巫"等称谓标记巫者出身之地域不同，"胡巫"称谓标记着巫者出身之民族。

与"胡巫"同样，"越巫"也曾经受到汉王朝最高统治者的重视，在汉代文化生活中表现出特殊的作用。

### 1. "长安置诸祠"中的"胡巫"

西汉神祀系统中，有"胡巫"的存在。《史记》卷二八《封禅书》记述汉初"天下已定"，"长安置诸祠祝官、女巫"，确定了新的祠祀制度。在列述分别任用"梁巫"、"晋巫"、"秦巫"、"荆巫"等之后，又说到："九天巫，祠九天。""九天巫"与服务于皇家祠祀系统的"梁巫"、"晋巫"、"秦巫"、"荆巫"等同样，"皆以岁时祠宫中"。对于所谓"九天巫"，司马贞《索隐》解释说："案《孝武本纪》云：立九天庙于甘泉。《三辅故事》云：'胡巫事九天于神明台。'"

如果"九天巫"解作"胡巫事九天"之说能够成立，则足见当时正统

---

① 林富士：《汉代的巫者》，稻乡出版社1999年版，第24页。

② 参看王子今《西汉长安的"胡巫"》，《民族研究》1997年第5期。

③ 参看王子今《晚年汉武帝与"巫蛊之祸"》，《固原师专学报》1998年第5期；《性别的政争："巫蛊之祸"与政和时期的帝后关系》，《古史性别研究丛稿》，社会科学文献出版社2004年版。

神学体系中，"胡巫"即出身于北方少数民族的巫者，曾经占有重要的地位。

对于"九天"，有不同的解释。或以为中央八方之天，或以为九重之天。①

我们现在还不能明确地判定所谓"九天巫，祠九天"究竟是指哪一种"九天"，但是，可以推知这种以最高神主"天"作为祠祀对象的仪礼，其主持人员的选择和行礼地点的确定，大约都是有较深刻的文化涵义的。

司马贞《索隐》引《孝武本纪》："立九天庙于甘泉"，又引《三辅故事》："胡巫事九天于神明台。"然而据《三辅黄图》卷三，神明台在建章宫。② 于是"九天"祠所，似乎就有甘泉和长安两种说法。然而，建章宫建于汉武帝太初元年（前104），汉高祖确定在此以"九天巫，祠九天"的制度是不可能的。据说神明台确有与"九天"有关的祠祀活动③，但是这样的记载，如果不是后人误记，就只能理解为汉武帝时代礼祀制度繁缛化的

---

① 司马贞《索隐》："《淮南子》云'中央曰钧天，东方曰苍天，东北昊天，北方玄天，西北幽天，西方皓天，西南朱天，南方炎天，东南阳天'也。"而张守节《正义》："《太玄经》云'一中天，二羨天，三徒天，四罚更天，五晬天，六郭天，七咸天，八治天，九成天'也。"《汉书》卷二五下《郊祀志下》颜师古注所谓"九天"与司马贞《索隐》同，只是司马贞"西方皓天"，颜师古作"西方浩天"。颜师古还写道："其说见《淮南子》。"并且又说："一说云东方昊天，东南阳天，南方赤天，西南朱天，西方成天，西北幽天，北方玄天，东北变天，中央钧天也。"我们看到的《淮南子·天文》所说"九天"与司马贞《索隐》及颜师古注引文略异，而与《吕氏春秋·有始》所谓天有九野完全相同，作："中央曰钧天"，"东方曰苍天"，"东北曰变天"，"北方曰玄天"，"西北方曰幽天"，"西方曰颢天"，"西南方曰朱天"，"南方曰炎天"，"东南方曰阳天"。今本扬雄《太玄·太玄数》所说"九天"也与张守节《正义》引文不尽相同，写作："九天：一为中天，二为羨天，三为从天，四为更天，五为晬天，六为廓天，七为减天，八为沈天，九为成天。"郑万耕《太玄校释》说："《太玄》八十一首，每九首为一'天'，表示一年四季的变化过程。而以每九首之第一首的首名命名。"北京师范大学出版社1989年版，第327页。屈原《离骚》写道："指九天以为正兮，夫唯灵修之故也。"汉代人王逸解释说："'九天'，谓中央八方也。"《吕氏春秋》"九天"与《淮南子》"九天"都指"中央八方"之天。而《太玄》"九天"与下文所谓"九地"、"九人"、"九体"、"九属"等对照，似乎是指"天"的九个等级、九个层次。

② 《三辅黄图》卷三"建章宫"条下："神明台，《汉书》曰：'建章有神明台。'《庙记》曰：'武帝造，祭仙人处，上有承露盘，舒掌捧铜盘玉杯，以承云表之露，以露和玉屑服之，以求仙道。'"又《三辅黄图》卷五："神明台，见建章宫。"

③ 《汉书》卷二五下《郊祀志下》："作建章宫，度为千门万户。""立神明台，井干楼，高五十丈，辇道相属焉。"颜师古注："《汉宫殿疏》云：'神明台高五十丈，上有九室，恒置九天道士百人。'"《艺文类聚》卷六四及《太平御览》卷一七四引《汉宫殿名》均写作："神明台，武帝造，高五丈，上有九室，今人谓之'九天台'。武帝求神仙，恒置九天道士百人。"《水经注·渭水下》也写道："《三辅黄图》曰：神明台在建章宫中，上有九室，今人谓之'九子台'。""九子台"，或作"九天台"。

反映。

甘泉，秦代筑有林光宫①，在西汉时经刻意经营，出现了更为宏丽的宫殿群。甘泉宫及所在的云阳，成为当时仅次于长安的准政治文化中心。云阳，曾经被称为"云阳都"。②

而云阳甘泉又有特殊的神学文化的背景，即传说曾经是匈奴人祭天的处所。

《史记》卷一一〇《匈奴列传》记述，骠骑将军霍去病出击匈奴，"破得休屠王祭天金人"。裴骃《集解》："《汉书音义》曰：'匈奴祭天处本在云阳甘泉山下，秦夺其地，后徙之休屠王右地，故休屠有祭天金人，象祭天人也。'"司马贞《索隐》对《汉书音义》"匈奴祭天处本在云阳甘泉山下"的说法提出异议，以为："事恐不然。案：得休屠金人，后置之甘泉也。"张守节《正义》则指出："《括地志》云：'径路神祠在雍州云阳县西北九十里甘泉山下，本匈奴祭天处，秦夺其地，后徙休屠右地。'"

值得注意的是，《汉书》卷六《武帝纪》元封二年关于因"甘泉宫中产芝，九茎连叶，不异下房，赐朕弘休"，于是"赐云阳都百户牛酒"的诏令，颜师古注引晋灼曰："云阳、甘泉，黄帝以来祭天圆丘处也。武帝常以避暑，有宫观，故称'都'也。"

可见，无论说匈奴祭天处也好，还是说黄帝以来祭天处也好，都重视云阳甘泉作为祭天圣地的地位。

其实，所谓"匈奴祭天处本在云阳甘泉山下，秦夺其地"，很可能确实是历史事实。

匈奴民族有上天崇拜的意识。《汉书》卷九四上《匈奴传上》说："单

---

① 《三辅黄图》卷一："林光宫，胡亥所造，纵广各五里，在云阳县界。"同书卷二又引《关辅记》："林光宫亦曰甘泉宫，秦所造。"《文选》卷一班固《西都赋》："……陪以甘泉，乃有灵宫起乎其中，秦汉之所极观。"李善注："《汉宫殿疏》曰：'甘泉林光宫，秦二世造。'"

② 《汉书》卷六《武帝纪》：元封二年六月，"诏曰：'甘泉宫内中产芝，九茎连叶。上帝博临，不异下房，赐朕弘休。其赦天下，赐云阳都百户牛酒。'作《芝房之歌》。"《汉书》卷二二《礼乐志》载其歌："歌云：'玄气之精，回复此都。'"颜师古注："言天地之精，回旋反复于此云阳之都，谓甘泉也。"陈直指出："西汉未央、长乐二宫规模阔大之外，则数甘泉宫。甘泉在云阳，比其他县为重要，故称以'云阳都'。"《汉书新证》，天津人民出版社1979年版，第35页。此外，居延汉简10.27及5.10关于改火的文书中，可见"别火官先夏至一日以除隧取火，授中二千石、二千石在长安、云阳者，其民皆受以日至易故火"的内容，也说明云阳仅次于长安的地位。

于姓挛鞮氏，其国称之曰'撑犁孤涂单于'。匈奴谓天为'撑犁'，谓子为
'孤涂'，单于者，广大之貌也，言其象天单于也。"匈奴人称"天"为"撑
犁"，有学者以为，所谓"撑犁"，即古圣王黄帝一系的传说人物"重黎"。①
而古有"重""黎"各为一人的说法，"重"即"司天以属神"。②"重黎"
与"撑犁"的关系，也可以与"匈奴，其先祖夏后氏之苗裔也"的说法相
印合。

匈奴又重视祭天之礼，有完备严格的祠祀制度。《史记》卷一一〇《匈
奴列传》写道："岁正月，诸长小会单于庭，祠。""五月，大会茏城，祭其
先、天地、鬼神。""秋，马肥，大会蹛林，课校人畜计。"所谓"茏城"，
司马贞《索隐》："《汉书》作'龙城'，亦作'茏'字。崔浩云：'西方胡
皆事龙神，故名大会处为龙城。'《后汉书》云：'匈奴俗，岁有三龙祠，祭
天神。'"对于所谓"秋，马肥，大会蹛林"，注家也多以为与祭祀有关。如
裴骃《集解》引《汉书音义》曰："匈奴秋社八月中皆会祭处。"司马贞
《索隐》引服虔云："匈奴秋社八月中皆会祭处。"又引晋灼曰："李陵与苏
武书云：'相竞趋蹛林'，则服虔说是也。"又说："姚氏案：'《李牧传》：大
破匈奴，灭襜褴，此字与韦昭音颇同，然林、褴声相近，或以林为褴也。'"
张守节《正义》："颜师古云：'蹛者，绕林木而祭也。鲜卑之俗，自古相
传，秋祭无林木者，尚竖柳枝，众骑驰绕三周乃止，此其遗法也。'"

《史记》卷八一《廉颇蔺相如列传》写道："（单于）大率众来入。李
牧多为奇阵，张左右翼击之，大破杀匈奴十余万骑。灭襜褴，破东胡，降林
胡，单于奔走。其后十余岁，匈奴不敢近赵边城。"裴骃《集解》："'襜'，
都甘反。'褴'，路谈反。徐广曰：'一作临。'骃又案：如淳曰：'胡名也，
在代北。'"如淳以为非地名而为部族名，不妨聊备一说。徐广所谓音
"临"，则正与"林"同。

---

① 《史记》中多次说到"重黎"。如卷四〇《楚世家》："高阳者，黄帝之孙，昌意之子也。高阳生
称，称生卷章，卷章生重黎。重黎为帝喾高辛居火正，甚有功，能光融天下，帝喾命曰'祝融'。共工
氏作乱，帝喾使重黎诛之而不尽。帝乃以庚寅日诛重黎，而以其弟吴回为重黎后，复居火正，为祝融。"
卷二六《历书》："尧复遂重黎之后，不忘旧者。"又卷一三〇《太史公自序》："重黎业之，吴回接之。"

② 《史记》卷二六《历书》："少暤氏之衰也，九黎乱德，民神杂扰，不可放物，祸灾荐至，莫尽
其气。颛顼受之，乃命南正重司天以属神，命火正黎司地以属民，使复旧常，无相侵渎。"

匈奴确定祭天场所时重视林木象征生命力的意义，与汉地某些风习似乎有相近之处。① 作为常年生活在罕见高大林木的草原戈壁的民族，这样的文化倾向当然有更突出、更典型的反映。而甘泉所筑秦宫名"林光宫"，或许当地林区当时又有与其他山地不同的更为光焕华美的自然风貌。

从诸戎部族在春秋战国以来为华夏人不断压迫而北迁的历史看，云阳甘泉可能是他们活动地域偏在南界，然而愈近晚世则愈少登临，于是具有某种神性的山林胜境。民族文化记忆中印迹极其深刻的先祖传说与以这处山林为中心的故地的联系，② 在注重"祭其先、天地、鬼神"的民族的心理中，也使得云阳甘泉很自然地可以成为一处宗教圣地。

据班固在《汉书》卷二八上《地理志上》中记载，左冯翊云阳有三处与匈奴文化有关的神祠："云阳。有休屠、金人及径路神祠三所。"休屠神祠以匈奴部族名命名，金人神祠显然与《史记》卷一一〇《匈奴列传》所谓"汉使骠骑将军（霍）去病将万骑出陇西，过焉支山千余里，击匈奴，得胡首虏万八千余级，破得休屠王祭天金人"及卷一一一《卫将军骠骑列传》所谓"过焉支山千有余里，合短兵，杀折兰王，斩卢胡王，诛全甲，执浑邪王子及相国、都尉，首虏八千余级，收休屠祭天金人"事有关。径路神祠，《汉书》卷二五下《郊祀志下》："云阳有径路神祠，祭休屠王也。"颜师古注："休屠，匈奴王号也。径路神，本匈奴之祠也。"③

又据说，"径路"，是匈奴宝刀名。《汉书》卷九四下《匈奴传下》记载，汉使韩昌、张猛与匈奴单于"共饮血盟"，"昌、猛与单于及大臣俱登

---

① 《论语·八佾》："哀公问'社'于宰我，宰我对曰：'夏后氏以松，殷人以柏，周人以栗。'"《庄子·人间世》说到"栎社树"。又多有将神社建于丛林中的情形，称作"丛社"。《吕氏春秋·怀宠》："问其丛社大祠，民之所不欲废者而复兴之，曲加其祀礼。"扬雄《太玄·聚》也说到"牵羊示于丛社"。祠祀之所设于丛林中，又称作"丛祠"。《史记》卷四八《陈涉世家》写道："令吴广之次所旁丛祠中，夜篝火，狐鸣呼曰：'大楚兴，陈胜王。'"裴骃《集解》引张晏曰："丛，鬼所凭依。"司马贞《索隐》引《墨子》："建国必择木之修茂者以为丛位。"又引《战国策》高诱注："丛祠，神祠也。丛，树也。"唐人李亢《独异志》卷上可见"社林"，也是古俗遗存。宁可指出，"社神的标识一般是一株大树或丛木，称为'社树'、'社木'或'社丛'；也有进一步封土为坛的，称为'社坛'，其上或为树，或奉木或石的'社主'。"《汉代的社》，《文史》第9辑，中华书局1980年版。

② 《史记》卷一一〇《匈奴列传》记载所谓"秦昭王时，义渠戎王与宣太后乱，有二子，宣太后诈而杀义渠戎王于甘泉，遂起兵伐残义渠"，就是值得重视的历史事实。

③ 据《汉书》卷二五下《郊祀志下》，汉元帝初年，"径路"祠以"不应礼"罢。

匈奴诸水东山，刑白马，单于以径路刀金留犁挠酒"。颜师古注引应劭曰：
"径路，宝刀也。"《汉书》卷二八上《地理志上》王先谦《补注》则说，
"《郊祀志》：'云阳有径路神祠，祭休屠王也。'则'径路'是休屠王名，
没而为神，故匈奴祠而汉因之。非祠宝刀也。其神遗有宝刀，因名'径路
刀'耳。"

显然，云阳甘泉所谓"有休屠、金人及径路神祠三所"，当时应当都是
出身匈奴的"胡巫"所主持的祀所。

前说所谓"胡巫事九天于神明台"在甘泉宫之说不确，自汉武帝时代
起，胡巫在甘泉宫祭天之所，有可能是"通天台"。

《汉书》卷六《武帝纪》：元封二年（前109），"作甘泉通天台"。颜师
古注："'通天台'者，言此台高，上通天也。《汉旧仪》云高三十丈，望见
长安城。""通天台"得名，有可能如颜师古说，"言此台高，上通天也"，
也有可能是用于祭天的缘故。《长安志》引《关中记》说："左有通天台，
高三十余丈，祭天时于此候天神下也。"

"通天台"似乎曾经成为甘泉宫的主体建筑之一，甚至宫殿区的进一步
规划扩建，也是以这座高台作为设计基准的。《史记》卷二八《封禅书》：
"乃作通天茎台，置祠具其下，将招来神仙人之属。于是甘泉更置前殿，始
广诸宫室。"后来甘泉殿中生芝，也被看作"通天台"的神应。①

《三辅黄图》卷五写道："通天台，武帝元封二年作甘泉通天台。《汉旧
仪》云：'通天者，言此台高通于天也。'《汉武故事》：'筑通天台于甘泉，
去地百余丈，望云雨悉在其下，望见长安城。''武帝时祭泰乙，上通天台，
舞八岁童女三百人，祠祀招仙人。祭泰乙，云令人升通天台，以候天神，天
神既下祭所，若大流星，乃举烽火而就竹宫望拜。上有承露盘，仙人掌擎玉
杯，以承云表之露。元凤间，自毁，椽桷皆化为龙凤，从风雨飞去。'《西
京赋》云：'通天眇而竦峙，径百常而茎擢，上瓣华以交纷，下刻峭其若
削。'亦曰'望仙台'，以候神明、望神仙也。"

---

① 《史记》卷二八《封禅书》："夏，有芝生殿房内中。天子为塞河，兴通天台，若见有光云，乃
下诏：'甘泉房中生芝九茎，赦天下，毋有复作。'"《汉书》卷二五下《郊祀志下》："夏，有芝生甘泉
殿房中。天子为塞河，兴通天，若有光云，乃下诏赦天下。"颜师古注："为塞河及造通天台而有神光之
应，故赦天下也。"

《汉书》卷九〇《酷吏传·王温舒》说："上方欲作通天台而未有人，温舒请覆中尉脱卒，得数万人作。上说，拜为少府。"可知通天台工程动用人力之多。① 史念海考察甘泉宫遗址时曾经发现："今淳化县梁武帝村旁的遗址中犹有高十米的高台，仡立地上，巍峨高耸，虽土质已渐剥落，无复台阁模样，然就此遗址而论，气象实为非凡，当系通天台旧址无疑。"②

陈直曾经指出："西安汉城出土有'泰灵嘉神'瓦，疑为武帝祭泰乙神祠中之物。又陈沈炯有《经通天台奏汉武帝表》，足证在北朝时遗址犹存。"③

西汉帝王与上天之间的联系曾经借"胡巫"之力实现，是耐人寻味的文化现象。

### 2. 西汉长安"胡巫"活跃的背景

西汉长安地区"胡巫"的活跃，有特殊的历史文化背景。

考察这一背景，我们可以试从三个方面进行分析。

第一，我们首先注意到的历史现象，是西汉神祀制度大体继承了秦王朝的原有体制，而秦文化又有吸取西北民族文化影响的传统。

《史记》卷二八《封禅书》说，汉高帝二年，"悉召故秦祝官，复置太祝、太宰，如其故仪礼"。刘邦颁布诏书，宣布："今上帝之祭及山川诸当祠者，各以其时礼祠之如故。"所谓"如故"，"如其故"，说明秦王朝的神祀制度得以沿袭。

秦人的传统文化形态，是以曾经长期从事畜牧业经济为背景的。秦立国之初，就承担了维护西北游牧民族与中原农耕民族文化过渡区的任务。秦国的建国史，就是和诸戎交往和斗争的历史。中原人对秦人"夷翟遇之"④，视之为"夷狄也"⑤，即所谓"诸夏宾之，比为戎翟"⑥，以为"秦戎翟之

---

① 参看何清谷《三辅黄图校注》，三秦出版社1995年版，第273页。

② 史念海：《直道和甘泉宫遗迹质疑》，《中国历史地理论丛》1988年第3辑。

③ 陈直：《三辅黄图校证》，陕西人民出版社1980年版，第109页。

④ 《史记》卷五《秦本纪》。

⑤ 《史记》卷二七《天官书》。

⑥ 《史记》卷一五《六国年表》。

教"①，"秦与戎翟同俗"②，并不是全无根据的诋訾之词。这一特殊的文化信号，也体现出秦人与西北草原游牧民族相互间曾经有较密切的文化交往，彼此又具有一定的文化共同性。③

"胡巫"的作用，很可能体现出秦礼祀文化的遗存。

第二，西汉统治中心地区"胡巫"活动的另一因素，是长安接近北方草原民族军事文化影响的地理条件。

前引"匈奴祭天处本在云阳甘泉山下，秦夺其地"，以及"径路神祠在雍州云阳县西北九十里甘泉山下，本匈奴祭天处，秦夺其地"等说法，正反映了这样的情形。

《史记》卷一一〇《匈奴列传》说，周武王时，"放逐戎夷泾、洛之北"，至周道衰，犬戎曾经"居于泾渭之间，侵暴中国"，"秦襄公伐戎至岐，始列为诸侯"。秦穆公时代，"自陇以西有绵诸、琨戎、翟、䝠之戎，岐、梁山、泾、漆之北有义渠、大荔、乌氏、朐衍之戎"。秦昭襄王时，"宣太后诈而杀义渠戎王于甘泉，遂起兵伐残义渠，于是秦有陇西、北地、上郡，筑长城以拒胡"。可能正是在这样的历史过程中，云阳甘泉山下的祭天祠所由匈奴手中转入秦人控制之下。

而按照司马迁在《史记》卷一一〇《匈奴列传》中开篇即强调的"匈奴，其先祖夏后氏之苗裔也"的说法，则所谓"云阳、甘泉，黄帝以来祭天圆丘处也"与所谓"匈奴祭天处本在云阳甘泉山下，秦夺其地"也并不矛盾。

又如司马迁在《史记》卷二八《封禅书》中写道："文成死明年，天子病鼎湖甚，巫医无所不致，不愈。游水发根言上郡有巫，病而鬼神下之。上召置祠之甘泉。及病，使人问神君。神君言曰：'天子无忧病，病少愈，强与我会甘泉。'于是病愈，遂起，幸甘泉，病良已。大赦，置寿宫神君，寿宫神君最贵者'太一'，其佐曰'大禁'、'司命'之属，皆从之。非可得见，闻其言，言与人音等。时去时来，来则风肃然。居室帷中。时昼言，然

---

① 《史记》卷六八《商君列传》。
② 《史记》卷四四《魏世家》。
③ 参看王子今《应当重视秦人与西方北方部族文化交往的研究》，《秦陵秦俑研究动态》1991 年第3 期。

常以夜。天子祓，然后入。因巫为主人，关饮食。所以言，行下。又置寿宫、北宫，张羽旗，设供具，以礼神君。神君所言，上使人受书其言，命之曰'画法'。其所语，世俗之所知也，无绝殊者，而天子心独喜。其事秘，世莫知也。"

据《史记》卷一一〇《匈奴列传》，秦二世执政，"蒙恬死，诸侯畔秦，中国扰乱，诸秦所徙适戍边者皆复去，于是匈奴得宽，复稍度河南与中国界于故塞"。而冒顿确立匈奴领袖的地位之后，"悉复收秦所使蒙恬所夺匈奴地者，与汉故河南塞，至朝那、肤施"。也就是说，上郡除深受戎狄之风影响而外，在秦亡后又曾经直接为匈奴所占有。因而，游水发根所推荐的上郡之巫很可能是胡巫。汉武帝或许因为病重而汉地"巫医无所不致，不愈"，不得已乃起用胡巫。"上郡有巫，病而鬼神下之"，又能代"神君"言，所使用的特殊巫术，似与萨满法术有某种渊源关系。

《史记》卷二八《封禅书》所谓"置寿宫神君，寿宫神君最贵者'太一'"，其中"太一"，补《孝武本纪》则写作"大夫"。泷川资言《史记会注考证》引俞樾的论证："'神君'乃巫之神，以巫为主人，居帷幄中与人言，即所谓'上郡有巫，病而鬼神降之'[1] 者也。'太一'乃天神之最贵者，汉祀'太一'有二，其一则天子三年亲郊祀，如雍郊之礼，其一则亳人谬忌所奏祠，谓之'薄忌太一'。是二者均与'神君'无涉也。'太一'之佐曰'五帝'，亦非'太禁'、'司命'之属也。然则此'太一'当作'大夫'。盖巫神之贵者曰'大夫'耳。秦时民俗相称，尊之则曰'大夫'。若萧何称沛中吏是也。巫觋鄙俚，亦沿此称，非谓'太一'也。当以《纪》为长。"

所谓"若萧何称沛中吏是也"，例见《史记》卷八《高祖本纪》："单父人吕公善沛令，避仇从之客，因家沛焉。沛中豪桀吏闻令有重客，皆往贺。萧何为主吏，主进，令诸大夫曰：'进不满千钱，坐之堂下。'高祖为亭长，素易诸吏，乃绐为谒曰'贺钱万'，实不持一钱。谒入，吕公大惊，起，迎之门。"对于"萧何为主吏，主进，令诸大夫曰"，张守节《正义》："大夫，客之贵者总称之。"

应当说，"秦时民俗相称，尊之则曰'大夫'"，而"巫觋鄙俚，亦沿此

---

[1]　《史记》卷二八《封禅书》作"病而鬼神下之"，卷一二《孝武本纪》作"病而鬼下之"。

称"的说法，是有一定道理的。如果"太一"不是胡巫语音译，则俞樾"大夫"之说可以参考。

还有一种值得重视的现象，即所谓"上召置祠之甘泉"，"神君言曰：'天子无忧病，病少愈，强与我会甘泉'"，"遂起，幸甘泉，病良已"，都说到"甘泉"曾经成为巫术表演的重要舞台。

"甘泉"这一地点，对于上郡之巫所藉假的"神君"法术的发挥似乎具有特殊的意义。

联系前面说到的云阳甘泉"休屠、金人及径路神祠三所"的设立，可知甘泉很可能原先是匈奴巫文化的一个特殊基地，在汉武帝时代，又成为匈奴巫文化与汉地巫文化相融汇的一个特殊的交合点。

第三，长安"胡巫"活跃的另一历史文化条件，是西汉帝国和匈奴长期的战争关系。

克劳塞维茨曾经说："战争是一种人类交往的行为。"[1] 马克思和恩格斯也曾经指出：战争本身"是一种经常的交往形式"[2]。

战争双方在激烈较量的同时，也实现了密切的文化接触和文化交往。

可以作为说明这一历史事实的另一例证的，是西汉王朝正规军编制之中"胡骑"的存在。[3] "胡骑"也确曾在长安地区屯驻，并且成功地发挥了卫成效能。[4]

### 3. "胡巫视鬼"与"巫蛊之祸"

"胡巫"在以长安为中心的西汉政治文化中枢地区的活动，曾经发生重

---

[1] 克劳塞维茨：《战争论》，中国人民解放军军事科学院译，解放军出版社 1964 年版，第 1 卷第 179 页。

[2] 马克思、恩格斯：《德意志意识形态》，《马克思恩格斯全集》第 1 卷，人民出版社 1972 年版，第 72 页。

[3] 如《汉书》卷八《宣帝纪》："（神爵元年）西羌反，发……胡、越骑……诣金城"，"击西羌。"《汉书》卷六八《霍光传》："（霍）山奉车都尉侍中，领胡、越兵。""……诸领胡、越骑……悉易以所亲信许、史子弟代之。"《汉书》卷六九《赵充国传》："（赵卬）将……胡越骑为支兵，至令居。"

[4] 《汉书》卷一九上《百官公卿表上》："长水校尉掌长水宣曲胡骑。又有胡骑校尉，掌池阳胡骑。"《汉书》卷六六《刘屈牦传》："（刘据）使长安囚如侯持节发长水及宣曲胡骑，皆以装会。侍郎莽通使长安，因追捕如侯，告胡人曰：'节有信，勿听也。'遂斩如侯，引骑入长安。"颜师古注："长水，校名。宣曲，宫也。并胡骑所屯。"《汉书》卷六八《金日磾传》："（金涉）成帝时为侍中骑都尉，领三辅胡、越骑。"颜师古注："胡、越骑之在三辅者，若长水、长杨、宣曲是也。"

要的历史影响。

可以说明这一事实的最典型的实例，当然是"巫蛊之祸"中"胡巫"所起的特殊作用。

"巫蛊之祸"是发生于汉武帝统治晚期的一场激烈的政治风暴，其结果导致了汉帝国统治上层严重的政治危机，都城长安在这次政治动乱中致死者之多竟数以万计。

据《资治通鉴》卷二二"汉武帝征和二年"记载，汉武帝"体不平，遂苦忽忽善忘"，而"性仁恕温谨"，"宽厚""守文"，与汉武帝政治风格多有不同的太子刘据"宾客多以异端进者"，对汉武帝"用法严，多任深刻吏"的做法"多所平反"，于是"得百姓心，而用法大臣皆不悦"。在这种极特殊的政治背景下，具有极敏锐的政治嗅觉，又有投机之心，受到汉武帝特殊信任并赋予重要权力的直指绣衣使者江充利用汉武帝父子政治倾向不同的矛盾，制造了太子宫中埋木人行"巫蛊"的冤案。

汉武帝指令江充在长安大规模调查"巫蛊"一案时，"胡巫"曾经有十分活跃的表现。据《汉书》卷四五《江充传》记载：汉武帝病重，"（江充）奏言上疾祟在巫蛊，于是上以充为使者治巫蛊。充将胡巫掘地求偶人，捕蛊及夜祠，视鬼染污令有处，辄收捕验治。""（江充）奏言上疾祟在巫蛊"句下，颜师古注："《三辅旧事》云（江）充使胡巫作而埋之。"

对于所谓"将胡巫掘地求偶人"，颜师古注："张晏曰：'（江）充捕巫蛊及夜祭祠祝诅者，令胡巫视鬼，诈以酒辍地，令有处也。'师古曰：'捕夜祠及视鬼之人，而（江）充遣巫污染地上，为祠祭之处，以诬其人也。'"

"胡巫"当时受江充之命，在调查"巫蛊"时制造假现场，导致冤案。所以少傅石德在劝太子刘据起兵诛江充时说："前丞相父子、两公主及卫氏皆坐此，今巫与使者掘地得征验，不知巫置之邪，将实有也，无以自明。"《汉书》卷六三《武五子传·戾太子刘据》还记载：于是刘据"乃斩（江）充以徇，炙胡巫上林中"。对于"胡巫"，颜师古注："服虔曰：'作巫蛊之胡人也。炙，烧也。'师古曰：'胡巫受（江）充意指，妄作蛊状，太子特忿，且欲得其情实，故以火炙之，使毒痛耳。'"

"胡巫"作为"巫蛊之祸"这一政治变局中的重要角色，在思想文化史上写下了具有神秘主义特征的外来文化因素通过介入上层权争，显著影响汉文化主体的引人注目的一页。

还有一种现象值得注意，即"巫蛊"的形式之一，就是在道路上埋设象征物以恶言祝诅。《汉书》卷六《武帝纪》：天汉二年（前99），"秋，止禁巫祠道中者。大搜。"文颖解释说："始汉家于道中祠，排祸咎移之于行人百姓。以其不经，今止之也。"颜师古则指出："文说非也。秘祝移过，文帝久已除之。今此总禁百姓巫觋于道中祠祭者耳。"对于所谓"大搜"，臣瓒以为："'搜'，谓索奸人也。"晋灼则以为："搜巫蛊也。"汉武帝天汉二年的这一严厉的行政禁令当确实与"巫蛊"有关，而"于道中祠"、"于道中祠祭"等解释也应当以"巫蛊"为出发点方可能接近史实。

征和二年（前91），有人举报丞相公孙贺的儿子公孙敬声与阳石公主私通，"及使人巫祭祠诅上，且上甘泉当驰道埋偶人，祝诅有恶言"，于是"父子死狱中，家族"。①《汉书》卷六《武帝纪》记载："二年春正月，丞相贺下狱死。"数月后，卫皇后女"诸邑公主、阳石公主皆坐巫蛊死"。是为"巫蛊之祸"发生的标志。

所谓"当驰道埋偶人，祝诅有恶言"，有助于理解天汉二年即被禁止的"当驰道埋偶人，祝诅有恶言"的巫术形式。

据《汉书》卷九六下《西域传下》，汉武帝著名的"轮台诏"中说道："重合侯得虏候者，言：'闻汉军当来，匈奴使巫埋羊牛所出诸道及水上以诅军。单于遗天子马裘，常使巫祝之。缚马者，诅军事也。'"所谓"匈奴使巫埋羊牛所出诸道及水上以诅军"，颜师古解释说，"于军所行之道及水上埋牛羊"。实际上，"埋羊牛所出诸道"与"当驰道埋偶人"有类似的作用，公孙敬声"埋偶人"类同于匈奴"埋羊牛"。也就是说，长安地区当时所盛行的"巫蛊"的有些形式，其实是匈奴巫风的模拟。

这可能也是江充任用"胡巫"办理"巫蛊"大狱的主要原因之一。

"胡巫"的神秘技能，曾经长期在与匈奴对抗的西汉王朝的最高统治者的心中造成深重的阴影。除了汉武帝对"单于遗天子马裘，常使巫祝之"有所警觉而外，《汉书》卷九四下《匈奴传下》记载，"建平四年，单于上书愿朝五年。时哀帝被疾，或言匈奴从上游来厌人，自黄龙、竟宁时，单于

---

① 《汉书》卷六六《公孙贺传》。

朝中国辄有大故"。汉哀帝于是犹疑，让公卿讨论，后来终于拒绝单于来朝。
"大故"，颜师古注："谓国之大丧。"两年之后，元寿二年（前1），"单于
来朝，上以太岁厌胜所在，舍之上林苑蒲陶宫。告之以加敬于单于，单于知
之"。《汉书》卷一一《哀帝纪》记载，正月匈奴单于来朝，"二月归国，单
于不说"。单于不悦的原因，当是知道了汉哀帝令居蒲陶宫是取"太岁厌
胜"之效用的目的。就在四个月之后，汉哀帝崩，再一次证明了"单于朝
中国辄有大故"的说法。这当然只是偶然的巧合，不过我们可以推想，当时
人对于"胡巫"神力的迷信，可能因此又有了进一步流播的条件。

### 4. "越巫立越祝祠"

据《汉书》卷二八上《地理志上》，左冯翊云阳除了"有休屠、金人及
径路神祠三所"以外，又有"越巫䄡鄹祠三所"。颜师古注引孟康曰：
"'䄡'，音辜磔之'辜'，越人祠也。"是为"胡巫"和"越巫"并用的
史例。

汉武帝时代"越人祠"以及"越巫"受到重视的情形，又见于司马迁
《史记》卷二八《封禅书》中的记述：

> 是时既灭两越，越人勇之乃言："越人俗鬼，而其祠皆见鬼，数有
> 效。昔东瓯王敬鬼，寿百六十岁。后世怠慢，故衰耗。"乃令越巫立越
> 祝祠，安台无坛，亦祠天神上帝百鬼，而以鸡卜。上信之，越祠鸡卜
> 始用。

汉武帝受"越人俗鬼"的影响，用"越巫"、"越祠"、"越祝祠"，体现了
这位多欲而有为的帝王广阔的文化视野和宽大的文化胸襟。

对于"鸡卜"的理解，《史记》卷一二《孝武本纪》裴骃《集解》：
"《汉书音义》曰：'持鸡骨卜，如鼠卜。'"张守节《正义》则解释说："鸡
卜法用鸡一，狗一，生，祝愿讫，即杀鸡狗煮熟，又祭，独取鸡两眼，骨上
自有孔裂，似人物形则吉，不足则凶。今岭南犹此法也。"

所谓"今岭南犹此法也"，有唐宋人记录岭南民俗的文献可以补证。唐
人段公路《北户录》卷二又有"鸡卵卜"条。崔龟图注引《风土记》也说

"南人重鸡卵"。《粤东笔记》："永安俗尚师巫，人有病，以八字问巫。巫始至，破一鸡卵，视其中黄白若何，以知其病之轻重。"宋人蔡绦《铁围山丛谈》卷四则更详细地说明了"今粤俗"鸡卵卜的形式："《汉郊祀志》言，粤人信鬼，而以鸡卜。李奇注谓'持鸡骨卜'也。唐子厚亦言'鸡骨占年'。考之今粤俗且不然，实用鸡卵尔。其法先祭鬼，乃取鸡卵，墨画其表，以为外象。画皆有重轻，类分我别彼，犹《易》卦所谓世与应者。于是北边诏鬼神而道厥事，然后誓之，投卵铛中，烹之熟，则以刀横断鸡卵。既中破焉，其黄白厚薄处为内象，配用外象之彼我，以求其侵克否否。凡卜病卜行人，雅殊有验。"

鸡骨卜和鸡卵卜，可能都曾经在不同的部族中流行。正如司马迁《史记》卷一三〇《太史公自序》所谓"四夷各异卜"。

其实，《史记》卷一二八《龟策列传》褚少孙补述曾经说到鸡卵在当时中原地区的传统卜筮形式中也有神秘的意义："常以月旦被龟，先以清水澡之，以卵被之，乃持龟而遂之，若常以为祖。人若已卜不中，乃被之以卵，东向立，灼以荆若刚木，土卵指之者三，持龟以卵周环之，祝曰：'今日吉，谨以粱卵锑黄被去玉灵之不祥。'玉灵必信以诚，知万事之情，辩兆皆可占。"就是说，应当在确定的时间以特殊的形式被去占卜所使用龟板的"不祥"。包括用清水洗濯龟板，用鸡卵摩之而咒。如果卜而不中，也被之以卵。所谓"常以月旦被龟，先以清水澡之，以卵被之"，裴骃《集解》说："拂洗之以水，鸡卵摩之而咒。"张守节《正义》也解释说："以常月朝清水洗之，以鸡卵摩而祝之。"关于所谓"土卵指之者三"，张守节《正义》写道："言卜以不中，以土为卵，三度指之，三周绕之，用厌不祥也。""土卵"，应当是泥质或陶质的鸡卵的模型。关于所谓"以粱卵锑黄被去玉灵之不祥"，司马贞《索隐》说："'粱'，米也。'卵'，鸡子也。'锑'，灼龟木也。""'黄'者，以黄绢裹粱卵以被龟也。必以黄者，中之色，主土而信，故用鸡也。"张守节《正义》则解释说："言以粱米鸡卵被去龟之不祥，令灼之不焦不黄。若色焦及黄，卜之不中也。"

鸡卜的两种形式，也有同时施行的。如近世壮族民间就通行鸡骨卜和鸡卵卜，鸡卵卜又有特殊的形式。"鸡骨卜，其卜法是取刚会啼的雄鸡一只，杀死后即折断鸡翅膀，剔除皮肉，视翅骨纹路，如明亮则主吉，暗淡则主凶；或者将鸡煮熟，折断鸡腿，用竹签拨视腿骨纹路，也以明暗断吉凶。凡预言兵战胜负、猎物多寡、村寨安危、人畜兴衰，多用鸡蛋卜，其法是于碗内装大米或玉米粒，用比筷子略粗、有七八寸长的棍子插于碗中，棍子顶端立置一个生鸡蛋，以鸡蛋能立住且慢慢转动而不掉下来为吉，掉下来为凶。另一种鸡蛋卜法是由行卜者对鸡蛋画符念咒，将鸡蛋煮熟，然后剖成二片，验视蛋黄，以断吉凶，此卜法多用于选择坟地。"①

　　水族则盛行称作"蛋卜"的占卜方式。"先由巫师将鸡蛋一个用木炭在蛋壳上画上鬼符，置于盛有白米的碗中再念咒词"，"念毕，将蛋置于锅中用清水煮熟，取出用刀按画线割去小半，取出蛋黄，对着日光观察，按《水书》② 所载蛋卜法则，以蛋白中斑点所处的位置判断是何鬼作祟，用何物祭鬼才能解脱"③。瑶族巫师也使用称作"蛋卦"的占卜方式。④

### 5. "越巫陈方"与建章宫营造

　　越巫对社会文化表现出更重要影响的史例，是汉武帝时代对于营造建章宫的建议。

　　汉武帝太初元年（前104）十一月，长安柏梁台发生火灾，汉武帝一度因此"朝受计甘泉"，甘泉一时成为朝会中心。而越巫勇之又以越人习俗建议建设更宏丽的宫殿区，以取厌胜火灾之用。于是有建章宫的规划：

　　　　上还，以柏梁灾故，朝受计甘泉。公孙卿曰："黄帝就青灵台，十二日烧，黄帝乃治明廷。明廷，甘泉也。"方士多言古帝王有都甘泉者。其后天子又朝诸侯甘泉，甘泉作诸侯邸。勇之乃曰："越俗有火灾，复起屋必以大，用胜伏之。"于是作建章宫，度为千门万户。前殿度高未央。其东则凤阙，高二十余丈。其西则唐中，数十里虎圈。其北治大池，渐台高二十余丈，命曰"太液池"，中有蓬莱、方丈、瀛洲、壶

----

　　① 顾有识、陆炬烈：《壮族原始宗教的封建化》，《中国少数民族宗教初编》，云南人民出版社1985年版，第309页。

　　② 《水书》，水族传世占卜用书。又分"白书"、"黑书"两种。

　　③ 陈国安：《水族的宗教信仰》，《中国少数民族宗教初编》，云南人民出版社1985年版，第359页。

　　④ 张有隽：《瑶族原始宗教探源》，《中国少数民族宗教初编》，云南人民出版社1985年版，第392页。

梁，象海中神山龟鱼之属。其南有玉堂、璧门、大鸟之属。乃立神明
台、井干楼，度五十丈，辇道相属焉。

《汉书》卷六《武帝纪》颜师古注引文颖曰："越巫名勇，谓帝曰越国有火
灾即复大起宫室以厌胜之，故帝作建章宫。"

《文选》卷二张衡《西京赋》写道：

> 柏梁既灾，越巫陈方，建章是经，用厌火祥，营宇之制，事兼
> 未央。

李善注："'兼'，犹'倍'也。所以顺巫言也。"

两越不过是汉王朝军队新近平定不久的边僻地区，"越俗"对都城长安
宫廷建设的这种显著影响，于是成为令人震惊的文化现象。由此我们可以看
到"越巫"在汉帝国统治中枢的重要文化作用，也可以看到汉武帝以"开
放"为显著倾向的文化性格，虽然现今许多人可能会把他的动机简单化地归
结为迷信。

《三国志》卷二五《魏书·高堂隆传》记录了一次有关越巫与建章宫规
划的讨论。高堂隆迁侍中，依然兼任太史令。崇华殿发生火灾，魏明帝诏问
高堂隆："此何咎？于礼，宁有祈禳之义乎？"高堂隆回答："夫灾变之发，
皆所以明教诫也，惟率礼修德，可以胜之。《易传》曰：'上不俭，下不节，
孽火烧其室。'又曰：'君高其台，天火为灾。'此人君苟饰宫室，不知百姓
空竭，故天应之以旱，火从高殿起也。上天降鉴，故谴告陛下；陛下宜增崇
人道，以答天意。昔太戊有桑谷生于朝，武丁有雊雉登于鼎，皆闻灾恐惧，
侧身修德，三年之后，远夷朝贡，故号曰中宗、高宗。此则前代之明鉴也。
今案旧占，灾火之发，皆以台榭宫室为诫。然今宫室之所以充广者，实由宫
人猥多之故。宜简择留其淑懿，如周之制，罢省其余。此则祖己之所以训高
宗，高宗之所以享远号也。"魏明帝又问道："吾闻汉武帝时，柏梁灾，而
大起宫殿以厌之，其义云何？"高堂隆答道："臣闻西京柏梁既灾，越巫陈
方，建章是经，以厌火祥；乃夷越之巫所为，非圣贤之明训也。《五行志》
曰：'柏梁灾，其后有江充巫蛊太子事。'如《志》之言，越巫建章无所厌

也。孔子曰：'灾者修类应行，精禨相感，以戒人君。'是以圣主睹灾责躬，退而修德，以消复之。今宜罢散者民役。宫室之制，务从约节，内足以待风雨，外足以讲礼仪。清埽所灾之处，不敢于此有所立作，蓂莆、嘉禾必生此地，以报陛下虔恭之德。岂可疲民之力，竭民之财！实非所以致符瑞而怀远人也。"魏明帝于是修复了崇华殿，"时郡国有九龙见，故改曰九龙殿"。高堂隆在病重临终之时，依然口占上疏，再次发表了对于汉武帝听从越巫的建议营造建章宫的批评："汉孝武乘文、景之福，外攘夷狄，内兴宫殿，十余年间，天下嚣然。乃信越巫，怼天迁怒，起建章之宫，千门万户，卒致江充妖蛊之变，至于宫室乖离，父子相残，殃咎之毒，祸流数世。"

高堂隆所谓"柏梁既灾，越巫陈方，建章是经，以厌火祥"，与张衡《西京赋》的说法完全相同，值得我们注意。他反复否定越巫之说，强调"越巫建章无所厌"，谴责汉武帝造成的社会危难，以为此后"殃咎之毒，祸流数世"，都可以与"信越巫，怼天迁怒"联系起来。他在批判巫术的同时，宣扬了儒学道德。高堂隆的言论，说明汉武帝信从的"越巫"的主张，是和正统文化相冲突的。所谓"夷越之巫所为，非圣贤之明训也"，表现了儒学人士对于少数民族巫者的鄙视。

《史记》卷二八《封禅书》有一段特别的文字，在陈述汉武帝调整郊祀制度，"始用乐舞"时，说到了"南越"：

> 其春，既灭南越，上有嬖臣李延年以好音见。上善之，下公卿议，曰："民间祠尚有鼓舞之乐，今郊祠而无乐，岂称乎？"公卿曰："古者祀天地皆有乐，而神祇可得而礼。"或曰："泰帝使素女鼓五十弦瑟，悲，帝禁不止，故破其瑟为二十五弦。"于是塞南越，祷祠泰一、后土，始用乐舞，益召歌儿，作二十五弦及箜篌瑟自此起。

本来是中土郊祀制度的变革，似乎和"南越"没有什么关系，然而司马迁对于此事的记述，前言"既灭南越"，后曰"于是塞南越"，似乎又与"南越"密切相关，这是为什么呢？

这段文字是不是可以理解为对汉武帝时郊祀乐舞制度的确立和南越有某种神秘关系的暗示呢？

泷川资言《史记会注考证》说："塞，读为赛。胡三省曰：为伐南越，告祷泰一，故今赛祠。"① 这应当说是一种解释。按照这种理解，则郊祀用乐舞和南越并没有什么直接的关系。《封禅书》只是因为答谢泰一、后土对于征伐南越的福佑所举行的"赛祠""始用乐舞"，方才在记述时涉及"南越"。如果胡三省的说法能够成立，那么，"为伐南越，告祷泰一"这一例证或许也可以从一个角度说明正统礼乐制度与"夷越之巫"之间敌对的文化立场。

可以作为助证的，又有《风俗通义》卷九《怪神》"世间多有狗作变怪"条下记录的这一故事："武帝时迷于鬼神，尤信越巫。董仲舒数以为言，武帝欲验其道，令巫诅仲舒。仲舒朝服南面，诵咏经论，不能伤害，而巫者忽死。"②

### 6."东海黄公"越人祝法

《文选》卷二张衡《西京赋》又有"东海黄公，赤刀越祝，冀厌白虎，卒不能救，挟邪作蛊，于是不售"语，李善注引《西京杂记》说："东海人黄公，少时能幻，制蛇御虎，常佩赤金刀。及衰老，饮酒过度，有白虎见于东海，黄公以赤刀往厌之，术不行，遂为虎所食。"

按照薛综的解释，"东海有能赤刀禹步，以越人祝法厌虎者，号曰'黄公'"。"'蛊'，惑也。'售'，犹行也。谓怀挟不正道者，于是时不得行也。"

所谓"赤刀越祝"，一时成为主要的巫术表演形式，也说明当时民间"越巫"的活跃。③

汉代流行的镇墓瓶文字中，往往出现"天帝使黄神越章"、"天帝神师黄越章"等称号。如陕西户县朱家堡汉墓出土的陶瓶上，除画符外，又有这样的朱书文字：

---

① 《汉书》卷二五上《郊祀志上》王先谦《补注》亦引胡三省说。

② 元人谢应芳《辨惑论》卷二谓出《白虎通论》。

③ 参看王子今、王心一《"东海黄公"考论》，《陕西历史博物馆馆刊》第11辑，三秦出版社2004年版。

阳嘉二年八月已巳朔六日甲戌，徐。天帝使者，谨为曹伯鲁之家移
央（殃）去咎，远之千里。咎□大桃不得留。□□至之鬼所，徐□□。
生人得九，死人得五，生死异路，相去万里。从今以长保孙子，寿如金
石，终无凶。何以为信？神药厌（压）填（镇），封黄神越章之印。如
律令！①

传世汉印也多有"黄神越章"、"黄神越章天帝神之印"等，此外还多见
"黄神越章"封泥。②《抱朴子·登涉》："古之人入山者，皆佩'黄神越章'
之印，其广四寸，其字一百二十，以封泥著所经之四方各百步，则虎不敢近
其内也。……不但只辟虎狼，若有山川社庙血食恶神能作福祸者，以印封
泥，断其道路，则不复能神矣。"这种流行极其广泛的"黄神越章"信仰
中，"越"的涵义是什么呢？这自然会使我们联想到"越巫"的活跃。

晋人嵇含《南方草木状》卷中说到"越巫"的一种法器"枫人"："枫
人，五岭之间多枫木，岁久则生瘤瘿。一夕遇暴雷骤雨，其树赘暗长三五
尺，谓之'枫人'。越巫取之作术，有通神之验。取之不以法，则能化
去。"③ 这虽然是晋人的记录，也可以据此推想汉代"越巫"的法术形式。

《太平御览》卷一八八引《唐会要》曰："汉柏梁殿灾，越巫言海中有
鱼，虬尾似鸱，激浪即降雨。遂作其象于屋，以厌火祥。时人或谓'鸱
吻'，非也。"可知"越巫"所言，对于后来建筑的形制，竟然形成了长久
的影响。"越巫"行为对于社会民俗的深刻作用，又见于《广博物志》卷四
如下说法："越巫始制端午彩符、健线、艾人。"

东汉时，越地多有反叛势力生成和发展，因为神秘主义崇拜等特征，统
治者往往称之为"妖贼"。如《后汉书》卷六《顺帝纪》："（阳嘉元年）扬
州六郡妖贼章河等寇四十九县，杀伤长吏。"《后汉书》卷五八《臧洪传》：

---

① 褚振西：《陕西户县的两座汉墓》，《考古与文物》1980 年创刊号；王育成：《东汉道符释例》，
《考古学报》1991 年第 1 期。
② 方诗铭：《曹操·袁绍·黄巾》，上海社会科学院出版社 1996 年版，第 230—231 页。
③ （唐）刘恂《岭表录异》卷中："枫人，岭多枫树，树老则有瘤瘿。忽一夜遇暴雷骤雨，其树赘
则暗长三数尺。南中谓之'枫人'。越巫云取之雕刻，则神鬼易致灵验。"注："按《太平广记》四百七
卷同。"

"熹平元年，会稽妖贼许邵起兵句章，自称'大将军'，立其父生为'越王'，攻破城邑，众以万数。"《三国志》卷四六《吴书·孙坚传》："会稽妖贼许昌起于句章，自称'阳明皇帝'，与其子韶扇动郡县①，众以万数。"

陈寅恪曾经引《世说新语·言语》"王中郎令伏玄度、习凿齿论青、楚人物"刘孝标注："寻其事，则未有赤眉、黄巾之贼。此何如青州邪？"陈寅恪指出，"若更参之以《后汉书·刘盆子传》所记赤眉本末，应劭《风俗通义》玖《怪神篇》'城阳景王祠'条，及《魏志》壹《武帝纪》注引王沈《魏书》等，则知赤眉与天师道之祖先复有关系。故后汉之所以得兴，及其所以致亡，莫不由于青徐滨海妖巫之贼党。殆所谓'君以此始，必以此终'者欤？"

陈寅恪还指出，两晋南北朝时期，"多数之世家其安身立命之秘，遗家训子之传，实为惑世诬民之鬼道"，"溯其信仰之流传多起于滨海地域，颇疑接受外来之影响。盖二种不同民族之接触，其关于武事之方面者，则多在交通阻塞之点，即山岭险要之地。其关于文化方面者，则多在交通便利之点，即海滨湾港之地"。"海滨为不同文化接触最先之地，中外古今史中其例颇多。"②

"越巫"文化特质的形成，"越巫"的活跃及其文化影响的广泛，也与"多在交通便利之点，即海滨湾港之地"的地理背景有关。

# 汉代北边"亡人"

"亡人"作为流动人口，具有背离编户齐民社会结构定式的身份。他们在汉代各地方的活动，是行政管理者十分关注的政情之一。河西地区出土的汉代简牍资料中，可见"亡人"称谓。这一称谓所指代的身份，反映了当时北边地区人口构成中具有较显著流动性的特殊人群的存在。这些人的生存方式和行为特征，往往对社会的稳定有所冲击，另一方面，或许对于激发社

---

① "许昌"应即"许生"，"许韶"应即"许昭"。

② 陈寅恪：《天师道与滨海地域之关系》，《中研院历史语言研究所集刊》第 3 本第 4 分，收入《金明馆丛稿初编》，上海古籍出版社 1980 年版。

会活力亦可显示较为特殊的作用。在北边农耕文明与游牧文明交汇地区，由于军事关系、外交关系和民族关系的复杂情势，"亡人"的活动可能会形成更重要的影响。他们的民族立场和文化表现作用于文明的交流和融合，也有积极的意义。

### 1. "亡人"与"亡人越塞"现象

居延汉简可见"亡人"称谓。如："☐　亡人☐"（E. P. T59：869），"☐亡人命者缓☐"（E. P. T59：613）。"亡人越塞"是常见的情形。例如：

> 日迹行廿三里久视天田中目玄有亡人越塞出入☐
> 它部界中候长候史直日迹卒坐匿不言迹☐（E. P. T51：411）

边塞军人有严密警戒的责任。又如：

> ☐亡人迹人止塞长北部候长孙☐（104.43）

对于"亡人"的"逐捕搜索"，似乎也是北边边塞日常重要防务内容之一：

> 匿界中书到遣都吏与县令以下逐捕搜索部界中听亡人所隐匿处以必
> 得为故诏所名捕
> 重事事当奏闻毋留如诏书律令（179.9）

这种搜捕，看来是地方政府和边防部队的联合行动。执行情形"当奏闻"，要求及时向最高执政当局报告。"如诏书律令"字样，表明这种行动的正义性有皇权和国法以为保障。类似的简例还有：

> ☐宷捕验亡人所依倚匿处必得得诣如书毋有令吏民相牵证任发书以
> 书言谨杂与候
> 史廉骍北亭长欧等八人戍卒孟阳等十人搜索部界中☐亡人所依匿处
> 爰书相牵（255.27）

如果管辖区界中有"亡人"，必须搜查"亡人"藏身地点，"捕验亡人所依倚匿处"，要求"必得"，即完全捕获。"得"，则"诣如书"，捕获应及时上报。如果辖区内"毋有"，则"令吏民相牵证任发书"，即官员民人联名证实，同时承担责任。

通告敌情的烽火制度，也要求对于"亡人越塞"事件发布信号。如居延汉简可见这样的内容：

> 出亡人赤表火一函（212.9）
> 出亡人赤表函一北
> 元康三年☐临渠隧长☐
> 昏时四分时乘胡隧长☐付☐山隧长普函行三时中程（502.3）

第二例除了"出亡人赤表"外，甚至还看到三名"隧长"就"亡人"的行为相继传递信息。有一例简文可见"罚金"事，或许是与责任追究有关：

> ☐☐☐☐☐当罚金二千五
> ☐起居得毋有它数辱赐起（231.115A）
> ☐☐☐☐亡人罚金五千　　（231.115B）

从该简 B 面文字内容看，事情显然涉及"亡人"。

除了前引简 E. P. T59：613 出现"亡人命者"字样外，甘肃敦煌悬泉置出土汉简也可见"亡人命者"称谓。甘肃省文物考古研究所《敦煌悬泉汉简释文选》所录释文如下：

> 五月壬辰敦煌太守强长史章丞敞下使都护西域骑都尉将田车师戊己
> 校尉部都尉小府官县承书从事下
> 　当用者书到白大扁书乡亭市里高显处令亡人命者尽知之上赦者人数
> 太守府别之如诏书（90DXT0115（2）：16）[①]

---

[①]　甘肃省文物考古研究所：《敦煌悬泉汉简释文选》，《文物》2000 年第 5 期。

胡平生、张德芳《敦煌悬泉汉简释粹》中的释文是这样的：

> 五月壬辰，敦煌太守强、长史章、丞敞下使都护西域骑都尉、将田车师戊己校尉、部都尉、小府官县，承书从事下当用者。书到白大扁书乡亭市里高显处，令亡人命者尽知之，上赦者人数太守府别之，如诏书。（II0115（2）：16）

胡平生、张德芳对于其中"亡人命者"又有注释："亡人命者：指有命案而逃亡者。"① 对于所谓"亡人命者"的确切身份，似乎还有讨论的必要。汉代历史文献和文物资料罕见"亡人命者"，所多见的，是"亡人"或者"亡命者"。这里所谓"亡人命者"，很可能就是当时"亡人"或者"亡命者"的另一种习惯称谓。

汉代北边发生的一些重大事件，多与"亡人"有关。如汉武帝元光元年（前134）著名的"马邑之谋"，有这样的情节："雁门马邑豪聂翁壹因大行王恢言上曰：'匈奴初和亲，亲信边，可诱以利。'阴使聂翁壹为间，亡入匈奴，谓单于曰：'吾能斩马邑令丞吏，以城降，财物可尽得。'单于爱信之，以为然，许聂翁壹。"② 聂翁壹是"马邑之谋"的最初建议者，又在实施中发挥了重要作用。他以"亡入匈奴"行为实施其计划，也是以"亡人"身份得到单于"爱信"的。

居延汉简中有记录"客民赵闳范翕"案例的简文。看来，这是有可能复原的简册。其中与"客民赵闳范翕"等"俱亡"行为相关的内容，不妨迻录如下：

> 建武六年三月庚子朔甲辰不侵守候长业敢（E. P. T68：54）
> 言之谨移劾状一编敢言之（E. P. T68：55）
> 三月己酉甲渠守候　移移居延写移如律令/掾谭令史嘉（E. P. T68：56）
> 建武六年三月庚子朔甲辰不侵守候长业劾移（E. P. T68：57）

---

① 胡平生、张德芳：《敦煌悬泉汉简释粹》，上海古籍出版社2001年版，第115—116页。
② 《史记》卷一〇八《韩长孺列传》。

居延狱以律令从事（E. P. T68：58）

乃今月三日壬寅居延常安亭长王闳子男同攻虏亭长赵（E. P. T68：59）

常及客民赵闳范翕一等五人俱亡皆共盗官兵（E. P. T68：60）

臧千钱以上带（E. P. T68：61）

刀剑及铍各一又各持小尺白刀箴各一兰越甲渠当（E. P. T68：62）

曲燧塞从河水中天田出〇案常等持禁物（E. P. T68：63）

兰越塞于边关傲逐捕未得它案验未竟（E. P. T68：64）

兰越塞天田出入 ☒（E. P. T68：65）

☒典主不发觉●案☒ （简上遗红色编绳迹）（E. P. T68：66）

●状辞曰公乘居延中宿里年五十一岁陈氏（E. P. T68：68）

今年正月中府补业守候长暑不侵部主领史（E. P. T68：69）

迹候备寇虏盗贼为职乃今月三日壬寅居延常安亭长（E. P. T68：70）

王闳闳子男同攻虏亭长赵常及客民赵闳范翕等（E. P. T68：71）

五人俱亡皆共盗官兵臧千钱以上带大刀剑及铍各一（E. P. T68：72）

又各持锥小尺白刀箴各一兰越甲渠当曲燧塞从河（E. P. T68：73）

水中天田出案常等持禁物兰越塞（E. P. T68：74）

于边关傲逐捕未得它案验未竟以此（E. P. T68：75）

知而劾无长吏使劾者状具此（E. P. T68：76）

此盗钱带兵器逃亡，即所谓"持禁物兰越塞"的五人中，有常安亭长王闳父子、攻虏亭长赵常以及"客民赵闳范翕"。他们"兰越甲渠当曲燧塞，从河水中天田出"，"于边关傲逐捕未得"，可以说是叛逃成功。很有可能，"客民赵闳范翕"利用其平民身份，起到了在"常安亭"和"攻虏亭"之间串连的作用，也不能排除这两位"客民"是整个事件的主谋的可能。①

所谓"常及客民赵闳范翕一等五人俱亡皆共盗官兵"，"五人俱亡皆共盗官兵臧千钱以上带大刀剑及铍各一"这一特殊案例，有的学者认为体现了

---

① 参看王子今《居延简及敦煌简所见"客"——汉代西北边地流动人口考察札记》，《秦汉社会史论考》，商务印书馆 2006 年版。

"'客民'反抗精神","体现了封建社会中'载舟'与'覆舟'的辩证关系"①。其实,所谓"五人俱亡",指明了这是一起严重的"亡人越塞"案。其特殊,不仅在于有现役军官出逃,还在于"亡人"们有盗窃行为,并且带走了严禁出境的兵器。

军人以"亡"的形式向匈奴方向的叛逃,即史称"亡入匈奴"者,文献不乏记录。典型的例子有《汉书》卷九九中《王莽传中》:"戊己校尉史陈良、终带共贼杀校尉刁护,劫略吏士,自称废汉大将军,亡入匈奴。"这是具有敌对政治情绪者"亡入匈奴"的情形。汉初卢绾"亡入匈奴"②,东汉初卢芳"亡入匈奴"③,也是具有复杂政治因素的事件。

北边防线作为国防体系,主要意义在于防御外侵。然而汉长城也有防止"亡人"越境的作用。

《汉书》卷九四下《匈奴传下》记载,呼韩邪单于"上书愿保塞上谷以西至敦煌,传之无穷,请罢边备塞吏卒,以休天子人民"。于是,"天子令下有司议,议者皆以为便"。而"郎中侯应习边事,以为不可许"。他提出了十条长城不可撤防的理由:"周秦以来,匈奴暴桀,寇侵边境,汉兴,尤被其害。臣闻北边塞至辽东,外有阴山,东西千余里,草木茂盛,多禽兽,本冒顿单于依阻其中,治作弓矢,来出为寇,是其苑囿也。至孝武世,出师征伐,斥夺此地,攘之于幕北。建塞徼,起亭隧,筑外城,设屯戍,以守之,然后边境得用少安。幕北地平,少草木,多大沙,匈奴来寇,少所蔽隐,从塞以南,径深山谷,往来差难。边长老言匈奴失阴山之后,过之未尝不哭也。如罢备塞戍卒,示夷狄之大利,不可一也。今圣德广被,天覆匈奴,匈奴得蒙全活之恩,稽首来臣。夫夷狄之情,困则卑顺,强则骄逆,天性然也。前以罢外城,省亭隧,今裁足以候望通烽火而已。古者安不忘危,不可复罢,二也。中国有礼义之教,刑罚之诛,愚民犹尚犯禁,又况单于,能必其众不犯约哉!三也。自中国尚建关梁以制诸侯,所以绝臣下之觊欲也。设塞徼,置屯戍,非独为匈奴而已,亦为诸属国降民,本故匈奴之人,

① 薛英群:《居延汉简通论》,甘肃教育出版社1991年版,第356页。
② 《史记》卷八《高祖本纪》,《史记》卷九三《韩信卢绾列传》。
③ 《后汉书》卷一下《光武帝纪下》,《后汉书》卷一二《卢芳传》。卢芳"亡入匈奴"事,又见《后汉书》卷二二《杜茂传》、卷三一《郭伋传》、卷八〇上《文苑列传上·杜笃》。

恐其思旧逃亡，四也。近西羌保塞，与汉人交通，吏民贪利，侵盗其畜产妻子，以此怨恨，起而背畔，世世不绝。今罢乘塞，则生嫚易分争之渐，五也。往者从军多没不还者，子孙贫困，一旦亡出，从其亲戚，六也。又边人奴婢愁苦，欲亡者多，曰'闻匈奴中乐，无奈候望急何！'然时有亡出塞者，七也。盗贼桀黠，群辈犯法，如其窘急，亡走北出，则不可制，八也。起塞以来百有余年，非皆以土垣也，或因山岩石，木柴僵落，溪谷水门，稍稍平之，卒徒筑治，功费久远，不可胜计。臣恐议者不深虑其终始，欲以壹切省繇戍，十年之外，百岁之内，卒有它变，障塞破坏，亭隧灭绝，当更发屯缮治，累世之功不可卒复，九也。如罢戍卒，省候望，单于自以保塞守御，必深德汉，请求无已。小失其意，则不可测。开夷狄之隙，亏中国之固，十也。非所以永持至安，威制百蛮之长策也。"

这位"习边事"的"郎中侯应"所述列十条中，第四条、第五条、第六条、第七条、第八条，都指出了长城防务对内的功效。[1] 特别是：

> 第六条"往者从军多没不还者，子孙贫困，一旦亡出，从其亲戚。"
>
> 第七条"又边人奴婢愁苦，欲亡者多，曰'闻匈奴中乐，无奈候望急何！'然时有亡出塞者。"
>
> 第八条"盗贼桀黠，群辈犯法，如其窘急，亡走北出，则不可制。"

所谓"亡出"，"亡出塞"，"亡走北出"，显然都是针对"亡人"的。[2] 而国务军务最高决策集团对于北边的经营，是有控制境内编户齐民"亡出"，"亡出塞"，"亡走北出"的考虑的。

郎中侯应指出北边"亡人越塞"主要有三种身份：1. 往者从军没不还

---

① 前引居延汉简所见"逐捕搜索部界中听亡人所隐匿处"，"捕验亡人所依倚匿处"，"搜索部界中□亡人所依匿处"等，都体现了长城防务的这一功能。

② 《汉书》卷九四下《匈奴传下》写道："对奏，天子有诏：'勿议罢边塞事。'使车骑将军口谕单于曰：'单于上书愿罢北边吏士屯戍，子孙世世保塞。单于乡慕礼义，所以为民计者甚厚，此长久之策也，朕甚嘉之。中国四方皆有关梁障塞，非独以备塞外也，亦以防中国奸邪放纵，出为寇害，故明法度以专众心也。敬谕单于之意，朕无疑焉。为单于怪其不罢，故使大司马车骑将军嘉晓单于。'单于谢曰：'愚不知大计，天子幸使大臣告语，甚厚！'"

者贫困子孙；2. 边人奴婢愁苦者；3. 盗贼群辈犯法者。

我们看到，"往者从军多没不还者"是前代"亡人"，其"子孙贫困"欲"亡出，从其亲戚"者，只是继承前人。"又边人奴婢愁苦，欲亡者多，曰'闻匈奴中乐，无奈候望急何！'"所谓"闻匈奴中乐"，也说明自有先行"亡人"传递引导性的消息。

### 2. 汉代北边"亡人"的民族立场

汉代随着大一统国家的形成和巩固，社会不同层次的国家意识逐步形成。其表现之一，是在对草原游牧民族的战争中增强了自尊和自信观念。当时人称自己所归属的文化共同体为"大汉"、"皇汉"，在民族关系中，"大汉"的自我优越感时有表现。《汉书》卷一〇〇上《叙传上》载班固言论所谓"方今大汉洒埽群秽，夷险芟荒"语，就包含着对其他民族主要是游牧民族的蔑视。

《汉书》卷七〇《陈汤传》记录了汉军破郅支城（今哈萨克斯坦江布尔），击杀匈奴单于之后甘延寿、陈汤的上疏：

> 臣闻天下之大义，当混为一，昔有唐虞，今有强汉。匈奴呼韩邪单于已称北藩，唯郅支单于叛逆，未伏其辜，大夏之西，以为强汉不能臣也。郅支单于惨毒行于民，大恶通于天。臣延寿、臣汤将义兵，行天诛，赖陛下神灵，阴阳并应，天气精明，陷陈克敌，斩郅支首及名王以下。宜县头藁街蛮夷邸间，以示万里，明犯强汉者，虽远必诛。

这段 126 字的文字中，三次使用了"强汉"这一语汇。特别是所谓"犯强汉者，虽远必诛"一语，绝不仅仅是个别军官的激烈之辞，而应当理解为当时较广泛社会层面共有的一种强国意识的鲜明表现。①

不过，"越塞"流亡到草原的中原"亡人"，却并没有这样正统的强烈的民族情绪。

最典型的例证，是《史记》卷一一〇《匈奴列传》记载的中行说故事。

---

① 参看王子今《大汉·皇汉·强汉：汉代人的国家意识及其历史影响》，《南都学坛》2005 年第 6 期。

据司马迁记载："老上稽粥单于初立，孝文皇帝复遣宗室女公主为单于阏氏，使宦者燕人中行说傅公主。说不欲行，汉强使之。说曰：'必我行也，为汉患者。'中行说既至，因降单于，单于甚亲幸之。"我们注意到汉代民族战争中的"亡降"现象，也注意到"亡降"的"亡"与"亡人"的"亡"，辞义是相近的。① 中行说其实也是一位特殊的"亡人"。他对于匈奴民族文化，很快就采取了认同的态度。"初，匈奴好汉缯絮食物，中行说曰：'匈奴人众不能当汉之一郡，然所以强者，以衣食异，无仰于汉也。今单于变俗好汉物，汉物不过什二，则匈奴尽归于汉矣。其得汉缯絮，以驰草棘中，衣袴皆裂敝，以示不如旃裘之完善也。得汉食物皆去之，以示不如湩酪之便美也。'"其情感倾向，已经亲近匈奴而背弃中原。"汉遗单于书，牍以尺一寸，辞曰'皇帝敬问匈奴大单于无恙'，所遗物及言语云云。中行说令单于遗汉书以尺二寸牍，及印封皆令广大长，倨傲其辞曰'天地所生日月所置匈奴大单于敬问汉皇帝无恙'，所以遗物言语亦云云。"

中行说当时和汉王朝使节有一场关于匈奴文化与汉文化孰优孰劣的面对面的辩论：

> 汉使或言曰："匈奴俗贱老。"中行说穷汉使曰："而汉俗屯戍从军当发者，其老亲岂有不自脱温厚肥美以赍送饮食行戍乎？"汉使曰："然。"中行说曰："匈奴明以战攻为事，其老弱不能斗，故以其肥美饮食壮健者，盖以自为守卫，如此父子各得久相保，何以言匈奴轻老也？"汉使曰："匈奴父子乃同穹庐而卧。父死，妻其后母；兄弟死，尽取其妻妻之。无冠带之饰，阙庭之礼。"中行说曰："匈奴之俗，人食畜肉，饮其汁，衣其皮；畜食草饮水，随时转移。故其急则人习骑射，宽则人乐无事，其约束轻，易行也。君臣简易，一国之政犹一身也。父子兄弟死，取其妻妻之，恶种姓之失也。故匈奴虽乱，必立宗种。今中国虽详不取其父兄之妻，亲属益疏则相杀，至乃易姓，皆从此类。且礼义之

---

① 王子今：《略论秦汉时期朝鲜"亡人"问题》，《社会科学战线》2008 年第 1 期。《史记》、《汉书》、《后汉书》"亡降"凡 16 见，所记 12 事。内地战争 2 例，朝鲜方面"亡降"汉 1 例，西域方面"亡降"汉 1 例，匈奴方面"亡降"汉 4 例（包括"卢绾妻子亡降汉"），汉方面"亡降"匈奴 1 例，西域方面"亡降"匈奴 3 例。

敝，上下交怨望，而室屋之极，生力必屈。夫力耕桑以求衣食，筑城郭以自备，故其民急则不习战功，缓则罢于作业。嗟土室之人，顾无多辞，令喋喋而占占，冠固何当？”

于是，“自是之后，汉使欲辩论者，中行说辄曰：‘汉使无多言，顾汉所输匈奴缯絮米糵，令其量中，必善美而已矣，何以为言乎？且所给备善则已；不备，苦恶，则候秋孰，以骑驰蹂而稼穑耳。’”

中行说完全倾向匈奴的民族立场的变化，不宜全以鄙薄视角观察。这种“亡降”草原游牧族，全面认同其文化，并且竭诚服务于该政治集团的情形，今天以现代国家观和现代民族观判断，可以有严厉的批判。然而在当时，这种态度可能会得到相当广泛的理解。春秋时期的秦国，曾经面对一位来自戎狄的出身中原的使者。《史记·秦本纪》：“戎王使由余于秦。由余，其先晋人也，亡入戎，能晋言。闻缪公贤，故使由余观秦。秦缪公示以宫室、积聚。由余曰：‘使鬼为之，则劳神矣。使人为之，亦苦民矣。’缪公怪之，问曰：‘中国以诗书礼乐法度为政，然尚时乱，今戎夷无此，何以为治，不亦难乎？’由余笑曰：‘此乃中国所以乱也。夫自上圣黄帝作为礼乐法度，身以先之，仅以小治。及其后世，日以骄淫。阻法度之威，以责督于下，下罢极则以仁义怨望于上，上下交争怨而相篡弑，至于灭宗，皆以此类也。夫戎夷不然。上含淳德以遇其下，下怀忠信以事其上，一国之政犹一身之治，不知所以治，此真圣人之治也。’”由余“其先晋人也，亡入戎”，是名副其实的“亡人”。所谓“亡入戎”，与汉代史籍多见的“亡入匈奴”句式完全相同。由余对于“戎夷”政治“上含淳德以遇其下，下怀忠信以事其上，一国之政犹一身之治，不知所以治，此真圣人之治也”的赞美，体现出比中行说对游牧文明更明确的倾心。明智之主秦穆公并不以为由余的倾向甚为鲜明的民族立场而予以否定和仇视，反而精心设计离间，将这样的贤能之士吸引到自己身边，于是成就了秦的霸业。中行说的时代距离由余的时代并不遥远。历史文化的惯性，使得“亡入戎”并融合入“戎夷”“圣人之治”之中的行为，其合理性得到普遍的承认。

汉初与匈奴保持密切关系的北方实力派集团，有韩王信、陈豨、卢绾等。《史记》卷九三《韩信卢绾列传》：“匈奴冒顿大围信，信数使使胡求和解。汉发兵救之，疑信数间使，有二心，使人责让信。信恐诛，因与匈奴约共攻汉，反，以马邑降胡，击太原。""十一年春，故韩王信复与胡骑入居参合，距汉。汉使柴将军击之，遗信书曰：'陛下宽仁，诸侯虽有畔亡，而复归，辄复故位号，不诛也。大王所知。今王以败亡走胡，非有大罪，急自归！'""汉十一年秋，陈豨反代地，高祖如邯郸击豨兵，燕王绾亦击其东北。当是时，陈豨使王黄求救匈奴。燕王绾亦使其臣张胜于匈奴，言豨等军破。张胜至胡，故燕王臧荼子衍出亡在胡，见张胜曰：'公所以重于燕者，以习胡事也。燕所以久存者，以诸侯数反，兵连不决也。今公为燕欲急灭豨等，豨等已尽，次亦至燕，公等亦且为虏矣。公何不令燕且缓陈豨而与胡和？事宽，得长王燕；即有汉急，可以安国。'张胜以为然，乃私令匈奴助豨等击燕。燕王绾疑张胜与胡反，上书请族张胜。胜还，具道所以为者。燕王寤，乃诈论它人，脱胜家属，使得为匈奴间，而阴使范齐之陈豨所，欲令久亡，连兵勿决。汉十二年，东击黥布，豨常将兵居代，汉使樊哙击斩豨。其裨将降，言燕王绾使范齐通计谋于豨所。高祖使使召卢绾，绾称病。上又使辟阳侯审食其、御史大夫赵尧往迎燕王，因验问左右。绾愈恐，闭匿，谓其幸臣曰：'非刘氏而王，独我与长沙耳。往年春，汉族淮阴，夏，诛彭越，皆吕后计。今上病，属任吕后。吕后妇人，专欲以事诛异姓王者及大功臣。'乃遂称病不行。其左右皆亡匿。语颇泄，辟阳侯闻之，归具报上，上益怒。又得匈奴降者，降者言张胜亡在匈奴，为燕使。于是上曰：'卢绾果反矣！'使樊哙击燕。燕王绾悉将其宫人家属骑数千居长城下，候伺，幸上病愈，自入谢。四月，高祖崩，卢绾遂将其众亡入匈奴，匈奴以为东胡卢王。绾为蛮夷所侵夺，常思复归。居岁余，死胡中。"① 关于韩王信"以败亡走胡"，"故燕王臧荼子衍出亡在胡"，"张胜亡在匈奴"，卢绾"将其众亡入匈奴"，司马迁在叙事时都使用了"亡"字，可知这些政治人物也都是事实上的"亡人"，而与本文讨论的主题有关。

吴楚七国之乱，发动者也曾经联络匈奴，试图借用外力在政治角逐中取

---

① 《史记》卷八《高祖本纪》："卢绾与数千骑居塞下候伺，幸上病愈自入谢。""四月甲辰，高祖崩长乐宫。""卢绾闻高祖崩，遂亡入匈奴。"也说其众当有"数千"。"数千骑"或"骑数千"，《汉书》卷一下《高帝纪下》作"数千人"。

胜。后来因不同原因投降匈奴的李广利和李陵，都是为汉武帝特别喜爱的名将，战败后皆降匈奴。《汉书》卷九四上《匈奴传上》："贰师降。单于素知其汉大将贵臣，以女妻之。"《史记》卷一〇九《李将军列传》说，李陵降匈奴，单于"以其女妻陵而贵之"。① 李陵自谓"陵始降时，忽忽如狂，自痛负汉"②，然而后来完全融入了草原民族生活，"居外，有大事，乃入议。"另有"卫律者，父本长水胡人。律生长汉，善协律都尉李延年，延年荐言律使匈奴。使还，会延年家收，律惧并诛，亡还降匈奴"，也是以"亡人"身份降匈奴者，而"匈奴爱之，常在单于左右"。汉使示意可安排他们返回汉地，相见时"两人皆胡服椎结"。李陵"答曰：'吾已胡服矣！'"面对汉使"请少卿来归故乡，毋忧富贵"的建议，李陵回答："丈夫不能再辱。"③

张骞、苏武都是代表中原王朝正统外交原则的千古榜样。《史记》卷一二三《大宛列传》说，张骞被匈奴扣押十余年，"持汉节不失"，逃脱后立即继续执行使命。然而据说"宽大信人，蛮夷爱之"，和外族能够保持良好的关系。单于"留骞十余岁，与妻，有子"④，也说明在匈奴生活期间张骞的民族情绪并不一定长期持敌对态度。而苏武也接受过李陵及其匈奴妻子的生活接济。⑤

在汉与匈奴的关系中，又有反复其间，"亡入匈奴"又"亡入汉"的情形。如《史记》卷一一一《卫将军骠骑列传》所记载赵破奴事："将军赵破奴，故九原人。尝亡入匈奴，已而归汉，为骠骑将军司马。出北地时有功，封为从骠侯。坐酎金失侯。后一岁，为匈河将军，攻胡至匈河水，无功。后二岁，击虏楼兰王，复封为浞野侯。后六岁，为浚稽将军，将二万骑击匈奴左贤王，左贤王与战，兵八万骑围破奴，破奴生为虏所得，遂没其军。居匈奴中十岁，复与其太子安国亡入汉。"《汉书》卷一〇《元帝纪》记载："（黄龙元年）秋八月，上郡属国降胡万余人亡入匈奴。"也是同样的反复。

---

① 《史记》卷一一〇《匈奴列传》："单于乃贵陵，以其女妻之。"《汉书》卷五四《李陵传》："单于壮陵，以女妻之。"

② 《汉书》卷五四《苏武传》。

③ 《汉书》卷五四《李陵传》。

④ 《汉书》卷六一《张骞传》："予妻，有子。"

⑤ 《汉书》卷五四《苏武传》："陵恶自赐武，使其妻赐武牛羊数十头。"

卢芳事迹也是典型的例证。《后汉书》卷一二《卢芳传》：卢芳"诈自称武帝曾孙刘文伯"，后"入匈奴"，"单于遂立芳为汉帝"。建武五年（29），卢芳"入塞，都九原县"，"与胡通兵，侵苦北边"。《后汉书》卷一下《光武帝纪下》："（建武十三年二月）卢芳自五原亡入匈奴。""（建武十五年）卢芳自匈奴入居高柳。""（建武十六年）卢芳遣使乞降。十二月甲辰，封芳为代王。""（建武十八年五月）卢芳复亡入匈奴。"《后汉书》卷一二《卢芳传》："（建武）十二年，芳与贾览共攻云中，久不下，其将随昱留守九原，欲胁芳降。芳知羽翼外附，心膂内离，遂弃辎重，与十余骑亡入匈奴。""十六年，芳复入居高柳，与闵堪兄林使使请降。乃立芳为代王。""诏报芳朝明年正月。其冬，芳入朝，南及昌平，有诏止，令更朝明岁。芳自道还，忧恐，乃复背叛，遂反。""匈奴遣数百骑迎芳及妻子出塞。"

如果允许在历史考察时运用反向思维，则注意金日磾事迹时可以联想到"亡降"匈奴的汉臣们的心境。而对金日磾的信用，也说明汉武帝本人的民族情结其实并不狭隘。劳榦在一部汉武帝传记的序言中这样写道："旧说非我族类，其心必异，然自武帝托孤于休屠王子，天下向风，共钦华化，而金氏亦历世为汉忠臣，虽改朝而不变。"[①] 这样的历史事实，值得我们深思。

也许我们在讨论汉代民族问题时，应当更为真切地认识当时人的民族意识，这样才能对"亡人"面对激烈的民族战争和密切的民族交往时较为宽和的文化感觉，有更为准确的理解。

### 3. 汉代北边"亡人"的文化表现

《汉书》卷九四下《匈奴传下》记载了因西域贵族"亡降匈奴"导致的一场外交纠纷："会西域车师后王句姑、去胡来王唐兜皆怨恨都护校尉，将妻子人民亡降匈奴，语在《西域传》。"匈奴接受了亡降者，并上报汉王朝。而汉王朝执政者遣使责问单于，说："西域内属，不当得受，今遣之。"单于回答："孝宣、孝元皇帝哀怜，为作约束，自长城以南天子有之，长城以北单于有之。有犯塞，辄以状闻；有降者，不得受。臣知父呼韩邪单于蒙无量之恩，死遗言曰：'有从中国来降者，勿受，辄送至塞，以报天子厚恩。'

---

① 金惠：《创造历史的汉武帝》，台湾商务印书馆1984年版，第4页。

此外国也，得受之。"① 使者说："匈奴骨肉相攻，国几绝，蒙中国大恩，危亡复续，妻子完安，累世相继，宜有以报厚恩。"单于叩头谢罪，将"西域车师后王句姑、去胡来王唐兜"引渡于汉。于是汉与匈奴形成了新的约定。"乃造设四条：中国人亡入匈奴者，乌孙亡降匈奴者，西域诸国佩中国印绶降匈奴者，乌桓降匈奴者，皆不得受。"遣使臣将约定交付单于，并宣布汉宣帝时的旧约作废。对于匈奴接纳"亡人"的限制，涉及"中国人亡入匈奴者，乌孙亡降匈奴者，西域诸国佩中国印绶降匈奴者，乌桓降匈奴者"，可见匈奴因"亡人"流入曾经得到过何等充备的人力资源。

《史记》卷一一〇《匈奴列传》记载，汉文帝致匈奴单于的外交文书中，说到"亡人不足以益众广地"，"亡人"使匈奴得以"益众"的问题引起了汉家天子的关注，可见"亡人"在当时确实曾经在一定程度上使匈奴控制的人口有所增益。

来自汉地的"亡人"，并不都是作为低层次的劳动力流入匈奴的。他们往往将先进的文化因素带到了草原大漠。

《史记》卷一一〇《匈奴列传》："于是（中行）说教单于左右疏记，以计课其人众畜物。"是将汉地经济管理方式介绍到匈奴。又"日夜教单于候利害处"，则体现汉王朝的军事防卫技术也在匈奴地方得到应用。上文说到李陵"有大事，乃入议"，也是汉"亡人"参与匈奴军事政治决策的例证。

《史记》卷一二三《大宛列传》记载："汉亡浞野之兵二万余于匈奴。"裴骃《集解》："徐广曰：'太初二年，赵破奴为浚稽将军，二万骑击匈奴，不还也。'"所谓"不还"，除阵亡者外，当是亡入匈奴。《汉书》卷六一《李广利传》："征和三年，贰师复将七万骑出五原，击匈奴，度郅居水。兵败，降匈奴，为单于所杀。"《汉书》卷九四下《匈奴传下》："征和中，贰师将军李广利以军降匈奴。"《史记》卷一一〇《匈奴列传》："匈奴围陵，陵降匈奴，其兵遂没，得还者四百人。"整个部队全建制亡降匈奴，事件的

---

① 另一起未遂的西域贵族"亡入匈奴"计划，见于《汉书》卷九六下《西域传下》："至莽篡位，建国二年，以广新公甄丰为右伯，当出西域。车师后王须置离闻之，与其右将股鞮、左将尸泥支谋曰：'闻甄公为西域太伯，当出，故事给使者牛羊谷刍茭，导译，前五威将过，所给使尚未能备。今太伯复出，国益贫，恐不能称。'欲亡入匈奴。戊己校尉刀护闻之，召置离验问，辞服，乃械致都护但钦在所埒娄城。"

性质，可以理解为作为社会生产力之精华的青壮年军人群体成为"亡人"。其中相当一部分仍继续参与战争行为，是可以理解的。

两汉军队构成中可见"胡骑"即出身北方草原游牧族的骑兵。朝廷卫戍部队有"胡骑"建置，"胡骑"甚至充任帝王近卫。边地防卫力量中也有"胡骑"。"胡骑"参与汉王朝军队的远征，有与本族军队血战立功的史例。霍去病元狩四年（前119）出击匈奴取得成功。有的学者认为，立功将领因淳王复陆支、楼剸王伊即靬、昌武侯赵安稽、宜冠侯高不识等都是匈奴人，于是推定霍去病"所将主力是胡人"。汉武帝对于这位少年将军的赞扬，于是有"骠骑将军去病率师，躬将所获荤粥之士，约轻赍，绝大幕，涉获章渠，以诛比车耆，转击左大将，斩获旗鼓，历涉离侯"语。而霍去病去世后，"天子悼之，发属国玄甲，军陈自长安至茂陵"①。论者指出："汉武帝'发属国玄甲'，这充分说明霍去病与匈奴骑兵关系之密切。"论者甚至认为，匈奴骑兵即"胡骑"在汉王朝远征军中的作用，"是战争胜负之主要关键"。② 这样的分析，是有一定史实根据的。研究汉王朝与匈奴战争的历史，似乎不应忽视"胡骑"在汉军中参战的事实。征和三年（前90），李广利远征军击匈奴时，部队中亦有"属国胡骑"。《汉书》卷九四上《匈奴传上》记载："贰师将军将出塞，匈奴使右大都尉与卫律将五千骑要击汉军于夫羊句山狭。贰师遣属国胡骑二千与战，虏兵坏散，死伤者数百人。汉军乘胜追北，至范夫人城，匈奴奔走，莫敢距敌。"这是明确的在汉军旗号下的"属国胡骑"与敌方旗下本民族军队作战的战例。李广利率领的这支部队即"属国胡骑二千"，迎击匈奴"右大都尉与卫律将五千骑"，竟然使得"虏兵坏散，死伤者数百人"，于是"汉军乘胜追北，至范夫人城，匈奴奔走，莫敢距敌"，可知"属国胡骑二千"这支部队的战斗力是相当强的。不过，由于"会贰师妻子坐巫蛊收，闻之忧惧"，李广利后来在强大的军事压力下投降了匈奴，我们难以想象这支"属国胡骑"部队在重新"亡降"匈奴时将会面临怎样的境遇。而李广利降后，"单于素知其汉大将贵臣，以女妻之"，颇予"尊宠"，或许由此可以乐观地推想其属下"属国胡骑"归降故国之后

---

① 《史记》卷一一一《卫将军骠骑列传》。
② 参看罗独修《胡兵胡将对汉武帝挞伐匈奴之影响试探》，《华冈文科学报》第21期，1997年3月。

的前景。成建制的部队在本族与敌族之间的民族交锋中可以反复地降来叛走，是汉代发生在北边地区的值得重视的民族文化现象。①

赵破奴作为职业军人曾经服务于双方军队的情形，对于我们认识当时的民族关系也有启示意义。《史记》卷一一〇《匈奴列传》："汉使浞野侯破奴将二万余骑出朔方西北二千余里，期至浚稽山而还。浞野侯既至期而还，左大都尉欲发而觉，单于诛之，发左方兵击浞野。浞野侯行捕首虏得数千人。还，未至受降城四百里，匈奴兵八万骑围之。浞野侯夜自出求水，匈奴间捕，生得浞野侯，因急击其军。军中郭纵为护，维王为渠，相与谋曰：'及诸校尉畏亡将军而诛之，莫相劝归。'军遂没于匈奴。"后来，"浞野侯破奴得亡归汉"。《史记》卷一一一《卫将军骠骑列传》记载："（赵破奴）尝亡入匈奴，已而归汉"，后"破奴生为虏所得，遂没其军"。在匈奴地方居住十年之后，又"亡入汉"。

与军人以武力服务于敌对民族同样，其他身份的"亡人"也将其原有的生活经验和文化知识带到了新的环境中，从而推进了草原游牧文明与中原农耕文明的融合。

出身北方游牧族的巫人即所谓"胡巫"，曾经高踞接近王朝统治中枢的地位，进行过活跃的文化表演。他们的活动，曾经影响了农耕民族的信仰世界，反映了当时各民族文化交汇的时代趋势。他们的宗教实践，曾经对国家的政治走向和民间的社会生活都发生过值得重视的影响。甚至在以往以为汉文化正统内容的皇家祭祀礼仪中，也能够由此发现可以溯源于北方少数民族的文化基因。"胡巫"作为"巫蛊之祸"这一政治变局中的重要角色，在思想文化史上写下了具有神秘主义特征的外来文化因素通过介入上层权争，显著影响汉文化主体的引人注目的一页。②

汉地"亡人"在寄身草原游牧生活之后，也往往将自身的劳动经验和生产技能贡献于新的环境，从而促进了农耕文明向外域的传播。

掘井技术的跨民族地区的传播，就是由于这样的条件。《史记》卷一二三《大宛列传》有如下记载：

---

① 参看王子今《两汉军队中的"胡骑"》，《中国史研究》2007 年第 3 期。
② 参看王子今《西汉长安的"胡巫"》，《民族研究》1997 年第 5 期。

贰师与赵始成、李哆等计："闻宛城中新得秦人，知穿井，而其内
食尚多。所为来，诛首恶者毋寡。毋寡头已至，如此而不许解兵，则坚
守，而康居候汉罢而来救宛，破汉军必矣。"军吏皆以为然，许宛之约。
宛乃出其善马，令汉自择之，而多出食食给汉军。

《汉书》卷六一《李广利传》则记载：

是时，康居候视汉兵尚盛，不敢进。贰师闻宛城中新得汉人，知穿
井，而其内食尚多。计以为来诛首恶者毋寡，毋寡头已至，如此不许，
则坚守，而康居候汉兵罢来救宛，破汉军必矣。军吏皆以为然，许宛之
约。宛乃出其马，令汉自择之，而多出食食汉军。

一说"宛城中新得秦人，知穿井"，一说"宛城中新得汉人，知穿井"，所
说"秦人""汉人"，应当都是来自汉地的"亡人"。

《汉书》卷九四上《匈奴传上》说："卫律为单于谋：'穿井筑城，治楼
以藏谷，与秦人守之。汉兵至，无奈我何。'即穿井数百，伐材数千。或曰
胡人不能守城，是遗汉粮也，卫律于是止。"对于"与秦人守之"颜师古
注："秦时有人亡入匈奴者，今其子孙尚号'秦人'。"匈奴通过汉"亡人"
引入的技术，除"穿井"外，还包括"筑城"、"治楼"、"藏谷"等，军事
方面，则有"守城"。

冶铁技术的传播很可能也是通过"亡人"活动这一路径。西汉时期，
中原在冶铁技术方面是超过匈奴的。匈奴史研究者指出，匈奴"手工业中最
重要的当推冶铁业"，"当时匈奴人的冶铁业可能已经形成为一个独立的手
工业部门"，不过，"从许多刀剑的形式酷似汉式的情形看来，不仅反映匈
奴人的铁器文化受到汉族文化的很大影响，而且可以推断当时的铁匠大多也
是来自中原的汉族匠人"①。

---

① 林幹：《匈奴史》修订本，内蒙古人民出版社 1979 年版，第 7 页；又《匈奴通史》，人民出版社
1986 年版，第 140 页。

据《汉书》卷九六上《西域传上》记载，西域诸国有的国家有铁器制作业，如婼羌国"山有铁，自作兵，兵有弓、矛、服刀、剑、甲"，又难兜国"有银铜铁，作兵与诸国同"。然而《史记》卷一二三《大宛列传》记载，有的西域国家是从汉王朝传入铁器制作技术的："自大宛以西至安息，……其地皆无丝漆，不知铸钱器。及汉使亡卒降，教铸作他兵器。"这里所说的"钱器"，裴骃《集解》引徐广说，也写作"铁器"。《汉书》卷九六上《西域传上》正是这样记录的："不知铸铁器。及汉使亡卒降，教铸作它兵器。""汉使亡卒降"的作用，值得我们特别注意。

《史记》卷一二〇《汲郑列传》说，汉王朝与匈奴之间的物资交往，有严格的关禁制度："及浑邪至，贾人与市者，坐当死者五百余人。"汲黯说："愚民安知市买长安中物而文吏绳以为阑出财物于边关乎？"裴骃《集解》有这样的解释："应劭曰：'阑，妄也。《律》："胡市，吏民不得持兵器出关。"虽于京师市买，其法一也。'"对于汉律"胡市，吏民不得持兵器出关"的条文，《汉书》卷五〇《汲黯传》颜师古注引应劭曰，又明确指出禁止出关的物资包括"铁"，即"兵器及铁"："《律》：'胡市，吏民不得持兵器及铁出关。'"可见，所谓"汉使亡卒降，教铸作它兵器"，正是"亡人"们在生产技术传播方面突破关禁，多有贡献的实证。①

通过匈奴文化遗存的考古学考察，研究者注意到，"漠南匈奴遗存缺少城址和居址的发现，而蒙古和外贝加尔却多有发现，这与西汉中期匈奴帝国政治中心的北移有关，因为失去了中国北方地区这一南下贸易和劫掠的根据地，匈奴才可能不建立一些定居的农业、手工业基地，以补充日常生活所需的粮食和用品。而在此之前，当他们力量强大，在长城地带建立王庭的时期，粮食物品的主要来源是汉的进贡、与汉的贸易以及掠夺"②。匈奴物质文化特征的这一重大变化，还有另一重要因素，即来自汉地的"亡人"在匈奴社会生活和社会生产中发挥的作用。

在外贝加尔的伊沃尔加古城的居住遗址中发现石炉灶以及利用烟道取暖

---

① 参看王子今《"镶铁"和张骞西行的动机》，《博览群书》2005 年第 4 期。
② 马利清：《原匈奴、匈奴历史与文化的考古学探索》，内蒙古大学出版社 2005 年版，第 45—46 页。

的设施。考古学者指出："这类取暖设备显然是从中原地区的土炕学来的。"城中还发现了结构与河南巩县汉代炉址相似的冶铁炉址。陶器的器形和制作方式与汉地相同。又有汉镜出土。刻有"党"、"仇"、"岁"、"役"等汉字的砺石，也是有意义的遗存。"种种迹象表明汉代工匠活跃在这座城中。"1941 年发掘的哈卡斯自治共和国阿巴坎西南 12 公里的中国式宫殿，中央大殿有东西两部分，夯筑，墙壁、地面抹草泥土，室内地下有取暖管道。殿址周围发现大量建筑材料，使用汉式筒瓦、板瓦。有瓦当文字"天子千秋万岁常乐未央"。宫殿的主人，"前苏联学者认为是李陵，中国学者又有王昭君长女须卜居次云、降匈奴的丁零王卫律以及云之丈夫须卜当等诸种猜测"[1]。我们认为更重要的，不是宫殿的居住者，而是宫殿的设计者和建造者。这种完全为汉式风格的大型宫殿，需用大量工役建筑装修，而且所有材料都需要就地或就近准备，如果没有人数充备、技能熟练的来自汉地的工匠，工程的完成是不可想象的。考察这样的古城遗址和古宫殿遗址，不能忽略"在匈奴中，处于被掳掠或是投降移居状态的中国农耕者"的作用。[2]

与生产工具有关的生产方式的发现也是重要的。有考古学者分析匈奴遗址出土的生产工具及相关历史记载，"从使用汉人惯用的犁铧和镰刀等农具，以及治楼藏谷使用汉人来看，匈奴的农业在很大程度上受到汉人的影响，农业技术可能是从汉人那里传入，而从事农业生产者大多是汉人"。"匈奴境内当时必定有大批汉人，其生产生活方式仍保留或部分地保留着定居农耕的方式。"这一情形，应当与所谓"逃亡匈奴的汉人数量不少"[3] 的历史现象联系起来分析。

## "译人"与汉代西域民族关系

"译人"即承担语言转译的专门人员[4]，在汉王朝与匈奴争夺西域控制

---

① 马利清：《原匈奴、匈奴历史与文化的考古学探索》，第 380—381 页。

② ［苏］吉谢列夫：《蒙古的古代城市》，《苏联考古学》1957 年第 2 期，第 92 页。转见马利清《原匈奴、匈奴历史与文化的考古学探索》，第 384、408 页。

③ 马利清：《原匈奴、匈奴历史与文化的考古学探索》，第 388、382、406 页。

④ "译人"称谓较早见于《三国志》卷三〇《魏书·东夷传·扶余》："译人传辞，皆跪手据地窃语。"应可看作秦汉时期相同身份的共同称谓。

权的历史过程中有突出的表现。"译人"们以西域为舞台的活跃的表演,成为考察汉代边疆与民族问题必须予以重视的历史文化现象。当时复杂的民族关系及历史语言背景,决定了"译人"作用的重要。西域多民族文化因匈奴和汉民族的介入而导致的历史变化,通过"译人"的推动而实现。汉与匈奴以及西域政权民族事务与外交事务处理方式的若干特点,也可以由"译人"的活动得以说明。西域"译人"的贡献,亦充实了中国翻译史的早期记录。

### 1. 西域"重译"现象

据《史记》卷一一七《司马相如列传》记载:"相如为郎数岁,会唐蒙使略通夜郎西僰中,发巴蜀吏卒千人,郡又多为发转漕万余人,用兴法诛其渠帅,巴蜀民大惊恐。上闻之,乃使相如责唐蒙,因喻告巴蜀民以非上意。檄曰:告巴蜀太守:蛮夷自擅不讨之日久矣,时侵犯边境,劳士大夫。陛下即位,存抚天下,辑安中国。然后兴师出兵,北征匈奴,单于怖骇,交臂受事,诎膝请和。康居西域,重译请朝,稽首来享。移师东指,闽越相诛。右吊番禺,太子入朝。南夷之君,西僰之长,常效贡职,不敢怠堕,延颈举踵,喁喁然皆争归义,欲为臣妾,道里辽远,山川阻深,不能自致。夫不顺者已诛,而为善者未赏,故遣中郎将往宾之,发巴蜀士民各五百人,以奉币帛,卫使者不然,靡有兵革之事,战斗之患。今闻其乃发军兴制,惊惧子弟,忧患长老,郡又擅为转粟运输,皆非陛下之意也。当行者或亡逃自贼杀,亦非人臣之节也。"其中说到北边战事的胜利以及开通西域道路取得的成就:

> 陛下即位,存抚天下,辑安中国。然后兴师出兵,北征匈奴,单于怖骇,交臂受事,诎膝请和。康居西域,重译请朝,稽首来享。

"康居西域,重译请朝,稽首来享"句,表现出汉文化向西域扩张的顺利,而西域诸国倾心中原文化的表现,也得以宣传。

有关东汉时期西域历史的文献记述中也可以看到明确的"重译"记录。如《后汉书》卷八八《西域传》:

（和帝永元）六年，班超复击破焉者，于是五十余国悉纳质内属。其条支、安息诸国至于海濒四万里外，皆重译贡献。

《后汉书》卷四《和帝纪》以"论曰"的形式总结：

> 自中兴以后，逮于永元，虽颇有弛张，而俱存不扰，是以齐民岁增，闻土世广。偏师出塞，则漠北地空；都护西指，则通译四万。岂其道远三代，术长前世？将服叛去来，自有数也？

所谓"至于海濒四万里外，皆重译贡献"，被概括为"通译四万"。李贤注："《西域传》曰：'班超定西域五十余国，皆降服，西至海濒，四万里，皆重译贡献。'""译"对于中土和西域的联系，曾经发挥了显著的历史文化作用。①

### 2. 汉朝的"译官"

所谓"都护西指，则通译四万"，体现"译"服务于汉文化传播的情形。

《汉书》卷一九上《百官公卿表上》说到中央职官机构设置，可见负责"译"的专职官员：

> 典客，秦官，掌诸归义蛮夷，有丞。景帝中六年更名大行令，武帝太初元年更名大鸿胪。属官有行人、译官、别火三令丞及郡邸长丞。

负责外交与民族事务的"典客"即"大鸿胪"属官有"译官"，应是根据职务需要设置。又"典属国"也有专职译官：

> 典属国，秦官，掌蛮夷降者。武帝元狩三年昆邪王降，复增属国，

---

① 参看王子今《"重译"：汉代民族史与外交史中的一种文化现象》，《河北学刊》2010 年第 4 期。

置都尉、丞、候、千人。属官，九译令。成帝河平元年省并大鸿胪。

"九译令"职任，体现民族事务和外交事务的复杂性。清《历代职官表》卷一一《礼部会同四译馆》："四译馆即汉之译官令、九译令，当为周'象胥'之职。而今之馆卿寔兼此二职者也。"这种"译官"机构，是大一统王朝不能忽略的行政设置。

曾经任"译官令"的周堪身为著名儒学学者，生徒在西汉末年学界和政界都有显赫的影响。①

匈奴单于来朝，与汉帝的会见有"译"作为对话交流的中介。《汉书》卷九三《佞幸传·董贤》记载：

> 匈奴单于来朝，宴见，群臣在前。单于怪贤年少，以问译，上令译报曰："大司马年少，以大贤居位。"单于乃起拜，贺汉得贤臣。

这里所谓"译"，应当是"译官"、"九译令"属员。王莽执政，改换匈奴单于印，导致与匈奴关系的激变。《汉书》卷九四下《匈奴传下》记载了这一外交行为的细节："王莽之篡位也，建国元年，遣五威将王骏率甄阜、王飒、陈饶、帛敞、丁业六人，多赍金帛，重遗单于，谕晓以受命代汉状，因易单于故印。故印文曰'匈奴单于玺'，莽更曰'新匈奴单于章'。将率既至，授单于印绶，诏令上故印绶。单于再拜受诏。译前，欲解取故印绶，单于举掖授之。左姑夕侯苏从旁谓单于曰：'未见新印文，宜且勿与。'单于止，不肯与。请使者坐穹庐，单于欲前为寿。五威将曰：'故印绶当以时上。'单于曰：'诺。'复举掖授译。"这里的"译"，应是跟随王骏等往匈奴执行使命的来自中央"译官"的译员。

---

① 《汉书》卷八八《儒林传·周堪》："周堪字少卿，齐人也。与孔霸俱事大夏侯胜。霸为博士。堪译官令，论于石渠，经为最高，后为太子少傅，而孔霸以太中大夫授太子。及元帝即位，堪为光禄大夫，与萧望之并领尚书事，为石显等所谮，皆免官。望之自杀，上愍之，乃擢堪为光禄勋，语在刘向传。堪授牟卿及长安许商长伯。牟卿为博士。霸以帝师赐爵号褒成君，传子光，亦事牟卿，至丞相，自有传。由是大夏侯有孔、许之学。商善为算，著五行论历，四至九卿，号其门人沛唐林子高为德行，平陵吴章伟君为言语，重泉王吉少音为政事，齐炔钦幼卿为文学。王莽时，林、吉为九卿，自表上师冢，大夫博士郎吏为许氏学者，各从门人，会车数百两，儒者荣之。钦、章皆为博士，徒众尤盛。"

王莽始建国三年（11），"西域都护但钦上书言匈奴南将军右伊秩訾将人众寇击诸国。莽于是大分匈奴为十五单于，遣中郎将蔺苞、副校尉戴级将兵万骑，多赍珍宝至云中塞下，招诱呼韩邪单于诸子，欲以次拜之。使译出塞诱呼右犁汗王咸、咸子登、助三人，至则胁拜咸为孝单于，赐安车鼓车各一，黄金千斤，杂缯千匹，戏戟十；拜助为顺单于，赐黄金五百斤；传送助、登长安。"这里"使译出塞诱呼右犁汗王咸、咸子登、助三人"的"译"，应当也是同样身份。

因商家和使团联系的南洋文化交流活动中，也可以看到"译"的中间沟通。《汉书》卷二八下《地理志下》总结南洋航路的通行："自日南障塞、徐闻、合浦船行可五月，有都元国；又船行可四月，有邑卢没国；又船行可二十余日，有谌离国；步行可十余日，有夫甘都卢国。自夫甘都卢国船行可二月余，有黄支国，民俗略与珠厓相类。其州广大，户口多，多异物，自武帝以来皆献见。有译长，属黄门，与应募者俱入海市明珠、璧流离、奇石异物，赍黄金杂缯而往。所至国皆禀食为耦，蛮夷贾船，转送致之。亦利交易，剽杀人。又苦逢风波溺死，不者数年来还。大珠至围二寸以下。平帝元始中，王莽辅政，欲耀威德，厚遗黄支王，令遣使献生犀牛。自黄支船行可八月，到皮宗；船行可二月，到日南、象林界云。黄支之南，有已程不国，汉之译使自此还矣。"南至"黄支国""自武帝以来皆献见"。所谓"有译长，属黄门，与应募者俱入海市明珠、璧流离、奇石异物，赍黄金杂缯而往"，以及"黄支之南，有已程不国，汉之译使自此还矣"所说的"译长"、"译使"，都通过"译"的功用，为汉代海外文化交流作出了特殊的贡献。[①]

### 3. 西域"导译""译道"

《史记》卷一二三《大宛列传》写道："（张骞）居匈奴中，益宽，骞因与其属亡乡月氏，西走数十日至大宛。大宛闻汉之饶财，欲通不得，见骞，喜，问曰：'若欲何之？'骞曰：'为汉使月氏，而为匈奴所闭道。今

---

① 汉代南海"译"的作用，曲折见于唐人王若岩《越裳献白翟》诗的历史回顾："素翟宛昭彰，遥遥自越裳。冰晴朝映日，玉羽夜含霜。岁月三年远，山川九译长。来从碧海路，入见白云乡。作瑞兴周后，登歌美汉皇。朝天资孝理，惠化且无疆。"《文苑英华》卷一八五。

亡，唯王使人导送我。诚得至，反汉，汉之赂遗王财物不可胜言。'大宛以为然，遣骞，为发导绎，抵康居。"所谓"为发导绎"，司马贞《索隐》："为发道驿抵康居。发道，谓发驿令人导引而至康居也。导音道。抵，至也。"对于"道驿"，张照《史记》卷一二三《考证》说："《大宛列传》'为发导驿抵康居'，凌稚隆曰：按'导驿'二字，观后书'乌孙发导译送骞还'，则此'驿'亦当作'译'。"[①]

《大宛列传》又说，张骞从西域返回时，"骞因分遣副使使大宛、康居、大月氏、大夏、安息、身毒、于寘、扞罙及诸旁国。乌孙发导译送骞还，骞与乌孙遣使数十人，马数十匹报谢，因令窥汉，知其广大"。所谓"导译"，应当指向导和译人，或者一身二任。《资治通鉴》卷一八"汉武帝元朔三年"胡三省注："导者，引路之人；译者，传言之人也。"由所谓"乌孙发导译送骞还"，可知其身份应是乌孙籍人。《汉书》卷六一《张骞传》言出使经历，写道：

> 居匈奴西，骞因与其属亡乡月氏，西走数十日至大宛。大宛闻汉之饶财，欲通不得，见骞，喜，问欲何之。骞曰："为汉使月氏而为匈奴所闭道，今亡，唯王使人道送我。诚得至，反汉，汉之赂遗王财物不可胜言。"大宛以为然，遣骞，为发译道，抵康居。康居传致大月氏。

其中"唯王使人道送我"，颜师古注："道读曰导。"《张骞传》又记载：

> 骞即分遣副使使大宛、康居、月氏、大夏。乌孙发译道送骞，与乌孙使数十人，马数十匹，报谢，因令窥汉，知其广大。

"乌孙发译道送骞"，颜师古注："道读曰导。""发译道"的"译道"，就是《史记》卷一二三《大宛列传》所说的"导译"。这些"导译"或"译道"，来到了汉地，领略了汉文化的"广大"。

---

① 文渊阁《四库全书》本。类同情形，又有《汉书》卷七〇《傅介子传》"出金币以示译"，《汉纪》卷一六"元凤四年"作"多出金币以示其驿使"。

### 4. 西域列国的"译长"

《汉书》卷九六《西域传》介绍西域列国国情时，说到"译"这种特殊身份在行政体系中的地位。《西域传上》：

> 鄯善国，本名楼兰，王治扞泥城，去阳关千六百里，去长安六千一百里。户千五百七十，口万四千一百，胜兵二千九百十二人。辅国侯、却胡侯、鄯善都尉、击车师都尉、左右且渠、击车师君各一人，译长二人。
>
> 且末国，王治且末城，去长安六千八百二十里。户二百三十，口千六百一十，胜兵三百二十人。辅国侯、左右将、译长各一人。
>
> 精绝国，王治精绝城，去长安八千八百二十里。户四百八十，口三千三百六十，胜兵五百人。精绝都尉、左右将、译长各一人。
>
> 扞弥国，王治扞弥城，去长安九千二百八十里。户三千三百四十，口二万四十，胜兵三千五百四十人。辅国侯、左右将、左右都尉、左右骑君各一人，译长二人。
>
> 于阗国，王治西城，去长安九千六百七十里。户三千三百，口万九千三百，胜兵二千四百人。辅国侯、左右将、左右骑君、东西城长、译长各一人。
>
> 皮山国，王治皮山城，去长安万五十里。户五百，口三千五百，胜兵五百人。左右将、左右都尉、骑君、译长各一人。
>
> 莎车国，王治莎车城，去长安九千九百五十里。户二千三百三十九，口万六千三百七十三，胜兵三千四十九人。辅国侯、左右将、左右骑君、备西夜君各一人，都尉二人，译长四人。
>
> 疏勒国，王治疏勒城，去长安九千三百五十里。户千五百一十，口万八千六百四十七，胜兵二千人。疏勒侯、击胡侯、辅国侯、都尉、左右将、左右骑君、左右译长各一人。

又《汉书》卷九六下《西域传下》：

姑墨国，王治南城，去长安八千一百五十里。户三千五百，口二万四千五百，胜兵四千五百人。姑墨侯、辅国侯、都尉、左右将、左右骑君各一人，译长二人。

温宿国，王治温宿城，去长安八千三百五十里。户二千二百，口八千四百，胜兵千五百人。辅国侯、左右将、左右都尉、左右骑君、译长各二人。

龟兹国，王治延城，去长安七千四百八十里。户六千九百七十，口八万一千三百一十七，胜兵二万一千七十六人。大都尉丞、辅国侯、安国侯、击胡侯、却胡都尉、击车师都尉、左右将、左右都尉、左右骑君、左右力辅君各一人，东西南北部千长各二人，却胡君三人，译长四人。

乌垒，户百一十，口千二百，胜兵三百人。城都尉、译长各一人。

尉犁国，王治尉犁城，去长安六千七百五十里。户千二百，口九千六百，胜兵二千人。尉犁侯、安世侯、左右将、左右都尉、击胡君各一人，译长二人。

危须国，王治危须城，去长安七千二百九十里。户七百，口四千九百，胜兵二千人。击胡侯、击胡都尉、左右将、左右都尉、左右骑君、击胡君、译长各一人。

焉耆国，王治员渠城，去长安七千三百里。户四千，口三万二千一百，胜兵六千人。击胡侯、却胡侯、辅国侯、左右将、左右都尉、击胡左右君、击车师君、归义车师君各一人，击胡都尉、击胡君各二人，译长三人。

卑陆国，王治天山东干当国，去长安八千六百八十里。户二百二十七，口千三百八十七，胜兵四百二十二人。辅国侯、左右将、左右都尉、左右译长各一人。

卑陆后国，王治番渠类谷，去长安八千七百一十里。户四百六十二，口千一百三十七，胜兵三百五十人。辅国侯、都尉、译长各一人，将二人。

郁立师国，王治内咄谷，去长安八千八百三十里。户百九十，口千四百四十五，胜兵三百三十一人。辅国侯、左右都尉、译长各一人。

单桓国，王治单桓城，去长安八千八百七十里。户二十七，口百九十四，胜兵四十五人。辅国侯、将、左右都尉、译长各一人。

蒲类后国，王去长安八千六百三十里。户百，口千七十，胜兵三百三十四人。辅国侯、将、左右都尉、译长各一人。

劫国，王治天山东丹渠谷，去长安八千五百七十里。户九十九，口五百，胜兵百一十五人。辅国侯、都尉、译长各一人。

山国，王去长安七千一百七十里。户四百五十，口五千，胜兵千人。辅国侯、左右将、左右都尉、译长各一人。

车师前国，王治交河城。河水分流绕城下，故号交河。去长安八千一百五十里。户七百，口六千五十，胜兵千八百六十五人。辅国侯、安国侯、左右将、都尉、归汉都尉、车师君、通善君、乡善君各一人，译长二人。

车师后国，王治务涂谷，去长安八千九百五十里。户五百九十五，口四千七百七十四，胜兵千八百九十人。击胡侯①、左右将、左右都尉、道民君、译长各一人。

"单桓国"只有"户二十七"，也置有"译长"。"译长"在西域诸国职官机构中，都有比较重要的地位。

《汉书》卷九六下《西域传下》记载西域列国"译长"设置："最凡国五十。自译长、城长、君、监、吏、大禄、百长、千长、都尉、且渠、当户、将、相至侯、王，皆佩汉印绶，凡三百七十六人。而康居、大月氏、安息、罽宾、乌弋之属，皆以绝远不在数中，其来贡献则相与报，不督录总领也。"《资治通鉴》卷三五"汉哀帝元寿二年"写道："春正月，匈奴单于及乌孙大昆弥伊秩靡皆来朝，汉以为荣。是时西域凡五十国，自译长至将相侯王皆佩汉印绶，凡三百七十六人。"胡三省注："译长之官，西域诸国皆有之。所以通其国之语言于中国。"按前引《汉书》卷九六《西域传》记载，诸国"译长"凡三十九人，占"三百七十六人"的 10.37%。总人数虽然不

---

① 西域列国中，鄯善国"却胡侯"、疏勒国"击胡侯"，龟兹国"击胡侯、却胡都尉"、"却胡君"，尉犁国"击胡君"，危须国"击胡侯、击胡都尉"、"击胡君"，焉耆国"击胡侯、却胡侯"与"击胡左右君、击车师君、归义车师君"、"击胡都尉、击胡君"，以及车师后国"击胡侯"等官职设置，也是称谓研究者应当注意的民族关系史资料。

多，却是非常重要的官职。据"自译长、城长、君、监、吏、大禄、百长、千长、都尉、且渠、当户、将、相至侯、王"诸等次计十五级，最低等的"译长"所占比率之高，是引人注目的。

### 5. 傅介子故事中的楼兰"译"

傅介子以使者身份刺杀楼兰王故事，在汉王朝外交史上书写了重要的一页，对于后来立功绝域者亦有榜样性的影响。①

《汉书》卷七〇《傅介子传》记载：

> 介子与士卒俱赍金币，扬言以赐外国为名。至楼兰，楼兰王意不亲介子，介子阳引去，至其西界，使译谓曰："汉使者持黄金锦绣行赐诸国，王不来受，我去之西国矣。"即出金币以示译。译还报王，王贪汉物，来见使者。介子与坐饮，陈物示之。饮酒皆醉，介子谓王曰："天子使我私报王。"王起随介子入帐中，屏语，壮士二人从后刺之，刃交胸，立死。其贵人左右皆散走。介子告谕以"王负汉罪，天子遣我来诛王，当更立前太子质在汉者。汉兵方至，毋敢动，动，灭国矣！"

其中明确有"使译谓曰……""出金币以示译"，"译还报王"等情节。《汉纪》卷一六"元凤四年"作"多出金币以示其驿使"。"译"或误写为"驿"，已见前引凌稚隆说《史记》卷一二三《大宛列传》"导驿"应即

---

① 《后汉书》卷四七《班超传》："超与母随至洛阳。家贫，常为官佣书以供养。久劳苦，尝辍业投笔叹曰：'大丈夫无它志略，犹当效傅介子、张骞立功异域，以取封侯，安能久事笔研间乎？'左右皆笑之。超曰：'小子安知壮士志哉！'"（明）徐应秋《玉芝堂谈荟》卷五"古今事相类"条："投笔封侯，有班超，而又有傅介子。"同样的说法又见（明）陈士元《名疑》卷三。《太平御览》卷六一四引《西京杂记》曰："傅介子年十四，好学，常弃觚而叹曰：'丈夫当立功绝域，何能坐于散儒！'卒斩匈奴使者，还报，拜中郎将。后复斩楼王首，封仪阳侯。"（清）姜宸英《湛园札记》卷二："傅介子年十四，好学书。尝弃觚而叹曰：'丈夫当立功绝域，何能坐事散儒！'弃觚与班生投笔相类。"傅介子事迹的文化影响，又见唐人杜甫诗："愿见北地傅介子，老儒不用尚书郎。"（《忆昔二首》，《详注杜诗》卷一三）北宋人沈遘诗："上羞傅介子，下愧苏子卿。"《城北别亲友》，《西溪集》卷三。南宋人汪藻诗："男儿当骑生马驹，不但词赋凌三都。愿从北地傅介子，西吞青海东元菟。"（《次韵苏养直寄黄元功》，《浮溪集》卷三〇）清人陈维崧文句："雪压贺兰，傅介子之功名萧瑟；天低汧陇，吕婆楼之才调纵横。"《胡黄门其章先生葵锦堂集序》，《陈检讨四六》卷四。

"导译"。《资治通鉴》卷二三"汉昭帝元凤四年"据《汉书》，作"即出金币以示译，译还报王"。《太平御览》卷七七七引《汉书》写作："即出金币以示译者，译者还报王"，可知"译"就是"译者"。由所谓"译还报王"，可推知"译"的楼兰人身份。

其实，后来"介子谓王曰……""入帐中，屏语"，以及刺杀楼兰王后"介子告谕""其贵人左右"等事，都应当是通过"译"进行的。"译"即"译者"很可能当傅介子等刺死楼兰王时身在现场。

### 6. 西域国家"给使者""导译"的接待压力

所谓"导译"或"译道"，作为西域诸国通过语言传译便利文化交流的必要的设置。这种专业人员主要服务于汉地来使的性质，也造成西域诸国比较沉重的压力。据《汉书》卷九六下《西域传下》记载：

> 至莽篡位，建国二年，以广新公甄丰为右伯，当出西域。车师后王须置离闻之，与其右将股鞮、左将尸泥支谋曰："闻甄公为西域太伯，当出，故事给使者牛羊谷刍茭，导译，前五威将过，所给使尚未能备。今太伯复出，国益贫，恐不能称。"欲亡入匈奴。戊己校尉刁护闻之，召置离验问，辞服，乃械致都护但钦在所埒娄城。置离人民知其不还，皆哭而送之。至，钦则斩置离。置离兄辅国侯狐兰支将置离众二千余人，驱畜产，举国亡降匈奴，单于受之。

包括"给使者""导译"在内的接待负担，形成西域国家"恐不能称"的压力，竟然最终导致车师后国贵族"欲亡入匈奴"。在汉王朝强大的军事压力下，车师后王"须置离"被斩杀，其兄狐兰支将众"举国亡降匈奴"。

这是"译"影响西域外交形势的另一种例证。

狐兰支"亡降匈奴"后，又与匈奴组成联军一同进扰西域。"狐兰支与匈奴共入寇，击车师，杀后成长，伤都护司马，复还入匈奴。"因"导译"负担引起的连锁反应其实是相当严重的："时戊己校尉史陈良、终带、司马丞韩玄、右曲候任商等见西域颇背叛，闻匈奴欲大侵，恐并死，即谋劫略吏卒数百人，共杀戊己校尉刁护，遣人与匈奴南犁汗王南将军相闻。匈奴南将军二千骑入西域迎良等，良等尽胁略戊己校尉吏士男女二千余人入匈奴。玄、商留南将军所，良、带径至单于庭，人众别置零吾水上田居。单于号良、带曰乌桓都将军，留居单于所，数呼与饮食。"陈良等人叛降匈奴，导致了西域军力对比的变化。"西域都护但钦上书言匈奴南将军右伊秩訾将人众寇击诸国。莽于是大分匈奴为十五单于，遣中郎将蔺苞、副校尉戴级将兵万骑，多赍珍宝至云中塞下，招诱呼韩邪单于诸子，欲以次拜之。使译出塞诱呼右犁汗王咸、咸子登、助三人，至则胁拜咸为孝单于，赐安车鼓车各一，黄金千斤，杂缯千匹，戏戟十；拜助为顺单于，赐黄金五百斤；传送助、登长安。莽封苞为宣威公，拜为虎牙将军；封级为扬威公，拜为虎贲将军。"王莽的举措，显示北边东部汉王朝的优势地位也难以维持。而匈奴贵族对王莽的封赐竟然拒绝。"单于闻之，怒曰：'先单于受汉宣帝恩，不可负也。今天子非宣帝子孙，何以得立？'遣左骨都侯、右伊秩訾王呼卢訾及左贤王乐将兵入云中益寿塞，大杀吏民。是岁，建国三年也。"

因"给使者""导译"等接待负担致使狐兰支将众"举国亡降匈奴"的后续事变中，也可以看到"译"的活动："使译出塞诱呼右犁汗王咸、咸子登、助三人，至则胁拜咸为孝单于，赐安车鼓车各一，黄金千斤，杂缯千匹，戏戟十；拜助为顺单于，赐黄金五百斤；传送助、登长安。"不过，这些活动与西域方向没有直接关系，因而不属于我们讨论的对象。

## 中江塔梁子崖墓石刻画像榜题"襄人"称谓

四川中江塔梁子汉代崖墓的考古收获为汉代民族史和汉代四川区域文化史的研究提供了新的信息。[①] 其中有关民族关系的资料，值得研究者注意。而"襄人"称谓的指代对象，也是称谓史研究的课题。

### 1. "襄人"的发现

据四川中江塔梁子崖墓发掘报告，发掘中发现石刻画像30余幅，"内容

---

① 四川省文物考古研究所、德阳市文物考古研究所、中江县文物保护管理所：《四川中江塔梁子崖墓发掘简报》，王子今、高大伦：《中江塔梁子崖墓壁画榜题考论》，《文物》2004年第9期。

丰富，题材多样，其中不少题材为首次发现并具有重要研究价值。"发现于
M3 三室甬道右壁的石刻画像，发掘者定名为"胡人舞蹈图"。发掘报告介
绍说：

> 浅浮雕，五个高鼻深目、胡须环腮的胡人手拉手跳舞，舞姿劲健有
> 力。尖圆平顶小帽用红色涂染，须发、眉眼、衣襟及足底用浓墨勾画。
> 上端有墨书"襄人"榜题。为四川发现最早的胡人乐舞资料，在中国
> 汉代考古资料中也极为罕见。像高 0.3、宽 0.75 米，包括榜题高
> 0.5 米。①

发掘简报介绍这幅石刻画像的文字略有差异。② 关于榜题，写作"上端有墨
书'□人'榜题"。图版中，榜题"□人"的第一字"□"只有下半部，
并不清晰，难以判别字形字义。③ 发掘报告中这一画像的图版摄制不取榜题
文字。线描图中"襄人"摹本清晰④，"襄"字似乎不可能误释。

发掘报告并没有说明"⬛人"榜题与所谓"胡人舞蹈图"存在何种关
系。人们自然会关心，如果榜题释文"襄人"不误，这一看起来属于称谓
语的"襄人"二字，究竟是什么涵义呢？

### 2. 释"襄"

"襄人"的"襄"，很可能与"鬤"有关。《玉篇》卷五《髟部》："鬤，
乱发。"《集韵》卷六《养韵》："鬤，发乱皃。"而《广韵》卷二《庚韵》
说："鬤，髭鬤乱发貌。"⑤ 又说："鬤，髭鬤，乱毛。"《古今通韵》卷五

---

① 四川省文物考古研究院、德阳市文物考古研究所、中江县文物保护管理所：《中江塔梁子崖墓》，
文物出版社 2008 年版，第 64 页。

② 发掘报告较发掘简报增加了"舞姿劲健有力"的描述，"圆尖平顶小帽"改写为"尖圆平顶小
帽"，"朱色"改写为"红色"，"足用墨勾画"改写为"足底用浓墨勾画"，并增写"在中国汉代考古资
料中也极为罕见"的评价。

③ 四川省文物考古研究所、德阳市文物考古研究所、中江县文物保护管理所：《四川中江塔梁子崖
墓发掘简报》，《文物》2004 年第 9 期，图一八。

④ 《中江塔梁子崖墓》，图版六一，图七○。

⑤ 《玉篇》卷五《髟部》：曰，"曰攘也。""曰"与"鬤"应同义。

《阳韵》："鬤，髻鬤乱毛也。""鬤"字的涵义，一说"乱发"，一说"乱毛"。《广韵》卷二《庚韵》："䰐，䰐鬤乱发皃。"而《广韵》卷三《荡韵》："䰐，䰐毻，乱毛。"《集韵》卷三《阳韵》："鬤，髶鬤，发乱。"《广韵》卷二《阳韵》："鬤，髶鬤，乱毛。"也反映了同样的情形。又如孟郊、韩愈《城南联句一百五十韵》："蹙髻怒䰐鬤。"解释也有两种："祝曰：鬤，《广韵》云乱发貌。""孙曰：髻，鬣也。䰐鬤，髻张貌。言鱼中钓，其怒如此。"① 则以为"鬤"为"乱发貌"的解释是不确切的。《集韵》卷三《阳韵》：鬤，"或从毛。"则作"毻"。看来，释"鬤"为"乱毛"的解说可能更为可靠。

《楚辞·大招》："西方流沙，漭洋洋只。豕首纵目，被发鬤只。长爪踞牙，诶笑狂只。"王逸注："言西方有神，其状猪头从目，被发鬤鬤，手足长爪，出齿踞牙，得人强笑喜而狂猗也。"又说："鬤，乱貌也。鬤，古作长。"刘向《九叹·思古》："发披披以鬤鬤兮，躬劬劳而瘏悴。"王逸注："披披，鬤鬤，解乱貌也。鬤，古本作鬓。"可见"鬤"，原本有"乱"的字义，也有"长"的字义。形容西方神怪使用"鬤"字，是值得我们注意的。

清人胡宝瑔《平定金川诗》写道："布兹淳化方垂裳，深宫祗肃犹皇皇。积精上感帝座光，天心子爱无时忘。德洋恩溥歌《击壤》，东西南朔穷要荒。九区克咸勤梯航，旅獒底贡白雉将。雕题凿齿来相望，戈偃征苗光有唐。三蘖莫遂劳武汤，蛮夷编入克鬼方。戎车既饬王国匡，《诗》《书》所纪何煌煌。至今千载犹丕扬，金川小丑陋蚙蚘。欲穷厥初本始茫，蜂目豕首被发鬤。下吏鞭棰如驱羊，汗流尘渍时踬僵。盘纡弗郁巢榆枋，阻山为固恃重墙。……"② 也以"鬤"说"要荒""蛮夷"之民，尤其明指"金川小丑陋蚙蚘"，可以为我们理解塔梁子崖墓石刻画像榜题"襄人"提供有意义的启示。

鬤，"或从毛"，可以写作"毻"的说法，告知"鬤"是可以理解为胡须的。"鬤"，又可能特指杂乱蜷曲的胡须。

讨论塔梁子崖墓石刻画像榜题"襄人"的涵义，还应当注意到"襄"

---

① 《五百家注昌黎文集》卷八。
② 《钦定平定金川方略》卷二九。

与"冉"、"髯"有特殊的关系。

《战国策·楚策四》："秦孝公封商君,孝公死,而后不免杀之。秦惠王封冉子,惠王死,而后王夺之。公孙鞅,功臣也;冉子,亲姻也。然而不免夺死者,封近故也。"马王堆汉墓出土帛书《战国纵横家书》作:"秦孝王死,公孙鞅杀;惠王死,襄子杀。公孙央功臣也,襄子亲因也,皆不免,封近故也。"可知《战国策》的"冉子"就是《战国纵横家书》的"襄子"。然而马王堆汉墓帛书整理小组认为"襄子,指穰侯"①。"秦惠王封襄子。"高亨在总结古字通假规律时,则以为"襄"与"冉"通。他纂著的《古字通假会典》中,有"冉与襄"条,其中写道:"《战国策·楚策四》:'秦惠王封冉子。'汉帛书本冉作襄。下文同。"②

如果赞同"襄"与"冉"通,则可以联想到"襄"亦可以通于"髯"。而"髯人"称谓,是屡屡见于古代文献的。

隋唐之际草根英雄虬髯客,又称作"虬髯人"。元代诗人胡炳文《题富山汪王庙》诗:"虬髯人出鹿归唐,多少英雄失故乡。"③《元史》卷一四六《耶律楚材传》写道:"贞佑二年,宣宗迁汴,完颜福兴行尚书事,留守燕,辟为左右司员外郎。太祖定燕,闻其名,召见之。楚材身长八尺,美髯宏声。帝伟之,曰:'辽、金世雠,朕为汝雪之。'对曰:'臣父祖尝委质事之,既为之臣,敢雠君耶!'帝重其言,处之左右,遂呼楚材曰吾图撒合里而不名,吾图撒合里,盖国语'长髯人'也。"耶律楚材"美髯",于是被称作"长髯人",又被称为"冉郎"。清人姚之骃《元明事类钞》卷二八有"老髯郎"条,其中写道:"《元史》:耶律楚材身长八尺,美髯宏声,太祖呼之曰吾图撒合里而不名,盖国语'美髯人'也。耶律楚材诗:'临风休忘老髯郎。'自注:清溪尝呼予为'髯郎'。"元人鲜于枢《困学斋杂录》写道:"前宋士人山行,于绝壁人迹不到处,见有题诗者云:'鸣梢叠叶响飕飕,枕底寒声为客留。野鹤不来山月堕,独眠滋味五更秋。'少前遇髯人坐大石上,意其为诗者。欲前揖,忽不见。余谓仙人亦有未能忘情者邪?"据

---

① 马王堆汉墓帛书整理小组:《战国纵横家书》,文物出版社 1976 年版,第 103 页。

② 高亨纂著:《古字通假会典》,齐鲁书社 1989 年版,第 259 页。

③ 《云峰集》卷八。

《黄冈志》，"马炳然正统间宰嘉鱼。群盗劫藏去，而钦召报适至，以盗不得阻行。始盗入，马于暗处稽其数三十人，有长而髯者，魁也。因密属捕者，悬赏罚期必得。会阳逻镇渡江人数内一髯人，正如盗状，遂缚以闻，虐讯皆诬服。马始就道。"① 又明人叶春及《惠州重建汉寿侯庙记》写道："万历乙酉，太守黄公梦髯人从西南来，授以'及后'二字。占曰：髯，壮缪侯也。西南，庙址在焉。"② 这里都出现了"髯人"称谓。

### 3. 襄人·纂人·髯人·鬚人·胡人

"髯"，汉代即指与鬓角相连的络腮胡须。《释名·释形体》："在颊耳旁曰髯，随口动摇髯髯然也。"毕沅《疏证》："髯，俗字，《说文》作'䫇'，云颊须也。"③《说文·须部》："䫇，颊须也。"段玉裁注："颊，面旁也。""详文意，乃泛谓须。"慧琳《一切经音义》卷五六"颔髯"注引《说文》："髯，颊须毛也。"较今本《说文》多一"毛"字。

"髯鬚"或"鬚髯"连说，也是在汉代已经出现的语言现象。《风俗通义》卷二："《封禅书》说，黄帝升封泰山，于是有龙垂鬚髯，下迎黄帝。黄帝上骑，群臣后宫从者七十余人。小臣独不得上，乃悉持龙髯。""髯"，就是"鬚髯"。也就是说，髯"乃泛谓须"的说法是可以成立的。唐代诗人张说《苏摩遮五首》之一也可见"髯鬚"并说之例："摩遮本出海西胡，琉璃宝服紫髯鬚。闻道皇恩遍宇宙，来将歌舞助欢娱。"④ 其中透露出的"胡"和"鬚"的关系，是很有意思的。"髯鬚"一语，还见于元人吴镇关于《渔父图》的一段文字。所谓"笠而楫且髯鬚者一人，人自为舟"⑤，反映了

---

① 《湖广通志》卷一二○。
② 《石洞集》卷一五。
③ 关于"随口动摇髯髯然也"，毕沅《疏证》改"髯髯"为"冄冄"："今本作'髯髯然也'，讹。案：《说文》亦从'冄'为义，因据改之。"王先谦：《释名疏证补》，上海古籍出版社1984年版，第112页。据任继昉《释名汇校》，"髯髯"，卢文弨、黄丕烈校作"冉冉"，段玉裁、疏证本校作"冄冄"。疏证本云："今本作'髯髯然也'，讹。案：《说文》亦从'冄'为义，因据改之。"篆字疏证本无此校语。王仁俊集斠："《一切经音义·九·大智度论》十七卷引'冄冄'作'髯髯'。据此，则作'髯'未必讹，持繁文耳。"任按："持"似应作"特"。丁山校："《御览》引'冄冄'作'髯髯'。"周祖谟校笺："'髯髯'毕改作'冉冉'。"张步瀛校"冄冄"作"髯髯"。齐鲁书社2006年版，第105页。
④ 《全唐诗》卷二八，卷八九。
⑤ 《式古堂书画汇考》卷四九。

"髯鬍"并说且"髯鬍"成为社会称谓的情形。又宋代诗人《送曾继先赴山阴路钤》诗有"鬍髯白尽犹强饮，髀肉添多未跨鞍"句[1]，又《全闽诗话》卷六"林聪"条所见"艾方伯一脸鬍髯"，也是"鬍髯"连说之例。

现在可以这样说，"髯"与"鬍"可以联系起来理解。"襄人"或作"䨜人"，即"髯人"，也就是"鬍人"、"胡人"。

"襄人"考论，可以增益我们对于汉代社会称谓的知识。

### 4. "襄人""獽人"辨疑

承四川大学江玉祥教授见告，"襄人"应与《华阳国志》所见"獽人"有关。有学者亦论证"襄人"应即"獽人"，而"不是胡人"。论者指出，"史籍对襄人早有记载。据《华阳国志》记载，古代巴国'其属有濮、賨、苴、共、奴、獽、夷蜑之蛮'。巴东郡'东接建平，南接武陵，西接巴郡，北接房陵，有奴、獽、夷蜑之蛮民'。涪陵郡'东接巴东，南接武陵，西接巴郡，土地山险水滩，人多戆勇，多獽、蜑之民'。丹兴县（今黔江）、汉平县（今武隆）、万宁县（今贵州思南）、汉发县（今酉阳）'诸县北有獽、蜑'。"[2] "另据《华阳国志·蜀志》记载，'朱辰字符燕，为巴郡太守，甚著德惠。辰卒官，郡獽民北送及墓。獽、蜑鼓刀辟踊，感动路人，于是葬所草木顷许皆仿之曲折。'""汉晋时，襄人主要居住在巴郡、涪陵郡、巴东郡，即今重庆、贵州、湖南、湖北交界处的高山区，并进入蜀郡。"[3]

然而我们关注的这幅石刻画像所见人物形象，明确是"高鼻深目、胡须环腮"，与西南少数民族通常形象有所不同。尤其"须发""用浓墨勾画"，特点十分醒目。所谓"圆尖平顶小帽"或"尖圆平顶小帽"，表述可能并不十分准确，其形式与中原的冠有所不同，是明显的。汉代画像中的"胡人"形象往往头戴尖顶帽，如山东沂南汉墓门楣画像"胡汉战争"图[4]，山东嘉

---

① 《止斋集》卷七。

② 原注：（晋）常璩《华阳国志》卷一《巴志》，巴蜀书社1984年版，第89页。

③ 龙腾：《襄人不是胡人——四川中江塔梁子东汉崖墓榜题考》，《文物》2013年第2期。

④ 中国画像石全集编辑委员会：《中国画像石全集》，山东美术出版社、河南美术出版社2000年版，第1卷图一七九。

祥满硐乡宋山出土汉画像石"胡汉交战"图①，山东平阴实验中学出土汉画像石"战争"图②，山东临沂出土"武卒"图③，山东济宁喻屯镇城南张出土汉画像石"献俘"图④，也许塔梁子崖墓石刻画像创作者的原意，是要显示这一特点。

又承孙家洲教授见告，晚唐刘言史《王中丞宅夜观舞胡腾》诗有"石国胡儿人见少，蹲舞罇前急如鸟；织成蕃帽虚顶尖，细氎胡衫双袖小"句⑤，也强调了"蕃帽虚顶尖"的形制特色。

综合榜题文字和画面形象，塔梁子崖墓发掘简报和发掘报告的执笔者"胡人舞蹈图"的定名，至少在画面人物身份的判定方面，合理性是可以肯定的。⑥ 然而就 M3 三室门枋左侧门框画像发掘者所谓"胡人执棨戟吹奏门吏"的定名，"胡人"的判定看来存在疑问。"右手持似胡笳乐器并吹奏"，乐器的性质只是推测，而所谓"高鼻深目，胡须环腮，头戴尖顶小帽"，"胡须用墨勾勒"等描述⑦，就图版观察，这些形貌特征似乎都并不十分明显。⑧

"襄人"可能确实与"獽人"有关。但是现在还难以判定"獽人"的由来，是否在《华阳国志》成书之前有自西北方向迁徙至于巴蜀地方的可能。通过被有些学者称作"藏彝民族走廊"的草原通路，我们看到有石棺葬、动物纹青铜饰牌和甘青新石器时代陶器传布至于四川地区的考古文物资料。许多历史文化迹象说明这条通路的便捷。⑨ 也许"獽人"之谜需要更完备的考古学和交通史、民族史的考察方能破解。

---

① 《中国画像石全集》，第 2 卷图一〇二。

② 《中国画像石全集》，第 3 卷图二〇三。

③ 《中国画像石全集》，第 3 卷图六八。

④ 《中国画像石全集》，第 2 卷图七。

⑤ 《石仓历代诗选》卷一二〇。

⑥ 以为"襄人"应即胡人的意见，又见于谢崇安《中江塔梁子东汉崖墓壁画雕像考释——兼论印欧人种入居我国西南的时代问题》，《四川文物》2005 年第 5 期；孙家洲：《从中江塔梁子崖墓"胡人舞蹈图"论巴蜀之地盛行"胡舞"的原因》，《四川文物》2008 年第 4 期。

⑦ 《中江塔梁子崖墓》，第 64—65 页。

⑧ 《中江塔梁子崖墓》，图版六二，图七一。

⑨ 王子今：《康巴民族考古与交通史的新认识》，《中国文物报》2005 年 10 月 5 日；王子今、高大伦：《说"鲜水"：康巴草原民族交通考古札记》，《中华文化论坛》2006 年第 4 期。

有学者以为，"襄人"的"襄"，"应当为地名之略称"。"襄人"被理解为"来自'襄地之胡人'"，"具体而言，与东汉时期居于甘青河湟地区的'羌胡'有着密切联系"。论者亦注意到"襄武、平襄等地在东汉羌人大起义时期是战略重镇"。① 然而以"襄地之胡人"解"襄人"，论据似尚显薄弱。

# 商胡·贾胡·蛮夷贾：异族商家称谓

汉代有"商胡贩客"活跃于边境地方，内地亦"商贾胡貊，天下四会"，其中明确有"西域贾胡"。出身"胡"的外族人士参与汉代商业经营者对于社会经济的繁荣有所贡献。文献记载所见"贾胡"、"商胡"称谓反映了这一现象。当时外国使团中也有被称作"行贾贱人"的商业经营者。乐府诗中"酒家胡"称谓，则体现少数民族出身者从事都市饮食服务业经营的情形。"商胡"、"贾胡"、"酒家胡"的活动，与汉家商人有一致性，然而也表现出自己的个性。他们的活动，也是促成汉代经济文化在特殊条件下实现进步的因素之一。分析相关史实，对于全面认识汉代民族关系和经济生活，都是有益的。

### 1. 商胡贩客，日款于塞下

《后汉书》卷八八《西域传》篇末有以"论曰"形式发表的对于西域问题的总结性文字："论曰：西域风土之载，前古未闻也。汉世张骞怀致远之略，班超奋封侯之志，终能立功西遐，羁服外域。自兵威之所肃服，财赂之所怀诱，莫不献方奇，纳爱质，露顶肘行，东向而朝天子。故设戊己之官，分任其事；建都护之帅，总领其权。先驯则赏籯金而赐龟绶，后服则系头颡而衅北阙。立屯田于膏腴之野，列邮置于要害之路。驰命走驿，不绝于时月；商胡贩客，日款于塞下。其后甘英乃抵条支而历安息，临西海以望大秦，拒玉门、阳关者四万余里，靡不周尽焉。若其境俗性智之优薄，产载物类之区品，川河领障之基源，气节凉暑之通隔，梯山栈谷绳行沙度之道，身

---

① 霍巍：《襄人与羌胡——四川中江塔梁子东汉崖墓榜题补释》，《文物》2009年第6期。

热首痛风灾鬼难之域，莫不备写情形，审求根实。……"其中关于中土与西域相互往来的说法引人注目：

> 驰命走驿，不绝于时月；商胡贩客，日款于塞下。

中原王朝往西北，"驰命走驿"传达着王命。西域地方往中土，则"商胡贩客"有积极的表现。前者"不绝于时月"，后者"日款于塞下"，似乎有更为密集的活动频度。

《东观汉记》卷一六《李恂传》写道："（李恂）复征为西域副校尉。西域殷富，多珍宝，诸国侍子及督使贾胡数遗恂奴婢、宛马、金银、香罽之属，一无所受。"①《后汉书》卷五一《李恂传》亦记载："后复征拜谒者，使持节领西域副校尉。西域殷富，多珍宝，诸国侍子及督使贾胡数遗恂奴婢、宛马、金银、香罽之属，一无所受。"所谓"督使贾胡"，李贤注："督使，主蕃国之使也。贾胡，胡之商贾也。"这些贿赂李恂的"贾胡"们，很可能有"款于塞下"，在汉边境经商的业务。

关市，曾经在汉帝国边疆地区发生过积极的经济作用。② 因关市贸易谋取商业利润的"商胡贩客"因此活跃。西汉时期有聂翁壹"出物与匈奴交"故事。③ 又有贵族"坐买塞外禁物罪"受到处罚的案例。④《汉书》卷六四上《主父偃传》称之为"外市"，颜师古注引张晏曰："与外国交市已利。"然而，所谓"匈奴贪，尚乐关市，嗜汉财物，汉亦尚关市不绝以中之"⑤，似可体现匈奴方面对边境贸易有更积极的态度。于是有"胡市"的存在。称"胡市"者，可能设置在胡地，而"商胡贩客"应当更为活跃。《史记》卷一二〇《汲郑列传》裴骃《集解》引应劭曰："阑，妄也。律，胡市，吏民不得持兵器出关。虽于京师市买，其法一也。"《汉书》卷五〇《汲黯传》

---

① （东汉）刘珍等撰，吴树平校注：《东观汉记校注》，中州古籍出版社1987年版，第708页。
② 王子今、李禹阶：《汉代北边的"关市"》，《中国边疆史地研究》2007年第3期。
③ 《史记》卷一一〇《匈奴列传》。裴骃《集解》引《汉书音义》曰："私出塞与匈奴交市。""出物与匈奴交"，《汉书》卷九四上《匈奴传上》作"出物与匈奴交易"。
④ 《史记》卷一八《高祖功臣侯者年表》。
⑤ 《史记》卷一一〇《匈奴列传》。《汉书》卷九四上《匈奴传上》作："匈奴贪，尚乐关市，嗜汉财物，汉亦通关市不绝以中之。"

颜师古注则引作："阑，妄也。律，胡市，吏民不得持兵器及铁出关。虽于京师市买，其法一也。"都说到汉律对"胡市"贸易的规定。"胡市"见诸史籍者，又有《续汉书·百官志五》刘昭《注补》引应劭《汉官》所谓"岁时胡市焉"，《后汉书》卷七三《刘虞传》所谓"开上谷胡市之利"，以及《后汉书》卷九六《鲜卑传》、《三国志》卷三〇《魏书·鲜卑传》裴松之注引《魏书》"通胡市"的记载。

　　这种边境交易有时是执政者的行为，而与商人可能没有直接关系。如《后汉书》卷八九《南匈奴列传》："元和元年，武威太守孟云上言北单于复愿与吏人合市，诏书听云遣驿使迎呼慰纳之。北单于乃遣大且渠伊莫訾王等，驱牛马万余头来与汉贾客交易。"汉王朝一方的交易人是"贾客"，而塞外一方的交易人则是部族首领。又如《三国志》卷三〇《魏书·鲜卑传》："比能帅部落大人小子代郡乌丸修武卢等三千余骑，驱牛马七万余口交市。"也反映了大致同样的情形。

　　《后汉书》卷三一《孔奋传》说到东汉初期河西形势："时天下扰乱，唯河西独安，而姑臧称为富邑，通货羌、胡，市日四合①，每居县者，不盈数月辄致丰积。"所谓"通货羌、胡"，当有"羌、胡"商人参与这种经济活动。

　　居延汉简可见记录"贾车"出入的简文：

　　　　日食时贾车出
　　　　日东中时归过（甲附 14B）②

所谓"贾车"，似是商贾用车。只是车主的族属并不清楚。③ 又据《后汉书》卷九六《乌桓传》记载："顺帝阳嘉四年冬，乌桓寇云中，遮截道上商贾车牛千余两。"北边地区"商贾车牛"的活跃，不排除有"商胡"参与创造商贸繁盛的情形。

---

　　① 李贤注："古者为市，一日三合。《周礼》曰：'大市日侧而市，百族为主。朝市朝时而市，商贾为主。夕市夕时而市，贩夫贩妇为主。'今既人货殷繁，故一日四合也。"

　　② 谢桂华、李均明、朱国炤：《居延汉简释文合校》，文物出版社 1987 年版，第 671 页。

　　③ 这枚简的 A 面文字为："肩水金关印曰氏池右尉，平利里吕充等五人。"所谓"吕充等五人"与 B 面简文"贾车"的关系尚不明朗。

### 2. "伏波类西域贾胡"

马援南征"武陵五溪蛮夷",进军艰难,时有指挥不力的批评。《后汉书》卷二四《马援传》有这样的记载:

> 初,军次下隽,有两道可入,从壶头则路近而水崄,从充则涂夷而运远,帝初以为疑。及军至,耿舒欲从充道,援以为弃日费粮,不如进壶头,搤其喉咽,充贼自破。以事上之,帝从援策。三月,进营壶头。贼乘高守隘,水疾,船不得上。会暑甚。士卒多疫死,援亦中病,遂困,乃穿岸为室,以避炎气。贼每升险鼓噪,援辄曳足以观之,左右哀其壮意,莫不为之流涕。耿舒与兄好畤侯弇书曰:"前舒上书当先击充,粮虽难运而兵马得用,军人数万争欲先奋。今壶头竟不得进,大众怫郁行死,诚可痛惜。前到临乡,贼无故自致,若夜击之,即可歼灭。伏波类西域贾胡,到一处辄止,以是失利。今果疾疫,皆如舒言。"弇得书,奏之。帝乃使虎贲中郎将梁松乘驿责问援,因代监军。会援病卒,松宿怀不平,遂因事陷之。帝大怒,追收援新息侯印绶。

对于马援进击迟缓以致"失利"的指责,有"类西域贾胡,到一处辄止"的说法。李贤注:"言似商胡,所至之处辄停留。"

关于"商"和"贾",以往有"行曰商,止曰贾",即行游为商,止居为贾的说法。《周礼·天官·大宰》:"大宰之职,掌建邦之六典,以佐王治邦国。……以九职任万民,……六曰商贾。"郑玄注:"行曰商,处为贾。"[1]又《周礼·地官·司市》:"司市掌市之治教政行,量度禁令。……以商贾阜货而行布。"郑玄注:"通物曰商,居卖物曰贾。"[2]张衡《西京赋》:"尔乃商贾百族,裨贩夫妇,鬻良杂苦,蚩眩边鄙。"薛综注:"坐者为商,行者为贾。"[3]《白虎通义》卷七《商贾》:"商贾,何谓也? 商之为言商也。

---

① 《十三经注疏》,中华书局 1980 年版,第 647 页。

② 同上书,第 734 页。

③ 《文选》,中华书局 1977 年版,第 42 页。

商其远近，度其有亡，通四方之物，故谓之商也。贾之为言固也。固有其用物，以待民来，以求其利者也。行曰商，止曰贾。《易》曰：'先王以至日闭关，商旅不行，后不省方。'《论语》曰：'沽之哉，沽之哉，我待价者也。'即如是，《尚书》曰'肇牵车牛，远服贾用'何？言远行可知也。方言'钦厥父母'，欲留供养之也。"①

《马援传》说"西域贾胡"，李贤注称"言似商胡"，可知"商胡"和"贾胡"其实并没有严格的区别。

东汉初期都城洛阳"贾胡"的表现，《东观汉记》卷一六《杨正传》有所反映：

> 杨正为京兆功曹，光武崩，京兆尹出，西域贾胡共起帷帐设祭，尹车过帐，贾牵车令拜。尹疑止车，正在前导曰："礼，天子不食支庶，况夷狄乎！"敕坏祭，遂去。②

看来"西域贾胡"在洛阳有一定的组织方式，有群体性的活动，甚至不畏惧地方行政长官。稍晚又可看到"贾胡"在内地结成武装暴力集团的情景，如《晋书》卷六九《刘隗传》："（刘）畴，字王乔，少有美誉，善谈名理。曾避乱坞壁，贾胡百数欲害之，畴无惧色，援笳而吹之，为《出塞》、《入塞》之声，以动其游客之思。于是群胡皆垂泣而去之。"③ 这样在乱世既自卫亦害人的集团，其规模至于"百数"人。而闻"《出塞》、《入塞》之声"乃动"游客之思"，以致"皆垂泣而去之"的情形，也体现出其情感倾向的一致。

关于汉代活动于内地的"西域贾胡"，《后汉书》卷三四《梁冀传》又有一则具体的史例："冀乃大起第舍，而寿亦对街为宅，殚极土木，互相夸

---

① （清）陈立：《白虎通疏证》，吴则虞点校，中华书局1994年版，第346—347页。

② 《东观汉记校注》，第379页。吴树平校注标点作："光武崩，京兆尹出西域，贾胡共起帷帐设祭……"分断"西域贾胡"，似有不妥。

③ 《艺文类聚》卷四四引曹嘉之《晋书》作"援笳而吹之，为《出塞》之声"，不言《入塞》。文渊阁《四库全书》本《太平御览》卷五八一引文同。上海涵芬楼影印宋本《太平御览》卷五八一引曹嘉之《晋书》则作"援笳而吹之，为《出塞》、《入塞》之声"。

竞。堂寝皆有阴阳奥室，连房洞户。柱壁雕镂，加以铜漆；窗牖皆有绮疏青
琐，图以云气仙灵。台阁周通，更相临望；飞梁石蹬，陵跨水道。金玉珠
玑，异方珍怪，充积臧室。远致汗血名马。又广开园囿，采土筑山，十里九
坂，以像二崤，深林绝涧，有若自然，奇禽驯兽，飞走其间。冀、寿共乘辇
车，张羽盖，饰以金银，游观第内，多从倡伎，鸣钟吹管，酣讴竟路。或连
继日夜，以骋娱恣。客到门不得通，皆请谢门者，门者累千金。又多拓林
苑，禁同王家，西至弘农，东界荥阳，南极鲁阳，北达河、淇，包含山薮，
远带丘荒，周旋封域，殆将千里。又起菟苑于河南城西，经亘数十里，发属
县卒徒，缮修楼观，数年乃成。"林苑之禁，又有极其严厉的处置方式：

> 移檄所在，调发生菟，刻其毛以为识，人有犯者，罪至刑死。尝有
> 西域贾胡，不知禁忌，误杀一兔，转相告言，坐死者十余人。

所谓"西域贾胡"，生活方式如田猎等，一同当地汉人。只是"不知"豪家
"禁忌"，致使多人"坐死"。

东汉晚期京师地方"贾胡"聚居的情形，还可以通过《三国志》卷二
一《魏书·傅嘏传》裴松之注引《傅子》的记述得以说明：

> 河南尹内掌帝都，外统京畿，兼古六乡六遂之士。其民异方杂居，
> 多豪门大族，商贾胡貉，天下四会，利之所聚，而奸之所生。①

所谓"商贾胡貉，天下四会"，体现了当时洛阳作为世界都市的文化气象。

### 3. 使团中的"行贾贱人"

《三国志》卷二四《崔林传》记载："迁大鸿胪。龟兹王遣侍子来朝，
朝廷嘉其远至，褒赏其王甚厚。余国各遣子来朝，间使连属，林恐所遣或非
真的，权取疏属贾胡，因通使命，利得印绶，而道路护送，所损滋多。劳所

---

① 《太平御览》卷二五二引《魏志》曰："傅嘏，字兰石，为河南尹，内掌帝都，外统宗畿，兼主
六乡六遂之士。其民异方杂居，多豪门大族，商贾胡貉，天下四会，利之所聚，而奸之所生也。"

养之民，资无益之事，为夷狄所笑，此曩时之所患也。乃移书燉煌喻指，并录前世待遇诸国丰约故事，使有恒常。"① 所说"曩时"旧例"权取疏属贾胡，因通使命"者，也反映"贾胡"往来中土的方便。

《崔林传》所说，虽然已经是曹魏故事，然而以"贾胡"杂入使团的情形，在西汉时已经出现。

例如，《汉书》卷九六上《西域传上》关于罽宾国外交，写道："成帝时，复遣使献谢罪，汉欲遣使者报送其使，杜钦说大将军王凤曰：'前罽宾王阴末赴本汉所立，后卒畔逆。夫德莫大于有国子民，罪莫大于执杀使者，所以不报恩，不惧诛者，自知绝远，兵不至也。有求则卑辞，无欲则娇嫚，终不可怀服。凡中国所以为通厚蛮夷，慊快其求者，为壤比而为寇也。今县度之阨，非罽宾所能越也。其乡慕，不足以安西域；虽不附，不能危城郭。前亲逆节，恶暴西域，故绝而不通；今悔过来，而无亲属贵人，奉献者皆行贾贱人，欲通货市买，以献为名，故烦使者送至县度，恐失实见欺。凡遣使送客者，欲为防护寇害也。起皮山南，更不属汉之国四五，斥候士百余人，五分夜击刀斗自守，尚时为所侵盗。驴畜负粮，须诸国禀食，得以自赡。国或贫小不能食，或桀黠不肯给，拥强汉之节，馁山谷之间，乞匃无所得，离一二旬则人畜弃捐旷野而不反。又历大头痛、小头痛之山，赤土、身热之阪，令人身热无色，头痛呕吐，驴畜尽然。又有三池、盘石阪，道陜者尺六七寸，长者径三十里。临峥嵘不测之深，行者骑步相持，绳索相引，二千余里乃到县度。畜队，未半坑谷尽靡碎；人堕，势不得相收视。险阻危害，不可胜言。圣王分九州岛，制五服，务盛内，不求外。今遣使者承至尊之命，送蛮夷之贾，劳吏士之众，涉危难之路，罢弊所恃以事无用，非久长计也。使者业已受节，可至皮山而还。'于是凤白从钦言。"杜钦的说法，为王凤所认同。其中关于罽宾使团构成，杜钦指出的两点值得注意：

1. 今悔过来，而无亲属贵人，奉献者皆行贾贱人，欲通货市买，以献为名……

2. 今遣使者承至尊之命，送蛮夷之贾，劳吏士之众，涉危难之路，

---

① 《太平御览》卷二三二引《魏志》无"恒常"之"常"字，又"间使连属"作"问使连属"。

罢弊所恃以事无用，非久长计也。

杜钦指出其"奉献者皆行贾贱人"，远行的直接目的是"欲通货市买"。这样的外交使者，实际上是"蛮夷之贾"。

这样以商人杂入外交使团的情形，是外交史上值得研究者注意的情形。其实，汉王朝也曾经出现使团成员以谋求私利为"求使"目的的现象。如《史记》卷一二三《大宛列传》写道："自博望侯开外国道以尊贵，其后从吏卒皆争上书言外国奇怪利害，求使。天子为其绝远，非人所乐往，听其言，予节，募吏民毋问所从来，为具备人众遣之，以广其道。来还不能毋侵盗币物，及使失指，天子为其习之，辄覆案致重罪，以激怒令赎，复求使。使端无穷，而轻犯法。其吏卒亦辄复盛推外国所有，言大者予节，言小者为副，故妄言无行之徒皆争效之。其使皆贫人子，私县官赍物，欲贱市以私其利外国。"所谓"私县官赍物，欲贱市以私其利外国"，严格说来，当然也是一种特殊的商业行为。

### 4. "窈窕""胡姬"："酒家胡"的文学形象

南朝陈徐陵编《玉台新咏》卷一有"辛延年《羽林郎》诗一首"，宋人郭茂倩编《乐府诗集》卷六三《杂曲歌辞三》收入，题《羽林郎》，作者署"后汉辛延年"。诗句讲述了霍将军家奴倚势"调笑酒家胡"的故事："昔有霍家奴，姓冯名子都。依倚将军势，调笑酒家胡。胡姬年十五，春日独当垆。长裾连理枝，广袖合欢襦。头上蓝田玉，耳后大秦珠。两鬟何窈窕，一世良所无。一鬟五百万，两鬟千万余。不意金吾子，娉婷过我庐。银鞍何煜爚，翠盖空踟蹰。就我求清酒，丝绳提玉壶。就我求珍肴，金盘鲙鲤鱼。贻我青铜镜，结我红罗裾。不惜红罗裂，何论轻贱躯。男儿爱后妇，女子重前夫。人生有新故，贵贱不相逾。多谢金吾子，私爱徒区区。""辛延年《羽林郎》"，被看作汉乐府的名篇。

郭茂倩题解试图说明汉代"羽林郎"制度："《汉书》曰：'武帝太初元年，初置建章营骑，后更名羽林骑，属光禄勋。又取从军死事之子孙，养羽林官，教以五兵，号羽林孤儿。'颜师古曰：'羽林宿卫之官，言其如羽之疾，如林之多。一说羽所以为主者羽翼也。'①《后汉书·百官志》曰'羽林郎，掌宿卫侍从，常选汉阳、陇西、安定、北地、上郡、西河六郡良家补之。'②《地理志》曰'汉兴，六郡良家子选羽林'是也。③ 又有《胡姬年十五》，亦出于此。"④《乐府诗集》卷六一《杂曲歌辞一》题下有文字说明："《宋书·乐志》曰：'古者天子听政，使公卿大夫献诗，耆艾修之，而后王斟酌焉。'"⑤ 下文又说道："汉魏之世，歌咏杂兴，而诗之流乃有八名：曰行，曰引，曰歌，曰谣，曰吟，曰咏，曰怨，曰叹，皆诗人六义之余也。"又说："杂曲者，历代有之，或心志之所存，或情思之所感，或宴游欢乐之所发，或忧愁愤怨之所兴，或叙离别悲伤之怀，或言征战行役之苦，或缘于佛老，或出自夷虏。兼收备载，故总谓之'杂曲'。"⑥ 所谓"心志""情思"，"忧愁愤怨"云云，切近多数"杂曲"主题。而"或出自夷虏"语，尤其值得辛延年《羽林郎》研究者关注。

有关辛延年《羽林郎》的研究，曾经发生激烈争论。焦点在于阶级感情和阶级立场的分析。有学者以为，"酒家胡"即"当垆""胡姬年十五"者的态度，"含有阶级敌意"。有的讨论甚至"上升为政治批判"。⑦ 尽管争议热烈，但是讨论者对于辛延年《羽林郎》的年代判断，大体认同创作于汉代的说法。

人们讨论辛延年《羽林郎》，或说其中"蕴藏着丰富而鲜明的'民主性的精华'"，而"胡姬的庄严形象"即"人民的形象"⑧，或说《羽林郎》

① 《汉书》卷一九上《百官公卿表上》："羽林掌送从，次期门，武帝太初元年初置，名曰建章营骑，后更名羽林骑。又取从军死事之子孙养羽林，官教以五兵，号曰羽林孤儿。羽林有令丞。宣帝令中郎将、骑都尉监羽林，秩比二千石。"颜师古注："羽林，亦宿卫之官，言其如羽之疾，如林之多也。一说羽所以为王者羽翼也。"

② 《续汉书·百官志二》："羽林中郎将，比二千石。本注曰：主羽林郎。羽林郎，比三百石。本注曰：无员。掌宿卫侍从。常选汉阳、陇西、安定、北地、上郡、西河凡六郡良家补。"

③ 《汉书》卷二八下《地理志下》："汉兴，六郡良家子选给羽林、期门，以材力为官，名将多出焉。"

④ （宋）郭茂倩：《乐府诗集》，中华书局 1979 年版，第 909 页。

⑤ 《宋书》卷一九《乐志一》："古者天子听政，使公卿大夫献诗，耆艾修之，而后王斟酌焉。"中华书局《乐府诗集》标点本均引作《宋书·乐志》出，误。

⑥ 《乐府诗集》，第 884—885 页。

⑦ 曹道衡、刘跃进：《先秦两汉文学史料学》，中华书局 2005 年版，第 412—413 页。

⑧ 萧涤非：《评〈羽林郎〉解说中的错误》，《文史哲》1955 年第 3 期，收入《乐府诗词论薮》，齐鲁书社 1985 年版，第 31、39、41 页。

"歌颂了两汉劳动妇女的反抗精神"①，或说"《羽林郎》中的酒家胡女有不可侵犯的尊严"，表现出"在道德人格上的伟大"②。也许诗中女子的族属及其以"酒家"为标识的生存方式更值得我们注意。

黄节指出："两汉称胡者不止北方之种。《后汉书·马援传》：'伏波类西域贾胡，到一处辄止。'是西域诸种亦称胡。此言酒家胡，盖即西域贾胡也。"③聂石樵又据诗句中所见"大秦珠"强化其论证："酒家胡，并非泛指中原之外的民族，而是具体指西域之民族。西域之民族杂居内地，多以商贾为业，号称'西域贾胡'。《后汉书》卷一百十八《西域传》：'商胡贩客，日款于塞下。'因此诗中之胡女，应即西域人。而且从其妆饰看，有所谓'大秦珠'者，《后汉书·西域传》关于大秦国之记载云：'其人民皆长大平正，有类中国，故谓之大秦。土多金银奇宝，有夜光璧、明月珠、骇鸡犀、珊瑚、虎魄、琉璃、琅玕、朱丹、青碧。刺金缕绣，织成金缕罽、杂色绫……'这段文献记载，可以和诗中胡女之妆饰相印证，说明此胡女确属西域人。"④

《羽林郎》中"酒家胡"究竟是"具体指西域之民族"，或是"泛指中原之外的民族"，还可以讨论。但是确指非汉人的少数民族，应是没有疑义的。我们并不清楚所谓"胡姬年十五，春日独当垆"是否继续着她们在故乡的经营方式。但是我们确知在汉地是有妙龄女子"当垆"的情形的。最典型的就是卓文君故事。⑤这种形式有吸引顾客的用意。⑥由前引"此言酒

---

① 张永鑫：《汉乐府研究》，江苏古籍出版社1992年版，第187页。

② 赵敏俐：《汉代诗歌史论》，吉林教育出版社1995年版，第193—194页。

③ 黄节：《汉魏乐府风笺》，中华书局2008年版，第263页。

④ 聂石樵：《先秦两汉文学史稿·两汉卷》，北京师范大学出版社1994年版，第381页。

⑤ 《史记》卷一一七《司马相如列传》："相如与俱之临邛，尽卖其车骑，买一酒舍酤酒，而令文君当垆。相如身自着犊鼻裈，与保庸杂作，涤器于市中。卓王孙闻而耻之，为杜门不出。"《汉书》卷五七上《司马相如列传上》也写道："相如与俱之临邛，尽卖车骑，买酒舍，乃令文君当卢。相如身自着犊鼻裈，与庸保杂作，涤器于市中。卓王孙耻之，为杜门不出。"汉人因此"耻之"的情感反应，是值得注意的。不仅"卓王孙耻之"，卓文君自己在《长卿诔》中也有"永托为妃兮不耻当垆"的咏叹。（明）梅鼎祚《西汉文纪》卷二二。有学者指出此文"可能系后人伪托"。踪凡编：《司马相如资料汇编》，中华书局2008年版，第3页。然而也可以作为考察民间传统意识的参考。

⑥ （宋）王楙《野客丛书》卷一五"设法"条写道："今用女倡卖酒，名曰'设法'。或者谓汉晋未闻。仆谓此即卓文君当垆之意。晋人阮氏醉卧酒垆妇人侧，司马道子于园内为酒垆列肆，使姬人酤鬻酒肴是矣。"

家胡，盖即西域贾胡也"的意见，似乎也有理由推定，汉代"商胡""贾胡"们的基本经营形式，与汉人商贾比较，是存在一致性的。然而这些外族商人亦有活动风格的个性。敦煌汉简可见：

> ▣　降归义乌孙女子
> 　　复帬献驴一匹骓牡
> 　　两拔齿□岁封颈以
> 　　敦煌王都尉章　　　（1906）

这是一位域外女子经历关塞闯荡边地的记录。虽然不能断定这位"乌孙女子"是以经商作为生活的主要内容，但是这条材料也许可以反映西北异族女子较汉地妇女在经济生活和社会交往中表现出更为活跃的性格。至于前引论"西域贾胡"语"西域贾胡，到一处辄止"，也指出了出身西域的商人可能与汉人商贾很不相同的行为特征。

### 5. "蛮夷贾"和"蛮夷贾船"

前引《汉书》卷九六上《西域传上》杜钦语"今遣使者承至尊之命，送蛮夷之贾，劳吏士之众，涉危难之路，罢弊所恃以事无用，非久长计也"说到"蛮夷之贾"在西北方向的活跃。而东南方向亦可见"蛮夷贾"的活动。《汉书》卷二八下《地理志下》说到南洋航路的开通：

> 自日南障塞、徐闻、合浦船行可五月，有都元国；又船行可四月，有邑卢没国；又船行可二十余日，有谌离国；步行可十余日，有夫甘都卢国。自夫甘都卢国船行可二月余，有黄支国，民俗略与珠厓相类。其州广大，户口多，多异物，自武帝以来皆献见。有译长，属黄门，与应募者俱入海市明珠、璧流离、奇石异物，赍黄金杂缯而往。所至国皆禀食为耦，蛮夷贾船，转送致之。亦利交易，剽杀人。又苦逢风波溺死，不者数年来还。大珠至围二寸以下。平帝元始中，王莽辅政，欲耀威德，厚遗黄支王，令遣使献生犀牛。自黄支船行可八月，到皮宗；船行可二月，到日南、象林界云。黄支之南，有已程

不国，汉之译使自此还矣。

所谓"蛮夷贾船，转送致之"，说明了"蛮夷贾"利用海洋航行方面的优势在南洋贸易中活跃的事实。所谓"亦利交易，剽杀人"，或许可以理解为南洋早期海盗活动的迹象。①

# 胡奴·越婢·樊僮

关于汉人居地的"胡奴"，史籍中有相关记录，汉代文物遗存中的画像资料也有生动的表现。"胡奴"在汉地的存在，体现了当时民族关系的特殊情势。"奴"字的使用，情形复杂。以为"胡奴"必定是奴隶的意见，也许是简单化的判断。汉代称谓史料又可见"越婢"、"樊僮"。作为来自少数民族的被奴役劳动者，其身份的考察也是民族史和社会生活史研究的任务。

### 1. "胡奴甘父"：张骞的同行者

张骞出使西域，正式开启了黄河流域与中亚地区文化交往的通道。所谓"丝绸之路"的通行，是具有世界历史意义的文化进步。而张骞创立这一历史功绩时，有出身北方草原少数民族的随行者以为辅助。

《史记》卷一二三《大宛列传》记载："大宛之迹，见自张骞。张骞，汉中人。建元中为郎。是时天子问匈奴降者，皆言匈奴破月氏王，以其头为饮器，月氏遁逃而常怨仇匈奴，无与共击之。汉方欲事灭胡，闻此言，因欲通使。道必更匈奴中，乃募能使者。骞以郎应募，使月氏，与堂邑氏（故）胡奴甘父俱出陇西。经匈奴，匈奴得之，传诣单于。单于留之，曰：'月氏在吾北，汉何以得往使？吾欲使越，汉肯听我乎？'留骞十余岁，与妻，有子，然骞持汉节不失。"对于所谓"堂邑氏胡奴甘父"者，裴骃《集解》引《汉书音义》曰："堂邑氏，姓；胡奴甘父，字。"司马贞《索隐》："案：谓

---

　　①　参看［日］松浦章《中国的海贼》，谢跃译，商务印书馆 2011 年版；王子今、李禹阶《汉代的"海贼"》，《中国史研究》2010 年第 1 期；王子今《居延简文"临淮海贼"考》，《考古》2011 年第 1 期。

堂邑县人家胡奴名甘父也。下云'堂邑父'者，盖后史家从省，唯称'堂邑父'而略'甘'字。甘，或其姓号。"《史记会注考证》引张文虎曰："《索隐》本无'故'字。此疑衍。""《汉书》无'故胡'二字。"《汉书》卷六一《张骞传》作："与堂邑氏奴甘父俱出陇西，径匈奴。"颜师古注："服虔曰：'堂邑，姓也，汉人，其奴名甘父。'师古曰：'堂邑氏之奴，本胡人，名甘父。下云堂邑父者，盖取主之姓以为氏，而单称其名曰父。'"所谓"本胡人"，似参考了《汉书》略去的"故胡"二字。刘攽曰："'奴甘父'直是此人名号耳，非谓堂邑氏之奴名甘父也。按胡人名字多以奴为号。又后言堂邑父，益知其人自氏堂邑，名奴甘父也。"①《资治通鉴》卷一八"汉武帝元朔三年"在记述张骞逃离匈奴情形时说到这位随从："匈奴国内乱，骞乃与堂邑氏奴甘父逃归。"表述方式从《汉书》。后来顾炎武《日知录》卷二三讨论"冒姓"现象，采用了这条材料，认同颜师古"云堂邑父者，盖取主之姓以为氏"的说法，以为"此冒主姓之始"。

关于张骞这位同行者的身份，司马迁使用"胡奴"称谓言其族属为"胡"，颜师古注说"本胡人"，应当是没有问题的。

### 2. "应奉记胡奴之名"故事

《后汉书》卷四八《应奉传》李贤注引《谢承书》有关于应奉强记的故事，说他"少聪明，自为童儿及长，凡所经履，莫不暗记"。其实例有："奉少为上计吏，许训为计掾，俱到京师。训自发乡里，在路昼顿暮宿，所见长吏、宾客、亭长、吏卒、奴仆，训皆密疏姓名，欲试奉。还郡，出疏示奉。奉云：'前食颍川纶氏都亭，亭长胡奴名禄，以饮浆来，何不在疏?'坐中皆惊。"

《北堂书钞》卷七九引录谢承《后汉书》这一故事，题"应奉记胡奴之名"。可知"胡奴"是这位"颍川纶氏都亭"亭长的身份。其族属应是"胡"。

据《汉书》卷二八下《地理志下》及《续汉书·郡国志五》，渔阳郡有"狐奴"县。王先谦《后汉书集解》引马与龙曰："建初三年诏邓训将黎阳

---

① 《汉书》卷六一《张骞传》，文渊阁《四库全书》本。

营兵屯狐奴，六年迁护乌桓校尉，见《训传》。狐奴令王梁，见《梁传》。"据《后汉书地名索引》①，"狐奴"县名又见于《后汉书》卷一二《彭宠传》、卷三一《张堪传》。"狐奴"也有写作"胡奴"者。如元人郝经《郝氏续后汉书》卷八五《疆里录》"青州"条下写道："青龙二年省渔阳郡之胡奴县，复置安乐县。"②郝经言及的"胡奴"县名，缺乏更多的史证，然而也不妨作为理解"胡奴"称谓的参照。《史记》卷一一〇《匈奴列传》说，匈奴攻战，"所得卤获因以予之，得人以为奴婢。"据《史记》卷一二〇《汲郑列传》记录汲黯奏言，汉王朝亦"得胡人，皆以为奴婢以赐从军死事者家；所卤获，因予之"。北边曾经是匈奴等草原游牧族劫掳汉地人力资源的主要地方，作为对应的现象，也有胡人流入汉地成为奴役对象的情形。治所在今北京顺义东北的渔阳郡，"狐奴"或写作"胡奴"③，因而容易理解。然而"名禄"者以"胡奴"身份任"颍川纶氏都亭"亭长，移居路程则相当遥远。而张骞事迹所见"堂邑氏（故）胡奴甘父"按照司马贞《索隐》的理解"谓堂邑县人家胡奴名甘父也"，临淮郡堂邑县治在今江苏六合西北④，则距狐奴又有千里之遥。

### 3. 方城"胡奴门"画像

内地"胡奴"的存在，除史籍所见"颍川纶氏都亭，亭长胡奴名禄"外，又有距颍川不甚远的南阳地方的文物实证。河南方城县博物馆藏1934年方城县杨集乡余庄村出土汉画像石，画面人物多须蓬发，不着冠，"左颊黥印"，"深目高鼻下颌上翘"，"右手拥彗"，左手持钺置左肩。画面上方右侧刻隶书"胡奴门"三字。有研究者指出："'胡'，系中国古代对北方边地和西域民族的泛称。'胡奴门'当是因为战争或其他原因以胡人身份沦为奴隶的守门人。左面颊刺刻一种圆形标记，是汉统治者对奴隶施黥之例证。

---

① 王天良：《后汉书地名索引》，中华书局1988年版，第135页。

② （元）郝经：《郝氏续后汉书》，文渊阁《四库全书》本。而《三国志》卷三《魏书·明帝纪》的记述是："（青龙二年）六月，省渔阳郡之狐奴县，复置安乐县。"

③ 谭其骧主编：《中国历史地图集》，地图出版社1982年版，第2册第27—28页。

④ 同上书，第2册第19—20页。

《汉书·刑法志》：'墨者使守门。'此画像正可与文献记载印证。"① 有研究者记录，此画像为"河南省方城县在文物普查中，于1984年4月20日在杨集乡尤庄行政村余庄自然村发现"。此前，"据明嘉靖《南阳府志》记载，方城东招抚岗也曾出土过一块'胡奴门'画像石。"② "方城出土的这些'胡奴'画像即从一个侧面反映了汉代崇葬的情形；同时也表明，汉代流入方城地区的'胡奴'当不为少数。它的发现进一步证实了汉代输入外族人到内地充作奴隶的社会现象。"论者亦注意到随同张骞出使的"堂邑氏之奴，本胡人，名甘父"者，以及《后汉书》应奉事迹所见"亭长胡奴名禄"者，又指出金日磾"与母阏氏、弟伦俱没官，输黄门养马"情形。以为："在汉代，由于对外战争及其他原因进入中原的'胡人'为数不少，其中，有相当一部分（主要是战俘）沦为奴隶。"

论者指出，"方城东关1976年发掘出土的画像石阉牛图"，"方城城关镇1982年出土的阉牛图"③，"方城县文化馆收藏的画像砖'胡人'执钺门吏图"，也是"在方城发现的有关'胡人'形象的汉画资料"。④ 前两例"阉牛"画面所见"胡人"形象，虽然从事的是底层劳作，然而劳动形式的技术含量颇高，其身份未必是"奴隶"。第三例"'胡人'执钺门吏图"所见"胡人"蹲姿，两手执钺，置于右肩，其身份应大致与"胡奴门"画面所见人物相近。有研究者描述说："执钺者头戴冠，身着胡服，深目高鼻，络腮胡须，肩捎钺斧，作半跪状，为一胡人形象。"并注明是"方城县城关镇出土"。⑤

一例出土于方城东关的汉画像石，有挥钺人物，赤膊形象与前引"阉

① 王建中主编：《中国画像石全集》第6册《河南汉画像石》，河南美术出版社、山东美术出版社2000年版，图四三，图版说明第17页。

② 原注：《明·嘉靖南阳府志校注·陵墓》第三册："方城东二十里招抚岗西多古墓，墓门石刻画像类武梁祠。有二门：一题胡奴门，一题门亭长。"

③ 原注：南阳市博物馆、方城县文化馆：《河南方城东关汉画像石墓》，《文物》1980年第3期。南阳地区文物工作队、方城县文化馆：《河南方城县城关镇汉画像石墓》，《文物》1984年第3期。对于前者画面人物，有这样的解说："头戴尖顶小冠，深目高鼻，阔耳，赤裸上身……"王建中、闪修山：《南阳两汉画像石》，文物出版社1990年版，图216。

④ 刘玉生：《浅谈"胡奴门"汉画像石》，《汉代画像石研究》，文物出版社1987年版。

⑤ 张晓军、魏仁华、刘玉生编：《南阳汉代画像石砖》，陕西人民美术出版社1989年版，图90，第6页。

牛""胡人"同，有研究者称其为"神人"，谓"神人手执斧钺，跨步挥臂，显出势不可挡的力量"。①其眼部特殊的刻绘形式似有意表现"深目"。另一件同样出土于方城的汉画像石也以高鼻多须的胡人形象守卫门户。其出土地点在方城城关镇。画面人物有释作"神荼"者②，然未知所据。或解释为"武士"，强调其"膀阔腰圆，身着短裤"。③其赤裸上身的形象与"阉牛"画面中所见"胡人"是相同的。发式则同前例。这些资料，也可以供讨论"胡奴门"画像时参考。

汉代画像中表现汉与匈奴的关系的画面，有汉军献俘场景。匈奴战俘往往以头戴尖顶帽、上身赤裸的形象出现。如山东济宁喻屯镇城南张出土汉画像石就是如此。④前引汉代画像有头戴尖顶帽的赤膊胡人，可知以此标识其身份，可能强调中原"胡奴"或"本胡人"之劳动者有此前作为战俘流入汉地的经历。"胡奴门"画像中的守门人服装齐整，应当与赤膊的"阉牛""胡人"身份地位不同。

河南新野樊集出土汉画像砖可见典型的"胡人"形象，手执囊前伸。研究者有以为其行为是"乞讨"的意见⑤，似未可信从。这位"胡人"身着长袍，两臂向前，身姿体态丝毫没有躬身敛衽迹象，看起来更像是一位讨债的胡商，即汉代文献所谓"商胡"、"贾胡"。⑥

### 4. 关于"胡奴"之"奴"的字义

"胡奴"在汉代以后依然在中原多有遗存。《史记》卷一一〇《匈奴列传》"匈奴单于"，司马贞《索隐》："《汉书》：单于姓挛鞮氏，其国称之曰'撑黎孤涂单于'。而匈奴谓天为'撑黎'，谓子为'孤涂'，单于者，广大

---

① 王建中主编：《中国画像石全集》第6册《河南汉画像石》，河南美术出版社、山东美术出版社2000年版，图四六，图版说明第18页。

② 刘兴怀、闪修山编：《南阳汉代墓门画艺术》，百家出版社1989年版，图60，第58、79页。

③ 王建中、闪修山：《南阳两汉画像石》，文物出版社1990年版，图232。

④ 赖非主编：《中国画像石全集》第2册《山东汉画像石》，河南美术出版社、山东美术出版社2000年版，图七，图版说明第3页。

⑤ 张文军主编：《中国画像砖全集》第2册《河南汉画像石》，四川美术出版社2006年版，图一二〇，图版说明第56页。

⑥ 参看王子今《汉代的"商胡""贾胡""酒家胡"》，《晋阳学刊》2011年第1期。

之貌也。言其象天，故曰'撑黎孤涂单于'。"又引《玄晏春秋》："士安读《汉书》，不详此言，有胡奴在侧，言之曰：'此胡所谓天子。'与古书所说符会也。"《艺文类聚》卷八〇引《玄晏春秋》曰："计君又授与《司马相如传》，遂涉《汉书》。读《匈奴传》，不识'棠梨孤涂'之字。有胡奴执烛，顾而问之。奴曰：'棠梨，天子也。言匈奴之号单于，犹汉人有天子也。'予于是乎旷然发寤。"可见在距汉未远的皇甫谧生活的时代，"胡奴"在社会生活中依然普遍存在。为皇甫谧说明"撑黎"语义的"胡奴"是身边"执烛"服务者，其身份确是"奴"。而"顾而问之"情节，显示主仆之间语言情感都是相通的。祖逖与"胡奴"王安的关系，史籍记载有"待之甚厚"的表述，后来王安当"祖氏之诛"时营救"时年十岁"的"逖庶子道重"，应当看作一种恩情回报。① 当时民族关系之复杂，也有相互融洽，甚至不因主奴身份层次的距离而彼此隔闭的情形。王安虽然是"胡奴"身份，情感却如同亲族。

西晋名臣陶侃的儿子有称"胡奴"者。② 顾炎武《日知录》卷二七《杜子美诗注》："《示獠奴阿段诗》：'曾惊陶侃胡奴。'盖谓士行有胡奴，可比阿段。胡奴，侃子范小字，非奴也。"氐族贵族吕超亦"小字胡奴"。③ 可知"胡奴"在汉代以后的社会，也许并非极卑贱的称谓，有时用以称小儿。如《说文·巾部》："帤，金币所藏也。"段玉裁注："《小雅·棠棣》传曰：'帤，子也。'此段帤为奴。《周礼》曰：'其奴，男子入于罪隶，女子入于春藁。'本谓罪人之子孙为奴，引伸之则凡子孙皆可称奴。"《说郛》卷一一上杨伯岩《臆乘》言"以奴得名"的一段议论也可以参考："晋桓嗣曰'豹奴'，王蒙曰'阿奴'，石崇曰'齐奴'，潘岳曰'檀奴'，后汉古弼帝称曰'齐奴'，孙腾曰'僧奴'，皆小字也。晋陆

---

① 《晋书》卷一〇〇《祖约传》："初，逖有胡奴曰王安，待之甚厚。及在雍丘，告之曰：'石勒是汝种类，吾亦不在尔一人。'乃厚资遣之，遂为勒将。祖氏之诛也，安多将从人于市观省，潜取逖庶子道重，藏之为沙门，时年十岁。石氏灭后来归。"

② 《晋书》卷九二《文苑列传·袁宏》："宏赋又不及陶侃，侃子胡奴尝于曲室抽刃问宏曰：'家君勋迹如此，君赋云何相忽？'宏窘急，答曰：'我已盛述尊公，何乃言无？'因曰：'精金百汰，在割能断，功以济时，职思静乱，长沙之勋，为史所赞。'胡奴乃止。"

③ 《晋书》卷一二二《吕纂载记》："初，（吕）纂尝与鸠摩罗什棋，杀罗什子，曰：'斫胡奴头。'罗什曰：'不斫胡奴头，胡奴斫人头。'（吕）超小字胡奴，竟以杀纂。"

机人骂曰'貉奴',明帝人号曰'鲜卑奴',宋废帝称父武帝曰'齇奴',后魏古弼帝称曰'尖头奴',唐颜杲卿骂安禄山曰'牧羊奴',本朝梅圣俞呼谢师直曰'锦衣奴'。"

应当注意,"胡奴"的"奴",在许多情况下很可能只是一种包容颇宽泛的鄙称。一如汉光武帝刘秀称严光"狂奴"的"奴"。① 《晋书》所见数例骂詈语中"胡奴"的"奴",也都并非指说"奴隶"。② 这些现象,也可以作为我们理解汉世"胡奴"身份时的参考。迄今所见最早出现"胡奴"称谓者,是《太平御览》卷七七三引《司马法》曰:"夏曰予车,殷曰胡奴车,周曰辎车。三代之辇。"这里所说的"胡奴",也难以轻易确定是"奴隶"。理解相关现象,前引刘攽"胡人名字多以奴为号"的现象也是值得重视的。汉代出现"奴"字的县名均在北边,如《汉书》卷二八《地理志》及《续汉书·郡国志》所见上郡高奴,中山国卢奴,渔阳郡狐奴、雍奴等。这一情形,或许与民族关系的形势有某种关系。

### 5. 范明友"鲜卑奴"传说

《三国志补注》卷一"青龙元年"引录《世语》记载的一则传说,说到"鲜卑奴":

> 并州刺史毕轨送汉故渡辽将军范明友鲜卑奴,年三百五十岁,言语饮食如常人。奴云:霍显,光后小妻。明友妻光前妻女。

又引《博物志》:"汉末发范明友冢,奴犹活。明友,霍光女壻。说光家事,

---

① 《后汉书》卷八三《逸民列传·严光》:"司徒侯霸与光素旧,遣使奉书。使人因谓光曰:'公闻先生至,区区欲即诣造,迫于典司,是以不获。愿因日暮,自屈语言。'光不答,乃投札与之,口授曰:'君房足下:位至鼎足,甚善。怀仁辅义天下悦,阿谀顺旨要领绝。'霸得书,封奏之。帝笑曰:'狂奴故态也。'车驾即日幸其馆。光卧不起,帝即其卧所,抚光腹曰:'咄咄子陵,不可相助为理邪?'光又眠不应,良久,乃张目熟视,曰:'昔唐尧著德,巢父洗耳。士故有志,何至相迫乎!'帝曰:'子陵,我竟不能下汝邪?'于是升舆叹息而去。"

② 如《晋书》卷一〇三《刘曜载记》:"(陈)安引军追(石)武曰:'叛逆胡奴! 要当生缚此奴,然后斩刘贡。'""胡奴"、"此奴",都非指"奴隶"。又如《晋书》卷三九《王浚传》记载王浚骂石勒:"胡奴调汝公,何凶逆如此!"也是同样的例证。

废立之际，多与《汉书》相似。此奴尝游走于民间，无止住处。今不知所存，或云尚在。余闻之于人，可信而目不可见也。"

有关范明友家奴之传说的细节，"目不可见也"，而"鲜卑奴"身份在当时社会为人所熟悉，应当是"可信"的。

"鲜卑奴"称谓，亦见于《世说新语》及《晋书》①，所记载故事距离汉代并不十分久远。《十六国春秋》卷二一《后赵录·佛图澄》言石勒事迹，也有涉及"鲜卑奴"的情节。②

### 6. 刘建后宫的"越婢"

《汉书》卷五三《景十三王传·江都易王刘非》记载，江都王刘建"淫乱"残虐，"建时佩其父所赐将军印，载天子旗出。积数岁，事发觉，汉遣丞相长史与江都相杂案，索得兵器玺绶节反具，有司请捕诛建。制曰：'与列侯吏二千石博士议。'议皆曰：'建失臣子道，积久，辄蒙不忍，遂谋反逆。所行无道，虽桀纣恶不至于此。天诛所不赦，当以谋反法诛。'有诏宗正、廷尉即问建。建自杀。"

有关刘建罪行的记述，出现了"越婢"身份：

> 专为淫虐，自知罪多，国中多欲告言者，建恐诛，心内不安，与其

---

① 《世说新语·假谲》："王大将军既为逆，顿军姑孰。晋明帝以英武之才，犹相猜惮，乃着戎服，骑巴赍马，赍一金马鞭，阴察军形势。未至十余里，有一客姥居店卖食。帝过谒之，谓姥曰：'王敦举兵图逆，猜害忠良，朝廷骏惧，社稷是忧。故勠劳晨夕，用相觇察，恐形迹危露，或致狼狈。追迫之日，姥其匿之。'便与客姥马鞭而去。行敦营匝而出，军士觉曰：'此非常人也。'敦卧心动，曰：'此必黄须鲜卑奴来！'命骑追之，已觉多许里，追士因问向姥：'不见一黄须人骑马度此邪？'姥曰：'去已久矣，不可复及。'于是骑人息意而反。"《晋书》卷六《元帝纪》："（王）敦将举兵内向，帝密知之。乃乘巴滇骏马，微行至于湖阴，察敦营垒而出。有军士疑帝非常人，又敦正昼寝，梦日环其城，惊起曰：'此必黄须鲜卑奴来也！'帝母荀氏，燕代人。帝状类外氏，须黄，敦故谓帝云。于是使五骑物色追帝。帝亦驰去，马有遗粪，辄以水灌之。见逆旅卖食妪，以七宝鞭与之，曰：'后有骑来，可以此示也。'俄而追者至，问妪。妪曰：'去已远矣。'因以鞭示之。五骑传玩，稽留遂久。又见马粪冷，以为信远，而止不追。帝仅而获免。"

② 《十六国春秋》卷二一《后赵录·佛图澄》："襄国人薛合有二子，既小且骄，轻弄鲜卑奴。奴忿，抽刀刺杀其弟，执兄于室，以刀拟心，若人入室，便欲加手。谓合曰：'送我还国，我活汝儿。不然，则共死于此。'内外惊愕，莫不往观。勒自往视之，谓薛合曰：'送奴以全卿子，诚为善事。此法一闻，方为后患。卿且宽情，国有常宪。'命人取奴，奴逆杀儿而死。"

> 后成光共使越婢下神，祝诅上。与郎中令等语怨望："汉廷使者即复来
> 覆我，我决不独死！"

颜师古注："覆，治也。不独死，言欲反也。""越婢"有"下神"能力，敢
于"祝诅上"，其行迹显示其实可以看作"越巫"。① 然而史籍记录不称"越
巫"而称其"越婢"，说明她在江都王宫中的明确身份是"越婢"。

赵史赵襄子故事，言其母"翟婢"，亦有说"越婢"者。《史记》卷四
三《赵世家》记载：

> 异日，姑布子卿见简子，简子遍召诸子相之。子卿曰："无为将军
> 者。"简子曰："赵氏其灭乎？"子卿曰："吾尝见一子于路，殆君之子
> 也。"简子召子毋恤。毋恤至，则子卿起曰："此真将军矣！"简子曰：
> "此其母贱，翟婢也，奚道贵哉？"子卿曰："天所授，虽贱必贵。"自
> 是之后，简子尽召诸子与语，毋恤最贤。简子乃告诸子曰："吾藏宝符
> 于常山上，先得者赏。"诸子驰之常山上，求，无所得。毋恤还，曰：
> "已得符矣。"简子曰："奏之。"毋恤曰："从常山上临代，代可取
> 也。"② 简子于是知毋恤果贤，乃废太子伯鲁，而以毋恤为太子。

清人陈厚耀《春秋战国异辞》卷四八《赵》于"翟婢"下注："'翟'一作
'越'。"可知"翟婢"的"翟"，应是族属。

### 7. 金祎"胡婢善射"

以少数民族女子为"婢"，应当是很普遍的情形。《艺文类聚》卷三五
引《三辅决录》说汉末故事，涉及"胡婢"身份：

> 金祎为郡上计，留在许都。时魏武使长史王必将兵卫天子于许。祎

---

① 参看王子今《两汉的"越巫"》，《南都学坛》2005 年第 1 期。
② 张守节《正义》："《地道记》云：'恒山在上曲阳县西北百四十里。北行四百五十里得恒山岌，
号飞狐口，北则代郡也。'"

与必善，见祎有胡婢善射，必常从请之。

所说金祎身边服务之"胡婢善射"，体现这位少数民族女子继承了草原游牧人传统的长技。《初学记》卷一九引文作：

> 《三辅决录》曰：金祎为郡上计，留在许都。时魏武使长史伍必将兵卫天子于许都。祎与必善，必见祎有胡婢善射，必常请之从役也。

"王必"作"伍必"，又有"从役"语，可以看作女子从军史的一例。《说郛》卷五九下赵岐《三辅决录》"胡婢"条："金祎为郡上计，留在许都。时魏武使长史伍必将兵卫天子于许都。祎与必善，必见祎有胡婢善射，必尝请之从后也。""从后"与"从役"，字形相近，当有一误。

后世所见少数民族婢女，有"獠婢"。《南史》卷二三《王琨传》："父怿不辨菽麦，……人无肯与婚，家以獠婢恭心侍之，遂生琨。初名崑崀，……后以琨为名，立以为嗣。"《南齐书》卷三二《王琨传》只说"父怿，不慧，侍婢生琨，名为昆仑。"由"昆仑"之名，推想"獠婢"应是西北民族。但是也有解释为西南民族的。① 《说郛》卷七七上温豫《侍儿小名录》"獠婢"条则说王琨生母为"獠婢"："王琨父怿，不辨菽麦，……人无肯与婚，家以獠婢恭心待之，遂生琨。初名昆仑。怿后娶乐氏，无子，故以琨为名，立以为嗣。""獠婢"称谓，又见于《隋书》卷四五《文四子传·庶人秀》："废为庶人，幽内侍省，不得与妻子相见。令给獠婢二人驱使。"② 唐释道世《法苑珠林》卷一〇二《六度篇·智慧部》："萧氏手下常所爱婢

---

① （明）邝露《赤雅》卷一"布伯"条写道："土目称其酋曰'布伯'，谓其百姓曰'提陀'，命女奴曰'獠婢'。布伯，布令之长也。提陀，可以涕唾人也。《南史》王琨'獠婢'所以指是。"（明）顾起元《说略》卷一四《典述下》："骂人为'獠奴'，本《南史》王琨'獠婢所生'。"（明）彭大翼《山堂肆考》卷二三〇《补遗》"獠婢"条："《南史》：王琨，獠婢所生。今骂'獠奴'本此。"（明）杨慎《升庵集》卷四八"獠婢"条："《南史》：王琨，獠婢所生。獠音搔，今骂'獠奴'本此。"（清）沈自南《艺林汇考·称号篇》卷八《仆妾类》引《艺林伐山》："《南史》：王琨，獠婢所生。獠音骚，今骂'獠奴'本此。"

② 又《北史》卷七一《隋宗室诸王·文帝四王·庶人秀》："废为庶人，幽之内侍省，不得与妻子相见，令给獠婢二人驱使之。"

名闰玉，年可十八，虽是獠婢，容貌端正，性识聪敏，信乐佛法。""獠婢"
又见于陆游诗句①，应是指少数民族女子。白居易诗句"越婢脂肉滑，奚僮
眉眼明"②，为人们所熟悉。唐代文献又可见"高丽婢"，故事涉及投毒盗窃
案，体现阶级矛盾和民族矛盾的激化。③ 这些信息，也可以为相关讨论提供
参考。

### 8. 关于"僰僮""僰婢"

《史记》卷一一六《西南夷列传》分析西南夷地方的经济地理和政治地
理形势时写道：

> 始楚威王时，使将军庄蹻将兵循江上，略巴、黔中以西。庄蹻者，
> 故楚庄王苗裔也。蹻至滇池，方三百里，旁平地，肥饶数千里，以兵威
> 定属楚。欲归报，会秦击夺楚巴、黔中郡，道塞不通，因还，以其众王
> 滇，变服，从其俗，以长之。秦时常頞略通五尺道，诸此国颇置吏焉。
> 十余岁，秦灭。及汉兴，皆弃此国而开蜀故徼。巴蜀民或窃出商贾，取
> 其筰马、僰僮、髦牛，以此巴蜀殷富。

关于当地具有优势地位的产出之一"僰僮"，司马贞《索隐》："韦昭云：
'僰属犍为，音蒲北反。'服虔云：'旧京师有僰婢。'"张守节《正义》：
"今益州南戎州北临大山，古僰国。"服虔所言"僰婢"，是珍贵的信息。
《史记》卷一二九《货殖列传》言巴蜀经济地位和交通条件，也有涉及

---

① 如《幽居》："纫缝一獠婢，樵汲两蛮奴。"《剑南诗稿》卷一。《初睡起有作》："獠婢篝衣暖，
山童拥篲行。"《剑南诗稿》卷四四。《秋怀》："蛮童扫荒径，獠婢涤空铛。"《剑南诗稿》卷六八。《秋
感》："獠婢临溪漂衣絮，蛮童扫叶续炊薪。"《剑南诗稿》卷七三。由诗句可知"獠婢"日常劳作内容。
② 《估客乐》，《白氏长庆集》卷二三。
③ （唐）张鷟《朝野金载》卷五："中书舍人郭止一破半壃，得一高丽婢，名玉素，极姝艳，令专
知财物库。正一夜须浆水粥，非玉素煮之不可。玉素乃煮之而进，正一急曰：'此婢药我！'索土浆、甘
草解之，良久乃止。觅婢不得，并失金银器物十余事。录奏，敕令长安、万年捉不良脊烂求贼，鼎沸
三日不获。不良王帅魏如有策略，取舍人家奴，选年少端正者三人，布衫笼头至卫。缚卫士四人，问十
日内已来，何人觅舍人家。卫士云：'有投高丽留书，遣付舍人捉马奴，书见在。'检云'金城坊中有一
空宅'，更无语。不良往金城坊空宅，并搜之。至一宅，封锁正密，打锁破开之，婢及高丽并在其中。拷
问，乃是投化高丽共捉马奴藏之，奉敕斩于东市。"

"僰僮"的说法：

> 巴蜀亦沃野，地饶卮、姜、丹沙、石、铜、铁、竹、木之器。南御
> 滇僰，僰僮。西近邛笮，笮马、旄牛。然四塞，栈道千里，无所不通，
> 唯褒斜绾毂其口，以所多易所鲜。

《汉书》卷二八下《地理志下》：

> 巴、蜀、广汉本南夷，秦并以为郡，土地肥美，有江水沃野，山林
> 竹木疏食果实之饶。南贾滇、僰僮，西近邛、笮马旄牛。民食稻鱼，亡
> 凶年忧，俗不愁苦，而轻易淫泆，柔弱褊阨。

对于"僰僮"，颜师古注："言滇、僰之地多出僮隶也。""僰僮"，作为被役
使的劳动力，成为巴蜀之地借以转输的经济资源。

《华阳国志》卷三《蜀志》说："（蜀地）其宝，则有璧玉，金、银、
珠、碧、铜、铁、铅、锡、赭、垩、锦、绣、罽、牦、犀、象、毡、氂、
丹、黄、空青【桑、漆、麻、纻】之饶，滇、獠、賨、僰，僮仆六百之富。"
任乃强说："此言秦汉世蜀地奴隶贩卖之盛。""僮谓奴隶。当时的主要市场
在滇国及僰侯的都邑。""《常志》此文，'滇獠賨僰'四字所表为当时掠卖
奴隶之族籍。""此处'僮、仆，六百'四字所表达者为奴隶市价之等级。"
"'六百'二字，旧无解者。按此文，当为奴隶市场第三级之代称。"[1] 任说
谈到"六百"与"二百五"、"三十二"的对应关系，虽有欠实证，但是也
有参考价值。

---

① 任乃强：《华阳国志校补图注》，上海古籍出版社 1987 年版，第 116—117 页。

# 五　称谓与行政控制

## 秦汉"少年"与"恶少年"

据历史文献记录，秦汉时期所谓"少年"，往往成为城市中背离正统，与政府持不合作态度的社会力量。他们的活动，对社会的"治"与"安"表现出显著的消极影响。在政局动荡时，他们又往往率先成为反政府力量的中坚。"少年"的社会成分其实比较复杂，然而活跃而激烈的性格特征和行为风格体现出秦汉社会放达侠勇的时代精神。而"恶少年"称谓，则指代危害公共治安社会成分。执政者的"恶少年"政策，体现出行政智慧和行政能力。

### 1. "少年""不避法禁"
敦煌汉简中可以看到出现"少年"称谓的简文，例如：

> □毋下见□□　　出前见少年□□
> ☑山东临江海　　□有一小宅□　　　☑
> □王单骑　　　　　　　　　　(2244)①

"少年"一语在简文中的意义虽然并不十分明朗，然而作为当时通行的社会称谓，则是确定的。

我们分析有关资料可以发现，秦汉时期的"少年"称谓似乎并非简单

---

① 甘肃省文物考古研究所编：《敦煌汉简》，中华书局1991年版，图版壹陆捌，下册第307页。

的年齿标志，实际上有着特定的社会涵义。

汉印有"少年祭尊"、"少年唯印"、"少年唯印大幸"、"麿于少年唯"、"常乐少年唯印"等。有学者推测，"唯"可能就是"魁"。① "魁"字原义谓高大有力，作为社会人物代号，有群体领袖的涵义。相关称谓有"魁帅"、"魁率"等。"少年唯印"，体现出"少年"结成社会群体，且有比较确定的首领的情形。

所谓"少年唯"与"少年祭尊"身份，体现出以"少年"为成员特征，有明确领袖人物，有一定凝聚力的社会群体已经形成。

秦汉时期，"少年"又被称作"间巷少年"、"闾里少年"、"邑中少年"、"城中少年"，其身份，大致都是职业卑贱或基本无业的城镇居民中的青少年。

《史记》卷九二《淮阴侯列传》记述韩信"胯下之辱"的故事：

> 淮阴屠中少年有侮信者，曰："若虽长大，好带刀剑，中情怯耳。"众辱之曰："信能死，刺我；不能死，出我袴下。"于是信孰视之，俯出袴下，蒲伏。一市人皆笑信，以为怯。

于市中羞辱韩信的"屠中少年"，可能即以屠贩为业。从刘邦起事的所谓"少年豪吏如萧、曹、樊哙等"之中，樊哙也是"以屠狗为事"。② 在这种地位卑贱的行业中可能多有"亡命少年"隐匿。战国时期已多见侠烈之士"客游以为狗屠"的故事。③《后汉书》卷四四《胡广传》说胡广六世祖胡刚"清高有志节"，王莽专政时"遂亡命交阯，隐于屠肆之间"。联系到更始军入长安后，"其所授官爵者，皆群小贾竖，或有膳夫庖人"，于是"长安为之语曰：'灶下养，中郎将；烂羊胃，骑都尉；烂羊头，关内侯'④ 等

---

① 罗福颐主编：《秦汉南北朝官印征存》，1003，1112—1117，1152，1158，1161，文物出版社1987年版，第176、191、195、201—203页。

② 《史记》卷九五《樊郦滕灌列传》。

③ 《战国策·韩策二》："聂政谢曰，'臣有老母，家贫，客游以为狗屠，可旦夕得甘脆以养亲。'"上海古籍出版社1985年版，中册第994页。《史记》卷八六《刺客列传》："荆轲既至燕，爱燕之狗屠及善击筑者高渐离。荆轲嗜酒，日与狗屠及高渐离饮于燕市。"

④ 《后汉书》卷一一《刘玄传》。

情形，可以知道在这一社会阶层中多潜藏反政府的能动力量。

　　樊哙"屠狗"，灌婴原本"睢阳贩缯者也"①，于是论者注意到汉初功臣集团"亦有鬻缯屠狗轻猾之徒"②。赵翼《廿二史札记》卷二"汉初布衣将相之局"说："汉祖以匹夫起事，角群雄而定一尊。其君既起自布衣，其臣亦自多亡命无赖之徒，立功以取将相。此气运为之也。"③ 所谓"气运"，其实也可以理解为时代背景和历史条件的作用。当时，"布衣""匹夫"社会阶层的政治资质之成熟与政治能量之饱和，已经促使他们提出了积极参政的要求。而所谓"少年"一类"亡命无赖之徒"，往往结成了其中最为急进的集团。

　　在东汉末年的政治舞台上最为活跃的政治家之一刘备，就曾"贩履织席为业"，其起初"得用合徒众"以参与政治角逐，就是由于得到"赀累千金，贩马周旋于涿郡"的"中山大商""多与之金财"的资助。而刘备政治集团之所以形成，最初即在于他"好交结豪侠，年少争附之"。④

　　秦汉"少年"中相当大的一部分是无明确职业的所谓"浮游无事"之徒。⑤ 韩信少时，"贫无行，不得推择为吏，又不能治生商贾，常从人寄食饮，人多厌之者"⑥，或许是较为典型的情形。这种身份的青少年在秦汉都市中可能数量颇多。王符《潜夫论·浮侈》："游手为巧，充盈都邑，治本者少，浮食者众。" "今察洛阳，浮末者什于农夫，虚伪游手者，什于浮末。"

　　在秦汉某些历史阶段，"浮食者众"成为严重的社会问题。无业浮游的"少年"于是往往成为扰乱社会生活正常秩序的祸由，有时也与社会恶势力勾结，甚至成为豪门权贵欺压民众的工具。如前引《史记》卷五八《梁孝王世家》说到济东王刘彭离纠合"亡命少年""行剽杀人"事，《西京杂记》卷六也说："广川王去疾，好聚亡赖少年，游猎毕弋无度，国内冢藏，

---

　　① 《史记》卷九五《樊郦滕灌列传》。

　　② 《后汉书》卷二二《朱景王杜马刘傅坚马列传论》。李贤注："灌婴，睢阳贩缯者，樊哙，沛人，以屠狗为事，皆从高祖。"

　　③ 商务印书馆 1958 年版，第 32 页。

　　④ 《三国志》卷三二《蜀书·先主传》。

　　⑤ 《汉书》卷二四下《食货志下》：王莽制度，"民浮游无事，出夫布一匹。"

　　⑥ 《史记》卷九二《淮阴侯列传》。

一皆发掘。"① 也有"轻薄少年"为豪族暴吏利用参与反叛的史例。《后汉书》卷七六《循吏列传·任延》记载，东汉光武帝建武年间，武威郡将兵长史田绀，郡之大姓，"其子弟宾客为人暴害。（任）延收（田）绀系之，父子宾客伏法者五六人。绀少子尚乃聚会轻薄数百人，自号将军，夜来攻郡。延即发兵破之"。

秦汉文献中所谓"少年"，一般都表现出反正统的倾向，他们蔑视法令，纵逸狂放，其行为甚至构成影响社会安定的重要因素。《史记》卷一二九《货殖列传》：

> 间巷少年，攻剽椎埋，劫人作奸，掘冢铸币，任侠并兼，借交报仇，篡逐幽隐，不避法禁，走死地如鹜者，其实皆为财用耳。

《史记》卷五八《梁孝王世家》说，济东王刘彭离"骄悍，无人君礼，昏暮私与其奴、亡命少年数十人行剽杀人，取财物以为好。"据《史记》卷一二二《酷吏列传》，义纵"为少年时，尝与张次公俱攻剽为群盗"，王温舒亦"少时椎埋为奸"。"椎埋"，或解释为"椎杀人而埋之"。② 这些事迹，都可以作为司马迁所谓"攻剽椎埋，劫人作奸，掘冢铸币，任侠并兼，借交报仇，篡逐幽隐，不避法禁，走死地如鹜"的实证性注脚。

"少年"平时尚"不避法禁，走死地如鹜"，待社会动荡时期，更突出表现出好勇斗狠、激进豪放的性格特征。秦末社会大动乱中，所谓"少年"，曾经发挥相当突出的历史作用。《史记》卷六《秦始皇本纪》记载：

> 戍卒陈胜等反故荆地，为"张楚"。胜自立为楚王，居陈，遣诸将徇地。山东郡县少年苦秦吏，皆杀其守尉令丞反，以应陈涉，相立为侯王，合从西乡，名为伐秦，不可胜数也。

---

① 向新阳、刘克任《西京杂记校注》："无赖，多诈狡狯之徒。《方言》一〇：'央亡、嚜杘、姡，狯也。江湘之间或谓之无赖。'《史记》卷八《高祖本纪》：'始大人常以臣无赖。'裴骃集解：'或曰：江湖之间谓小儿多诈狡狯为无赖。'"上海古籍出版社1991年版，第256—257页。

② 裴骃《集解》："徐广曰：'椎杀人而埋之。或谓发冢。'"司马迁在《史记》卷一二九《货殖列传》中以"椎埋"与"掘冢"并列，可知"发冢"之解说似不能成立。

率先投身起义洪流，成为反秦力量骨干的，是"山东郡县少年"。①《史记》卷八《高祖本纪》：刘邦举事，"于是少年豪吏如萧、曹、樊哙等皆为收沛子弟二三千人，攻胡陵、方与，还守丰"。《史记》卷七《项羽本纪》："东阳少年杀其令，相聚数千人"，"少年欲立婴便为王，异军苍头特起"。《史记》卷五五《留侯世家》："陈涉等起兵，（张）良亦聚少年百余人。"陈涉立魏咎为魏王，与秦军相攻于临济，陈平亦曾"从少年往事魏王咎于临济"②。郦商也曾经响应陈涉，"聚少年东西略人，得数千"③。通过蒯通定范阳的故事，也可以看到"少年"在当时政治风云中的积极作用。《史记》卷八九《张耳陈余列传》：蒯通说范阳令，"今天下大乱"，"诸侯畔秦矣"，"少年皆争杀君"，愿为见武信君，以求"转祸为福"。于是见武信君曰："今范阳少年亦方杀其令，自以城距君。君何不赍臣侯印，拜范阳令，范阳令则以城下君，少年亦不敢杀其令。"武信君从其计，赵地闻之，不战以城下者三十余城。

所谓"东阳少年""强立（陈）婴为长"④，钜野少年"强请"彭越为长⑤，都说明"少年"在起义中并非一般性卷入，而往往发挥出主导性的效能。

在西汉末年的社会大动乱中，也可以看到"少年"极活跃的表演。《汉书》卷九九下《王莽传下》说，琅邪女子吕母起义，起初即"阴厚贫穷少年，得百余人"。《后汉书》卷一一《刘盆子传》："（吕母）益酿醇酒，买刀剑衣服，少年来酤者，皆赊与之，视其乏者，辄假衣裳，不问多少"，如此"数年"，以"欲为报怨"，"少年壮其意，又素受恩，皆许诺。其中勇士自号'猛虎'，遂相聚得数十百人，因与吕母入海中，招合亡命，众至数

---

① 参看王子今《秦王朝关东政策的失败与秦的覆亡》，《史林》1986 年第 2 期。

② 《史记》卷五六《陈丞相世家》。

③ 《史记》卷九五《樊郦滕灌列传》。

④ 《史记》卷七《项羽本纪》："东阳少年杀其令，相聚数千人，欲置长，无适用，乃请陈婴。婴谢不能，遂强立婴为长，县中从者得二万人。""少年欲立婴便为王"，陈婴母以"今暴得大名，不祥"阻止，婴乃不敢为王。

⑤ 《史记》卷九〇《魏豹彭越列传》："（彭越）常渔钜野泽中，为群盗，陈胜、项梁之起，少年或谓越曰：'诸豪杰相立畔秦，仲可以来，亦效之。'彭越曰：'两龙方斗，且待之。'居岁余，泽间少年相聚百余人，往从彭越，曰：'请仲为长。'越谢曰：'臣不愿与诸君。'少年强请，乃许。"

千。吕母自称将军,引兵还攻破海曲,执县宰"。在王莽的统治接近尾声时,农民军进入长安,也有"少年"奋起响应,率先冲击宫禁:

> 城中少年朱弟、张鱼等恐见卤掠,趋谨并和,烧作室门,斧敬法闼,呼曰:"反虏王莽,何不出降?"火及掖庭承明。①

王莽政治表演的终结,竟然是由"城中少年"为其落幕。

东汉末年天下大乱,"少年"又成为各地豪杰战伐争夺的武装力量的基干。《三国志》卷八《魏书·张燕传》记载:

> 黄巾起,(张)燕合聚少年为群盗,在山泽间转攻,还真定,众万余人。

《三国志》卷九《魏书·曹仁传》:

> 豪杰并起,(曹)仁亦阴结少年,得千余人,周旋淮、泗之间。

又《三国志》卷八《魏书·张绣传》:

> 遂招合少年,为邑中豪杰。

此外,许褚"聚少年及宗族数千家,共坚壁以御寇"②,孙坚为佐军司马,"乡里少年随在下邳者皆愿从"③ 等等,也都说明当社会动乱之时所谓"少年"的活动,在许多地区都留下了深刻的历史印迹。

### 2. "恶少年""悍少年"称谓

"少年"中最为极端的激进狂热分子往往违法犯禁,为统治阶层侧目,

---

① 《汉书》卷九九下《王莽传下》。
② 《三国志》卷一八《魏书·许褚传》。
③ 《三国志》卷四六《吴书·孙破虏传》。

于是被称作"恶少年"。

"恶少年"往往危害社会治安，于是成为酷吏行政严厉镇压的对象。

《荀子·修身》有涉及"恶少"称谓的文字：

> 偷儒惮事，无廉耻而嗜乎饮食，则可谓恶少者矣；加惕悍而不顺，险贼而不弟焉，则可谓不详少者矣，虽陷刑戮可也。①

秦汉时期所谓"恶少年"，或许兼有"恶少"与"不详少"的特点。《战国策·秦策三》所谓"恒思有悍少年请与丛博"说到的"悍少年"，也与秦汉"恶少年"身份相近。

《史记》卷七五《孟尝君列传》："太史公曰：'吾尝过薛，其俗闾里率多暴桀子弟，与邹、鲁殊。'"所谓"暴桀子弟"，大致也就是"恶少年"。

《汉书》卷七《昭帝纪》颜师古注："'恶少年'为无赖子弟也。"所谓"无赖子弟"可与《前汉纪》卷二六"汉成帝永始四年"所见"恶子弟"对照理解。"无赖"语义，秦汉时期其实颇为复杂。

《史记》卷八《高祖本纪》："未央宫成，高祖大朝诸侯群臣，置酒未央前殿。高祖奉玉卮，起为太上皇寿，曰：'始大人常以臣无赖，不能治产业，不如仲力。今某之业所就，孰与仲多？'殿上群臣皆呼万岁，大笑为乐。"裴骃《集解》："晋灼曰：许慎曰：赖，利也。无利入于家也。或曰江湖之间谓小儿多诈狡猾为'无赖'。"显然，"谓小儿多诈狡猾为'无赖'"的说法可能更接近于刘邦本意。又如《史记》卷一〇二《张释之冯唐列传》："释之从行登虎圈。上问上林尉诸禽兽簿，十余问，尉左右视，尽不能对。虎圈啬夫从旁代尉对上所问禽兽簿甚悉，欲以观其能口对响应无穷者。文帝曰：'吏不当若是耶！'尉无赖。"裴骃《集解》："张晏曰：'才无可恃。'"此"尉无赖"的"无赖"，则与刘邦所说距离甚远。《史记》卷一〇六《吴

---

① 与"恶少"对应的是"善少"。王先谦《荀子集解》："韩侍郎云：'惕与荡同字，作心边易，谓放荡凶悍也。'""'详'当为'祥'。卢文弨曰：案二字古通用。先谦案：不详少，承上'恶少'言之，谓少年而不祥者，犹言不祥人矣，知其将陷刑戮也。"中华书局1988年版，上册第34页。据章诗同解释，"惕悍，放荡凶狠。惕，同'荡'。""不详，不善。"章诗同：《荀子简注》，上海人民出版社1974年版，第15页。

王濞列传》："吴所诱皆无赖子弟，亡命铸钱奸人，故相率以反。"刘濞吸引流民，并以为叛乱基本力量的"无赖子弟"，身份特征与刘邦对太上皇言"始大人常以臣无赖"之"无赖"可以大致对应。

《荀子》言"恶少"品性所说"偷儒惮事，无廉耻而嗜乎饮食"，至少后一层涵义，与刘邦的表现也是基本符合的。

《荀子》所谓"惕悍而不顺，险贼而不弟"，以为"虽陷刑戮可也"，体现出因"恶少"对社会正常秩序的危害，应予"刑戮"惩罚的态度。

《汉书》卷八四《翟方进传》说，汉成帝时，"贵戚近臣子弟宾客多辜榷为奸利者，（翟）方进部掾史覆案，发大奸赃数千万"。"辜榷"，颜师古解释为"言己自专之，他人取之则有辜罪"。王观国《学林》卷三则指出"辜孤"义通，"此辜榷乃阻障而独取其利"①。这种行为与"少年"及"恶少年"欺行霸市相近，且"子弟"可与"少年"归入同一年龄层次，然而班固不称其为"少年"，可知一般所谓"少年"与"贵戚近臣子弟"身份存在差别。《西京杂记》卷二说："太上皇徙长安，居深宫，凄怆不乐。高祖窃因左右问其故，以平生所好，皆屠贩少年，酤酒卖饼，斗鸡蹴踘，以此为欢，今皆无此，故以不乐。高祖乃作新丰，移诸故人实之，太上皇乃悦。故新丰多无赖，无衣冠子弟故也。"

显然，"屠贩少年，酤酒卖饼"者大抵被视作"无赖"，与此处所谓"衣冠子弟"，以及《史记》卷一二九《货殖列传》所谓"游闲公子"、"喜游子弟"，《汉书》卷二四下《食货志下》所谓"或斗鸡走狗马，弋猎博戏，乱齐民"的"世家子弟富人"，《汉书》卷八九《循吏传·召信臣》所谓"好游敖，不以田作为事"，且有"不法"行为的"府县吏家子弟"等等，看来不属于同一社会等级。

《汉书》卷九〇《酷吏传·尹赏》记载，汉成帝永始、元延年间，长安的治安出现危机，而主要危害是"闾里少年"：

---

① 《后汉书》卷八《灵帝纪》："（光和）四年春正月，初置骡骥厩丞，领受郡国调马。豪右辜榷，马一匹至二百万。"李贤注引《前书音义》："辜，障也。榷，专也。谓障余人卖买而自取其利。"又卷一〇《皇后纪下·孝仁董皇后》："交通州郡，辜较在所珍宝货赂，悉入西省。"李贤注，"辜较，解在《灵纪》。"

> 长安中奸猾浸多，间里少年群辈杀吏，受赇报仇，相与探丸为弹，
> 得赤丸者斫武吏，得黑丸者斫文吏，白者主治丧。城中薄暮尘起，剽劫
> 行者，死伤横道，枹鼓不绝。

这些犯罪者，又被称为"长安中轻薄少年恶子"。尹赏以严酷手段镇压竟敢
"群辈"杀害吏员的"奸猾""间里少年"、"轻薄少年恶子"以恢复长安治
安，于是成为酷吏的典型。

汉代著名的"残贼"之吏还有名列于《史记》卷一二二《酷吏列传》
的王温舒。王温舒"少时椎埋为奸"，后为吏，治盗贼，"杀伤甚多"，任河
内太守时曾"捕郡中豪猾，郡中豪猾相连坐千余家。上书请，大者至族，小
者乃死，家尽没入偿臧"，"至流血十余里"。迁为中尉后，执法尤为严厉：

> 督盗贼，素习关中俗，知豪恶吏，豪恶吏尽复为用，为方略，吏苛
> 察盗贼恶少年，投缿购告言奸，置伯格长以牧司奸盗贼。

据说王温舒为人骄谄纠结，"善事有埶者，即无埶者，视之如奴。有埶家，
虽有奸如山，弗犯，无埶者，贵戚必侵辱。舞文巧诋下户之猾，以焄大豪。"
一时"奸猾穷治，大抵尽靡烂狱中，行论无出者"。所谓"盗贼恶少年"，
《汉书》卷九〇《酷吏传·王温舒》作"淫恶少年"。

所谓"轻薄少年恶子"、"盗贼恶少年"以及"淫恶少年"等等，都可
以作为"恶少年"的注脚。

### 3."恶子""恶子弟"称谓

《汉书》卷九〇《酷吏传·尹赏》所说"轻薄少年恶子"，是我们讨论
秦汉"少年"与"恶少年"时应当注意的。

"恶子"称谓亦见于《潜夫论·述赦》：

> 轻薄恶子，不道凶民，思彼奸邪，起作盗贼，以财色杀人父母，戮
> 人之子，灭人之门，取人之赇，及贪残不轨，凶恶弊吏，掠杀不辜，侵
> 冤小民，皆望圣帝当为诛恶治冤，以解蓄怨。反一门赦之，令恶人高会

而夸诧，老盗服臧而过门，孝子见雠而不得讨，亡主见物而不得取，痛莫甚焉。故将赦而先暴寒者，以其多冤结悲恨之人也。

王符所谓"轻薄恶子"，清人汪继培笺："《汉书·酷吏·尹赏传》云：'杂举长安中轻薄少年恶子。'"[①]

从《潜夫论》文意看，"恶子"，即"当为诛恶"的"恶"，即作者主张不可以轻易"赦"的"恶人"。

《前汉纪》卷二六"汉成帝永始四年"说尹赏事迹，可见"轻侠少年恶子弟"称谓："赏治长安狱，穿地方深各数丈，坚治为郭，名曰'虎穴'。乃令吏民举籍长安中轻侠少年恶子弟、无市籍商贩、不作业而鲜衣盛服者，得数百人。一日悉掩捕，皆劾以通行饮食群盗。赏亲阅视之，十置其一，余悉致之'虎穴'。百人为辈，覆以大石，数日乃出。其死者埋寺垣外，为表其姓名。百日后，令家得收葬。"这里所谓"长安中轻侠少年恶子弟"，《汉书》卷九〇《酷吏传·尹赏》写作"长安中轻薄少年恶子"，所指应是同样的社会人群。

方诗铭考论"恶子、恶少年"，首先注意到东汉王涣事迹：

> 《后汉书·王涣传》注引《古乐府歌》云："（王涣）移恶子姓名
> 五，篇著里端。"《集解》引惠栋说。案栋《后汉书补注》卷一七云：
> "王符《潜夫论》曰：'轻薄恶子，不道凶民。'前书《尹赏传》曰：
> '轻薄少年恶子'，师古曰：'恶子，不承父母教命者。'"

《后汉书》卷七六《循吏列传·王涣》记载，王涣行政，"以平正居身，得宽猛之宜"，"民思其德，为立祠安阳亭西，每食辄弦歌而荐之"。李贤注："《古乐府歌》曰'孝和帝在时，洛阳令王君，本自益州广汉蜀人，少行宦学，通五经论。明知法令，历代衣冠，从温补洛阳令，化行致贤。外行猛政，内怀慈仁，移恶子姓名五，篇著里端。无妄发赋，念在理冤。清身苦

① （汉）王符著，（清）汪继培笺、彭铎校正：《潜夫论笺校正》，中华书局1985年版，第178—179页。

体，宿夜劳勤，化有能名，远近所闻。天年不遂，早就奄昏，为君作祠安阳亭西，欲令后代莫不称传'也。"王涣"移恶子姓名五，篇著里端"的做法，是基层行政控制和教化"恶子"的特殊方式。

值得我们特别注意的是，王涣早年也有接近不法少年的经历："涣少好侠，尚气力，数通剽轻少年。"后来才有所转变，"晚而改节，敦儒学，习尚书，读律令，略举大义"。他所以能够"当职割断，不避豪右"，任温令时，"县多奸猾，积为人患。涣以方略讨击，悉诛之。境内清夷，商人露宿于道"。"迁兖州刺史，绳正部郡，风威大行。""为洛阳令，以平正居身，得宽猛之宜。其冤嫌久讼，历政所不断，法理所难平者，莫不曲尽情诈，压塞群疑。又能以谲数发摘奸伏。① 京师称叹，以为涣有神筭。"王涣作为"循吏"的行政成功，应当与他可能未成年时"数通剽轻少年"的经历有关。按照李贤注的解释，"剽"，就是"劫夺"。

方诗铭以为"'恶子'、'恶少年'同义"，指出："颜注仅从字而为释，不得其朔。《潜夫论·述赦》谓'恶子'为'起作盗贼'，《汉书·昭帝纪》谓'恶少年'为'吏有告劾亡者'，皆非'不承父母教命'或'无赖子弟'，其为盗贼甚明。"② 方诗铭的推定自有依据，但是也可能在很多情况下，"恶子"、"恶少年"的表现或许在"'不承父母教命'或'无赖子弟'"向"盗贼"演变的动态过程之中。

### 4. "游侠儿"称谓

秦汉时期的"少年"与"恶少年"在当时已经形成了具有较大影响从而使统治者不得不予以充分重视的社会力量。"少年"受到专制主义政治的压抑，在政府"称治"即行政效能较高时，对"恶少年"更采取严厉打击的政策。"少年"与"恶少年"实际上是曾经主导一代风尚的游侠社会的重要基础。

《史记》卷一〇〇《季布栾布列传》说，季布的弟弟季心"气盖关中，

---

① 李贤注："谲，诈；数，术也。"

② 方诗铭：《拾零集》卷一，《方诗铭文集》，上海社会科学院出版社 2010 年版，第 3 卷第 278—279 页。

遇人恭谨，为任侠，方数千里，士皆争为之死"，"少年多时时窃籍其名以行"。《史记》卷一二四《游侠列传》记载大侠郭解事迹，"少时阴贼，慨不快意，身所杀甚众。以躯借交报仇，藏命作奸剽攻，休乃铸钱掘冢，固不可胜数"。"及解年长，更折节为俭，以德报怨，厚施而薄望。然其自喜为侠益甚。既已振人之命，不矜其功，其阴贼著于心，卒发于睚眦如故云。而少年慕其行，亦辄为报仇，不使知也。"据说"邑中少年及旁近县贤豪，夜半过门常十余车，请得解客舍养之"。郭解出入，有人箕倨不敬，客欲杀之，郭解不仅阻止，反而为其谋脱免践更，于是"箕踞者乃肉袒祖谢罪，少年闻之，愈益慕解之行"。所谓剧孟"好博，多少年之戏"，也说明游侠与一般"少年"心理特质之接近。"闾里少年""任侠并兼，借交报仇；篡逐幽隐，不避法禁"等行为特征，也说明"少年"与"恶少年"确实成为游侠集团的基本力量。

所谓"为侠者极众，敖而无足数者"，"长安炽盛，街闾各有豪侠"[1]，"刺客如云，杀人皆不知主名"[2] 的形势，应当都是在较大的都市这一社会阶层力量较为集中的背景下形成的。

《三国志》卷五五《吴书·甘宁传》中的记载，可以直接说明"游侠"与"少年"的关系："（甘宁）少有气力，好游侠，招合轻薄少年，为之渠帅。群聚相随，挟持弓弩，负毦带铃，民间铃声，即知是宁。人与相逢，及属城长吏，接待隆厚者乃与交欢，不尔，即放所将夺其资货，于长吏界中有所贼害，作其发负，至二十余年。"裴松之注引《吴书》说："宁轻侠杀人，藏舍亡命，闻于郡中。"初，"将僮客八百人就刘表"，又欲东入吴，留依黄祖，祖不用宁，"令人化诱其客，客稍亡"，又得出任邾长；"招怀亡客并义从者，得数百人"，终于归吴。看来，"少年"从附"游侠"形成的社会集团，不仅有较强的能动性，而且有较强的凝聚力。

史籍中可以看到大量关于"少年"任侠的记载。《史记》卷五五《留侯世家》：张良年少"居下邳，为任侠"。《汉书》卷七五《眭弘传》：眭弘"少时好侠，斗鸡走马"。《后汉书》卷七六《循吏列传·王涣》："（王）涣

---

[1]　《汉书》卷九二《游侠传·萬章》。

[2]　《汉书》卷九二《游侠传·原涉》。

少好侠，尚气力，数通剽轻少年。"《三国志》卷六《魏书·董卓传》，董卓"少好侠"。《三国志》卷七《魏书·张邈传》：张邈"少以侠闻，振穷救急，倾家无爱，士多归之"。《后汉书》卷七五《袁术传》：袁术"少以侠气闻，数与诸公子飞鹰走狗"。《三国志》卷一《魏书·武帝纪》："太祖少机警，有权数，而任侠放荡，不治行业。"《三国志》卷四七《吴书·吴主传》裴松之注引《江表传》说，孙权少时"好侠养士，始有知名"。甘宁少时"轻侠杀人"，"闻于郡中"事，已见前引《吴书》。又《三国志》卷一八《魏书·阎温传》裴松之注引《魏略·勇侠传》："（杨阿若）少游侠，常以报仇解怨为事，故时人为之号曰：'东市相斫杨阿若，西市相斫杨阿若。'"秦汉时期，游侠形成"轻死重气，结党连群，寔蕃有徒，其从如云"① 的声势，确实是和都市中"少年"任侠好侠的风尚分不开的。

侠士多"少年"，于是汉代已经有"游侠儿"称谓。《文选》卷二七曹植《白马篇》：

> 白马饰金羁，连翩西北驰。借问谁家子，幽并游侠儿。②

《曹子建集》卷六《白马篇》："白马饰金羁，连翩西北驰。借问谁家子，幽并游侠儿。少小去乡邑，扬声沙漠垂。宿昔秉良弓，楛矢何参差。控弦破左的，右发摧月支。仰手接飞猱，俯身散马蹄。狡捷过猴猿，勇剽若豹螭。边城多警急，虏骑数迁移。羽檄从北来，厉马登高堤。长驱蹈匈奴，左顾陵鲜卑。弃身锋刃端，性命安可怀。父母且不顾，何言子与妻。名在壮士籍，不得中顾私。捐躯赴国难，视死忽如归。"诗句说"父母且不顾，何言子与妻"，可以推知并非未成年人。然而由"少小去乡邑，扬声沙漠垂"句③，可知得到"游侠儿"称号的这一人群，其标志性的表现，在于"少小"时代。

后世又有"侠少"的说法。例如陈后主《洛阳道》："黄金弹侠少，朱

---

① 张衡：《西京赋》，《文选》卷二。
② 《太平御览》卷三五九引曹植《游侠篇》曰："白马饰金羁，连翩西北驰。借问谁家子，幽并游侠儿。"
③ 李周翰注："扬其骑射之声名。"

轮盛彻侯。"① "侠少"称谓可能来自汉代已经通行的"轻侠少年"的说法。《前汉纪》卷二六"汉成帝永始四年"言酷吏守长安令尹赏致力都市治安，"举籍长安中轻侠少年恶子弟、无市籍商贩、不作业而鲜衣盛服者，得数百人。一日悉掩捕，皆劾以通行饮食群盗"。又《三国志》卷五四《吴书·鲁肃传》写道："周瑜为居巢长，将数百人故过候肃，并求资粮。肃家有两囷米，各三千斛，肃乃指一囷与周瑜，瑜益知其奇也，遂相亲结，定侨、札之分。袁术闻其名，就署东城长。肃见术无纲纪，不足与立事，乃携老弱将轻侠少年百余人，南到居巢就瑜。"也说到"轻侠少年"。

晋人张华《博陵王宫侠曲》颂扬汉代侠风，也有这样的诗句："雄儿任气侠，声盖少年场。借友行报怨，杀人租市旁。吴刀鸣手中，利剑严秋霜。腰间叉素戟，手持白头镶。腾超如激电，回旋如流光。奋击当手决，交尸自纵横。宁为殇鬼雄，义不入圜墙。生从命子游，死闻侠骨香。身没心不惩，勇气加四方。"② 张华（232—300）生活时代去汉未远，所谓"雄儿任气侠"的描绘，或许接近秦汉少年侠士风采的写真。所谓"少年场"、"侠骨香"云云，是指西汉酷吏尹赏屠杀长安"恶少年"的故事。

西汉时期，长安周围的诸陵邑在某种意义上已经成为长安的卫星城。③史籍于是有"长安诸陵"之说，如《史记》卷一二九《货殖列传》："长安诸陵，四方辐凑并至而会，地小人众，故其民益玩巧而事末也。"《汉书》卷九二《游侠传·原涉》则称"长安五陵"。《汉书》卷四九《爰盎传》的表述方式则是"诸陵长安"。"诸陵"不仅有拱卫长安的作用，在经济生活和文化生活方面，对于政治中心长安更多有补益。"五陵"作为指代区域的地理代号，汉代已经十分响亮。

"五陵少年"曾经有活跃的文化表演。④ 通过汉宣帝刘询少时"数上下诸陵"经历，可以大体得知多数"五陵少年"的生活场景。《汉书》卷八

---

① 《乐府诗集》卷二三。

② 《乐府诗集》卷六七。"租市"，《太平御览》卷四七三作"都市"。

③ 参看刘文瑞《试论西汉长安的卫星城镇》，《陕西地方志通讯》1987 年第 5 期；《我国最早的卫星城镇——试论西汉长安诸陵邑》，《咸阳师专学报》1988 年第 1 期；王子今：《西汉帝陵方位与长安地区的交通形势》，《唐都学刊》1995 年第 3 期；《西汉诸陵分布与古长安附近的交通格局》，《西安古代交通志》，陕西人民出版社 1997 年版。

④ 宋超：《"五陵"与"五陵少年"——以诗赋为中心的考察》，《咸阳师范学院学报》2005 年第 2 期。

《宣帝纪》记载：

> 受《诗》于东海澓中翁，高材好学，然亦喜游侠，斗鸡走马，具知闾里奸邪，吏治得失。数上下诸陵，周遍三辅，常困于莲勺卤中。尤乐杜、鄠之间，率常在下杜。

"亦喜游侠，斗鸡走马"，是未成年刘询的人生情趣。这种生活方式，可以理解为"五陵少年"的典型性代表。

在后世的历史记忆中，"五陵少年"或称"五陵年少"①，保留有深刻的文化印象。

长安"五陵少年"，实际上成为体现西汉都市社会生活风貌的文化符号。

### 5. 执政者的"恶少年"政策

"恶少年"行为有"群辈"即团伙作案的情形，严重危害社会治安，甚至挑战政治权威，公然残害国家官员。执政集团对于这种社会势力采取了严厉打击的政策。酷吏名号的出现，直接与这种行政运动有关。调发"恶少年"从军远征，戍屯边地，将内地不安定因素转化为对外战争中可资利用的力量，也是聪明的决策。另一方面，分化"恶少年"集团，诱使其中"失计随轻黠"的胁从者"自改""立功"，也是有效的策略。

《汉书》卷九〇《酷吏传·尹赏》记载，以为政"残贼"闻名的尹赏就任长安令后，以严酷手段对威胁治安的"闾里少年"予以打击：

> 赏以三辅高第选守长安令，得壹切便宜从事。赏至，修治长安狱，穿地方深各数丈，致令辟为郭，以大石覆其口，名为"虎穴"。乃部户曹掾史，与乡吏、亭长、里正、父老、伍人，杂举长安中轻薄少年恶子，无市

---

① 以唐诗为例，有张碧《游春引三首》之二："五陵年少轻薄客，蛮锦花多春袖窄。酌桂鸣金玩物华，星蹄绣毂填香陌。"《万首唐人绝句》卷五〇。吴融《阌乡卜居》："六载抽毫侍禁闱，可堪衰病决然归。五陵年少如相问，阿对泉头一布衣。"《三体唐诗》卷一。李白《少年行三首》之一："五陵年少金市东，银鞍白马度春风。落花踏尽游何处，笑入胡姬酒肆中。"《乐府诗集》卷六六。

籍商贩作务,而鲜衣凶服被铠扞持刀兵者,悉籍记之,得数百人。赏一朝会长安吏,车数百两,分行收捕,皆劾以为通行饮食群盗。赏亲阅,见十置一,其余尽以次内虎穴中,百人为辈,覆以大石。数日一发视,皆相枕藉死,便舆出,瘗寺门桓东,楬著其姓名,百日后,乃令死者家各自发取其尸。亲属号哭,道路皆歔欷。长安中歌之曰:"安所求子死?桓东少年场。生时谅不谨,枯骨后何葬?"

尹赏亲自审理,十人中一人免死,其余皆抛置"虎穴"中。尹赏所令免死者"皆其魁宿,或故吏善家子失计随轻黠愿自改者,财数十百人,皆贳其罪,诡令立功以自赎。尽力有效者,因亲用之为爪牙,追捕甚精,甘耆奸恶,甚于凡吏"。利用所谓"故吏善家子"失计陷于其中而"愿自改"者,以为继续追捕之"爪牙"。尹赏就任数月,"盗贼止,郡国亡命散走,各归其处,不敢窥长安"。

所谓"通行饮食群盗",是汉代罪名之一。《汉书》卷九〇《酷吏传·咸宣》说,是时地方官为治尽效酷吏,"而吏民益轻犯法,盗贼滋起",于是遣使衣绣衣持节,"虎符发兵以兴击,斩首大部或至万余级。及以法诛通行饮食,坐相连郡,甚者数千人"。《汉书》卷九八《元后传》:武帝遣绣衣使者逐捕魏郡群盗,"暴胜之等奏杀二千石,诛千石以下,及通行饮食坐连及者,大部至斩万余人"。《后汉书》卷四六《陈忠传》:汉安帝时,陈忠上疏曰:"臣窃见元年以来,盗贼连发,攻亭劫掠,多所伤杀。夫穿窬不禁,则致强盗;强盗不断,则为攻盗;攻盗成群,必生大奸。故亡逃之科,宪令所急,至于通行饮食,罪致大辟"。李贤注:"通行饮食,犹今《律》云'过致资给',与同罪也。"而《唐律·捕亡》:"诸知情藏匿罪人若过致资给,令得隐避者,各减罪人罪一等。"李贤"与同罪"说,与律文不尽相合。[①]且《唐律疏议》卷二八:"过致资给者,谓指授道途,送过险处,助其运致,并资给衣粮,遂使凶

---

① 《唐律疏议》卷二八:"注:'藏匿无日限,过致资给亦同。若卑幼藏隐,匿状已成,尊长知而听之,独坐卑幼。部曲,奴婢首匿,主后知者,与同罪。'"李贤所谓"与同罪"即或与此有关,《后汉书》卷四六《陈忠传》李贤注或有脱文。关于《唐律疏议》的年代,学界存在不同的认识。笔者以上见解,是以《唐律疏议》即《永徽律疏》的意见为出发点的。参看杨廷福《〈唐律疏议〉制作年代考》,《唐律初探》,天津人民出版社1982年版。

人潜隐他所。"① 汉时"通行饮食，罪致大辟"已经较历朝严酷，而《尹赏传》虽然在以"虎穴"杀"轻薄少年恶子"事前说到"红阳长仲兄弟交通轻侠，藏匿亡命，而北地大豪浩商等报怨，杀义渠长妻子六人，往来长安中，丞相御史遣掾求逐党与，诏书召捕，久之乃得"，然而并末见直接证据可说明被杀害的"轻薄少年恶子"曾"指授道途，送过险处，助其运致，并资给衣粮，遂使凶人潜隐他所"。显然，"皆劾以为通行饮食群盗"，可以说是典型的罪行擅断，实质上形成了令数百人丧生的冤狱。

"无市籍商贩作务"中所谓"作务"，王先谦《汉书补注》引周寿昌曰："作务，作业工技之流。"可知受害人中也包括部分手工业者。

尹赏对"故吏善家子"处罚时予以优待，王温舒"有执家，虽有奸如山，弗犯"，都说明在专制强权面前社会等级不同则境遇亦不同，也说明所谓"少年"其实又是成分相当复杂的社会群体，其中也包括部分原本属于统治阶层的青少年。

汉武帝时，还曾实行征发"恶少年"从军远征或戍守边地的政策。

汉武帝太初年间，"拜李广利为贰师将军，发属国六千骑，及郡国恶少年数万人，以往伐宛"。李广利击宛军不利，又进一步令远征战事升级，"赦囚徒材官，益发恶少年及边骑，岁余而出敦煌者六万人，负私从者不与。牛十万，马三万余匹，驴骡橐它以万数。多赍粮，兵弩甚设，天下骚动"。"益发戍甲卒十八万，酒泉、张掖北，置居延、休屠以卫酒泉，而发天下七科谪，及载糒给贰师。转车人徒相连属至敦煌。"② 汉武帝天汉元年（前100），又"发谪戍屯五原"。天汉四年（前97），"发天下七科谪及勇敢士，遣贰师将军李广利将六万骑、步兵七万人出朔方，因杅将军公孙敖万骑、步兵三万人出雁门，游击将军韩说步兵三万人出五原，强弩都尉路博德步兵万余人与贰师会"。

所谓"七科谪"，据《汉书》卷六《武帝纪》颜师古注引张晏的解释，即："吏有罪一，亡命二，赘婿三，贾人四，故有市籍五，父母有市籍六，大父母有市籍七，凡七科也。"汉时所谓"恶少年"，或"亡命"，或亲族"有市籍"，相当大一部分当包容于此"七科"中。

---

① 刘俊文：《唐律疏议笺解》，中华书局1996年版，下册第2004页。
② 《史记》卷一二三《大宛列传》。

《史记》卷一二三《大宛列传》言调发"郡国恶少年数万人"伐宛事，《汉书》卷六一《李广利传》记载："太初元年，以广利为贰师将军，发属国六千骑及郡国恶少年数万人以往，期至贰师城取善马，故号'贰师将军'"。此事《武帝纪》记作"（太初元年）遣贰师将军李广利发天下谪民征大宛"。可见，在班固的观念中，所谓"郡国恶少年"与所谓"天下谪民"原本并无不同。《汉书》卷七《昭帝纪》记载："（元凤五年）六月，发三辅及郡国恶少年吏有告劾亡者，屯辽东。"似乎发"恶少年"远征屯边已被事实证明有效，于是武帝之后依然沿用。

陈直《居延汉简解要》中指出敦煌汉简中有"適士吏"、"適卒"字样者，与以上历史事实有关："適士吏，谓以適戍卒出身之士吏。""王国维考適为贬谪之士吏，又疑適为敵字之假借，为燧名，实应作为谪戍卒出身之士吏解。""谪卒为权宜之征发，与正戍卒应当戍边者不同，故特设適士吏专管其事。"看来，"恶少年"从军，其编制及管理与正卒不同。陈直还列出有"適士卒张博"字样的敦煌简，又写道："张博简，余考为王莽地皇二年之物，然则王莽亦沿用汉代七科谪发之条欤。"① 其实，王国维"疑適为敵字之假借，为燧名"的考虑确有实证。如"却適卒"② 就是"却適燧卒"③。不过，汉代以"適戍卒"充实军队的情形也是存在的。这种军队构成形式，后世往往袭用。而"適戍卒"中应当有"恶少年"。因为"恶少年"所谓"慓悍""暴桀"的精神，若善于引导利用，显然有益于在战争中克敌制胜。④

"七科谪"制度其实源起于秦代。《史记》卷六《秦始皇本纪》：秦始皇

---

① 《居延汉简研究》，天津古籍出版社 1986 年版，第 314—315 页。

② 如敦煌汉简 404，803B。

③ 如居延汉简 194.17。

④ 如《新唐书》卷八六《刘武周传》记载，刘武周起事，"诸恶少年皆愿从"。《旧唐书》卷六四《高祖二十二子列传·隐太子建成》："建成乃私召四方骁勇，并募长安恶少年二千余人，畜为宫甲，分屯左、右长林门，号为'长林兵'。"《新唐书》卷一七五《刘栖楚传》说到"诸恶少窜名北军，凌藉衣冠，有罪则逃军中，无敢捕"的情形。《新五代史》卷六四《后蜀世家·孟昶》："（王）昭远手执铁如意，指挥军事，自比诸葛亮，酒酣，谓昊曰：'吾之是行，何止克敌，当领此二三万雕面恶少儿，取中原如反掌尔！'"《宋史》卷一四四《兵志五》："选诸军骁锐及募闾里恶少以为奇兵。"《宋史》卷三三六《司马光传》："选诸军骁勇士，募市井恶少年为奇兵。"《宋史》卷三一二《王罕传》："恶少年皆隶行伍，无敢动。"《宋史》卷三九○《沈作宾传》："募郡城内外恶少亦几千人，号曰'壮士'。衣粮器械皆视官军，而轻捷善斗过之。"装备与"官军"同，"而轻捷善斗过之"的说法值得注意。

三十三年（前214），"发诸尝逋亡人、赘婿、贾人略取陆梁地，为桂林、象郡、南海，以適遣戍"。又使蒙恬经营北边，"筑亭障以逐戎人，徙谪，实之初县"。三十五年（前212），"益发谪徙边"。司马贞《索隐》："汉七科谪亦因于秦。"

《史记》卷一二九《货殖列传》："秦末世，迁不轨之民于南阳。"《汉书》卷二八下《地理志下》："秦既灭韩，徙天下不轨之民于南阳。"所谓"不轨之民"，指不循规守法，即往往不避专制主义法禁者，从某种意义上说，语义有与"恶少年"相近处。《史记》卷一二四《游侠列传》说，游侠其行"不轨于正义"。《史记》卷三〇《平准书》也以商贾为"不轨逐利之民"。此外，《史记》中还有"淫侈不轨"①、"废法不轨"②、"不轨于法"③、"不轨之臣"④、"不轨之民"⑤、"不轨逐利之民"⑥、"操行不轨"⑦、"其言虽不轨"⑧、"其行虽不轨于正义"⑨ 等说法。

汉代强制性的政治移民，还有汉武帝元狩五年（前118）"徙天下奸猾吏民于边"。⑩ 所谓"奸猾"之民，实际上在某种意义上也与所谓"恶少年"涵义仿佛。前引《汉书》卷九〇《酷吏传·尹赏》"长安中奸猾浸多，闾里少年群辈杀吏"，而尹赏镇压对象主要是"长安中轻薄少年恶子"，可以引为证明。

除了实行严厉的抑制与打击而外，秦汉王朝对于"少年"与"恶少年"政策的另一面，是尽力将其中一部分可以利用的力量纳入正统的政治体制中，使其成为专制主义国家机器的部件。

《史记》卷九四《田儋列传》说，田儋响应陈涉起义，"详为缚其奴，从少年之廷，欲谒杀奴，见狄令，因击杀令"。似乎"少年"有服务于县

---

① 《史记》卷一四《十二诸侯年表》。
② 《史记》卷一一八《淮南衡山列传》。
③ 《史记》卷一七《汉兴以来诸侯王年表》。
④ 《史记》卷六《秦始皇本纪》、《史记》卷三〇《平准书》。
⑤ 《史记》卷一二九《货殖列传》。
⑥ 《史记》卷三〇《平准书》。
⑦ 《史记》卷六一《伯夷列传》。
⑧ 《史记》卷七四《孟子荀卿列传》。
⑨ 《史记》卷一二四《游侠列传》。
⑩ 《汉书》卷六《武帝纪》。

廷，维护地方治安者。刘邦少时"不事家人生产作业"，"无赖，不能治产业"，"及壮，试为吏，为泗水亭长"①，其政治生涯中仍不免屡屡流露"无赖"本色。韩信封为楚王，"召辱己之少年令出胯下者以为楚中尉，告诸将相曰：'此壮士也。'"② 也说明"少年"多有为当权者所用者。王温舒"少时椎埋为奸，已而试补县亭长"，后"为吏，以治狱至廷史"，又"迁为御史"。③ 朱博少时"好客少年，捕搏敢行"，"忼侠好交"，后"历位以登宰相"。④ 阳球"家世大姓冠盖"，"能击剑，习弓马"，"郡吏有辱其母者，球结少年数十人，杀吏，灭其家，由是知名"。后亦举孝廉，补尚书侍郎，又任郡太守，迁将作大匠，拜尚书令，又迁为司隶校尉。⑤ 曹操"少好飞鹰走狗，游荡无度"，"任侠放荡，不治行业"，年二十而举孝廉为郎，又除为地方行政长官，俨然一能吏。⑥

尹赏严厉打击"长安中轻薄少年恶子"，导致"桓东少年场"的悲剧，然而又令"故吏善家子失计随轻黠愿自改者"免死，以"立功以自赎"。这些人中"尽力有效者，因亲用之为爪牙，追捕甚精，甘耆奸恶，甚于凡吏"。则是典型的利用"恶少年"镇压"恶少年"的史例。

许多迹象表明，所谓"故吏善家子"出身的"少年"与"恶少年"容易被统治阶层改造吸收，成为维护专制政治的"尽力有效者"，而"少年"与"恶少年"一旦为当权者"用之为爪牙"，往往可以发挥"甚于凡吏"的特殊作用。

### 6. "少年"与"恶少年"的社会文化形象

"少年"与"恶少年"的文化表现及其社会影响，是社会史研究的课题。社会舆论对于"少年"与"恶少年"的评价，关系到当时民间的文化倾向，也与执政者从治安出发的导向有关。也可以说，对"少年"与"恶少年"的形象评价，反映了社会不同层次人群的观念。

---

① 《史记》卷八《高祖本纪》。
② 《史记》卷九二《淮阴侯列传》。
③ 《史记》卷一二二《酷吏列传》。
④ 《汉书》卷八三《朱博传》。
⑤ 《后汉书》卷七七《酷吏列传·阳球》。
⑥ 《三国志》卷一《魏书·武帝纪》及裴松之注引《曹瞒传》。

"少年"作为一种特殊的社会力量受到重视，始于先秦时期。

《韩非子·内储说上七术》记述子产相郑前后的故事。子产临终时告诫继承人游吉"必以严莅人"。子产死，继任者行政风格发生变化：

> 游吉不肯严形，郑少年相率为盗，处于萑泽，将遂以为郑祸。游吉率车骑与战，一日一夜，仅能剋之。游吉喟然叹曰："吾蚤行夫子之教，必不悔至于此矣。"

没有"行夫子之教"的游吉姑息软弱，致使"郑少年相率为盗"，形成"郑祸"，即危害郑国社会秩序的"祸"。

"少年"出现于商业经济发展水准较高的都市中，由于其性格之"不避法禁"，又富有能动性和攻击性，往往表现出与执政阶层的对抗，于是很容易演变为国家之"祸"，社会之"祸"。

"少年"及"恶少年"身份地位的确定，除职业因素之外，当然首先还与年龄因素有关。《史记》卷九一《黥布列传》：

> 黥布者，六人也，姓英氏。秦时为布衣。少年，有客相之曰："当刑而王。"及壮，坐法黥。布欣然笑曰："人相我当刑而王，几是乎？"

由"少年""及壮"的年龄界定可能是三十岁。《礼记·曲礼上》："二十曰弱冠，三十曰壮，有室。"《说文·士部》："壮，大也。"《释名·释长幼》："三十曰壮，言丁壮也。"① 所谓"少年"，大约是指三十岁以下的未婚男子。

《管子·小问》："管子曰：'苗始其少也，眴眴乎何其孺子也。至其壮也，庄庄乎何其士也。"在管仲的言论中，可以看到"少"与"孺子"对应，"壮"与"士"对应，"少年"似乎尚未确定独立的社会身份。秦汉"少年"阶级出身和社会角色的不明确，或许也与此有关。人们更重视的，似乎是"少年"共同的心理和生理特征。《论语·季氏》："孔子曰：'君子有三戒：少之时，血气未定，戒之在色；及其壮也，血气方刚，戒之在斗；

---

① 汉代人"三十曰壮"的说法，又见《礼记·射义》"幼壮孝弟"郑玄注："三十曰壮。"

及其老也，血气既衰，戒之在得。"《淮南子·诠言》："凡人之性，少则猖狂，壮则暴强，老则好利。"也说"少年"的不成熟，不稳重。

中国传统政治道德历来强调"明贵贱，辨等列，顺少长"①，"少长有礼，共可用也"②，"少长相越，万邪并起"③。如《国语·周语上》所说："夫下事上，少事长，所以为顺也。""行而不顺，民将齐之。"所谓"长少之义"，被看作"治乱之纪"，即最基本的政治原则。④ 秦汉时期与"少年"相对应的身份有所谓"父老"，"父老"在当时社会生活中起到极其重要的作用。⑤ "父老"对"少年"的领导，"少年"对"父老"的追随；"父老"对"少年"的统治，"少年"对"父老"的服从，这就是所谓"治乱之纪"，也就是社会关系形成稳定秩序，即"所以为顺也"的基本条件。

"少年"在社会等级区分时的不利条件，因此而发生。因这种不利条件而引发叛逆情绪，也是很自然的情形。

《西京杂记》卷二说赵飞燕故事，"以辁车载轻薄少年，为女子服，入后宫者日以十数，与之淫通，无时休息，有疲怠者，辄差代之"。"轻薄少年"之称，体现出他们由于对传统道德的背离而受到鄙视。颜师古《汉书》卷七《昭帝纪》注："恶少年谓无赖子弟也。"卷六一《李广利传》注："恶少年谓无行义者。"也说在传统道德的标尺面前其人格之委琐低下。然而，在社会比较普遍的民众意识的尺度面前，"少年"和"恶少年"的人格似乎又有光辉高大的一面。

司马迁在《史记》卷一二四《游侠列传》中对"侠"有肯定的评价："韩子曰：'儒以文乱法，而侠以武犯禁。'二者皆讥，而学士多称于世云。"

---

① 《左传·襄公五年》。
② 《左传·襄公二十八年》。
③ 《吕氏春秋·审分》。
④ 《吕氏春秋·处方》："同异之分，贵贱之别，长少之义，此先王之所慎，而治乱之纪也。"
⑤ 以秦及汉初史事为例，陈胜、吴广起义，起初即"号令召三老、豪杰与皆来会计事"，因三老、豪杰的拥戴乃立为王。刘邦举兵，沛父老的支持也起了决定性的作用。项羽少年起事，"威震楚国"，"诸侯皆屈"，然而军国大计往往遵从七十高龄的范增。刘邦政治集团的基本骨干是所谓"少年豪吏"，而刘邦本人则被看作"宽大长者"，而且其主要谋臣张良所以"为王者师"，传说得力于神秘老人黄石公所授《太公兵法》。刘邦入关，首先与当地父老进行政治协商，约法三章。秦时有乡三老，汉又置县三老、郡三老，以为地方政权中的基本行政人员。《张寿碑》："皤白之老，率其子弟，以修仁义。"体现出秦汉政治秩序的基本纲纪。

"今游侠，其行虽不轨于正义，然其言必信，其行必果，已诺必诚，不爱其躯，赴士之阨困，既已存亡死生矣，而不矜其能，羞伐其德，盖亦有足多者焉。"司马迁说："鄙人有言曰：'何知仁义，已餐其利者为有德。'故伯夷丑周，饿死首阳山，而文武不以其故贬王；跖、跷暴戾，其徒诵义无穷。"从不同的立场出发，就有不同的对于所谓"仁义"的道德标准。"要以功见言信，侠客之义又曷可少哉！"司马迁慨叹："古布衣之侠，靡得而闻已。""自秦以前，匹夫之侠，湮灭不见，余甚恨之。"对于所谓"闾巷之侠"，司马迁说：

> 以余所闻，汉兴有朱家、田仲、王公、剧孟、郭解之徒，虽时扞当世之文罔，然其私义廉絜退让，有足称者。名不虚立，士不虚附。

剧孟"多少年之戏"，郭解"少时阴贼"，又多有"少年慕其行"，显然"少年"重侠风。司马迁深心倾重并笔墨表扬的"侠"，有时和"少年"之间是难以明确分割的。

《汉书》卷九二《游侠传·原涉》说，原涉任谷口令时"年二十余"，此前"显名京师""衣冠慕之辐辏"时，很可能也还是少年。

游侠集团的基干力量确实也大抵皆"少年"。所谓"布衣之侠"、"匹夫之侠"、"闾巷之侠"，其行虽不轨于"正义"，然而其所谓"私义"，却得到当时社会的普遍称颂。"少年"与"恶少年"以其任侠狂逸、重义轻死、好勇斗狠，往往被统治者斥为"不轨"、"奸猾"，然而由于其风格与秦汉社会精神风貌的基本倾向是一致的，因而其侠义精神往往为不可以轻视的社会层次所推重。如司马迁所谓"学士多称于世云"，"盖亦有足多者焉"。

尹赏以冤狱屠杀长安中"轻薄少年恶子"，除"亲属号哭"外，而"道路皆歔欷"，即透露了因过度惩治而表现出的普遍的同情之心。相反，严厉镇压"少年"与"恶少年"的酷吏则往往政声晦黯，其"坐残贼免"者，也少见社会普遍怜恤的记录。由此也可以体现当时社会舆情的倾向。司马迁责备酷吏"好杀伐行威不爱人"。[1] 扬雄《法言·渊骞》也写道："（或问）'酷吏'，曰：'虎哉！虎哉！角而翼者也。'"这些评价，也都显现出社会情

---

① 《史记》卷一二二《酷吏列传》。

感的倾向。

《汉书》卷九二《游侠传》说到秦汉游侠的社会影响："众庶荣其名迹，觊而慕之，虽其陷于刑辟，自与杀身成名"，以致"死而不悔"。尽管时势每有变迁，然而确实如班固所说，"郡国豪杰处处各有"，"亦古今常道"。

秦汉"少年"与"恶少年"的故事往往为后世文人吟诵，其辞多悲壮，陈抒对他们重义好勇风格的追念。不过，由于时势的变化，其社会地位和社会影响已经有所不同。正如沈彬《结客少年场行》诗句："重义轻生一剑知，白虹贯日报仇归。片心惆怅清平世，酒市无人问布衣。"看来，秦汉时期"少年"与"恶少年"的壮勇与狂热，以及社会对他们的理解与同情，是以当时富有时代特色的社会风习为背景的。一旦世风变迁，纵有刻意仿效者，当时运"清平"，"无人"问顾之时，也不免"片心惆怅"。《抱朴子·释滞》所谓"世道夷则奇士退"，或许即体现了这种社会历史的变化。

秦汉时期以"少年"及"恶少年"为重要社会基础的游侠集团据说以侠名"衣冠慕之辐辏"，以往一般认为其群体的内部结构似乎是松散的。然而数量颇可观的"少年唯印"的遗存，[①]体现出当时"少年""结党连群"而普遍形成的社会团体的凝定性以及其中"唯"即"魁"，也就是史籍所谓"渠帅"的权力。看来，不仅这一社会力量"背公死党"的倾向值得重视，这些社会群体的内部结构及其对后世秘密会党组织形态的重要影响，也是社会史学者应当探讨的课题。

## 居延简及敦煌简所见"客"

居延及敦煌汉简有关"客"的内容，除标识使团成员身份外，大多反映了当时西北边地人口构成中带有较显著流动性的特殊人群的存在。"远

---

① 罗福颐主编《秦汉南北朝官印征存》收入故宫博物院藏四方"少年唯印"以及上海博物馆藏"少年唯印"、吴大澄《十六金符斋印存》录"少年唯印"，又有故宫博物院藏"䣊于少年唯印"、"常乐少年唯印"、陈介祺《陈簠斋手拓印集》录"少年唯印大幸"印等，年代均断为东汉。

客"、"有客从远所来"及"东方来客"等简文，可知多有以"客"的身份生活在西北边塞的"东方"人。简文所见"客吏民"、"客民卒"称谓，暗示"客"具有与"吏"、"民"、"卒"不同的社会身份。"客民"、"客子"作为身份标志，也值得注意。居延汉简也反映了"使客"现象，然而从现有资料看，当时西北边地"客"的活动，似乎并未明显表现出与豪族有特别的关系。居延简"第有毋客等四时如律令"或许体现出对"客"严格检查监控的制度。"客民赵闳范翁等五人俱亡皆共盗官兵臧千钱以上"事，则是"客民"叛逃的案例。

### 1. "客"的身份涵义

居延和敦煌出土的汉代简牍资料中，可见"客"的称谓。

有学者指出，早期的"客"，有"使者"的涵义。① 而汉代居延简及敦煌简所见"客"，有时确是指诸国使团成员。

如居延汉简："候长候史马皆廪食往者多羸瘦送迎客不能竟界大守君当以七月行塞候尉循行课马齿五岁至十二岁"（E. P. S4. T2：6）；敦煌汉简："□长赵卿□得候史泽所受官马食二石七斗五月十日己卯尽己丑备客马食少公毋忽"（1813），"客大月氏大宛疏勒于阗莎车渠勒精绝扜弥王使者十八人贵人□人"（I90DXT0309（3）：97），以及"使送康居诸国客"②，"□送精绝王诸国客"③，"使送于阗王诸国客"④，"使送车师王乌孙诸国客"⑤，以及"乌孙客"⑥ 简例等。官僚构成中有"主客"的职任，如简文所见"使主兵

---

① 沈刚：《秦汉时期的客阶层研究》，吉林文史出版社 2003 年版，第 32 页。

② "黄龙元年六月壬申使臣宏给事中侍谒者臣荣诏传邮吏甘使送康居诸国客斥候盖典副羌为驾一封轺传三月辛□……"（II90DX0114（4）：277）。

③ "□送精绝王诸国客凡四百七十人□"（II90DX0115（1）：114）。

④ "永光五年七月癸卯朔丁巳使送于阗王诸国客卫司马参副卫侯临移敦煌太守一过不足以考功致县略察长吏居官治状侍客尤辨者涉头渊泉尽治所"（II0216（2）：54）。

⑤ "元凤四年六月丙寅使主客散骑光禄大夫田扶韦制诏御史曰使云中太守安国故□未央仓龙□卫司马苏□武强使送车师王乌孙诸国客与军候周充国载先俱为驾二封轺传二人共载御史大夫延年□□□□承书以次为驾当舍传舍如律令"（II0113（3）：122A）。

⑥ "出粟十八石骑马六十匹乌孙客都吏王卿所送元延四年六月戊寅县悬泉啬夫欣付敦煌尉史襃马"（II0114（3）：454）。

主艸主客护酒都尉"①，"使主客部大夫"②，"使主客散骑光禄大夫" 等。③
"主客"职务，很可能与外交接待礼宾工作有关。

我们还看到"某使者所将客某"简例。"客"似是"使者"的随从。如
"使者董君赵君所将客"④，"使者王君所将客"⑤，"使者□□将客"⑥ 等。此
外，其他接待对象也称作"客"，一如后世。⑦

然而，更多数量的有关"客"的简文，则反映了当时西北边地人口构
成中带有较显著流动性的特殊人群的存在。有人说："'客'字的本意有三
个基本义项：1. 是外来之人；2. 与主人相对而言；3. 暂时地、而不是永久
性地居住。"⑧《说文·宀部》："客，寄也。""寄，托也。"段玉裁注："自
此托彼曰'客'。""客"作为居人，具有非土著和非长久的特征，似未必有
绝对化的对应的"主"。王筠《说文句读》的解释，即"偶寄于是，非久
居也。"

"客"作为流动人口在汉代各地方的活动，是行政管理者关注的民情和
政情之一。

在某些环境下，这些人的生存方式和行为特征，可以对社会的稳定有所
冲击，另一方面，或许对于激发社会活力亦可显示特殊的作用。在西北边塞
地区，由于军事关系、外交关系和民族关系的复杂情势，"客"的活动可能

---

① "元始五年十二月辛酉朔戊寅大司徒晏大司空少薄丰下小府大师大保票骑将军少傅轻车将军步兵
□□宗伯监御史使主兵主艸主客护酒都尉中二千石九卿□□□□州牧关二郡大守诸侯相关都尉"
(1108A)。

② 《康居王使者册》："使主客部大夫谓侍郎当移敦煌太守书到验问言状事当奏闻毋留如律令"
(Ⅱ0216（2）：881)。

③ 参看甘肃省文物考古研究所《敦煌悬泉汉简内容概述》，《文物》2000年第5期；胡平生、张德
芳：《敦煌悬泉汉简释粹》，上海古籍出版社2001年版。

④ "永光三年正月丁亥朔丁未渊泉丞史移县泉置遣厩佐贺持传车马迎使者董君赵君所将客柱渊泉留
禀荄令写券墨移书受薄入二月报毋令谬如律令"(I90DXT0111（2）：3)。

⑤ "出鸡一只以食使者王君所将客留宿再食东"(I90DXT0112（3）：114)。

⑥ "十二日时定候官去候史德使者□□将客当出者到德迹候官□□□□□□□"(1973A)。

⑦ 如敦煌悬泉置简："迎戊己校罢校尉，置客往来食如牒前与政相争……"(I0112（1）：27)，
"建昭二年二月甲子朔辛卯敦煌太守强守部候修仁行丞事告督邮史众Ｖ欣主羌史江曾主水史众迁谓县闻往
者府掾史佐往来縣案事公与宾客所知善饮酒传舍请寄长丞食或数……"(Ⅱ0216（2）：246)，"效谷长
禹丞寿告遮要县泉破羌将军骑万人从东方来会正月七日今调米肉厨乘假自致受作毋令客到不办与毋
忽如律令"(Ⅱ0114（4）：340A)。

⑧ 李珺平：《春秋战国门客文化与秦汉致用文艺观》，中国社会科学出版社2001年版，第9页。

会形成更重要的影响。而因多种原因来自中原或更遥远地方，经历了更多人生艰险的流动人口，自然也有更为强炽的社会能量。

考察汉代西北边地"客"的社会表现，应当有益于丰富和深化我们对于汉代社会史、汉代边防史以及汉代西北边地文化交往史的认识。

### 2. 汉代西北边地的"客"

"客"是战国以来相当活跃的社会成分。标识为"客"的集中的人群，有时达到惊人的规模。① 睡虎地秦简被定名为《法律答问》的文书中写道："可（何）谓'旅人'？ ●寄及客，是谓'旅人'。"② 汉代的"客"，依然是以居地未能确定作为生活特征的人们的身份标志。

甘肃甘谷汉简内容为东汉桓帝延熙元年（159）宗正府卿刘柜关于宗室管理事务的上奏，其中说到"流客"和"客流"。③ 汉代石刻文字数据中也可以看到"寄客"字样。④ 这些资料，也体现了"客"作为"旅人"的特征。汉印文字屡见名称"某某客"之例⑤，可知"客"可为自称，也有以为人名用字的情形。居延汉简也有以"客"为名字者，如"☐木候长王客"（231.5）⑥、

① 如《史记》卷七五《孟尝君列传》："孟尝君时相齐，……其食客三千人。"卷七六《平原君虞卿列传》："平原君赵胜者，……喜宾客，宾客盖至者数千人。"卷七七《魏公子列传》："公子为人仁而下士，士无贤不肖皆谦而礼交之，不敢以其富贵骄士。士以此方数千里争往归之，致食客三千人。"《春申君列传》："春申君客三千余人。"《吕不韦列传》："当是时，魏有信陵君，楚有春申君，赵有平原君，齐有孟尝君，皆下士喜宾客以相倾。吕不韦以秦之强，羞不如，亦招致士，厚遇之，至食客三千人。"直到汉武帝时代，仍有《汉书》卷四四《淮南厉王刘长》所谓淮南王刘安"招致宾客方术之士数千人"事。

② 睡虎地秦墓竹简整理小组的译文写道："什么叫'旅人'？寄居和外来作客的人，称为'旅人'。"《睡虎地秦墓竹简》，文物出版社1978年版，第238页。其实，"寄"和"客"，或许都应当理解为名词，也是社会称谓。

③ 李均明、何双全编：《散见简牍合辑》，文物出版社1990年版，第5—6页，简29，简31。

④ 《汉代石刻集成·本文篇》十八《"通利水大道"刻石》。

⑤ 如《汉印文字征》二·十："李步客"，二·十九："朱卫客印"，三·九："译胜客印"，三·十一："朱对客"，四·十六："苏剽客印"，六·十三："公孙出客"，七·十六："客中君印"、"张客之印"、"畜客"、"翟客"、"赵胜客"，八·六："王代客印"，九·十一："石胜客"，十三·七："蛴客"，文物出版社1978年版；《汉印文字征补遗》十三·五："力将客"，文物出版社1982年版。

⑥ 简文为"☐木候长王客诣官受☐"。"客"，谢桂华、李均明、朱国炤《居延汉简释文合校》作"宏"。文物出版社1987年版，第374页。

"遮要候长上官客"（458.2）①、"乡啬夫客"（505.37A）②、"就人井客"（586.5）③ 等简例。所见"胜客"人名，如"▢胜客"（41.1，41.29），"令史徐胜客"（19.9），"□□燧长昭武平□里公乘江胜客"（284.31），"薛胜客"（E.P.T48：41A），"第十七候长胜客"（E.P.T52：33）等，与《汉印文字征》中出现的"译胜客"、"赵胜客"、"石胜客"等同样，其中的"客"字，涵义与本文讨论的主题有一定距离。④

"客"作为通行称谓在居延汉简中的遗存，可以从一个特殊的角度反映当地的社会构成和文化面貌：

（1）令史徐脱客始元六年五月乙卯除　　　未得始元六年七月奉
□□▢（19.9）⑤

（2）▢与彭尉□客
▢律令敢言之（212.56）

（3）▢□客▢（231.60）

（4）□□燧长董福　□大人居官袍直五百燧卒张偃
□客□偃

□□绔直五百　　　负第三卒□□□一直钱五百▢
负第二卒广□布复绔一直▢
负□□卒傅胜复襦一直▢

（257.17）

（5）▢豫图也重门击柝以待暴客（395.10）

（6）▢国客▢（513.45）

（7）正月癸酉河南都尉忠丞下郡大守诸侯相承书从事下当用者实字子
功年五十六大状黑色长须建昭二年八月

---

① 简文为"遮要候长上官客召诣官三月己卯平旦入"。"客"，谢桂华、李均明、朱国炤《居延汉简释文合校》作"宏"。文物出版社1987年版，第570页。

② 简文为"建平五年八月戊□□□□广明乡啬夫客假玄敢言之善居里男子丘张自言与家买客田居延都亭部欲取检谨案张等更赋皆给当得取检谒移居延如律令敢言之"，即下文简（48）。"啬夫客"，谢桂华、李均明、朱国炤《居延汉简释文合校》作"啬夫宏"。文物出版社1987年版，第607页。

③ 简文为"▢置佐博受就人井客▢"。

④ 马王堆汉墓帛书《刑德》乙本说到"军单（战）"时或"客胜"，或"客不胜"，或"主人胜"，或"主人不胜"的情形。这里所谓"客"，指进取之军，入侵之军，外来之军。

⑤ 今按："徐脱客"，不排除"徐胜客"误释的可能。

　　　　　庚辰亡过客居长安当利里者雒阳上商里范义壬午实买所乘车马更
　　　　　乘驿牡马白蜀车□布并涂载布（157.24A）

（8）死罪死罪今年八月中候缪欣客男子贾襄持酒（E. P. T20：6）

（9）☑□讼田宅女子恐客也及功收财物事道逢（E. P. T40：47）

（10）☑客□□掾□临□□□（E. P. T43：322）

（11）☑客代燧长万富｜）（E. P. F16：30）

简（6）很可能与前引"使送康居诸国客"，"□送精绝王诸国客"，"使送
于阗王诸国客"，"使送车师王乌孙诸国客"有关。或即"☑诸国客☑"。然
而出土地点则在居延。

　　又如敦煌汉简：

（12）□□□□□客已到二日出还□□来□□□□☑（438）

（13）循客令居赵放字子阿年卅所为人中壮黄色毋须（538）

（14）兴客不审郡县姓名习字子严年卅所为人短壮黄色毋须短面
　　　（683）

（15）▣□□客（1419）

简（5）可以对照《易·系辞下》"重门击柝，以待暴客，盖取诸豫"，马王
堆帛书《周易系辞》"重门击柝，以挨（俟）掭客，盖取余（余）也"读，
此中"暴客"，有特殊的涵义。

### 3. "东方" "远客"

　　西北边地出土汉简中反映"客"的活动的简文，有些可以明确体现其
身份是经历长途行程的中原人。如敦煌汉简：

（16）旅　闻盗事　　有凶事　　有客从远所来　　有所得
　　　（1787）

（17）☑东方来客胡通到☑（2215）

（18）☑☑习弛刑真身皆　远客未晓习俗不便（2348A）

（19）之数恙奏　奏　坐前起居无恙　之之故记　头叩头　　之故
得（A）

马大司在□吏韶史□使　　□□　少明坐前人不相见劳苦客起
居（B）（232）

（20）田子渊坐前顷久不相见闲致独劳久客关外起居无它甚善（A）
致忧之今接人来积三日粮食又欲乏愿子渊留意亟□
□□□□（B）（236）

简（16）似是《日书》文字。简（19）（20）似是书信。

通过简（16）"客从远所来"，（17）"东方来客"，（18）"远客"等简
文，可知当时多有行经远程，以"客"的身份生活在西北边地的"东方"
人。其生活情状可以"劳苦"、"独劳"形容。有些"久客关外"者，其所
谓"关"，可能是在地理观念上限定"关中"的"关"，也可能有远在玉门
关外生活的经历。

如简（14）所说到的"客"，似乎已经不能判明原籍的"郡县"，甚至
原来自身的"姓"也不知道了。这位"名习字子严年卅"的"客"，有可能
少幼时就离开家乡，"从远所来"，甚至自父辈起就流落到外乡。

### 4. 关于"客吏民"与"客民卒"

居延汉简可见"客吏民"连称的文句。例如：

（21）☑得毋有侵假藉贷钱财物以惠贸易器

☑簿不贳卖衣物刀剑衣物客吏民所　证所言它如

爰书敢言之（E. P. T57：97）

简文说到"得毋有侵假藉贷钱财物以惠贸易器簿不贳卖衣物刀剑衣物客吏民
所"，大约当时禁止军人"侵假藉贷钱财物以惠贸易器"的行为，似有严格
检查记录上报的制度，而"不贳卖衣物刀剑衣物客吏民所"大概尤其予以

突出强调。关于禁止"戍卒贳卖衣财物"，拙文曾有讨论①，此又是言及"不贳卖衣物"的一例。前引简（4），可以看作"客"介入了"戍卒贳卖衣财物"的经济关系。

内容相应的简文，又有：

> （22）☑☑丑朔甲寅居延库守丞庆敢言之缮治车卒宙朝自言贳卖衣
> 财物客民卒所各如牒律
> ☑☑辞官移书人在所在所以次唯府令甲渠收责得钱与朝敢言
> 之（E. P. T58：45A）

又如下引简例也值得注意：

> （23）☑濮阳槐里景黠　贳卖剑一直七百觚得县☑☑☑
> 客居第五辟☑　　　　（271. 1）

这大概是"贳卖""刀剑"予"客"的一则实例。

"客吏民"与"客民卒"称谓，当可反映在当时西北边塞社会中，"客"具有与"吏"、"民"、"卒"有所不同的特殊身份。

也有可能"客民卒"一语应当"客民"连读，即说"客民"和"卒"。在这样的组合称谓中"客民"成为和"卒"对应的身份。但是从简（22）的内容看，这种可能性并不大。

### 5. "客民""客子"身份

居延汉简中确实可见"客民"称谓。此外，又有称"客子"者。

"客民"简例有：

> （24）候客民王凤

---

① 王子今：《汉代丝路贸易的一种特殊形式：论"戍卒行道贳卖衣财物"》，《简帛研究汇刊》第1辑《第一届简帛学术讨论会论文集》，中国文化大学历史系、简帛学文教基金会筹备处，2003年5月。

乘要虏隧长薛立乘今守士吏（308.38）

（25）□郭卒田恽　受阁帛一匹　出帛一匹从客民李子春买□　☒（E. P. T65：130）

（26）　　官

渠斗食令史备寇虏盗贼为职至今月八日客民不审（E. P. T68：17）

（27）常及客民赵阆范翁一等五人俱亡皆共盗官兵（E. P. T68：60）

（28）王阆阆子男同攻虏亭长赵常及客民赵阆范翁等（E. P. T68：71）

（29）建武三年十二月癸丑朔辛未都乡啬夫宫敢言之廷移甲渠候书曰去年十二月中取客民寇恩为

就载鱼五千头到觻得就贾用牛一头谷廿七石恩愿沽出时行钱□万以得卅二万又借牛一头（E. P. F22：29）

简（29）属于《候粟君所责寇恩事》简册，已经多有学者讨论。① 关于"客民"身份，有学者指出："'客民'，是指外迁来居延的人户。"论者特别说明，"从《爰书册》可知寇恩为颍川昆阳迁至居延的。"② 其实，"客民"是否已经成为居延的编户齐民，还存在疑问。③ 说到"客民赵阆范翁"事迹的简（27）（28），也应当属于同一简册。其中涉及的案例，可以专门分析。

居延汉简又有"客子"简例：

（30）居延骑士广都里李宗坐杀客子杨充元凤四年正月丁酉亡☒（88.5）

（31）客子渔阳郡路县安平里张安上　马二匹
　　　　　　　　　　　　　　　　　　辎车二乘（甲附40）

---

① 如徐苹芳《居延考古发掘的新收获》，萧亢达《"粟君所责寇恩事"简册略考》，俞伟超《略释汉代狱辞文例——一份治狱材料初探》，《文物》1978 年第 1 期；[日] 大庭修《居延新出土的候粟君所责寇恩事简册——爰书考补》，赵晓柯、曹海霞译，《西北史地》1986 年第 1 期，姜镇庆译，《简牍研究译丛》第 2 辑，中国社会科学出版社 1987 年版；杨剑虹《从居延汉简〈建武三年候粟君所责寇恩事〉看东汉的雇佣劳动》，《西北史地》1986 年第 2 期；张俊民《〈建武三年候粟君所责寇恩事〉册经济考略》，《秦汉简牍论文集》，甘肃人民出版社 1989 年版。

② 萧亢达：《"粟君所责寇恩事"简册略考》，《文物》1978 年第 1 期。

③ 薛英群曾经指出："各地'客民'是否在当地着籍，目前还不大清楚。"《居延汉简通论》，甘肃教育出版社 1991 年版，第 356 页。

（32）入盐八斗七升 给饼庭部卒卅人
闰月食　　　阳朔五年正月辛亥第卅三卒夏

奇第卅四卒范客子受守阁卒音（28.13）

（33）☐☐薛客子 六石弩完耳折
矢五十其四十六完四毋茎（E. P. T58：75）

敦煌悬泉置简又有：

（34）永光四年闰月丙子朔戊戌客子金城郡允吾寿贵里薛光为效谷
宜玉里（A）

赵☐☐☐☐钱☐张良加☐☐☐（B）（V1510（2）：147）

简（32）"范客子"，（33）"薛客子"，"客子"应是人名。而简（30）（31）（34），"客子"都是社会身份。简（31）"客子渔阳郡路县安平里张安上"和简（34）"客子金城郡允吾寿贵里薛光"，还提供了有关"客子"出身郡县里的宝贵信息。对照简（34）所见"金城""客子"，人们或许会联想到《后汉书》卷二四《马援传》中的这条史料："于是诏武威太守，令悉还金城客民。归者三千余口，使各反旧邑。"简（30）"居延骑士广都里李宗坐杀客子杨充元凤四年正月丁酉亡"的内容，说明"客子"的生命安全也是受到法律保护的。

又如敦煌汉简：

（35）玉门千人行君客毕君伯从者范大孙　　　二月辛亥入东入
（798）

似乎"客"又有自己的"从者"。

"客"在社会结构中究竟是怎样的地位？有以为属于"奴隶"或者接近"奴隶"的认识。傅筑夫、王毓瑚编《中国经济史资料·秦汉三国编》中"奴隶劳动"一节中分述"奴隶之种类"，第一种是"官奴"，第二种是"私奴"，第三种是"奴客"。"奴客"一类所列资料，有史籍所见关于

"客"而非"奴客"者。例如《汉书》卷六七《胡建传》:"值昭帝幼,皇后父上官将军安与帝姊盖主私夫丁外人相善。外人骄恣,怨故京兆尹樊福,使客射杀之。客臧公主庐,吏不敢捕。"又卷七六《赵广汉传》:"初,广汉客私酤酒长安市,丞相吏逐去客。客疑男子苏贤言之,以语广汉。广汉使长安丞按贤,……"① 然而已有学者指出,"客"并非奴隶,而是"雇佣劳动者"。"客","当时作为农业生产劳动力的重要补充形式","在当时各类生产劳动部门中,以及其他劳务中,是一支不可忽视的力量"②。

其实,也可能在当时的社会经济生活情势下,不必强以阶级分析的眼光看"客"。"客"也许仅仅是一种体现户籍管理状况的身份标志。

### 6."使客"现象

居延汉简中可以看到当时居延地方的经济关系中有所谓"使客"现象。例如:

(36)☑正月乙酉之官使客 (257.9)③

(37)☑功曹私仆使民及客子田茭不给公士上事者案致如法
(E. P. T58:38)

(38)建武六年七月戊戌朔乙卯甲渠鄣守候 敢言之府移大将军莫
府书曰奸黠吏
民作使宾客私铸作钱薄小不如法度及盗发冢公卖衣物于都市
虽知莫谴苛百姓患苦之 (E. P. F22:38A)

简(36)说"使客",简(37)说"使""客子",简(38)说"作使宾客",都言及以"客"作为劳动力使用。"宾客"在这里仍是说"客",也

---

① 傅筑夫、王毓瑚编:《中国经济史资料·秦汉三国编》,中国社会科学出版社1982年版,第259页。

② 薛英群:《"客"非奴辨——对汉代农业辅助劳动者性质的分析》,《农业考古》1986年第2期;《居延汉简通论》,甘肃教育出版社1991年版,第353—358页。

③ "使客",谢桂华、李均明、朱国炤《居延汉简释文合校》作"受阁"。文物出版社1987年版,第425页。

是劳动者身份。史籍中的类似数据，有《后汉书》卷二四《马援传》："援以三辅地旷土沃，而所将宾客猥多，乃上书求屯田上林苑中，帝许之。"

简（38）"奸黠吏民作使宾客私铸作钱薄小不如法度"，体现了"宾客"即"客"进行非法活动的情形。"客"在这里虽然是劳作者，然而胆敢犯禁的侠风似乎依然有片断的保留。

居延汉简中与简（38）"奸黠吏民作使宾客私铸作钱"句式类似的简文，又有："吏民诸作使秦胡卢水士民畜牧田作"：

匿之明告吏民诸作使秦胡卢水士民畜牧田作不遣有无四时言●谨案部吏毋作使
属国秦胡卢水士民者敢言之（E. P. F22：43）

"作使"，体现出一种奴役关系。"作使"而"不遣"，或许是一种时段较长甚至实际上无期的奴役。

如果简（36）简文释文不误，则表现出政府奴役"客"的形式。《三国志》卷一六《魏书·任峻传》裴松之注引《魏武故事》载《令》曰："时故军祭酒侯声云：'科取官牛，为官田计。如（枣）祗议，于官便，于客不便。'"这里"客"和"官"也形成对应的关系。

前引简（15）"☒☐☐客"（1419）为发现于敦煌酥油土的汉简。编号为1420的简，释文为："☒皆可用也☒"。如果这两枚简可以连读，那么也体现了"客"在生产活动和经济行为中的作用。

"使客"现象，在汉代史籍中也有反映。例如《汉书》卷七七《孙宝传》："时帝舅红阳侯立使客因南郡太守李尚占垦草田数百顷，颇有民所假少府陂泽，略皆开发，上书愿以入县官。"有学者以为这反映了"役使客从事农业生产"的现象，据此推论"从西汉后期始，客已经进入到了农业生产中"。① 又如《后汉书》卷六四《延笃传》："时皇子有疾，下郡县出珍药，而大将军梁冀遣客赍书诣京兆，并货牛黄。笃发书收客，曰：'大将军椒房外家，而皇子有疾，必应陈进医方，岂当使客千里求利乎？'遂杀之。"

---

① 沈刚：《秦汉时期的客阶层研究》，吉林文史出版社2003年版，第113页。

卷七五《吕布传》："其将侯成使客牧其名马。""使客"从事的经济行为，除农耕外，又有商贸、畜牧等。以往有学者提出"西汉的客是不生产的"，"西汉的客受主人养活"的论点①，看来是不够准确的。"客"的活动，涉及多种经济形式，情形十分复杂，要强行判定其"阶级属性"②，现在看来是困难的，或许也是不必要的。汉代称作"客"的社会群体，是否可以用"客阶层"予以概括③，也还可以讨论。

对于"客"的奴役，有的学者在讨论汉代豪族问题时往往看作相关重要社会现象。④然而从汉简提供的数据看，当时西北边地"客"的活动，似乎并未明显表现出与豪族有特别的关系。裘锡圭《汉简零拾》有"役使流亡"一条，引居延简：

> 诏所名捕平陵长藋里男子杜光字长孙故南阳杜衍☒
> 多□黑色肥大头少发年可卅七八□□□□五寸□□□杨伯
> 初亡时驾骓牝马乘阑举车黄车茵张白车蓬骑骓牝马
> 　因坐役使流亡□户百廿三擅置田监
> 　史不法不道丞相御史□执金吾家属
> 　所二千石奉捕　（183.13）

裘锡圭说："这几乎可以说是已发现的汉简中与汉代社会性质有关的最重要的一条史料。"他认为，其中"至少有三点值得注意"："一，简文所说的'擅置田监'，是一般史料里没有明确提到的情况。""二，简文明确告诉我们被追捕的大土地所有者的役使对象是流亡户。""三，简文还提供了关于

---

①　陶希圣：《西汉时代的客》，《食货》5卷1期（1937年）。
②　参看高敏《两汉时期"客"和"宾客"的阶级属性》，《秦汉史论集》，中州古籍出版社1982年版。
③　沈刚：《秦汉时期的客阶层研究》，第32页。
④　参看王彦辉《汉代豪民研究》，东北师范大学出版社2001年版，第146—147页；马彪：《秦汉豪族社会研究》，中国书店2002年版，第173页；崔向东：《汉代豪族研究》，崇文书局2003年版，第221—223页。

汉代政府与大土地所有者进行斗争的重要数据。"① 不过，这条简文中没有出现我们所关心的"客"，而且看起来所反映的，并非西北边地的经济关系。

前引简（13）"循客"及简（14）"兴客"，"客"前的"循"字和"兴"字都有可能是人名。② 如此则简（13）的"赵放"和简（14）的"名习字子严"者分别与"循"和"兴"存在人身隶属关系，一如简（8）"候缪欣客男子贾襄"简文中"贾襄"和"缪欣"的关系。但是"候缪欣"等，并不是豪族。"客"与豪族经济似乎无关，这是当时的普遍现象，还是表现出西北边地的特殊性，也许还需要进一步的考察。田余庆在分析西汉边塞屯田生产中的依附关系时指出，在"边境军事形势影响"等因素的作用下，"要形成稳定的依附关系是颇为困难的"③。这一论断，可以给我们有意义的启示。

### 7. 有关"客"的律令及其执行状况

睡虎地秦简"秦律十八种"中的《仓律》，有这样的律文："稻后禾孰（熟），计稻后年。已获上数，别粲、穤（糯）秔（黏）稻。别粲、穤（糯）之襄（酿），岁异积之，勿增积，以给客，到十月牒书数，上内【史】。仓"整理小组译文："稻如在谷子之后成熟，应把稻计算在下一年账上。收获后上报产量时，应将籼稻和糯稻区别开来。要把用以酿酒的籼稻和糯稻区别开来，每年单独贮积，不要增积，用来供给宾客，到十月用牒写明数量，上报内史。"④ 律文明说"以给客"，但是"客"的指义未能确定。这里所说的"客"，很可能是指政府机构接待的对象。然而就律令内容说，从字面看，"客"的身份的合法性是明确的。

居延汉简所见律令，则体现出对"客"严格检查监控的制度。如：

---

① 裘锡圭：《汉简零拾》，《文史》第12辑，中华书局1981年版，第12—13页。裘锡圭写道："从字体上看，这条简文的时代不会早于宣帝，应属西汉后期。"

② 简（4）"□客□偃"中"客"前缺字也可能是人名。

③ 田余庆：《秦汉魏晋南北朝人身依附关系的发展》，《秦汉魏晋史探微》（重订本），中华书局2004年版，第75页。

④ 睡虎地秦墓竹简整理小组：《睡虎地秦墓竹简》，文物出版社1978年版，第41—42页。

(39) 第有毋客等四时如律令 (16.3)①

有学者就此进行分析："'客氏'② 所居之县、官需及时上报，即所谓'有毋客等，四时如律令'，也就是要求'有毋四时考'，随时报告。这里我们可以看出，即使是流动性很强的'客民'，也还是有人管理，来迹去踪记录在案，也不是可以随意流动的黑人黑户，反映了封建专制主义的强化。"③ 简(2) 的内容可见"☑律令敢言之"语，或许与"第有毋客等四时如律令"的要求有关。

以下简例，有可能和"有无客等"的四时报告有关：

(40) ☑不在元毋客主人 (30.3A)

(41) 王游君　与相助见客拜之急赐掾叩头幸甚 (129.18，477.3)

(42) 受叩头言

子丽足下☐白过客五人☐不☐叩☑头☑谨因言子丽☐许为卖材至今未得蒙

恩受幸叩头材贾三百唯子丽☐☐决卖之今霍回又还去唯子丽④

☐☐☐ (142.28A)

(43) 叩头死罪死罪博客吏免归☐☐☐☑ (287.5)

(44) ☐☐毋作舍有责客令宜☐甲渠之事☐宜☐官事☐☐ (E. P. T53：47)

又有如下简例：

---

① "客"，谢桂华、李均明、朱国炤《居延汉简释文合校》作"宏"。文物出版社 1987 年版，第 25 页。

② 今按：此处"客氏"，似是"客民"误排。

③ 薛英群：《居延汉简通论》，甘肃教育出版社 1991 年版，第 356 页。

④ "还"，谢桂华、李均明、朱国炤《居延汉简释文合校》作"迁"。文物出版社 1987 年版，第 235 页。

（45）廪诸当之延城甚赴难一也至乃逾法度护辟客久（505.25）

简文有可能说的是"逾法度护辟（庇）客"。

敦煌汉简中如下简例或许也反映了"客"的行为受到行政部门的特别关注：

（46）将军令逢檄还令宜为檄告贾史便内客玉门宜即日（1896）

（47）□通都水长常乐知火再举逢未下吏收葆不得行而使卒传送客许翁卿（1363）

简（47）说到"使卒传送客"，或许体现了对"客"采取某种强制性手段的情形。

### 8. "客民赵闳范翕"案例

前引简（27）"常及客民赵闳范翕一等五人俱亡皆共盗官兵"和简（28）"王闳闳子男同攻庱亭长赵常及客民赵闳范翕等"说到了一件特殊案例，有的学者认为体现了"'客民'反抗精神"，"体现了封建社会中'载舟'与'覆舟'的辩证关系"①。其实，所谓"五人俱亡"，指明了这是一起严重的"亡人越塞"案。其特殊，不仅在于有现役军官出逃，还在于"亡人"们有盗窃行为，并且带走了严禁出境的兵器。

记录"客民赵闳范翕"案例的还有其他简文。看来，这是有可能复原的简册。其中与"客民赵闳范翕"行为相关的内容，不妨迻录如下：

建武六年三月庚子朔甲辰不侵守候长业敢（E. P. T68：54）
言之谨移劾状一编敢言之（E. P. T68：55）
三月己酉甲渠守候　移移居延写移如律令/掾谭令史嘉（E. P. T68：56）
建武六年三月庚子朔甲辰不侵守候长业劾移（E. P. T68：57）
居延狱以律令从事（E. P. T68：58）

---

① 薛英群：《居延汉简通论》，甘肃教育出版社1991年版，第356页。

乃今月三日壬寅居延常安亭长王闳子男同攻虏亭长赵 （E. P. T68：59）

常及客民赵闳范翕一等五人俱亡皆共盗官兵 （E. P. T68：60）

臧千钱以上带 （E. P. T68：61）

刀剑及铍各一又各持小尺白刀箴各一兰越甲渠当 （E. P. T68：62）

曲燧塞从河水中天田出○案常等持禁物 （E. P. T68：63）

兰越塞于边关儌逐捕未得它案验未竟 （E. P. T68：64）

兰越塞天田出入 ☑ （E. P. T68：65）

☑典主不发觉●案☑ （简上遗红色编绳迹） （E. P. T68：66）

●状辞曰公乘居延中宿里年五十一岁陈氏 （E. P. T68：68）

今年正月中府补业守候长暑不侵部主领史 （E. P. T68：69）

迹候备寇虏盗贼为职乃今月三日壬寅居延常安亭长 （E. P. T68：70）

王闳闳子男同攻虏亭长赵常及客民赵闳范翕等 （E. P. T68：71）

五人俱亡皆共盗官兵臧千钱以上带大刀剑及铍各一 （E. P. T68：72）

又各持锥小尺白刀箴各一兰越甲渠当曲燧塞从河 （E. P. T68：73）

水中天田出案常等持禁物兰越塞 （E. P. T68：74）

于边关儌逐捕未得它案验未竟以此 （E. P. T68：75）

知而劾无长吏使劾者状具此 （E. P. T68：76）

此盗钱带兵器逃亡，即所谓"持禁物兰越塞"的五人中，有常安亭长王闳父子、攻虏亭长赵常以及"客民赵闳范翕"。他们"兰越甲渠当曲燧塞，从河水中天田出"，"于边关儌逐捕未得"，可以说是叛逃成功。很有可能，"客民赵闳范翕"利用其平民身份，起到了在"常安亭"和"攻虏亭"之间串连的作用，也不能排除这两位"客民"是整个事件的主谋的可能。

所谓"它案验未竟"，大概是说罪犯是否有其他犯罪记录，或即"案底"，尚在调查之中。所涉及数人中，如果确实有身负"它案"者，应当也是"赵闳范翕"这两位"客民"有较大的可能性。

在西北边塞地区，"客"具有相对的人身自由，特别是如果能够保持和边防军事组织军官的良好关系，活动更为方便。这一情形通过寇恩的经历，也许可以得到说明。而"客民赵闳范翕"很可能就是利用了这样的条件，竟然在边塞成功地策动了两位亭长越境叛逃。

　　"客"的社会身份和社会作用，在汉代有复杂的表现。这篇文字仅就居延及敦煌简牍资料中的相关信息进行了初步的分析。未能得到圆满解答的若干疑问，有可能提示其他研究思路。例如：

> （48）建平五年八月戊□□□□广明乡啬夫客假玄敢言之善居里男
> 　　　子丘张自言与家买客田居
> 　　　延都亭部欲取检谨案张等更赋皆给当得取检谒移居延如律令
> 　　　敢言之（505.37A）

其中"客田"应当如何理解，"客田"与"客"有何种关系？就是值得探讨的问题。承邢义田教授提示，此"客田"或许与河南偃师缑氏镇郑瑶村发现的《侍廷里僤约束石券》①中所见"客田"②有某种关系。"客田"的认识，当有益于深化对汉代社会生活和经济关系的理解。③据说居延简和敦煌简待发表的资料中，尚有若干反映"客田"的简文。④这些资料的面世对于推进相关研究的意义，是不言而喻的。

## 汉代西北边境关于"亡人"的行政文书

　　汉代执政者对于"亡人"的活动予以特别关注。"亡人"的活跃，确实曾经对于社会文化面貌形成过突出的影响。⑤汉代西北边境地区出土的简牍

---

　　① 黄士斌：《河南偃师县发现汉代买田约束石刻》，《文物》1982 年第 12 期，宁可：《关于〈汉侍廷里父老僤买田约束石券〉》，《文物》1982 年第 12 期，《宁可史学论集》，中国社会科学出版社 1999 年版，第 470—483 页，邢义田：《汉代的父老、僤与聚居里——"汉侍廷里父老僤买田约束石券"读记》，《汉学研究》1 卷 2 期（1983 年 12 月），《秦汉史论稿》，东大图书公司 1987 年版，第 215—246 页。

　　② 俞伟超释作"容田"，以为"古代'容'与'颂'通"，"'容田'的本义是礼仪之田"。《中国古代公社组织的考察——论先秦两汉的单—僤—弹》，文物出版社 1988 年版，第 114—130 页。

　　③ 王子今：《汉代"客田"及相关问题》，《出土文献研究》第 7 辑，上海古籍出版社 2005 年版。

　　④ 承张俊民赐示。

　　⑤ 参看王子今《汉代"亡人""流民"动向与江南地区的经济文化进步》，《湖南大学学报》2007 年第 5 期；《略论秦汉时期朝鲜"亡人"问题》，《社会科学战线》2008 年第 1 期；《汉代北边"亡人"：民族立场与文化表现》，《南都学坛》2008 年第 3 期。

资料所见有关"亡人"的行政文书，对于认识当时相关社会现象及行政对策有重要意义。讨论汉王朝西北方向的边疆与民族问题，也可以通过这些资料发现有益的线索。这些文字遗存的内容和形式，就说明官文书制度若干特征的价值而言，也是值得珍视的。

### 1. 汉代西北边境简牍资料中有关"亡人"的信息

居延汉简所见体现社会身份和社会职任的诸多称谓，有助于深化对于汉代边境社会以及地方行政体制的认识。例如简文所见"亡人"称谓即值得我们注意：

> （1）☑　亡人☑（E. P. T59：869）
> （2）☑亡人命者缓☑"（E. P. T59：613）

"亡人越塞"是常见的情形。例如：

> （3）日迹行廿三里久视天田中目玄有亡人越塞出入☑
> 它部界中候长候史直日迹卒坐匿不言迹☑（E. P. T51：411）

边塞军人有严密警戒的责任。又如：

> （4）☑亡人迹人止塞长北部候长孙☑（104.43）

对于"亡人"的"逐捕搜索"，似乎也是北边边塞日常重要防务内容之一：

> （5）匿界中书到遣都吏与县令以下逐捕搜索部界中听亡人所隐匿
> 处以必得为故诏所名捕
> 重事事当奏闻毋留如诏书律令（179.9）

这种搜捕，看来是地方政府和边防部队的联合行动。执行情形"当奏闻"，要求及时向最高执政当局报告。"如诏书律令"字样，表明这种行动的正义性有皇权和国法以为保障。类似的简例还有：

> （6）□寀捕验亡人所依倚匿处必得得诣如书毋有令吏民相牵证任
> 发书以书言谨杂与候
> 史廉骓北亭长欧等八人戍卒孟阳等十人搜索部界中□亡人所
> 依匿处爰书相牵（255.27）

如果管辖区界中有"亡人"，必须搜查"亡人"藏身地点，"捕验亡人所依倚匿处"，要求"必得"，即完全捕获。"得"，则"诣如书"，捕获应及时上报。如果辖区内"毋有"，则"令吏民相牵证任发书"，即官员民人联名证实，同时承担责任。

通告敌情的烽火制度，也要求对于"亡人越塞"事件发布信号。如居延汉简可见这样的内容：

> （7）出亡人赤表火一函（212.9）
> （8）出亡人赤表函一北
> 元康三年☒临渠隧长☒
> 昏时四分时乘胡隧长□付□山隧长普函行三时中程（502.3）

（8）除了"出亡人赤表"外，甚至还看到三名"隧长"就"亡人"的行为相继传递信息。有一例简文可见"罚金"事，或许是与责任追究有关：

> （9）☒□□□□当罚金二千五
> ☒起居得毋有它数辱赐起（231.115A）
> ☒□□□亡人罚金五千（231.115B）

从该简 B 面文字内容看，事情显然涉及"亡人"。

又如：

> （10）六月己巳府告□□居延有亡人广地第八隧举赤表□留迟□举

表□ (E. J. T22：11C)

正月癸巳日下餔八分时万福隧卒同受平乐隧卒同即日入一分半时东望隧卒☒

(11) 入亡人赤表一桓通南

定军隧长音界中卅五里表行三分半分中程 (E. J. T24：46)

除了 (2) 出现"亡人命者"字样外，甘肃敦煌悬泉置出土汉简也可见"亡人命者"称谓。甘肃省文物考古研究所《敦煌悬泉汉简释文选》所录释文如下：

(12) 五月壬辰敦煌太守强长史章丞敞下使都护西域骑都尉将田车师戊己校尉部都尉小府官县承书从事下

当用者书到白大扁书乡亭市里高显处令亡人命者尽知之上赦者人数太守府别之如诏书 (90DXT0115 (2)：16)①

胡平生、张德芳《敦煌悬泉汉简释粹》中的释文是这样的：

五月壬辰，敦煌太守强、长史章、丞敞下使都护西域骑都尉、将田车师戊己校尉、部都尉、小府官县，承书从事下当用者。书到白大扁书乡亭市里高显处，令亡人命者尽知之，上赦者人数太守府别之，如诏书。(Ⅱ0115 (2)：16)②

又如：

元始五年五月乙酉日﹦中五分□☒

---

① 甘肃省文物考古研究所：《敦煌悬泉汉简释文选》，《文物》2000 年第 5 期。
② 胡平生、张德芳：《敦煌悬泉汉简释粹》，上海古籍出版社 2001 年版，第 115—116 页。

（13）亡人表三桓通南半分当道隧卒廉付安乐隧卒□☑
　　　　程（E. J. T23. 991）

据甘肃省文物考古研究所张俊民教授惠示，悬泉置简还有若干涉及"亡人"的简例。如：

（14）史安世丞博德下郡县官伊循城承书从事下当用者□□
　　　令亡人命者尽知之期尽上赦者数大守府罪别之□□□（Ⅰ
　　　90DXT0110④：4）
（15）☑亡人吏以文除勿令自出发前有罪令未到而□☑（ⅡT0114
　　　③：426）
（16）☑□□命者亡人吏以文徐勿令自出赦前有罪令未到（☑Ⅱ
　　　90DXT0115②：160）
（17）四月丙寅丞相玄成下小府车骑将゠军゠中二゠千゠石゠部刺史郡
　　　大守诸侯相承书从事下当用者书到
　　　明白布告令亡人命者尽知之上赦者人数丞相御史罪别之以符
　　　各一致合置署第数入署所符（Ⅱ90DXT0115③：207）
（18）戍卒颍川郡父城□土☑（Ⅱ90DXT0115③：435）
　　　□□□□□言吏゠捕得购钱人十万□☑
（19）□□□□□□□常山林溪谷亡人□☑（Ⅱ90DXT0115③：
　　　436）

从内容看，这些可见"亡人"字样的文字遗存当时属于不同的文书。

### 2. 有关"亡人"的行政文书

上引直接出现"亡人"称谓的简例，大致可以划分为如下几种：

（1）查禁"亡人越塞"行为勤务记录文书

如（3）（4）。

（3）"久视天田中目玄"，体现长久监视边境以致目眩的情形。（4）"亡人迹"，即"亡人越塞"时在天田留下的足迹。有学者说："天田是在烽燧周围一定区域内专门铺设的沙地。平整的天田上，若有人马经过，就会留下清晰的足迹，迹卒可据其判断有无敌人或偷渡者出入。"其实，论者所据《汉书·晁错传》颜师古注引苏林对于"天田"的解说所谓"以沙布其表，旦视其迹"，又理解为"专门铺设"，应是内地人的想象。依当地环境，不必"专门铺设"，只需要经常修整而已。论者如下解释是合理的："烽燧戍卒平时的一项工作就是'画天田'，即耙理天田，使之平整。"关于"画天田"的简例有 203.29A，E. P. T5：59，E. P. T51：64。此类文书往往题"迹簿"或"日迹簿"，程序化文字为"从某界至某界毋兰越塞天田出入迹"，或"毋越塞渡天田出入迹"。研究者列入"日常工作"一类，是合理的。① 这种"迹簿"或"日迹簿"，有学者称之为"例行巡逻的统计簿"。②

（2）"出亡人"表火信号考课文书

如（7）（8）（10）（13）。

李均明、刘军总结简牍文书形式有"表火课"一类，以为此类简"皆为有关烽火信号的传递及考核记录，属'表火课'之类，《释粹》74E. J. T10. 127：'右后部初元四年四月己卯尽戊申坞上表出入界课'，又《合校》269.8：'表火课'当为此类文书标题"。所举简例又有"入亡表一桓通南"（《释粹》74E. J. T24. 46）。③ 居延汉简"出亡赤三桓通南·左☒"（E. J. T23：27），也可以引为同例。有学者指出，这种信号是"用途明确而性质特殊的表"，即"亡人赤表"，"为红色，是紧急信号"，"又称赤表、亡赤"。"此为告示各塞警戒逐索逃亡者的红色表号，亡人多指在逃罪犯与亡越塞徼的吏卒百姓。"如（10），"言居延有人南逃，其前方较远的广地塞需举亡赤表，这等于实行全线戒严。"④

（3）追究"亡人越塞"事故责任认定文书

如（9）。

---

① 李天虹：《居延汉简簿籍分类研究》，科学出版社 2003 年版，第 122—130 页。
② 李均明、刘军：《简牍文书学》，广西教育出版社 1999 年版，第 328—330 页。
③ 同上书，第 414 页。
④ 初师宾：《居延烽火考述——兼论古代烽号的演变》，《汉简研究文集》，甘肃人民出版社 1984 年版，第 340、368—369 页。

又如：□□□□　□部卒亡不得罚金四两（27.24），"部卒亡不得"不过"罚金四两"，与（9）罚金数额相差甚为悬殊。而（9）简文缺失严重，限制了我们对其中信息的完整理解。

（4）"逐捕搜索""亡人"指令文书

如（5）（6）（18）。

（18）"捕得购钱人十万"，应当不是一般的"亡人"，而下文言及"山林溪谷亡人"，应当与我们这里讨论的主题有关。（5）"逐捕搜索部界中听亡人所隐匿处以必得为故"，（6）"捕验亡人所依倚匿处必得"，"搜索部界中□亡人所依匿处"，其行动显然郑重严厉。（6）又说到"毋有令吏民相牵证"，"爰书相牵"，似乎逮捕和审讯一体进行。

（5）"赦""亡人命者"诏令传达文书

如（12）（14）（15）（16）（17）。

其中（15）称"☑亡人"，（16）称"□命者亡人"，（12）（14）（17）均作"亡人命者"。（12）"书到白大扁书乡亭市里高显处令亡人命者尽知之"，（17）"书到明白布告令亡人命者尽知之"，都指示赦令必须传达至每个相关人员。（12）"上赦者人数太守府别之"，（13）"上赦者数大守府罪别之"，（17）"上赦者人数丞相御史罪别之"，都体现高层执政者对相关政策执行落实程度的关切。（15）"☑亡人吏以文除勿令自出发前有罪令未到"与（16）"□命者亡人吏以文徐勿令自出赦前有罪令未到"对照读，推想（16）"吏以文徐"应同（15）作"吏以文除"；（15）"发前有罪令未到"，应同（16）作"赦前有罪令未到"。

张俊民提示的悬泉置遗址出土涉及"亡人"行为的简例，还有：

（20）元康四年五月丁亥朔丁未长安令安国守狱丞左属禹敢言之谨
　　　移铸钱亡者田敖等三人年长物色去时所衣服谒移
　　　左冯翊右扶风大常弘农河南河内河东颍川南阳天水陇西安定
　　　北地金城西河张掖酒泉敦煌武都汉中广汉蜀郡（Ⅱ
　　　90DXT0111④：3）

（21）初元年闰月癸巳朔辛酉张掖显美护田校尉安竟谓过所遣守卒
　　　史董贤索捕亡□张掖酒泉敦煌

郡中当舍传舍从者如律令正月辛巳东（Ⅱ90DXT0213③：113）

（22）当徙边未行₌未到若亡勿徙赦前有罪后发觉勿治奏当₌上勿上其当出入关

□□□在所县为传疑者讞廷尉它如律令丞相御史分行诏书为驾各（ⅡT0214②：565）

（20）所谓"铸钱亡者"，与一般"亡人"不同，是通缉的罪犯。相关文书"年长物色去时所衣服"备具，值得注意。（21）所谓"索捕亡□"者，或许与前述"逐捕搜索""亡人"的文书（5）（6）（18）相类。"索捕亡□"，"逐捕搜索""亡人"，也曾经称作"追亡人"、"捕亡"。

### 3. 官文书资料反映的汉帝国的"亡人"政策

"亡人"称谓见于《礼记·大学》，《史记》卷三七《卫康叔世家》、卷四〇《楚世家》、卷六七《仲尼弟子列传》、卷七五《孟尝君列传》、卷一〇六《吴王濞列传》、卷一一〇《匈奴列传》、卷一一五《朝鲜列传》。又《史记》卷六《秦始皇本纪》："三十三年，发诸尝逋亡人、赘婿、贾人略取陆梁地，为桂林、象郡、南海，以适遣戍。"《史记·龟策列传》褚少孙补述："卜追亡人当得不得。得，首仰足肣，内外相应；不得，首仰足开，若横吉安。"又有"追亡人，得"，"追亡人，不得"句。睡虎地秦墓竹简《法律答问》："'捕亡，亡人操钱，捕得取钱。'所捕耐罪以上得取。"（130）[1]周家台30号秦墓竹简多见"逐盗、追亡人"并说之例。[2]

张家山汉简数见"亡人"称谓。据整理小组释文，《捕律》："☑亡人、略妻、略卖人、强奸、伪写印者弃市罪一人，购金十两。刑城旦春罪，购金四两。完城（137）☑二两。（138）"又如："数人共捕罪人而独自书者，勿购赏。吏主若备盗贼、亡人而捕罪人，及索捕罪人，若有告劾非亡也，或捕之而（154）非群盗也，皆勿购赏。捕罪人弗当，以得购赏而移予他人及诈

---

① 睡虎地秦墓竹简整理小组：《睡虎地秦墓竹简》，文物出版社1990年版，第124页。

② 湖北省荆州市周梁玉桥遗址博物馆：《关沮秦汉墓简牍》，中华书局2001年版，第110—117页。

伪，皆以取购赏者坐臧（赃）为盗。（155）"又专有《亡律》：

> 吏民亡，盈卒岁，耐；不盈卒岁，黥（系）城旦舂；公士、公士妻以上作官府，皆偿亡日。其自出殹（也），笞五十。给逋事，皆籍亡日，辄数盈卒岁而得，亦耐之。（157）
>
> 女子已坐亡赎耐，后复亡当赎耐者，耐以为隶妾。司寇、隐官坐亡罪隶臣以上，输作所官。（158）
>
> ☑□颜畀主。其自出殹（也），若自归主，主亲所智（知），皆笞百。（159）
>
> 奴婢亡，自归主，主亲所智（知），及主、主父母、子若同居求自得之，其当论畀主，或欲勿诣吏论者，皆许之。（160）
>
> ☑主入购县官，其主不欲取者，入奴婢，县官购之。（161）
>
> 奴婢为善而主欲免者，许之，奴命曰私属，婢为庶人，皆复使及算（算），事之如奴婢。主死若有罪，（162）以私属为庶人，刑者以为隐官。所免不善，身免者得复入奴婢之。其亡，有它罪，以奴婢律论之。（163）
>
> 城旦舂亡，黥。复城旦舂。鬼薪白粲也，皆笞百。（164）
>
> 隶臣妾、收人亡，盈卒岁，黥（系）城旦舂六岁；不盈卒岁，黥（系）三岁。自出殹，□□。其去黥（系）三岁亡，黥（系）六岁；去黥（系）六岁亡，完为城旦舂。（165）
>
> 诸亡自出，减之；毋名者，皆减其罪一等。（166）
>
> 匿罪人，死罪，黥为城旦舂，它各与同罪。其所匿未去而告之，除。诸舍匿罪人，罪人自出，若先自告，罪减，亦减舍匿者罪。所舍（167）
>
> 取（娶）人妻及亡人以为妻，及为亡人妻，取（娶）及所取（娶），为谋（媒）者，智（知）其请（情），皆黥以为城旦舂。其真罪重，以匿罪人律论。弗智（知）（168）者不□（169）
>
> 诸舍亡人及罪人亡者，不智（知）其亡，盈五日以上，所舍罪当黥☑赎耐；完城旦舂以下到耐罪，及亡收、隶臣妾、奴婢及

亡盈十二月以上□（170）赎耐。（171）

　　取亡罪人为庸，不智（知）其亡，以舍亡人律论之。所舍取未去，若已去后，智（知）其请（情）而捕告，及詗〈诇〉告吏捕得之，皆除其罪，勿购。（172）

　　■亡律（173）

《奏谳书》中也有涉及"亡人"的内容："·胡丞憙敢谳（谳）之，十二月壬申大夫茀诣女子符，告亡。·符曰：诚亡，詐（诈）自以为未有名数，以令自占（28）书名数，为大夫明隶，明嫁符隐官解妻，弗告亡，它如茀。解曰：符有名数明所，解以为毋恢（29）人也，取（娶）以为妻，不智（知）前亡，乃疑为明隶，它如符。诘解：符虽有名数明所，而实亡人也。·律：（30）取（娶）亡人为妻，黥为城旦，弗智（知），非有减也。解虽弗智（知），当以取（娶）亡人为妻论。何解？解曰：罪，毋解。·明言（31）如符、解。问解故黥劓，它如辝（辞）。·鞫（鞠）：符亡，詐（诈）自占书名数，解取（娶）为妻，不智（知）其亡，审。疑解（32）罪，毄（系），它县论，敢谳（谳）之。·吏议：符有【名】数明所，明嫁为解妻，解不智（知）其亡，不当论。·或曰：符虽已（33）詐（诈）书名数，实亡人也。解虽不智（知）其请（情），当以取（娶）亡人为妻论，斩左止（趾）为城旦。廷报曰：取（娶）亡人（34）为妻论之，律白，不当谳（谳）。（35）"①

　　汉代法律对于"亡人"是严厉的。《史记》卷一一〇《匈奴列传》记载："单于既约和亲，于是制诏御史曰：'匈奴大单于遗朕书，言和亲已定，亡人不足以益众广地，匈奴无入塞，汉无出塞，犯今约者杀之，可以久亲，后无咎，俱便。朕已许之。其布告天下，使明知之。'"可知北边的"亡人"问题关系到与匈奴的力量对比，尤其为最高执政者关注。

　　《汉书》卷九四下《匈奴传下》记载："元帝以后宫良家子王墙字昭君赐单于。单于骧喜，上书愿保塞上谷以西至敦煌，传之无穷，请罢边备塞吏

---

　　① 张家山二四七号汉墓竹简整理小组：《张家山汉墓竹简》，文物出版社 2001 年版，第 152、154—156、215 页。

卒，以休天子人民。天子令下有司议，议者皆以为便。郎中侯应习边事，以为不可许。"他明确指出，当时长城防卫系统的作用"非独为匈奴而已"。论者分析"亡出"、"亡出塞"、"亡走北出"者主要有三种情形：1. "往者从军多没不还者，子孙贫困，一旦亡出，从其亲戚"；2. "又边人奴婢愁苦，欲亡者多，曰'闻匈奴中乐，无奈候望急何！'然时有亡出塞者"；3. "盗贼桀黠，群辈犯法，如其窘急，亡走北出"。

居延汉简所见"神爵四年八月壬辰朔丁酉甲渠临☑☐☐大男张未央五月旦苦作俱亡☑"（E. P. T52：452），应当属于第二种"边人""愁苦""亡出塞"情形。

战争中的"亡降"者也是特殊的"亡人"。在北边农耕文明与游牧文明交汇地区，由于军事关系、外交关系和民族关系的复杂情势，"亡人"的活动可能还会有其他特殊的因素。

例如，《汉书》卷九六下《西域传下》载汉武帝著名的《轮台诏》中，说到"边塞""阑出"事："今边塞未正，阑出不禁，障候长吏使卒猎兽，以皮肉为利，卒苦而烽火乏，失亦上集不得，后降者来，若捕生口虏，乃知之。"颜师古注："言边塞有阑出逃亡之人，而主者不禁。又长吏利于皮肉，多使障候之卒猎兽，故令烽火有乏。又其人劳苦，因致奔亡，凡有此失。皆不集于所上文书。"所谓"卒苦""阑出"，即"其人劳苦，因致奔亡"情形，已经为帝王所关注。

对于"越塞"的"亡人"予以"逐捕搜索"或曰"索捕"，曾经是汉代长城体系戍守部队的防务内容之一。

居延汉简又可见：

（23）部界中毋诏所名捕不道亡者☑ （116.23）

（24）马长吏即有吏卒民屯士亡者具署郡县里名姓年长物色所衣服
赍操初亡年月日人数白
报与病巳·谨案居延始元二年戍田卒千五百人为骍马田官穿
泾渠乃正月己酉淮阳郡 （303.15，513.17）

（25）●范君上月廿一日过当曲言窦昭公到高平还道不通●天子将
兵在天水闻羌胡欲击河以西

今张掖发兵屯诸山谷麦熟石千二百帛万二千牛有贾马如故七
月中恐急忽忽吏民未安 （EPF22：325A）
史将军发羌骑百人司马新君将度后三日到居延居延流民亡者
皆已得度今发遣之居延
它未有所闻●何尉在酒泉但须召耳 ●闻赦诏书未下部●月
廿一日守
尉剌白掾●甲渠君有恙
未来趋之莫府（E. P. F22：325B）

（23）与（5）有相近文式。（24）"具署郡县里名姓年长物色所衣服赍操初
亡年月日人数"的要求，类同于（20）详记"年长物色去时所衣服"。[1]
（25）说到关于"流民亡者"的"赦诏书"，则与（12）（14）（15）（16）
（17）等"赦""亡人命者"诏令的传达有某种关系。

# 汉代的"海贼"

西汉初年，田横率徒属五百余人入海，居岛中，刘邦担心可能"为
乱"。田横因刘邦追逼而自杀。[2] 西汉末年琅邪吕母起义也以"海上"作
为活动基地。海上反政府武装，东汉以来普遍称之为"海贼"。"海贼"
以较强的机动性，形成了对"缘海"郡县行政秩序的威胁和破坏。航海
能力的优越，使得"海贼"的活动区域幅面十分宽广。讨论"海贼"的
活动与影响，也有必要注意陈寅恪曾经论述的"天师道与滨海地域之
关系"。

### 1. 海上反政府武装与"海贼"称谓的出现

《论语·公冶长》所见孔子"道不行，乘桴浮于海"的感叹，有人以为

---

[1] 汉简资料"□□一□亡时衣□☑"（176.2），"初亡时驾骐牡马乘阑举车黄车茵"（183.13），
"初亡时衣白布单衣组布步行"（ESC9A），或许与此有关。
[2] 《后汉书》卷二四《马援传》："田横初自称齐王，汉定天下，横犹以五百人保于海岛，高祖追
横，横自杀。"

"寓言"①，有人以为"微言"②，有人以为"戏言"③，有人以为"假设之言"④，有人以为"叹咄"⑤，有人以为"吁嗟"⑥。或说"乘桴浮海，当时发言，有无限酸楚"⑦，或说"浮海居夷，讥天下无贤君也"⑧。确实，孔子的牢骚，也可以读作向主流政治表示独立意志的文化宣言。《史记》卷四一《越王勾践世家》："范蠡浮海出齐，变姓名，自谓鸱夷子皮，耕于海畔，苦身戮力。"是一例具体的"浮海"流亡事迹。又如《史记》卷八三《鲁仲连邹阳列传》："聊城乱，田单遂屠聊城。归而言鲁连，欲爵之。鲁连逃隐于海上。"也是同样的在"海上"坚守个人文化立场的实例。有学者曾经指出中国古代"海域圈"与"陆""保持着独自性"的特征，⑨ 这自然是以交通条件为背景的。另一"入海"以显示自异于大陆政治文化形态的典型例证，是属于秦汉时期的田横及其五百士的事迹。与范蠡、鲁连不同，这是一起武装集团"在海中"与正统王朝相抗争的事件。

《史记》卷九四《田儋列传》记载田横事："汉灭项籍，汉王立为皇帝，以彭越为梁王。田横惧诛，而与其徒属五百余人入海，居岛中。"刘邦遣使招田横。"高帝闻之，以为田横兄弟本定齐，齐人贤者多附焉，今在海中不收，后恐为乱，乃使使赦田横罪而召之。田横因谢曰：'臣亨陛下之使郦生，今闻其弟郦商为汉将而贤，臣恐惧，不敢奉诏，请为庶人，守海岛中。'"刘邦因田横在齐地的威望，担心"今在海中不收，后恐为乱"。田横表示对汉政治体制的顺从，"请为庶人，守海岛中"。然而即使如此，依然不能减除刘邦的忧虑。"使还报，高皇帝乃诏卫尉郦商曰：'齐王田横即至，人马从者敢动摇者致族夷！'乃复使使持节具告以诏商状，曰：'田横来，大者

---

① （宋）张侃：《观海》，《张氏拙轩集》卷一；（明）邱浚：《孔侍郎传》，《重编琼台稿》卷二〇。
② （清）毛奇龄：《论语稽求篇》卷二。
③ 《朱子语类》卷三六《子欲居九夷章》。
④ （元）明炳文：《四书通·论语通》卷三。
⑤ （明）刘宗周：《知命赋》，《刘蕺山集》卷一七。
⑥ 潘岳：《关中诗》
⑦ （明）刘宗周：《论语学案》卷三。
⑧ 《程氏经说》卷七《论语说》。
⑨ 于逢春：《构筑中国疆域的文明板块类型及其统合模式序说》，《中国边疆史地研究》2006 年第3 期。

王，小者乃侯耳；不来，且举兵加诛焉。'"随即发生了著名的"田横感义士"① 的故事："田横乃与其客二人乘传诣雒阳。"未至三十里，至尸乡厩置，遂自刭，令客奉其头，从使者驰奏之高帝。高帝为之流涕，"而拜其二客为都尉，发卒二千人，以王者礼葬田横。既葬，二客穿其冢旁孔，皆自刭，下从之。高帝闻之，乃大惊，大田横之客皆贤。吾闻其余尚五百人在海中，使使召之。至则闻田横死，亦皆自杀。"田横五百士壮烈表现形成的文化影响，《史记》卷九四《田儋列传》司马贞《索隐述赞》称之为"海岛传声"。所谓"与其徒属五百余人入海，居岛中"，"守海岛中"②，《后汉书》卷二四《马援传》李贤注写作"以五百人保于海岛"。田横所居之海岛，后世称"田横岛"，仍有流亡隐居故事。③

田横"与其徒属五百余人入海，居岛中"，割据海岛的情形，使得刘邦有"今在海中不收，后恐为乱"的担忧。《汉书》卷一下《高帝纪下》作"（田横）与宾客亡入海，上恐其久为乱"。刘邦就此专门有军事部署。据《史记》卷九八《傅靳蒯成列传》，"（傅宽）为齐右丞相，备齐"。裴骃《集解》："张晏曰：'时田横未降，故设屯备。'"

《史记》卷一一四《东越列传》记载，闽粤王弟余善面对汉王朝军事压力，与宗族相谋："今杀王以谢天子。天子听，罢兵，固一国完；不听，乃力战；不胜，即亡入海。"据《史记》卷一〇六《吴王濞列传》，吴楚七国之乱发起时，刘濞集团中也有骨干分子在谋划时说："击之不胜，乃逃入海，未晚也。"《汉书》卷三五《荆燕吴传·吴王刘濞》："不胜而逃入海，未晚也。"所谓"亡入海"，"逃入海"，其实是另一种武装抗争的形式。

王莽专政时期出现的武装反抗势力"盗贼"中，有以"海上"为根据地或者主要活动区域的。《汉书》卷九九下《王莽传下》记述吕母起义情节：

> 临淮瓜田仪等为盗贼，依阻会稽长州，琅邪女子吕母亦起。初，吕

---

① 《南史》卷六四《张彪传》。

② 张守节《正义》："按：海州东海县有岛山，去岸八十里。"

③ 《北齐书》卷三四《杨愔传》说其愔从兄幼卿逃亡事："遂弃衣冠于水滨若自沉者，变易名姓，自称刘士安，入嵩山，……又潜之光州，因东入田横岛，以讲诵为业，海隅之士，谓之刘先生。"

母子为县吏，为宰所冤杀。母散家财，以酤酒买兵弩，阴厚贫穷少年，得百余人，遂攻海曲县，杀其宰以祭子墓。引兵入海，其众浸多，后皆万数。

《后汉书》卷一一《刘盆子传》也有相关记载：

> 天凤元年，琅邪海曲有吕母者①，子为县吏，犯小罪，宰论杀之。吕母怨宰，密聚客，规以报仇。母家素丰，赀产数百万，乃益酿醇酒，买刀剑衣服。少年来酤者，皆赊与之，视其乏者，辄假衣裳，不问多少。数年，财用稍尽，少年欲相与偿之。吕母垂泣曰："所以厚诸君者，非欲求利，徒以县宰不道，枉杀吾子，欲为报怨耳。诸君宁肯哀之乎！"少年壮其意，又素受恩，皆许诺。其中勇士自号"猛虎"，遂相聚得数十百人，因与吕母入海中，招合亡命，众至数千。吕母自称"将军"，引兵还攻破海曲，执县宰。诸吏叩头为宰请。母曰："吾子犯小罪，不当死，而为宰所杀。杀人当死，又何请乎？"遂斩之，以其首祭子冢，复还海中。

吕母作为"盗贼"，"入海中，招合亡命，众至数千"，"引兵入海，其众浸多，后皆万数"，成事后"复还海中"的活动特征是值得注意的。吕母因此被后世称为"东海吕母"。②

这种主要活动于"海上""海中"的反政府武装，通常称为"海贼"。居延汉简可见"海贼"称谓：

---

① 李贤注："海曲，县名，故城在密州莒县东。"《续汉书·郡国志三》"琅邪国"无"海曲"，有"西海"县。王先谦《后汉书集解》："钱大昕曰，《前志》无西海，盖'海曲'之讹。""引惠栋曰，何焯云疑'海曲'之讹。"

② 《晋书》卷九六《列女传·何无忌母刘氏》："何无忌母刘氏，征虏将军建之女也。少有志节。弟牢之为桓玄所害，刘氏每衔之，常思报复。及无忌与刘裕定谋，而刘氏察其举厝有异，喜而不言。会无忌夜于屏风里制檄文，刘氏潜以器覆烛，徐登橙于屏风上窥之，既知，泣而抚之曰：'我不如东海吕母明矣！既孤其诚，常恐寿促，汝能如此，吾雠耻雪矣。'因问其同谋，知事在裕，弥喜，乃说桓玄必败、义师必成之理以劝勉之。后果如其言。"

☐书七月己酉下Ⅴ一事丞相所奏临淮海贼Ⅴ乐浪辽东

☐得渠率一人购钱卅万诏书八月己亥下Ⅴ一事大 （33.8）

这枚简的年代不排除西汉时期的可能。因汉明帝永平十五年（72）"改信都为乐成国，临淮为下邳国"①，则涉及"临淮海贼"简文的年代应在此之前。但是正史中"海贼"的出现，则均在此后。如《后汉书》卷五《安帝纪》："（永初三年）秋七月，海贼张伯路等寇略缘海九郡。遣侍御史庞雄督州郡兵讨破之"。四年（110）春正月，"海贼张伯路复与勃海、平原剧贼刘文河、周文光等攻厌次，杀县令。遣御史中丞王宗督青州刺史法雄讨破之"。又《后汉书》卷六《顺帝纪》：阳嘉元年（132）二月，"海贼曾旌等寇会稽，杀句章、鄞、鄮三县长，攻会稽东部都尉。诏缘海县各屯兵戍"。所谓"得渠率一人购钱卅万"的额度之高，是值得注意的。河西汉简中所见"购科赏"②、"购赏科条"③，最高数额通常只是"购钱十万"。④

"海贼"称谓频繁出现于东汉时期，反映当时已经形成了具有较大影响的反政府的海上武装集团。"海贼"遭遇朝廷军队"讨破"，反映这样的武装力量对抗汉王朝的性质。东汉"楼船军"有南海航行的记录，⑤ 勃海与东海控制能力似有衰减。"楼船军"建设的高潮已成过去。⑥"海贼"势力的兴起，或许也与此有关。

---

① 《后汉书》卷二《明帝纪》。

② 居延汉简 E. P. F22：231。

③ 额济纳汉简 383。

④ 如居延简 E. P. T22：224，E. P. T22：225，敦煌简 792。

⑤ 《后汉书》卷一下《光武帝纪下》：建武十八年（42）四月，"遣伏波将军马援率楼船将军段志等击交阯贼征侧等"。《后汉书》卷二四《马援传》："玺书拜援伏波将军，以扶乐侯刘隆为副，督楼船将军段志等南击交阯。""援将楼船大小二千余艘，战士二万余人，进击九真贼征侧余党都羊等。"《后汉书》卷八六《南蛮传》："十六年，交阯女子征侧及其妹征贰反"，"十八年，遣伏波将军马援、楼船将军段志，发长沙、桂阳、零陵、苍梧兵万余人讨之。"又《后汉书》卷一七《岑彭传》，建武九年，岑彭攻公孙述，"装直进楼船、冒突露桡数千艘"。有学者据此以为"水军出征"史例。张铁牛、高晓星：《中国古代海军史》，解放军出版社 2006 年版，第 33 页。然而此战使用"楼船"，却不是"楼船军"作战。

⑥ 《后汉书》卷一下《光武帝纪下》：建武七年（31）三月丁酉诏，以"今国有众军，并多精勇"，宣布"宜且罢""楼船士"，"令还复民伍"。第 51 页。看看王子今《秦汉帝国执政集团的海洋意识与沿海区域控制》，《白沙历史地理学报》第 3 期（2007 年 4 月）。

### 2. "海贼"活动对"缘海"地方行政的威胁

当时勃海、东海、南海海域都有"海贼"活动。

史籍记述"海贼"的活动包括"寇略"地方,"攻"行政机关,"杀"军政长官。如"海贼张伯路等寇略缘海九郡",对沿海行政秩序的冲击是强烈的。《后汉书》卷三八《法雄传》说,"海贼张伯路等"遭遇多路政府军的联合围攻,"共斩平之,于是州界清静"。可知"海贼"活动对正常的社会秩序的破坏。

《后汉书》卷六《顺帝纪》记载"海贼曾旌等寇会稽,杀句章、鄞、鄮三县长,攻会稽东部都尉"事,《续汉书·天文志中》写作:

> 会稽海贼曾於等千余人烧句章,杀长吏,又杀鄞、鄮长,取官兵,拘杀吏民,攻东部都尉。

"曾於"应当就是"曾旌"。与《顺帝纪》不同的是,《续汉书》称其为"会稽海贼",对其行为的记录也更为具体。所谓"烧句章,杀长吏,又杀鄞、鄮长,取官兵,拘杀吏民,攻东部都尉",反映了其攻击力的强劲。其实,在"会稽海贼曾於"危害地方行政之前,已经有"海贼浮于会稽"的记载。《续汉书·天文志中》刘昭《注补》引《古今注》:

> 六年,彗星出于斗、牵牛,灭于虚、危。虚、危为齐,牵牛吴、越,故海贼浮于会稽,山贼捷于济南。

"海贼"和"山贼"的对应关系所透露的历史行政地理的信息,也值得注意。

据《后汉书》卷一一《刘盆子传》,赤眉军起事正在海滨地区:

> 后数岁,琅邪人樊崇起兵于莒,众百余人,转入太山,自号"三老"。时青、徐大饥,寇贼蜂起,众盗以崇勇猛,皆附之,一岁间至万余人。崇同郡人逢安,东海人徐宣、谢禄、杨音,各起兵,合数万人,

复引从崇。共还攻莒，不能下，转掠至姑幕，因击王莽探汤侯田况，大破之，杀万余人，遂北入青州，所过虏掠。还至太山，留屯南城。初，崇等以困穷为寇，无攻城徇地之计，众既寖盛，乃相与为约：杀人者死，伤人者偿创。以言辞为约束，无文书、旌旗、部曲、号令。其中最尊者号"三老"，次"从事"，次"卒史"，泛相称曰"巨人"。王莽遣平均公廉丹、太师王匡击之。崇等欲战，恐其众与莽兵乱，乃皆朱其眉以相识别，由是号曰"赤眉"。赤眉遂大破丹、匡军，杀万余人，追至无盐，廉丹战死，王匡走。崇又引其兵十余万，复还围莒，数月。或说崇曰："莒，父母之国，奈何攻之？"乃解去。

而以"海中"作为隐蔽和集结地点的吕母的部队与赤眉军有友军的关系。吕母去世后，其部众并入赤眉等军：

> 时吕母病死，其众分入赤眉、青犊、铜马中。赤眉遂寇东海，与王莽沂平大尹战，败，死者数千人，乃引去。

《后汉书》卷五《安帝纪》"海贼张伯路复与勃海、平原剧贼刘文河、周文光等攻厌次，杀县令，遣御史中丞王宗督青州刺史法雄讨破之"的记载，更明确说明了"海贼"和陆上"剧贼"联合作战的情形。①

史籍可见"渤海贼"的称谓。清人姚之骃《后汉书补逸》卷二一《司马彪续后汉书第四·渤海贼》："渤海妖贼盖登等称'太上皇帝'，有玉印五，皆如白石。文曰'皇帝信写'、'皇帝行玺'，其三无文字。璧二十二，珪五，铁券十一，开王庙，带玉绶，衣绛衣，相署置也。"② 是司马彪写作"渤海妖贼"，姚之骃作"渤海贼"。司马彪原意，可能只是指出盖登出身及

---

① 《太平御览》卷八八〇引《后汉书》："安帝时……郡国九地震。明年，海贼张伯路与平原刘文何、周文光等叛，攻杀令长。"

② 姚之骃原注："案事何必细载，范删为是。"文渊阁《四库全书》本。《后汉书》卷七《桓帝纪》："勃海妖贼盖登等称'太上皇帝'，有玉印、珪、璧、铁券，相署置，皆伏诛。"李贤注引《续汉书》曰："时登等有玉印五，皆如白石，文曰'皇帝信玺'、'皇帝行玺'，其三无文字。璧二十二，珪五，铁券十一。开王庙，带王绶，衣绛衣，相署置也。"

主要活动地域是渤海郡。《后汉书》卷七《桓帝纪》记载延熙六年（163）十一月事："南海贼寇郡界。"这里"南海贼"之"南海"，是南海郡的意思，似乎并非指说"南海"海域。① 《三国志》卷六〇《吴书·吕岱传》："庐陵贼李桓、路合、会稽东冶贼随春、南海贼罗厉等一时并起。"下文又说叛乱平定之后，"三郡晏然"。可知"南海"与"庐陵"、"会稽"同样，也是郡名。然而孙权诏说到"（罗）厉负险作乱"，所谓"负险"，指出其部众利用了"海上"自然地理条件。

不过，吕母后来被称作"东海吕母"，其起事地点在琅邪海曲，距离东海郡甚远。所谓"东海吕母"者，强调其吕母部众的海上根据地和主要活动地方在东海海域。

《后汉书》卷八一《独行列传·彭修》记录了这样的故事："彭修字子阳，会稽毗陵人也。年十五时，父为郡吏，得休，与修俱归，道为盗所劫，修困迫，乃拔佩刀前持盗帅曰：'父辱子死，卿不顾死邪？'盗相谓曰：'此童子义士也，不宜逼之。'遂辞谢而去，乡党称其名。"这位"童子义士"后来任地方官，有平定"海贼"的经历。《太平御览》卷四六五引《吴录》："彭循字子阳，毗陵人。建国二年，海贼丁仪等万人据吴。太守秋君闻循勇谋，以守令。循与仪相见，陈说利害，应时散。民歌之曰：'时岁仓卒贼纵横，大戟强弩不可当，赖遇贤令彭子阳。'"这里的"彭循"就是"彭修"，因"脩""循"形近而讹。姚之骃《后汉书补逸》卷一一《谢承后汉书第三·彭修》："彭修，字子阳。海贼丁义欲向郡，郡内惊惶，不能捍御。太守闻修义勇，请守吴令。身与义相见，宣国威德，贼遂解去。民歌之曰：'时岁仓卒，盗贼从横，大戟强弩不可当，赖遇贤令彭子阳。'"②

"会稽海贼曾於等千余人"，"与吕母入海中"的"亡命"，据说"众至

---

① 《晋书》卷一〇《安帝纪》："（义熙十三年秋七月）南海贼徐道期陷广州，始兴相刘谦之讨平之。"所谓"南海贼"，也应如此理解。

② 原注："案修，会稽毗陵人。时仕郡为功曹。海贼所向，即修之本郡也。《范书》称贼张子林作乱，郡请修守吴，修与太守俱出讨贼，飞矢雨集。修障扞太守，而为流矢所中，死。太守得全，贼素闻其恩信，即杀弩中修者，余悉皆降。言曰：'自为彭君故，降不为太守服也。'与此不同。"今按：《后汉书》卷八一《独行列传·彭修》："后州辟从事。时贼张子林等数百人作乱，郡言州，请修守吴令。修与太守俱出讨贼，贼望见车马，竞交射之，飞矢雨集。修障扞太守，而为流矢所中死，太守得全。贼素闻其恩信，即杀弩中修者，余悉降散。言曰：'自为彭君故降，不为太守服也。'"

数千"，或说"引兵入海，其众浸多，后皆万数"，这些都是体现"海贼"集团规模的史例。①《三国志》卷七《魏书·陈登传》裴松之注引《先贤行状》说："太祖以登为广陵太守，令阴合以图吕布。登在广陵，明审赏罚，威信宣布。海贼薛州之群万有余户，束手归命。"②"海贼"拥众竟然至于"万有余户"，规模是相当惊人的。

《后汉书》卷七七《酷吏列传·董宣》记载了北海相董宣以残厉手段镇压大户公孙丹的史例："董宣字少平，陈留圉人也。初为司徒侯霸所辟，举高第，累迁北海相。到官，以大姓公孙丹为五官掾。丹新造居宅，而卜工以为当有死者，丹乃令其子杀道行人，置尸舍内，以塞其咎。宣知，即收丹父子杀之。丹宗族亲党三十余人，操兵诣府，称冤叫号。宣以丹前附王莽，虑交通海贼，乃悉收系剧狱，使门下书佐水丘岑尽杀之。青州以其多滥，奏宣考岑，宣坐征诣廷尉。在狱，晨夜讽诵，无忧色。及当出刑，官属具馔送之，宣乃厉色曰：'董宣生平未曾食人之食，况死乎！'升车而去。时同刑九人，次应及宣，光武驰使驺骑特原宣刑，且令还狱。遣使者诘宣多杀无辜，宣具以状对，言水丘岑受臣旨意，罪不由之，愿杀臣活岑。使者以闻，有诏左转宣怀令，令青州勿案岑罪。岑官至司隶校尉。"董宣故事所见沿海郡国主要行政长官对地方豪族"交通海贼"的防范，竟然采用"悉收系剧狱"，"尽杀之"的手段，说明"海贼"势力对沿海地方行政确实形成了严重的威胁。

《三国志》卷一二《魏书·何夔传》："海贼郭祖寇暴乐安、济南界，州郡苦之。"显示"海贼"活动深入陆地的事实。东汉以后，似乎东南方向的"海贼"危害更为严重。这就是"会稽海贼"活跃以及频繁见于史籍的"海贼……寇会稽"情形。前引《古今注》称之为"海贼浮于会稽"。《三国志》卷四八《吴书·孙休传》："（永安七年）秋七月，海贼破海盐，杀司盐校尉骆秀。"也体现了"海贼"严重侵害王朝行政的情形。《晋书》卷二六《食货志》："（咸和）六年，以海贼寇抄，运漕不继，发王公以下余丁，各

---

① 《三国志》卷四七《吴书·孙权传》中"会稽妖贼许昌"与"海贼胡玉"事连说，这一武装集团"众以万数"的情形也值得重视。

② 元人郝经《郝氏续后汉书》卷一四《汉臣列传·陈登》："登赴广陵，治射阳，明审赏罚，宣布威信。海贼薛州以万户归命。未及期年，政化大行，百姓畏而爱之。"

运米六斛。"海贼寇抄"导致朝廷"运漕不继",也就是说,执政王朝的经济命脉也为"海贼"扼控。"海贼浮于会稽"的形势,也与全国经济重心向东南方向转移的历史变化有关。[①]

### 3. "海贼"的海上运动战

居延汉简"☐书七月己酉下∨一事丞相所奏临淮海贼∨乐浪辽东""☐得渠率一人购钱卅万诏书八月己亥下∨一事大"(33.8),反映"临淮海贼"的活动区域幅面之广阔,竟然可以至于"乐浪辽东",冲击辽东半岛和朝鲜半岛的社会生活。

"海贼张伯路等寇略缘海九郡"等记载,[②] 也表明这些海上反政府武装的机动性是非常强的。《后汉书》卷三八《法雄传》关于法雄镇压"海贼"的内容:

> 永初三年,海贼张伯路等三千余人,冠赤帻,服绛衣,自称"将军",寇滨海九郡,杀二千石令长。初,遣侍御史庞雄督州郡兵击之,伯路等乞降,寻复屯聚。明年,伯路复与平原刘文河等三百余人称"使者",攻厌次城,杀长吏,转入高唐,烧官寺,出系囚,渠帅皆称"将军",共朝谒伯路。伯路冠五梁冠,佩印绶,党众浸盛。乃遣御史中丞王宗持节发幽、冀诸郡兵,合数万人,乃征雄为青州刺史,与王宗并力讨之。连战破贼,斩首溺死者数百人,余皆奔走,收器械财物甚众。会赦诏到,贼犹以军甲未解,不敢归降。于是王宗召刺史太守共议,皆以为当遂击之。雄曰:"不然。兵,凶器;战,危事。勇不可恃,胜不可必。贼若乘船浮海,深入远岛,攻之未易也。及有赦令,可且罢兵,以慰诱其心,势必解散,然后图之,可不战而定也。"宗善其言,即罢兵。

---

① 自两汉之际以来,江南经济得到速度明显优胜于北方的发展。正如傅筑夫所指出的,"从这时起,经济重心开始南移,江南经济区的重要性亦即从这时开始以日益加快的步伐迅速增长起来,而关中和华北平原两个古老的经济区则在相反地日益走向衰退和没落。这是中国历史上一个影响深远的巨大变化,尽管表面上看起来并不怎样显著"。傅筑夫:《中国封建社会经济史》第2卷,人民出版社1982年版,第25页。

② 《后汉书》卷三八《法雄传》写作"寇滨海九郡"。《太平御览》卷八七六引《后汉书》曰:"安帝时,京师大风,拔南郊梓树九十六。后海贼张伯路略九郡。"

贼闻大喜，乃还所略人。而东莱郡兵独未解甲，贼复惊恐，遁走辽东，止海岛上。五年春，乏食，复抄东莱间，雄率郡兵击破之，贼逃还辽东，辽东人李久等共斩平之，于是州界清静。

法雄注意到"海贼"在海滨作战的机动能力，担心"贼若乘船浮海，深入远岛，攻之未易也"。而事实上"海贼张伯路"的部队果然"遁走辽东，止海岛上"。随后竟然"复抄东莱间"，在战败后又"逃还辽东"，也体现出其海上航行能力之强。而政府军不得不"发幽、冀诸郡兵"围攻，镇压的主力军的首领法雄是"青州刺史"，最终战胜张伯路"海贼"的是"东莱郡兵"和"辽东人李久等"的部队，也说明"海贼"在山东半岛和辽东半岛间往复转战，频繁地"遁走""逃还"，是擅长使用海上运动战策略的。

《后汉书》卷六《顺帝纪》在"海贼曾旌等寇会稽，杀句章、鄞、鄮三县长，攻会稽东部都尉"句后记述：

> 诏缘海县各屯兵戍。

也说明"海贼"的攻击，是利用航海力量方面的优势的。

《三国志》卷一《魏书·武帝纪》写道，建安十年（205），"秋八月，公东征海贼管承，至淳于，遣乐进、李典击破之，承走入海岛"。"海贼管承"在被"击破"之后，实际上并没有被彻底剿灭，还可以转移到"海岛"休整。《三国志》卷一七《魏书·乐进传》说："管承破走，逃入海岛，海滨平。"正如方诗铭所指出的："管承仍可以'逃入海岛'，曹操所取得的胜利不过是'海滨平'，仅是将作为'黄巾贼帅'的管承赶出青州沿海地区而已。"①

### 4. "海贼"与陈寅恪所论"天师道与滨海地域之关系"

陈寅恪曾经指出，天师道与滨海地域有密切关系，黄巾起义等反叛可以"用滨海地域一贯之观念以为解释"，"凡信仰天师道者，其人家世或本身十

---

① 方诗铭：《曹操·袁绍·黄巾》，上海社会科学院出版社1996年版，第258页。

分之九与滨海地域有关。"① 这一文化地理现象的揭示，给予我们重要的启示。

《汉书》卷九九下《王莽传下》所谓"临淮瓜田仪等为盗贼，依阻会稽长州，琅邪女子吕母亦起"，并说空间跨度甚大的沿海武装反抗。《续汉书·天文志中》说："会稽海贼曾於等千余人烧句章，杀长吏，又杀鄞、鄮长，取官兵，拘杀吏民，攻东部都尉；扬州六郡逆贼章何等称'将军'，犯四十九县，大攻略吏民。"史家将"会稽海贼曾於等"和"扬州六郡逆贼章何等"事一并记述，也是值得注意的。

《三国志》卷六〇《吴书·吕岱传》："黄龙三年，以南土清定，召（吕）岱还屯长沙沤口。会武陵蛮夷蠢动，岱与太常潘濬共讨定之。嘉禾三年，权令岱领潘璋士众，屯陆口，后徙蒲圻。四年，庐陵贼李桓、路合、会稽东冶贼随春、南海贼罗厉等一时并起。权复诏岱督刘纂、唐咨等分部讨击，春即时首降，岱拜春偏将军，使领其众，遂为列将，桓、厉等皆见斩获，传首诣都。权诏岱曰：'厉负险作乱，自致枭首；桓凶狡反复，已降复叛。前后讨伐，历年不禽，非君规略，谁能枭之？忠武之节，于是益著。元恶既除，大小震慑，其余细类，扫地族矣。自今已去，国家永无南顾之虞，三郡晏然，无怵惕之惊，又得恶民以供赋役，重用叹息。赏不逾月，国之常典，制度所宜，君其裁之。'"所谓"负险作乱"的"南海贼罗厉"与"庐陵贼李桓、路合、会稽东冶贼随春""一时并起"，朝廷军队虽然"分部讨击"，却是统一"规略"，由吕岱一人部署指挥"讨伐"事，事平之后孙权又有"国家永无南顾之虞，三郡晏然，无怵惕之惊"的说法，"会稽东冶贼随春""即时首降"，随即导致"（李）桓、（罗）厉等皆见斩获，传首诣都"，看来庐陵、会稽、南海的反叛，联合行动与彼此策应的关系是明显的。关于"会稽东冶贼"，可以联系《三国志》卷四七《吴书·孙权传》中的记载理解其特征："会稽妖贼许昌起于句章，自称阳明皇帝，与其子韶扇动诸县，众以万数。（孙）坚以郡司马募召精勇，得千余人，与州郡合讨破之。是岁，熹平元年也。"

---

① 陈寅恪：《天师道与滨海地域之关系》，《金明馆丛稿初编》（陈寅恪文集之二），上海古籍出版社 1980 年版，第 1—40 页。

对于"海贼"的活动，方诗铭曾经以较宽广的历史文化视角进行考察。他指出，东汉末年的青州是一个特殊地区。这里有着自然地理上滨临渤海和黄海的特点，又是河北、中原间的交通孔道，因而成为袁绍、公孙瓒、曹操割据势力之间的必争之地。同时，"黄巾"在这个地区结集了大量军事力量，被称为"海贼"的"黄巾贼帅"管承更长期据有滨海之地。①《三国志》卷一二《魏书·何夔传》："迁长广太守。郡滨山海，黄巾未平，豪杰多背叛，袁谭就加以官位。长广县人管承，徒众三千余家，为寇害。议者欲举兵攻之。夔曰：'承等非生而乐乱也，习于乱，不能自还，未被德教，故不知反善。今兵迫之急，彼恐夷灭，必并力战。攻之既未易拔，虽胜，必伤吏民，不如徐喻以恩德，使容自悔，可不烦兵而定。'乃遣郡丞黄珍往，为陈成败，承等皆请服。"《三国志》卷一《魏书·武帝纪》则直称"海贼管承"。"为什么讨伐这个'海贼'的战争有必要由曹操亲自指挥，并派出乐进、张郃、李典等大将出击？②原因即是，管承是长期雄据长广的'黄巾贼帅'，属于与曹操为敌的黄巾军。"管承"黄巾贼帅"的身份，见于《太平御览》卷七四引《齐地记》："崂山东北五里入海有管彦岛，是黄巾贼帅管承后也。"正如方诗铭所分析的，"管承以'黄巾'的秘密宗教为纽带，作为他与这些'徒众'之间的联系"，此外，这样的武装力量，还有更为复杂的政治关系背景。如《三国志》卷一二《魏书·何夔传》关于管承事，除了说到"郡滨山海"的地理形势而外，还指出："黄巾未平，豪杰多背叛，袁谭就加以官位。"而"被称为'海贼'的郭祖，也是袁绍所任命的中郎将③，同样可以说明这一点。"④方诗铭还指出："安帝时被称为'海贼'的张伯路起义，是原始道教形成过程中的重要标志之一，也是黄巾起义的先驱。""有一点值得注意，即在张伯路起义时使用了'使者'这一称号。""'使者'是原始道教的称号，即'天帝使者'的简称。"⑤

①　方诗铭：《青州·"青州兵"·"海贼"管承——论东汉末年的青州与青州黄巾》，《史林》1993 年第 2 期。

②　《三国志》卷一《魏书·武帝纪》："公东征海贼管承，至淳于，遣乐进、李典击破之。"方诗铭还指出，又《乐进传》、《张郃传》、《李典传》都说到"征管承"、"讨管承"、"击管承"事。

③　方诗铭原注：《三国志·魏志·吕虔传》。

④　方诗铭：《曹操·袁绍·黄巾》，第 254—257 页。

⑤　同上书，第 234—237 页。

"滨海地域"形成了具有鲜明个性的特殊的文化区域，当与自勃海至南海漫长的地带南北相互联系的方便的交通条件有关。除了秦汉时期"并海道"的陆路交通条件而外，① 沿海地方的海上交通的便利也许表现出更重要的意义。② 而"海贼"们利用了这样的条件，也以自己的政治经济实践，推促了海上交通的新的历史进步。探讨中国古代海洋文化的发展，不宜忽视"海贼"的历史作用。

通过对历史记录的分析我们可以发现，有的"海贼"也许并不以反抗执政王朝为目标，仅仅只是以抢掠"财物"为主要活动方式。《三国志》卷四七《吴书·孙权传》中有少年孙权击杀"海贼"的记载：

> 少为县吏。年十七，与父共载船至钱唐，会海贼胡玉等从匏里上掠取贾人财物，方于岸上分之，行旅皆住，船不敢进。坚谓父曰："此贼可击，请讨之。"父曰："非尔所图也。"坚行操刀上岸，以手东西指麾，若分部人兵以罗遮贼状。贼望见，以为官兵捕之，即委财物散走。坚追，斩得一级以还；父大惊。由是显闻，府召署假尉。

"海贼""掠取贾人财物"，只是破坏经济秩序和社会治安的匪徒。从他们"从匏里上掠取贾人财物，方于岸上分之，行旅皆住，船不敢进"等情节透露的行为特征看，"海贼"利用优越的海上航运的能力，也在江河水面作案。

### 5. 居延汉简所见"临淮海贼"

居延汉简中可以看到出现"海贼"字样的简文：

> ☑书七月己酉下∨一事丞相所奏临淮海贼∨乐浪辽东
> ☑得渠率一人购钱卅万诏书八月己亥下∨一事大（33.8）③

---

① 王子今：《秦汉时代的并海道》，《中国历史地理论丛》1988 年第 2 期。
② 王子今：《秦汉时期的近海航运》，《福建论坛》1991 年第 5 期；《秦汉时期的东洋与南洋航运》，《海交史研究》1992 年第 1 期。
③ 谢桂华、李均明、朱国炤：《居延汉简释文合校》，文物出版社 1987 年版，上册第 51 页。

对于简33.8所见"海贼"称谓的意义，研究者以往似重视不够。陈直相关论述未就"海贼"身份进行讨论。大庭脩主持编定的《居延汉简索引》不列"海贼"条。①

在已经发表的居延汉简中，简33.8中出现的"临淮"、"乐浪"、"辽东"郡名，都是仅见的一例。② 以东方沿海地区军事行政事务为主题的公文在西北边塞发现，值得我们关注。

简文涉及"诏书"内容，其中"得渠率一人购钱卅万"，悬赏额度之高是十分惊人的。查河西汉简可能属于"购科赏"③、"购赏科条"④ 的简文，"购钱"通常为"十万"、"五万"：

> 购钱十万　居延简 E. P. T22：224，E. P. T22：225，敦煌简792
> 购钱五万　居延简 E. P. T22：226，E. P. T22：233，E. P. T22：234

居延汉简可以看到同时出现两种赏格的简文，例如：

> 群辈贼发吏卒毋大爽宜以时行诛愿设购赏有能捕斩严歆君阑等渠率一人购钱十万党与五万吏捕斩强力者比三辅
> ☒司劾臣谨□如□言可许臣请□☒严歆等渠率一人☒党与五万☒
> （503.17，503.8）

"渠率"和"党与"的"购钱"分别是"十万"和"五万"。这里"渠率一人购钱十万"，而简33.8"渠率一人购钱卅万"。数额相差之悬殊，体现出"海贼"活动对当时行政秩序危害之严重。

---

① 关西大学东西学术研究所：《居延汉简索引》，关西大学出版部1995年版。

② 可见"乐浪"郡名者，又有敦煌汉简一例，即"戍卒乐浪王谭"（826），吴礽骧、李永良、马建华释校：《敦煌汉简释文》，甘肃人民出版社1991年版，第84—85页。

③ 居延汉简 E. P. F22：231，甘肃省文物考古研究所、甘肃省博物馆、中国文物研究所、中国社会科学院历史研究所：《居延新简：甲渠候官》，中华书局1994年版，上册第217页，下册第511页。

④ 额济纳汉简2000ES9SF4：6，魏坚主编：《额济纳汉简》，广西师范大学出版社2005年版，第232页。

### 6. 居延“海贼”简文的年代分析

居延汉简 33.8 所见“海贼”字样，为我们从词汇史的角度理解“海贼”称谓提供了新的资料。

分析简 33.8 的年代，不宜忽略简文中“七月己酉”和“八月己亥”两个日期所提供的信息。从简文内容看，“七月己酉”和“八月己亥”应在同一年。据徐锡祺《西周（共和）至西汉历谱》，自汉武帝太始时期至新莽时期，有 15 个年份有“七月己酉”日和“八月己亥”日：汉武帝太始元年（前96），汉昭帝始元六年（前81），汉宣帝本始三年（前71），汉宣帝本始四年（前70），汉宣帝神爵二年（前60），汉宣帝甘露四年（前50），汉宣帝黄龙元年（前49），汉元帝永光五年（前39），汉成帝阳朔元年（前24），汉成帝永始三年（前14），汉成帝永始四年（前13），汉哀帝建平四年（前3），汉孺子婴居摄三年（8），王莽天凤元年（14），王莽天凤五年（18）。① 其中汉宣帝神爵二年（前60）与汉成帝永始四年（前13），得到居延汉简简文的印证。据任步云对居延汉简简文的研究，又有两个年份汉成帝阳朔元年（前24）和永始四年（前13）有“七月己酉”日和“八月己亥”日。② 据陈垣《二十史朔闰表》，东汉初年的汉光武帝、汉明帝时代，又有七个年份有“七月己酉”日和“八月己亥”日。即汉光武帝建武十年（34），建武二十年（44），建武二十一年（45），建武三十年（54），建武三十一年（55），汉明帝永平八年（65），永平十三年（70）。③

《汉书》卷二八上《地理志上》记载：“临淮郡，武帝元狩六年置，莽曰淮平。”谭其骧指出：“《后书·侯霸传》：王莽时为淮平大尹。”④《汉书》卷九九中《王莽传中》说王莽肆意更改地名，事在“莽即真”当年即天凤元年（14）。⑤ 有地名学者指出：“‘新朝’建立不久，王莽下令……任意更

　　① 徐锡祺：《西周（共和）至西汉历谱》，北京科学技术出版社 1997 年版。

　　② 任步云：《甲渠候官汉简年号朔闰表》，《汉简研究文集》，甘肃人民出版社 1984 年版，第 425、443、438、441 页。

　　③ 陈垣：《二十史朔闰表》，中华书局 1962 年版。

　　④ 谭其骧：《新莽职方考》，《二十五史补编》，中华书局 1955 年版，第 2 册第 1741 页。

　　⑤ 《汉书》卷九九中《王莽传中》：“其后，岁复变更，一郡至五易名，而还复其故。吏民不能纪，每下诏书，辄系其故名。”

改各级地名，……"① 依照这样的说法，似可排除简33.8年代为王莽天凤元年（14），王莽天凤五年（18）的可能。陈直《居延汉简综论》讨论这枚简时指出："木简应为王莽天凤六年诏书残文，《汉书·王莽传》卷下云：'临淮瓜田仪等为盗贼，依阻会稽长州，琅邪吕母亦起兵'，此天凤四年事。据《二十史朔闰表》，天凤四年八月为癸丑朔，十月为壬子朔。天凤五年八月为丁未朔，十月为丁未朔。皆八月中不得有己亥，十月中不得有乙酉。惟天凤六年八月为辛未朔，廿九日为己亥，十月为庚午朔，十六日为乙酉，皆与本简符合。《后汉书·刘盆子传》，记吕母起义，事在天凤元年，至本简诏书缉捕，已经过六年之久，与《汉书》亦可互相参证……"他的《居延汉简解要》称之为"王莽时名捕临淮海贼诏书"。讨论时引"《汉书·王莽传》卷下"，又举吕母起义故事详细情节："初吕母子为县吏，为宰所冤杀，母散家财以酤酒，买兵弩，阴厚贫穷少年，得百余人，遂攻海曲县，杀其宰以祭子墓。引兵入海，其众浸多，后皆万数。"以为："此天凤四年事，与本简所记丞相所奏临淮海贼，完全符合。又《王莽传》，'地皇二年瓜田仪文降未出而死，莽求其尸，谥曰瓜宁殇男。'瓜田仪自起义至投降，前后达五年之久。又按：《太平御览》卷四百八十一，引《东观汉记》叙述吕母起义事，与《王莽传》略同。《后汉书·刘盆子传》，叙吕母起义事，在天凤元年，数岁吕母病死，其众分入赤眉青犊铜马中。惟李贤注，记吕母子名吕育，为游徼犯罪，则较《汉书·王莽传》为详。"② 以为瓜田仪、吕母就是"临淮海贼"，还需要更深入的论证。而居延汉简33.8即"王莽天凤六年诏书残文"的判断，则与王莽天凤元年（14）即改"临淮"郡为"淮平"郡的事实不符合。而《汉书》卷九九下《王莽传下》说"临淮瓜田仪等为盗贼，依阻会稽长州，琅邪女子吕母亦起"之所谓"临淮"，是班固的记述，使用的是《汉书》卷九九中《王莽传中》所谓"吏民不能纪，每下诏书，辄系其故名"的"故名"。

"临淮"郡名的又一次变化，是汉明帝将临淮郡"更为下邳国"，一说将临淮郡地"益下邳国"。《后汉书》卷二《明帝纪》："（永平）十五年春

---

① 华林甫：《中国地名学源流》，湖南人民出版社1999年版，第34页。

② 陈直：《居延汉简研究》，天津古籍出版社1986年版，第104、200、274页。

二月，……癸亥，帝耕于下邳。""夏四月庚子，车驾还宫。改……临淮为下邳国。"封皇子刘衍"为下邳王"。《续汉书·郡国志三》"下邳国"条："武帝置为临淮郡，永平十五年更为下邳国。"而《后汉书》卷五〇《孝明八王列传·下邳惠王刘衍》则记载："下邳惠王衍，永平十五年封。衍有容貌，肃宗即位，常在左右。建初初冠，诏赐衍师傅已下官属金帛各有差。四年，以临淮郡及九江之锺离、当涂、东城、历阳、全椒合十七县益下邳国。"关于"临淮郡"与"下邳国"关系的年代记录略有差异。然而汉明帝以后即不存在"临淮郡"，是可以明确的。

这样说来，简33.8的年代，至迟应在汉明帝永平十三年（70）之前。也就是说，简33.8简文所见"海贼"称谓，至迟也早于正史中最早的"海贼"记录汉安帝永初三年（109）39年。毫无疑问，简33.8提供了有关"海贼"活动之年代最早的明确的历史文化信息。这一资料对于我们研究汉代社会史、行政史、治安史、军事史、航海史，都有非常重要的价值。

### 7. "海贼"与"江贼"

《隶释》卷六《国三老袁良碑》说到"讨江贼张路等，威震徐方"事。有学者认为此"张路"就是被《后汉书》卷三八《法雄传》称为"海贼"的"张伯路"。[①]

方诗铭认为："张伯路的根据地是在辽东海岛，军事行动所及也只在幽、冀、青三州，未曾到达过徐州。看来，张路不可能是张伯路，而是另一次起义的首领。"[②] 其实，讨论"海贼张伯路""军事行动所及"是否"曾到达过徐州"，对于《后汉书》卷五《安帝纪》"寇略缘海九郡"以及《法雄传》"寇滨海九郡"其"九郡"所指，都还可以作进一步的分析。

一般"幽、冀、青三州"地方的河流，不大称"江"。汉代言"江"，通常专指今人所谓长江。[③] 后来有南方诸水多称"江"的情形。[④] 既然得

---

① 曾庸：《汉碑中有关农民起义的一些材料》，《文物》1960年第8、9期。
② 方诗铭：《曹操·袁绍·黄巾》，上海社会科学出版社1996年版，第235—236页。
③ 《释名·释水》："江，公也。小水流入其中，公共也。"《说文·水部》："江，江水。出蜀湔氐徼外崏山。入海。从水，工声。"段玉裁注："'崏山'，即《禹贡》'岷山'。"
④ 《尚书·禹贡》孔颖达疏："江以南，水无大小，俗人皆呼为'江'。或从江分出，或从外合来。"

"江贼"称号，也许这一武装集团形成于长江流域，其活动波及区域之广，确曾"到达过徐州"即至于"徐方"。从居延汉简 33.8 所见"临淮海贼"的活跃竟然影响到"乐浪辽东"的事实，也不妨拓展分析"江贼张路"事迹的思路。

### 8. 称谓用字"贼"

有学者分析东汉魏晋南北朝词语"贼"的意义，以为即"叛乱，造反"。所举皆南北朝书证。如：

> 《南齐书·沈文季传》："是春，（唐）寓之于钱塘僭号，置太子，……上在乐游苑，闻寓之贼，谓豫章王嶷曰：'宋明初，九州同反。'"（777）《南史·萧惠休传》："惠休弟惠朗，同桂阳贼，齐高帝赦之。"（501）又《庾仲文传》："仲文身上之衅，既自过于范晔，所少贼一事耳。"（914）

其实第 2 例"同桂阳贼"，"贼"或亦可理解为名词。论者写道："汉魏六朝文献中习见'作贼'一词，指造反。'贼'当即'作贼'之简省耳。参周一良先生《魏晋南北朝史札记·〈晋书〉札记》、蔡镜浩先生《魏晋南北朝词语释例》。《大字典》、《大词典》未收此义。'贼'又可指叛臣、造反者，名词。"所举书证：

> 如：《宋书·薛安都传》："傅灵越奔逃，为广之军人所生禽，厉声曰：'我傅灵越也。汝得贼，何不即杀？'"（2220）《南史·庾弘远传》："将刑，索帽著之，……谓看者曰：'吾非贼，乃是义兵，为诸君请命耳。'"（916）

论者以为："盖是从《周礼·秋官·士师》'二曰邦贼'、《汉书·高帝纪上》'项羽为无道，放杀其主，天下之贼也'（34）等早期用法演变而来。又'贼'有叛乱、造反的动词义，故又得以引申指造反者，转为名词"。又，"《晋书·陶侃传》：'……天下宁有白头贼乎？'（1772）'白头贼'谓老年造反者。《大字典》、《大词典》'贼'的'抢劫或偷窃财物的人'一义下均举有此例，盖因上文'盗用库钱'一句而误解，不当。"①

"贼""指造反者，转为名词"的情形，通过"海贼"称谓的考察，可知东汉已经出现。通过居延汉简所见"海贼"，还可以看到"贼"作为称谓语使用的更早的例证。

# 居延汉简所见"明府"称谓

居延汉简可见"明府"简文，结合文献记载和其他文物遗存，可知西汉晚期社会政治生活中已经开始使用这一称谓。"明府"通常是郡守"尊高之称"，与"明府"并行诸尊称中，"府君"、"府卿"等亦值得注意。与郡级行政单位长官地位大致相当的官员，往往也称"明府"。亦有县级行政长官称作"明府"者。与"明府"相关之"明官"、"明廷"等称谓，体现出汉代社会对"明"的政治追求已经十分明朗。分析相关现象，可以发现居延汉简"明府俭怜"简文很可能是当时有关刑罚事务的通行文例。

### 1. 居延汉简有关"明府"的简文

居延汉简数见"明府"称谓。例如：

> (1) 明府俭怜全命未忍行重法叩头死罪死罪　对府□送府（甲附38)②
>
> (2) 明府☑（E. P. T43：187）
>
> (3) 竟报文孙□不得文孙卿时幸为所第卅四燹卒纂（E. P. T51：205A）
>
> 毋寿官袍言□从兄意证知愿令明府报幸甚幸甚
>
> 幸已哀贱子叩头叩头谨再拜白已者议之　乐君孙（E. P. T51：

---

① 方一新：《东汉魏晋南北朝史书词语考释》，黄山书社1997年版，第154页。

② 谢桂华、李均明、朱国炤：《居延汉简释文合校》，文物出版社1987年版，下册第673页。

205B）①

简（1）《居延汉简甲乙编》释文作："明府依怀全命未忍行重决叩头死﹦罪﹦对府□送府"。② 此从《居延汉简释文合校》。

汉代文献出现的"明府"字样，显示出西汉晚期社会政治生活中已经开始使用这一称谓。分析相关现象，可以增进对当时社会关系的理解，也有助于说明后世通行的"明府"称谓的渊源。

### 2. "明府"：郡守"尊高之称"

《汉书》卷七六《韩延寿传》说到韩延寿在东郡太守任上"纳善听谏"致使行政成功的事迹：

> 延寿尝出，临上车，骑吏一人后至，敕功曹议罚白。还至府门，门卒当车，愿有所言。延寿止车问之，卒曰："《孝经》曰：'资于事父以事君，而敬同，故母取其爱，而君取其敬，兼之者父也。'今旦明府早驾，久驻未出，骑吏父来至府门，不敢入。骑吏闻之，趋走出谒，适会明府登车。以敬父而见罚，得毋亏大化乎？"延寿举手舆中曰："微子，太守不自知过。"归舍，召见门卒。卒本诸生，闻延寿贤，无因自达，故代卒，延寿遂待用之。其纳善听谏，皆此类也。在东郡三岁，令行禁止，断狱大减，为天下最。

以"门卒"身份提出批评意见的"诸生"，称太守韩延寿为"明府"。又《汉书》卷七七《孙宝传》记载：孙宝为京兆尹，任用故吏侯文为东部督邮。当秋季应"顺天气取奸恶"时，侯文建议惩治大侠杜稚季，孙宝因杜与心"欲附之"的上层豪贵关系密切而心存疑虑。"文怪宝气索，知其有故，因曰：'明府素著威名，今不敢取稚季，当且阖合，勿有所问。如此竟

---

① 甘肃省文物考古研究所、甘肃省博物馆、文化部古文献研究室、中国社会科学院历史研究所：《居延新简：甲渠候官与第四燧》，文物出版社1990年版，第112、189页。

② 中国社会科学院考古研究所：《居延汉简甲乙编》，中华书局1980年版，下册第288页。

岁，吏民未敢诬明府也。即度稗季而遣它事，众口谨哗，终身自堕。'"身为东部督邮的侯文也称京兆尹孙宝为"明府"。《汉书》卷七七《何并传》记述颍川太守严诩故事："郡中乱，王莽遣使征诩，官属数百人为设祖道，诩据地哭。掾史曰：'明府吉征，不宜若此。'"又《汉书》卷八九《循吏传·龚遂》说，汉宣帝时，龚遂"以为渤海太守"，"盗贼于是悉平，民安土乐业"，"郡中皆有畜积，吏民皆富"。"数年，上遣使者征遂，议曹王生愿从。""会遂引入宫，王生醉，从后呼，曰：'明府且止，愿有所白。'"属吏在对郡太守提出建议时，也称之为"明府"。

《后汉书》卷二七《张湛传》："建武初，为左冯翊。在郡修典礼，设条教，政化大行。后告归平陵，望寺门而步。主簿进曰：'明府位尊德重，不宜自轻。'湛曰：'礼，下公门，轼辂马。孔子于乡党，恂恂如也。父母之国，所宜尽礼，何谓轻哉？'"李贤注："郡守所居曰府。'明府'者，尊高之称。《前书》韩延寿为东郡太守，门卒谓之'明府'，亦其义也。"左冯翊主簿所谓"明府位尊德重"，"位尊德重"，正可以借作"明府"称谓的解说。

大庭脩主持编撰的《居延汉简索引》未收"明府"。① 沈刚《居延汉简语词汇释》"明府"条仅引简（2）一例，解释说："汉代对郡太守的尊称。"并引《后汉书·张湛传》及李贤注。所注出处为"《集成》九，P254"。②

东汉时，以"明府"为郡守"尊高之称"的情形相当普遍。例如：

| | 受"明府"称者 | 出"明府"称者 | 资料出处 |
|---|---|---|---|
| 1 | 齐郡太守 | 门下掾王望<br>议曹掾吴良 | 《东观汉记》卷一七《吴良传》<br>《后汉书》卷二七《吴良传》李贤注引《东观记》 |
| 2 | 汝南太守欧阳歙 | 功曹郅恽<br>门下掾郑敬 | 《东观汉记》卷一五《郅恽传》<br>《后汉书》卷二九《郅恽传》 |
| 3 | 淮阳太守郑弘 | 主簿黄国 | 《后汉书》卷三三《郑弘传》李贤注引《谢承书》 |

① 《居延漢簡索引》，関西大学東西学術研究所索引シリーズ1，関西大学出版部，平成7年。
② 沈刚：《居延汉简语词汇释》，科学出版社2008年版，第138—139页。据作者说明，"《集成》九，P254"即《中国简牍集成》（标注本，敦煌文艺出版社2001年版），第9册，第254页。

续表

| | 受"明府"称者 | 出"明府"称者 | 资料出处 |
|---|---|---|---|
| 4 | 南阳郡太守 | 郡功曹周章 | 《后汉书》卷三三《周章传》 |
| 5 | 河南尹梁不疑 | 尚书张陵① | 《后汉书》卷三六《张陵传》 |
| 6 | 太守 | 郡督邮朱穆 | 《后汉书》卷四三《朱穆传》李贤注引《谢承书》 |
| 7 | 广陵太守张纲 | 广陵贼张婴 | 《后汉书》卷五六《张纲传》<br>《三国志》卷四五《蜀书·张翼传》裴松之注引《续汉书》 |
| 8 | 南阳太守王畅 | 功曹张敞 | 《后汉书》卷五六《王畅传》 |
| 9 | 广陵太守张超 | 功曹臧洪 | 《后汉书》卷五八《臧洪传》 |
| 10 | 东郡太守臧洪 | 将吏 | 《后汉书》卷五八《臧洪传》 |
| 11 | 颍川太守 | 郡功曹锺皓 | 《后汉书》卷六二《锺皓传》 |
| 12 | 济北太守 | 郡督邮戴宏 | 《后汉书》卷六四《吴佑传》李贤注引《济北先贤传》 |
| 13 | 河东太守史弼 | 前孝廉裴瑜 | 《后汉书》卷六四《史弼传》 |
| 14 | 颍川太守王昱 | 去官还家者杜密 | 《后汉书》卷六七《党锢列传·杜密》 |
| 15 | 会稽太守刘宠 | 山阴县五六老叟 | 《后汉书》卷七六《循吏列传·刘宠》 |
| 16 | 会稽西部都尉行太守事宰晁 | 郡功曹彭修 | 《后汉书》卷八一《独行列传·彭修》 |
| 17 | 颍川太守种拂 | 功曹刘翊 | 《后汉书》卷八一《独行列传·刘翊》 |
| 18 | 汝南太守邓晨 | 前酒泉都尉还乡里者许杨 | 《后汉书》卷八二上《方术列传上·许杨》 |
| 19 | 汝南太守鲍昱 | 高获 | 《后汉书》卷八二上《方术列传上·高获》 |
| 20 | 汉中太守 | 户曹史李郃 | 《后汉书》卷八二上《方术列传上·李郃》 |
| 21 | 扶风太守 | 法真 | 《后汉书》卷八三《逸民列传·法真》 |
| 22 | 南郡太守李肃 | 主簿胡爽 | 《后汉书》卷八六《南蛮传》 |

---

① 《后汉书》卷三六《张陵传》："初，冀弟不疑为河南尹，举陵孝廉。不疑疾陵之奏冀，因谓曰：'昔举君，适所以自罚也。'陵对曰：'明府不以陵不肖，误见擢序，今申公宪，以报私恩。'不疑有愧色。"

续表

| | 受"明府"称者 | 出"明府"称者 | 资料出处 |
|---|---|---|---|
| 23 | 东郡太守曹操 | 将陈宫① | 《三国志》卷一《魏书·武帝纪》裴松之注引《世语》② |
| 24 | 汝南太守 | 郡门下书佐伍孚 | 《三国志》卷六《魏书·董卓传》裴松之注引谢承《后汉书》 |
| 25 | 广陵太守张超 | 功曹臧洪 | 《三国志》卷七《魏书·臧洪传》 |
| 26 | 东郡太守臧洪 | 东郡将吏士民 | 《三国志》卷七《魏书·臧洪传》 |
| 27 | 北海太守孔融 | 计佐邴原 | 《三国志》卷一一《魏书·邴原传》裴松之注引《原别传》 |
| 28 | 颍川太守 | 郡功曹钟皓 | 《三国志》卷一三《魏书·钟繇传》裴松之注引《先贤行状》 |
| 29 | 豫章太守华歆 | 功曹刘壹 | 《三国志》卷一三《魏书·华歆传》裴松之注引虞溥《江表传》 |
| 30 | 汉兴太守游楚 | 吏民 | 《三国志》卷一五《魏书·张既传》裴松之注引《三辅决录注》 |
| 31 | 长沙太守张羡 | 郡功曹桓阶 | 《三国志》卷二二《魏书·桓阶传》 |
| 32 | 广陵太守陈登 | 郡功曹陈矫 | 《三国志》卷二二《魏书·陈矫传》 |
| 33 | 平原太守刘邠 | 管辂 | 《三国志》卷二九《魏书·方技传·管辂》 |
| 34 | 扶风守 | 法真 | 《三国志》卷三七《蜀书·法正传》裴松之注引《三辅决录注》 |
| 35 | 广汉太守夏侯纂 | 五官掾秦宓 | 《三国志》卷三八《蜀书·秦宓传》 |
| 36 | 广汉太守许靖 | 彭羕 | 《三国志》卷四〇《蜀书·彭羕传》 |
| 37 | 会稽太守刘宠 | 父老 | 《三国志》卷四九《吴书·刘繇传》裴松之注引《续汉书》 |
| 38 | 豫章太守华歆 | 虞翻 | 《三国志》卷五七《吴书·虞翻传》裴松之注引《江表传》，裴松之注引《吴历》 |
| 39 | 巴郡太守但望 | 文学掾赵芬、冯尤、龚荣、王祈、李温、严就、胡良、文恺、陈禧、黄闻、毋成、阳誉、乔就、张绍、牟存、平直等 | 《华阳国志》卷一《巴志》 |
| 40 | 蜀郡太守杨洪 | 广汉太守何祗 | 《华阳国志》卷六《刘先主志》 |

　　① 《三国志》卷七《魏书·张邈传》称"太祖将陈宫"。
　　② 《三国志》卷一《魏书·武帝纪》记载，刘岱为青州黄巾所杀，"（鲍）信乃与州吏万潜等至东郡迎太祖领兖州牧。"裴松之注引《世语》："岱既死，陈宫谓太祖曰：'州今无主，而王命断绝，宫请说州中，明府寻往牧之，资之以收天下，此霸王之业也。'宫说别驾、治中曰：'今天下分裂而州无主；曹东郡，命世之才也，若迎以牧州，必宁生民。'鲍信等亦谓之然。"是说曹操领兖州牧之议的倡起者是陈宫。他称曹操为"明府"，又称之为"曹东郡"。当时曹操的身份是东郡太守。

以上凡 40 例，其中 2 例（例 26 与例 30）用"明府"称谓者为"将吏士民"或"吏民"。此外，22 例为太守属下掾曹等，即"吏"称太守；13 例则为"民"称太守。又有特例，如例 5 尚书张陵称河南尹梁不疑，梁不疑曾经"举陵孝廉"，关系特殊。例 40 广汉太守何祗称蜀郡太守杨洪为"明府"，而自称"故吏"："而蜀郡何祗为洪门下书佐，去郡数年，已为广汉太守。……后洪。祗俱会亮门下，洪谓祗曰：'君马何驶?'祗对曰：'故吏马不为驶，明府马不进耳。'"何祗所以这样称杨洪，是因为起先"何祗为洪门下书佐"的缘故。也与例 39 情形类似。现在看来，"明府"称谓使用最普遍者，是郡府属吏称郡府主官。很可能"明府"称谓的最早发生就是使用于这种隶属关系之中。

《隶释》卷二一《朔方太守碑阴》："右朔方太守碑阴，题云：'永寿二年朔方太守上郡仇君察'，'察'下灭一字。'除郎中大曲长'，'大'下又灭一字。'延熹四年九月乙酉诏书迁衙令，五年正月到官，奉见明府'，'见'下又灭一字。……"① 所说"□明府"应当就是"朔方太守上郡仇君察"。安徽亳县曹操宗族墓葬元宝坑一号墓出土字砖，有"会稽明府早弃春秋不竟世"（6）砖文。② 其中"会稽明府"，应当是会稽太守身份。

《苍颉庙碑》："衙令朔方临戎孙羡□□□□□从事，永寿二年，朔方太守上郡仇君，察孝、除郎中，大原阳曲长，延熹四年九月乙酉，诏书迁衙令，五年正月到官，奉见刘明府，立祠刊石，表章大圣之遗灵，以示来世之未生。"其中"刘明府"应是左冯翊行政长官。正如高文《汉碑集释》所说："刘君盖治左冯翊者。"③

《隶释》卷二《桐柏淮源庙碑》说到"南阳大守中山卢奴□君处正好礼，尊神敬祀，以淮出平氏，始于大夏，潜行地下，见于阳口，立庙桐柏，春秋宗奉，灾异告愬，水旱请求，位比诸侯，圣汉所尊。"又写道："烈烈明府，好古之则，虔恭礼祀，不愆其德。"所谓"烈烈明府"，就是指"南

---

① 《隶辨》卷八《朔方太守碑阴（延熹五年）》写道："《集古录》云题名云：'永寿二年朔方太守上郡仇君察'，'察'下灭一字，'除郎中大曲长'，'大'下又灭一字，'延熹四年九月乙酉诏书迁衙令五年正月到官奉见明府'，'见'下又灭一字。"

② 安徽省亳县博物馆：《亳县曹操宗族墓葬》，《文物》1978 年第 8 期。

③ 高文：《汉碑集释》，河南大学出版社 1997 年版，第 241 页。

阳大守中山卢奴□君"。

又《后汉书》卷六七《党锢列传·刘佑》李贤注引《谢承书》曰："佑，宗室胤绪，代有名位。少修操行，学《严氏春秋》、《小戴礼》、《古文尚书》，仕郡为主簿。郡将小子尝出钱付之，今市买果实，佑悉以买笔书具与之，因白郡将，言'郎君年可入小学，而但傲很，远近谓明府无过庭之教，请出授书'。郡将为使子就佑受经，五日一试，不满呈限，白决罚，遂成学业也。"《三国志》卷二九《魏书·方技传·管辂》裴松之注引《辂别传》亦可见管辂称"故郡将刘邠"为"明府"的情形，在一段交谈中凡四称"明府"。这里被称为"明府"的所谓"郡将"，就是"兼领武事"的太守。①

### 3. 与"明府"并行诸尊称

《后汉书》卷八二上《方术列传上·高获》：

> 三公争辟不应。后太守鲍昱请获，既至门，令主簿就迎，主簿但使骑吏迎之，获闻之，即去。昱遣追请获，获顾曰："府君但为主簿所欺，不足与谈。"遂不留。时郡境大旱。获素善天文，晓遁甲，能役使鬼神。昱自往问何以致雨，获曰："急罢三部督邮，明府当自北出，到三十里亭，雨可致也。"

前称"府君"，后称"明府"，可知这两种称谓语义的接近。《隶释》卷一《鲁相韩敕造孔庙礼器碑》："韩明府名敕字叔节"，卷二一《修孔子庙器表》："右韩明府修孔子庙器碑云……韩明府者名敕字叔节，前世见于史传未有名敕者，岂自余学之不博乎。"卷二四《韩明府孔子庙碑》："右韩明府孔子庙碑，其略云……"《金石录》作《韩明府孔子庙碑》，《韩敕后碑》有"府君讳敕字叔节"字样。《苍颉庙碑》亦同见"刘府君"、"刘明府"。②

---

① 《汉书》卷九〇《酷吏传·严延年》："延年至，遣掾蠡吾赵绣桉高氏得其死罪。绣见延年新将，心内惧，即为两劾，欲先白其轻者，观延年意怒，乃出其重劾。"所谓"新将"，颜师古注："新为郡将也，谓郡守为郡将者，以其兼领武事也。"

② 高文：《汉碑集释》，第234—235页。

安徽亳县曹操宗族墓葬元宝坑一号墓出土砖文，并见"会稽曹君"（3）（4）、"会稽府君"（5）、"会稽明府"（6）①，也说明"府君"和"明府"义近。

冯衍致书信阳侯阴就②，以"明府"相称。③ 阴就最高职务为少府，或称"府卿"、"少府卿"。《后汉书》卷四三《朱晖传》称"府卿"。《太平御览》卷八〇六引作"少府卿"。《后汉书》卷二八上《冯衍传上》李贤注引《衍集》《与阴就书》，则称阴就为"侯"、"君侯"。《隶释》卷一五《蜀郡属国辛通达李仲曾造桥碑》写道："碑首刻二人，冠带相向而坐。一器居中，如豆登之状。后有二人折腰低首，双垂其袖，君胡舞者。其上横行有数字，惟'府卿明府'四字不毁。"④ 所指出"府卿明府"碑文，也体现了"明府"与"府卿"称谓的特殊关系。

### 4. 其他职官称"明府"诸例

《后汉书》卷二九《郅恽传》记载，王莽时，郅恽说"左队大夫逯并"，称之为"明府"。李贤注："王莽以颍川为左队，郡守为大夫。""左队大夫"就是"颍川太守"。在这里，"明府"也是对郡守一级行政长官的称谓。

与郡级行政单位长官地位大致相当的诸侯国相，也称"明府"。

《隶释》卷六《北海相景君铭》："乃作诔曰：伏惟明府，受质自天。孝弟渊懿，帅礼蹈仁。根道核艺，抱淑守真。晶白清才，克己治身。""纷纷令仪，明府体之。仁义道术，明府膺之。黄朱邵父，明府三之。台辅之佐，明府宜之。""明王设位，明府不就。臣子欲养，明府弗留。欤歔哀哉！"《隶释》卷一《鲁相韩敕造孔庙礼器碑》可见韩敕身份的不同表述方式：

---

① 安徽省亳县博物馆：《亳县曹操宗族墓葬》，《文物》1978 年第 8 期。

② 《后汉书》卷二七《吴良传》、卷二三《虞延传》、卷三三《乐恢传》、卷八三《逸民列传·井丹》作"信阳侯"，卷二八上《冯衍传》作"新阳侯"。

③ 《后汉书》卷二八上《冯衍传》李贤注："时衍又与就书曰：'曹掾冯衍叩头死罪：衍材素愚驽，行义污秽，外无乡里之誉，内无汗马之劳，猥蒙明府天覆之德，华宠重迭。……'"

④ 《隶续》卷五："右广汉属国造桥碑，有二人坐于上，若宾主之容，盖辛、李二君也。中有一器，其后各有使令者一人。上有题字，已磨灭。所余'府卿明府'四字。画像之下，横刻二君官氏，凡二十六字。其下有文十七行，行三十七字。'明君明府'皆平阙，'我君高迁'之句，'君'字亦平阙。其后有题名五行。"

"鲁相韩敕"，"河南京韩君"，"韩明府名敕字叔节"。看来，以诸侯国相身份亦享有"明府"称号，是很平常的事情。

安徽亳县曹操宗族墓葬元宝坑一号墓出土字砖，可见"吴郡太守曹鼎"（16）身份。清理简报执笔者写道："元十六号字砖的曹鼎，见于文献者有两人：一为中长侍曹腾之弟曾任河间相的曹鼎；一为太祖从弟曹洪的伯父曾任尚书令的曹鼎。""字砖中有'河间明府'字的，不知是否河间相鼎。"① 以为"河间相"可以称作"河间明府"。

上文说到冯衍致书称信阳侯阴就"明府"。阴就最高职务为少府。

《后汉书》卷二九《郅恽传》李贤注引《谢沈书》记载，"（郑）敬闲居不修人伦，新迁都尉逼为功曹。厅事前树时有清汁，以为甘露。敬曰：'明府政未能致甘露，此清木汁耳。'辞病去，隐处精学蛾陂中。"② 是功曹称都尉为"明府"之例。

《隶释》卷一五《蜀郡属国辛通达李仲曾造桥碑》说碑上"横刻二十有六字兼篆隶之体，曰：蜀郡属国明府颖川阳翟辛君字通达，犍为李君字仲曾"。可知"蜀郡属国"亦称"明府"。

《三国志》卷五五《吴书·董袭传》："策薨，权年少，初统事，太妃忧之，引见张昭及袭等，问江东可保安否，袭对曰：'江东地势，有山川之固，而讨逆明府，恩德在民。讨虏承基，大小用命，张昭秉众事，袭等为爪牙，此地利人和之时也，万无所忧。'"扬武都尉董袭称讨逆将军孙策为"讨逆明府"，也值得注意。《三国志》卷五七《吴书·虞翻传》："策好驰骋游猎，翻谏曰：'明府用乌集之众，驱散附之士，皆得其死力，虽汉高帝不及也。至于轻出微行，从官不暇严，吏卒常苦之。夫君人者不重则不威，故白龙鱼服，困于豫且，白蛇自放，刘季害之，愿少留意。'"也称孙策为"明府"。裴松之注引《吴书》："得平地，劝策乘马。策曰：'卿无马奈何？'答曰：'翻能步行，日可二百里，自征讨以来，吏卒无及翻者，明府试跃马，翻能疏步随之。'""翻曰：'翻是明府家宝，而以示人，人倘留之，则去明府良佐，故前不行耳。'"又裴松之注引《会稽典录》载翻说昌曰："讨逆明府，

① 安徽省亳县博物馆：《亳县曹操宗族墓葬》，《文物》1978 年第 8 期。
② 李贤注："王莽改新蔡县为新迁也。"

不竟天年。"也是同样的例证。

亦有县级行政长官称作"明府"者。如《三国志》卷一六《魏书·任峻传》："汉末扰乱，关东皆震。中牟令杨原愁恐，欲弃官走。峻说原曰：'董卓首乱，天下莫不侧目，然而未有先发者，非无其心也，势未敢耳。明府若能唱之，必有和者。'"又如《水经注》卷二一《汝水》："（平舆）城南里余有神庙，世谓之'张明府祠'。水旱之不节，则祷之。庙前有圭碑，文字紊碎不可复寻。碑侧有小石函。按《桂阳先贤画赞》：'临武张熹字季智，为平舆令。时天大旱，熹躬祷雩，未获嘉应，乃积薪自焚。主簿侯崇、小吏张化从熹焚焉。火既燎，天灵感应，即澍雨。此熹自焚处也。'"[1] 又如《水经注》卷二九《沔水》引录《神异传》记述的故事："由卷县，秦时长水县也。始皇时县有童谣曰：城门当有血，城陷没为湖。有老妪闻之忧惧，旦往窥城门。门侍欲缚之，妪言其故。妪去后，门侍杀犬以血涂门。妪又往，见血走去，不敢顾。忽有大水长欲没县。主簿令干人白令，令见干曰：'何忽作鱼。'干又曰：'明府亦作鱼。'遂乃沦陷为谷矣。"

县级行政长官有时也称"明府"，或许与县的办公机关有时也称作"府"有关。睡虎地秦简《语书》有这样的文字："……发书，移书曹，曹莫受，以告府，府令曹画之。"整理小组对于"曹"的解释是"郡的属曹"，对于"府"的解释是"府，官府，这里指郡官"。[2] 有学者则认为，这里所谓"府"应是指"县府"。[3] 这样的意见，看来是有道理的。

### 5. "明府"语义解说

《后汉书》卷六七《党锢列传·张俭》："俭得亡命，困迫遁走，望门投止，莫不重其名行，破家相容。后流转东莱，止李笃家。外黄令毛钦操兵到门，笃引钦谓曰：'张俭知名天下，而亡非其罪。纵俭可得，宁忍执之乎？'钦因起抚笃曰：'蘧伯玉耻独为君子，足下如何自专仁义？'笃曰：'笃虽好

---

① 《隶释》卷二〇《张明府祠碑》："平舆县有神庙，谓之张明府祠。水旱之不节则祷之。庙前有圭碑，文字紊碎不可复寻。"

② 睡虎地秦墓竹简整理小组：《睡虎地秦墓竹简》，文物出版社1990年版，释文注释第16页。

③ 陈长琦：《睡虎地秦墓竹简译文商榷（二则）》，《史学月刊》2004年第11期；戴世君：《云梦秦律新解（六则）》，《江汉考古》2008年第4期。

义，明廷今日载其半矣。'"李贤注："明廷犹明府。言不执俭，得义之半也。"

大约"郡府"① 长官可以称"明府"。

而"县廷"② 长官可以称"明廷"。

居延汉简亦可见"明廷"字样：

（4）明廷廷北行木北下□　　六月二十日□（506.21A）

此"明廷"是否与《后汉书》卷六七《党锢列传·张俭》所见"明廷"有关，尚未可轻易断言。

居延汉简又有所谓"明官"：

（5）明官哀怜全命未忍加重诛杀身靡骨不足以报塞厚恩叩头死罪（E. P. T59：110）

（6）明官哀怜不（E. P. F22：823）

"明官"称谓，可以与"明府"、"明廷"联系起来考虑。

---

① 郡级行政机关称"郡府"，见于《汉书》卷九〇《酷吏传·咸宣》："小吏畏诛，虽有盗弗敢发，恐不能得，坐课累府，府亦使不言。"颜师古注："孟康曰：'县有盗贼，府亦并坐，使县不言之也。'师古曰：'府，郡府也。'"《汉书》卷九〇《酷吏传·严延年》："冬月，传属县囚，会论府上。"颜师古注："总集郡府而论杀。"《后汉书》卷六《顺帝纪》："（永和二年）五月，日南叛蛮攻郡府。""（永和三年）五月，吴郡丞羊珍反，攻郡府，太守王衡破斩之。"《续汉书·郡国志一》刘昭注补："应劭《汉官》曰：'尹，正也。郡府听事壁诸尹画赞，肇自建武，讫于阳嘉，注其清浊进退，所谓不隐过，不虚誉，其得述事之实。'"《后汉书》卷二七《张湛传》李贤注："郡守所居曰府。"

② 县级行政机关称"县廷"见于《史记》卷一二四《游侠列传》记录郭解事迹："解执恭敬，不敢乘车入其县廷。"《后汉书》卷三〇下《郎𫖮传》："宗耻以占验见知，闻征书到，夜县印绶于县廷而遁去，遂终身不仕。"《后汉书》卷六八《郭太传》："郭太字林宗，太原界休人也。家世贫贱。早孤，母欲使给事县廷。""庾乘字世游，颍川鄢陵人也。少给事县廷为门士。"郭太"母欲使给事县廷"事，李贤注："《苍颉篇》曰：'廷，直也。'《说文》：'廷，朝中也。'《风俗通》：'廷，正也。言县廷、郡廷、朝廷，皆取平均正直也。'"然而事实上少见"郡廷"，言"廷"常是说"县廷"。如《汉书》卷三三《田儋传》："儋阳为缚其奴，从少年之廷，欲谒杀奴。"颜师古注："廷，县廷之中也。"《汉书》卷八三《朱博传》："姑幕县有群辈八人报仇廷中，皆不得。"颜师古注："于县廷之中报仇杀人，而其贼亡，捕不得也。"《汉书》卷一上《高帝纪上》："及壮，试吏，为泗上亭长，廷中吏无所不狎侮。"所谓"廷中"，颜师古解释说："廷中，郡府廷之中。"似不妥。此"廷中"，应是指县廷。

《隶释》卷六《北海相景君铭》可见"行明"字样。"行明"，应是民众对于行政阶层的一种期望。《说文·朙部》："朙，照也。"段玉裁注："《火部》曰：'照，明也。'小徐作'昭'。《日部》曰：'昭，明也。'《大雅·皇矣》传曰：'照临四方曰明。'凡明之至则曰'明明'。'明明'，犹'昭昭'也。《大雅·大明》、《常武》传皆云：'明明，察也。'《诗》言'明明'者五。《尧典》言'朙朙'者一。《礼记·大学》篇曰：'大学之道，在明明德。'郑云：'明明德，谓显明其至德也。'《有驷》：'在公明明'，郑笺云：在于公之所但明明德也。引《礼记》'大学之道，在明明德'。夫由微而著，由著而极，光被四表，是谓'明明德'于天下。"汉代社会对"明"的政治追求已经十分明朗。在这一认识基点上理解"明府""明廷"称谓的意义，也许是适宜的。

汉代政治语汇中又可见所谓"明主"。"明主"在前四史中出现的频度颇为惊人。"明主"称谓的使用，体现了汉代政治理念的特色。"明主"与"明府"、"明廷"的关系，也是显而易见的。这样的称谓在政治生活中的频繁使用，体现"明"作为理想政治基本特征的意义。

### 6. 关于"明府傃怜"

《后汉书》卷六四《吴佑传》说到酒泉太守吴佑执法故事：

> 安丘男子毋丘长与母俱行市，道遇醉客辱其母，长杀之而亡，安丘追踪于胶东得之。佑呼长谓曰："子母见辱，人情所耻。然孝子忿必虑难，动不累亲。今若背亲逞怒，白日杀人，赦若非义，刑若不忍，将如之何？"长以械自系，曰："国家制法，囚身犯之。明府虽加哀矜[1]，恩无所施。"佑问长有妻子乎？对曰："有妻未有子也。"即移安丘逮长妻，妻到，解其桎梏，使同宿狱中，妻遂怀孕。至冬尽行刑，长泣谓母曰："负母应死，当何以报吴君乎？"乃啮指而吞之，含血言曰："妻若生子，名之'吴生'，言我临死吞指为誓，属儿以报吴君。"因投缳而死。

---

[1]　中华书局1965年版，第8册第2126页。

我们以为应当特别注意的，是毋丘长"明府虽加哀矜"语。中华书局标点本《校勘记》："'明府虽加哀矜'，汲本、殿本'矜'作'矜'。按：段注《说文》作'矜'，云从矛令声。"

所谓"明府虽加哀矜"，正可与简（1）"明府俭怜全命未忍行重法"对照读。联系前引居延汉简"明官哀怜"简例：（5）"明官哀怜全命未忍加重诛杀身靡骨不足以报塞厚恩叩头死罪"（E. P. T59：110），（6）"明官哀怜不"（E. P. F22：823），可知（1）与（5）句式几乎完全相同。看来，"明府俭怜"很可能是当时有关刑罚事务的通行文例。

# 论秦汉"魁"及相关称谓

社会称谓是社会等级和社会身份公认的标号。其形成和演变，是当时社会生活情状的反映，也往往可以看作社会结构的标志和社会意识的体现。秦汉时期是社会等级关系和社会族群关系变化复杂的特殊的历史阶段。当时社会称谓中，"魁"有首长、领袖的意义。亦多用于称异族、下众头领而具有某种鄙薄意味。"魁"字原义谓高大有力。相关称谓"魁帅"、"魁率"等，从特定层面和特定角度反映了秦汉社会历史的风貌。

秦汉时期"魁"及相关称谓，可以作为社会史考察的有价值的标本。相关讨论，当有益于深化对秦汉社会结构和生活场景的认识。

### 1. "里魁""里唯"

从睡虎地秦简的内容看，秦时作为基层行政组织的"里"大致有如下职能：组织生产，控制户口，维持治安，派发徭役，以及协助政府机构完成其他各种行政任务，等等。关于当时"里"的管理人员，《秦律杂抄》可见"典、老"并称的条文（三一），整理者释为"里典（正）、伍老，相当后世的保甲长"。[1]《法律答问》又见"典、伍"并称简例（二〇），被解释为"里典和同伍的人"。[2] 明确的"里典"称谓，见于《法律答问》（一九八），

---

[1]　睡虎地秦墓竹简整理小组编：《睡虎地秦墓竹简》，文物出版社1990年版，释文第87页。

[2]　同上书，释文第98页。

《封诊式》（五二）（六三）①，都可以证实"里典"作为"里"的管理者的真实存在。

秦汉时期"里"的首长除"里典"外，又有"里正"②、"里长"③、"里吏"④、"里长老"⑤、"里父老"⑥、"里祭酒"⑦、"里祭尊"⑧ 等种种称谓，似乎制度并不一律。⑨

"里"这样的基层社会单元的领导者，在秦汉时期又曾经以"魁"作为称号。《续汉书·百官志五·亭里》：

> 里有里魁，民有什伍，善恶以告。本注曰：里魁掌一里百家。什主十家，伍主五家，以相检察。民有善事恶事，以告监官。

刘昭注补："《风俗通》曰：'《周礼》五家为邻，四邻为里。里者，止也。里有司，司五十家，共居止，同事旧欣，通其所也。'"

这里所说的"里魁掌一里百家"，《史记》卷一一〇《匈奴列传》司马贞《索隐》引《续汉书·百官志》作"里魁主一里百家"。"掌"和"主"，文意是接近的。

我们注意到汉印有"少年唯印"、"少年唯印大幸"、"麝于少年唯"、

---

① 《睡虎地秦墓竹简》，释文第 141、156、158 页。

② 《韩非子·右经说二》。《汉书》卷九〇《酷吏传·尹赏》。《汉书》卷七六《韩延寿传》："治城郭，收赋租，先明布告其日，以期会为大事，吏民敬畏趋乡。又置正、五长，相率以孝弟，不得舍奸人。闾里仟佰有非常，吏辄闻知，奸人莫敢入界。"所谓"置正、五长"，颜师古注："正若今之乡正、里正也。五长，同伍之中置一人为长也。"

③ 《方言》卷一三。

④ 《史记》卷八九《张耳陈余列传》，第2572页。《春秋繁露·止雨》。又《汉书》卷二四上《食货志上》颜师古注："孟康曰：'里胥，如今里吏也。'"

⑤ 《后汉书》卷二五《卓茂传》。

⑥ 《史记》卷一二六《滑稽列传》，《汉书》卷二四上《食货志上》，《汉书》卷四〇《陈平传》。

⑦ 《隶释》卷一六《中部碑》题名可见"里祭酒"14 例。洪适写道："此碑所书里祭酒，虽未详所出，殆是闾里高年，如乡三老之类者。"

⑧ 罗福颐编《汉印文字征》有"外里祭尊"（第一·三，第七·七），文物出版社1978年版。罗福颐主编《秦汉南北朝官印征存》有"安民里祭尊"（396）、"外里祭尊"（401）、"襄里祭尊"（1005），文物出版社1987年版。

⑨ 参看王子今《"闾左"为"里佐"说》，《西北大学学报》（哲学社会科学版）1985年第1期。

"常乐少年唯印"等。① "里唯"称谓见于汉印者，则有"木里唯印"、"房里唯印"、"东里唯"②、"筐里唯印"③、"滇里唯印"、"中里唯印"、"□里唯印"、"户加里唯印"、"强里唯印"、"宗里唯"④ 等。罗福颐按："传世有里唯印，不见有里魁印，疑里唯即里魁。"⑤ 罗说以"里唯印"作为"里魁"身份的实物证明，是可以赞同的意见。

《通典》卷三六《职官十八》关于"后汉官秩差次"，有总数统计："……右内外文武官七千五百六十七人⑥，内外诸司职掌人一十四万五千四百一十九人。⑦ 都计内外官及职掌人十五万二千九百八十六人。其内有里魁，里数及命数未详。"⑧ "其内有里魁，里数及命数未详"，《东汉会要》卷二二《职官四·官数》引作："其乡有里魁，里数及命数未详。"⑨ 可能更为准确。原文是说，乡一级管理体系包括"里魁"设置，但是"里数"总和和任职"里魁"者的人数总和都不能明确。

"里魁"虽然是最基层的管理者，地位并不高，但是在底层社会结构中往往显示领导者的威权，于社会秩序的稳定，作用是重要的。

### 2. "党魁"："党人"领袖

《后汉书》卷八七《党锢列传》记载："张俭乡人朱并承望中常侍侯览意旨，上书告俭与同乡二十四人别相署号，共为部党，图危社稷。以俭及檀彬、褚凤、张肃、薛兰、冯禧、魏玄、徐干为'八俊'，田林、张隐、刘表、薛郁、王访、刘祗、宣靖、公绪恭为'八顾'，朱楷、田盘、疏耽、薛

---

① 王子今：《说秦汉"少年"与"恶少年"》，《中国史研究》1991 年第 4 期。《秦汉南北朝官印征存》，1003，1112—1117，1152，1158，1161，第 176、191、195、201—203、194 页。

② 《汉印文字征》，第二·六，第十二·二。

③ 罗福颐编：《汉印文字征补遗》，文物出版社 1982 年版，第十二·七。

④ 《秦汉南北朝官印征存》，1088—1095，1170，1111，第 190—192、204、194 页。

⑤ 《秦汉南北朝官印征存》，第 191 页。

⑥ 原注："一千五十五人内，六千五百一十二人外。"

⑦ 原注："一万四千二百二十五人内职，掌令史、御属、从事、职佐、员吏、待诏、卒骑、治礼郎、假佐、官骑及鼓吹、宰者、屠者、士卫、缇骑、导从、领士、乌桓骑等。一十三万一千一百九十四人外职，掌员吏、书佐、假佐、亭长、乡有秩、三老、游徼、家什等。"

⑧ 《通典》，上海古籍出版社 1984 年版，第 204—205 页。

⑨ 《东汉会要》，上海古籍出版社 1978 年版，第 337 页。

敦、宋布、唐龙、嬴咨、宣褒为'八及',刻石立墠,共为部党,而俭为之魁。灵帝诏刊章捕俭等。"李贤注:"魁,大帅也。"因宦官集团首领侯览指使下朱并的举报,张俭被指私结"部党"之"魁",成为"党锢"迫害的重要对象之一。

当时已经有明确的"党魁"称谓。《后汉书》卷六七《党锢列传·夏馥》写道:

> 馥虽不交时宦,然以声名为中官所惮,遂与范滂、张俭等俱被诬陷,诏下州郡,捕为党魁。

《高士传》卷下《夏馥》:"灵帝即位,中常侍曹节等专朝,禁锢善士,谓之'党人'。馥虽不交时官,然声名为节等所惮,遂与汝南范滂、山阳张俭等数百人并为节所诬,悉在党中。诏下郡县,各捕以为党魁。"

所谓"党魁",就是"党人"的领袖。关于党人中"天下名士""称号",与前引"张俭乡人朱并承望中常侍侯览意旨,上书告俭与同乡二十四人别相署号,共为部党"不同,又有另一种"八俊"、"八顾"、"八及"等组合。《后汉书》卷六七《党锢列传》写道:"自是正直废放,邪枉炽结,海内希风之流,遂共相摽搒,指天下名士,为之称号。上曰'三君',次曰'八俊',次曰'八顾',次曰'八及',次曰'八厨',犹古之'八元'、'八恺'也。窦武、刘淑、陈蕃为'三君'。君者,言一世之所宗也。李膺、荀翌、杜密、王畅、刘佑、魏朗、赵典、朱寓为'八俊'。俊者,言人之英也。郭林宗、宗慈、巴肃、夏馥、范滂、尹勋、蔡衍、羊陟为'八顾'。顾者,言能以德行引人者也。张俭、岑晊、刘表、陈翔、孔昱、苑康、檀敷、翟超为'八及'。及者,言其能导人追宗者也。度尚、张邈、王考、刘儒、胡母班、秦周、蕃向、王章为'八厨'。厨者,言能以财救人者也。"其中列入"八顾"的羊陟,也有被称作"党魁"的文献记录。据《后汉书》卷六〇下《蔡邕传》,在党事中蔡邕也遭遇宦官势力陷构,不得不努力洗脱:"初,邕与司徒刘合素不相平,叔父卫尉质又与将作大匠阳球有隙。球即中常侍程璜女夫也,璜遂使人飞章言邕、质数以私事请托于合,合不听,邕含隐切,志欲相中。于是诏下尚书,召邕诘状。邕上书自陈曰:'臣被召,问以大鸿胪刘合前为济阴太守，臣属吏张宛长休百日，合为司隶，又托河内郡吏李奇为州书佐，及营护故河南尹羊陟、侍御史胡母班，合不为用致怨之状。臣征营怖悸，肝胆涂地，不知死命所在。窃自寻案，实属宛、奇，不及陟、班。凡休假小吏，非结恨之本。与陟姻家，岂敢申助私党？如臣父子欲相伤陷，当明言台阁，具陈恨状所缘。内无寸事，而谤书外发，宜以臣对与合参验。……'"就此《后汉书》李贤注又提供了新的信息：

> 《邕集》其奏曰："邕属张宛长休百日，合假宛五日；复属河南李奇为书佐，合不为召；太山党魁羊陟与邕季父卫尉质对门九族，质为尚书，营护阿拥，令文书不觉，合被诏书考胡母班等，辞与陟为党，质及邕频诣合问班所及，合不应，遂怀怨恨，欲必中伤合。"制曰："下司隶校尉正处上。"《邕集》作"綦母班"也。

其中"太山党魁羊陟"的说法出现在蔡邕上奏这种正式文字中，因而特别值得我们注意。

《后汉书》卷六三《李固传》记载："永和中，荆州盗贼起，弥年不定，乃以固为荆州刺史。固到，遣吏劳问境内，赦寇盗前衅，与之更始。于是贼帅夏密等敛其魁党六百余人，自缚归首。固皆原之，遣还，使自相招集，开示威法。半岁间，余类悉降，州内清平。"则是"寇盗""贼"众的首领也称"党魁"的例证。

### 3. "魁帅"与"魁率"

汉代文献可见"魁"和"帅"并说的情形。

《汉书》卷九二《游侠传》序写道："自魏其武安淮南之后，天子切齿。卫、霍改节，然郡国豪桀，处处各有。京师亲戚，冠盖相望。亦古今常道，莫足言者。唯成帝时外家王氏宾客为盛，而楼护为帅。及王莽时诸公之间，陈遵为雄。闾里之侠，原涉为魁。""魁"和"帅"、"雄"义近。

《释名》卷七《释兵》关于"盾"的解说，说到有一种称作"吴魁"的盾，手持者的身份称"魁帅"：

盾，遁也。跪其后，避以隐遁也。大而平者曰"吴魁"，本作于吴，为魁帅者所持也。

因为使用者是"魁帅"，出产于吴地的这种盾的名号于是称"吴魁"。

《后汉书》卷一下《光武帝纪下》记述建武十六年（40）平定地方反叛势力的策略，直接使用了"魁帅"称谓：

> 郡国大姓及兵长、群盗处处并起，攻劫在所，害杀长吏。郡县追讨，到则解散，去复屯结。青、徐、幽、冀四州尤甚。冬十月，遣使者下郡国，听群盗自相纠擿，五人共斩一人者，除其罪。吏虽逗留回避故纵者，皆勿问，听以禽讨为效。其牧守令长坐界内盗贼而不收捕者，又以畏愞捐城委守者，皆不以为负，但取获贼多少为殿最，唯蔽匿者乃罪之。于是更相追捕，贼并解散。徙其魁帅于它郡，赋田受禀，使安生业。自是牛马放牧，邑门不闭。①

"群盗"的领袖称作"魁帅"。

地方豪强危害社会亦阻碍国家行政的"奸邪"势力的头目也被称为"魁帅"。《后汉书》卷三〇下《襄楷传》引襄楷上疏言"太原太守刘瓆、南阳太守成瑨，志除奸邪，其所诛剪，皆合人望，而陛下受阉竖之谮乃远加考逮"，李贤注引《谢承书》曰：

> 刘瓆字文理，平原人。迁太原太守。郡有豪强，中官亲戚，为百姓所患。瓆深疾之，到官收其魁帅杀之，所臧匿主人悉坐伏诛。

---

① 宋代学者李弥逊就此有所评议："盗贼之发，始于贫穷。乘法令废弛之后，至其蔓则难图也。自古衰乱之余，天下蜂起矣。《书》曰：'抚我则后，虐我则雠。'雠我则为寇，后我则为民。创业之君，在于所以抚御之而已，必曰锄治之尽根株乃止，是使无遗民也。御之在制以法，抚之在怀以恩。爵禄固不可以人及，给田受廪，俾安生业，还为吾民，斯所以怀之也。建武之诏，其得抚御之方欤！"《筠溪集》卷九《议古》"光武听群盗自相纠擿"条。元代学者陈世隆《北轩笔记》也写道："非帝少在民间，熟知盗情，亦不能为此法也。"顾炎武《日知录》卷一二《盗贼课》举述这一史事，有如下评价赞赏刘秀的策略："光武精于吏事，故其治盗之方如此。天下之事得之于疏，而失之于密，大抵皆然，又岂独盗贼课哉？"

而朝廷竟然以严厉手段惩治刘瓆，"桓帝征诣廷尉，以瓆宗室，不忍致之于刑，使自杀。"

少数民族首领被称作"魁帅"的情形，已见于《汉书》卷八《宣帝纪》："羌虏降服，斩其首恶大豪杨玉、酋非首。"颜师古注："文颖曰：'羌胡名大帅为酋，如中国言魁。非首，其名也。'""师古曰：'文说失矣。酋者，自其魁帅之称，而此酋不当其义也。盖首恶者，唱首为恶也。大豪者，魁帅也。杨玉及酋非皆人名，言斩此二人之首级耳。既已言大豪，不当重言酋。且《赵充国传》又云酋非、杨玉首，此其明验也。"看来，颜师古的判断可能比较接近历史真实。而"羌胡名大帅为酋，如中国言魁"，"酋者，自其魁帅之称"，"大豪者，魁帅也"，文说和颜注意见并没有什么不同。

又如《后汉书》卷二〇《祭肜传》关于征讨"赤山乌桓"的记载，也说到"魁帅"：

> 初，赤山乌桓数犯上谷，为边害，诏书设购赏，切责州郡，不能禁。肜乃率励偏何，遣往讨之。永平元年，偏何击破赤山，斩其魁帅，持首诣肜，塞外震詟。肜之威声，畅于北方，西自武威，东尽玄菟及乐浪，胡夷皆来内附，野无风尘。乃悉罢缘边屯兵。

可知北边少数民族"赤山乌桓"的领袖也被称作"魁帅"。《三国志》卷五五《吴书·黄盖传》：

> 拜武锋中郎将。武陵蛮夷反乱，攻守城邑，乃以盖领太守。时郡兵才五百人，自以不敌，因开城门，贼半入，乃击之，斩首数百，余皆奔走，尽归邑落。诛讨魁帅，附从者赦之。自春讫夏，寇乱尽平，诸幽邃巴、醴、由、诞邑侯君长，皆改操易节，奉礼请见，郡境遂清。

是"蛮夷反乱"首领、"贼""寇乱"首领称"魁帅"。又如《三国志》卷六〇《吴书·周鲂传》所见战争策略："今举大事，自非爵号无以劝之，乞请将军、侯印各五十纽，郎将印百纽，校尉、都尉印各二百纽，得以假授诸魁帅，奖厉其志，并乞请幢麾数十，以为表帜，使山兵吏民，目瞻见之，知去就之分已决，承引所救画定。又彼此降叛，日月有人，阔狭之间，辄得闻知。""令于郡界求山谷魁帅为北贼所闻知者，令与北通。"以及《三国志》卷六〇《吴书·钟离牧传》："……即率所领，晨夜进道，缘山险行，垂二千里，从塞上，斩恶民怀异心者魁帅百余人及其支党凡千余级。"也都反映"魁帅"称谓用以指代"蛮夷""恶民"领袖的情形。

与"魁帅"形成对应关系的，我们又看到"魁率"称谓。

《三国志》卷二三《魏书·赵俨传》记录了赵俨处理一次兵变的方式："署军复前四十里，兵果叛乱，未知署吉凶。而俨自随步骑百五十人，皆与叛者同部曲，或婚姻，得此问，各惊，被甲持兵，不复自安。俨欲还，既等以为'今本营党已扰乱，一身赴之无益，可须定问'。俨曰：'虽疑本营与叛者同谋，要当闻行者变，乃发之。又有欲善不能自定，宜及犹豫，促抚宁之。且为之元帅，既不能安辑，身受祸难，命也。'遂去。"赵俨以勇敢镇定的态度说服叛乱者，成功平息事变：

> 行三十里止，放马息，尽呼所从人，喻以成败，慰励恳切。皆慷慨曰："死生当随护军，不敢有二。"前到诸营，各召料简诸奸结叛者八百余人，散在原野，惟取其造谋魁率治之，余一不问。郡县所收送，皆放遣，乃即相率还降。

所谓"其造谋魁率"，是指策动发起叛乱的首要人物。

《资治通鉴》卷六七"汉献帝建安二十年"记录此事，关于"惟取其造谋魁率治之"，胡三省注："率，读曰帅。"其实，"魁率"和"魁帅"并没有什么不同。

### 4."魁"的字义

"魁"谓壮大。起初是说身形体貌。《史记》卷七五《孟尝君列传》："孟尝君过赵，赵平原君客之。赵人闻孟尝君贤，出观之，皆笑曰：'始以薛公为魁然也，今视之，乃眇小丈夫耳。'孟尝君闻之，怒。客与俱者下，斫击杀数百人，遂灭一县以去。"所谓"魁然"，所谓"眇小丈夫"，并不是说孟尝君"贤"与不"贤"。又如《史记》卷五五《留侯世家》太史公曰："余以为其人魁梧奇伟，至见其图，状貌如妇人好女。"《索隐述赞》于是说："嗟彼雄略，曾非魁岸。"对于所谓"魁梧"，裴骃《集解》："应劭曰：'魁梧，丘虚壮大之意。'"《汉书》卷四〇《张陈王周传》赞曰："闻张良之智勇，以为其貌魁梧奇伟，反若妇人女子。"对于"魁梧"的解释，颜师古注："魁，大貌也。……"《汉书》卷四五《江充传》："充为人魁岸，容貌甚壮。"颜师古注："魁，大也。岸者，有廉棱如崖岸之形。"《汉书》卷九四下《匈奴传下》："外国天性忿鸷，形容魁健，负力怙气，难化以善，易隶以恶，其强难诎，其和难得。"颜师古注："魁，大也。"又前引《后汉书》李贤注："魁，大帅也。"《三国志》卷一二《魏书·何夔传》裴松之注引华峤《汉书》："身长八尺五寸，体貌魁梧。"《三国志》卷一五《魏书·司马朗传》裴松之注引司马彪《序传》："长八尺三寸，腰带十围，仪状魁岸。"《三国志》卷一八《典韦传》："形貌魁梧，旅力过人。"[1]"魁"，也是"体貌"、"仪状"、"形貌"的表现。大概，"魁"字起初的意义"壮大""强""健"，是言其身骨之高壮，体能之健力。这很可能是早期社会以"负力怙气"竞争取胜成为领袖人物者通常的形貌。

《汉书》卷九〇《酷吏传·尹赏》说，长安治安危机严重，"奸猾浸多，闾里少年群辈杀吏，受赇报仇，相与探丸为弹，得赤丸者斫武吏，得黑丸者斫文吏，白者主治丧；城中薄暮尘起，剽劫行者，死伤横道，枹鼓不绝。"长安令尹赏以极其严酷的手段镇压，"赏所置皆其魁宿，或故吏善家子失计随轻黠愿自改者，财数十百人，皆贳其罪，诡令立功以自赎。尽力有效者，因亲用之为爪牙，追捕甚精，甘耆好恶，甚于凡吏。"利用类似后世黑社会组织中的"魁宿"以为"爪牙"，成功扭转了局势，使得"盗贼止，郡国亡命散走，各归其处，不敢窥长安"。颜师古注："魁，根本也。""魁宿"即"奸猾""盗贼"暴力集团的主要骨干。《尚书·武成》谴责纣"为天下逋逃主"，汉代学者孔安国解释说："逋，亡也。天下罪人逃亡者，而纣为魁主。"也是汉代人往往以"魁"为贬义语的例证。《三国志》卷一《魏书·武帝纪》裴松之注引皇甫谧《逸士传》："及袁绍与弟术丧母，归葬汝南，

---

[1]　《太平御览》卷四九六引《江表传》："典韦容貌魁桀，名冠三军。"

（王）儁与公会之，会者三万人。公于外密语儁曰：'天下将乱，为乱魁者必此二人也。欲济天下，为百姓请命，不先诛此二子，乱今作矣。'"曹操和王儁密谈，称袁绍、袁术兄弟为"乱魁"，"魁"字的使用习惯倾重于否定的情形，也是明显的。又如《三国志》卷一七《张郃传》裴松之注引《魏略》说："（夏侯）渊虽为都督，刘备惮郃而易渊。及杀渊，备曰：'当得其魁，用此何为邪！'""魁"通常是指敌对势力的重要人物。

"魁"又用以形容德才突出，是后来的事。这应当与所谓"闻"其"智勇"，"以为其貌魁梧奇伟"一类思维习惯有关系。《吕氏春秋·劝学》："圣人生于疾学，不疾学而能为魁士名人者，未之尝有也。"对于"魁士名人"，高诱注："魁大之士，名德之人。"《汉书》卷八七上《扬雄传上》所谓"皋、伊之徒，冠伦魁能"，也说明了同样的事实。

顾炎武在《日知录》卷三二"魁"条下对于"魁"的字义有专门的论说。他写道："今人所奉魁星，不知始自何年，以奎为文章之府，故立庙祀之，乃不能像奎，而改奎为'魁'，又不能像魁，而取之字形，为鬼举足，而起其斗。不知奎为北方玄武七宿之一。魁为北斗之第一星，所主不同，而二字之音亦异。今以文而祀，乃不于奎而于魁，宜乎今之应试而获中者皆不识字之人与？又今人以榜前五名为五魁。《汉书·酷吏传》：'所置皆其魁宿。'《游侠传》：'闾里之侠，原涉为魁。'师古曰：'魁者，斗之所用盛而枓之本也。①故言根本者皆云魁。'《说文》：'魁，羹斗也。'赵宦光曰：'斗首曰魁，因借凡首皆谓之魁。'其见于经者，《书·胤征》之'歼厥渠魁'，《记·曲礼》之'不为魁，主人能，则执兵而陪其后'。"顾炎武又说：

然则五魁之名，岂佳语哉。或曰：里有里魁，市有市魁，皆长帅之意。要非雅俊之目。②

---

① 原注：《天文》：北斗魁为首，末为枓。《淮南子注》："斗第一星至第四为魁，第五星至第七为枓。"

② 原注：《吕氏春秋》有魁士名人，此用魁字之始。《国语》："幽王荡以为魁陵，粪土、沟渎。"韦昭解："小阜曰魁。"《列子》："以君之力，曾不能损魁父之丘。"《史记·赵世家》："嬴姓将，大败周人于范魁之西。"《鲍宣传》："白首耆艾，魁垒之士。"《杨雄传》：《甘泉赋》："冠伦魁能。"又《仪礼·士冠礼》："素积白屦，以魁柎之。"注："魁，蜃蛤。"

他还写道："近时人好以魁命名，亦取五魁之义。古人以魁命名者绝少。《左传》有鄅魁垒、卢蒲就魁。《吕氏春秋》：齐王杀燕将张魁。"① 顾炎武认为，"魁"之称谓，"里有里魁，市有市魁，皆长帅之意。要非雅俊之目"。

虽说"魁"并非"雅俊之目"，然而对于"魁"的身份又有使用"俊"字的表现方式。例如明人彭大翼撰《山堂肆考》卷二三三《补遗·文史》有"枭俊"条，写道：

> 斩其首而悬之，曰枭。俊，敌之魁率也。《汉·陈汤传》："枭俊擒敌之臣。"

《汉书》卷七〇《陈汤传》记载，陈汤和甘延寿在西域"擅兴师矫制"，诛杀匈奴郅支单于，报奏时称："斩郅支首及名王以下。宜县头藁街蛮夷邸间，以示万里，明犯强汉者，虽远必诛。"后因罪徙敦煌，又徙安定，后来"议郎耿育上书言便宜，因冤讼汤"，涉及"枭俊"的原文是："今国家素无文帝累年节俭富饶之畜，又无武帝荐延枭俊禽敌之臣，独有一陈汤耳！"颜师古注："枭谓斩其首而县之也。俊谓敌之魁率，郅支是也。《春秋左氏传》曰'得俊曰克'。"

以"雅俊"之语"俊"谓"敌之魁率"，似未必表现"魁"的抬升，其实或可以理解为"俊"的屈下。而"俊"，本来亦有"大"的涵义。②

明代学者方以智《通雅》卷二《疑始·论古篆古音》"顽颊颧一字"条说，"颧、馗通声，犹魁、渠，毬、鞠，邱、区之类。"同书卷四《释诂·

---

① 《日知录集释》，岳麓书社1994年版，第1155—1156页。秦克诚点校作："《游侠传》：'闾里之侠，原涉为魁师。'古曰：魁者，斗之所用盛而杓之本也。""师古"名字分断，甚误。

② 《大戴礼记》卷二《夏小正》："正月，……时有俊风。俊者，大也。大风，南风也。何大于南风也？曰：合冰必于南风，解冰必于南风，生必于南风，收必于南风，故大之也。"用以称人也是同样。（元）虞集《道园学古录》卷九《说》"李克畯字说"条："子之名字，盖取《帝典》'克明俊德'之言而制之也。'克明俊德'者，古先圣人之盛者也，而人常易言之，由不察也。集闻之俊、畯字通用，而《礼记》又作'峻'，盖同为高大之义。故释者曰：'俊，大也。'而世人谓'俊'为轻俊捷疾之名，则失之矣。夫所谓俊彦、俊乂、俊、民俊士者，皆以其有大德也。配英、配豪、配氂、配杰而言者，皆以其高出千万人之上者也。然而高大之人，见理必易于常人，其才则似乎轻捷矣，而非'俊'之本义也。斯言得之矣、是故愚欲子为高大之'俊'而不欲子为轻捷之'俊'也。"

古隽》"劀义以义断制也"条也说："盖古者专、甹不分，犹丘、区，魁、渠之声，如湍与溥、甄与甂之类。"其实，在秦汉时期已经有"魁"、"渠"并用以鄙称异族群、异等级首领人物的例证。"魁"和"渠"的共通关系是大致明确的。而"魁"、"渠""通声"而其义"不分"的认识，也有益于说明秦汉社会称谓研究面对的这一特殊现象。对于取用"渠"字的社会称谓，可以专文讨论。

《后汉书》卷三八《杨琁传》有"雄渠魁长"的说法。后来又出现"魁"、"渠"二字并用的"魁渠"称谓，如"魁渠豪酋"①、"魁渠首恶"②一类。与"魁渠"对应的身份是"支党"③、"余党"④、"残党"⑤、"党师"⑥等。从追随"魁渠"的下属往往称"党"这样的语词关系看，上文说到的"党魁"的涵义更为明朗。

## 居延汉简购赏文书所见"渠率"

居延汉简有购赏文书，其中出现"渠率"称谓。说明"渠率"指代的身份，对于理解汉代社会关系有一定的积极意义。从现有资料看，作为当时较通行社会称谓的"渠率"，一般指非正统的与汉王朝持不合作甚至敌对态度的社会力量的首领。政府文书中所见"渠率"，往往有明显的贬义。

### 1. 居延简文"渠率"称谓

居延汉简出现"渠率"称谓的简文，有称"海贼"首领为"渠率"者。例如：

---

① （唐）樊衡：《为幽州长史薛楚玉破契丹露布》，《文苑英华》卷六四七。
② 《平定台湾纪略》卷五六。
③ （唐）司空图《华帅许国公德政碑》："魁渠折首，支党束身。"《司空表圣文集》卷六《杂著》。
④ （明）张岳《极陈地方苗患并论征剿抚守利害疏》："诛其魁渠，其余党必震栗愿招。"《小山类稿》卷四《奏议四·总督湖广川贵稿》。
⑤ （明）张岳《苗贼突劫思州疏》："诛之不能尽其类，抚之未能服其心。魁渠漏网，残党窜伏，敢潜入于僻郡，致祸延于生灵。"《小山类稿》卷五《奏议五·总督湖广川贵稿》。
⑥ （清）朱彝尊《中宪大夫知思州府事陆公墓志铭》："诱降其魁渠，释其党师。"《曝书亭集》卷七八《墓志铭五》。

　　　　☑书七月己酉下∨一事丞相所奏临淮海贼∨乐浪辽东
　　　　☑得渠率一人购钱卅万诏书八月己亥下∨一事大（33.8）

内容涉及海上反政府武装力量的活动，地域幅面甚为广大，由"临淮"至于"乐浪辽东"。而"得渠率一人购钱卅万"，数额也比较大。简文提供了非常重要的关于治安史和航海史的信息，其中"海贼"称谓的出现，早于正史的记载。① 又如：

　　　　群辈贼杀吏卒毋大爽宜以时伏诛愿设购赏有能捕斩严歆君阑等渠率一人购钱十万党与五万吏捕斩强力者比三辅
　　　　☑司劾臣谨☑如☑言可许臣请☑☑严歆等渠率一人☑党与五万☑（503.17，503.8）

由简文可知是明确的"购赏"文书。"渠率"应是"严歆君阑等""群辈贼杀吏卒"武装势力的首领。"渠率"和"党与"的对应关系也是明朗的。《潜夫论·断讼》："《春秋》之义，责知诛率。"汪继培笺引王侍郎云："《昭二十六年》：'尹氏、召伯、毛伯以王子朝奔楚'，何休注云：'立王子朝，独举尹氏，出奔并举召伯、毛伯者，明本在尹氏，当先诛渠率，后治其党。'是诛率也。"又说："《盐铁论·疾贪》篇云：'《春秋》刺讥，不及庶人，责其率也。'《汉书·孙宝传》云：'《春秋》之义，诛首恶而已。'皆用公羊谊。"彭铎指出"王绍兰又补《公羊》一条"，即王绍兰《潜夫论笺序》："《断讼》篇'诛率'，《公羊·隐五年》：'卫师入盛'，传：'君将不言率师，书其重者也。'何休注云：'分别之者，责元率。'"②
　　对于"渠率"的解说，沈刚《居延汉简语词汇释》引录《中国简牍集成》的意见：

────────

　　① 参看王子今、李禹阶《汉代的"海贼"》，《中国史研究》2010年第1期；王子今：《居延简文"临淮海贼"考》，《考古》2011年第1期。
　　② （汉）王符著，（清）汪继培笺，彭铎校正：《潜夫论笺校正》，中华书局1985年版，第229—230、486页。

渠率（503.17；503.8；33.8）

1. 又作渠帅，首领。（《集成》八，P122）

2. 首领。（《集成》五，P85）①

简号标注"503.17；503.8"似有不妥，仍应作"503.17，503.8"。"渠率""又作渠帅"的说法是正确的，《经典释文》卷二〇："渠率，所类反，或作帅。"汉代文献"渠率"与"渠帅"同义。

　　"渠率"确实往往又作"渠帅"。正史有对非正统武装势力使用此类称谓的情形。如《三国志》卷一四《魏书·刘晔传》写道，"扬士多轻侠狡桀"，而"（郑）宝最骁果，才力过人，一方所惮"。当时"欲驱略百姓越赴江表"的刘晔在宴饮时杀郑宝，"晔即乘宝马，将家僮数人，诣宝营门，呼其渠帅，喻以祸福，皆叩头开门内晔。晔抚慰安怀，咸悉悦服，推晔为主"。郑宝的武装，确实在主流政治体制之外。又如《三国志》卷二六《魏书·满宠传》记载，"时袁绍盛于河朔，而汝南绍之本郡，门生宾客布在诸县，拥兵拒守。太祖忧之，以宠为汝南太守。宠募其服从者五百人，率攻下二十余壁，诱其未降渠帅，于坐上杀十余人，一时皆平。得户二万，兵二千人，令就田业。"袁绍的追随者，在历史描述中使用"渠帅"称谓，也体现了史家的正统意识。类似情形又有《三国志》卷五四《吴书·周瑜传》："（建安）十一年，督孙瑜等讨麻、保二屯，枭其渠帅，囚俘万余口。"

　　在史籍中行为比较醒目的"渠率"或"渠帅"，有盗贼"渠率"、盗贼"渠帅"，蛮夷"渠率"、蛮夷"渠帅"等。

### 2. 盗贼"渠率"

　　《史记》卷一二二《酷吏列传》："自温舒等以恶为治，而郡守、都尉、诸侯二千石欲为治者，其治大抵尽放温舒，而吏民益轻犯法，盗贼滋起。南阳有梅免、白政，楚有殷中、杜少，齐有徐勃，燕赵之闲有坚卢、范生之属。大群至数千人，擅自号，攻城邑，取库兵，释死罪，缚辱郡太守、都尉，杀二千石，为檄告县趣具食；小群以百数，掠卤乡里者，不可胜数也。

---

① 沈刚：《居延汉简语词汇释》，科学出版社 2008 年版，第 238 页。

于是天子始使御史中丞、丞相长史督之。犹弗能禁也，乃使光禄大夫范昆、诸辅都尉及故九卿张德等衣绣衣，持节，虎符发兵以兴击，斩首大部或至万余级，及以法诛通饮食，坐连诸郡，甚者数千人。数岁，乃颇得其渠率。"事又见《汉书》卷九〇《酷吏传·咸宣》，关于"渠率"，颜师古注："渠，大也。"

《汉书》卷七六《王尊传》记载："湖三老公乘兴等上书讼尊治京兆功效日著。"言及"往者南山盗贼阻山横行，剽劫良民，杀奉法吏，道路不通，城门至以警戒"，"尊尽节劳心，夙夜思职，卑体下士，厉奔北之吏，起沮伤之气，二旬之间，大党震坏，渠率效首"。也称"盗贼"领袖为"渠率"。"渠率"和"大党"的对应关系，值得注意。《汉书》卷七七《孙宝传》："鸿嘉中，广汉群盗起，选为益州刺史。广汉太守扈商者，大司马车骑将军王音姊子，软弱不任职。宝到部，亲入山谷，谕告群盗，非本造意。渠率皆得悔过自出，遣归田里。自劾矫制，奏商为乱首，《春秋》之义，诛首恶而已。商亦奏宝所纵或有渠率当坐者。商征下狱，宝坐失死罪免。"也是"群盗"首领称"渠率"文例。

桓谭上奏曾经说到"盗贼""渠率"。《后汉书》卷二八上《桓谭传》："今圣朝兴复祖统，为人臣主，而四方盗贼未尽归伏者，此权谋未得也。臣谭伏观陛下用兵，诸所降下，既无重赏以相恩诱，或至虏掠夺其财物，是以兵长渠率，各生狐疑，党辈连结，岁月不解。"其中"兵长渠率"称谓，是指"降下"的"四方盗贼"中的重要人物，而与其对应的"党辈"称谓也值得在讨论"渠率"身份时思考。据《三国志》卷一八《魏书·吕虔传》记载，吕虔以诱杀其渠率的方式平定炅母作乱："襄贲校尉杜松部民炅母等作乱，与昌豨通。太祖以虔代松。虔到，招诱炅母渠率及同恶数十人，赐酒食。简壮士伏其侧，虔察炅母等皆醉，使伏兵尽格杀之。抚其余众，群贼乃平。"所说"渠率及同恶数十人"，应是炅母的主要干部。《三国志》卷二六《魏书·牵招传》："将兵督青、徐州郡诸军事，击东莱贼，斩其渠率，东土宁静。""渠率"是"东莱贼"的首领。正史所见"盗贼""渠率"，与居延汉简中"临淮海贼""渠率"、"群辈贼""渠率"身份是相近的。

"盗贼""渠率"又作"渠帅"。《汉书》卷七六《张敞传》："天子引见敞，拜为冀州刺史。敞起亡命，复奉使典州。既到部，而广川王国群辈不道，贼连发，不得。敞以耳目发起贼主名区处，诛其渠帅"。《汉书》卷八三《薛宣传》："广汉郡盗贼群起，丞相御史遣掾史逐捕不能克。上乃拜河东都尉赵护为广汉太守，以军法从事。数月，斩其渠帅郑躬，降者数千人，乃平。"颜师古注："渠，大也。"

《后汉书》卷一上《光武帝纪上》："是时长安政乱，四方背叛。梁王刘永擅命睢阳，公孙述称王巴蜀，李宪自立为淮南王，秦丰自号楚黎王，张步起琅邪，董宪起东海，延岑起汉中，田戎起夷陵，并置将帅，侵略郡县。又别号诸贼铜马、大肜、高湖、重连、铁胫、大抢、尤来、上江、青犊、五校、檀乡、五幡、五楼、富平、获索等，各领部曲，众合数百万人，所在寇掠。"李贤注："诸贼或以山川土地为名，或以军容强盛为号。铜马贼帅东山荒秃、上淮况等，大肜渠帅樊重，尤来渠帅樊崇，五校贼帅高扈，檀乡贼帅董次仲，五楼贼帅张文，富平贼帅徐少，获索贼帅古师郎等，并见《东观记》。""渠帅"和"贼帅"并称，其行为是"所在寇掠"。其中"铜马"所部为刘秀成功收编，其"渠帅"成为光武帝阵营中的贵族军官。"光武击铜马于鄡，吴汉将突骑来会清阳。贼数挑战，光武坚营自守；有出卤掠者，辄击取之，绝其粮道。积月余日，贼食尽，夜遁去，追至馆陶，大破之。受降未尽，而高湖、重连从东南来，与铜马余众合，光武复与大战于蒲阳，悉破降之，封其渠帅为列侯。降者犹不自安，光武知其意，敕令各归营勒兵，乃自乘轻骑按行部陈。降者更相语曰：'萧王推赤心置人腹中，安得不投死乎！'由是皆服。悉将降人分配诸将，众遂数十万，故关西号光武为'铜马帝'。"对于"封其渠帅为列侯"，李贤注："渠，大也。《尚书》：'歼厥渠魁。'"又《后汉书》卷一八《陈俊传》："从击铜马于清阳，进至蒲阳，拜强弩将军。与五校战于安次，俊下马，手接短兵，所向必破，追奔二十余里，斩其渠帅而还。光武望而叹曰：'战将尽如是，岂有忧哉！'"也是铜马军主要军官称"渠帅"之例。王匡、王凤等起义英雄，也曾经称作"渠帅"。《后汉书》卷一一《刘玄传》："王莽末，南方饥馑，人庶群入野泽，掘凫茈而食之，更相侵夺。新市人王匡、王凤为平理诤讼，遂推为渠帅，众数百人。于是诸亡命马武、王常、成丹等往从之；共攻离乡聚，臧于绿林中，数月间至七八千人。"樊崇的赤眉军同样，《后汉书》卷一一《刘盆子传》："会更始都洛阳，遣使降崇。崇等闻汉室复兴，即留其兵，自将渠帅二十余人，随使者至洛阳降更始，皆封为列侯。"当时各地群雄称"渠帅"的类似例证，又有《后汉书》卷一七《冯异传》："异兵食渐盛，乃稍诛击豪杰不从令者，褒赏降附有功劳者，悉遣其渠帅诣京师，散其众归本业。"《后汉书》卷一八《吴汉传》："汉乃乘桴沿江下巴郡，杨伟、徐容等惶恐解散，汉诛其渠帅二百余人，徙其党与数百家于南郡、长沙而还。"《后汉书》卷一九《耿弇传》："（张步）乃与三弟蓝、弘、寿及故大彤渠帅重异等兵号二十万，至临淄大城东，将攻弇。"《后汉书》卷二一《任光传》："力子都者，东海人也。起兵乡里，钞击徐、兖界，众有六七万。更始立，遣使降，拜子都徐州牧。为其部曲所杀，余党复相聚，与诸贼会于檀乡，因号为檀乡。檀乡渠帅董次仲始起茌平，遂渡河入魏郡清河，与五校合，众十余万。"《后汉书》卷二二《杜茂传》："与中郎将王梁击五校贼于魏郡、清河、东郡，悉平诸营保，降其持节大将三十余人，三郡清静，道路流通。"所谓"持节大将"，李贤注："《续汉书》曰：'降其渠帅大将军杜猛、持节光禄大夫董歆等。'"

　　《后汉书》卷二九《鲍昱传》："建武初，太行山中有剧贼，太守戴涉闻昱鲍永子，有智略，乃就谒，请署守高都长。昱应之，遂讨击群贼，诛其渠帅，道路开通，由是知名。"是控制局部区域的地方武装领袖，也称"渠帅"。又如《后汉书》卷三一《郭伋传》："（建武五年）转为渔阳太守。渔阳既离王莽之乱，重以彭宠之败，民多猾恶，寇贼充斥。伋到，示以信赏，纠戮渠帅，盗贼销散。"

　　"盗贼"首领被称为"渠帅"的情形很常见。《后汉书》卷二五《鲁恭传》："迁乐安相。是时东州多盗贼，群辈攻劫，诸郡患之。恭到，重购赏，开恩信，其渠帅张汉等率支党降，恭上以汉补博昌尉，其余遂自相捕击，尽破平之，州郡以安。"《后汉书》卷二六《赵憙传》："迁憙平原太守。时平原多盗贼，憙与诸郡讨捕，斩其渠帅，余党当坐者数千人。憙上言'恶恶止其身，可一切徙京师近郡'。帝从之，乃悉移置颍川、陈留。"《后汉书》卷三八《度尚传》："（张）磐因自列曰：'前长沙贼胡兰作难荆州，余党散入交阯。磐身婴甲胄，涉危履险，讨击凶患，斩殄渠帅，余尽鸟窜冒遁，还奔荆州。'"《后汉书》卷四三《朱穆传》："永兴元年，河溢，漂害人庶数十万户，百姓荒馑，流移道路。冀州盗贼尤多，故擢穆为冀州刺史。州人有宦者三人为中常侍，并以檄谒穆。穆疾之，辞不相见。冀部令长闻穆济河，解印绶去者四十余人。及到，奏劾诸郡，至有自杀者。以威略权宜，尽诛贼渠帅。"所谓"贼渠帅"、"盗贼""渠帅"，都指武装反抗群众的领袖。

《后汉书》卷三一《羊续传》："后安风贼戴风等作乱，续复击破之，斩首三千余级，生获渠帅，其余党辈原为平民，赋与佃器，使就农业。"由所谓"斩首三千余级，生获渠帅"，可大略推知"渠帅"统领部众数量规模可能达到的程度或可数以千计。[1]《后汉书》卷五四《杨赐传》："赐时在司徒，召掾刘陶告曰：'张角等遭赦不悔，而稍益滋蔓，今若下州郡捕讨，恐更骚扰，速成其患。且欲切敕刺史、二千石，简别流人，各护归本郡，以孤弱其党，然后诛其渠帅，可不劳而定，何如？'"可知黄巾起义领袖也被称作"渠帅"。"渠帅"统领的部众称作"其党"。《后汉书》卷七一《皇甫嵩传》说黄巾军组织："众徒数十万，连结郡国，自青、徐、幽、冀、荆、杨、兖、豫八州之人，莫不毕应。遂置三十六方。方犹将军号也。大方万余人，小方六七千，各立渠帅。"是更明确的可以体现"渠帅"权力的例证。

《后汉书》卷三一《贾琮传》："中平元年，交阯屯兵反，执刺史及合浦太守，自称'柱天将军'。灵帝特敕三府精选能吏，有司举琮为交阯刺史。琮到部，讯其反状，咸言赋敛过重，百姓莫不空单，京师遥远，告冤无所，民不聊生，故聚为盗贼。琮即移书告示，各使安其资业，招抚荒散，蠲复徭役，诛斩渠帅为大害者，简选良吏试守诸县，岁间荡定，百姓以安。巷路为之歌曰：'贾父来晚，使我先反；今见清平，吏不敢饭。'"[2]《后汉书》卷三八《法雄传》："永初三年，海贼张伯路等三千余人，冠赤帻，服绛衣，自称'将军'，寇滨海九郡，杀二千石令长。初，遣侍御史庞雄督州郡兵击之，伯路等乞降，寻复屯聚。明年，伯路复与平原刘文河等三百余人称'使者'。攻厌次城，杀长吏，转入高唐，烧官寺，出系囚，渠帅皆称'将军'，共朝谒伯路。伯路冠五梁冠，佩印绶，党众浸盛。"张伯路属下"将军"被正史执笔者写作"渠帅"，正可与居延汉简所见"临淮海贼"中"渠率"对

---

① 类同资料又有《后汉书》卷六五《段颎传》："杀其渠帅，斩首三千余级。"

② 《后汉书》卷八《灵帝纪》："（中平元年六月）交阯屯兵执刺史及合浦太守来达，自称'柱天将军'，遣交阯刺史贾琮讨平之。"

照理解。由前引《续汉书》"降其渠帅大将军"，又很可能交阯叛兵"渠帅""自称'柱天将军'"例，以及《法雄传》所见"渠帅皆称'将军'"事，可知这些武装首领的"渠帅"名号，只是史家记录的敌对的正统政治势力对他们的蔑称。

《三国志》卷二四《魏书·韩暨传》："（韩暨）乃变名姓，隐居避乱鲁阳山中。山民合党，欲行寇掠。暨散家财以供牛酒，请其渠帅，为陈安危。山民化之，终不为害。"本来"欲行寇掠"的"山民"，使用"渠帅"称谓是正常的情形。《三国志》卷四三《蜀书·张嶷传》："建兴五年，丞相亮北住汉中，广汉、绵竹山贼张慕等钞盗军资，劫掠吏民，嶷以都尉将兵讨之。嶷度其鸟散，难以战禽，乃诈与和亲，克期置酒。酒酣，嶷身率左右，因斩慕等五十余级，渠帅悉珍。寻其余类，旬日清泰。"则说蜀地"山贼""渠帅"事。《三国志》卷四五《蜀书·邓芝传》："涪陵国人杀都尉反叛，芝率军征讨，即枭其渠帅，百姓安堵。"也是类似史料。又可见"山越""渠帅"，《三国志》卷五七《吴书·虞翻传》裴松之注引《吴书》："（孙）策讨山越，斩其渠帅，悉令左右分行逐贼。"[①]

《三国志》卷五五《吴书·甘宁传》："（甘宁）少有气力，好游侠，招合轻薄少年，为之渠帅；群聚相随，挟持弓弩，负毦带铃，民闻铃声，即知是宁。人与相逢，及属城长吏，接待隆厚者乃与交欢；不尔，即放所将夺其资货，于长吏界中有所贼害，作其发负，至二十余年。"甘宁的团伙，严重危害社会治安，其身份称"渠帅"，也是自然的。

### 3. 蛮夷"渠率"

《史记》卷二〇《建元以来侯者年表》记载："（安远侯）郑吉，家在会稽。以卒伍起从军为郎，使护将弛刑士田渠梨。会匈奴单于死，国乱，相攻，日逐王将众来降汉，先使语吉，吉将吏卒数百人往迎之。众颇有欲还者，斩杀其渠率，遂与俱入汉。"被杀"渠率"是"来降汉"又"欲还者"的首领，似直接指降而又叛者的"渠率"。其实"渠率"指称蛮夷"渠率"

---

① 又如《三国志》卷六一《吴书·陆胤传》："赤乌十一年，交阯九真夷贼攻没城邑，交部骚动。以胤为交州刺史、安南校尉。胤入南界，喻以恩信，务崇招纳，高凉渠帅黄吴等支党三千余家皆出降。"

的例证很多。

《汉书》卷六《武帝纪》记载，元鼎六年（前111），"定越地，以为南海、苍梧、郁林、合浦、交阯、九真、日南、珠厓、儋耳郡"。颜师古注："应劭曰：'郡在大海中崖岸之边。出真珠，故曰珠厓。儋耳者，种大耳。渠率自谓王者耳尤缓，下肩三寸。'张晏曰：'《异物志》二郡在海中，东西千里，南北五百里。珠厓，言珠若崖矣。儋耳之云，镂其颊皮，上连耳匡，分为数支，状似鸡肠，累耳下垂。"应劭说其"渠率自谓王者"当是指最高首领。

《后汉书》卷五《安帝纪》李贤注引《东观记》曰："蛮田山、高少等攻城，杀长吏。州郡募五里蛮夷、六亭兵追击，山等皆降。赐五里、六亭渠率金帛各有差。"

《三国志》卷二八《魏书·毌丘俭传》："右北平乌丸单于寇娄敦、辽西乌丸都督率渠率二十余人为侯、王，赐舆马缯彩各有差。"是乌丸首领称"渠率"，其身份可与"侯、王"相当。著名的诸葛亮"七纵七禽"孟获的故事，《三国志》卷三五《蜀书·诸葛亮传》裴松之注引《汉晋春秋》："南中平，皆即其渠率而用之。"也是蛮夷首领称"渠率"的例证。《资治通鉴》卷七〇"魏文帝黄初六年"："益州、永昌、牂柯、越巂四郡皆平，亮即其渠率而用之。"胡三省注："渠，大也。渠率，大率也。率，与帅同。"

少数民族反抗势力的领袖"渠率"，也往往被称为"渠帅"。

例如，《后汉书》卷六五《张奂传》："迁使匈奴中郎将。时休屠各及朔方乌桓并同反叛，烧度辽将军门，引屯赤坑，烟火相望。兵众大恐，各欲亡去。奂安坐帷中，与弟子讲诵自若，军士稍安。乃潜诱乌桓阴与和通，遂使斩屠各渠帅，袭破其众。诸胡悉降。"说到匈奴和乌桓"渠帅"。《后汉书》卷二《明帝纪》：永平二年（59），"辽东太守祭肜使鲜卑击赤山乌桓，大破之，斩其渠帅"。也说乌桓"渠帅"。关于匈奴和乌桓部族领袖被称作"渠帅"的史例，又有《后汉书》卷八九《南匈奴列传》："单于上言：'……臣与诸王骨都侯及新降渠帅杂议方略，皆曰宜及北虏分争，出兵讨伐，破北成南，并为一国，令汉家长无北念。'""遂绳索相悬，上通天山，大破乌桓，悉斩其渠帅，还得汉民，获其畜生财物。"

《后汉书》卷一九《耿夔传》："后复为长水校尉，拜五原太守，迁辽东太守。元兴元年，貊人寇郡界，夔追击，斩其渠帅。"则说貊人"渠帅"。

《后汉书》卷三《章帝纪》：章和元年（87），"烧当羌寇金城，护羌校尉刘盱讨之，斩其渠帅。"《后汉书》卷六五《段颎传》："永康元年，当煎诸种复反，合四千余人，欲攻武威，颎复追击于鸾鸟，大破之，杀其渠帅，斩首三千余级，西羌于此弭定。""颎自率步骑进击水上，羌却走，因与恺等挟东西山，纵兵击破之，羌复败散。颎追至谷上下门穷山深谷之中，处处破之，斩其渠帅以下万九千级，获牛马驴骡毡裘庐帐什物，不可胜数。"都是羌人"渠帅"故事。关于武都方面汉羌形势，《后汉书》卷八七《西羌传》又写道："初，武都塞上白马羌攻破屯官，反叛连年。二年春，广汉属国都尉击破之，斩首六百余级，马贤又击斩其渠帅饥指累祖等三百级，于是陇右复平。"

《后汉书》卷一八《臧宫传》："十一年，将兵至中卢，屯骆越。是时公孙述将田戎、任满与征南大将军岑彭相拒于荆门，彭等战数不利，越人谋畔从蜀。宫兵少，力不能制。会属县送委输车数百乘至，宫夜使锯断城门限。令车声回转出入至旦。越人候伺者闻车声不绝，而门限断，相告以汉兵大至。其渠帅乃奉牛酒以劳军营。宫陈兵大会，击牛酾酒，飨赐慰纳之，越人由是遂安。"说到了越人"渠帅"。

《后汉书》卷三八《度尚传》："尚躬率部曲，与同劳逸，广募杂种诸蛮夷，明设购赏，进击，大破之，降者数万人。桂阳宿贼渠帅卜阳、潘鸿等畏尚威烈，徙入山谷。"又《后汉书》卷三八《杨琁传》："灵帝时为零陵太守。是时苍梧、桂阳猾贼相聚，攻郡县，贼众多而琁力弱，吏人忧恐。琁乃特制马车数十乘，以排囊盛石灰于车上，系布索于马尾，又为兵车，专彀弓弩，克期会战。乃令马车居前，顺风鼓灰，贼不得视，因以火烧布，布然马惊，奔突贼阵，因使后车弓弩乱发，钲鼓鸣震。群盗波骇破散，追逐伤斩无数，枭其渠帅，郡境以清。"所谓"桂阳宿贼"以及"苍梧、桂阳猾贼"，很可能以当地少数民族为主，其首领也称"渠帅"。

《后汉书》卷八五《东夷列传·高句骊》："后句骊王宫生而开目能视，国人怀之，及长勇壮，数犯边境。和帝元兴元年春，复入辽东，寇略六县，太守耿夔击破之，斩其渠帅。""建光元年春，幽州刺史冯焕、玄菟太守姚光、辽东太守蔡讽等将兵出塞击之，捕斩濊貊渠帅，获兵马财物。"都说到东北少数民族领袖"渠帅"。又《三国志》卷三〇《魏书·东夷传·东沃沮》："汉建武六年，省边郡，都尉由此罢。其后皆以其县中渠帅为县侯，不耐、华丽、沃沮诸县皆为侯国。"《后汉书》卷八五《东夷列传·东沃沮》："至光武罢都尉官，后皆以封其渠帅，为沃沮侯。其土迫小，介于大国之间，遂臣属句骊。句骊复置其中大人为使者，以相监领，责租税，貂布鱼盐，海中食物，发美女为婢妾焉。"刘秀"罢都尉官，后皆以封其渠帅，为沃沮侯"，而"句骊复置其中大人为使者，以相监领"，此中"渠帅"和"大人"的关系值得注意。

又《三国志》卷三〇《魏书·东夷传·濊》："自单单大山领以西属乐浪，自领以东七县，都尉主之，皆以濊为民。后省都尉，封其渠帅为侯，今不耐濊皆其种也。"①《三国志》卷三〇《魏书·东夷传·韩》："弁辰亦十二国，又有诸小别邑，各有渠帅，大者名臣智，其次有险侧，次有樊濊，次有杀奚，次有邑借。"《后汉书》卷八五《东夷列传·三韩》则说是辰韩国情："辰韩，耆老自言秦之亡人，避苦役，适韩国，马韩割东界地与之。其名国为邦，弓为弧，贼为寇，行酒为行觞，相呼为徒，有似秦语，故或名之为秦韩。有城栅屋室。诸小别邑，各有渠帅，大者名臣智，次有俭侧，次有樊秖，次有杀奚，次有邑借。"其首领有"臣智"、"险侧（俭侧）"、"樊濊（樊秖）"、"杀奚"、"邑借"不同等级，而统称"渠帅"。注意这一情形，当有助于理解汉光武帝对于东沃沮人"皆以其县中渠帅为县侯"，"封其渠帅，为沃沮侯"，而句骊"复置其中大人为使者"的情形。《三国志》卷三〇《魏书·东夷传·韩》裴松之注引《魏略》："至王莽地皇时，廉斯锱为辰韩右渠帅，闻乐浪土地美，人民饶乐，亡欲来降。"辰韩"右渠帅"职位，也值得注意。

《后汉书》卷八六《南蛮传》："有邑君长，皆赐印绶，冠用獭皮。名渠帅曰精夫，相呼为姎徒。今长沙武陵蛮是也。""安帝元初二年，澧中蛮以郡县徭税失平，怀怨恨，遂结充中诸种二千余人，攻城杀长吏。州郡募五里蛮六亭兵追击破之，皆散降。赐五里、六亭渠帅金帛各有差。明年秋，溇

---

① 《后汉书》卷八五《东夷列传·濊》："建武六年，省都尉官，遂弃领东地，悉封其渠帅为县侯，皆岁时朝贺。"

中、澧中蛮四千人并为盗贼。又零陵蛮羊孙、陈汤等千余人，著赤帻，称将军，烧官寺，抄掠百姓。州郡募善蛮讨平之。"维护汉王朝权威的如"五里蛮六亭兵"这样的"善蛮"首领，依然称作"渠帅"。《南蛮传》又写道："其珠崖、儋耳二郡在海洲上，东西千里，南北五百里。其渠帅贵长耳，皆穿而缒之，垂肩三寸。"是知有的部族，"渠帅"装饰与常人不同。类同的记述，又有《后汉书》卷八六《西南夷传·哀牢》："哀牢人皆穿鼻儋耳，其渠帅自谓王者，耳皆下肩三寸，庶人则至肩而已。"

《后汉书》卷八六《南蛮传》又写道："（建武）十八年，遣伏波将军马援、楼船将军段志，发长沙、桂阳、零陵、苍梧兵万余人"，远征征侧、征贰。"明年夏四月，援破交阯，斩征侧、征贰等，余皆降散。进击九真贼都阳等，破降之。徙其渠帅三百余口于零陵。于是领表悉平。""和帝永元十二年夏四月，日南、象林蛮夷二千余人寇掠百姓，燔烧官寺，郡县发兵讨击，斩其渠帅，余众乃降。""桓帝永寿三年，居风令贪暴无度，县人朱达等及蛮夷相聚，攻杀县令，众至四五千人，进攻九真，九真太守儿式战死。""遣九真都尉魏朗讨破之，斩首二千级，渠帅犹屯据日南，众转强盛。""渠帅"自有其威望和影响，对于地方安定的作用，是显著的。《后汉书》卷八六《南蛮传·巴郡南郡蛮》写道："和帝永元十三年，巫蛮许圣等以郡收税不均，怀怨恨，遂屯聚反叛。明年夏，遣使者督荆州诸郡兵万余人讨之。圣等依凭阻隘，久不破。诸军乃分道并进，或自巴郡、鱼复数路攻之，蛮乃散走，斩其渠帅，乘胜追之，大破圣等。"这里所说被击斩的"渠帅"，还并不是"巫蛮"的最高领袖。《三国志》卷三九《蜀书·马良传》："东征吴，遣良入武陵招纳五溪蛮夷，蛮夷渠帅皆受印号，咸如意指。"则记述了汉末情形。

《后汉书》卷八六《南蛮传·板楯蛮夷》写道："至高祖为汉王，发夷人还伐三秦。秦地既定，乃遣还巴中，复其渠帅罗、朴、督、鄂、度、夕、龚七姓，不输租赋，余户乃岁入賨钱，口四十。世号为板楯蛮夷。"可知所谓"渠帅"者，是少数族中的大姓，有实际上的贵族身份。其特权得到汉王朝的确认，而与同部族中的"渠帅"大姓之外的"余姓"不同。

《后汉书》卷八六《西南夷传》记述："建武十八年，夷渠帅栋蚕与姑复、楪榆、梇栋、连然、滇池、建伶、昆明诸种反叛，杀长吏。益州太守繁胜与战而败，退保朱提。十九年，遣武威将军刘尚等发广汉、犍为、蜀郡人及朱提夷，合万三千人击之。尚军遂度泸水，入益州界。群夷闻大兵至，皆弃垒奔走，尚获其羸弱、谷畜。二十年，进兵与栋蚕等连战数月，皆破之。明年正月，追至不韦，斩栋蚕帅，凡首虏七千余人，得生口五千七百人，马三千疋，牛羊三万余头，诸夷悉平。"这一记载中"夷渠帅栋蚕"与"栋蚕帅"两种表述形式，可以对照理解。

"渠帅"在部族战争中承担责任，因胜负而致生死。《后汉书》卷八六《西南夷传·哀牢》："永平元年，姑复夷复叛，益州刺史发兵讨破之，斩其渠帅，传首京师。""（汉安帝元初）五年，卷夷大牛种封离等反畔，杀遂久令。明年，永昌、益州及蜀郡夷皆叛应之，众遂十余万，破坏二十余县，杀长吏，燔烧邑郭，剽略百姓，骸骨委积，千里无人。"朝廷征讨，"大破之，斩首三万余级，获生口千五百人，资财四千余万"，于是，"封离等惶怖，斩其同谋渠帅，诣竦乞降，竦厚加慰纳。其余三十六种皆来降附"。封离"斩其同谋渠帅""乞降"，使战事平息。然而"其同谋渠帅"的命运，却归于极惨烈的悲剧结局。

《后汉书》卷八七《西羌传》："时滇吾附落转盛，常雄诸羌，每欲侵边者，滇吾转教以方略，为其渠帅。"关于滇吾与汉中央政权或反或降的经历，《西羌传》又写道："以谒者窦林领护羌校尉，居狄道。林为诸羌所信，而滇岸遂诣林降。林为下吏所欺，谬奏上滇岸以为大豪，承制封为归义侯，加号汉大都尉。明年，滇吾复降，林复奏其第一豪，与俱诣阙献见。帝怪一种两豪，疑其非实，以事诘林。林辞窘，乃伪对曰：'滇岸即滇吾，陇西语不正耳。'帝穷验知之，怒而免林官。会凉州刺史又奏林臧罪，遂下狱死。"这一故事中涉及的"大豪"、"第一豪"的身份，也可以帮助我们理解"渠帅"称谓的涵义。

《三国志》卷二五《魏书·杨阜传》："（马）超率诸戎渠帅，而张鲁又遣大将杨昂以助之，凡万余人，攻城。"所谓"诸戎渠帅"者，"渠帅"明确是指少数族领袖。《三国志》卷二六《魏书·郭淮传》裴松之注引《世语》："淮妻，王凌之妹。凌诛，妹当从坐，御史往收。督将及羌、胡渠帅数千叩头请淮表留妻，淮不从。妻上道，莫不流涕，人人扼腕，欲劫留之。"所谓"羌、胡渠帅"，体现了这一称谓与当时民族意识的关系。而所谓"羌、胡渠帅数千人"，则体现"渠帅"称谓指代的社会等级有时并不很高。

### 4. 田叔故事和司马相如故事中的"渠率"

甚至并没有武装反抗行为，只是以上访请愿的形式表示对执政者的不满的民众首领，也被斥之为"渠率"。例如，《史记》卷一〇四《田叔列传》记载：田叔为梁孝王杀袁盎案建议汉景帝"上毋以梁事为也"，"景帝大贤之，以为鲁相。鲁相初到，民自言相，讼王取其财物百余人。田叔取其渠率二十人，各笞五十，余各搏二十，怒之曰：'王非若主邪？何自敢言若主！'鲁王闻之大惭，发中府钱，使相偿之。相曰：'王自夺之，使相偿之，是王为恶而相为善也。相毋与偿之。'于是王乃尽偿之。"在此"讼王取其财物百余人"之中，"田叔取其渠率二十人"，可知这些被认定为"渠率"者，作为"首领"，其影响力其实是相当有限的。《汉书》卷三七《田叔传》写道："相初至官，民以王取其财物自言者百余人。叔取其渠率二十人笞。"《汉书》"校勘记"写道："景佑、殿、局本都作'十'。王先谦说作'十'是。"① 如果"'十'是"确实，则这些"渠率"和"党与"的比例大约不过 1：10。看来，他们应是民间实际影响力非常有限的个人。他们所代表的社会力量并没有形成团体，也是确定的。

《汉书》卷五七下《司马相如传下》记载西南夷开发事："相如为郎数岁，会唐蒙使略通夜郎、僰中，发巴蜀吏卒千人，郡又多为发转漕万余人，用军兴法诛其渠率。巴蜀民大惊恐。上闻之，乃遣相如责唐蒙等，因谕告巴蜀民以非上意。"这些"渠率"是巴蜀地方民众即"巴蜀民"的领袖，是并没有任何罪责而被诛杀的。"用军兴法诛其渠率"，《史记》卷一一七《司马相如列传》写作"用兴法诛其渠帅"。

### 5. "渠率"身份分析

"渠率"、"渠帅"作为领袖人物，自有其威望。《三国志》卷九《魏书·夏侯渊传》裴松之注引《世语》说夏侯称事迹："自孺子而好合聚童儿，为之渠帅，戏必为军旅战陈之事，有违者辄严以鞭捶，众莫敢逆。"虽

---

① 《汉书》，中华书局 1962 年版，第 1985 页。

然是儿童游戏，仿拟现实社会境况必然真实，违者辄严惩而"众莫敢逆"，正体现了"渠率"、"渠帅"在相应社会群体中的权势。

《史记》卷一〇六《吴王濞列传》说"吴楚七国之乱"事："诸侯既新削罚，振恐，多怨晁错。及削吴会稽、豫章郡书至，则吴王先起兵，胶西正月丙午诛汉吏二千石以下，胶东、菑川、济南、楚、赵亦然，遂发兵西。齐王后悔，饮药自杀，畔约。济北王城坏未完，其郎中令劫守其王，不得发兵。胶西为渠率，胶东、菑川、济南共攻围临菑。赵王遂亦反，阴使匈奴与连兵。"所谓"胶西为渠率，胶东、菑川、济南共攻围临菑"，《汉书》卷三五《吴王刘濞传》写作："胶西王、胶东王为渠率，与菑川、济南共攻围临菑。"《史》《汉》"胶西为渠率"或者"胶西王、胶东王为渠率"是说他们在齐地的叛乱行为中充当首领角色。在整个叛军中，其实并不是最高首长。

《后汉书》卷一下《光武帝纪下》记载："二十五年春正月，……乌桓大人来朝。"李贤注："大人，谓渠帅也。"中华书局标点本《校勘记》："大人谓渠帅也。殿本'大人'作'乌桓'。按《校补》谓当作'大人，乌桓谓渠帅也'，互脱二字。"[1] 然而《后汉书》卷四七《梁慬传》："与匈奴左将军、乌桓大人战，破斩其渠帅，杀三千余人，虏其妻子，获财物甚众。"明说"渠帅"并非"乌桓大人"。又如《三国志》卷三〇《魏书·乌丸传》裴松之注引《魏书》："建武二十五年，乌丸大人郝旦等九千余人率众诣阙，封其渠帅为侯王者八十余人，使居塞内，布列辽东属国、辽西、右北平、渔阳、广阳、上谷、代郡、雁门、太原、朔方诸郡界，招来种人，给其衣食，置校尉以领护之，遂为汉侦备，击匈奴、鲜卑。"[2] 也说明"乌丸大人郝旦"是部族最高领袖，而"其渠帅"至少"八十余人"，应当只是这一民族实体亦政治实体的中层领导。联系前引《史记》卷一〇四《田叔列传》"讼王""百余人"中，"田叔取其渠率二十人，各笞五十"，以及《三国志》卷二六

① 《后汉书》，中华书局 1965 年版，第 1 册第 92 页。
② 《后汉书》卷九〇《乌桓传》："乌桓或愿留宿卫，于是封其渠帅为侯王君长者八十一人，皆居塞内，布于缘边诸郡，令招来种人，给其衣食，遂为汉侦候，助击匈奴、鲜卑。"《三国志》卷三〇《魏书·乌丸传》裴松之注引《魏略》："遣幽州刺史毌丘俭率众军讨辽东。右北平乌丸单于寇娄敦、辽西乌丸都督率众王护留叶，昔随袁尚奔辽西，闻俭军至，率众五千余人降。寇娄敦遣弟阿罗盘等诣阙朝贡，封其渠帅三十余人为王，赐舆马缯采各有差。"

《魏书·郭淮传》裴松之注引《世语》所谓"羌、胡渠帅数千人",也可以知道"渠率""渠帅"在一个群体中的实际数量及其身份等级。马援击征侧、征贰等,又"破降""九真贼都阳等","徙其渠帅三百余口"。又前引《三国志》卷二六《魏书·满宠传》"率攻下二十余壁,诱其未降渠帅,于坐上杀十余人,……得户二万,兵二千人,令就田业",也反映了"渠帅"与"户""兵"的大致比例。由"二十余壁"而"未降渠帅""十余人",推想大约各"壁"分别有一"渠帅",也许也是有道理的。

但是,我们也看到《后汉书》、《续汉书》"大彤渠帅重异"、"檀乡渠帅董次仲",以及"渠帅大将军杜猛、持节光禄大夫董敦等"被称为"持节大将"等历史记录。其部众往往数以万计。而黄巾军"大方万余人,小方六七千,各立渠帅",也是明确的资料。又前引《三国志》卷二八《魏书·毌丘俭传》"右北平乌丸单于寇娄敦、辽西乌丸都督率渠率二十余人为侯、王",虽数目颇为可观,其权位则是"侯、王"。应劭说儋耳"渠率自谓王者",《后汉书》卷八六《西南夷传·哀牢》说哀牢人"其渠帅自谓王者",其地位似乎更高。可知"渠率""渠帅"称谓在具体使用时,其身份等级也并不是十分确定的。

汉代"魁率"称谓,其身份大致与"渠率"近似。《汉书》卷七〇《陈汤传》记载,陈汤和甘延寿在西域"擅兴师矫制",诛杀匈奴郅支单于,报奏时称:"斩郅支首及名王以下。宜县头藁街蛮夷邸间,以示万里,明犯强汉者,虽远必诛。"后因罪徙敦煌,又徙安定,后来"议郎耿育上书言便宜,因冤讼汤",涉及"枭俊"的原文是:"今国家素无文帝累年节俭富饶之畜,又无武帝荐延枭俊禽敌之臣,独有一陈汤耳!"颜师古注:"枭谓斩其首而县之也。俊谓敌之魁率,郅支是也。《春秋左氏传》曰'得俊曰克'。"这是颜师古使用的"魁率"称谓。其实"魁率"一称在东汉晚期可能已经出现。《三国志》卷二三《魏书·赵俨传》记载处理军中哗变事,已见"魁率"称谓:"前到诸营,各召料简诸奸结叛者八百余人,散在原野,惟取其造谋魁率治之,余一不问。"前引李贤注《后汉书》"渠帅"时"《尚书》:'歼厥渠魁'"语,也体现了"魁率"应与"渠率"义近。

《荀子·富国》有"将率不能则兵弱"语。杨倞注:"率,与帅同。"居延汉简可见称匈奴首领为"将率"者:

●其生捕得酋豪王侯君长将率者一人☐吏增秩二等从奴与购如比
（E. P. F22：223）

其斩匈奴将率者将百人以上一人购钱十万吏增秩二等不欲为☐
（E. P. F22：224）

据"●右捕匈奴虏购科赏"（E. P. F22：231），可知其内容亦应属于购赏文书。

由前例所见"酋豪王侯君长将率"，可知"将率"身份等次低于"酋豪王侯君长"。

汉代文献关于军职称谓，又有所谓"队率"。《史记》卷一八《高祖功臣年表》：台侯戴才"以舍人从起砀，用队率入汉"。① 《史记》卷九六《张丞相列传》："（申屠嘉）以材官蹶张从高帝击项籍，迁为队率。"《汉书》卷四二《申屠嘉传》同样的记述，颜师古解释"队率"："一队之率也。"《史记》卷一〇一《袁盎晁错列传》录袁盎语申屠嘉："君乃为材官蹶张，迁为队率，积功至淮阳守，非有奇计攻城野战之功。"又《汉书》卷一六《高惠高后文功臣表》记载："博阳节侯周聚，以卒从丰，以队率入汉。""乐平简侯卫毋择，以队率从起沛。"

说到"魁率"、"将率"、"队率"和"渠率"的关系，不能不注意"率"字的意义。

睡虎地秦墓竹简《法律答问》可见对于"率敖"称谓的说明："可（何）谓'衙（率）敖'？'衙（率）敖'当里典谓殹（也）。"（一九八）整理小组注释："率，通帅。敖，读为豪。古书豪帅同义连用，如《史记》卷一〇八《韩长孺列传》裴骃《集解》引张晏云：'豪，犹帅也。'当时以乡里中豪强有力的人为里正。如《公羊传》宣公十五年注：'一里八十户，……选其耆老有高德者，名为父老；其有辩护伉健者为里正，皆受倍田，得乘马。'"对于"可（何）谓'衙（率）敖'？'衙（率）敖'当里典谓殹（也）"，整理小组译文："什么叫'率敖'？'率敖'就是充当里典。"②

---

① 《汉书》卷一六《高惠高后文功臣表》："戴定侯戴野，以舍人从起砀，用队率入汉。"

② 睡虎地秦墓竹简整理小组：《睡虎地秦墓竹简》，文物出版社1990年版，释文第141页。

秦代"率敖"称谓的理解，"率，通帅"，而"敖，读为豪"，"豪，犹帅也"。如此则汉代称谓用字"率"与"豪"的关系，对于说明社会强有力人物的地位与作用，提示了重要的线索。

# 汉代"处士"及其文化表现——以申屠蟠故事为标本

申屠蟠被看作汉末"处士"的典型。他的历史表现，与以激进态度与黑暗政治抗争的"党人"不同，对于政治取全面回避的态度。"绝迹于梁砀之间"事，显示"避世"地点的选择对这一地区特殊的生态环境和特殊的文化空间的重视。后世对申屠蟠的评价，多赞赏他政治判断的清醒，能够"明哲保身"。甚至以"党人"的人生悲剧作为反衬来夸大对申屠蟠的"智"的肯定。然而也有学者以为"人人如蟠，信明哲矣，一诿诸天，如王室何"，提出了"处士"面对的政治责任和社会责任的问题。宋人曾巩"子龙独幽远"诗句，则可能从更深层次涉及申屠蟠的社会理念和人生追求。不过对这种"幽远"，也许人们各有理解。

## 1. 申屠蟠事迹的历史闪光点

《后汉书》卷五三《申屠蟠传》记录了申屠蟠的主要事迹。包括少年时就表现出的"孝"①、"义"② 等方面的高志卓行，皆为舆论称美，于是早有"高士"之名，成为社会道德典范。③ 当然，学识的优异，是他成为名士的

---

① 《后汉书》卷五三《申屠蟠传》："九岁丧父，哀毁过礼。服除，不进酒肉十余年。每忌日，辄三日不食。"李贤注引《海内先贤传》："蟠在冢侧致甘露、白雉，以孝称。"蔡邕于是有"丧亲尽礼，几于毁灭"的赞叹。

② 《后汉书》卷五三《申屠蟠传》："同郡缑氏女玉为父报仇，杀夫氏之党，吏执玉以告外黄令梁配，配欲论杀玉。蟠时年十五，为诸生，进谏曰：'玉之节义，足以感无耻之孙，激忍辱之子。不遭明时，尚当表旌庐墓，况在清听，而不加哀矜！'配善其言，乃为谳得减死论。乡人称美之。"蔡邕称其"至行美义，人所鲜能"。

③ 晋人《高士传》卷下《申屠蟠》所述，有名节在前，孝父母在后："申屠蟠，字子龙，陈留外黄人也。少有名节，同县缑氏女玉为父报仇，外黄令梁配欲论杀玉。蟠时年十五，为诸生，进谏曰：'玉之节义，足以感无耻之孙，激忍辱之子。不遭明时，尚当表旌庐墓，况在清听，而不加哀矜！'配善其言，乃为谳得减死论。乡人称之。蟠父母卒，哀毁思慕，不饮酒食肉十余年。"

基本条件。① 对于来自上层社会出于欣赏的优遇，申屠蟠竟然拒绝。例如："始与济阴王子居同在太学，子居临殁，以身托蟠，蟠乃躬推辇车，送丧归乡里。遇司隶从事于河巩之间，从事义之，为封传护送，蟠不肯受，投传于地而去。事毕还学。"所谓"为封传护送"，按照李贤的解释，即给予交通条件方面的特殊待遇："传谓符牒。使人监送之。"

申屠蟠多次拒绝权力集团的征举，构成他人格力量最突出的特征。即晋人皇甫谧《高士传》卷下《申屠蟠》所说："前后凡蒲车特征皆不就。"

《后汉书》卷五三《申屠蟠传》记载，他"前后"有这样几次毅然放弃从政机会的表现：

(1) 家贫，佣为漆工。郭林宗见而奇之。同郡蔡邕深重蟠，及被州辟，乃辞让之曰："申屠蟠禀气玄妙，性敏心通，丧亲尽礼，几于毁灭。至行美义，人所鲜能。安贫乐潜，味道守真，不为燥湿轻重，不为穷达易节。方之于邕，以齿则长，以德则贤。"后郡召为主簿，不行。②

(2) 太尉黄琼辟，不就。

(3) 再举有道，不就。③

(4) 大将军何进连征不诣。

(5) 进必欲致之，使蟠同郡黄忠书劝曰："前莫府初开，至如先生，特加殊礼，优而不名，申以手笔，设几杖之坐。经过二载，而先生抗志弥高，所尚益固。窃论先生高节有余，于时则未也。今颍川荀爽载病在道，北海郑玄北面受署。彼岂乐羁牵哉，知时不可逸豫也。昔人之隐，遭时则放声灭迹，巢栖茹薇。其不遇也，则裸身大笑，被发狂歌。今先生处平壤，游人间，吟典籍，袭衣裳，事异昔人，而欲远蹈其迹，不亦难乎! 孔氏可师，何必首阳。"蟠不答。

(6) 中平五年，复与爽、玄及颍川韩融、陈纪等十四人并博士征，不至。

---

① 《后汉书》卷五三《申屠蟠传》："隐居精学，博贯五经，兼明图纬。"又载蔡邕赞语："申屠蟠禀气玄妙，性敏心通。"

② 李贤注："《谢承书》曰'蟠前后征辟，文书悉挂于树，初不顾眄'也。"

③ 李贤注："《谢承书》曰'诏书令郡以礼发遣，蟠到河南万岁亭，折辕而旋'也。"

（7）明年，董卓废立，蟠及爽、融、纪等复俱公车征，唯蟠不到。众人咸劝之，蟠笑而不应。

申屠蟠面对权力者的"召"、"辟"、"举"、"征"，以"不行"、"不就"、"不诣"、"不至"为回应。对于诱引入仕的劝说，或"不答"，或"笑而不应"，表现出内心的高傲。据《后汉书》卷六二《荀爽传》论曰："荀爽、郑玄、申屠蟠俱以儒行为处士，累征并谢病不诣。"可知疾病是通常"不诣"的借口。太尉黄琼曾经辟举申屠蟠，"及琼卒，归葬江夏，四方名豪会帐下者六七千人，互相谈论，莫有及蟠者。唯南郡一生与相酬对，既别，执蟠手曰：'君非聘则征，如是相见于上京矣。'蟠勃然作色曰：'始吾以子为可与言也，何意乃相拘教乐贵之徒邪？'因振手而去，不复与言。"申屠蟠对"非聘则征"，"相见""上京"的预见性言论的反应，所谓"勃然作色"，所谓"振手而去，不复与言"者，体现出和"相拘教乐贵之徒"在精神上鲜明地划清了界线。

在汉末特殊的社会背景下，申屠蟠的另一表现在历史上闪亮过特殊的光耀。《后汉书》卷五三《申屠蟠传》记载：

先是京师游士汝南范滂等非讦朝政，自公卿以下皆折节下之。太学生争慕其风，以为文学将兴，处士复用。蟠独叹曰："昔战国之世，处士横议，列国之王，至为拥篲先驱，卒有坑儒烧书之祸，今之谓矣。"乃绝迹于梁砀之间，因树为屋，自同佣人。居二年，滂等果罹党锢，或死或刑者数百人，蟠确然免于疑论。

申屠蟠的判断，果然成为预言。党锢之祸前后，申屠蟠"绝迹于梁砀之间"的行为，表现出和激进的太学生们的区别。申屠蟠政治意识的消极倾向，值得研究"士史"、知识人心态史的学者关注。

我们还注意到，申屠蟠在生命的早期，据说"家贫，佣为漆工"，在生命的晚期，又"因树为屋，自同佣人"。看来，他曾经有较长时段的社会下层体力劳动生活经历。这种经历对于他能够以平静之心对待孤寂和贫困，应当是有积极作用的。

### 2. "梁砀之间"：适宜"处士"的生态环境和文化空间

传说杭州地方有申屠蟠隐居的遗迹。乾隆《浙江通志》卷四〇《古迹二·杭州府下》有"申屠氏宅"条。引《名胜志》："富阳县申屠山，昔申屠蟠晦党锢之名，避地结庐于此。今千载。子孙家焉。"又写道："谨按《咸淳志》：'富阳屠山，相传有姓申屠者，结庐以居，乃以名其山，复志其里。'考《后汉书·蟠传》，只言'绝迹梁砀之间，后二年，滂等果罹党锢。'未尝至富阳。《名胜志》盖附会也。"又乾隆《大清一统志》卷二一七《杭州府二·古迹》也记载："申屠蟠故宅，在富阳县西南申屠山。时蟠晦党锢之名，结庐于此。今其子孙家焉。"尽管汉末有主要流向为江南地区的移民运动，但是《后汉书》本传"绝迹于梁砀之间"的明确记录告知人们，申屠蟠"避地结庐"的地点并非"富阳"，而是在"梁砀"地方。而所谓"蟠处乱末，终全高志"，最后"年七十四，终于家"的说法，也说明申屠蟠生命终点的空间位置也是著史者所明确的。看来，申屠蟠很可能确实"未尝至富阳"。所谓申屠蟠"避地结庐""富阳县申屠山"的说法应是"附会"。当然，不能排除申屠蟠后人辗转移居江南的可能。

申屠蟠"绝迹于梁砀之间"的选择，应当是经过慎重考虑的。

"梁砀之间"有适合"处士"所居的环境。

《史记》卷八《高祖本纪》有关刘邦早期事迹，有三处说到"泽"：1. "到丰西泽中，止饮，夜乃解纵所送徒。" 2. "高祖被酒，夜径泽中，……" 3. "隐于芒砀山泽岩石之间。"这些关于"泽"的记录，是与我们今天对于芒砀地区地理形势的知识并不符合的。所谓"丰西泽"，又被称为"沛泽"。[①] 这当然和沛在丰东的地理方位不合，但是又使我们得

---

① 班彪《王命论》："唐据火德而汉绍之，始起沛泽，则神母夜号，以章赤帝之符。"见《汉书》卷一〇〇上《叙传上》、《后汉纪》卷五、《文选》卷五二。《元和郡县图志》卷一〇《河南道五·徐州》："沛县，本秦旧县，泗水郡理于此。盖取沛泽为县名。"《舆地广记》卷七《京东西路》："沛县有沛泽，因以为名。"邹逸麟以为"沛泽"和"丰西泽"是两处泽薮。前者在今江苏沛县，后者在今江苏丰县西。邹逸麟：《历史时期华北大平原湖沼变迁述略》，《历史地理》第 5 辑，上海人民出版社 1987 年版，收入《椿庐史地论稿》，天津古籍出版社 2005 年版。

知，丰沛地方是有相当大面积的自然水面或者沼泽湿地的。《史记》卷四八《陈涉世家》记载："二世元年七月，发闾左适戍渔阳，九百人屯大泽乡。""大泽乡"，据裴骃《集解》引徐广曰："在沛郡蕲县。"乡名"大泽"，不会和"泽"没有一点关系。又如《史记》卷九〇《魏豹彭越列传》写道："彭越者，昌邑人也，字仲。常渔巨野泽中，为群盗。""余泽间少年相聚百余人往从彭越，曰：'请仲为长。'"也说反秦武装以"泽"作为依托的情形。《汉书》卷二八下《地理志下》信都国"扶柳"条颜师古注："阚骃云：其地有扶泽，泽中多柳，故曰扶柳。"可知秦汉时期黄河下游及江淮平原，多有"泽"的分布。《汉书》卷一上《高帝纪上》关于刘邦斩蛇故事的记述，有颜师古注："径，小道也。言从小道而行，于泽中过，故其下曰有大蛇当径。"这里所谓"泽"，很可能是指沼泽湿地。另外一则著名的历史事件，即项羽人生悲剧的落幕，也与"泽"造成的交通阻滞有关。《史记》卷七《项羽本纪》："于是羽遂上马，戏下骑从者八百余人，夜直溃围南出驰。平明，汉军乃觉之，令骑将灌婴以五千骑追羽。羽渡淮，骑能属者百余人。羽至阴陵，迷失道，问一田父，田父绐曰'左'。左，乃陷大泽中，以故汉追及之。"邹逸麟曾经讨论"先秦西汉时代湖沼的地域分布及其特点"，指出"根据目前掌握的文献资料，得知周秦以来至西汉时代，黄淮海平原上见于记载的湖沼有四十余处"。所依据的史料为《左传》、《禹贡》、《山海经》、《尔雅·释地》、《周礼·职方》、《史记》、《汉书》等。列表所见湖沼46处，其中黄淮平原33处，有：修泽（今河南原阳西），黄池（今河南封丘南），冯池（今河南荥阳西南），荥泽（今河南荥阳北），圃田泽（原圃）（今河南郑州、中牟间），萑苻泽（今河南中牟东），逢泽（池）（今河南开封东南），孟诸泽（今河南商丘东北），逢泽（今河南商丘南），蒙泽（今河南商丘东北），空泽（今河南虞城东北），菏泽（今山东定陶东北），雷夏泽（今山东鄄城南），泽（今山东鄄城西南），阿泽（今山东阳谷东），大野泽（今山东巨野北），沛泽（今江苏沛县），丰西泽（今江苏丰县西），湖泽（今安徽宿县东北），沙泽（约在今鲁南、苏北一带），余泽（约在今鲁南、苏北一带），浊泽（今河南长葛），狼渊（今河南许昌西），棘泽（今河南新郑附近），鸿隙陂（今河南息县北），洧渊（今河南新郑附近），柯泽（杜预注：郑地），汋陂（杜预注：宋地），圉泽（杜预注：周地），郪泽（杜预注：卫地），琐泽（杜预注：地阙），大坥泽（约在今山东历城东或章丘北），小坥泽（约在今山东淄博迤北一带）。其中 10 处左右位于"梁砀之间"或者邻近地区。① 邹逸麟说："以上仅限于文献所载，事实上古代黄淮海平原上的湖沼，远不止此。""先秦西汉时代，华北大平原的湖沼十分发育，分布很广，可以说是星罗棋布，与今天的景观有很大的差异。"②《史记》卷一二九《货殖列传》写道："夫自鸿沟以东，芒砀以北，属巨野，此梁、宋也。陶、睢阳亦一都会也。昔尧作于成阳，舜渔于雷泽，汤止于亳。其俗犹有先王遗风，重厚多君子，好稼穑，虽无山川之饶，能恶衣食，致其蓄藏。"这里不仅说到了邹逸麟未曾说到的另一处"泽"——"雷泽"，而且提示我们，"芒砀"在西汉时期，曾经是重要的地理坐标。③

与"泽"相应，芒砀地方"山"的形势也与后世明显不同。《史记》卷八《高祖本纪》说："吕后与人俱求，常得之。高祖怪问之。吕后曰：'季所居上常有云气，故从往常得季。'高祖心喜。沛中子弟或闻之，多欲附者矣。"④ 吕雉制造的"云气"神话有益于为刘邦的政治发达造势。而通常情况下隐匿山中寻求者往往不可得，说明了当时芒砀山开发程度的落后和植被条件的优越。

山林水泽的掩护，为刘邦最初力量的聚集和潜伏提供了条件。在刘邦"隐于芒砀山泽岩石之间"的时代，自然生态与后世大异。因为气候的变迁以及人为因素的影响，自然植被和水资源形势都发生了变化。这样的变化，

---

① 即逢泽（池）、孟诸泽、逢泽、蒙泽、空泽、沛泽、丰西泽、湖泽、沙泽、余泽。

② 邹逸麟：《历史时期华北大平原湖沼变迁述略》。

③ 参看王子今《芒砀山泽与汉王朝的建国史》，《中州学刊》2008 年第 1 期；《"斩蛇剑"象征与刘邦建国史的个性》，《史学集刊》2008 年第 6 期。

④ 裴骃《集解》："徐广曰：'芒，今临淮县也。砀县在梁。'骃案：应劭曰'二县之界有山泽之固，故隐于其间也'。"张守节《正义》："《括地志》云：'宋州砀山县在州东一百五十里，本汉砀县也。砀山在县东。'"

在汉魏时代已经有所显现。① 而申屠蟠依然"避地结庐于此",可知当时"梁砀之间"依然有较好的环境条件。所谓"因树为屋"的居住形式,或许也可以看作当地自然山林情态的片断反映。

另一方面,就自然生态而外的人文生态而言,"梁砀之间"又是交通条件相对比较优越的文化胜地。② 在以"梁砀"为中心的文化辐射圈内,汉初,发迹于东侧沛地(今江苏沛县)的刘邦功臣集团在历史舞台上有精彩的表演;汉末,在南侧谯地(今安徽亳州)又出现了曹操功臣集团。400多年内,一前一后两个强势政治群体的活动影响了历史的走向。而这两个集团都出现于史称"梁砀之间"文化圈的外围。这一情形,也许值得历史人文地理研究者注意。

而申屠蟠出身的陈留外黄(今河南兰考东南),其实也处于这个区域的文化辐射范围之内。

隐居于这一地区的著名高士,又先有许由。《吕氏春秋·求人》:"昔者尧朝许由于沛泽之中。"《水经注》卷二五《泗水》:"(泗水)又东过沛县东。昔许由隐于沛泽,即是县也。县盖取泽为名。"《高士传》卷上《许由》:"(许由)隐于沛泽之中。"这位许由,在"处士"人群中,又被看作

---

① 《史记》卷二九《河渠书》所谓"东郡烧草,以故薪柴少",以及汉武帝"薪不属兮卫人罪,烧萧条兮噫乎何以御水"的感叹,反映了当时黄河下游植被因人为因素导致破坏的历史事实。汉武帝塞瓠子决口曾经"下淇园之竹以为楗",即所谓"颓林竹兮楗石菑",后来寇恂也有取淇园之竹治矢百余万的事迹。然而到了郦道元生活的时代,著名的淇川竹林已经发生了明显变化。《水经注·淇水》写道:"《诗》云:'瞻彼淇澳,菉竹猗猗。'毛云:'菉,王刍也;竹,编竹也。'汉武帝塞决河,斩淇园之竹木以为用。寇恂为河内,伐竹淇川,治矢百余万,以输军资。今通望淇川,无复此物。"陈桥驿《〈水经注〉记载的植物地理》一文写道:"《水经注》记载植被,不仅描述了北魏当代的植被分布,同时还描述了北魏以前的植被分布,因而其内容在研究历史时期的植被变迁方面有重要价值。"他对郦道元有关"淇川"之竹的文字予以重视,指出:"从上述记载可见,古代淇河流域竹类生长甚盛,直到后汉初期,这里的竹产量仍足以'治矢百万'。但到了北魏,这一带已经不见竹类。说明从后汉初期到北魏的这五百多年中,这个地区的植被变迁是很大的。"陈桥驿还指出了另一同样发生于距离"梁砀之间"并不很远地方的可以说明植被变迁的实例:"又卷二十二《渠》经'渠出荥阳北河,东南过中牟县之北'注云:'泽多麻黄草,故《述征记》曰:践县境便睹斯卉,穷则知逾界,今虽不能,然谅亦非谬,《诗》所谓东有圃草也。'从上述记载可见,直到《述征记》撰写的晋代,圃田泽地区还盛长麻黄草,但以后随着圃田泽的缩小和湮废,北魏时代,这一带已经没有这种植物了。这些都是历史时期植被变迁的可贵资料。"陈桥驿:《水经注研究》,天津古籍出版社1985年版,第122—123页。

② 参看王子今《两汉时期"梁宋"地区的商路》,《河南科技大学学报》(社会科学版)2004年第4期;《汉初梁国的文化风景》,《光明日报》2008年1月13日。

道德行为的标范。

### 3. 崛然独立:"处士"的精神

《后汉书》本传说申屠蟠"绝迹于梁砀之间"的前提和背景:"范滂等非讦朝政","太学生争慕其风,以为文学将兴,处士复用。蟠独叹曰:'昔战国之世,处士横议,列国之王,至为拥篲先驱,卒有坑儒烧书之祸,今之谓矣。'乃绝迹于梁砀之间,⋯⋯"这段文字两次出现所谓"处士"。

"处士"作为汉代通行的社会称谓,一般指行政体制之外的民间有才德的士人。《汉书》卷一三《异姓诸侯王表》颜师古注说到"处士"的定义:"'处士'谓不官于朝而居家者也。"《后汉书》卷二五《刘宽传》李贤注:"处士,有道蓺而在家者。"根据这样的判断,可以将"处士"身份理解为在野的民间知识人。所谓"居家"、"在家"是"处士"的基本特征。"处士"参与政治设计,被看作成就盛世的条件。《史记》卷三《殷本纪》:"伊尹处士,汤使人聘迎之,五反然后肯往从汤,言素王及九主之事。"《史记》卷三二《齐太公世家》:"吕尚处士,隐海滨。周西伯拘羑里,散宜生、闳夭素知而招吕尚。"都是著名的"处士"参政终成大功的史例。而"处士"自身的性格,却是和政治保持距离。《史记》卷一二六《滑稽列传》记载东方朔辩议之辞亦言及"处士":"今世之处士,时虽不用,崛然独立,块然独处①,上观许由,下察接舆,策同范蠡,忠合子胥,天下和平,与义相扶,寡偶少徒②,固其常也。"所谓"块然独处",或许与"处士"称谓的由来有某种关系。而"寡偶少徒",即社会交往有限,可能是这些人物通常的行为特征。"处士"称谓和"处女"称谓据说亦有某种联系。唐李鼎祚《周易集解》卷七《咸·象传》引虞翻曰:"凡士与女未用皆称'处'矣。志在于二,故所执下也。"

"处士"模仿"许由"、"接舆"隐逸榜样,然而又自以为"策同范蠡,忠合子胥",具备参与行政的操作能力和道德水平的资格。所谓"时虽不用",然而可以"天下和平,与义相扶"者,体现出其自我政治期许其实是

---

① 《汉书》卷六五《东方朔传》作"魁然无徒,廓然独居"。
② 《汉书》卷六五《东方朔传》作"寡耦少徒"。

相当高的。

战国动荡时代，"处士"曾经有活跃的表演。如《孟子·滕文公下》所说："圣王不作，诸侯放恣，处士横议。"司马迁《史记》中说到的当时著名的"处士"，有卷七七《魏公子列传》所见"赵有处士毛公藏于博徒，薛公藏于卖浆家"，卷八六《刺客列传》荆轲的朋友"燕之处士田光先生"，卷一一九《循吏列传》所见"孙叔敖者，楚之处士也"等。卷四六《田敬仲完世家》说到的活动于稷下"不治而议论"的"文学游说之士"中法家思想领袖慎到，张守节《正义》指出："赵人，战国时处士。"卷七四《孟子荀卿列传》说到"齐稷下先生"中的慎到，张守节《正义》："《慎子》十卷，在法家，则战国时处士。"当时的文化形势，如《史记》卷八七《李斯列传》所说，正是"布衣驰骛之时而游说者之秋也"。毛公和薛公事迹所谓"藏于"民间，也说明当时的政治家搜求"处士"之不遗余力。

战国时期"处士横议"的局面，促成了精神的解放和思想的竞争，中国文化于是呈示多元的自由的时代风格。然而实现大一统的执政者以为这样的思想文化形势是不利于安定局面的形成的。《汉书》卷一三《异姓诸侯王表》说："秦既称帝，患周之败，以为起于处士横议，诸侯力争，四夷交侵，以弱见夺。于是削去五等，堕城销刃，钳语烧书，内锄雄俊，外攘胡粤，用壹威权，为万世安。"关于秦"患周之败"，颜师古注引服虔曰："言因横议而败也。"秦王朝的决策集团认为周王朝覆亡的首要原因是"处士横议"，于是推行"钳语烧书"的文化政策。申屠蟠"昔战国之世，处士横议，列国之王至为拥篲先驱，卒有坑儒烧书之祸"的历史分析，表现出对沉痛教训的清晰记忆。①

《后汉书》卷五四《杨秉传》记载，"会日食"，有诏公车征处士韦著，

---

① 秦王朝的思想压抑和舆论控制历来受到严厉指责，然而后来也有人基于政治体制变化的考虑予以理解。明代学者李贽在评论李斯建议"史官非《秦记》皆烧之，有偶语《诗》《书》者弃市，以古非今者卒"的上书时，批注一"毒"字，然而又写道："大是英雄之言，然下手太毒矣。当战国横议之后，势必至此。自是儒生千古一劫，埋怨不得李丞相、秦始皇也。"李贽：《史纲评要》卷四《后秦纪》，中华书局 1974 年版，上册第 90 页。然而汉代士人的"焚书坑儒"批判，体现了对于秦文化政策的反思。当时的主流文化观念，对于压抑士人的文化专制主义持否定态度。如贾谊《过秦论》指出，秦"焚文书而酷刑法，先诈力而后仁义"，"故使天下之士，倾耳而听，重足而立，钳口而不言。是以三主失道，忠臣不敢谏，智士不敢谋"，终于败亡，"岂不哀哉！"

韦著"称疾不至",有司竟劾著大不敬,"请下所属正其罪"。后有人议奏:"著隐居行义,以退让为节。""征不至"者,"诚违侧席之望,然逶迤退食,足抑苟进之风。夫明王之世,必有不召之臣,圣朝弘养,宜用优游之礼。可告在所属,喻以朝庭恩意。如遂不至,详议其罚。"于是再次征召,"乃到"。韦著拒绝"公车征"的行为,被认为"大不敬",险遭罪罚,朝廷反复强令,不得不从命。"处士"于是成为"圣朝弘养"作秀表演的道具。[①]他们没有基本的人身自由,自然无从具备议政条件。不过,韦著行为"足抑苟进之风"的意义,也是值得重视的。

《后汉书》卷五六《种岱传》: "处士种岱,淳和达理,耽悦《诗》《书》,富贵不能回其虑,万物不能扰其心。"种岱事迹,表现出最终"未建忠效用","生无印绶之荣,卒无官谥之号"所体现的与行政生活的距离。也许透视"其虑"、"其心",可以发现"处士"言行可能作用于中国正统文化走向的正面影响。[②]

宋人范成大《桂海虞衡志·志山》说名山之势:"所以能拔乎其萃者,必因重冈复岭之势,盘亘而起。其发也,有自来。"而桂林山峰不同,"桂之千峰,皆旁无延缘,悉自平地崛然特立,玉笋瑶簪,森列无际,其怪且多,如此诚当为天下第一。"[③] 以此"崛然特立"理解东方朔所谓"崛然独立",可知语义相互接近。"处士"的精神,应当正是如此,"悉自平地崛然特立"。

### 4."处士"和"议士"

《淮南子·俶真》说:"大夫安其职,而处士修其道。"体现出社会职能限定的常规。

《史记》卷二七《天官书》司马贞《索隐》引《春秋合诚图》说:少

---

① "处士"征召以表现"朝庭恩意"的情形,导致《后汉书》卷六一《左周黄列传》论曰所谓"于是处士鄙生,忘其拘儒,拂巾衽褐,以企旌车之招矣",以及《后汉书》卷六一《黄琼传》所指出的"征聘处士多不称望","其功业皆无所采","俗论皆言处士纯盗虚名"的现象。

② 参看王子今《从"处士"到"议士":汉代民间知识人的参政路径》,《河北学刊》2007 年第 5 期。

③ "崛然特立",《说郛》卷六二上范成大《桂海岩洞志》作"崷然特立"。

微星"处士位"。又引《天官占》："少微，一名处士星也。"张守节《正义》："少微四星，在太微西，南北列：第一星，处士也；第二星，议士也；第三星，博士也；第四星，大夫也。占以明大黄润，则贤士举；不明；反是；月、五星犯守，处士忧，宰相易也。"其中"处士""议士"分列，暗示"处士"一般是没有议政机会的。

东方朔感叹"今世之处士，时虽不用"如何如何，也说到了"处士"与行政操作权力的距离。

扬雄《光禄勋箴》有"德人立朝，议士充庭"语①，可见"议士"积极的政治参与，是正统观念以为值得赞许的态度。

《汉书》卷七七《诸葛丰传》记载诸葛丰上书："臣丰驽怯，文不足以劝善，武不足以执邪。陛下不量臣能否，拜为司隶校尉，未有以自效，复秩臣为光禄大夫，官尊责重，非臣所当处也。又迫年岁衰暮，常恐卒填沟渠，无以报厚德，使论议士讥臣无补，长获素餐之名。故常愿捐一旦之命，不待时而断奸臣之首，县于都市，编书其罪，使四方明知为恶之罚，然后却就斧钺之诛，诚臣所甘心也。"其中说到"论议士"对政治舆论的影响。"论议士"称谓与"议士"称谓，指代的身份应当是相近的。

### 5. 汉末政治灾变与"处士"的表现

在申屠蟠生活的时代，东汉王朝的弊政已经严重危害社会上下。最高统治者的极端昏庸和官僚阶层的彻底腐败，使许多人都看到社会危局已经无可挽救。而频繁的天灾所造成的危害，因政治的黑暗而更为加重。东汉末年严重的天灾，导致了社会生产力的大幅度衰颓。当时疾疫的大规模流行，也致使人口锐减。②

东汉中晚期，时政的昏暗，使得一些有胆识的士人勇敢批判当朝权贵，揭露社会矛盾，发表不同政见。如《后汉书》卷六七《党锢列传》所记述，在汉桓帝、汉灵帝在位前后，主上荒暗，政治昏乱，士人奋起，于是出现"匹夫抗愤，处士横议"的情形，又激扬名声，互相题拂，品核公卿大臣，

---

① 《扬子云集》卷六。《西汉文纪》卷二一引作"德人立朝，议士克庭"。
② 据《续汉书·五行志五》记载，汉桓帝至汉献帝时代发生的"大疫"，66年间竟然多达9次。

裁量执政贵族。刚直不阿的品格，一时为社会舆论所倾重。正直激进的知识人，采取半公开乃至完全公开的形式和当权的宦官集团抗争，曾经结成了相对坚致的群体。这些同道同志者，当时被称为"党人"。政府迫害"党人"而发起的政治运动，当时被称作"党事"。当权的黑暗政治势力对"党人"的迫害，有禁止其出任官职并限制其活动的形式，时称"党锢"（又写作"党固"），也称作"党禁"。

当权集团迫害"党人"的所谓"党锢之祸"，导致横死狱中者达百余人，被牵连而死、徙、废、禁的又有数百人。汉灵帝又诏令州郡大举钩党，天下豪杰名士陷党籍者甚多。

以记录和总结东汉历史而著名的史学家范晔在《后汉书》卷六七《党锢列传》中曾经为"党锢之祸"发表感叹："李膺振拔污险之中，蕴义生风，以鼓动流俗，激素行以耻威权，立廉尚以振贵埶，使天下之士奋迅感槩，波荡而从之，幽深牢破室族而不顾，至于子伏其死而母欢其义，壮矣哉！"[①] 东汉"党人"参与的政治争斗，仅限于相对狭小的社会群体。然而他们的正义感，无私情操，抗争意志和坚定气节，却代表着一种进步的时代精神。东汉"党人"的气质与品格，体现着曾经被鲁迅称为"中国的脊梁"[②] 的人们所代表的民族精神的主流，后来成为一种文化传统，得到历代有血性有骨气的士人的继承。

### 6. 申屠蟠脸谱与历史舞台的变光灯

位置的不同，视角的不同，往往会导致视觉差异。历史舞台灯光的变

---

① 所谓"子伏其死而母欢其义"，说的是范滂故事。《后汉书》卷六七《党锢列传·范滂》："建宁二年，遂大诛党人，诏下急捕滂等。督邮吴导至县，抱诏书，闭传舍，伏床而泣。滂闻之，曰：'必为我也。'即自诣狱。县令郭揖大惊，出解印绶，引与俱亡。曰：'天下大矣，子何为在此？'滂曰：'滂死则祸塞，何敢以罪累君，又令老母流离乎！'其母就与之诀。滂白母曰：'仲博孝敬，足以供养，滂从龙舒君归黄泉，存亡各得其所。惟大人割不可忍之恩，勿增感戚。'母曰：'汝今得与李、杜齐名，死亦何恨！既有令名，复求寿考，可兼得乎？'滂跪受教，再拜而辞。顾谓其子曰：'吾欲使汝为恶，则恶不可为；使汝为善，则我不为恶。'行路闻之，莫不流涕。时年三十三。"

② 鲁迅《中国人失掉自信心了吗》："我们从古以来，就有埋头苦干的人，有拼命硬干的人，有为民请命的人，有舍身求法的人，……虽是等于为帝王将相作家谱的所谓'正史'，也往往掩不住他们的光耀，这就是中国的脊梁。"《且介亭杂文》，《鲁迅全集》，人民文学出版社1981年版，第6卷第118页。

幻，也可以使得作为表演者的人物形象呈示多样的特征。因照明条件的时代演变，让我们看到了面目不同的申屠蟠。

作为同时代人，蔡邕评价申屠蟠，首先肯定的是他作为"士君子"的"德""贤"："安贫乐潜，味道守真，不为燥湿轻重，不为穷达易节。方之于邑，以齿则长，以德则贤。"对于所谓"不为燥湿轻重，不为穷达易节"，李贤注："《律历志》曰：'铜为物至精，不为燥湿寒暑变其节，不为风雨暴露改其形，介然有常，似于士君子之行。'""《易》曰：'穷则独善其身，达则兼济天下。'"宋儒朱翌也曾经称申屠蟠的表现"合于士君子之行"："范滂等非讦时政，太学生争慕之。申屠蟠曰：'昔战国之世，处士横议，列国之王至为拥篲先驱，卒有坑儒烧书之祸。今之谓矣。'乃远迹梁砀之间，居二年，滂等罹党锢，或死或刑。蟠确然免于疑论。景毅子顾为李膺门徒，不及于谴。毅慨然曰：本谓膺贤，遣子师之，岂可漏脱名籍苟安而已？遂自表免归。蟠有先见之明，毅有不苟免之义。皆合于士君子之行。"①

《后汉书》卷六二《荀爽传》有一段评论涉及申屠蟠的文化形象："论曰：荀爽、郑玄、申屠蟠俱以儒行为处士，累征并谢病不诣。及董卓当朝，复备礼召之。蟠、玄竟不屈以全其高。爽已黄发矣，独至焉，未十旬而取卿相。意者疑其乖趣舍，余窃商其情，以为出处君子之大致也，平运则弘道以求志，陵夷则濡迹以匡时。荀公之急急自励，其濡迹乎？不然，何为违贞吉而履虎尾焉？②观其逊言迁都之议，以救杨、黄之祸。③及后潜图董氏，几振国命，所谓'大直若屈'④，道固逶迤也。"透过对荀爽的评价，比衬出论者对申屠蟠的肯定。

《资治通鉴》卷五六"汉灵帝建宁二年"有司马光的一篇史论，对于申屠蟠发表了评价更高的赞语：

> 臣光曰：天下有道，君子扬于王庭以正小人之罪，而莫敢不服。天

---

① （宋）朱翌：《猗觉寮杂记》卷下。
② 李贤注："《易·履卦》曰：'履道坦坦，幽人贞吉。'又曰：'履虎尾，不咥人亨。'王辅嗣注云：'履虎尾者，言其危也。'"
③ 李贤注："杨彪、黄琼也。"
④ 李贤注："《老子》云：'大直若屈，大巧若拙。'逶迤，曲也。"

下无道，君子囊括不言以避小人之祸，而犹或不免。党人生昏乱之世，不在其位，四海横流，而欲以口舌救之，臧否人物，激浊扬清，撩虺蛇之头，践虎狼之尾，以至身被淫刑，祸及朋友，士类歼灭而国随以亡，不亦悲乎！夫唯郭泰既明且哲，以保其身，申屠蟠见几而作，不俟终日，卓乎其不可及已！

司马光的意见，是有一定的代表性的。其中对"党人""生昏乱之世，不在其位，四海横流，而欲以口舌救之，臧否人物，激浊扬清，撩虺蛇之头，践虎狼之尾，以至身被淫刑，祸及朋友，士类歼灭而国随以亡"的批评，读来不能不心生激愤。宋人熊节撰熊刚大注《性理群书句解》卷八《说》"保身说"题下，引《资治通鉴》这一篇"臣光曰"，又评议道："此篇论明哲保身之道，深责汉末诸贤危言取实祸之非。"对司马光心思的理解，应当说是比较接近真实的。

以明哲保身作为表扬申屠蟠的主题词，是多见的情形。朱熹曾经说："乱世保身之难，申屠蟠事可见。"[1] 宋人钱时《两汉笔记》卷一二《献帝》写道："申屠蟠一穷处士耳，前不陷于党锢，后不罹于贼网，超然远韵，不可众玷，万世之下，与有光荣。君子审诸。"以为申屠蟠的"万世""光荣"表现于处世自安的智慧，"前不陷于党锢，后不罹于贼网"。清人田雯《咏史》诗："盛名世所嫉，曹节起衅端。独有垫巾人，不受异患干。张俭为亡命，投止生波澜。何如自剪发，身居林虑山。缅怀昔战国，拥篲以盘桓。卒成坑儒祸，为之发长叹。梁砀同佣隶，屏迹申屠蟠。"[2] 也以"党人"的人生悲剧反衬申屠蟠选择的正确。宋人王开祖《儒志编》有这样的历史人物评论："知进退，识时变，临物而不惑者，其惟申屠蟠乎！太学之兴也，士之盛也，莫不振衣引足，愿居其间。吾独指秦以为病焉，及群党坐于徽棘之中，我独优游于外，人皆以妄死，我独保正命以没，可谓独立君子达吉凶之命者也。使若人而生于秦，其智足以自默，秦能驱而害之乎？"

"及群党坐于徽棘之中，我独优游于外"，就可以私心得意吗？所谓

---

① 《朱子语类》卷一三五《历代二》。

② （清）田雯：《古欢堂集》卷三《五言古诗》。

"人皆以妄死，我独保正命以没"，难道就是"独立君子达吉凶之命者"吗？就士风的主流看，比较汉代和宋代，不能不感叹儒心的拐变。

不过，明代东林故事则又显现出儒士面对黑暗政治的感奋之心和勇毅精神。以致清代学者何焯品评《后汉书》，就《申屠蟠传》"太学生争慕其风"至"今之谓矣"文字感叹道："明季清流，何以竟不戒前车！"① 明人郑善夫《长歌行》言及申屠蟠事："凤凰楼下党锢成，浊流岂但十一士。君不见申屠蟠灭迹烟霞里，又不见郭林宗涉世终泥滓。"② 诗人在阐述归隐"烟霞"的心思，说到"党锢"悲剧，笔调沉痛，不似一些宋儒语句流露出轻薄。

清乾隆《御批资治通鉴纲目》卷一二下"十二月征处士申屠蟠不至"条"发明"题下写道："申屠蟠见几而作，独免党锢之祸。至是又不为董卓所屈，异乎荀爽诸人。若蟠者，真无愧于'处士'之名矣！"帝王所真心欣赏的"处士"，看来就是申屠蟠这样的人。又《评鉴阐要》卷三《后汉·灵帝》"党锢之祸惟申屠蟠独免目"："申屠蟠未入仕，本可以囊括自全。独惜陈蕃、李膺等，号为贤者，既得时居位，足弭小人之变，所处非申屠蟠比。乃亦囿于清流虚声，率以拘牵，坐失事机，难辞责贤之备，不可徒诿之运会使然也。"又乾隆《读申屠蟠传》诗："多士清流太皎皎，由来尾大难为掉。汉纲陵夷何足云，言高致祸不为少。飘然惟有申屠生，孤鹤盘空绝群鸟。林下鸿名播士林，逸气凌凌光日表。呜呼邪正原不容，薰莸臭味岂同道。""金人三缄实可师，处士横议身难保。梁砀春深山水间，钩党吏不寻门考。非但容身叔世间，中庸品行谁能绍。"论者以所谓"金人三缄实可师，处士横议身难保"进行对比，赞扬申屠蟠的"中庸品行"，出发点显然是阴暗自私的。《太平御览》卷五九三引《太公金匮》曰："武王曰：'五帝之戒，可得闻乎？'太公曰：'黄帝居民上，摇摇恐夕不至朝，故为金人三缄其口，慎言语也。'"所谓"金人三缄"原本是强调君主的自我言论约束，却被用来反对政治批评，真真岂有此理！

又有一位比较清醒的宋儒这样评说申屠蟠和"党人"的区别："汉末范滂之徒，各持私议，以是非天下。而申屠蟠独翩然远逝，绝迹梁砀，因树为

---

① （清）何焯：《义门读书记》卷二三《后汉书》。
② （明）郑善夫：《少谷集》卷三《七言古诗》。

屋，自同佣人。及党锢祸起，独免疑论。蟠固知微矣。然亦未尽也。盖君子思不出其位，一出其位，而唯务点检他人之得失利害，则于本位必不子细。何者？心无二用故也。盖君子所以思不出其位，非固不敢出位，乃不暇也。蟠虽能终免疑论，然其所以绝迹者，亦由其始不能磨陇圭角，故必强制力拘，方免于疑耳。自古多谓和光同尘，亦由其不能全之，常欲强揜之也。若本无迹，何用绝迹山林？若本不高，何用自同佣保？盖蟠始初不知己之所为，无非常之事，故见其异而制之也。"① 所谓"强制力拘"，所谓"欲强揜之"，都揭示了申屠蟠行为非自然的一面。所谓"若本无迹，何用绝迹山林？若本不高，何用自同佣保？"的说法，其实也是可以针对所有隐士的。从另一角度或许也可以说，"处士"要彻底地避世，严格说来是很困难的。宋代学者叶适也说："范晔序闵仲叔荀恁魏桓周燮黄宪徐稺姜肱申屠蟠，皆必于退者也。以其事考之，则桓得退之义，蟠得退之时。方汉人以名相高，故避名为难。名不可避，而退之所得，多于进矣。然当时知此者甚少。"② 有清儒以为汉代"高士"往往浅学虚荣，且多"特以高名要誉耳"，也涉及申屠蟠故事："汉时儒者原无大学识，特以高名要誉耳。故往往以不出为高，出则遂丧其实。""处党人之中，而怨禄不及者，郭泰也。处党人之外，而免于评论者，申屠蟠也。二人殆未易优劣。"③

拒绝征召，清醒避世，其实也需要一定的勇气。正如明代学者崔铣所说："预知莽之奸而避之，孔休一人而已。不畏卓之威而拒之，申屠蟠一人而已。士之有识者，可贵矣夫。"④ 从某种意义上可以说，申屠蟠的精神确实"可贵"，是"有识"亦有胆的。当然，他的勇气，和面对政治高压慷慨赴死的"党人"们相比，又属于另一个层次。

元代学者刘埙《隐居通议》有"半山《读〈后汉书〉》"条："荆公《读〈后汉书〉》云：'党锢纷纷果是非，当时高士见几微。可怜窦武陈蕃辈，欲与天争汉鼎归。'公之意盖有取于申屠蟠之知几而深致，叹于蕃、武之蹈祸，未为非也。然蕃、武忠君爱国，辞严谊正，不暇自恤，故蹈危机。

① （宋）吕乔年：《丽泽论说集录》卷八《门人集录史说》。
② （宋）叶适：《习学记言》卷二六《后汉书列传》。
③ （清）陆世仪：《思辨录辑要》卷三四《史籍类》。
④ （明）崔铣：《士翼》卷三《言下》。

其失在于疏尔。忠愤凛凛，霜日争严，此岂可厚诬者！人人如蟠，信明哲矣，一诿诸天，如王室何？荆公持论多不犹人，如哀昭烈之兴，复谓其不为许氾田舍之计；惜蕃、武之忠义，谓其与天争汉室之亡。皆有感乎其言之也。"① 以对"蕃、武之忠义"，"蕃、武忠君爱国，辞严谊正，不暇自恤，故蹈危机"，"忠愤凛凛，霜日争严"的赞美移用于所有的"党人"，无疑是适宜的。刘埙的清醒之见，可以洗刷一些宋儒对东汉"党人"胆识、气节和牺牲精神的"厚诬"。而所谓"人人如蟠，信明哲矣，一诿诸天，如王室何"这种对申屠蟠的评价，显然表现出更深沉的社会思想的境界。

宋人曾巩《咏史二首》其一写道："京室天下归，飞甍无余地。国士忧社稷，涂人养声利。贵贱竞一时，衮冠各麟次。子龙独幽远，聘召漠无意。"② 说申屠蟠"无意""聘召"，表明其志向"独幽远"。③ 这里所谓"幽远"的深意，人们或许也各有体会。

# 汉代"街卒"与都市交通秩序

汉代文献可见"街卒"称谓。具有"街卒"身份者与"县"有体现为"佣""赁"形式的经济关系。"街卒"负责"街"之不安定因素的"训化"，主要承担治安任务。甘谷出土汉简资料有关"治滞"的内容，说明已经出现治理交通堵塞的专职人员。相关信息反映当时都市管理体制已经予交通秩序以充分的重视。汉代都市文化的面貌，可以由这样一个特殊的侧面得以展现。而汉代基层行政管理的水平，也得到了有说服力的传世史籍和出土文献的二重实证。

## 1. 孔嵩"街卒"身份

《后汉书》卷八一《独行列传·范式》记述范式和他的朋友孔嵩的故事，说到孔嵩的"街卒"身份：

---

① （元）刘埙：《隐居通议》卷一一《诗歌六》。
② （宋）曾巩：《元丰类稿》卷二《古诗》。
③ （清）何焯《义门读书记》卷四〇《元丰类稿诗》"《咏史二首》子龙独幽远"条："申屠蟠字子龙"。

（范式）举州茂才，四迁荆州刺史。友人南阳孔嵩，家贫亲老，乃变名姓，佣为新野县阿里街卒。式行部到新野，而县选嵩为导骑迎式。式见而识之，呼嵩，把臂谓曰："子非孔仲山邪？"对之叹息，语及平生。曰："昔与子俱曳长裾，游息帝学，吾蒙国恩，致位牧伯，而子怀道隐身，处于卒伍，不亦惜乎！"嵩曰："侯嬴长守于贱业，晨门肆志于抱关。子欲居九夷，不患其陋。贫者士之宜，岂为鄙哉！"式敕县代嵩，嵩以为先佣未竟，不肯去。

"阿里街卒"，李贤注："阿里，里名也。"关于"县选嵩为导骑迎式"，李贤解释说："导引之骑。"可知有仪仗意义。但是这种"导引"，其实也是一种交通管理的方式。

《太平御览》卷四八四引华峤《后汉书》的说法与《后汉书》卷八一《独行列传·范式》略有不同：

范式为荆州刺史。友人南阳孔嵩家贫亲老，乃变名姓，佣为新野河里街卒。式行部到野，而县选嵩为导骀迎式。式见而识之，呼嵩，把臂曰："子非孔仲山耶？"对之叹息，语及平生。曰："昔与俱曳长裾，游集帝学。吾蒙国恩，致位牧伯。而子怀道隐身，处于卒伍。不亦惜乎！"嵩曰："昔侯嬴长守于贱业，晨门肆志于抱关。子居九夷，不患其陋，贫者士之宜，岂为鄙哉！"式敕县代，嵩以为先佣未竟，不肯去。[1]

"阿里街卒"，此作"河里街卒"。《太平御览》卷八二九引华峤《后汉书》则作"阿里街卒"。末句作"敕县代之，嵩以为先佣未竟，不肯去"。

又《水经注》卷三一《淯水》写道：

---

[1] （清）姚之骃《后汉书补逸》卷九谢承《后汉书·孔嵩》："孔嵩字巨山，与范式俱在太学。"案："嵩，南阳人。巨山，《范书》作'仲山'。嵩家贫亲老，变姓名为佣卒。式行部到县，因把臂劳苦，敕县代嵩，而嵩不肯去。其狷者与后仕至南海太守附见《式传》。"

城西有孔嵩旧居。嵩字仲山，宛人。与山阳范式有断金契。贫无养亲，赁为阿街卒。遣迎式，式下车把臂，曰："子怀道卒伍，不亦痛乎！"嵩曰："侯嬴贱役，晨门卑下之位，古人所不耻。何痛之有？"故其赞曰：仲山通达，卷舒无方。屈身厮役，挺秀含芳。

清人沈炳巽《水经注集释订讹》卷三一："'阿'下脱'里'字。"清人赵一清《水经注释》卷三一则说："一清按：'阿街卒'，古之所谓'骈唱'，唐人谓之'笼街'、'喝道'。'阿'与'呵'通用。而范史《范式传》作'阿里街卒'。章怀注云'阿里，里名'。也是又不同。"

### 2. "街卒"："贫""贱"地位与"佣""赁"关系

"街卒"属于"贱役"、"厮役"。关于"街卒"的地位，范式有"处于卒伍"之说，孔嵩亦自比"守""贱业"之"侯嬴"，居"卑下之位"的"晨门"。[①] "家贫亲老，乃变名姓，佣为新野县阿里街卒"者，体现虽"士"不以为"鄙"，但是社会等级的低下，是明确无疑的。

范式所以以"处于卒伍"表现孔嵩不愿接受的"鄙"之"痛"之的态度，正是由于其地位的"贫""贱"。"变名姓"情节与"岂为鄙哉"言辞对照，可察知孔嵩的"狷"，似有矫情成分。

《后汉书》孔嵩故事又告知我们，"街卒"是以"佣"的经济形式确定其职任的。所谓"佣为新野县阿里街卒"，"式敕县代嵩，嵩以为先佣未竟，不肯去"，都说明了这一点。姚之骃《后汉书补逸》卷九谢承《后汉书·孔嵩》直接写作"变姓名为佣卒"。《水经注》则说："贫无养亲，赁为阿街卒。"

一言"佣"，一言"赁"，可能并没有本质的不同，大约都是说通过雇佣形式确定其职能和责任的。

---

① 《史记》卷七七《魏公子列传》："魏有隐士曰侯嬴，年七十，家贫，为大梁夷门监者。公子闻之，往请，欲厚遗之。不肯受，曰：'臣修身絜行数十年，终不以监门困故而受公子财。'公子于是乃置酒大会宾客。坐定，公子从车骑，虚左，自迎夷门侯生。"侯嬴虽然坚持其自尊，但是也承认自身之"困"。《论语·宪问》："子路宿于石门。晨门曰：'奚自？'子路曰：'自孔氏。'曰：'是知其不可而为之者与？'"朱熹《四书章句集注·论语集注》卷七："晨门，掌晨启门。盖贤人隐于抱关者也。"

《太平御览》卷四〇七引谢承《后汉书》："范式为荆州刺史，友人南阳孔嵩贫，有亲老，乃变名姓，佣于新野县。县吏遣嵩为式导骑。"则未言"街卒"，直接说"为式导骑"。而所谓"佣于新野县"者，更突出地显示了孔嵩身份以及与实现"佣""赁"合同的主体方面"县"的关系。

而所谓"式敕县代，嵩以为先佣未竟，不肯去"，正面肯定了孔嵩信守契约协议的德行，在这里首先表现为坚持兑现有关"佣"的时间约定。

### 3. "街卒""训化""街中子弟"职任

"街卒"的具体职能，也可以通过《后汉书》卷八一《独行列传·范式》的记载有所认识：

> 嵩在阿里，正身厉行，街中子弟皆服其训化。遂辟公府。之京师，道宿下亭，盗共窃其马，寻问知其嵩也，乃相责让曰："孔仲山善士，岂宜侵盗乎！"于是送马谢之。嵩官至南海太守。

所谓"街中子弟皆服其训化"，似乎"街卒"在"街中"有"训化"的责任。正是因为这种"训化"的成功，孔嵩"善士"美誉甚至传布至于外乡。

而"街中子弟"称谓，似可与"闾里""暴桀子弟"对照理解。《史记》卷七五《孟尝君列传》："太史公曰：'吾尝过薛，其俗闾里率多暴桀子弟，与邹、鲁殊。问其故，曰：孟尝君招致天下任侠奸人入薛中，盖六万余家矣。'"[1] 这里说到的"闾里""暴桀子弟"，大致与所谓"恶少年"有身份近似处。

秦汉历史文献所见"子弟"，往往有显示在社会治安日常秩序中有"侵盗"动机与行为而受到行政执法者特别关注的情形。

《汉书》卷八四《翟方进传》记载，汉成帝时，"贵戚近臣子弟宾客多辜榷为奸利者，（翟）方进部掾史覆案，发大奸赃数千万"。"辜榷"，颜师古解释为"言己自专之，他人取之则有辜罪"。王观国《学林》卷三则指出

---

[1] 《太平御览》卷一九三引《郡国志》："徐州薛城，高厚无比，多出暴桀子弟。盖孟尝君余风也。"

"辜孤"义通，"此辜榷乃阻障而独取其利"①。这种行为或许与"少年"及"恶少年"欺行霸市相近。《西京杂记》卷二说，"太上皇徙长安，居深宫，凄怆不乐。高祖窃因左右问其故，以平生所好，皆屠贩少年，酤酒卖饼，斗鸡蹴踘，以此为欢，今皆无此，故以不乐。高祖乃作新丰，移诸故人实之，太上皇乃悦。故新丰多无赖，无衣冠子弟故也。"显然，"屠贩少年，酤酒卖饼"者大抵被视作"无赖"，与此处所谓"衣冠子弟"，以及《史记》卷一二九《货殖列传》所谓"游闲公子"、"喜游子弟"，《史记》卷三〇《平准书》所谓"或斗鸡走狗马，弋猎博戏，乱齐民"的"世家子弟富人"，《汉书》卷八九《循吏传·召信臣》所谓"好游敖，不以田作为事"，且有"不法"行为的"府县吏家子弟"等等，看来不属于同一社会等级。② 以上诸例言"子弟"者，更强调与父兄的权位继承关系。

理解"街卒"负责"街"的治安的情形，可以借助后世若干资料作为参考。如《异苑》卷八可以看到这样的神异故事："元嘉初，建康大夏营寡妇严，有人称华督与严结好。街卒夜见一丈夫行造护军府。府在建阳门内。街卒呵问，答曰：我华督造府。径沿西墙而入。街卒以其犯夜，邀击之，乃变为晁。察其所出入处，甚莹滑，通府中池。池先有鼍窟，岁久因能为魅。杀之乃绝。"③ 可知"街卒"负责对"犯夜"者的纠察，有权力"呵问"甚至"邀击"。纠止夜间行走，汉史中是可以看到相关例证的。《艺文类聚》卷四九引《汉官解诂》说卫尉职责："从昏至晨，分部行夜，夜有行者，辄前曰：'谁！谁！'若此不解④，终岁更始，所以重慎宿卫也。"可知汉代都市有专职查禁夜

---

① 《后汉书》卷八《灵帝纪》："（光和）四年春正月，初置骓骥厩丞，领受郡国调马。豪右辜榷，马一匹至二百万。"李贤注引《前书音义》："辜，障也。榷，专也。谓障余人卖买而自取其利。"又《后汉书》卷一〇下《皇后纪下·孝仁董皇后》："交通州郡，辜较在所珍宝货赂，悉入西省。"李贤注："辜较，解在《灵纪》。"

② 参看王子今《说秦汉"少年"与"恶少年"》，《中国史研究》1991 年第 4 期。对"暴桀子弟"的"化"，后来被看作行政成功的标志。如朱熹《伊洛渊源录》卷二《明道先生》："先生为政，条教精密，而主之以诚心。晋城之民，被服先生之化。暴桀子弟至有耻不犯。迄先生去三年间，编户数万众，罪入极典者才一人。"

③ 《太平广记》卷四六八"寡妇严"条："建康大夏营寡妇严，宋元嘉初，有人称华督与严结好。街卒夜见一丈夫行造护军府。府在建阳门内。街卒呵问，答云：'我华督还府。'径沿西墙欲入。街卒以其犯夜，邀击之，乃变为晁。察其所出入处，甚莹滑，通府中池。池先有晁窟，岁久因能为魅。杀之遂绝。出《异苑》。"

④ 《太平御览》卷二三〇引作"若此不懈"。

行的武装人员。汉代基层行政管理的水平，可以因此得以证明。

汉代都市往往推行严禁夜行的法令。《文选》卷二八鲍照《放歌行》："钟鸣犹未归"，李善注："崔元始《正论》：永宁诏曰'钟鸣漏尽，洛阳城中不得有行者。'"《三国志》卷二六《魏书·田豫传》记载，田豫"屡乞逊位"，书曰："年过七十而以居位，譬犹钟鸣漏尽而夜行不休，是罪人也。"

《史记》卷一〇九《李将军列传》记载，李广家居，"尝夜从一骑出，从人田间饮。还至霸陵亭，霸陵尉醉，呵止广。广骑曰：'故李将军。'尉曰：'今将军尚不得夜行，何乃故也！'止广宿亭下。"霸陵为长安近郊，"今将军尚不得夜行"，反映长安附近地区禁止夜行法令之严格。而李广从骑以"故李将军"语求脱，说明这一禁令对于社会上层人物其实是可以有所松动的。史籍不乏贵族官僚夜行之例。如《史记》卷一〇七《魏其武安侯列传》："丞相卒饮至夜，极骧而去"，《汉书》卷八五《谷永传》："挺身晨夜，与群小相随"等等。

赵王刘彭祖"常夜从走卒行徼邯郸中"①，有可能也是纠察违禁夜行者。曹操任洛阳北部尉"有犯禁者，不避豪强，皆棒杀之"，"灵帝爱幸小黄门蹇硕叔父夜行，即杀之"②，是为以极端手段执行这一禁令的罕见特例。③

### 4. "街正""街卒"说

清代学者惠士奇《礼说》卷五《地官三》解释《周礼》"邮表畷"，言及"街"有"督约百姓"的机构：

> "邮"犹街也。盖街之邮亭，督约百姓之处。里之有街，非起于汉，自古有之。《庄子》所谓"渠公之街"也，注云：渠公为街正。南阳孔嵩为新野县阿里街卒，正身厉行，街中子弟皆服其训化。然则街在里，里宰掌之，

---

① 《汉书》卷五三《景十三王传·赵敬肃王刘彭祖》。
② 《三国志》卷一《魏书·武帝纪》裴松之注引《曹瞒传》。
③ 参看王子今《秦汉都市交通考论》，《文史》第 42 辑，中华书局 1997 年版；《西汉长安的交通管理》，《西安古代交通文献汇辑》，《西安古代交通志》，陕西人民出版社 1997 年版；《秦汉"夜行"考议》，《纪念林剑鸣教授史学论文集》，中国社会科学出版社 2002 年版。

有"正"有"卒"。《汉官典职》曰：洛阳有二十四街，街一亭。

《太平御览》卷一九五引《汉官典职》曰："洛阳有二十四街，街一亭。"而惠士奇以为街有"街正"、"街卒"的说法值得注意。

"街正"的说法源自晋人郭象。《庄子·徐无鬼》："适当渠公之街，终身食肉而终。"郭象《庄子注》卷八《徐无鬼》："渠公，齐之富室，为街正，买捆自代，终身食肉至死。一云渠公，屠者，与捆君臣同食肉也。"唐陆德明《经典释文》卷二八《庄子音义下》："或云：渠公，齐之富室，为街正，买捆自代，终身食肉至死。一云：渠公，屠者，与相君臣同食肉也。"宋林希逸《庄子口义》卷八《杂篇·徐无鬼》："渠公之街，临街之门也，为阍者也。"明焦竑《庄子翼》卷六《杂篇·徐无鬼》亦从郭象说："渠公，齐富室，为街正，买捆自代。"

郭象去汉未远，"街正""街卒"之说，或许符合汉代制度。然而不知所据。且"街正"称谓未见其他实证，这里只能作为参考。

### 5. 扬雄问"街卒""异语"故事

《艺文类聚》卷八五引扬雄《答刘歆书》中，有这样一段文字，其中明确说到"街卒"：

> 天下上计、孝廉及内郡街卒会者，雄常把三寸弱翰笔，赍油素三尺，以问其异语。归即以铅摘次之铅椠。二十七岁于今矣。

又《太平御览》卷六〇六引文：

> 扬雄《答刘歆书》曰："以铅摘松椠二十七年矣。"
> 《西京杂记》曰："扬子云好事，尝怀铅椠，从诸计吏访殊方绝俗四方之语。"

又《太平御览》卷八一四引《杨雄答刘歆书》：

天下上计、孝廉，又内郡卫卒会者，椎常把三十弱翰笔赍油素四尺，以问其异方语，归即以铅橐次之于铅椠。三十七岁于今矣。

"卫卒"应是"街卒"误写。"三十七岁于今"与《艺文类聚》"二十七岁于今"异，从强调"于今"的语气看，应以"二十七岁"为正文。

从《艺文类聚》引扬雄《答刘歆书》的内容看，"内郡街卒"和"天下上计、孝廉"接近，被扬雄看作博闻多识，掌握诸多文化信息的人。所谓"异语"，应是通常未闻之"殊方绝俗四方之语"。

### 6. "街卒"进身可能

《文献通考》卷三五《吏道》说到西汉时以试吏入官的情形，列举例证计二十九人：

路温舒 县狱吏　卫青 县吏给事侯家　公孙弘 狱吏　张汤 长安吏　杜周 廷尉史　王欣 郡县吏　陈万年 郡吏　于定国 狱吏　龚胜 郡吏　丙吉 鲁狱吏　赵广汉 郡吏　尹翁归 狱小吏　张敞 乡有秩补太守卒史　王尊 狱小吏　孙宝 郡吏　何并 郡吏　薛宣 都船狱吏　朱博 亭长迁功曹　朱邑 啬夫迁卒史　赵禹 佐史　王温舒 亭长迁廷尉史　尹齐 以刀笔吏迁御史佐史　减宣 郡吏　严延年 郡吏　尹赏 京兆吏　楼护 郡吏　王吉 啬夫补东州丞　鲍宣 郡吏　焦延寿 察举补小黄令

由基层小吏升迁至于名臣者甚多，然而可惜其中没有直接看到因"街卒"上升者。然而马端临随后即写道：

公非刘氏《送焦千之序》曰：东西汉之时，贤士长者未尝不仕郡县也。自曹掾、书史、驭吏、亭长、门干、街卒、游徼、啬夫，尽儒生学士为之。才试于事，情见于物，则贤不肖较然。故遭事不惑，则知其智；犯难不避，则知其节；临财不私，则知其廉；应对不疑，则知其辩。如此，则察举易而贤公卿大夫自此出矣。今时士与吏徒异物，吏徒治文书、给厮役，憨愚无知，奰诟无节，乘间窥隙，诡法求贷，笞骂僇辱，安以为己物？故无可以兴善者。而儒生学士之居于乡里，不过闭门养高；其外则游学四方，以崇名誉，然后可以出群过人矣。而欲法前世，一使郡县议其行而察举之难矣。

按照刘攽《送焦千之序》的说法，"街卒"是"给厮役"者，然而又是"吏"。①精于记载和分析典章制度沿革的马端临又分析说："今按：西都公卿士大夫或出于文学，或出于吏道，亦由上之人并开二途以取人，未尝自为抑扬，偏有轻重。故下之人亦随其所遇，以为进身之阶。而人品之贤不肖初不系其出身之，或为儒或为吏也。是以张汤、赵周辈之深文巧诋，赵广汉、何并之强明健决，固胥吏气习也。若公孙弘之儒雅，丙吉之贤厚，龚胜之节操，尹翁归之介洁，亦不嫌于以吏发身。则所谓吏者，岂必皆浮薄刻核之流，而后始能为之乎？后世儒与吏判为二途，儒自许以雅，而诋吏为俗。于是以剸繁治剧者为不足以语道。吏自许以通而诮儒为迂。于是以通经博古为不足以适时。而上之人又不能立兼收并蓄之法，过有抑扬轻重之意。于是拘谫不通者，一归之儒。放荡无耻者，一归之吏。而二途皆不足以得人矣。"也以"街卒"为"吏"。

刘攽说"贤士长者""儒生学士""仕郡县"，包括"街卒"。"街卒"列于"曹掾、书史、驭吏、亭长、门干"之后，而在"游徼、啬夫"之前。基层行政实践对于"智"、"节"、"廉"、"辩"等资质的考察鉴别，即所谓"才试于事，情见于物"，意义非常重要。其实，这种实践对于德行能力的锻炼，意义同样非常重要，甚至可能更为重要。

不过，由"街卒"进身"西都公卿士大夫"者，尽管存在可能性，史籍中却迄今尚未看到明确的实例。

### 7. 甘谷汉简"守街治滞"解读

甘谷汉简如下简文涉及"街"的治安，可以在我们讨论"街卒"职任时引为参考：

> 广陵令解登、巨鹿鄡守长张建、广宗长□、□、福登令丞曹掾许敦、门下吏彤石、游徼龙进、侯马徐、沙福亭长樊赦 等，令宗室刘江、

---

① （宋）刘攽《送焦千之序》，《彭城集》卷三四。

刘瑜、刘树、刘举等，著赤帻为伍长，守街治滞。谥（正文）

弟十（背文）①

研究者指出："根据同墓共存的灰陶罐上朱书文字，有'刘氏之泉'、'刘氏之家'，乃知埋于东汉晚期的刘姓墓地。"我们看到，对甘谷汉简进行初步研究的成果中，"考释"部分的释文，与"释文"部分略有不同。甚至格式亦有异。正面文字作：

广陵令解登巨鹿鄝守长张建广宗长□□福登令丞曹掾许敦门下吏肜石游徼龙进侯马沙福亭长樊赦等令宗室刘江刘瑜刘树刘举等著赤帻为伍长守街治滞谥②

有研究者解释：

"刘江"、"刘瑜"、"刘树"、"刘举"等四人名，都是宗室族属。"赤帻"，一种红色的头巾，卑贱执事者，皆著赤帻。③"伍长"，主伍家之长，是为汉时治民的"什伍"组织，互相进行检察。④"滞"者，《说文》曰："滞，凝也"，含有阻止之意。

以"阻止"解释这里"滞"的字义，似不妥。《散见简牍合辑》的释文又有不同：

☑广陵令解登巨鹿鄝守长张建广宗长□□福登令曹掾许敦门下吏肜

---

①　张学正：《甘谷汉简考释》，甘肃省文物队、甘肃省博物馆编：《汉简研究文集》，甘肃人民出版社 1984 年版，第 90 页。

②　张学正：《甘谷汉简考释》，《汉简研究文集》，第 106—108 页。

③　原注：《后汉书·光武帝纪》注引蔡邕《独断》云：帻，古者卑贱执事不冠者之所服也。董仲舒《上雨书》曰："执事者皆赤帻"。

④　原注：《后汉书·百官志》："民有什伍"，"什主十家，伍主五家，以相检察。"张学正：《甘谷汉简考释》，《汉简研究文集》，第 141 页。

石游徼龙进☐

兵马徐沙福亭长樊赦☐令宗室刘江刘俞刘树刘举等著赤帻为伍长守街治滞☐☐☐（正面）

第十（背面）（34）①

不过，释文虽然有不同的意见，但是"令宗室刘江刘俞刘树刘举等著赤帻为伍长守街治滞"的释读，判断都是大体一致的。

如果汉代同时存在"街正"、"街卒"职任的意见成立，那么我们分析"令宗室刘江刘俞刘树刘举等著赤帻为伍长守街治滞"简文反映的情况，则"宗室刘江刘俞刘树刘举等"的身份地位似乎更接近于"街卒"而非"街正"。

有关"治滞"的内容，似乎可以说明当时已经有专职治理"街"的空间范围内的交通堵塞的人员。宗室成员"著赤帻为伍长守街治滞"，或可读作"贤士长者未尝不仕郡县也"之又一例证。相关信息反映当时都市管理体制已经予交通秩序以充分的重视。汉代都市文化的面貌，可以由这样一个特殊的侧面得以展现。当时社会日常秩序的构成，可以因此有所认识。而汉代基层行政管理的水平，也得到了有说服力的实证。

### 8. "著赤帻为伍长"：以阳陵兵俑为对证

所谓"著赤帻为伍长，守街治滞"之"著赤帻"装束，作为治安史和服饰史的新的信息，特别值得研究者重视。

思考并说明这一问题，可以参考汉景帝阳陵出土体现军人身份的陶俑的特殊头饰。

阳陵从葬坑出土陶质士兵俑有额上束红色带状织物的实例。发掘者曾经解释为"陌额"："有一圈颜色鲜亮的朱红色绕过前额，两鬓和后脑勺，宽仅2厘米。在颜色上有经纬编织纹的痕迹，显然是丝织品腐朽后留下的残色

---

① 李均明、何双全编：《散见简牍合辑》，文物出版社1990年版，第6页。

所染。此物就是用作束敛头发的'陌额'。"①

这种特殊装束形式，其实很可能就是所谓"著赤帻"。

"著赤帻"者并非兵俑普遍装束，暗示其身份有特殊性，或许与甘谷汉简所谓"著赤帻为伍长"者有接近处。

徐州狮子山汉墓出土汉代兵俑头部也发现类似红色痕迹，应当也表现了同样的装饰样式。② 这种装束的士兵在军阵中的数量比例，或许可以与阳陵从葬坑进行比较。很可能所表现的军人身份是相近的。

咸阳杨家湾汉墓出土步兵俑的头饰，也有突出的红色束带状形式。③ 由于发掘简报没有相关记述④，我们不清楚这种装束的士兵在俑阵中的数量和位置。当然也不排除这种可能，即此类士兵有接近"伍长"的身份。

西汉前期的同类发现，对于我们认识当时的军制史和服饰史，都是有积极意义的。判断这种装束是否"赤帻"，需要考察相关礼俗制度及服饰演变的历史。

《汉书》卷五《景帝纪》："（元年）秋七月，诏曰：'吏受所监临，以饮食免，重；受财物，贱买贵卖，论轻。廷尉与丞相更议著令。'"颜师古注引苏林曰："'著'音'著帻'之'著'。"⑤《三国志》卷三〇《魏书·东夷传》："（高句丽）大加主簿头著帻，如帻而无余，其小加著折风，形如弁。"亦言"著帻"。

《后汉书》卷一二《彭宠传》："其妻数恶梦，又多见怪变。"李贤注："《东观记》曰：'梦赢祖冠帻，逾城，髡徒推之。'""冠"在这里作动词用，"冠帻"一如"著帻"。

《三国志》卷一《魏书·武帝纪》裴松之注引《曹瞒传》有一段关于曹操性情的描述："太祖为人佻易无威重，好音乐，倡优在侧，常以日达夕。

① 王学理：《阳陵汉俑——陶塑美的旋律》，陕西省考古研究所汉陵考古队编：《中国汉阳陵彩俑》，陕西旅游出版社1992年版，第8页。

② 徐州汉文化风景园林管理处、徐州楚王陵汉兵马俑博物馆编：《狮子山楚王陵》（葛明宇编著），南京出版社2011年版。

③ 陕西省咸阳市文物局编：《咸阳文物精华》，文物出版社2002年版。

④ 陕西省文管会、博物馆、咸阳市博物馆杨家湾汉墓发掘小组：《咸阳杨家湾汉墓发掘简报》，《文物》1977年第10期。

⑤ 颜师古持不同意见："苏音非也。'著'音'著作'之'著'，音竹箸反。"

被服轻绡，身自佩小鞶囊，以盛手巾细物，时或冠帢帽以见宾客。每与人谈论，戏弄言诵，尽无所隐，及欢悦大笑，至以头没杯案中，肴膳皆沾污巾帻，其轻易如此。""冠帢帽"的"冠"，也用作动词。下文所言被"肴膳"所"沾污"的"巾帻"，也是冠戴对象。

《续汉书·礼仪志上》："立春之日，夜漏未尽五刻，京师百官皆衣青衣，郡国县道官下至斗食令史皆服青帻，立青幡，施土牛耕人于门外，以示兆民。"是言"服""帻"之例。又如《续汉书·五行志六》刘昭注补引蔡邕上书曰："四年正月朔，日体微伤，群臣服赤帻，赴宫门之中，无救，乃各罢归。"也说"服赤帻"。

《续汉书·舆服志下》："古者有冠无帻，其戴也，加首有颊，所以安物。"则说"戴""帻"。

《后汉书》卷二〇《铫期传》记载："从击王郎将儿宏、刘奉于巨鹿下，期先登陷陈，手杀五十余人，被创中额，摄帻复战，遂大破之。"李贤注："摄犹正也。""摄帻"是予以整理的特殊动作。

头饰的色彩往往标志身份。如"苍头青帻"。《汉书》卷七二《鲍宣传》："奈何独私养外亲与幸臣董贤，多赏赐以大万数，使奴从宾客浆酒霍肉，苍头庐儿皆用致富！非天意也。"颜师古注引臣瓒曰："《汉仪注》：'官奴给书计，从侍中已下为苍头青帻。'"《史记》卷七《项羽本纪》："异军苍头特起。"裴骃《集解》："应劭曰：'苍头特起，言与众异也。苍头，谓士卒皂巾，若赤眉、青领，以相别也。'如淳曰：'魏君兵卒之号也。《战国策》魏有苍头二十万。'"司马贞《索隐》："晋灼曰：'殊异其军为苍头，谓著青帽。"

"帻"的颜色有时有特殊涵义。前引《续汉书·礼仪志上》"立春之日，……郡国县道官下至斗食令史皆服青帻"，也说到"青帻"。又如《续汉书·祭祀志下》："立春之日，皆青幡帻，迎春于东郊外。令一童男冒青巾，衣青衣，先在东郊外野中。"《续汉书·舆服志上》刘昭注补引贺循曰："汉仪，亲耕青衣帻。"《续汉书·舆服志下》："五郊，衣帻绔袜各如其色。""迎气五郊，各如其色。"体现了当时的礼俗制度。

又有以"绿帻"标志"贱人"身份的情形。《汉书》卷六五《东方朔传》："董君绿帻傅鞲，随主前，伏殿下。"颜师古注："绿帻，贱人之服也。"

"黄帻"见于王莽故事。《汉书》卷九九下《王莽传下》："或言黄帝时建华盖以登仙，莽乃造华盖九重，高八丈一尺，金瑵羽葆，载以秘机四轮车，驾六马，力士三百人黄衣帻，车上人击鼓，挽者皆呼'登仙'"。

《续汉书·舆服志下》言"期丧""素帻"事。《后汉书》卷九《献帝纪》："魏青龙二年三月庚寅，山阳公薨。自逊位至薨，十有四年，年五十四，谥孝献皇帝。八月壬申，以汉天子礼仪葬于禅陵。"李贤注引《续汉书》言天子葬式，包括："公卿已下子弟凡三百人，皆素帻，委貌冠，衣素裳，挽。"所谓"素帻"，应是白色的"帻"。《续汉书·礼仪志下》言"丧事"制度，直接说"白帻"："皇后诏三公典丧事，百官皆衣白单衣，白帻……"

《后汉书》卷七九上《儒林列传》："天子始冠通天。"李贤注："徐广《舆服杂注》曰：'天子朝，冠通天冠，高九寸，黑介帻，金薄山，所常服也。'"《续汉书·舆服志上》刘昭注补引《晋公卿礼秩》曰："太傅、司空、司徒著进贤三梁冠，黑介帻。"似可理解为有黑色的"帻"。

又《续汉书·舆服志下》刘昭注补引《汉旧仪》曰："凡斋，绀帻；耕，青帻；秋貙刘，服缃帻。"中华书局标点本"校勘记"："按：汲本、殿本'湘'作'绯'。"[①] 可知当时或亦有"绯帻"存在于服饰制度中。

《后汉书》卷一一《刘玄传》写道："侠卿为制绛单衣、半头赤帻……"李贤注："帻巾，所谓覆髻也。《续汉书》曰：'童子帻无屋，示未成人也。'半头帻即空顶帻也，其上无屋，故以为名。董仲舒《繁露》曰：'以赤统者，帻尚赤。'盆子承汉统，故用赤也。《东宫故事》曰：'太子有空顶帻一枚。'即半头帻之制也。"言"赤帻"与"尚赤"观念有关，这是仅见的一例。

《续汉书·五行志六》言"熹平二年十二月癸酉晦，日有蚀之"，刘昭注补引蔡邕上书说到"群臣服赤帻，赴宫门之中，无救，乃各罢归"，已见前引，是"救""日蚀"时"服赤帻"的史例。《续汉书·礼仪志上》刘昭注补引《决疑要注》曰："凡救日食，皆著赤帻，以助阳也。日将食，天子素服避正殿，内外严。日有变，伐鼓闻音，侍臣著赤帻，带剑入侍，三台令史已上皆持剑立其户前，卫尉卿驱驰绕宫，察巡守备，周而复始。日复常，

---

①　中华书局1965年版，第3680页。

乃皆罢。"说"赤帻"有"助阳"的作用，可以与董仲舒"赤统"之说联系起来思考。

在通常情况下，"赤帻"似乎被赋予另外的意义。

《续汉书·礼仪志中》关于"大傩""逐疫"仪式，有"侲子""皆赤帻"，而皇帝身边工作者同样"皆赤帻"的说法，应亦即"侍臣著赤帻"："先腊一日，大傩，谓之逐疫。其仪：选中黄门子弟年十岁以上，十二以下，百二十人为侲子。皆赤帻皂制，执大鼗。方相氏黄金四目，蒙熊皮，玄衣朱裳，执戈扬盾。十二兽有衣毛角。中黄门行之，宂从仆射将之，以逐恶鬼于禁中。夜漏上水，朝臣会，侍中、尚书、御史、谒者、虎贲、羽林郎将执事，皆赤帻陛卫。"①

《续汉书·礼仪志下》陈述"大丧"制度："校尉三百人，皆赤帻不冠，绛科单衣，持幢幡。候司马丞为行首，皆衔枚。"②

《续汉书·百官志五》："鼓吏赤帻行縢，带剑佩刀，持楯被甲，设矛戟，习射。"

《续汉书·舆服志上》："公卿以下至县三百石长导从，置门下五吏、贼曹、督盗贼功曹，皆带剑，三车导；主簿、主记，两车为从。县令以上，加导斧车。公乘安车，则前后并马立乘。长安、雒阳令及王国都县加前后兵车，亭长，设右騑，驾两。璅弩车前伍伯，公八人，中二千石、二千石、六百石皆四人，自四百石以下至二百石皆二人。黄绶，武官伍伯，文官辟车。铃下、侍合、门兰、部署、街里走卒，皆有程品，多少随所典领。驿马三十里一置，卒皆赤帻绛韝云。"这里说到"街里走卒"即李贤所谓"伍伯之类也"著"赤帻"③，与甘谷汉简提供的信息是一致的。

---

① 《后汉书》卷一〇上《皇后纪上·和熹邓皇后》："诏飨会勿设戏作乐，减逐疫侲子之半，悉罢象橐驼之属。"关于"侲子"，李贤注引《续汉书》："大傩，选中黄门子弟，年十岁以上，十二以下，百二十人为侲子。皆赤帻皂制，执大鼗。"

② 《后汉书》卷九《献帝纪》李贤注引《续汉书》言天子葬式，包括："校尉三人，皆赤帻，不冠，持幢幡，皆衔枚。"

③ 《后汉书》卷五八《虞诩传》："永平、章和中，州郡以走卒钱给贷贫人。"李贤注："走卒，伍伯之类也。《续汉志》曰：'伍伯，公八人，中二千石六人，千石、六百石皆四人，自四百石以下至二百石皆二人。黄绶。武官伍伯，文官辟车。铃下、侍阁、门兰、部署、街里走卒，皆有程品，多少随所典领，率皆赤帻绛韝。'即今行鞭杖者也。此言钱者，令其出资钱，不役其身也。"

《后汉书》卷六三《杜乔传》记载，杜乔死狱中，"乔故掾陈留杨匡闻之，号泣星行到洛阳，乃著故赤帻，托为夏门亭吏，守卫尸丧，驱护蝇虫，积十二日，都官从事执之以闻。梁太后义而不罪。匡于是带铁锧诣阙上书，并乞李、杜二公骸骨。太后许之。成礼殡殓，送乔丧还家，葬送行服，隐匿不仕。"说"亭吏""著""赤帻"，其身份和职任或许与"街卒"有类似处。

据《续汉书·舆服志下》，"帻"的使用，不同历史时期有所变化："古者有冠无帻，其戴也，加首有颊，所以安物。故《诗》曰'有颊者弁'，此之谓也。三代之世，法制滋彰，下至战国，文武并用。秦雄诸侯，乃加其武将首饰为绛袙，以表贵贱，其后稍稍作颜题。汉兴，续其颜，却摞之，施巾连题，却覆之，今丧帻是其制也。名之曰帻。帻者，赜也，头首严赜也。至孝文乃高颜题，续之为耳，崇其巾为屋，合后施收，上下群臣贵贱皆服之。文者长耳，武者短耳，称其冠也。尚书帻收，方三寸，名曰纳言，示以忠正，显近职也。迎气五郊，各如其色，从章服也。皂衣群吏春服青帻，立夏乃止，助微顺气，尊其方也。武吏常赤帻，成其威也。未冠童子帻无屋者，示未成人也。入学小童帻也句卷屋者，示尚幼少，未远冒也。丧帻却摞，反本礼也。升数如冠，与冠偕也。期丧起耳有收，素帻亦如之，礼轻重有制，变除从渐，文也。"

《后汉书》卷三八《法雄传》："永初三年，海贼张伯路等三千余人，冠赤帻，服绛衣，自称'将军'，寇滨海九郡，杀二千石令长。"《后汉书》卷八六《南蛮传》："（安帝元初三年）零陵蛮羊孙、陈汤等千余人，著赤帻，称将军，烧官寺，抄掠百姓。"《三国志》卷四六《吴书·孙坚传》："坚移屯梁东，大为卓军所攻，坚与数十骑溃围而出。坚常著赤罽帻，乃脱帻令亲近将祖茂著之。卓骑争逐茂，故坚从间道得免。茂困迫，下马，以帻冠冢间烧柱，因伏草中。卓骑望见，围绕数重，定近觉是柱，乃去。"也都应看作武装人员使用"赤帻"的史例。

所谓"秦雄诸侯，乃加其武将首饰为绛袙"，所谓"武吏常赤帻，成其威也"，都是我们讨论"赤帻"问题时必须予以关注的。

《续汉书·舆服志下》刘昭注补引《独断》曰："帻，古者卑贱执事不冠者之所服也。董仲舒《止雨书》曰'执事者皆赤帻'，知不冠者之所服也。"赤帻"起初又体现底层"卑贱执事"身份，也特别值得注意。

西安南郊西汉墓出土的彩绘男俑，有表现"赤帻"的彩饰。① 可以看作"帻，古者卑贱执事不冠者之所服也"的文物实证。

有一种意见以为，"帻"是"冠"下的头饰。② "帻"的使用的历史变易，也许可以通过若干史例有所澄清。

《续汉书·舆服志下》刘昭注补引《独断》曰："元帝额有壮发，不欲使人见，始进帻服之，群臣皆随焉。然尚无巾，故言'王莽秃，帻施屋'。冠进贤者宜长耳，冠惠文者宜短耳，各随其宜。"

《后汉书》卷一上《光武帝纪上》："更始将北都洛阳，以光武行司隶校尉，使前整修宫府。于是置僚属，作文移，从事司察，一如旧章。时三辅吏士东迎更始，见诸将过，皆冠帻，而服妇人衣，诸于绣镼，莫不笑之，或有畏而走者。及见司隶僚属，皆欢喜不自胜。老吏或垂涕曰：'不图今日复见汉官威仪！'由是识者皆属心焉。"关于"冠帻"，李贤注："《汉官仪》曰：'帻者，古之卑贱不冠者之所服也。'《方言》曰：'覆髻谓之帻，或谓之承露。'"所谓"旧章"，所谓"汉官威仪"，似体现时人面对时"莫不笑之，或有畏而走"之情形，其实体现了汉代较早礼俗规范。《汉书》卷二七中之上《五行志中之上》写道："成帝鸿嘉、永始之间，好为微行出游，选从期门郎有材力者，及私奴客，多至十余，少五六人，皆白衣袒帻，带持刀剑。或乘小车，御者在茵上，或皆骑，出入市里郊野，远至旁县。"对于所谓"袒帻"，颜师古注："袒帻，不加上冠。"

《汉旧仪》所谓"帻者，古之卑贱不冠者之所服也"，体现"帻"和"冠"的关系，说明社会下层人们是"帻"而"不冠"的。体现有些特殊情况下"百官"也同样"帻"而"不冠"的例证，还有《续汉书·礼仪志下》："皇后诏三公典丧事，百官皆衣白单衣，白帻，不冠。"当然这是参与"丧事"时的异常情形。

《后汉书》卷二四《马援传》说到刘秀接见马援时"简易"情形，是"但帻坐"："建武四年冬，（隗）嚣使援奉书洛阳。援至，引见于宣德殿。

---

① 西安市文物保护考古研究院：《西安南郊西汉墓发掘简报》，《文物》2012 年第 10 期。
② 参看孙机《汉代物质文化资料图说》，文物出版社 1991 年版，第 230—232 页。

世祖迎笑谓援曰：'卿遨游二帝间，今见卿，使人大惭。'援顿首辞谢，因曰：'当今之世，非独君择臣也，臣亦择君矣。臣与公孙述同县，少相善。臣前至蜀，述陛戟而后进臣。臣今远来，陛下何知非刺客奸人，而简易若是？'"李贤注："《观记》曰'援初到，敕令中黄门引入，时上在宣德殿南庑下，但帻坐'，故云'简易'也。"此言"简易"，似不符合通常习惯。《后汉书》卷二八上《冯衍传上》："幅巾降于河内。"也是类似情形。李贤注："不加冠帻，但以一幅巾饰首而已。"

《后汉书》卷三四《梁冀传》说梁冀妻孙寿"色美而善为妖态，……埤帻，狭冠"。李贤注："埤，下也。""冠"与"帻"共同使用，应是东汉普遍情形。《后汉书》卷五四《杨赐传》："拜太常，诏赐御府衣一袭，自所服冠帻绶，玉壶革带，金错钩佩。"也说明了这样的事实。《后汉书》卷七〇《孔融传》："融为九列，不遵朝仪，秃巾微行，唐突宫掖。"所谓"秃巾"，李贤注："谓不加帻。"则说大约东汉时代"帻"和"巾"的配用已成常制。

《三国志》卷五五《吴书·周泰传》裴松之注引《江表传》曰："权把其臂，因流涕交连，字之曰：'幼平，卿为孤兄弟战如熊虎，不惜躯命，被创数十，肤如刻画，孤亦何心不待卿以骨肉之恩，委卿以兵马之重乎！卿吴之功臣，孤当与卿同荣辱，等休戚。幼平意快为之，勿以寒门自退也。'即敕以己常所用御帻青缣盖赐之。"所谓"御帻青缣盖"，说明武人使用的"帻"亦与"盖"形成相互结合的关系。《后汉书》卷八五《东夷列传·高句丽》："大加、主簿皆著帻，如冠帻而无后；其小加著折风，形如弁。"这种"著帻"又"加著"其他形式头饰的情形，由阳陵出土兵俑个别形象或许可以看到历史的先声。①

而通常的情形，当如《咸阳杨家湾汉墓发掘简报》中"四号墓随葬坑中出土陶俑头巾和发式示意图"中的第三种②，是没有其他"加著"形式的。

---

① 陕西省考古研究所汉陵考古队编：《中国汉阳陵彩俑》，陕西旅游出版社1992年版。

② 陕西省文管会、博物馆、咸阳市博物馆杨家湾汉墓发掘小组：《咸阳杨家湾汉墓发掘简报》，《文物》1977年第10期。

　　宋代学者程大昌《演繁露》卷一二"冒絮"条写道："薄太后以冒絮提文帝。晋灼曰：《巴蜀异志》谓头上巾为冒絮。冒音陌，颜师古曰：老人以覆其头。应劭曰：陌额絮也。详其所用，当是以絮为巾，蒙冒老者颡额也。冒之义，如冒犯锋刃之冒，其读如墨，则与陌音冒义皆相近矣。《汉官旧仪》：皇后亲蚕丝絮，自祭服神服外，皇帝得以作缕缝衣，皇后得以作巾絮而已。以絮为巾，即冒絮矣。北方寒，故老者絮蒙其头，始得温暖。地更入北，则塞外貂冠狼头帽，皆其具矣。"应劭"陌额絮"的说法，他处未见。这可能是最早的有关"陌额"的文字，然而未详出处。

　　清代学者陈元龙《格致镜原》卷一四《冠服类二》"巾"条也写道："《庶物异名疏》：冒絮，巾名。汉薄太后以冒絮提文帝。晋灼曰：《巴蜀异物志》以头上巾为冒絮。应劭谓陌额絮。颜师古云：冒，覆也。老人所以覆其头也。"又同卷"盔附抹额"条："抹额，《二仪实录》：禹娶涂山，夕，雷电中有甲卒千人，无甲者红绢抹额，云海神来朝。始皇至海上，有神朝，皆抹额、绯衫、大口袴侍卫，后为军容。"

　　所谓"抹额"与"盔"的关系，所谓"无甲者红绢抹额"以及"抹额""为军容"的说法，与我们讨论的"武吏常赤帻，成其威也"的情形可以联系起来理解。就此还可以关注"秦雄诸侯，乃加其武将首饰为绛袙"[1]的说法。大概"赤帻"和"陌额"、"抹额"颇多近似之处。然而"陌额"、"抹额"之说似盛起于晚代，言汉初文化现象，可能仍以采用见于汉代简牍文字的，当时更为明确的语汇为好。因此我们建议定义阳陵兵俑额上红色带状标饰，可采用"赤帻"的说法。

# 居延汉简"校士"身份与"拘校"制度

　　陈直《居延汉简释文校订》写道，"居延简食校士者，有蜀、犍为、昌邑等郡国名"。[2] 其中"蜀校士"、"昌邑校士"多有学者重视。"校士"，以往曾释"材士"、"牧士"。或从"牧"之字义予以解说，理解为"在汉代

① "绛袙"，孙机《汉代物质文化资料图说》引作"绛帕"，第 230 页。
② 陈直：《居延汉简释文校订》，《居延汉简研究》，天津古籍出版社 1986 年版，第 641 页。

边境屯田的工作中""专门养牛的人材",或说边地专职饲养屯田所用"官牛"的人。现在看来,"校士"释文是正确的。"校士"身份的分析,应关注强调"蜀"和"昌邑"等"郡国名"的意义。"校士"出现又往往为二至四人的组合,也应当与其职能相关。思考和推定"校士"的身份和职任,应当有益于我们认识有关"校"的制度史。当时"拘校"、"钩校"形式的考论,对于说明汉代行政史和军事管理史,显然有积极的意义。

### 1. "校士""材士""牧士"释文异见

居延汉简中出现的一种职名或身份标志性称谓,学者释读存在不同意见。《居延汉简甲乙编》和《居延汉简释文合校》均释作"校士"。据《居延汉简释文合校》:

(1) 合出糜大石三石六斗　始元二年六月庚午朔以食蜀校士二人尽己亥卅日积六十人人六升 (275.12)

(2) 合出糜七石二斗　六月丁巳朔以食昌邑校士四人尽丙戌卅日积百廿人人六升 (275.16)

(3) 合出糜大石三石四斗八升　始元二年九月己亥以食蜀校士二人尽丁卯廿九日积五十八人人六升 (275.18)

(4) ☑食昌邑校士三人七月辛巳尽庚戌卅日积九十人人六升 (308.3)

(5) 合始元二年八月己巳朔以食蜀校士二人尽戊戌卅日积☑ (534.4)

对于这组简文,张春树著文《居延汉简中所见的"牧士"——居延汉简集论之一》进行了专门的讨论。

张春树写道:"根据甲编书后所附的简号与出土地点对照表,这五条简均属珍北区。详对各简照片,又知它们尺寸和书法也是相同,而且在年代上的差异也不出三年。由此数点来看,这些简恐是互相关系的,即是出于一人之手也甚可能。"他指出,所谓"校士"简文的"释法颇有些纷歧"。劳榦或释"校士",或释"材士"。"士"字前一字,"日本学者森鹿三氏在其所著《居延汉简の集成》（1959）中则全读为'材'。"张春树说："细为比较相关之诸简，此字既非'校'亦非'材'。"以为"可释为'牧'"，于是，"以前释为'校士'、'材士'的今应释作'牧士'"。"大概牧士是一种专门养牛的人材。""在汉代边境屯田的工作中，组织与分工均甚细微，吏卒中专司其事者有护田校尉、农令、别田令史、田官、田卒、河渠卒等等，今复考明有专司牧牛的'牧士'，足见汉朝对开边屯田事业的苦心经营与设施的一般规模了。"①

这一意见形成一定影响。② 例如，刘光华即认同张春树的判断，又据居延简文"积廿九人养牛"（512.1）分析，以为"乃一个'牧士'在一小月养牛之日数"。并且肯定，"由'牧士'专人饲养之牛，当即屯田上所使用的官牛。"③

陈直就简（5）释读发表了这样的意见："校士谓部校之士。劳氏或释作校士，或又释作材士，实则皆为校士，木简亦不能例外。"④《居延汉简甲乙编》和《居延汉简释文集校》均释为"校士"，应自有据，即当有全面比较分析笔迹字形的工作基础。

## 2. 关于"校士谓部校之士"说

陈直以为"校士谓部校之士"的意见，也有必要讨论。

---

① 张春树：《居延汉简中所见的"牧士"——居延汉简集论之一》，《大陆杂志》30 卷 9 期（1965年 5 月 15 日），收入《汉代边疆史论集》，食货出版社有限公司 1977 年版，第 171—179 页。

② 在《居延汉简中所见的"牧士"——居延汉简集论之一》收入《汉代边疆史论集》时的文后"补记"中，张春树介绍了这一意见所获得的支持，并有补充性说明："本文发表后，友人周策纵先生自陌地生之威斯康辛大学来信认为'牧士'之说可信，并引《周礼》和《左传》上的一些材料作证明。另外，唐长孺先生《魏晋南北朝史论丛》（一九六二年重印）中'拓跋国家的建立及其封建化'一文中曾详细讨论过南北朝时代之'牧士'（页二〇七至二一八为主）及其工作，但其社会地位身份则与本文所论之'牧士'甚异。凡此诸论皆与本文所考析之居延边地上之'牧士''前''后'互相印证。而单就'牧士'之地位身份而言，则先秦者较汉代者为高（因是官职），在南北朝者较汉代者又低（因是奴隶）。'牧士'虽为中国古代社会与制度上之微小问题，但由其演变之线索析研，亦可见古代社会与制度上变动之一斑。一九七二年秋补记。"《汉代边疆史论集》，第 178—179 页。

③ 刘光华：《汉代西北屯田研究》，兰州大学出版社 1988 年版，第 154 页。沈刚《居延汉简语词汇释》无"校士"条。"牧士"条写道："牧士（275.18）《合校》作'校士'，是屯田上专门养牛的人才。（刘光华：1988）"科学出版社 2008 年版，第 140 页。

④ 陈直：《居延汉简释文校订》，《居延汉简研究》，第 641 页。

汉代文献出现"校士"字样者，有《汉书》卷六八《霍光传》："光薨，……发材官轻车北军五校士军陈至茂陵，以送其葬。"《后汉书》卷一六《邓骘传》："凉部畔羌摇荡西州，朝廷忧之。于是诏骘将左右羽林、北军五校士及诸部兵击之。"《后汉书》卷一九《耿恭传》："金城、陇西羌反，恭上疏言方略，诏召入问状。乃遣恭将五校士三千人，副车骑将军马防讨西羌。"《后汉书》卷二四《马严传》："常与宗室近亲临邑侯刘复等论议政事，甚见宠幸。后拜将军长史，将北军五校士、羽林禁兵三千人，屯西河美稷，卫护南单于。"《后汉书》卷六四《卢植传》："中平元年，黄巾贼起，四府举植，拜北中郎将，持节，以护乌桓中郎将宗员副，将北军五校士，发天下诸郡兵征之。"《后汉书》卷六九《窦武传》："驰入步兵营，与绍共射杀使者。召会北军五校士数千人屯都亭下，令军士曰：'黄门常侍反，尽力者封侯重赏。'"《后汉书》卷八七《西羌传》："且冻、傅难种羌等遂反叛，攻金城，与西塞及湟中杂种羌胡大寇三辅，杀害长吏。……于是发京师近郡及诸州兵讨之，拜马贤为征西将军，以骑都尉耿叔副，将左右羽林、五校士及诸州郡兵十万人屯汉阳。""诸种八九千骑寇武威，凉部震恐。于是复徙安定居扶风，北地居冯翊，遣行车骑将军执金吾张乔将左右羽林、五校士及河内、南阳、汝南兵万五千屯三辅。"《后汉书》卷八九《南匈奴列传》："……新降胡遂相惊动，十五部二十余万人皆反畔，胁立前单于屯屠何子奥鞬日逐王逢侯为单于，遂杀略吏人，燔烧邮亭庐帐，将车重向朔方，欲度漠北。于是遣行车骑将军邓鸿、越骑校尉冯柱、行度辽将军朱徽将左右羽林、北军五校士及郡国积射、缘边兵，乌桓校尉任尚将乌桓、鲜卑，合四万人讨之。"同一史事，《续汉书·天文志中》记载："行车骑将军事邓鸿、越骑校尉冯柱发左右羽林、北军五校士及八郡迹射、乌桓、鲜卑，合四万骑，与度辽将军朱征、护乌桓校尉任尚、中郎将杜崇征叛胡。"

所说"五校士"，应即"五校之士"、"五校之兵"。《汉书》卷七《昭帝纪》："（元凤四年）五月丁丑，孝文庙正殿火。上及群臣皆素服，发中二千石将五校作治，六日成。"颜师古注："率领五校之士以作治也。"《汉书》卷九《元帝纪》："（永光二年）秋七月，西羌反。遣右将军冯奉世击之。八月，以太常任千秋为奋威将军，别将五校并进。"颜师古注："别领五校之兵，而与右将军并进。"《汉书》卷五四《李陵传》出现"五校兵"字样：

"汉遣贰师将军伐大宛，使陵将五校兵随后。"

"五校士"常称"北军五校士"。黄今言说，"北军五校"，即"屯骑、越骑、步兵、长水、射声"。"五校尉的职责是宿卫京师，担任京师守备及扈从车驾。""五校尉不仅负有卫戍京师、警备宫城之外的职任，而且还常有奉命从征的任务。""文献中有关北军从事征战的材料甚多，在东汉的很长时间内，北军五校实际上已成为中央军事作战部队的主力。"①

"五校士"即"五校之士"、"五校之兵"、"五校兵"，可能接近于陈直所谓"部校之士"。然而，居延汉简"校士"显然与此不同。

据说景差从楚襄王命为"大言"之文，有"校士猛毅皋陶嘻"句。②作为游戏文字，可知"校士猛毅"大概是反常现象，"校士"在通常情况下似乎并不是一线作战武士。

### 3. "校士"的组合形态与工作方式

简（1）（3）（5）"蜀校士二人"，（4）"昌邑校士三人"，（2）"昌邑校士四人"，未见单独活动情形，形成二至四人的组合。"校士"未见单兵之例，均是成组活动，是值得注意的。

"校士"前文分别作"蜀"、"昌邑"，明确标示郡国名，也是比较特殊的称谓方式。陈直说，"居延简食校士者，有蜀、楗为、昌邑等郡国名"。所谓"楗为"之例，可能是：

（6）出糜大石三石六斗 　　始元二年八月己巳朔以食楗为☐
（557.2）

---

① 黄今言：《秦汉军制史论》，江西人民出版社 1983 年版，第 144 页。

② （唐）余知古：《渚宫旧事》卷三《周代下》："襄王与唐勒、景差、宋玉游于云阳之台。王曰：'能为大言者上坐。'王因曰：'操是太阿剥一世，流血冲天军不可以属。'至唐勒曰：'壮士愤兮绝天维，北斗戾兮太山夷。'至景差曰：'校士猛毅皋陶嘻，大笑至兮摧罘罳。锯牙裾云晞甚大，吐舌万里唾一世。'至宋玉曰：'方地为车，圆天为盖。长剑耿介，倚乎天外。'王曰：'未可也。'玉曰：'并吞四夷，饮枯河海。跨越九州岛，无所容止。身大四塞，愁不可长。据地盻天，迫不得仰。若此之大也何如？'王曰：'善。'"又见（元）陈仁子辑：《文选补遗》卷三一《赋》"大言赋·宋玉"；（清）马骕：《绎史》卷一三二《屈原流放宋玉附》。

简文书写格式与（1）（2）（3）（5）类同，推想"以食穅为⊠"可能是"以食穅为校士……"比照简（1），推测完整简文应是："出穈大石三石六斗 始元二年八月己巳朔以食穅为校士二人尽戊戌卅日积六十人人六升"。对照简（1）"庚午朔……尽己亥卅日"，（2）"丁巳朔……尽丙戌卅日"，（4）"辛巳朔……尽庚戌卅日"，（5）"己巳朔……尽戊戌卅日"，可知下文应为"尽戊戌卅日"。（6）与（5）日期完全相同。

思考言"校士"简文突出标示"蜀、穅为、昌邑等郡国名"的缘由，还有必要注意如下简文：

（7）⊠□ 始元二年九月己亥朔以食穅为前部士二人尽丁卯廿九日积五十八人人□□（275.5）

"穅为前部士"身份，我们也是不明确的。但是可以知道，简（7）与简（1）至（6）文例几乎完全相同。[1]

从多条简文看，"校士"在一个地点工作的时间通常会超过一个月。

服役于居延地方的戍卒来自"昌邑国"者可见多例。然而出身"蜀、穅为"者尚未看到。[2] 也就是说，"蜀校士"和"穅为校士"的工作，完全可以看作实现了全面回避的要求。

"蜀校士"和有可能存在的"穅为校士"工作的这一方式，很可能涉及军事管理制度的特殊需求。

### 4. 拘校·钩校

陈槃《汉晋遗简偶述》有"枸校"条，可以为我们讨论"校士"身份和相关制度有所启示。

"枸校"题下，陈槃引录居延汉简3例。这里转引，采用《居延汉简释

---

① 参考简（7）简文，则简（6）的缺文也可能是"前部士二人尽戊戌卅日积六十人人六升"。

② 参看何双全《〈汉简·乡里志〉及其研究》，无"蜀、穅为"相关信息，"昌邑国"则有"县7，里21"。《秦汉简牍论文集》，甘肃人民出版社1989年版。今按："昌邑国：县7，里21"，7县下里数相和仅有20。或里名有遗漏，或"里21"有误。当然，这是多年前据汉简局部资料进行的工作，我们可以以为参考。

文合校》释文：

（8）十一月邮书留迟不中程各如牒晏等知邮书数留迟为府职不身拘校而委（55.11，137.6，224.3）

（9）☒书到拘校处实牒别言遣尉史弘☒（317.6）

陈槃引第 3 例："拘校回都试驰射会月☐"（40.18），其中"拘校"，《居延汉简释文合校》释文作"抵校"。

我们看到，居延汉简中其他出现"拘校"字样的简文还有：

（10）● 卅井言谨拘校二年十月以来
计最未能会会日谒言解（430.1，430.4）

（11）谭踵知罪区处党未拘校兵物官见吏（E. P. T20：8）

（12）拘校令与计簿相应放式移遣服治☒（E. P. T52：576）

（13）] ☒☐长丞拘校必得事实牒别言与计偕如律令敢告卒人（E. P. T53：33A）

（14）踵故承余府遣掾校兵物少不应簿拘校天凤（E. P. F25：3）

又有敦煌汉简：

（15）常安今月十二日到拘校敦德泉谷日闻如公之蜀中军试士（226）

（16）☒…………今史倓候长诩敢言之谨拘校造史左衰二年九月尽三年☐☐☐及禄☐
☐☐诩及衰出☐以☐余当收入☐（397）

其中（15）"拘校"应即"拘校"。简文又说到"之蜀中军试士"，自然会使人联想到"蜀校士"。

关于"拘校"文义，陈槃写道："按'拘校'一辞，《太平经》习见。"引卷四一《件古文名书诀》"所言拘校上古、中古、下古道书者"

云云，所说指文献校读。于是分析道："是'拘校'有钩稽比校之义。"
陈槃又说："字亦或作'钩'。《汉书·陈万年传》：'咸皆钩校，发其奸
臧'；《后汉书·陈宠传》：'又钩校律令条法溢于《甫刑》者，除之'。①
旧籍二字亦多通作。《周礼·春官·巾车》：'金路钩'。郑注：'故书钩为
拘。杜子春读为钩'；②哀二十五年《左传》：'以钩越'。注：'宋南近越，
转相钩牵'。《释文》：'钩，古侯反。本或作拘，同'；《国策·西周策》：
'弓拨矢钩'。注：'钩，或作拘。古通'；《荀子·宥坐》：'（水）其流下
也埤下，裾拘必循其理，似义'。注：'拘，读为钩，曲也'。"陈槃又论
证："又通作'枸'。"对于"校"字，陈槃写道："'校'亦或音转作
'考'。《周礼·天官·司会》：'掌邦之六典、八法、八则之贰，以逆邦国
都鄙官府之治'。郑注：'逆受而钩考之'。孙氏《正义》：'又《乡师注》
云：逆，犹钩考也。《鬼谷子·权篇》陶弘景注云：求其深微曰钩。《国
语·晋语》韦注云：考，校也。钩考，亦谓钩求考校之，察其是非
也'。"③

居延汉简确实可见"钩校"简文，如：

（17）☐在时表火课常在内未曾见收不知钩校候言☐（269.8）

看来，居延边塞当时确实曾经推行"拘校"或曰"钩校"制度。

### 5. "校"的制度

居延汉简多见涉及"校"的简文。有些因文句断缺，难以完整理解语
义，如"☐☐校地入出率己未☐☐☐叩头"（52.41A），"☐校见☐"
（90.87），"☐月朔　校☐"（202.19），"☐校更定之持之☐☐不☐何允也叩

① 原注："《汉书·律历志上》：'钩校诸历用状'。《补注》：'宋祁曰，钩校，当作钩校'。按宋
说是。"
② 原注："孙诒让《正义》：'段玉裁云，拘钩古音，同在喉部。徐养原云：《说文》，拘钩俱在
句部，句亦声，故知拘钩音同，古字通用。'"
③ 陈槃：《汉晋遗简偶述》，《汉晋遗简识小七种》，中研院历史语言研究所专刊之六十三，第
5 页。

见不☐"（214.119），"驷望☐卒王宣　校　八月六日食十☐"（220.1），"☐十月十四日校之☐☐"（335.7），"校"（433.52），"☐校"（512.8）等。又如敦煌汉简"谷气以故多病物故今菱又尽校☐"（169），"校食枯草"（206），"便宜书到内人来校传出如律令"（209），"令　☐☐八十四人在夕候校☐☐"（966），"诣官校受☐"（2123B）等，也是同样情形。其中显示日期者，似可体现"校"有定时进行的常规。

有简例言"校阅亭隧卒被兵"事，可以反映检查核正亭燧守备士兵武器配置情形的工作程序：

> （18）地节二年六月辛卯朔丁巳肩水候房谓候长光官以姑臧所移卒
> 被兵本籍为行边兵丞相史王卿治卒被兵以校阅亭隧卒被兵皆
> 多冒乱不相应或
> 易处不如本籍今写所治亭别被兵籍并编移书到光以籍阅具卒
> 兵兵即不应籍更实定此籍随即下所在亭各实弩力石射步数
> 令可知赍事诣官会月廿八日夕须以集为丞相史王卿治事课后
> 不如会日者必报毋忽如律令（7.7A）

这可能是比较典型的"校"的程序。"校阅"者"以籍阅具卒兵"，"校"的结果，发现"兵即不应籍"，"皆多冒乱不相应或不应籍"。于是重新书写符合实际的"卒被兵本籍"，即"更实定此籍"。又"随即下所在亭各实弩力石射步数"，并要求在指定日期前上报。

有关"校阅"兵器装备，或称"校阅兵物"、"拘校兵物"、"校兵物"的情形，见于前引简（11）（14），还有以下简例可以反映：

> （19）校候三月尽六月折伤兵簿出六石弩弓廿四付库库受啬夫久廿
> 三而空出一弓解何（179.6）
> （20）☐☐为府校剑属昨日天阴恐剑刃生☐☐☐（244.3A）
> （21）雕郭矢廿一　　校见（303.32）
> （22）谷兵物府尉曹李史校兵物既（E. P. T20：9）
> （23）吞远候长王恭持兵簿诣官校　☐（E. P. T43：70）

（24）[☑第七队长丰校兵□☑（E. P. T59：776）

（25）建武三年七月乙酉朔丁酉万岁候长宪敢言之徙署癸巳视事校
阅兵物多不具
窦何辞与循俱休田循服六石弩一橐矢铜镞百铠鍉督各一持归
游击亭循何□（E. P. F22：61）

（26）三月簿余盾六十枚　　　　校见六十枚应簿（E. P. F22：314）

（27）●万岁部建武三年七月校兵物少不备簿故候长樊隆主
（E. P. F22：373）

（28）候长鄩校相付●谨案部兵物休皆自☑（E. P. F22：388）

又可见"什器校券名籍"：

　　　　　□□□□□鄣
（29）▨
　　　什器校券名籍（E. P. T51：180）

据居延汉简85.4和85.28，"什器"包括"车布"、"车伏"、"车放安"、
"斤"、"斧"等，也可以看作装备。关于马具的"校"，有敦煌汉简：

（30）校趣具鞍马会正月十日不具议罚复白　　　十二月壬辰白
（615）

对于骑兵来说，"鞍"等马具当然至关重要。到限定时日依然"不具"，则
当"议罚"。
敦煌汉简还有"校"牲畜数量的内容：

（31）…………
万共校其一群千一百头沓沙万共校牛凡百八十二头其七头即
游部取获（618A）

这些牲畜可以作为交通动力使用。

居延有简文言及物资的"案校",对象是"钱谷盐铁":

（32）☑月甲寅大司农守属闵别案校钱谷盐铁☑ （455.11）

如下简例有可能涉及"钱"的"案校":

（33）☑二千☑千
　　　☑絑一两　　校得钱八百其三百小钱 （74.8）
（34）☑校库啬夫毋□☑ （90.41）

又如敦煌悬泉置汉简有传马"病死卖骨肉"得钱未入"钱簿"经"校"察知的记录，或许也可以理解为"案校钱"的情形。据胡平生、张德芳释文:

（35）效谷移建昭二年十月传马薄（簿），出县（悬）泉马五匹，
　　　病死，卖骨肉，直钱二千七百卅，校钱薄（簿）不入，解
　　　……（0116（2）:69）①

"案校""谷"的情形，见于前引简（15）"拘校""谷"，又如居延汉简:

（36）校庚候官始元年☑
　　　四石 （90.50）
（37）●冣凡粟二千五百九十石七斗二升少
　　　凡出千八百五十七石三斗一升
　　　今余粟七百卅三石四斗一升少
　　　校见粟得七百五十四石二斗 （142.32B）
（38）谨移出入校一编敢言之☑ （145.11）
（39）令史弘校第廿三仓谷　　十月簿余谷糈程大石六十一石八斗

---

① 胡平生、张德芳编撰:《敦煌悬泉汉简释粹》，上海古籍出版社 2001 年版，第 85 页。

三升大（206.7）

（40）☑ 坐校谷☑（E. P. T5：165）

有学者注意到"'居延汉简'中有专门记载粟的盘点和校核的实例，可以说明当时盘点之后'账面'数额的登记和调整情况"。[①] 以上简文就是这样的"实例"。简（36）是否"案校""谷"文书似乎未可十分确定。简（37）则是典型的"校""谷"简例。

"校"有时又有有关兵员信息核实的情形。如：

（41）建始二年十一月癸巳居延千人令史☐则校系甲渠第廿三名籍
——编敢言之（下有任意书者不录）（28.21A）

简文称之为"校系""名籍"。与此类同的"校""名籍"的情形，又有：

（42）校甲渠候移正月尽三月四时吏名籍第十二隊长张宣史案府籍
宣不史不相应解何（129.22，190.30）

如下简文或许也可以归为一类：

（43）校甲渠移四月尽☐☑（E. P. T65：341）

又有"校"功劳记录者。如：

（44）长李利☐元二年功劳三岁九月一日校☐功☐☐☐☑（53.16）
（45）☑二岁十月廿七日半日校奉亲二年（214.109）
（46）☑神爵三年劳中劳二岁十一月七日校☑（E. P. T53：60）
（47）诸有功校皆有信验乃行购赏（E. P. F22：230）
（48）●诸有功校皆有信验乃行购赏（E. P. F22：692）

---

① 郭道扬：《中国会计史稿》，中国财政经济出版社1982年版，第168—169页。

（44）（46）都明显是对"劳"的核正。（45）似乎也是同样。（47）（48）是说，对于"诸有功"情形，要"校"，需"皆有信验"，才可以兑现"购赏"。

前说"校系""名籍"或"校""名籍"，其实是"校""名籍"所统计记录的对象。另一种对文书的"校"，则是"校"文书本身。例如前引简（8）（9）"邮书"之"拘校"。又如：

（49）●校临木十一月邮书一☐（78.8）

（50）　校临木邮书一封　　十一月己未夜半当曲卒同受收降卒严下
　　　☐张掖居延都尉
　　　铺临木卒禄付诚劵北壂卒则（203.2）

（51）　　　十一月
　　　●校临木邮书三封　　（224.5）

（52）●校临木十一月☐（63.12）

　　　　　　　　其一封大守章诣府
（53）北书四封　不校　一封居延司马诣府
　　　　　　　　二封章破……　（E. P. T52：168）①

此"校""邮书"事，也是一种检查，但是与上文讨论的对于兵械物资的"校"，即"校阅兵物"与"案校钱谷盐铁"等，情形似有不同。

### 6. 关于"抵校"

前引简（28）所见"鄑校"，又见于如下简例：

（54）候长不相与鄑校而令不相应解何檄到驰持
　　　事诣官须言府会月二十八日日中毋以它为解必坐有
　　　（E. P. F22：454）

---

① 原注："'不校'二字乃后书。"

"郖校"又写作"邸校"。如：

（55）任小吏忘为中程甚毋状方议罚檄到各相与邸校定吏当坐者言须行法（55.13，224.14，224.15）

在许多情况下又写作"抵校"。如：

（56）抵校因都试驰射会月☐（40.18）
（57）会壬申旦府对状毋得以它为解各　　　　署记到起时令可课
（58）告肩水候官候官所移卒责不与都吏☐卿　　所举籍不相应解何记到遣吏抵校及将军未知不将白之（183.15B）

所谓"抵校"，有可能是指检查者与责任方当面核正。或许因此有"相与郖校"、"相与邸校"之说。"邸""郖"与"抵""柢"通假。①"郖校"、"邸校"、"抵校"的另一层意思，也可能是原始涵义，应是彻底核查。据《尔雅注疏卷四考证》，郑樵曰："'邸'，人之所止也。'柢'乃木之根本，是亦其所止也。故'邸'可谓之'柢'。"②则"郖校"、"邸校"、"抵校"均言"柢校"，可以理解为彻查即"校"之到底的意思。

### 7. 关于"校计"

居延汉简又多见"校计"字样。如：简59.37，287.15B，E. P. T52：731，E. P. T56：9，E. P. S4. T2：52等，又敦煌悬泉置汉简II0214（1）：127同，往往言个人事务。然而也有如下简例所反映的"相与校计"情形：

---

① 《说文·邑部》："邸，属国舍也。"段玉裁注："《文帝纪》曰：'入代邸。'颜注曰：'郡国朝宿之舍在京师者率名邸。邸，至也。言所自至也。'按今俗谓旅舍为'邸'。《经典》假借'邸'为'柢'。如《典瑞》'四圭有邸'是也。《释器》：'邸谓之柢。'当作'柢'谓之'邸'。《释言》曰：'柢，本也。'郑司农引作'邸本'也可证。《尔雅》皆释经之辞。"今按：《尔雅·释器》"'邸'谓之'柢'"，郭璞注："根柢皆物之'邸'，'邸'即'底'，通语也。"
② 文渊阁《四库全书》本。

（59）新始建国地皇上戊三年五月丙辰朔乙巳裨将军辅平居成尉仮
丞谓城仓闲田延水甲沟三十井殄北卒未得
］☑……付受相与校计同月出入毋令缪如律令（E. P. T65：
23A）

（60）☑月禄调给有书今调如牒书到付受相与校计（E. P. T65：50A）

（61）谷四斗属复得严谷四斗校计案☑□严不能多持谷簿谷
（E. P. F22：429）

（62）建武四年□□壬子朔壬申守张掖☑旷丞崇谓城仓居延甲渠卅
井殄北言吏当食者先得三月食调给
有书为调如牒书到付受与校计同月出入毋令缪如律令
（E. P. F22：462A）

（63）建……　　　　　　居延……　　　　　　卅井……
□□□官奴婢捕房乃调给有书今调如牒书到付受相与校计同
月出入毋令缪如律令（E. P. F22：580）

从简文内容看，都是程序严肃的公务行为，应当在讨论"校"的制度时予以关注。敦煌悬泉置汉简也有说到"相与校计"的简例，据胡平生、张德芳释文：

（64）神爵二年三月丙午朔甲戌，敦煌太守快、长史布施、丞德，谓
县、郡库：太守行县道，传车被具多敝，坐为论，易□□□□
到，遣吏迎受输敝被具，郡库相与校计，如律令。（A）
掾望来、守属敞、给事令史广意、佐实昌。（B）（I0309（3）：236）①

简文明确说"遣吏迎受输敝被具，郡库相与校计"，言行政机关的"吏"与"郡库"共相核正"传车""敝被具"。发布文件的是"敦煌太守快、长史布施、丞德"，签署者有"掾望来、守属敞、给事令史广意、佐实昌"。而"如律令"文字，强调了文书性质的威严。

现在看来，"相与校计"与简（55）"相与邸校"应当是性质和程序相

---

① 胡平生、张德芳编撰：《敦煌悬泉汉简释粹》，第81页。

近的行政方式。

### 8. "校士"职任推想

通过敦煌汉简"校对何急以时遣季卿来出谷从食马杧功所与票功记"（166）可以体会"校"的严厉。前引简（13）"拘校必得事实"，是承担"校"的职任者应当坚持的原则。

面对"校"的责任人，必须就类似简（14）"校兵物不应簿"，（18）"校阅亭隧卒被兵皆多冒乱不相应或易处不如本籍"，"以籍阅具卒兵兵即不应籍"，（25）"校阅兵物多不具"，（27）"校兵物少不备簿"，（42）"案府籍……不相应"，（54）"候长不相与鄣校而令不相应"等情形，如（57）所说到上级机关"对状"，进行解释和说明。简文常见"解何"，如简（10）（19）（35）（42）（54）（57）（58）等，就明确了这种要求。① 简（25）"何辞"也反映了同样情形。简（54）"毋以它为解"，（57）"毋得以它为解"，严禁以其他借口巧为辩说。（54）"毋以它为解必坐"，又强调如此则要受到法律惩处。

简（55）"任小吏忘为中程甚毋状方议罚檄到各相与邸校定吏当坐者言须行法"，明确显示了对相关失职渎职及其他"甚毋状"罪行"行法"的必然。简（40）"☐　坐校谷☐"，简（64）"坐为论"，即很可能反映了付诸实际的法律追究程序。

敦煌汉简有两例说到"没校"者："没校妻子皆为敦德还出妻计八九十口宜遣吏将护续食"（116），"卷馁死将茎及前没校来先至☐"（175）。"没校"语义未详，尚不知是否与我们讨论的"校"有关，也许可以在得到新的简牍资料后推进我们的认识。

居延汉简可见"●移校簿十牒言府会☐"（E. P. T52：174）②，可见

① 居延汉简"时遣云廪史卒校未已解何书到趣遣具言状会月十日☐"（E. P. T52：13），亦言"解何"，也可能与此有关。"具言状"，可能近似简（57）"对状"。其情形的理解，可以参考《史记》卷一〇九《李将军列传》载李广"从大将军青击匈奴"，"失道"，"大将军使长史急责广之幕府对簿"事。"至莫府，广谓其麾下曰：'……广年六十余矣，终不能复对刀笔之吏。'遂引刀自刭。"

② 沈刚《居延汉简语词汇释》："校簿（E. P. T52：174），账目核对后形成之盘点账。秦汉《效律》，就是有关账目核查的法律规定。（《集成》十，P187）"第202页。

"校"的工作量。主持和承担"校"事的职能人员，可见简（11）"吏"，（13）"长史"，（14）"掾"，（22）"府尉曹"，（32）"大司农守丞"，（39）"令史"，（41）"居延千人令史"，都是上级部门派员充任。（58）（64）均言"遣吏"，也是自上而下的"校"。简（23）"吞远候长王恭"，（24）"第七队长丰"，（25）"万岁候长宪"，都是本"候""队"长官自"校"。（25）"万岁候长宪敢言之徙署癸巳视事校阅兵物多不具"，应是"徙署"刚刚"视事"，"校阅""万岁候""兵物"发现"多不具"。（23）（24）情形可能也是如此。（27）"万岁部建武三年七月校兵物少不备簿故候长樊隆主"，应当也是新任长官"视事"后"校兵物少不备簿"，提出追究前任"故候长樊隆"的责任。这应当就是有的学者考察秦汉会计制度时所说"新旧官员交接时的实地盘点"。[1] 论者讨论的是"财物盘点"，目的是"以明确经济责任"。而居延汉简"兵物""盘点"追究的责任更为重大。

　　"校"的实施，多由上级派员负责。由于工作的程序化，有可能已经出现了专职负责"校"的工作者。"校士"或许就是这样的主持"校"的专业人员。二人、三人、四人的组合，比较适应职任要求。对于等级较高和性质较为特殊的部门，也许需要考虑地区回避因素。这或许就是"蜀校士"、"昌邑校士"[2] 在居延汉简中出现的原因。如果这样的推想成立，则后世易地派遣通常二人一组的监察审计人员的方式，可以在汉代行政制度中发现先声。

## 附论六：走马楼竹简"小口"考绎

　　走马楼竹简所见"小口"称谓，透露出了反映赋税史、财政史乃至社会生活史的新信息，对于认识未成年人在社会结构中的地位，也是有益的。"小口"一语见于《魏志》管辂故事，可知"小口"是当时通行称谓。"大小口有差"的制度，在战国秦汉已经出现，历朝有所继承。由于

---

① 郭道扬：《中国会计史稿》，第168—169页。
② 据陈直说，还有"楗为校士"。

资料所限，我们目前尚无法确知走马楼竹简"小口"与"大口"的年龄界定。或许可以通过走马楼竹简所见"小女"的年龄分析，获得参考信息。看来，"小女"与"大女"的年龄界点应当在十五岁左右。如果我们推想"小口"与"大口"的界定也是如此，或许不会有大的差误。这一情形，当是继承了汉代社会关于不同年龄段人群有不同的社会责任和社会权利的观念。

**1. "小口"与"大小口有差"的制度**

《长沙走马楼三国吴简·竹简（贰）》中编号为 4408 的简文可见"小口"称谓。整理者释文：

（1）·其五百六十一人小口（?）收钱五合三千二百八十钱

整理者注："'口'字或释为重文号。据简文五百六十一人每人收钱五钱，合计应为二千八百五钱。"[①] 仔细观察图版，第 9 字不当"释为重文号"，释文应作："·其五百六十一人小口收钱五合三千二百八十钱"。

内容类似的简文，又见于《长沙走马楼三国吴简·竹简（壹）》的 4436 简。整理者释文：

（2）其三百卅四人小口々收钱五合一千六百七十[②]

简（1）与简（2）比较，除脱写一重文号而外，文例完全一致。看来，整理者注"据简文五百六十一人每人收钱五钱，合计应为二千八百五钱"是有一定道理的。简（2）的数字即完全相合。如果不是我们于人数或钱数有误释字，那么似乎可以理解为书写者的错误。

简文所见"小口"，通过一种特殊称谓，也许透露出了反映赋税史、财

---

① 长沙简牍博物馆、中国文物研究所、北京大学历史学系走马楼简牍整理组编著：《长沙走马楼三国吴简·竹简（贰）》，文物出版社 2007 年版，中册第 390 页，下册第 806 页。

② 长沙简牍博物馆、中国文物研究所、北京大学历史学系走马楼简牍整理组编著：《长沙走马楼三国吴简·竹简（壹）》，文物出版社 2003 年版，上册第 324 页，下册第 987 页。

政史乃至社会生活史的新信息，对于认识未成年人在社会结构中的地位，也是有益的。

汉代经济管理涉及人口时，本已有按照年龄段区分，即"大小口有差"的制度。《后汉书》卷六《顺帝纪》："（阳嘉元年二月）丁巳，皇后谒高庙、光武庙，诏禀甘陵贫人，大小口有差。"这是政府救济行为。而赋税的征收也有"大小口有差"的情形。例如《后汉书》卷八六《南蛮传》记载："平王东迁，蛮遂侵暴上国。晋文侯辅政，乃率蔡共侯击破之。至楚武王时，蛮与罗子共败楚师，杀其将屈瑕。庄王初立，民饥兵弱，复为所寇。楚师既振，然后乃服，自是遂属于楚。鄢陵之役，蛮与恭王合兵击晋。及吴起相悼王，南并蛮越，遂有洞庭、苍梧。秦昭王使白起伐楚，略取蛮夷，始置黔中郡。汉兴，改为武陵。岁令大人输布一匹，小口二丈，是谓賨布。虽时为寇盗，而不足为郡国患。"岁输賨布，"大人输布一匹，小口二丈"，"大人"与"小口"的比率是2∶1。①

所谓"大小口有差"，东汉时又曾经体现为奖励"送生口"的赏格。《后汉书》卷八五《东夷列传·高句骊》："诏曰：'遂成等桀逆无状，当斩断菹醢，以示百姓，幸会赦令，乞罪请降。鲜卑、濊貊连年寇钞，驱略小民，动以千数，而裁送数十百人，非向化之心也。自今已后，不与县官战斗而自以亲附送生口者，皆与赎直，缣人四十匹，小口半之。'""皆与赎直"之"缣人四十匹，小口半之"，也是2∶1的比率。

这种"大小口有差"的制度，历朝有所继承。

《南齐书》卷三《武帝纪》："（永明六年）八月乙卯，诏'吴兴、义兴水潦，被水之乡，赐癃疾笃癃口二斛，老疾一斛，小口五斗'。"《宋史》卷一七八《食货志上·振恤》："凡借贷者，十家为甲，甲推其人为之首；五十家则择一通晓者为社首。每年正月，告示社首，下都结甲。其有逃军及无行之人，与有税钱衣食不阙者，并不得入甲。其应入甲者，又问其愿与不愿。愿者，开具一家大小口若干，大口一石，小口减半，五岁以下不预请。甲首加请一倍。社首审订虚实，取人人手书持赴本仓，再审无弊，然后排

---

① 《说文·匚部》："匹，四丈也。"《汉书》卷二四下《食货志下》："布帛广二尺二寸为幅，长四丈为匹。"

定。"《元史》卷九六《食货志四·赈恤·水旱疫疠赈贷之制》："（至元二十四年）七月，以粮给诸王阿只吉部贫民，大口二斗，小口一斗。"《元史》卷九六《食货志四·赈恤·京师赈粜之制》："赈粜粮多为豪强嗜利之徒，用计巧取，弗能周及贫民。于是令有司籍两京贫乏户口之数，置半印号簿文贴，各书其姓名口数，逐月对贴以给。大口三斗，小口半之。其价视赈粜之直，三分常减其一，与赈粜并行。"《明史》卷七八《食货志二·赋役·振米之法》："振米之法，明初，大口六斗，小口三斗，五岁以下不与。永乐以后，减其数。""大口"和"小口"享受救恤的数额比，也是2:1。又《明史》卷八〇《食货志四·盐法》："初，诸王府则就近地支盐，官民户口食盐皆计口纳钞，自行关支。而官吏食盐多冒增口数，有一官支二千余斤，一吏支五百余斤者。乃限吏典不得过十口，文武官不过三十口，大口钞十二贯支盐十二斤，小口半之。"《明史》卷八一《食货志五·钱钞》："大口月食盐一斤，纳钞一贯，小口半之。"盐的配给，也取2:1的比率。《清史稿》卷四七九《循吏列传四·陈崇砥》记载，"畿南久苦旱，赈难普及"，"（大名知府陈）崇砥议有田十亩以上者不赈；极贫，大口钱千，小口半之，壮者不给。先编保甲，造细册，不曰赈而曰贷。事毕，奏请蠲贷，民安之"。所谓"大口钱千，小口半之"，比率亦同。

《名臣经济录》卷二四丘濬《恤民之穷一》说到国家主持的社会救济形式："宋崇宁元年诏诸路置安济坊。绍兴二年诏临安府置养济院。臣按前此惠民之政及于无告者，往往因事而行。其置为院场以专惠之者，始见于此我太祖开基之五年。诏天下郡县立孤老院，凡民之孤独残疾不能自生者，许入院，官为赡养。每人月米三斗，薪三十斤，冬夏布一疋，小口给三分之二。""小口"与"每人"定额的比率是3:2。《清史稿》卷二九一《许容传》记载："乾隆元年，固原、环二县歉收，（许）容请借给贫民三月口粮，大口日三合，小口日二合。"比率也是3:2。

《清史稿》卷三八五《彭蕴章传》："本年海运多于上年，可将兵米酌量加增。又各营养育兵及鳏寡孤独小口米不过四万余名，每名岁支一石六斗，拟请此项酌给米，毋庸折色。"可知清代军营"兵米"供应有"小口米"制度。不过，这一制度的具体细节我们尚不能明确。

对于"小口"的救济额度，所谓"小口半之"或者"小口给三分之二"，或许都并不能充分满足实际需求。于是在行政操作中有更为宽惠的表现。如《元史》卷一三四《唐仁祖传》记载："辽阳饥，奉旨偕近侍速哥、左丞忻都往赈，忻都欲如户籍口数大小给之，仁祖曰：'不可，昔籍之小口，今已大矣，可偕以大口给之。'忻都曰：'若要善名，而陷我于恶邪！'仁祖笑曰：'吾二人善恶，众已的知，岂至是而始要名哉！我知为国恤民而已，何恤尔言。'卒以大口给之。"对于户籍记载的"小口"，实际上"偕以大口给之"。

所谓"户籍口数大小"，可能是长期的制度。于是有以"大小口"或"男妇大小口"总称户口数字的情形。[①]

现在看来，除了《后汉书》卷八六《南蛮传》有关岁输賨布，"大人输布一匹，小口二丈"的记录而外，尚少见赋税征收时推行"大小口有差"制度的其他迹象。因此走马楼竹简"小口收钱五"、"小口々收钱五"的资料十分可贵。幸运的是，我们于《长沙走马楼三国吴简·竹简（壹）》的4464简，又看到了体现"大口々收钱"额度的简文：

（3）其六百八人大口々收钱廿八合一万七千廿四钱[②]

这样，"大口"和"小口"征收的比率为5. 6:1。

### 2. "小口"与"口钱"征收

我们不清楚这种形式"收钱"的正式名目。既然按"口"征收，"小口"也不能幸免，则很自然地使人联想到"口钱"。《汉书》卷七《昭帝纪》："（元凤四年）毋收四年、五年口赋。"颜师古注："如淳曰：'《汉仪注》：民年七岁至十四出口赋钱，人二十三。二十钱以食天子，其三钱者，

---

① 如《太平御览》卷七八七引《晋起居注》曰："太熙元年正月，牟奴等国大小口十七万九千余人，各遣正副使诣护。东夷校尉何龛上献方物。"《清史稿》卷七一《地理志十八·台湾》："省在福建东南五百四十里。西北距京师七千二百五十里。东界海；西界澎湖岛；南界矶头海；北界基隆城海。广五百里，袤一千八百里。《一统志》载户口原额人丁一万八千八百二十七，滋生男妇大小口共一百七十八万六千八百八十三，户二十二万四千六百四十六。领府三，州一，厅三，县十一。"

② 长沙简牍博物馆、中国文物研究所、北京大学历史学系走马楼简牍整理组编著：《长沙走马楼三国吴简·竹简（壹）》，文物出版社2003年版，上册第327页，下册第987页。

武帝加口钱以补车骑马。'"《汉书》卷八《宣帝纪》：五凤三年三月诏："减天下口钱。"《汉书》卷七二《贡禹传》："（贡）禹以为古民亡赋算口钱，起武帝征伐四夷，重赋于民，民产子三岁则出口钱，故民重困，至于生子辄杀，甚可悲痛。宜令儿七岁去齿乃出口钱，年二十乃算。""天子下其议，令民产子七岁乃出口钱，自此始。"可见，西汉时期，口钱的征收年龄和征收数额都是有变化的。我们在这里也无从对走马楼竹简所见"小口"论定其年龄起止。因为走马楼竹简未见这种征收形式的正式的钱名，或许也可能属于"杂钱"。

在中国传统社会，社会权利和社会义务是对应的。据如淳引《汉仪注》，"民年七岁"以下不收"口赋钱"，《贡禹传》说，汉武帝至汉昭帝时代曾经有"民产子三岁则出口钱"至"令儿七岁去齿乃出口钱"的转变。居延汉简所见"使男""使女"与"未使男""未使女"的区别，也体现了相关制度。前引《宋史》卷一七八《食货志上·振恤》说，"凡借贷者，十家为甲"制度，有"开具一家大小口若干，大口一石，小口减半，五岁以下不预请"的规定。走马楼竹简所见"小口"，也可能有若干岁以下不征收"小口收钱五"、"小口々收钱五"的规定，只是具体情形我们目前尚未能确知。

《长沙走马楼三国吴简·竹简（壹)》可见如下简例：

（4）其九千二 年 筭钱（5245）

（5）承三月旦簿余嘉禾二年筭钱九千九百一十（5269）

整理者两处注文，均以为："'筭'上应脱'口'字。"[①] 这样的意见也许并不正确。《长沙走马楼三国吴简·竹简（壹)》中是有只说筭钱的简例的。如："其二百五十二人筭人收钱一百廿合三万二百卌"（4980），"其百廿人筭人收钱百卌 ☑"（9791）。也有只说口钱的，如："右入故 郡吏 □□□口

---

① 长沙简牍博物馆、中国文物研究所、北京大学历史学系走马楼简牍整理组编著：《长沙走马楼三国吴简·竹简（壹)》，文物出版社2003年版，上册第385、388页，下册第1004页。

钱一万"（2756）。①

### 3．"小口"年龄界定

由于资料所限，我们目前尚无法确定走马楼竹简"小口"与"大口"的年龄界定。或许可以通过走马楼竹简所见"小女"的年龄分析，获得参考信息。与河西汉简多见"小男""小女"称谓不同，走马楼竹简现今所获得的资料多见"小女"，少见"小男"。这一问题可以另文讨论。《长沙走马楼三国吴简·竹简（壹）》可见"小女"年龄等次，自一岁至十一岁比较密集，又有十四岁（10500）和十五岁（3962）各一例。而"大女"多有十五岁者（2873，2933，2983，2991，3325，3328），又有十四岁一例："☑□妻大女姑年 十 四"（5495）。② 其中"妻"字引人注目。《长沙走马楼三国吴简·竹简（贰）》所见"小女"年龄，自二岁至十岁数量甚多，又有十五岁一例（7330），十四岁三例（3295，4773，6797）。③ 而"大女"有十三四岁者，如"康小妻大女端年十三"（3115），"斗小妻大女物年十四"（4424），身份都是"小妻"。④《长沙走马楼三国吴简·竹简（壹）》的十五岁"大女"，亦均为"某妻大女某"即已婚女子。大约一旦出嫁，即失去了"小女"身份。这样看来，"小女"与"大女"的年龄界点应当在十五岁左右。如果我们推想"小口"与"大口"的界定也是如此，或许不会有大的差误。

汉代制度，"小男""小女"的年龄终点正是十五岁。彭卫、杨振红指出："据居延汉简，官方对儿童尚有特定指称。简牍文书载录的年龄分层是：大男和大女，年龄在 15 岁以上；使男和使女，年龄在 7 岁至 14 岁；未使男和未使女，年龄在 2 岁至 6 岁。又据《居延新简》收录的简文，汉代尚有'小男'和'小女'概念，分别包括使男、未使男和使女、未使女。按照政

---

① 长沙简牍博物馆、中国文物研究所、北京大学历史学系走马楼简牍整理组编著：《长沙走马楼三国吴简·竹简（壹）》，文物出版社 2003 年版，上册第 356、195 页，中册第 815 页，下册第 998、1096、951 页。

② 又有："子小女国年廿八筭一肿两足复"（2941），或许"小女"身份保留至廿八岁与"肿两足"有关。

③ 又有："丘子小女□年十九筭一"（2925），也是特例。简文缺字或许有说明原由的内容。

④ 参看王子今《论走马楼简所见"小妻"——兼说两汉三国社会的多妻现象》，《学术月刊》2004 年第 10 期，收入《古史性别研究丛稿》，社会科学文献出版社 2004 年版。

府对各个年龄层所赋予的责任，大男和大女属于成年人，小男和小女属于未成年人，这意味着汉代政府有把成人年龄提早的倾向，年龄 15 岁以上的成童不仅要承担赋役，还要承担相应的法律责任。当时流行的'年未满十五，过恶不在其身'的观念①，当与此有关。"② 其实，所谓"又据《居延新简》收录的简文，汉代尚有'小男'和'小女'概念"的说法，似并不符合事实。《居延汉简甲乙编》中已经可以看到"'小男'和'小女'概念"。例如："永光四年正月己酉橐佗吞胡隧长张彭祖符，妻大女昭武万岁里□□年卅二，子大男辅年十九岁，子小男广宗年十二岁，子小女女足年九岁，辅妻南来年十五岁　皆黑色"（29.2）。永田英正、张春树、池田温等学者都曾提出"大男""大女"年龄为 15 岁以上的意见。③ 张家山汉简《二年律令》中的《金布律》出现"大男"、"大女"、"使小男"、"使小女"、"未使小男"、"未使小女"的称谓，也说明了"小男"和"小女"概念应分别包括"使男"、"未使男"和"使女"、"未使女"的观点是正确的。④ 走马楼竹简"大口"与"小口"的年龄如果确实以十五岁为区分，当是继承了汉代社会关于不同年龄段人群有不同的社会责任和社会权利的观念。

## 附论七：说走马楼名籍"单身"身份

走马楼简数见书写"单身"字样的名籍内容。讨论其身份特征以及在名籍中特别标示"单身"二字的缘由，或许有助于理解当时的社会关系以及相关管理制度。而三国吴地当时的政治局势，也因此可以有所反映。

### 1. 走马楼简"单身"简文
走马楼名籍记录的"单身"身份，见诸如下简例：

---

① 原注：《后汉书·来歙列传附曾孙历》。
② 彭卫、杨振红：《中国风俗通史·秦汉卷》，上海文艺出版社 2002 年版，第 354 页。
③ ［日］永田英正：《居延汉简烽燧考》，《东方学报》第 36 册（1964 年）；张春树：《居延汉简中所见的汉代边塞制度》，《清华学报》新 5 卷 2 期（1966 年）；［日］池田温：《中国古代籍帐研究》，龚泽铣译，中华书局 2007 年版。
④ 王子今：《两汉社会的"小男""小女"》，《清华大学学报》（哲学社会科学版）2008 年第 1 期。

（1）☑ 十一 人 各 单身 ☑（壹·1404）

（2）☑□□□□一 人 单身 见（壹□5925）

（3） 乾 锻佐建宁黄□年卅四 单身 见（壹□5963）

（4）☑单身☑（壹·6160）

（5）☑□年六十 单身（壹·6434）

（6）☑……单身 ☑（壹·6570）

（7）舩慰佐永新雷齐年廿二 单身 ☑（壹·6601）

（8）乾锻佐攸张元年卅一 单身 见（壹·6602）

（9）钱佐建宁黄取年卅五 单身 见（壹·6604）

（10）乾锻佐临湘勇顒（？）年廿 单身 见（壹·6614）

（11）刚佐永新利班年廿 单身 ☑（壹·6615）

（12）□师攸利硕年卅四 单身 见（壹·6632）

（13）□锻攸张生年廿一 单身 见（壹·6641）①

（14）☑建宁黄民年廿一 单身 见（壹·6656）

（15）☑ 建 宁年廿二 单身 见（壹·6668）

（16）□□佐醴陵□武年廿六 单身 见（壹·6687）

（17）☑下隽监军年廿四 单身（壹·6710）

（18）舩慰师醴陵侯曹年廿八 单身 见（壹·6720）

（19）舩慰佐 益阳 年十七 单身 见（壹·6724）

（20）☑珧年卅八 单身（壹·6779）

（21）鏓佐刘阳谢香年卅一 单身 见（壹·7455）

（22）乾锻佐吴昌这□年廿五 单身 见（壹·7463）

（23）□佐攸潘□…… 单身 见（壹·8201）

（24）□……地 傂 钱月五百簿以过 年 □一月十被病物故妻汝单身

　　□（贰·7612）②

① 整理组注："'□锻'下脱'佐'字。"长沙简牍博物馆、中国文物研究所、北京大学历史学系
走马楼简牍整理组编著：《长沙走马楼三国吴简·竹简（贰）》，文物出版社2007年版，第1031页。

② 整理组注："'十'下似脱'日'字。"《长沙走马楼三国吴简·竹简（贰）》，第872页。

（25）乾锻佐建宁黄烓年廿四单身（叁·2255）

（26）镰佐建宁黄熙年卅五单身（叁·2285）

（27）乾锻佐粜元年卅　单身（叁·2304）①

（28）刚佐永新利玫年廿一　单身（叁·2305）

（29）乾锻佐永新□□年……　单身（叁·2317）

（30）师攸谢佳年廿一　单身（叁·2365）

（31）乾锻佐攸陈秃年廿□　单身（叁·2377）

（32）觚慰佐醴陵蔡束年十六　单身（叁·2379）

（33）乾锻佐攸粜□年卅二　单身（叁·2384）

（34）镰佐攸利硕年卅四　单身（叁·2385）

（35）觚慰师醴陵侯曹年廿一　单身（叁·2387）

（36）乾锻佐建宁黄仁年廿一单身（叁·2397）

（37）乾锻佐建宁黄黑年十七　单身（叁·2401）

（38）觚慰佐醴陵□□……　单身（叁·2404）

（39）觚慰佐醴陵□□年廿四一名鼠　单身（叁·2406）

（40）乾锻佐临湘黄文年十七　单身（叁·2424）

（41）师建宁李棋年卅八　单身（叁·2479）

（42）乾锻佐建宁唐市年廿二单身（叁·2492）

（43）☑　单身（叁·2571）

（44）军吏雷赞年廿六　单身（叁·2970）

（45）☑□人单身☑（叁·8287）

其中15例"单身"之后有"见"字②，应是明确被记录者当时身在岗位，或者说在记录者视野之内。

### 2. "单身"身份分析

简文有所交代的"单身"者身份，有如下几种：

---

① 整理组注："'粜元'上似脱籍贯。"《长沙走马楼三国吴简·竹简［贰］》，第769页。

② 即（2）（3）（8）（9）（10）（12）（13）（14）（15）（16）（18）（19）（21）（22）（23）。

乾锻佐　（3）（10）（22）（25）（27）（29）（36）（37）（40）
　　　　（42）

乾锻佐攸　（8）（31）（33）

觚慰师　（18）（35）

觚慰佐　（7）（19）（32）（38）（39）

钱佐　　（9）

刚佐　　（22）（28）

镞佐　　（21）

镰佐　　（26）

镰佐攸　（34）

□师攸　（12）（30）

□锻攸　（13）

□佐　　（16）（23）

师　　　（41）

监军　　（17）

军吏　　（44）

这些人看来绝大多数都是专门技术人员，最后两例（17）（44）则是负有责任的军官。（24）情形比较特殊，"□……地 𫘤 钱月五百簿以过 年 □一月十被病物故妻汝单身□"，单身者是"被病物故"某人的"妻汝"。显然与他例不同。《左传·昭公十四年》："夏，楚子使然丹简上国之兵于宗丘，且抚其民，分贫振穷，长孤幼，养老疾，收介特，救灾患，宥孤寡，赦罪戾，诘奸慝，举淹滞，礼新叙旧，禄勋合亲，任良物官。"杜预注："介特，单身民也。收聚不使流散。"[①] 简（24）所见"妻汝单身"身份或许大致与此符合。《晋书》卷九〇《良吏列传·乔智明》："部人张兑为父报仇，母老单身，有妻无子，智明愍之，停其狱。"简（24）情形或与此"母老单身"亦类同。

---

① 清人惠栋《惠氏春秋左传补注》卷五："马融《广成颂》：'察滛侈之华誉，顾介特之实功。'注：'介特，谓孤介特立也。'杜氏以为'单身民'，非马义也。"

（1）（2）（45）说到若干人"单身"，有"合计"性质，可能是相关名籍最终文字的遗存。

上列简例中有年龄资料的35人，最大（5）"年六十"，最小（32）"年十六"，平均27岁多。（31）"乾锻佐攸陈秃年廿□"若以"年廿一"计，平均27.11岁，以"年廿九"计，平均27.34岁。其中20岁以下（含20岁）6人，21岁至30岁18人，31岁至40岁9人。除了（5）"年六十"一例，（9）"年卅五"一例外，均在40岁以下（含40岁），占总数的94.29%。可知名籍中特别标识"单身"字样的，以现有数据看，主要是有一定工作技能的青壮年劳动力。

简文出现的"见"字，可以看出对这些"师"、"佐"、"佐攸"们的人身控制是严格的。名籍制作，应当即服务于这一行政任务。

### 3. 人身控制考虑："单身"与"进退之计"

走马楼竹简所见"单身"字样，似乎体现出管理形式的专门性和特殊性。

"单身"一语用于战争史记述，多有表彰不携部众、孤胆勇进精神的情形。《三国志》卷一四《魏书·董昭传》"昭单身入城告谕（薛）洪、（缪）尚等，即日举众降"，《三国志》卷一七《魏书·张辽传》"辽遂单身上三公山，入（昌）豨家，拜妻子，豨欢喜，随诣太祖"，《北齐书》卷三八《赵彦深传》"从征颍川，时引水灌城，城雉将没，西魏将王思政犹欲死战，文襄令彦深单身入城告喻，即日降之，便手牵思政出城"，都是"单身"劝降故事，其时自然有牺牲风险。又《宋书》卷八三《宗越传》"家贫无以市马，常刀楯步出，单身莫能当"，《梁书》卷一七《马仙传》"其在边境，常单身潜入敌庭，伺知壁垒村落险要处所，故战多克捷"，则以"单身"直接显示个人英雄气质。① 然而史籍出现"单身"文字，其实亦颇多并不取

---

① 战败与部众离散，只身逃亡情形，史家有时也用"单身"语。如《宋书》卷九五《索虏传》"各单身进还"，《宋书》卷九八《氐胡列传·略阳清水氐杨氏》"单身投羌仇阿弱豕家"等。"单身"指与"部曲"军众分离情形，又《南齐书》卷四〇《武十七王列传·晋安王子懋》："隆昌元年，迁子懋为都督江州刺史，留西楚部曲助镇襄阳，单将白直侠毂自随。（陈）显达入别，子懋谓曰：'朝廷令身单身而反，身是天王，岂可过尔轻率。今犹欲将二三千人自随，公意何如？'……"

此义。

《三国志》卷三二《蜀书·先主备传》裴松之注引《英雄记》曰："建安三年春，布使人赍金欲诣河内买马，为备兵所钞。布由是遣中郎将高顺、北地太守张辽等攻备。九月，遂破沛城，备单身走，获其妻息。"《三国志》卷四二《蜀书·郤正传》"后主东迁洛阳，时扰攘仓卒，蜀之大臣无翼从者，惟正及殿中督汝南张通，舍妻子单身随侍。"可知所谓"单身"，通常指与亲属即所谓"妻息"、"妻子"分离。① 这正是动荡年代仓皇避难流亡的通常情形。如《三国志》卷五二《吴书·步骘传》："临淮淮阴人也。世乱，避难江东，单身穷困。"

"单身"身份状态的强调，有时又表现出于管理与控制考虑的背景。

《宋书》卷七四《沈攸之传》说到"才力之士""双泰真"的故事："初，攸之招集才力之士，随郡人双泰真有乾力，召不肯来。后泰真至江陵卖买，有以告攸之者，攸之因留之，补队副，厚加料理。泰真无停志，少日叛走，攸之遣二十人被甲追之，逐讨甚急，泰真杀数人，余者不敢近。欲过家将母去，事迫不获，单身走入蛮，追者既失之，录其母而去。泰真既失母，乃出自归，攸之不罪，曰：'此孝子也。'赐钱一万，转补队主，其矫情任算皆如此。"② 此所谓"单身"者，强调其家人未在控制之中。"追者既失之，录其母而去"的做法，阴毒然而确实有效，"泰真既失母，乃出自归"。以亲属作为人质实现威逼效能，是古来控制方式的定范，也成为中国式管理的一种传统。

《三国志》卷二八《魏书·锺会传》记载锺会"单身"率军伐蜀在朝中引起疑虑的情形，而司马昭的回答是"不须忧此"："初，文王欲遣会伐蜀，西曹属邵悌求见曰：'今遣锺会率十余万众伐蜀，愚谓会单身无重任，不若使余人行。'文王笑曰：'我宁当复不知此耶？蜀为天下作患，使民不得安

---

① 《晋书》卷九五《艺术列传·戴洋》："初，（孙）混欲迎其家累，洋曰：'此地当败，得腊不得正，岂可移家于贼中乎！'混便止。岁末，敏弟昶攻堂邑，混遂以单身走免。"《宋书》卷九一《孝义列传·孙法宗》："父遇乱被害，尸骸不收，母兄并饿死，法宗年小流迸，至年十六，方得还。单身勤苦，霜行草宿，营办棺椁，造立冢墓，葬送母兄，俭而有礼。"

② 《南史》卷三七《沈攸之传》："攸之招集才力之士，随郡人双泰真有干力，召不肯来。攸之遣二十人被甲追之，泰真射杀数人，欲过家将母去，事迫不获，单身走入蛮。追者既失之，录其母去。泰真既失母，乃自归，攸之不罪，曰：'此孝子也。'赐钱一万，转补队主，其抑情待士如此。"

息，我今伐之如指掌耳，而众人皆言蜀不可伐。夫人心豫怯则智勇并竭，智勇并竭而强使之，适为敌禽耳。惟锺会与人意同，今遣会伐蜀，必可灭蜀。灭蜀之后，就如卿所虑，当何所能一办耶？凡败军之将不可以语勇，亡国之大夫不可与图存，心胆以破故也。若蜀以破，遗民震恐，不足与图事；中国将士各自思归，不肯与同也。若作恶，祇自灭族耳。卿不须忧此，慎莫使人闻也。'及会白邓艾不轨，文王将西，悌复曰：'锺会所统，五六倍于邓艾，但可敕会取艾，不足自行。'文王曰：'卿忘前时所言邪，而更云可不须行乎？虽尔，此言不可宣也。我要自当以信义待人，但人不当负我，我岂可先人生心哉！近日贾护军问我，言：颇疑锺会不？我答言：如今遣卿行，宁可复疑卿邪？贾亦无以易我语也。我到长安，则自了矣。'军至长安，会果已死，咸如所策。"所谓"单身无重任"，是一种执政原则，邵悌基于此建议"不若使余人行"，是常规性思维。司马昭说"我宁当复不知此耶"，也透露这是政治常识。"颇疑锺会不"的答案，其实是必然的。他所以任用锺会，是因为特别的考虑："众人皆言蜀不可伐。夫人心豫怯则智勇并竭，智勇并竭而强使之，适为敌禽耳。惟锺会与人意同，今遣会伐蜀，必可灭蜀。"至于锺会"单身"远任可能"图事""作恶"的风险，他已自有"当何所能一办耶"的胜算。

司马昭用锺会伐蜀故事的关键词就是"单身"。《北堂书钞》卷六八《设官部·属》引《魏志》有关此事的记录，标题正是"文王遣锺会，邵悌谓其'单身'"。在战争中，"单身无重任"似已成为常规。《南齐书》卷二四《柳世隆传》："建元二年，进号安南将军。是时虏寇寿阳，上敕世隆曰：'历阳城大，恐不可卒治，正宜断隔之，深为保固。处分百姓，若不将家守城，单身亦难可委信也。'寻又敕曰：'吾更历阳外城，若有贼至，即勒百姓守之，故应胜割弃也。'"可知通常"勒百姓守之"，应令"将家守城"，否则"单身亦难可委信也"。

崔楷的故事也有助于相关制度和相关理念的说明。《魏书》卷五六《崔楷传》写道："初楷将之州，人咸劝留家口，单身述职。楷曰：'贪人之禄，忧人之事，如一身独往，朝廷谓吾有进退之计，将士又谁肯为人固志也？'遂合家赴州。三年春，贼势已逼，或劝减小弱以避之，乃遣第四女、第三儿夜出。既而召僚属共论之，咸曰：'女郎出嫁之女，郎君小未胜兵，留之无益，去复何损。且使君在城，家口尚多，足固将士之意，窃不足为疑。'楷曰：'国家岂不知城小力弱也，置吾死地，令吾死耳！一朝送免儿女，将谓吾心不固。亏忠全爱，臧获耻之，况吾荷国重寄也。'遂命追还。州既新立，了无御备之具。及贼来攻，楷率力抗拒，强弱势悬，每勒兵士抚厉之，莫不争奋，咸称：'崔公尚不惜百口，吾等何爱一身！'速战半旬，死者相枕。力竭城陷，楷执节不屈，贼遂害之，时年五十一。长子士元举茂才，平州录事参军、假征虏将军、防城都督，随楷之州，州陷，亦战殁。楷兄弟父子，并死王事，朝野伤叹焉。""单身述职"，"一身独往"，是会产生嫌疑的，即所谓"朝廷谓吾有进退之计"。甚至面临覆城危急，疏散家小，"送免儿女"，"减小弱以避之"，也会"将谓吾心不固"。崔楷意志的坚定，还在于"固将士之意"，如若"单身"，有"将士又谁肯为人固志也"的担心。后来果然兵士"莫不争奋，咸称：'崔公尚不惜百口，吾等何爱一身'"。崔楷的故事固然悲壮，然而"不惜百口"，"兄弟父子，并死王事"的情形，对于"小弱""儿女"们生命的丧失，毕竟是太惨痛了。就相关制度的非人性化性质来说，今天的人们，大概多会取批判的态度。

对于"人咸劝留家口，单身述职"，崔楷"贪人之禄，忧人之事，如一身独往，朝廷谓吾有进退之计，将士又谁肯为人固志也"的回答，《北史》卷三二《崔楷传》的记载是："单身赴任，朝廷谓吾有进退之计，将士又谁肯固志？"其中"一身独往"写作"单身赴任"，更直接与我们讨论的走马楼竹简"单身"问题相关。

《宋书》卷五四《羊玄保传》言及宣城郡地方防范"吏民亡叛"制度的利弊："先是刘式之为宣城，立吏民亡叛制，一人不禽，符伍里吏送州作部，若获者赏位二阶。玄保以为非宜，陈之曰：'臣伏寻亡叛之由，皆出于穷逼，未有足以推存而乐为此者也。今立殊制，于事为苦。臣闻苦节不可贞，惧致流弊。昔龚遂譬民于乱绳，缓之然后可理，黄霸以宽和为用，不以严刻为先。臣愚以谓单身逃役，便为尽户。今一人不测，坐者甚多，既惮重负，各为身计，牵挽逃窜，必致繁滋。又能禽获叛身，类非谨惜，既无堪能，坐陵劳吏，名器虚假，所妨实多，将阶级不足供赏，服勤无以自劝。又寻此制，施一邦而已，若其是邪，则应与天下为一，若其非邪，亦不宜独行一郡。民离忧患，其弊将甚。臣忝守所职，惧难遵用，致率管穴，冒以陈闻。'由此此制得停。"羊玄保语"单身逃役，便为尽户"，说到"吏民亡叛制"对于这种情形，其实是难以直接惩处的。"单身逃役"，于是也自然会成为致力于人口控制的执政者们最担心的情形。

因为传统制度的作用，作为军队责任长官，"单身"可能导致"有进退之计"的猜疑，以为其心"不固"。"单身无重任"因而是自然的。前引简（17）"监军"与（44）"军吏"身份因此有特殊性。而就普通民众来说，"单身逃役"形成的危害，管理者也以为难以挽救。这样的考虑，可能是走马楼竹简名籍所见多数"单身"身份被特别著明的原因。而由此透见的当时情势尚未安定以致人心浮动的社会状况，也是我们应当注意的。

# 六　称谓与社会风习

## "力士"故事与秦文化的"尚力"风格

上古"力士"事迹，体现出文明进步历程中一种值得重视的表现。"力士"的出现，反映当时社会在生产和生活中，因抗争自然和群体竞进需要，比较普遍的对于个人体能强健的追求。"力士"受到尊崇，以必要的显示方式为条件，有人看作体育史、竞技史和杂技表演史的早期表现。"力士"故事在秦史中的密集出现以及"力士"曾经在秦国居于高位的情形，可以从一个特殊的侧面反映秦文化的"尚力"传统。后世对于这种文化倾向的评断，以批判为主流。然而如果以儒学正统"小人尚力"、"小人绝力"的态度作为考察秦史的认识基点，也许难免简单化片面化之失，不利于全面公正的历史判断。

### 1. 早期"力士"故事与"秦之力人"

《左传·宣公二年》记载了晋灵公谋害赵盾的事件："秋，九月，晋侯饮赵盾酒，伏甲，将攻之。其右提弥明知之，趋登，曰：'臣侍君宴，过三爵，非礼也。'遂扶以下。公嗾夫獒焉，明搏而杀之。盾曰：'弃人用犬，虽猛何为！'斗且出。提弥明死之。初，宣子田於首山，舍于翳桑，见灵辄饿，问其病。曰：'不食三日矣。'食之，舍其半。问之。曰：'宦三年矣，未知母之存否，今近焉，请以遗之。'使尽之，而为之箪食与肉，寘诸橐以与之。既而与为公介，倒戟以御公徒而免之。问何故。对曰：'翳桑之饿人也。'问其名居，不告而退，遂自亡也。"在赵盾陷入险境时以生命相护卫的"提弥明"，《公羊传·宣公二年》写作"祁弥明"，称之为"力士"：晋灵公怀恨赵盾,"伏甲于宫中,召赵盾而食之。赵盾之车右祁弥明者,国之力士也,伉然从乎赵盾而入,放乎堂下而立。赵盾已食,灵公谓盾曰:'吾闻子之剑,盖利剑也。子以示我,吾将观焉。'赵盾起将进剑,祁弥明自下呼之,曰:'盾食饱则出,何故拔剑于君所?'赵盾如之,蹴阶而走。灵公有周狗,谓之獒。呼獒而属之,獒亦蹴阶而从之。祁弥明逆而踆之,绝其颔。赵盾顾曰:'君之獒,不若臣之獒也。'然而宫中甲鼓而起。有起于甲中者,抱赵盾而乘之。赵盾顾曰:'吾何以得此于子?'曰:'子某时所食活我于暴桑下者也。'赵盾曰:'子名为谁?'曰:'吾君孰为介,子之乘矣,何问吾名?'赵盾驱而出,众无留之者。赵穿缘民众不说,起弑灵公,然后迎赵盾而入,与之立于朝,而立成公黑臀。""提弥明"、"祁弥明",又写作"祇弥明"。《史记》卷三九《晋世家》言"示眯明",将进言赵盾罢酒脱身,"为盾搏杀狗"并"反击灵公之伏士"事,均系于此人。司马贞《索隐》已有批评:"合二人为一人,非也。"①

提弥明或谓祁弥明的故事,是"力士"称谓较早出现的实例。《左传·宣公十五年》秦晋辅氏之战的记录,也值得注意:"秋,七月,秦桓公伐晋,次于辅氏。壬午,晋侯治兵于稷,以略狄土,立黎侯而还。及雒,魏颗败秦师于辅氏,获杜回,秦之力人也。"所谓"秦之力人""杜回"在结草报恩的故事中"踬而颠",被敌方擒获。②《左传》特别记述此"秦之力人"在战役中的命运,反映他可能在秦国担任军界高职,对于"秦师"之"败"负有责任。

《公羊传·哀公六年》又记述了齐国政争中"力士"的出现:"景公死而舍立。陈乞使人迎阳生于诸其家。除景公之丧,诸大夫皆在朝,陈乞曰:'常之母,有鱼菽之祭,愿诸大夫之化我也。'诸大夫皆曰:'诺。'于是皆之陈乞之家坐。陈乞曰:'吾有所为甲,请以示焉。'诸大夫皆曰:'诺。'于是使力士举巨囊,而至于中霤。诸大夫见之,皆色然而骇。开之则闯然,

---

① 清邵泰衢《史记疑问》卷中亦指出"二人而合于一"。梁玉绳《史记志疑》卷二一指出"误从《吕览·报更》篇来"。这种"误",可以理解为对这位"国之力士"能力和功绩的增饰。

② 《左传·宣公十五年》:"初,魏武子有嬖妾,无子。武子疾,命颗曰:'必嫁是。'疾病,则曰:'必以为殉!'及卒,颗嫁之,曰:'疾病则乱,吾从其治也。'及辅氏之役,颗见老人结草以亢杜回。杜回踬而颠,故获之。夜梦之曰:'余,而所嫁妇人之父也。尔用先人之治命,余是以报。'

公子阳生也。陈乞曰：'此君也已。'诸大夫不得已皆逡巡北面，再拜稽首而君之尔。自是往弑舍。"①《史记》卷三二《齐太公世家》："会饮，田乞盛阳生橐中，置坐中央，发橐出阳生。"记载同一故事，没有说到"力士"。然而言齐襄公致鲁桓公醉死事，使用了"力士"称谓："齐襄公与鲁君饮，醉之，使力士彭生抱上鲁君车，因拉杀鲁桓公，桓公下车则死矣。鲁人以为让，而齐襄公杀彭生以谢鲁。"又《史记》卷七七《信陵君列传》说到"力士"朱亥："公子行，侯生曰：'……臣客屠者朱亥可与俱，此人力士。晋鄙听，大善；不听，可使击之。'"

《韩非子·外储说左下》又说到"赵襄子力士"少室周与其他两位"力士""中牟徐子"和"晋阳""牛子耕"的故事。②

比较各国早期"力士"故事，我们看到，在秦史的记录中，"力士"的事迹最为密集。

## 2. 秦史"三力"及相关现象

《韩非子·外储说左下》说"赵襄子力士"少室周事迹："少室周者，古之贞廉洁悫者也，为赵襄主力士，与中牟徐子角力，不若也，人言之襄主以自代也，襄主曰：'子之处，人之所欲也，何为言徐子以自代？'曰：'臣以力事君者也，今徐子力多臣，臣不以自代，恐他人言之而为罪也。'""一曰。少室周为襄主骖乘，至晋阳，有力士牛子耕与角力而不胜，周言于主曰：'主之所以使臣骑乘者，以臣多力也，今有多力于臣者，愿进之。'"指出少室周以"力士"身份得到相当高的礼遇。赵襄子所谓"子之处，人之所欲也"，少室周所谓"主之所以使臣骑乘者，以臣多力也"，都说明了"力士""以力事君"，在君主身边服务，受到信用和享受优遇的情形。少室周推荐"力多"或说"多力"于己者"自代"，是特别的表现，可以说明其

---

① 《太平御览》卷七〇四引《公羊传·哀公》记述简略："齐景公死，舍立。陈乞迎阳生。使力士举巨囊至而开之，则公子阳生也。乞曰：'此君也。'诸大夫皆再拜稽首。自是往杀舍。"

② 《吴越春秋》卷三《夫差内传》记载吴王夫差因公孙圣谏言"索然作怒"，"顾力士石番以铁锤击杀之。"《越绝书》卷一〇《外传记吴王占梦》："吴王忿圣言不祥，乃使其身自受其殃，王乃使力士石番以铁杖击圣。"《列女传》卷七《孽嬖传·卫宣公姜》："宣姜欲立寿，乃与寿弟朔谋构伋子。公使伋子之齐，宣姜乃阴使力士待之界上而杀之。"这些文献因成书在汉世，可以在言先秦"力士"称谓时不予讨论。

"贞廉洁悫"。这里虽然说的是赵国故事，然而载于《韩非子》，不能排除对于秦国政治文化有一定影响的可能。《太平御览》卷四〇二引《王孙子》曰："赵简子猎于晋山之阳，抚辔而叹。董安于曰：'敢问叹？'子曰：'吾食谷之马数千，多力之士数百，以猎兽也。恐邻国养贤以猎吾也。'"所谓"多力之士数百"，说赵国养"力士"人数亦多。但是，史上存留姓名的"力士"，仍以秦国最为密集。

除了秦"力士"数量之集中引人注目而外，与少室周同样，秦国的"力士"也多有因"多力"而身居高位的情形。

《史记》卷五《秦本纪》说："武王有力好戏，力士任鄙、乌获、孟说皆至大官。"这里三位"力士"并说。应当看到，秦武王本人"有力"，可以参加"力士"间的竞技，其实也具有"力士"的基本资质。

"力士任鄙、乌获、孟说皆至大官"，可知同时从政，负有高层管理责任，可能与赵国"力士"少室周只是得到"骑乘"待遇不同。秦武王时代出现的这一情形，在列国史有关"力士"的记录中是唯一的一例。

马非百《秦集史》中《人物传十九》可以读作杜回、孟说、乌获、任鄙列传。[①] 杜回事已见前说。由于后三位"力士"生存与活动的年代大致同时，《秦集史》所论"孟说、乌获、任鄙"事与《秦本纪》次序有异，并不存在什么问题。

王遽常《秦史》有《三力传》，与《二老传》、《三帅传》、《三良传》并列，总结了"力士任鄙、乌获、孟说"事迹。成书在《秦集史》后，史料收录似更为完整准确。关于"孟说"，王遽常《秦史》作"孟贲"："案孟贲原作孟说，各书都作贲，今从之。"[②] 王遽常《三力传》关于"任鄙"这样写道：

> 任鄙多力，据《史记·樗里子传》。闻武王好力，叩关自鬻。据《汉书·梅福传》。案据此则鄙非关中人。……穰侯与之善。昭王十三

---

① 马非百：《秦集史》，中华书局 1982 年版，第 367—370 页。

② 其实，不只是《史记》卷五《秦本纪》作"孟说"，卷四三《赵世家》同。《太平御览》卷七五六引《史记》及《资治通鉴》卷三"周慎靓王八年"也都作"孟说"。

年，冉为相，举以为汉中守。据《史记·白起传》。十九年卒。据《秦本纪》、《六国表》。与樗里疾齐名，一以智，一以力也。秦人为之谚曰："力则任鄙，智则樗里。"据《史记·樗里子传》。

关于"乌获"，《三力传》有如下内容：

> 乌获，古力人，而乌获慕以为名。用《史记质疑》说。能举千钧之重。据《战国策·燕策》。尝从悼武王至洛阳，举周鼎，两目血出。据孙奭《孟子疏》引《帝王世纪》。行年八十而求扶持。据《燕策》。

今按：《史记质疑》当为《史记志疑》之误。梁玉绳《史记志疑》卷四就"乌获、孟说"写道："案：乌获以见《文子·自然》篇，此何以称焉。岂古力士有两乌获，如善射之名羿欤？……《后书·盖勋传》有护羌校尉夏育，《王商传》有中常侍孟贲，亦类此。"又说："孟说未知即孟贲否？"① 关于乌获能"举千钧之重"，又见于《商君书·错法》和《商君书·弱民》。《战国策·燕策一》可见苏秦言"乌获举千钧之重"。《史记》卷一一七《司马相如列传》有"力称乌获"语。司马贞《索隐》："张揖曰：'秦武王力士，举龙文鼎者也。'"《三国志》卷一六《魏书·杜恕传》载杜恕上疏言及"乌获之举千钧"。《法言·吾子》："千钧之轻，乌获力也。"晋人李轨注："千钧之重，乌获举之而轻。多力耳。"又《申鉴·俗嫌》："力称乌获。"

王遽常《三力传》就"孟贲"记述的文字又超过前两位"力士"：

> 孟贲一作孟说，一作孟奔。卫人。据《史记·范雎传》《集解》引许慎说。能生拔牛角。《孟子·公孙丑篇》疏引《帝王世纪》。水行不避蛟龙，陆行不避兕虎。《史记·爰盎传》《索隐》引《尸子》。发怒吐气，声荡动天。《太平御览》卷四百三十七引《新序》。尝过河而先其伍，案原作五，今依《后汉书·郑太传》注引。伍、五古今字。船人

---

① 梁玉绳：《史记志疑》，中华书局 1981 年版，第 148 页。

怒，以楫虦其头。中河，孟贲瞋目而视船人，发植，目裂，鬊指，舟中之人尽扬播入河。据《吕氏春秋·必己篇》。人谓贲曰："生乎？勇乎？"曰："勇。""贵乎？勇乎？"曰："勇。""富乎？勇乎？"曰："勇。"据《汉书·东方朔传》注、《太平御览》卷四百三十七引《尸子》。然闻军令则惧。据《论衡·率性篇》。尝为官尊显矣，悼武王与之举龙文赤鼎，绝膑，死。族诛。据《史记·秦本纪》。案《太平御览》卷四百三十七引《新序》云，孟贲"至其死矣，头行断绝"。坐诛事可证孟说即孟贲也。贲虽死于法，而始皇帝时犹象而祀之。据《水经·渭水注》。①

《论衡·儒增》："多力之人，莫若孟贲。"也是值得注意的说法。

《史记》卷六八《商君列传》载录赵良对商鞅行政的批评，有这样一句话："多力而骈胁者为骖乘。"指出秦国当时商鞅这样的主政高官，身边也有"多力"者侍从。

《艺文类聚》卷七引《蜀王本纪》曰："天为蜀王生五丁力士，能移山。秦王献美女与蜀王。蜀王遣五丁迎女。见一大蛇入山穴中，五丁并引蛇，山崩，秦五女皆上山化为石。"《艺文类聚》卷九四引《蜀王本纪》文字略有不同："秦惠王欲伐蜀，乃刻五石牛，置金其后。蜀人见之，以为牛能大便金。牛下有养卒，以为此天牛也，能便金。蜀王以为然。即发卒千人，使五丁力士拖牛成道，致三枚于成都。秦得道通，石牛力也。后遣丞相张仪等随石牛道伐蜀。"秦较早兼并蜀。蜀地对秦文化的认同对秦的扩张和统一意义重大。② 所谓"巴蜀亦关中地也"的说法③，体现战国秦汉社会区域文化观念中，秦地包括巴蜀。④ 从这一认识基点出发，则传说中的蜀"五丁力士"，在某种意义上也可以看作秦"力士"。

这样说来，秦"力人""力士"人数在当时这一人群中的比例，占有绝

① 王遽常：《秦史》，上海古籍出版社 2000 年版，第 180—181 页。

② 参看王子今《秦人的蜀道经营》，《咸阳师范学院学报》2012 年第 1 期；《秦兼并蜀地的意义与蜀人对秦文化的认同》，《四川师范大学学报》1998 年第 2 期。

③ 《史记》卷七《项羽本纪》。

④ 参看王子今《秦汉区域地理学的"大关中"概念》，《人文杂志》2003 年第 1 期。

对的优势。

秦统一后反秦势力中民间"力士"的参与，有张良博浪沙故事为例。《史记》卷五五《留侯世家》："（张良）得力士，为铁椎重百二十斤。秦皇帝东游，良与客狙击秦皇帝博浪沙中，误中副车。秦皇帝大怒，大索天下，求贼甚急，为张良故也。良乃更名姓，亡匿下邳。"被称为"客"的张良刺秦战友，就是一位"力士"。不过这位"力士"与前说"力士"身份不同，他不是朝廷体制中的高官，也不是在尊贵者身边服务的侍卫人员，而是民间的"贼"。

秦始皇时代对秦武王所信用著名"力士"能力的尊信，依然有所表现。《水经注·渭水下》记载："秦始皇造桥，铁镦重不胜。故刻石作力士孟贲等像以祭之，镦乃可移动也。"

### 3. "力士"地位与秦文化"尚力"风格

马非百分析秦"力士"的历史作用时这样写道："元材案：吕不韦书言：'以众勇，无畏乎孟贲矣。以众力，无畏乎乌获矣。'故项羽谓'剑一人敌不足学，学万人敌'。夫以贲、获之勇力，使其能学万人敌，其所威，岂在白起、王翦下哉！"[1] 我们可以体会到，"白起、王翦"等名将在军事竞争中显示的强势，是有普通军人"众勇""众力"的艰苦奋战为基础的。马非百引"吕不韦书言"见《吕氏春秋·用众》："天下无粹白之狐，而有粹白之裘，取之众白也。夫取于众，此三皇、五帝之所以大立功名也。凡君之所以立，出乎众也。立已定而舍其众，是得其末而失其本。得其末而失其本，不闻安居。故以众勇，无畏乎孟贲矣。以众力，无畏乎乌获矣，以众视无畏乎离娄矣，以众知无畏乎尧、舜矣。夫以众者，此君人之大宝也。田骈谓齐王曰：'孟贲庶乎患术，而边境弗患；楚、魏之王，辞言不说，而境内已修备矣，兵士已修用矣；得之众也'。"可知秦国开明的政治领袖明白"用众"的道理。而提高孟贲、乌获等"力士"的地位以实现其引领社会风习的作用，也是聪明的策略。

关于所著《秦史·三力传》名义，王遽常写道："秦起西垂，多戎患，

---

故其民朴悫坚悍，尚气概，先勇力。读《小戎》、《驷骥》、《无衣》诸诗，其风声气俗盖由来久矣。商君资之更法，以强兵力农，卒立秦大一统之基。悼武王有力，以身率，尚武之风益盛。上有好者，下必有甚焉者矣。"① 所谓"尚气概，先勇力"，是秦民俗传统风格。而执政者出于政治军事追求的导向性政策，更促成了这种文化特质的显性的历史作用。"强兵力农"的法令制度，使得"卒立秦大一统之基"。在这样的历史进程中，"悼武王有力，以身率"的作用是重要的，"三力"榜样性的"勇力"模范的作用，也是重要的。多种因素导致的"尚武之风益盛"的情形，是秦军力强劲，一往无前，终于实现统一的决定性的条件。

在指导秦国政治方向的法家论著的理论表述中，对"力"的推崇可以说旗帜鲜明。《商君书·农战》强调"教民"的重要，行政者引导民风，期望"民朴""作壹"，"民朴则不淫，……作壹则民不偷。民不偷淫则多力，多力则国强。"② 又说，"民不偷淫，则国力抟。国力抟者强。"而民"力"也就是国"力"："劳民者，其国必无力。无力者，其国必削。""抟民力以待外事，然后患可以去，而王可致也。"《商君书·去强》说："国无力而行知巧者，必亡。"而法家的追求重视调整阶级关系，"治国能令贫者富，富者贫，则国多力，多力者王"③。法制建立健全的目的，是"国多力"。也就是说，"刑生力，力生强，强生威，威生惠，惠生于力。举力以成勇战，战以成知谋"。《商君书·说民》也说："刑生力，力生强，强生威，威生德，德生于刑。"④ "作一则力抟，力抟则强；强而用，重强。故能生力，能杀力，曰：'攻敌之国'，必强。塞私道以穷其志，启一门以致其欲，使民必先其所恶，然后致其所欲，故力多。"其中有关"生力""杀力"的说法，体现了富有战略意义的执政理念，值得我们注意。"杀力"，是要将民"力"国"力"投入到兼并战争中。《商君书·壹言》强调："力多而不攻则有虱。

---

① 王蘧常：《秦史》，第 180 页。

② 《荀子·王制》："一则多力，多力则强，强则胜物。"

③ "多力者王"的说法，又见于《商君书·慎法》："国之所以重，主之所以尊者，力也。"

④ 《商君书·靳令》："圣君之治人也，必得其心，故能用力。力生强，强生威，威生德，德生于力。圣君独有之，故能述仁义于天下。"所谓"德生于力"，是说所有的政治成功，都必然依恃实力。"威"与"力"的关系，成书于秦地的《吕氏春秋》的《荡兵》篇是这样表述的："凡兵也者，威也，威也者，力也。"

故抟力以壹务也，杀力以攻敌也。"《商君书·错法》："为国而能使其民尽力以竟于功，则兵必强矣。"秦国正是因此击破东方六国，实现了统一的。

《史记》卷六八《商君列传》记载赵良批评商鞅行政时，引用了《尚书》中的话："《书》曰：'恃德者昌，恃力者亡。'"司马贞《索隐》："此是《周书》之言，孔子所删之余。"秦执政集团"恃力"的风格，是与儒学理念完全不同的。分析秦政的成与败和得与失，都分别可以看到"恃力"传统的作用。

### 4. "扛鼎""举鼎"竞技表演

在前引"能生拔牛角"等形式外，"扛鼎"即"举鼎"，是战国秦汉时期日常生活中最常见的显示"气""力"的方式。有学者说，"扛鼎"等，"在后代均成为杂技节目，而在当时却是选拔勇猛之士的重要标准"。① 这一行为成为受到普遍欢迎的竞技表演形式，虽然未必秦人创始②，但是曾经风行一时，却见于秦史中"力士"的表现。

《史记》卷五《秦本纪》写道："（武）王与孟说举鼎，绝膑。八月，武王死。族孟说。"似乎是说秦武王举鼎，当时可能是与孟说共同进行竞技式的表演。孟说因此受到严厉处置。杨宽论秦武王事，说："武王原是大力士，《秦本纪》称'武王有力，好戏'，'戏'是指角力，就是摔交。"原注："《国语·晋语九》记赵简子的戎右少室周要和大力士牛谈'戏'，韦注：'戏，角力也'。"③ 其实，"角力"未必解作"摔交"。④《后汉书》卷一三《隗嚣传》载刘秀报隗嚣书："今关东寇贼，往往屯聚，志务广远，多所不暇，未能观兵成都，与子阳角力。"李贤注："角力犹争力也。""举鼎"也是"角力"的形式。

《史记》卷四三《赵世家》："秦武王与孟说举龙文赤鼎，绝膑而死。"《太平御览》卷七五六引《史记》："秦武王与孟说举龙文之鼎，绝膑而死。"

---

① 傅起凤、傅腾龙：《中国杂技史》，上海人民出版社1989年版，第33页。

② 《吴子·料敌》有"一军之中，必有虎贲之士，力轻扛鼎……"语。

③ 杨宽：《战国史》（增订本），上海人民出版社1998年版，第364页。

④ 《史记》卷一一八《淮南衡山列传》："元朔五年，太子学用剑，自以为人莫及，闻郎中雷被巧，乃召与戏。被一再辞让，误中太子。太子怒，被恐。"这里所说的"戏"，既言"剑"，既言"中"，应是击剑竞技，当然不是"摔交"。

则强调所举鼎的形制纹饰。《资治通鉴》卷三"周慎靓王八年"记载："王与孟说举鼎，绝脉而薨。"胡三省注："脉者，系络脏腑，其血理分行干支体之间。人举重而力不能胜，故脉绝而死。按《史记·甘茂传》云武王至周而卒于周。盖举鼎者，举九鼎也。[1]　《世家》以为龙文赤鼎。《史记》'脉'作'膑'。"

"举鼎"是一种显示"力"的方式。《韩非子·六反》说："夫欲得力士而听其自言，虽庸人与乌获不可别也。授之以鼎俎，则罢健效矣。故官职者，能士之鼎俎也。任之以事，而愚智分矣。"行政实践，是检测一个人是否"能士"的方式。而是否"力士"不能"听其自言"，"授之以鼎俎，则罢健效矣。"《晋书》卷七《成帝纪》："（咸和）八年春正月辛亥朔诏曰：'……令诸郡举力人能举千五百斤以上者。'"考试是否"力人"的方式，是令其举重。明人徐应秋《玉芝堂谈荟》卷九列举诸多"古今有力者"故事，包括"蜀五丁力能移山"、"卫石蕃能负沙一千二百斗"、"孟贲生拔牛角"、"桀之力能伸铁钩索"、"纣能倒曳九牛、抚梁易柱"、"生捕虎豹"、"费仲、恶来足走千里，手制兕虎"、"魏任城王章曳虎尾、顿象鼻"等，标题则作"手举万钧"。可知举重长期被看作"有力"的测定方式。顾炎武《日知录》卷一一《权量》就此有所考论："今考之传记，如孟子以举百钧为有力人。三十斤为钧，百钧则三千斤。《晋书·成帝纪》'令诸郡举力人能举千五百斤以上者'。"

在秦武王伤残身死之后，"举鼎"依然作为一种习见的显示"力"的竞技表演形式。

《史记》卷七《项羽本纪》说："（项）籍长八尺余，力能扛鼎，才气过人。"裴骃《集解》："韦昭曰：'扛，举也。'"司马贞《索隐》："《说文》云：'横关对举也。'"《史记》卷一一八《淮南衡山列传》也有"厉王有材力，力能扛鼎"的说法。《汉书》卷六三《武五子传·广陵厉王刘胥》："胥壮大，好倡乐逸游，力扛鼎。"又将"扛鼎"与"倡乐逸游"联系起来，与

---

[1]　杨宽认同胡三省注"盖举鼎者，举九鼎也"之说，又据《帝王世纪》谓'秦王于洛阳举周鼎'（《孟子·告子下篇》正义所引）"，说："武王这样亲自到洛阳来举起周鼎，用意是明显的，就是要'窥周室'、'挟天子以令天下'。"杨宽：《战国史》（增订本），第364页。今按：秦武王"举周鼎"、"举九鼎"说未可确信。当时周王朝名义尚是天下共主，体制依然健全，象征最高权力的"九鼎"恐不能轻易作为"力士"的游戏道具。

秦武王"有力好戏","举鼎绝膑"说同。《后汉书》卷三三《虞延传》也说虞延"长八尺六寸，要带十围，力能扛鼎"。《艺文类聚》卷六一引后汉张衡《西京赋》说汉代长安的公共游乐活动中，也有"乌获扛鼎"节目。《艺文类聚》卷六三引后汉李尤《平乐观赋》也说到"乌获扛鼎，千钧若羽"。

《隋书》卷一五《音乐志下》说到隋代继承了北朝"百戏""散乐"表演，以为"盖秦角抵之流者也"。还记载："又为夏育扛鼎，取车轮、石臼、大瓮器等各于掌上而跳弄之。"《通典》卷一四六《乐六·散乐》记载大致同样史事，也说到"为夏育扛鼎①，取车轮、石臼、大盆器等各于掌上而跳弄之"。然而强调"如汉故事"。或许汉代"扛鼎"表演相当普及。舞弄石臼、大瓮器等，应与"扛鼎"有类似处。可能社会下层一般人家不能轻易得到"鼎"这样的表演道具。《后汉书》卷八三《逸民列传·梁鸿》记载："同县孟氏有女，状肥丑而黑，力举石臼，择对不嫁，至年三十。父母问其故。女曰：'欲得贤如梁伯鸾者。'鸿闻而娉之。"又有"女求作布衣、麻屦，织作筐缉绩之具"，"为椎髻，著布衣，操作而前"，"共入霸陵山中，以耕织为业"等故事。所谓"力举石臼"当然与《隋书》卷一五《音乐志下》所谓取"石臼""于掌上而跳弄之"有所不同，作为从事"耕织"的体力劳动者显示力量的动作，亦隐约显现出以"石臼"为道具的这种"散乐"形式的原始由来。所谓取"石臼、大瓮器"或"大盆器等""各于掌上而跳弄之"的"散乐""百戏"表演形式，在汉代画像中可以看到具体的反映。

《隶释》卷一九《魏大飨碑》写道，"惟延康元年八月旬有八日辛未，魏王龙兴践祚，规恢鸿业，构亮皇基，万邦统世。"有登坛高会大飨之礼，组织了百戏表演："……六变既毕，乃陈秘戏。巴俞丸剑，奇舞丽倒，冲夹逾锋，上索踏高，舩鼎缘橦，舞轮擿镜，骋狗逐兔，戏马立骑之妙技。……"其中"舩鼎"节目，有可能与"扛鼎"有关。《说文·角部》："舩，举角也。"《文选》卷二张衡《西京赋》"乌获扛鼎"，李善注："《史记》曰：秦武王有力士乌获、孟说，皆大官。王与孟说举鼎。《说文》曰：扛，横开对举也。扛与舩同。"由

---

① 《史记》卷七九《范睢蔡泽列传》："夏育之勇焉而死。"裴骃《集解》："骃案：《汉书音义》曰：或云夏育卫人，力举千钧。"《汉书》卷六五《东方朔传》："夏育为鼎官。"颜师古注："或曰夏育卫人，力举千钧。鼎官，今殿前举鼎者也。"

"舩，举角也"之说，也可证前引杨宽"角力，就是摔交"说不确。《魏大飨碑》说到的"陈秘戏"事，时在汉王朝政治生命终结的当年。据洪适说，"汉献帝建安二十五年正月，魏王曹操死，其子丕嗣位，改元'延康'。《魏志》云：丕以七月甲午军次于谯，大飨六军。是时汉鼎犹未移也。丕为人臣，而自用正朔刻之金石，可谓无君之罪人也。"①

《史记》卷七九《范睢蔡泽列传》说："夏育之勇焉而死。"裴骃《集解》："骃案：《汉书音义》曰：或云夏育卫人，力举千钧。"《汉书》卷六五《东方朔传》："夏育为鼎官。"颜师古注："或曰夏育卫人，力举千钧。鼎官，今殿前举鼎者也。"可推知大致在颜师古生活的时代，"殿前举鼎者"似乎已经有确定的专职人员。

### 5. 秦"尚力"传统在汉代社会的遗存

可能有秦文化影响的因素，汉代仍有"举鼎"竞技表演。如前引《史记》卷七《项羽本纪》说项羽"才力过人"，表现在于"力能扛鼎"。《史记》卷一一八《淮南衡山列传》也可见"厉王有材力，力能扛鼎"之说。《西京赋》及《平乐观赋》"乌获扛鼎"是在表演技艺，而项羽、刘长以"扛鼎"形式显示的"力"，史籍"才力"、"材力"并说，当时或被看作"才"或"材"的体现。

吕后有残害戚夫人和刘如意的恶行。《史记》卷九《吕太后本纪》写道，"吕后最怨戚夫人及其子赵王，乃令永巷囚戚夫人"，又策划谋害赵王。"孝惠帝慈仁，……自挟与赵王起居饮食。太后欲杀之，不得间。孝惠元年十二月，帝晨出射。赵王少，不能蚤起。太后闻其独居，使人持鸩饮之。犁明，孝惠还，赵王已死。"据《太平御览》卷七〇四引《西京杂记》，吕后谋害刘如意的方式，与《吕太后本纪》的记录不同："惠帝与赵王同寝处，后杀之不得。后帝早猎，后命力士于被中搤杀之，乃死。吕后不信，以绿囊盛之，载以小辒车入见，厚赐之。力士东都门外宫奴，帝后知，腰斩之。"所说吕后令"力士"杀害刘如意，此"力士"有确定身份及被汉惠帝处置等情节，值得注意。

刘邦在汉初剪除功臣的行动中，陈平为他谋划擒拿韩信的方式。《史记》卷五六《陈丞相世家》记载陈平建议："古者天子巡狩，会诸侯。南方有云梦，陛下弟出伪游云梦，会诸侯于陈。陈，楚之西界，信闻天子以好出游，其势必无事而郊迎谒。谒，而陛下因禽之，此特一力士之事耳。"于是，"高帝以为然，乃发使告诸侯会陈，'吾将南游云梦'。上因随以行。行未至陈，楚王信果郊迎道中。高帝豫具武士，见信至，即执缚之，载后车。"陈平所谓"力士"和司马迁记述执行此任务的"武士"，身份是重叠的。陈平言"力士"者，可能体现了当时社会的语言习惯。

《汉书》卷九九下《王莽传下》记载，王莽出行时曾经有"力士"充任仪仗："或言黄帝时建华盖以登仙，莽乃造华盖九重，高八丈一尺，金瑵羽葆，载以秘机四轮车，驾六马，力士三百人黄衣帻，车上人击鼓，挽者皆呼'登仙'。莽出，令在前。"

《艺文类聚》卷一引后汉李尤《九曲谶》曰："年岁晚暮时已斜，安得力士翻日车。"也使用了"力士"称谓。又《水经注》卷一六《谷水》引《竹林七贤论》，说到"魏明帝于宣武场上为栏，苞虎牙，使力士袒裼，逆与之搏，纵百姓观之。"也出现"力士"身份。不过，这里所说的"力士"，大概只是有力者的通称，并不具有职务和官阶的意义。

前引梁玉绳《史记志疑》所说汉代人姓名有用古"力士"名号者，如"中常侍孟贲"、"护羌校尉夏育"。① 这一情形，也体现出当时社会对"力

---

① （明）余寅：《同姓名录》卷一有"孟贲二"条："古有力士孟贲，能生拔牛角。汉有中常侍孟贲，为湘南侯黄龙等所诬，顺帝知其罔，减龙等为租四分之一。"又有"夏育二"条："古有力士夏育，力举千钧。蔡泽曰：'夏育、太史噭叱呼骇三军，然而身死于庸夫。'汉灵帝时，乌桓校尉夏育诸出塞击鲜卑，蔡邕难宓，有五不可。"今按：《汉书》卷一九下《百官公卿表下》有"少府孟贲"，《后汉书》卷三四《梁商传》有"中常侍""孟贲"（亦见《后汉书》卷七八《宦者列传·孙程》、《续汉书·天文志中》、《三国志》卷四二《蜀书·孟光传》裴松之注引《续汉书》），《后汉书》卷八《灵帝纪》有"北地太守夏育"（亦见《后汉书》卷九〇《鲜卑传》）、"护乌桓校尉夏育"（亦见《续汉书·五行志三》，《三国志》卷三〇《魏书·鲜卑传》作"护乌丸校尉夏育"），《后汉书》卷五八《盖勋传》有"护羌校尉夏育"，《后汉书》卷六五《段颎传》有"军吏""夏育"、"假司马夏育"。有学者论说"汉魏人仰慕古人，因而取其名字以为自己的名字"的情形，直接地体现"慕古"的例证是"景仰先圣，敬慕先贤"，即"以古圣之名命名的"和"以先贤之名命名的"。张孟伦：《汉魏人名考》，兰州大学出版社1988年版，第20—25页。

士"的尊重。

### 6. 秦人对"力士"及"尚力"倾向的思考

秦执政者抬举提升"力士"的地位以促成其强兵强国的积极影响，另一方面，我们又看到，对于"力士"文化局限乃至"尚力"文化倾向之是非的认识，也较早见于秦人言论文字或在成书于秦的论著中发表。

《商君书·错法》说："乌获举千钧之重，而不能以多力易人。"《商君书·弱民》有同样的话："乌获举千钧之重，不能以多力易人。"《战国策·秦策三》载范睢语："乌获之力而死，奔、育之勇焉而死。"《战国策·燕策二》所见苏秦语则曰："孟贲之勇而死，乌获之力而死。"这些说法，都指出"多力"的历史作用是有限的。

对于秦政治走向影响深刻的《韩非子》书中，也可以看到"力士"的"力"需要多种配合和策应才可以显示作用的意见。《韩非子·观行》："有乌获之劲，而不得人助，不能自举。有贲育之强，而无法术，不得长生。故世有不可得，事有不可成。故乌获轻千钧而重其身。非其身重于千钧也，势不便也。"这种对于"力士"的"力"的外在配合条件，可以理解为"势"。根据秦执政者对韩非学说的高度推崇，推想这样的认识，也可能当时即对秦政的设计和推行有一定作用。

在吕不韦执政的年代，他集合诸多宾客，完成了《吕氏春秋》一书。这部论著是在战国以来知识人游学各地、自由争鸣的时代即将结束时的一个文化标记。《吕氏春秋》面对即将来临的"大一统"时代，对文化形态提出了涵容百家的要求。高诱的序文是这样表述的："此书所尚，以'道德'为标的，以'无为'为纲纪，以'忠义'为品式，以'公方'为检格，与孟轲、孙卿、淮南、扬雄相表里。"也就是说，《吕氏春秋》对战国思想有所继承，有所总结；对于汉代思想有所启示，有所引导。曾经领略过东方多种文化因素各自丰采的吕不韦及其宾客们，明智地发现了历史文化进步的方向，意识到秦能够一时取胜的文化基因，或许不适宜帝国的管理。《吕氏春秋》可以看作在大一统的政治体制即将形成的时代，为推进这一历史进步所进行的一种文化准备。在政治文化的总体构想方面，吕氏为秦的最高统治者进行了设计。理解其中基本的文化理念，我们应当注意到《吕氏春秋》否定了对"力"的绝对尊崇。

《吕氏春秋·重己》写道："使乌获疾引牛尾，尾绝力勚，而牛不可行，逆也。① 使五尺竖子引其棬，而牛恣所以之，顺也。"这里强调，"勇力"使用的方向是更重要的。这样的认识，确实可以说是我们在考察"力士"的历史意义时必须重视的文化真知。

《吕氏春秋·慎大》说到孔子对于"力"的态度："孔子之劲，举国门之关，而不肯以力闻。"② 《说文·力部》："劲，强也。"《说文·弓部》："强，弓有力也。"孔子自身"有力"却"不肯以力闻"，是因为他自有更高等级的文化自尊和文化自信。正所谓"善持胜者，以术强弱"。论者又借孔子评论赵襄子事说，"有道之主能持胜"，强调"道"的政治文化理念。又指出："胜非其难者也，持之其难者也。贤主以此持胜，故其福及后世。"发表"持之其难"的见解，举示"福及后世"的榜样，或许可以看作对统一的秦帝国有某种预警意义的告诫。③ 《吕氏春秋·不广》所谓"用武则以力胜，用文则以德胜"，又进行了更明确的提示，强调了更高境界的"文""德"方面的优势应是最可贵的真正的优势。

《吕氏春秋》的作者还进行了秦史的回顾，对秦崛起历程中的光荣记忆也进行了反思。《吕氏春秋·悔过》写道：穆公时代，秦军远征偷袭郑国④，师行过周，王孙满批评说："过天子之城，宜橐甲束兵，左右皆下，以为天

---

① 《太平御览》卷八三引《帝王世纪》曰："帝纣能倒曳九牛。"《三国志》卷一八《魏书·许褚传》："粮乏，伪与贼和，以牛与贼易食，贼来取牛，牛辄奔还。褚乃出陈前，一手逆曳牛尾，行百余步。贼众惊，遂不敢取牛而走。"引曳牛尾却行，也是"力士"的表现。

② 《孔子集语》卷下引《吕氏春秋》作："孔子之劲，能拓国门之关，勇复孟诸，足蹑狡兔，不以力闻。"《淮南子·道应》："孔子劲杓国门之关，而不肯以力闻。"高诱注："杓，引也。古者县门下从上古引之者难也。"关于孔子的这一说法，最早见于《吕氏春秋》。宋代学者黄震《黄氏日抄》卷五六《读诸子二·吕氏春秋》说："此言孔子，虽未详，而其说可以训。"

③ 《吕氏春秋·慎大》："赵襄子攻翟，胜老人、中人，使使者来谒之，襄子方食抟饭，有忧色。左右曰：'一朝而两城下，此人之所以喜也，今君有忧色何？'襄子曰：'江河之大也，不过三日；飘风暴雨，日中不须臾。今赵氏之德行，无所于积，一朝而两城下，亡其及我乎？'孔子闻之曰：'赵氏其昌乎！'夫忧所以为昌也，而喜所以为亡也；胜非其难者也，持之其难者也。贤主以此持胜，故其福及后世。齐、荆、吴、越皆尝胜矣，而卒取亡，不达乎持胜也。唯有道之主能持胜。孔子之劲，举国门之关，而不肯以力闻；墨子为守攻，公输般服，而不肯以兵加。善持胜者，以术强弱。"

④ 当时蹇叔提出反对意见，称"今行数千里，又绝诸侯之地以袭国，臣不知其可也"。《淮南子·道应》作"今行数千里，又数绝诸侯之地以袭国，臣不知其可也"。《史记》卷五《秦本纪》作蹇叔、百里傒对语"径数国千里而袭人，希有得利者"。

子礼。今犅服回建，左不轼，而右之超乘者五百乘，力则多矣，然而寡礼，安得无疵？"①《吕氏春秋》借王孙满所谓"力则多矣，然而寡礼"，在这里提出了"力"和"礼"的对应关系，暗示"礼"远远超越"力"的意义。

又有一则可以读作政治寓言的故事，见于《吕氏春秋·顺说》："惠盎见宋康王。康王蹀足謦欬，疾言曰：'寡人之所说者勇有力，而无为仁义者。客将何以教寡人？'惠盎对曰：'臣有道于此，使人虽勇，刺之不入；虽有力，击之弗中。大王独无意邪？'王曰：'善！此寡人所欲闻也。'惠盎曰：'夫刺之不入，击之不中，此犹辱也。臣有道于此，使人虽有勇弗敢刺，虽有力不敢击。大王独无意邪？'王曰：'善！此寡人之所欲知也。'惠盎曰：'夫不敢刺、不敢击，非无其志也。臣有道于此，使人本无其志也。大王独无意邪？'王曰：'善！此寡人之所愿也。'惠盎曰：'夫无其志也，未有爱利之心也。臣有道于此，使天下丈夫女子莫不驩然皆欲爱利之，此其贤于勇有力也，居四累之上。大王独无意邪？'王曰：'此寡人之所欲得。'惠盎对曰：'孔、墨是也。孔丘、墨翟，无地为君，无官为长，天下丈夫女子莫不延颈举踵而愿安利之。今大王，万乘之主也，诚有其志，则四境之内皆得其利矣，其贤于孔、墨也远矣。'宋王无以应。惠盎趋而出。宋王谓左右曰：'辨矣。客之以说服寡人也。'"《吕氏春秋》的作者接着说："宋王，俗主也，而心犹可服，因矣。因则贫贱可以胜富贵矣，小弱可以制强大矣。"上古笑话多有以宋人为讥刺对象者，②《吕氏春秋》引宋人故事，亦往往具讽喻性质。此言"孔、墨""贤于勇有力也"的意见"说服"了宋康王，又说"宋王，俗主也，而心犹可服"。读者自然可以联想到，如果自以为"英主"者，也应当有相应的态度。

### 7. 关于"小人尚力""小人绝力"

依照儒学正统政治理念，作为受到尊仰崇尚的"德"的对立概念，

---

①　值得注意的是，正是在"力士"得到尊宠的秦武王时代，秦国又一次以兵车队列来到周天子面前。《史记》卷七一《樗里子甘茂列传》记载："使樗里子以车百乘入周。周以卒迎之，意甚敬。"有学者以为是"在周王室前耀武扬威"。林剑鸣：《秦史稿》，上海人民出版社1981年版，第248页。

②　参看王利器录《宋愚人事录》。共计20则，其中5则见于《韩非子》，4则见于《吕氏春秋》。王利器、王贞珉：《历代笑话集续编》，春风文艺出版社1985年版。

"力"是予以鄙薄轻视的。《孟子·公孙丑上》："孟子曰：'以力假仁者霸，霸必有大国，以德行仁者王，王不待大。汤以七十里，文王以百里。以力服人者，非心服也，力不赡也；以德服人者，中心悦而诚服也，如七十子之服孔子也。《诗》云：'自西自东，自南自北，无思不服。'此之谓也。'""以德服人"和"以力服人"，形成执政理念的高下对比。汉初政论家陆贾回顾历史，指出"尚威力"以致败亡的例证。《新语》卷下《至德》："宋襄死于泓水之战，三君死于臣子之手，皆轻用师而尚威力，以至于斯。故《春秋》重而书之，嗟叹而伤之。"①《新语》卷上《道基》又说："知伯仗威任力，兼三晋而亡。"对于秦政的失败，亦直接归罪于对"力"的推崇："德盛者威广，力盛者骄众。齐桓公尚德以霸，秦二世尚刑而亡。"秦亡，可以看作"愚者以力相乱"的典型。论者提示："大怒之威，非气力所能行也。""统四海之权，主九州之众，岂弱于力哉？然功不能自存，威不能自守，非为贫弱，乃道德不存乎身，仁义不加于天下也。"又就秦亡的教训警告当世执政者："果于力而寡于义者，兵之所图也。"②论者强调，实现"善"的境界，在于"绝气力，尚德也"。③

贾谊《过秦论》对于秦始皇"禁文书而酷刑法，先诈力而后仁义，以暴虐为天下始"的批评，注意到了历史条件的要求："夫并兼者高诈力，安定者贵顺权，此言取与守不同术也。秦虽离战国而王天下，其道不易，其政不改，是其所以取之守之者无异也。"④以为"并兼"时代有历史合理性的"诈力"在新的历史条件下的无限度沿用，是致使秦败亡的主要原因。在贾谊的认识中，"诈力"和"仁义"，"诈力"和"顺权"，显示政治方向的鲜明对照，但是"并兼者高诈力，安定者贵顺权"，应当理解历史情势的不同要求。

作为个人取向，看重"德"还是看重"力"，体现了"君子""小人"

---

① 《新语》卷下《怀虑》又说："鲁庄公据中土之地，承圣人之后，不修周公之业，继先人之体，尚令牌威，有万人之力，怀兼人之强，不能存立子纠，国侵地夺，以洙、泗为境。"指出"权""威"、"万人之力"、"兼人之强"等等，都不能看作绝对的政治优势。

② 《新语》卷下《本行》。

③ 《新语》卷上《慎微》。

④ 《史记》卷六《秦始皇本纪》。

的对立。《法言·渊骞》写道："君子绝德，小人绝力。或问绝德，曰：舜以孝，禹以功，皋陶以谟，非绝德邪？力，秦悼武、乌获、任鄙，扛鼎抃牛，非绝力邪？"李轨注："皆以多力，举重崩中而死，所谓不得其死然。"对于"秦悼武、乌获、任鄙，扛鼎抃牛"等"力士"的表现，表达了与秦文化背景下明显不同的评价。

对于"力人""力士"所指称人的才与能的"力"，稍晚又有刘劭《人物志》卷中《材能》的说法："若力能过人，而勇不能行，可以为力人，未可以为先登。力能过人，勇能行之，而智不能断事，可以为先登，未足以为将帅。必聪能谋始，明能见机，胆能决之，然后可以为英。张良是也。气力过人，勇能行之，智足断事，乃可以为雄。韩信是也。体分不同，以多为目，故英雄异名。然皆偏至之材，人臣之任也。故英可以为相，雄可以为将。若一人之身，兼有英雄，则能长世。高祖、项羽是也。"刘劭认为，所谓"力能过人"或者"气力过人"，只是"材能"中较低层次的表现。他对于"力"、"勇"、"智"、"聪"、"明"、"胆"，乃至"兼有英雄"若干层级"材能"的分析，提出了有一定深度的人才思想。其中"若力能过人，而勇不能行，可以为力人，未可以为先登"的说法，出现了"力人"称谓，也是值得我们注意的。而这些议论的发表，距离《左传》中出现"秦之力人"字样，已经相隔八百多年了。

后来对"力"以及"尚力"者的鄙视，又见于宋儒程子《伊川易传》卷三《周易下经》："小人尚力，故用其壮勇。"邵雍《君子吟》写道："君子尚德，小人尚力。尚德树恩，尚力树敌。"[①]《朱子语类》卷七说到"自小便教之以德，教之以尚德不尚力之事"的道德培养理念，也反映了儒学的德教宗旨。"尚力"是受到鄙弃的。元代学者王申子《大易缉说》卷六《下经》说："小人尚力者，用之则为勇猛，怙强好胜。若固守此道，而行危也。"[②]

---

① （宋）邵雍：《击壤集》卷一六。
② 有的现代史学家在总结秦史时对秦武王和他识拔的"力士"们有所批评。例如林剑鸣《秦史稿》说："武王一味嗜武，所以十分喜欢力士，对有些力士如任鄙、乌获、孟说等皆委以高官。武王自己也有一身蛮力气，因为向往着象征着周天子权位的周鼎，所以常常以举鼎为戏。公元前三〇七年（秦武王四年），武王在同力士孟说举鼎时，胫骨被扭断，至当年八月竟因此死去。这一个雄心勃勃的武王，因好勇逞能，偏要做力不胜任之事，所以当了四年国君就离开了人间。"林剑鸣：《秦史稿》，上海人民出版社1981年版，第248页。所谓"好勇逞能"与所谓"怙强好胜"，其实可以作近义语理解。

　　后世对于秦文化"尚力"倾向的评断，长期以批判为主流。然而如果以儒学正统"小人尚力"、"小人绝力"的态度作为考察秦史的认识基点，也许难免简单化片面化之失，不利于全面公正的历史判断。

　　《盐铁论·力耕》载录"文学"的议论："古者尚力务本而种树繁，躬耕趣时而衣食足，虽累凶年而人不病也。"其中"尚力"和"躬耕"对说，是受到全面肯定的。而秦政的"尚力"风格，在奖励"力耕"方面也有突出体现，是不宜忽视的历史事实。

　　《后汉书》卷三〇下《襄楷传》载襄楷上疏："周衰，诸侯以力征相尚，于是夏育、申休、宋万、彭生、任鄙之徒生于其时。"[①]"力士"之徒地位的上升和影响的扩大，是在"诸侯以力征相尚"的时代背景下发生的历史现象。战国武力竞争时代，按照贾谊《过秦论》的说法："诸侯力劲，强凌弱，众暴寡，兵革不休"，所谓"并兼者高诈力"，是共同的文化取向。就秦"力士"的历史表现而言，在当时未必没有一定的积极意义。他们各自的素质，亦不宜简单地一概否定。马非百《秦集史》对著名秦"力人""力士"区别言之，以为："至辅氏之战，杜回以误踬结草而颠，致为晋师所获。盖亦孔子所谓'暴虎凭河，死而无悔'者。吾是以知有勇无谋之果不足贵也！"然而对于任鄙，则赞赏有加："任鄙不与举鼎之役，贤于贲、获远矣。故秦人谚曰：'力则任鄙，智则樗里。'而独不称贲、获。何则？不自恃其勇力者，乃真为有勇力者也。司马氏于鄙为汉中守，始、卒，皆特笔书之，非以其善用己长故耶？"[②] 所讨论的四位秦"力人""力士"，被分为三个等级。王蘧常《秦史》在《三力传》结尾则写道："论曰：鄙为守，能久于其任。获至老寿，必有以自贵其勇者。贲生于生死贵富，举无以易其勇，盖庶几有勇德焉。虽以非命死而非其罪。则三子者，岂徒力而已哉！"[③] 以为"三力"于"勇""力"之外，亦各有其可"贵"之"德"。看来，扬雄的评论，"秦悼武、乌获、任鄙，扛鼎抃牛，非绝力邪？"包括秦武王，

---

　　① 李贤注："并多力之人也。夏育，卫人，力举千钧。宋万，宋人，杀愍公，遇大夫仇牧于门，批而杀之，齿著门阖。彭生，齐人，拉鲁桓公干而杀之。范雎曰：'以任鄙之力焉而死。'申休未详何世也。"

　　② 马非百：《秦集史》，第368页。

　　③ 王蘧常：《秦史》，第181页。

均一并指斥为"小人",也许不免简单化绝对化之嫌。

# 秦汉"女巫"及其文化表演

鲁迅曾经写道:"中国本信巫,秦汉以来,神仙之说盛行,汉末又大畅巫风,而鬼道愈炽……"① 有学者指出:"汉代巫者活动的'社会空间',几乎是遍及于所有的社会阶层,而其'地理范围',若结合汉代巫俗之地和祭祀所的分布情形来看,也可以说是遍布于各个角落。《盐铁论》中,贤良文学所说的'街巷有巫,闾里有祝',似乎是相当真实的写照。"② 应当看到,在战国秦汉时期数百年间的历史过程中,巫风和鬼道曾经长期影响着社会生活的各个方面。

"巫",是古代社会专门交通鬼神与人界的承当神媒的人。《国语·楚语下》写道:"民之精爽不携贰者,而又能齐肃衷正,其智能上下比义,其圣能光远宣朗,其明能光照之,其聪能听彻之,如是则明神降之,在男曰觋,在女曰巫。"《说文·巫部》在解释"巫"的意义时说:"女能事无形,以舞降神者也。象人两袖舞形。"在"觋"字条下又写道:"在男曰'觋',在女曰'巫'。"《汉书》卷二五上《郊祀志上》也写道:"民之精爽不贰,齐肃聪明者,神或降之,在男曰'觋',在女曰'巫'。"《周礼·春官宗伯·神仕》贾公彦疏:"此'神仕'是巫。""在男曰'觋',在女曰'巫'者,男子阳,有两称,名'巫'名'觋',女子阴,不变,直名'巫',无'觋'称。"

"女巫"在战国秦汉社会生活中,曾经发挥重要的作用。分析当时作为社会特殊角色的女巫的文化存在和文化表演,可以充实对于战国秦汉社会历史的认识。

## 1. "女巫"与宫廷巫术

《史记》卷二八《封禅书》在记述汉初刘邦时代神祠制度的初步制定时,这样写道:

① 《中国小说史略》第五篇,《鲁迅全集》,人民文学出版社1981年版,第9卷第43页。
② 林富士:《汉代的巫者》,稻乡出版社1999年版,第180页。

> 天下已定，诏御史，令丰谨治枌榆社，常以四时春以羊彘祠之。令
> 祝官立蚩尤之祠于长安。长安置祠祝官、女巫。

可知在西汉王朝建立之初确定神权秩序时，"女巫"曾经作为正式神职人员
服务于都城长安的皇家神祠。

《三辅黄图》卷五引《汉武故事》："武帝时祭泰乙，上通天台，舞八岁
童女三百人，祠祀招仙人。"甘泉宫通天台在举行"祠祀"典礼时使用"八
岁童女三百人"，令"舞"以"招仙人"，也可以说明"女巫"在当时宫廷
神祠制度中的重要作用。

汉代"巫蛊"之案往往首发于后宫。汉武帝时代著名的"巫蛊之祸"
的最初发生，以卫皇后之女"诸邑公主、阳石公主皆坐巫蛊死"① 为标志。
据《汉书》卷六六《车千秋传》，汉武帝回顾"巫蛊之祸"的历史时，谈到
"巫蛊始发"的情形，又曾经说道："昔者，江充先治甘泉宫人，转至未央
椒房。"可见宫中行"巫蛊"者多为女子。《汉书》卷五九《张汤传》写道：

> 治陈皇后巫蛊狱，深竟党与，上以为能，迁太中大夫。

被判定为陈皇后行"巫蛊"之"党与"的，正是活动于宫中的女巫。《汉
书》卷九七上《外戚传上·孝武陈皇后》：

> 闻卫子夫得幸，几死者数焉。上愈怒。后又挟妇人媚道，颇觉。元
> 光五年，上遂穷治之，女子楚服等坐为皇后巫蛊祠祭祝诅，大逆无道，
> 相连及诛者三百余人。楚服枭首于市。使有司赐皇后策曰："皇后失序，
> 惑于巫祝，不可以承天命。其上玺绶，罢退居长门宫。"

"女子楚服等"的身份，应当就是女巫。从"陈皇后巫蛊狱""相连及诛者三百
余人"可以知道，以楚服为首的女巫集团，曾经有相当广泛的巫术活动。据说

---

① 《汉书》卷六《武帝纪》。

司马相如为作《长门赋》，其中细致描写了陈皇后孤居冷宫，寂寞无聊的情状："日黄昏而望绝兮，怅独托于空堂。悬明月以自照兮，徂清夜于洞房。援雅琴以变调兮，奏愁思之不可长。""左右悲而垂泪兮，涕流离而从横。舒息悒而增欷兮，踪履起而彷徨。揄长袂以自翳兮，数昔日之愆殃。"① 这里所谓"昔日之愆殃"，当包括用女巫行"巫蛊"事。《长门赋》又有"心凭噫而不舒兮，邪气壮而攻中"的文句，也指出了"惑于巫祝"的心理背景。

在因"巫蛊"引发的历史悲剧中，被察验行"巫蛊"事者，又多有接近宫廷生活的贵族女子。如《史记》卷一一一《卫将军骠骑列传》："将军公孙敖，……坐妻为巫蛊，族。"《汉书》卷六三《公孙敖传》也写道，公孙敖"凡四为将军"，"坐妻为巫蛊，族。"又如卷九四上《匈奴传上》："贰师妻子坐巫蛊收"等，都反映贵族女子卷入"巫蛊"案的情形。其所以致罪，当是在一定程度上扮演了"巫"的角色。

除了涉及最高权力斗争的"巫蛊"大案席卷京师政治中枢之外，我们还可以看到其他企图借助"巫"的活动影响高层政治生活方向的史例。《汉书》卷六三《武五子传·广陵厉王刘胥》记述了刘胥利用"女巫"以宫廷巫术谋求帝位的事：

> 始，昭帝时，（刘）胥见上年少无子，有觊欲心。而楚地巫鬼，胥迎女巫李女须，使下神祝诅。女须泣曰："孝武帝下我。"左右皆伏。言"吾必令胥为天子。"胥多赐女须钱，使祷巫山。会昭帝崩，胥曰："女须良巫也！"杀牛塞祷。及昌邑王征，复使巫祝诅之。后王废，胥寖信女须等，数赐予钱物。宣帝即位，胥曰："太子孙何以反得立？"复令女须祝诅如前。……胥又闻汉立太子，谓姬南等曰："我终不得立矣。"乃止不诅。

后来因刘胥子犯罪，广陵相胜之奏夺刘胥射陂草田以赋贫民②，得到汉宣帝

----

① 《文选》卷一六司马相如《长门赋》。

② "相胜之奏夺王射陂草田以赋贫民"事，《汉书人名索引》系于"暴胜之"条下，恐不确。事在宣帝时，据《汉书》卷六《武帝纪》，暴胜之汉武帝征和元年（前92）秋七月自杀。广陵相胜之当是另一人，其姓氏未可考。

批准。刘胥心怀不满，"复使巫祝诅如前"。然而事情终于暴露：

> 居数月，祝诅事发觉，有司按验，胥惶恐，药杀巫及宫人二十余人以绝口。

"女巫"先曾利用，后被杀害"绝口"。所谓"胥寖信女须等"，说明刘胥所利用的"女巫"并不止女须一人。

类似的史例，又有《汉书》卷八〇《宣元六王传·东平思王刘宇》："哀帝被疾，多所恶，事下有司，逮王、后谒下狱验治，言使巫傅恭、婢合欢等祠祭诅祝上，为（刘）云求为太子。"[①]《汉书》卷九七下《外戚传下·孝元冯昭仪》还记载，中郎谒者张由诬言中山太后祝诅汉哀帝及太后傅昭仪，于是导致大狱。此案因"巫刘吾服祝诅"，终于以"祝诅谋反，大逆"罪名定案。"巫"活动于宫廷，前者又有与"婢"合作的情节，因而极可能是女性。《后汉书》卷四二《光武十王列传·广陵思王刘荆》："（刘荆）使巫祭祀祝诅，有司举奏，请诛之，荆自杀。"《论衡·恢国》关于此事，说"广陵王荆迷于嬖巫"。"嬖"，或解作婢妾。[②]所谓"嬖巫"，很可能也是女巫。

"巫"的行为以其他形式表现出浓重政治色彩的史例，又如《后汉书》卷一一《刘盆子传》中所谓"（樊崇）军中常有齐巫鼓舞祠城阳景王，以求神助"事。范晔又写道：

> 巫狂言景王大怒，曰："当为县官，何故为贼？"[③]有笑巫者辄病，军中惊动。时方望弟阳怨更始杀其兄，乃逆说（樊）崇等曰："更始荒

---

① 《汉书》卷四五《息夫躬传》："是时哀帝被疾，始即位，而人有告中山孝王太后祝诅上，太后及弟宜乡侯冯参皆自杀，其罪不明。是后无盐危山有石自立，开道。躬与（孙）宠谋曰：'上亡继嗣，体久不平，关东诸侯，心争阴谋。今无盐有大石自立，闻邪臣托往事，以为大山石立而先帝龙兴。东平王云以故与其后日夜祠祭祝诅上，欲求非望。而后舅伍宏反因方术以医技得幸，出入禁门。霍显之谋将行于杯杓，荆轲之变必起于帷幄。事势若此，告之必成；发国奸，诛主雠，取封侯之计也。'躬、宠乃与中郎右师谭，共因中常侍宋弘上变事告焉。上恶之，下有司案验，东平王云、云后谒及伍宏等皆坐诛。上擢宠为南阳太守，谭颍川都尉，弘、躬皆光禄大夫左曹给事中。"
② 《正字通·女部》："嬖，俗孽字。""婢妾必从女也。"旧注："'嬖'音孽，婢妾也。"
③ 李贤注："'县官'，谓天子也。"

乱，政令不行，故使将军得至于此，今将军拥百万之众，西向帝城，而无称号，名为群贼，不可以久。不如立宗室，挟义诛伐。以此号令，谁敢不服？"崇等以为然，而巫言益甚。前及郑，乃相与议曰："今迫近长安，而鬼神如此，当求刘氏共尊立之。"六月，遂立盆子为帝，自号建世元年。

樊崇军中巫的活动，终于使刘盆子取得了皇帝的称号。巫所谓"当为县官，何故为贼"，所体现的政治意识的清醒是令人惊异的。"巫言"与方望弟阳等主张的一致，亦不排除暗中政治合谋的可能。这里的"巫"虽然活跃于农民军中，以军营为表演舞台，但是以"鬼神"之意干预高层政治生活的行为，仍然继承着宫廷巫职的传统。

《后汉书》卷四二《光武十王列传·广陵思王刘荆》说，刘荆因"使巫祭祀祝诅"，事发畏罪自杀。据《三国志》卷四八《吴书·孙亮传》，"（孙）亮宫人告亮使巫祷祠，有恶言"，于是黜为侯，自杀。这种活动于宫廷中的巫，很可能是女巫。

后宫行"巫蛊"的史例，据《后汉书》卷一〇上《皇后纪上·和帝阴皇后》又有汉和帝阴皇后"与（邓）朱共挟巫蛊道"，"祠祭祝诅"事。邓朱是阴皇后外祖母，可以"出入宫掖"，其身份应至少是兼行女巫之事的"精爽不贰，齐肃聪明者"。两汉宫廷中，似乎长期笼罩着巫风的阴影。如《后汉书》卷一〇上《皇后纪上·明德马皇后》所谓"不信巫祝"，"数敕绝祷祀"者，可能是绝少的特例。

《汉书》卷九七下《外戚传下》说："夫女宠之兴，繇至微而体至尊，穷富贵而不以功，此固道家所畏，祸福之宗也。"后宫重"巫"，或出于女子对命运"祸福"无常的担忧，然而所谓"骄专""强忌"[①] 的心性，也是重要的精神因素。

### 2. "女巫"与祓禊礼俗
民间，其实是女巫活动的最广大的舞台。

---

① 《后汉书》卷一〇下《皇后纪下》。

　　《史记》卷一二六《滑稽列传》褚少孙补述，说到著名的西门豹治邺，惩治"老女子"巫即所谓"大巫妪"的故事：

　　　　魏文侯时，西门豹为邺令。豹往到邺，会长老，问之民所疾苦。长老曰："苦为河伯娶妇，以故贫。"豹问其故，对曰："邺三老、廷掾常岁赋敛百姓，收取其钱得数百万，用其二三十万为河伯娶妇，与祝巫共分其余钱持归。当其时，巫行视小家女好者，云是当为河伯妇，即娉取。洗沐之，为治新缯绮縠衣，闲居斋戒；为治斋宫河上，张缇绛帷，女居其中。为具牛酒饭食，十余日。共粉饰之，如嫁女床席，令女居其上，浮之河中。始浮，行数十里乃没。其人家有好女者，恐大巫祝为河伯取之，以故多持女远逃亡。以故城中益空无人，又困贫，所从来久远矣。民人俗语曰'即不为河伯娶妇，水来漂没，溺其人民'云。"西门豹曰："至为河伯娶妇时，愿三老、巫祝、父老送女河上，幸来告语之，吾亦往送女。"皆曰："诺。"

　　至其时，西门豹往会之河上。三老、官属、豪长者、里父老皆会，以人民往观之者三二千人。其巫，老女子也①，已年七十。从弟子女十人所，皆衣缯单衣，立大巫后。西门豹曰："呼河伯妇来，视其好丑。"即将女出帷中，来至前。豹视之，顾谓三老、巫祝、父老曰："是女子不好，烦大巫妪为入报河伯，得更求好女，后日送之。"即使吏卒共抱大巫妪投之河中。有顷，曰："巫妪何久也？弟子趣之！"复以弟子一人投河中。有顷，曰："弟子何久也？复使一人趣之！"复投一弟子河中。凡投三弟子。西门豹曰："巫妪、弟子是女子也，不能白事，烦三老为入白之。"复投三老河中。西门豹簪笔磬折，向河立待良久。长老、吏傍观者皆惊恐。西门豹顾曰："巫妪、三老不来还，奈之何？"欲复使廷掾与豪长者一人入趣之。皆叩头，叩头且破，额血流地，色如死灰。西门豹曰："诺，且留待之须臾。"须臾，豹

　　① 《史记》中另一次使用"老女子"称谓，亦见于卷一二六《滑稽列传》褚少孙补述："有司请徙乳母家室，处之于边。奏可。乳母当入至前，面见辞。乳母先见郭舍人，为下泣。舍人曰：'即入见辞去，疾步数还顾。'乳母如其言，谢去，疾步数还顾。郭舍人疾言骂之曰：'咄！老女子！何不疾行！陛下已壮矣，宁尚须汝乳而活邪？尚何还顾！'于是人主怜焉悲之，乃下诏止无徙乳母，罚谪谮之者。"

曰："廷掾起矣。状河伯留客之久，若皆罢去归矣。"邺吏民大惊恐，从是以后，不敢复言为河伯娶妇。

"其巫，老女子也，已年七十。从弟子女十人所，皆衣缯单衣，立大巫后。"似乎形成了一个女巫团体。这种所谓"巫妪、弟子是女子也"，在发生这一故事的战国时期和流传这一故事的西汉时期，可能是并不鲜见的情形。

女巫主持的"三老、官属、豪长者、里父老皆会，以人民往观之者三二千人"的原始宗教仪式举行于"河上"，除了借"河伯"以张其威势而外，还有透露出某种文化传统的线索可以追寻。

《风俗通义·祀典》说，"谨按《周礼》：'男巫掌望祀、望衍，旁招以茅。女巫掌岁时以祓除衅浴。'禊者，洁也。春者，蠢也，蠢蠢摇动也。《尚书》：'以殷仲春，厥民析。'言人解析也。疗生疾之时，故于水上衅洁之也。巳者，祉也，邪疾已去，祈介祉也。"

《续汉书·礼仪志上》："（三月）上巳，官民皆絜于东流水上，曰洗濯祓除去宿垢痰为大絜。絜者，言阳气布畅，万物讫出，始絜之矣。"南朝梁人刘昭注补则有较丰富的内容：

> 《风俗通》曰："《周礼》：'女巫掌岁时以祓除疾病。'[①] 禊者，絜也。春者，蠢也，蠢〔蠢〕摇动也。《尚书》：'以殷仲春，厥民析。'言人解析也。"

蔡邕曰："《论语》：'暮春者，春服既成，冠者五六人，童子六七人，浴乎沂，风乎舞雩，咏而归。'[②] 自上及下，古有此礼。今三月上巳，被禊于水滨，盖出于此。"

杜笃《祓禊赋》曰："巫咸之徒，秉火祈福。"即巫祝也。

一说云，后汉有郭虞者，三月上巳产二女，二日中并不育，俗以为大忌，至此月日讳止家，皆于东流水上为祈禳自絜濯，谓之"禊祠"。引流行

---

① 《文选》卷四六颜延年《三月三日曲水诗序》李善注、《艺文类聚》卷四、《初学记》卷四、《太平御览》卷三〇"衅浴"均作"疾病"。

② 《论语·先进》。

觞，遂成曲水。

《韩诗》曰："郑国之俗，三月上巳，之溱、洧两水之上，招魂续魂，秉兰草，祓除不祥。"

《汉书》"八月祓灞水"，亦斯义也。后之良史，亦据为证。

刘昭接着又分析说：

> 郭虞之说，良为虚诞。假有庶民旬月间夭其二女，何足惊彼风俗，称为世忌乎？杜笃乃称"王侯公主，暨于富商，用事伊雒，帷幔玄黄"。本传大将军梁商，亦歌泣于雒禊也。

据刘昭说："自魏不复用三日水宴者焉。"

今案《汉书》无"八月祓灞水"文字。[①] "祓灞水"事，见于《汉书》卷九八《元后传》："（王莽）令太后四时车驾巡狩四郊"，"春幸茧馆，率皇后列侯夫人桑，遵霸水而祓除"。颜师古注："遵，循也。谓缘水边。"

所谓"祓灞水"事，《史记》中可见两例。如《史记》卷九《吕太后本纪》：

> 三月中，吕后祓，还过轵道，见物如苍犬，据高后掖，忽弗复见。卜之，云赵王如意为祟。高后遂病掖伤。

"祓，还过轵道"，"祓"的地点应当在灞水。《汉书》卷二七中之上《五行志中之上》正写作"高后八年三月，祓霸上，还过轵道"。颜师古注："'祓'者，除恶之祭也。"祓禊之后有"赵王如意为祟"，应是吕后本人的幻觉。由此我们也可以推测她"祓霸上"时所要祓除的主要对象，可能包括她以往杀害的冤死者的鬼魂。而《史记·吕太后本纪》说，吕后召赵王如意，"孝惠帝慈仁，知太后怒，自迎赵王霸上。""霸上"，又正是刘如意短暂生涯中的关键一站。

---

① 刘昭引述，可能据《汉书》卷二七中之上《五行志中之上》"高后八年三月，祓霸上"，脱写"年三"二字。

又如《史记》卷四九《外戚世家》言卫皇后事迹：

> 武帝初即位，数岁无子。平阳主求诸良家子女十数人，饰置家。武帝祓霸上还，因过平阳主。主见所侍美人，上弗说。既饮，讴者进，上望见，独说卫子夫。

裴骃《集解》引徐广曰："三月上巳，临水祓除谓之'禊'。《吕后本纪》亦云'三月祓还过轵道'。"司马贞《索隐》："谓祓禊之，游水自洁，故曰'祓除'。"

《史记》卷二八《封禅书》："夏四月，文帝亲拜霸渭之会，以郊见渭阳五帝。五帝庙南临渭，北穿蒲池沟水。"所谓"霸渭之会"在渭南，而"渭阳五帝庙"在渭北，张守节《正义》更提出"蒲池"可能是"兰池"之误的怀疑[1]，秦兰池宫遗址在陕西咸阳秦咸阳宫遗址以东的柏家嘴、杨家湾一带，汉兰池宫遗址则据说在秦兰池宫遗址东南[2]，都临近泾渭之交。于是，汉文帝这次郊拜行为的地点处于"霸渭之会"，同时又可以北望临近"泾渭之会"的"渭阳五帝庙"。

就在距兰池宫不远，同样临近泾水的望夷宫，秦二世死于赵高发动的军事政变之前，曾经有准备"祠泾"的计划。《史记》卷六《秦始皇本纪》说：

> 二世梦白虎啮其左骖马，杀之，心不乐，怪问占梦。卜曰："泾水为祟。"二世乃斋于望夷宫，欲祠泾，沉四白马。

由此我们可以看到在秦汉人神秘主义观念中水神崇拜的深刻影响。秦穆公更名"兹水"为"霸水"，"以章霸功，视子孙"[3]，或许也有同样的意识在起

---

[1] 张守节《正义》："蒲池，为池而种蒲也。蒲字或作满，言其水满。'恐颜说非。按：《括地志》云：'渭北咸阳县有兰池，始皇逢盗兰池者也。'言穿沟引渭水入兰池也。疑'兰'字误作'蒲'，重更错失。"

[2] 参看徐卫民、呼林贵《秦建筑文化》，陕西人民教育出版社1994年版，第65—66页。

[3] 《汉书》卷二八上《地理志上》："霸水亦出蓝田谷，北入渭。古曰'兹水'，秦穆公更名以章霸功，视子孙。"

作用。"霸陵"县名，王莽更名"水章"，也使人联想到秦穆公故事。

所谓"杜笃乃称'王侯公主，暨于富商，用事伊雒，帷幔玄黄'"，见于《艺文类聚》卷四引杜笃《祓禊赋》："王侯公主，暨乎富商，用事伊雒，帷幔玄黄。于是旨酒嘉肴，方丈盈前，浮枣绛水，酹酒醲川。若乃窈窕淑女，美媵艳姝，戴翡翠，珥明珠，曳离褕，立水涯，微风掩壒，纤縠低徊，兰苏昐蘙，感动情魂。"

所谓"本传大将军梁商，亦歌泣于雒禊也"，事见《后汉书》卷六一《周举传》："（永和）六年三月上巳日，（梁）商大会宾客，宴于洛水"，"酣饮极欢，及酒阑倡罢，继以《薤露》之歌，坐中闻者，皆为掩涕。"①

《后汉书》卷七四上《袁绍传》记载："三月上巳，大会宾徒于薄落津。"李贤注："《历法》：'三月建辰，已卯退除，可以拂除灾也。'"《三国志》卷六《魏书·袁绍传》裴松之注引《英雄记》记述此事，写作："（袁）绍既破（公孙）瓒，引军南到薄落津，方与宾客诸将共会……"可见，按照当时礼俗，三月上巳，已经成为集会的既定时间，而集会的既定地点，应当在水滨。

《文选》卷四六颜延年《三月三日曲水诗序》李善注引述了《续齐谐记》中记载的关于"三月曲水"意义的讨论：

> 晋武帝问尚书挚虞曰："三月曲水，其义何？"答曰："汉章帝时，平原徐肇以三月初生三女，至三日而俱亡，一村以为怪，乃招携至水滨盥洗，遂因水以泛觞。'曲水'之义起于此。"帝曰："若所谈非好事。"尚书郎束皙曰："仲至小生，不足以知。臣请说其始。昔周公成洛邑，因流水以泛酒。故逸《诗》曰：'羽觞随流波。'又秦昭王三日置酒河曲，见有金人出，奉水心剑，曰：'令君制有西夏。'乃因其处，立为曲水。二汉相沿，皆为盛集。"帝曰："善。"赐金五十金。左迁仲治为阳城令。

---

① 《后汉书》卷六一《周举传》又写道："太仆张种时亦在焉，会还，以事告（周）举。举叹曰：'此所谓哀乐失时，非其所也。殃将及乎？'（梁）商至秋果薨。"

事又见《晋书》卷五一《束皙传》，文句略有不同。① 挚虞所谓生三女夭亡"乃招携至水滨盥洗"的传说，透露了女子与这一古俗的神秘关系，可能更接近古义。从晋武帝所谓"若所谈非好事"，似乎可以体味到因为对这一仪礼原始意义的遗忘，以致其气氛发生了先冷肃而后欢娱的演变。

对于这一礼俗的意义，《南齐书·礼志上》又引录了另外一种说法："史臣曰：案'禊'与'曲水'，其义参差。""一说，三月三日，清明之节，将修事于水侧，祷祀以祈丰年。"或以为可以说明"这一礼仪与农耕礼仪有关系"②，这样的说法是有一定道理的。

这种风习的由来，按照《宋书·礼志二》中提出的观点，应当从更古远的时代寻求。"此则其来甚久，非起郭虞之遗风、今世之度水也。《月令》：暮春，天子始乘舟。③ 蔡邕《章句》曰：'阳气和暖，鲔鱼时至，将取以荐寝庙，故因是乘舟禊于名川也。《论语》：暮春，浴乎沂。④ 自上及下，古有此礼。今三月上巳，被于水滨，盖出此也。'邕之言然。张衡《南都赋》'被于南滨'又是也。"

《宋书》卷一五《礼志二》又说，除了春被外，还有秋被的情形，"或用秋。《汉书》：八月被于霸上。刘桢《鲁都赋》：'素秋二七，天汉指隅，人胥被除，国子水嬉。'又是用七月十四日也。"引文称出自《汉书》不确。《鲁都赋》"国子水嬉"，《艺文类聚》卷六一引作"国于水游"。关于"素秋""被除"的礼俗，其形式和意义还可以探讨。然而"水嬉"、"水游"的说法，说明也是在水滨进行的。

《晋书》卷五一《束皙传》说："秦昭王以三日置酒河曲，见金人奉水心之剑，曰：'令君制有西夏。'乃霸诸侯。"则使人很自然地推想可能与

---

① 《晋书》卷五一《束皙传》："武帝尝问尚书挚虞三月曲水之义，虞对曰：'汉章帝时，平原徐肇以三月初生三女，至三日而俱亡，村人以为怪，乃招携之水滨洗被，遂因水以泛觞。其义起此。'帝曰：'必如所谈，便非好事。'皙进曰：'虞小生，不足以知。臣请言之。昔周公成洛邑，因流水以泛酒。故逸《诗》曰：羽觞随波。又秦昭王以三日置酒河曲，见金人奉水心之剑，曰：令君制有西夏。乃霸诸侯，因此立为曲水。二汉相缘，皆为盛集。'帝曰大悦，赐皙金五十金。"

② ［日］小南一郎：《中国的神话传说与古小说》，孙昌武译，中华书局1993年版，第276页。

③ 《礼记·月令》："季春之月，……天子始乘舟，荐鲔于寝庙。"

④ 《论语·先进》："暮春者，春服既成，冠者五六人，童子六七人，浴乎沂，风乎舞雩，咏而归。"

《汉书》卷二八上《地理志上》所谓"霸水……古曰'兹水',秦穆公更名以章霸功,视子孙"有某种关系。但是,秦昭王为什么要"以三日置酒河曲"呢?究竟是秦昭王先得霸业之征,而后民俗"相沿,皆为盛集",还是恰恰相反,是先盛行这一礼俗,后有秦王得金人之剑呢?对于所谓"昔周公成洛邑,因流水以泛酒",也可以提出同样的疑问。

所谓"后汉有郭虞者,三月上巳产二女,二日中并不育,俗以为大忌"以及所谓"汉章帝时,平原徐肇以三月初生三女,至三日而俱亡,一村以为怪",两说事主姓名有异,前者二女二日不育,后者三女三日俱亡,其说不同,所本当出于一。① 女婴夭折,"皆于东流水上为祈禳自挈濯","招携至水滨盥洗","招携之水滨洗祓",暗示女巫与河水的神秘关系似乎有相当古远的文化渊源。刘昭所谓"郭虞之说,良为虚诞。假有庶民旬月间夭其二女,何足惊彼风俗,称为世忌乎?"以及《宋书》卷一五《礼志二》所谓"此则其来甚久,非起郭虞之遗风",似乎都有试探其古源的思索,然而都未能重视女子与这一礼俗的关系。

其实,特别值得我们注意的,是女性的活跃,长期以来一直是"三月曲水"场面最明艳的景致。

《艺文类聚》卷四引汉杜笃《祓禊赋》所谓"窈窕淑女,美媵艳姝,戴翡翠,珥明珠,曳离褕,立水涯,微风掩壒,纤縠低徊,兰苏盼睐,感动情魂",《文选》卷四张衡《南都赋》所谓"微眺流睇,蛾眉连卷","修袖缭绕而满庭,罗袜蹑蹀而容与",《艺文类聚》卷四引晋成公绥《洛禊赋》所谓"妖童媛女,嬉游河曲,或振纤手,或濯素足",晋夏侯湛《禊赋》所谓"服焕罗縠,翠翳连盖,荣香丸于素襟,结九龄乎时外"等,可能并不宜理解为士人某种浪漫意趣的反映,而体现了早期的"三月曲水",似乎曾经是女子主演的舞台,后来又几乎成为妇女的节日。美艳香媛云集河滨,是不是如同"浮枣绛水,酹酒醲川"一样,从某种角度说,有取悦于河神的涵义呢?是不是还可以进一步理解为早期女巫祠祭形式的一种微茫的映象呢?

--------

① 《宋书》卷一五《礼志二》说法又略有不同:"旧说后汉有郭虞者,有三女。以三月上辰产二女,上巳产一女。二日之中,而三女并亡。俗以为大忌。至此月此日,不敢止家,皆于东流水上为祈禳,自洁濯,谓之'禊祠',分流行觞,遂成曲水。"

应当注意到，所谓"袚禊""祈禳"以及所谓"招魂续魂，秉兰草，袚除不祥"等，正是"女巫"的职任，如《周礼·春官宗伯·女巫》所谓"女巫掌岁时袚除衅浴"。

### 3. "女巫"求雨表演

女巫的社会文化职能，在战国秦汉文献中已经多见记载。如《周礼·春官宗伯》：

> 司巫中士二人，府一人，史一人，胥一人，徒十人。
> 男巫无数，女巫无数，其师中士四人，府二人，史四人，胥四人，徒四十人。

"司巫"，郑玄注："司巫，巫官之长。""男巫""女巫"句下，郑玄注："巫能制神之处位次主者。"

《周礼·春官宗伯·司巫》写道："司巫掌群巫之政令。若国有大旱，则帅巫而舞雩。国有大灾，则帅巫而造巫恒。"在祭祀仪礼中也有重要责任。《周礼·春官宗伯·男巫》："男巫掌望祀，望衍，授号，旁招以茅。冬堂赠，无方无算。春招弭，以除疾病。王吊则与祝前。"据《周礼·春官宗伯·女巫》，除了"掌岁时袚除衅浴"之外，天旱时，女巫又有求雨的职责：

> 女巫掌岁时被除衅浴，旱暵则舞雩。若王后吊则与祝前。凡邦之大灾，歌哭而请。

可知司巫"若国有大旱，则帅巫而舞雩"，所"帅"者女巫。女巫以"歌""舞"形式行巫术，颇为引人注目。关于女巫"舞雩"，郑玄有如下注语：

> 使女巫舞，旱祭崇阴也。郑司农云："求雨以女巫，故《檀弓》曰：'岁旱，缪公召县子而问焉，曰：吾欲暴巫而奚若？曰：天则不雨，而望之愚妇人无乃已疏乎？'"

郑司农引语，今本《礼记·檀弓下》写作："岁旱，穆公召县子而问然。曰：'天久不雨，吾欲暴尪而奚若？'曰：'天久不雨，而暴人之疾子，虐，毋乃不可与。''然则吾欲暴巫而奚若？'曰：'天则不雨，而望之愚妇人，于以求之，毋乃已疏乎？'"

穆公所谓"巫"，县子所谓"愚妇人"，曾经在"岁旱"时被考虑"暴"之以求语，可见"求雨以女巫"，确实曾经作为民间相当普及的礼仪施行。

《左传·僖公二十一年》："夏大旱，公欲焚巫尪。"杜预《集解》："巫尪，女巫也，主祈祷请雨者。"也是女巫在大旱时应当承当献身求雨这一神职责任的证明。

以农业为主体经济形式的民族不能不重视天时对于耕作收成的决定性作用。女巫在诸如求雨等农耕巫术中进行的形式特殊的表演，反映了她们在当时社会生活中的宗教文化地位。

董仲舒精于《春秋》之学，并应用于灾异的解说和推验，司马迁在《史记·儒林列传》中写道：

> 今上即位，为江都相。以《春秋》灾异之变推阴阳所以错行，故求雨闭诸阳，纵诸阴，其止雨反是。行之一国，未尝不得所欲。

《春秋繁露·求雨》说：

> 春旱求雨，令县邑以水日祷社稷山川，家人祀户。无伐名木，无斩山林。暴巫，聚尪。……择巫之洁清辩利者以为祝。……
>
> 季夏祷山陵以助之。令县邑十日一徙市，于邑南门之外。五日禁男子无得行入市。……聚巫市傍，为之结盖。……
>
> 秋暴巫尪至九日，无举火事。……
>
> 四时皆以庚子之日，令吏民夫妇皆偶处。凡求雨之大体，丈夫欲藏匿，女子欲和而乐。

所谓"求雨闭诸阳，纵诸阴"，其典型形式是"暴巫"，或写作"曝巫"①。其形式，很可能与高山族"女巫登上公廨屋顶，向公众全裸，向神显示裸体"② 的形式相近。其最极端的做法则可能是《左传·僖公二十一年》所谓"焚巫尫"。《艺文类聚》卷一〇〇引《神农求雨书》也说："……开北门，取人骨埋之，如此不雨，命巫祝而曝之，曝之不雨，神山积薪，击鼓而焚之。"

《艺文类聚》卷一〇〇引董仲舒曰："广陵女子诸巫，毋小大皆相聚其郭门外，为小坛，以脯酒祭，便移市，市使门者无内丈夫，丈夫无得相从饮食，又令吏各往视其夫，皆言到即赴，雨澍而已。"又曰："遣妻视夫，赐巫一月租，使巫求雨。复使巫相择挈净易教者祭。祝曰：'天生五谷以养人，今五谷病旱，恐不成，敬进清酒甘羞，再拜请雨。"更为具体地说明了女巫求雨情形。这一说法，不见于《春秋繁露》。

求雨时"禁男子无得行入市"，"市使门者无内丈夫"，"丈夫欲藏匿，女子欲和而乐"，实行了男女的隔离。这一"禁男子"，"无内丈夫"，"丈夫欲藏匿"的情形，因抬高"女子"而贬斥"男子"、"丈夫"，而有发人深思的意义。

### 4. "女巫"兵祷史事

《史记》关于"丁夫人"以方祠诅匈奴、大宛的记述，或许也可以作为说明当时女巫另一种作用的史例。

《史记》卷二八《封禅书》和卷一二《孝武本纪》都有这样的记载："太初元年，是岁，西伐大宛，蝗大起，丁夫人、雒阳虞初等以方祠诅匈奴、大宛焉。"又《汉书》卷二五下《郊祀志下》，也沿承《史记》的记载。也就是说，史书有明确的记录，曾有称"丁夫人"者，在太初元年（前104）西汉王朝征伐大宛的战争中，以随军方士的身份，用方术诅咒匈奴和大宛的军队。

---

① 《艺文类聚》卷一〇〇引董仲舒曰："春旱求雨，令县邑以水日令〔令〕民祷社，家人祀户，无斩山林，曝巫聚尫。"

② 田富达、陈国强：《高山族民俗》，民族出版社1995年版，第281页。

关于"丁夫人"的身份，裴骃《集解》引韦昭的说法："丁，姓；夫人，名也。"颜师古则引述应劭的解释说：丁夫人，其先人名叫丁复，本来是越人，被封为阳都侯。"夫人"是他的后代，以诅军为功。周寿昌《汉书注校补》卷一八又说，这与战国时期著名的"善为匕首者"徐夫人同样，也是"男而女名也"。张孟伦《汉魏人名考》一书，于是举为"男子女名"的一例。① 不过，所谓"徐夫人"事，见于《史记》卷八六《刺客列传》："于是太子豫求天下之利匕首，得赵人徐夫人匕首，取之百金，使工以药淬之，以试人，血濡缕，人无不立死者。乃装为遣荆轲。"所谓"徐夫人"，司马贞《索隐》："徐，姓；夫人，名。谓男子也。"然而泷川资言《史记会注考证》引中井积德之说则提出异议：

> 徐夫人，非女子未可知也。且其命匕首，非必工名，或所贮之人名盛，则亦以命焉。

这样的分析，是有一定道理的。而且，汉代"夫人"称谓已经明确是指女性。"范夫人城"的史事也可以作为证明。② 现在看来，关于"丁夫人"的性别，仍然只可以存疑。如果"丁夫人"与"范夫人"同样是女性，当然可以作为"女巫"服务于战争的史例。

女巫兵祷事，又见于《后汉书》卷一一一《刘盆子传》：

> （樊崇）军中常有齐巫鼓舞祠城阳景王，以求神助。

李贤解释说："以其定诸吕，安社稷，故郡国多为立祠焉。盆子承其后，故军中祠之。"

《太平御览》卷七三五引《幽明录》说：

---

① 张孟伦：《汉魏人名考》，兰州大学出版社 1988 年版，第 73—74 页。
② 《汉书》卷九四上《匈奴传上》记载，汉军击败匈奴，"乘胜追北，至范夫人城"。颜师古注引应劭曰："本汉将筑此城。将亡，其妻率余众完保之，因以为名也。"张晏曰："范氏能胡语者。"王先谦《汉书补注》引述沈钦韩的说法，认为"范夫人城""在喀尔喀界内"。而据历史地理学者考证，其地在今蒙古人民共和国达兰札达加德西北。

　　董卓信巫，军中常有巫。①

又如《三国志》卷六《魏书·董卓传》裴松之注引《献帝起居注》记载董卓主要将领李傕事迹：

　　（李）傕性喜鬼怪左道之术，常有道人及女巫歌讴击鼓下神，祠祭六丁，符劾厌胜之具，无所不为。

后来被任为大司马，"傕自以为得鬼神之力，乃厚赐诸巫"②。

　　"女巫"服务于军队以及祷兵史例，说明了当时神秘主义文化深刻影响军事生活的情形。

### 5. "巫儿"与"尸女"

　　云梦睡虎地秦简《日书》甲种"星"题下可见女子"为巫"的文字：

　　斗，利祠及行贾、贾市，吉。取妻，妻为巫。生子，不盈三岁死。可以攻伐。（七五正壹）

《日书》乙种简一〇三内容略同，也有"取妻，妻为巫"的文字。所谓"取妻，妻为巫"，是秦时民间社会多有女巫活动的证明。又如《日书》甲种"门"题下：

　　屈门，其主昌富，女子为巫，四岁更。（一二〇正贰）

又《日书》乙种"七月"题下：

---

　　① 董卓军中巫往往"祷求福利"，又曾经预言吕布之祸："从卓求布，仓卒无布，有手巾，言曰：'可用耳。'取便巾上，如作两口，一口大，一口小，相累以举，谓卓曰：'慎此也！'卓后为吕布所杀，后人则知况吕布也。"
　　② 事又见《后汉书》卷七二《董卓传》李贤注引《献帝起居注》。

翼，利行。不可臧（藏）。以祠，必有火起。取妻，必弃。生子，男为见（觋），女为巫。（九四壹）

又"生"题下：

庚寅生，女子为巫。（二四二）

又"盗"题下，也可见：

｜甲亡，盗在西方，一宇间之，食五口，其疵其上得□□□□□其女若母为巫，其门西北出，盗三人。（二五三）

都明确说到"女子为巫"的情形。天水放马滩秦简《日书》甲种也有"女子为巫男子为祝"的内容。

长沙马王堆汉墓出土帛书《五十二病方》可见"巫妇"字样，或许也可以理解为与汉初社会女巫活动有关的文字遗存。

齐地"民家"曾经流行一种比较特殊的风习，据《汉书》卷二八下《地理志下》记载：

始桓公兄襄公淫乱，姑姊妹不嫁，于是令国中民家长女不得嫁，名曰"巫儿"，为家主祠，嫁者不利其家，民至今以为俗。

齐地所见"巫儿"，应当就是"女巫"。有学者指出，西周晚期的"齐巫姜簋"，"作器者名'齐巫姜'是齐国以巫为职的姜姓女子"[1]。可见当地女子"以巫为职"久有传统。

《左传·庄公二十三年》："二十三年夏，公如齐观社，非礼也。曹刿谏

---

[1]　李零：《先秦两汉文字史料中的"巫"》（上），《中国方术续考》，东方出版社2000年版，第56页。

曰：'不可。夫礼所以整民也，故会以训上下之则，制财用之节，朝以正班爵之义，帅长幼之序，征伐以讨其不然。诸侯有王，王有巡守，以大习之。非是，君不举矣。君举必书，书而不法，后嗣何观？'"鲁庄公到齐国观览"社"这一民间集会庆典，受到曹刿的严厉批评。《公羊传·庄公二十三年》："夏，公如齐观社。何以书？讥。何讥尔？诸侯越竟观社，非礼也。"何休注："'观社'者，观祭社，讳淫。"唐人徐彦疏："谓实以淫佚大恶，不可言，言因其有事于观社，故以观社讥耳。"《谷梁传·庄公二十三年》也写道："如齐观社。常事曰'视'，非常曰'观'。观无事之辞也。以是为尸女也。"范宁《集解》对于"观无事之辞"有这样的说明："言无朝会之事。"对于所谓"尸女"，则解释说："尸，主也。主为女，往尔以'观社'为辞。"

清人袁枚《随园随笔》卷二四《诗文著述类》"尸女"条说：范宁注，语意不明，或读"女"为"汝"，尤属牵强，于是联系《汉书》卷二八下《地理志下》齐地长女不嫁以为"巫儿"的习俗，分析道："大概遇社会之日，则巫儿皆出，妖冶喧阗，故庄公往观，曹刿以为非礼。'尸女'或即'巫儿'。"①

有的学者曾经指出，民间自发的民众庆典活动，"占统治地位的母题是游戏，而其主导动机则是社交。"② 有的学者分析了庆典的独特的社会化功能。"庆典的参与对象一般是该文化群落的全体成员。在庆典这一特殊的时空'场'中，原先的社会、经济、职业、地位等差异和等级暂时消失，取而代之的是肤色、民族、种族、宗教信仰的同一性，以及庆典中使用的服饰、物品以及进行的歌舞、游行、仪式、创作、狂欢、痛饮等活动的同一性。此时，阻隔人际交往的差异、等级樊篱暂时拆除，人们取下了平时一直戴着的社会角色之'面具'（意味深长的是，在一些狂欢节里，人们特意戴上面具来取代原先的角色面具）。平日已淡化或忘怀的群体认同意识得以重新唤醒，从而周期性地强化了群体的凝聚力。"据说，庆典参与者受到庆典

---

①　《谷梁传》文，袁枚《随园随笔》写作"《公羊》云'观无事之辞也'"，误。
②　［美］约翰·J. 麦克阿隆：《政治庆典中的社会性及社交性》，［美］维克多·特纳编：《庆典》，方永德译，上海文艺出版社1993年版，第352页。

气氛的激发，"会不由自主地共同处于一种高度兴奋状态，这是一种有别于正常状态的'狂喜'群体心理"。"这时参与者会表现出高歌、狂舞、强烈的认同欲、表现欲和参与欲。"研究者同时还指出，庆典中的一种特殊的文化现象是"角色的颠倒"，"南美洲一些拉丁族狂欢节中，平时的达官贵人，此时却脱下楚楚衣冠，换上褴褛的衣衫，装扮成乞丐、妓女、小丑、贫民等角色，而庆典中的王者、领袖，则是平时处于社会下层的贫民扮演的。他们可以尽情地嘲弄、奚落、挖苦、作弄平日的统治阶级。在庆典这一有限的时空场内，这种角色的颠倒能在一定程度上宣泄社会内部的紧张情绪。这一作用对社会具有一定的危险性，但它同时又能产生稳定因素。"①

曹刿当时所忧虑的，以及后来公羊、穀梁，以至何休、范宁们所谴责的所谓"非礼"，其实质，或许正在于这一作用对通常社会秩序所具有的"一定的危险性"。

我们现在不能明确知道当时鲁庄公所谓"如齐观社"时所看到的情形是否有角色颠倒的现象，但是"在庆典这一特殊的时空'场'中，原先的社会、经济、职业、地位等差异和等级暂时消失"，应当是必然的。

应用于"整民"的"礼"的作用的暂时消失，"上下之则"、"长幼之序"的暂时破坏，被正统派鲁国官员看作严重的文化危机。可以想象，在全民狂欢的气氛中，齐国独身女子"巫儿"的活跃，必然会形成"妖冶喧阗"形势，从而导致对正常道德秩序的冲击。

所谓"（齐）襄公淫乱，姑姊妹不嫁，于是令国中民家长女不得嫁，名曰'巫儿'，为家主祠"的说法，其实是不可能符合史实的。春秋时期的齐国，国君个人的情感倾向不至于形成规范全民的法令，而行政力量对民间礼俗的强制性干预，也不可能在班固的时代仍然"民至今以为俗"。

有学者研究，这其实是一种原始习俗的遗存。

这种习俗曾经传衍至于相当晚近的时代。徐珂编《清稗类钞·婚姻类》有"青州长女不嫁"条，其中写道："《史记》山东有长女不嫁之说，固始于汉也。至本朝，青州犹有此风。"

---

① 参看方永德《〈庆典〉译者序》，［美］维克多·特纳编《庆典》，方永德译，上海文艺出版社1993年版，第6—7页。

秋浦曾经将这一风习与萨满主义相比较，以为所谓"巫儿"之俗，是较晚近的巫教形式："我国北方地区几个原始社会末期的民族，萨满平素还没有脱离生产，没有特殊的权势，萨满的职务也没有家族内世袭的惯例。"然而古代齐地却有过"国中民家长女不得嫁，名曰'巫儿'，为家主祠，嫁者不利其家，民至今以为俗"的社会风气，也有过母传女、婆传媳的现象。旧时多通过许愿、还愿充当巫职。他认为，"这都是巫教在阶级社会中不断变化的反映"①。

不过，将"民家长女不得嫁，名曰'巫儿'，为家主祠"，简单理解为"巫职""家族内世袭"并且与"母传女、婆传媳的现象"相比类，可能是并不确当的。

第一，《汉书》卷二八下《地理志下》所说齐地这一"民家长女不得嫁，名曰'巫儿'，为家主祠"的风习，是说"民家"，并非"巫家"。因此这一民俗不宜于理解为"巫职""世袭"之例。

第二，就现在见到的汉代史料看，"巫职"的承继，似乎并不是"家族内世袭"或者"母传女、婆传媳"。前引《史记》卷一二六《滑稽列传》褚少孙补述所谓："其巫，老女子也，已年七十。从弟子女十人所，皆衣缯单衣，立大巫后。"所谓"巫妪弟子是女子也"，正说明当时"巫职"承继可能有非"家族内世袭"的惯例。巫人之女出嫁的情形，可见于《汉书》卷八九《循吏传·黄霸》：

> 始（黄）霸少为阳夏游徼，与善相人者共载出，见一妇人，相者言："此妇人当富贵，不然，相书不可用也。"霸推问之，乃其乡里巫家女也。霸即取为妻，与之终身。

虽然我们不知道此"巫家女"是不是长女，但是从"霸即取为妻"看，"巫家女"似乎是没有出嫁的禁忌的。

此外，以汉代齐地"巫儿"之俗与我国北方地区民族风俗比较而以为格格不入的观点，可能也不尽符合事实。据满族史研究学者定宜庄教授见

---

① 秋浦主编：《萨满教研究》，上海人民出版社1985年版，第142页。

告，直到相当晚近的时代，满族仍然有类似"长女不嫁"，以所谓"大姑奶奶"持家的风习。徐珂编《清稗类钞·风俗类》有"旗俗重小姑"条，其中内容，或许与古齐地"巫儿"之俗有某种联系："旗俗，家庭之间，礼节最繁重，而未字之小姑，其尊亚于姑，宴居会食，翁姑上坐，小姑侧坐，媳妇则侍立于旁，进盘匜，奉巾栉惟谨，如仆媪焉。京师有谚语曰：'鸡不啼，狗不咬，十八岁大姑娘满街跑。'① 盖指小姑也。小姑之在家庭，虽其父母兄嫂，亦皆尊称之为'姑奶奶'。因此之故，而所谓'姑奶奶'者，颇得不规则之自由。南城外之茶楼、酒馆、戏园、球房，罔不有姑奶奶。衣香鬓影，杂沓于众中。每值新年，则踪迹所到之处，为厂甸、香厂、白云观等处，'姑奶奶'盛装艳服，杂坐于茶棚。光、宣间，巡警厅谕令男女分座，未几，而又禁止妇女品茶，此风乃因之稍戢。"

有人认为所谓"旗俗重小姑"情形在《红楼梦》中也有反映，如探春理家就是一例。②

当然，尽管齐地古俗往往在同属于先古"岛夷"文化区的东北地区有所映现，讨论此两者的关系，还需要进行更深入的研究。

不过，通过"萨满"的文化特征来认识秦汉时期"巫"的风格，确实是有一定帮助的。

南宋学者徐梦莘《三朝北盟会编》卷三最早明确说到"珊蛮"（萨满）："珊蛮者，女真语巫妪也。以其变通如神，粘罕以下皆莫能及。"

北方少数民族中"萨满"多为女性，正和古来"在女曰巫"，"女能事无形，以舞降神者也"的情形一致。女萨满的普遍存在，是一种十分突出的现象。锡伯族传说中萨满的始祖，就是一位身披神衣，手持神鼓的女萨满。许多其他民族也有类似的传说。据说，堪察加尔人没有专职的萨满，他们的宗教活动全都是由老年妇女主持的。据不完全的调查资料统计，从 1900 年至 1945 年间，鄂伦春族两个地区共出现 39 名萨满，其中男萨满 15 名，女萨满竟多达 24 名。③ 有学者指出："直至解放前后，鄂温克人的女萨满，还

---

① 据说纳兰性德的这样一阕《点绛唇》词就描写了这一情形："一半残阳下小楼，朱帘斜控软金钩，倚栏无绪不能愁。有个盈盈骑马过，薄妆浅黛亦风流，见人羞涩却回头。"

② 吕冬雷：《略论满族民俗中的女性观》，《长白山文化论说》，吉林文史出版社 1994 年版，第 152 页。

③ 秋浦主编：《萨满教研究》，上海人民出版社 1985 年版，第 56 页。

占据相当的数量。他们常说：'九十个女萨满，七十个男萨满。'在鄂伦春地区进行的民族调查表明，当地女萨满的数量也超过了男萨满。女萨满的重要地位，在满族、蒙古族中也仍然保留着。有清一代，满族宫廷中的萨满祭祀，执祭者均为女性，称为'萨满妈妈'，蒙古族制作'翁衮'和举行某些仪式时，一般也由女萨满主持。"

"满族的萨满大致有家萨满（索龙子萨满）和职业萨满（屋渥特）两种。家萨满就是氏族萨满，每个姓氏一名，主要职责是主持本姓氏内的祭祖、祭神等活动。"汉代齐地的"巫儿"，或许就类似于所谓"家萨满"即"氏族萨满"。

关于"萨满"的继承形式，研究者指出："萨满寻找接替人的方式，在新、佛满洲中也不尽相同。佛满洲多用跳神仪式的办法来寻找，首先让青年男女聚于一室，男青年坐于南炕，女青年坐于北炕，然后由老萨满举香在两炕间摇晃，使烟溢满全室，这时如出现全身发抖乃至昏厥者，就会被选中作为接替他的萨满。而在新满洲中，多是在老萨满死后寻找，这时如有小孩患病延请萨满跳神，家人就会许愿孩子病愈后当萨满，若孩子的病果然痊愈，就成为老萨满的接替人。"[1]

《后汉书》卷八二下《方术传下·徐登》说，"徐登者，闽中人也。本女子，化为丈夫，善为巫术。"可见原本也是女巫。"巫"以"女子"之身"化为""丈夫"之身的情形，对于巫者先以女性为多而后方逐渐以男性为多的演化趋势，恰好体现出某种象征意义。

女巫所以能够在早期巫术文化中有较活跃的表演，表现出较重要的作用，有学者分析，"巫师可能产生于母系社会中期"，论者指出，"神话传说认为巫师来源于妇女"。"在各民族的巫师中，普遍流行女巫，除汉族外，在壮族、布依族、侗族、仫佬族、瑶族、苗族、黎族、傣族、白族、彝族、羌族、满族、鄂伦春族、鄂温克族、赫哲族、锡伯族中都有女巫。""有些民族虽然有男巫，但在举行宗教活动时往往要男扮女装。如瑶族、黎族男性巫师在跳神时必穿女巫师的服装。东北地区的汉族男巫，在请神时也要穿女巫的裙子，这种习俗是从满族传入汉族的。在西伯利亚雅库特，男巫在跳神

---

① 刘小萌、定宜庄：《萨满教与东北民族》，吉林教育出版社 1990 年版，第 170、148—149 页。

时，胸前要挂女性乳房模型，戴有假发，平时也穿妇女服装，做针线活。当地的吉里亚克族的男巫还要学妇女讲话。这些男扮女装之举，可能是对更为古老的女巫的崇敬。因为在母系氏族社会时期，妇女不仅是生产、生活、生育的主力，也是血缘纽带的体现者，并且管理氏族事务，担任氏族首领，最初的巫师由女氏族长兼任是合乎情理的，后来才有一些妇女专门担任巫师，所以母系氏族社会是女巫的时代。"① 从性别特征来说，女巫之多，也可能和女子较易进入恍惚癫狂状态，从而能够与鬼神相交流有关。

高山族平埔人社会中主持祭仪、占卜、行巫术的女性专业巫师，具有相当高的地位。据 C. E. S. 《被忽视的台湾》中记载："其宗教仪式分为二：即献祭与诸神降临，皆在公廨由女巫举行"，"其仪式如下：首先献祭，祭物有由社人宰杀的若干只猪，煮熟的米饭，以及大量的酒与果实等。女巫将这些祭物堆叠于公廨事先悬挂的鹿与猪头前面。""此处居民由女巫担任司祭，其职务乃分为祈祷与牺牲两种，牺牲以宰众多的猪，与米、烈酒一并供奉于公廨，然后由一、二女巫行长时间的说教，而后睁眼向上，大声呼神出现。此时女巫进入恍惚状态，躺于床上，一如死人，有四、五人，拼命使女巫清醒。如此以后，女巫以世界最大痛苦状敲打，众人悲哭哀歌，继续约一小时后，女巫登上公廨屋顶，向公众全裸，向神显示裸体。""众男人祈祷后，不断饮烈酒。"这些女巫据说能预言未来，能驱除妖魔。驱魔时一面挥刀，一面"发出可怕的喊声或时改阴森声音喊叫"。

有的研究者指出："这里所说的专职女巫，应指在台湾西南的西拉雅人的女巫。"并且以为："当时平埔人社会采取以母系为中心，故女巫在社会上享有崇高地位。因此，平埔人中的女巫，远较山地高山族女巫的职权为大。"②

通过类似的民族学资料，可以推想战国秦汉时期女巫活动的实际情状与文化背景。

《续汉书·五行志五》记述了这样一则"人化"异事：

---

① 宋兆麟：《巫与巫术》，四川民族出版社1989年版，第31—32页。
② 田富达、陈国强：《高山族民俗》，民族出版社1995年版，第279—281页。

灵帝时，江夏黄氏之母，浴而化为鼋，入于深渊，其后时出现。初浴簪一银钗，及见，犹在其首。

同一事又见于《搜神记》卷一四，写作："汉灵帝时，江夏黄氏之母，浴盘水中，久而不起，变为鼋矣，婢惊走告。比家人来，鼋转入深渊。其后时时出现。初浴簪一银钗，犹在其首。于是黄氏累世不敢食鼋肉。"同卷又记有三国时期类似的两则传说："魏黄初中，清河宋士宗母，夏天于浴室里浴，遣家中大小悉出，独在室中良久。家人不解其意，于壁穿中窥之，不见人体，见盆水中有一大鳖。遂开户，大小悉入，了不与人相承。尝先著银钗，犹在头上。相与守之啼泣，无可奈何。意欲求去，永不可留。视之积日，转懈，自捉出户外，其去甚驶，逐之不及，遂便入水。后数日，忽还。巡行宅舍，如平生，了无所言而去。时人谓士宗应行丧治服。士宗以母形虽变，而生理尚存，竟不治丧。此与江夏黄母相似。"另一则故事，情节同样"与江夏黄母相似"："吴孙皓宝鼎元年六月晦，丹阳宣骞母，年八十矣，亦因洗浴，化为鼋。其状如黄氏。骞兄弟四人，闭户卫之。掘堂上作大坎，泻水其中。鼋入坎游戏，一二日间，恒延颈外望。伺户小开，便轮转自跃，入于深渊。遂不复还。"①

神秘主义文化的重要中介职任"巫"，应当具备若干特殊的心理条件，如《汉书》卷二五上《郊祀志上》所谓"民之精爽不贰，齐肃聪明者，神或降之"，徐梦莘《三朝北盟会编》卷三所谓"变通如神"。而一般认为，女子的资质比较接近于这一条件。女子化身为鼋、鳖的传说，是和这种传统观念有一定关系的。

《史记》卷一二八《龟策列传》褚少孙补述："灵龟卜祝曰：'假之灵龟，五巫五灵，不如神龟之灵，知人死，知人生。'"联想到鼋、鳖与龟外形的某些相近，女子化身为鼋、鳖的传说也是发人深思的。

东汉社会专职女巫数量增多，《后汉书》卷四九〈王符传〉引录王符

《潜夫论》的文字有所反映。王符写道：

> 《诗》刺"不绩其麻，市也婆娑"。又妇人不修中馈，休其蚕织，而起学巫祝，鼓舞事神，以欺诬细民，荧惑百姓妻女。羸弱疾病之家，怀忧愤愤，易为恐惧。至使奔走便时，去离正宅，崎岖路侧，风寒所伤，奸人所利，盗贼所中。或增祸重祟，至于死亡，而不知巫所欺误，反恨事神之晚，此妖妄之甚者也。或刻画好缯，以书祝辞；或虚饰巧言，希致福祚；或糜折金彩，令广分寸；或断截众缕，绕带手腕；或裁切绮縠，绽纨成幡。皆单费百缣，用功千倍，破牢为伪，以易就难，坐食嘉谷，消损白日。夫山林不能给野火，江海不能实漏卮，皆所宜禁也。

对于"《诗》刺'不绩其麻，市也婆娑'"，李贤注："《诗·陈风》也。婆娑，舞皃。谓妇人于市中歌舞以事神也。"王符的这段议论又见于今本《潜夫论·浮侈》，而文字略异。

女巫在"汉末""大畅巫风"的背景下，竟然成为危害社会经济和社会文化的行业，以致开明的政论家有"野火"、"漏卮"之叹。

### 6. "巫风"与"淫风"

前面说到的女巫在求雨巫术形式中的表演，不独有"求雨""闭诸阴"的神秘主义意义，对于这一现象进行民俗文化学的解剖，还可以有其他重要的发现。

我们看到，《艺文类聚》卷一〇〇引董仲舒语所谓"女子诸巫，毋小大皆相聚其郭门外"的女巫集体请雨形式，恰与后世成书于明正德十一年（1516）的阿里·阿克巴尔《中国纪行》第11章《妓院和妓女》中说到的如下情形有相近之处。阿里·阿克巴尔写道：官员犯了罪，本人斩首，儿子充军，妻女贬入妓院。妓女除了供人寻欢取乐以外，还有另一个职务：为公众祷雨。如果久旱不雨，官员启奏皇帝，皇帝就命令妓女祷雨。奉派祷雨的妓女不准申诉。她们要同所有的相识者诀别，并留下遗言，因为求不下雨来，统统斩首。祷雨的做法是：妓女分组坐下，唱歌，奏乐；然后一组人起来，在十二个地点跳舞，并做出一些奇怪的表演；一组演完，退出，另一组进来，在菩萨面前跳舞，演戏。她们敲打着自己的脑袋，痛哭流涕。这样轮流表演很长的时间，一个个担心自己的性命，不吃，不睡，不休息，不论白天、黑夜，发出令人心碎的哭声。巫人说：伤心的眼泪能带来雨水。碰巧下了雨，她们就高兴。否则，天不下雨，发生了饥馑，几千名妓女都被杀头。

季羡林说，这种利用妓女求雨的办法，在中国史籍中还没有读到过。然而他联系印度传播很广的以妓女祈祷下雨的故事，以为《中国纪行》所记载的可能是真实的情况。

印度史诗《罗摩衍那》中有十车王请鹿角仙人主持求子大祭的故事，《童年篇》写道：

> 鹿角仙人住在森林中，
> 虔修苦行，学习吠陀。
> 他不懂得女人的幸福，
> 也不懂得感官享乐。
> 国王于是派妓女到山林里引诱鹿角仙人：
> 这高贵尊严的婆罗门，
> 被她们引诱走了以后，
> 天老爷立刻就下了雨，
> 全世界都精神抖擞。

《大唐西域记》卷二也说到"昔独角仙人所居之处"，又说，"仙人为淫女诱乱，退失神通"。汉译佛典中也有类似的故事，如《大智度论》一七说，一角仙人诅咒，天久不雨，五谷五果尽皆不生。国王令淫女扇陀到山中去引诱一角仙人，"女受柔软，触之心动，欲心转生，遂成淫事，即失神通。天为大雨，七日七夜"。

季羡林以为："中国的妓女求雨故事与汉译佛典中的故事蛛丝马迹有密切的联系。""这种利用妓女祷雨的办法不会是中国的发明创造，而是有所因袭，有所模仿，而因袭、模仿的对象就是印度。印度的佛典传入中国，这个故事跟着佛典传了进来，这是顺理成章的。至于有否中国影响印度的可能，现在还没有证据支持这种看法。"但是，汉译佛典又不是传播这个故事的唯一途径。"既然这个故事在世界上流传这样广，而又不是通过佛教，中国何独不然呢？通过其他途径不是没有可能。印度寓言故事传遍全世界，这是世界各国绝大多数学者所公认的。这种传播在大多数情况下不是通过佛教，也是大家所公认的。但是，话又说回来，既然佛典传入中国，而佛典中又确实有这个故事，说它是通过佛教传入中国，一直影响了明代（或元代）妓女求雨的办法，则又决非无稽之谈了。"

季羡林还指出："值得我们特别注意的是，农业巫术从它的起源来看是属于妇女的本份职业的。因为密宗（Tantrism）起源于农业宗教仪式，所以密宗的仪式最初只有妇女参加。雨对于农业是绝对不可缺少的。而求雨的巫术也完全是妇女，特别是女巫干的事。许多文明古国中都可以找到这样的记载。在中国古代，女巫也起过作用。"

为什么妇女总是同农业巫术，其中也包括求雨的活动，有密切的联系呢？季羡林分析说，第一，最早的劳动分工，即确定了妇女管农耕的定局；第二，妇女的生育能力，使人联想到可以促进农耕收成的丰裕。"在这样的情况下，原始人把农业生产和为农业求雨统统同妇女联系起来，也就完全可以理解了。这种原始风俗之所以能流行全世界同样能完全理解了。"①

季羡林关于女子与农耕巫术的关系及其原因的分析，是有根据的。然而，所谓"这种利用妓女祷雨的办法不会是中国的发明创造，而是有所因袭，有所模仿，而因袭、模仿的对象就是印度"的分析，则似乎还可以讨论。既然"农业巫术从它的起源来看是属于妇女的本份职业的"，那么，似乎未必可以断言这种文化现象肯定是以外来文化因素为蓝本而"有所因袭，有所模仿"。

齐地"巫儿"之俗与"淫乱"行为有关，其实是发人深省的。而《说文·巫部》所谓女巫"能事无形，以舞降神"，以歌舞为主要祈禳形式②，又是既可以悦神，又可以娱人的。《尚书·伊训》：

---

① 季羡林：《原始社会风俗残余——关于妓女祷雨的问题》，《世界历史》1985 年第 10 期。

② 如《周礼·春官宗伯·女巫》："女巫……旱暵则舞雩，……凡邦之大灾，歌哭而请。"《三辅黄图》卷五引《汉武故事》："武帝时祭泰乙，上通天台，舞八岁童女三百人，祠祀招仙人。"

> 敢有恒舞于宫，酣歌于室，时谓"巫风"。
>
> 敢有殉于货色，恒于游畋，时谓"淫风"。

"巫风"竟然与"淫风"并列。对于"巫风"，孔安国传：

> 常舞则荒淫，乐酒曰"酣"，酣歌则废德。事鬼神曰"巫"，言无政。

"巫"与"淫"的关系，已经说得相当明确了。

《山海经·海外西经》写道："女丑之尸，生而十日炙杀之。在丈夫北。以右手鄣其面。十日居上，女丑居山之上。"

袁珂在解说这段文字时说："所谓'炙杀'，疑乃暴巫之象。'女丑'，疑即女巫也。古天旱求雨，有暴巫焚巫之举。……暴巫焚巫者，非暴巫焚巫也，乃以女巫饰为旱魃而暴之焚之以攘灾也，暴巫即暴魃也。"①

他还指出："古代求雨有暴巫焚巫之法，巫通常由女性担任，扮作旱魃的模样，暴之焚之，以为如此即可以除去旱魃的为祟，使天降雨。"②

有的学者还认为，"所谓'焚巫祷雨'就是把女巫献给日神的意思。"③

《楚辞·天问》有"启棘宾商"句，多以为"商"字当作"帝"，即"宾商"当作"宾帝"。学者又多以为《山海经·大荒西经》所谓"开上三嫔于天"可能可以说明其神话背景。而郭璞的解释是："嫔，妇也。言献美女于天帝。"

萧兵指出："'宾'字，据郭沫若《甲骨文字研究·释祖妣》的意见，原应从匕，或从女；看甲骨文，似乎是女巫或女奴跪伏止息在帷幄之中以敬神的样子。宾，后来写作傧、嫔，最初的宫嫔可能只是'官妾'，是性之女奴。"或称作"性的奴隶"。④

人奉敬给神的献品，一定为人自己所爱，所悦，所重，所嗜。女巫的前

---

① 袁珂：《山海经校注》，上海古籍出版社1988年版，第218页。
② 袁珂：《中国古代神话》，中华书局1960年版，第178页。
③ 陈炳良：《说崇山》，《大陆杂志》第41卷第10期（1971年）。
④ 萧兵：《楚辞新探》，天津古籍出版社1988年版，第622—626页。

身，或早期女巫，很可能就是敬神者本身所嬖幸。在远古社会，这样的人往往又先后属于群落之中交替相继的不同的强者。而人身成为敬神的祭品，也可以因此而具有了某种神性。

早期的女巫曾经兼为"性之女奴"、"性的奴隶"，这种在某种意义上所具有的双重身份，有助于我们理解后世妓女祷雨的现象的文化渊源。此外，对于前引杜笃《祓禊赋》所谓"窈窕淑女，美縢艳姝"往往可以"感动情魂"的说法，我们也可以有着眼于另一层次的理解。

季羡林指出，"中国、印度还有其他国家利用妓女求雨这种活动的根源在原始迷信中"，"最初这个任务要由女巫去完成。到了后代，女巫没有了，就转到了妓女身上。《中国纪行》中描绘的妓女的活动实际上就是原始巫术的继承"①。事实上，"巫"与"妓"一身而双职这种"原始"文化现象其发生和演变的具体情形，还可以进行更深入的研究。

## "歌人""歌儿""歌童"称谓

居延汉简可见标示"歌人"身份的简文，很可能与当时社会风习的某些特点有关。与"歌人"相关，又有"歌儿"、"歌童"称谓。就此进行讨论，应当有益于对当时社会风习的理解。

### 1. 居延"歌人"简文

居延汉简编号为 511.23 的简例，简文出现一种特殊的社会称谓"歌人"。这枚简两面书写，其文曰：

> 出歌人伯史名（511.23A）
> ■右歌人十九人（511.23B）

"出歌人伯史名"释文，据谢桂华、李均明、朱国炤《居延汉简释文合

---

① 季羡林：《原始社会风俗残余——关于妓女祷雨的问题》，《世界历史》1985 年第 10 期。

校》。①《居延汉简甲编》②、《居延汉简甲乙编》③ 和《居延汉简考释之部》
的《居延汉简释文》④ 均释作"工歌人伯史名"。

　　"歌人"应是以"歌"为职业者。这一称谓，未见于秦汉时期历史文
献。正史最早出现"歌人"称谓，应即《梁书》卷三九《羊侃传》："侃性
豪侈，善音律，自造《采莲棹歌》两曲，甚有新致。姬妾侍列，穷极奢靡。
有弹筝人陆太喜，著鹿角爪，长七寸。儛人张净琬，腰围一尺六寸，时人咸
推能掌中儛。又有孙荆玉，能反腰帖地，衔得席上玉簪。敕赉歌人王娥儿，
东宫亦赉歌者屈偶之，并妙尽奇曲，一时无对。"⑤

　　然而居延汉简"歌人"简文，证实这一称谓在汉代已经存在。这一情
形，应当在一定意义上反映了当时的社会风习。陈直注意到《汉书》卷七
八《韩延寿传》的记载："延寿在东郡时，试骑士，治饰兵车，画龙虎朱
爵。延寿衣黄纨方领，驾四马，傅总，建幢棨，植羽葆，鼓车歌车。功曹引
车，皆驾四马，载棨戟，五骑为伍，分左右部，军假司马、千人持幢旁毂。
歌者先居射室，望见延寿车，嚘咷楚歌。延寿坐射室，骑吏持戟夹陛列立，
骑士从者带弓鞬罗后。令骑士兵车四面营陈，被甲鞮鍪居马上，抱弩负
籣。……"韩延寿因此以"上僭不道"致罪。陈直写道："居延汉简甲编八
七页，有简文云：'又歌人十九人。'盖为张掖太守举行秋射时之歌者，与
本传文正合。"⑥ 有学者注意到简文"出歌人伯史名"，以为"'伯史'，文
献更多写作'伯使'"，"'伯使'、'伯史'主要为官府驱使，并常常充当出
行仪仗。简文'歌人'与'伯史'连称，对判断前者身份当有帮助。"
"'歌人'简出于大湾（A35），即肩水都尉府所在地。作为张掖郡部都尉，
肩水都尉在当时军事检阅等活动中使用'歌人'，是很可能的。"⑦ 这样的分

　　① 谢桂华、李均明、朱国炤：《居延汉简释文合校》，文物出版社 1987 年版。

　　② 中国科学院考古研究所：《居延汉简甲编》，科学出版社 1959 年版。

　　③ 中国社会科学院考古研究所：《居延汉简甲乙编》，中华书局 1980 年版。

　　④ 劳榦：《居延汉简考释之部》，中研院历史语言研究所 1997 年版。

　　⑤《南史》卷六三《羊侃传》："性豪侈，善音律。自造《采莲棹歌》两曲，甚有新致。姬妾列侍，
穷极奢靡。有弹筝人陆大喜，著鹿角爪长七寸。儛人张净琬，腰围一尺六寸，时人咸推能掌中儛。又有
孙荆玉，能反腰帖地，衔得席上玉簪。敕赉歌人王娥儿，东宫亦赉歌者屈偶之，并妙尽奇曲，一时无
对。""陆大喜"作"陆太喜"。

　　⑥ 陈直：《汉书新证》，天津人民出版社 1979 年版，第 396 页。

　　⑦ 孙闻博：《秦汉军制演变研究》，北京大学博士研究生学位论文，2013 年，第 283—284 页。

析，从军事制度史的角度对"歌人"的作用进行了探索。

按照陈直的意见，可能《韩延寿传》"歌者"的正式称谓应当就是居延汉简所见"歌人"。秦汉时期曾经使用的社会称谓如"歌儿"、"歌童"、"歌僮"等，亦应与"歌人"相关，值得我们注意。

### 2. 歌儿·歌童·歌僮·讴者

秦汉时期与"歌人"身份相应的人员，有"歌儿"、"歌童"、"歌僮"等。又有所谓"讴者"。

#### 歌儿

《史记》卷八《高祖本纪》记载："及孝惠五年，思高祖之悲乐沛，以沛宫为高祖原庙。高祖所教歌儿百二十人，皆令为吹乐，后有缺，辄补之。"《史记》卷二八《封禅书》："既灭南越，上有嬖臣李延年以好音见。上善之，下公卿议，曰：'民间祠尚有鼓舞乐，今郊祀而无乐，岂称乎？'公卿曰：'古者祠天地皆有乐，而神祇可得而礼。'或曰：'太帝使素女鼓五十弦瑟，悲，帝禁不止，故破其瑟为二十五弦。'于是塞南越，祷祠太一、后土，始用乐舞，益召歌儿，作二十五弦及空侯琴瑟自此起。"①《史记》卷一二七《日者列传》记载卜者司马季主与宋忠、贾谊论"尊官""贤才"之可鄙："今公所谓贤者，皆可为羞矣。卑疵而前，孅趋而言；相引以势，相导以利；比周宾正，以求尊誉，以受公奉；事私利，枉主法，猎农民；以官为威，以法为机，求利逆暴：譬无异于操白刃劫人者也。初试官时，倍力为巧诈，饰虚功执空文以罔主上，用居上为右；试官不让贤陈功，见伪增实，以无为有，以少为多，以求便势尊位；食饮驱驰，从姬歌儿，不顾于亲，犯法害民，虚公家：此夫为盗不操矛弧者也，攻而不用弦刃者也，欺父母未有罪而弑君未伐者也。何以为高贤才乎？"其中也说到"歌儿"。《盐铁论·散不足》："古者土皷瓯桴，击木拊石，以尽其欢。及其后，卿大夫有管磬，士有琴瑟。往者民间酒会，各以党俗，弹筝鼓缶而已，无要妙之音，变羽之

---

① 《史记》卷一二《孝武本纪》作："既灭南越，上有嬖臣李延年以好音见。上善之，下公卿议，曰：'民间祠尚有鼓舞之乐，今郊祀而无乐，岂称乎？'公卿曰：'古者祀天地皆有乐，而神祇可得而礼。'或曰：'泰帝使素女鼓五十弦瑟，悲，帝禁不止，故破其瑟为二十五弦。'于是塞南越，祷祠泰一、后土，始用乐舞，益召歌儿，作二十五弦及箜篌瑟自此起。"《汉书》卷二五上《郊祀志上》同。

转。今富者钟鼓五乐，歌儿数曹，中者鸣竽调瑟，郑僻赵讴。"《艺文类聚》卷一二引桓子《新论》曰："歌儿卫子夫因幸爱重，乃阴求陈皇后过恶，而废退之。即立子夫，更其男为太子。"

《汉书》卷二二《礼乐志》也说到《史记》卷八《高祖本纪》所谓"歌儿"："初，高祖既定天下，过沛，与故人父老相乐，醉酒欢哀，作'风起'之诗，令沛中僮儿百二十人习而歌之。至孝惠时，以沛宫为原庙，皆令歌儿习吹以相和，常以百二十人为员。文、景之间，礼官肄业而已。至武帝定郊祀之礼，祠太一于甘泉，就干位也；祭后土于汾阴，泽中方丘也。乃立乐府，采诗夜诵，有赵、代、秦、楚之讴。以李延年为协律都尉，多举司马相如等数十人造为诗赋，略论律吕，以合八音之调，作十九章之歌。以正月上辛用事甘泉圜丘，使童男女七十人俱歌，昏祠至明。夜常有神光如流星止集于祠坛，天子自竹宫而望拜，百官侍祠者数百人皆肃然动心焉。"由"用事甘泉圜丘"时所谓"使童男女七十人俱歌"，可以推知所谓"歌儿"的身份特征。《后汉书》卷七八《宦者列传》批评宦官消费生活的奢贵："南金、和宝、冰纨、雾縠之积，盈仞珍臧；嫱媛、侍儿、歌童、舞女之玩，充备绮室。狗马饰雕文，土木被缇绣。皆剥割萌黎，竞恣奢欲。"李贤注："《昌言》曰：'为音乐则歌儿、舞女，千曹而迭起。'"由所谓"千曹而迭起"，可知当时社会权贵阶层消费生活中"歌儿"的数量。

**歌童**

《后汉书》卷七八《宦者列传》李贤注引《昌言》以"歌童"释"歌儿"，可见两者身份是相当接近的。《文选》卷五〇范晔《后汉宦者传论》："嫱媛、侍儿、歌童、舞女之玩，充备绮室。"李善注也说："仲长子《昌言》曰：'为音乐则歌儿、舞女，千曹而迭起。'"

值得注意的是，《艺文类聚》卷一二引周庾信《汉高祖置酒沛宫画赞》曰："游子思旧，来归沛宫。还迎故老，更召歌童。虽欣入沛，方念移丰。酒酣自舞，先歌《大风》。"将前引《史记》卷八《高祖本纪》"高祖所教歌儿百二十人"之"歌儿"直接称作"歌童"。可知"歌儿"、"歌童"其实义近。

**歌僮**

《晋书》卷四〇《贾谧传》写道："谧好学，有才思。既为充嗣，继佐命之后，又贾后专恣，谲权过人主，至乃镢系黄门侍郎，其为威福如此。负其骄宠，奢侈逾度，室宇崇僭，器服珍丽，歌僮舞女，选极一时。"

其实，由前引《史记》卷八《高祖本纪》"高祖所教歌儿百二十人"及《汉书》卷二二《礼乐志》"令沛中僮儿百二十人习而歌之"，可知"歌儿""僮儿"义近，则"歌僮"称谓所指代的身份也相应明朗。

讴者

《史记》卷四九《外戚世家》："卫皇后字子夫，生微矣。盖其家号曰卫氏，出平阳侯邑。子夫为平阳主讴者。武帝初即位，数岁无子。平阳主求诸良家子女十余人，饰置家。武帝祓霸上还，因过平阳主。主见所侍美人，上弗说。既饮，讴者进，上望见，独说卫子夫。是日，武帝起更衣，子夫侍尚衣轩中，得幸。上还坐，驩甚，赐平阳主金千斤。主因奏子夫奉送入宫。子夫上车，平阳主拊其背曰：'行矣，强饭，勉之！即贵，无相忘。'入宫岁余，竟不复幸。武帝择宫人不中用者，斥出归之。卫子夫得见，涕泣请出。上怜之，复幸，遂有身，尊宠日隆。"

卫子夫初见汉武帝时，"为平阳主讴者"。"讴者"是指称特定身份的称谓。

《史记》卷七四《孟子荀卿列传》："淳于髡，齐人也。博闻强记，学无所主。其谏说，慕晏婴之为人也，然而承意观色为务。客有见髡于梁惠王，惠王屏左右，独坐而再见之，终无言也。惠王怪之，以让客曰：'子之称淳于先生，管、晏不及，及见寡人，寡人未有得也。岂寡人不足为言邪？何故哉？'客以谓髡。髡曰：'固也。吾前见王，王志在驱逐；后复见王，王志在音声：吾是以默然。'客具以报王，王大骇，曰：'嗟乎，淳于先生诚圣人也！前淳于先生之来，人有献善马者，寡人未及视，会先生至。后先生之来，人有献讴者，未及试，亦会先生来。寡人虽屏人，然私心在彼，有之。'"也使用了"讴者"称谓。《史记》卷七〇《张仪列传》说，"秦要楚欲得黔中地，欲以武关外易之。楚王曰：'不愿易地，愿得张仪而献黔中地。'秦王欲遣之，口弗忍言。张仪乃请行。惠王曰：'彼楚王怒子之负以商於之地，是且甘心于子。'张仪曰：'秦强楚弱，臣善靳尚，尚得事楚夫人郑袖，袖所言皆从。且臣奉王之节使楚，楚何敢加诛。假令诛臣而为秦得黔中之地，臣之上愿。'遂使楚。楚怀王至则囚张仪，将杀之。靳尚谓郑袖曰：'子亦知子之贱于王乎？'郑袖曰：'何也？'靳尚曰：'秦王甚爱张仪而不欲出之，今将以上庸之地六县赂楚，美人聘楚，以宫中善歌讴者为媵。楚王重地尊秦，秦女必贵而夫人斥矣。不若为言而出之。'于是郑袖日夜言怀王曰：'人臣各为其主用。今地未入秦，秦使张仪来，至重王。王未有礼而杀张仪，秦必大怒攻楚。妾请子母俱迁江南，毋为秦所鱼肉也。'怀王后悔，赦张仪，厚礼之如故。"靳尚所谓"宫中善歌讴者"，或许可以看作"讴者"的解说。

《梁书》卷三三《张率传》记载："……父忧去职。其父侍妓数十人，善讴者有色貌，邑子仪曹郎顾玩之求娉焉，讴者不愿，遂出家为尼。尝因斋会率宅，玩之乃飞书言与率奸。南司以事奏闻，高祖惜其才，寝其奏，然犹致世论焉。"[①] 可见"善讴者"就是"讴者"，而其身份，大致是可以归入"妓"一类的。《昌言·理乱》所谓"妖童美妾，填乎绮室；倡讴妓乐，列乎深堂"[②]，也体现了这一情形。

两汉之际"讴者"身份见于史籍者，有王昌一例。《后汉书》卷一二《王昌传》写道："王昌一名郎，赵国邯郸人也。素为卜相工，明星历，常以为河北有天子气。""初，王莽篡位，长安中或自称成帝子子舆者，莽杀之。郎缘是诈称真子舆，云：'母故成帝讴者，尝下殿卒僵，须臾有黄气从上下，半日乃解，遂妊身就馆。赵后欲害之，伪易他人子，以故得全。子舆年十二，识命者郎中李曼卿，与俱至蜀；十七，到丹阳；二十，还长安；展转中山，来往燕、赵，以须天时。'"王昌伪言"母故成帝讴者"曾殿下"妊身"，是以民间对后宫"讴者"的认识为条件的。

"歌儿"、"歌童"、"歌僮"、"讴者"等称谓所指代者，在汉代画像中多有反映。其身份应当与所谓"歌人"相互接近。

### 3.《晏子春秋》"歌人"

《晏子春秋》中曾经出现"歌人"字样。《晏子春秋·内篇谏上·景公

---

① 《南史》卷三一《张率传》："其年，父忧去职。有父时妓数十人，其善讴者有色貌，邑子仪曹郎顾玩之求娉，讴者不愿，遂出家为尼。尝因斋会率宅，玩之乃飞书言与率奸。南司以事奏闻，武帝惜其才，寝其奏，然犹致时论。"

② 《全后汉文》卷八八。

夜听新乐而不朝晏子谏》：

> 　　晏子朝，杜扃望羊待于朝。晏子曰："君奚故不朝？"对曰："君夜
> 发不可以朝。"晏子曰："何故？"对曰："梁丘据扃入歌人虞，变齐
> 音。"晏子退朝，命宗祝修礼而拘虞，公闻之而怒曰："何故而拘虞？"
> 晏子曰："以新乐淫君。"公曰："诸侯之事，百官之政，寡人愿以请
> 子。酒醴之味，金石之声，愿夫子无与焉。夫乐，何必夫故哉？"对曰：
> "夫乐亡而礼从之，礼亡而政从之，政亡而国从之。国衰，臣惧君之逆
> 政之行。有歌，纣作北里，幽厉之声，顾夫淫以鄙而偕亡。君奚轻变夫
> 故哉？"公曰："不幸有社稷之业，不择言而出之，请受命矣。"

这位称作"虞"的"歌人"，其实可能是善于推陈出新的艺术家，只是因为
晏子维护政治文化的传统定制，反对"轻变夫故"的主张而致使其"新乐"
被否定，本人也竟然无端被"拘"。

　　《晏子春秋》可能是最早出现"歌人"称谓的文献。其成书年代当在秦
统一以前。[①]

### 4. 六朝至隋代"歌人"

　　秦汉以后的史籍中，是可以看到"歌人"称谓的。如前引《梁书》卷
三九《羊侃传》："敕赉歌人王娥儿，东宫亦赉歌者屈偶之，并妙尽奇曲，
一时无对。"其事又见《南史》卷六三《羊侃传》。所谓"敕赉歌人王娥儿，
东宫亦赉歌者屈偶之"，一称"歌人"，一称"歌者"，现在我们还不能指出
其身份的确定区别。然而当时存在"歌人"称谓，却是没有疑义的。

　　又如《艺文类聚》卷六九引南朝齐丘巨源《咏七宝图扇诗》有"拂盼
迎娇意，隐映含歌人"句。《初学记》卷一五引梁元帝《咏歌诗》："汗轻红
粉湿，坐久翠眉愁。传声入钟磬，余转杂箜篌。"又刘孝绰《和咏歌人偏得

---

　　①　骈宇骞整理银雀山汉简《晏子春秋》，为此书的成书年代进行了科学的论证。他指出："从《史
记》的记载和简本《晏子》的重新问世，足以说明《晏子春秋》的成书年代最晚不会晚于秦统一六国，
从书中的内容及书中的语言用字来看，很可能还会更早一些。"骈宇骞：《银雀山汉墓竹简晏子春秋校
释》，书目文献出版社 1988 年版，第 3 页。

日照诗》："独明花里翠，偏光粉上津。屡将歌罢扇，回拂影中尘。"南朝陈周弘正《咏歌人偏得日照诗》："斜光入丹扇，的的最分明。欲持照雕栱，仍作绕梁声。"刘作和周作明确说到"歌人"，而梁元帝《咏歌诗》，实际描写的也是"歌人"情态。

《隋书》卷一四《音乐志中》可见有关宫廷鼓乐制度的规定："高祖既受命，定令，宫悬四面各二虡，通十二镈钟，为二十虡。虡各一人。建鼓四人，祝敔各一人。歌、琴、瑟、箫、筑、筝、抏筝、卧箜篌、小琵琶，四面各十人，在编磬下。笙、竽、长笛、横笛、箫、筚篥、箎、埙，四面各八人，在编钟下。舞各八佾。宫悬簨虡，金五博山，饰以流苏树羽。其乐器应漆者，天地之神皆朱，宗庙加五色漆画。天神悬内加雷鼓，地祇加灵鼓，宗庙加路鼓。登歌，钟一虡，磬一虡，各一人；歌四人，兼琴瑟；箫、笙、竽、横笛、箎、埙各一人。其漆画及博山流苏树羽，与宫悬同。登歌人介帻、朱连裳、乌皮履。宫悬及下管人，平巾帻，朱连裳。凯乐人，武弁，朱褠衣，履袜。文舞，进贤冠，绛纱连裳，帛内单，皂领袖襈，乌皮鞾，左执钥，右执翟。二人执纛，引前，在舞人数外，衣冠同舞人。武弁，朱褠衣，乌皮履。三十二人，执戈，龙楯。三十二人执戚，龟。二人执旌，居前。二人执鼗，二人执铎，二人执铙，二人执镯。四人执弓矢，四人执殳，四人执戟，四人执矛。自旌已下夹引，并在舞人数外，衣冠同舞人。"其中说到"歌四人"，又说到"登歌人"。实际上也可以看作"歌人"之例，"歌人"和"舞人"的对应也是明确的。《周礼·春官·大师》："大祭祀。师瞽登歌。令奏击拊。"郑玄注引郑司农曰："登歌，歌者在堂也。"《隋书》卷一四《音乐志中》"歌四人"[①]，应即"歌者"四人或"歌人"四人。"登歌人"的说法值得注意。其实，"登歌"除郑司农的解释之外，也见于其他秦汉时期文献。荀悦《汉纪·惠帝纪》："乾豆上，奏登歌不以管弦，欲使在位者遍闻之，犹古清庙之乐也。"《后汉书》卷三《章帝纪》："作登歌，正予乐，博贯六艺，不舍昼夜。"

### 5. 蔡邕《琴赋》"歌人"

汉代文献遗存中，"歌人"称谓大概仅见于《北堂书钞》卷一〇九引蔡

---

① 《新唐书》卷二二《礼乐志》作"登歌四人"。

邕所作《琴赋》：

> ……于是歌人恍惚以失曲，舞者乱节而忘形，哀人塞耳以恫怅，骧马蹀足以悲鸣。

如果没有这一例，则"歌人"称谓使用的历史链条中，几乎形成缺环。居延汉简"歌人"称谓的发现，使我们对这一称谓和这一职业延续的历史，可以形成连贯的认识。这也可以作为考古资料补充文献记载的一个例证。

### 6. "歌人"身份与"歌人"称谓

有学者以汉魏六朝诗歌为对象，论说"表示身份的名词构形成分"，指出："'人'作为名词性构形成分，在汉魏六朝诗歌中习见，皆表示人物身份。"所举"动词 + 人"一类，例证有"行人"、"役人"、"征人"、"旅人"、"更人"、"居人"等。① "歌人"作为"表示人物身份"的称谓，其名词性构形特征也属于"动词 + 人"一类，然而与所谓"行人"、"役人"、"征人"、"旅人"等略有不同。

《晏子春秋》所见"歌人虞"可能是男性。吴则虞《晏子春秋集释》写道："虞者，苏时学云：'歌者名。'则虞案：《文选·啸赋》注引《晏子春秋》：'虞公善歌，以新声感景公，晏子退朝而拘之。'又注云：'汉兴，又有虞公，即刘向《别录》曰：有人歌赋楚汉兴以来善雅歌者鲁人虞公，发声清哀，远动梁尘。'是虞公为乐人善歌者之称。"②

不过，其他"歌人"诸例，如《梁书》卷三九《羊侃传》"歌人王娥儿"则为女性。汉代"歌儿"、"歌童"、"歌僮"、"讴者"等诸实例亦多为女性，如"歌儿卫子夫"，"讴者""卫子夫"，"以宫中善歌讴者为媵"之说，又"歌儿、舞女"连称，以及"嫱媛、侍儿、歌童、舞女之玩，充备绮室"等说法，也有助于"歌人"为女性的推断。

居延汉简所见"歌人"的性别尚难以作出确定的判断。现在看来，"歌

---

① 王云路：《汉魏六朝诗歌语言论稿》，陕西人民教育出版社 1997 年版，第 153 页。
② 吴则虞：《晏子春秋集释》，中华书局 1962 年版，第 25 页。

人"为女性的可能性相当大。

简文"■右歌人十九人",说明"歌人"有组织活动的情形。简文所体现人数多至"十九人",可见其编组的规模颇为可观。

"歌人"在河西地方活动的形式尚未明了,但是参考后世相关资料,或许可以帮助我们理解"歌人"和边塞军人生活的关系。南北朝时代已经出现"营妓"、"营倡",集中这些人员的机构,称作"营署"。南朝帝王有流连"营署"的绯闻。① 清代学者俞正燮说,"诸营署皆军市也","唐则称'营伎',亦曰'官使妇人'"②。看来这是一种沿袭甚久的制度。唐代诗人岑参的《玉门关盖将军歌》描写唐代河西军事生活,有这样的诗句:"黄沙万里白草枯,南邻犬戎北接胡。将军到来备不虞,五千甲兵胆力粗。军中无事但欢娱,暖屋绣帘红地炉。织成壁衣花氍毹,灯前侍婢泻玉壶。金铛乱点野驼酥,紫绂金章左右趋。问著只是苍头奴,美人一双闲且都。朱唇翠眉映明眸,清歌一曲世所无。今日喜闻凤将雏,可怜绝胜秦罗敷。使君五马谩踟蹰,野草绣窠紫罗襦。红牙缕马对樗蒲,玉盘纤手撒作卢。"③ 高级军官"军中无事但欢娱"的享乐生活,是以军中身份特殊的"朱唇翠眉"们形式特殊的服务为条件的。其中"清歌一曲世所无"句,特别值得注意。《诗话总龟》卷二三记载这样的故事,崔左辖瓘牧江外郡,祖席夜阑,一营妓先辞归,崔与诗曰:"寒檐寂寂雨霏霏,候馆萧条烛烬微。只有今宵同此宴,翠娥伴醉欲先归。"《全唐诗》卷三一一收录此诗,题作《赠营妓》诗。从营妓可以"先辞归"看,其行为有相对的自由。④ 虽然现在不能确知汉代是否有与后来"营妓"、"营倡"类似的职任,但是后世相关情形,可以为我们的思考提供参照信息。⑤

① 参看《宋书》卷九《后废帝纪》及《南史》卷五《齐本纪下·齐废帝郁林王》。
② 《癸巳类稿》卷一二"除乐户丐户籍及女乐考附古事"条。
③ 《全唐诗》卷一九九。
④ 王子今:《中国女子从军史》,军事谊文出版社1998年版,第267—268页。
⑤ 进行这样的分析,也应当注意战国秦汉时期女子不利于军事的观念。《商君书·垦令》中严格规定:"令军市无有女子。"《汉书·李陵传》记载,李陵率军和匈奴苦战于浚稽山,却连战而不能抵挡匈奴军的强力围攻,"(李)陵曰:'吾士气少衰而鼓不起者,何也?军中岂有女子乎?'始军出时,关东群盗妻子徙边随军为卒妻妇,大匿车中,(李)陵搜得,皆剑斩之。明日复战,斩首三千余级。"

### 7. "出歌人"的理解

从简文内容看，如果"出歌人伯史名"的"出"字所释不误，或许这枚简应当可以归入所谓"出入名籍"或"出入关致籍"之中。李均明、刘军指出："出入名籍为出入关卡河津渡口的人员名单。"[1] 李天虹则认为："出入关的簿籍有出入籍和致籍。出入籍和致籍很可能是同一文书，其全称为'出入关致籍'。"[2] 如果是政府组织安排"歌人"的"出入"，则可能有正式劳军的性质。

居延汉简所见"歌人"因相关资料甚少，不足以清晰说明其身份的特征及活动的性质，但是参考其他信息，作为从一个侧面体现河西边塞军事人员业余娱乐生活的资料，依然是可贵的。而僻远至于西北边地也出现"歌人"活动的行迹，说明当时社会对这种职业的普遍需求。由此我们也可以进一步深化对汉代河西地区基层社会生活风貌的认识。

有学者著文《汉代社会歌舞娱乐盛况及从艺人员构成情况的文献考察》，特别分析了"汉代从事歌舞娱乐的专业人员的基本情况"，却并没有涉及"歌人"身份。[3] 这或许主要是由于所进行的是"文献考察"而未能利用考古资料的缘故。看来，对居延汉简所见"从艺人员""歌人"的讨论，确实是必要的。

# 秦汉"酒徒"称谓

战国及汉代墓葬已经多次出土酒的实物遗存。汉代画像提供的社会生活史和社会经济史信息也反映当时酒的消费丰富了物质生活和精神生活，而酒业经营亦已繁荣。史籍多见"好酒"风习的记录。社会称谓"酒徒"的出现，也是体现相关历史文化风貌的迹象。

---

[1] 李均明、刘军：《简牍文书学》，广西教育出版社 1999 年版，第 364 页。今按："关卡河津渡口"，似应为"关卡津渡"或"关津"简文或称"河津关"。

[2] 李天虹：《居延汉简簿籍分类研究》，科学出版社 2003 年版，第 155 页。

[3] 赵俪敏：《汉代社会歌舞娱乐盛况及从艺人员构成情况的文献考察》，《中国诗歌研究》2002 年第 1 辑，收入赵俪敏《周汉诗歌综论》，学苑出版社 2002 年版。

从现有文献遗存看，"酒徒"称谓可能最初出现于战国阶段，而秦汉时期以"酒徒"自称者曾经有突出的历史表现。"酒徒"身份在历史上形成了一定的影响，"酒徒"们的肖像在不同的时代，被不同的人们涂抹以不同的色彩，自有风格各异的历史文化背景可以探寻。讨论秦汉"酒徒"事迹与"酒徒"形象及相关现象，可以更深入、更全面地了解秦汉社会文化风貌，对于酒史与酒文化研究也应当有所推进。

### 1. "酒徒"称谓的发生

《晏子春秋》卷一《内篇谏上·景公饮酒不恤天灾致能歌者晏子谏第五》有涉及"酒徒"的记载，说"景公之时，霖雨十有七日"，而"公饮酒，日夜相继"，"晏子请发粟于民，三请，不见许"，又命人"巡国，致能歌者"。"晏子闻之，不说，遂分家粟于氓，致任器于陌，徒行见公曰：'十有七日矣！怀宝乡有数十，饥氓里有数家，百姓老弱，冻寒不得短褐，饥饿不得糟糠，敝撤无走，四顾无告。而君不恤，日夜饮酒，令国致乐不已，马食府粟，狗餍刍豢，三保之妾，俱足粱肉。狗马保妾，不已厚乎？民氓百姓，不亦薄乎？故里穷而无告，无乐有上矣；饥饿而无告，无乐有君矣。婴奉数之笑，以随百官之吏，民饥饿穷约而无告，使上淫湎失本而不恤，婴之罪大矣。'再拜稽首，请身而去，遂走而出。公从之，兼于涂而不能逮，令趣驾追晏子，其家，不及。粟米尽于氓，任器存于陌，公驱及之康内。公下车从晏子曰：'寡人有罪，夫子倍弃不援，寡人不足以有约也，夫子不顾社稷百姓乎？愿夫子之幸存寡人，寡人请奉齐国之粟米财货，委之百姓，多寡轻重，惟夫子之令。'遂拜于途。晏子乃返"，安排救灾事宜。"公出舍，损肉撤酒，马不食府粟，狗不食餰肉，辟拂嗛齐，酒徒减赐。"

齐景公从晏子谏，于"损肉撤酒"的同时有"酒徒减赐"的转变。所谓"酒徒"者，应是"公饮酒，日夜相继"、"日夜饮酒"的伴从者。

《韩非子·诡使》中的一段文字也说到"酒徒"："凡所治者刑罚也，今有私行义者尊。社稷之所以立者安静也，而噪险谗谀者任。四封之内所以听从者信与德也，而陂知倾覆者使。令之所以行、威之所以立者恭俭听上，而岩居非世者显。仓廪之所以实者耕农之本务也，而綦组锦绣刻划为末作者富。名之所以成、城池之所以广者战士也，今死士之孤饥饿乞于道，而优笑酒徒之属乘车衣丝。赏禄所以尽民力易下死也，今战胜攻取之士劳而赏不沾，而卜筮视手理狐虫为顺辞于前者日赐。上握度量所以擅生杀之柄也，今守度奉量之士欲以忠婴上而不得见，巧言利辞行奸轨以幸偷世者数御。据法直言、名刑相当、循绳墨、诛奸人所以为上治也而愈疏远，谄施顺意从欲以危世者近。习悉租税、专民力所以备难充仓府也，而士卒之逃事状匿附托有威之门以避徭赋、而上不得者万数。夫陈善田利宅所以战士卒也，而断头裂腹播骨乎平原野者，无宅容身，身死田夺；而女妹有色、大臣左右无功者，择宅而受，择田而食。赏利一从上出、所以擅剭下也，而战介之士不得职，而闲居之士尊显。上以此为教，名安得无卑，位安得无危。夫卑名位者，必下之不从法令、有二心无私学、反逆世者也，而不禁其行，不破其群，以散其党，又从而尊之，用事者过矣。上世之所以立廉耻者，所以属下也；今士大夫不羞污泥丑辱而宦，女妹私义之门不待次而宦。赏赐之所为重也，而战斗有功之士贫贱，而便辟优徒超级。名号诚信，所以通威也，而主掩障。近习女谒并行，百官主爵迁人，用事者过矣。大臣官人与下先谋比周，虽不法行，威利在下则主卑而大臣重矣。"

在这段富有政治批判意识的言辞中，所谓"优笑酒徒之属"与"綦组锦绣刻划为末作者"并说，又与所谓"噪险谗谀者"、"陂知倾覆者"、"岩居非世者"、"卜筮视手理狐虫为顺辞于前者"、"巧言利辞行奸轨以幸偷世者"同样被置于排斥对象之列。

"优笑酒徒之属"的说法特别值得注意，是因为"酒徒"当时在法家社会政治结构设想中，被看作仅仅与消费生活有密切联系的只表现消极文化作用的社会人群。"酒徒"与"优笑"并列，似乎可以理解为亦体现帝王贵族身边服务人员的身份。

### 2. "高阳酒徒"郦食其

《史记》卷九七《郦生陆贾列传》记述刘邦起兵反秦，进军关中，于陈留遇"高阳酒徒"郦食其的著名故事：

> 初，沛公引兵过陈留，郦生踵军门上谒曰："高阳贱民郦食其，窃闻沛公暴露，将兵助楚讨不义，敬劳从者，愿得望见，口画天下便事。"

使者入通，沛公方洗，问使者曰："何如人也？"使者对曰："状貌类大儒，衣儒衣，冠侧注。"沛公曰："为我谢之，言我方以天下为事，未暇见儒人也。"使者出谢曰："沛公敬谢先生，方以天下为事，未暇见儒人也。"郦生瞋目案剑叱使者曰："走！复入言沛公，吾高阳酒徒也①，非儒人也。"使者惧而失谒，跪拾谒，还走，复入报曰："客，天下壮士也，叱臣，臣恐，至失谒。曰'走！复入言，而公高阳酒徒也'。"沛公遽雪足杖矛曰："延客入！"

《汉书》卷四三《郦食其传》的相关记述中，郦食其自称则未言"酒徒"而称"狂生"：

> 郦食其，陈留高阳人也。好读书，家贫落魄，无衣食业。为里监门，然吏县中贤豪不敢役，皆谓之狂生。及陈胜、项梁等起，诸将徇地过高阳者数十人，食其闻其将皆握齱好荷礼自用，不能听大度之言，食其乃自匿。后闻沛公略地陈留郊，沛公麾下骑士适食其里中子，沛公时时问邑中贤豪。骑士归，食其见，谓曰："吾闻沛公嫚易人，有大略，此真吾所愿从游，莫为我先。若见沛公，谓曰'臣里中有郦生，年六十余，长八尺，人皆谓之狂生，自谓我非狂'。"骑士曰："沛公不喜儒，诸客冠儒冠来者，沛公辄解其冠，溺其中。与人言，常大骂。未可以儒生说也。"食其曰："第言之。"骑士从容言食其所戒者。沛公至高阳传舍，使人召食其。食其至，入谒，沛公方踞床令两女子洗，而见食其。食其入，即长揖不拜，曰："足下欲助秦攻诸侯乎？欲率诸侯破秦乎？"沛公骂曰："竖儒！夫天下同苦秦久矣，故诸侯相率攻秦，何谓助秦？"食其曰："必欲聚徒合义兵诛无道秦，不宜踞见长者。"于是沛公辍洗，起衣，延食其上坐，谢之。食其因言六国从衡时。……

《太平御览》卷四六三引《汉书》："郦食其有词辩，年六十，身长八尺，鬓发皓然。请见高祖，谒者曰：'上好嫚骂人，不喜儒生。有客冠而来者，辄

---

① 裴骃《集解》引徐广曰："一本言'而公高阳酒徒'。"

解其冠而溺其中。'食其作色叱之曰：'我高阳酒徒，何儒生之有！'谒者股栗而见之。"① 其文字类同《史记》。

对于《史》《汉》之不同，清人邵泰衢《史记疑问》卷下《郦食其传》写道："郦生虽曰辩士，谒上之时必有定称。而始延之人，今曰'狂生'，又曰'贱民'、'酒徒'，而上之见之也，一曰使两女子洗足，一曰雪足仗矛，吾其谁从也与？或曰后乃褚先生之所补也，褚又何所闻而为此异词哉？"《太平御览》卷三四二引《楚汉春秋》曰："上过陈留，郦生求见，使者入通。公方洗足，问：'如何人？'曰：'状类大儒。'上曰：'吾方以天下为事，未暇见大儒也。'使者出告。郦生瞋目按剑：'入言高阳酒徒，非儒者也。'"② 司马迁或许即采纳此说，而不为班固取用。不过，《汉书》所谓"狂生"者，在某种意义上也可以视作《史记》"酒徒"的一种解说。

郦食其"家贫落魄，无衣食业"，显然与《晏子春秋》和《韩非子》所见"酒徒"有所不同。《史记》说入通使者言其"状貌类大儒，衣儒衣，冠侧注"，沛公于是视为"儒生"。《汉书》则说他"好读书"，引见骑士言："沛公不喜儒，诸客冠儒冠来者，沛公辄解其冠，溺其中。与人言，常大骂。未可以儒生说也。"似其风格依然近儒，所以沛公斥为"竖儒"。所谓"吏县中贤豪不敢役，皆谓之狂生"，"人皆谓之狂生，自谓我非狂"，则言这位"好读书""衣儒衣"者，应是具有非凡识见与鲜明个性的"儒生"。

郦食其自称"酒徒"，我们现在不能判断是否有自近于说服对象的意图。刘邦早年确实有"好酒"的习性。《史记》卷八《高祖本纪》："仁而爱人，喜施，意豁如也。常有大度，不事家人生产作业。及壮，试为吏，为泗水亭长，廷中吏无所不狎侮。好酒及色。常从王媪、武负贳酒，醉卧，武负、王媪见其上常有龙，怪之。高祖每酤留饮，酒雠数倍。及见怪，岁竟，此两家常折券弃责。"刘邦往贺吕公，在酒宴上也有突出表现，"高祖因狎侮诸客，遂坐上坐，无所诎。

---

① 下文又云："高祖乃踞床，使两女子洗足。食其入，长揖不拜，曰：'欲助秦攻诸侯乎，将欲率诸侯攻秦乎？'高祖骂曰：'竖儒！夫天下同苦秦久矣，故诸侯相率攻秦，汝奚为助秦耶？'食其曰：'必欲聚合义兵，诛无道秦，不宜踞见长者。'高祖辍然而起，拔足挥洗，摄衣延食其，坐而谢之。食其因言六国纵横王伯之道，高祖大悦。"

② 《太平御览》卷三六六引《楚汉春秋》曰："上过陈留，郦生求见，使者入通。公方洗足，问：'何如人？'曰：'状类大儒。'上曰：'吾方以天下为事，未暇见大儒也。'使者出。郦生瞋目案剑曰：'入言高阳酒徒，非儒者也。'"

酒阑，吕公因目固留高祖。高祖竟酒，后。吕公曰：'臣少好相人，相人多矣，无如季相，愿季自爱。臣有息女，愿为季箕帚妾。'""酒罢，吕媪怒吕公"，而吕公"卒与刘季"。而刘邦反秦行为的起点，也有酒醉情节："高祖以亭长为县送徒郦山，徒多道亡。自度比至皆亡之，到丰西泽中，止饮，夜乃解纵所送徒。曰：'公等皆去，吾亦从此逝矣！'徒中壮士愿从者十余人。高祖被酒，夜径泽中，令一人行前。行者还报曰：'前有大蛇当径，愿还。'高祖醉，曰：'壮士行，何畏！'乃前，拔剑击斩蛇。蛇遂分为两，径开。行数里，醉，因卧。"随后又有"赤帝子斩""白帝子"的神异故事。① 也许结合诸多现象分析，可以了解有关秦汉之际社会酒的消费以及酒促成当时社会时代精神倾向于积极激进即所谓"狂生"之"狂"的特征。

值得我们注意的，还有《史记》卷八《高祖本纪》刘邦"意豁如也"，"常有大度"的说法与《汉书》卷四三《郦食其传》郦食其闻陈胜、项梁诸将"不能听大度之言"以及以为沛公"有大略，此真吾所愿从游"的内在关系。"意豁如"、"有大度"者的风格，与"好酒"的性情，是否也在一定意义上存在着某种内在联系呢？

### 3. 淳于髡言"酒极""心最欢"境界

马王堆汉墓出土漆器文字"君幸酒"、"君幸食"以及满城汉墓出土酒具，② 可以反映贵族社会行酒情景。司马迁笔下记录的酒宴场面，除了上文说到的地方豪族吕公家宴外，尚有鸿门宴、灌夫骂座故事等。至于一般"酒徒"生活的具体情状，却少有资料体现。

《史记》卷一二六《滑稽列传》说淳于髡谏齐威王故事，或许可以帮助我们理解这种生活场景：

威王大说，置酒后宫，召髡赐之酒。问曰："先生能饮几何而醉？"对曰："臣饮一斗亦醉，一石亦醉。"威王曰："先生饮一斗而醉，恶能饮

---

① 参看王子今《"斩蛇剑"象征与刘邦建国史的个性》，《史学集刊》2008年第6期。
② 湖南省博物馆、中国科学院考古研究所编：《长沙马王堆一号汉墓》，文物出版社1973年版，中国社会科学院考古研究所、河北省文物管理处编：《满城汉墓发掘报告》，文物出版社1980年版。

一石哉！其说可得闻乎？"髡曰："赐酒大王之前，执法在傍，御史在后，髡恐惧俯伏而饮，不过一斗径醉矣。若亲有严客，髡帣韝鞠脆，待酒于前，时赐余沥，奉觞上寿，数起，饮不过二斗径醉矣。若朋友交游，久不相见，卒然相睹，欢然道故，私情相语，饮可五六斗径醉矣。若乃州闾之会，男女杂坐，行酒稽留，六博投壶，相引为曹，握手无罚，目眙不禁，前有堕珥，后有遗簪，髡窃乐此，饮可八斗而醉二参。日暮酒阑，合尊促坐，男女同席，履舄交错，杯盘狼藉，堂上烛灭，主人留髡而送客①，罗襦襟解，微闻芗泽，当此之时，髡心最欢，能饮一石。② 故曰酒极则乱，乐极则悲；万事尽然，言不可极，极之而衰。"以讽谏焉。齐王曰："善。"乃罢长夜之饮，以髡为诸侯主客。宗室置酒，髡尝在侧。

这里虽然说的是战国时期故事，然而《滑稽列传》文字富有传奇色彩。正如宋人黄震《黄氏日抄》卷四六《读史一·史记·滑稽》所说，"三年不蜚不鸣之语，《楚世家》以为伍举说庄王，今《滑稽传》又以为淳于髡说齐威，果孰是孰非耶？楚庄王时，三晋未分，今载优孟讽谏庄王，预有齐赵陪位，韩魏翼卫之语，而《扁鹊传》载扁鹊起虢太子于已死，考其时虢已亡百二十余年，又其可信耶？自古可怪可笑，人情乐闻之说，往往转相附会，未必尽有其实。我朝东坡苏公，一世人豪，惟其善于笑谈，喜纳浮屠，故至今谑浪俚谈类，必托之东坡、佛印。且曰东坡之见辱于佛印者。如此而本无其实也。呜呼！其殆此类欤。"这样说来，这些形容饮酒者不同等级的"醉"与"乐"的文字，或许可以理解为"可怪可笑，人情乐闻之说"，"转相附会"之语，所描述的类似情景，至少故事发生的若干细节，或当存在于司马迁生活的时代。宋人王应麟《困学纪闻》卷一二《考史》说："《御览》载淳于髡十酒说曰：罗襦排门，翠筓窥牖。③ 盖好事者因《滑稽传》而广之，非战国时语也。"也可以引为参考意见。其实，《滑稽列传》淳于髡故事，很有可能同样"非战国时语也"。明人杨慎写道，"东坡云：

① 裴骃《集解》引徐广曰："一本云'留髡，坐起送客'。"
② 《太平御览》卷四九七引《史记》："堂上烛灭，主又留髡而出送客，罗襦衿解，微闻芗泽，当此之时，髡心最欣，能饮一石。"
③ 《太平御览》卷七一八引齐淳于髡《十酒说》曰："罗襦排门，翠筓窥牖。"

淳于髡言一斗亦醉，一石亦醉，至于州闾之会，男女杂坐，几于劝矣，而何讽之有？"杨慎则以为可以参考"庄氏之寓言兼战国之游说"而能"识其趣"、"得其旨"，理解其"深意"。① 也以为淳于髡故事不能作信史读。

至于淳于髡所谓"男女杂坐"、"男女同席"，乃至"握手无罚，目眙不禁，前有堕珥，后有遗簪"，"合尊促坐"，"履舄交错"，"罗襦襟解，微闻芳泽"情形，则不仅值得酒史研究者珍视，其实也是有助于真切认识上古社会生活风貌的宝贵信息。

司马迁说，淳于髡以上言说的背景是"齐威王之时喜隐，好为淫乐长夜之饮，沉湎不治，委政卿大夫。百官荒乱，诸侯并侵，国且危亡，在于旦暮，左右莫敢谏"。事后，又有"乃罢长夜之饮"的成效。所谓"沉湎"，《史记》中凡数见，都是批评饮酒无度的：

> 《史记》卷二《夏本纪》："帝中康时，羲、和湎淫，废时乱日。"
> 裴骃《集解》："孔安国曰：'羲氏，和氏，掌天地四时之官。太康之后，沉湎于酒，废天时，乱甲乙也。'"

《史记》卷三八《宋微子世家》："纣沉湎于酒，妇人是用，乱败汤德于下。"

《史记》卷一二六《滑稽列传》："齐威王之时喜隐，好为淫乐长夜之饮，沉湎不治，委政卿大夫。百官荒乱，诸侯并侵，国且危亡，在于旦暮，左右莫敢谏。"

《史记》卷一三〇《太史公自序》："帝辛湛湎，诸侯不享。"

《汉书》中记录西汉史事，也可见类似例证。② 《汉书》卷八五《谷永

---

① （明）杨慎：《丹铅总录》卷一一《史籍类·上林赋》。

② 《汉书》卷二七上《五行志上》："若乃田猎驰骋不反宫室，饮食沉湎不顾法度，妄兴繇役以夺民时，作为奸诈以伤民财，则木失其性矣。"颜师古注："沉湎，谓溺于酒食。"《汉书》卷二七下之下《五行志下之下》："永始元年九月丁巳晦，日有食之。谷永以京房《易占》对曰：'元年九月日蚀，酒亡节之所致也。独使京师知之，四国不见者，若曰，湛湎于酒，君臣不别，祸在内也。'"谷永曰："臣闻三代所以丧亡者，皆繇妇人群小，湛湎于酒。"《诗》曰：'乃用其妇人之言，四方之逋逃是罪，是信是使。'《诗》云：'赫赫宗周，褒姒威之。''颠覆厥德，荒沉于酒。'"颜师古注："《大雅·抑》之诗也。"刺王倾败其德，荒废政事而耽酒。"《汉书》卷八五《谷永传》："臣闻三代所以陨社稷丧宗庙者，皆由妇人与群恶沈湎于酒。《书》曰：'乃用妇人之言，自绝于天'；'四方之逋逃多罪。是宗是长，是信是使。'《诗》云：'燎之方阳，宁或灭之？赫赫宗周，褒姒灭之！'"

传》："时有黑龙见东莱，上使尚书问永，受所欲言。永对曰：'陛下弃万乘之至贵，乐家人之贱事，厌高美之尊号，好匹夫之卑字，崇聚儇轻无义小人以为私客，数离深宫之固，挺身晨夜，与群小相随，乌集杂会，饮醉吏民之家，乱服共坐，流湎媟嫚，溷殽无别，闵免遁乐，昼夜在路。典门户奉宿卫之臣执干戈而守空宫，公卿百僚不知陛下所在，积数年矣。'"其中所谓"与群小相随，乌集杂会，饮醉吏民之家，乱服共坐，流湎媟嫚，溷殽无别"，也是有关"酒徒"生活的场景，而与淳于髡故事情节有类似之处，因而值得我们注意。

一般平民社会的"酒徒"，其生活习性自然不会直接影响到国家政治，致使"荒乱"、"乱败"，但是也受到一些舆论力量的批评。秦汉时期"酒徒"的社会形象，似乎并不光彩。

### 4.《论衡》"酒徒"批评："酒徒非圣人"

王充《论衡·语增》说到"酒徒"："传语曰：文王饮酒千钟，孔子百觚。欲言圣人德盛，能以德将酒也。如一坐千钟、百觚，此酒徒，非圣人也。饮酒有法，胸腹小大，与人均等。饮酒用千钟，用肴宜尽百牛。百觚，则宜用十羊。① 夫以千钟百牛、百觚十羊言之，文王之身如防风之君，孔子之体如长狄之人，乃能堪之。案文王、孔子之体，不能及防风、长狄。以短小之身，饮食众多，是缺文王之广，贬孔子之崇也。案《酒诰》之篇：'朝夕曰：祀兹酒。'此言文王戒慎酒也，朝夕戒慎，则民化之外出，戒慎之教内。饮酒尽千钟，导民率下，何以致化？承纣疾恶，何以自别？且千钟之效，百觚之验，何所用哉？使文王、孔子因祭用酒乎？则受福胙不能厌饱。因飨射之用酒乎？飨射饮酒，自有礼法。如私燕赏赐饮酒乎？则赏赐饮酒，宜与下齐。赐尊者之前，三爵而退。过于三爵，醉酗生乱。文王、孔子，率礼之人也。赏赉左右，至于醉酗乱身，自用酒千钟百觚，大之则为桀纣，小之则为酒徒，用何以立德成化，表名垂誉乎？世闻'德将毋醉'之言②，见

---

① 《太平御览》卷七六一引作："若酒用千钟，则肉宜用百牛；酒用百觚，则肴宜用千羊。"卷八四五引作："若饮千钟，宜食百牛；能饮百觚，则能食十羊。"

② 《书·酒诰》："越庶国，饮惟祀，德将无醉。"

圣人有多德之效，则虚增文王以为千钟，空益孔子以百觚矣。"

王充笔下的"酒徒"，与"圣人"距离甚远。其品质行为与"醉酗生乱"、"醉酗乱身"相联系。以"饮食众多"的"酒徒"比况"圣人"，可以说"是缺文王之广，贬孔子之崇也"。

**5. 《潜夫论》"酒徒"批评："酒徒无行之人"**

王符《潜夫论·断讼》指出司法问题之严重透露的社会危机："今一岁断狱，虽以万计，然辞讼之辩，斗贼之发，乡部之治，狱官之治者，其状一也。本皆起民不诚信，而数相欺绐也。舜敕龙以谗说殄行，震惊朕师，乃自上古患之矣。故先慎己喉舌，以元示民。孔子曰：'乱之所生也，则言语以为阶。''小人不耻不仁，不畏不义。'脉脉规规，常怀奸唯，昧冒前利，不顾廉耻，苟且中，后则榆解奴抵，以致祸变者，比屋是也。"又写道："非唯细民为然，自封君王侯贵戚豪富，尤多有之。假举骄奢，以作淫侈，高负千万，不肯偿责。小民守门号哭啼呼，曾无怵惕惭怍哀矜之意。苟崇聚酒徒无行之人，传空引满，啁啾骂詈，昼夜鄂鄂，慢游是好。或殴击责主，入于死亡，群盗攻剽，劫人无异。虽会赦赎，不当复得在选辟之科，而州司公府反争取之。且观诸敢妄骄奢而作大责者，必非救饥寒而解困急，振贫穷而行礼义者也，咸以崇骄奢而奉淫湎尔。"其中"苟崇聚酒徒无行之人，传空引满，啁啾骂詈，昼夜鄂鄂，慢游是好"句中，"酒徒无行之人"的称谓，表现出对"酒徒"的道德鄙视。

宋人司马光《才德论》所谓"郦食其酒徒也，天下之至贱无行者也"①，也将"酒徒"和"无行者"联系起来。《史记》卷九七《郦生陆贾列传》已可见"高阳贱民"自称，而"无行者"的说法，或与《潜夫论》的社会批评有某种渊源关系。

《太平御览》卷八四六引《魏志》曰："时苗字德昌，巨鹿人也。少清白，为人疾恶。建安中，入丞相府。出为寿春令。令行风靡。扬州治在其县。时蒋济为治中，苗以初至，欲往谒济。济素嗜酒，适会其醉，不能见。苗恚恨还，竖之于墙下，旦夕射之。州郡虽如其所为不恪，然以其履行过

---

① （宋）司马光：《传家集》卷六四《论一》。

人，无若之何。"① 心怀恚恨于是"刻木为人，署曰'酒徒蒋济'"，"旦夕射之"的情节，与时苗"为人疾恶"的记述联系在一起，则"酒徒"被视为"恶"的社会心理倾向也一目了然。

后人诗句"平生酒徒众所厌"②，体现了这种倾向。"酒徒"一语更多地则用于诗人自嘲。然而古人诗文又可见"酒徒琴侣诗客"并称者③，或说"吟子琴僧尽酒徒"④，甚至"从古神仙属酒徒"⑤，"酒徒"有时也以正面形象表现出散淡优雅的文化品位。

### 6. 孔融论"高阳酒徒著功于汉"

《艺文类聚》卷七二引《后汉孔融难魏武帝禁酒书》曰："公初当来，邦人咸抃舞踊跃，以望我后亦既至止，酒禁施行。天垂酒旗之曜，地列酒泉之郡，人有旨酒之德。⑥ 尧非千钟，无以建太平。孔非百觚，无以堪上圣。樊哙解厄鸿门，非豕肩卮酒，无以奋其怒。赵之厮养，东迎其王，非引卮酒，无以激其气。高祖非醉斩白蛇，无以扬其灵。袁盎非醇醪之力，无以服其命。定国非酣饮一斛，无以决法令。故郦生以高阳酒徒，著功于汉。屈原以餔糟歠醨，身困于楚。犹是观之，酒何负于治者哉?"《孔北海集》载《与曹操论酒禁书》："公初当来邦人咸抃舞踊跃，以望我后亦既至止。酒禁施行。夫酒之为德久矣。古先哲王类帝禋宗和神定人以济万国，非酒莫以也。故天垂酒星之燿，地列酒泉之郡，人著旨酒之德。尧不千钟，无以建太平。孔非百觚，无以堪上圣。樊哙解厄鸿门，非豕肩钟酒，无以奋其怒。赵

---

① 《太平御览》卷三九六引《魏略》曰："时苗字德胄，巨鹿人，少清白，为人疾恶。出为寿春令，令行风靡。扬州治在其县，时蒋济为治中。苗以初至任，欲谒济。济素好酒，适会其醉，不能见苗。苗恚恨还，刻木为人，署曰'酒徒蒋济'，立之于坛，旦夕射之。"《太平御览》卷四九七引《魏典略》曰："时苗，字得胄，出为寿春令。扬州治在其县。时蒋济为治中，苗以初至，往欲谒济。济素嗜酒，适会其醉，不能见。恚恨还，刻木为人，署曰'酒徒蒋济'，竖之于墙下，旦夕射之。"

② （明）王世贞：《寄袁荆州丈兼问周水部》，《弇州四部稿》卷三四《诗部》。

③ （唐）白居易：《醉吟先生传》，《白氏长庆集》卷七〇。

④ （明）张适：《余旧业在城西隅乐圃朱先生之故基也树石颇秀丽池水迂回俨有林泉幽趣余乱后多郊居至辛亥春复返旧业二首》之二，（明）钱谷：《吴都文粹》续集卷一七。

⑤ （清）汪沆：《东堂观剧》，（清）厉鹗：《樊榭山房续集》卷七《诗庚》。

⑥ 《北堂书钞》卷一四八引张璠《汉纪》云："孔融天性气爽，颇推平生之意，狎侮太祖。太祖制酒禁，而融书啁之曰：'天有酒旗之星，地列酒泉之郡，人有旨酒之德。故尧不饮千钟无以成其圣，……'"

之厮养东迎其主，非引卮酒，无以激其气。高祖非醉斩白蛇，无以畅其灵。景帝非醉幸唐姬，无以开中兴。袁盎非醇醪之力，无以脱其命。定国不酣饮一斛，无以决其法。故郦生以高阳酒徒，著功于汉。屈原不餔醩歠醨，取困于楚。由是观之，酒何负于政哉？"与《艺文类聚》引文大略同，而多"景帝非醉幸唐姬，无以开中兴"句。①

曹操的答复应当列举了夏、商沉湎于酒的亡国教训。《孔北海集》载《又论酒禁书》："昨承训答，陈二代之祸及众人之败，以酒亡者，实如来诲。虽然徐偃王行仁义而亡，今令不绝仁义。燕哙以让失社稷，今令不禁谦退。鲁因儒而损，今令不弃文学。夏、商亦以妇人失天下，今令不断婚姻。而将酒独急者，疑但惜谷耳，非以亡王为戒也。"

面对东汉晚期政治危局的孔融就曹操施行"酒禁"的辩议，列举了先秦秦汉历史中饮酒生活中最光耀的实例，是酒史与酒文化研究的重要资料。孔融据说也有"乐酒"之名，"在北海"时，"黄巾将至，融大饮醇酒，躬自上马，御之涞水之上"②。"虽居家失势，宾客日满其门，爱才乐酒，常叹曰：'坐上客常满，樽中酒不空，吾无忧矣。'""又天性气爽，颇推平生之意，狎侮太祖。"③"书疏倨傲"④，对政治强权人物曹操往往"发辞偏宕，多致乖忤"，讥讽"酒禁"的文字即"多侮慢之辞"。⑤ 不过细读孔融的文字，应当说其中有狂气而无醉意，逻辑的明晰和语言的机智甚至表现出异常的清醒。在列说"酒"与"政"的关系时，孔融指出，不仅有"以酒亡者"，亦有以酒兴者。所谓"建太平"、"开中兴"的政治家，亦与"酒"表现亲近关系。而危世"奋其怒"，"激其气"，"畅其灵"者，因"酒"而多"著功"于史。鲁迅曾经说，"孔融作文，喜用讥嘲的笔调"，"孔融的文

---

① 《后汉书》卷七〇《孔融传》李贤注引孔融《与曹操书》亦同。《史记》卷五九《五宗世家》："长沙定王发，发之母唐姬，故程姬侍者也。景帝召程姬，程姬有所辟，不愿进，而饰侍者唐儿使夜进。上醉不知，以为程姬而幸之，遂有身。已乃觉非程姬也。及生子，因命曰发。"汉景帝的唐姬误会，竟然成为汉光武帝"中兴"的条件。汉光武帝刘秀是唐姬之子长沙定王刘发之后，所以有"景帝非醉幸唐姬，无以开中兴"的说法。这虽然也是"侮慢之辞"，但是又有游戏文字的性质。参看王子今、焦南峰《汉景帝评传》，三秦出版社 2006 年版，

② 《三国志》卷一二《崔琰传》裴松之注引司马彪《九州春秋》。

③ 《三国志》卷一二《崔琰传》裴松之注引张璠《汉纪》。

④ 《三国志》卷一《魏书·王修传》裴松之注引王隐《晋书》。

⑤ 《后汉书》卷七〇《孔融传》。

章现在传的也很少，就他所有的看起来，我们可以瞧出他并不大对别人讥讽，只对曹操。"然而，"其实曹操也是喝酒的。我们看他的'何以解忧，惟有杜康'的诗句，就可以知道。"①

我们在对"酒徒"称谓的讨论中引录孔融这篇文字，以为尤其重要的，是孔融有关"郦生以高阳酒徒，著功于汉"的说法，提示了汉末又一次面临乱世时，开明士人对"酒徒"评价的微妙变化。而魏晋之际名士好酒风习一时盛行，或许也可以理解为这样的历史文化脉流的延续。鲁迅曾经比较陶潜与孔融、嵇康社会政治态度的异同："陶潜之在晋末，是和孔融于汉末与嵇康于魏末略同，又是将近易代的时候。但他没有什么慷慨激昂的表示"，鲁迅说，"汉魏晋相沿，时代不远"，在社会习俗方面，亦可见"当时饮酒的风气相沿下来"。②

# 海西"幻人"及其来路

考察汉代中西文化交流的历史遗存，可以看到"自言我海西人"③ 的"幻人"的足迹。

"幻人"作为来自外域的文化使者，在朝廷和民间都曾经有生动活跃的表演。他们的文化行为，对于汉文化的丰富和繁荣，曾经发生积极的作用。

通过对西方"幻人"来路的探讨，可以了解当时中外交通的途径，也有益于深化对汉代社会文化的认识。

### 1. "炫燿奇怪"的"眩者"

汉武帝时代已经在皇家正式的迎宾盛礼中引入了外来的幻术表演。

司马迁在《史记》卷一二三《大宛列传》中写道：

> 是时上方数巡狩海上，乃悉从外国客，大都多人则过之，散财帛以赏

---

① 鲁迅：《魏晋风度及文章与药及酒之关系》，《鲁迅全集》，人民文学出版社1981年版，第3卷第505页。

② 同上书，第3卷第516页。

③ 《后汉书》卷八六《西南夷列传·哀牢》。

赐，厚具以饶给之，以览示汉富厚焉。于是大觳抵，出奇戏诸怪物，多聚观者，行赏赐，酒池肉林，令外国客遍观各仓库府藏之积，见汉之广大，倾骇之。及加其眩者之工，而觳抵奇戏岁增变，甚盛益兴，自此始。

《汉书》卷六一《张骞传》移用此文，而"觳抵"作"角氐"。这里所谓"眩者"，就是"幻人"。可见，在汉武帝时代，"幻人"表演所陈示的"奇戏诸怪物"，已经成为招待"外国客"的主要节目。

《盐铁论·崇礼》中大夫的话，可以看作是对这种做法的说明：

> 饰几杖，修樽俎，为宾，非为主也。炫燿奇怪，所以陈四夷，非为民也。夫家人有客，尚有倡优奇变之乐，而况县官乎？故列羽旄，陈戎马，所以示威武，奇虫珍怪，所以示怀广远、明盛德，远国莫不至也。

其说解释了"炫燿奇怪"，陈列"奇虫珍怪"的意义，其中所谓"夫家人有客，尚有倡优奇变之乐，而况县官乎？"说明汉武帝汉昭帝时代，"奇变"之幻术在民间也曾经相当普及。《艺文类聚》卷七六引梁武帝《十喻幻诗》曰："挥霍变三有，恍惚随六尘。兰园种五果，雕案出八珍。对见不可信，熟视事非真。空生四岳想，徒劳七识神。着幻是幻者，知幻非幻人。"应即较小型的魔术表演。

《续汉书·礼仪志中》刘昭注补引蔡质《汉仪》说到"天子正旦节"德阳殿的庆典仪式："正月旦，天子幸德阳殿，临轩。公、卿、将、大夫、百官各陪位朝贺。蛮、貊、胡、羌朝贡毕，见属郡计吏，皆陛觐，庭燎。"群臣上寿，天子赐酒食之后，又有别开生面的百戏表演：

> 作九宾散乐。舍利兽从西方来，戏于庭极，乃毕入殿前，激水化为比目鱼，跳跃潄水，作雾鄣日。毕，化成黄龙，长八丈，出水遨戏于庭，炫燿日光。以两大丝绳系两柱间，相去数丈，两倡女对舞，行于绳上，对面道逢，切肩不倾，又踏局出身，藏形于斗中。钟磬并作，倡乐毕，作鱼龙曼延。

这种鱼龙变化，"作雾鄣日"，"出水遨戏"，"炫燿日光"，以及"蹋局出身，藏形于斗中"的表演，也可以称为"奇变"之幻术。而所谓"从西方来"语，似乎隐含有某种象征意义。

《文选》卷二张衡《西京赋》也以生动的文字记录了长安群体娱乐活动中"幻人"神秘惊险的表演艺术：

> 攒珍宝之玩好，纷瑰丽以参靡。临迥望之广场，程角觝之妙戏。乌获扛鼎，都卢寻橦。冲燕鹜濯①，胸突铦锋。跳丸剑之挥霍，走索上而相逢。②华岳峨峨，冈峦参差。神木灵草，朱实离离。总会仙倡，戏豹舞罴。白虎鼓瑟，苍龙吹篪。③女娥坐而长歌，声清畅而蜲蛇。洪涯立而指麾，被毛羽之襳褵。④度曲未终，云起雪飞。初若飘飘，后遂霏霏。复陆重阁，转石成雷。复陆，复道阁也。于上转石，以象雷声。礔礰激而增响，磅礚象乎天威。巨兽百寻，是为曼延。⑤神山崔巍，欻从背见。熊虎升而挐攫，猿狖超而高援。⑥怪兽陆梁，大雀踆踆。⑦白象行孕，垂鼻辚囷。⑧海鳞变而成龙，状蜿蜿以蝹蝹。⑨含利飓飓，化为仙车。骊驾四鹿，芝盖九葩。⑩蟾蜍与龟，水人弄蛇。⑪奇幻儵忽，易貌分形。⑫

---

① 薛综注："卷簟席，以矛插其中，伎儿以身投从中过。燕濯，以盘水置前，坐其后，踊身张手跳前，以足偶节逾水，复却坐，如燕之浴也。"

② 薛综注："挥霍，谓丸剑之形也。索上，长绳系两头于梁，举其中央，两人各从一头上，交相度，所谓舞絙者也。"

③ 薛综注："仙倡，伪作假形，谓如神也。罴豹熊虎，皆为假头也。"

④ 薛综注："洪涯，三皇时伎人。倡家托作之，衣毛羽之衣。襳，衣毛形也。"

⑤ 薛综注："作大兽，长八十丈，所谓蛇龙曼延也。善曰：'《汉书》曰：武帝作漫衍之戏也。'"

⑥ 薛综注："皆伪所作也。善曰：'挐攫，相搏持也。'"

⑦ 薛综注："皆伪所作也。陆梁，东西倡佯也。踆踆，大雀容也。"

⑧ 薛综注："伪作大白象，从东来，当观前，行且乳，鼻正辚囷也。"

⑨ 薛综注："海鳞，大鱼也。初作大鱼，从东方来，当观前，而变作龙。蜿蜿、蝹蝹，龙形貌也。"

⑩ 薛综注："含利，兽名。性吐金，故曰含利。飓飓，容也。骊，犹罗列骈驾之也。以芝为盖，盖有九葩之采也。"

⑪ 薛综注："作千岁蟾蜍及千岁龟，行舞于前也。水人，倮儿，能禁固弄蛇也。"

⑫ 薛综注："儵忽，疾也。易貌分形，变化异也。"

吞刀吐火，云雾杳冥。① 画地成川，流渭通泾。② 东海黄公，赤刀粤祝。
冀厌白虎，卒不能救。③ 挟邪作蛊，于是不售。尔乃建戏车，树脩旃。
侲僮程材，上下翩翻。突倒投而跟絓，譬陨绝而复联。④ 百马同辔，骋
足并驰。橦末之伎，态不可弥。弯弓射乎西羌，又顾发乎鲜卑。⑤

其中"奇幻儵忽，易貌分形；吞刀吐火，云雾杳冥；画地成川，流渭通泾"
种种，都是典型的"幻人"之技。

汉代画像中多见以"幻人"表演为主题的画面，也可以说明这种文化
现象的广泛影响。

例如，表现"幻人""吐火"的汉代画像多有发现。⑥ 徐州铜山洪楼东
汉画像石百戏乐舞图中，可见"吐火"表演场景。⑦ 山东嘉祥五老洼汉画像
石与刘村洪福院汉画像石也有"吐火"画面。⑧ 河南南阳王寨汉墓出土汉画
像石乐舞百戏图中有"幻人""吐火"形象。⑨ 河南密县打虎亭二号汉墓壁
画所见"幻人"表演场面，服饰与汉地明显有异的演员正以管喷火。⑩ 河南
新野樊集出土汉画像砖画面中正在"吐火"的"幻人"着长袍，戴尖顶帽，

---

① 李善注："《西京杂记》曰：东海黄公，立兴云雾。《汉官典职》曰：正旦作乐，漱水成雾。"

② 李善注："《西京杂记》曰：东海黄公，坐成山河。又曰：淮南王好方士，方士画地成河。"吕
延济注："奇幻，谓幻人能分一身作数人，或吞刀，或吐火，或起云雾，或画地成川河。"

③ 李善注："善曰：《西京杂记》曰：东海人黄公，少时能幻，制蛇御虎，常佩赤金刀。及衰老，
饮酒过度，有白虎见于东海，黄公以赤刀往厌之，术不行，遂为虎所食。故云不能救也。皆伪作之也。"

④ 薛综注："突然倒投，身如将坠，足跟反绕橦上，若已绝而复连也。"

⑤ 薛综注："弯，挽弓也。鲜卑，在羌之东，皆于橦上作之。"

⑥ 傅起凤、傅腾龙《中国杂技史》说，"迄今发现'吐火'的汉代石刻已近10幅。"上海人民出
版社1989年版，第68页。

⑦ 徐州博物馆：《论徐州汉画像石》，《文物》1980年第2期。据记述："伎人吐火为杂技中比较惊
险的场面。《西京赋》云：'吞刀吐火，云雾杳冥。'画像石中一伎人手持一喇叭形物，鼓腮用力在吹，
火焰从喇叭管中喷出，熊熊燃烧，这节目应为一种魔术。"

⑧ 朱锡禄：《嘉祥五老洼发现一批汉画像石》，图四，《文物》1982年第5期。朱锡禄：《嘉祥汉画
像石》，山东美术出版社1992年版，图1，图92。

⑨ 闪修山等：《南阳汉画像石》，河南美术出版社1989年版，第64—65页。

⑩ 其画面为："一人头戴白色尖顶帽，身穿黑色白花条与红条贴身短袍，腰束红色带，下穿红色束
口裤，脚穿黑色长筒靴，右腿前伸，左腿后弓，双手拿一黑色细长竿的吹火器在表演。吹火器的前端呈
喇叭状，直伸向舞蹈者的面前。"河南省文物研究所：《密县打虎亭汉墓》，文物出版社1993年版，第
301页。

深目高鼻长须，正是胡人形象。①

"弄蛇"的画面，也多见于汉代文物资料。②

《后汉书》卷八二下《方术列传下·解奴辜》记载："解奴辜、张貂者，亦不知是何郡国人也。皆能隐沦，出入不由门户。奴辜能变易物形，以诳幻人。"解奴辜事迹，也可以帮助我们增进对东汉民间"幻人"活动的理解。

### 2. "幻人"故乡："国善眩""多奇幻"

史籍中可见关于"幻人"来路的文字记载，多说由自西域通路。

例如，《史记》卷一二三《大宛列传》在记述"条枝"风土民俗时，有"国善眩"语：

> 条枝在安息西数千里，临西海。暑湿。耕田，田稻。有大鸟，卵如瓮。人众甚多，往往有小君长，而安息役属之，以为外国。国善眩。

关于"善眩"，裴骃《集解》："应劭曰：'眩，相诈惑。'"张守节《正义》："颜云：'今吞刀、吐火、殖瓜、种树、屠人、截马之术皆是也。'"颜说的解释更为具体。司马迁还写道：

> 初，汉使至安息，安息王令将二万骑迎于东界。东界去王都数千里。行比至，过数十城，人民相属甚多。汉使还，而后发使随汉使来观汉广大，以大鸟卵及黎轩善眩人献于汉。及宛西小国骦潜、大益，宛东姑师、扜㞋、苏薤之属，皆随汉使献见天子。天子大悦。

司马贞《索隐》："韦昭云：'变化惑人也。'按：《魏略》云'犁靬多奇幻，口中吹火，自缚自解'。小颜亦以为植瓜等也。"

《汉书》卷六一《张骞传》中记述同一史实，写道：

---

① 南阳文物研究所：《南阳汉代画像砖》，文物出版社 1990 年版，图 91。

② 如山东嘉祥刘村洪福院汉画像石与宋山汉画像石，朱锡禄：《嘉祥汉画像石》，山东美术出版社 1992 年版，图 1，图 52。山东嘉祥武氏祠汉画像石也可见"弄蛇"画面，参看蒋英炬、吴文祺《汉代武氏墓群石科研究》，山东美术出版社 1995 年版，图 24。

> 大宛诸国发使随汉使来，观汉广大，以大鸟卵及黎轩眩人献于汉，
> 天子大说。

颜师古注引应劭曰："眩，相诈惑也。邓太后时，西夷檀国来朝贺，诏令为
之。而谏大夫陈禅以为夷狄伪道不可施行。后数日，尚书陈忠案汉旧书，乃
知世宗时黎轩献见幻人，天子大悦，与俱巡狩，乃知古有此事。"颜师古对
于"眩人"之术又进行了进一步的说明：

> "眩"读与"幻"同。即今吞刀吐火，植瓜种树，屠人截马之术皆
> 是也。本从西域来。

按照颜师古的解释，唐代仍然盛行的"吞刀吐火，植瓜种树，屠人截马之
术"，在汉代已经由"眩人"即"幻人"引进，而传入之路，乃"本从西域
来"。

《汉书》卷九六上《西域传上·乌弋山离国》关于"东与罽宾、北与扑
挑、西与犂轩、条支接"的乌弋山离国风习，也有"善眩"的说法。颜师
古依然解释道："'眩'读与'幻'同。"

在关于安息国的记述中，班固也写道：

> 因发使随汉使者来观汉地，以大鸟卵及犂轩眩人献于汉，天子
> 大说。

也说"眩人"即"幻人"是由西域通路而来。

《史记》卷一二三《大宛列传》所谓"加其眩者之工"，泷川资言《史
记会注考证》引张守节《正义》："言汉人幻人工妙，更加于黎轩。"以为有
"黎轩"与"汉人幻人"两种"幻人"。但是"幻人"之术的发明和导入，
仍由于"黎轩"。

伯希和认为："此犂轩亦即亚历山大之译音也。当时《史记》《汉书》
所记此国之事，惟言纪元前一四〇至八六年间，安息王以犂轩眩人献于汉，

当时亚历山大之魔术者，颇著名。《后汉书》亦曾志及其人由印度赴东方
也。则当时之犁轩，即指埃及之 Alexandrie。至纪元一世纪末年，中国人与
叙利亚（Orientsyrien）相接之后，始以大秦名其地。"①

　　《列子·周穆王》中有"周穆王时，西极之国有化人来"传说②，而所
谓"老成子学幻"的故事也与西方有关。③ "化人"，晋人张湛注："幻化人
也。"而杨伯峻还指出，"西极"，《北堂书钞》卷一二九、《太平御览》卷
一七三、卷六二六引作"西域"，《艺文类聚》卷六二引作"西胡"。④ 可知
魏晋时期流行的传说依然倾向于"幻人"西来。

### 3. 经由西南夷的"幻人"

　　伯希和所谓"《后汉书》亦曾志及其人由印度赴东方也"，即与"幻人"
西来不同的另一种历史记录。

　　《后汉书》卷五一《陈禅传》中，记载了"幻人"经西南夷地区转入中
原的史实：

> 　　永宁元年，西南夷掸国王献乐及幻人，能吐火，自支解，易牛马
> 头。明年元会，作之于庭，安帝与群臣共观，大奇之。禅独离席举手大
> 言曰："昔齐鲁为夹谷之会，齐作侏儒之乐，仲尼诛之。又曰：'放郑
> 声，远佞人。'帝王之庭，不宜设夷狄之技。"尚书陈忠劾奏禅曰："古
> 者合欢之乐舞于堂，四夷之乐陈于门，故《诗》云'以《雅》以南，

---

　　① 伯希和：《犁轩为埃及亚历山大说》，冯承钧译：《西域南海史地考证译丛》，商务印书馆 1995
年版，七编第 34 页。
　　② 《列子·周穆王》："周穆王时，西极之国有化人来，入水火，贯金石；反山川，移城邑；乘虚
不坠，触实不碍。千变万化，不可穷极。既已变物之形，又且易人之虑。穆王敬之若神，事之若君。推
路寝以居之，引三牲以进之，选女乐以娱之。"
　　③ 《列子·周穆王》："老成子学幻于尹文先生，三年不告。老成子请其过而求退。尹文先生揖而
进之于室。屏左右而与之言曰：'昔老聃之徂西也，顾而告予曰：有生之气，有形之状，尽幻也。造化之
所始，阴阳之所变者，谓之生，谓之死。穷数达变，因形移易者，谓之化，谓之幻。造物者其巧妙，其
功深，固难穷难终。因形者其巧显，其功浅，故随起随灭。知幻化之不异生死也，始可与学幻矣。吾与
汝亦幻也，奚须学哉？'老成子归，用尹文先生之言，深思三月；遂能存亡自在，翻校四时；冬起雷，夏
造冰。飞者走，走者飞。终身不箸其术，故世莫传焉。"
　　④ 杨伯峻：《列子集释》，中华书局 1979 年版，第 90 页。

《靺》《任》《朱离》'。今掸国越流沙，逾县度，万里贡献，非郑卫之
声，佞人之比。而禅廷讪朝政，请劾禅下狱。"有诏勿收，左转为玄菟
候城障尉。

陈忠有比较开阔的文化胸襟，以所谓"四夷之乐陈于门"的古礼，驳斥了
陈禅排拒"夷狄之技"的狭隘之见。但是，他所谓"今掸国越流沙，逾县
度，万里贡献"语，却有文化方向的错误，亦反映"幻人"经西域"流沙"
"县度"之路而来的说法有深锢的影响。

不过，范晔毕竟明确记载了"西南夷掸国王献乐及幻人"的事实。对
于这一历史事件，《后汉书》卷八六《西南夷列传·哀牢》也有记述：

> 永宁元年，掸国王雍由调复遣使者诣阙朝贺，献乐及幻人，能变化
> 吐火，自支解，易牛马头。又善跳丸，数乃至千。自言我海西人。海西
> 即大秦也，掸国西南通大秦。明年元会，安帝作乐于庭，封雍由调为汉
> 大都尉，赐印绶、金银、彩缯各有差也。

《汉书》卷六一《张骞传》说："（汉武帝）初置酒泉郡，以通西北国。因
益发使抵安息、奄蔡、犛轩、条支、身毒国。"颜师古注："自安息以下五
国皆西域胡也。犛轩即大秦国也。"

《三国志》卷三〇《魏书·乌丸鲜卑东夷传》裴松之注引《魏略·西戎
传》有关于大秦国的记述：

> 大秦国一号犛轩，在安息、条支西大海之西，从安息界安谷城乘
> 船，直截海西，遇风利二月到，风迟或一岁，无风或三岁。其国在海
> 西，故俗谓之海西。有河出其国，西又有大海。海西有迟散城，从国下
> 直北至乌丹城，西南又渡一河，乘船一日乃过。西南又渡一河，一日乃
> 过。凡有大都三，却从安谷城陆道直北行之海北，复直西行之海西，复
> 直南行经之乌迟散城，渡一河，乘船一日乃过。周回绕海，凡当渡大海
> 六日乃到其国。国有小城邑合四百余，东西南北数千里。其王治浜侧河
> 海，以石为城郭。其土地有松、柏、槐、梓、竹、苇、杨柳、梧桐、百

草。民俗，田种五谷，畜乘有马、骡、驴、骆驼。桑蚕。俗多奇幻，口中出火，自缚自解，跳十二丸巧妙。其国无常主，国中有灾异，辄更立贤人以为王，而生放其故王，王亦不敢怨。其俗人长大平正，似中国人而胡服。自云本中国一别也，常欲通使于中国，而安息图其利，不能得过。其俗能胡书。其制度，公私宫室为重屋，旌旗击鼓，白盖小车，邮驿亭置如中国。从安息绕海北到其国，人民相属，十里一亭，三十里一置，终无盗贼。但有猛虎、狮子为害，行道不群则不得过。

所谓"俗多奇幻，口中出火，自缚自解，跳十二丸巧妙"，强调熟习幻术竟然是其地民俗。

《后汉书》卷八八《西域传》写道，西域西行可以至大秦国："自安息西行三千四百里至阿蛮国。从阿蛮西行三千六百里至斯宾国。从斯宾南行度河，又西南至于罗国九百六十里，安息西界极矣。自此南乘海，乃通大秦。其土多海西珍奇异物焉。"又写道："大秦国一名犁鞬，以在海西，亦云海西国。地方数千里，有四百余城。小国役属者数十。以石为城郭。列置邮亭，皆垩墍之。有松柏诸木百草。人俗力田作，多种树蚕桑。皆髡头而衣文绣，乘辎软白盖小车，出入击鼓，建旌旗幡帜。所居城邑，周圜百余里。城中有五宫，相去各十里。宫室皆以水精为柱，食器亦然。其王日游一宫，听事五日而后遍。常使一人持囊随王车，人有言事者，即以书投囊中，王至宫发省，理其枉直。各有官曹文书。置三十六将，皆会议国事。其王无有常人，皆简立贤者。国中灾异及风雨不时，辄废而更立，受放者甘黜不怨。其人民皆长大平正，有类中国，故谓之大秦。""与安息、天竺交市于海中，利有十倍。其人质直，市无二价。谷食常贱，国用富饶。邻国使到其界首者，乘驿诣王都，至则给以金钱。其王常欲通使于汉，而安息欲以汉缯彩与之交市，故遮阂不得自达。至桓帝延熹九年，大秦王安敦遣使自日南徼外献象牙、犀角、瑇瑁，始乃一通焉。其所表贡，并无珍异，疑传者过焉。或云其国西有弱水、流沙，近西王母所居处，几于日所入也。《汉书》云'从条支西行二百余日，近日所入'，则与今书异矣。前世汉使皆自乌弋以还，莫有至条支者也。又云'从安息陆道绕海北行出海西至大秦，人庶连属，十里一亭，三十里一置，终无盗贼寇警。而道多猛虎、师子，遮害行旅，不百余人，赍兵器，辄为所食'。又言'有飞桥数百里可度海北'。诸国所生奇异玉石诸物，谲怪多不经，故不记云。"

关于其地"谲怪"，李贤注引鱼豢《魏略》则写作："大秦国俗多奇幻，口中出火，自缚自解，跳十二丸，巧妙非常。"较《三国志》裴松之注引多"非常"二字。

可见，当时中原人对于大秦国，已经有较西汉人更为具体的了解。而"奇幻""谲怪"种种，被看作其民俗风格的典型特征。这种对于大秦国的认识，是通过何种渠道得到的呢？

《三国志》卷三〇《魏书·乌丸鲜卑东夷传》裴松之注引《魏略·西戎传》又写道：

> 大秦道既从海北陆通，又循海而南，与交阯七郡外夷比，又有水道通益州、永昌。故永昌出异物。

这样说来，《魏略》的作者当时已经认识到海西幻人的来路大略有三条，即：

1. 西域陆路；
2. 交阯海路；
3. 海陆兼行的益州、永昌路。

由海路经行交阯的通路，有《后汉书》卷八八《西域传·大秦国》所谓"至桓帝延熹九年，大秦王安敦遣使自日南徼外献象牙、犀角、瑇瑁，始乃一通焉"的史证。范晔还指出："其所表贡，并无珍异，疑传者过焉。"疑心是传递间出现的问题。

两汉益州郡治所在今云南晋宁东。东汉时永昌郡治所在今云南保山东北。

### 4. 永昌通路"幻人"足迹

永昌通路对于中西文化交流的意义，是不宜忽视的。

虽然《后汉书》卷八六《西南夷列传·哀牢》有"永宁元年，掸国王雍由调复遣使者诣阙朝贺，献乐及幻人"的记载，而"复遣使者"之所谓

"复"，则明示此次"献乐及幻人"，并不是第一次正式交往。此前通过这一地区的外交活动的记录，还有："永元六年，郡徼外敦忍乙王莫延慕义，遣使译献犀牛、大象。九年，徼外蛮及掸国王雍由调遣重译奉国珍宝，和帝赐金印紫绶，小君长皆加印绶、钱帛。"汉和帝永元六年即公元94年。永元九年即公元97年。莫延"遣使译献犀牛、大象"，在"幻人"因雍由调的友好行为进入内地二十六年之前。此外，"永初元年，徼外僬侥种夷陆类等三千余口举种内附，献象牙、水牛、封牛"史事也值得注意。汉安帝永初元年即公元107年，也在雍由调永宁元年（120）"献乐及幻人"十三年前。

有学者指出，"掸国就是今缅甸境内的掸邦"。而对于"敦忍乙"、"僬侥种夷"所在，学界虽意见不一，但是都认为在今缅甸境内。[①]

另一情形更值得我们注意，即《三国志》卷三〇《魏书·乌丸鲜卑东夷传》裴松之注引《魏略·西戎传》在"大秦道既从海北陆通"以及"又有水道通益州、永昌，故永昌出异物"之后，又说："前世但论有水道，不知有陆道。"可见，在一定的历史时期，永昌通路服务文化交往的效能，甚至曾经超过西域通路。

《西京杂记》卷三写道："余所知有鞠道龙，善为幻术，向余说古时事：有东海人黄公，少时为术，能制蛇御虎，佩赤金刀，以绛缯束发，立兴云雾，坐成山河。及衰老，气力羸惫，饮酒过度，不能复行其术。秦末，有白虎见于东海，黄公乃以赤刀往厌之。术既不行，遂为虎所杀。三辅人俗用以为戏，汉帝亦取以为角抵之戏焉。""又说淮南王好方士，方士皆以术见，遂有画地成江河，撮土为山岩，嘘吸为寒暑，喷嗽为雨雾。"这里所说的"幻术"，与张衡《西京赋》中说到的"画地成川，流渭通泾；东海黄公，赤刀粤祝；冀厌白虎，卒不能救"有关，而未知渊源。《西京赋》中记述的有的"幻术"，却很有可能经由永昌通路传入。如："白象行孕，垂鼻辚囷。"虽然汉代长江流域仍然是野生亚洲象分布的北界，[②] 但是象生存密集，

---

① 陈炎：《中缅文化交流两千年》，周一良主编：《中外文化交流史》，河南人民出版社1987年版，第6页；贺圣达：《缅甸史》，人民出版社1992年版，第14页。

② 文焕然等：《历史时期中国野象的初步研究》，文焕然：《再探历史时期的中国野象分布》，文焕然：《再探历史时期中国野象的变迁》，均收入《中国历史时期植物与动物变迁研究》，重庆出版社1995年版。

又得到驯养，以身毒国即今印度地方最为著名。《史记》卷一二三《大宛列传》："（月氏）其东南有身毒国。"张守节《正义》写道："一名身毒，在月氏东南数千里。俗与月氏同，而卑湿暑热。其国临大水，乘象以战。"其实，所谓"乘象以战"，本见同传张骞语：

> 骞曰："臣在大夏时，见邛竹杖、蜀布。问曰：'安得此?'大夏国人曰：'吾贾人往市之身毒。身毒在大夏东南可数千里。其俗土著，大与大夏同，而卑湿暑热云。其人民乘象以战。其国临大水焉。'以骞度之，大夏去汉万二千里，居汉西南。今身毒国又居大夏东南数千里，有蜀物，此其去蜀不远矣。今使大夏，从羌中，险，羌人恶之；少北，则为匈奴所得；从蜀宜径，又无寇。"

"其人民乘象以战"，是身毒其俗的最突出特点。[1] 司马迁又写道：

> 天子既闻大宛及大夏、安息之属皆大国，多奇物，土著，颇与中国同业，而兵弱，贵汉财物；其北有大月氏、康居之属，兵强，可以赂遗设利朝也。且诚得而以义属之，则广地万里，重九译，致殊俗，威德遍于四海。天子欣然，以骞言为然，乃令骞因蜀犍为发间使，四道并出：出駹，出冄，出徙，出邛、僰，皆各行一二千里。其北方闭氐、筰，南方闭巂、昆明。昆明之属无君长，善寇盗，辄杀略汉使，终莫得通。然闻其西可千余里有乘象国，名曰滇越，而蜀贾奸出物者或至焉，于是汉以求大夏道始通滇国。

今云南地区也有被称为"乘象国"的地方。从这些现象分析，所谓"白象

---

① 《汉书》卷六一《张骞传》："身毒国在大夏东南可数千里。其俗土著，与大夏同，同卑湿暑热。其民乘象以战。""昆明之属无君长，善寇盗，辄杀略汉使，终莫得通。然闻其西可千余里，有乘象国，名滇越。"《后汉书》卷八八《西域传》："天竺国一名身毒，在月氏之东南数千里。俗与月氏同，而卑湿暑热。其国临大水。乘象而战。""东离国居沙奇城，在天竺东南三千余里，大国也。其土气、物类与天竺同。列城数十，皆称王。大月氏伐之，遂臣服焉。男女皆长八尺，而怯弱。乘象、骆驼，往来邻国。有寇，乘象以战。""至于佛道神化，兴自身毒，而二汉方志莫有称焉。张骞但著地多暑湿，乘象而战。"

行孕，垂鼻鳞囷”的幻术表演来自西南方向的可能性很大。虽然汉时南越地区也有驯象，① 但是“白象”传说似多与古印度文化有较多联系，如《三国志》卷三〇《魏书·乌丸鲜卑东夷传》裴松之注引《魏略·西戎传》说"临儿国"事，引述了《浮屠经》：“始莫邪梦白象而孕，及生，从母左胁出。”又说：“此国在天竺城中。”

张衡《西京赋》中所谓“水人弄蛇”，有学者认为来自“南亚弄蛇之身毒（印度）”，是有一定道理的。论者又说：“云南晋宁出土的西汉透雕饰件，雕有弄蛇图，二人带剑舞跃，脚下巨蛇绕盘，无论从服饰和神态看，其人均与中土大不相同。云南地处南方边陲，饰件所反映的当为南方传入之弄蛇者形象。”②

《西京赋》：“非都卢之轻趫，孰能超而究升？”李善注：“《汉书》曰：自合浦南有都卢国。《太康地志》曰：都卢国，其人善缘高。《说文》曰：趫，善缘木之士也。”又前引《西京赋》所说“都卢寻橦”，李善注：“《汉书》曰：武帝享四夷之客，作巴俞、都卢。”所引当即《汉书》卷九六下《西域传下》：“设酒池肉林以飨四夷之客，作巴俞都卢、海中砀极、漫衍鱼龙、角抵之戏以观视之。”颜师古注列录了如下的解释：

> 晋灼曰：“都卢，国名也。”
> 李奇曰：“都卢，体轻善缘者也。砀极，乐名也。”

师古曰：“巴人，巴州人也。俞，水名，今渝州也。巴俞之人，所谓賨人也，劲锐善舞，本从高祖定三秦有功，高祖喜观其舞，因令乐人习之，故有巴俞之乐。漫衍者，即张衡《西京赋》所云‘巨兽百寻，是为漫延’者也。鱼龙者，为舍利之兽，先戏于庭极，毕乃入殿前激水，化成比目鱼，跳跃漱

---

① 《汉书》卷六《武帝纪》：汉武帝元狩二年（前121），“南越献驯象。”《三国志》卷六〇《吴书·贺齐传》：“（贺齐）被命诣所在，及当还郡，（孙）权出祖道，作乐舞象。”裴松之注引《吴书》曰：“权谓齐曰：‘今定天下，都中国，使殊俗贡珍，狡兽卒舞，非君谁与？’齐曰：‘殿下以神武应期，廓开王业，臣幸遭际会，得驱驰风尘之下，佐助末行，效鹰犬之用，臣之愿也。若殊俗贡珍，狡兽率舞，宜在圣德，非臣所能。’”

② 傅起凤、傅腾龙：《中国杂技史》，上海人民出版社1989年版，第67页。

水。作雾障日，毕，化成黄龙八丈，出水敖戏于庭，炫燿日光。《西京赋》云'海鳞变而成龙'，即为此色也。……观示者，视之令观也。"

"巴俞之乐"发生的地域，也正在西南方向。"都卢"作为国名的理解可能是正确的。《汉书》卷二八下《地理志下》说南海交通：

> 自日南障塞、徐闻、合浦船行可五月，有都元国；又船行可四月，有邑卢没国；又船行可二十余日，有谌离国；步行可十余日，有夫甘都卢国。自夫甘都卢国船行可二月余，有黄支国，民俗略与珠崖相类。

颜师古注：

> 都卢国人劲捷善缘高，故张衡《西京赋》云"乌获扛鼎，都卢寻橦"，又曰"非都卢之轻趫，孰能超而究升"也。

按照颜师古的解释，"都卢"就是"夫甘都卢国"。其方位，一说在缅甸西南部或马来半岛北部。或以为即突罗朱、敦忍乙的异译，其地在缅甸。[①] 而都卢杂技之内传早在西汉，也可以从侧面印证"幻人"起初从永昌通路进入中原，很可能远在雍由调永宁元年（120）"献乐及幻人"之前。

有的杂技史专家认为，"都卢寻橦"和"水人弄蛇"，就是"缅甸人的竿技和印度人的'弄蛇'"。[②] 这样的看法大致可信。

从杂技史的角度看，"西域幻术，多是形象残酷的节目。'吞刀'真的把刀插入食道；'吐火'亦属苦刑幻术；'屠人'、'杀马'、'自支解'，大都来自印度。汉安帝时，'天竺献技，能自断手足，刳腹胃'，均为血淋淋的玩艺，后世亦屡有出现。唯'种瓜'乃流行于印度及南亚的优秀节目，表现了下种、引蔓、结瓜于顷刻之间，为中国观众所喜好而流传至今。"[③]

---

① 参看陈佳荣、谢方、陆峻岭《古代南海地名汇释》，中华书局1986年版，第644页。"敦忍乙"为"都卢"的对音的说法，见方国瑜《十三世纪前中国与缅甸的友好关系》，《人民日报》1965年7月27日。

② 傅起凤、傅腾龙：《中国杂技》，天津科学技术出版社1983年版，第22页。

③ 傅起凤、傅腾龙：《中国杂技史》，上海人民出版社1989年版，第67—68页。

"印度及南亚"杂技传入中土，最便捷的路线自然是永昌通路。

《后汉书》卷五九《张衡传》说张衡著《二京赋》事："永元中，举孝廉不行，连辟公府不就。时天下承平日久，自王侯以下，莫不逾侈。衡乃拟班固《两都》，作《二京赋》，因以讽谏。精思傅会，十年乃成。"如果"十年乃成"自"永元中"计，即使自使用"永元"年号的最后一年永元十六年（104）后推十年，张衡《西京赋》成，当在公元114年。这样说来，其中关于"都卢寻橦"、"水人弄蛇"、"易貌分形"、"吞刀吐火"一类"幻人"之术的记述，在"永宁元年，西南夷掸国王献乐及幻人，能吐火，自支解，易牛马头"史事之前。这一情形，也是我们在思考永昌通路究竟何时开通时应当注意的。

史籍记载，汉武帝听到张骞介绍在大夏时见邛竹杖、蜀布，知身毒国居大夏东南数千里，有蜀物，此其去蜀不远，于是汉以求大夏道始通滇国，有开通西南夷通路的决策。但是，从许多迹象看，在此之前，实际上已经有民间的交往通过这一路线得以实现。

《三国志》卷三〇《魏书·乌丸鲜卑东夷传》裴松之注引《魏略·西戎传》可见鱼豢议曰："俗以为营廷之鱼不知江海之大，浮游之物不知四时之气，是何也？以其所在者小与其生之短也。余今泛览外夷大秦诸国，犹尚旷若发蒙矣，况夫邹衍之所推出，《大易》、《太玄》之所测度乎！徒限处牛蹄之涔，又无彭祖之年，无缘托景风以迅游，载骊袤以遐观，但劳眺乎三辰，而飞思乎八荒耳。"鱼豢的话，体现出一种比较阔远的文化眼界，一种比较宽宏的文化精神。

考察永昌通路的历史文化作用，有助于认识汉代人形成"飞思乎八荒"的世界观的时代背景。汉文化吸纳外来积极影响形成丰富内涵的情形，也可以因此得到较为具体、较为生动的说明。而这条通路重要意义的显示，因"幻人"这些外来艺术家的足迹得以证明。这或许也是"幻人"称谓讨论的文化价值之一。

## 汉代的"神童"

汉代出现了"神童"称谓。"神童"故事的发生与传播，体现出社会文化的繁荣和民间教育的进步。而齐鲁"神童"在汉代"神童"谱中形成了十分光彩的文化影响，是以齐鲁地方文化传统方面的优势为重要背景的，也是与齐鲁地方教育事业的发达密切相关的。通过画像资料和碑刻资料所见"项橐"事迹在汉代齐鲁地方受到特殊的推崇，也值得文化史学者关注。

### 1. 奇童·圣童·神童

《太平御览》卷三八四引《东观汉记》说到张堪"年六岁"，"才美而高，京师号曰'圣童'"的故事。大致正是在汉代，又出现了"神童"这样的社会称谓。

《华阳国志·先贤士女总赞论》关于扬雄的赞颂之辞中，有这样的文句："雄子神童乌，七岁预雄《玄》文。年九岁而卒。"《华阳国志·后贤志》附《益梁宁三州先汉以来士女目录》列有"文学神童杨乌"，书中的注解写道：杨雄的儿子杨信，字子乌，七岁的时候就对杨雄著《太玄》有所助益。《法言·问神》："育而不苗者，吾家之童乌乎。九龄而与我《玄》文。"《太平御览》卷三八五引《刘向别传》："杨信字子乌，雄第二子，幼而明慧。"扬雄著《太玄》一书，杨信提供了很多帮助。

杨信帮助扬雄著《太玄》时的年龄，有的说"七岁"，有的说"九龄"。无论哪一种说法正确，这个曾经给大学问家扬雄有所提示的儿童，都是"神童"。现在看来，杨信很可能是最早被称作"神童"的聪慧幼儿了。

《艺文类聚》卷三一引《先贤行状》写道："杜安入太学时，号曰'神童'。时贵戚慕安高行，多有与书者，不辄发以虑后患，常凿壁藏书。当时皆嘉其虑远。"《后汉书·乐恢传》说到"颍川杜安"。李贤注引《华峤书》曰："安亦节士也，年十三入太学，号'奇童'。洛阳令周纡自往候安，安谢不见。京师贵戚慕其行，或遗之书，安不发，悉壁藏之。及后捕案贵戚宾客，安开壁出书，印封如故。"也有杜安"号曰'神童'"的说法。①

汉末又有这样一位"神童"，评价者指出他"虽有才，性质不端"，将

---

① 《艺文类聚》卷三一引《先贤行状》："杜安入太学，时号曰'神童'。时贵戚慕安高行，多有与书者。不辄发，以虑后患，常凿壁藏书。当时皆嘉其虑远。"《册府元龟》卷七七三《幼敏第一》："杜安，年十岁名称乡里，至十五入太学，号曰'神童'。"

导致其人生的败局。《册府元龟》卷八四二《知人》："何祯，明帝时为秘书丞。时谯人胡康年十五以异才见选，又陈损益，求试剧县。诏特引见，众论翕然，号为'神童'。诏付秘书，使博览典籍。帝以问祯：'康才何如？'祯答曰：'康虽有才，性质不端，必有负败。'后果以过见谴。"何祯的预言不知道有没有特别的心理背景，但是对"神童"的评价注意到才华与品性之间的关系，其人才观的眼光显然是值得肯定的。宋代学者马永易《实宾录》卷六"神童"条也说到胡康事："魏胡康，年十五以异才见送，又陈损益，求试剧县，诏特引见，众论翕然，号为'神童'。"原注："《刘劭传》裴松之云：'魏朝不闻有胡康，疑是孟康。'"

《太平御览》卷三八五引《何晏别传》可见何晏少慧的故事："晏时小养魏宫，七八岁便慧心大悟，众无智愚莫不贵异之。魏武帝读兵书，有所未解，试以问晏，晏分散所疑，无不冰释。""神童"何晏竟然能够熟悉兵学，其知识面之广，确实令人惊异。

两汉"神童"事迹除了多体现为儿童的博学外，更多则言其机智。《后汉书》卷六一《黄琬传》记载："琬字子琰。少失父。早而辩慧。祖父琼，初为魏郡太守，建和元年正月日食，京师不见而琼以状闻。太后诏问所食多少，琼思其对而未知所况。琬年七岁，在傍，曰：'何不言日食之余，如月之初？'琼大惊，即以其言应诏，而深奇爱之。后琼为司徒，琬以公孙拜童子郎，辞病不就，知名京师。时司空盛允有疾，琼遣琬候问，会江夏上蛮贼事副府，允发书视毕，微戏琬曰：'江夏大邦，而蛮多士少。'琬奉手对曰：'蛮夷猾夏，责在司空。'因拂衣辞去。允甚奇之。"盛允"江夏大邦，而蛮多士少"的戏言，由自黄琬是江夏安陆人。

常林故事也以"幼智"著名。《三国志》卷二三《魏书·常林传》写道："常林字伯槐，河内温人也。年七岁，有父党造门，问林：'伯先在否？汝何不拜！'林曰：'虽当下客，临子字父，何拜之有？'于是咸共嘉之。"对"临子字父"的批评，与当时"子讳父字"的风习有关。

在汉魏之际进行过活跃的政治表演的锺会，也曾经是著名的神童。《三国志》卷二八《魏书·锺会传》说他"少敏惠夙成"。五岁的时候，曾经去见中护军蒋济，蒋济赞叹他特殊的才质，说："非常人也！"锺会的事迹告诉我们，"神童"也是通过勤奋学习方能完成自我锤炼的。

《三国志》卷二八《魏书·锺会传》裴松之注引锺会母亲的传记："夫人性矜严，明于教训，会虽童稚，勤见规诲。年四岁授《孝经》，七岁诵《论语》，八岁诵《诗》，十岁诵《尚书》，十一诵《易》，十二诵《春秋左氏传》、《国语》，十三诵《周礼》、《礼记》，十四诵成侯《易记》，十五使入太学问四方奇文异训。谓会曰：'学猥则倦，倦则意怠；吾惧汝之意怠，故以渐训汝，今可以独学矣。'雅好书籍，涉历众书，特好《易》、《老子》，每读《易》孔子说鸣鹤在阴、劳谦君子、籍用白茅、不出户庭之义，每使会反复读之，曰：'《易》三百余爻，仲尼特说此者，以谦恭慎密，枢机之发，行己至要，荣身所由故也，顺斯术已往，足为君子矣。'正始八年，会为尚书郎，夫人执会手而诲之曰：'汝弱冠见叙，人情不能不自足，则损在其中矣，勉思其戒！'"锺会日后的政治方向姑且不论，他在自我设计的特定的人生道路上取得的成功，与他母亲的引导和教育有着直接的关系。锺会的母亲所教给他的，不仅仅是知识，更重要的是人生的哲理和历史的经验。①

古来有"圣祚平承，神童间出"的说法。②从汉末"神童"故事密集出现的情形看，以为"神童间出"必定与政治稳定相关的见解未必符合历史真实。然而检点古代"神童"谱，却可以发现这种现象与文化发展和教育普及之间的密切关系。汉代"神童"的发生以及"神童"事迹的传播，可以看作社会文化进步的时代标志之一。

### 2. "礼乐皆东"：齐鲁"神童"故事

汉代齐鲁地方的"神童"，有更为引人注目的文化表现。

东汉晚期著名大学问家郑玄，据说十六岁时得到了"神童"称号。《太平御览》卷八三九引《郑玄别传》说：

> 玄年十六，号曰"神童"。民有献嘉禾者，欲表府，文辞鄙略，玄为改作，又著颂一篇。侯相高其才，为修冠礼。

---

① 参看王子今《汉代神童故事》，《学习时报》2007年6月25日。
② （宋）江少虞：《事实类苑》卷三四《诗歌赋咏》"杨文公"条。

《太平御览》卷九七八引《郑玄别传》作："民有献嘉瓜者，异本同实，县欲表府，文词鄙略，君为改作，又著颂一篇，侯相高其才。"卷五八八引文则作"著颂二篇"。①王利器据郑珍说，于《郑康成年谱》中写作："玄年十六，号曰'神童'。民有献嘉禾嘉瓜者，异本同实，县欲表府，文词鄙略，玄为改作，又著颂二篇。侯相高其才，为修冠礼。"②

郑玄十七岁时，曾经观气象而发布了准确的预言。《太平御览》卷八六八引《郑玄别传》写道："年十七，在家，见大风起，诣县曰：'某时当有火灾，宜祭禳禳，广设禁备。'时火果起，而不为害。"所谓"宜祭禳禳"，是在当时文化背景下适合礼俗传统的预防措施，而"广设禁备"，则是切实的消防措施了。

《太平广记》卷二一五引《玄列传》说："玄八九岁，能下算乘除。"《世说新语·文学》：

> 郑玄在马融门下，三年不得相见。高足弟子传授而已。尝算浑天不合，诸弟子莫能解。或言玄能者，融召令算，一转便决。众咸骇服。及玄业成辞归，既而融有"礼乐皆东"之叹。

刘孝标注引《玄别传》：

> 玄少好学书数，十三诵《五经》，好天文、占候、风角、隐术。年十七，见大风起，诣县曰："某时当有火灾。"至时果然，智者异之。年二十一，博极群书，精历数图谶之言，兼精算术。

看来，郑玄不仅精通"《五经》""礼乐"，对于当时"书数""天文"等实

---

① 《太平御览》卷五八八引《郑玄别传》："民有嘉瓜者，异本同实，县欲表附，文辞鄙略，君为改作，又著颂二篇，侯相高其才。"
② 王利器：《郑康成年谱》，齐鲁书社1983年版，第32页。引郑珍说："此事，《御览》惟《禾部》（八三九）所引文详，《颂门》（五八八）云：'著颂二篇。'乃原文也，纂人依类隶事，故于禾则去其嘉瓜，于瓜（九七八）则去嘉禾，各云著颂一篇，至《颂门》亦不及嘉禾，则由传抄误脱。（《传注》）"

用之学，也相当熟悉。

郑玄的身边，还有另外两位著名的"神童"。《后汉书》卷三五《郑玄传》写道："乐安国渊、任嘏，时并童幼，（郑）玄称渊为国器，嘏有道德，其余亦多所鉴拔，皆如其言。"《说郛》卷五八下刘昭《幼童传》说："任嘏。乐安任嘏者，十二就师，学不再问，一年通三经。乡人歌曰：'蒋氏翁，任氏童。'言蒋氏之门老而方笃，任家之学幼而多慧。"

又《册府元龟》卷七七三《幼敏第一》写道："任昭，先名嘏，世为著姓，夙智蚤成。乡人为之语曰：'蒋氏翁，任氏童。'年十四始学，疑不再周，三年中诵《五经》，皆晓其义，兼包群言，无不综览。于时学者号之为'神童'。"《隋书·经籍志三》著录："《任子道论》十卷，魏河东太守任嘏撰。"就是这位汉末"神童"的文化贡献。

《册府元龟》卷七八七《德行》记录了这样的"神童"事迹：

> 任嘏幼号"神童"。及汉末荒乱，家贫卖鱼，会官税鱼，鱼贵数倍。嘏取直如常。又与人共买生口，各雇八疋。后生口家来赎时，价直六十疋。共买者欲随时价取赎，嘏自取本价八疋。共买者惭，亦退还取本价。

看来郑玄"嘏有道德"的评价是准确的。而"神童"不唯"夙智蚤成"，尤重视道德修养，任嘏的事迹引人注目。

《太平御览》卷三八五《人事部·幼智下》引《管辂别传》说到管辂年少好学深思，才情得到学界发现的生动故事：

> 辂年八九岁，便喜仰视星辰。得人辄问其名，夜不肯寐。自言：家鸡野鹄，犹尚知时，况于人乎？与比邻儿共戏土壤中，辄书地作天及日月星辰。每答言说事，语皆不常。宿学者人不能及。[1] 父为琅邪顾邱

---

[1] 《太平御览》卷二八七引作："辂年八九岁，便喜仰视星辰。得人辄问其名，夜不肯寐。自言：家鸡野鹄，犹尚知时，况于人乎？与比邻儿共戏土壤中，辄书地作天及日月星辰。每答言说，事语皆不常，宿学者人，不能折之。"

长①，时年十五，来在官舍，始读《论语》及《易》，便开源布华，辞义斐然。是时黉上诸生四百余人，皆伏其才。琅邪太守单子春，雅有才度，闻辂一黉之隽，欲见之。父遣辂造之，大会宾客百余人。辂既年少，惧失精神，请先饮三升清酒然后言。子春大喜，便酌酒独使饮之。春曰：吾自欲与卿旗鼓相当。于是唱大语之端，遂经乎阴阳。子春及众士卒共攻刿，请难风起，而辂对答，言皆有余。② 至日向暮，酒食不得。子春语众人曰：此年少盛有才器，听其言语正似司马子《游猎》之赋，何其碌硌雄壮，英神畅茂，必能明天文地理变化之数。于是发身徐州，号之"神童"。

"三升清酒"，《艺文类聚》卷一七引作"三斗"。③《太平御览》卷六一七《学部·谈论》引《管辂别传》对于管辂与琅邪太守单子春"及众士"的论辩，有更为具体的记述：

辂父为琅邪即丘长。辂时年十五，琅邪太守单子春雅有才度，闻辂一时之俊，欲得相见。辂父即遣辂造之，大会宾客百余人。坐上有能言之士，辂问子春：府君多嘉宾，有雄贵之姿。辂既年少，胆志未刚，若欲相观，惧失精神。先饮三升清酒，尽之然后而言。子春大喜，便酌三升酒，独使饮之。酒尽之后，问子春：今欲与辂为对者，府君邪？四坐之士邪？子春曰：吾自欲与卿旗鼓相当。辂言：始读《书》论《易》，本学问微浅，未能上引圣人之道，陈周汉之事，但论金木火水鬼神之情耳。子春言：此最难者，而卿以为易邪？于是唱大论之端，遂造阴阳，文彩葩流，枝叶横生，少引圣籍，多发天然。子春及众士互共攻刿，论难锋起。而辂人人答对，言皆有余。至日向暮，酒食不行。于是发声徐州，号之"神童"。

---

① 今按："顾邱"，应为即丘。在今山东临沭西。
② 《太平御览》卷三七六引作："辂与人人对答，言比有余。"
③ 《艺文类聚》卷一七引《管辂别传》："辂谓子春曰：'府君名士，加有雄贵之资。辂既年少，胆未坚刚，若欲相观，惧失精神。请先饮酒三斗，然后与言。'子春大喜，酌三斗，独使饮之。于是辂人人答对，言皆有余。"

《艺文类聚》卷五五引《管辂别传》："冀州刺史裴徽召为文学从事。一相见，清谈终日，不觉罢倦。再相见，转为巨鹿从事。三相见，转为治中。四相见，转为别驾。至前十日，举为秀才。"① 《太平御览》卷二六三引《管辂别传》说："赵孔曜言辂于冀州刺史裴徽，即檄召辂。一相见，清论终日，不见疲倦。天时大热，移床在庭前树下，乃至鸡鸣，向晨然后出。自尔四见，引辂为别驾。"《太平御览》卷三八〇引《管辂别传》记载诸葛原对管辂的评价："卿有冰鉴之才，所见者妙，仰观如神。"② 可以推知这位"神童"在成年之后，依然才具出众。

所谓"发身徐州"，又作"发声徐州"，说少年管辂因"才器"异常，气质表现"礵硌雄壮，英神畅茂"，于是在徐州地方声名响亮，号称"神童"。

《说郛》卷五七上陶潜《群辅录》引《济北英贤传》说到所谓"济北五龙"：

> 胶东令卢氾昭字兴先，乐城令刚戴祈字子陵，颍阴令刚徐晏字孟平，泾令卢夏隐字叔世，州别驾蛇邱刘彬字文曜，一云世州。

右济北五龙，少并有异才，皆称"神童"。当桓灵之世，时人号为"五龙"。见《济北英贤传》。

在陶潜笔下，此"五龙"和"八俊"、"八顾"、"八及"并说，应当也是"桓灵之世"社会舆论人物品评的记录。③ 值得我们特别注意的是，所谓"济北五龙，少并有异才，皆称'神童'"。出身于一个地区的"神童"组合，体现了当时区域文化的某种特征。

---

① 《太平御览》卷六一七引作："冀州刺史裴徽召辂为文学从事，相见亲辂终日不觉罢倦。再相见转为治中，四相见，转为别驾。前至十月，举为秀才。"

② 《艺文类聚》卷二九、《初学记》卷一八及《太平御览》卷四八九引作诸葛乐语，文辞略有不同。

③ （明）徐应秋《玉芝堂谈荟》卷四"兄弟十龙"条："济北泛昭、戴祈、徐晏、夏隐、刘彬，俱'神童'，号'炖煌五龙'。""炖煌"字误。《山堂肆考》卷一〇三"济北五龙"条："《济北英贤传》：纪昭、戴所、徐宴、夏隐、刘彬，时号为'济北五龙'。按纪昭，汉桓灵时人。又晋索靖字幼安，炖煌人，少有逸群之量，与泛衷、张彪、索纷、索永俱诣太学，驰名海内，号'炖煌五龙'。"

### 3. 少年孔融的文化表现

作为品德教育典范的著名的孔融让梨的故事，《太平御览》卷三八五也是列于《人部·幼智》题下的：

> 《孔融列传》曰：孔文举年四岁时，每与诸兄共食梨，引小者。人问其故，答曰："我小儿，法当取小。"由此宗族奇之。①

《后汉书·孔融传》说，"孔融字文举，鲁国人，孔子二十世孙也。"据说"幼有异才"。李贤注引《融家传》说他"幼有自然之性"，又记述让梨故事："四岁时，每与诸兄共食梨，融辄引小者。大人问其故，答曰：'我小儿，法当取小者。'由此宗族奇之。"《后汉书》卷七〇《孔融传》所记载孔融见李膺事，尤其透露出他的机敏：

> 年十岁，随父诣京师。时河南尹李膺以简重自居，不妄接士宾客，敕外自非当世名人及与通家，皆不得白。融欲观其人，故造膺门。语门者曰："我是李君通家子弟。"门者言之。膺请融，问曰："高明祖父尝与仆有恩旧乎？"融曰："然。先君孔子与君先人李老君同德比义，而相师友，则融与君累世通家。"众坐莫不叹息。

太中大夫陈炜后至，坐中以告炜。炜曰："夫人小而聪了，大未必奇。"融应声曰："观君所言，将不早惠乎？"膺大笑曰："高明必为伟器。"②

孔融对答之机智，使汉末名高一时的大名士也不能不赞叹。"高明必为伟器"的判断，成为准确的预言。

孔融在李膺廷前表现了出奇的从容与敏捷，绝不因为面对名人高士有丝毫畏惧。这似乎成为他的人生态度的特殊的亮点。

---

① 事又见《太平御览》卷二八七《兵部·机略六》。
② 李贤注："膺，颍川襄城人。《融家传》曰：'闻汉中李公清节直亮，意慕之，遂造公门。'李固，汉中人，为太尉，与此传不同也。"

少年孔融"性好学，博涉多该览"。他不仅学识博厚，而且明大义，有胆气，敢于和黑暗政治势力纷争。孔融在党锢之祸发生时勇敢掩护反宦官的名士张俭，事后不避危难，慷慨争死，也因此成为名士：

> 山阳张俭为中常侍侯览所怨，览为刊章下州郡，以名捕俭。俭与融兄褒有旧，亡抵于褒，不遇。时融年十六，俭少之而不告。融见其有窘色，谓曰："兄虽在外，吾独不能为君主邪？"因留舍之。后事泄，国相以下，密就掩捕，俭得脱走，遂并收褒、融送狱。二人未知所坐。融曰："保纳舍藏者，融也，当坐之。"褒曰："彼来求我，非弟之过，请甘其罪。"吏问其母，母曰："家事任长，妾当其辜。"一门争死，郡县疑不能决，乃上谳之。诏书竟坐褒焉。融由是显名，与平原陶丘洪、陈留边让齐声称。州郡礼命，皆不就。

张俭和他的朋友们对抗正统政治的斗争，体现出新的社会力量的立场。他们中虽然相当一部分人出身于官僚富户阶层，和官僚士大夫有比较密切的关系，但是少年英锐，思想较为新进，言行较为勇敢，又和民间有较多的接触，对于弊政的危害，也有较为直接的感受。社会矛盾的激化，使他们受到深刻的思想震动，认识到汉王朝面临的严重危机。他们所接受的儒学教育，其中民本思想的积极因素也对他们的观念倾向发生了一定的影响。对于他们的表现，翦伯赞评价为："小所有者阶层中的知识分子起来了"，"被称为士大夫的知识分子之出现于政治斗争的前线……"①"时融年十六"，就以鲜明的政治态度参与了这一斗争，是值得重视的表现。

孔融后来面对政治强权清醒的政治判断和刚强的政治品格，依然表现出少年时期已经形成的清奇风骨。孔融与曹操的政治分歧虽然不可以一一作合理与不合理的判定，但是他反权威的立场，确实形成了醒目的历史影响。

孔融后来为曹操集团杀害。他的子女虽然没有"神童"名誉，敏锐的眼光和镇定的态度却也继承了孔融的风格。《后汉书》卷七〇《孔融传》记载："初，女年七岁，男年九岁，以其幼弱得全，寄它舍。二子方弈棋，融

---

① 翦伯赞：《秦汉史》，北京大学出版社 1983 年版，第 405 页。

被收而不动。左右曰：'父执而不起，何也？'答曰：'安有巢毁而卵不破乎！'主人有遗肉汁，男渴而饮之。女曰：'今日之祸，岂得久活，何赖知肉味乎？'兄号泣而止。或言于曹操，遂尽杀之。及收至，谓兄曰：'若死者有知，得见父母，岂非至愿！'乃延颈就刑，颜色不变，莫不伤之。"这位年七岁的女童，其孝心和勇气，可以和汉文帝时代引救父上书导致刑法改革的缇萦相比。南宋学者林同《孝诗》中有《缇萦》和《孔融女》两首：

> 缇萦
>
> 父淳于公有罪当刑，萦上书乞没为官婢，赎父罪。文帝悲怜之，诏除肉刑。
>
> 仁矣文皇诏，悲哉少女书。至今民受赐，非但活淳于。
>
> 孔融女
>
> 七岁，父先为曹操所杀，女临刑曰："若死者有知，得见父母，岂非至愿！"
>
> 不忧身即死，惟恐死无知。倘得从父母，宁非我所期。①

有学者总结历代"神童"，汉代齐鲁"神童"中，是包括缇萦的。②

### 4. 齐鲁"神童"出现的文化条件

宋人吴淑《事类赋》卷一〇《宝货部·钱》列有这样一则对文：

> 黄牛白腹知汉祚之复兴
>
> 青绮文襦骇神童之遽至

前句原注："《汉书》曰，公孙述废铜钱，置铁官钱，货币不行。蜀中童谣言：黄牛白腹，五铢当复。好事者窃言：王莽称黄，述自号白。五铢钱，汉货也。言天下当还刘氏。"后句原注："《洞冥记》曰：汉武升望站台，有三

---

① 《江湖小集》卷九五，《两宋名贤小集》卷二三九。

② 赵忠心：《中国神童——先秦、秦汉》，中国法制出版社2003年版，第66—70页。

青鸭化为三小童，皆著青绮文襦，各握鲸文大钱五枚，以置帝几前。身止而影动，因名曰'轻影钱'。"

《洞冥记》即《汉武洞冥记》，"题后汉郭宪撰"，"皆言神仙道术及远方怪异之事"。① 然而出自《洞冥记》神异故事的"骇神童之遽至"一语，却恰好可以看作汉代"神童"多有出现这一文化现象的象征性总结。

赵忠心《中国神童——先秦、秦汉》一书中，汉代"神童"除了"淳于缇萦"之外，出身齐鲁者还有东方朔、子奇②、匡衡、孔融、管宁、弥衡、王粲等。在所举列的汉代"神童"28 人中，齐鲁"神童"多达 8 人，占总数的 28.57%。其比率之高是惊人的。

论者选定汉代"神童"的标准和眼光，我们未必完全同意，但是齐鲁"神童"相对数量较多，出现比较集中，却是公认的历史事实。

齐鲁"神童"的密集出现，有特定的文化条件。

两汉时期，齐鲁曾经是文化强势地区。齐鲁地区基础深厚的文化，在战国时代已经形成对周边地区有重要影响的显著领先的优势。《史记》卷一二一《儒林列传》说："天下并争于战国，儒术既绌焉，然齐鲁之间，学者独不废也。于威、宣之际，孟子、荀卿之列，咸遵夫子之业而润色之，以学显于当世。"司马迁还写道："及高皇帝诛项籍，举兵围鲁，鲁中诸儒尚讲诵习礼乐，弦歌之声不绝，岂非圣人之遗化，好礼乐之国哉？""夫齐鲁之间于文学，自古以来，其天性也。"司马迁曾经赞颂鲁人的"揖让之礼"③，他

---

① 鲁迅：《中国小说史略》，《鲁迅全集》，人民文学出版社 1981 年版，第 9 卷第 36 页。

② 今按：《艺文类聚》卷一七引左思《白发赋》："弱冠来仕，童鬌献谟。甘罗乘轸，子奇剖符。"《艺文类聚》卷五〇引《新序》："昔子奇年十八，齐君使之治阿。既行矣，悔之。使使追之：'未到阿，及之，还之。已到，勿还也。'使者及之而不还。君问其故，对曰：'臣见所以共载者'白首也。夫以老者之智，以少者决之，必能治阿矣。是以不还。'"《太平御览》卷二六八引《新序》略同。卷三八三引《国语》："子奇年十八，齐君任为东阿。既行，而君悔焉。使人追之，嘱使者曰：'未至，追令还。已至，勿追。'未入东阿，使者反之。齐君问故，使者曰：'臣见子奇同载者皆白首矣。夫老者之智，少者之决，此必能治东阿矣。'王曰：'善。'"卷六二八引《阳嘉元年太学新成诏》曰："……时尚书令左雄议改察举之制，……奏如有颜回、子奇之类，不拘年齿。"（唐）马总《意林》卷三《说苑》："以老者智，少者决，必能治。子奇年十六，齐君使治阿。既而君悔之，遣使追。追者反，曰：子奇必能治阿，共载皆白首也。子奇至阿，铸库兵以作耕器。魏闻童子治邑，库无兵，仓无粟，乃起兵击之。阿人父率子，兄率弟，以私兵战，遂败魏师。"（元）于钦《齐乘》卷六《人物》："子奇，齐人，十八为阿邑宰。出仓廪以赈贫乏，邑内大化。见《说苑》。"子奇任为阿邑宰，据齐败魏，应是战国时人。

③ 《史记》卷三三《鲁周公世家》。

还亲临鲁地，感受这里特殊的文化氛围。《史记》卷四七《孔子世家》写道："余读孔氏书，想见其为人。适鲁，观仲尼庙堂车服礼器，诸生以时习礼其家，余祗回留之不能去云。① 天下君王至于贤人众矣，当时则荣，没则已焉。孔子布衣，传十余世，学者宗之。自天子王侯，中国言《六艺》者折中于夫子，可谓至圣矣！"《史记》卷三二《齐太公世家》记载，他在踏上齐国故土时，也曾经感叹："吾适齐，自泰山属之琅邪，北被于海，膏壤二千里，其民阔达多匿知，其天性也。以太公之圣，建国本，桓公之盛，修善政，以为诸侯会盟，称伯，不亦宜乎？洋洋哉，固大国之风也！"可以推知，司马迁"北涉汶、泗，讲业齐、鲁之都，观孔子之遗风，乡射邹、峄"② 的经历，对于他学术素养的形成和文化资质的造就，有重要的意义。

《汉书》卷二八下《地理志下》关于齐地文化的总结，重视其历史传统的作用。"古有分土，亡分民。太公以齐地负海舄卤，少五谷而人民寡，乃劝以女工之业，通鱼盐之利，而人物辐凑。后十四世，桓公用管仲，设轻重以富国，合诸侯成伯功，身在陪臣而取三归。故其俗弥侈，织作冰纨绮绣纯丽之物，号为冠带衣履天下。"班固又写道："初太公治齐，修道术，尊贤智，赏有功，故至今其土多好经术，矜功名，舒缓阔达而足智，其失夸奢朋党，言与行缪，虚饰不情，急之则离散，缓之则放纵。"对于鲁地文化的特色，《汉书》卷二八下《地理志下》突出强调了其重视文教礼义的基本风格："其民有圣人之教化，故孔子曰：'齐一变至于鲁，鲁一变至于道。'言近正也。濒洙泗之水，其民涉度，幼者扶老而代其任。俗既益薄，长老不自安，与少者相让，故曰："鲁道衰，洙泗之间龂龂如也。"孔子闵王道将废，乃修六经，以述唐虞三代之道，弟子受业而通者七十有七人。是以其民好学，上礼义，重廉耻。"

陈直曾经著文论述西汉时期齐鲁文化人的学术艺术成就，题为《西汉齐鲁人在学术上的贡献》。其中凡举列九种，即：一、田何、伏生等的经学；二、褚少孙的史学；三、东方朔的文学；四、仓公的医学；五、尹都尉的农学；六、徐伯、延年的水利学；七、齐人的《九章算术》；八、宿伯年、霍

---

① 司马贞《索隐》："言祗敬迟回不能去之。有本亦作'低回'，义亦通。"
② 《史记》卷一三〇《太史公自序》。

巨孟的雕绘；九、无名氏的书学。陈直主要讨论了齐鲁人以上九种文化贡献，其他"至于《汉书·艺文志》所载师氏的乐学，《律历志》所载即墨徐万且的历学，《曹参传》所载胶西盖公的黄老学，其事实不够具体，故均略而不论"。陈直同时指出："西汉时齐鲁人对学术上的贡献，如此之伟大，其原因远受孔子下官学的私学的影响。次则受荀卿游齐之影响，汉初齐鲁经学大师，如申培公、毛苌，皆为其再传弟子。再次则受齐稷下先生之影响，稷下为人才荟萃之地，百家争鸣，不拘一格。医学、农学、算学等，当必有从事研究者，在战国时开灿烂之花，至西汉时结丰硕之果，其势然也。"①

齐鲁文化扩展其影响的最突出的表现，是儒学的向西传布。② 在儒学西渐的过程中，齐鲁文化依然通过不断进步保持着自身的优势。

就民间教育的发展而言，汉代是取得突出进步的重要时期。汉代童蒙教育实现了建设性的历史成就。当时，民间儿童教育程序形成了"幼童入小学"、"成童已上入大学"的大体确定的模式。官方对教育的干预也对童蒙教育的进步有促进作用。童蒙教育有向社会其他年龄层次普及的趋向，也值得我们注意。而"小学"逐渐成为专门学科的称谓，也是学术史进程中的重要现象。③

汉代齐鲁地方的民间教育，与文化传统有同样优越的地位。据《后汉书》卷七九《儒林列传》，出身齐鲁的著名儒学学者有 17 人：济阴成武人孙期，乐安千乘人欧阳歙，济阴人曹曾，乐安临济人牟长、牟纡，济阴定陶人张驯，鲁国鲁人孔僖、孔长彦、孔季彦，平原般人高诩，任城人魏应，琅邪东武人伏恭，山阳人张匡，山阳东缗人丁恭，北海安丘人周泽，北海安丘人甄宇，任城樊人何休。这些尚不包括郑玄、孔融等人在内的齐鲁文化名人，占据了《后汉书》卷七九《儒林列传》著录人数的 35% 以上，区域比重是惊人的。

这些著名的儒学学者，许多同时又是教育家。例如，孙期"远人从其学

---

① 陈直：《西汉齐鲁人在学术上的贡献》，《文史考古论丛》，天津古籍出版社 1988 年版，第 173—182 页。

② 王子今：《秦汉时期齐鲁文化的风格与儒学的西渐》，《齐鲁学刊》1998 年第 1 期。

③ 王子今：《汉代的"小学"》，《学习时报》2007 年 6 月 11 日；《两汉童蒙教育》，《史学集刊》2007 年第 3 期。

者，皆执经垄畔以追之"，欧阳歙"教授数百人"，曹曾"门徒三千人"，牟长"诸生讲学者常有千余人，著录前后万人"，牟纡"隐居教授，门生千人"，孔长彦、孔季彦"门徒数百人"①，魏应"教授山泽中，徒众常数百人"，"弟子自远方至，著录数千人"，伏恭"敦修学校，教授不辍"，丁恭"教授常数百人"，周泽"隐居教授，门徒常数百人"，甄宇"教授常数百人"。②

又据《后汉书》卷二六《伏湛传》，琅邪东武人伏湛"少传父业，教授数百人"。两汉之际，社会动乱，"时仓卒兵起，天下惊扰，而湛独晏然，教授不废"。《后汉书》卷二六《牟融传》记载：北海安丘人牟融"少博学，以大夏侯《尚书》教授，门徒数百人"。《后汉书》卷二七《王良传》："王良字仲子，东海兰陵人也。少好学，习小夏侯《尚书》。王莽时，寝病不仕，教授诸生千余人。"《后汉书》卷二七《承宫传》记载：

> 承宫字少子，琅邪姑幕人也。少孤，年八岁为人牧豕。乡里徐子盛者，以《春秋》经授诸生数百人，宫过息庐下，乐其业，因就听经，遂请留门下，为诸生拾薪。执苦数年，勤学不倦。经典既明，乃归家教授。遭天下丧乱，遂将诸生避地汉中……

承宫勤苦求学，学成后又"归家教授"。他的人生路径，从"学"与"教"两个方面反映了汉代齐鲁地方的教育普及状况。

《后汉书》卷三五《曹褒传》说，鲁国薛人曹褒"教授诸生千余人"。《后汉书》卷六七《党锢列传·檀敷》："檀敷，字文有，山阳瑕丘人也。少为诸生，家贫而志清，不受乡里施惠。举孝廉，连辟公府，皆不就。立精舍教授，远方至者常数百人。"这样的历史例证还有很多。

可以说明汉代齐鲁教育史进程的这些历史记录，也告知了我们当时"神童"智力文化发生和发育的基本条件。

---

① 《后汉书》卷七九上《儒林列传上》。
② 《后汉书》卷七九下《儒林列传下》。

### 5. "项橐"画像透露的文化信息

汉代"神童"故事，都是在特定的时代背景下发生的。当时社会比较普遍地重视读书，重视学习，应当是"神童"较大面积出现的文化因素和历史因素。而汉代社会具有比较积极的崇尚奋发进取的"少年"精神，或许也是"神童"故事得以发生和传播的条件之一。

《战国策》和《史记》中可以看到"项橐"故事。这位颇有识见的"神童"据说曾经"为孔子师"。

《战国策·秦策五》"文信侯欲攻赵以广河间"题下写道："文信侯欲攻赵以广河间，使刚成君蔡泽事燕三年，而燕太子质于秦。文信侯因请张唐相燕，欲与燕共伐赵，以广河间之地。"为张唐谢绝。少庶子甘罗请命，文信君叱去。甘罗曰："夫项橐生七岁而为孔子师，今臣生十二岁于兹矣！君其试臣，奚以遽言叱也？"我们看到，鼓舞和激励"生十二岁"的"孺子"甘罗勇敢承担重要外交使命并终于取得成功的，是所谓"项橐生七岁而为孔子师"。《史记》卷七一《樗里子甘茂列传》也有关于甘罗事迹的记载，甘罗说服吕不韦时，同样举"项橐生七岁为孔子师"事，相关细节似更为具体。

《战国策》"项橐"，《史记》作"大项橐"。《论语·子罕》："达巷党人曰：'大哉孔子！博学而无所成名。'子闻之，谓门弟子曰：'吾何执？执御乎？执射乎？吾执御矣。'"《汉书》卷五六《董仲舒传》载董仲舒对策，其中说道："此亡异于达巷党人，不学而自知。"颜师古注引孟康曰："人，项橐也。"《史记》卷四七《孔子世家》称之为"达巷党人童子"。孟康所说或许本此。方观旭《论语偶记》说："《史记·孔子世家》称'达巷童子'。童子而知圣学之博，正不学自知者。《四书考异》以为不本正典不足信[1]，然汉人相传如此，当必有据。"对于"项橐"故事，论者以为"汉人相传如此，当必有据"。其实后来有人是持怀疑态度的。唐人皮日休《文薮》卷七专有"无项讬"条，否定"项讬"事迹的真实性。[2] 对于"项橐"故事的起源，学人亦颇有疑议。如宋代学者王应麟《困学纪闻》卷七："甘罗曰：

---

① （清）翟灏：《四书考异》。
② 《说郛》卷二六下皮日休《文薮杂著》。

'项橐七岁为孔子师。'董仲舒对策：'此亡异于达巷党人，不学而自知。'孟康注：'人，项橐也。'《隶释》载《逄盛碑》以为'后橐'。孟康之说未知所出，《论语》注疏无之。"① 考论其是否"有据"自然重要，不过，也许分析"汉人相传如此"这一文化现象，也是有意义的。

《淮南子·说林》："吕望使老者奋，项讬使婴儿矜，以类相慕。"高诱注："项讬年七岁，穷难孔子而为之作师，故使小人之畴自矜大也。"《淮南子·修务》也写道："夫项讬七岁为孔子师，孔子有以听其言也。"《论衡·实知》讨论"圣人"是否"不学自知，不问自晓"时，也涉及"项橐"故事。王充的分析自有认识论方面的深意，我们更为注意的，是"项橐"故事在汉代广泛流行的文化史的事实。②

《隶释》卷一〇《童子逄盛碑》赞扬"年十二而夭"的逄盛"聪睿敏达"，有"才亚后橐，当为师楷"的文字。洪适说："其文云'才亚后橐，当为师楷'，甘罗曰'项橐七岁为孔子师'，《董仲舒传》孟康以'达巷党人'为项橐，《赵广汉传》'鮖箭'之'鮖'音'项'。碑以童子当为师楷，故比之项橐。'后''鮖'偏旁相类，'鮖'有'项'音，故借'后'为'鮖'，又借'鮖'为'项'也。"还应当指出，《逄盛碑阴》最后署名为："高密徐承兴祖，平寿孙嘉士宾，下密王升高□，琅邪东武孙理子义。右家门生。"高密在今山东高密西，平寿在今山东潍坊西南，下密在今山东昌邑东，琅邪东武在今山东诸城。这些"家门生"的籍贯，也显示了齐鲁区域的空间限定。

汉代画像资料中可以看到多种表现"项橐"形象的画面。在通常被称作"孔子见老子"的画面中，两位长者中间一位手持玩具车的童子，就是"项橐"。仅由《中国画像石全集》所收录汉画像石图版，我们就可以看到山东平邑功曹阙北面画像，山东嘉祥武氏西阙正阙身北面画像，山东泰安大汶口墓门楣东段画像，山东嘉祥宋山汉画像，山东嘉祥洪福院汉画像，山东滕州官桥镇车站村出土汉画像，陕西绥德刘家沟出土汉画像等，都出现形象

---

① 明人胡爌《拾遗录》沿袭此说。
② 参看王子今《"秦项橐"故事考议》，《秦文化论丛》第14辑，三秦出版社2007年版。

接近的"项橐"。① 汉代文化遗存中的这一现象，应当是社会意识的反映。看来，"项橐"事迹在当时是相当普及的历史知识。而齐鲁地方出土"项橐"画像资料如此集中，是引人注目的。与《逢盛碑阴》文字相联系，可以发人深省。

在儒学影响最为深重的齐鲁地方，竟然最广泛地流行着"七岁而为孔子师"，"七岁为圣人师"② 的"项橐"故事。"项橐"被列为"古今幼悟绝伦者"③，"古人夙慧可记者"④，名居"神童"榜中，然而竟然敢于"穷难孔子而为之作师"。看到这样的人物在齐鲁地方的文化地位，也许我们应当重新理解汉代儒学正统在这一地区的真正面貌。通过"项橐"影响的存在关注先师崇拜现象，我们自然会思考，究竟是汉代儒学与后世儒学存在着差异，还是民间文化与庙堂文化存在着差异呢？这也许是我们应当认真探究的问题。

通过"项橐"故事，应当有助于领略和理解当时社会的文化气氛和时代精神。就现有信息分析，或许可以肯定"项橐"形象对于提倡文化进取精神的积极意义。也许能够这样说，"项橐"作为古来"神童"，在某种意义上，已经成为汉代齐鲁"神童"们正确看待文化权威，正确处理文化继承关系的榜样。

## 张家山汉简《二年律令·史律》"学童"称谓

张家山汉简《二年律令》中有《史律》，有学者认为"对了解秦汉时期的教育及仕进制度及秦汉政治生活中的神秘主义的形成提供了新资料"。⑤其实，《二年律令·史律》中涉及特殊社会称谓"学童"的文字，对于我们了解秦汉时期未成年人的生活，也包含着有意义的信息。

---

① 《中国画像石全集》，山东美术出版社、河南美术出版社 2000 年版。
② 《新序·杂事》。
③ （明）陈士元：《名疑》卷二。
④ （明）徐应秋：《玉芝堂谈荟》卷四。
⑤ 曹旅宁：《张家山汉简〈史律〉考》，《张家山汉律研究》，中华书局 2005 年版，第 175 页。

### 1. 史学童·卜学童·祝学童

《二年律令·史律》中可见如下内容：

> 史、卜子年十七岁学。史、卜、祝学童学三岁，学佴将诣大史、大
> 卜、大祝，郡史学童诣其守，皆会八月朔日试之。（四七四）
>
> 试史学童以十五篇，能风（讽）书五千字以上，乃得为史。有
> （又）以八膿（体）试之，郡移其八膿（体）课大史，大史诵课，取寅
> （最）一人以为其县令（四七五）
>
> 史，殿者勿以为史。三岁壹并课，取寅（最）一人以为尚书卒史。
> （四七六）
>
> 卜学童能风（讽）书史书三千字，征卜书三千字，卜九发中七以
> 上，乃得为卜，以为官处（?）。其能诵三万以上者，以为（四七七）
>
> 卜上计六更。缺，试修法，以六发中三以上者补之。（四七八）
>
> 以祝十四章试祝学童，能诵七千言以上者，乃得为祝五更。大祝试
> 祝，善祝、明祠事者，以为冗祝，冗之。（四七九）
>
> 不入史、卜、祝者，罚金四两，学佴二两。（四八〇）

此外，又有这样的规定：

> 谒任卜学童，令外学者，许之。□□学佴敢擅繇（徭）使史、卜、
> 祝学童者，罚金四两。（四八四）①

通过简文我们了解到，当时有"史学童"、"卜学童"、"祝学童"身份，学
习期限为三年，结业后分别往太史、太卜、太祝处，"郡史学童"则往郡守
处，统一于八月朔日考试。对于"史学童"、"卜学童"和"祝学童"，有不

---

① 张家山二四七号汉墓竹简整理小组：《张家山汉墓竹简〔二四七号墓〕》，文物出版社 2001 年
版，第 203—205 页。

同的考试科目。律文明确规定，"试史学童"有最低的要求，达到这一要求的，"乃得为史"。"有（又）以八膿（体）试之"，"郡史学童"的学习成绩由"大史"主持评定，"寂（最）一人"，即名次领先者，得以任用于较好的职位，"以为其县令"；"殿者"，即名次落后者不予任用，"勿以为史"。"三岁壹并课"，成绩领先的"寂（最）一人"，可以任命为"尚书卒史"。对于"卜学童"和"祝学童"，律文也规定了考试的细节。

所谓"□□学佴敢擅繇（徭）使史、卜、祝学童者，罚金四两"，似乎是说在未结业之前，不得擅自役使学童，以免影响他们的学业。

有学者理解"敢擅繇（徭）使史、卜、祝学童者，罚金四两"简文，为"学室的师傅役使史、卜、祝学僮的罚则"，并以为睡虎地秦简《除弟子律》中"使其弟子赢律，及治（答）之，赀一甲；决革，二甲"反映了弟子"除了学吏事之外还要受师傅的役使，甚至笞打"。[1] 应当注意到，所谓"擅繇（徭）使史、卜、祝学童"，应主要是指强令"学童"服役。而按照秦汉制度，入学室的学童等学吏弟子是不与兵戍徭役的。[2]

汉律对于七岁以下儿童犯罪有特殊处置的规定。[3] 而《二年律令·具律》又有："公士、公士妻及□□行年七十以上，若年不盈十七岁，有罪当罚者，皆完之。"（八三）[4] 与文献对照，所谓"年不盈十七岁"，不免令人生疑。而"史、卜子年十七岁学"也是类似的情形，值得我们探讨。

《汉书》卷三○《艺文志》写道："汉兴，萧何草律，亦著其法，曰：'太史试学童，能讽书九千字以上，乃得为史。又以六体试之，课最者以为尚书御史史书令史。吏民上书，字或不正，辄举劾。'六体者，古文、奇字、篆书、隶书、缪篆、虫书，皆所以通知古今文字，摹印章，书幡信也。"《说文解字·叙》："《尉律》：'学僮十七已上，始试。讽籀书九千字，乃得

---

① 曹旅宁：《张家山汉简〈史律〉考》，《张家山汉律研究》，中华书局 2005 年版，第181 页。

② 张金光：《论秦汉的学吏制度》，《文史哲》1984 年第 1 期。

③ 如《汉书》卷二三《刑法志》："定令：年未满七岁，贼斗杀人及犯殊死者，上请廷尉以闻。"

④ 张家山二四七号汉墓竹简整理小组：《张家山汉墓竹简〔二四七号墓〕》，文物出版社 2001 年版，第 13、146 页。

为史。又以八体试之，郡移大史并课，寂者以为尚书史。书或不正，辄取劾之。'"① 情形完全可以和《二年律令·史律》对照。"学僮"，段玉裁注："'僮'，今之'童'字。"

### 2. "学童"的学习程序

《二年律令·史律》所见"史学童"、"卜学童"、"祝学童"身份，体现出汉代行政人才培养制度的特殊形式。他们成为吏员的后备力量，或许与"史、卜子"一类出身条件有关。睡虎地秦简《秦律十八种·内史杂》："非史子殴（也），毋敢学学室，犯令者有罪。"《编年记》又记载"喜揄史"事。"史子"，整理小组解释为"史的儿子"。所谓"学室"，则为专门"学校"。可见秦代已经有类似制度。②

然而所谓"学三岁"，可知确实经历了正规的学习阶段。

我们在讨论汉代未成年人生活的时候，也不应忽略这样一个人群的学习生活。

《汉书》卷二四上《食货志上》引录《礼记·内则》的说法，可见"八岁入小学"的情形。有学者指出，汉代儿童"入小学的年龄大致为八、九岁"。所举例证为："《论衡·自纪篇》：王充'八岁出于书馆'。《东观汉记》卷十七：刘秀九岁'入小学'。"③

也许对汉代儿童的学龄还可以作更细致的讨论。《论衡·自纪》关于自己的求学历程，作者有这样的自陈："建武三年，充生。为小儿，与侪伦遨戏，不好狎侮。侪伦好掩雀、捕蝉，戏钱、林熙，充独不肯。诵奇之。六岁

---

① 关于《汉书》卷三〇《艺文志》与《说文解字·叙》引文的不同，段玉裁《说文解字注》说："（《说文解字》）'八体'，《汉志》作'六体'。考'六体'乃亡新时所立，汉初萧何艸律，当沿秦'八体'耳。班《志》固以为试学童为萧何律文。自'学僮十七'至'辄举劾之'，许与班略异，而可互相补正。班云'大史试学童'，许则云郡县以'讽籀书'试之，'又以八体试之'，而后'郡移大史'试之。此许详于班也。班云'六体'，许则云'八体'，此许核于班也。班云'以为尚书御史史书令史'，许云'尚书史'，此班详于许也。班云'吏民上书，字或不正，辄举劾'，许不言'吏民上书'。此亦班详于许也。班书之成虽在许前，而许不必见班书，固别有所本矣。"

② 黄留珠：《"史子"、"学史"与"喜揄史"》，《人文杂志》1983年第2期；张金光：《论秦汉的学吏制度》，《文史哲》1984年第1期；曹旅宁：《张家山汉简〈史律〉考》，《张家山汉律研究》，中华书局2005年版，第175—183页。

③ 彭卫、杨振红：《中国风俗通史·秦汉卷》，上海文艺出版社2002年版，第361页。

教书，恭愿仁顺，礼敬具备，矜庄寂寥，有巨人之志。父未尝笞，母未尝非，闾里未尝让。八岁出于书馆，书馆小僮百人以上，皆以过失袒谪，或以书丑得鞭。充书日进，又无过失。手书既成，辞师受《论语》、《尚书》，日讽千字。经明德就，谢师而专门，援笔而众奇。所读文书，亦日博多。"前说"六岁教书"，又说"八岁出于书馆"，则入学年龄其实是六岁。八岁时已经完成"书"的学习程序，开始读《论语》、《尚书》了。

《论衡·实知》在关于项橐事迹的辩论中又有"七岁未入小学"的说法。于是有学者在所编《王充年谱》中"六岁"条写道："《自纪篇》云：'六岁教书……'可见王充是在六岁时，开始接受启蒙教育的。"又"八岁"条写道："《自纪篇》云：'八岁，出于书馆'，汉制，七岁未入小学。这说明王充受了两年的启蒙教育，至八岁那年，才离开书馆，进入小学的。"① 然而仍多有学者将"出于书馆"误解为"入于书馆"。田昌五写道："据王充自称，他自幼很聪明，六岁开始读书识字，八岁到书馆读书，……"② 黄晖《王充年谱》将"六岁教书"句置于"充七岁"条下，又写道："按：《御览》卷三八五引《会稽典录》云：'七岁教书数。'与《自纪篇》差一年。""八岁出于书馆，书馆小僮百人以上，皆以过失袒谪，或以书丑得鞭。充书日进，又无过失"句置于"充八岁"条下。"充书日进，又无过失。手书既成，辞师受《论语》、《尚书》，日讽千字"句置于"充九岁"条下。又有说明："按：八岁出于书馆，手书之成，尚须时日。受《论语》、《尚书》，当为隔年事，故志于此。"③ 钟肇鹏《王充年谱》亦将"六岁教书"句置于"七岁"条下，又写道："案《太平御览》卷三八五引《会稽典录》云'七岁教书数'，与《自纪篇》差一岁，《自纪篇》所云系实足年龄，故记于此。"而"八岁"条下写道："学于书馆。""九岁"条下引录"《自纪篇》：'八岁出于书馆，……'"④ 对于"六岁教书"之"教书"，郑文的解释是"学识字、写字"。对"出于书馆"的"出"，郑文则解释为"出入"：

① 徐敏：《王充哲学思想探索》，三联书店1979年版，第160页。
② 田昌五：《王充——古代的战斗唯物论者》，人民出版社1973年版，第6页。
③ 黄晖：《论语校释》，中华书局1990年版，第4册第1218—1219页。
④ 钟肇鹏：《王充年谱》，齐鲁书社1983年版，第8—9页。

"出于书馆：即上学堂读书。"① 释"出"为"出入"，似嫌生硬。

有的学者注解"六岁教书"："书：写字。"对"八岁出于书馆"，有如下注释："书馆：汉代教儿童识字书写的私塾。——八岁到书馆学习。"② 如此解说似出现逻辑上的前后矛盾，"六岁"学习"写字"，至于"八岁"，却又"到书馆学习""识字书写"。

现在看来，王充六岁开始学习识字书写，八岁"离开书馆，进入小学"的理解可能是正确的。当然，我们也不能排除王充六岁先接受家庭初步教育——"教书"，八岁又正式接受"书馆"的教育这种可能。这样的理解，并不影响这位学者少有勤学之"志"的形象。

"出"虽然不宜直接解释为"出入"，但似乎也有接近"进"的意思。《说文·出部》："出，进也。象艸木益兹上出达也。"③ 段玉裁注："本谓艸木，引伸为凡生长之偁，又凡言外出为内入之反。"不过，"出，进也"的"进"，并非"入"的意思，而是说"上进"。④《释名·释言语》："出，推也，推而前也。"⑤ 王先谦解释说："凡物之出，若有推而前进者，故以'推'训'出'。"⑥ 也有以"到、临"释"出"者，所用书证见于《汉书》。⑦ 而对"出"通常的理解，仍是"外达"。⑧

### 3. "学童"的学习内容

"学书"，是当时启蒙教育的初阶。项羽最初步的学习就是"学书"。《史记》卷七《项羽本纪》："项籍少时，学书不成，去学剑，又不成。项梁怒之。籍曰：'书足以记名姓而已。剑一人敌，不足学，学万人敌。'于是

---

① 郑文：《论衡析诂》，巴蜀书社 1999 年版，第 1038 页。

② 北京大学历史系《论衡》注释小组：《论衡注释》，中华书局 1979 年版，第 4 册第 1671 页。

③ 孙诒让《名原》："古'出'字取足形出入之义，不象草木上出形。"

④ 桂馥《说文解字义证》关于"出"字的解释，有"明出地上进"的说法。

⑤ 《释名·释言语》又说："进，引也，引而前也。"

⑥ （清）王先谦撰集：《释名疏证补》，上海古籍出版社 1984 年版，第 190 页。

⑦ 《汉语大字典》，四川辞书出版社、湖北辞书出版社 1993 年版，第 130 页。书证为："《汉书·霍光传》：'筑神道，北临昭灵，南出承恩。'"

⑧ （清）朱骏声：《说文通训定声》，武汉市古籍书店 1983 年版，第 618 页。

项梁乃教籍兵法。""学书"是最基本的识字过程，① 项羽"书足以记名姓而已"的消极态度，使得他无法进入"小学"的阶段。王国维说："汉人就学，首学书法。""汉时教初学之所，名曰'书馆'，其师名曰'书师'，其书用《仓颉》、《凡将》、《急就》、《元尚》诸篇。其旨在使学童识字习字。"② 项羽少时"学书"的故事，说明这一情形在战国末年至于秦代就已经形成。据《后汉书》卷五《安帝纪》："（汉安帝刘祜）年十岁，好学《史书》，和帝称之，数见禁中。"李贤注："《史书》者，周宣王太史籀所作之书也。凡五十五篇，可以教幼童。"如果李贤对《史书》的解释不误，则这种"可以教幼童"的启蒙教育形式，有更为久远的传统。《二年律令·史律》"试史学童以十五篇"，"有（又）以八膿（体）试之，郡移其八膿（体）课大史"，整理小组注释："十五篇，指《史籀篇》。《汉书·艺文志》：'《史籀》十五篇。'""八体，《说文·叙》：'秦书有八体，一曰大篆，二曰小篆，三曰刻符，四曰虫书，五曰摹印，六曰署书，七曰殳书，八曰隶书。'"③ 汉安帝"好学《史书》"，"史书"的说法，亦见于《二年律令·史律》："卜学童能风（讽）书史书三千字，征卜书三千字，卜九发中七以上，乃得为卜，以为官处（？）。其能诵三万以上者，以为（四七七）卜上计六更。（四七八）"整理小组注释："史书，指隶书。《汉书·王尊传》：'尊窃学问，能史书，年十三，求为狱小吏。'《说文·叙》段玉裁注：'或云善史书，或云能史书，皆谓便习隶书，适于时用，犹今人之楷书耳。'"④

《后汉书》卷二八上《冯衍传》记载，"（冯）衍幼有奇才，年九岁，能诵《诗》"。《后汉书》卷三六《范升传》说："（范升）九岁通《论语》、《孝经》。"《太平御览》卷三八四引《东观汉记》写道："（班固）年九岁，能属文诵诗赋。"⑤ "（承宫）年八岁为人牧猪。乡里徐子盛明《春秋经》，

---

① 《史记会注考证》："泷森精翁曰：'考《东方朔传》，书，即文史，言言识古人姓名已。一说：书，六书也，如保氏所教，据此则下记姓名，犹曰名刺之用。'愚按后说是。'去'犹罢也。"
② 王国维：《汉魏博士考》，《观堂集林》卷四，《王国维遗书》，上海古籍书店 1983 年版，第 1 册第 7 页。
③ 张家山二四七号汉墓竹简整理小组：《张家山汉墓竹简〔二四七号墓〕》，文物出版社 2001 年版，第 203 页。
④ 同上书，第 204 页。
⑤ 《后汉书》卷四〇上《班固传》同。

授诸生数百人。宫过其庐下，见诸生讲诵，好，因弃其猪听经。猪主怪其不还，来索见宫，欲笞之门下。生共禁止，因留精舍门下樵薪。"冯衍"年九岁"能诵读《诗经》，范升"九岁"精通《论语》、《孝经》，班固"年九岁"能诗文，承宫"年八岁"已经开始学《春秋》。此前自然还有识字的阶段。《三国志》卷二《魏书·文帝纪》裴松之注引《魏书》说曹丕"年八岁，能属文"。又《太平御览》卷八三五引《徐邈别传》说，徐邈"岐嶷朗慧聪悟，七岁涉学，诗赋成章"，也是类似的情形。《后汉书》卷二四《马援传》说，马严的儿子马续"七岁能通《论语》，十三明《尚书》，十六治《诗》，博观群籍，善《九章算术》"。从"七岁能通《论语》"推想，"涉学"的年龄一定更小一些。《三国志》卷九《魏书·夏侯渊传》裴松之注引《世语》说，夏侯荣"幼聪惠，七岁能属文，诵书日千言，经目辄识之"。也是同样的例子。《三国志》卷二一《魏书·刘廙传》写道："刘廙字恭嗣，南阳安众人也。年十岁，戏于讲堂上，颍川司马德操抚其头曰：'孺子，孺子，黄中通理，宁自知不？'"《太平御览》卷三八四引文，"十岁"写作"七岁"。则也可以看作"七岁涉学"的例证。《后汉书》卷三六《张霸传》记载："张霸字伯饶，蜀郡成都人也。年数岁而知孝让，虽出入饮食，自然合礼，乡人号为'张曾子'。七岁通《春秋》，复欲进余经，父母曰：'汝小未能也。'霸曰：'我饶为之。'故字曰'饶'焉。"《太平御览》卷三八五引《益部耆旧传》"故字曰'饶'焉"作"故字'伯饶'"。"七岁通《春秋》"，可知就学更早。《后汉书》卷一〇上《皇后纪上·和熹邓皇后》记载："（延平）六年，太后诏征和帝弟济北、河间王子男女年五岁以上四十余人，又邓氏近亲子孙三十余人，并为开邸第，教学经书，躬自监试。""年五岁以上"就可以"教学经书"，这是比较早就入学读经的教育史的记录。《太平御览》卷三八四引《东观汉记》："张堪字君游，年六岁，受业长安，治《梁丘易》。才美而高，京师号曰'圣童'。"则六岁已经达到较高的学术层次。推想最初就学的年龄应当比五岁更早。《三国志》卷二八《魏书·锺会传》裴松之注引其母传说："（锺会）年四岁授《孝经》，七岁诵《论语》，八岁诵《诗》，十岁诵《尚书》，十一诵《易》，十二诵《春秋左氏传》、《国语》，十三诵《周礼》、《礼记》，十四诵成侯《易记》，十五使入太学问四方奇文异训。"所谓"年四岁授《孝经》"，可以看作儿童就学年龄的一项历史记录了。

张家山汉简《二年律令·史律》所见"史、卜子年十七岁学",与我们从史籍中得到的关于汉代儿童入学年龄的认识并不符合。这也许可以理解为国家吏员的培养有更高的文化要求。也许亦存在文字记录错讹的可能。如《后汉书》卷三一《张堪传》:"堪早孤,让先父余财数百万与兄子。年十六,受业长安,志美行厉,诸儒号曰'圣童'。"如"年十六,受业长安"则不足为奇,而"圣童"之号由来亦可疑。吴树平《东观汉记校注》据《太平御览》卷三八四引文,注:"'年六岁',聚珍本同。范晔《后汉书》卷三一《张堪传》作'年十六'。"① 所谓"史、卜、祝学童学三岁",则告知我们学成年龄应当已经在二十岁左右。这一情形,也与两汉多有少年吏的事实存在距离。② 四川成都青杠坡出土汉画像砖"讲学图"中,画面下方弟子中,靠近讲师的三人似乎都是"学童"。其中距离主讲者最近的看来年龄很小。我们不能明确这样的画面是否与《二年律令·史律》中说到的"学童"们的学习情形完全符合,但是相类同的氛围和场景,是可以由此大致领略的。

## 汉代的"达人"

社会通行的称谓,有的有悠久的历史,有古远的渊源。不过,因时代的演进,同一称谓的指代对象和文化意义有所变异。正如《史通·称谓》所说:"古往今来,名目各异。区分壤隔,称谓不同。""达人"称谓就是如此。

"达人"作为社会称谓,很早就已经出现。考察"达人"称谓的出现及其在汉代所体现的人生观,应当有益于对当时社会历史动向和社会文化风貌的理解。

### 1. "达人":"明德"与"不拘"

《左传·昭公七年》记录了鲁国贵族孟僖子推崇"礼"的一段话,其中

---

① 吴树平:《东观汉记校注》,中州古籍出版社 1987 年版,下册第 572 页。
② 参看王子今《两汉的少年吏》,《文史》第 51 辑,中华书局 2000 年版。

有称孔子为"达人"的评价。他说："礼，人之干也。无礼，无以立。吾闻将有达者曰孔丘，圣人之后也。"他追溯了孔子家族的光荣，又引了臧叔纥的话："圣人有明德者，若不当世，其后必有达人。"孟僖子说："今其将在孔丘乎？"他判断孔子就将成为这样的"达人"，于是让自己的儿子从孔子学礼，"使事之而学礼焉，以定其位"。认为这样才能维护自己家族的权势利益。孟僖子传播了一些人的预测"将有达者曰孔丘"。臧叔纥所谓"圣人"如不当世，其后代必有"达人"的说法，是"达人"称谓比较早的记录。"达人"虽然不是"圣人"，却和"圣人"颇相接近。

臧叔纥认为"达人"的出现和"明德"的理念有一定关系。可以说明早期"达人"称谓的语义与"德"有关的另一个例证，是《列子·杨朱》说到的孔子学生子贡的后代端木叔的故事。端木叔是卫国人，子贡的后世。"家累万金。不治世故，放意所好。"段干生听说了他的事迹，评价道："端木叔，达人也，德过其祖矣。"段干木虽然肯定端木叔"德过其祖"，但是文献记载所见对他的直接表扬，说的则是"不治世故，放意所好"这种豪放豁达的生活态度。也许，这被看作"达人"品格的两个方面。

《世说新语·任诞》有"自达"的说法，刘孝标的解释引录了晋人裴启的《语林》，称"达而不拘"。所谓"不拘"，在当时可能被看作"达人"的标志性品格。这种理念的产生，有可能有汉代社会意识的基础。《淮南子·齐俗》所谓"制礼义行至德而不拘于儒墨"，或可以为参考。①

### 2. "达人大观"

汉代人说到"达人"的一个典型的例子，见于一位才华特异的人物撰写的文采特异的文章。这就是贾谊的《鹏鸟赋》。贾谊是西汉文帝时的政论家、思想家。公元前201年，贾谊生于洛阳。18岁时，就以熟读诗书，善属文章闻名。后来被河南守吴公召致门下。汉文帝即位后，因吴公的推荐，贾谊得任为博士。贾谊当时不过20余岁，是朝中最年轻的博士。"每诏令议下，诸老先生不能言，贾生尽为之对，人人各如其意所欲出。诸生于是乃以

---

① 体现汉代人"不拘"的意识的，还有《淮南子·精神》所谓"圣人法天顺情不拘于俗"，《汉书》卷九九上〈王莽传上〉所谓"明有大信不拘于制"等。

为能，不及也。"于是被破格提拔为太中大夫。汉文帝非常赏识贾谊的识见，曾经准备提任贾谊为公卿，但是因为周勃、灌婴等老臣的反对，未能实现。后来任贾谊为长沙王太傅。贾谊在长沙著《鹏鸟赋》，发抒内心的怨郁哀伤。汉文帝思念贾谊，又曾特地召见，问事于宣室殿，君臣畅谈至夜半。后来贾谊在梁怀王太傅任上因梁怀王坠马而死，自伤失职，不久也悲郁去世，年仅33 岁。① 贾谊《鹏鸟赋》写道："小智自私，贱彼贵我；达人大观，物亡不可。"这是根据《汉书》卷四八《贾谊传》的记载，《史记》卷八四《屈原贾生列传》则写作："小知自私兮，贱彼贵我；通人大观兮，物无不可。"可见，在当时人看来，"达人"和"通人"的意思是大体相近的，都是说通达之士。"达"就是"通"，是汉代语言学常识。《仪礼·士昏礼》"下达纳采"，郑玄的解释就是"达，通也"。什么是"大观"呢？大致是说视野广阔、眼光远大。《鹖冠子·世兵》关于吴王夫差、越王勾践"失反为得，成反为败"的故事，说："达人大观，乃见其可。"就是这样的意思。王充《论衡·知实》所谓"达视遥见，以审其实"，也可以帮助我们理解"达人大观"的意义。

与"小智"和"达人"的对照同样，我们读《鹏鸟赋》，还可以通过"贪夫"和"烈士"的对照，"述迫之徒"和"大人"的对照，"拘士"和"至人"的对照，"众人"和"真人"的对照，体会贾谊所期许的"达人"，有不"贪"、不"拘"、不"述迫"②、不与"众人"混同而流于平庸的品格。以贾谊对"拘士"的否定联系前引裴启《语林》所谓"达而不拘"，有益于我们认识"达人"的精神境界。

### 3. 关于"达人之学"

《淮南子·俶真》说到不同人等为学的差异："圣人之学也，欲以返性于初，而游心于虚也。达人之学也，欲以通性于辽廓，而觉于寂漠也。若夫俗世之学也则不然，擢德搴性，内愁五藏，外劳耳目，乃始招蛴振缱物之豪芒，摇消掉捎仁义礼乐，暴行越智于天下，以招号名声于世。此我所羞而不

---

① 《史记》卷八四《屈原贾生列传》。
② 按《史记》裴骃《集解》引孟康的解释，"怵，为利所诱□也；迫，迫贫贱，东西趋利也"。

为也。"其中分说"圣人之学"、"达人之学"和"俗世之学",形成了三个等级。所谓"达人之学"较"俗世之学"明智高尚,但是与"圣人之学"又不在一个层次上。这与《左传》里看到的称孔子为"达人"的评断显然有所不同。似乎"达人"的品级下移了,或许也可以说"达人"称谓所指代的人群层面更扩大了。

如果讨论对于"达人之学"或者说"学"之"达人"的社会认识,《三国志》卷四二《蜀书·郤正传》载录郤正的文章《释讥》也有相关信息。其中有关功名的两种观点的争论,主张积极进取的意见涉及"达人"。论者强调"身没名灭,君子所耻"的理念,又说:"是以达人研道,探赜索微,观天运之符表,考人事之盛衰,辩者驰说,智者应机,谋夫演略,武士奋威,云合雾集,风激电飞,量时揆宜,用取世资,小屈大申,存公忽私,虽尺枉而寻直,终扬光以发辉也。"在这里,"达人"和"辩者"、"智者"、"谋夫"、"武士"并列,言行表现出积极奋争,志在立功显名的人生态度。郤正回应了站在这种文化立场上对自己的"讥",表示要坚持似乎更明智的"超然高举"、"循性乐天"的处世方式。不过,他对于"达人研道,探赜索微,观天运之符表,考人事之盛衰"的努力,也许并没有贬斥之意。

### 4. "达人进止得时"

《艺文类聚》卷五六引后汉班彪《悼离骚》说:"夫华植之有零茂,故阴阳之度也;圣哲之有穷达,亦命之故也。惟达人进止得时,行以遂伸,否则诎而圻蠖,体龙蛇以幽潜。"文中"穷达"和"达人"是否存在对应关系,可以思考。"穷达""亦命之故",讲客观条件。而所谓"达人进止得时",表现出积极主动的人生智慧。班彪之子班固完成了《汉书》,成为著名的史学大家。《后汉书》卷四〇《班固传》列举班固的著作,说到《应讥》。可是班固著《应讥》,我们今天已经无法看到。篇名相同者有《艺文类聚》卷二五所引录陈琳的《应讥》,这篇文字在《汉魏六朝百三家集》中列在"设难"一类中,应当与郤正的《释讥》性质相关。陈琳《应讥》也出现"达人"字样:"达人君子,必相时以立功,必揆宜以处事。"

此说"达人""立功",与郤正《释讥》"达人研道"显然是不同的。

### 5. 汉末的"达人"

东汉晚期,"达人"的出现比较密集。比如后来在中国民间被看作智慧化身的诸葛亮,就曾经被称作"达人"。《艺文类聚》卷六四引晋习凿齿《诸葛武侯宅铭》对他有"达人有作,振此颓风"的高度赞美。然而从当时的形势看,"达人"的名世,恰与"颓风"有关。

汉末又有一位"达人",就是《三国志》卷一一《魏书·王烈传》裴松之注引《先贤行状》称美"通识达道,秉义不回","器业过人"的曹操属下官员王烈。此人虽说"英名著于海内",当然与诸葛亮的时代影响不能相比,但是有关他的故事却相当生动。

王烈注重民间教育,"诲之以道,使之从善远恶。"时国中有盗牛者,被牛的主人捕获。盗者说:我偶然迷惑,今后将为改过,这件事千万不要让王烈知道。有人却告知王烈。王烈赠送给这位盗牛者一匹布。有人不理解王烈的做法。王烈说:"昔秦穆公,人盗其骏马食之,乃赐之酒。盗者不爱其死,以救穆公之难。今此盗人能悔其过,惧吾闻之,是知耻恶。知耻恶,则善心将生,故与布劝为善也。"不久,有行路老父担重,遇人"代担行数十里"。后来"老父复行,失剑于路"。有人行道途中得到了这柄剑,心想如果放置在路上,担心后人得之,剑主于是永远无从寻找,于是在现场耐心等候失主。直到日暮,失剑老父回来寻找,看到守剑者就是此前代担之人。"老父揽其袂,问曰:'子前者代吾担,不得姓名,今子复守吾剑于路,未有若子之仁,请子告吾姓名,吾将以告王烈。'"后来老父果然告知王烈。王烈说:"世有仁人,吾未之见。"派人查找,竟然是"昔时盗牛人也"。《太平御览》卷九〇〇引《先贤行状》记录了王烈这一故事,又有对他"通识达人"的评价。正是在王烈这样的"达人"的道德感召下,使得民间"仁人"出现。

### 6. 嵇康"达人"说

嵇康生活在汉魏之际。他坚持与当政的司马氏集团划清界限,拒绝出仕。并因此与举荐自己代任尚书吏部郎,原先同为"竹林七贤"成员的山涛绝交。他在宣布绝交的著名书信《与山巨源绝交书》不多的篇幅中两次使用了"达人"称谓。嵇康写道：

> 性有所不堪，真不可强。今空语同知有达人，无所不堪，外不殊俗，而内不失正，与一世同其波流，而悔吝不生耳。

他坚持这样的原则，即秉性不能接受者，绝不可勉强。嵇康认为，如果都说有这样的"达人"，什么都可以承受，能够认同俗流，又坚守正心，能追逐世风，又坦然自安，这一定是空谈虚语。嵇康接着说：

> 老子、庄周，吾之师也，亲居贱职。柳下惠、东方朔，达人也，安乎卑位。吾岂敢短之哉！又仲尼兼爱，不羞执鞭；子文无欲卿相，而三登令尹。是乃君子思济物之意也。

这里说到"柳下惠、东方朔，达人也"，他们在嵇康心目中的位次，当与"老子、庄周，吾之师也"不同，然而也与被称为"君子"的"仲尼"、"子文"有异。嵇康说，"以此观之，故尧舜之君世，许由之岩栖，子房之佐汉，接舆之行歌，其揆一也。仰瞻数君，可谓能遂其志者也。故君子百行，殊涂而同致，循性而动，各附所安。故有处朝廷而不出，入山林而不反之论。"① 对于"处朝廷"还是"入山林"，嵇康各有宽容的理解，但是坚持应当"循性而动，各附所安"，尊重各人的自然和自由。通过嵇康所使用的"达人"这一语汇，可以了解汉王朝终结时代的相关社会认识。

我们还注意到，嵇康本人，也曾经被称作"达人"。《太平御览》卷五九六袁宏友李氏《吊嵇中散》曰："慨达人之获讥，悼高范之莫全。凌清风以三叹，抚丝桐而怅焉。"文中称致使嵇康被杀害的锺会，是"天下之恶人也"。"达人"和"恶人"，在一个特殊的情境中作为对应身份出现。

### 7. "达人"和"俗士"

同样生活在汉末，与前说陈琳一起名列"建安七子"的徐幹，在《中

---

① 《文选》卷四三。

论·贵言》中讲究珍惜言语，以为道德等级和知识等级相差悬殊，则没有必要进行对话，试图说服。论者指出："君子必贵其言。贵其言则尊其身，尊其身则重其道，重其道所以立其教。言费则身贱，身贱则道轻，道轻则教废。故君子非其人则弗与之言。若与之言，必以其方。"在讲述这一论点时，徐幹提出了"达人"和"俗士"不必进行交流和辩说的论点："或有周乎上哲之至论，通乎大圣之洪业，而好与俗士辨者，何也？曰：以俗士为必能识之故也。何以验之？使彼有金石丝竹之乐则不奏乎聋者之侧，有山龙华虫之文则不陈乎瞽者之前，知聋者之不闻也，知瞽者之不见也。于己之心分数明白，至与俗士而独不然者，知分数者不明也。不明之故何也？夫俗士之牵达人也，犹鹝鸟之欺孺子也。鹝鸟之性善，近人飞，不峻也，不速也，蹲蹲然似若将可获也，卒至乎不可获。是孺子之所以踞膝踠足，而不以为弊也。俗士之与达人言也，受之虽不肯，拒之则无说。然而有赞焉，有和焉，若将可寤，卒至乎不可寤。"如果不懂得"俗士"无法真正说服的道理，坚持要和"俗士"艰难讨论的"达人"，是"达人"中间的糊涂人，不是"达人"中间的聪明人。"是达人之所以干唇竭声而不舍也。斯人也，固达之蔽者也，非达之达者也。"在徐幹的笔下，"达人"和"俗士"的对立至于如此不能相容的地步，是令人惊异的。如果"达人"面对"俗士"不能"贵其言"也就是所谓"言费"，会致使"身贱"、"道轻"、"教废"，使自己的"达人"资质遭受损害。

汉末作为社会称谓的"达人"，通常的涵义大约是指有地位、有身份、有影响、有名望的人。一位于天文占相"无不精微"，作卦预卜"其言皆验"的"异才"方士管辂，在一位退职返乡的官员王经来访，就他卜筮的可信程度"有疑难之言"时，他说："君侯州里达人，何言之鄙！"由王经的身份，可以知道当时"达人"称谓的涵义。《三国志》卷二六《魏书·方技传·管辂传》裴松之注引《辂别传》关于这一故事的记载，还保留了管辂对答的更多的内容。他追怀"伏羲作八卦，周文王三百八十四爻，而天下治"的古久的历史，又说民间卜者治患救死，"事或以成"的事实，表示："苟道之明，圣贤不让，况吾小人，敢以为难！"尊称对方"达人"和自谦谓"小人"，两种称谓的强烈对比，值得注意。

管辂这里所说的高踞于"小人"之上的"达人"的"达"，很可能已经有显达的意思。如《孟子·尽心上》所谓"达则兼善天下",对应"穷则独善其身"。"达"与"穷"形成相反的人生境遇。嵇康《与山巨源绝交书》"所谓达能兼善而不渝,穷则自得而无闷",其中"达"的涵义,可能与称"柳下惠、东方朔,达人也"的"达",未必有直接的对应关系。

### 8. "达人"的世俗化

《说苑·杂言》对孔子的一段言论进行了介绍和宣传:"孔子曰:'夫富而能富人者,欲贫而不可得也。贵而能贵人者,欲贱而不可得也。达而能达人者,欲穷而不可得也。'"这里表扬了道德高尚的富人、贵人和达人。显达者能够使别人也显达的,他即使想要穷困,也是不可能实现的。这里"达"和"穷"形成对立面,又是与"富"和"贵"作为同一等级的人生成功的表现的。

《潜夫论·德化》:"己欲立而立人,己欲达而达人。""达人"作为动宾词组,也有相近的意思。"达人"取使别人"达"这一语义的,还有《说苑·谈丛》的说法:"因时易以为仁,因道易以达人。""达人"在这里与"为仁"并说。

汉代"达人"称谓通常指代通识者、明智者、成功者。大致在更晚近的时代,"达人"这种人称符号似乎又有了特别重视名誉层次,即俗说出风头、得风光的意思。唐诗所见卢照邻:"洁其身也,禀君子达人之高行"①,权德舆:"曲士守文墨,达人随性情"②,孟郊:"达人识元化,变愁为高歌"③ 等,都可以说依然继承了古意。然而储光羲:"善听在知己,扬光唯达人"④ 以及卢纶:"始悟达人志,患名非患贫"⑤ 等诗句,对于"名"的追求,对于"扬光"的追求,似乎体现时人对"达人"品格的理解发生了变化。"达人"在某种意义上成为一种虚荣标志,这是与汉代"达人"风范有所不同的。

---

① 《在狱咏蝉》,《唐诗镜》卷三。
② 《广陵诗》,《全唐诗》卷三二八。
③ 《达士》,《全唐诗》卷三七三。
④ 《秦中初霁献给事二首》之二,《全唐诗》卷一三七。
⑤ 《訓孙侍御春日见寄》,《全唐诗》卷二七七。

# 附论八：走马楼简牍"私学"考议

走马楼简牍出现"私学"称谓，引起了研究者的兴趣。走马楼简牍所见"私学"身份虽然并不构成当时社会的主体阶层，似乎不至于影响社会生产和社会生活的主流形态，然而作为一种社会存在，[①] 是史学工作者应当有所关注并予以合理解释的。此前已经有学者就此进行了认真的讨论。综合各种历史文化信息，通过进一步的研究，或许可以使我们对"私学"身份的认识更接近历史的真实。

## 1. 关于"私学谢达"和"私学番倚"的争论

走马楼简牍中有关"私学"的文书，有较早披露的涉及"私学谢达"和"私学番倚"的两件。即：

(1) 私学长沙刘阳谢达年卅一居临湘
都乡立沂丘
十一月十五右郎中窦通举
(2) 南乡劝农掾番琬叩头死罪白被曹敕发遣吏陈晶所举私学番
倚诣廷言案文书倚一名文文父广奏辞本乡正户民不为遗脱辄
操黄簿审实不应为私学乞曹列言府琬诚惶诚恐叩头死罪
死罪　　　　　　　　　　　　　　诣功曹
十二月十五日庚午白[②]

《长沙走马楼 J22 发掘简报》显示的编号，(1) 为 J22—2697，(2) J22—2659。发掘简报执笔者判定 (1) 的性质为"名刺"，又介绍说，所谓"名刺"者，"数量不多，保存较好，内容为问安、谒见、荐举、赠物等"。其

---

① 据于振波讨论"吴简中的私学"时统计，"走马楼吴简〈竹简〉中，与私学有关的简有 101 枚。"于振波：《走马楼吴简初探》，文津出版社有限公司 2004 年版，第 211—213 页。

② 李长林：《长沙孙吴简牍考古大发现》，《历史月刊》1997 年 8 月号；宋少华：《大音希声——浅谈对长沙走马楼吴简的初步认识》，《中国书法》1998 年第 1 期。

说不确。（2）则被定名为"官府文书"。①综合参考胡平生、王素、侯旭东、于振波等学者的释文，可读作：（1）私学长沙刘阳谢达年卅一，居临湘都乡立沂丘。十一月十五右郎中窦通举。（2）南乡劝农掾番琬叩头死罪白：被曹敕，发遣史陈晶所举私学番倚诣廷言。案文书，倚一名文，文父广。奏辞：本乡正户民，不为遗脱。辄操②黄簿审实，不应为私学。乞曹列言府。琬诚惶诚恐叩头死罪死罪。诣功曹。十二月十五日庚午白。

胡平生称（1）为"举荐版"，以为"盖究其性质乃用于'举荐'"。又说，"此处之'私学'，乃'私学生'，或称'私学弟子'。此'私学'或实或虚，即有可能谢达仅仅只是窦通名义上的学生"。这里所谓"举"，被理解为"私学的学生""步入仕途"的中间程序，即"举荐"。（2）被称为"案查文书"。"'不应为私学'，这是本案查文书的结论。'不应为私学'，即否认番倚的'私学'身份，他是编入正籍的百姓，不是私学的学生。而'私学弟子'应当是不编入正籍的。他们是不'在官役者'，享受着复除'官役'或减免租税的政策优待。从牍文看，所以要做这种'正名'的工作，大概当时'举荐'的范围限定为私学生，番倚不是私学生，便失去了被举荐的资格。"③对于（1），王素以为应定名为"右郎中窦通举谢达为私学文书"。他认为，"'私学'属于非国家'正户'，是一种具有特殊身份的人口。"简文"举"的涵义，"既未提到被举之人现在的专长，又未涉及被举之人此后的去向，肯定没有'举荐'的意思"。"此处之'举'"，"有'没入'之意"。简文"遗脱"，"专指逃亡户口"。王素说，"番倚不是逃亡户口，不应为私学。反过来说，番倚若是逃亡户口，就应为私学，私学本由逃亡户口产生"。在对于（2）的讨论中，王素指出："私学作为非国家'正户'之一种，亦由逃亡户口产生。当地方豪强以逃亡户口为名，没入某人为私学，并呈上举某人为私学文书，有关部门自应根据制度严加审查。本件作为此类审查的结果，不仅要报郡功曹备案，还要转呈太守知道，也证明朝廷

---

①　长沙市文物工作队、长沙市文物考古研究所：《长沙走马楼 J22 发掘简报》，《文物》1999 年第 5 期。

②　"辄操"，侯旭东据谢桂华意见，释读为"曹穷"。侯旭东：《长沙三国吴简所见"私学"考——兼论孙吴的占募与领客制》，《简帛研究二〇〇一》，广西师范大学出版社 2001 年版，下册第 514 页。

③　胡平生：《长沙走马楼三国孙吴简牍三文书考证》，《文物》1999 年第 5 期。

对私人占有国家户口十分在意"①。学者对"私学"身份的理解，又继续有学术争论。②

侯旭东对于（1）指出："该简的性质，胡平生认为是举荐私学谢达入仕，恐怕不妥。应是举谢达为私学。若是举私学入仕，简文还应包含其他内容，如被举者德行、学识等，不应如此简单。王素释'举'为没入，于文意多有扞格，难以信从。""视这枚简为举谢达为私学的举状可能更准确。"论者分析（1）（2），以为："大体勾画出了举私学的步骤，即先由举主写举状，书'私学'籍贯、年龄、现居地，呈官府；然后由县审核。所据标准有一条是清楚的：正户民不得做私学，唯遗脱可以做。审核通过则由官府备案，若有疑问，下敕到有关乡进一步取证、核查，并令当事人赴县廷取证，最后由郡府裁决。"③秦晖就（2）有所讨论，则否定侯说，认为："按简文义，'私学'属于'遗脱'，而'遗脱'在简文中是作为违法罪行的，即史籍所谓'逋逃'。所以简文用的是传讯疑犯的口气，而不是接见被举荐人的口气。而被传讯者所言被称为'辞'（简文中特指疑犯口供），并以'本乡正户民，不为遗脱'来自辩，显然也并非求荐，而是自诉无辜。另外简文中'吏陈晶所举私学'之'举'也显非举荐之意"，"此'举'盖为检举、举报之意"。他认为（2）的内容"把'私学'当罪过，这不难理解"，并由此得出"乡官还要负官方文化统治杜绝异端'私学'之责"的结论。④

有关"私学谢达"和"私学番倚"的学术讨论在逐步深入，不过，各家意见未能一致。对于"私学"的身份及其社会角色，似乎都还没有得出有充分说服力的答案。

## 2. "举私学"正义

对于（1）（2）所见"举私学"之"举"，王素以为"没入"，"举私

---

① 王素：《长沙走马楼三国孙吴简牍三文书新探》，《文物》1999 年第 9 期。

② 胡平生：《读长沙走马楼简牍札记（二）》，《光明日报》2000 年 4 月 7 日；王素：《"私学"及"私学弟子"均由逃亡户口产生——长沙走马楼简牍研究辨误（二）》，《光明日报》2000 年 7 月 21 日。

③ 侯旭东：《长沙三国吴简所见"私学"考——兼论孙吴的占募与领客制》，《简帛研究二〇〇一》，广西师范大学出版社 2001 年版，下册第 516—517 页。

④ 秦晖：《传统中华帝国的乡村基层控制：汉唐间的乡村组织》，《农民中国：历史反思与现实选择》，河南人民出版社 2003 年版，第 237 页。

学"于是被理解为"'没入'为私学"。这种解释，据说据《周礼·地官·司门》："凡财物犯禁者举之。"注云："举之，没入官。"秦晖亦用此例。①王素说："'没入'的对象，不限于财物，也包括编户齐民。"不过，以这样的解说对照文书内容，正如侯旭东所说，"于文意多有扞格"。今按"举之，没入官"者，"举"与"没入"并非同义重复，应是先"举"而后"没入"。

　　胡平生和侯旭东都释"举"为"举荐"之"举"。而胡平生谓"举荐""步入仕途"，侯旭东谓"举""为私学"。

　　对于"举私学"之"举"的理解，也许应当重视于振波在讨论中所引用的周一良的意见。

　　于振波写道：

　　　　周一良先生曾指出："魏晋南北朝文献中，'举'字又有承认其身份地位之意"，并列举魏晋时期颇受歧视的庶出子女之身份获得承认（"见举"、"收举"）或不被承认（"未举"、"未被举"）的事例。②

读走马楼简牍有关"举私学"的文书，将其中的"举"理解为"承认其身份地位"可能是适宜的。被学者称作"举主"的"右郎中窦通"和"吏陈晶"的"举"的行为，应是证明并确定了"其身份地位"。

　　"举"有登录的意义。《左传·襄公二十七年》："仲尼使举是礼也，以为多文辞。"陆德明《释文》："沈云：举谓记录之也。"《墨子·号令》："悉举民室材木、瓦若蔺石数，署长短、小大。当举不举，吏有罪。"岑仲勉注："此言调查民间材木、瓦石之数"，"举，查报也"。"署，登记也。"③《墨子·杂守》："先举县官室居、官府不急者，材之大小、长短及凡数，即

---

　　① 秦晖论"此'举'盖为检举、举报之意"，又提出《史记》卷八八《蒙恬传》、《汉书》卷四五《江充传》、《后汉书》卷六一《廉范传》、《三国志》卷五二《吴书·顾雍传》及曹操《步战令》等例。秦晖：《传统中华帝国的乡村基层控制：汉唐间的乡村组织》，《农民中国：历史反思与现实选择》，河南人民出版社2003年版，第237页。然而所说仅"举"字一义。
　　② 周一良：《〈宋书〉札记·举、收举》，《魏晋南北朝史札记》，中华书局1985年版，第153页。
　　③ 岑仲勉：《墨子城守各篇简注》，中华书局1958年版，第110页。

急先发。"岑仲勉解释说，"举者调查登记也。"① 《商君书·去强》："举口数，生者著，死民者削。"《汉书》卷一一《哀帝纪》：绥和二年（前7）秋，诏曰："朕承宗庙之重，战战兢兢，惧失天心。间者日月亡光，五星失行，郡国比比地动。乃者河南、颍川郡水出，流杀人民，坏败庐舍。朕之不德，民反蒙辜，朕甚惧焉。已遣光禄大夫循行举籍，赐死者棺钱，人三千。其令水所伤县邑及他郡国灾害什四以上，民赀不满十万，皆无出今年租赋。""举籍"，颜师古注："举其名籍也。"《汉书》卷一二《平帝纪》："遣谏大夫行三辅，举籍吏民，以元寿二年仓卒时横赋敛者，偿其直。""举籍"，颜师古注："张晏曰：'举录赋敛之籍以赏之。'"② 又《汉书》卷六五《东方朔传》：汉武帝时，"使太中大夫吾丘寿王与待诏能用算者二人，举籍阿城以南，盩厔以东，宜春以西，提封顷亩，及其贾直，欲除以为上林苑，属之南山。""举籍"，颜师古注："举计其数以为簿籍也。"又《汉书》卷六七《胡建传》："孝武天汉中，守军正丞，贫亡车马，常步与走卒起居，所以尉荐走卒，甚得其心。"颜师古注："尉者，自上安之也。荐者，举籍也。"

通过汉代文献多见的"举籍"一语的意义，理解"举私学"之"举"，或许可以得到启示。

不过，于振波在引录了周一良的论说之后，又以为胡平生"'举'是'举荐'之意""其说可从"。又说，"举有举荐之意，这与两汉三国时期'乡举里选'的察举制度是相符合的"。"史书中所提到的不论学官弟子还是私学弟子，往往都是通过举荐而走上仕途的。"于振波对周一良论述的理解，只限于"在这些事例中，被'举'者的身份地位明显提高了"③，似乎并没有真正理解周说"魏晋南北朝文献中，'举'字又有承认其身份地位之意"的原意。

### 3. "私学"作为身份称谓的涵义

胡平生说，关于"私学谢达"和"私学番倚"的两件文书中的"私

---

① 对于全句的理解，岑仲勉以为，"举者调查登记也。凡数，总数也。发，征发也。先登记官吏不急需之品与夫储存材木之状况，赶紧征用之，倡之自上，斯民间不敢隐匿矣"。岑仲勉：《墨子城守各篇简注》，中华书局1958年版，第147页。

② "赏"，中华书局本校注者以为当作"偿"。

③ 于振波：《走马楼吴简初探》，文津出版社有限公司2004年版，第218页。

学"，"乃'私学生'，或称'私学弟子'。"① 王素说："走马楼简牍仅见'私学'，从未见到'私学生'及'私学弟子'。"② 胡平生又举出走马楼简牍中出现"私学弟子"的实例：

> （3）私学弟子南郡周基，年廿五，字公业，任吏，居在西部新阳
> 　　县下。
> 　　嘉禾二年十一月一日监下关清公掾张阎举。③

王素纠正了简文"嘉禾二年十一月一日监下关清公掾张阎举"中"掾"字的误释，然而仍然认为："不仅'私学'是由逃亡户口产生，'私学弟子'也是由逃亡户口产生。"④

关于"私学"的身份，侯旭东以为："将'私学'与'举主'的关系视为官府所承认的带有依附倾向的私人关系，大体不误。"⑤ 于振波则认为："把私学说成是依附人口或脱籍逃亡者，在传世文献中没有根据，从吴简中也找不到证据。"⑥

侯旭东的这一意见显然是正确的，即"私学""是官方承认的固定化的称呼，且官府掌握其名籍"。讨论"私学"问题的多数学者都注意到《韩非子》与《史记》所见"私学"。侯文指出："与孙吴的私学关系更密切的应是东汉的所谓'私学弟子'，这一称呼见于曹魏人董巴所著《汉舆服志》（《太平御览》卷六八五所引），后又为司马彪《续汉书·舆服志下》袭用。'私学弟子'应是东汉时的说法，指官学生以外的从学官问学的生徒。这里

---

① 胡平生：《长沙走马楼三国孙吴简牍三文书考证》，《文物》1999 年第 5 期。

② 王素：《长沙走马楼三国孙吴简牍三文书新探》，《文物》1999 年第 9 期。

③ 胡平生：《读长沙走马楼简牍札记（二）》，《光明日报》2000 年 4 月 7 日。"掾"，原释为"扬"。

④ 王素：《"私学"及"私学弟子"均由逃亡户口产生——长沙走马楼简牍研究辨误（二）》，《光明日报》2000 年 7 月 21 日。

⑤ 侯旭东：《长沙三国吴简所见"私学"考——兼论孙吴的占募与领客制》，《简帛研究二〇〇一》，广西师范大学出版社 2001 年版，下册第 518 页。

⑥ 于振波：《走马楼吴简初探》，文津出版社有限公司 2004 年版，第 219 页。

出现的'私学'犹是修饰语，而非称呼，但应是演变为称呼的基础。"①

按照侯旭东的意见，"私学弟子"身份，"指官学生以外的从学官问学的生徒。"可惜这一推想尚需论证，首先应当说明"官学生"和"从学官问学的生徒"的区别。② 于振波则说，"看不出私学与私学弟子有什么区别，只是在吴简中，前者出现的次数远多于后者，估计前者是后者的简称"。他认为："根据传世文献，'私学'一词是与'官学'相对而存在的。由于汉武帝以后历朝统治者对儒学的提倡，官方设立的教育机构均倡导儒家学说，私人收徒也以传授儒业为主，因此，把两汉魏晋时期的私学弟子理解为儒者以私人身份招收的学生，以及虽游学于学官但不属于正式员额的学生，当与事实相去不远。"③ 于说将侯文提出的概念有所扩衍，包括了"儒者以私人身份招收的学生"。

于振波制《两汉魏晋时期私人传习儒学事例表》，列有 121 例。论者写道，东汉以来，"儒者以私人身份聚徒讲学的风气"大盛，"有的经师著录弟子少则几十人、上百人，多则逾千人，甚至上万人"。按照《后汉书》卷七九下《儒林列传下》的说法："自光武中年以后，干戈稍戢，专事经学，自是其风世笃焉。其服儒衣，称先王，游庠序，聚横塾者，盖布之于邦域矣。若乃经生所处，不远万里之路，精庐暂建，赢粮动有千百，其耆名高义开门受徒者，编牒不下万人。"④

《太平御览》卷六八五引董巴《汉舆服志》曰："进贤冠，古缁布冠，文儒者之服也。前高七寸，后三寸，长八寸。公侯三梁，中二千石以下至博士两梁，千石以下至小史私学弟子皆一梁。宗室刘氏亦两梁。"《续汉书·舆服志下》"进贤冠"条："进贤冠，古缁布冠也，文儒者之服也。前高七寸，后高三寸，长八寸。公侯三梁，中二千石以下至博士两梁，自博士以下至小史私学弟子，皆一梁。宗室刘氏亦两梁冠，示加服也。""印"条也说

---

① 侯旭东：《长沙三国吴简所见"私学"考——兼论孙吴的占募与领客制》，《简帛研究二○○一》，下册第 517 页。

② 后世有的资料，如《唐律疏议》卷二三"非私学者，谓弘文、国子、州县等学"以及"私学者即《礼》云'家有塾，遂有序'之类"的说法，似对侯说不利。

③ 于振波：《走马楼吴简初探》，文津出版社有限公司 2004 年版，第 217—218、223 页。

④ 同上书，第 180—198 页。

到"私学弟子"："佩双印，长寸二分，方六分。乘舆、诸侯王、公、列侯以白玉，中二千石以下至四百石皆以黑犀，二百石以至私学弟子皆以象牙。上合丝，乘舆以滕贯白珠，赤罽蕤，诸侯王以下以绦赤丝蕤，滕绦各如其印质。刻书文曰：'正月刚卯既决，灵殳四方，赤青白黄，四色是当。帝令祝融，以教夔龙，庶疫刚瘅，莫我敢当。疾日严卯，帝令夔化，慎尔周伏，化兹灵殳。既正既直，既觚既方，庶疫刚瘅，莫我敢当。'凡六十六字。"元代学者陶宗仪《南村辍耕录》卷二四"刚卯"条引文作："《后汉舆服志》：佩双印，长寸二分，方六分。乘舆、诸侯及王、公、列侯以白玉，中二千石以下至四百石皆以黑犀，三百石以至私学弟子皆以象牙。"就"四百石"与"三百石"的等级衔接而言，可能陶宗仪引文较为准确。侯文说"曹魏人董巴所著《汉舆服志》"中的说法"后又为司马彪《续汉书·舆服志下》袭用"。其实，有关"进贤冠"的内容，两者是有区别的。前者说："千石以下至小史私学弟子皆一梁。"后者说："自博士以下至小史私学弟子，皆一梁。"关于"印"，则"二百石以至私学弟子皆以象牙"或者"三百石以至私学弟子皆以象牙"。这样说来，"私学弟子"享有的舆服等级待遇，就"冠"而言，一说上与"千石"相同，一说上与"博士"相同；就"印"而言，据说与"二百石"或"三百石"相同。

可以推想，"儒者以私人身份招收的学生"，"著录弟子少则几十人、上百人，多则逾千人，甚至上万人"，如果这些所谓"私学的学生"、"私学生"可以享受相当于"二百石"或"三百石"、"博士"甚至"千石"的等级待遇，将会导致何等复杂的社会政治秩序，将会形成何等沉重的国家财政负担？然而如果确实如此，则可以体现出当时行政体制下的文化政策对于教育是何等的重视。

在有关"私学"的讨论中，我们应当破除"'私学'一词是与'官学'相对而存在的"这样的成见。实际上，正如侯旭东所指出的，"私学"是"可指称个人"的。[①] 在这个意义上说，"私学"并非"是与'官学'相对而存在的"。按照汉代用语习惯，"私学"之"私"，在这里解释为专心爱

---

　　① 侯旭东：《长沙三国吴简所见"私学"考——兼论孙吴的占募与领客制》，《简帛研究二〇〇一》，下册第517页。

重，可能是适宜的。《战国策·秦策四》："王虽有万金，弗得私也。"高诱注："私，爱也。"① 《仪礼·燕礼》："寡君，君之私也。"郑玄注："私，谓独有恩厚也。"《释名·释言语》："私，恤也，所恤念也。"《离骚》："皇天无私阿兮，览民德兮错辅。"王逸注："窃爱为私。"汉代学者对"私"的这种理解，或许接近我们所讨论的"私学"之"私"的真实涵义。

很可能，走马楼简牍资料所见"私学"称谓指代的社会身份，是民间儒学教育体制下的受教育者。其身份的确定很可能有学历和学绩的等级要求。"私学"身份的正式确认，需要经过一定等级的官吏的"举"方可登录入籍。值得注意的是，走马楼简牍中所见"举私学"者（1）"右郎中窦通"、（2）"吏陈晶"、（3）"监下关清公掾张闿"，其品级都并不高。

《唐律疏议》卷二三《斗讼》有这样一条内容值得注意：

> 即殴伤见受业者，加凡人二等。死者，各斩。谓服膺儒业，而非私学者。

【疏】议曰：《礼》云："凡教学之道，严师为难。师严道尊，方知敬学。"如有亲承儒教，伏膺函丈，而殴师者，加凡人二等。……注云："谓服膺儒业，而非私学者。"儒业，谓经业。非私学者，谓弘文、国子、州县等学。私学者即《礼》云"家有塾，遂有序"之类。如有相犯，并同凡人。②

所谓"私学者即《礼》云'家有塾，遂有序'之类"，或许可以帮助我们理解走马楼简牍所见"私学"。应当注意，这里写作"私学者"。走马楼简牍中的"私学"称谓，其实即指代"私学者"身份。

### 4. "儒学生员"和"幼学"：后世户籍资料中有参考价值的信息

明代黄册中可见"儒学生员"身份。日本京都大学文学部藏《嘉靖泉

---

① 又《战国策·齐策一》"私我也"高诱注，《吕氏春秋·去私》"子，人之所思也"高诱注，《慎大》"以示民无私"高诱注。

② 据刘俊文《唐律疏议笺解》，"根据律文及疏议，学生殴受业师罪之成立，以师生俱在官学（即弘文、崇文、国子及州县等学）为要件。如师生属于家塾、遂序等私学，则相犯者各依凡人斗殴法，不得援此律为断。"中华书局 1996 年版，下册第 1581 页。

州府永春县保甲文册》中，有如下文字：

> 一户姚希舜军籍系本都里班姚文兴户丁本县儒学生员
> 一户姚崇文军籍系本都里班姚文兴户丁系本县儒学生员①

同一页可见12人身份登记资料，其余10人都有"成丁壹丁耕田"字样，而与姚希舜、姚崇文不同。似乎可以推知"本县儒学生员"身份的特殊性。②

日本学习院大学东洋文化研究所藏《朝鲜庆尚道户籍大帐》，是比较完整的清代户籍资料，其中多有反映当时民间生活的社会史信息。有关社会称谓的内容即值得研究者特别关注。

如《道光五年二月庆尚道丹城县乙酉式户籍大帐》中，可见户主的不同身份，如：幼学、束伍、鳏夫③、良军官、社稷坛守护军、闲良、私奴、上纳、灯油保、业武、驿人、良人、水军、贡生、寡女、寡妇、童蒙、书写郎、院奴、禁保、唐鞋匠、巫夫等。可引录以"幼学"身份为户主的一例：

> 第三户幼学金□重年伍拾陆庚寅本金海父学生震学祖学生原大曾祖学生顺鸣外祖学生郑尚哲本晋阳妻崔氏年伍拾伍籍庆州父学生南后祖学生晋清曾祖学生思明外祖学生卞永弼本八溪母郑氏年柒拾叁癸酉子幼学在柱④年拾玖丁卯子幼学在文年拾柒乙巳奴□金□壬午户口相准

---

① 栾成显：《明代黄册研究》，中国社会科学出版社1998年版，图版十。引用者注："梁方仲《明代黄册考》附所谓'黄册原本'照片之一"。

② 《明会典》卷七六《社学·事例》："洪武八年，诏有司立社学，延师儒以教民间子弟。十六年，诏民间立社学，有司不得干预，其经断有过之人不许为师。……正统元年，令各处社学提学官及司府州县官严督勤课，不许废弛，其有俊秀向学者，许补儒学生员。成化元年，令民间子弟愿入社学者，听其贫乏，不愿者勿强。"成书于明万历年间的刘世教《荒箸略》有"加惠寒士"条，其中写道："这是贫生领赈的。我皇上作养人才，本为他日之用。但秀才不工不商，非农非贾，青灯夜雨，常无越宿之储，破壁穷檐，止有枵雷之腹。一遇荒年，其苦万状。如内乡县儒学生员李来学，水浆不入口者三日，阖门待毙。县令以粟遗之，来学正色拒曰：'生平不谒县令，岂以荒易吾操哉！'及赈银至，乃以极贫洁行独厚给之。来学叹曰：'此圣主洪恩也，可以食矣。'寒士濒死待赈则生，不独一来学也。"《荒政丛书》卷五。可知"儒学生员"中，有李来学一类"生平不谒县令"的"极贫洁行"之"寒士"。

③ 又有"鳏夫幼学"与"幼学鳏夫"。

④ 户籍原件在此处有一贴签，加盖印章。签上书写："幼学金在柱改名在圭。"

不仅户主之子十九岁的金在柱和十七岁的金在文是"幼学",年五十六的户主金□重也是"幼学"。可见"幼学"之"幼"并非年龄标志。"幼学"非"幼",只是体现一种身份。

户籍大帐详细记录"幼学"户主的家族关系和师生关系,使人联想到(2)"案文书倚一名文文父广奏辞本乡正户民不为遗脱"字样。

《道光五年二月庆尚道丹城县乙酉式户籍大帐》中的"幼学",也是原则上享有免除军役负担的特权的。其身份特征似乎和我们所讨论的走马楼简牍所见"私学"有相像之处。通过对 1825 年乙酉式年大帐的分析,研究者指出,这一时期通过"冒称"和"纳粟"等方式流入这一阶层的情形增多,使得"私学"不再具有与以往"士族"相等同的地位和声誉。这里所谓"冒称",使人联想到走马楼简牍(2)所见"审实不应为私学"的情形。

有的学者分析了道光五年(1825)45 年之后"幼学"户主数显著增多的现象。据 1825 年乙酉式年大帐和 1870 年庚午式大帐的比较,两个里的"幼学"户主数及其比率的变化如下表:

| 职役分类 | 南 里 | | 东 里 | | 合 计 | |
|---|---|---|---|---|---|---|
| | 1825 年 | 1870 年 | 1825 年 | 1870 年 | 1825 年 | 1870 年 |
| 幼学等 | 21<br>7.7% | 67<br>23.4% | 174<br>38.9% | 209<br>45.6% | 195<br>27.2% | 276<br>37.1% |

这两个里的"幼学"的人数及其比率也发生着变化:

| 职役分类 | 南 里 | | 东 里 | | 合 计 | |
|---|---|---|---|---|---|---|
| | 1825 年 | 1870 年 | 1825 年 | 1870 年 | 1825 年 | 1870 年 |
| 幼学等 | 38<br>6.3% | 74<br>15.6% | 197<br>23.4% | 220<br>22.8% | 235<br>16.3% | 294<br>20.5% |

东里"幼学"人数虽有所下降,然而两个里合计的"幼学"人数却仍在增长。

研究者指出,在这一时期,"幼学"的增加和"军役负担者"的减少是同时发生的。<sup>①</sup> 1870 年东里"幼学"为户主的户数竟然占到了总户数的45.6%，实在是令人惊异的现象。了解了这一情形，自然比较容易理解执政者急切地对可疑者严肃"案查"的动机。

对于"幼学"的身份，有的研究者比较分析相关历史资料后指出，17世纪以前"幼学"承担管理职任，18 世纪以后则演变分解为管理者、中间阶层和一般平民三种身份。<sup>②</sup> 有学者指出，怎样解释清代中晚期"幼学"身份群体数量的急剧增加，是清代中晚期朝鲜地区身份史研究的最具有前沿性的课题。<sup>③</sup>

这里尽管借取了远至明清时期的资料以为助证，然而联系《嘉靖泉州府永春县保甲文册》中有关"儒学生员"以及《朝鲜庆尚道户籍大帐》中有关"幼学"的资料，或许有益于帮助我们更深入地认识和理解走马楼简牍所见"私学"身份的性质和特征。

我们看到，因"学"而得到免役等优遇者在传统中国曾经占有颇为可观的社会层面。而涉及古代社会文化构成的相关现象，比如识字者即具有初步接受传统教育之能力者所占人口比例，以及他们在社会生活中发生的作用等等，也许都是历史研究者应当关注的问题。

走马楼简牍有关"私学"的资料，或许可以看作讨论相关问题迄今所见较早的信息。

① ［日］山内民博：《学习院大学蔵庆尚道安义县户籍大帐について》，［日］武田幸男编：《朝鲜后期の庆尚道における社会动态の研究——学习院大学蔵朝鲜户籍大帐の基础的研究（4）》，学习院大学东洋文化研究所调查研究报告 No. 51，学习院大学东洋文化研究所 2002 年版。

② ［韩］崔承熙：《朝鲜后期"幼学"·"学生"の身分的意味》（1989），［日］武田幸男：《学习院大学蔵の丹城县户籍大帐とその意义》转引，［日］武田幸男编：《朝鲜后期の庆尚道丹城县における社会动态の研究（Ⅰ）——学习院大学蔵朝鲜户籍大帐の基础的研究（2）》，学习院大学东洋文化研究所调查研究报告 No. 27，学习院大学东洋文化研究所 1991 年版。

③ ［日］井上和枝：《最近の户籍大帐および户籍关连研究の动向》，［日］武田幸男编：《学习院大学蔵朝鲜户籍大帐等目录——学习院大学蔵朝鲜户籍大帐の基础的研究（5）》，学习院大学东洋文化研究所调查研究报告 No. 52，学习院大学东洋文化研究所 2003 年版，第 55 页。

# 代结语

## 称谓史研究的另一对象:类聚之称——以"四皓"名号为例

　　秦汉社会称谓研究有非常广阔的学术空间。除指义相对明确的指代个人的称谓之外，也有群体式组合式称谓生成和使用，值得研究者关注。比如，我们看到秦汉时期社会习用的以民族身份作为指示符号的称谓，如"胡巫"①、"越巫"②、"胡骑"③、"越骑"④、"商胡"、"贾胡"、"酒家胡"⑤、"胡奴"⑥、"蛮夷君长王侯"、"蛮夷王侯君长"、"蛮夷贾"等。另有与常见"群臣诸将"⑦、"群朋"⑧、"群党"⑨ 等社会判断相关的称谓，如"群神"、"群祖"、"群后"、"群公"、"群司"、"群卿"、"群卿大夫"、"群臣"、"群吏"、"群佐"、"群贤"、"群儒"、"群生"、"群辈"、"群妾"、"群下"、"群小"、"群盗"、"群妖"等。"群"的字义是模糊的，但是突出了"类聚之称"的意义。⑩

　　在这类称谓中，"四皓"特别值得注意。

---

①　王子今：《西汉长安的"胡巫"》，《民族研究》1997 年第 5 期。

②　王子今：《两汉的"越巫"》，《南都学坛》2005 年第 1 期。

③　王子今：《两汉军队中的"胡骑"》，《中国史研究》2007 年第 3 期。

④　王子今：《汉朝军制中的"越骑"部队》，《史学月刊》2010 年第 2 期。

⑤　王子今：《汉代的"商胡""贾胡""酒家胡"》，《晋阳学刊》2011 年第 1 期。

⑥　王子今：《汉世"胡奴"考》，《四川文物》2010 年第 3 期。

⑦　《史记》卷七《项羽本纪》，《史记》卷四八《陈涉世家》，《汉书》卷三一《陈胜传》。

⑧　《汉书》卷三六《楚元王传》。

⑨　《商君书·赏刑》，《新语·辨惑》，《说苑·君道》，《汉书》卷二六《天文志》，《汉书》卷五九《张汤传》，《汉书》卷九九下《王莽传下》，《论衡·寒温》，《后汉书》卷四一《宋意传》，《三国志》卷六一《吴书·陆凯传》。

⑩　《说文·羊部》："群，辈也。"段玉裁注："若军发车百两为辈。此就字之从车言也。朋也，类也，此辈之通训也。《小雅》：'谁谓尔无羊，三百维群。'《犬部》曰：'羊为群，犬为独。'引申为凡类聚之称。"

　　在汉初政治舞台曾经有过重要表演的"四皓"，所体现的文化资质及其渊源和影响都值得注意。被称为"四皓"的四位老人始终同行同声，思想言行完全一致，凝聚程度非常显著。现在看来，"'四皓'称号"，很可能是比较早的以数字指代明确的人物组合的称谓形式，而成为东汉晚期所谓"三君"、"八俊"、"八顾"、"八及"、"八厨"，魏晋所谓"竹林七贤"等称谓的先声。与此有关的所谓"四八目"现象，值得称谓史研究者关注。汉代出现的复数人才组合形式，应与当时人才理念的"群辅"追求有关。考察相关现象，应当有助于深化汉代文化史的研究，而历史上称谓形式演进的某些特征，也可以因此得到认识。

### 1. 从"四人"到"四皓"

　　"四皓"事迹始见于《史记》。而《史记》的相关记录中并没有使用"四皓"称谓，直接的说法是"四人"。

　　《史记》卷五五《留侯世家》写道："上欲废太子，立戚夫人子赵王如意。大臣多谏争，未能得坚决者也。吕后恐，不知所为。"有人对吕后说："留侯善画计筴，上信用之。"于是，"吕后乃使建成侯吕泽劫留侯，曰：'君常为上谋臣，今上欲易太子，君安得高枕而卧乎？'留侯曰：'始上数在困急之中，幸用臣筴。今天下安定，以爱欲易太子，骨肉之间，虽臣等百余人何益。'吕泽强要曰：'为我画计。'留侯曰：'此难以口舌争也。顾上有不能致者，天下有四人。四人者年老矣，皆以为上慢侮人，故逃匿山中，义不为汉臣。然上高此四人。今公诚能无爱金玉璧帛，令太子为书，卑辞安车，因使辩士固请，宜来。来，以为客，时时从入朝，令上见之，则必异而问之。问之，上知此四人贤，则一助也。'"张良的建议得到采纳，"于是吕后令吕泽使人奉太子书，卑辞厚礼，迎此四人。[①] 四人至，客建成侯所"。随后发生的政治事件中，"此四人"的谋划对于太子地位的维护和汉初形势的稳定表现出重要的意义：

---

　　① 《太平御览》卷四三引《高士传》曰："高车山上有四皓碑及祠，皆汉惠帝所立也。汉高后使张良诣南山迎四皓之处，因名高车山也。"则说张良亲自"诣南山迎四皓"。《太平寰宇记》卷一四一《山南西道九·商州》也取此说。

　　汉十一年，黥布反，上病，欲使太子将，往击之。四人相谓曰："凡来者，将以存太子。太子将兵，事危矣。"乃说建成侯曰："太子将兵，有功则位不益太子；无功还，则从此受祸矣。且太子所与俱诸将，皆尝与上定天下枭将也，今使太子将之，此无异使羊将狼也，皆不肯为尽力，其无功必矣。臣闻'母爱者子抱'，今戚夫人日夜待御，赵王如意常抱居前，上曰'终不使不肖子居爱子之上'，明乎其代太子位必矣。君何不急请吕后承间为上泣言：'黥布，天下猛将也，善用兵，今诸将皆陛下故等夷，乃令太子将此属，无异使羊将狼，莫肯为用，且使布闻之，则鼓行而西耳。上虽病，强载辎车，卧而护之，诸将不敢不尽力。上虽苦，为妻子自强。'"于是吕泽立夜见吕后，吕后承间为上泣涕而言，如四人意。上曰："吾惟竖子固不足遣，而公自行耳。"于是上自将兵而东，群臣居守，皆送至灞上。留侯病，自强起，至曲邮，见上曰："臣宜从，病甚。楚人剽疾，愿上无与楚人争锋。"因说上曰："令太子为将军，监关中兵。"上曰："子房虽病，强卧而傅太子。"是时叔孙通为太傅，留侯行少傅事。

　　太子刘盈与赵王刘如意有关政治前景竞争的这一回合，前者占据上风。张良与"四皓"配合的默契，亦得显现。刘邦击败黥布军后，年老病重，"欲易太子"的态度更为偏执，甚至无视张良的劝阻。在这样的情况下，"此四人"的表态体现出了决定性的作用：

　　汉十二年，上从击破布军归，疾益甚，愈欲易太子。留侯谏，不听，因疾不视事。叔孙太傅称说引古今，以死争太子。上详许之，犹欲易之。及燕，置酒，太子侍。四人从太子，年皆八十有余，须眉皓白，衣冠甚伟。上怪之，问曰："彼何为者?"四人前对，各言名姓，曰东园公，角里先生，绮里季，夏黄公。上乃大惊，曰："吾求公数岁，公辟逃我，今公何自从吾儿游乎?"四人皆曰："陛下轻士善骂，臣等义不受辱，故恐而亡匿。窃闻太子为人仁孝，恭敬爱士，天下莫不延颈欲为太子死者，故臣等来耳。"上曰："烦公幸卒调护太子。"四人为寿已毕，趋去。上目送之，召戚夫人指示四人者曰："我欲易之，彼四人辅之，羽翼已成，难动矣。吕后真而主矣。"夫人泣，上曰："为我楚舞，吾为若楚歌。"歌曰："鸿鹄高飞，一举千里。羽翮已就，横绝四海。横绝四海，当可奈何！虽有矰缴，尚安所施！"歌数阕，戚夫人嘘唏流涕，上起去，罢酒。竟不易太子者，留侯本招此四人之力也。

关于《史记》记述的这一"四人"文化组合，后来因"年皆八十有余，须眉皓白"而通称"四皓"。①

《汉书》已经使用了"四皓"称谓。《汉书》卷一八《外戚恩泽侯表》记载："高帝拨乱诛暴，庶事草创，日不暇给，然犹修祀六国，求聘四皓。"颜师古注："《张良传》高帝谓四人曰'吾求公，公避逃我，今公何自从吾儿游乎？'""四皓须眉皓白，故谓之'四皓'。称号在《王贡两龚鲍传》。"又《汉书》卷一〇〇上《叙传上》："高四皓之名，割肌肤之爱。"②《艺文类聚》卷三七引魏桓范《荐管宁表》曰："汉祖高四皓之名，屈命于商洛之野。史籍叹述，以为美谈。"也是较早使用"四皓"称谓的史例。

关于"四皓"称谓的最初出现，现在大致可以判定最迟始于西汉晚期。③《汉书》卷八七下《扬雄传下》载录扬雄《解嘲》，其中有"四皓采荣于南山"句。颜师古注："'荣'者，谓声名也。一曰，'荣'谓草木之英，采取以充食。"④又扬雄《法言·重黎》："或问'贤'。曰：'为人所不能。''请人'。曰：'颜渊、黔娄、四皓、韦玄。'"李轨注："四皓白首，高尚其事。"⑤"四

---

① 《史记》卷九《吕太后本纪》："如意立为赵王后，几代太子者数矣，赖大臣之，及留侯策，太子得毋废。"所谓"留侯策"，司马贞《索隐》："令太子卑词安车，以迎四皓也。"《汉书》卷四〇《张良传》"顾上有所不能致者四人"，颜师古注："四人，谓园公、绮里季、夏黄公、甪里先生，所谓商山四皓也。"又："四人者从太子，年皆八十有余，须眉皓白，衣冠甚伟。"颜师古注："所以谓之'四皓'。"

② 《艺文类聚》卷一〇引《王命论》同。

③ 据说汉惠帝陵前有"四皓"纪念刻石，有研究者以为制作年代为东汉。（宋）赵明诚《金石录》卷一九《跋尾九·汉》"四皓神位刻石"条："右四皓神位神胙几刻石四，在惠帝陵旁。验其字画，盖东汉时书。"（宋）洪适《隶释》卷二六《金石录下》"四皓神位刻石"："右四皓神位神胙几刻石四，在惠帝陵傍。验其字画，盖东汉时书。"但所谓"四皓神位刻石"尚不明确是否直接出现"四皓"字样。

④ 《文选》卷四五《解嘲》李善注："'采荣'，采取荣名也。"

⑤ 汪荣宝撰，陈仲夫点校：《法言义疏》，中华书局1987年版，第399—400页。

皓"历史表现的悠久的文化影响，与道教的兴起有一定关系。① 从现有文献资料提供的信息看，最初使用"四皓"称谓的，是西汉学者扬雄。

### 2. "四皓"名义及其在称谓史上的标志性意义

《汉书》卷七二《王贡两龚鲍传》序写道："汉兴有园公、绮里季、夏黄公、角里先生，此四人者，当秦之世，避而入商雒深山，以待天下之定也。自高祖闻而召之，不至。其后吕后用留侯计，使皇太子卑辞束帛致礼，安车迎而致之。四人既至，从太子见，高祖客而敬焉，太子得以为重，遂用自安。语在《留侯传》。""汉兴有园公、绮里季、夏黄公、角里先生"句后颜师古注："'四皓'称号，本起于此，更无姓名可称知。此盖隐居之人，匿迹远害，不自标显，秘其氏族，故史传无得而详。至于后代皇甫谧、圈称之徒，及诸地理书说，竞为四人施安姓字，自相错互，语又不经，班氏不载于书。诸家皆臆说，今并弃略，一无取焉。"颜师古指出，"四皓"是这四位老人的集体代号，他们作为个人，则"更无姓名可称知"。他认为，"四皓"各自姓名，皆为后代"施安"，可以"弃略""无取"。

以为"后代""四皓"传说，如"氏族"、"姓字"、"地理"等，有"臆说"性质，"自相错互，语又不经"，"并弃略，一无取"的态度，总体说来，可能是适宜的。这似乎给人一种"层累地造成"的感觉。然而如所谓"园公"，圈称《陈留风俗传》说"圈公"，颜师古有驳议②，然而宋人赵明诚《金石录》发现汉代文字遗存"四皓神位刻石"亦为"圈公"，可知

---

① 参看王子今《"四皓"故事与道家的关系》，《人文杂志》2012年第2期。有学者"论道教不始于张道陵"，"论道教不始于张道陵之推尊老子"，考察"早期道教"注意到"春秋战国时期之方士与神仙"以及"秦时之方士"，但是没有瞩目"四皓"这样的隐士群体。萧登福：《周秦两汉早期道教》，文津出版社1998年版，第5—15、78—96页。

② （唐）颜师古《匡谬正俗》卷八："圈称《陈留风俗传·自序》云'圈公之后'，'圈公为秦博士，避地南山，汉祖聘之不就，惠太子即位，以圈公为司徒。自圈公至今，传世十一。'按班《书》述四皓，但有园公，非圈公也。公当秦之时，避地而入商洛深山，则不为博士明矣。又汉初不置司徒，安得以圈公为之乎？且呼惠帝为'惠太子'，无意义。"颜师古以为其说"实为鄙野"，并与"近代草莱末学之人，多喜自撰家谱，处置昭穆，妄称爵位"的文化现象联系起来批评。

圈称所说"圈公"并非完全是"臆说"。① 当然，"四皓神位刻石"也是"后代"所造。②

《汉书》卷一〇〇下《叙传下》有"四皓遁秦，古之逸民"的说法，指出他们的文化人格在战国晚期其实已经形成。不过，确定的"四皓"称谓的出现，则在西汉中晚期扬雄生活的时代。

现在看来，这种数人共用的组合型称谓，"四皓"或许是最早的。

要讨论这一现象，应当首先明了此前是否出现过类似称谓。

我们看到，古有"四岳"之说。《书·尧典》："帝曰：'咨，四岳。'"孔传："四岳，即上羲、和之四子，分掌四方之诸侯，故称焉。"一说为共工后裔。《国语·周语下》："共之从孙四岳佐之。"韦昭注："言共工从孙为四岳之官，掌帅诸侯，助禹治水也。"《史记》卷三二《齐太公世家》："太公望吕尚者，东海上人。其先祖尝为四岳，佐禹平水土甚有功。虞夏之际封于吕，或封于申，姓姜氏。"司马贞《索隐》引谯周曰："姓姜，名牙。炎帝之裔，伯夷之后，掌四岳有功，封之于吕，子孙从其封姓，尚其后也。"所谓"四岳"，应是部族集合体代称。关于传说时代的历史追忆，又可见"八元"、"八恺"、"十六相"及"三凶"、"四凶"之说。《左传·文公十八年》："昔高阳氏有才子八人：苍舒、隤敳、梼戬、大临、尨降、庭坚、仲容、叔达，齐圣广渊，明允笃诚，天下之民谓之'八恺'。高辛氏有才子八人：伯奋、仲堪、叔献、季仲、伯虎、仲熊、叔豹、季狸，忠肃共懿，宣慈惠和，天下之民谓之'八元'，此十六族也，世济其美，不陨其名，以至于尧，尧不能举。舜臣尧，举八恺使主后土，以揆百事，莫不时序，地平天成；举八元，使布五教于四方，父义、母慈、兄友、弟共、子孝，内平外成。昔帝鸿氏有不才子，掩义隐贼，好行凶德，丑类恶物，顽嚚不友，是与

---

① （宋）赵明诚《金石录》卷一九《跋尾九·汉》引录颜说，又写道："余尝疑称著书自述其世系，不应妄诞如此。及得四皓刻石，见其所书，亦为'圈公'，乃知称所述果非臆说，盖当时所传如此尔。至谓圈公为秦博士，及惠帝时拜司徒者，疑无所据。"

② 对于"四皓"姓名，久有疑议。（明）杨慎《丹铅摘录》卷三："《通鉴》'四皓'姓名，王幼学《集览》据《陈留志》及陶潜《四八目》为说：东园公一也，绮李季二也，夏黄公三也，角里先生四也。陈济正误以绮李季为一人，黄公为一人，妄引杜诗'黄绮终辞汉'为据，其说杜撰可笑。且诗人称古人姓名，多剪截便于音韵。如称司马长卿为'马卿'，称东方朔为'方朔'。唐诗有称东薗公为'薗公'者，盖亦此例，岂足为据乎？"

比周，天下之民谓之'浑敦'。少暤氏有不才子，毁信废忠，崇饰恶言，靖谮庸回，服谗搜慝，以诬盛德，天下之民谓之'穷奇'。颛顼有不才子，不可教训，不知话言，告之则顽，舍之则嚚，傲很明德，以乱天常，天下之民谓之'梼杌'。此三族也，世济其凶，增其恶名，以至于尧，尧不能去。缙云氏有不才子，贪于饮食，冒于货贿，侵欲崇侈，不可盈厌，聚敛积实，不知纪极，不分孤寡，不恤穷匮，天下之民以比三凶，谓之'饕餮'。舜臣尧，宾于四门，流四凶族浑敦、穷奇、梼杌、饕餮，投诸四裔，以御螭魅。是以尧崩而天下如一，同心戴舜以为天子，以其举十六相，去四凶也。"所谓"八元"、"八凯"并称"十六相"，而"三凶"增列"饕餮"而为"四凶"，都是以数字综列而成的组合式称谓。不过，都是氏族、部族或部族联盟的代号，《左传》原文已明说"十六族"、"三族"、"四凶族"。

此类称谓的使用，有些是指代远古的族。这是第一种情形。

然而，在"四皓"之前，又确有指代个人的类似称谓代号。

古有"四圣"之称。《史记》卷一三〇《太史公自序》："维昔黄帝，法天则地，四圣遵序，各成法度。"对于"四圣"的解释，裴骃《集解》引徐广曰："颛顼，帝喾，尧，舜。"《焦氏易林》卷二《复·大过》："尧、舜、禹、汤，四圣敦仁。"则是另一组"四圣"。虽然《史记》和《焦氏易林》所谓"四圣"其原始事迹，就发生时代而言，均远远早于"四皓"，但是"四圣"之说在这两种书中出现的时代，则晚于"四皓"故事。而且所说"四圣"，四者彼此并不同时，与我们讨论的"四皓"完全不同。

《左传·昭公二十九年》说到少暤氏的"四叔"："少暤氏有四叔：曰重，曰该，曰修，曰熙。实能金、木及水。使重为句芒，该为蓐收，修及熙为玄冥。"也有学者早就指出，所谓"四叔"并不同时。孔颖达疏："少暤氏有四叔。四叔是少暤之子孙，非一时也，未知于少暤远近也。四叔出于少暤耳。"所指出"非一时也"的情形值得注意。

又《战国策·秦策五》有所谓"四士"："太公望，齐之逐夫，朝歌之废屠，子良之逐臣，棘津之雠不庸，文王用之而王。管仲，其鄙人之贾人也，南阳之弊幽，鲁之免囚，桓公用之而伯。百里奚，虞之乞人，传卖以五羊之皮，穆公相之而朝西戎。文公用中山盗，而胜于城濮。此四士者，皆有诟丑，大诽天下，明主用之，知其可与立功。"此"四士"同样"非一时也"。《吕氏春秋·离俗》又说到另外一组"四士"："故如石户之农、北人无择、卞随、务光者，其视天下若六合之外，人之所不能察；其视富贵也，苟可得已，则必不之赖；高节厉行，独乐其意，而物莫之害；不漫于利，不牵于执，而羞居浊世；惟此四士者之节。若夫舜、汤，则苞裹覆容，缘不得已而动，因时而为，以爱利为本，以万民为义。"其时代各在"舜、汤"。"石户之农、北人无择"为舜之"友"，"卞随、务光"则与汤同时。① 又如《吕氏春秋·听言》与《离俗》篇不同的"四士"："凡人亦必有所习其心，然后能听说。不习其心，习之于学问。不学而能听说者，古今无有也。解在乎白圭之非惠子也，公孙龙之说燕昭王以偃兵及应空洛之遇也，孔穿之议公孙龙，翟翦之难惠子之法。此四士者之议，皆多故矣，不可不独论。"

将不同时代，不同活动舞台的人物以此类称谓简单组合，这是第二种情形。

也有以同类称谓指代同一时代人物的情形。如"三仁"。《论语·微子》："微子去之，箕子为之奴，比干谏而死。孔子曰：'殷有三仁焉！'"又如秦史所见"三良"。《诗·秦风·黄鸟》序："《黄鸟》，哀三良也。国人刺穆公以人从死，而作是诗也。"毛传："三良，三善臣也。"又《左传·僖公七年》："郑有叔詹、堵叔、师叔，三良为政，未可间也。"又有与前引《战国策》所谓"四士"不同的"四士"。《管子·法法》："舜之有天下也，禹为司空，契为司徒，皋陶为李，后稷为田。此四士者，天下之贤人也，犹尚精一德以事其君。……"

虽然同时同事，甚至有同样的等级地位，同样的政治表现，同样的文化影响，然而并没有形成与"四皓"那样完全同心同志、同居同行、同言同声，理念与言行完全一致的紧密关系。这是古来同类称谓使用的第三种情形。

我们最早看到的"四皓"称谓，即见于《法言·重黎》者，"四皓"与"颜渊、黔娄"和"韦玄"并说，所指代完全等同于个人。这是特别值得注

---

① 《文选》卷四二阮瑀《为曹公作书与孙权》："……是故子胥知姑苏之有麋鹿，辅果识智伯之为赵禽，穆生谢病以免楚难，邹阳北游不同吴祸。此四士者，岂圣人哉。徒通变思，深以微知著耳。"是又一"四士"，亦皆不同时。只是年代稍晚，可以不在有关"四皓"的考察中讨论。《艺文类聚》卷二五引文题"魏阮瑀为魏武与孙权书"。

意的文化现象。思考这一现象，也许应当注意《三国志》卷一三《魏书·华歆传》裴松之注引《魏略》的记载："歆与北海邴原、管宁俱游学，三人相善，时人号三人为'一龙'，歆为龙头，原为龙腹，宁为龙尾。"裴松之写道："臣松之以为邴根矩之徽猷懿望，不必有愧华公，管幼安含德高蹈，又恐弗当为尾。《魏略》此言，未可以定其先后也。"就其首尾先后提出异议。我们以为更值得注意的，是"三人相善，时人号三人为'一龙'"的事实。

### 3. "四皓"称谓与汉代人才理念的"群辅"追求

刘邦所谓"彼四人辅之"，突出强调了"四皓"历史表现对于汉惠帝刘盈执政具有决定意义的辅助作用。

《大戴礼记》卷三《管子保傅》又说到与前说传说时代的"四圣"不同的另一种"四圣"："《明堂之位》曰：'笃仁而好学，多闻而道慎，天子疑则问，应而不穷者，谓之道。道者，导天子以道者也。常立于前，是周公也。诚立而敢断，辅善而相义者，谓之充。充者，充天子之志也。常立于左，是太公也。絜廉而切直，匡过而谏邪者，谓之弼。弼者，拂天子之过者也。常立于右，是召公也。博文强记，接给而善对者，谓之承。承者，承天子之遗忘者也。常立于后，是史佚也。故成王中立而听朝，则四圣维之，是以虑无失计，而举无过事。'"关于"四圣维之"的说法强调"辅""弼"的意义："殷周之前以长久者，其辅翼天子，有此具也。"对于周公、太公、召公、史佚的作用，卢辩注又有这样的解说："诚立而敢断，言能忠诚有立，而果于断割。接给，谓应所问而给也。史佚，周太史尹佚也。立道于前，承于后，置充于左，列谏于右，顺名义也。道者有疑则问，故或谓之疑。充者辅善，故或谓之辅。"汉代画像可以看到被一些研究者定名为"周公辅成王"的画面，其实表现了此"四圣"的形象。由于《大戴礼记》成书年代较晚，[①]"四圣"周公、太公、召公、史佚的说法不能排除受到"四皓"故事影响的可能。

---

① 据王文锦为（清）王聘珍《大戴礼记解诂》所作的《本书前言》，戴德是西汉元帝时期的人。（清）王聘珍《大戴礼记解诂》，王文锦点校，中华书局 1983 年版，第 2 页。

据说陶潜有著作题名《群辅录》，总结了类似政治史的现象。①《四库全书总目》卷一三七《子部四十七·类书类存目一》写道："《圣贤群辅录》二卷，山东巡抚采进本。一名《四八目》。旧附载《陶潜集》中，唐宋以来，相沿引用，承讹踵谬，莫悟其非。迨以编录遗书，始蒙睿鉴高深，断为伪托。臣等仰承圣训，详悉推求，乃知今本《潜集》为北齐仆射阳休之编，休之序录，称其集先有两本，一本六卷，排比颠乱，兼复阙少。萧统所撰八卷，又少《五孝传》及《四八目》。今录统所阙，并序目等，合为十卷。是《五孝传》及《四八目》实休之所增，萧统旧本无是也。统《序》称深爱其文，故加搜校，则八卷以外，不应更有佚篇。其为晚出伪书已无疑义。且《集》中与子俨等疏称子夏为孔子四友，而此《录》四友乃为颜回、子贡、子路、子张。又《五孝传》引'孝乎惟孝，友于兄弟'之文，句读尚从包咸注，知未见《古文尚书》。而此《录》'四岳'一条，乃引孔安国《传》，其出两手，尤自显然。至书以'圣贤群辅'为名，而鲁三桓、郑七穆、晋六卿、魏四友，以及仕莽之唐林、唐遵，叛晋之王敦并列简编，名实相迕，理乖风教，亦决非潜之所为。昔宋庠校正斯《集》，仅知'八儒'、'三墨'二条为后人所窜入，而全书之赝，竟不能明。潜之受诬，已逾千载。今逢右文圣世，得以辨别而表章之，使白璧无瑕，流光奕叶，是亦潜之至幸矣。"

《群辅录》或称《圣贤群辅录》即使确是伪书，"群辅"追求作为人才理念的一种表现，依然是值得重视的。而"四皓"及相关文化现象，是思考这一问题时必然应当联想到的。

"辅"，强调政治人才的政治责任和政治作用。而汉代构成"群"的人才组合，有的也许尚未形成政治影响。例如《说郛》卷五七上陶潜《群辅录》说到所谓"济北五龙"："胶东令卢氾昭字兴先，乐城令刚戴祈字子陵，颍阴令刚徐晏字孟平，泾令卢夏隐字叔世，州别驾蛇邱刘彬字文曜，一云世

---

① 《四库全书总目》卷一三九《子部四十九类书类存目三》又载录《广群辅录》："《广群辅录》六卷，浙江鲍士恭家藏本。国朝徐汾撰。汾字武令，钱塘人。是书补陶潜《圣贤群辅录》之阙，自西晋以前陶氏所遗者补之；自东晋以迄明代，则续之。案《群辅录》托名陶潜，实为伪本。原书既不足据，续编亦病繁芜。至所载明代'七才子'、'十才子'之类皆末流。标榜之目，尤为冗滥。王晫《今世说》载，汾喜著书，苦无由，得钱易楮翰，常于破几上起草束麻，濡煤作字。其编摩可谓苦心，书则未为善本也。"

州。右济北五龙，少并有异才，皆称'神童'。当桓灵之世，时人号为'五龙'。见《济北英贤传》。"此"五龙"和"八俊"、"八顾"、"八及"并说，应当也是"桓灵之世"社会舆论进行人物品评的记录。① 值得我们特别注意的，是所谓"济北五龙，少并有异才，皆称'神童'"。出身于一个地区的"神童"组合，体现了当时区域文化的某种特征。如果从社会史的视角考察这一现象，可能是适宜的。

### 4. 关于"四八目"

《群辅录》或称《圣贤群辅录》又题《四八目》。文渊阁《四库全书》本《史记》卷五五《留侯世家》张照《考证》："陶潜《四八目》即《圣贤群辅录》，别名《四八目》，盖所载如'四佐'、'四凶'、'八元'、'八恺'之类，四与八居多，后人遂呼之为'四八目'耳。"

所谓《四八目》"以数目分隶"②，人们疑惑的是，为什么在诸多"数目"之中，只是"四与八居多"呢？

分析对"数目"的使用"四与八居多"的原因，可以首先讨论"四"字。人们可能会注意到"四"言其"众"的情形。《说文·艸部》："茻，众艸也。从四屮。凡茻之属皆从茻。"《说文·㗊部》："㗊，众口也。从四口。凡㗊之属皆从㗊。"

也应当注意到"四"言其"极"的情形。《说文·工部》："㠭，极巧视之也。从四工。凡㠭之属皆从㠭。"段玉裁注："工为巧。故四工为极巧。极巧视之、谓如离娄之明、公输子之巧、既竭目力也。"

前引《大戴礼记》卷三《保傅》所谓"四圣维之"，则形成了一种稳定的格局。周公、太公、召公、史佚分别立于前、左、右、后，"四圣"成为天子安全的绝对保障。

所谓"四圣维之"，使人想到"四维"。《史记》卷六二《管晏列传》：

---

① （明）徐应秋《玉芝堂谈荟》卷四"兄弟十龙"条："济北汜昭、戴祈、徐晏、夏隐、刘彬，俱'神童'，号'燉煌五龙'。""燉煌"字误。《山堂肆考》卷一〇三"济北五龙"条："《济北英贤传》：纪昭、戴所、徐宴、夏隐、刘彬，时号为'济北五龙'。按纪昭，汉桓灵时人。又晋索靖字幼安，燉煌人，少有逸群之量，与汜衷、张彪、索纷、索永俱诣太学，驰名海内，号'燉煌五龙'。"

② 《四库全书总目提要》卷一三五"《小学绀珠》十卷"条。

"四维不张，国乃灭亡。"裴骃《集解》："《管子》曰：四维者，礼义廉耻也。"《史记》卷六二《管晏列传》："四维不张，国乃灭亡。"裴骃《集解》："《管子》曰：四维者，礼义廉耻也。"《管子》此说，又见于贾谊《新书·俗激》和《盐铁论·刑德》引录，可知是当时比较普及的政治道德理念。[1]《太玄·玄数》："五五为土，为中央，为四维。"更明确地从方位的角度说明了"四维"的意义。《淮南子·原道》："弱而能强，柔而能刚。横四维而含阴阳，纮宇宙而章三光。"又《淮南子·天文》："帝张四维，运之以斗。"

《焦氏易林》卷三《明夷·蹇》："五日四维，安平不危。利以居止，保有玉女。"卷四《旅·家人》："土陷四维，安平不危。利以居止，保其玉女。""四维"于"安平不危"以及"保"和"利"的作用也是明确的。

分析"四与八居多"事，除"八"是"四"的倍数之外，还应关注"四"字本身就包含有"八"字。《说文·四部》："四，阴数也，象四分之形。凡四之属皆从四。"段玉裁注："谓囗像四方。八像分也。"

"四与八居多"，很可能与方位意识有关。通过"四圣维之"各自居于前、左、右、后等例证，人们会想到形成悠远的"四方"观。如果我们考察《史记》"帝纪"中记录政治经营所见"四方"，可以看到：

> （轩辕）抚万民，度四方。[2]
> 尧辟位凡二十八年而崩，百姓悲哀，如丧父母，三年，四方莫举乐，以思尧。
> ……于是舜乃至于文祖，谋于四岳，辟四门，明通四方耳目。（卷一《五帝本纪》）
> 汤出，见野张网四面，祝曰："自天下四方皆入吾网。"汤曰："嘻，尽之矣！"乃去其三面。祝曰："欲左，左。欲右，右。不用命，乃入吾网。"诸侯闻之曰："汤德至矣，及禽兽。"（卷三《殷本纪》）

---

[1] 《管子·牧民》："四维张则君令。""守国之度，在饰四维文巧者刑罚所由生。""四维不张，国乃灭亡。""国有四维：一维绝则倾，二维绝则危，三维绝则覆，四维绝则灭。倾可正也，危可安也，覆可起也，灭不可复错也。何谓四维？一曰礼，二曰义，三曰廉，四曰耻。"

[2] 裴骃《集解》："王肃曰：度四方而安抚之。"

（殷王纣）昏弃其家国，遗其王父母弟不用，乃维四方之多罪逋逃是崇是长，是信是使，俾暴虐于百姓，以奸轨于商国。（卷四《殷本纪》）

皇帝之明，临察四方。（卷六《秦始皇本纪》载琅邪刻石）

令祠官祀天地四方上帝山川，以时祀之。

自为歌诗曰："大风起兮云飞扬，威加海内兮归故乡，安得猛士兮守四方。"（卷八《高祖本纪》）

可知"四方"很早以来就是体现国家管理理念的政治性甚强的行政地理概念。《五帝本纪》所谓"四方莫举乐"，张守节《正义》："《尚书》'三载四海遏密八音'是也。"可知"四方"与"四海"近义。而《尚书·舜典》"四海遏密八音"叙事，出现"四"与"八"的组合。《五帝本纪》又可见"四方"和"八元"、"八恺"的关系：

昔高阳氏有才子八人，世得其利，谓之"八恺"。高辛氏有才子八人，世谓之"八元"。此十六族者，世济其美，不陨其名。至于尧，尧未能举。舜举八恺，使主后土，以揆百事，莫不时序；举八元，使布五教于四方，父义，母慈，兄友，弟恭，子孝，内平外成。

关于"八恺"，裴骃《集解》："贾逵曰：'恺，和也。'"司马贞《索隐》："《左传》：史克对鲁宣公曰：'昔高阳氏有才子八人：苍舒、隤敳、梼戭、大临、尨降、庭坚、仲容、叔达。'"对于"八元"的解释，裴骃《集解》："贾逵曰：'元，善也。'"司马贞《索隐》："《左传》：'高辛氏有才子八人：伯奋、仲堪、叔献、季仲、伯虎、仲熊、叔豹、季狸。'"所谓"十六族"，司马贞《索隐》解释说："谓元、恺各有亲族，故称族也。济，成也。言后代成前代也。"

"八恺""八元"之"十六族"，体现出管理天下"四方"的行政分治与合作形式。《后汉书》卷六七《党锢列传》说，党锢之祸后，"自是正直废放，邪枉炽结，海内希风之流遂共相摽搒，指天下名士为之称号，上曰'三君'，次曰'八俊'，次曰'八顾'，次曰'八及'，次曰'八厨'，犹古之'八元'、'八凯'也。"① 这正是《四八目》的主题。由社会政治舆论仿拟"古之'八元'、'八凯'"名号可知，东汉晚期持不同政见的"天下名士"的拥护者们，其实内心是有政治权力的希求的。当然，"四皓"的情形，虽然同样是组合式称谓，然而与此"三君"、"八俊"、"八顾"、"八及"、"八厨"表现出的政治参与的积极程度完全不同。

所谓"举八元，使布五教于四方"，体现出一种行政设计中权力的分布。"四"和"八"的关系，也可以因此有所认识。

---

① 《后汉书》卷六七《党锢列传》："窦武、刘淑、陈蕃为'三君'。君者，言一世之所宗也。李膺、荀翌、杜密、王畅、刘佑、魏朗、赵典、朱㝢为'八俊'。俊者，言人之英也。郭林宗、宗慈、巴肃、夏馥、范滂、尹勋、蔡衍、羊陟为'八顾'。顾者，言能以德行引人者也。张俭、岑晊、刘表、陈翔、孔昱、苑康、檀敷、翟超为'八及'。及者，言其能导人追宗者也。度尚、张邈、王考、刘儒、胡母班、秦周、蕃向、王章为'八厨'。厨者，言能以财救人者也。"

# 主要参考书目

陈连庆：《中国古代史研究——陈连庆先生学术论文集》，1991 年 12 月版；

陈梦家：《汉简缀述》，中华书局 1980 年版；

陈槃：《汉晋遗简识小七种》，中研院历史语言研究所专刊之六十三，中研院历史语言研究所，1975 年；

陈直：《关中秦汉陶录》，中华书局 2006 年 2 月版；

陈直：《居延汉简研究》，天津古籍出版社 1986 年 5 月版；

陈直：《文史考古论丛》，天津古籍出版社 1988 年版；

崔向东：《汉代豪族研究》，崇文书局 2003 年 10 月版；

方一新：《东汉魏晋南北朝史书词语考释》，黄山书社 1997 年 10 月版；

傅筑夫：《中国封建社会经济史》第 2 卷，人民出版社 1982 年 12 月版；

傅筑夫、王毓瑚编：《中国经济史资料·秦汉三国编》，中国社会科学出版社 1982 年 6 月版；

高敏：《云梦秦简初探》（增订本），河南人民出版社 1981 年 7 月版；

高文：《汉碑集释》（修订本），河南大学出版社 1997 年 11 月版；

顾颉刚：《史林杂识初编》，中华书局 1963 年 2 月版；

胡士云：《汉语亲属称谓研究》，商务印书馆 2007 年 9 月版；

金惠：《创造历史的汉武帝》，台湾商务印书馆 1984 年 6 月版；

劳榦：《居延汉简考释之部》，中研院历史语言研究所 1997 年 6 月版；

李衡眉：《中国古代婚姻史论集》，吉林文史出版社 1992 年 6 月版；

李衡眉：《先秦史论集》，齐鲁书社 1999 年 10 月版；

李均明、刘军：《简牍文书学》，广西师范大学出版社 1999 年 6 月版；

李零：《中国方术续考》，东方出版社 2000 年 10 月版；

李天虹：《居延汉简簿籍分类研究》，科学出版社 2003 年 9 月版；

李学勤：《东周与秦代文明》，文物出版社 1984 年版；

林富士：《汉代的巫者》，稻乡出版社 1999 年 1 月版；

刘乐贤：《睡虎地秦简日书研究》，文津出版社 1994 年 7 月版；

吕思勉：《吕思勉读史札记》，上海古籍出版社 1982 年 8 月版；

罗福颐编：《汉印文字征》，文物出版社 1978 年版；

罗福颐编：《汉印文字征补遗》，文物出版社 1982 年版；

罗福颐主编：《秦汉南北朝官印征存》，文物出版社 1987 年版；

马非百：《秦集史》，中华书局 1982 年 8 月版；

马丽：《〈三国志〉称谓词研究》，中国社会科学出版社 2010 年 10 月版；

彭卫、杨振红：《中国风俗通史·秦汉卷》，上海文艺出版社 2002 年 3 月版；

丘光明编著：《中国历代度量衡考》，科学出版社 1992 年 8 月版；

任继昉：《释名汇校》，齐鲁书社 2006 年 11 月版；

任乃强：《华阳国志校补图注》，上海古籍出版社 1987 年 10 月版；

施之勉：《汉书集注》，三民书局 2003 年 2 月版；

尚秉和：《历代社会风俗事物考》，岳麓书社 1991 年 6 月版；

沈刚：《居延汉简语词汇释》，科学出版社 2008 年 12 月版；

沈刚：《秦汉时期的客阶层研究》，吉林文史出版社 2003 年 12 月版；

田余庆：《秦汉魏晋史探微》（重订本），中华书局 2004 年 2 月版；

王琪：《上古汉语称谓研究》，中华书局 2008 年 2 月版；

王彦辉：《汉代豪民研究》，东北师范大学出版社 2001 年 6 月版；

［日］西嶋定生：《二十等爵制》，武尚清译，国际文化出版公司 1992 年 8 月版；

邢义田：《秦汉史论稿》，东大图书公司 1987 年 6 月版；

邢义田：《地不爱宝：汉代的简牍》，中华书局 2011 年 1 月版；

邢义田：《治国安邦：法制、行政与军事》，中华书局 2011 年 1 月版；

薛英群：《居延汉简通论》，甘肃教育出版社 1991 年 5 月版；

杨小平：《〈后汉书〉语言研究》，巴蜀书社 2004 年 12 月版；

杨鸿年：《汉魏制度考》，武汉大学出版社 2005 年 5 月版；

杨树达：《汉代婚丧礼俗考》，上海古籍出版社 2000 年 12 月版；

殷国光：《吕氏春秋词类研究》，商务印书馆 2008 年 1 月版；

[日] 永田英正：《居延汉简研究》，张学锋译，广西师范大学出版社 2007 年 7 月版；

俞伟超：《中国古代公社组织的考察——论先秦两汉的单—僤—弹》，文物出版社 1988 年版；

于振波：《走马楼吴简初探》，文津出版社有限公司 2004 年 10 月版；

于振波：《走马楼吴简续探》，文津出版社有限公司 2007 年 2 月版；

袁庭栋：《古人称谓》，山东画报出版社 2007 年 5 月版；

张春树：《汉代边疆史论集》，食货出版社有限公司 1977 年 4 月版；

张金光：《秦制研究》，上海古籍出版社 2004 年 12 月版；

张孟伦：《汉魏人名考》，兰州大学出版社 1988 年 9 月版；

张荣强：《汉唐籍帐制度研究》，商务印书馆 2010 年 3 月版；

周一良：《魏晋南北朝史札记》，中华书局 1985 年 3 月版。

# 本课题前期成果与阶段性成果目录

1. 《"闾左"为"里佐"说》，《西北大学学报》（哲学社会科学版）1985 年第 1 期；

2. 《说秦汉"少年"与"恶少年"》，《中国史研究》1991 年第 4 期；

3. 《居延汉简所见〈车父名籍〉》，《中国历史博物馆馆刊》1992 年总第 18、19 期；

4. 《关于居延"车父"简》，《简帛研究》第 2 辑（法律出版社 1996 年 9 月版）；

5. 《西汉长安的"胡巫"》，《民族研究》1997 年第 5 期；

6. 《两汉的少年吏》，《文史》第 51 辑（中华书局 2000 年 7 月版）；

7. 《海西幻人来路考》，《秦汉史论丛》第 8 辑（云南大学出版社 2001 年 9 月版）；

8. 《张家山汉简〈秩律〉四"公主"说》（合作，第一作者），《陕西历史博物馆馆刊》第 9 辑（三秦出版社 2002 年 7 月版）；

9. 《"偏妻""下妻"考——张家山汉简〈二年律令〉研读札记》，《华学》第 6 辑（紫禁城出版社 2003 年 6 月版）；

10. 《张家山汉简〈贼律〉"叚大母"释义》（合作，第一作者），《考古与文物》2003 年第 5 期；

11. 《走马楼简所见"邮卒"与"驿兵"》，《吴简研究》第 1 辑（崇文书局 2004 年 7 月版）；

12. 《论走马楼简所见"小妻"——兼说两汉三国社会的多妻现象》，《学术月刊》2004 年第 10 期；

13. 《居延汉简"歌人"考论》，《古史性别研究丛稿》（社会科学文献出版社 2004 年 12 月版）；

14.《三国孙吴乡村家族中的"寡嫂"和"孤兄子"——以走马楼竹简为中心的考察》,《简牍学研究》第 4 辑（甘肃人民出版社 2004 年 12 月版）;

15.《两汉的"越巫"》,《南都学坛》2005 年第 1 期;

16.《汉代"客田"及相关问题》,《出土文献研究》第 7 辑（上海古籍出版社 2005 年 11 月版）;

17.《"主公"称谓考》（合作,第一作者）,《清华大学学报》（哲学社会科学版）2006 年第 5 期;

18.《走马楼简牍"私学"考议》（合作,第一作者）,《吴简研究》第 2 辑（崇文书局 2006 年 9 月版）;

19.《居延简及敦煌简所见"客"——汉代西北边地流动人口考察札记》,《秦汉社会史论考》（商务印书馆 2006 年 12 月版）;

20.《秦汉神秘主义信仰体系中的"童男女"》,《周秦汉唐文化研究》第 5 辑（三秦出版社 2007 年 6 月版）;

21.《秦汉"小儿医"略议》,《西北大学学报》2007 年第 4 期;

22.《两汉军队中的"胡骑"》,《中国史研究》2007 年第 3 期;

23.《从"处士"到"议士":汉代民间知识人的参政路径》,《河北学刊》2007 年第 5 期;

24.《汉代"亡人""流民"动向与江南地区的经济文化进步》,《湖南大学学报》2007 年第 5 期;

25.《张家山汉简〈二年律令·史律〉"学童"小议》,《文博》2007 年第 6 期;

26.《汉代神童故事》,《学习时报》2007 年 6 月 25 日;

27.《走马楼简所见未成年"公乘""士伍"》,《湖南省博物馆馆刊》第 4 辑（岳麓书社 2007 年 12 月版）;

28.《论西汉北边"亡人越塞"现象》,《暨南史学》第 5 辑（暨南大学出版社 2007 年 12 月版）;

29.《略论秦汉时期朝鲜"亡人"问题》,《社会科学战线》2008 年第 1 期;

30.《两汉社会的"小男""小女"》,《清华大学学报》（哲学社会科学版）2008 年第 1 期；

31.《汉代北边"亡人"：民族立场与文化表现》，《南都学坛》2008 年第 2 期；

32.《秦汉"小女子"称谓再议》，《文物》2008 年第 5 期；

33.《中江塔梁子崖墓石刻画像榜题"襄人"考》，《中国历史文物》2008 年第 3 期；

34.《走马楼竹简"小口"考绎》，《史学月刊》2008 年第 6 期；

35.《漢代西北邊境關於"亡人"的行政文書》，［韓國］《中國古中世史研究》第 20 輯（2008 年 8 月版）；

36.《汉代北边"亡人"与民族文化交融》，《河套文化论文集》（三）（内蒙古人民出版社 2008 年 10 月版）；

37.《汉代齐鲁"神童"》，《齐鲁文化研究》总第 7 辑（山东文艺出版社 2008 年 12 月版）；

38.《汉代军队中的"卒妻"身份》，《南都学坛》2009 年第 1 期；

39.《说走马楼简文"细小"》，《江汉考古》2009 年第 2 期；

40.《秦"小子军"考议》，《人文杂志》2009 年第 5 期；

41.《秦汉时期的太上皇》（合作，第一作者），《河北学刊》2009 年第 6 期；

42.《说汉代"贱子"自称》，《简帛》第 4 辑（上海古籍出版社 2009 年 10 月版）；

43.《论申屠蟠"绝迹于梁砀之间"——兼说汉代"处士"的文化表现与历史形象》，《中州学刊》2009 年第 6 期；

44.《秦汉的婴女》，《中华女子学院学报》2009 年第 6 期；

45.《汉朝军制中的"越骑"部队》，《史学月刊》2010 年第 2 期；

46.《长沙东牌楼汉简"津卒"称谓及相关问题》，《中华文史论丛》2010 年第 1 期；

47.《汉代的"海贼"》（合作，第一作者），《中国史研究》2010 年第 1 期；

48.《说秦汉"婴儿"称谓》，《南都学坛》2010 年第 2 期；

49.《走马楼竹简"邪""耶"称谓使用的早期实证》，《文物》2010 年第 5 期；

50.《汉世"胡奴"考》，《四川文物》2010 年第 3 期；

51.《论汉代官吏"粪土臣"自称》，《历史与社会论丛》第 3 辑（吉林大学出版社 2010 年 4 月版）；

52.《"重译"：汉代民族史与外交史中的一种文化现象》，《河北学刊》2010 年第 4 期；

53.《汉代宫廷的"小儿官"》，《唐都学刊》2010 年第 4 期；

54.《居延汉简所见"明府"称谓》，《简帛研究》二〇〇七（广西师范大学出版社 2010 年 3 月版）；

55.《说长沙东牌楼简所见"津吏"》，《湖南省博物馆馆刊》第 6 辑（岳麓书社 2010 年 3 月版）；

56.《试说里耶户籍简所见"小上造""小女子"》，《出土文献》第 1 辑（中西书局 2010 年 8 月版）；

57.《东汉"小侯"考绎》，《秦汉研究》第 4 辑（陕西人民出版社 2010 年 8 月版）；

58.《"魏武王"称谓的合理性》，《中国文物报》2010 年 11 月 13 日；

59.《秦汉"酒徒"散论》，《西北大学学报》（哲学社会科学版）2010 年第 6 期；

60.《居延简文"临淮海贼"考》，《考古》2011 年第 1 期；

61.《汉代的"商胡""贾胡""酒家胡"》，《晋阳学刊》2011 年第 1 期；

62.《战国秦汉"酒人"略说》，《宜宾学院学报》2011 年第 3 期；

63.《以"魁"为中心的讨论》，《读书》2011 年第 5 期；

64.《汉代"童子郎"身份与"少为郎"现象》（合作，第一作者），《南都学坛》2011 年第 4 期；

65.《走马楼简所见未成年"户下奴""户下婢"》，《吴简研究》第 3 辑（中华书局 2011 年 6 月版）；

66.《论秦汉"魁"及相关称谓》（合作，第一作者），《秦汉研究》第 5 辑（陕西人民出版社 2001 年 9 月版）；

67.《说走马楼名籍"单身"身份》，《简帛》第 6 辑（上海古籍出版社

2011 年 11 月版）；

68.《说居延汉简购赏文书所见"渠率"身份》（合作，第一作者），《出土文献研究》第 10 辑（中华书局 2011 年 7 月版）；

69.《汉末政治风暴与"处士"的文化表现》，《社会科学》2012 年第 1 期；

70.《汉代"小儿"称谓》（合作，第一作者），《南都学坛》2012 年第 2 期；

71.《秦汉民间意识中的"小儿鬼"》，《秦汉研究》第 6 辑（三秦出版社 2012 年 8 月版）；

72.《汉代"街卒"与都市交通秩序》，《古代文明》2012 年第 4 期；

73.《居延汉简"寒吏"称谓解读》，《居延敦煌汉简出土遗址实地考察论文集》（上海古籍出版社 2012 年 12 月版）；

74.《说"黔首"称谓——以出土文献为中心的考察》，《出土文献研究》第 11 辑（中西书局 2012 年 12 月版）；

75.《"译人"与汉代西域民族关系》（合作，第一作者），《西域研究》2013 年第 1 期；

76.《说甘谷汉简"著赤帻为伍长守街治滞"——以汉阳陵兵俑为对证》，《汉阳陵与汉文化研究》第 2 辑（三秦出版社 2012 年 12 月版）；

77.《称谓研究：重新认识秦汉社会文化》，《社会科学报》2013 年 3 月 28 日；

78.《汉代的"达人"》，《文史知识》2013 年第 4 期；

79.《居延汉简"校士"身份及"拘校"制度推考》，《国际简牍学会会刊》第 7 号（2013）（兰台出版社 2013 年 2 月版）；

80.《"四皓"名号的称谓史意义》，"商山四皓"文化学术研讨会论文，商州，2013 年 8 月；

81.《"博昌习船者"考论》，东方海上丝绸之路暨《落帆山东第一州》中韩学术研讨会论文，蓬莱，2013 年 8 月；

82.《略说秦"力士"——兼及秦文化的"尚力"风格》，《秦汉研究》第 7 辑（陕西人民出版社 2013 年 10 月版）。

# 后 记

本书是 2007 年度国家社科基金项目"秦汉社会称谓研究"（项目批准号：07BZS007）的最终成果。课题的进行，主要从以下几个方面对秦汉社会称谓考察分析。

## 1. 称谓与秦汉等级秩序

秦汉时期有一些新使用的称谓，体现了鲜明的时代特征。由于秦汉时期是中国古代政治管理范式形成的重要历史阶段，若干称谓不仅当时的出现标志着政治新局的成立，这些称谓长期使用，又体现了秦汉政治体制的久远的历史影响。例如"皇帝"称谓。"皇帝"是标志秦制权力顶点的政治符号，自秦始皇使用后，一直沿用到 20 世纪初。对于"秦制与'皇帝'称谓发明"的讨论，有益于对中国传统政治体制的理解。与"皇帝""名号"同样醒目，另有指代居于权力结构最底层者之身份的称谓，这就是秦统一前已经开始使用，被秦王朝确定为民众法定身份符号的"黔首"。"黔首"称谓使用不久就为"民"、"百姓"等所替代。然而，"黔首"在汉世依然看到作为社会称谓使用的片断的文化遗存。"黔首"在长久的政治史和社会史中保留深刻记忆，也体现了秦政和秦文化的历史影响。"太上皇"称谓的最初发生，与"皇帝"同时。历史上"太上皇"和"皇帝"之间的帝位传递和帝权继承，有十分复杂的情节表现。汉代曾经兴起于社会下层的武装暴动集团以反政府为旗帜，却并不否定皇权。"妖贼"称"太上皇帝"的史例，也值得关注。对于汉代官吏"粪土臣"自称以及汉代社会普遍的"贱子"自称，研究收获也充实了我们有关秦汉社会等级的知识。通过这样的称谓形式，可以了解帝制奠基时代政治生活等级规范形成并初步确定的情景，认识奴性心理生成的历史背景和文化条件。使用范围相对狭小的"主公"称谓，也体现了特定区域、特定集团的社会人际关系。里耶秦户籍简可见所谓"小上造""小女子"。两汉社会的"小男""小女"同样与未成年人承担的社会责任相关。又如"小儿"、"竖""小"、"细小"等称谓的理解,都有助于我们认识当时未成年人的生活。

### 2. 称谓与秦汉职业身份

有的文献记录中说到秦"小子军"。这一称谓反映了军事史上值得重视的现象。秦汉社会称谓中见于简牍资料的"津卒"、"津吏"、"车父"、"就人"、"将车人"、"邮卒"、"驿兵"等,都与交通制度和运输经营有关。秦汉"小儿医"称谓,则体现中国古代医学史进程中引人注目的标志之一。考察有关信息,可以丰富对秦汉社会生活具体情状的认识,医学史的研究,也可以由此得到新的认识。战国秦汉所谓"酒人",是酒业生产经营的标志性遗存。汉代"童子郎"身份反映了"少为郎"现象。汉代宫廷的"小儿官"以及东汉所谓"小侯",都以特殊称谓说明了特殊职任的出现。

### 3. 称谓与秦汉家庭结构

社会称谓诸多品类之中,亲属称谓往往能够较为真切、较为细致、较为生动地体现社会生活的具体情状。历代亲属称谓多随社会演进而屡有变化。研究不同历史时期亲属称谓形式与内涵的衍变,可以帮助我们理解当时的宗族结构和社会关系。张家山汉简的有关内容可以为汉代亲族研究提供新的资料。例如有关"偏妻"、"下妻"称谓的简文,就值得我们重视。简文所见"叚大母"称谓,也反映了当时家庭结构的复杂。秦汉与"婴儿""婴女"称谓有关的历史信息,是考察未成年人在家庭中生活境况的标本。反映汉代以来"寡嫂"和"孤兄子"身份及其在家族中特殊地位的资料,在文献记录中多有遗存。所谓"养寡嫂孤兄子"这种特殊的社会救助形式,对于社会保障史研究有值得重视的意义。汉代军队中"卒妻"身份的认识,既属于军事史研究的主题,也可以增进对于战争生活中特殊家庭关系的理解。

### 4. 称谓与秦汉民族关系

西汉时期,出身北方少数民族的"胡巫"曾经高踞接近王朝统治中枢的地位，进行过活跃的文化表演。他们的活动，反映了当时各民族文化交会的时代趋势。他们的宗教实践，曾经对国家的政治走向和民间的社会生活都发生过值得重视的影响。与"胡巫"同样，"越巫"也曾经为汉王朝最高统治者看重，在汉代文化生活中表现出特殊的作用。两汉军队构成中可见"胡骑"即出身北方草原游牧族的骑兵。朝廷卫戍部队有"胡骑"建制，"胡骑"甚至充任帝王近卫。边地防卫力量中也有"胡骑"。"胡骑"参与汉王朝军队的远征，有与本族军队血战立功的史例。汉朝军制中的"越骑"部队也值得重视。汉代有"商胡贩客"活跃于边境地方，内地亦"商贾胡貉，天下四会"，其中明确有"西域贾胡"。出身"胡"的外族人士参与汉代商业经营者对于社会经济的繁荣有所贡献。文献记载所见"贾胡"、"商胡"称谓反映了这一现象。当时外国使团中也有被称作"行贾贱人"的商业经营者。乐府诗中"酒家胡"称谓，则体现少数民族出身者从事都市饮食服务业经营的情形。汉代画像资料中所见"胡奴"，说明社会生产和社会生活中活跃着族属为"胡"的底层劳动者。关于"称谓与民族关系"的有些讨论意见，部分编入《秦汉边疆与民族问题》[①]，收入本书时，多有修订和充实。如有关"楼烦将"、"襄人"与"獽人"、"蛮夷贾"、"鲜卑奴"、"越婢"、"胡婢"以及"僰僮""僰婢"的考论，都是新增入的。

### 5. 称谓与秦汉行政控制

秦汉时期所谓"少年"，往往成为城市中背离正统，与政府持不合作态度的社会力量。他们的活动，对社会治安表现出显著的影响。"少年"的社会成分其实比较复杂，然而活跃而激烈的性格特征和行为风格体现出秦汉社会放达侠勇的时代精神。而"恶少年"称谓，则指代危害公共秩序的社会成分。有关"客"的身份的资料，可以说明当时行政控制的严密。"亡人"称谓频繁见于秦汉律令、政论、行政文书和历史记载。"亡人"和"流民"，是挣脱政府控制的人口。他们的活动，考验着执政者的行政能力。在社会文化史进程中，"亡人"和"流民"也是促成社会交流和文化融汇的活跃因子。居延简及敦煌简所见"客"，反映了汉代西北边地的人口流动，相关记

---

① 王子今：《秦汉边疆与民族问题》，中国人民大学出版社 2011 年版。

录也是重要的行政史料。东汉以来，海上反政府武装被称为"海贼"。"海贼"以较强的机动性，形成了对"缘海"郡县行政秩序的破坏。居延汉简"海贼"通缉文书，早于正史的记载。汉代所谓"山贼"、"江贼"等，也指代不同形式的暴动民众。居延汉简所见"明府"可以与文献记载相互印证，体现了当时对于一定等级官僚的通行称谓。"魁"、"渠率"等具有时代特征的身份，也与社会控制形式有关。"街卒"、"校士"等称谓体现的相关制度，也可以因这些社会身份的讨论的深入得以明朗。

### 6. 称谓与秦汉社会风习

秦史中的"力士"故事，体现出秦文化的"尚力"风格。这一传统在汉代仍有遗存。"巫"的活跃，也是秦汉社会风习的表现特征之一。秦汉时期的"歌人"、"歌儿"、"歌童"称谓也透露出秦汉文化的风格。秦汉酒业经营繁荣。史籍多见"好酒"风习的记录。社会称谓"酒徒"的出现，也是体现相关历史文化风貌的迹象。从现有文献遗存看，"酒徒"称谓可能最初出现于战国阶段，而秦汉时期以"酒徒"自称者曾经有突出的历史表现。"处士"称谓在先秦已经出现，在汉代甚为通行。"处士"一般指在野的民间知识人。考察从"处士"到"议士"的参政路径，可以看作认识秦汉社会文化风貌的一个特殊视角。

在作为本书"代结语"的"称谓史研究的另一对象：类聚之称——以'四皓'名号为例"部分，讨论了秦汉称谓的特殊形式，即被段玉裁以为"类聚之称"的群体式组合式称谓。东汉晚期所谓"三君"、"八俊"、"八顾"、"八及"、"八厨"，魏晋所谓"竹林七贤"等称谓形成的社会影响，体现出称谓史的演进。考察此类称谓起初的发生，应当注意"四皓"故事的传播。与此有关的被称作"四八目"的文化现象，值得研究者关注。汉代出现的类似复数人才组合形式，应当与当时人才理念的"群辅"追求有关。

本书的任务，是通过称谓的研究，通过各种称谓指代者的职业身份、阶级关系、民族立场、社会地位、文化角色，探索秦汉社会历史文化诸问题。

因而讨论有时不得不离开称谓本身的分析。这应当是读者能够谅解的。也许覆盖面较为宽广的解说秦汉称谓的工具书的面世是必要的。作者愿意做这样的工作，只是不知道今后的时间和精力是否允许。

应当说，称谓史研究尚有十分广阔的学术空间。从篇目看，本书直接讨论的秦汉称谓170种左右，对于秦汉社会通行的多种称谓而言，可以说百不及一。还有许多与秦汉社会称谓相关的问题有待探讨。例如与秦末历史动荡密切相关的"闾左"称谓，河西汉简屡次出现的"墨将"称谓，都是至今未得明确解说的历史疑点。作者希望这部著作成为秦汉称谓研究和中国古代称谓史研究的引玉之砖。亦深心期待青年学者参与并推进这一工作，当然自己也会继续探求和思索，为充实和修订以往成果，为深化和拓展相关研究贡献心力。

感谢国家社会基金结项鉴定专家对此项目最终成果学术质量的肯定及有积极意义的修改建议。

感谢李振宏教授百忙中拨冗赐序。

感谢郭沂纹编审的支持和帮助。她的精心编校使书稿中许多错误得以纠正。

感谢研究进程中邢义田、胡平生、李均明、张廷皓、厉声、宋超、孙家洲、刘绍刚、彭卫、刘乐贤、侯旭东等好友的教示，感谢姜守诚、李迎春、王海、曾磊、赵宠亮、韩帅、孙闻博、吕方、乔松林、董涛、徐畅、杜艳茹、杨延霞、孙兆华、汪华龙、李玥凝、熊龙等青年朋友们多方面的无私的帮助。全书定稿时承孙闻博、徐畅英译章目，吕宗力教授辛苦审定，以致影响了春节休息，谨此亦深致谢意。

王子今

2014年3月4日

于北京大有北里

**图书在版编目(CIP)数据**

秦汉称谓研究/王子今著. —北京：中国社会科学出版社，2014.4
(2016.12 重印)
(国家哲学社会科学成果文库)
ISBN 978 - 7 - 5161 - 3934 - 9

Ⅰ. ①秦… Ⅱ. ①王… Ⅲ. ①称谓—研究—中国—秦汉时代
Ⅳ. ①H131

中国版本图书馆 CIP 数据核字(2014)第 026626 号

| | | |
|---|---|---|
| 出 版 人 | 赵剑英 | |
| 责任编辑 | 郭沂纹 | |
| 责任校对 | 刘 俊 | |
| 责任印制 | 戴 宽 | |

| | | |
|---|---|---|
| 出 版 | 中国社会科学出版社 | |
| 社 址 | 北京鼓楼西大街甲 158 号 | |
| 邮 编 | 100720 | |
| 网 址 | http://www.csspw.cn | |
| 发 行 部 | 010 - 84083685 | |
| 门 市 部 | 010 - 84029450 | |
| 经 销 | 新华书店及其他书店 | |

| | | |
|---|---|---|
| 印刷装订 | 环球印刷(北京)有限公司 | |
| 版 次 | 2014 年 4 月第 1 版 | |
| 印 次 | 2016 年 12 月第 2 次印刷 | |

| | | |
|---|---|---|
| 开 本 | 710 × 1000 1/16 | |
| 印 张 | 49.75 | |
| 字 数 | 818 千字 | |
| 定 价 | 138.00 元 | |

凡购买中国社会科学出版社图书，如有质量问题请与本社营销中心联系调换
电话:010 - 84083683